소교리문답(상)

WESTMINSTER
SHORTER CATECHISM

정 태 홍

RPTMINISTRIES
http://www.esesang91.com

목차

머리말

자라나는 세대들에게
십자가의 복음이 바르게 전파되기를 소망하며
이 책을 시작하게 되었습니다.
참된 회심은 참된 복음을 들음으로 생겨나기 때문입니다.

또한 이미 믿은 성도들과 목회자들을 생각하며
함께 더 진리 안에서 고민하고자 합니다.

한상동 목사님께서는 이렇게 말씀하셨습니다.
"주님만 보여주고 진리만 외쳐라!"
우리 모두가 그렇게 믿음의 길을 걸어가기를 소원합니다.
교회 안에 들어와 있는 혼합주의가 무엇인지 잘 분별하고
오직 성경의 진리대로 믿고 살아가는
참된 성도가 되시길 간절히 기도합니다.

하나님께서 크신 은혜 주신 것을 감사하며,
이 책이 나오기까지 기도해 주신 분들에게 진심으로 감사합니다.

이 책의 부족한 부분들에 대하여 말씀하여 주시면
수정해 나가도록 하겠습니다.

2014년 5월 20일
정태홍

시작하면서

교리는 성경의 핵심 원리이며 성도[1]의 신앙고백이요 교리는 삶이다. 우리는 지금 무엇을 가르치고 있는가? 저마다 성경을 가르치고 교리를 가르치고 있다고 자부할 것이다. 그러나, 자기 자신이 얼마나 혼합되어 있는지 모른다.

여호수아와 이스라엘의 배교

여호수아는 그의 말년에 이미 이스라엘 백성들이 우상을 섬기고 있는 것을 보았다. 여호수아는 그들을 세겜에 모으고 언약을 다시 맺고 율례와 법도를 제정했다.[2] 그러나, 여호수아와 그 당대의 사람들이 죽자 이스라엘은 여호와를 버렸다. '어떻게 이런 일이 있을 수 있는가?'하는 마음이 들 정도로 급격하게 타락했다. 결국 그들은 "각기 자기 소견에 옳은 대로"[3] 살았다. 왜 그들은 여호와를 버리고 배교의 길을 갔는가? 그들은 이미 여호수아 세대와는 다른 멘탈리티(mentality)에 물들었기 때문이다. "각기 자기 소견"이라는 주체성으로 행동할 만큼 심각하게 변질되었다. 그런 일이 현대에도 일어나고 있다.

무신론적 실존주의 철학자 샤르트르는 다음과 같이 말했다.

> 이러한 맥락에서 니체는 "독일에서 내부적이고 무모한 회의주의자가 다른 어떤 곳이 아니라 바로 개신교 목회자 사택의 자녀들 사이에서 생겼다"는 사실을 관찰한다. 왜 이런 사실이 관찰됐을까? "독일의 너무도 많은 철학자들과 지식인들이 목회자들의 자손이면서도 목회자들을 소 닭 보듯이 방관하고 있다. 그리고 그 결과 그들은 더 이상 신을 믿지 않는다. … 독일 철학은 본질적으로 종교적 인간에 대한 불신이다. 그것은 또한 주정부 목회자들과 시 소속 목사들을 포함한 대학의 신학자들 모두에 대한 불신인 것이다."(Ⅷ, 314)[4]

---

1) 하이델베르크 교리문답 제32문: 왜 당신은 그리스도인이라 불립니까? 답: 왜냐하면 내가 믿음으로 그리스도의 지체가 되어서, 그의 기름 부으심에 참여하여, 선지자로서 그의 이름을 고백하고, 제사장으로서 나의 몸을 하나님께 살아있는 감사의 제물로 드리고, 왕으로서 이 세상에서 죄와 사탄에 대항하여 자유롭고 선한 양심으로 싸우며, 장차 그리스도와 함께 영원히 다스리게 될 것이기 때문입니다.(이 책에 사용된 하이델베르크 교리문답은 캐나다 개혁교회의 영어번역본을 손정원 목사가 번역한 것이다)

2) 1 여호수아가 이스라엘 모든 지파를 세겜에 모으고 이스라엘 장로들과 그 두령들과 재판장들과 유사들을 부르매 그들이 하나님 앞에 보인지라 25 그 날에 여호수아가 세겜에서 백성으로 더불어 언약을 세우고 그들을 위하여 율례와 법도를 베풀었더라(수 24:1, 25)

3) 그때 이스라엘에 왕이 없으므로 사람이 각기 자기의 소견에 옳은 대로 행하였더라(삿 21:25)

4) 칼 야스퍼스, 니체와 기독교, 이진오 역 (서울: 철학과 현실사, 2006), 18.

왜 이런 일이 생겼는가? 그 근본적인 이유가 무엇인가? 찰스 다윈은 케임브리지 대학의 신학생이었다. 그렇게 열심히 신앙생활을 하며 목사가 되기 위해 신학을 공부했던 사람이 어떻게 그런 길을 가게 되었는가? 마르크스도 베를린 대학에서 신학을 전공했던 사람이다. 그런데 어떻게 공산주의자가 되었는가? 니체는 목회자 집안이었다. 아버지는 루터교 목사였으며 어머니도 목사의 딸이었다. 이런 목회자의 가정에서 자라난 니체는 목사가 되는 것이 꿈이었다. 니체가 변질된 이유는 어린 시절 니체에게 심겨진 기독교의 핵심진리가 잘못 이해되어졌기 때문이다. 그는 라이프치히 대학에서 공부하면서 쇼펜하우어의 사상과 바그너의 음악을 접하고 깊이 매료되었다. 샤르트르는 니체의 이런 변질을 다음과 같이 말했다.

> 믿음을 통해 구원을 받는다는 말이 뜻하는 것은 지식이 아니라 믿음이 행복을 가져올 수 있다는 것이다. 신이 인간이 되었다는 것은 인간이 무한한 것 속에서 최고의 행복을 찾아서는 안 되고, 이 지상 위에 인간의 하늘나라를 세우자는 것을 나타낸다.5)

이런 변질된 복음을 누구로부터 들었는가? 이 세상의 멘탈리티에 오염된 그 부모와 그 세대의 목회자들로부터 들었다. 교회도 성경의 진리에서 떠나 세상의 철학과 사상에 오염이 되어 이 지상에서 누리는 행복이 전부인 것처럼 전했다. 지금도 얼마나 이런 일들이 자행되고 있는가! 무신론적 실존주의자인 샤르트르의 눈에도 보이는 것을 왜 기독교인들의 눈에는 안 보이는가? 거짓된 복음에 오염된 멘탈리티에 빠져 있기 때문에 못 보게 되고 안 보이게 된다.

도래하는 초영성시대

이제 이 지구촌은 초영성 시대 속에 살아가고 있다. 미래학자 패트리셔 애버딘은 이렇게 말했다.

> 이 시대 최고의 메가트렌드megatrend는 영성에 대한 탐구이다. … 이제부터 우리가 영적이라 부르려 하는 것은 내적인 평화, 명상, 웰빙, 기도, 관계 중시, 삶의 목적, 미션과 같은 단어 중 하나일 것이다. … 수백만의 사람들이 개인적 성장, 종교, 명상, 요가 등을 통해 자신들의 삶에 영성을 받아

---

5) 같은 책, 22-23; 〈소년 니체는 다음과 같이 적기도 한다: "대중들이 기독교 전체가 가설들 위에 성립돼 있다는 사실을 깨달았다면, 즉 신의 현존과 영혼의 불멸성과 성경의 권위와 초월적 영감이라는 것이 의심스럽게 될 수도 있다는 사실을 깨달았다면, 이제 대전환이 임박한 것이다. 일찍이 나는 모든 것을 부정하려 했다. 오! 깨부숴 없애기는 쉬울지어다! 그러나 개량하며 완성해 나가라!" 초창기에 이 소년이 가설적으로 그리고 망설임과 심사숙고를 통해 내뱉은 말들은 표현상 변화를 보인다. 즉, 우선 무엇보다도 당혹감 가운데 격정이 표현되고, 그 후 투지에 사로잡힌 열정이 드러난다. 그러나 처음부터 근본적 입장은 어린 니체의 마음속에 있었고, 그것은 변하지 않은 채 그 후로도 지속된다.〉

들이려 노력하고 있다.

영적 변화는 삶을 근본적으로 바꾸어 놓는다. 때문에 어떤 장벽에 부닥친다고 해도 영적인 삶 이전의 방식으로 돌아가진 않는다. … 프로젝트나 목적, 미션, 그리고 이 세상에서 우리가 얻은 깨달음을 필요로 하는 곳에 투입하라. 사실 사람들이 체화한 영적인 힘은 이미 조직에 반영되고 있다. 비즈니스에서도 마찬가지이다. 개인적 차원에서 촉발된 영적인 변화는 이제 사적인 영역은 물론 제도적인 영역으로까지 넘쳐흐르고 있는 것이다.[6]

미래학자가 말해서가 아니라 영성은 이미 현실에 뿌리를 깊이 내리고 있다. 초영성 시대란 무엇인가? 일상생활 속에서 신성(神性)을 경험하는 시대를 말한다. 물질적인 가치보다 영적인 가치를 추구하는 시대를 뜻한다. 초영성시대는 성(聖)과 속(俗)을 구분하지 않는다. 양진영을 다 거룩한 신성의 영역으로 생각하며 일상의 영성을 추구한다. '만물일체', 곧 온 우주와 연결된 신성한 인간으로 인식하며 신성을 체험하는 삶을 추구한다. 문제는 이런 것이 교회 안으로 밀려와서 교회 안에서도 '일상의 영성'을 외치고 있다는 것이다. 목회자와 성도들은 분별없이 받아들이고 있다. 교회는 영지주의화 되어가고 있으며 이미 신비주의 영성으로 장악되었다.

멘탈리티(mentality), 핵심키워드, 의미와 통일성

교회는 이 시대의 멘탈리티(mentality)가 무엇이며, 그 멘탈리티가 가지는 핵심 키워드가 무엇인지 분석하고 분별하여 성경의 진리만이 참된 생명이며 참되고 영원한 의미[7]와 통일성[8]을 제공한다는 것을 말해야 한다.[9]

---

6) 패트리셔 애버딘, 메가트렌드2010, 윤여중 역 (서울: 청림출판, 2006), 33-34, 38-39.
7) 위키피디아 사전에서; 〈인생의 의미는 삶, 또는 전반적인 실존의 목적과 의의(意義)를 다루는 철학적 의제를 구성한다. 이 개념은 다음과 같은 질문들로 표현할 수도 있다. "우리는 왜 여기에 있는가?", "삶이란 무엇인가?", "모든 것의 의미는 무엇인가?" 역사적으로 이 문제는 많은 철학적, 과학적, 신학적 고찰의 대상이 되어 왔고, 다양한 문화와 이데올로기를 기반으로 하는 수많은 답변들이 존재한다. 인생의 의미는 철학 및 종교에서 다루는 실존, 의식, 행복에 대한 개념과 깊게 연관되어 있다. 또한, 상징적 의미, 존재론, 가치, 도덕, 선악, 자유의지, 신에 대한 개념, 신의 존재여부, 영혼, 사후세계 등의 문제와도 연관되어 있다. 과학은 이 세계에 대한 경험적 관찰을 통해 여러 가지 사실을 밝혀냄으로써, 앞의 문제들에 대한 설명에 간접적으로 기여한다. 좀 더 인간 중심적인 접근이 "나의 인생의 의미는 무엇인가"라는 질문도 가능하다. 궁극적인 진실, 통일성, 또는 성스러움에의 도달이 삶의 목적에 대한 질문의 가치일 수 있다.〉
8) 통일성(統一性)이란 "다양한 요소들이 있으면서도 전체가 하나로서 파악되는 성질"이다. 통일성에 대한 개념은 의미에 대한 개념과 더불어 오늘날 거의 소개되고 있지 않다. 사실은 이것이 현대인의 비극이다. 그러나 성경은 사람을 창조한 이후로부터 의미와 통일성에 대해서 계속해서 말해 왔다. 성경에서 통일성에 대한 개념은 언약에서 가장 잘 드러나고 있다. 하나님은 자기 백성과 언약으로 연결하시며 그 백성들도 언약 안에서 하나로 연결된다. 하나님께서 우리를 구원하시려고 예수 그리스도를 십자가에 내어 주시고 부활하셨다는 것은 우리를 영원한 하나님의 백성으로 영원한 하나님의 나라로 이어주는 언약의 통일성을 제공한다. 그러나, 세상은 아무것도 없다! 공허하되 채울 수가 없다! 통일성을 잘 이해하기 위해서는 '퍼즐 맞추기'나 '구슬이 서말이라도 꿰어야 보배다'라는 속담에 잘 녹아나 있다.
9) 프란시스 쉐퍼, 이성에서의 도피, 김영재 역 (서울: 생명의말씀사, 2008), 27-29; 〈이 통일의 문제에 대하여 종교개혁은 르네상스와는 완전히 반대되는 대답을 제시하였다. 종교개혁은 아리스토텔레스주의와 신플라톤주의의 해석을 거부하였

멘탈리티(mentality)는 개인이나 집단의 사고방식 혹은 정신적 가치관을 말한다. 현대의 멘탈리티는 포스트모던의 멘탈리티요 뉴에이지의 멘탈리티다. 우리는 포스트모던과 뉴에이지 시대를 살고 있기 때문이다. 이성주의의 절망, 실존주의의 한계와 불안에 이어 1960년대에 프랑스를 중심으로 포스트모더니즘, 즉 탈근대화운동이 발생하였다. 포스트모더니즘이란 근대의 이성주의 신앙을 해체하자는 사상운동이다. 그로 인해 정치, 사회, 문화, 철학, 종교와 일상에 이르기까지 사고방식의 심각한 전환을 가져왔다.

먼저, 좌익(민중민주)진영에게 포스트모던이란 무엇인가? '포스트-'는 '脫', '모던'은 '자본주의'. 즉, 포스트모더니즘은 '脫근대', 한마디로 '마르크스주의적인 공산혁명 기획'이었다. 순수문학 진영의 포스트모더니즘은 모더니즘계열 현대예술의 독자성의 연장이다. 신학의 포스트모더니즘은 '종교다원주의'와의 연결이었다.10) 그것은 다른 영역들도 마찬가지다.

이제는 포스트모더니즘이 종말을 고하고 이미 뉴에이지 초영성시대에 들어와 있다. 이런 시대의 핵심 키워드는 신성한 내면아이와 구상화다. 내면아이는 인간이 신성하다는 것이며, 그 신성함을 계발시키는 방법이 구상화다. 이 핵심키워드를 알면 누가 무슨 소리를 해도 정확하게 구분할 수 있다. '신성한 내면아이'와 '구상화'는 모든 시대의 멘탈리티를 꿰뚫는 핵심키워드다.11) 이 두 가지를 알면 분명한 방

___

다. 종교개혁자들이 주장하는 대답은 무엇인가? 이들에 의하면 로마 가톨릭 교회에서 자라나는 묵은 인본주의와 자율적인 인간으로 풀어 놓아 주는 불완전한 타락을 말하는 아퀴나스의 신학에서 문제점이 싹트게 되었다는 것이다. 종교개혁은 성경에서 말하는 전적 타락(a total Fall)을 인정하였다. 전인(全人)이 하나님에 의하여 지음을 받았으나, 지금은 지정의를 포함한 전인이 타락한 상태에 있다는 것이다. 아퀴나스와는 반대로 오직 하나님만이 자율적이라고 주장했다. 이것은 두 가지 면에서 진리였다. 첫째로, 최종적 권위면에서 볼 때 자율적인 것은 아무것도 없다. 종교개혁자들은 궁극적이며 충분한 지식은 성경에 있다고 주장했다. 다시 말해, 교회나 자연 신학 등 다른 어떤 것을 성경과 동등하게 여겨 성경에 첨가하는 견해와는 달리, 성경만이 있을 뿐이라는 것이다. 둘째로, 구원 문제에서 인간이 자율적이라는 것을 찾아볼 수 없다. 로마가톨릭에서는 구원을 얻는 데에 두 가지 노력이 필요하다고 한다. 즉 우리의 구원을 위한 그리스도의 죽으심과 인간이 그리스도의 공로를 받을 자격을 갖추는 일, 이 두 가지가 겸비되어야 한다는 것이다. 따라서 여기에는 인본주의적 요소가 개입되었다. 종교개혁자들은 인간이 할 수 있는 일은 아무것도 없으며, 인간의 자율적이거나 인본주의적인 노력, 또는 종교적이거나 도덕적인 노력으로는 구원을 얻을 수 없다고 말한다. 즉 그리스도께서 역사의 시공간에서 죽으심으로 완성하신 사역을 근거로 해서만 사람은 구원을 얻을 수 있다는 것이다. 구원을 얻는 유일한 길은 믿음으로 빈손을 들고, 하나님의 은혜로 하나님의 선물을 받아들이는 데에 있다. 즉 믿음으로만 가능하다. 그러므로 이러한 영역에는 분열이 있을 수 없다. 궁극적인 규범이 되는 지식에는 분열이 없다. 다시 말하면 교회나 자연 신학이 말하는 것과 성경이 말하는 것이 달라서도 안 되고, 성경과 합리주의자들의 견해가 차이가 나서도 안 된다. 구원 문제에 대해서는 분열이 있을 수 없다. 오직 성경과 믿음만이 있을 따름이다.〉

10) https://www.facebook.com/litdoc/ (2013.10.1)
11) 필자의 책 『내적치유와 내면아이』, 『내적치유와 구상화』를 먼저 읽고 '신성한 내면아이'가 무엇인지 분명하게 파악하기 바란다.

향성을 가지게 된다.

　사람들은 의미와 통일성에 관한 궁극적인 목마름을 해결하지 못했다. 인간은 자기 스스로 의미와 통일성을 발견하려고 수천 년 동안 발버둥을 쳤지만 헛수고에 그치자 포기해 버렸다. 그러나 포기했다고 해서 그것으로 끝나는 것이 아니기 때문에 분열이 일어났다. 그 분열을 감당하지 못하기 때문에 신비주의와 뉴에이지 영성으로 도약하고 있다. 도대체 어디에서 의미와 통일성을 찾아야 하는지 알지 못하기 때문이다. 인생의 허무와 무의미함에 시달리는 현대인들은 불안에서 벗어나고자 끊임없이 도약을 감행하고 있다. 그러나 참되고 영원한 의미와 통일성은 오직 하나님을 통해서만 주어진다.[12]

　그러므로 교회는 이 세상의 멘탈리티와 핵심키워드를 파악하고, 참되고 영원한 의미와 통일성은 오직 하나님으로부터만 주어지며, 구원은 오직 예수 그리스도를 통하여 이루어진다는 것을 바르게 알고 믿도록 성경을 가르쳐야 하며, 그 성경의 핵심 교리부터 바르게 가르쳐야 한다.[13]

　성경은 성도에게 허락하신 예수 그리스도의 생명이 무엇인지 말해주며, 그 생명은 우리의 삶에 영원한 의미와 통일성으로 그 생명력을 나타낸다. 교리는 신구약 성경 66권, 1,189장의 핵심적인 내용을 요약한 것이다. 그러므로 교회는 성경과 교리를 오고 오는 세대에 바르게 가르쳐야 한다.[14]

　성경적인 교리문답의 시작은 개혁의 첫 주자가 된 마르틴 루터였다. 칼빈은 교

---

12) 헤르만 바빙크, **개혁교의학2**, 박태현 역 (서울: 부흥과개혁사, 2011), 379-380; "… 인간 본성은 두 가지 성격을 지닌다. 즉, 각 사람 안에서 인격성으로 전개되는 것과 인류 안에서 많은 개인들로 전개되어 이 둘이 합해서 또한 다시 통일성, 한 인격성을 형성하는 것이다. 이는 마치 그리스도가 교회와 더불어 단 하나의 온전한 사람인 것과 같다(고전 12:12; 엡 4:13). 인류 안에서 다른 것이 될 수 없는[이중적일 수밖에 없는] 이러한 이중적인 전개는 하나님 안에서 단일하다. 하나님의 존재가 인격성으로 전개하는 것은 하나님의 존재가 위격들로 전개하는 것과 상응한다. 삼위는 존재 안에서, 존재로부터, 존재를 통해, 존재 내부에서 완전한 자기 전개를 이룬 단 하나의 신적 인격성이다."
13) 자카리아스 우르시누스, 하이델베르크 교리문답해설, 원광연 역 (서울: 크리스챤다이제스트, 2006), 56-58; 우르시누스는 요리문답을 가르쳐야 하는 이유를 9가지로 말한다. 1) 그것이 하나님의 명령이기 때문이다. "그것을 너희의 자녀에게 가르치며"(신 11:19). 2) "어린아이들과 젖먹이들의 입으로 권능을 세우심이여"(시 8:2)라는 말씀처럼, 성인들만이 아니라 어린아이들도 하나님을 올바로 알고 경배할 것을 하나님의 영광이 요구하기 때문이다. 3) 우리의 위로와 구원 때문이다. 4) 사회와 교회의 보존을 위하여 있어야 한다. 5) 모든 사람들이 사람들의 갖가지 생각들과 독단들에 대해 올바로 판단하고 결정할 수 있도록 바른 규칙과 표준을 아는 일이 필요하다. 6) 요리문답을 적절히 공부하고 배운 사람들은 이따금씩 듣는 설교들을 더 잘 깨닫고 분별하게 된다. 7) 사고력이 부족하고 교육을 받지 못한 자들에게 적합하도록 수준을 맞춘다는 점에서 요리문답 교육이 중요하다. 8) 소년기의 자녀들과 무식한 자들을 이단적인 자들과 속된 이교들에게서 분리시키는 목적을 위해서도 요리문답이 필요하다. 9) 교사로 사역해야 할 사람들에게도 요리문답 지식이 특별히 중요하다.
14) 혹자들처럼 '신앙의 전수'가 일어나는 것이 아니다. 신앙의 전수 개념은 유대적 개념이다. 성경은 개개인이 하나님 앞에서 '회심'할 것을 말한다.

회 개혁을 위해 어린이 교리 교육을 매우 강조했다. 1541년 제네바로 다시 돌아온 칼빈이 제출한 『제네바 교회법』에 따라 어린이들을 위한 교리 교육을 시행했고, 더 효과적으로 교육하기 위하여 『제네바 교리문답서』를 만들었다. 이후로 개혁 교회 안에는 30여 개의 신앙고백서와 교리문답서가 만들어졌다. 소교리문답은 영국 의회의 요청에 따라 웨스트민스터 사원에서 1643년 7월 1일부터 1694년 2월 22일까지, 개최된 웨스트민스터 신학자 총회에서 만들어졌다.[15] 소교리문답은 사도신경, 십계명, 주기도문을 가르친다.

학교에서 무엇을 가르치고 배우는가?

부모세대와 자녀세대는 생각하는 멘탈리티가 다르다. 그 멘탈리티의 가장 중요한 핵심은 진리에 대한 생각, 진리관 자체가 바뀌었다는 것이다. 세상의 멘탈리티에 오염되어 진리관이 바뀌고 세계관이 전환되어 있다.

이제는 초등학교 시절부터 철학을 배우고, 보다 본격적으로는 중·고등학교 시절부터 니체와 마르크스를 배우게 된다. 반기독교적인 철학과 사상을 배우게 된다. 교회에서 가르치는 말씀과 학교에서 가르치는 철학과 세상의 사상들이 정면으로 충돌한다. 그렇게 신실하게 믿어왔던 하나님을 인간의 상상력의 결과로 전락시켜 버린다. 하나님 중심이 아니라 인간 중심으로 세계관이 바뀐다. 그런데도 아무렇지도 않은 듯이 교회에 출석해서 예배를 드린다. 어른들은 교회에 출석하고 예배를 드리고 있기 때문에 신앙이 좋은 학생으로 생각한다. 그러나 그 내면에서 무슨 일이 일어나고 있는지 전혀 모른다. 그들이 교회를 다니지만 실상은 불가지론자[16]들이거나 이원론자들이다.

사람들을 변질시키는 대표적인 인물이 니체와 마르크스다. 니체는 기존의 철학과 삶의 방식을 완전히 뒤집으려고 했던 사람이며,[17] 마르크스는 그런 기초에서

---

15) 총회는 5가지 문서를 완성하였다. 1) 하나님을 향한 공적 예배를 위한 지침(1644년) 2) 장로교 교회 정치의 형태 (1645년) 3) 웨스트민스터 신앙고백(1647년) 4) 대교리문답(1647년) 5) 소교리문답(1647년)

16) 위키피디아 사전에서, 불가지론(不可知論, Agnosticism)은 몇몇 명제(대부분 신의 존재에 대한 신학적 명제)의 진위 여부를 알 수 없다고 보는 철학적 관점, 또는 사물의 본질은 인간에게 있어서 인식 불가능하다는 철학적 관점이다. 이 관점은 철학적 의심이 바탕이 되어 성립되었다. 절대적 진실은 부정확하다는 관점을 취한다. 불가지론의 원래의 의미는 절대적이며 완벽한 진실이 존재한다는 관점을 갖고 있는 교조주의(敎條主義)의 반대 개념이다.

17) 이광래, 방법을 철학한다 (서울: 지와사랑, 2008), 100-101; "쇼펜하우어가 힌두이즘(Hindusim)을 짝사랑하는 브라만주의(Brahmanist)였다면 니체는 애증병존(愛憎竝存)의 불교주의자였다(Buddhist). … 실제로 니체는 자신의 논증을 변호하기 위한 수단으로 불교를 참조했을 뿐만 아니라 서양의 철학과 기독교적 가치를 난도질하는 칼로써, 즉 기독교 전통의 파산을 폭로하는 도구로써도 불교를 동원했다. … 니체에게 불교는 미학적이며 실용적인 외양을 엄격하게 고수하는 유일한 종교였다. … 니체는 서양철학자 가운데 매우 충실한 불교예찬론자였다. 심지어 그는 예찬을 넘어 자신이 '유럽의

니체가 말하는 그런 삶을 실제로 살도록 만들려고 했던 사람이다. 적극적이고 긍정적인 삶을 살려고 해도 사회와 세상이 그렇게 못살게 만든다면, 구조적으로 세상을 바꾸어 인간의 삶을 적극적으로 살도록 해야겠다고 생각한 사람들이다.[18] 하지만, 니체와 마르크스의 이론은 환상으로 끝나고 말았으며, 공산주의의 몰락으로 마르크스주의가 역사 속에서 거부되었다. 그런데도 여전히 북한의 군사적 위협과 도발이 계속되고 있는 대한민국의 이 특수한 상황 아래서도 교실과 사회에서 니체와 마르크스를 학습하며 찬양하는 일이 계속해서 일어나고 있다. 니체와 마르크스를 가르치는 사람들은 그들의 사상으로 인해 죽은 사람들, 이루 말할 수 없이 죽어간 수많은 생명에 대하여 침묵하거나 정당화한다. 더 심각한 문제는 그렇게 세상 철학을 추종하는 일들이 교회 안에서도 진행되고 있다는 사실이다.

이것은 이미 마르크스주의가 교조화 되었다는 것을 말해 준다. 교조화 되었다는 것은 비판 없이 맹목적으로 추종한다는 뜻이다. 사람들은 마르크스가 자신의 이론을 하나의 이데올로기로 생각하는 것을 거부했다고 믿지만 그것은 정말 순진한 발상의 결과다. 이데올로기란 무엇인가? 그것은 인식과 관점을 지배하는 것이고, 경험을 만들어 내는 논리체계다. 이데올로기와 무관한 의식이란 없다. 마르크스의 논리도 하나의 이데올로기인 것은 당연한 것이다. 그러나 마르크스의 이데올로기는 하나의 원리나 철학이 아니라 종교가 되어버렸다! 거기에 이견이나 반대를 말하는 사람은 반동으로 죽어나갔다.

우리는 분명하게 알아야만 한다.[19] 거센 비바람을 이겨낸 500년 된 거목이 어느 날 작은 바람에 쓰러졌다. 왜냐하면 밑동이 썩었기 때문이었다. 병력 115만 명, 해군력 세계 3위, 공군력 세계 4위, 자유월남군이 있었다. 그런데 전투복도 전투화도 없던 불과 40만 명의 공산 월맹군에게 힘없이 무너지고 말았다. 왜 그랬는가? 제2대 주월 한국군 사령부 총사령관이었던 이세호 장군은 다음과 같이 말한다.

> 월남이 망한 것은 내부적인 문제로 망한 것이지 군사력 때문에 망한 것이 아니에요. 침투되어 있는 적, 그것 때문에 망한 것이에요. 또, 월남 고관들의 부정부패, 민심 이반 행위 …,[20]

당시 공산 월맹이 구사한 전술은 이른바 「통일전선전술」이었다. 6,000명의 정

부처가 될 것'이라고 주장할 정도였다."
18) http://www.youtube.com/watch?v=zKzmSrz4u-c&feature=related
철학, 예술을 읽다-조광제 교수의 강의 중에서(12분 24초-13분32초)
19) http://youtu.be/79InX1AbNjM; 실상을 제대로 알리기 위해 「종북세력의 실체」 전문을 옮겨왔다.
20) http://blog.naver.com/jgs0207/20145295636

예공산당원들을 월남에 침투시키고, 민족을 내세워 월남의 종교인, 지식인 언론인 등을 배후에서 조종했으며, 반미, 반정부 시위를 주도했다. 결국 국론은 사분오열되고 미군은 철수하고 적에 대한 경계심마저 무너졌다. 불과 2년 후 월맹군이 공격하자 월남의 전투기 조종사는 자기가 지켜야 할 월남 대통령 궁을 향해 기수를 돌리고 맹렬한 폭격을 가했다. 그렇게 자유월남은 1975년 지구상에서 영원히 사라지고 말았다.

월남 패망 후에 충격적인 진실들이 드러났다. 시위를 주도한 종교지도자가 공산주의자였고, 제1야당 지도자가 간첩이었으며, 대통령 정치 고문이 간첩이었으며, 심지어 정부기관과 군대에까지 간첩들이 침투해 있었다.21) 그 대가는 참혹했다. 600만 명이 학살당하고 106만 명은 보트피플22)이 되었다.

더 명심해야할 사실이 있다. 공산 월맹에 협조했던 자들이 가장 먼저 처형을 당했다는 사실이다. 왜냐하면 한 번 변절한 사람은 다시 변절할 수 있다는 이유 때문이었다.

독일은 또 어떻게 했는가? 동서독이 통일된 이후에 매국 세력을 어떤 기준으로 처벌했는가? 독일이 통일되고 동독의 KGB문건이 서독에 넘어가서 모든 이적행위가 노출되었다. 통일독일에서는 동독사람으로 동독을 위해서 간첩 활동을 했던 사람을 비롯해서, 서독 사람으로 동독을 위해서 일한 사람들까지 '보안법'에 의해서 전부 재판에 회부하였다.

남북한이 자유민주주의로 통일되면 가장 두려워할 사람들이 누구인가? 북한이 가지고 있을 대한민국 국민 중 북한을 위해서 일한 사람들의 명단이다. 그것을 막기 위한 것이 '국가보안법철폐'다.

그렇다면 지금 우리는 어떤가? 월맹의 「통일전선전술」을 그대로 답습하고 있다. 북한은 끊임없이 간첩을 침투시켜 오고 있다. 만천하에 드러난 왕재산 간첩단

---

21) http://www.konas.net/article/article.asp?idx=7225; 〈20세기 공산주의 대학살 연대기(年代記) ③. 5만여 명의 간첩, 민족주의자·평화주의자로 위장-이들은 호치민이 1930년 2월에 창당한 베트남 공산당, 베트남 민족해방전선 의장인 웬투토가 1962년 1월에 창당한 인민혁명당에서 침투시킨 조직원들이다. 패망 당시 베트남에는 공산당원 9500명, 인민혁명당원 4만 명, 즉 전체 인구의 0.5% 정도가 사회의 밑뿌리를 뒤흔들고 있었다. 5만여 명의 월맹간첩들은 민족주의자, 평화주의자, 인도주의자로 위장한 채 시민·종교단체는 물론 대통령비서실장과 장관, 도지사 등 권력핵심부를 장악하고 있었다. 그러나 이들이 간첩이었다는 사실은 미군의 전면철수 후 베트남패망으로 수많은 시민들이 죽어간 이후에나 확인됐다. 1967년 치러진 베트남 대통령 선거에서 차점으로 낙선된 야당지도자 쭝딘쥬도 대표적인 간첩이었다. 그는 "외세를 끌어들여 동족끼리 피를 흘리는 모습을 조상들이 얼마나 슬퍼하겠냐"며 월맹에 대한 포용정책을 주동했다. 간첩들이 가장 많이 침투했던 것은 시민·종교단체의 부패척결운동과 反美·反戰평화운동이었다. 그리고 이들이 선전선동을 통해 대중적 지지기반을 확대해가면서, 국방과 안보를 강조하는 사람은 전쟁에 미친 또는 정신 나간 사람으로 취급받았다.〉

22) 자유월남 패망 후 공산정권을 피해 보트를 타고 고국을 탈출한 월남인들을 말한다.

사건,23) 북한의 지령에 따라 국가 보안법 철폐, 주한미군 철수, 반정부 시위를 배후에서 조종했다. 그리고 사이버 공간까지 침투했다. 친북 사이트가 120여 개, 북한 찬양 게시물이 무려 8만여 건이나 된다. 대기업 간부가 종북24)카페를 운영하고 병무청 공무원이, 학교 교사, 심지어 항공기 기장까지 북한 정권을 찬양하는 현실이다.

오늘날 사람들은 잊어가고 있거나 모르고 있다. 1958년 31명을 태운 창랑호가, 1969년 51명을 태운 KAL기가 북한에 피랍된 이유를 말이다. 그것은 "고정간첩" 때문이다.

현재 북한은 기근과 인권유린과 세계의 웃음거리가 된 3대 세습으로 수많은 사람이 탈출하는 인간 생지옥이다! 탈북 방랑시인 백이무 씨가 쓴 『꽃제비의 소

---

23) http://ko.wikipedia.org/wiki/왕재산_사건/ 「왕재산 사건」, 2011년 7월 8일, '북한 225국(옛 노동당 대외연락부)의 국내 지하당' 조직 총책으로 10여 년간 인천지역을 중심으로 활동하며 북한에 국내 정세를 보고한 혐의로 IT업체 대표 김모 씨를 구속했다. 국정원은 묵비권을 행사하고 있는 김 씨의 컴퓨터 파일에서 단서를 찾아내 민노당 전 당직자, 미디어 업체 대표 유모씨 등 4명을 국가보안법 위반 혐의로 구속했다. 초기에 '일진회' 사건으로 알려졌으나 7월말 사건 보도시에는 왕재산 사건으로 이름이 달라졌다. 1심에서 무죄로 판단한 국보법상 반국가단체 결성 혐의에 대해서는 "증거가 부족하다"며 항소심 재판부 역시 무죄로 판단했다. 또 이적표현물 소지와 북한공작원과의 통신·회합 등 1심이 유죄로 판단한 일부 혐의 역시 무죄로 봤다.

24) http://blog.daum.net/pre-agora/169; 「종북세력의 의미와 특징」, 양동안. 종북세력은 '북한 정권을 추종하는' 사람들을 말한다. '추종'은 의식과 행동 면에서 존경·동조·지시수행의 3 가지 요소로 구성된다. 어떤 사람이 특정 인간이나 단체를 '추종'한다는 것은 그 특정 인간이나 단체를 존경하고, 특정 인간이나 단체의 노선과 정책에 동조하고, 특정 인간이나 단체의 지시·주문을 수행하는 것을 뜻한다. 따라서 종북세력, 곧 북한 정권 추종세력은 '북한 정권을 존경하고, 북한 정권의 노선과 정책에 동조하고, 북한 정권의 지시·주문을 수행하는' 사람들을 뜻한다. 종북세력의 특징은 위에서 말한 종북세력의 의미로부터 쉽게 도출된다. 종북세력은 북한정권을 추종하기 때문에 말과 행동에 있어서 북한정권을 존경하고, 북한정권의 노선과 정책에 동조하고, 북한정권의 지시나 주문을 수행하는 특징을 나타낸다. 그러한 특징을 좀 더 구체적으로 기술하면 아래와 같다. '북한 정권에 대한 존경'으로 인해, 종북세력은 말과 행동에 있어서 두 가지 특징을 나타낸다. 그 하나는 △북한 정권의 건립, △북한의 통치체제-통치자-통치방식, △북한정권 및 북한 통치자의 각종 정책과 조치 등을 긍정적으로 말하거나 찬양하고, 정면으로 분명하게 비판하는 일은 결코 하지 않는 특징을 나타낸다. 다른 하나는 북한의 빈곤상이나 인권유린 상황을 현실대로 인정하지 않거나, 인정할 경우에는 그것이 북한 정권이나 통치자의 잘못 때문에 초래된 것이 아니라 미국이나 대한민국 등 외부세력의 잘못 때문에 초래된 것으로 변호한다. '북한 정권의 노선과 정책에 대한 동조'로 인해 종북세력은 말과 행동에 있어서 북한정권의 중·장기적 노선과 정책을 노골적으로 지지하거나 그에 부합하는 방향으로 말하고 행동하는 특징을 나타낸다. 예를 들면, 북한 정권의 남한 혁명론(혁명목표, 혁명투쟁의 전략과 전술)을 수용·실천하고, 북한 정권이 제시한 통일방안을 지지하고 그에 호응하는 방향으로 언행한다. 이러한 '동조'는 노골적으로 자행되기도 하고 은근한 방식으로 자행되기도 한다. '북한 정권의 지시·주문을 수행하려는 의지로 인해 종북세력은 각 시기에 있어서 남한의 당면 문제나 북한의 행위 정당화 선전에 관련된 북한 정권의 단기적인 지시·주문을 수행하는 특징을 나타낸다. 북한 정권의 단기적인 지시나 주문은 북한 정권의 방송이나 신문 및 '우리민족끼리'와 같은 인터넷신문 등을 통해 공개적으로 전달되기도 하고, 간첩 및 인적 연결망과 비밀 통신 등을 통해 비공개적으로 전달되기도 한다. 어떤 사람이 언행에 있어서 위에서 기술한 바와 같은 특징들을 모두 나타내면 종북인사임이 틀림없고, 그런 특징들의 대부분을 나타내면 종북인사일 가능성이 농후하다. 그런 사람들로 구성된 세력이나 그런 사람들이 지휘하는 세력은 종북세력이다.〈2012. 7. 8.〉

원』, 『이 나라에도 이제 봄이 오는가』를 읽어 보면 그 처참한 상황에 살이 떨린다! 그런데 그런 북한의 독재와 인권 실상을 철저히 침묵한 채 북한을 맹목적으로 추종하고 주체사상을 신봉하는 내부의 적이 이 남한 땅에 있다. 그런데 예수님을 믿는다고 하면서도 이런 일에 동조하는 기독교인들이 있다는 것은 통탄할 일이다. 주월 한국군 사령관이었던 채명신 장군은 이렇게 말한다.

> 전쟁의 교훈을 똑똑히 배워야 되는 겁니다. 제가 걱정하는 것이 그것입니다. 월남이 패망할 때 상황이 지금 우리 돌아가는 상황과 똑같아요. 그래서 위험하다는 겁니다.[25]

나는 보수의 방패가 되려는 것도 아니고 진보의 칼이 되려는 것도 아니다.[26] 하나님의 말씀을 바르게 가르쳐 하나님의 백성다운 삶으로 살아가자는 것이다. 어떤 이념도 어떤 사상도 성경보다 더 높은 자리에 두어서는 안 된다. 현대교회가 왜 이렇게 혼합주의와 영성에 침몰하고 있는지, '왜 이런 현실에 오게 되었는가?' 하는 반성과 비판이 있어야 한다. 동시에, '그러면 우리는 어떻게 살아가야 하는가?'를 성경대로 가르치고 올바르게 교리를 가르쳐야만 한다. 그렇게 가르치기 위해 우리는 현실을 똑바로 직시하고 성경대로 나아가야 한다.

1) 기독교 신앙이 종교적 영역으로 축소되었다
오늘날 신앙은 종교에 관한 일로 축소되었다. 신앙이 삶을 지배하는 원리로는 의미를 상실해 버렸다. 정치, 사회, 문화, 종교와 같이 하나의 분리된 영역으로 자

---

25) http://blog.naver.com/jgs0207/20145295636
26) http://www.youtube.com/watch?v=-_LDbf4JC8Q 김성욱, 「좌파/우파가 대체 무엇인지 알고는 있는 것인가?」 "… 좌익, 우익은 시장경제를 인정하느냐 안 하느냐로 보는 거고, 보수는 뭐고 진보는 뭐냐? 언제나 좌익이 진보되고 우익이 보수가 되는 게 아니에요. 진보하고 보수는 조금 더 폭 넓은 개념이에요. 보수, 진보는 여러 가지 가치들에 대해서 판단을 하는 겁니다. 진보는 이 세상에 어떤 절대적인 진리가 없다고 봐요. 언제든지 변화해야 한다는 변화의 스피드에 대한 욕구가 굉장히 강해요. 그러나 보수는 변하지 않는 진리가 있다고 봐요. 그래서, '이거는 지켜야 된다'는 거예요. 이게 핵심가치입니다. 보수를 한국에서는 '꼴통'으로 등치시키는데 외국 가면 아주 우스운 얘깁니다. 보수는 핵심가치, 신(神), 도덕, 가족, 질서, 성, 윤리, 예를 들면 동성애 같은 경우, '동성애는 안 된다' 라고 하는 자들은 다 보수주의자들입니다. 보수는 수구와는 다르다. 보수는 핵심가치를 지키면서 변화를 추구하는 것이고 수구는 무조건 내가 가지고 있는 것을 지키자고 하는 겁니다. 진보는 혁명을 추구합니다. 프랑스 혁명이 대표적입니다. 보수는 가만히 있는 거냐? 아니에요. 핵심가치만 지키면 변화를 계속 추구합니다. 그래서 에버루션(evolution)이라고 합니다. 그런데 한국에서는 북한과 대치하면서, 진보, 좌익, 우익, 보수 같은 동그라미 안에 들어가 버립니다. 한국적 현상입니다. 미국에도 진보, 좌익, 우익, 보수가 다 있는데, 미국의 진보, 보수는 다 우익들입니다. 공화당 민주당이 다 기본적으로 시장경제를 인정하는 사람들입니다. 한국에서 진보라고 하는 사람들은 희한하게도 북한의 영향을 받아서 사회주의를 지향하는 진보들이 너무 많아요. 그러나 미국, 원래 사전적인 진보라고 하는 사람들은 시장경제를 인정하는 우익들이에요. 그래서 공화당 민주당을 다 시장경제를 인정하는 자유주의(liberalism)입니다. …"

리 잡게 만들었다. 지나간 세월 속에서 기독교는 이상하게 변질되었다. 예수님을 믿는 신앙을 예수 믿고 천국 가는 종교의 영역으로만 만들어 놓았다. 우리의 실제 삶과는 거리가 멀고 다만 영혼의 문제, 구원의 문제를 해결하는 종교인이 되어 버렸다.

그 결과 신앙과 삶에 분리가 일어났다. 종교적인 일로, 곧 교회 안에서는 너무나도 거룩하나 한 걸음만 발걸음을 옮겨 현실로 나가면 세상 사람과 동일한 삶을 살아간다. 구원받은 성도로서의 삶과 불신자들의 삶에는 아무런 차이가 없다. 굳이 차이가 있다면 주일날 교회에 가서 예배드리는 것뿐이다. 그러나 성도는 삼위일체 하나님을 참되게 섬기는 자로서 인격과 삶에 구별이 있어야 한다.

2) 성경적인 삶의 원리인 기독교 교리를 가르쳐야 한다

교리는 성경의 핵심적인 내용을 요약해 놓은 것이다. 성경은 창세기부터 요한계시록까지 66권인데, 그것이 무엇을 말하고 있는지 그 핵심 진리를 교리라고 한다. 그래서 교리를 바르게 알면 성경을 벗어난 엉뚱한 소리를 분별할 수 있다. 종교개혁자인 루터와 칼빈이 소교리문답과 대교리문답을 강조한 것은 중세의 로마 가톨릭이 성경에서 벗어난 길로 갔기 때문이다.[27]

그렇게 핵심적인 교리를 가르치는데 무엇이 문제인가? 교리를 교리로만 가르치기 때문이다. 교리를 배우자 그러면 사람들은 교리 소리만 들어도 고개를 내젓는다. 교리가 중요하다고 하는데, 그래서 교리 공부하자고 뚜껑을 열면 '이게 뭐야', '이게 교리 공부야', '그래서 어쩌라는 건데'? 라는 식이다. '교리' 그러면 우리의 삶과 관련 없는 것으로 생각하는 사람들이 많다. 성도의 삶은 이 세상이 말하는 삶의 원리와 다르다. 교리는 우리의 구원과 기독교적 삶의 원리를 분명하고 확실하게 말한다.[28]

---

27) 지금 우리가 공부하려는 소교리문답은 웨스트민스터 소교리문답이다. 1643년 7월 1일부터 1649년 2월 22일까지 웨스트민스터 사원에서 열린 웨스트민스터 신학자 총회에서 만들어진 것이다.

28) https://www.facebook.com/permalink.php?story_fbid=10151514261867149&id=602202148; 교리를 경시하고 생활에 치중하면 본 회퍼(Dietrich Bonhoeffer, 1906-1945)와 같은 오류가 발생한다. 생활을 무시하고 교리만을 앞세우면 죽은 정통이 된다. 삶이 우선이 되고 교리를 배척하면 도덕적인 종교로 전락하고 만다. 기도만하고 일하지 않는 거짓된 경건주의처럼 교리를 무시하고 사회개혁을 부르짖는 것은 비성경적이다. 오늘날 본회퍼를 가리켜 순교자 운운하며 떠벌리는 사람들이 많으나, 하인츠 짜른트(Heinz Zahrnt)의 말대로, "과거의 많은 순교자들은 교회의 세속화를 막기 위해 순교했으나, 본회퍼는 교회의 세속화를 위해 순교했을 뿐이다."(김의환, 현대신학개론 (서울: 개혁주의신행협회, 1989), 70.) 본회퍼의 「나를 따르라」는 실존주의 철학(키에르케고르)의 깊은 영향 아래 쓰여진 책이다. 그의 일차적인 관심은 산상수훈이 아니었다. 1934년에 본회퍼가 그의 동료에게 쓴 편지에는 다음과 같이 적혀있다. "자넨 이걸 알아야해. 아마도 자네가 놀랄지도 모르겠지만, 내가 산상수훈을 설명한 전체적인 핵심은 바로 결정(decision)에 관한 것이야."(Dramm,

3) 왜 기독교인가? 왜 예수님인가?
왜 불교는 안 되는가? 왜 싯다르타[29]는 안 되는가?

신앙고백은 세대를 이어 고백되어져야 한다. 그 옛날 출애굽 한 이스라엘 백성들에게 유월절 절기를 대대로 지키라고 명한 것 같다. 그것은 혈통적 신앙의 전수를 말하는 것이 아니라 여호와 하나님 앞에 분명한 회심으로 나타나는 것이다. 계명과 절기들을 지켜 종교적 혹은 자동적으로 전수되어지는 것이 아니라 하나님의 은혜로 회심이 일어나서 고백되어지는 신앙이다.[30]

그러면 그 신앙고백이 계속 이어지게 하는 결정적인 핵심은 어디에 있는가? 신앙생활을 이 세상의 보상으로 가르치면 부모들과 동일한 신앙고백이 될 수 없다. 오히려 이 세상의 것들이 전부가 아니며, 이 세상과 인간은 우연히 생겨난 것이 아니라 하나님께서 창조하신 피조물이며, 인간이 죄를 지어 타락했으며 그 죄로부터 회복되고 생명을 얻는 길은 오직 예수 그리스도의 대속의 은혜이며, 우리의 생명과 영혼에 참되고 영원한 의미와 통일성은 오직 여호와 하나님께 있다는 것을 가르쳐야 한다.

그러므로 믿는 부모는 성도의 싸움이 죄와의 싸움이며 영적인 싸움이라는 그 본질적인 싸움을 가르쳐야 한다. 예수님을 믿은 그 보상이 세상의 돈과 명예가 아니라, 죄와 사망에서 벗어나 하나님의 자녀가 되어 거룩과 경건의 싸움을 하고 있는 그 자체가 보상이라는 것을 가르쳐야 한다. 세상 사람들이 말하는 것과 똑같이 가르치면 세상의 열매가 맺힌다. 인과율에 기초한 것만 가르치면 인과율을 따르는 종교와 사상에 빠진다. 교화는 하나님께서 그 인과율보다 더하여 은혜로 인도하시는

---

81) 본회퍼가 강조하고자 한 것은 성서본문이 어떠한 '본질적인 윤리적 원칙'이나 '고정적인 도덕'에 의해서 규정되는 것이 아니라, 실존적인 결단에 의해서 만들어진다는 것이다. 드레임에 의하면, 본회퍼는 (그의 신학적 멘토인 바르트를 따라) 보편 구원론을 수용하였고, 영육 이원론을 거부했다. [윤리학]에서 본회퍼는 "모든 인간은 신체를 가진 존재이다. 그리고 영원히 그렇게 존재한다. 신체적인 존재가 된다는 것과 인간이 된다는 것은 분리될 수 없다."(본회퍼, 윤리학, p. 217)고 말한 바 있다. 또한 세속화를 그 누구보다 적극적으로 수용하고 받아들인 최초의 신학자다.(Dramm, 103, 211) 그는 바르트의 신학이 보수주의로 흐를 수 있는 위험을 지적했으며, 불트만의 신학(비신화화)이 보다 급진적으로 적용되지 않음을 비판했다(최경환, 현대기독연구원 전 상임연구원, 본회퍼를 좋아하는 복음주의자들에게…).

29) 네이버 지식백과(두산백과) 석가 [釋迦]: 석가모니(釋迦牟尼)·석가문(釋迦文) 등으로도 음사하며, 능인적묵(能仁寂默)으로 번역된다. 보통 석존(釋尊)·부처님이라고도 존칭한다. 석가는 샤카(샤키야, Sākya)라는 민족의 명칭을 한자로 발음한 것이고 모니(muni)는 성인이라는 의미를 가지고 있다. 즉 석가모니라 함은 본래는 '석가족(族) 또는 샤카족 출신의 성자'라는 뜻이다. 본래의 성은 고타마(Gautama: 瞿曇), 이름은 싯다르타(Siddhārtha: 悉達多)인데, 후에 깨달음을 얻어 붓다(Buddha: 佛陀)라 불리게 되었다. 또한 사찰이나 신도 사이에서는 진리의 체현자(體現者)라는 의미의 여래(如來: Tathāgata), 존칭으로서의 세존(世尊:Bhagavat)·석존(釋尊) 등으로도 불린다.

30) 너희는 이 날을 기념하여 여호와의 절기를 삼아 영원한 규례로 대대로 지킬지니라(출 12:14)

삶으로 살아가는 것을 가르쳐야 한다.

교리를 가르치는데 심리학은 그대로?

오늘날 교리를 가르치는 좋은 교재들과 해설집들이 많이 있다. 그러나 참 놀랍게도 교리를 가르치는데 교회 안에는 비성경적인 세상의 사상과 철학이 그대로 있다. 교리를 가르치는데 설교에 심리학을 섞어서 설교한다. 교리를 가르치는데 심리학에 기초한 내적치유를 하고 있다. 심리학은 단순히 학문이 아니라 종교와 영성을 가르치는 반성경적이고 반기독교적인 영역이다. 수많은 사람이 심리학의 실체를 모르고 수용 가능한 학문으로 가르치는 것은 매우 잘못된 것이다. 또한 교리를 가르치는데 종교다원주의적인 책들을 읽으라고 권한다. 교리를 가르치는데 신비주의 영성으로 하나님의 음성 듣기 훈련을 한다. 교리를 가르치면서도 CCM에 열광한다는 것은 자기가 무엇을 가르치는지 모르는 것이다!

이런 일들이 일어나는 것은 교리를 가르치지만 실제로는 성경의 본질과 이 세상의 멘탈리티가 섞여 있는 줄 모르기 때문이다. 교리를 바르게 가르친다면 신(神)이 되려 하는 종교로 나아가는 심리학을 교회가 수용하여 내적치유를 하고 설교에 포함시키는 것은 있을 수가 없다.[31] 교리공부는 성경만을 가르쳐야 하며 성경대로 살아가야 한다! 또한 교리공부는 이 세상의 종교와 철학과 사상이 말하는 것과 무엇이 다른지 분명하게 말해주어야 한다.

이 책에서는 강신주 교수의 『철학 vs 철학』[32], 남경태 교수의 『누구나 한 번쯤 철학을 생각한다』 외에도 수많은 철학자의 책들을 참고하며 비판적으로 생각한다. 강신주 교수가 말하는 인문학의 기본이자 가장 중요한 개념은 인간의 사랑, 자유다. 사랑을 자유라는 카테고리에 넣는다면, 언제나 '무엇으로부터의 자유'를 말하는 것인지 그 개념규정을 똑바로 해야 한다.[33] 진보는 자기 기득권을 챙기지 않는

---

31) 저자의 책, 『내적치유와 내면아이』, 『내적치유와 구상화』를 참고하라.

32) 강신주·지승호, **강신주의 맨얼굴의 철학 당당한 인문학** (서울: 시대의 창, 2013), 59; 강신주에게 철학은 무엇인가? "교회 다니는 사람 교회 안 다니게 할 수 있는 무기, 자본에 포섭 안 되게 할 수 있는 무기, 국가에 의존하지 않게 할 수 있는 무기, 누가 국가주의를 외칠 때 공격할 수 있는 무기"이다. 강신주는 '나쁜 사상가들'과 '좋은 사상가들'로 나누는데, 도대체 이렇게 나누는 기준은 무엇이란 말인가? 강신주는 '인문정신이란 권력과 자본정신에 저항하는 것'이라고 말한다. 그렇게 저항하는 인간, 반체제적인 인간, 자기 스타일대로 주관적으로 사는 인간, 그것을 고유명사로 사는 인간이라고 하면서 철학과 인문학을 말한다. 강신주는 '기독교를 거의 와해시켜버릴 거에요'라고 자신 있게 말한다. 강신주는 실존주의의 종말을 모르지 않을 것이다. 사도 바울이 하나님의 은혜로 회심을 했듯이 강신주도 그렇게 되기를 기도한다.

33) 자카리아스 우르시누스, 하이델베르크 교리문답해설, 원광연 역 (서울: 크리스챤다이제스트, 2006), 123-124; "자유(freedom 혹은 liberty)라는 용어는 때때로, 사람이 그의 의지로나 혹은 본성으로, 자기 스스로 선택하여 행하고자 하는 목적으로나, 혹은 정의로운 법에 대한 두려움에서나 사람의 본성에 맞는 질서를 지키고자 하는 목적으로, 혹은 우리에게

사랑이라고 목이 터져라 말한다. 그런데 진보의 현실을 보라. 자기 기득권을 챙기지 않는 진보가 있는가? 강신주 교수는 이상과 현실 사이에서 끝까지 '진보는 사랑'이라고 부르짖는다. 그것이 안 된다는 것을 언제쯤 실토하게 될까? 강신주 교수의 신성한 내면아이와 구상화는 무엇인가? 그것은 선한 인간이고 무제한의 자유다. 강신주 교수의 신성한 내면아이는 스피노자의 현실적 본질인 '코나투스(conatus)다.[34] 그러나 코나투스보다 더 깊은 실제적인 본질은 인간의 신성함에 있다.

하나님을 알아가는 공부는 하나님 앞에 무릎을 꿇는 것으로 시작해야 한다. 왜 무릎을 꿇어야 할까? 인간은 죄인이며 그 죄의 비참함에서 벗어날 수가 없으며 유한하며 한계 속에 있는 존재이기 때문이다. 엎드리되 죽은 자처럼 엎드려야 한다. 하나님께서는 그렇게 우리의 심령을 낮추셔서 하나님의 은혜와 자비하심을 베푸신다. 그 베푸심은 하나님의 말씀으로부터 오며 그 말씀으로 하나님의 생명력을 받아 누린다. 그 진리의 말씀으로 하나님의 임재를 경험하며 우리의 삶을 변화시킨다. 이 놀라운 하나님의 말씀을 평생에 배워가며 언약에 신실한 믿음의 백성들이 되기를 기도한다.

> 자랑하는 자는 이것으로 자랑할지니 곧 명철하여 나를 아는 것과 나 여호와는 인애와 공평과 정직을 땅에 행하는 자인 줄 깨닫는 것이라 나는 이 일을 기뻐하노라 여호와의 말이니라(렘 9:24)

합당하고 어울리는 유익들을 누리고자 하는 목적으로, 또한 우리의 본성에 합당치 않은 부담이나 결핍 상태를 견디는 데에는 놓임을 받고자 하는 목적으로, 다른 사람에 대해서나 어떤 사물에 대해서 갖는 하나의 관계, 능력, 혹은 권리를 의미한다. 이것을 가리켜 속박과 비참함으로부터의 자유라 부를 수 있을 것이다. 이것은 노예 상태와 반대되는 것이다. 이런 의미에서 하나님이야말로 가장 자유로우신 분이시다. 그는 아무에게도 매여 계시지 않기 때문이다. … 둘째로, 자유는 억압과 반대되는 것이요, 지성 있는 피조물의 의지의 질(質), 혹은 의지와 일치하는 본성적인 능력이다. 즉, 오성(悟性, understanding)이 제시하는 하나의 대상을 전혀 강요받지 않은 상태에서 자의로 선택하거나 거부하는 능력이다. 이때에 의지의 본질은 동일한 상태 그대로 있고, 이것저것을 자유로이 선택할 수 있고 적절하다고 판단되는 대로 행동을 자유로이 미룰 수도 있다. 마치 사람이 걷고 싶어할 수도 있고 또 걷기를 원치 않을 수도 있는 것처럼 말이다. 이는 심사숙고한 결과에 따라서 행동하는 것이요, 심사숙고한다는 것은 의지를 시행하는 고유한 방법인 것이다."
34) 네이버 지식백과에서, "인간을 비롯한 모든 사물에는 자기 존재를 유지하려는 경향이 있으며 이 힘을 '코나투스(conatus)라고 부른다."

왜 웨스트민스터 소교리문답인가?

개혁교회의 여러 교리문답서 중에서 웨스트민스터 소교리문답을 가르치는 이유는 무엇인가? 그것은 바른 신앙을 이어가는 역사적 정통성을 지켜가야 하는 것이며, 보다 더 중요한 두 가지 이유가 있다.

첫째로, 성경의 핵심 교리와 내용이 짧고 정확하게 표현되어 있기 때문이다. 그 핵심교리라는 것은 세상의 종교와 철학과는 완전히 틀린 것이다. 틀리지 않으면 공부를 해야 할 이유가 없다. 대소교리문답은 웨스트민스터 신앙고백서의 형식을 보충한 것으로, 소교리문답은 교회와 부모가 어린아이들을 훈련시키기 위해 만들어졌으며 새로운 신자들을 위해서 만들어진 것이다.[35] 더 정확하고 확실하게 가르치기 위해 웨스트민스터 소교리문답이 유익하다.

두 번째로, 객관적 관점에서 설명하기 때문이다. 하이델베르크 교리문답은 '나'의 입장에서 말하는 주관적 적용이 강하다. 웨스트민스터 소교리문답은 '우리'의 입장에서, 좀 더 객관적인 관점에서 바라보고 전개해 나간다.[36] 아이들과 새신자들에게 성경 전체의 핵심교리를 가르치기 위해서는 웨스트민스터 소교리문답이 유익하다.

우리의 자녀들로 하여금 오직 예수 그리스도를 구주로 고백하고 그 신앙에서 자라가며, 성경의 핵심교리와 객관적 접근을 통해서 세상의 철학과 혼합주의 사상들을 분별하도록 웨스터민스터 소교리문답을 가르치고 배워야 한다.

---

35) 라은성, **웨스트민스터 소교리문답**에서.
36) http://bearsfc.tistory.com/entry/왜-우리는-왜-교리교육을-하지-않나/ 임경근, "하나님께서는 우리에게 논리적으로 생각할 수 있는 능력을 주셨다. 우리의 삶을 잘 계획하고 일관되게 살면 낭비를 줄일 수 있다. 교회가 믿고 고백하는 내용도 일관성이 있고 누가 보더라도 쉽게 이해할 수 있는 논리적인 진술이 필요하다. 예를 들면 하이델베르크 교리문답은 세 부분으로 나뉘어져 있는데, 첫째는 '인간의 죄와 비참'을 서술하고, 둘째는 '인간이 어떻게 구원을 받을 수 있는가', 셋째는 '구원을 주신 하나님께 어떻게 감사를 드려야 하는가'에 대해 진술하고 있다. 죄와 구원과 감사가 논리적으로 잘 정리되어 있다. 특히 하이델베르크 교리문답은 '나'의 관점에서 접근했기 때문에 주관적인 적용성이 강하게 드러난다. '나'의 정체성이, 죄로 인해 비참한 상태에 있음을 인정하는 것부터 시작한다. 그에 비해 웨스트민스터 소요리문답은 '우리'의 입장, 곧 좀 더 객관적인 관점에서 보았기 때문에 제1문이 '삶의 제일 되는 목적이 무엇이뇨?'라고 시작한다. 중요한 것은 두 요리문답 공통으로 통일되고 자체 모순 없이 논리적 순서에 따라 잘 정리되어 있다는 점이다."

소교리문답의 교육방법

개혁주의 신학자이며, 종교개혁자인 자카리아스 우르시누스[37]는 교리문답이란 "기독교 신앙의 첫째가는 원리들에 대한 교육체계"라 했다. 교리문답을 배우는 사람은 '카테큐멘'(Catechumen)이라 하며, 교육하는 자는 '카테키스트'(Catechist)라 했다.

웨스트민스터 소교리문답은 교리문답을 가르치는 교육의 방법론이 나타나 있다. 종교개혁자들은 이 기초적인 요약인 소교리문답의 내용을 거의 암기할 정도로 가르치고 배워야 한다고 생각했다. 그래서 소교리문답을 가르치기 위해서는 기본적으로 암송을 해야 한다. 반복적 질문과 반복적 답변을 통하여 말씀의 본래 의도를 분명히 알게 한다. 그렇다고 무작정 암송만 하는 강요된 학습이 되어서는 안 된다. 효과적인 교리공부를 위해서는 암송과 더불어 토론과 설명을 병행하면서 가르쳐야 한다.

무엇을 토론할 것인가? 세상의 부조리와 사회 변혁을 토론할 것인가? 성경과 교리를 바르게 알고, 세상의 종교와 철학과 사상이 말하는 멘탈리티와 그 핵심 키워드와 무엇이 틀리며 왜 예수 그리스도를 믿고 성경의 진리대로 살아야 하는자를 토론해야 말씀에 항복이 일어나야 한다. 시스템이 사람을 변화시키지 않는다. 변화된 삶은 변화된 마음에서 나온다. 성경과 교리를 바르게 가르칠 때에 교회와 가정과 개인은 살아난다. 그리하여 참으로 하나님의 영광을 위하여 사는 것이 얼마나 즐거운 인생인가를 알게 된다.

무엇보다 성경으로 교리를 말해야 한다. 이제는 성경을 괄호 바깥에서 설명해야 한다. 그 성경 구절이 교리의 답변에서 설명되어져야 한다. 교리에 대한 설명도 필요하지만 성경으로 설명되는 교리가 되어야 한다. 그래야 성경과 교리가 분리되지 않는다. 성경과 삶이 하나가 되고, 교리와 삶이 하나가 되는 것을 가르쳐야 한다.[38]

웨스트민스터 소교리문답의 내용구성[39]

소교리문답은 1부 성도의 신앙의 내용과 2부 신앙의 의무에 대하여 말하고 있

---

37) 위키피디아 사전에서, 태어날 때의 이름은 차하리아스 베어(독일어: Zacharias Baer)였으나, 그 시대의 관습을 따라 자신의 이름을 라틴어인 우르시누스로 옮겼다. 1561년, 선제후 프리드리히 3세는 그를 하이델베르크 대학교로 초빙하였다. 그리고 그곳에서 그는 이듬해 신학박사 학위를 받았다. 또한, 그는 그곳에서 선제후령의 교회규율을 기초하고 1563년 그의 동료인 카스파 올레비안과 함께 독일 개혁교회의 가장 중요한 신앙고백인 하이델베르크 교리문답을 출판했다.
38) 도널드 반 다이켄의 『잃어버린 기독교의 보물 교리문답교육』 김희정 역 (서울: 부흥과개혁사, 2012)을 참고하라.
39) 김순우, **개혁주의 신앙의 기초 1** (서울: SFC출판부, 2011).

다. 신앙의 내용이란 하나님에 대하여 무엇을 믿어야 하는지 말하며, 신앙의 의무란 하나님께서 요구하시는 것이 무엇인지를 말한다.[40]

개략적 분류를 하자면, 1-12문은 창조자 하나님, 13-20문은 원죄와 인간의 타락, 21-38문은 구속자 그리스도와 구원의 혜택들, 39-40문은 10계명, 85-97문은 세례와 성찬, 98-107문은 주기도문을 말한다. 웨스트민스터 소교리문답은 교리와 실천으로 나누어져 있으며, 그 전체 내용구성은 다음과 같다.

제1부 신앙의 내용 - 교리 (1-38 문답)
1. 서론: 인간의 목적/ 1 문답
2. 신앙에 대하여/ 2-38 문답
(1) 성경에 대하여(2-3) - 성경론
(2) 하나님의 속성과 삼위일체, 그리고 하시는 일(4-11) - 신론
(3) 인간의 죄와 타락(12-20) - 인간론
(4) 예수 그리스도(21-28) - 기독론
(5) 구원에 대하여(29-36) - 구원론
(6) 종말에 대하여(37-38) - 종말론

제2부 신앙의 의무 - 실천(39-107 문답)
3. 믿음의 행위에 대하여/ 39-107 문답
(1) 십계명(39-81)
(2) 신앙과 회개(82-87)
(3) 은혜의 방편(88)
(4) 하나님의 말씀(89-90)
(5) 성례: 세례와 성찬(91-97)
(6) 주기도문 (98-107)

---

[40] 윌리엄 에임스, **신학의 정수**, 서원모 역 (서울: 크리스챤다이제스트, 2012), 111; "신학의 두 부분은 신앙과 순종이다."

제1문 사람의 첫째 되는 목적은 무엇입니까? (대1)
답: 사람의 첫째 되는 목적은 하나님을 영화롭게 하고, 그분을 영원토록 즐거워하는 것입니다.[41]

하나님의 말씀의 핵심을 가르치는 '소교리문답'이 우리의 실제적인 삶과 어떤 관계가 있는가?[42] '인간이 직면하고 있는 현실에 대한 해결책이 무엇인가?' 하는 것이다. 어떤 사람은 인간의 삶을 매우 긍정적으로 말하기도 한다. 그 사람들의 사전에는 절망이 없고 오로지 희망·꿈·비전으로 가득 차 있다. 그러나 만일 그런 것이 사실이라면, 그렇게 낙관적이라면, 왜 오늘날 현대인들은 불안하고 내일에 대한 걱정으로 잠을 못 이루고 있는가?

그것은 분명히 사람의 진정한 문제가 무엇인지 모르기 때문이다. 어떤 외형적인 문제를 해결하는 것이 아니라 근본적인 문제가 무엇인지 알아야만 한다. 가장 중요한 문제가 무엇인지 모르고 그것을 해결하지 않는다면, 잠시 잠깐은 위기를 모면하겠지만 언젠가는 파멸에 이르게 된다.

사람들은 세계와 인간에 대한 철학적 접근을 무엇으로 시작할까? 주변세계에 대한 관심이 자기 자신에 대한 고민으로 옮겨오는 이런 과정은 철학의 주제가 말하는 세 단계를 의미한다. 첫 단계는 세계론이다. 고대 그리스 철학자들은 세계를 관찰하고 그 세계를 구성하는 공통적인 요소가 무엇인지 물었다. 자연세계에 대한 호기심과 관찰로 지식이 쌓이고 체계화되었다. 둘째는 인간론이다. 자연세계를 완전히 파악하지는 않았으나, 그 세계를 과학적으로 파악한 인간은 그 세계의 일부인 자기 자신에 대한 질문을 하게 되었다. 그 질문은 '인간이란 무엇인가?'였는데, 종교는 이 문제에 대하여 상당부분 해소를 해 줌으로써 인간의 사고가 인간의 질문에 답을 제공할 산을 발명해 내었다고 주장한다. 교회에서 신앙생활을 하다가 고등학교와 대학에서 이런 철학을 알기 시작하면 혼란에 빠지기 시작한다. 세상의 철학적 접근과 결론에 대한 분석과 비판을 제공받지 못하기 때문에 총체적인 어려움에 빠지게 된다. 세 번째 단계는 인식론이다. 인간이 세계를 파악하는 것을 인식이라고 한다. 세계는 인식의 대상이며 그 인식의 주체는 인간이다. 세계와 인간을 파악한 인간은

---

41) 각주영문자료. http://www.reformed.org/documents/wsc/index.html
Q. 1. What is the chief end of man? A. Man's chief end is to glorify God, and to enjoy him forever.
42) 이것은 실용성의 차원으로 교리를 생각하자는 말이 아니다. 교회에서 교리를 배우지만 교리를 위한 교리공부가 되어서는 안 된다. 그것은 죽은 교리 공부가 된다. 교리는 우리 삶에 실제로 적용되어져야 한다. 그렇지 않으면 그 의미를 상실하게 된다. 교리가 교리다운 것은 교리가 삶에 적용되어져서 삶을 변화시키기 때문이다.

앎 자체에 관해 의문을 가졌다. '주체가 대상을 어떻게 인식하는가?', '주체가 대상을 인식한 결과가 옳은 것인가? 틀린 것인가?' 거기에 대한 답을 제공한 것이 철학이라고 본다. 인간의 지적사고가 발전하면서 종교의 단계를 벗어나 순수철학의 단계로 진화한 것이라고 본다.[43]

심리학적 접근은 또 어떠한가? 심리학은 오늘날 인간이 처한 문제가 무의식을 의식화하지 못한 문제로 본다. 의식과 무의식이 분열되어 있기 때문에 삶의 문제가 발생한다고 말하며, 의식과 무의식을 통합하기 위하여 상징을 해석하는 것이 관건이라고 말한다. 그 해석은 단순히 학문적인 작업이 아니라는 것이 심각한 문제다. 그 해석을 하기 위해 종교와 영성의 차원으로 해결한다. 그 핵심에 칼 융의 적극적 심상법(active imagination)이 있다.

이런 인간의 철학적·심리학적 접근의 핵심 키워드는 신성한 내면아이(divine innerchild)이며 그 방법은 구상화(visualization)다. 철학적·심리학적인 접근을 하면 철학적·심리학적 해결책으로 가기 때문에 인간이 죄인이라는 성경의 선언을 전적으로 거부하고 오로지 신성한 내면아이를 치료하기 위하여 구상화(visualization)로 해결한다.[44]

결국 이런 철학적·심리학적 접근의 목적이 무엇인가? 그것은 자율적인 인간이다. 지나간 역사에서 인간은 삶의 문제를 무지의 문제로 보고 교육을 통한 변화를 추구했었다. 그러나 그것이 얼마나 형편없는 탁상공론이었는지는 세계 1, 2차 대전을 통하여 여실히 확인되었다. 사람들을 무지에서 벗어나게 하면 도덕적 개선이 이루어질 것이라 생각했다. 그런 시도들은 오히려 인간에게 절망과 비참함을 안겨주었다. 왜냐하면 자율성은 하나님 없는 인간이 기준이 되어서 의미와 통일성을 추구했기 때문이다. 지나간 역사를 통해서 인간이 어쩔 수 없이 시인하게 된 것은 인간 스스로 의미와 통일성을 추구한다는 것은 안 되더라는 것이다. 그것을 가장 확실하게 선언한 사람이 헤겔이다.[45] 아무리 노력해도 의미와 통일성을 찾을 수가 없으

---

43) 남경태, **누구나 한번쯤 철학을 생각한다** (서울: Humanist, 2012), 16-19.
44) C.G. 융, **C.G. 융 무의식 분석**, 설영환 역 (서울: 선영사, 2005), 36; "신경증 환자는 자기 내부에 아이의 마음을 가지고 있다. 아이라는 것은 외부로부터 그에게 가해지는 여러 가지 잡다한 제한의 의미를 이해할 수가 없으며, 그 여러 가지 제한에 견딜 수가 없다. 그는 자기를 도덕적으로 적응시키려고 시도하기는 하지만 그렇게 함으로써 스스로 불화를 초래하게 되는데 한편에서는 자기를 억압하려고 하며, 다른 한쪽에서는 자기를 해방시키려고 한다. 이런 싸움이 노이로제라고 불리는 것이다. 만약에 이 싸움이 그 모든 부분에 있어서 뚜렷하게 의식되고 있다면 아마도 신경증의 증상이 생겨나는 일은 없을 것이다."
45) 루이스 벌코프, **벌코프조직신학(상)**, 권수경·이상원 역 (서울: 크리스챤다이제스트, 1993), 32-33; 놀랍게도 헤겔의 시작은 그런 것이 아니었다. 벌코프는 다음과 같이 말한다. 〈헤겔은 자기 시대의 반교의적 정신에 불만을 토로하면서, 사

니 이제부터는 그렇게 하지 말고 새로운 판을 짜야만 했다. 그것이 바로 헤겔의 변증법이다. 쉐퍼는 헤겔의 때부터를 '절망의 선'이라고 불렀다. 헤겔부터 의미와 통일성을 포기해 버렸기 때문이다. 사람이 의미와 통일성을 포기하면 어떻게 될까? 분열이 일어난다. 살아가야 할 이유가 없는 죽기보다 힘든 인생을 살아가야 하는 비참한 인생이 되어버렸다. 이것이 현대인의 절망이다.

실존주의 철학자 야스퍼스는 이런 사실을 직시하고 있었다.

학문의 경이로운 성과들에 직면하여 신이 삭제된다면, 창조자 없는 창조물이 남게 된다. 그런데 이 창조물은 과학이 창조자에 대한 믿음 하에 받아들였던 형태로 과학에 있어서 성립돼 있다: 세계는 그 자체 속에 자신의 근거를 지니고 있지 않은 것이다. 그리하여 신화들이나 마법들에 의한 예전 세계의 심연은 완전히 사라지고 말았다. 학문적 성과들이라고 하는 독단화 된 나머지 것들은 공허해진 영혼들에게 암담한 세계상을 제시한다. 학문의 종착점에는 신이 없는 세계가 된다는 이러한 상황에는 좀 더 자세히 말해 다음 세 가지 가능성이 존재한다.
(1) 인식작업이 아직도 정직하게 수행된다면, 세계가 토대가 없다는 사실 또한 성립된다는 사실이 의식된다. 그리하여 인식작업 그 자체에서부터 새로운 것에 의해 항상 한계들에 대한 앎이 인식의 명증성과 함께 자라나기 때문이다. 인식될 수 없고, 또한 인식에 있어서는 아무것도 아닌 존재인 초월자로의 비약을 획득하라는 요청인 양 [학문의] 한계들 자체가 기능한다. 토대 없는 상태에 있는 이 완결되지 않은 세계는 오직 상대적 관점들에 있어서만 인식된 것이다. 그리하여 현존으로서의 존재는 찢긴 채 드러나는 것이다. 초월자로의 비약이 일어나지 않았을 때라 할지라도, 비약의 가능성으로도 위대하고 정직한 정신으로 금욕주의적인 연구자들은 탄생한다.
(2) 토대 없는 상태의 세계는 그 의미의 결여로 인해 [우리 인간이] 견딜 수 없는 것이 된다. 과거의 진리에 대한 추진력에 의해 육성된 채 무의미성에 대한 지식이 한때나마 한계 없는 것 속으로의 그러한 탐구를 허용한다면, 이는 단지 과도기적 현상일 뿐이다. 신의 부재가 실제화 된 상태에서는 결국 진리에 대한 관심 또한 중단된다. 의지할 데 없는 처지와 실망감에서 우리는 허무주의 속으로 육박해 들어간다. 현존하는 것에 대해 우선은 여전히 남아 있던 관심은 결국에 가서는 그 자체에만 의거해서는 더 이상 진전되지 않는다.
(3) 토대 없음을 견딜 수 없기에 인간은 기댈 데를 찾는다. 진리에 대한 진정한 관심이 놓여 있던 자리에 학문의 결과물로서 통용되는 명제들과 의견들 그리고 상(像, Bild)들을 고정시키는 일이 들어선다. 우리가 사실상 학문을 떠남으로 인해, 우리는 학문이 결코 이룰 수 없는 것을 부당하게도 학문에게 기대하게 된다. 기계론적 학문에 있어서 세계는 하나의 기계로 인식된다. 생물학에 있어서 세계는 가장 알맞은 상태의 것으로 인식된다. 그때그때마다 마치 예전 독단적 신앙명제인 양 등장한다. - 이것이 학문의 내용이 된다. 전제되고 이미 성립된 학문으로서는 기대되거나 추진되지 않

변적 철학을 이용하여 기독교 교의를 재건해 보려고 하였다. 2세기의 영지주의자들과 같이 그는, 만약 기독교가 실제로 하나의 철학이라는 것이 인정되기만 한다면 자연히 식자층에서 인기를 얻을 것이라는 전제에서 출발하고 있다. 그래서 그는 참된 철학을 지속적으로 수행하기만 한다면 필연적으로 교회의 신조에 이르게 될 것이며, 기독교의 교리들은 그림의 형태로 된 사변적 지식 이외의 아무것도 아니라고 강조하였다. 그의 견해로는, 철학적 진리의 참된 정신적 핵심을 해방하고 드러내기 위해서는 이 형태만 벗겨내면 된다는 것이었다. 그러나 하나님의 어리석음을 세상의 지혜로 바꾸어보려는 그의 시도는 실패로 판명되고 말았다. 슈트라우스(Strauss)나 비더만(Biedermann) 같은 헤겔 좌파들의 노력의 결과, 소위 껍질을 벗기고 난 다음에는 기독교가 거의 남지 않았다는 것과 철학의 핵심은 하나님의 말씀에 계시 된 진리와 전혀 다른 어떤 것임이 밝혀 드러났다. 카프탄의 말과 같이 헤겔의 수술은 사실상 "교의의 파괴"로 끝나고 말았다.〉

는 그런 학문의 내용이 되는 것이다. 그리하여 학문은 신문이나 방송 기사처럼 표현방식에 있어서만 여전히 변경될 수 있는 것이 된다.[46]

　이런 현대의 절망과 비참으로 오게 만든 중요한 인물이 바로 토마스 아퀴나스이다. 그는 '자연과 은총'의 문제를 처음으로 말한 사람이다. 아퀴나스는 아리스토텔레스의 사상을 받아들여서 전적타락을 인정하지 않았다. 인간의 의지(will)는 타락하였으나 지성(mind)은 타락하지 않았다고 보았다. 이로 인해서 인간의 지성이 자율적(autonomous)이고 독립적(independent)이게 되었다. 거기로부터 자연신학이 생겨났다. 토마스 아퀴나스 이후로 자율 사상은 급속하게 퍼져나가기 시작했다.[47]

　자연이 자율을 얻게 되자 자연이 은총을 잠식하기 시작했다. 르네상스가 절정에 이르렀을 때에 자연은 은총을 완전히 장악하고 집어 삼켜 버렸다. 자연이 자율적이 되었을 때 삶은 파괴되기 시작했다. 현실에는 관능적 사랑을 가르치는 외설서적들이 범람하기 시작했다. 그것은 단지 책과 사상으로만 그친 것이 아니라 실제로 사람들을 타락케 했다. 단테는 첫눈에 한 여자에게서 사랑을 느끼고 평생토록 그 여자를 사랑했다. 그러나 단테는 또 다른 여자와 결혼을 하고 아이를 낳았으며 가사(家事)를 돌보게 했다.[48] 하나님으로부터 분리된 인간이 자율성을 가지면서 모든 생활의 영역에서 죄악이 흘러넘치게 되었다.

　신플라톤주의 화가요 현대 수학의 시조라고 불리는 레오나르도 다 빈치는 만일 자율적인 합리성에서 시작한다면 결국 수학(측량할 수 있는 것)으로 귀착하게 되며, 수학은 보편자를 다루지 않고 개별자만을 다루기 때문에 인간은 결국 기계로 전락하게 된다는 것을 알았다. 다 빈치는 그림을 그리되 통일성을 추구하는 그림을 그리려고 했다. 그리하여 그는 영혼을 그리려고 했다. 그러나 그 영혼은 기독교의 영혼이 아니라 보편자, 곧 바다나 나무의 영혼 같은 것이었다. 인간이 하나님 없는 자율성으로 가면서도 의미와 통일성에 대한 노력들은 끊임없이 계속되었다. 헤겔이 그만두자고 하기까지는 계속되었다.[49]

---

46) 칼 야스퍼스, **니체와 기독교**, 이진오 역 (서울: 철학과 현실사, 2006), 94-96; "니체는 이 모든 길들을 다 밟는다. 더군다나 그는 학문에 대한 미신에 빠져서, 학문에서 생겨난 개념들을 확고부동한 것으로 만드는 그런 길에도 들어선다. …"

47) 프란시스 쉐퍼, **이성에서의 도피**, 김영재 역 (서울: 생명의 말씀사, 2008), 16-25.

48) Ibid., 38.

49) Ibid., 23; 보편자(universal)는 모든 개별자(particular)에 의미와 통일성을 주는 것을 말하며 개별자는 모든 개체 사물들(all the individual things)을 말한다. 각 개체 사물은 개별자이다.

종교개혁은 무엇인가? 로마가톨릭에서 자라나는 묵은 인본주의와 자율적인 인간으로 풀어 놓아 주는 불완전한 타락을 말하는 아퀴나스의 신학과는 달리 성경에서 말하는 그대로 인간의 전적타락을 인정하는 것이다. 전인(全人)이 하나님에 의하여 창조를 받았으나 자·정·의를 포함한 전인이 타락했다는 것이다. 이것은 자율성이 오직 하나님께만 있고 인간에게는 없다는 선언이다. 하나님만이 참되고 영원한 의미와 통일성을 제공하기 때문이다. 성경은 인간이 직면한 근본적인 문제에 대하여 에둘러 말하지 않고 직설적으로 말한다. 최종적인 권위는 성경에 있으며, 구원에 있어서 인간이 자율적으로 이룰 수가 없다. 구원과 의미와 통일성에 대하여 인간은 자율적일 수가 없다. 인간은 전적으로 타락했기 때문이다.[50] 성경 말씀은 인간의 문제에 대하여 머뭇거림이 없다. 소교리문답은 이성에 기초한 철학적·심리학적 해결책이 아니다.

성경이 인간의 문제를 먼 산을 보듯 하지 않고 곧바로 말한다는 것은 예수님의 말씀에서 확실하게 알 수가 있다. 바리새인들은 이런저런 행동을 규정한 율법을 지키면 사람들이 달라지고 이상적인 사회와 국가가 만들어질 것이라고 생각했다. 그들은 율법을 아주 세세하게 만들어서 더욱 현실적인 실천으로 만들었다. 예를 들어, 그들은 떡을 먹을 때 손을 씻도록 했다. 음식을 먹을 때 손을 씻고 먹는 것은 당연하다. 그러나 바리새인들과 서기관들은 다만 위생적인 의미로 말한 것이 아니다. 그들은 사람이 손을 씻음으로써 부정(不淨)한 것, 곧 더러움에서 벗어난다고 믿었다. 그것은 그들이 그렇게 외적인 정결을 통해 인간이 변화될 수 있다고 생각했기 때문이다.

그러나 예수님은 인간의 근본적이고 진정한 문제는 손을 씻느냐 아니냐가 아니라 인간의 마음이 문제라고 하셨다. 예수님은 다음과 같이 말씀하셨다.

> 17 입으로 들어가는 모든 것은 배로 들어가서 뒤로 내어버려지는 줄을 알지 못하느냐 18 입에서 나오는 것들은 마음에서 나오나니 이것이야말로 사람을 더럽게 하느니라 19 마음에서 나오는 것은 악한 생각과 살인과 간음과 음란과 도적질과 거짓 증거와 훼방이니 20 이런 것들이 사람을 더럽게 하는 것이요 씻지 않은 손으로 먹는 것은 사람을 더럽게 하지 못하느니라(마 15:17-20)

인간의 마음은 타락으로 인해 죄악 된 본성이 자리 잡고 있다. 그것은 인간이 어떻게 해결하거나 새롭게 할 수가 없다. 이것이 바로 기독교 신앙이냐 아니냐를 판가름하는 중요한 기점이 된다. 세상은 인간의 신성함을 말하며 그 가능성과 잠재력

---

50) Ibid., 27-34.

을 말한다. 그렇기 때문에 세상은 자기 영광을 위하여 살아가게 된다. 그러나 성경은 인간의 죄악성을 말하며 그 해결책은 우리 밖에서 예수 그리스도로부터 주어진 다고 말한다. 예수 그리스도의 십자가 피로 죄 사함을 받고 거듭난 자만이 하나님의 영광을 위한 삶을 살아갈 수가 있다.

1) 사람의 첫째 되는 목적은 하나님을 영화롭게 하고

이 첫째 문답이 웨스트민스터 소교리문답 1문답으로 자리해야 할 만큼 중요한 이유가 있다. 이 첫째 문답을 바르게 가르칠 때 나머지 106문답이 살아난다. 이 1 문답을 대충 가르치면 나머지 문답은 생명력이 없다. 제1문은 '인간의 원래 목적이 무엇인가?', '인간의 본질이 무엇인가?'를 아는 것이며, 하나님을 영화롭게 하고 그 분을 영원히 즐거워하는 것이다!

하이델베르크 교리문답 1문은 인간의 죄인 된 비참한 모습 속에서 인간의 본질을 말한다.[51] 인간의 참된 위로는 예수 그리스도의 피로 구원을 얻고 하나님과 화목 된 확신과 영생에 대한 확신 속에 하나님의 영광을 위하여 살아가는 것이다. 그렇게 하기 위해서 제2문에서는 3가지를 알아야 한다고 말한다.[52] 도르트신경 1항 역시 인간의 범죄와 저주 아래 있는 모습을 말하면서, 하나님의 선택과 유기를 말함으로 인간이 구원에 무슨 기여를 하려는 알미니안주의자들의 탐욕을 완전히 도려냈다.[53] 그리하여 믿지 않는 모든 사람은 저주 아래 머물러 있으며, 그리스도를 믿고 그리스도를 유일하신 구주로 영접하는 모든 사람은 그 저주에서 건지심을 받는다고 분명하게 말한다.[54]

---

51) 하이델베르크 교리문답 제1문: 사나 죽으나 당신의 유일한 위안은 무엇입니까? 답: 사나 죽으나 나는 나의 것이 아니고 몸과 영혼이 모두 미쁘신 구주 예수 그리스도의 것입니다. 주께서 보배로운 피로 나의 모든 죄 값을 치러주셨고 마귀의 권세로부터 나를 자유케 하셨습니다. 또한 하늘에 계신 아버지의 뜻이 아니고는 나의 머리털 하나도 상하지 않듯이 주는 나를 지켜주십니다. 실로, 이 모든 것이 합력하여 나의 구원을 이룹니다. 내가 주의 것이기에 주께서 성령으로 말미암아 영원한 생명을 보증하시고 나의 온 마음을 다하여 기꺼이 주를 위하여 살게 하십니다. 이것이 나의 유일한 위안입니다.
52) 하이델베르크 교리문답 제2문: 당신이 행복하게 이러한 기쁜 위로 가운데서 살고 죽기 위해서 알아야 할 필요가 있는 것은 무엇입니까? 답: 첫째는 나의 죄와 비참이 얼마나 심각한가, 둘째는 내가 어떻게 나의 모든 죄와 비참으로부터 구원받게 되었는가, 셋째는 이런 구원에 대해 내가 하나님께 어떻게 감사해야만 하는가 하는 것입니다.
53) 하나님의 선택과 유기, 총회가 하나님 말씀과 일치되고 지금까지 개혁교회들이 용인한 것으로 선언한 하나님의 예정에 관한 판단은 다음과 같은 조항들로 제시하는 바이다. 제1항 모든 인류를 정죄하는 하나님의 권리: 모든 사람이 아담 안에서 범죄하여 저주 아래 놓여 있으며, 영원한 죽음에 해당하기에(롬 5:12), 만일 하나님께서 모든 인류를 죄와 저주 아래 버려두시고, 그 죄로 인해 정죄 받도록 하는 것이 그의 뜻이라 해도, 사도의 말과 같이, 어느 누구에게라도 그가 불의를 행하신 것이 아니다. "이는 모든 입을 막고 온 세상으로 하나님의 심판 아래 있게 하려 함이니라"(롬 3:19) "모든 사람이 죄를 범하였으매 하나님의 영광에 이르지 못하더니"(롬 3:23) "죄의 삯은 사망이요"(롬 6:23)

하나님께서는 인간을 창조하실 때 어떤 목적을 가지고 창조하셨다. 그 목적은 하나님을 영화롭게 하고 그분을 영원히 즐거워하는 것이다. 초점을 분명히 해야 한다. 초점은 하나님이시다. 인간이 아니다. 내면의 가능성이 아니다. 해결책은 우리 밖에 있다! 현대인들의 초점은 인간에게 가 있다. 그것은 교회 밖에서만 그런 것이 아니다. 교회 안에서도 인간의 치유, 회복을 위해 심리학이 동원되고 심리상담과 프로그램이 무더기로 도입되고 있다.

어떻게 인생의 목적이 하나님께 초점이 맞추어질 수 있는가? 왜 그래야만 되는가? 그래서 하나님을 알고 인간을 알아야 한다. 맛있는 음식은 먹어봐야 맛을 알듯이, 이미 구원받은 성도라도 하나님을 배워야 한다. 하나님을 배워야 하는 이유는 무엇인가? 하나님께서 의도하신 목적이 무엇인지 분명하게 알아야 하기 때문이다. 눈을 감고 있으면 저절로 알게 되는 것이 아니다. 기도하며 열심히 배워야 한다. 하나님의 의도하신 그대로 사는 것이 성도의 본분이기 때문이다. 왜 그것이 본분인가? 성도는 하나님의 목적을 알고 어떤 일이 생겨도 하나님으로 인해 기뻐하며 살아가는 자들이기 때문이다.[55]

어떻게 그런 일이 생기는가? 우리가 기뻐하고 즐거워하는 것이 이 세상의 것이라면 이 세상의 것이 사라질 때 슬퍼하고 괴로워하게 된다. 왜냐하면 이 세상의 것들은 유한하기 때문이다. 세상은 오늘 여기가 전부라고 말한다. 그렇게 현실이 전부이고 그 현실 속에서 잘 먹고 잘 사는 것을 목적으로 삼고 살아가다 보면 참다운 자유와 평안은 누리지 못하게 되는 것을 알고 인간은 절망하게 된다. 그러나 우리 하나님은 영원하신 하나님이시기에 영원하신 하나님을 기뻐하고 즐거워하는 것이 목적이 되면 영원토록 기뻐하고 즐거워하면서 살게 된다.

하나님을 배워가는 길은 쉬운 길만은 아니다. 교리문답은 신앙의 개혁과 고난 속에서 만들어진 것이다. 믿음의 시련은 성도로 하여금 성경의 본질로 향하게 한다. 그 본질이란 무엇인가? 하나님의 나라와 의를 구하는 언약의 신실함이다. 그 신실함은 거룩과 경건으로 나타나게 된다.[56] 거룩과 경건으로 살아가는 길에는 반드시

54) 코르넬리스 프롱크, **도르트신조 강해**, 황준호 역 (서울: 그책의사람들, 2013), 41.
55) 16 내가 들었으므로 내 창자가 흔들렸고 그 목소리로 인하여 내 입술이 떨렸도다 무리가 우리를 치러 올라오는 환난 날을 내가 기다리므로 내 뼈에 썩이는 것이 들어왔으며 내 몸은 내 처소에서 떨리는도다 17 비록 무화과나무가 무성치 못하며 포도나무에 열매가 없으며 감람나무에 소출이 없으며 밭에 식물이 없으며 우리에 양이 없으며 외양간에 소가 없을지라도 18 나는 여호와를 인하여 즐거워하며 나의 구원의 하나님을 인하여 기뻐하리로다 19 주 여호와는 나의 힘이시라 나의 발을 사슴과 같게 하사 나로 나의 높은 곳에 다니게 하시리로다 이 노래는 영장을 위하여 내 수금에 맞춘 것이니라(합 3:16-19)
56) 존 칼빈, **기독교강요(상)**, 원광연 역 (고양: 크리스찬다이제스트, 2003), 46; 〈… "경건"이라는 것은 곧, 하나님이 베

고난이 따르게 된다. 거룩과 경건을 세상의 형통함으로 보상해 달라는 것은 기독교 신앙이 아니다.

성도는 오직 믿음으로 살아가는 나그네이다. 그 나그네 된 성도의 유일한 삶의 목적은 하나님의 영광이다. 나그네 된 길에 직면하는 그 고난들은 지금으로서는 이해가 안 되는 경우가 허다하다. 그러나 반드시 그때가 온다.

> 지으신 것이 하나라도 그 앞에 나타나지 않음이 없고 오직 만물이 우리를 상관하시는 자의 눈 앞에 벌거벗은 것 같이 드러나느니라(히 4:13)

성경은 이 모든 것이 하나님의 통치하심[57] 속에 있다는 것이 밝히 드러날 때가 있다고 선언한다. 그 어떤 것도 하나님에게는 우연이나 불확실한 것이 없다. 그것을 믿고 살아가는 것이 성도다. 신앙생활은 만만하지 않다. 결코 만만하지 않다. 이 세상의 영광을 취하는 것이 아니라 하나님의 영광을 바라보고 사는 것이기 때문이다. 성도가 가야 할 길은 분명하다. 하나님의 영광을 위하여 오늘 우리에게 허락하신 자리가 비록 고난과 상처와 눈물이 있을지라도 하나님의 나라와 그 의를 구하며 믿음으로 오직 믿음으로 언약에 신실한 삶을 살아가는 것이다.

언약에 신실한 삶을 살아간다는 것은 그리스인들이 생각했던 개념과는 다르다. 고대 그리스에서는 폴리스라는 정치 공동체에 속한 사람을 '비오스'라 하고, 속할 수 없는 사람을 '조에'라고 했다. 정치 공동체가 부과하는 의무를 수행하지 못하면 '비오스'가 '조에'로 바뀌었다. '조에'는 '벌거벗은 생명체'를 말했는데, 그 생명들은 언제든지 살해될 수가 있었다.[58] 그러나 언약공동체는 다르다. 하나님의 백성이 되었기에 하나님의 언약을 수행하라는 것이지만 실패가 있다고 하더라도 언약백성이 아닌 자로 간주되지 않는다. 이 말을 오해해서 언약이 곧 선택이라고 생각하거나, '아무렇게나 살아도 되겠네' 그렇게 생각해서는 안 된다. 그만큼 언약의 풍성함이 있다는 것이다. 언약의 의무를 행하라는 것은 구원받은 백성들에게 주시는 은혜이지 강제나 억압이 아니다.

언약하신 하나님께서는 하나님을 영화롭게 하시기 위하여 예수 그리스도 안에서 우리를 빚어가고 있다. 그 빚어 가시는 목적은 하나님의 영광이다. 성경은 무엇이

두시는 온갖 유익들을 아는 데서 생겨나는 바 하나님에 대한 두려움과 그를 향한 사랑이 하나로 결합 된 상태를 뜻한다. …)
57) 같은 책, 442; 〈칼빈은 "통치"라는 단어를 하나님께서 소유하고 계시는 권능이나, 혹은 그가 온 자연 세계를 다스리시는 데에 사용하시는 권능을 뜻하는 것만이 아니라 하나님의 정당한 주권을 유지하는 근간이 되는 "교리"라고 말한다.〉
58) 강신주, **철학적 시 읽기의 즐거움** (서울: 동녘, 2012), 320-321.

라고 말할까?

> 그런즉 너희가 먹든지 마시든지 무엇을 하든지 다 하나님의 영광을 위하여 하라(고전 10:31)

사도 바울은 우상의 제물 문제를 말하면서 결론적인 권면을 하고 있다. 그리스도인들의 모든 행동들은 무엇을 하든지 간에 다 하나님의 영광을 위해서 행동하라고 말한다. 그것이 어떻게 그리스도인의 삶의 원리가 될 수 있는가?

사도 바울은 이스라엘이 그리스도를 통한 구원에 실패했음에도 불구하고 이방인들이 구원을 얻게 되고, 그 이방인들로 인하여 자극이 되고 이방을 구원한 동일한 은혜로 다시 구원하시는 역사를 보고 놀라며 이렇게 찬송했다.

> 이는 만물이 주에게서 나오고 주로 말미암고 주에게로 돌아감이라 영광이 그에게 세세에 있으리로다 아멘(롬 11:36)

구원을 얻은 어떤 인간도 자랑할 것이 없더라는 것이다. 왜냐하면 구원은 오로지 하나님의 은혜로 이루어지는 일이기 때문이다. 하나님의 그 일하심이 너무나도 놀랍고 측량하지 못하기 때문에 오직 하나님께 영광을 돌리게 된다.

참된 신앙은 시작부터 끝까지 하나님의 은혜를 철저하게 의지한다. 시작도 하나님의 은혜이며 과정도 하나님의 은혜 결과도 하나님의 은혜다.[59] 왜냐하면 하나님 앞에 우리가 내세울 공로는 아무것도 없기 때문이다. 소교리문답을 공부해 가면 지금 하는 이 말을 똑같이 고백하지 않을 수가 없다. 그것이 참된 기독교 성도의 진정한 신앙고백이다!

사도 요한은 환상 속에서 24장로들이 성부 하나님께 드리는 찬양을 통해 오직 하나님 한 분만이 주가 되심을 드러냈다.

---

59) 존 칼빈, **기독교강요(상)**, 원광연 역 (고양: 크리스챤다이제스트, 2003), 47; "… 하나님을 아는 지식이 있다면, 그 지식으로 인하여 첫째로, 우리에게 두려움과 경외가 생겨나야 하고, 둘째로, 그 지식의 안내와 가르침을 받아서 그 하나님에게서 모든 선을 찾기를 배워야 할 것이요, 또한 그것을 받은 다음에는 모든 것을 하나님 덕분으로 돌리기를 마땅한 것이다. 여러분이 하나님의 지으신 바요, 또한 창조주의 권리로써 여러분이 그의 명령에 따르도록 지음 받았으며, 또한 여러분의 생명 자체가 하나님 덕분에 생긴 것일진대, 하나님에 대한 생각이 여러분의 뇌리에 들어올 때에 어찌 그런 사실들을 곧바로 깨닫게 되지 않을 수가 있겠는가? 여러분이 무슨 일을 하든, 어떤 행동을 하든 간에 그 일들이 하나님 덕분임을 인정해야 한다는 것을 곧바로 깨닫지 않겠는가?"

> 우리 주 하나님이여 영광과 존귀와 능력을 받으시는 것이 합당하오니 주께서 만물을 지으신지라 만물이 주의 뜻대로 있었고 또 지으심을 받았나이다 하더라(계 4:11)

하나님의 천지 창조를 24장로들이 찬양하고, 하나님의 뜻을 위하여 만물이 존재하고 있음을 찬양한다. 이것은 이제부터 일어나는 것들이 하늘 보좌에 앉으신 하나님께 있으며, 결국 모든 것이 성부 하나님의 통치와 그 뜻대로 성취되고 완성될 것이라고 말하고 있다.

하나님의 영광을 위하여 시작부터 끝까지 하나님의 계획대로 이루어질 것을 성경은 말하고 있다. 세상은 우연으로 움직여진다고 말하기 때문에 맹목적인 삶을 살아갈 수밖에 없다. 윤리·도덕이 무너지고, 절망에 빠지고 비참하게 살아가게 된다. 그러나 구원받은 성도는 하나님의 영광을 위하여 하나님께서 기뻐하시는 삶을 살아가므로 삶의 만족과 자유와 기쁨과 평안이 넘쳐나게 된다.

하나님을 영화롭게 한다? 하나님께 영광을 돌린다? 영광이란 무엇인가? 매일 찬송하고 기도만 하고 있으면 하나님께 영광이 되는가? 하나님을 영화롭게 한다는 것은 우리가 하나님을 영화롭게 만든다는 것이 아니다. 하나님은 영원 전부터 이미 영화로우신 분이시다. 죄로 인해 타락한 인간이 하나님을 영화롭게 할 수가 없다. 그러기에 인간이 하나님을 영화롭게 한다는 말 속에는 죄 사함 받고 새사람이 되어야만 한다는 예수 그리스도의 구속(救贖)이 전제되어 있다.[60]

하나님의 영광이란 하나님의 성품과 능력이 나타나는 것을 말한다. 하나님께서는 창조사역을 통하여서 하나님의 능력을 나타내심으로 하나님의 영광을 나타내셨다. 그러나 진정으로 하나님께 영광을 돌리는 것은 구속을 받은 자들이 자발적으로 하나님의 언약에 순종할 때 일어난다. 어떻게 자발적인 순종이 일어날 수 있는가? 그것은 성령 하나님의 역사로 오직 예수 그리스도의 십자가의 피로 구원받을 때 일어난다. 그때 구원받은 성도들은 감사함으로 하나님을 찬양하고 경배하게 된다.[61]

---

60) G.I. 윌리암슨, 소교리문답강해, 최덕성 역 (서울: 개혁주의신행협회, 1990), 10; "… 자신의 죄를 회개하고 그리스도를 믿는 자 외엔 누구도 할 수 없다. … 토기장이가 진흙 한 덩이로 하나는 귀히 쓸 그릇을 하나는 천히 쓸 그릇을 만드는 권이 없느냐 만일 하나님이 그 진노를 보이시고 그 능력을 알게 하고자 하사 멸하기로 준비된 진노의 그릇을 오래 참으심으로 관용하시고 또한 영광 받기로 예비하신 바 긍휼의 그릇에 대하여 그 영광의 부요함을 알게 하고자 하셨을지라도 무슨 말 하리요(롬 9:21-23). 즉 버려진 자나 구원받은 자나 모두가 하나님의 영광을 나타내는 도구들인 것이다. 구원받은 자들로는 하나님의 자비와 은총이, 버려진 자들로는 하나님의 진노와 공의가 나타나 영광을 받으신다. 차이란 버려진 자들, 곧 회개하지 않고 그리스도를 믿지 않는 자들에게는 그들 자신이 원하지 않는다 할지라도 하나님은 자기의 영광을 위해 심판하시며, 구원을 받은 자는 하나님을 영화롭게 하며 영원토록 그를 즐거워하게 되는 것이다."
61) 1 이 때에 모세와 이스라엘 자손이 이 노래로 여호와께 노래하니 일렀으되 내가 여호와를 찬송하리니 그는 높고 영

하나님께서 그 백성들이 하나님을 더욱 알아가게 하심으로 영광 돌리는 일을 더욱 풍성하고 지속적으로 이루어 가신다. 왜냐하면 거기에 영생이 있기 때문이다.[62] 그렇게 할 때 하나님과 끊임없는 교통과 찬양이 일어난다.

오늘날 현대인들은 자아가 신이 되어 자아를 만족시키는 실존주의를 외치지만 결국 허무주의로 끝나고 만다. 인간은 인간 안에서 삶의 의미와 통일성을 만들어 낼 수 없기 때문이다. 자신의 존재 의미를 모르는 인간은 그것을 결코 만들어내지 못한다. 그것은 출발부터가 잘못된 것이다. 인간은 자기를 창조하신 하나님을 알고 그 하나님께서 무엇을 원하시는지 알고 거기에 순종할 때에 진정한 삶의 목적과 가치를 누릴 수 있다.

그러므로 인간이 하나님을 영화롭게 한다는 것은 하나님을 내 삶의 주인으로 섬기며 하나님 안에서 만족하겠다는 것이다. 그것은 창조와 언약의 회복이다. 하나님을 영화롭게 한다는 것은 하나님의 영광을 반사한다(reflect)는 뜻이다. 성경은 다음과 같이 말한다.

> 하늘(The heavens)이 하나님의 영광을 선포하고 궁창(the skies)이 그 손으로 하신 일을 나타내는도다(시 19:1)

하나님께서 창조하신 우주와 그 세계는 마치 거울과 같아서 하나님의 영광을 드러낸다는 말씀이다. 인간도 하나님의 영광을 드러내는 삶을 살아가는 것이 본분인데, 죄를 지어 타락함으로 그렇게 살지 못하게 되었다.

영광은 문자적 의미로는 '무겁다'는 말이다. 저울에 달아서 무게가 많이 나간다는 말이 아니라 한 인격체가 가지는 고유한 정체성에서 우러나오는 탁월함을 말한다. 영광이라는 말의 의미는 그 인격체의 됨됨이를 말한다. 하나님의 영광이라 함은 하나님의 하나님 되심을 말한다. 그리고 그 하나님의 영광이 드러날 때 하나님의 의라고 말한다.

화로우심이요 말과 그 탄 자를 바다에 던지셨음이로다 2 여호와는 나의 힘이요 노래시며 나의 구원이시로다 그는 나의 하나님이시니 내가 그를 찬송할 것이요 내 아비의 하나님이시니 내가 그를 높이리로다 3 여호와는 용사시니 여호와는 그의 이름이시로다(출 15:1-3) 3 찬송하리로다 하나님 곧 우리 주 예수 그리스도의 아버지께서 그리스도 안에서 하늘에 속한 모든 신령한 복으로 우리에게 복 주시되 4 곧 창세 전에 그리스도 안에서 우리를 택하사 우리로 사랑 안에서 그 앞에 거룩하고 흠이 없게 하시려고 5 그 기쁘신 뜻대로 우리를 예정하사 예수 그리스도로 말미암아 자기의 아들들이 되게 하셨으니 6 이는 그의 사랑하시는 자 안에서 우리에게 거저 주시는 바 그의 은혜의 영광을 찬미하게 하려는 것이라(엡 1:3-6)
62) 영생은 곧 유일하신 참 하나님과 그의 보내신 자 예수 그리스도를 아는 것이니이다(요 17:3)

예수님을 믿고 구원을 얻은 것은 감사하나 하나님께 영광을 돌리라고 하면 쉽지 않다. 왜 그럴까? 우리 각자의 형편과 처지가 하나님께 영광을 돌릴만한 진심어린 항복이 우러나지 않기 때문이다. 사람들은 다음과 같이 말한다.

'지금의 내 형편으로 하나님께 영광을 돌리라고요?'

'이 어려운 상황 가운데서 어떻게 하나님께 영광을 돌리나요?'

또 어떤 사람들은 하나님께서 문제를 해결해 주시면, 자신이 바라고 소원하는 것들이 이루어지면 하나님께 영광을 돌려드리겠다고 말한다. 지금의 상황으로는 안 된다고 생각한다. '하나님의 영광을 위해 살아라' 이렇게 말하면 마음속에 의문이 일어난다. '왜 하나님의 영광을 위해 살아가야 할까?', '내 인생은 무엇인가?', '어찌 내 행복보다 하나님의 영광이란 말인가?', '하나님의 영광을 위해 사는 것이 내 인생과 무슨 연관이 있는가?', '내가 행복하지 않는데 어떻게 하나님의 영광을 위해 살 수 있다는 말인가? 이런 의문을 안 가져 본 사람이 없을 것이다.

하나님께 영광 돌리는 삶을 산다는 것은 우리의 삶이 우리에 의해 결정되어지는 것이 아니라는 것을 의미한다. 우리 인생의 궁극적인 결정은 하나님께 달려 있다. 하나님께 영광돌림은 하나님의 주권에 대한 인정이다. 이것은 우리의 책임을 약화시키지 않는다. 무책임하게 살아도 된다는 것이 아니라, 우리의 생각과 지혜와 능력으로 헤아리지 못하는 일들이 일어나며 그것을 주장하시는 분은 하나님이시라는 것을 고백하는 삶이다. 우리의 존재, 우리의 목표와 내용이 하나님께만 있고, 그 근거는 하나님으로부터만 있다는 것이다. 왜냐하면 하나님께서 그런 삶을 원하시기 때문이다. 성경에서는 무엇이라고 말할까?

하나님의 영광과 선행하는 은혜

하나님께 영광을 돌린다는 것은 하나님께서 자기 백성에게 베풀어 주신 은혜가 선행된다는 사실을 말해 준다. 하나님께서 은혜로 주신 것에 대한 반응이지 우리 자신의 애쓴 결과에 대한 반응이 아니다.

바벨론의 벨사살 왕

다니엘이 포로로 잡혀갔던 바벨론의 느부갓네살 왕은 자기 스스로 왕이 되고 권세를 누리는 줄 착각하고 교만했다. 하나님께서는 느부갓네살에게 경고했으나 무시했다. 느부갓네살은 7년 동안 왕위에서 쫓겨났고 짐승같이 살았다. 하나님께서 그에게 총명을 주셔서 지극히 높으신 하나님께 감사하고 경배했을 때 하나님께서 그를 회복시켜 주셨다. 그 이후에 벨사살이 왕이 되었는데 그도 교만하여 권력을 믿고 살았다. 그 오만함이 극치에 달하여 예루살렘 성전에서 가져온 것들로 술을 마시고 우상을 찬양하며 잔치를 벌였다. 그런데 바로 그때 갑자기 놀라운 일이 생겼다.

1 벨사살 왕이 그 귀인 일천 명을 위하여 큰 잔치를 배설하고 그 일천 명 앞에서 술을 마시니라 2 벨사살이 술을 마실 때에 명하여 그 부친 느부갓네살이 예루살렘 전에서 취하여 온 금, 은 기명을 가져오게 하였으니 이는 왕과 귀인들과 왕후들과 빈궁들이 다 그것으로 마시려 함이었더라 3 이에 예루살렘 하나님의 전 성소 중에서 취하여 온 금 기명을 가져오매 왕이 그 귀인들과 왕후들과 빈궁들로 더불어 그것으로 마시고 4 무리가 술을 마시고는 그 금, 은, 동, 철, 목, 석으로 만든 신들을 찬양하니라 5 그때 사람의 손가락이 나타나서 왕궁 촛대 맞은편 분벽에 글자를 쓰는데 왕이 그 글자 쓰는 손가락을 본지라 6 이에 왕의 즐기던 빛이 변하고 그 생각이 번민하여 넓적다리 마디가 녹는 듯하고 그 무릎이 서로 부딪힌지라 7 왕이 크게 소리하여 술객과 갈대아 술사와 점장이를 불러오게 하고 바벨론 박사들에게 일러 가로되 무론 누구든지 이 글자를 읽고 그 해석을 내게 보이면 자주 옷을 입히고 금사슬로 그 목에 드리우고 그로 나라의 셋째 치리자를 삼으리라 하니 8 때에 왕의 박사가 다 들어왔으나 능히 그 글자를 읽지 못하여 그 해석을 왕께 알게 하지 못하는지라 9 그러므로 벨사살 왕이 크게 번민하여 그 낯빛이 변하였고 귀인들도 다 놀라니라(단 5:1-9)

아무도 이 글자들을 해석하지 못하자, 다니엘을 불러 해석하게 했다.

25 기록한 글자는 이것이니 곧 메네 메네 데겔 우바르신이라 26 그 뜻을 해석하건대 메네는 하나님이 이미 왕의 나라의 시대를 세어서 그것을 끝나게 하셨다 함이요 27 데겔은 왕이 저울에 달려서 부족함이 뵈었다 함이요 28 베레스는 왕의 나라가 나뉘어서 메대와 바사 사람에게 준 바 되었다 함이니이다(단 5:25-28)

다니엘은 벨사살 왕이 교만하게 행하였기 때문에 하나님의 심판을 피할 수 없을 것이라고 말했다. 벨사살은 자기 위에 계신 하나님을 모르고 그 하나님께 영광을 돌리지 않았기 때문이다. 사도행전에는 이런 사건도 있었다.

22 백성들이 크게 부르되 이것은 신의 소리요 사람의 소리는 아니하거늘 23 헤롯이 영광을 하나님께로 돌리지 아니하는 고로 주의 사자가 곧 치니 충이 먹어 죽으니라(행 12:22-23)

헤롯은 군중들이 자신을 신으로 추켜세우는 함성을 듣고 매우 만족해했다. 스스로 교만해진 헤롯은 심판을 받아 죽었다. 벨사살이나 헤롯이나 하나님의 주권에 대한 고백과 영광 돌림이 없었다.

우리는 지금의 삶에 대하여 어떤 자세를 가지고 살아가고 있는가? 하나님의 주권에 대한 고백은 감사와 찬양으로 이어진다. 우리는 과연 하나님께서 주신 것들에 대하여 얼마나 감사하며 하나님을 찬양하고 경배하는 삶을 살아가고 있는가? 고통과 눈물을 흘리는 시간들 속에서도 하나님께서 허락하여 주신 것임을 인정하고 하나님을 위하여 살아가는 삶이 되어야 한다. 이것은 단순하지 않다.

이런 말을 한다고 해서 권력의 억압이나 부정부패에 대하여 감사하라는 뜻이 아니다. 성경은 그런 것을 가르치지 않는다. 로마서 13장을 비롯해서 성경 전체는 불의한 세력에 대하여 한패가 될 것을 말하지 않는다. 또한, 억압과 부패와 죄악들에 대하여 하나님께 기도해야 하며 인내해야 한다.[63]

오늘날 어떤 개혁주의자들은 영역 주권사상을 부르짖으며 좌파적 성향을 노골화하고 있다.[64] 그들은 성경에서는 오순절 이후에 나타난 초대교회 공동체(행 2:42-47)를 말한다. 겉으로는 개혁주의라 말하며 교리를 가르친다고 말하지만 실제로는 너무나도 좌파적이다. 하나님의 영광을 말하면서 왜 좌파적으로 말해야 하는가? 아무리 성경을 말하고 교리를 가르친다고 해도 그들은 좌파적인 정치적 이념에 지배를 받으며, 또 어떤 개혁주의자들은 신칼빈주의를 추종하는 경향이 매우 강하다.

또 어떤 사람들은 성경을 펴놓고 예수님과 십자가를 말하지만, 그들의 말은 성경과 다르다. 하나님의 나라는 자본주의도 공산주의도 아니다. 그렇다고 예수 그리

---

63) 소교리문답 제65문을 참고하라.
64) http://www.youtube.com/watch?v=-_LDbf4JC8Q 김성욱, "좌파/우파가 대체 무엇인지 알고는 있는 것인가?.";
"… 한반도에서 남북이 갈라졌을 때, 쉽게 얘기하면 북한은 좌고 남한은 우입니다. 좌파 우파 하는 기준이 뭐냐 하면요, 사회주의를 인정하느냐? 아니냐? 에요. 자본주의가 있고 사회주의가 있는데, 자본주의란 원래 시장경제를 말하는 거에요. 아담과 하와 이래로 사람들이 모여서 시장을 중심으로 먹고사는 것이 시장경제라고 부르는 겁니다. 원래 인류 역사는 시장경제에요. 시장을 통해서 먹고 살았으니까. 그런데 이 시장경제에는 항상 부조리, 불평등, 모순이 나온다 말이에요. 공중 권세 잡은 자들이 통치하고 있으니까. 이 문제를 예수 그리스도를 통해서 해결하는 것이 아니라 인간의 얄팍한 이성과 짧막한 지성을 가지고 이 세상을 파라다이스로 만들어 보자고 나오는 게 사회주의입니다. 시장경제는 원래 자생적인 질서인데 이거를 문제가 많으니까 한 번 바꿔보자는 파라다이스형 모델이 사회주의요, 인류역사에서 시장경제라는 것이 있다가 사회주의적인 실험이 반복되는 것이 인류의 역사에요. 그러다가 사회주의적인 실험은 모두 실패했죠. 실패한 다음에는 다시 시장경제로 돌아갔어요. 그런데 이 시장경제라는 것이 19세기부터 산업혁명이 나오면서 많이 커지니까 마르크스라는 사람이 '너희들은 돈 밖에 모르는 놈들이야' 하면서 '자본주의'라고 별명을 붙인 거에요. '자본주의'는 정확한 용어는 아니에요. … 시장경제는 자생적인 질서에요. 사회주의로 가기 위해서는 있는 가진 사람들의 것을 뺏어서 없는 사람들 이에게 나누어 주어야 하잖아요. 그걸 누가해요. 국가가 하죠. 국가의 권력이 무지막지하게 커지는 거에요. 반드시 사회주의는 독재로가요. 사회주의는 자생적 질서를 강제로 해야 해요. 있는 사람들의 것을 뺏어야 하니까, 항상 폭력이 동원되고 그리고 사람들한테 의식화 시켜야 돼요. 이게 정당하다고 계속 설명을 해 줘야 돼요. 그러다보니 거짓말이 동원됩니다. 그러나, 이 폭력과 거짓은 한계가 있어요. 사람들의 생산성은 떨어지고 결국은 다시 자생적 질서로 돌아갑니다. 그래서 소련이 망해 가지고 러시아로 간 거에요. 그래서 동유럽이 망해서 다시 자유주의 동유럽이 만들어진 겁니다. …"

스도를 구주로 고백하는 성도를 가장 극렬하게 반대하며 죽이는 공산주의를 추종해서는 안 된다. 오직 성경의 원리를 따라 믿음의 삶을 살아가는 것이 성도의 삶이 되어야만 한다.

중풍병자 사건(막 2:1-12)

예수님께서 다시 가버나움으로 오셔서 어느 집에 있을 때에 한 중풍병자를 네 사람이 데리고 왔다. 그들은 무리가 많아서 예수님께로 데리고 갈 수가 없었다. 지붕을 뚫어서 예수님께로 갔다. 예수님께서는 중풍병자와 그들의 믿음을 보시고 그 중풍병자의 좌를 용서해 주시고 중풍병을 치료해 주셨다. 12절에는 이런 말씀이 있다.

> 그가 일어나 곧 상을 가지고 모든 사람 앞에서 나가거늘 저희가 다 놀라 영광을 하나님께 돌리며 가로되 우리가 이런 일을 도무지 보지 못하였다 하더라(막 2:12)

마가는 예수님께서 중풍병자를 치료하신 사건을 통해 사람들이 하나님께 영광을 돌렸다고 말했다. 하나님께서는 왜 이런 방식으로 영광을 나타내실까? 하나님께서는 우리 각자에게 가사를 주셨다. 그것이 어떤 것일지라도 우리는 그 속에서 하나님의 하나님 되심을 드러내는 인생을 사는 것이 하나님의 영광을 드러내는 삶이다. 내가 반드시 권력을 가져야 하고, 내가 반드시 부(富)를 가져야 하고, 내가 반드시 건강해야 하나님의 영광을 나타내는 것이 아니다. 물론 그런 상황에서도 하나님의 영광을 나타내는 사람도 많다. 그러나, 하나님께서 내게 허락하신 지금의 삶으로 하나님의 영광을 드러내기에 하나도 부족하지 않다. 그렇다고 이 말이 '송충이는 솔잎을 먹고 살아야 한다'는 말로 들려서는 안 된다. 하나님의 선행되는 은혜가 임한 자는 자기가 처한 자리에서 하나님께 영광 돌리는 삶을 살아간다. 그 은혜가 임한다는 것은 무엇인가? 하나님의 선행되는 은혜는 부정적인 면에서는 자기 연민과 자기 의에서 벗어나게 하며, 적극적인 면에서는 예수 그리스도의 의를 붙들고 하나님의 나라와 의를 구하는 삶을 살게 한다. 택자에게는 반드시 이 은혜를 주신다.

나사로의 죽음

우리는 지금 '하나님께 영광 돌리는 삶이란 무엇인가?'를 생각하고 있다. 성경은 또 다른 사건을 말하고 있다.

1 어떤 병든 자가 있으니 이는 마리아와 그 형제 마르다의 촌 베다니에 사는 나사로라 2 이 마리아는 향유를 주께 붓고 머리털로 주의 발을 씻기던 자요 병든 나사로는 그의 오라비러라 3 이에 그 누이들이 예수께 사람을 보내어 가로되 주여 보시옵소서 사랑하시는 자가 병들었나이다 하니 4 예수께서 들으시고 가라사대 이 병은 죽을병이 아니라 하나님의 영광을 위함이요 하나님의 아들로 이를 인하여 영광을 얻게 하려 함이라 하시더라(요 11:1-4)

죽을병에 걸린 것이 어떻게 하나님의 영광을 나타내는 것인가? 예수님께서 나사로를 무덤에서 살려내셨기 때문에 하나님께 영광이 되는 것인가? 그렇다면 왜 나사로는 살아났다가 다시 죽었는가? 세월이 지나면 죽을 몸을 왜 다시 살려 내셨는가? 그것은 나사로의 죽음을 통하여 예수 그리스도가 누구신지 드러내셨기 때문이다.

예수님께서는 요한복음 17장의 대제사장의 기도에서 언제나 하나님의 영광에 마음을 두시고 계셨다는 것을 알 수 있다. 예수님께서는 자기의 영광을 구하지 아니하셨다.[65] 예수님께서는 아버지의 영광을 위하여 이 땅에 오셨으며 하나님의 영광을 나타내는 삶을 사셨다.

> 아버지께서 내게 하라고 주신 일을 내가 이루어 아버지를 이 세상에서 영화롭게 하였사오니(요 17:4)

예수님께서는 십자가에 달려 죽으시기 전에 다음과 같이 기도하셨다.

> 예수께서 이 말씀을 하시고 눈을 들어 하늘을 우러러 가라사대 아버지여 때가 이르렀사오니 아들을 영화롭게 하사 아들로 아버지를 영화롭게 하게 하옵소서(요 17:1)
> 아버지께서 내게 하라고 주신 일을 내가 이루어 아버지를 이 세상에서 영화롭게 하였사오니(요 17:4)
> 아버지여 창세 전에 내가 아버지와 함께 가졌던 영화로써 지금도 아버지와 함께 나를 영화롭게 하옵소서(요 17:5)
> 곧 내가 저희 안에, 아버지께서 내 안에 계셔 저희로 온전함을 이루어 하나가 되게 하려 함은 아버지께서 나를 보내신 것과 또 나를 사랑하심 같이 저희도 사랑하신 것을 세상으로 알게 하려 함이로소이다(요 17:23)
> 30 유다가 그 조각을 받고 곧 나가니 밤이러라 31 저가 나간 후에 예수께서 가라사대 지금 인자가 영광을 얻었고 하나님도 인자를 인하여 영광을 얻으셨도다 32 만일 하나님이 저로 인하여 영광을 얻으셨으면 하나님도 자기로 인하여 저에게 영광을 주시리니 곧 주시리라(요 13:30-32)

예수님께서 십자가에 죽으시는 것이 하나님의 영광을 드러내는 최고의 사건이었

---

65) 나는 내 영광을 구치 아니하나 구하고 판단하시는 이가 계시니라(요 8:50)

다. 왜 십자가에 죽으시는 것이 하나님께 영광이 될까? 그것이 하나님의 하나님다우심을 드러내는 가장 확실한 사건이기 때문이다. 하나님의 하나님 되심이 죄인을 구원하신 십자가 사건에서 드러났기 때문이다. 예수님께서는 십자가에 죽으심으로 하나님의 영광을 나타냈는데, 변질된 기독교는 살아 더 많이 가져야 하나님의 영광을 나타낸다고 생각하니 그것이 문제다.

사도 바울은 다음과 같이 말했다.

> 복음에는 하나님의 의가 나타나서 믿음으로 믿음에 이르게 하나니 기록된 바 오직 의인은 믿음으로 말미암아 살리라 함과 같으니라(롬 1:17)

복음에는 하나님의 의가 나타났다고 했다. 여기에서 말하는 "하나님의 의"는 하나님의 하나님다우심이 드러났다는 말이다. 이 말씀은 하박국 2장 4절의 말씀을 인용한 것이다. 예수님의 십자가는 하나님의 하나님다우심을 가장 잘 드러낸 사건이다!

하나님께 영광을 돌린다는 말은 이 세상의 것으로 드러내야 한다는 것이 아니다. 우리의 죄가 예수 그리스도의 십자가에서 죽고 구원받아 언약에 신실한 삶을 살아가는 모든 것에서 하나님의 인격과 성품이 드러나는 것을 말한다. 그렇게 되는 것이 하나님께는 영광이 되고, 우리에게는 구원의 기쁜 소식이 된다. 그래서 복음이다. 그것이 오직 유일하게 인간의 삶에 참되고 영원한 의미와 통일성을 제공하게 된다.

하나님의 영광을 드러내는 것이 왜 죄로부터의 구원이 먼저인가? 이것이 세상의 멘탈리티와 근본적으로 다른 면이다. 성경은 다음과 같이 말한다.

> 모든 사람이 죄를 범하였으매 하나님의 영광에 이르지 못하더니(롬 3:23)

"이르지 못하더니"는 목적을 이루지 못하거나 거기에 미치지 못하는 것을 의미한다. 이 말은 인간의 신성화를 말하는 것이 아니라 하나님께서 받으셔야 할 영광을 돌려드리지 못하고, 죄를 범하여 하나님의 영광을 반영하는 특권을 상실했다는 뜻이다.

하나님께서는 에덴동산에 아담과 하와를 창조하여 온 우주에 하나님의 하나님 되심을 드러내도록 명하셨다. 그러나 죄를 지어 타락하여 자기 주체성으로 자기 영광을 드러내는 죄악에 빠지게 되었다. 그러므로 하나님의 하나님 되심을 드러내는 하나님의 영광은 죄인을 구원하는 방식으로 드러났다.

하나님의 영광을 드러낸다는 것은 하나님의 성품을 드러내는 것이며, 예수님의 영광을 드러낸다는 것은 예수님의 성품을 드러내는 것이다. 성령님의 영광을 드러낸다는 것은 성령님의 성품을 드러낸다는 것이다. 놀랍게도 삼위 하나님께서는 그 성품을 죄에서 구원하시는 십자가로 나타내셨다.

2) 그분을 영원토록 즐거워하는 것입니다

또한 사람의 첫째 되는 목적은 영원히 하나님을 즐거워하는 것이다. '영원토록 그를 즐거워한다'(to enjoy him forever)나? 어떻게 하나님을 영원토록 즐거워할 수 있는가? 영원하신 하나님께서 우리에게 영원토록 의미와 통일성을 제공하시기 때문이다. 하나님은 그 존재와 성품에 있어서, 스스로 영원히 존재하시며 인격적이신 분이시며, 하나님만이 우리의 창조주시며 죄에서 구원하시며 영생을 주시는 분이시며, 우리를 영원한 하나님의 나라로 인도하시는 분이시기 때문이다. 그러므로 하나님은 우리가 신뢰할 수 있는 유일한 대상이 되신다. 이 사실을 시편에서는 이렇게 찬양하고 있다.

> 24 주의 교훈으로 나를 인도하시고 후에는 영광으로 나를 영접하시리니 25 하늘에서는 주 외에 누가 내게 있으리요 땅에서는 주 밖에 나의 사모할 자 없나이다 26 내 육체와 마음은 쇠잔하나 하나님은 내 마음의 반석이시요 영원한 분깃이시라(시 73:24-26)

이 말씀은 먼저 이 현실에서의 삶과 죽음 이후로 천국에까지 궁극적 구원 혹은 견인(堅忍)을 보장하시기 위한 성도 개개인에 대한 하나님의 역사를 확신하며 찬양한다. 하나님께서는 시작부터 완성까지 '주의 교훈', 곧 하나님의 말씀을 그 방편으로 사용하신다.[66] 때로 하나님이 기뻐하시지 않는 길로 가거나 고난 속에 어려움을 당할 때 하나님의 말씀으로 인도해 가신다.[67] 그리하여 오직 하나님만이 우리

---

[66] 15 또 네가 어려서부터 성경을 알았나니 성경은 능히 너로 하여금 그리스도 예수 안에 있는 믿음으로 말미암아 구원에 이르는 지혜가 있게 하느니라 16 모든 성경은 하나님의 감동으로 된 것으로 교훈과 책망과 바르게 함과 의로 교육하기에 유익하니 17 이는 하나님의 사람으로 온전케 하며 모든 선한 일을 행하기에 온전케 하려 함이니라(딤후 3:15-17)
[67] 호크마 주석에서; "'후에는'이란 '이 세상에서 믿음의 싸움을 다 싸운 다음에는'의 뜻이다(딤후 4:7). 그리고 '영광으로 나를 영접하시리니'는, 하나님께서 기자에게 주시는 영생의 축복을 암시한다. 그런데 여기서 '영접하시리니'(티카헤니)의 기본형 '카흐'는 창 5:24에서 하나님과 동행하며 살았던 에녹을 하나님께서 하늘로 데려가신 사실을 언급할 때 사용되었다."

가 신뢰할 유일하신 분임을 고백하게 하시며, 하나님 안에서 진정한 자유와 기쁨과 만족과 평안을 누리게 하신다.

하이델베르크 교리문답에서는 '영원토록 그를 즐거워 한다'는 것을 사나 죽으나 성도의 유일한 위로가 구주 예수 그리스도라고 했다. 왜냐하면 예수 그리스도로부터 영원한 삶의 의미와 통일성을 재공받기 때문이며, 그것이 우리의 최고의 선이 되기 때문이다. 세상은 무엇이라고 말할까?

> 에피쿠로스학파(the Epicureans)는 감각적 쾌락을 최고의 선으로 보며, 스토아 학파(the Stoics)는 인간 정서의 적절한 통제와 중용에서나 덕의 습관에서 최고선을 찾으며, 플라톤 학파(the Platonists)는 관념(Ideas)에서 찾으며, 아리스토텔레스학파(the Peripatetics)는 덕의 실천에서 찾으며, 그런가 하면 보통 사람들은 명예나 부귀나 쾌락에서 최고선을 찾는다. 그러나 이 모든 것들은 일시적인 것들이요, 이미 이 땅의 삶 속에서 잃어버린 상태에 있거나 잘해야 죽음의 때에 가면 다 뒤로 놓고 가야 하는 것들이다. 그러나 우리가 구하는 최고선은 절대로, 죽은 후에도, 사라지지 않는 것이다. …68)

우르시누스의 말 대로 세상의 것들은 '일시적인 것들'이다. 그것들은 영원히 지속될 수가 없다. 그래서 진리가 될 수 없다. 그것은 유행이다. 한 철은 유행 따라 살 수 있을지는 몰라도 영혼을 유행에 맡기면 분열이 심화되어 맨 정신으로 살 수 없게 된다. 그것을 극복하기 위해 사람들은 죽은 후에도 사라지지 않는'최고의 선'을 구하는 도약을 하게 된다.

이런 시대 속에서 성도된 우리들은 어떻게 살아가야 하는가? 어째서 하나님께 영광을 돌리고 사는 삶이 나에게 가장 즐거운 삶인가? 아니면 내 인생을 내 맘대로 사는 것이 가장 즐거운 삶인가?

> 20 우리 영혼이 여호와를 바람이여 저는 우리의 도움과 방패시로다 21 우리 마음이 저를 즐거워함이여 우리가 그 성호를 의지한 연고로다 22 여호와여 우리가 주께 바라는 대로 주의 인자하심을 우리에게 베푸소서(시 33:20-22)

다윗은 온 마음으로 여호와를 의지했다. 왜냐하면 여호와 하나님께서는 언약에 신실하시고 그 언약에 기초하여 자기 백성들을 사랑하시기 때문이다. 그것이 다윗에게는 즐거움이 되었다.

다윗이 실패와 죄악을 범했으나 비참함과 절망 속에서 자기 인생을 포기하지 않을 수 있었던 것은 여호와 하나님을 의지하고 바라볼 때 은혜와 사랑을 베푸셨기

---

68) 자카리아스 우르시누스, **하이델베르크 교리문답해설**, 원광연 역 (고양: 크리스챤다이제스트, 2006), 62.

때문이다. 다윗에게는 분명하고 변치 않는 삶의 기준인 여호와의 율법이 있었고, 그 율법을 다 지키지 못했을지라도 회개하고 주께 나아가기만 하면 용납해 주시는 여호와의 사랑이 있었다. 다윗은 자기 안에서가 아니라 자기 밖에서 자기를 구원하시고 언약하신 여호와 하나님으로부터 영원한 의미와 통일성을 부여받았기 때문이다. 그것이 다윗이 받은 생명력이었다.

오늘날 현대인들은 삶을 살아가야 하는 분명하고 선명한 절대기준이 없다. 오로지 자기 자신 밖에는 없다. 그래서 불안하다. 절망에 빠져있다. 그 불안과 절망을 이겨낼 길이 없다. 피할 길이 없다. 거기에는 오직 도약 밖에 없다! 그것이 인간의 비참이다.

실존주의는 휴머니즘이다. 인간의 주체성으로, 인간의 선택과 결단으로 얼마든지 오늘을 살아낼 수 있으리라고 큰소리를 쳤지만 그리되지 않았다. 실존주의에 대하여 사람들이 실제로 무엇이라고 말할까?

러시아의 유명한 감독인 타르코프스키의 영화 중 '잠입자'라는 영화가 있다. 우주에서 운석이 떨어진 후 폐쇄되어 사람들이 오랫동안 드나들지 않은 마을이 있었다. 이 마을을 둘러싼 소문 중에, 마을 안에 있는 비밀의 방에 들어가게 되면 소원이 이루어진다는 이야기가 있었다. 꽤 신빙성 있는 소문이었던 모양으로 문학자, 박사, 그 마을에 몇 번 들어가 본 안내인 이렇게 세 명의 사람이 비밀의 방을 찾기 위해 마을 안을 탐색하기 시작했다. 마을 안을 돌아다니던 중 안내인이 흥미로운 이야기를 해주는데, 일전에 비밀의 방에 들어갔다 온 사람에 관한 이야기였다. 고슴도치라 불린 그 사람은 비밀의 방에 들어갔다 나와서 자살을 했다. 자살이 고슴도치가 진정 원하는 것이었을까? 그의 죽음의 이유는 다른 데 있었다. 고슴도치는 비밀의 방에 들어갔다 나오면 자신의 소원인 아픈 동생의 병이 낫는 일이 실현되리라 믿었다. 그런데 비밀의 방에 들어갔다 나오니 동생은 죽어 있었고, 자신은 복권에 당첨되어 벼락부자가 되어 있었던 것이었다.

사르트르라면 이 영화를 보고 뭐라고 이야기 할까. 일단 고슴도치에게 왜 스스로를 속였냐고 이야기 할 것 같다. 사르트르는 분명 자유롭고, 모호하고, 애매하고, 잡힐듯 잡히지 않으며 매번 도망가고 벗어나 버리는 세상의 모습을 알고 있었던 것 같다. 그러나 그는 그런 세상을 탐색하며 오래 머물진 않은 것 같다. 그는 이런 세상에 대해 '기만에 빠뜨리는' 혹은 '부조리한' 모습을 가지고 있는 곳이라고 파악했다. 바로 그렇기 때문에 인간을 세상에 대하여 스스로 선택하고 행동하는 존재라고 (그러해야 한다고) 본 것이다. 실제로 사르트르는 언제나 하루 6-8시간의 집필과 정확한 식사시간이 반복되는 규칙적인 생활을 평생 동안 실천했고, 어디에도 속하지 않으며 자유롭게 활동했으며, 노벨상 수상작에 선정되었으나 수상을 거부하는 등 자신의 신념과 앎을 스스로의 삶을 통해 보여주며 올곧게 살았다. 이렇듯 결단과 행동에 있어서 똑 부러지고 추진력 있는 사르트르가 보았을 때, 자신이 원하는 것이 무엇인지도 명확히 알지 못한 고슴도치의 행동은 비난 받아야 마땅한 것이다. 그러나 세상은 그 자체가 부조리하고 기만하고, 예상을 빗나가고, 우연히 마주치는 것들 투성이인 곳이고, 그 속에 던져진 우리들 또한 세상의 일부다. 정말 열심히 고민해 보아도 자신의 욕망이 무엇인지 명확히 알 수 없고, 알아냈다고 하더라도 매번 바뀌어가는 것이 욕망이다. 때로는 내가 진짜로 원하는 것에 대하여 알게 되었을 때 자신이 그런 것을 원한다는 사실을 감당하기 힘들어 생물학적으로든 정신적으로든 죽어버리지 않고서는 버틸 수 없는 것이 고슴도치 즉, 우리들의 모습이다.[69]

세상은 부조리하며, 자신이 정말 누구인지, 자신의 욕망이 무엇인지 알 수 없는 것이 인간임을 시인하고 있다. 시인으로 끝나 버리는가? 그것을 감당하지 못한다. 그래서 자신을 죽음으로 내몰아간다. 그것이 인간의 실존이다.

하나님을 기뻐하고 즐거워하는 것은 우리 자신에게 결코 손해나는 것이 아니다. 하나님의 말씀은 우리의 인생에 절대적인 기준, 가장 확실한 기준이 되어주며, 여호와의 언약에 기초한 풍성한 사랑은 우리의 죄악과 연약함을 받아주시는 피난처가 되신다. 그 길로 가도록 하나님께서는 자기 백성을 연단해 가시되, 하나님의 말씀대로 사는 것이 가장 기쁘고 즐거우며 만족스럽고 자유와 평안이 있다는 것을 알아가게 하신다.

그 어떤 노력과 수양을 해도 죄로부터의 구원은 인간이 절대로 만들어 낼 수가 없다. 유학에서 수양이란 간극을 매우는 것이다. 무슨 간극인가? 인간의 이상적 기준과 실존적 조건 사이의 간극을 말한다. 인간이 자기 계발을 끊임없이 해서 그 간극을 메워가는 수양을 함으로 발전해가야 한다고 말한다. 그러나 그런 애씀은 무위로 끝나고 만다. 왜냐하면 인간은 한계 속에 있기 때문이다. 인간은 내가 노력해서 결과를 만들어 내는 인과율만으로 못살아간다. 살아가면 갈수록 인간은 죄가 속에서 흘러넘치는 것을 확인하게 된다. 수양을 하면 할수록 괴로워 죽는 것이 인간이다.

어거스틴은 고백록에서 이렇게 말했다.

> 내가 주님께 여쭐 때에 살피는 이 모든 것에서 나는 여전히 주님 안에서가 아니면 내 영혼을 위한 안전한 곳을 발견하지 못하였나이다. 주님 안에서 나의 흩어진 모든 것들이 함께 모일 수 있으며 나의 어떤 것도 주님으로부터 피하지 못하나이다.(X.40).[70]

어거스틴은 인기와 존경심이 최고에 달했을 때 『고백록』을 써서 자기가 죄인인 것을 낱낱이 드러냈다. 지난 시절의 죄와 잘못된 종교와 사상에 빠져 있었지만, 오직 하나님께만 완전한 안식이 있다는 신앙고백을 했다. 자기 죄를 고발하는데 목적이 있는 것이 아니라, 죄인 된 자기를 하나님께로 인도하신 하나님의 위대함을 말하고 하나님께 감사했다. 죄의 비참함을 알지 못하면 감사는 나올 수 없다.

---

69) nomadist.org 「사르트르를 읽으며」
70) 신비주의자들은 어거스틴의 이런 말들을 내면의 빛, 내면의 신성으로 악용한다.

죄와 사망에서 벗어나 그 말씀에 순종하며 예수 그리스도 안에 거하는 것이 진정한 안식이요 새언약의 성도만이 누리는 특권이다. 세상은 우연과 맹목을 주장하지만 어느 누구도 거기에서 자유와 평안을 누리지 못한다. 그것을 누리기 위하여 도약하지 않을 수가 없다.

무신론자 김용옥의 허무주의

그 대표적인 사람이 김용옥 교수다.[71] 학생들과 젊은이들에게 김용옥은 많은 영향을 주고 있다. 김용옥은 무신론자이면서 범신론[72]적인 신관을 말한다. 그의 말을 듣고 무신론자로 살아가는 것이 무슨 벼슬인 것처럼 생각하고 사는 사람들이 많다. 그러나 사람들은 무신론이 얼마나 인간의 본질과 삶과는 거리가 먼 것인지를 알지 못하며 그의 도약을 모른다.

결론부터 말하면, 김용옥의 신관은 허무주의로 결론나기 때문에 궁극적인 희망을 제시할 수 없으며 인생의 궁극적인 의미를 제시하지 못한다. 김용옥의 사상은 올바른 도덕적인 삶의 근거와 기준이 되지 못하기 때문이다.[73] 김용옥은 기독교를 미신이라고 말한다.[74] 김용옥을 보면 자율적인 존재로 가려는 인간의 종말을 볼 수 있다.

김용옥은 MBC 방송국의 「우리는 누구인가?」라는 프로그램에서 "기와 과학"(제19강)이라는 주제로 강의하면서 다음과 같이 말했다.

> 종교의 주제는 하나님이 아닙니다.
> 인간의 유한성, 죽음, 바로 이것이 종교의 중요한 주제입니다.

---

71) 김용옥 교수는 2013년에 한신대 초대 석좌교수로 취임했다.
72) 강신주, **철학 vs 철학** (서울: 그린비, 2012), 451-452; "인도의 종교는 4가지 종류의 베다, 즉 『리그베다』, 『샤마베다』, 『야주르베다』, 『아타르바베다』라는 4가지 텍스트가 있으며, 이 4가지 베다는 모두 1) 삼히타 2) 브라흐마나 3) 아라니아카 4) 우파니샤드 이렇게 4부분으로 구성되어 있다. 범신론은 이 네 번째 부분의 『우파니샤드』에 나오는 범아일여 사상을 말한다. 범(梵)은 브라흐만(brahman)을, 아(我)는 아트만(atman)을 소리 나는 대로 옮긴 글자이다. 우주적 신이었던 브라흐만이 세상에 존재하는 다양한 개체들의 아트만, 즉 자아와 동일하다고 보는 것이 범아일여 사상이다. 인도의 범신론이 스피노자의 범심론과 혼동되어서는 안 된다. 스피노자는 범신론으로 만물의 지위를 신적인 자리로 격상시켰다. 그는 코나투스(conatus)라는 개념을 통해 모든 개체에게는 신적인 본성, 즉 새로운 것을 창조하고 생성할 수 있는 힘이 주어져 있다고 주장했다. 그렇지만 『우파니샤드』의 범신론은 각각의 개체들에게 창조적인 생산력을 부여하지 않았다. 현실에서 무엇이 되든지 간에 내가 가진 현재 모습은 매우 일시적인 것뿐이기에, 거기에 지속적인 애정과 관심을 기울일 필요가 없다는 것을 깨닫도록 한 것이다."
73) 박명룡, **김용옥의 하나님 vs 성경의 하나님** (서울: 도서출판 누가, 2007), 169.
74) 김용옥, **논술과 철학강의** (서울: 통나무, 2011), 257.

인간의 유한성이 핵심이 된 김용옥은 그 방향성이 어디로 갈까? 그가 말하는 우주라는 신은 유한한 우주이며 유한한 신이다. 유한하다는 것은 끝이 있다는 것이요 죽음으로 끝날 수밖에 없는 필연적인 존재이다. 그 우주 속에 있는 인간을 신이라 하기 때문에 인간 역시 죽음을 향해 달려가게 된다. 인간의 절망을 해결해 줄 실마리가 보이지 않게 된다.

김용옥은 자기 논리의 죽음을 벗어나기 위하여 "나는 역사라는 신을 믿는다"고 말했다. 인간 김용옥이 죽으면 김용옥이의 역사는 김용옥이의 아들을 통해 이어지고, 그 아들이 죽으면 그 아들의 아들을 통해 역사는 계속된다고 말했다. 김용옥의 신은 시간이라는 한계 내에 있는 신이다. 역사가 죽으면 아무런 의미도 없이 사라지는 것이 김용옥의 신이다. 그러니 김용옥의 인생은 허무주의로 결론난다.

> 인간에게 절대적 자유란 죽음밖엔 없다. 삶에서 느낄 수 있는 최대의 자유란 허무(虛無)일 뿐이다. 나에게 남은 것은 허무밖엔 없다.[75]

하나님 없는 무신론자의 삶은 허무주의로 끝이 난다. 왜냐하면 인간의 영혼을 채워줄 수 있는 것이 인간의 역사 속에는 없기 때문이다.

김용옥뿐만 아니라 무신론적인 인간의 삶을 추종하는 많은 사람들은 니체(Frederick Nietzsche, 1844-1900)를 필수적으로 말한다. 보편적 광인을 말하던 니체는 그의 생애 마지막 12년 동안을 성병(매독)과 정신병에 시달려 여동생의 보살핌을 받아야만 했다.[76] 그는 이탈리아 투린(turin)이라는 도시에서 미친 상태로 길거리에 쓰러져 정신병원으로 이송되었다.[77] 아돌프 히틀러(Adolf Hitler, 1889-1945)는 니체의 숭배자였으며, 600만 명의 유대인을 학살했다. 조셉 스탈린(Joseph Stalin, 1878-1953) 역시 무신론자였으며 1,500만 명을 학살했다.[78]

김용옥은 인간의 모든 것을 기(氣)로 보고 설명하며 인격적인 존재가 아니라고

---

75) 김용옥, 노자철학 이것이다 (서울: 통나무, 1990), 54.
76) http://www.christiantoday.co.kr/view.htm?id=262453 니체, 니체 자서전: 나의 여동생과 나, My Sister and I, 김성균 역, 까만양. 여동생과의 근친성애, 코지마 바그너와 루 살로메의 관계, 니체가 매독에 걸린 사연과 그의 성욕과 성적 환상들과 체험들에 대한 고백 …. 니체의 저작들 중 가장 문제작으로 알려진 니체 자서전 '나의 여동생과 나'(My Sister and I)에 담긴 내용이다. 니체의 극렬하고 심대한 내면세계와 그의 근친 연애 등 은밀한 내용이 고스란히 담겨 있어 진위 논란이 일기도 했던 그의 자서전이 최근 새 번역본으로 재출간됐다. '나의 여동생과 나'는 니체가 예나의 정신병원에서 비밀리에 집필한 원고로, 오스카 레비가 그 원고를 새뮤얼 로스의 손을 거쳐 영어로 번역한 것으로 알려졌다.
77) http://news.donga.com/3/all/20040824/8098790/1 1889년 1월 니체는 이탈리아의 투린 광장에서 채찍질당하는 말의 목을 잡고 울부짖다 쓰러졌다. 정신착란이었다. 그는 10여년을 광인(狂人)으로 살다 죽었다.
78) 박명룡, 김용옥의 하나님 vs 성경의 하나님 (서울: 도서출판 누가, 2007), 178.

말했다.[79] 인격적인 존재가 아니면 무엇인가? 흙과 돌이나 인간이나 같은 물질적인 차원으로 바라보게 된다. 인간의 존엄성이 사라지고 인간으로서 인격체가 가지는 도덕과 윤리가 없어져 버린다.

무신론자들은 사람을 인격체로 존중하지 않기 때문에 자신들의 목적에 필요한 수단으로 밖에 생각하지 않는다. 그러니 그 목적에 방해가 되면 무참하게 죽이게 된다. 그래서 무신론과 허무주의는 인생 살맛이 없는 동가동창생이다. 자기 자신이 그러하니 어찌 다른 사람들에게 인생의 소망을 주고 의미와 통일성을 줄 수 있겠는가? 아무것도 못해 주고 자멸하게 된다.

김용옥은 우주가 유한에서 동양적인 무한으로 변하는 '과정'을 말하기 때문에 절대 진리란 없다고 말했다. 도덕경에서 말하는 도는 절대 진리의 도는 없기 때문이다. 그러면 그것이 우리의 삶에 어떤 영향을 주게 될까?

바른 기준이 없으면 옳고 그름에 대한 판별 기준이 없어지게 된다. 자연히 누가 어떤 잘잘못을 해도 시비를 가릴 수가 없다. 당연히 사회는 혼란에 빠지게 된다. 우리의 삶도 흔들리게 된다. 주체, 자유를 부르짖으나 내가 하면 정당한 것이고 남이 하면 불법이라고 말하게 된다. 삶의 준거점이 사라지니 불안하게 된다. 지역과 시대가 달라도 변함없는 절대기준이 있어야 인간의 삶은 안정되고 보람되게 살 수가 있다.

김용옥의 우주라는 신은 변화되어 가는 중에 있기 때문에 김용옥의 도덕은 상대적인 도덕이며 김용옥의 윤리는 상대적인 윤리이다. 그것은 시대가 만들어낸 산물이며 사회가 만들어 낸 작용물에 불과하다. 그것은 '정글의 법칙'이다. 정글은 힘 있는 자가 차지한다. 그렇게 되면 어떻게 될까? 힘을 더 많이 가진 사람과 집단이 군립하게 된다. 누구에게나 동일하게 적용되는 바르고 합당한 기준이 없으니 누가 더 권력을 가지는가? 거기에 혈안이 되고 만다. 그것은 지나간 인류의 역사가 그것을 증명해 주고 있다.

유한한 인간은 인간 스스로 삶의 목적과 의미와 통일성을 만들어 내지 못한다. 인간이 자율성을 가지게 되면 기쁘고 자유스러울 것 같지만 결코 그렇게 되지 못했다. 그 어떤 인간도 이 세상성으로 만족을 누린 사람이 없기 때문이다. 아무리 돈이

---

79) Ibid., 197-198: "나의 몸은 나의 氣일 뿐이며 그것은 육체와 정신이라는 언어적 구분 자체를 거부한다. 육체적 현상이든 정신적 현상이든 그것은 모두 氣의 다른 양태일 뿐이다."(김용옥, 동양학 어떻게 할 것인가? (서울: 통나무, 1990), 62.); "나의 몸은 天地가 나라는 어떠한 추상적 존재에서 잠시 위탁하여 놓은 것(天地之委形)임으로 그 몸은 위탁자에 의하여 관리될 뿐이다. 물론 이때의 위탁자는 중동 문명권에서처럼 인격적 존재자가 아니다. 그것은 곧바로 天地며 氣다."(김용옥, 최영애, 도올 논문집 (서울: 통나무, 1991), 56.)

많아도 만족하지 못하며 아무리 권력이 대단해도 만족하지 못했다.

왜 그럴까? 하나님께서 그렇게 만드셨기 때문이다. 인간의 진정한 만족은 물질의 만족이 아니라 영혼의 만족에 있기 때문이다. 인간은 물질로 취급받고 싶어 하지 않는다. 인격체로 대우받고 싶어 한다. 인간은 영적인 존재이며 인격적인 존재이기 때문이다. 유한한 인간은 무한하시고 인격적인 창조주 하나님 안에 있을 때에만 삶의 의미와 통일성을 공급받는다.

하나님이 모든 것을 지으시되 때를 따라 아름답게 하셨고 또 사람에게 영원을 사모하는 마음을 주셨느니라 그러나 하나님의 하시는 일의 시종을 사람으로 측량할 수 없게 하셨도다(전 3:11)

하나님께서 지으신 피조세계는 하나님의 계획대로 움직여 가고 있다. 그 세계 속에 있는 그 어떤 존재도 그 계획에서 벗어날 수 없다. 무엇보다도 새언약의 성도들은 하나님께서 기뻐하시는 하나님의 방식대로 이끌어 가신다. 그것이 오늘 우리의 삶에 고통과 눈물을 동반하게 할지라도 하나님의 그 계획대로 반드시 열매를 맺게 하신다. 새언약의 백성 된 성도들이 가장 명심해야할 중요한 것은 하나님께서 시작하신 일을 하나님께서 반드시 이루신다는 사실이다!

너희 속에 착한 일을 시작하신 이가 그리스도 예수의 날까지 이루실 줄을 우리가 확신하노라(빌 1:6)

'착한 일'을 빌립보 교인들이 '헌금을 가지고 전도사역에 참여한 것'을 의미한다고 주장하기도 하나, 하나님께서 빌립보 교인들에게 베풀어 주신 '구속 사역의 은혜'를 뜻한다. 하나님은 구원의 사역을 시작하시고 끝까지 이루시는 분이시다. 그 구원은 우리의 성취도에 따라서 달라지는 것이 아니다. 하나님께서 그리스도 안에서 시작부터 마지막까지 아름답게 완성하신다. 우리 안에서 우리 스스로가 만들어 가는 것이 아니라 우리 밖에 살아계시고 영원하시며 인격적이신 하나님께서 만들어 가신다. 그 모든 일에는 우연이 없다. 예수님께서는 다음과 같이 말씀하셨다.

오늘 있다가 내일 아궁이에 던지우는 들풀도 하나님이 이렇게 입히시거든 하물며 너희일까보냐 믿음이 적은 자들아(마 6:30)

하나님께서는 들풀마저도 입히신다고 말씀하셨다. 인간은 훨씬 더 하나님의 간섭하심을 받는 존재다. 간섭 그러면 '왜 날 간섭하는 거야'하고 괜한 반감부터 생긴다. 여기서 간섭한다는 것은 내가 생각하고 행동하는 것에 끼어들어 귀찮게 한다는 뜻이 아니다. 하나님께서 우리 생애에 간섭하신다는 것은 은혜로우신 하나님의 섭리와 인도하심을 나타내는 말이다.

존재하는 모든 것은 하나님께서 보존케 하심으로 유지가 되며 하나님께서 소멸케 하심으로 소멸케 된다. 예수님께서는 이렇게 말씀하셨다.

> 참새 두 마리가 한 앗사리온에 팔리는 것이 아니냐 그러나 너희 아버지께서 허락지 아니하시면 그 하나라도 땅에 떨어지지 아니하리라(마 10:29)

존재케 되는 것이나 소멸케 되는 것도 인간의 능력에 달린 것이 아니라 오직 전능하신 하나님께 달려 있다. 하나님의 그 하시는 일을 우리는 다 알 수가 없다. 우리는 어떤 자세를 취해야 할까? 하나님께서 어떤 사람에게는 자비롭게 구원을 베푸시고 어떤 사람은 그렇지 않으심에 대하여 칼빈은 다음과 같이 말했다.

> 그리고, 비록 그분이 모든 사람들에게 동일한 기준을 적용하지 않으실지라도, 우리는 여전히 입을 다물어야 합니다. 오히려 우리는, 설령 그분이 하시는 일이 우리의 이해 능력을 넘어설지라도, 우리의 입을 크게 열어 그분이 그렇게 하시는 데에는 그럴 만한 이유가 있으며 따라서 그 일이 정당하다고 고백해야 합니다. 왜냐하면 우리가 그분이 인간을 위해 하시는 모든 일들을 이해할 수는 없기 때문입니다. 우리가 해야 할 일은 호기심을 낮추고, 설령 그분이 하시는 일이 우리에게 너무 높고 신비롭게 보일지라도, 그분의 판단에 경의를 표하는 것입니다. 상황이 어떠하든, 우리는 다음과 같은 기준을 세워야 합니다. 만약 하나님이 그렇게 하고자 하셨다면, 그분은 우리를 우리가 처해 있는 파멸의 상태에 그대로 내버려 두실 수 있었고, 그로 인해 우리 모두는 멸망했을 것입니다. 그러나 그분은 어떤 이들에게—모든 이들이 아닙니다—자신을 연민과 인애가 풍성한 분으로 드러내기를 기뻐하셨습니다. 그리고 바로 그것이 그들을 다른 이들과 구별시켜 줍니다. 하지만 또한 그분은 자신이 보시기에 그렇게 하시는 것이 타당해 보이는 어떤 이들을 그들이 태어났을 때처럼 저주 받은 상태에 머물도록 방치하십니다.[80]

하나님께서는 선히 여기시는 일들을 행하시는 자유가 있는 분이시다. 어떤 이는 택하시며 어떤 이는 저주받은 상태로 두시는 것은 전적으로 하나님의 자유에 속하는 일이다. 왜 하나님께서는 인간의 지식과 이해의 한계를 초월하여 일하시는가? 부정적인 의미에서 볼 때, 인간의 생각을 제한하며 헛된 상상에 사로잡히지 않게 하기 위함이다. 또한 적극적인 의미에서, 구원이 온전히 하나님의 은혜와 긍휼로 주어진 것임을 알게 하시고, 하나님께 즐겁고 진지한 마음으로 예배하며 순종함으로 하나님을 영화롭게 하기를 원하시기 때문이다.

---

80) 존 칼빈, **칼빈의 십계명 강해**, 김광남 역 (고양: VisionBook, 2011), 89-90.

언제나 기억해야 할 것은 인간은 신이 아니라는 사실이다! 신성이 그 내면에 있는 존재가 아니다. 인간은 유한하며 인간은 한계를 가지고 있는 존재다. 인간은 스스로 존재하게 된 것이 아니라 부여받은 존재다. 인간은 자율적인 존재가 아니다. 인간은 스스로 자기를 있게 한 존재가 아니다. 하나님께서 그렇게 만드신 것은 우리로 하여금 하나님을 높이며 찬송케 하기 위함이다.

소교리문답은 가장 먼저 "인생의 목적"에 대하여 말한다.[81]
왜 인생의 목적에 대하여 먼저 말해야 할까? 그것은 인간이 죄로 인해 타락하여 인간 본래의 목적에서 벗어나 있기 때문이다. 하나님께서 인간을 창조하신 원래의 목적은 하나님 중심의 삶이었다. 타락으로 인해 삶의 목적이 인간 중심, 곧 자기중심으로 바뀌었다. 자아가 신이 되어 자아의 만족만 추구하게 되었다. 세상 사람들은 행복하게 사는 것을 인생의 목적이라고 말한다. 그 행복은 무엇인가? 그 행복을 얻기 위해서 무엇을 하는가? 사람들은 어떻게 하든지 열심히 돈 많이 벌어서 행복하게 살아가라고 말한다. 그런데 인생을 살아가보면 그렇게 되지 않더라는 것을 알게 된다. 돈을 가졌거나 안 가졌거나 행복이 손에 잡히지를 않는다.

김용옥은 「노자와 21세기 강의(2)」에서 '종교란 무엇인가?'를 말하면서, "종교란 삶의 의미(The Meaning of Life)를 주는 것이다."라고 말했다. 만일 삶에 의미를 주는 것이 아니라면 종교가 아니라고 말했다. 나의 딸이 나에게 삶의 의무를 준다고 하면 그 딸이 자신의 종교이며 삶의 기쁨을 준다면 그것이 교회이든지 절이든지 그것이 종교라고 말했다. 그래서 궁극적으로, "종교는 깨달음이다."라고 말했다. 김용옥에게 종교란 끊임없이 인간에게 깨달음을 주고 기쁨을 주고 의미를 주는 것이다. 그러나, 김용옥은 인간으로부터 의미를 찾기 때문에 그 유한성으로 인해 허무주의로 결론난다.

이것이 세상 일반 사람들이 바라보고 생각하는 종교에 대한 개념이다. 사람들은 지금 내가 살아가는 삶과 그 삶을 살아가는 인간 자신을 주체로 보고 그 삶과 인간에게 의미를 주는 것을 전부로 본다. 종교가 의미를 준다는 것은 맞는 말이다. 그러나 '그 의미가 어디로부터 오느냐?'가 중요하다. 김용옥의 의미는 인간이 스스로 만

---

81) 하이델베르크교리문답 제2문: 당신이 행복하게 이러한 기쁜 위로 가운데서 살고 죽기 위해서 알아야 할 필요가 있는 것은 무엇입니까? 답: 첫째는 나의 죄와 비참이 얼마나 심각한가[1], 둘째는 내가 어떻게 나의 모든 죄와 비참으로부터 구원받게 되었는가[2], 셋째는 이런 구원에 대해 내가 하나님께 어떻게 감사해야만 하는가[3] 하는 것입니다. [1] 롬 3:9-10; 요일 1:10. [2] 요 17:3; 행 4:12; 10:43. [3] 마 5:6; 롬 6:13; 엡 5:8-10; 벧전 2:9-10(하이델베르크교리문답).

들어 내는 의미, 곧 신성한 내면아이로부터 나오는 의미를 말한다. 그러나 성경은 그런 종교를 말하지 않는다. 왜냐하면, 김용옥은 종교를 통하여 삶의 의미를 받을 수 있으나, 생명은 만들어내지 못하기 때문이다. 성경은 분명하고 확실하게 말한다.

> 내가 진실로 진실로 너희에게 이르노니 내 말을 듣고 또 나 보내신 이를 믿는 자는 영생을 얻었고 심판에 이르지 아니하나니 사망에서 생명으로 옮겼느니라(요 5:24)
> 아들이 있는 자에게는 생명이 있고 하나님의 아들이 없는 자에게는 생명이 없느니라(요일 5:12)

오직 예수 그리스도 안에만 생명이 있다. 생명은 인격체이기 때문에 의미와 통일성을 원한다. 세상도 그것을 원하지만 만들어 낼 수가 없다! 인간은 허물과 죄로 죽은 죄인이며 그 죄의 본성을 해결할 수가 없기 때문이다. 세상은 그것을 확보하기 위해 신성한 내면아이를 부여하고 구상화로 도약한다. 그래서 김용옥은 자기 안에서 스스로 '깨달음'으로 의미를 발견하는 것이고, 성도는 자기 밖에서 예수 그리스도로 말미암아 생명을 얻고 그 생명이 풍성해지도록 영원한 의미와 통일성을 부여받는다. 우리는 우리 밖에서, 오직 하나님 안에서 누리고 살아간다.

> 그리스도인의 만족은 하나님의 선하심을 끊임없이 나타내고 하나님의 영광에 '참여'하는데 있다. 그리스도인은 '충만'한 행복과 기쁨을 세상이나 세상 속의 어떤 것에서 찾지 않고 오직 하나님 안에서 찾고 발견한다. 신자들이 주님을 추구할 때 주님은 막연히 그냥 선한 것을 주시는 것이 아니라 자신의 선함, 자신의 아름다움, 자신의 기쁨으로 신자들을 채워주신다. 끊임없이 '기쁨과 행복을 공급받아야 하는 교회는 하나님과 하나님의 선하심을 넘치게 마시도록 부름받았다.[82]

참되고 영원한 의미와 통일성은 인간 안에서가 아니라 인간 밖에 살아계시고 영원하시며 인격적이신 삼위일체 하나님 안에서만 주어진다.

인간은 행복하고 싶은 동시에 선하고 싶어 한다. 그런 마음의 소원처럼 안 되는 것이 인간이다. 그래서 거기에는 분열이 있다. 그것이 인간의 한계요 절망이다. 그것을 인정하고 하나님께 돌아오는 것이 참된 회개이다. 하나님께서는 그렇게 자기 백성을 부르신다. 우리의 구원은 하나님의 긍휼하심에 기초한다. 성령님의 역사로 영혼이 거듭나게 하시고, 그리스도께서 죽은 자 가운데서 부활하여 소유하신 생명과 같은 영원한 생명에 참여하게 된다. 인간은 썩어가는 이 세상으로부터 만족을 누릴 수 없다. 인간은 인과율의 세계에 대해서는 조금은 알 수 있다. 그러나 비인과

---

82) 더글라스 스위나·오웬 스트라첸, **조나단 에드워즈의 하나님의 아름다움**, 김찬영 역 (서울: 부흥과 개혁사, 2012), 129-130.

율의 세계에 대하여는 아무것도 모른다. 칼 융은 일찌감치 그것을 알고 영적인 안내자(spirit guide)를 만나 신성화에 이르는 도약을 감행했다. 안타깝게도 교회 안에도 갈수록 그 추종자들이 많아지고 있다.

결론을 내리자. 인생은 목적이 있다. 목적이 왜 필요한가? 되는대로 살면 되지 않는가? 그럴 수는 없다. 인생은 연습이 없기 때문이다. 인생은 허상이 아니라 실제이기 때문이다. 인생의 목적을 안다는 것은, 나는 누구인가? 나는 어떤 존재인가? 가는 길은 무엇인가? 왜 살아야 하나? 본질이 무엇인가? 어떤 관계 속에 사는가? 하는 의미와 통일성에 관한 질문이다. 성도의 목적은 하나님께 영광을 돌리며 사는 것이다. 그것이 가능한 것은 오직 하나님으로부터 참되고 영원한 의미와 통일성이 충만하게 주어지기 때문이다. 그리하여 하나님의 영광은 하나님께서 우리에게 허락하신 삶 가운데서 언약에 신실한 삶을 살아가므로 나타난다. 왜냐하면 성도는 구원과 언약 속에서 하나님의 하나님 되심을 드러내는 거룩한 삶을 살아가기 때문이다.

하나님께 영광을 돌리고 영원토록 즐거워하는 것은 우리 안에서 우리 스스로가 만들어가는 자율성이 아니다. 그것은 예수 그리스도를 믿어 영생을 얻고 그 말씀에 순종하며 하나님의 하나님 되심을 나타내는 삶이다. 그렇게 살아갈 때에 하나님으로부터 참되고 영원한 의미와 통일성을 부여받으며 충만한 삶을 누리게 된다.

제2문 하나님께서 우리에게 무슨 법칙을 주셔서 그분을 영화롭게 하고 즐거워하게 하셨습니까? (대3)
답: 구약과 신약 성경에 기록된 하나님의 말씀은 우리가 그분을 영화롭게 하고 즐거워하는 방법을 가르쳐 주는 유일한 법칙입니다.[83]

인간 스스로 인간의 자유, 인간의 사랑을 확보하려고 하면 고대 그리스 시대를 열렬히 추종하게 된다.[84] 그러면 성경은 인간의 자유와 사랑을 억압하는 것인가? 하나님은 그런 하나님이신가?

하나님께서는 인간을 만드신 목적이 있으시다. 그것은 하나님을 영화롭게 하고 영원토록 즐거워하는 것이다. 어떻게 그것이 가능한가? 성경은 그것을 말해 준다. 이 세상의 모든 존재는 필연성이 있다. 성경이 말하는 필연성은 결정론적 세계관을 말하지 않는다. 왜냐하면 이 세계와 우주를 주관하시는 하나님께서는 기계가 아니기 때문이다. 성경의 하나님은 인격적이시고 무한하신 하나님이시다. 그 하나님 안에 있을 때 참다운 인격성과 소통이 이루어지고 자유와 사랑을 누리게 된다.

오늘날 현대인들이 듣는 소리는 '우발성'이다. 우발성을 말하는 가장 근본적인 이유는 인간이 외부의 간섭 하에 있다는 것을 원천적으로 배제하려고 하기 때문이다. 외부의 존재에 의하여 조정되고 있다는 생각만큼 괴로운 일이 없기 때문이다. 자기를 주체적으로 만들어 가는데 우발성 속에서 찾아가야 하는 것이 현대인들이다. 그것이 과연 가능한 일인가? 실제로 현대인들은 어떻게 고민하고 있는가?

자기 계발서의 목적은 무엇일까. 정말로 자신의 능력치를 높이는 슬로건일까. 아니다. 자기 계발서들이 일관되게 보여주는 것은, 삶의 우발성으로부터 자신을 보호하자는 것이다. 우발성을 극단적으로 낮춰서, 반대로 말하면 자신의 삶을 완전히 관리 가능한 지점까지 이끌어 우연이나, 돌발로부터 생을 격리시키자는 이야기다. 그런데, 이 같은 태도는 히스테리나, 강박증자의 그것과 꼭 닮아

---

83) Q. 2. What rule hath God given to direct us how we may glorify and enjoy him? A. The Word of God, which is contained in the Scriptures of the Old and New Testaments, is the only rule to direct us how we may glorify and enjoy him.

84) 다음지식에서; "그리스 문화의 특징: 그리스 문화는 개인주의와 인문주의의 원천이라고 할 수 있는데, 그 이유를 그리스 신화를 통해 생각해 보면, 그리스의 신들은 오리엔트의 신들과 달리 사람의 모습을 취하고 있었다. 그들은 강력하고 죽지 않는 존재일 뿐만 아니라 사람과 동일한 감정을 가지고 있었으며 인간의 세계와 공존하는 존재였던 것이다. 그리스 문화는 신의 인격화를 통해 인간 세계에 대한 이해의 폭과 깊이를 확대했다는 특징을 가지며, 훗날 인본주의와 서양 개인주의의 원류가 되었다. 또한 소크라테스, 플라톤 등의 철학자들은 인간과 사회를 탐구하였고, 파르테논 신전 등 아름다운 건축물이 건설되었으며, 폴리스의 단결을 위해 올림픽을 개최하였다."

있다. 자신의 욕망을 타자의 욕망에 완전히 순치시키자는 이야기. 자기계발서에 함몰된 이들은 자기개발서의 슬로건을 따라, 지금 자신이 자신의 욕망을 실현시키거나, 강화시킨다고 오해하지만, 그 증상이 정확하게 가리키는 것은 주체가 주체의 욕망이 아니라, 타자의 욕망을 강화시키는 데 몰두한다는 것 이외의 다른 뜻이 될 수 없다. 우발성과 우연을 우리의 삶으로부터 완전히 제거하게 되면, 결국 외상적 주체가 어김없이 충동을 통해 자아의 자리를 완전히 잠식하는 일이 일어날 수밖에 없다. 사회적 삶이, 상징적 질서가 완전히 무너지거나 그 아슬아슬한 줄타기를 반복하는 … 나는 나를 몰아내고 난 자리에서야, 겨우 나로 표시될 수 있을 뿐인 … 나에게 내가 완전히 호환 가능한 존재가 되는 … 아니, 나의 호환성을 극대화시키는 것이 자기개발이라고 믿어 의심치 않는 … 나는 누구도 될 수 있지만, 결코 '나는 될 수 없는85)

자기계발에 열정적이지만 그것이 외부의 주체에 잠식당하게 되는 일이고, 우발성으로 가자니 현실이 그렇지 않다는 것이다. 철학적으로야 아무리 그럴듯하게 말해도 실제로는 그렇게 살아가지 못한다. 안 되는 것을, 그리 못 사는 것을 따라갈 이유가 없다.

인간은 자기 주체성, 우발성, 이런 것으로는 못산다. 우발성은 맹목적이다. 맹목적이면서 주체성을 가진다는 것은 미친개가 불구덩이에 뛰어드는 것과 매한가지다. 인간은 우연히 생겨난 존재가 아니라고 성경은 분명히 말한다. 하나님께서 창조하신 존재가 인간이다. 그 창조함을 받은 인간은 하나님의 목적대로 살아가도록 창조되어졌다. 그것은 하나님만이 알고 계시고 하나님만이 말씀해 주신다. 하나님께서는 기록된 말씀인 성경으로 말씀하신다. 하나님을 영화롭게 하고 영원토록 즐거워하는 그 길은 성경에 있다. 성경은 하나님의 말씀이다. 성령 하나님의 감동하심으로 기록된 말씀이다. 왜 하나님께서는 직접 음성으로 말씀하시지 않으시고 기록된 성경으로 말씀하시는가?

> 오묘한 일은 우리 하나님 여호와께 속하였거니와 나타난 일은 영구히 우리와 우리 자손에게 속하였나니 이는 우리로 이 율법의 모든 말씀을 행하게 하심이니라(신 29:29)

'오묘한 일'은 아직 인간에게 계시(啓示)되지 않고 오로지 하나님만이 아시는 신적(神的) 계획이나 섭리를 말한다. '나타난 일'이란 이미 인간에게 계시된 하나님의 뜻을 가리킨다. 이것은 하나님의 주권과 계시(啓示)의 한계를 분명히 말해 줌으로써, '오묘한 일' 곧 인간의 지혜와 능력으로 헤아릴 수 없는 일들은 전적으로 하나님의 주권 아래 있음을 고백하며, '나타난 일', 곧 하나님께서 언약하여 주신 말씀대로 순종하며 살아가라는 뜻이다. 그리하여 피조물 된 인간의 한계를 분명히 깨달

---

85) http://notcool.egloos.com/5191065

아 창조주 하나님을 경외하는 것이 인간의 본분이다.

인간 된 우리는 하루에도 수많은 지식들을 보고 듣는다. 그 속에는 하나님께서 계시하여 주신 것과 그것으로부터 파생된 것들이 있다. 또한 지극히 인본주의적인 것, 다시 말해서 인간 중심적인 것, 인간이 주인이 되어 말하는 것들이 있다. 전자는 성경을 통하여 드러나며, 후자는 세속 종교와 철학을 통하여 드러난다. 세상, 곧 하나님 없는 세상 속에 살아가는 사람들이 매일 종교적인 삶을 살아가는 사람도 있지만, 많은 사람이 무신론자로서 세상 철학에 지배를 받고 살아간다.

우리가 세상의 종교와 철학이 내포하는 멘탈리티를 파악하려는 이유가 무엇인가? 그것은 우리가 받은 선물인 이 구원과 언약 속에 걸어가는 길이 이런 종교와 철학의 영향을 받는 세상 속에 있기 때문이다. 종교와 철학, 철학과 종교는 매우 밀접한 관계를 맺고 있다.

인문학을 쥐고 있는 것은 철학이다. 이 철학 사상을 모르고 길을 갈 수는 없다. 이 세대가 무엇을 생각하며 우리의 자녀들이 그들로부터 어떤 영향을 받고 있는지 알아서 분별해 가야 한다. 우리와 우리의 자녀들에게 강요와 억압이 아니라, 하나님 말씀이 저 세상의 종교와 철학과 무엇이 틀리며, 왜 예수 그리스도를 믿어야 하며, 왜 하나님의 말씀대로 순종하며 살아야 하는지 확실하고 분명하게 가르쳐야 한다.

세상 사람들에게 철학은 어느 정도의 위치를 자리매김하고 있는가? 그것은 마치 자연과학에서 수학이 어떤 위상을 가지고 있느냐? 하는 질문과 비슷하다. 수학을 모르고 과학의 영역을 펼쳐갈 수 없듯이, 철학을 모르고 인문학의 영역을 헤아릴 수가 없다. 철학을 알 때 정치·경제·사회·문화·예술·교육 등 우리 사회 전반의 흐름을 알 수가 있다.

그러면, 종교를 안다는 것은 무엇을 의미할까? 소위 인간의 사유라는 것이 한계에 직면했을 때 철학의 절망으로 도약한다는 것을 뜻한다.[86] 인간의 주체성으로

---

86) 전동진, **생성의 철학(하이데거의 존재론과 롬바흐의 생성론)** (서울: 서광사, 2009), 77-82; 〈하이데거는 철학의 "종말"(Ende)을 형이상학적으로서의 "철학의 완성"(Vollendung)으로 간주한다. 물론 여기서 "완성"이란 "완전성"(Vollkommenheit)을 의미하는 것이 아니다. 그것은 "극단적 가능성들로 모임"을 뜻한다. 앞서 철학의 종말로 언급된 "기술화 된 학문들로의 철학의 해체"도 철학의 한 극단적 가능성이다. 그리고 이러한 해체로의 경향성은 처음부터 철학에 내재해 있었다. 왜냐하면 "학문들의 형성"은 이미 철학의 시작 시기에 나타난 철학의 한 결정적인 "특징"(Zug, 움직임)이었기 때문이다. 학문들은 철학에 의해 개현 된 영역 내에서 형성되었는데, 그들은 동시에 철학으로부터 "분리"되어 나와 "자립"하기 시작했다. 철학의 완성에 속하는 이러한 과정은 오늘날 존재자의 모든 영역에서 본격적으로 펼쳐지고 있으며 이는 결국 그들의 모체, 그들의 근원이었던 철학의 해체를 초래하고 있다는 것이 하이데거의 생각이다.〉 롬바흐는 이런 철학의 해체가 심층구조(마르크스의 노동, 니체의 창조하는 덕, 프로이트의 리비도, 키에르케고르의 믿음, 하이데거의 결

가기 위해 철학적 사유를 하는데 그것이 안 되니 종교적 도약을 감행하게 된다. 그것이 오늘날 소위 영성이라는 이름으로 나타나고 있다. 세상은 뉴에이지 영성으로, 기독교는 신비주의 영성나 은사주의로 도약한다.

철학 그러면 벌써 머리가 아프다. 그러나 어쩔 수 없이 알아야만 하는 영역이다. 모르고는 안 된다. 왜냐하면 기독교 신앙을 가지고 살아가는 한 이 세상의 철학과 충돌이 되기 때문이다. 세상의 철학과 충돌이 없고 갈등이 없는 기독교 신앙은 가짜다.

그 머리 아픈 세상의 철학을 알아갈 때 우리가 먼저 알아야 할 것이 있다. 세상의 철학이란 철학을 말하는 철학자의 철학이다. 철학자를 떠난 철학은 없다. 플라톤의 철학, 칸트의 철학, 헤겔의 철학, 키에르케고르의 철학, 니체의 철학, 공자의 철학, 장자의 철학, 노자의 철학 등이 있다.[87]

이런 모든 철학들도 역시 삶의 다양성과 통일성의 문제를 말한다. 이런 다양한 철학자들과 철학은 통일성을 제공하지 않는다. 철학은 하나의 통일된 체계로서의 철학이 아니기 때문이다. 통일성은 없고 다양성만 있다. 철학이 통일성을 지향하면 죽음을 선고받은 것이나 마찬가지이기 때문이다. 헤겔이라는 절망의 선을 넘으면서 철학은 이 통일성과 완전히 등을 돌리고 점점 더 멀어져 갔다.[88] 이제는 다시 돌아갈 수 없다. 그 절망과 비참을 극복하기 위해 영성으로 도약하고 있다. 그것이 현대인의 죽음이다.

그러나 놀랍게도 사람들은 끝까지 이 철학함을 통하여, 현재의 삶을 붙들어 주기를 바라고 다가오는 미래에 소망을 품으려고 한다. 강신주 교수는 "나와 디테일은 다르지만 같은 인간이기 때문에 공유하고 있는 보편적인 공명구조, 그걸 잡아야" 한다고 말한다. 강신주 교수는 보편성을 인간 안에서 찾으라 한다. 인간 밖에서

단성, 마르틴 부버의 너와의 관계, 비트겐슈타인의 언어놀이, 아들러, 융, 야스퍼스, 마르셀, 아도르노, 블로흐, 레비-스트로스, 워프)와 고층구조(평화운동, 환경운동)로 나아가고 있다고 말하면서, 헤르메스주의에 기초한 인간 활동을 지향한다. 이것은 결국 인간을 신적인 존재로 부각시킴으로써 현대인들의 도약을 충동질하고 있다.)
87) 강신주, **철학 vs 철학** (서울: 그린비, 2012), 13.
88) 프란시스 쉐퍼, **기독교문화관**, 문석호 역 (서울: 크리스천다이제스트, 1994), 262; "헤겔은 무엇을 말했는가? 그는 수천 년에 걸쳐 반정립의 기초 위에서 답변을 발견하기 위해 이루어진 시도들이 있었지만, 그것들은 아무것도 얻지 못했다고 주장하였다. 철학적 휴머니즘 사상은 합리주의, 합리성, 그리고 통일된 지식 영역에 심혈을 기울여 매달렸지만, 아무것도 성공하지 못했다. 따라서 우리는 새로운 제안을 모색해야 한다고 헤겔은 말했다. 헤겔의 이 새로운 접근법의 지속적인 결과로 말미암아 오늘날 그리스도인들은 자신들의 자녀를 이해하지 못하게 되었다. 이 말이 이상하게 들릴지 모르겠지만, 그것은 진실이다. 헤겔이 변화시킨 것은 단순히 또 하나의 철학적 답변을 제공한 것 이상의 심원한 어떤 내용을 가지고 있었다. 그는 두 가지 영역 곧 지식에 관한 이론과 지식의 한계와 타당성을 다루는 인식론과 우리가 진리와 인식의 문제를 접근하는 방법인 방법론에서 게임의 규칙을 변경시켰다."

보편성을 찾으면 안 된다고 말한다. 그 보편성이란 무엇인가? 그것은 인문학의 핵심인 인간이고, 인간의 자유, 인간의 사랑이다. 디테일과 보편성, 이 두 가지를 강신주 역시 끊임없이 추구한다.

철학은 단순히 교양이 아니라 죽느냐 사느냐의 문제다. 그러나 철학을 하면 할수록 더 속앓이만 하고 더 절망적인 것을 느끼는 이유는 도대체 무엇 때문인가? 철학으로 인문학으로는 왜 안 되는가? 철학과 인문학은 인간의 자유, 인간의 사랑을 말한다. 그것도 자기 사랑이요 자기 자유다. 그러나, 거기에는 근본적으로 반체제적이고 불온적인 의도가 도사리고 있다. 그래서 강신주 교수는 "인문정신은 자신만의 제스처로 살아가겠다는 의지를 관철시키는 것"이라고 말했다. 강신주 교수는 니체를 극찬한다. "너희들이 차라투스트라를 따르지 않고 너희들 힘으로 섰을 때 차라투스트라는 너희에게 돌아가리라" 딴지일보 총수인 김어준은 싸인을 해 줄 때 자기 이름을 쓰고 "쫄지 마 씨바"라고 쓴 것을 자유정신이라고 말한다. 그런 자유정신은 '권력에의 의지'로 세상과 운명을 대항하는 것이다.[89] 석가모니가 죽어가면서 부처는 각자 얼굴도 다르고 색깔도 다르니 '자기 스스로 서라'고 말했단다. 화엄의 세계, 잡꽃들이 자기 색깔대로 피는 것, 그것이 대표적으로 김수영[90]이라고 말한다. 랑시에르를 말하면서 폴리스(police)의 정치가 아니라 폴리틱(la politique)이 되라고 말한다. 그들이 말하는 정치주권이란 무엇인가? 기존질서에 저항하고 새롭게 재편해야 하는 주권이다. 그것이 나타나려면 다음 선거 때까지 기다리는 것이 아니라 지금 의사를 표현하고 지금 행동하라는 것이다. 그것이 고유명사로, 자기 스스로의 스타일대로 살아가는 인문정신이라고 말한다.

여기가 전부가 아니다. 철학은 계속해서 비인격성, 우연성, 무목적성, 무의식의

---

89) http://littlemonkey.egloos.com/m/3273750 다음 글은 니체의 본색이 무엇인지 알게 해 준다. 〈그의 언어의 급진성("신의 죽음" 선언, "해머를 든 철학", "경멸스런 돈"에 대한 비난)에도 불구하고, 니체는 확고한 반혁명분자였다(주5) : "역사의 경험들은 우리에게, 불행히도, 그러한 모든 혁명이 오랜 시간 묻혀 있던 공포라는 형태의 가장 야만적인 에너지 그리고 가장 먼 원시의 잉여를 낳는다는 걸 가르쳐줬다. … 내가 소리쳐 반대하는 혁명의 낙관주의적 정신을 야기했던 것은, 볼테르가 말한 질서·정화·재구축 경향의 온건한 본성이 아니라 루소가 말한 열정적 어리석음·거짓 너부렁이다. 나는 외치노니, '썩어빠진 것들은 꺼려라!'(Ecrasez L'infame!)"(『인간적인 너무도 인간적인』)〉
(http://www.wsws.org/en/articles/2000/10/niet-o20.html)
90) 위키피디아에서, "김수영은 초기에는 현대문명과 도시생활을 비판하는 시를 주로 쓰다가 4.19 혁명을 기점으로 정권의 탄압과 압제에 맞서 적극적으로 부정과 타협하지 않는 정신을 강조하는 시를 썼다." 언론의 자유, 말하는 자유를 침해받지 말아야 한다면서, "김일성 만세"라는 시를 썼다. 아무 말이나 다 하는 것이 자유라면 그런 자유는 과연 맨정신의 자유라고 할 수 있는가! 전원책 변호사의 말대로 '김일성 개새끼 해봐' (2012년 7월 27일 KBS 심야토론)에 대해서, 강신주는 '그건 그냥 개무시해야 돼요' 그렇게 말한다. 왜 '김일성 만세'라고 하는 것은 자유라고 통용이 되고, '김일성 개새끼'라고 하면 안 되는가?

의지 이런 방향으로 나간다. 그렇게 살다보면 인간이 어떻게 되는가? 인간이 해체되어 버린다. 인간은 자기 스스로를 죽이는 살인자다! 왜 그렇게 되는가? 의미와 통일성을 상실한 인간은 생명력이 없어지고 죽어버리기 때문이다. 그것을 추구하고 연대하지만 그 한계성으로 인해 절망하고 죽는다!

철학자 한 사람 한 사람이 말하는 것을 보면 참 멋있어 보일 때가 있다. 개체의 자유, 선택, 의지, 사랑 이런 것들을 외치며, '멘토를 따라가지 마라', '자기 인생을 살아라', '자본과 권력에 휘둘리지 말아라', '고유명사가 되어라', '스스로 도는 팽이가 되어라'91), '주의(主義)에 휘둘리지 마라'…, 그렇게 소리치기 때문이다.

그렇게 철학을 하는 사람들의 주된 키워드가 있다. 인간의 자유, 주체, 행복, 주어진 것, 국가, 자본, 가족, 종교, 과학, 기성세대, 자명한 것, 비판, 의심, 절대적 수단, 절대적 목적, 우연, 무의식, 의지, 문제 삼음, 선택, 결단, 혁명 … 이런 것들이다. 이런 키워드들을 통해서 알아차릴 수 있는 것은 무엇인가?

이미 주어진 제도나 규범 혹은 자명한 것이라 말하는 국가, 자본, 가족, 종교, 과학, 기성세대에 대하여 비판한다. 무엇을 위해서? 인간의 자유와 행복을 위해서라고 말한다. 세계는 절대목적이란 없고 무의식의 의지로 우연히 맹목적으로 펼쳐져 가는 돌고 도는 세상이니 네가 선택하고 결단해서 살아가는 혁명적인 인간이 되어야 한다고 말한다. 철학은 그래서 언제나 '문제 삼음'이라는 것을 옆에 끼고 다니고 끌려다니고 끌고 다닌다. 그러나 그렇게 아무리 소리 질러도 인간에게는 자유도 없고 행복도 없다. 왜 그들을 좇아가면 안 되는가? 그렇게 말하는 사람들이 자기 스스로 목숨을 끊어 죽었기 때문이다. 니체는 두 번이나 자살을 시도했으며 들뢰즈는 자살했다. 자기도 못하는 것을 남들에게 하라는 것은 혼자 죽기 서러우니 같이 죽자는 것이다.

그러니 철학적 인간이라는 말은 멋져 보이나 그리 살다가는 언제 자멸할지 모른다. 철학적 인간은 철학적 해결로 결론나지 않고 종교적 도약으로 간다. 그것은 맨 정신으로는 못한다. 안 된다. 그 속에서 헤메다가 죽는다. 그 죽음은 왜 죽는지 모르고 죽는 죽음이다. 그야말로 개죽음이다!

다른 길은 없다. 인간은 하나님의 정하신 목적대로 살아야 하고, 그것은 성경에 계시되어 있다. 하나님께서는 성경에 그 법칙을 주셔서 하나님을 영화롭게 하고 하나님을 즐거워하라고 하셨다. 기독교는 주술도 신비주의도 아니며 인본주의 철학

---

91) 김수영, 달나라의 장난, "… 너도나도 스스로 도는 힘을 위하여 공통된 그 무엇을 위하여 울어서는 아니 된다는 듯이 서서 돌고 있는 것인가 팽이가 돈다 팽이가 돈다 …"

과 사상으로 절망에 빠진 현대인들의 도약도 아니다.

하나님께 영광을 돌리는 삶을 살아가도록 주신 법칙은 하나님께서 계시하신 성경이다. 그 성경대로 살아가는 것이 하나님을 영화롭게 하며 즐거워하는 것이다. 그것은 모호하거나 신비한 것이 아니다. 어떤 특별한 도(道)의 경지에 도달한 사람들만이 할 수 있거나 어떤 영적인 수준에 이른 자들만이 알 수 있는 것이 아니다.

성경은 두 가지 지식, 곧 하나님에 관한 지식과 인간과 자연에 관한 지식을 분명하게 말한다. 기독교는 단순한 종교적 신념체계가 아니다. 우리가 예수 그리스도를 믿는 것은 가치가 있기 때문에 우리가 선택한 것이 아니다. 예수 그리스도를 구주로 고백하는 것은 성령 하나님께서 우리에게 역사하셨기 때문이다. 하나님에 관하여 참된 지식을 가지는 것은 하나님께서 그것을 계시하셨기 때문이다. 성경을 통하여 우리는 완전한 진리를 소유하지는 못하지만, 하나님에 관한 참된 진리와 인간에 관한 참된 진리를 알며 또한 자연에 관한 참된 것을 알게 된다. 참되고 통일된 지식은 성경을 통하여 소유하게 된다.[92] 하나님 없는 인간이 가지는 지식은 오늘날 인간을 기계와 동물의 수준으로 무의미하게 만들었다. 유물론과 진화론에 기초한 인간은 삶의 의미와 통일성에 대하여 아무것도 부여하지 못한다. 그러나 인간은 하나님의 형상으로 지음을 받았기 때문에 인간은 영원성에 대한 갈망이 있다. 아무리 진화론을 가르치고 유물론을 주입한다고 해도 인간은 영원한 의미와 통일성을 포기하지 못한다. 하나님 없는 인간의 지식은 의미와 통일성을 포기하게 만들지만 그 속에 일어나는 목마름을 주체할 수가 없어서 결국 인간은 도약을 감행하지 않을 수 없다.

현대와 같은 포스트모던과 초영성 시대로 오기 이전의 변화는 무엇이었는가? 계시보다 이성을 더 우위에 둔 계몽주의였다. 계몽주의란 교회의 통치와 권위로부터 벗어나 인간이 기준점이 되는 것이다. 하나님 중심에서 인간 중심으로의 전환을 말한다. 물론 계몽주의가 반(反)기독교적 혹은 반(反)유신론적인 것은 아니었다. 계몽주의는 기독교적인 바탕을 내포하고 있었으며 유신론적이었다. 그런 까닭에 이신론(deism)이 등장했다. 하나님이 계시되 이 세계는 인간이 장악하고 하나님은 저 멀리서 관망하시는 분으로 전락해버렸다. 이성이 계시를 지배하게 되었다.

이와 같은 계몽주의 사상을 펼치도록 기초를 놓은 사람은 데카르트(Rene Descartes)다. 그는 서양철학사에서 가장 유명한 말을 했다. "나는 생각한다. 고로 나는 존재한다"(Cogito, ergo sum)라는 이 유명한 말은 이성의 우월성을 말한

---

92) 프란시스 쉐퍼, **이성에서의 도피**, 김영재 역 (서울: 생명의 말씀사, 2008), 29-30.

다.93) 데카르트는 이것을 '철학의 제1원리'라고 말했다.94) 모든 것을 다 의심하더라도 의심할 수 없는 단 하나가 있는데 그것이 바로 '의심하는 나 자신'이라는 것이다. 그렇게 하여 자아는 모든 인식의 주체이자 출발점이 되었다.95) 이로 인해 당시 사람들의 의식을 지배하고 있었던 이성과 신앙의 조화를 목표로 하는 스콜라철학에서 벗어나게 되었다.96)

이로 인해서 세상은 달라졌다. 철학이 두 가지 동력을 확보하게 되었기 때문이다. 첫째는 '자율성'(autonomy)이고 둘째는 '이성'이다. 이제는 인간 외에 어떠한 외부의 권위나 기준에도 순복하지 않고 인간 스스로가 법이 되고 인간이 최종 준거점(reference-point)이 되었다.97) 신적 계시가 아니라 이성(理性)이 인식론적 출발점이 되었고, 하나님이 아니라 인간 주체가 존재론적 출발점이 되었다.

그런데, 이성에 기반한 인간의 세계는 장밋빛 이상이 아니라 무서운 재앙으로 다가왔다. 인간은 더 미쳐가고 지구는 병들었고 죽어가고 있다. 사람들은 그 죽음에서 벗어나려고 이제 뉴에이지 영성에 빠져들고 있다. 그것은 소위 종교인들만의 전유물이 아니다. 이제는 모든 나라 모든 사람들이 영성으로 살고 있다.

왜 마르크스를 추종하는가?

---

93) 17세기의 데카르트 철학은 근본적으로 중세 스콜라철학에 대한 반항으로 형성된 것이다. '데카르트주의'란 합리적, 주체적, 회의적, 기계적 사유를 말한다. 스피노자와 라이프니츠에게 이어져 대륙의 합리론으로 발전했다.

94) http://www.yesmydream.net/archive/20090801; "데카르트가 코기토를 통해 발견하고자 한 것은 '하나님의 질서'였으며 '하나님이 모든 진리의 보증자'임을 제시하는 것이었다. 그러나 그 목적은 사라지고 사유의 주체가 인간이라는 것만 남았다. 데카르트는 너무 주체의 의식을 강조하여 이른바 '심신이원론'을 주장함으로 인간의 정신과 육체를 분리시켰다. 물체는 연장(延長, extension: 공간을 점유하는 속성)을 가지나 정신은 비공간적인 의식의 성질을 갖는다는 것이다. 그리하여 인간의 육체와 자연 전체를 하나의 거대한 기계 혹은 복잡한 기계로 보았다. 이것은 인간과 자연, 정신과 물체, 마음과 신체 사이의 유기적인 관계를 단절시켰다."

95) 남경태, 누구나 한번쯤 철학을 생각한다 (서울: Humanist, 2012), 271-272.

96) 스콜라철학은 기독교와 플라톤 철학과 아리스토텔레스 철학과 융합되면서 만들어졌다. 그러나 12세기까지는 플라톤 철학이 기독교 신학의 기반으로 작용했으나 13세기에 와서는 아리스토텔레스 철학이 우위를 점하게 된다. (참고) 다음 지식사전에서, "12세기에 이르러 이슬람 세계를 거쳐 아리스토텔레스 철학이 유럽에 다시 소개되면서 스콜라철학이 성립되었다. 플라톤이 이데아, 즉 본질을 중시하였다면 아리스토텔레스는 형상, 현상도 중시하였다. 이는 지금까지 도외시되었던 현실 세계를 긍정하는 바탕이 되었다. 스콜라철학은 기독교의 교리를 이론적으로 증명하려는 '신앙과 이성의 조화'를 목표로 삼았다. 이성보다는 신의 실재에 대한 신앙이 앞선다는 실재론과, 맹목적 신앙을 배격하고 이성을 중시한 명목론의 대립으로 보편논쟁이 일어나 국가, 민족, 신으로 확대되어 나갔다. 13세기에 토마스 아퀴나스는 '신학대전'을 통해 신앙과 이성의 조화를 꾀하였다. 중세 말 스콜라철학에 반대한 베이컨, 오컴 등의 신학자는 이성과 신앙을 분리하여 생각하려 하였고 실험과 관찰을 중시한 베이컨은 새로운 자연과학의 길을 열었다. 또한 신비주의는 사변적인 스콜라철학에 반발하여 신앙만을 내세우며 명상을 통한 신과의 직접적 접촉을 시도하였다."

97) http://blog.daum.net/cccsw1224/2320

눈길을 돌려, 인간의 한계와 절망을 극복하려고 했던 사람 중에서, 사람들이 가장 열렬히 추종하는 한 사람 마르크스를 살펴보자. 왜 사람들이 그렇게 마르크스를 열망하는가? 그것은 마르크스 철학이 철학의 기본문제들을 다 해결했노라고 자부하기 때문이다.

그 기본적인 문제들이란 물질과 의식이 어떤 관계에 있느냐 하는 것이다. 여기에는 두 가지가 있는데, 첫째는, 물질과 의식 중에 어느 것이 일차적인가? 이차적인가? 하는 것이고, 둘째는, 인간이 물질세계를 인식할 수 있느냐 없느냐? 하는 것이다. 여기서 관념론과 그 반대의 유물론과 실재론이 등장한다. 유물론은 물질이 우선 존재하고 그 결과로 의식이 나온다고 말한다. 물질이 세계의 근본이고 의식이란 다만 물질의 작용일 뿐이다. 마르크스주의자들은 인간의 영혼이란 인간의 정신활동에 붙은 이름뿐이라고 생각한다. 쉽게 말해서 영혼이란 인간의 두뇌가 작용하기 때문에 영혼이 있다고 느껴질 뿐이라는 것이다. 실재론은 인식의 대상이 인간의 의식과 독립적으로 실재한다고 보는 것이다. 중세에는 사물의 개별자와 별도로 보편자가 실재한다는 실재론이 등장했다. 이에 반해 관념론은 사물 자체 같은 것이 실재한다고 여기지 않으며, 인간은 사물의 본질이 아니라 사물에 관한 관념만 가질 수 있다고 보기 때문에 실재론과 충돌하게 된다. 관념론은 궁극적인 실재, 근원이 있다는 것이다. 관념론은 마음·정신·의식이 물질세계를 형성하는 기초 또는 근원이라고 주장한다.[98] 마르크스주의자들은 관념론의 극치가 종교라고 본다. 그들은 유물론으로 세상을 바라보기 때문에 종교, 특히 기독교는 가장 비판의 대상이다.

한국적 상황에서 관념론이란 1980년대 좌익철학이 들끓었을 때 '부르주아 반동'과 동의어로 쓰였다. 마르크스 사상이 '자유주의 신학'의 꽃동네로서 독일에서 만개한 자유주의 신학 안에서, 그 자유주의 신학의 좌편향적 변종으로 시작됐음을 생각해야 한다. 관념론이란 말 자체가 독일 부르주아지가 기독교 정서에 빠져있는 것을 마르크스가 독일이데올로기 등으로 야유하면서 퍼졌다. 그것은 소련의 레닌과 스탈린 그리고 김일성을 거쳐 온 것이다.

---

98) 관념론의 절정기는 18-19세기의 칸트를 필두로 하는 피히테, 셸링, 헤겔로 이어지는 독일 관념론 시대였다. 칸트는 자신이 코페르니쿠스적 전환을 이루었다고 자신만만하게 외쳤다. 전통적인 철학이 인식이나 지식이 인식의 주체 밖에서, 곧 정신 밖에서 온다고 말한 것은 천동설이었고, 칸트는 정반대로 정신이 대상을 규정한다고 보는 지동설을 주장했다. 미네르바의 부엉이 헤겔은 칸트가 개별 이성까지만 보았고 집단이성, 절대이성이라면 물자체를 인식 가능하다고 보았다. 헤겔에 이르러 근대형이상학이 종합되고 완성되었다. 그러나 포이에르바흐는 헤겔의 절대정신을 두고 사실상 신의 부활이라고 보았고 마르크스 역시 헤겔의 관념론을 유물론으로 바꾸어 변증법적 유물론으로 만들었다.

그런 의미에서 소위"위험천만한 관념론자"란 말은 본래 소련에서 나온 마르크스 개설서나 북한에서 나온 사상사 속의 용어이지 우익에서 나온 적이 없는 말이다. 관념론자란 비난은 사상전투 속에서 '종북'이란 말과 비슷하다. 1980년대 후반의 반공서적은 '기독교철학개론'이라며 떠들어댔지만 흡사 소련에서 나온 사상사 개설서를 거꾸로 세운 듯이 유심론 유물론 이런 틀 안에서만 주장하는 것 투성이다. 특히, 반공진영은 사상사 속에서 하나님을 찾을 수 있나(우익), 없나(좌익)의 구분을 나눈다. 이러니 속사정을 잘 모르는 사람들은 혼란이 일어날 수밖에 없는 실정이다. 그러면, 자유주의 신학이란 무엇인가? 고대 스토아 철학과 관련된 헬레니즘 문화를 받아들여, 기독교 중심의 중세사회와는 다른 차원을 보이려는 차원을 말한다. 서구적 맥락에서 보면 자유주의 신학은 엄밀히 말해서 '중립적일 수 있다. 마르크스에 적대적인 자본주의 체제 수호자로서 부르주아 계급에 봉사하는 신학으로서는 보수이되, 결국 정치적 좌익의 사상적 아버지란 측면으로는 진보다. 그러나, 그것이 현실적으로 당면했을 때 사회사상으로서의 반공은 눈감아버렸고, 신학적인 측면에서는 '보/혁으로 전선을 나누어 버린 것은 기절할 노릇이다.[99]

더욱이 스스로 신학적으로 개혁이라 하면서 사상사적으로는 좌파 진영에서 놀아나는 사람들이 너무 많다. 포장지가 너무 좋으니 사람들의 눈이 휘둥그래져 있다. 자유주의 신학은 하나님 중심에서 이성중심으로의 변화를 의미한다. 그것은 자연을 중시하는 자연종교와 이성주의의 연결을 도모하는 세력화를 만들고 결국은 문화변혁이라는 미명으로 두들기는 좌파의 장단에 덩실덩실 춤을 춘다.

마르크스주의자들은 은근히 성선설을 지지한다. 마르크스는 프롤레타리아가 자본가들보다 선하다고 보았다. 공산주의 사회가 되면 만사가 다 잘 것이라고 막연히 기대했다. 만일 인간 본성의 사악한 면을 지적하고 인정하게 되면 미래의 그림 같은 공산주의 사회 청사진이 무너지기 때문이다.

마르크스와 엥겔스는 『독일 이데올로기』에서 미래의 낭만적인 공산주의 사회에 대해서 다음과 같이 말했다.

> 공산주의 사회에서는 누구나 배타적인 활동 영역을 갖지 않으며, 사회가 생산 전반을 통제한다. 그래서 누구든지 마음 내키는 대로 오늘은 이 일을, 내일은 저 일을 할 수 있다. 아침에는 사냥을 하고, 오후에는 낚시를 하고, 저녁에는 소를 몰고, 저녁식사를 한 뒤에는 문학 비평을 한다. 그러면서도 사냥꾼도, 어부도, 목동도, 비평가도 되지 않을 수 있다.[100]

그들이 제시한 서정적이고 이상적인 사회는 이루어지지 않았다. 왜 실현되지 않

---

99) https://www.facebook.com/litdoc 〈마르크스주의자에게 "관념론"이란 비난은 자연에 연결되지 않고, 어찌하여 자유주의 신학 교리개념으로 하나님과 연결되려느냐 하는 것을 의미한다.〉
100) 칼 마르크스·프리드리히 엥겔스, 독일 이데올로기, 김대웅 역 (서울: 두레, 1989), 67; "마르크스와 엥겔스가 말하는 전제를 아는 것이 중요하다. "우리는 전제라고는 도무지 모르는 독일인들 사이에서 모든 인간적 실존의 전제, 따라서 또한 모든 역사의 제1전제, 곧 '인간은 역사를 만들 수 있기 위해서 먼저 생활할 수 있어야 한다는 전제를 확인하는데서부터 출발하지 않으면 안 된다."

60 소교리문답

았는가? 하나의 이념이 현실화되기 위해서는 객관적 조건과 주체적 노력이 있어야 하기 때문이다. 공산주의의 모토는 사회주의 모토에서 한 단계 업그레이드 되어 "능력만큼 일하고 필요한 만큼 소득을 얻는다"이다. 여기에 걸맞으려면 사회의 구성원 모두가 풍요와 복지를 누릴 수 있는 경제적 뒷받침이 있어야만 한다. 그러나 어떤 공산주의 국가도 그런 경제적인 수준과 부(富)가 충분하지 못했다. 무엇보다 그런 국가들의 노력 역시 미달이었다. 국민들의 생활수준은 날이 갈수록 떨어졌고 생산력 역시 계속해서 낮아졌다. 사회주의와 공산주의의 몰락은 이미 그 자체로 내포된 것이고 예견된 것이었다.[101]

그런데도 왜 여전히 마르크스를 말하는가? 이 점에 대해서 이탈리아 출신의 마르크스학자 마르셀로 무스토는 안토니오 네그리, 슬라보예 지젝 등으로 이어지는 포스트모더니즘 이후 마르크스주의 조류가 "진짜 마르크스로부터 너무 멀리 갔다"고 비판하면서 이렇게 말했다.

> 정작 마르크스는 유물론적 변증법에 중점을 두지도, 평등을 자유와 대립하는 것으로 상정하지도 않았다. 마르크스는 이 조직을 통해 노동자들이 사적 소유를 목적으로 하지 않은 노동의 즐거움을 누리고, 자본의 착취를 피해 노동을 줄이고 남는 시간을 사랑하는 데 쓸 수 있는 체제를 꿈꿨다. 인간에 의한, 인간을 위한 사회적 관계 회복이 폭주하는 자본주의의 대안[102]

이런 것들이 실현불가능하다는 것을 역사가 증명했다. 이런 마르크스의 이상이 실현되지 않는 보다 근본적인 이유는 인간의 죄성에 대한 무지와 그 죄성을 간과하는 인간의 교만함에 있다.

마르크스의 이론의 핵심은 변증법적 유물론에 있다. 변증법은 철학적 '방법'을 말하며 유물론은 철학적 '이론'이다(이전의 유물론은 형이상학적 유물론이라 말한다). 그 이유는, 첫째로, 여기서 형이상학이란 의미는 세계가 고정불변한 틀로 본다는 것인데, 변증법적 유물론은 세계를 계속적으로 변화 발전하는 과정으로 보기 때문이다. 또 하나는 자연과 사회를 모두 다 유물론적 관점으로 보았기 때문이다.[103]

문제는 무엇인가? 모든 것이 물질이라면 인간의 생명, 영혼, 정신을 비롯하여 눈

---

101) 남경태, **개념어사전** (서울: Humanist, 2012), 241-243.
102) http://news.hankooki.com/lpage/culture/201309/h2013090421442084330.htm; "지젝 철학이 마르크스적 대안? 노동자 운동으로부터 너무 동떨어졌다"
103) 마르크스는 인간을 '유물론적 존재'로 말했으나 현실은 정반대였다. 마르크스를 따라 사회주의 혁명 대열에 목숨을 걸고 뛰어들게 한 것은 '물질'이 아니라 '관념'이었다.

에 보이지 않는 것들 곧 인간의 주관적인 면을 어떻게 설명하지 못한다. 마르크스주의자들은 무산계급 혁명을 통하여 노동자들에게 자유를 줄 것이라고 입버릇처럼 말한다. 그 자유는 물질인가? 아니다.

두 번째로 변증법적 유물론자들은 '대립물의 통일'을 말한다. 변화가 일어나기 위해 두 가지 대립되는 성질이 있다는 것이다. 그래서 '모순'이 변화와 발전의 원동력이라고 말한다. 봉건귀족과 신흥자본가, 그 자본가와 노동자 사이에 대립이 있어서 나중에 사회주의 국가가 건설된다는 것이다. 그러나 현실은 그렇지 못했다. 마르크스도 레닌에서도 무산계급의 혁명은 없었다. 그것은 북한도 마찬가지였다.

마르크스주의자들은 과학적이라는 말을 좋아한다. 그러나 그 과학적이라는 말은 사실은 마르크스 당시의 과학 수준이다. 현대과학의 관점에서 그리고 창조과학적인 측면에서 바라본다면 마르크스의 과학적이라는 말은 참 웃기는 일이 되고 만다.

칼 포퍼는 마르크스주의 이론 체계는 비과학적 이론이라 말했다. 자본주의가 '언젠가'는 망한다고 하지만 그렇게 하기 위해서 우리가 어떻게 해야 할지를 분명하게 제시하지 않기 때문이다. 도대체 그 '언젠가'가 언제인지 분명하게 말하지 않기 때문에 사람들이 무엇이라 반박해도 얼마든지 빠져나갈 수가 있다. '아직 자본주의는 안 망했잖아요' 그러면, '그래도 언젠가는 망할 것이다'고 말한다. 그러므로, 칼 포퍼는 마르크스주의를 '사이비과학'이라 했다. 특히 칼 포퍼는 급진적이고 독단적인 이상주의를 항상 경계해야 한다고 말하면서, 인류 역사의 전개 방향을 정확히 알 수 있다는 헤겔과 맑스의 역사주의를 말했다. 이런 역사주의는 수많은 사람들을 미혹하여 공산주의와 파시즘과 같은 전체주의를 만들었다. 서울대 박찬국 교수는 역사주의의 오류에 대하여 다음과 같이 말한다.

이런 의미에서 과학은 그것이 제시하는 법칙의 지배 아래 인간을 종속시키는 것이 아니라 인간이 그러한 법칙에 대한 인식을 통해서 오히려 그것의 영향력으로부터 벗어나거나 아니면 그러한 법칙을 자신에게 유리하게 이용할 수 있는 방법을 알려 주는 것이다. 이에 반해 역사주의자들이 내세우는 법칙은 우리가 어떠한 조치를 취하려고 하더라도 불가피하게 관철되는 법칙이다. 그것은 무조건적인 법칙이다. 맑스는 역사는 생산력과 생산관계의 모순에 따라 변화하며 자본주의는 이러한 모순으로 인해 필연적으로 사회주의로 이행하게 된다고 말한다. 그리고 그는 이러한 법칙은 우리가 무슨 수를 써도 무조건적으로 관철되는 법칙이라고 말한다. 이 경우 그것은 과학적인 법칙이 아니라 우리를 철저하게 구속하는 신적인 섭리에 가깝다. 맑스주의에 의하면 이러한 섭리에 대비해 우리가 할 수 있는 것은 그것을 뒤바꾸는 것이 아니고 그것을 준비하고 이를 통해 출산의 고통을 약간이라도 줄이는 것밖에 없다.

과학은 내가 '어떠한 상황에서도' 800톤의 돌에 갈려서 죽는다고 예측하는 것이 아니다. 그것은 '어떠한 조건에서는' 어떠한 사건이 일어난다고 예측하는 것이다. 이에 반해 역사주의가 내세우는 예측은 이러한 조건에서라면 이러한 일이 일어난다는 예측이 아니라 어떠한 상황에서도 불구하고 필연적으로 그 일은 일어난다는 식의 예측이다. 이러한 식의 예측은 신의 섭리를 점치는 점쟁이의 예측과 동일하다.104)

'역사주의의 예측은 점쟁이의 예측과 동일하다'고 말했다. 아무리 그럴듯하게 말을 해도 그렇게 안 되는 것을 어쩐란 말인가? 왜 안 되는가? 인간의 본질을 성경적인 관점에서 직시하지 않았기 때문이다. 사회구조와 환경을 바꾼다고 해서 세상이 달라지고 인간이 변하지 않는다!

유물론적 변증법의 3개 기본법칙
마르크스주의의 오류를 알기 위해서는 유물론적 변증법의 3개 기본법칙을 살펴보면 된다. 그 세 가지는 1) 질량의 법칙(양질 전화의 법칙) 2) 대립물의 통일과 투쟁의 법칙 3) 부정의 부정의 법칙이다.105)

1) 질량의 법칙(양질 전화의 법칙)
마르크스주의자들은 존재론은 유물론으로, 운동론은 변증법으로 이해한다. 유물론적 변증법의 시초는 헤겔의 변증법이다. 헤겔의 존재론은 절대정신에 기인한다. 헤겔의 변증법에 기초하여 세계를 끊임없는 변화의 발전 과정으로 파악한다. 사물이 변화 발전하는 것은 두 가지 형태가 있는데 천천히 양적으로 변화하는 진화적 형태와 급격하고 비약적으로 변화하는 혁명적 형태가 있다고 한다. 사회가 어느 정도 발전하다가 자체 내의 모순, 곧 계급의 갈등으로 인해 사회혁명을 통한 비약적인 발전이 이루어진다고 말한다.106)

문제는 사회혁명이라는 미명하에 기존의 체계, 곧 도덕이나 관습을 낡은 것이라고 다 때려 부수어 버린다는 것이다. 그런다고 세상의 문제들이 다 해결이 될까? 변화무쌍한 세계는 인과율로 다 설명할 수 없다. 그러기에 인간은 창조주 하나님 앞에 겸손하지 않을 수가 없다. 세상의 존재들은 서서히 진행되어야 하는 존재들이 있고 급격한 변화가 주어지는 존재들이 있다. 존재의 다양성이 있기 때문이다. 그런 이유로 서서히 진행하는 것은 양적인 변화이고 급격한 변화라고 해서 질적인 변화라고 할 수가 없다.

---

104) 박찬국, **현대철학의 거장들** (서울: 이학사, 2012), 315-316.
105) 임승수, **원숭이도 이해하는 마르크스철학** (서울: 시대의 창, 2012); "유물론적 변증법의 3개 기본법칙"에 대한 설명은 이 책의 pp. 64-87을 요약한 것이다.
106) Ibid., 71-78.

예를 들어 물의 변화를 생각해 보라. 물이 수증기로 변화되려면 100℃가 되어야 한다. 그러나 물은 꼭 100℃가 되지 않아도 수증기로 바뀐다. 물이 얼음이 되고 수증기가 되는 것은 하나의 존재 형태만 달라진 것이다. 형태가 바뀌었다고 질적인 변화가 일어났다고 말할 수 없다. 사람이 천천히 걷다가 빨리 뛰어 간다고 해서 어떤 질적인 변화가 일어나는 것이 아니다. 삶은 빨리 뛰어가는 경우보다 천천히 가야할 경우가 더 많다.

마찬가지로 구조가 바뀌어졌다고 해서 새로운 사회가 도래하는 것은 아니다. 자본가도 인간이며 노동자도 인간이다. 똑같은 인간이기에 누가 지배하느냐의 문제일 뿐 지배자가 달라진다고 해서 인간이 달라지지 않는다. 프롤레타리아가 혁명을 일으킨다고 해서 새로운 세상이 되는 것은 아니다. 마르크스주의자들은 인간의 죄악성을 고려하지 않는다. 혁명적 변화가 질적 변화라는 것은 마르크스주의자들의 환상일 뿐이다.

무엇보다 변증법적 유물론은 운동과 발전의 원인에 외부의 간섭을 철저하게 배제한다. 존재는 그 속성으로 인해 운동이 일어나게 되어 있다. 소는 소의 속성으로 인해 소답게 운동을 하며 인간은 인간의 속성으로 인해 인간답게 운동하게 된다. 관념론에 대한 원천적인 거부반응으로 현상의 존재 그 자체에만 머물게 된다. 그렇게 되었을 때 삶은 어떻게 될까? 인간은 의미와 통일성을 상실한다. 그 결과는 어떻게 되는가? 윤리 도덕적으로 타락이 일어나고 스스로 멸망하게 된다.

2) 대립물의 통일과 투쟁의 법칙

마르크스주의자들은 모든 사물이 발전하는 그 원천을 대립물의 통일이라고 말한다. 그것은 낡은 것은 파괴되고 새로운 것으로 통일되는 것을 말한다. 그 통일되는 과정에 무산계급의 혁명이 있어야 한다고 주장한다. 대립물의 투쟁의 법칙이다.[107]

문제는 무엇인가? '그 통일의 과정이 왜 혁명이 되어야 하는가?' 하는 것이다. 혁명은 기존의 체제를 완전히 파괴시키면서 수많은 사람들을 처참하게 죽이는 피의 숙청으로 이루어진다. 그 혁명의 과정이 지나고 나면 더 이상의 혁명이 일어나지 않도록 일인독재체재를 강화한다. 그것은 실제로 수령에 대한 숭배로 이어졌고 거기에 반대하는 자들은 정치범 수용소로, 아오지탄광으로, 총살 등으로 이어졌다. 결국 거기에는 개인의 인격이란 없다!

새로운 사회로 나아가기 위해서는 투쟁만 있는 것이 아니라 협력도 있다. 투쟁

---

107) Ibid., 70.

자체만으로 사회를 변혁시키려고 했기 때문에 지나간 역사에는 수많은 학살이 저질러졌다.

3) 부정의 부정의 법칙

마르크스주의자들은 '부정의 부정의 법칙'을 말한다. 여기서 부정이란 사물이나 현상의 발전 과정에서 낡은 것이 새로운 것으로 대체되는 것을 말한다. 다시 말해서 낡은 것이 새로운 것으로 인해 부정되어진다는 뜻이다. 그것은 실제적으로 무엇을 말하는가? 원시공산사회 → 고대노예사회 → 중세봉건사회 → 현대자본주의사회 → 미래공산주의사회, 이렇게 5단계로 발전한다는 뜻이다. 이 변천의 과정은 정·반·합이라는 변증법적 과정이다.[108]

그러나, 복잡하고 다양한 세계를 정·반·합의 변증법적 과정으로만 도식할 수는 없다. 정 다음에 반드시 반이 온다고 할 수 없으며 반 다음에 반드시 합이 온다고 말할 수도 없다. 공부를 열심히 한다고 해서 반드시 좋은 대학에 간다는 보장이 없고 좋은 대학에 간다고 해서 반드시 좋은 직장에 간다는 보장이 없다. 공부 잘하고 좋은 대학가고 좋은 직장에 다닌다고 해서 과연 그것이 인간에게 행복을 주는 것이라고 말할 수 없다. 오늘 좋은 일이 내일 반드시 좋은 일로 연결될지 나쁜 일로 연결될지 아무도 모르고, 오늘 나쁜 일도 내일 어찌 될지 아무도 모른다. 인간은 비인과율의 세계를 포섭할 수 없다. 그것은 오직 하나님만이 하신다!

또 마르크스주의자들은 변증법적 발전이 낮은 단계에서 높은 단계로, 단순한 것에서 복잡한 것으로 발전하는 것이 부정의 부정의 법칙이라 말한다. 그러나 과연 공산국가에서 그렇게 되었는가? 발전된 단계가 인권유린이란 말인가? 발전적인 것은 취하고 부정적인 것을 버린다고 말하면서 사람을 사람답게 대우하는 일은 가장 극렬하게 잔인했다.

이런 유물론적 변증법의 3대 원칙에 대하여, 일본의 황장엽이라 불리는 박용곤 선생은 『사랑의 세계관』에서 변증법의 3대 법칙이 다음과 같이 바뀌어야 한다고 말한다.
1) 질량의 법칙 ⇒ 질량의 상호작용의 법칙
2) 대립물의 통일과 투쟁의 법칙 ⇒ 협조와 단결, 사랑의 통일의 법칙
3) 부정의 부정의 법칙 ⇒ 계승과 혁신의 법칙

---

108) Ibid., 79-86.

박용곤 선생이 말하는 중요한 키워드들 중에 가장 중요한 것은 사랑이다. 유물론적 변증법에는 사랑이 없다. 인격체는 사랑을 원한다. 그러나 유물론은 인간을 인격체로 대우하지도 않으며 사랑은 자본주의의 유산에 불과하다. 마르크스는 종교는 민중의 아편이라고 했다.109)

마르크스 철학과 공산주의 대학살?

이제 우리는 좀 더 실제적이고 현실적인 것들을 말해보자. 실제적이고 현실적인 것들이란 마르크스 철학과 공산주의를 말한다. 왜냐하면 예수님을 믿는다고 말하면서도 좌파가 되거나 그들을 추종하고 있기 때문이다. 그들은 체제를 비판하는 것도 좌파냐고 당당하게 말한다. 그들 속에 단순 추종자들도 있겠지만 어떤 사람들은 체제를 비판하는 정도가 아니다.

그들은 남북관계가 우호적이어야 민주화가 촉진된다고 생각한다. 반대로 남북관계가 대립하면 반민주적이게 된다고 말한다. 민주화가 되면 평화가 온다고 말한다. 물어보자. 과연 북한에 민주화라는 것이 있는가?110) 북한은 엄연히 공산주의 국가

---

109) http://blog.daum.net/pangyo09/4485 「마르크스의 종교 사회학」. 마르크스에 의하면, 원래 인간은 신적인 본질을 갖는 존재이지만 현실의 억압적인 힘 때문에 자신의 신적 본질을 누리지 못한다. 종교는 이 소외된 본질이 인간 외부에 투영되어 숭배의 대상이 된 것이다. 인간은 종교 속에서 자신의 본질을 숭배하면서 현실의 억압을 체념한다. 이 때문에 마르크스는 종교를 '민중의 아편'으로 규정하였다. 마르크스의 전체 사상은 종교 속에서 자신의 두뇌에 의해 지배당하는 이러한 왜곡된 현실을 뒤엎고 인간이 현실적으로 자신의 신적 본질을 누리는 상태로 만드는 것을 목표로 하였다. 마르크스의 이러한 인간주의적 종교 비판은 포이에르바흐(Feuerbach)의 종교론을 차용한 것이다. 포이에르바흐는 그의 주요한 저서 『기독교의 본질』에서 "신은 인간이며, 인간은 신이다"고 선언했다. 그가 이렇게 선언한 것은 기독교의 신이 인간의 소외된 본질이라는 사실을 강조하기 위해서이다. 인간은 신을 숭배하면서 자신을 숭배한다. 인간의 이러한 자기 숭배는 자기 분열을 의미한다. "종교는 인간의 자기 분열이다. 즉 종교에 있어서 인간은 인간에게 대립하는 존재자로서 신을 자기에게 대립시킨다. … 그러나 인간은 종교 안에서 자기의 잠재된 본질을 대상화한다. 그러므로 종교는 신과 인간의 대립-갈등에서 시작되는 것이며, 그와 같은 대립-갈등은 인간과 인간 자신의 본질과의 대립-갈등이라는 것으로 증명되어야 한다." 자기 분열이 심할수록 자기 숭배는 더 강렬해진다. "삶이 공허하면 할수록 신은 풍요로우며 더 구체적이 된다. … 오직 가난한 인간만이 부유한 신을 가진다. 신은 결핍이라는 심정으로부터 발생한다." 마르크스는 포이에르바흐의 견해를 매우 열렬히 수용하였다. 그러나 마르크스는 포이에르바흐의 종교론을 두 가지 관점에서 비판하였다. 첫째, 포이에르바흐는 인간 소외의 사회학적 토대를 보여주지 못하고 있다. "포이에르바흐는 종교적 본질을 인간적 본질 안에 해소시킨다. 그러나 인간적 본질은 어떤 개개인에 내재하는 추상이 아니다. 그것은 현실적으로 사회적 관계의 총체이다." 둘째, 포이에르바흐의 종교론은 세계를 해석하는데 그칠 뿐 세계를 변혁시키기 위한 정치적 실천의 필요성을 보지 못하고 있다.

110) http://cartoonforest.net/blogs/?p=2208; 「어느 문자적 민주주의자에 대한 비판 : 북한은 민주주의 국가인가」, 자유민주주의의 정확한 개념은 세 가지로 요약이 가능하다. "모든 시민들은 보편적인 선거권을 갖는다", "정당간의 권력을 위한 경쟁은 선거를 통한다.", "'시민권'을 보호한다." 이거 어디서 많이 본 것 같지 않은가? 그렇다. 우리가 많이 보는 민주주의의 기본적인 원칙이다. … 북한의 건국이념은 마르크스주의로서 사회민주주의 내지는 민주사회주의와 정면으로

다. 거기에 무슨 민주화가 이루어진다는 말인가? 6·25전쟁으로 죽은 사람들이 얼마나 되며, 6·25전쟁 이후로 얼마나 수많은 사람이 죽어갔고 고통을 당하고 있는가? 북한이 민주화 된다는 것은 어불성설이다. 왜냐하면 우리 남한이 생각하는 민주화와 북한이 생각하는 민주화는 완전히 딴판이기 때문이다.111) 통일을 말할 때에도 연방제 개념을 주장하지만, 미국과 독일, 영국의 연방제의 기초는 하나님이지만 북한과 좌파들이 말하는 연방의 기초는 민중이다. 특히 연방개념이나 사회주의 개념도 구라파의 경우에는 청교도와 언약 개념이 뒷받침이 되어 있으나 한국에서는 민중신학112)과 자유주의 신학, 특히 함석헌의 씨알사상이 자리 잡고 있기 때문에 위

배치되는 것이다. 보통 실질적인 민주주의 국가로서 어떠한 조건을 충족해야하는지는 이견이 조금 있지만, 기본적으로 대부분은 이 조건들을 여섯 가지 조건으로 나눈다. 1) 국민은 1인 1표의 보통선거로 인해 절대권한을 행사할 수 있어야 한다. 2) 적어도 2개 이상의 정당이 선거에서 정치 강령과 후보들을 내세울 수 있어야 한다. 3) 국가는 모든 종류의 민권을 보호해야 한다. 4) 정부의 시책은 모두 국민의 복리증진을 위한 것이어야 한다. 5) 국가는 효율적인 지도력과 책임 있는 비판을 보장하여야 한다. 6) 정권교체는 평화적 방법으로 이루어져야 한다. 그렇다면 북한은 위 6개의 현실적인 조건을 모두 충족하고 있는가? 당연한 이야기지만 충족하고 있는 것이 없다고 보아도 무방하다. 가장 먼저 북한이 민주주의 국가로서 인정을 받으려면 북한 인민이 보통 선거로서 절대 권한을 행사해야 한다.

111) http://www.bluetoday.net/news/articleView.html?idxno=1438; 홍성준, 「북한이 사용하는 '민주', '자주' 용어의 진실」, 북한이 자주 사용하고 있는 '민주' '민주주의' 라는 용어는 우리가 사용하는 '민주', '민주주의' 개념과는 전혀 다르다는 점을 알아야 한다. 우리가 말하는 민주주의는 자유민주주의를 뜻하는 것이다. 즉, 폭력이나 자의적인 지배를 배제하고 다수의 의사에 따르는 국민의 의사결정과 자유·평화 등을 기초로 하는 법치국가적 지배질서를 의미하는 것이 바로 우리가 말하는 민주주의 개념이다. 그러나 북한이 주장하는 '민주주의'라는 개념은 '프롤레타리아 민주주의'를 뜻한다. 즉 프롤레타리아에 의한 독재주의를 북한은 '민주주의' 라는 개념으로 사용하고 있는 것이다. 흔히 공산주의 국가에서는 소수의 공산당독재 또는 북한과 같은 1인 독재를 실시하고 있는데 이것을 공산주의자들은 '프롤레타리아 민주주의' 또는 '민주주의'라고 부르고 있는 것이다. 따라서 북한이 사용하고 있는 '민주', '민주주의'라는 용어는 우리와는 그 개념이 정반대라는 사실을 잊어서는 안 된다. 특히 대남 선전선동 분야에서 북한은 '민주화'라는 투쟁구호를 자주 외치고 있다. 이것 또한 공산주의혁명이 성공하는 마지막 순간까지 '민주주의'라는 구호를 앞세우는 공산혁명가들의 전술인 것이다. 즉 '민주화' 명목의 혁명을 먼저 수행하여 정권을 잡은 후 본격적인 '사회주의 혁명'으로의 전환을 위한 것으로서 본격적인 사회주의 혁명으로의 이행이 이르기 위한 예비적 혁명단계의 성격을 띠고 있는 것이다. 예를 들면 북한은 1949년 토지개혁에 관한 법령, 노동자 사무원들에 대한 노동법령, 남녀평등법령, 중요 산업교통·운수체산은행 등의 국유화 법령 등을 실시했는데, 북한에서는 이를 두고 '민주개혁'이라 불렀다. 북한이 말하는 '민주주의', '민주'의 용어혼란전술을 극복하여 자들의 의도에 이끌려 다녀선 안 될 것이다. '자주' 라는 개념도 우리와는 전혀 다른 의미로 사용되고 있다. 북한은 66년 8월 12일 로동신문 사설을 통해 '자주성을 옹호하자' 는 '자주노선'을 외교원칙을 채택했다. 이후 중국, 소련 등거리 외교, 제3세계의 반제연대성 강조, 주한미군 철수 선동 등에서 '자주'라는 용어를 많이 사용하고 있다. 북한은 '자주=반외세' 라는 개념으로 간주하여, 주한미군 철수 주장에 적극 활용하고 있다. 그러나 국가체제를 지키기 위해 우리의 자주적 판단과 결정에 따라 미군의 주둔을 허용한 것은 자주성에는 아무런 문제가 되지 않는다. 그렇다면 영국·독일·일본·이탈리아·스페인·호주 등 세계 각국에 미군이 주둔하고 있지만 이들 나라를 자주성이 없는 국가라고 할 수 없는 것과 마찬가지인 것이다.

112) http://ko.wikipedia.org/wiki; "민중신학에서는 출애굽을 근거하여, 민중을 역사의 주체와 사회의 실체로 해석하며, 예수님께서 갈릴리에서 민중운동을 한 것으로 해석한다. 그런 예수 그리스도를 본받아, 교회가 민중과 함께 해야 한다고 주장한다. 민중신학자들이 말하는 민중이란 1970년대 경제발전 일어날 때 갑작스런 이농현상과 도시화, 그리고 도

험하다.

이제 교회 안에도 퀘이커 이단이 영향을 끼치고 있다. 퀘이커 교도인 리차드 포스트113)는 신비주의 관상기도를 한국에 퍼뜨렸다. 또한, 한국 퀘이커학회장이 이만열 장로다. 그는 민중신학의 사상적인 토양에는 함석헌의 씨알사상, 민중사관, 김지하의 장시 「장일담」으로 대변되는 민중문학, 민중예술 등으로 말한다.114) 고신교단의 장로이면서 퀘이커학회장이라는 것은 다만 학문적 참여라고만 말할 수 있는가? 그러면 민중신학도 학문적으로만 참여하는 것인가?115)

또한, 자유민주의의 자체가 서구 근대 사회, 즉 종교전쟁 이후에 종교적 배타화를 스스로 금지하는 문화 속에서 형성된 다원주의 위에 서 있다는 것을 잊지 말아야 한다.

하나님의 목적대로 살아가는 삶을 말하면서 마르크스 철학, 민중신학을 왜 말해야 하는가? 그만큼 사람들을 잘못된 방향으로 몰아가고 있기 때문이다. 삶을 살아가는 기준이 성경이 아니라 마르크스 철학이고 씨알이기 때문이다.

오늘날 공교육의 파탄과 일부 좌파적 교사들의 교육으로 인해 중고등학교 시절

시를 중심으로 하는 급격한 계급/계층적 재편 과정이 있었는데, 이 때 이 재편성된 계급/계층 피라미드의 가장 밑바닥에 위치하게 된 사람들이다. 민중 신학자들의 눈에는 한국 민중의 고난 현실은 단순한 고난이 아니라 고난을 넘어서는 해방 사건으로 보였다. '그때 거기'의 그리스도의 사건이 '지금 여기'에서 재현되는 것이다. '권위주의적인 군부 독재정권'은 사회의 밑바닥 계급/계층을 생산/재생산하여 그들을 사회의 전 영역에서 배제하였다. 그러므로 첫 민중신학자들의 눈에는 악마적인 '권위주의적인 독제체제'가 보였고, 그것으로부터의 해방이 곧 민중 해방의 실마리였다. 그런데 그 일은 누가 하는가? 지식인이? 아니! 콘크리트 속의 그리스도가? 아니! 그 일은 바로 민중이 한다. 왜냐하면 (박제된 자의 하느님이 아니라) 산 자의 하느님은 민중 속에, 아니 민중사건 속에 그리스도의 영(氣)을 부으셨기 때문이다. 지금은 '아직 아니'지만 역사의 주체인 민중은 그리스도의 해방사건을 일으킬 것이다. 민중이 '봉기'하는 날, 그날은 그리스도의 날이다. 이렇게 제1세대 민중신학 자들은 한국 민중의 고난, 그리고 이에 대한 민중의 항거를 '민중사건'으로 신학화한다(사건의 신학)."
113) http://www.quakerinfo.com/foster.shtml/ "Richard Foster, Quaker Writer on Christian Spirituality"
114) http://www.newspower.co.kr/sub_read.html?uid=22006; 〈이만열 교수는 다음과 같은 발언을 서슴지 않고 한다. 〈이 교수는 "윤성범과 유동식에 의해 시작된 토착화 신학의 작업은 역시 감리교 신학대학 출신인 변선환에 의해 계승됐다."면서 "그는 불교와의 대화를 통해서 토착화 신학을 전개하고자 했지만 종교 간 대화를 강조하는 과정에서 타종교의 구원 가능성을 인정함으로써 보수적인 교단 지도부에 희생되는 아픔을 겪었다."고 말했다. 이어 "그는 1992년 종교다원주의를 용납했다는 이유로 교수직과 목사직을 동시에 박탈당했다."면서 "이후 한국 신학계에서 종교다원주의를 정죄하는 분위기가 지배하게 되면서 토착화 신학을 위한 기반은 더욱 협소하게 됐다."며 안타까워했다.〉
115) http://missionlife.kukinews.com/article/view.asp?page=1&gCode=0000&sCode=0000&arcid= 0007663105&code=23111111; 〈'한국신학의 새로운 미래'를 주제로 발표한 이만열 숙명여대 명예교수는 국내 신학에 대한 근본적인 문제로 '자기 신학의 부재'를 꼽았다. '자기 신학'은 한국 그리스도인이 자기 상황(한국의 역사와 사회)을 통해 고민하면서 스스로 체계화한 신학을 의미한다고 그는 설명했다. 이 교수는 "과거 '민중신학' 정도를 제외하고는 자기 신학에 대한 고민조차 없는 것이 한국교회, 한국 신학교육의 현실"이라고 지적하면서 "한국교회의 신학적 위기의 극복을 위해서는 자기 신학을 확립하는데 교회와 신학교육기관이 나서야 한다"고 강조했다.〉

부터 좌파적인 성향을 가지게 되는 경우가 많다. 특히나 대학에 입학을 하게 되면 마르크스 철학과 공산주의에 심취하게 되는 경우가 허다하다. 교회에 와서 예배를 드리지만 실제로는 엉뚱한 생각을 가지고 예배를 드리고 말씀과는 동떨어진 삶을 살아가는 경우가 많다. 이런 부분에 대하여 교회가 적극적으로 대처해 가야 한다.

마르크스 철학과 공산주의를 가르칠 때 자본주의 사회의 부조리를 말하며 마르크스 철학은 하나의 세계관으로 교육되어진다. 인간이 살아가는 사회는 부정부패가 있다. 자본주의 사회에도 공산주의 사회에도 인간이 저지르는 부정부패가 있다. 자본주의에서 공산주의로 바뀐다고 해서 인간이 달라지거나 세상이 변하지 않는다. 아무리 원해도 안 되는 것을 어떻게 하겠는가? 그것은 역사가 증명한다. 아무리 멋진 구호를 외친다고 해도 마음먹은 대로 되지 않는 것이 현실이다. 욕망의 분화구는 꺼지지 않기 때문이다. 성경은 그 모든 것들이 인간이 죄인이기 때문이라고 분명하고 확실하게 말한다.

마르크스 철학을 가르치는 사람들은 먼저 기독교를 공격한다. 특히 중세 사회가 기독교적 세계관으로 살아갔을 때, 마녀사냥, 십자군 전쟁 등을 말하면서 잘못된 세계관이라고 말한다. 그래서 올바른 세계관을 확립해야 하는데, 그것이 바로 마르크스 철학이라고 자부한다.

마르크스 철학은 유물론으로 시작한다. 인간의 눈에 보이는 어떤 실재가 그대로 존재한다고 믿으며, 눈이 보이는 것 외에 다른 것은 인간이 고안해 낸 관념이라고 말한다. 유물론은 철저히 경험론적이다. 인간이 경험할 수 있는 것만을 믿고 말한다. 그들에게 영혼이란 무엇인가? 그저 두뇌의 정신 작용에 불과하다. 인간의 두뇌가 정신 작용을 하기 때문에 영혼이 실제로 존재하는 것처럼 느껴진다는 것이다. 물질이 존재하고 그 결과로 의식이 존재한다는 것이 유물론이다.

그런 생각을 가진 사람들은 사람들을 어떻게 대했는가? 그저 물질로 취급했다. 사람을 물질로 취급하는 사람들이 공산주의자들이다. 공산주의자들은 실제로 어떻게 했는가?

구(舊) 소련의 작가 솔제니친(Aleksandr I. Solzhenitsyn)은 하버드 대학 연설 중에서 "공산주의는 치료할 수 없는 미치광이 병"(mad disease)이라고 했다. 후버연구소의 러시아 전문가인 로버트 콘퀘스트(Robert Conquest) 박사는 그의 저서인 『The Great Terror』(엄청난 폭력)에서 다음과 같이 말하고 있다. "1956년 2월 전당대회에서 흐루시초프가 폭로하기를 1936년에서 1938년 사이 10월 혁명 이전에 공산당에 입당한 사람의 90%를 죽였고 그 후에 입당한 사람은 50%를, 군 장성급의 60%를 처형했다."[116]

러시아는 공산화 이후 2,700만 명이라는 역사상 가장 많은 기독교인들을 학살한 국가가 되었다. 공산주의자들은 모든 교회를 다 파괴시키고 기독교인들은 시베리아로 끌어가고 그보다도 더 무서운 동북쪽 마가단으로 보내 죽게 했다. 겨울에는 얼어붙은 모스크바 강가에 구멍을 파고 벌거벗겨서 산채로 마구 밟아 집어넣었고, 여름에는 배 스크류에 사람들을 묶어서 찢어 죽였다.

모든 교회의 종탑과 십자가들을 꺾어버렸고, 교회들을 불지르거나 부수거나 장기 두는 곳 혹은 극장으로 만들어 버렸다. 이 모든 것이 1910년부터 1960년대까지 일어난 일이다. 이렇게 해서 공산화 과정에서 2,700만 명의 기독교인과 그 외에 반동분자들 4,000-4,500만 명을 합해 모두 7,000만 명이 학살됐다.117)

    2차 세계대전에서 죽은 사람보다도 모택동의 '대약진운동'에서 굶어죽은 사람의 수가 훨씬 많았다. 최소한 3,000만 명, 많게는 4,300만 명이 죽었다는 추정도 있다. 그러나 모택동은 눈 하나 깜짝하지 않았다.118)

    베트남은 공산화 이후에 30만에서 200만 명이 죽임을 당한 것으로 추정한다. 공산화 된 캄보디아는 1975-1978년까지 200만 명이 학살당하고 300만 명의 난민이 발생했다. 1975-1978년까지 크메르루주 집권기간 동안에는 150-200만 명을 학살했다. 하루에 582명이 처형되기도 했다. 프랑스의 북한인권위원회 위원장인 피에르 라굴로(Pierre Rigoulet)는 지난 1997년 발간된 '공산주의 黑書'(The Black Book of Communism—Crimes, Terror, Repression)에서 별도로 다룬바 있다. 그는 이 책에서 • 당내숙청: 10만 명 • 강제수용소: 150만 명 • 6.25 전쟁 및 남한에 대한 자살특공대: 130만 명 •기아 및 이로 인한 식인(食人)행위: 50만 명 • 합계 340만 명의 인원이 북한 공산주의 정권에 의해 희생당했다고 북한공산주의의 죄상을 폭로했다. '동유럽의 김일성'이 불리는 루마니아의 차우셰스쿠는 24년의 철권통치 기간에, 7만 명을 학살했다. 차우셰스쿠 처형 직전에 시위가 일어났을 때에도, 차우셰스쿠의 군과 비밀경찰은 공산독재 종식을 외치던 시민들을 학살하였는데, 불과

116) http://www.konas.net/article/article.asp?idx=7200; 김필재, 20세기 공산주의 대학살 연대기(年代記)①. 舊 소련, 10월 혁명 이전 공산당 가입자의 90% 처형. 솔제니친은 1975년 6월30일, 미국 최대의 노조 연합체인 'AFL-CIO' 제1차 초청 강연에서 다음과 같이 말했다. 전문가들의 객관적이고 정확한 통계에 의하면 러시아 혁명 이전 80년 동안 연간 약 17명이 처형되었다고 한다. 이 시기는 혁명운동의 시대로서 짜르(Czar)를 암살하고자 하는 시도가 많았던 시기다. 수십 년 동안 지속되었던 스페인의 종교재판도 그 절정기에는 매달 10명 정도 밖에는 처형하지 않았다. '수용소 군도'에서 나는 '체홉'이 1920년 출판했던 저서를 인용한 바 있다. 체홉은 이 책에서 1918~1919년 동안 매달 1000명 이상의 사람들이 재판도 받지 않고 처형되었다는 '혁명활동'을 자랑스럽게 보고했다. 체홉이 지적한 이 수치가 완벽한 것인지의 여부는 확실치 않아 유감스럽다. 그러나 체홉이 이러한 내용에 관해 역사가 조명하기 이전에 스스로 집필한 것은 사실이다. 스탈린의 테러가 절정에 달했던 1937년과 1938년에 처형된 사람들은 월별로 따져보면 1개월 동안 약 4만 명 이상이나 된다.
117) http://www.konas.net/article/article.asp?idx=7200 김필재, 20세기 공산주의 대학살 연대기(年代記)①.
118) 같은 사이트, 김필재, 20세기 공산주의 대학살 연대기(年代記)②

열흘 만에 1만 2천여 명이나 학살했다.[119]

마르크스 철학으로 무장된 공산주의자들이 얼마나 잔인하게 사람들을 죽였으며, 지금도 수많은 사람들을 죽이고 있다는 것을 분명하게 알아야 한다. 예수님을 구주로 믿는다고 하면서도 마르크스 철학을 추종하는 것은 말이 안 된다. 그런데 그런 일이 점점 더 일어나고 있다.[120]

기독교 안에 어떤 좌파로 가는 이들은 '문화관조' 혹은 '문화변혁'을 주장한다. 그런 문화변혁을 수행하는 과정에서 '투쟁'이 발생할 수 있으며 생명을 요구할 수 있다고 본다. 문화변혁은 기독교안들이 세상 속으로 들어가서 하나님이 다스리시는 나라로 변혁시켜야 한다고 말하며, 주권주의[121] 혹은 킹덤나우 사상을 말한다. 이것은 아브라함 카이퍼의 신칼빈주의에서 나온 하나님 주권 사상에 기초하며, 오늘날 '일곱산 운동'이라 불린다. 신칼빈주의란 유럽의 반기독교적 계몽주의 운동에 개혁교회가 직면하게 되었을 때, 계몽주의가 단순히 종교와 신학의 범위를 넘어 모든 영역에서 전면적 공격을 감행함에 따라 칼빈주의 원리를 정치, 경제, 사회, 문화 전반에 적용한 새로운 칼빈주의 체계를 말한다.[122] 새러 레즐라는 '세계 기독교 제국주의'라 표현한다. 이런 주권 운동이 마치 성경적인 것처럼 말하지만 그것은 속임수다. 주권운동은 성경이 말하는 하나님의 나라와는 근본적으로 거리가 멀다. 그리스도가 재림하기 전에는 이 땅에 하나님의 나라가 이루어지지 않는다.[123] 이런

---

119) 같은 사이트, 김필재, 20세기 공산주의 대학살 연대기(年代記)⑤

120) http://www.christiantoday.co.kr/view.htm?id=185885; 서경석 목사, 부산기독교사회책임서 강조.. "전교조 더 이상 방치하면 안돼"(2007.06.15 10:30) 기독교사회책임 공동대표 서경석 목사가 현재 캠퍼스 내 복음주의 청년운동과 관련, "복음주의적 생각을 잃어버린 좌파가 득세하고 있다"고 지적했다. 서 목사는 최근 온천제일교회(담임 장치남 목사)에서 열린 부산기독교사회책임 교육모임에서 이 같이 밝히고 기독교 청년운동의 재건을 위해 노력해야 한다고 역설했다.

121) http://en.wikipedia.org/wiki/Sphere_sovereignty; "「Sphere sovereignty」 In Neo-Calvinism, sphere sovereignty (Dutch: souvereiniteit in eigen kring) is the concept that each sphere (or sector) of life has its own distinct responsibilities and authority or competence, and stands equal to other spheres of life. Sphere sovereignty involves the idea of an all encompassing created order, designed and governed by God. This created order includes societal communities (such as those for purposes of education, worship, civil justice, agriculture, economy and labor, marriage and family, artistic expression, etc.), their historical development, and their abiding norms. The principle of sphere sovereignty seeks to affirm and respect creational boundaries, and historical differentiation."

122) http://blog.daum.net/kkskjs1234/9676748 이정석, 신칼빈주의 운동이 사회에 미친 영향(총신대보, 2001년 11월호)

123) http://truthnlove.tistory.com/entry/주권운동-그-거대한-착각/ 물론 주권운동의 옛 뿌리는 카톨릭 신학의 대부인 아우구스티누스나 제네바 신국화를 시도했던 칼뱅에게서도 찾을 수 있다. 또 작고한 루서스 잔 러쉬두니가 이 운동에 앞장섰던 인물이다. 무천년주의자였던 카이퍼는 세상의 영역 내지 권역(圈域)들을 신국적/신정적으로 주권화해야 한다는 소위 '권역'론 신학('spheres' theology)을 주장한 바 있다. 그러나 그가 '신정'을 시도한 네델란드가 현재 세계에서 가장 성적으로 타락한 나라의 하나, 칼뱅이 신정을 시도한 제네바는 세계적인 진보주의의 온상이 된 것은 주목할 만하다. 이것

흐름은 빌리 그래엄 등의 로잔운동과 풀러신학교뿐 아니라, CCC 등에도 전달된 것으로 본다.124)

또한, 네덜란드라는 나라가 기독교 국가였다는 것을 먼저 상기해야 한다. 우리가 속한 이 나라는 기독교국가가 아니라 여러 가지 종교가 흘러넘치는 나라다. 더구나 남북한이 대치하고 있는 상황에서 이념의 중립이 존재한다고 생각하는 것은 거의 환상에 불과하다. 정치판의 진흙탕에서 함께 비난하고 비난받게 되는 상황에 도달하게 되어 하나님 주권 사상은 실패하지 않을 수 없다. 또한 최근 네덜란드의 신학자들 중에서 다우마(J. Douma), 펠레마(W. H. Velema)와 같은 사람들이 문화명령에 대한 해석에 의문을 제시하고 있으며, 이에 근거하여 코르넬리스 프롱크는 신칼빈주의에 대하여 비판적 견해를 취하고 있다.125)

이 '지상 신국화'의 아름다운 결말? 뉴에이지를 분별해온 변증가 워런 스밀에 따르면, 이 권역론을 선교 개념으로 도입한 사람들이 바로 빌 브라잇(CCC 창설자, 작고)과 로렌 커닝엄(YWAM 창설자). 특히 커닝엄은 "이 7개 영향력 권역들이 우리가 크리스토를 위하여 사회를 모양지어 나가도록 도와줄 것이다."라고 말한 바 있다('하나님의 길 쟁취, YWAM, 1988, 134쪽). 사회를 모양짓기? 바로 여기서 소위 '성시화운동'의 연원을 발견하게 된다. 커닝엄에 따르면, 그는 1975년 가족이 콜로라도 라키산맥의 캐빈에서 휴식을 취하면서 기도 중에 세계의 사회 각 분야를 예수님께로 돌리기 위한 전략 구상을 한다. 이튿날 브라잇을 만나 대화하던 중 둘 다 사회의 7개 권역을 겨냥하고 있음을 발견, 서로 놀란다. 이 7개 권역은 1. 가정, 2. 교회, 3. 학교 4. 정부 5. 언론 6. 예술/연예/스포츠 7. 상권/과학/기술계 등. 커닝엄은 "이 7개 영향력 권역들이 크리스토를 위한 사회재형성을 도울 것이다"라고 결론짓는다. 커닝엄/브라잇의 이 7개 권역 개념을 피터 왜그너(신사도운동 선구자)에게 '소개한 사람이 랜스 월노, 월노는 이것을 (정상을 정복해야 할) '일곱 개의 산'으로 불렀다. 왜그너는 월노의 논문 '장터로의 예언적/성서적/인격적 초청'을 인용, "전쟁 전략은 '세상을 정복할 것이라면 이 산들은 문화와 사람들의 마음을 빚는 산들이다. 이 산들을 통제하는 사람이 곧 세상과 그 추수의 방향을 통제한다.'"라고 풀었다(같은 책 114쪽). 왜그너는 이 7개의 산봉우리/권역이 '사도적 권역'이 될 것이라며 각 전략적 전투장으로 하나님의 군대를 이끌어 갈 수 있는 사도들이야 말로 각 산꼭대기에서 힘의 구조를 바꿀 수 있는 사람들"이라고 강변한다. 왜그너의 '지구촌추수선교회(글로벌 하베스트미니스트리GHM)가 바로 이 7개권역 정복운동의 일선 도구다. 예언자로 자처해온 월노는 새카나안협회(NCS)의 연사이기도 한데 NCS는 오순절계 '늦은비' 운동, 관상가들, '떠오름' 영성가들, 정치적 주권운동가들이 한데 아우러진 단체다.

124) http://blog.naver.com/yoochinw/130091296307; "말씀으로 영혼을 깨우는 순수한 '복음 전도(evangelism)'로 만족하지 못하고, 더 나아가서 '세상'에서의 영향력을 더불어 추구하는 복음화(化 evangelization/evangelicalism)'를 주장하는 사상을 흔히 일컬어 신복음주의라고 부른다. [신복음주의는 '세상'에서의 기독교(인)의 '영향력'의 필요성을 강조하며, 그리고 이를 위해 (가톨릭을 포함한) 범기독교적인 '일치'를 추구해야 한다고 주장한다. … 보수적 복음주의를 표방하는 사랑의 교회는 존 스토트의 로잔언약의 입장을 따르고 있으며, 빌리 그래엄의 신복음주의 잡지 크리스채너티 투데이를 발간하고 있다."

125) http://christianreformedink.wordpress.com/bad-theology/neo-calvinism/neo-calvinism; ⟨Neo-Calvinists, with their emphasis on cultural, rather than missionary endeavour tend to lose sight of the fact that believers do their work in the sphere and context of Christ's soteriological work. This is a tragic error that has hindered the progress of the real work of the Gospel.[xiii] In recent years, Dutch theologians like J. Douma and W.H. Velema have questioned the exegetical basis that Kuyper and his followers have adduced for the cultural mandate. Douma, e.g., wonders if such passages as Genesis 1:28; 2:15, 3:23 and Psalm 8 really constitute such an all-encompassing mandate as Neo-Calvinists believe. True, Genesis 1:28 and 2:15 assign man the task of subduing the earth as well

고려신학대학원의 변종길 교수는 신칼빈주의에 대하여 다음과 같이 말한다.

다우마는 전반적으로 칼빈의 견해를 따르면서 그리스도인의 '나그네 인생'(vreemdelingschap)을 주장하였다. 이러한 다우마 교수의 주장에 대해 드 프리스(W. G. de Vries) 목사와 깜프하이스(J. Kamphuis) 교수가 반론을 제기했다. 특히 깜프하이스는 다우마가 창세기 1장 28절의 "땅을 정복하라"의 의미를 단지 "사람이 하나님께로부터 이미 받아서 가지고 있는 것을 취하는 것(een in bezit nemen van wat de mens van Godswege reeds heeft)"으로 보고 마는 것에 이의를 제기하였으며, '정복하는 것은 그것 이상의 것, 곧 그것을 위해 '노력하고 '노동'하는 것도 포함한다고 주장했다. 이들의 반론에 대해 다우마 교수가 다시 답변하였다. 그 후 1974년에 나온 책에서 아뻴도른(Apeldoorn)의 펠러마(W. H. Velema) 교수는 "우리는 나그네 인생을 생각하지 않고는 문화적 사명을 말할 수 없다."고 하였다. 그 후로도 이 주제는 계속해서 관심 있는 주제로 논의되고 있다. 결론적으로 아브라함 카이퍼는 19세기 후반의 진보주의, 낙관주의에 크게 영향 받은 신학자였다. 그는 기술 발전의 부정적 영향에 대해서는 별로 생각하지 못했으며, 과학 기술의 발전에 대해 너무나도 '순진한' 생각을 하고 있었다. 마치 우리나라 사람들이 1960년대에 공장이 들어서고 공장 굴뚝에 연기만 나면 근대화요 발전이라고 좋아했던 것과 마찬가지다. 그러나 90년대에 들어선 지금, 공장 굴뚝에서 시커먼 연기가 나오는 것을 좋아할 사람이 과연 얼마나 있겠는가? 이런 점에서 볼 때, 카이퍼도 역시 그 시대의 일반적 조류를 벗어나지 못한 '그 시대의 아들'이었다고 말할 수 있다. 그는 한 마디로 19세기 후반의 신학자였으며 1차 세계대전 이전의 사람이었다. 그가 그토록 신뢰하고 예찬했던 인류 문화의 발전이 수많은 사람들을 더욱 효과적으로 죽이는 결과를 가져왔으며, 그것도 최고의 문화 발전을 이룩했다고 그가 그토록 자랑하던 게르만족과 앵글로-색슨족 사이에 대량 살육의 전쟁이 일어났다는 사실은 그의 낙관적인 문화관을 송두리째 뒤흔드는 것이었다. 그가 죽기(1920년) 몇 년 전에 1차 세계대전을 직접 목도하기는 하였으나, 그때는 이미 그의 사상을 수정하기에는 너무 늦었던 것이다.126)

변종길 교수의 이런 지적은 오늘날 하나님 주권이라는 미명하에 이루어지는 기독교의 여러 활동들 역시 너무나도 순진하고 낙관적인 접근을 하고 있다는 것을 보여준다. 이런 신칼빈주의의 경향에 대해 알더스(W. Aalders)는 은혜의 교리가 외현화(externalization)되어 버렸다고 탄식하면서, "엄청난 탈선"(The Great Derailment)이라고 평가했다. 또한, 카이퍼의 신학에 동조해서 시작된 교회(the

---

as dressing and keeping the garden, but does this have to be seen as a mandate to bring the life of creation to its full potential? Douma points out that the Hebrew verb "abad" means simply to cultivate a field. This labour is required of man if he is to eat (Gen.1:29; 2:5; 3:17ff.). What these verses seem to tell us is that there is a connection between working and eating and that sin has made work difficult. Douma does not deny that there may be implications here for culture in a broader sense, but he cautions against reading more into these verses than is warranted. Culture in the sense of the unfolding of what God has put in His creation in seed form, in his view, is more a matter of consequence than a specific mandate. Because God has created man in His image and with the urge to reproduce himself, the human race will populate the earth and in the process a culture will develop that will go beyond eating and drinking so that man may still enjoy many good things.[xiv] W.H. Velema rejects the idea that Christians are under obligation to complete a specific cultural program.〉
126) 변종길(고려신학대학원), '아브라함 카이퍼의 문화관,'

Gereformeerde Kerken in Netherland)가 세속화의 길을 걷고 있는 것도 주목해야 한다.[127]

국내의 신칼빈주의 운동은 손봉호 교수에 의하여 시작되었고, 그 제자인 이정석 교수는 이 일에 앞장 선 사람으로 신국원 교수와 이승구 교수가 대표적이라고 말했다.[128] 그리스도인은 다우마나 펠러마가 말하듯이, "나그네 인생"이라는 것을 명심해야 한다. 나그네가 하나님의 나라를 이 땅에 실현하기 위해 이 땅의 정치와 구조를 바꾸려 한다면 그 나그네는 이미 정착민으로 동화된 것이다.[129]

무엇보다 중요한 것은 성경의 증거다. 성경은 믿음으로 살아간 사람들에 대해서 무엇이라고 말하는가?

> 이 사람들은 다 믿음을 따라 죽었으며 약속을 받지 못하였으되 그것들을 멀리서 보고 환영하며 또 땅에서는 외국인과 나그네로라 증거하였으니(히 11:13)

히브리서 저자는 아브라함이 헷 족속에게 "나는 당신들 중에 나그네요 우거한 자니"[130]라고 한 말과 야곱이 바로에게 "내 나그네 길 … 우리 조상의 나그네 길"[131]이라 한 말에서 "외국인과 나그네"라는 말을 인용했다. 이것은 신앙의 선조들이 이 땅의 삶에 마음을 두지 않고 하나님의 나라를 향하여 달려가는 나그네로 살았으며 언약의 백성으로 하나님 나라의 시민으로[132] 살아갔다는 것을 강조한 것

---

127) http://cafe.daum.net/yangmooryvillage/RkzJ/6499; 손성은, 「개혁주의 몸살을 앓고 있다」 "특별히 시초부터 카이퍼의 이런 신칼빈주의에 대해서 비평해 온 사람들이 카이퍼보다 화란국교회로부터 먼저 이탈했던 사람들(1834년의 The Secession 때)이다. Lindeboom이나 Ten Hoor같은 사람들은 심지어 카이퍼의 가르침이 아주 중요한 어떤 면에서 성경으로부터, 그리고 개혁주의의 신앙고백으로부터 벗어나고 있다고 지적하곤 하였다."

128) http://jsrhee.hihome.com/Neocalvinism.htm 이정석, 「신칼빈주의 운동이 사회에 미친 영향」 "그(손봉호)뿐 아니라, 그는 많은 후진들을 양성하여 신칼빈주의 운동이21세기에도 계속되도록 만들었다. 1970년대 총신대에서 기독교철학 강의를 통하여 많은 참여자들을 일으켰는데, 특히 문화운동과 세계관 운동에 앞장선 신국원교수와 이승구교수가 대표적이다."

129) http://blog.naver.com/yoochinw/130176406623; 신칼빈주의는 영역주권론을 통해 우리가 하나님의 "회복사역" 또는 "(재)창조사역"에 동참해야 한다고 말하며, 결국 "영혼구원"에서 더 나아가 "사회구원"까지를 주장한다. http://www.christiantoday.co.kr/view.htm?id=257733; 조덕영 박사. "아브라함 카이퍼는 구원의 적용범위를 인간뿐 아니라 창조세계의 전 영역으로 확장하였다. 그 최종목적은 원(原) 우주의 총체적 회복에 있다. … 그 모든 영역을 회복함에 있어 하나님은 우리 인간을 도구로 사용하신다. … 아브라함 카이퍼는 영역 주권을 창조 원리로 재해석한 최초의 사람이었다."

130) 나는 당신들 중에 나그네요 우거한 자니 청컨대 당신들 중에서 내게 매장지를 주어 소유를 삼아 나로 내 죽은 자를 내어 장사하게 하시오(창 23:4)

131) 야곱이 바로에게 고하되 내 나그네 길의 세월이 일백 삼십 년이니이다 나의 연세가 얼마 못되니 우리 조상의 나그네 길의 세월에 미치지 못하나 험악한 세월을 보내었나이다 하고(창 47:9)

132) 20 오직 우리의 시민권은 하늘에 있는지라 거기로서 구원하는 자 곧 주 예수 그리스도를 기다리노니 21 그가 만물

이다. 사도 베드로 역시 성도들이 나그네 된 자들이라고 말했다.[133]

한국적 상황에서 문화변혁이란 이름으로 기독교가 너무나 많이 오염되어 있다.[134] 그들은 예수님이야말로 기득권 세력과 싸웠던 진정한 좌파라고 말한다. 그러나 예수님께서는 그들의 정치적 욕망과 싸운 것이 아니라 자기 의로 가득 찬 잘못된 율법주의자들과 싸우셨다. 그들은 자신들의 힘으로 하나님의 나라를 이 땅에 세우려고 했다. 그러나 예수님께서는 십자가에 죽으시기 전에 심문을 당하시는 과정에서도 분명하게 말씀하셨다.

> 예수께서 대답하시되 내 나라는 이 세상에 속한 것이 아니라 만일 내 나라가 이 세상에 속한 것이었더면 내 종들이 싸워 나로 유대인들에게 넘기우지 않게 하였으리라 이제 내 나라는 여기에 속한 것이 아니니라(요 18:36)

하나님의 나라가 이 세상에 속했더라면 예수님의 제자들이 싸움을 해서 유대인들에게 넘겨주지 않았다는 말씀이다. 그러나 예수님께서 말씀하신 그 하나님의 나라는 이 세상에 속한 것이 아니었기 때문에 십자가에 못박혀 죽으셨다. 예수님을 좌파로 몰아가는 좌파들의 논리는 잘못된 것이다.

구조악을 개혁하는 것이 예수님께서 오신 목적이라면 진보기독교가 보는 대로 예수님은 정말 진정한 좌파였을 것이다. 그러나, 예수님께서는 생명을 구원하고 더

을 자기에게 복종케 하실 수 있는 자의 역사로 우리의 낮은 몸을 자기 영광의 몸의 형체와 같이 변케 하시리라(빌 3:20-21)

133) 예수 그리스도의 사도 베드로는 본도, 갈라디아, 갑바도기아, 아시아와 비두니아 에 흩어진 나그네(벧전 1:1) 외모로 보시지 않고 각 사람의 행위대로 판단하시는 자를 너희가 아버지라 부른즉 너희의 나그네로 있을 때를 두려움으로 지내라(벧전 1:17)

134) http://www.cresal.net/ww/wor4.php 아브라함 카이퍼는 영역 주권사상을 철학적으로 체계화한 사람은 카이퍼 연구소의 소장이었던 네덜란드의 기독 철학자 헤르만 도예베르트(Herman Dooyeweerd, 1894-1977)였다. 그는 창조 타락 구속의 구조로 체계화 시켰다. 타락은 창조구조 자체를 왜곡시킨 것이 아니라 창조의 방향을 왜곡시켰으며, 하나님께서 허락하신 일반은총으로 창조질서와 구조가 유지되고 문화를 발전시킬 수 있다고 말했다. 궁극적인 회복은 그리스도의 구원으로 하나님과 관계가 회복될 때 창조 본래의 질서로 돌아간다고 했다. 카이퍼 이래 네덜란드 최대의 문화신학자라 불리는 스킬더는(Klaas Schilder, 1890-1952) 문화의 근거가 일반은총이 있다는 카이퍼의 주장을 부정하고 인간은 처음부터 일반명령(창 1:26-28)에 문화적 본능을 부여받았다고 주장했다. 네덜란드의 이런 전통을 잘 정리한 사람이 토론토 기독교학문연구소의(A. Walter)였다. 그는 문화명령을 수행하는 것이 창조의 목적이며 창조사역의 정점이라고 주장했다. 문화명령이 창조계시의 출발점이고 역사는 하나님의 계시를 점진적으로 이루어가는 과정이므로 하나님의 나라는 결국 문화명령이 완전히 성취되는 나라라고 했다. 월터스는 카이퍼나 쉐퍼를 따라 이 땅에서 기독교적으로 변혁된 문화는 하나님 나라에 곧바로 편입되는 것으로 믿으며 이 문화의 완성을 하나님 나라와 동일시하는 문화적 낙관론을 펼쳤다. 이런 관점은 창조 시에 주어진 문화명령이 예수 그리스도께서 복음을 전하라고 하신 대명령(마 28:19-20)보다 근원적이고 최종적인 의미가 되어 그리스도의 구속이 문화명령을 돕는 것으로 전락하게 된다. 이런 문화명령 사상이 한국에 들어와 영향을 주게 되었다.

풍성케 하기 위하여 오셨다.[135] 구조악의 개혁을 말하는 일부 좌파 기독교인들은 무작정 민중은 선하며 선할 것이고 선해야만 한다고 생각한다. 그러나 인간 깊숙이 장악하고 있는 죄성을 말하면 관념적이라고 몰아세운다.

성도가 이 세상에 속한 자라면 이 세상을 변혁시키는 데에 목숨을 걸어야 할 것이다. 그러나 성도는 하나님의 나라에 속한 자들이며 이 땅에서는 나그네 된 자들이다.

> 예수께서 가라사대 너희는 아래서 났고 나는 위에서 났으며 너희는 이 세상에 속하였고 나는 이 세상에 속하지 아니하였느니라(요 8:23)
> 14 내가 아버지의 말씀을 저희에게 주었사오매 세상이 저희를 미워하였사오니 이는 내가 세상에 속하지 아니함같이 저희도 세상에 속하지 아니함을 인함이니이다 15 내가 비옵는 것은 저희를 세상에서 데려가시기를 위함이 아니요 오직 악에 빠지지 않게 보전하시기를 위함이니이다 16 내가 세상에 속하지 아니함 같이 저희도 세상에 속하지 아니하였삽나이다(요 17:14-16)
> 13 이 사람들은 다 믿음을 따라 죽었으며 약속을 받지 못하였으되 그것들을 멀리서 보고 환영하며 또 땅에서는 외국인과 나그네로라 증거하였으니 14 이같이 말하는 자들은 본향 찾는 것을 나타냄이라(히 11:13-14)
> 15 이 세상이나 세상에 있는 것들을 사랑치 말라 누구든지 세상을 사랑하면 아버지의 사랑이 그 속에 있지 아니하니 16 이는 세상에 있는 모든 것이 육신의 정욕과 안목의 정욕과 이생의 자랑이니 다 아버지께로 좇아 온 것이 아니요 세상으로 좇아 온 것이라 17 이 세상도 그 정욕도 지나가되 오직 하나님의 뜻을 행하는 이는 영원히 거하느니라(요일 2:15-17)

예수님께서는 세상의 구조를 변화시키러 오신 것이 아니다. 죄악 된 세상에 십자가의 피 흘리심으로 죄인들의 영혼을 구하러 오셨다. 아브라함 카이퍼 당시의 네덜란드의 상황과 한국의 상황은 매우 다르다. 기본적으로 네덜란드는 기독교신앙이 중심이었던 나라였으나, 대한민국은 불교와 타종교, 무신론이 태반인 나라이다. 섣부른 적용은 무모한 행동을 낳고 말았다.[136]

---

135) 도적이 오는 것은 도적질하고 죽이고 멸망시키려는 것뿐이요 내가 온 것은 양으로 생명을 얻게 하고 더 풍성히 얻게 하려는 것이라(요 10:10) 사람이 내 말을 듣고 지키지 아니할지라도 내가 저를 심판하지 아니하노라 내가 온 것은 세상을 심판하려 함이 아니요 세상을 구원하려 함이로라(요 12:47)

136) http://herescope.blogspot.kr/2007/06/neo-kuyperian-spheres.html

There are two points to note in the extensive material presented above. 1) The effect of this "spheres" doctrine on two leaders of two of the most prominent evangelical mission groups has utterly changed the face of modern evangelical missions. It has changed the focus from spreading the Gospel, to changing the culture and society of nations by operating within and upon the "spheres." No matter what the original intent of Kuyper might have been, this is the ultimate conclusion. The biblical Gospel of Salvation has been transformed into the "Gospel of the Kingdom." 2) When C. Peter Wagner comes out of the closet openly now as a Dominionist (see previous two posts on this topic), and assigns the men in his apostolic empire to these "spheres," it is time to sit up and take notice. The ultimate application of Kuyperian teachings can be nothing less than despotism in the name of

왜 기독교이어야 하는가?

하나님께서 주신 신구약 성경을 말하기 전에 왜 이런 말을 해야 할까? 그것은 우리의 신앙이 왜 기독교이어야만 하는자를 제대로 알아야하기 때문이다. 사람들은 교회에서 성경을 가르치면 교회니까 가르치는 것으로 생각하고 세상의 유명한 박사들의 말보다 못하다고 생각하는 경향이 있다. 그런 편견으로 교회에 나오고 신앙생활을 하는 것은 진정한 믿음이라고 볼 수가 있는가? 하나님의 말씀을 대언하는 목사님의 설교가 TV의 유명강사보다 그 수준이 못한 것인가?

기독교와 세상의 수많은 종교들과의 차이점은 무엇일까? 기독교냐 아니냐의 핵심키워드는 '신성한 내면아이'에 있다. 인간 속에 신성함이 있느냐 없느냐?가 모든 것을 좌우한다. 세상의 종교와 철학은 인간의 내면에 신성함이 있다고 믿는다. 인간이 그 내면에 신성이 있다고 주장하는 이유는 영원한 의미와 통일성을 제공받고 싶기 때문이다. 민중신학의 근본핵심이 어디에 있는가를 보라! 박재순은 "'씨알'즉 생명은 하나님(전체, 영원)과 맞닿아 있으므로 자기 안에 불멸의 힘이 있습니다."[137]라고 말했다.[138] 세상은 그 신성한 기초 위에서 세상의 구조와 환경을 변화시켜가야 한다고 주장한다. 그러나 기독교는 세상의 진정한 문제는 그런 구조와 환경의 문제가 아니라 인간이 본성적으로 문제가 있다는 것이다. 인간은 본질적으로 타락했다!

교회 안에는 성경과 세상의 종교와 철학을 섞어서 만든 수많은 혼합주의가 있다. 역사 속에는 언제나 이 절충주의가 인기를 끌었다. 기독교와 세상 것을 섞으면 사람들은 흥분의 도가니에 빠져버린다.

하나님을 아는 지식에서 벗어나 이런저런 신들을 만들거나 우상을 만드는 것은 각기 자기 마음에 맞는 대로 만들었기 때문이다.[139] 인간의 이성과 학식으로 지어

Christ.(THURSDAY, JUNE 28, 2007)

137) http://www.koreartnet.com/wOOrII/initial/list0104/010416_08.html

138) http://www.dailywrn.com/sub_read.html?uid=2745; ④ 우주와 종교-박재순(씨알사상연구소장·목사). "종교(宗敎)란 으뜸 되는 가르침, 마루가 되는 가르침, 서로 다른 '나'가 하나 됨에 이르게 하는 가르침이다. 어떻게 서로 다른 나와 타자가, 대립하고 적대하는 것이 더 큰 전체 속에서 하나 됨에 이를까. 그것은 다름 아닌, '나'의 깊이에서, '나'의 참된 바깥(초월)에서 하나 됨에 이른다. 하나 됨에 이른 '나'는 나이면서 나 아닌 나, '큰 나', '한 나', '참 나'이다. 이것이 신이며 전체 생명이다. 신은 우주의 중심이며 통일력으로서 '하나' '전체' '뜻'으로도 나타난다. 하나, 전체, 뜻을 추구하는 것이 종교이다.(함석헌)"

139) 존 칼빈, 기독교강요(상), 원광연 역 (고양: 크리스찬다이제스트, 2003), 73; "… 무지와 몽매함에 경솔함과 얄팍함이 합쳐서서, 하나님 대신 우상이나 환영을 스스로 만들어 섬기지 않은 사람이 거의 없을 정도로 되어 버린 것이다. 마치 거대하고 풍성한 샘에서 물이 솟아 나오듯이 무수한 신들이 사람의 마음에서 만들어져 나왔는데, 각 사람마다 방종이 극

제2문 신구약성경 77

낸 그릇된 철학과 종교는 하나님을 의도적으로 거역하게 된다. 그런 일에 가장 대표적인 것은 오늘날 만연해 가는 실존주의와 신비주의 영성과 뉴에이지 사상이다.

그런 일들이 실제로 어떻게 역사 속에서 일어났는가? 그 흐름을 대변하는 대표적인 것이 프랑스의 무신론적 실존주의 작가 알베르 까뮈(Albert Camus, 1913-1960)의 『이방인』이다.[140]

먼저 까뮈가 활동한 1940년대의 프랑스 상황을 알아야 한다. 파시즘의 정치 군사적 극치인 하틀러의 제3제국이 프랑스 대부분을 장악했다. 그런 부당한 침략과 점령에 대한 저항도 중요하지만, 각 개인의 삶을 전체적인 집단적 광기 속으로 몰아넣는 파시즘 자체에 대한 저항이 문제로 등장했다. 이럴 때 지성인들이 과연 어떻게 대응해야 하는지 관심사로 부상했다. 1940년대 프랑스에서 문학 및 철학에 있어서 가장 중요한 위치를 갖게 된 두 인물이 사르트르와 카뮈다.[141]

프랑스의 소설가이며 극작가인 까뮈의 『이방인』을 출간하면서 레지스탕스 운동을 계획하고 실행하기 시작했다. 이 책은 그가 29살 때 쓴 책으로 1부와 2부로 구성되어 있다.[142] 1부에서는 '나'라고 하는 말을 계속해서 사용하면서, '나'의 욕망과 충동적이고 즉흥적인 행동들이 18일 동안에 연속적으로 일어나는 것을 쓰고 있다. 2부에서는 그렇게 일어난 마지막이 살인사건이다, 친구와 친구의 정부와의 다툼에 연루되었다가 그 친구의 정부와 관련된 아랍사람을 주인공 뫼르소가 총으로 죽인다. 그 살인사건으로 재판을 통해 뫼르소는 사형을 언도받는다. 왜냐하면, 증인들이나 담당 검사의 눈에 뫼르소의 평소 행동들이 자신들과 달랐기 때문이다. 그들의 눈에 뫼르소는 이방인이었다.

까뮈가 뫼르소를 이방인으로 말하는 의미가 무엇인가? 우선, 어머니가 죽었을 때 장례식에 참석하게 되는데, 어머니를 일찌감치 양로원에 보내놓고는 어머니가

에 달하여 제각기 자기 마음에 맞는 대로 하나님에 대해 이런저런 그릇된 것들을 만들어낸 것이다. …"

140) http://article.joinsmsn.com/news/blognews/article.asp?listid=12006462 까뮈의 또 다른 작품인 페스트(La Pest 1947, 1957년 노벨문학상)에는 알제리 오랑 市에 페스트가 발병한다. 오랑市 뒷골목에 어느 날 죽은 쥐들이 발견된다. 이어 온 도시는 페스트가 번져 사람들은 하나. 둘 병균에 쓸어졌다. 당시는 쥐가 페스트균을 옮기는 발병체였다. 오랑市는 외부로부터 완전히 차단되나 사람들은 계속 죽어 나갔다. 어제까지 살아 활동하던 사람이 무더기로 죽어나가는 상황이 까뮈는 전염병(Pest)은 부조리(irrational)라고 그의 작품에서 상징했다. 페스트가 만연한 도시에 죽어가는 사람과 이를 저지하려는 사람의 용기에 대해 쓴 게 이작품의 主題일 것이다. 인간이 죽음 앞에 약하지만 이에 맞서 생존을 위해 저항하는 용기를 가져야 한다고 이 실존주의 작가는 외쳤다.

141) http://www.pressian.com/article/article.asp?article_num=50110812144534

142) http://cafe.daum.net/heavendeer 『이방인』 요약 참고.

몇 세가 되셨는자를 전혀 알지 못하는 무심한 아들로 그려진다. 또한 장례식에서 눈물 한 방울 흘리지 않고 너무나 냉정하게 입관한 엄마의 얼굴은 쳐다보지 않고 커피를 마시며 담배를 피웠다.

그리고 장례식이 끝난 바로 다음날, 평소에 호감을 갖고 있던 마리라고 하는 여인을 해변에서 만나면서 그 여인과 해수욕 하며 쾌활하게 놀다가 코미디영화를 본다. 또한 너무나 패륜아로 여겨질 수밖에 없을 만큼 자독하게 그 마리라는 여자와 성관계에 푹 빠진다.

그래서 아랍사람을 살해한 재판과정에서 판사는 '우리 사회에서 어머니 장례식에서 울지 않는 사람은 누구나 사형 당할 위험을 무릅써야 한다'고 말하면서 사회에 적응할 수 없는 파렴치한으로 전락한다. 뫼르소는 그 재판정에서도 마치 남의 일처럼 재판을 담담히 나타내 보인다.

결국 까뮈는 『이방인』을 통해 무엇을 말하려고 했는가? 사람들이 사회적으로 통념상 기대하는 도덕, 윤리, 관습에 의해서 사회적으로 갖게 되는 보편적인 정서가 있으며, 사람에게 알지 못하게 강요하는 그런 관습적 기준이 있다는 것이다. 뫼르소는 그 기준을 다 벗어난 사람이며, 뫼르소는 단지 '나'라고 하는 사람의 마음속에서 일어나는 생각대로, 그 생각이 즉흥적이면 즉흥적으로, 충동적이면 충동적으로 행동하는 인간을 말하고 있다. 그것이 '이방인'이다. 알베르 까뮈는 사람들이 사회적인 강요와 요구와 기준에 의해서 강압 당하면서 살고 있다고 보고, 그것이 부조리며 모순이며, 인간은 내 마음에서 일어나는 자유로운 욕망의 표현이 불가능한 상태에서 갈등하며 살아가고 있다는 것을 독자들에게 말하고 싶었다.[143]

---

143) http://blog.daum.net/ys325636/395; 〈로널드 애런슨, 사르트르와 카뮈, 변광배김용석역, 연암서가, 2011. 까뮈가 이런 생각을 하게 된 것은 폴 샤르트르와의 만남이 큰 역할을 했다. 1945년 프랑스가 독일로부터 해방이 되면서 카뮈는 공산당(PCF)으로부터 탈퇴하고 사르트르는 소련 공산당에 호의를 보이며 마르크스주의에 심취하면서 서로가 서로를 헐뜯으면서 그들이 쌓아 올린 우정은 금이 가고 만다. 카뮈는 『반항적 인간』에서 자기만의 역사, 부조리를 받아들이고, 그것과 정면으로 맞서면서 살아가는 것에 대한 거부를 담고 있는 더 치밀하고 더 비극적인 기도를 담으며 사르트르의 교조주의적이고 변절된 이념과 사상에 공격의 수위를 높인다. 즉, 사르트르에 대해 역사와 윤리를 저버린 자라고 치부한다. 사르트르는 자신이 심취하고 경도된 마르크스주의 및 소련 식 공산주의를 찬양하고 적극적으로 소련과 컨넥션을 갖게 되며 그가 바라는 혁명 투쟁의 목표는 『유물론과 혁명』, 『문학이란 무엇인가』에 잘 나타나 있다. 그러면서 사르트르는 사회적 책임, 참여, 자유를 부르짖고 한다. 사르트르가 관여하고 있는 현대지는 작가의 작품활동과 서평, 공산주의를 대변하기도 한다. 그러나 사르트르는 소련과 헝가리 침공과 함께 소련에 있는 지인들의 무관심과 헝가리 학살을 고발하지 않고 소련의 관료주의를 이끄는 파당에 대한 우정을 더 이상 간직할 수 없다는 것이 사르트르가 공산주의로부터 손을 씻는 원인이 된 거 같다. 반대로 카뮈는 그가 말하는 좌파 지식인이나 실존주의자들이라는 특징을 공유하는 자들과 반대되는 입장을 바탕으로 자신의 개인적, 도덕적, 정치적 '자아'를 형성하게 되며 냉전시대의 첫 희생국인 알제리에서 전쟁이 터지면서 카뮈는 모국에서 전쟁이 발생하는 것에 침묵으로 일관한다. 이 침묵이 한 민족을 돕는 길이라는 것이라고 믿고 있던 것은 아닐까?〉

과연 이 세상은 샤르트르나 까뮈144)가 말하는 것처럼 부조리한 세상인가? 그래서, 그들이 말하는 것처럼 그저 마음에서 일어나는 욕망대로 살아가는 것이 인간다운 삶인가? 욕망대로 살면 비참함과 죽음밖에 없다.

까뮈의 『이방인』이 유명해진 것은 그 소설에 담고 있는 실존주의, 허무주의, 부조리주의에 대한 사상 때문이다. 실존주의(existentialism)는 개인의 자유, 책임, 주관성을 중요하게 여기는 철학적, 문학적 흐름이다. 실존주의에 따르면 각자는 유일하며, 자신의 행동과 운명의 주인이다.145) 허무주의(Nihilism)은 기성의 가치 체계와 이에 근거를 둔 일체의 권위와 삶의 가치에 대한 부정을 강조하며, 인간의 삶에는 의미와 본질적인 가치가 존재하지 않는다고 말한다. 부조리주의(Absurdism)는 허무주의에서 더 나아간 것으로, 우주내의 의미와 가치를 찾으려고 하는 인간의 노력이 궁극적으로 실패할 수밖에 없다고 말한다. 그 이유는 인간이 이성적인 사고 방식으로 자기 한계 내에서 의미와 통일성을 찾을 수가 없기 때문이다.

인간은 이러한 부조리를 극복하기 위하여 3가지 중에 하나를 선택한다.

(1) 자살: 존재의 상실 (2) 전승되는 종교에 대한 믿음 (3) 부조리함에 대한 인정. 그러나 이 3가지 중에 어느 것도 인간에게 참된 의미와 통일성을 부여하지 못한다. 그것은 절망과 비참을 해결하는 수단이요 도약에 불과하다. 예수 그리스도를 믿어 구원을 얻은 성도는 단순히 전통종교에 대한 믿음으로 나가는 도약이 아니다. 성경은 오직 하나님만이 인간을 구원하여 생명을 주며 참되고 영원한 의미와 통일

---

144) http://www.pressian.com/article/article.asp?article_num=50110812144534; 〈사르트르와 카뮈는 특히 공산주의, 스탈린의 소련 그리고 프랑스 공산당과 관련하여 서로 완전히 대립되는 입장을 취한다. 그것은 특히 사르트르가 급선회했기 때문이다. 그 중심 문제는 '폭력'이었다. 카뮈는 공산주의가 이데올로기적인 목적 달성을 위해서는 대대적인 살인마저 서슴지 않는다고 하여 완전히 반공주의 입장을 취했다. 카뮈는 정치적 폭력 일체를 거부했고, 공산주의를 문명의 질병이고 현대의 광기로 여겼다. 심지어 카뮈는 "마르크스주의자들은 신념도 대화도 믿지 않는다"라고 아예 선언해버렸다. 그 바탕에는 카뮈의 견결한 도덕주의가 자리하고 있었다. 그런 가운데 카뮈는 오로지 혁명이 아닌 '반항'만을 주장한다. 그런 반면, 사르트르는 늘 견지해 오던 철저한 반자본주의적인 입장을 바탕으로 특히 한국전쟁이 일어난 이후인 1952년에 이르러 공산주의적인 대의명분에 동의를 천명하면서 "반(反)공산주의자는 개다"라는 극적인 표현을 하기에 이르렀다. 그 결과 사르트르는 1954년 12월 불소친선협회의 부회장으로 선출되면서, 소련과 중국에 찬사를 보내기도 했다. 카뮈가 현실주의에서 개인적 도덕주의로 돌아선 반면, 사르트르는 개인적 도덕주의에서 사회적 현실주의로 돌아선 것이다. 급기야 1956년에 프랑스의 식민지였던 알제리에서 민족해방전선을 중심으로 독립전쟁을 일으켰을 때, 카뮈는 프랑스 국기 아래에서 두 민족이 동등한 입장으로 살아갈 수 있는 화해를 주장하면서 알제리가 추구하는 민족의 독립을 열정적인 문구에 불과하다고 주장한 반면, 사르트르는 알제리의 민족해방전선의 폭력적인 독립운동을 적극적으로 지지하면서 알제리에서 자행되는 프랑스인들의 폭력에 종지부를 찍어야 한다고 주장했다. 카뮈의 생애 최고의 오류였다.〉
145) 위키백과사전에서.

성을 부여한다고 말한다.

쉐퍼는 의미와 통일성에 대하여 다음과 같이 말했다.[146] 성경의 하나님은 인격적이시며 무한하신 하나님이시다. 그 하나님은 실재하시는 하나님이시다. 동양의 신들은 선악을 다 포괄한다는 의미에서 무한하나 인격적인 신들은 아니다. 서양의 신들 중에 어떤 경우에 인격적이나 극히 유한한 신들이다. 독일인의 신들과 로마와 그리스의 신들은 인격적이지만 무한한 신은 아니다. 그러나 기독교의 하나님, 성경의 하나님은 인격적이며 무한하시다. 그 하나님은 창조주 하나님이시다. 하나님께서는 만물을 무에서 창조하셨다. 창조함을 받은 피조물들은 유한하며, 하나님만이 무한한 창조주이시다. 피조물 중에서, 인간은 하나님의 형상대로 창조되었기 때문에 하나님과 인격적인 관계를 가지도록 만들어졌다. 사람은 유한한 존재이나 인격적인 하나님의 형상대로 창조되었기 때문에 인간은 참으로 인격적인 존재다. 하나님께서는 하나님 자신에 대한 참된 진리를 계시로 말씀하시며 우주와 인간에 대해서도 참되게 계시로 말씀하신다. 그러므로 거기에는 지식의 참된 통일성이 있다.

다시 말해서 '나'라는 인간이 왜 여기에 있는지, 무엇을 위하여 살아야 하는지, 왜 살아야 하는지에 대하여 성경은 분명하게 말해 준다. 그런 질문들은 인간이 인격이 있기 때문에 나오는 질문들이다. 인간이 기계로 전락하게 되면 인간은 절망에 빠져 죽는다. 세상은 인간의 그 인격성을 설명할 길이 없다. 창세기에는 인격적이신 하나님께서 인격적인 인간을 창조하셨다고 분명하게 말한다. 하나님은 무한하시나 인간은 유한하다. 그럼에도 불구하고 소통이 가능한 것은 인격적인 존재로 지음을 받았기 때문이다. 인간은 기계가 아니다. 실존주의자들처럼 그냥 내버려진 존재, 불안한 존재가 아니다. 인격적이신 하나님께서 지금도 섭리하고 계시는 존귀한 존재다.

그러나 하나님 없는 인간은 자기 이성의 자율성으로 갔기 때문에 자기와 자기가 속한 세계 속에서 그것을 찾으려 했지만 도저히 찾을 수가 없었다. 진화론을 말하고 계몽주의를 외쳤지만 실패에 실패를 거듭한 인간은 의미와 통일성을 부여받지 못하기 때문에 기계로 전락하게 되었고 그 비참한 현실을 어쩔 수가 없어서 긍정의 심리학이나 신비주의 영성으로 도약하고 있다.

아퀴나스는 전자를 상층부라 하고 후자는 하층부라 하였는데, 기독교 신앙은 상층부와 하층부에 하나님께서 계시하신 진리에 근거한 통일성을 가지고 있다. 아퀴

---

146) 프란시스 쉐퍼, **이성에서의 도피**, 김영재 역 (서울: 생명의말씀사, 2008), 35-36.

나스는 전적타락을 부인하고 자연신학을 추구하게 되었고, 인간은 한 영역에서만 (하층부) 독립적이고 자율적인 존재가 되었다.

그리하여, 현대인들은 하나님과의 인격적인 관계가 단절되었으며 오로지 자기 존재를 자기가 속한 세계 안에서만 의미와 통일성을 찾으려고 하다가 완전히 포기하고 절망 속에서 비참한 삶을 살아가고 있다. 그들 중 많은 사람이 영성으로 도약을 하고 있다. 그런 도약의 흐름을 이해하기 위하여 이 세상의 종교들이 가지는 세 가지 형태의 신론에 대하여 알아둘 필요가 있다. 그 세 가지는 무신론, 범신론, 유일신론으로 분류할 수 있다.

1) 무신론

무신론자 김용옥은 우주 자체가 신이며 인간이 신이라고 말한다. 그는 기독교의 인격적인 하나님은 존재하지 않는다고 말한다. 그는 자칭 무신론자이면서도 우주가 신이고 인간이 신이라고 하는 것을 보면 무신론자는 결국 자기 밖에 자기 존재보다 더 큰 존재자가 있다는 것이 싫다는 뜻이다.

2) 범신론

범신론은 쉽게 말하자면 모든 것을 신이라 한다. 힌두교의 범신론이 대표적이다. 범신론 역시 인격적인 하나님의 존재를 부인한다. 인간만 인격체이고 모든 것은 인격체가 아니다. 이렇게 되면 무슨 문제가 생길까? 어떻게 인간에게 인격이 있는지 그로 말미암아 어떻게 도덕성이 있는 것인지 설명할 길이 없다.[147]

---

147) http://missionlife.kukinews.com/article/view.asp?page=1&gCode=all&   arcid=0006459503&code= 23111612; 〈… 인간의 도덕성에 대하여 진화론자 리처드 도킨스는 도덕성은 진화의 산물이고, 절대적으로 옳은 도덕은 없으며, 도덕은 사회적으로나 개인적으로 그 기준이 다르다고 주장한다. 뿐만 아니라 도킨스는 인간이 선한 삶을 살기 위해 하나님을 필요로 하지 않는다고 주장한다. 도덕에 대한 도킨스의 입장은 도덕적 상대주의 또는 도덕적 주관주의로 분류할 수 있다. 그렇다면 과연 도덕성에 대한 도킨스의 주장은 정당할까. 하나님 없이도 도덕성의 근거를 발견할 수 있을까. … 첫째, 도킨스의 주장과는 달리 진화적 발달은 도덕성을 만들어낼 수 없으며 도덕성의 근거가 될 수 없다. 왜냐하면 진화적 메커니즘인 자연선택은 처음부터 목적 지향성을 배제하기 때문에 옳고 그름을 추구하는 도덕성을 설명할 근거를 제시하지 못한다. 진화론을 옹호하는 과학 철학자 마이클 루스는 "도덕성은 단지 우리가 살아남고 번식하기 위한 하나의 도움이고, 그 외의 다른 깊은 의미는 허황된 것이다"고 주장한다. 또한 도킨스도 "우주의 근간에는 아무런 설계도 없고 목적도 없으며 악도 선도 아무것도 없다. 단지 무의미하고 냉담한 상태만 있을 뿐이다"고 말했다. 이러한 진화론적 관점에서 볼 때 생명체는 우연히 생성되어 아무런 목적과 의미도 없이 그저 생존에 유리한 것만 선택한다면 도덕성은 생존을 위한 하나의 수단에 불과한 것이 된다. 이것은 단순히 종족 번식을 위한 극단적 이기주의를 가져올 수 있으며, 동물의 세계에서 일상적으로 발생하는 강간도 종족 번식이라는 이유로 인간의 삶에서조차 정당화 될 수 있다. 따라서 진화론은 '인간이 왜 도덕적으로 살아야 하는가?'에 대한 좋은 이유와 근거를 제시할 수 없다. 둘째, 도킨스는 '도덕이란 사회적 합의 또는 개인적 기준에 따라 달라질 수 있다'고 주장한다. 또한 '도덕은 절대적인 필요가 없다'고 말한다. 그러나 이런 도킨

동양권에 널리 퍼져있는 불교는 무신론적 범신론이다. 많은 분들이 불교를 토속종교라고 말한다. 그러나 불교는 인도에서 건너온 외래종교다. 불교의 창시자 고타마 싯타르타는 인도 사람이다. 대승불교가 신 개념을 말하지만 그것은 신인합일을 말하는 범신론을 말한다.

3) 유일신론

유일신론을 말하는 종교는 기독교, 천주교, 유대교, 이슬람교이다. 천주교는 유일신론에 속하나 성경의 본질에서 벗어나 부패하고 변질되었다. 교황도 죄가 없다고 하고 마리아도 죄가 없다고 말한다. 유대교는 유일신을 믿으나 삼위일체 되신 인격적인 하나님을 믿지 않는다. 예수 그리스도의 십자가를 통한 구원이 아니라 율법을 지킴으로 구원에 이르는 인간의 노력에 의한 구원이기에 성경의 구원관이 아니다. 이슬람교 역시 유일신을 말하나 코란의 규율을 지켜 구원을 얻는 인간의 자력구원을 말한다. 알라는 세상을 창조한 후에 인간의 문제에 개입하는 신이 아니다. 그러나, 기독교의 하나님은 창조주이시며 무한하시며 인격적인 하나님이시다. 이 우주와 인간을 창조하신 후에도 여전히 인간의 삶을 인도하시는 하나님이시다.

스의 주장은 현존하는 객관적 도덕성을 온전히 설명할 수 없다. 만약 도덕이 사회적 합의의 산물이라면 도덕의 절대 기준이 없다. 따라서 한 공동체의 도덕이 다른 공동체의 도덕보다 우월하다고 말할 수 없다. 예컨대 식인종의 식습관보다 문명인의 것이 훨씬 더 도덕적이라고 말할 근거가 어디에 있겠는가. 또한 일제 강점기에 조선 여성들의 인권을 유린한 일본의 만행이 악하다고 말할 수 있는 기준은 어디에도 없다. 도덕이 사회적 산물이라면 절대적 기준이 없다. 따라서 각 사회의 도덕이 모두 다 옳은 것이 된다. 또한 도덕이 사회적 또는 개인적 선택에 따라 달라질 수 있다면 수많은 사람을 죽인 히틀러와 일본 천황도 그들의 추종자들에게는 영웅이 될 수 있을 것이다. 그러나 그들의 행동이 악하다는 것은 누구나 알만큼 자명한 사실이다. 따라서 도덕은 사회적으로나 개인적으로 옳은 것이 아니라 시대와 문화를 초월하여 절대적으로 옳은 기준이 있는 것이다. 절대적인 것이 없다면 판단을 내릴 수 있는 궁극적 기준이 없기 때문이다. 모순되게도 도킨스는 절대로 옳은 것이 없다고 말하면서도 종교는 악하다는 자신의 주장은 절대적으로 옳다고 주장한다. 셋째, 만일 이 세상에 하나님이 없다면 도덕적 의무의 근거를 발견할 수 없다. 도킨스는 인간이 도덕적 삶을 살기 위해서 하나님을 필요로 하지 않는다고 말한다. 맞는 말이다. 인간이 도덕적인 삶을 살기 위해서 하나님을 믿어야 하는 것은 아니다. 왜냐하면 도덕성은 이미 하나님으로부터 인간에게 주어져 있는 것이기 때문이다. 그러나 분명한 사실은 만일 하나님이 이 세상에 존재하지 않는다면 우리는 도덕적 의무의 근거를 발견할 수 없다. 지금까지 살펴본 바대로 도덕은 생물학적 진화에서나 사회적 합의 또는 개인적 선택에서 도덕성의 근거를 발견할 수 없다. 오직 인간이 절대자 하나님의 형상대로 지음 받아 도덕성을 부여받았기 때문에 도덕적 직관과 그 의무를 가지고 있다고 보는 것이 가장 합리적인 설명이다. 특히 도덕은 하나님의 인격성에 그 뿌리를 두고 있기에 도덕은 하나님의 형상을 닮은 인간의 인격성과 필연적으로 연결되어 있다. 그렇기 때문에 인격 없는 동물에게는 도덕성이 있을 수 없는 것이다. 세계적인 유전학자 프랜시스 콜린스는 인간에게만 주어진 옳고 그름의 도덕법 때문에 무신론을 포기하고 하나님의 존재를 인정하게 되었다고 한다. 그는 '신의 언어'에서 "신앙을 가진 지 28년이 흘렀지만 도덕법은 내게 하나님을 암시하는 가장 확실한 팻말로 여전히 굳건히 서 있습니다"라고 고백하고 있다. 과학자 도킨스는 도덕성을 통해서 하나님을 보지 못하지만, 과학자 콜린스는 그것을 통해서 하나님을 보았고 만났다. 예수께서는 이렇게 말씀하신다. "들을 귀 있는 자는 들으라."(막 4:23)

현대사회가 다원화 되면서 이른바 '종교다원주의'가 생겨났다. 물론 종교다원주의는 이전부터 있어 왔다. 그들은 세상의 모든 종교는 동일한 하나님을 말하며 동일한 궁극적 실재(ultimate reality)를 지향한다고 주장한다. 비슷해 보이는 것이고 같아 보이는 것 같지만 실제로는 판이하게 틀린다. 과연 무엇이 틀릴까? 불교는 인격적인 신이 없다. 불교에는 '공'(空)이 핵심 개념이다. 공이란 사물의 있는 모습 그대로를 가리키는 말이다. 도교에서는 '도'(道)가 궁극적인 실재를 말하므로 역시 인격적인 신이 아니다. 성리학에서는 '태극'(太極)이 만물의 궁극적인 원인이나 초자연적인 존재가 아니다. 종교학자 길희성은 다음과 같이 말한다.

> 동양 사상에서는 자연이 궁극적입니다. 그 이상의 이른바 '초자연적' 원인을 찾으려 하지 않았습니다. 창조주 하나님의 신앙이 없었기 때문이지요. …'초자연'(supernatural)이라는 개념은 사실 그리스도교의 창조주 신앙을 떠나서는 이해 안 되는 개념이지요.[148]

동양의 종교들은 유한한 우주를 궁극적인 실재로 보기 때문에 우주가 죽으면 인간도 죽게 된다. 그러나 성경은 이 우주를 초월하는 무한하시고 인격체인 하나님이 존재한다고 말하며 하나님의 속성을 말한다.

하나님께서는 애굽에서 노예로 살던 이스라엘 백성들을 구원해 내시고 그들과 언약을 맺으시고 말씀을 주셨다. 십계명 두 돌 판과 더불어 율법과 교훈들을 주셨다. 하나님의 목적대로 사는 것은 기록된 성경말씀대로 살아가는 것이다. 그것은 맹목적으로 사는 것이 아니다. 말씀이란 어떤 법칙이나 규제가 아니기 때문이다. 성경대로 산다는 것은 성경에 계시된 하나님이 누구신지 알고 그 하나님의 성품을 배우고 본받는 것이다. 성경은 하나님께서 어떤 분이신지 말해 준다.

성경이 말하는 하나님의 속성은 다음과 같다.

1) 하나님은 우주를 창조할 수 있는 전능자이시다(창 1:1; 17:1).
2) 우주를 지성적으로 설계할 수 있는 전지자이시다(시 139:1-4; 사 40:12-14).
3) 이 세상에 도덕성을 부여하고 최고의 선이신 인격자이시다(눅 18:19; 시 143:10).
4) 인간의 궁극적 문제들을 해결해 줄 수 있는 사랑이 충만하신 분이시다(요일 4:8; 요 3:16).
5) 하나님은 자존하시고 영원하며 불변하시는 분이시다(출 3:14; 시 90:2; 102:27).[149]

---

148) 길희성, **보살예수** (서울: 현암사, 2004), 106.
149) 박명룡, 김용옥의 **하나님 vs 성경의 하나님** (서울: 도서출판 누가, 2007), 167-168.

그러나, 김용옥이가 말하는 신은 은총이 없는 신이며 잔인하기 때문에 위대하다고 말한다.[150] 입만 열면 인간적인 대우를 해달라고, 인격적인 대접을 받고 싶다고 말하는 존재가 사람이라는 존재다. 그런데 잔인하고 비인격적인 신을 믿거나 추종하면서 인격적인 존재이기를 바라고 인격적인 대접을 받기를 바란다면 논리적인 모순에 빠지게 된다.

그래서 성경이 말하는 하나님을 믿어야 하며 그 인격적인 하나님을 통하여 참되고 영원한 의미와 통일성으로 자유와 만족과 기쁨을 누리며 살아갈 수가 있다. 왜 기독교이어야만 하는지 분명하게 알아야만 한다. 그냥 아무 생각 없이 믿는 것이 기독교가 아니다.

신구약 성경은 그런 무한하시고 인격적이신 하나님께서 거룩하시기 때문에 그의 택한 백성들 또한 거룩하게 살아가기를 원하시는 하나님의 기준이다. 하나님의 기준은 변하지 않는 절대기준이다. 왜냐하면 하나님은 변치 않으시는 분이시기 때문이다. 그러나, 세상의 기준은 상대적인 기준이다. 왜냐하면 인간은 변하기 때문이다. 세월이 가면 변하고 나라와 민족에 따라 틀리다. 그러므로 인간이 인격적인 생명체로 영원한 의미와 통일성을 누리고 살아가려면 오직 예수 그리스도를 구주로 믿어 하나님의 말씀에 순종하고 사는 길밖에 없다! 그러므로 우리는 소교리문답 제2문에 대하여 다음과 같이 말한다.

1) 구약과 신약 성경에 기록된 하나님의 말씀은

하나님의 말씀에서 벗어나면 우리가 아무리 열심히 달려간다고 해도 결코 하나님을 영화롭게 할 수가 없다.[151] 그러므로 성경을 바르게 알고 행할 때 구원받은 성도가 온전히 하나님을 영화롭게 할 수 있다.

> 15 또 네가 어려서부터 성경을 알았나니 성경은 능히 너로 하여금 그리스도 예수 안에 있는 믿음으로 말미암아 구원에 이르는 지혜가 있게 하느니라 16 모든 성경은 하나님의 감동으로 된 것으로 교훈과 책망과 바르게 함과 의로 교육하기에 유익하니 17 이는 하나님의 사람으로 온전케 하며 모든 선한 일을 행하기에 온전케 하려 함이니라(딤후 3:15-17)
> 20 먼저 알 것은 경의 모든 예언은 사사로이 풀 것이 아니니 21 예언은 언제든지 사람의 뜻으로 낸 것이 아니요 오직 성령의 감동하심을 입은 사람들이 하나님께 받아 말한 것임이니라(벧후 1:20-21)

---

150) 김용옥, **노자와 21세기(1)** (서울: 통나무, 1999), 244.
151) 존 칼빈, **기독교강요(상)**, 원광연 역 (고양: 크리스찬다이제스트, 2003), 80; "… 우주의 창조주이신 하나님을 다른 온갖 거짓 신들과 구별해 주는 확실한 증표들을 배우기 위해서는 반드시 성경으로 돌아가야 한다는 것이다. …"

성경은 단순한 문자가 아니다. 성경은 성령님의 감동으로 기록되었다. 그래서 성령님은 성경과 함께 역사한다. 성령님은 말씀을 성도의 마음에 새기고 그리스도를 드러낸다. 그리하여 "영혼을 소성시키고 우준한 자를 지혜롭게 하는" 생명의 말씀이 되게 한다.

하나님의 말씀은 괜한 잔소리가 아니다. 하나님께서는 자기 백성과 언약하시고 율법을 주셨다. 그것은 언약의 백성으로 살아가야할 생명의 법칙이다. 생명의 법도로 주셨다는 것은 사람을 죽이기 위해 의도적으로 주어진 어떤 강제 규정이 아니라는 뜻이다. 율법은 인간의 형편과 처지를 고려해서 주신 것이 아니다. 율법은 하나님의 성품을 그대로 반영하여 주신 하나님의 명령이다. 그것은 언약관계에 있는 자들에게 주시는 하나님의 말씀이다. 하나님과 우리는 언약을 맺은 사이다. 당연히 이런 질문을 한다. "내가 언제 하나님과 언약을 맺었나요?" 우리가 예수 그리스도를 믿을 때 하나님과 언약을 맺었다. 그 설명은 제12문에 있다.

그러면 언약은 무엇인가? 언약은 하나님께서 창조하신 인간과 관계하시는 방식이다. 이 언약은 하나님께서 인간에게 오셔서 맺으신 약속이다. 그 약속은 언약을 맺는 자들에게 오직 여호와 하나님만 섬기겠다는 의무가 부여되고 요청된다. 그리하여 하나님께서는 그들의 하나님이 되시고, 그들은 하나님의 백성이 된다. 여호와 하나님께서는 그 언약하심으로 언약 체결자가 자기 백성 됨을 온 우주에 나타내시고, 하나님의 거룩한 교제에 참예케 하신다. 그리하여 언약은 하나님의 백성을 지키는 울타리가 된다. 언약의 본질을 알지 못하면 언약의 명령인 계명이 무거운 짐이 된다.

언약은 하나님께서 자기 백성을 구원하시는 것이 삼위일체 하나님의 작정과 섭리 속에서 이루어졌다고 말하기 때문에 중요하다. 언약은 하나님께서 오늘은 이랬다가 내일은 저랬다 하는 변덕이나 임기응변식으로 우리의 구원을 이루시지 않는다는 것을 말한다. 성경은 구약과 신약으로 이루어져 있다. 구약은 옛언약이고 신약은 새언약이다. 옛언약과 새언약[52]의 내용은 같다.[153] 그 내용은 앞서 말한 대로 "너희는 내 백성이 되겠고 나는 너희 하나님이 되리라(렘 30:22)"이다.

---

152) 31 나 여호와가 말하노라 보라 날이 이르리니 내가 이스라엘 집과 유다 집에 새 언약을 세우리라 32 나 여호와가 말하노라 이 언약은 내가 그들의 열조의 손을 잡고 애굽 땅에서 인도하여 내던 날에 세운 것과 같지 아니할 것은 내가 그들의 남편이 되었어도 그들이 내 언약을 파하였음이니라(렘 31:31-32)

153) 사랑하는 자들아 내가 새 계명을 너희에게 쓰는 것이 아니라 너희가 처음부터 가진 옛 계명이니 이 옛 계명은 너희의 들은 바 말씀이거니와(요일 2:7)

출애굽한 이스라엘 백성들에게 주신 것이 율법이다. 그들은 이제 하나님의 백성이기 때문에 하나님과 언약을 체결하고 하나님의 백성으로 살아가야만 했다. 왜냐하면 하나님께서 거룩하시기 때문에 그 백성들도 거룩해야 하기 때문이다. 죄와 사망에서 구원을 받는 것도 중요하지만, 구원 그 이후에 하나님의 백성다움으로 가는 것은 더욱 중요하다. 그 언약의 백성다움으로 가도록 율법을 주셨다.

율법에는 하나님의 속성과 우리가 지켜야 하는 규범들이 있다. 율법의 규범을 지켜가는 것은 하나님의 그 속성을 드러내는 것을 말한다. 그런데 인간은 그 율법을 다 못 지킨다. 자연출생법으로 태어난 사람 중에서 지금까지 율법을 다 지킨 사람은 아무도 없다. 그런데 왜 율법을 주셨는가?

율법을 통하여 자신의 처지와 형편을 깨닫고 구원받아야 할 필요성을 느끼게 하기 위함이다. 인간은 자율적인 존재가 아니라 하나님 의존적인 존재로 살아가야 한다는 것을 말해 주기 위해서 주신 것이다. 성령 하나님께서는 택자들의 마음에 그런 마음이 일어나도록 역사하신다. 죄인들이 스스로 십자가의 필요성을 알게 되는 것이 아니다.154) 인간이 스스로 자기 안에 능력을 계발해서 구원에 이르는 길은 기독교가 아니다.

성경이 왜 하나님의 말씀인가?

첫째로 하나님께서 계시해 주신 말씀이기 때문이다. 둘째로, 하나님의 영감으로 기록되었기 때문이다. 중요한 것은 "하나님께서 법칙을 주셨다"는 사실이다. 그래서 기독교는 계시의 종교다. 기독교 신앙의 가장 중요한 기초는 사람들의 생각에 기초한 것이 아니다. 그 말은 인간으로부터 시작된 종교가 아니라는 뜻이다. 인간 스스로 깊이 생각하고 깨달은 인간의 종교가 아니다.155) 기독교 신앙은 인간 밖에서 주어진 계시의 종교다.156) 그래서 종교개혁자들은 오직 성경이라는 원리를 확립하고 고수했다. 사람이나 교회의 결정이 우리 삶의 원리로 자리 잡는 것이 아니

---

154) 그런즉 우리가 무슨 말 하리요 율법이 죄냐 그럴 수 없느니라 율법으로 말미암지 않고는 내가 죄를 알지 못하였으니 곧 율법이 탐내지 말라 하지 아니하였더면 내가 탐심을 알지 못하였으리라(롬 7:7) 그러나 성경이 모든 것을 죄 아래 가두었으니 이는 예수 그리스도를 믿음으로 말미암은 약속을 믿는 자들에게 주려 함이니라(갈 3:22)

155) 이 말은 인간의 그 어떤 것들도 성경에 첨가되어서는 안 된다는 것을 의미한다. 하나님의 전체 경륜이 성경 66권에 명백하게 기록되어 있기 때문에 '새로운 계시'라는 명목으로 추가되어져서는 안 된다.

156) 이에 반해, 세상의 종교와 철학과 사상은 자기 깨달음을 말한다. 하나님의 영광을 나타내는데 왜 불교는 안 될까? 왜 굳이 성경이어야 할까? 철학책은 안 될까? 왜 굳이 성경이어야만 하는가? 그 이유는 바로 그런 것들은 인간의 자기 깨달음에서 온 것이기 때문에 자기 영광, 곧 자기 신성화로 가기 때문이다. 그러나 성경은 인간 밖에서 주어진 하나님의 계시의 말씀이기 때문에 하나님의 영광으로 가게 된다. '말씀의 출처가 어디인가?' 그것이 중요하다.

라 하나님께서 계시하신 성경만이 유일한 원리다.157)

성경은 하나님께서 계시하신 하나님의 진리다. 이것이 계시라는 것이 가지는 의미를 현실적인 측면에서 살펴보면 어떤 의미를 가지게 될까? 역사 속에서 만들어진 연대기적인 순서로 살펴보면 수많은 책들이 있다. 그런 책들은 인간이 만들어낸 책이다. 세상 사람들은 성경을 그렇게 연대기적 순서로 비교해서 성경의 권위를 폄하한다. 성경보다 더 일찍이 쓰여진 책이 더 권위를 가지고 있다고 말한다. 이런 생각을 가지게 되는 것은 성경을 인간의 작품으로 보기 때문이다. 그들은 기독교를 세상의 종교 중에서 고등종교 중에 하나로 보기 때문이다.

그러나 성경은 인간이 노력하여 만들어낸 결과물이 아니라 하나님의 계시다. 하나님께서 알려 주신 것이기 때문에 인간의 그 어떤 책들과 비교할 수 없는 것이 성경이다. 그래서 계시다!

일반계시와 특별계시

하나님의 계시는 일반계시와 특별계시로 구분한다. 물론 이 두 가지는 분리되는 것은 아니다.

(1) 일반계시 혹은 자연계시는 창조와 섭리 가운데 인간에게 나타내신 하나님의 계시를 말한다. 그것은 언어로 된 것이 아니라 사물로 된 것이다.158) 그것은 자연현상들과 역사, 인간의 마음에 나타내신 것들이다.159) 일반계시는 사람 안에는 양심으로, 사람 밖에는 자연으로 드러났다.

하늘이 하나님의 영광을 선포하고 궁창이 그 손으로 하신 일을 나타내는도다(시 19:1)

이런 일반계시는 하나님의 구원에 이르는 지식을 주기에는 충분하지 않다. 일반

---

157) 하나님의 말씀에 관하여 3가지 입장을 살펴볼 수 있다. 1) 자유주의: 자유주의자들은 성경의 어떤 부분은 하나님의 말씀이고 또 어떤 부분은 인간의 말이라고 생각한다. 하나님의 말씀이냐 아니냐는 인간이 결정을 한다. 2) 신정통주의: 신정통주의는 칼바르트를 따르는데, 그들은 성경 전체가 오류를 포함하고 있는 인간의 말이라고 말한다. 인간의 말은 성경을 읽을 때, 하나님께서는 그 인간의 말을 통하여 인간의 마음에 하나님의 말씀이 되도록 하신다는 주장을 한다. 어떤 사람에게는 이 부분이 하나님의 말씀이지만, 어떤 사람에게는 저 부분이 하나님의 말씀이 된다. 그들은 그것을 '레마'라고 부른다. 교회 안에서 레마라고 부르는 것은 매우 위험한 말이다. 3) 개혁주의: 개혁주의는 성경의 낱말 하나하나까지도 하나님의 말씀임을 믿는다. 모든 성경은 영감이 되었다는 것을 믿는다. 그러기에 모든 성경은 하나님의 말씀이다.

158) 벌코프, 조직신학(상), 크리스챤다이제스트, 1993, p. 139.

159) 창세로부터 그의 보이지 아니하는 것들 곧 그의 영원하신 능력과 신성이 그 만드신 만물에 분명히 보여 알게 되나니 그러므로 저희가 핑계치 못할찌니라(롬 1:20) 이 본문이 자연계시로 설명할 수 있는지에 대해서는 매우 논란이 많다. 로마서 1장 20절은 이것이 로마에 있는 성도들에게 보낸 편지이기 때문이다.

계시는 특별계시의 빛 아래에서만 이해되어질 수가 있다.

(2) 특별계시160)는 하나님의 구원에 이르게 하기 위하여 하나님께서 직접 말씀하여 주신 것이다.161) 그것이 특별한 이유는 인간의 타락으로 말미암아 하나님을 의도적으로 거스리며 하나님을 떠나 죄악에 빠져 있기 때문에 하나님께서 인간을 구원하시지 않으면 안 되기 때문이다. 성경은 하나님의 특별계시다. 죄와 사망에 빠진 인간의 구원을 위한 하나님의 구원 계획이다.

모든 성경은 하나님의 감동하심으로 기록되었다.162) 사람이 인위적으로 고안해서 펴낸 책이 아니라 성령님의 영감으로 기록 된 하나님의 말씀이다. 그러므로 성경은 구원에 이르는 지혜가 있다. 성경의 영감은 세 가지로 말한다. 1) 성경의 무오성-성경의 무오성이란 성경이 말하는 모든 것이 진리라는 뜻이다. 2) 성경의 명료성-성경은 특별한 지식이 있는 사람들만이 알아들을 수 있는 것이 아니라 일반적인 사람들이 이해할 수 있도록 기록되었다. 3) 성경의 충족성-인간이 죄와 사망에서 벗어나는 구원의 도리는 성경만으로 충분하다. 그러므로 성경 이외의 어떤 것을 추가할 필요가 없다. 로마 가톨릭은 성경에 자신들의 전통을 추가했다. 현대에는 심리학과 신비주의 사상들과 철학들이 교회 안으로 들어와 복음의 본질을 흐리게 만들고 있다. 그래서 분별이 필요하다.

2) 우리가 그분을 영화롭게 하고 즐거워하는 방법을 가르쳐 주는 유일한 법칙입니다

하나님을 영화롭게 하고 즐거워하는 길은 성경만으로 충분하다.

> 그의 신기한 능력으로 생명과 경건에 속한 모든 것을 우리에게 주셨으니 이는 자기의 영광과 덕으로써 우리를 부르신 자를 앎으로 말미암음이라(벧후 1:3)

하나님께서는 "생명과 경건에 속한 모든 것을 우리에게 주셨"다. 성경과 교리를 가르친다는 것은 오직 성경대로 믿고 성경대로 살겠다는 것이다. 교리를 가르치면

---

160) 특별 계시는 하나님의 현현, 하나님의 말씀, 하나님의 행동이라는 세 가지 방법으로 나타났다.

161) http://cafe.naver.com/anyquestion/6659 특별계시는 (1) 역사성 (2) 사실성 (3) 목적성이라는 3가지 요소가 있어야만 한다. (1) 역사성: 즉 특별계시에는 역사성이 있어야만 한다는 것이다. 하나님은 변함이 있는 분이 아니기 때문이다. (2) 사실성: 또 특별계시는 사실성이 있어야 한다는 점이다. 예를 들어 구약의 예언과 율법은 그리스도의 사역을 통하여 성취되었고 이루어진 것이다. (3) 목적성: 또한 특별계시는 목적성이 있어야 한다는 것이다. 하나님의 계시는 인류의 지속적인 구원이라는 목적이 있었다. 그리고 이 특별계시의 절정은 예수 그리스도의 성육신에 있는 것이다.

162) 모든 성경은 하나님의 감동으로 된 것으로 교훈과 책망과 바르게 함과 의로 교육하기에 유익하니(딤후 3:16)

서도 여전히 심리학에 기초한 프로그램들과 CCM, 신비주의 영성, 은사주의와 함께 하는 그런 교리교육은 동일한 혼합주의에 불과하다.

예수님께서는 부활하신 후에 의심하고 두려워하는 제자들에게 오셔서 예수님께서 실제로 부활하신 것을 나타내 보이시고 함께 식사를 하셨다. 그리고 모세의 율법과 선지자의 글과 시편에서 예수님을 가리켜 기록된 것들이 다 이루어져야 하는 것을 말씀해 주시고 이렇게 말씀하셨다.

> 이에 저희 마음을 열어 성경을 깨닫게 하시고(눅 24:45)

예수님의 사역에 대하여 깨닫지 못하고 무지했던 제자들은 이제 마음이 열려 성경을 깨닫게 되었다. 성경에 예언된 것이 바로 예수님의 삶과 죽음과 부활을 가리키는 것을 알게 되었다. 성령님께서 우리 마음을 열어 성경을 깨닫게 해 주시지 아니하면 예수 그리스도를 알지 못한다. 성경을 바르게 알 때 예수 그리스도께서 우리에게 원하시는 것을 바르게 알 수가 있다.

사도 요한은 요한계시록을 마무리하면서 요한계시록에 예언된 말씀을 더하거나 빼는 것에 대하여 강력하게 경고하고 있다. 왜냐하면 이 말씀은 사도 요한이 사사로이 만들어 낸 것이 아니라 성령님 안에서 주어진 예수 그리스도의 계시이기 때문이다.

> 18 내가 이 책의 예언의 말씀을 듣는 각인에게 증거하노니 만일 누구든지 이것들 외에 더하면 하나님이 이 책에 기록된 재앙들을 그에게 더하실 터이요 19 만일 누구든지 이 책의 예언의 말씀에서 제하여 버리면 하나님이 이 책에 기록된 생명나무와 및 거룩한 성에 참예함을 제하여 버리시리라 (계 22:18-19)

사도 요한은 이 예언의 말씀을 하나님의 말씀으로 믿고 받아들이고 어느 누구도 더하거나 빼지 말라고 말하면서 무섭게 경고한다. 이 예언의 말씀을 대할 때에 항상 두려움이 있다. 이 말씀들 외에 다른 것을 "더한 자들"에게는 "이 책에 기록된 재앙들을" 더하실 것이라고 경고하며, "이 책의 예언의 말씀에서 제하여 버리면" 구속받은 자에게 주어지는 영생의 복을 말하는 "생명나무와 및 거룩한 성에 참예함을 제하여 버리시리라"고 경고한다.

이 책에 기록된 말씀을 더하고 빼는 자들은 누구인가? 그들은 사탄의 미혹을 받아 이 세상이 전부라고 가르치며 세상의 종교와 철학과 사상을 교회 안으로 끌고 들어와서 미혹케 하는 자들이다. 그들은 이세벨과 니골라당을 쫓는 자들이다(계 2:20, 2:6). 그들은 구원의 근본을 변질시키는 자들이다. 예수님께서 다시 오실 때가 다가올수록 이런 미혹들은 더 많이 일어나게 될 것이다.

그러므로 거듭난 성도들은 오직 하나님의 말씀으로 살아갈 때에 하나님을 영화롭게 하고 즐거워할 수 있다.

> 모든 성경은 하나님의 감동으로 된 것으로 교훈과 책망과 바르게 함과 의로 교육하기에 유익하니 (딤후 3:16)

우리는 이 말씀이, "네가 이것을 알라 말세에 고통하는 때가 이르리니"(딤후 3:1)라는 말로 시작되었다는 것을 명심해야 한다. 그 말세의 고통은 어떤 것인가?

> 2 사람들이 자기를 사랑하며 돈을 사랑하며 자긍하며 교만하며 훼방하며 부모를 거역하며 감사치 아니하며 거룩하지 아니하며 3 무정하며 원통함을 풀지 아니하며 참소하며 절제하지 못하며 사나우며 선한 것을 좋아 아니하며 4 배반하여 팔며 조급하며 자고하며 쾌락을 사랑하기를 하나님 사랑하는 것보다 더하며 5 경건의 모양은 있으나 경건의 능력은 부인하는 자니 이같은 자들에게서 네가 돌아서라(딤후 3:2-5)

이런 비참한 현실 속에서 성도들은 오직 하나님의 말씀으로 살아가야 한다고 말씀한다. 그렇게 하나님의 말씀만으로 살아가는 자들은 사도 바울이 그런 삶을 살았듯이 고난과 핍박을 당할 것이라고 말했다.

> 무릇 그리스도 예수 안에서 경건하게 살고자 하는 자는 핍박을 받으리라(딤후 3:12)

이 말씀은 참된 경건과 거짓된 경건을 분명하게 구분하게 한다. 거짓된 경건은 "경건의 모양은 있으나 경건의 능력은 부인하는 자"(딤후 3:5)들이다. 그러나 참된 경건에 속한 자들은 하나님의 말씀대로 살아가기 때문에 핍박을 받게 된다. 갈라디아 교회의 율법주의자들은 이방인 그리스도인들에게 거짓의 율법을 가르치고 강조했다.

> 8 그러나 우리나 혹 하늘로부터 온 천사라도 우리가 너희에게 전한 복음 외에 다른 복음을 전하면 저주를 받을지어다 9 우리가 전에 말하였거니와 내가 지금 다시 말하노니 만일 누구든지 너희의 받은 것 외에 다른 복음을 전하면 저주를 받을지어다(갈 1:8-9)

'저주'(아나데마)는 하나님께로부터 버림받는 것으로 우상이 파멸되는 것과 같은 저주를 뜻한다.163) 예수께서 십자가 위에서 받은 저주를 부인하고 다시 율법의 저주 아래로 들어가려고 하는 자는 우상의 파괴와 같은 멸망을 받게 될 것이라고 경고했다. 사도 바울은 예수 그리스도의 복음 외에 다른 복음을 전하면 저주를 받을 것이라고 두 번이나 강조했다.

그러므로 하나님의 백성들은 하나님의 말씀을 배우기를 사모해야 한다. 사도행전에서 베뢰아 사람들은 그런 삶을 살았다.

> 11 베뢰아 사람은 데살로니가에 있는 사람보다 더 신사적이어서 간절한 마음으로 말씀을 받고 이것이 그러한가 하여 날마다 성경을 상고하므로(행 17:11)

간절한 마음으로 하나님의 말씀을 받고 그 말씀을 날마다 마음에 다시 새겼다. 그들은 바울의 설교를 듣고 하나님의 말씀으로 그대로 믿었으며 그들이 살았던 시대의 철학사상과 지식과 비교하고 분별하면서 복음의 진리로 받아들였다.

하나님의 말씀을 배우고 하나님의 계획하신 목적대로 살아가는 것이 하나님을 영화롭게 하고 영원토록 즐거워하는 길이다. 구원과 언약 속에서 하나님의 은혜와 사랑에 항복된 자들만이 그렇게 살 수가 있다. 자기 연민 속에서 벗어나지 못하고 내 문제가 해결되어야 하나님을 믿겠다고 부르짖는 어린 신앙에서 떠나야 한다. 오직 예수 그리스도 안에서 영생을 얻고 참되고 영원한 의미와 통일성을 충만히 받고 누리는 것이 성도의 복된 삶이다. 이것이 은혜로세! 이것이 은혜로세! 할렐루야! 아멘!

---

163) 너는 가증한 것을 네 집에 들이지 말라 너도 그와 같이 진멸당할 것이 될까 하노라 너는 그것을 극히 꺼리며 심히 미워하라 그것은 진멸당할 것임이니라(신 7:26)

제3문 성경은 주로 무엇을 가르칩니까? (대5)
답: 성경은 주로 사람이 하나님에 관하여 믿어야 할 바와 하나님께서 사람에게 요구하시는 의무를 가르칩니다.[164]

성경을 거부하는 사람들의 밑천은 경험론이다. 경험론이란 모든 인식은 경험에서 비롯된다는 것이다. 그러나 성경은 인간의 경험으로 만들어진 것이 아니다. 경험되지 않은 것을 믿고 살아간다는 것은 여간 어려운 일이 아니다. 그것은 전폭적인 신뢰이든지 미신이든지 둘 중에 하나다. 전자는 성경이 말하는 믿음에 속하는 일이고 후자는 절망에서 오는 비약이다.[165]

경험론을 말하면 그 시작은 고대 그리스의 소피스트와 키레네학파로 시작되지만 포문을 연 것은 프란시스 베이컨(Francis Bacon, 1561-1626)이다. 같은 시대에 데카르트(Rene Descartes, 1596-1650)는 합리론을 제창했다. 소위 '근대철학의 아버지'라 불리는 이 두 사람의 차이는 무엇인가? 그것은 인식론에 있다. 합리론은 인간의 인식이 '사고'에서 비롯된다는 것이고 경험론은 '경험'에서 비롯된다는 것이다. 두 가지 다 근대 자연과학의 발전 속에서 나왔다. 합리론은 그 발전의 원동력이 '사고'라는 것이고, 경험론은 '관찰과 실험'이라는 것이다.

베이컨은 『신기관』 (Novum Organum, 1620)[166]이라는 책으로 지식을 얻는

---

164) Q. 3. What do the Scriptures principally teach? A. The Scriptures principally teach, what man is to believe concerning God, and what duty God requires of man.

165) 코넬리우스 반틸, 신현대주의, 김해연 역 (서울: 성광문화사, 1992), 106; "점진적 변화 대신 근본적 질적 변화를 비약(leap, sprung)이라 한다. 비약은 변증법적 발전 이론을 이루는 근본개념의 하나인데, 양적 변화를 무시하는 것이 아니라, 기존 사물에서 새로운 것을 만들어내는 방향으로 작용하는 요인이 일정한 단계의 양적 성장을 이루면 근본적인 질적 변화가 생긴다고 봄으로써, 양적 변화와 질적 변화의 내면적 연관성을 밝히려는 것이다. 그리고 두 가지 근본적인 질적 변화가 있는데, 하나는 폭발적인 방식과 또 하나는 부분적 변화가 누적되어 생기는 근본적 변화가 결정단계에 이르는 경우이다. 계급사회의 혁명은 전자이며, 언어변화는 후자이다. 사회생활에 있어서 비약의 두 가지 형태가 적대적 모순 및 비적대적 모순과 밀접한 관계를 갖는다고 본다. 키엘케골은 개체와 보편, 유한과 무한, 인간과 神 사이에 넘을 수 없는 성질적인 절대 차별이 있다고 하여 비약의 방법으로 新知識에 이를 수 있다고 한다. 물론 그의 비약은 소위 생활의 세 가지 태도인 미적 생활과 윤리적 생활과 종교적 생활에도 나타나는데, 이 태도가 연속 발전되는 과정이 아닌 때문에 한 태도를 단념함으로써 다른 태도에 비약할 수 있다고 한다."

166) http://blog.daum.net/windada11/8761750; 〈"신기관"란 '신논리학'이라는 뜻이다. 기관(機關)이란 화력, 수력, 전력 따위의 에너지를 기계적 에너지로 바꾸는 기계 장치를 말한다. 이것이 학문과 결합되어 쓰이게 된 것은 바로 '기관'이 기계에 힘을 불어넣어 운동을 촉진시키듯이 '논리학'도 정신에 힘을 불어넣어 사고를 촉진시키는 역할을 하기 때문에 '기관'이라는 이름을 붙이게 되었다. 특히 베이컨이 '기관'이라 하지 않고 '신기관'이라 한 이유는 베이컨 시대까지 영향을 미쳤던 아리스토텔레스의 책 『기관』, 즉 논리학을 비판하기 위해서였다. 연역법이 핵심인 아리스토텔레스의 논리학은 새로운 지식을 가져주지 않는 '낡은 기관'이라는 뜻이다. 베이컨은 그 대안으로 귀납법이 주축이 된 '새로운 논리학'을 말하는데 그것이 바로 『신기관』, 『신논리학』 이다. 베이컨에 따르면 물체의 잠재적 구조를 파악하는 데에 귀납적 방법

방법으로 귀납법을 말했다. 사실 베이컨과 데카르트의 철학은 아리스토텔레스의 자연철학인 형이상학을 뿌리와 근본에서부터 끊어버리고 전체를 모두 다 버리며 자연과 사물과 물질의 본체 연구를 시작하는 것이다. 여기서 우리가 알게 되는 것은 서양철학이란 자연과 사물과 물질을 연구하고 인식을 하는 철학 작업이며 자연철학과 물리학과 물리철학이라는 것이다.167) 그 연결고리는 과학, 유물론, 무신론, 반형이상학이다. 경험론에 있어서 신이란 다만 관념에 지나지 않기 때문이다.

경험론에 힘을 실어주게 된 것은 베이컨 이전에 세상을 뒤집은 코페르니쿠스 (Nicolaus Copernicus, 1473-1543)의 자동설이다. 이전까지는 단테의 『신곡』(1321)에서 보듯이 아리스토텔레스의 우주관을 받아들인 스콜라철학의 우주관이었다. 중세의 타락은 아리스토텔레스의 철학의 수용에 있다. 학문이 물질적인 영역과 방향과 대상으로 작업을 하면서 현상에 목숨을 걸게 되었고, 하나님의 진리 대신에 교권과 체제유지, 권력과 재물을 손아귀에 넣는 것이 목적이 되어버렸다. 통일성을 상실한 개체는 타락과 쾌락 밖에 남는 것이 없다는 것이 중세 천년을 통해 입증이 되었다. 그런데도 세상은 여전히 같은 길을 가고 있다.

경험이 인식의 재료가 되기는 하지만 인간이기 때문에 거기에는 늘 인간의 주관적 의식이 개입된다. 그리하여 버클리나 흄 같은 관념론적 경험자들이 생겨났다. 올더스 헉슬리의 말처럼 "경험이란 당신에게 일어나는 어떤 것이 아니라 당신에게 일어난 일에 대한 반응"이기 때문에, 경험은 주관적이고 개별적이고 상대적일 수밖에 없다. 그러나 이미 역사는 경험론이 점령되어 있다.

유물론자들은 물질을 근본으로 파악하며, 세계를 모순이라는 원동력으로 변화, 발전한다고 본다. 그들은 진화론을 믿으며 변증법으로 세상을 이해한다. 헤겔은 변

이 가장 바람직하다고 했다. 그렇다고 베이컨의 귀납은 이성적 추론, 즉 연역 추론을 완전히 배제하지 않는다. 다시 말해서 단순히 연역적 방법을 완전히 부정한 채, 귀납적 방법만을 강조하지 않는다는 것이다. 이것은 베이컨의 방법론에 대한 지나친 단순화라고 할 수 있다. 즉, 베이컨의 방법론은 오직 단순하게 귀납만을 사용하는 것이 아니라, 필요한 단계에서는 연역 추론을 사용한다. 책 속에서 베이컨은 이러한 자연 탐구방법을 '꿀벌'의 모습으로 비유한다. 단지 재료만을 모으는 데 집중하는 자를 '개미'라 하고 자신의 힘에만 의존하여 머리로 깊이 생각만 하는 자를 '거미'라 할 때, 자신이 말하는 논리학의 방법을 사용하는 자를 '꿀벌'이라고 비유하면서 경험론과 합리론의 방법을 종합시켜야 한다고 주장하는 것이다. 또한, 베이컨은 아리스토텔레스의 논리학이 학문 진보에 도움이 되지 않을뿐더러 오히려 해악을 끼치고 있다고 말한다. 왜냐하면 아리스토텔레스의 논리학은 연역법을 주로 사용하고 있는데, 이러한 연역법은 새로운 원리나 공리를 발견하기 위한 방법이 아니라 이미 알려진 원리나 공리로부터 단지 그것에 일치하는 개별적 사실을 이끌어내는 방법에 불과하다고 보기 때문이다.〉

167) http://blog.daum.net/k07210501/16136109; "아리스토텔레스의 형이상학이 자연과 사물과 물질 등에 대하여 정의론으로 규명하며 논리학적인 철학 작업을 하기 때문에 아리스토텔레스의 형이상학은 자연과 사물과 물질 등에 대하여 실제적인 연구와 인식을 하지 못하기 때문이다"

화와 발전의 원인을 모순이라 했다. 여기서 모순은 갈등 관계를 말한다. 봉건 귀족과 자본가 사이의 갈등이 계급투쟁을 불러일으키고 더 나은 세상으로 발전한다고 보는 것이다. 변증법적 유물론자인 마르크스는 이것을 '대립물의 통일'이라고 말했다.

이런 마르크스의 이론은 19세기 영국의 경제 사정 속에서 만들어진 것이다. 18세기 후반에 일어난 영국의 산업혁명은 낙관적인 기대와는 달리 노동자들은 값싼 임금, 장시간의 노동, 비인격적인 처우로 고통에 시달렸다. 마르크스는 이런 비참한 현실에 놓인 노동자들을 구하고자 했다. 그런 점에서 마르크스의 출발은 휴머니즘적인 데가 있다. 마르크스는 모든 사람들이 착취와 수탈이 없는 풍족한 세상을 건설할 수 있다고 말했고 노동자들과 지식인들은 열광의 도가니에 빠졌다.

문제는 무엇인가? 정치상황이 영국이 아니라 18세기 후반에서 19세기 중엽의 프랑스의 정치적 상황에 기초하고 있다는 것이다. 영국 경제를 보고 자본주의 경제를 말했으면 정치도 역시 영국의 정치 상황을 말해야 하는데 정치는 프랑스 정치를 말했다는 것이 심각한 문제이다. 정치적 이해에 중요한 요소는 무엇인가? 프랑스는 로마 가톨릭이 오래 동안 지배해 왔으나, 영국은 17세기 중반에 청교도 혁명이 일어났다는 것이다.

또한, 영국은 프랑스(1789년)보다 100년 전에 명예혁명168)이 일어났다. 그런데,

---

168) 네이버 지식백과, 명예혁명 [Glorious Revolution, 名譽革命] (두산백과); "유혈(流血)사태가 없었기 때문에 이런 명칭이 붙게 되었다. 1685년 왕위에 오른 제임스 2세는 가톨릭교도로서, 가톨릭교 부활정책과 전제주의(專制主義)를 강력히 추진하였다. 즉, 종래의 심사율(審査律)을 무시하고 가톨릭교도를 문무(文武)관리로 등용하여 국민들이 싫어한 상비군(常備軍)을 설치하였다. 이어 1687-1688년에 선왕(先王)과 같이 신앙자유선언을 발표하였다. 그러나 이 선언은 실제로는 가톨릭교를 부활시키려는 의도였고, 1688년의 선언은 교회의 설교단(說敎壇)에서 이것을 낭독하도록 명하였다. 이에 대해 캔터베리대주교를 비롯하여 7명의 주교가 반대청원을 하자, 왕은 그들을 투옥하였다. 이같은 폭정에 대해 국민들의 반감이 고조되던 중, 왕자 출생을 계기로 양측의 대립이 표면화하였다. 원래 제임스 2세는 왕자가 없었기 때문에, 왕위는 장녀인 프로테스탄트교도 메리에게 계승되리라고 기대하였으나, 1688년 6월 5일 왕자가 탄생함으로써 다음 치세에는 가톨릭교 정책개혁을 희망한 프로테스탄트교도의 꿈이 일시에 사라졌다. 따라서 왕에 대한 인종(忍從)의 의미가 없어지자, 의회에서는 토리당·휘그당의 양대 정당지도자가 협의한 끝에 6월 말 네덜란드 총독 오렌지공(公) 윌리엄과 메리 부처에게 영국의 자유와 권리를 수호하기 위하여 군대를 이끌고 귀환하도록 초청장을 보냈다. 국내 귀족의 반란으로 소란한 가운데, 11월 윌리엄·메리 부처는 1만 5000명의 군대를 이끌고 영국 남서부에 상륙하여 런던으로 진격하였다. 국내 귀족과 지방호족들도 잇달아 윌리엄·메리 부처의 진영에 가담하였다. 이들을 물리치기 위해 왕이 파견한 처칠도 왕을 배반하고 윌리엄 진영에 투항하고, 왕의 둘째딸 앤도 윌리엄 군(軍)에 가담하였다. 이렇게 되자 왕은 국외로 망명할 것을 결심하고, 왕비와 왕자를 프랑스로 도피시킨 뒤 자신도 탈출을 기도하였다. 처음에는 실패하였지만 윌리엄 부처의 묵인 하에 12월 도피에 성공하였다. 런던에 입성(入城)한 윌리엄 부처에게 1689년 2월, 의회에서는 '권리선언'(權利宣言)을 제출하여 승인을 요구하였다. 부처는 그것을 인정한 다음, 윌리엄 3세, 메리 2세는 공동으로 왕위에 올랐다. '권리선언'은 뒤에 '권리장전(權利章典)으로서 재차 승인을 받았다. 이 장전의 원칙에 나타나 있듯이, 이 혁명은 17세기의 왕권과 의회의 항쟁에 종지부를 찍게 하였고, 종래 의회의 권리를 수호함과 동시에 왕위계승까지도 의회가 결정할 수 있게 하여, 그 뒤 의회

이 명예혁명은 마르크스가 말하는 대로 시민계급이 봉건 귀족 계급에 항거하여 일어난 것이 아니었다. 오히려 지배계급 안에서 급진파(Whigs)와 점진파(Tories) 사이의 싸움이었다. 이 혁명으로 인해 영국은 엄청난 변화를 겪었고 혁명의 혜택은 시민계급이 차지했다. 결론은 영국은 마르크스가 말하는 지배계급과 피지배계급 사이의 투쟁으로 봉건제도가 무너지고 시민사회가 출현한 것이 아니었다.169) 마르크스는 봉건주의-자본주의-사회주의라는 자신의 정해진 틀에 맞추어서 영국을 파악하려고 했기 때문에, 농업경제에서 산업 자본으로 옮겨가는 중간에 상업자본의 활동이 활발하게 일어났고 이것이 영국의 산업자본 출현에 지대한 공헌을 한 것을 간과했다. 결국 마르크스의 논리는 잘못된 것으로 판명이 났다.

놀랍게도 마르크스의 이 유물론적 변증법이 동양에서는 적용이 되지 않았다는 사실이다. 내재적인 변화의 변증법을 통해 자본주의에 도달해야 하고 자본가와 노동자 사이의 갈등으로 인해 사회주의 혁명을 위한 조건들이 마련되는데 동양사회에는 혁명을 위한 그 내재적인 변화가 없었다. 왜냐하면 국가가 잉여가치를 독점하고 전시용 행사나 공공 토목공사에 소모해 버렸기 때문이다. 그러니 생산이 증가해도 자본축적이라는 것이 생겨나지를 않았고 상품교환경제도 출현하지 않았다.

마르크스는 이 난감한 상황을 어떻게 해결했는가? 내재적인 변화가 없다면 외부로부터 충격을 주어서라도 변화를 일으켜야 한다고 했다. 그 충격이란 무엇인가? 서구의 자본주의 국가들에 의한 식민주의다. 서구 식민주의로 동양을 변화시켜야 한다는 마르크스의 해결책은 자신의 유물사관 원리와 어긋나는 일이다. 실제로 중

정치 발달의 기초를 확립하였다.

169) 오병헌, 한국의 좌파, 기파랑, 2012, pp. 53-58. ⟨… 자본주의의 장래에 관하여 조급한 판단을 내리는 오류를 범한 마르크스는, 자본주의의 출생에 관해서도 틀린 해석을 내렸다. "마르크스가 영국의 중세 봉건사회에 관하여 글을 쓴 것은 이미 150년 전의 일이며, 그 동안에 많은 역사학자들이 중세에 관하여 연구하면서, 그 당시 이미 현대적인 양상들이 나타나고 있었다는 것을 발견하게 되었다." 이 말은 영국의 산업혁명의 특색에 관하여, 당시의 유럽은 물론 중국의 자료까지 컴퓨터로 정리하여, 새로운 해석을 한 Robert Allen의 견해이다. 즉, 영국에서는, 마르크스가 말하는 부르주아 계급이, 혁명을 거치지 않고, 중세에 이미 나타났다는 것을 의미한다. 그는, 우선 왜 산업혁명이 다른 나라에 앞서서 영국에서 시작했는가 하는 질문을 하면서, 그 원인을 17세기 중엽의 영국이 보여준 특수한 정치, 사회, 경제적인 요인을 들고 있다. 17세기 중엽에 있은 내란을 계기로 하여 봉건제도가 서서히 무너져서 경제활동에 대한 규제가 없어지고, 전염병의 감소는 인구의 증가와 사회적 노동력의 확대를 가져왔으며, 해외 식민지의 증가와 무역의 확대에 따른 자본의 축적 등은, 17세기에 있은 과학적 발명과 더불어, 산업혁명을 촉발하는 데 있어서 큰 역할을 했다는 것이다. 그러면 왜 유럽이 아니라 영국에서 방적기와 증기기관과 같은 과학적인 발명이 나타나서 산업혁명을 촉진시켰는가? 그 답은 간단히 말하면 당시의 영국의 노임이 유럽의 여러 나라에 비하여 엄청나게 높았기 때문에, 생산 원가에서 인건비가 차지하는 비율을 줄이기 위해서 생산공정을 수작업에서 기계화로 전환함으로써, 제품의 국제적 경쟁력을 높이려는 데 목적이 있었다는 것이다. … 다른 노자 Rosen은 최근에 펴낸 그의 저서에서, 왜 18세기 영국에서 그렇게 많은 새로운 발명이 있었는가 하는 물음에 대하여, 영국이 특허권을 보장하는 새 법률을 제정하였기 때문이었다고 설명하고 있다.⟩

국의 모택동은 공업노동자가 아니라 농민을 프롤레타리아 혁명의 주역으로 만들었다. 마르크스주의가 중국에서는 안 된다는 것을 입증했다.

일본은 어떠했는가? 일본 공산당은 1955년 무장투쟁 노선을 완전히 청산하고 의회정당으로 돌아설 것을 결정하였다. 소련에 대하여 신랄하고 냉철하게 비판하면서 의회민주주의 체제 안에서 다른 동지 정당과의 연합을 통하여 민주연합정부를 수립하는 것을 목표로 하는 다수자혁명 노선을 견지하고 있다.

이런 동양적 특수성으로 인해 마르크스주의가 안 맞는데도 불구하고 한국의 어떤 좌파는 마르크스주의 그대로 무산자 혁명이론을 신봉하고 있다. 이동휘로부터 진보신당에 이르기까지 마르크스의 무산계급 혁명은 좌파의 일관된 목표이며, 소련이 붕괴한 지금까지도 마르크스와 레닌은 여전히 좌파의 숭배대상이다.170) 한국의 현대 좌파는 어떻게 생각할까? 대표적으로 강신주 교수는 무엇이라 하는지 들어보자.

> … 그러니까 강남좌파라는 말을 쓰면 안 돼요. 조롱하는 말이거든요. '강남에 좌파가 있다는 게 말이 돼?' 이런 얘기잖아요. 그러면 강북에는 좌파가 있나요? 좌파는 다 지식인인데, 미래를 꿈꾸는 사람들이 좌파인데, 여유가 있어야 해요. 낭만적이고, 미래를 꿈꿔야 해요. 꿈속에서 현실을 바꿔나가는 사람들이니까요.
> 옛날에는 농민 봉기가 있었잖아요. … 도시에는 혁명이 일어난 적이 없어요. 다들 직장 다니느라 바빠서, 쿠바혁명도 시골에서 시작했다고요. 러시아 혁명도 그렇고, 심지어 나치Nazi도 바이에른이라는 농촌에서부터 세를 키웠잖아요.171)

강신주 교수는 러시아 혁명이 농민혁명에서 시작했다는 것을 인정하고 있다. 그러면서도 지식 있고 배부르고 여유 있는 좌파가 현실을 바꾸어 갈 수 있다고 말한다. 가진 사람만이 버릴 수 있다고 말한다. 그러면 북한은 뭐라고 할 것인가? 거기는 배부르고 여유 있는 사람들이 그러고 있는가? 배고파 죽은 사람들과 죽어가는 사람들에게는 무엇이라고 말할 것인가? 배부른 좌파에 이용당하는 배고픈 민중들이 불쌍한 것이다.

왜 한국 땅에서 이렇게도 좌파 세력이 강한 것인가? 이전에 골수 좌파였던 서경석 목사는 다음과 같이 그 이유를 말한다.

> 이 이유를 알려면 과거 민주화운동 시절로 돌아가야 합니다. 87년 6월 민주화 대항쟁 당시 민주화를 이루는데 핵심적인 역할을 한 학생세력이 대부분 김일성 주체사상을 신봉하는 세력이었습니다.

---

170) 오병헌, 한국의 좌파 (서울: 기파랑, 2012), 46.
171) 강신주·지승호, 강신주의 맨얼굴의 철학 당당한 인문학 (서울: 시대의 창, 2013), 131-132.

왜 그런가? 혹독한 군사독재 치하에서 민주화세력은 강고한 투쟁을 하기 위해 흑백논리로 무장해야 했는데 한국상황에 맞는 논리가 없었기 때문에 학생운동권은 이 논리를 맑스 레닌주의, 김일성 주체사상, 마오이즘 등에서 차용해 왔기 때문입니다. 그리고 기독교운동 안에서는 민중신학이라는 흑백논리가 등장했습니다. 그런데 김일성 주체사상론(NL)이 맑스레닌주의(PD)보다 훨씬 더 유연했고 그 결과 NL파가 학생운동의 주류가 되었습니다. 그런데 민주화 대항쟁 때 한국을 민주화시킨 세력이 바로 이 從北좌파세력이었습니다. 지금도 우리나라에서 좌파가 기승을 부리는 이유도 아직 우리나라가 군사독재 시절의 후유증에서 벗어나지 못했기 때문입니다.

… 이 세력이 시간이 지나면서 사회 각계로 진출하여 시민운동을 좌파로 만들고, 교사가 되어 전교조를 만들고, 노동자가 되어 민노총과 민노당을 만들고 기자가 되어 언론노련을 만들었으며 학계, 정관계, 법조계로 진출했습니다. 이들은 규모도 3-40만 명이 되는 대한민국 최대의 세력입니다. 그리고 기회 있을 때마다 反美, 反韓 투쟁을 전개해 왔습니다. 미순이 효순이 촛불시위, 대통령 탄핵 반대운동, 맥아더동상 철거사건, 평택 미군철수투쟁, 한미FTA 반대투쟁, 광우병 촛불시위, 제주도 해군기지반대투쟁, 희망버스 등 대한민국을 흔드는 운동을 전부 주도했습니다. 그러다 보니 민주통합당도 말 바꾸기를 하면서까지 이들의 영향권 안에 머물러 있습니다. 그리고 6.25때 대한민국을 구해준 미국을 적대하고 6.25를 일으킨 북한의 대남공작에 협력하고 있습니다.[172]

독재에 흑백논리로 맞서기 위해 좌파가 될 필요가 없다. 좌파에게 가장 큰 걸림돌 중에 하나가 기독교다. 유물론을 가르치는 자들은 기독교를 보수라고 몰아간다. 기독교는 현상태를 유지하는 것이 보수세력에 영합하고 현정권의 하수인 노릇을 한다고 욕한다. 그러나 기독교는 보수도 진보도 아니다. 왜냐하면 기독교는 하나님의 나라를 이 땅에서 실현하는 것이 목적이 아니기 때문이다. 예수님께서는 이렇게 말씀하셨다.

예수께서 대답하시되 내 나라는 이 세상에 속한 것이 아니라 만일 내 나라가 이 세상에 속한 것이었더면 내 종들이 싸워 나로 유대인들에게 넘기우지 않게 하였으리라 이제 내 나라는 여기에 속한 것이 아니니라(요 18:36)

예수님께서 진보였다면 이 세상권력과 싸웠을 것이다. 예수님께서 보수였다면 서기관과 바리새인들과 손을 잡았을 것이다. 그러나 예수님은 그 누구와도 함께 하지 않으셨다. 왜냐하면 예수님의 나라는 이 세상의 구조를 변화시켜서 하나님의 나라를 만드는 것이 아니었기 때문이다. 예수님께서 베드로에게 하신 말씀을 명심해야 한다.

예수께서 돌이키시며 베드로에게 이르시되 사단아 내 뒤로 물러가라 너는 나를 넘어지게 하는 자로다 네가 하나님의 일을 생각지 아니하고 도리어 사람의 일을 생각하는도다 하시고(마 16:23)

---

172) http://www.upkorea.net/news/articleView.html?idxno=23948; 좌파였던 서경석 목사가 왜 지금 보수가 되었나? 서경석 목사, '이 땅의 젊은이들에게 드리는 편지'(2012년 04월 10일 (화) 19:48:51)

예수님께서는 공연히 "사단아 내 뒤로 물러가라"고 말씀하신 것이 아니다. 베드로도 이 세상에 하나님의 나라를 세우려고 했기 때문이다. 그러나, 예수님께서는 오로지 인간의 죄악을 사하시기 위하여 십자가에 죽으시는 일로 오셨고 그 십자가의 삶이 무엇인지 가르치고 행하셨다.

이 말이 세상의 부조리한 구조에 대하여 침묵하라는 말로 오해되어져서는 안 된다. 불법과 불의는 마땅히 개혁되어져야만 한다. 그러나 그 개혁이라는 것을 위해서 성경적이지 않은 세력들과 연합해야 할 이유가 없다! 그것은 개혁이 아니라 또 다른 불법을 저지르는 것이다.

소교리문답 제3문을 칼빈은 『기독교강요』 1권 전체에서 말하고 있다. 하나님을 믿고 알아가며 하나님의 목적과 하나님께서 사람에게 요구하시는 의무를 알기 위해 왜 성경이 있어야 하는가? 인간은 죄인이기 때문이다! 인간은 타락하여 안팎으로 다 죄로 오염되어 있다.

세상과 근본적인 차이점은 신론이고 인간론이다. 세상은 신이 인간 안에 있다고 말하며, '신성한 내면아이'가 내면에 존재한다고 말한다. 도올은 "내가 체험하지 않은 진리는 진리가 아니다."라고 말했다. 이 말은 사실 칼 융의 사상을 직설적으로 표현한 것이다. 도올은 "모든 인간의 진리는 인간의 몸에서 출발한다. 모든 자연의 진리도 궁극적으로 인간의 진리일 뿐이며, 그것은 나의 몸의 진리다"라고 말했다. 인간에게서 진리가 나온다는 것은 인간이 곧 우주이고 우주가 곧 신이라는 생각에 사로잡혀 있기 때문이다. 도올은 노자의 사상과 자사(子思)의 중용에 근거하여 우주의 신령한 기운이 신이고, 유기체로서 천지(天地)가 신이며 '천지는 피도 눈물도 없이 가혹하고 잔인하다'고 한다. '천지는 잔인하기에 위대한 것이며 노자의 하나님은 은총의 하나님이 아니다'고 주장한다.

도올은 또 이렇게 말했다. "철학은 보다 보편적인 것을 지향하지만 아주 절대적인 것을 주장하지는 않습니다.", "철학은 어떠한 특정한 사회조직의 유지를 위하여 존재하지 않는다. 철학은 어떠한 경전을 신봉하지 않는다. 철학은 믿음을 강요하지 않는다. 철학은 절대를 추구하지 않는다. 모든 절대를 추구하는 철학은 궁극에 있어서 종교에 불과하다." 도올이 이런 말을 하는 것은 모든 것을 '과정'(process)으로 보는 노자의 도 개념으로 진리를 이해하기 때문이다. 그러니 도올에게 신은 비인격체다. 도올이 이렇게 주장하는 근거는 무엇인가? 그것은 '고대 중국인의 사상에 의하면 신은 비인격체다. 따라서 그것에 근거할 때 기독교의 신관은 잘못된 것이다'라고 말하는 그의 신관에 있다. 그것은 도무지 설득력이 없다. 과정으로 보는 사람들에게는 성령 하나님의 영감으로 기록된 성경이 필요 없다. 왜냐하면 계속 발전되어가는 과정이기 때문에 이전 것은 의미가 없기 때문이다.

이런 '과정'에 대한 접근은 무엇보다 헤겔의 '변증법'이 잘 말해 준다. 헤겔은 당당하게 칸트의 철학을 완성했으며, 모든 철학적 문제를 해결했다고 말했다. 헤겔의 주장은 '역사란 절대정신의 자기 실현과정'으로 요약된다. 헤겔은 칸트가 "인간은 본연적으로 '도덕적인 나'와 '부도덕한 나'로 나뉜다"고 한 말에 동의할 수가 없었다. 이런 이중적인 인간을 하나로 통합하는 것이 헤겔의 첫 번째 과제였다. 그는 그 답을 사랑에서 찾았다. 철수라는 존재(정)가 영희라는 존재(반)와의 사랑을 통해 새로운 철수(합)로 변화되는 과정이다.[173]

예술가의 머릿속에 있던 조각 작품이 돌덩어리를 조각해 감으로써 그 작품의 실체가 드러나는 것과 같다. 처음에는 '… 해야 한다'는 생각이 시간이 흘러가면서 역사 속에서 점점 그 모습을 구체적으로 드러낸다는 것이다. 헤겔은 절대정신을 '신'이라 부르기도 했고, 자기실현은 마치 '신의 섭리'와 비슷하지만 기독교나 특정종교의 신도 아니고 사물의 궁극적인 목적이나 제1원인 같은 철학적 절대자도 아니었다. 절대정신은 세계에 대립하거나 세계를 상대하는 존재가 아니라 세계 자체였기 때문이다. 이로써 헤겔은 지나간 철학자들이 고민해온 주체와 객체의 문제를 절대정신으로 해결했다고 보았다.[174]

헤겔은 절대정신의 발전과정을 정립(정)-반정립(반)-종합(합)이라는 삼각구도를

---

173) 지금까지 철학은 세계를 이해하는 두 가지, 곧 존재론과 운동론을 말했다. 존재론은 '세계는 무엇인가?' 하는 것이고, 운동론은 '세계는 어떻게 변하고 발전하는가?'이다. 이 두 가지를 해결하는 것이 형이상학이고 변증법이다. 헤겔의 수제자였던 마르크스는 헤겔의 관념론을 부정하고 유물론과 변증법으로 마르크스주의를 완성한다. 헤겔의 변증법은 관념(절대정신)(정)이 먼저 존재하고, 그 절대정신으로부터 물질(세계)(반)이 산출된다. 그 절대정신이 물질세계에서 변화 발전해 간다(합). 마르크스의 유물론적 변증법은 물질이 먼저 존재하고, 관념은 물질에서 생성된 것이라고 말한다. 봉건주의 사회에서 자본주의 사회로 이해된 것은 생산력이 발전했기 때문이라고 설명한다. 이것이 포이에르바하의 유물론(기계론적 유물론)을 탈피한 마르크스의 유물론이다.

174) 남경태, 누구나 한번쯤 철학을 생각한다, Humanist, 2012, pp. 410-412. "… 이 종합은 다시 새로운 정립을 구성하며, 이 정립은 새로운 반정립을 낳고, 양자는 또다시 새로운 종합을 형성한다. 이렇듯 역사는 영원한 변증법적 발전의 과정이다. 《성서》로 말하자면 최초의 인간 아담이 정립으로 존재했고 그의 갈비뼈에서 반정립인 이브가 나왔고 두 사람의 종합이 아들인 카인이다. 그보다 더 거창한 《성서》의 사례를 든다면, 태초에 신(정립)이 있었고 이 신이 외화 되어 사탄(반정립)이 나온 과정이다. 여기서 종합은 뭘까? 그것은 《성서》의 맨 끝 〈요한계시록〉에 나오는 신과 사탄의 싸움이다. 물론 그리스도교 《성서》인 만큼 당연히 신이 최종적인 승리를 거두고 천년왕국을 건설하는 것으로 끝난다. 그 결과 또다시 어떤 정립을 이룰지는 알 수 없다. 그러나 사탄을 신에게서 파생된 존재로 본 것은 파격적인 설정이다. 아마 17세기였다면 헤겔은 종교재판을 받고 장작더미 위에서 화형을 면치 못했을 것이다." 이런 것이 이성의 오판이다. 성경을 이성으로 이해하려고 하면 결국 성경을 뜯어고쳐야 한다.

말했다. 절대정신의 본질은 자유이고 역사는 이성적인 자유를 실현해 가는 과정이다. 절대정신이라는 신은 국가, 학문, 종교, 예술 등으로 나타내지만 그 마지막 합으로 가는 과정은 전적으로 인간만이 완성할 수 있다고 말했다. 사람마다 합으로 가는 과정이 다르다는 것이다. 어떤 사람은 국가로, 어떤 사람은 학문으로, 어떤 사람은 종교로, 어떤 사람은 예술로 간다. 그런데 헤겔은 그 완성이 완벽한 것이라고 보았다. 그러나, 쇼펜하우어는 그런 헤겔을 '구역질나게 역겨운 인간', '머리에 똥만 찬 한심한 놈', '정신병동을 탈출한 정신이상자'라고 몰아붙였다. 헤겔은 노예와 주인의 변증법에서 주인이 노예로 전락하고 노예가 실질적인 주인이 되는 반전을 말함으로 진보이론으로 인정받으나 이것을 자연현상에 적용하게 되었을 때 생사의 모순 속에서 무엇이 진정한 진보인가 하는 의문이 생겨나게 되었다. 그리하여 등장하는 것이 마르크스의 유물변증법이다.175) 변증법의 핵심은 사실상 모순인데 선모순(비적대적모순)과 악모순(적대모순)으로 분리해서 사물현상을 규명해 간다. 사회적 약자인 노동자 농민이 세상의 주인이 된다는 확신을 전개했다.

대한민국의 좌파가 추구하는 목표는 무엇인가? '해방의 정치'와 '사회의 진보'다.

---

175) http://cafe.daum.net/marxcapital/1eft/5?docid=1DBBt1eft520110120215941; 마르크스의 사유방식은?-"유물론적 변증법" vs "변증법적 유물론". 통념에 의하면, 마르크스의 사유방식은 "변증법적 유물론"(dialectical materialism)이라고 알려져 있는데, 이는 잘못된 표현이다. 왜냐하면 마르크스의 사유방식은 유물론'적'이기는 하나, "유물론" 자체는 아니기 때문이며, 또한 그는 명백히 변증법자였기 때문이다. 첫째로, 유물론은 "세계는 물질적인 것으로 구성되어 있다고 사고하는 철학사상"이다. 반면에 변증법은 존재와 무의 통일로 이해한다. 즉, 변증법의 사유를 유물론의 사고방식에 대비하면, 세계는 물질적인 것으로만 구성되어 있는 것이 아니라, 물질적인 것과 물질적이지 않은 것(비물질적인 것)이 동시에 공존하는 것으로 이해된다. 따라서 변증법의 관점에서 볼 때 "유물론"은 근본적인 결함을 가지고 있는 것으로 나타나며, 거꾸로 유물론의 관점에서는 무의 측면을 사고하는 변증법이 근본적인 결함을 가지고 있는 것으로 나타난다. 둘째로, 헤겔의 변증법과 비교하면 분명하듯이, "유물론적 변증법"(materialistic dialectic) 또는 "실재론적 변증법"(realistic dialectic)의 사유방식은 두 대립물의 운동에서 관념적인 측면(무의 측면)을 규정적인 것으로 파악하는 것이 아니라, 물질적인 측면(존재의 측면)을 규정적으로 파악하는 사유방식을 말한다. 반면에 "변증법적 유물론"(dialectical materialism)이라는 표현을 풀이하면, 물질적인 것으로만 구성되어 있는 세계를 변증법적으로 파악하는 사유방식이 된다. 다시 말해 마르크스의 유물론적 변증법에서는 주체가 "변증법"인데 반해, "변증법적 유물론"에서는 주체가 "유물론"으로 뒤바뀐다. 셋째로, "변증법적 유물론"(dialectical materialism)이라는 표현은 마르크스의 것이 아니라 레닌의 것(이 표현은 플레하노프가 처음 사용했다!)이며, 스탈린이 자신의 저작 [변증법적 유물론과 역사적 유물론]를 통해 공식화시킨 표현이다. 참고로, "사적 유물론" 또는 "역사적 유물론"도 마르크스의 것이 아니라, 이와 같이 스탈린에 의해 공식화된 표현이다. ※ 참조: 언뜻 볼 때, 단순한 표현의 차이에 불과한 듯하다. 그러나 "유물론적 변증법"(materialistic dialectic) 또는 "실재론적 변증법"(realistic dialectic)의 관점에서 세계(또는 우주나 극소세계)를 이해하는 경우와 "변증법적 유물론"(dialectical materialism)의 관점에서 세계를 이해하는 경우는 현격한 차이를 가져온다. 예를 들면, 일명 마르크스의 "토대-상부구조론"을 "유물론적 변증법"으로 사유할 때는 두 대립물(토대와 상부구조)의 상호작용에서 다만 토대를 규정적인 것으로 이해하게 되는 반면에, "변증법적 유물론"(dialectical materialism)에서는 상부구조에 대한 토대의 기계적인 결정론으로까지 사고방식이 고착화될 수 있다. 어쨌든 이 현격한 차이에 대한 풍부한 이해는 각자의 몫이다.

그런데 국외적으로는 90년대에 공산주의가 몰락하기 시작했으며 국내적으로는 군부독재 정권시대가 마감되고 본격적인 민주주의 시대가 되었다. 좌파들은 방향성을 상실했다. 그들은 무엇을 했는가? 그들은 마르크스주의를 포기하지 않고 재구성했다. 혹은 '절합'이라 한다. 살아남기 위해서 마르크스주의에 푸코와 들뢰즈 등의 사상을 수용했다.176) 공산권 몰락과 북한 정권의 모순과 부조리를 목격하면서도177) 추종하는 이들이 있다.

문제는 예수 그리스도를 믿는다 하면서도 이런 대열에 참여하는 사람들이 많다는 것이다. 앞서 말했듯이, 그들이 믿는 하나님은 관념 속에만 있는 하나님인가? 공산주의가 실현되면 필요 없는 하나님인가? 그들이 믿는 천국이란 공산주의 사회인가? 대통령이든지 국회의원이든지 자본가이든지 노동자이든지 간에 누구든지 죄를 짓고 잘못할 수 있다. 마땅히 그들을 향한 비판은 있어야 한다. 그렇다고 비성경적인 좌파가 될 필요가 없다.178) 그것은 왜 안 되는가? 자기 배반이기 때문이다! 성경대로 예수 그리스도를 믿는다면 성경에서 말하는 대로 살아가야 한다. 그러나 사람들은 성경을 자기 목적대로 이용하고 추가하고 왜곡했다.

초대교회 때, 몬타누스주의자들은 성경보다 자신들이 받은 계시를 더 중요하게 여기다가 이단으로 정죄되었다. 극단적 개혁을 추구했던 토마스 뮌쩌는 성경을 통하지 않은 하나님의 초자연적인 계시를 직접 받을 수 있다고 주장했다가 이단으로

---

176) http://www.newsnjoy.or.kr/news/articleView.html?idxno=2312; "즉 재구성이 아니라 [절합]이 필요하다. 심광현의 정의에 따르면 절합은 '분리와 연결의 매듭을 통해 다각적으로 작동가능한 결합'이다. 심광현은 절합을 이렇게 설명한다. '맑스주의가 정치학, 철학, 문화론 등에서 엄청난 공백과 결여를 가지고 있었고 페미니즘과 생태론, 인종주의의 문제와 같은 새로운 문제들을 다룰 수 있는 방법론들을 도입하여 서로 마주치게 하는 것' 이 절합의 구체적인 의미이다. 여러 가지 이론을 끊어서 마르크스주의에 접목시키고 그것이 현실의 문제를 돌파하도록 작동시키는 작업이 '절합'이다. 절합을 위해서 문화과학은 알튀세르, 푸코, 들뢰즈와 가타리, 네그리의 이론을 적극 수용한다."

177) http://www.newsnjoy.or.kr/news/articleView.html?idxno=2327 "… 사회주의권은 무너졌다. 소련만 무너진 것이 아니라 소련에 종속되어 있던 동유럽 사회주의도 무너졌다. 사회주의가 실패한 셈이다. 혁명을 통하여 세상이 분명히 바뀌고 예전의 모순도 사라졌을텐데 왜 사회주의가 망해버린걸까? 임지현도 똑같은 의문을 품는다. 더구나 임지현은 서강대학교를 나와서 폴란드에서 공부를 했다. 폴란드라는 사회주의권에서 직접 사회주의의 모순을 경험했다고 한다. 임지현이 직접 사회주의 나라에서 살아보니 정말 말이 안 되는 일이 많더라고 고백한다. 반유대주의, 성차별주의, 관료주의와 지도자에 대한 숭배. 이런 것들이 생활 곳곳에서 기세등등하게 활약을 하고 있다더라는 말씀. 이게 말이 되는 소리인가?"

178) 박민영, 인간이 남긴 모든 생각 이즘(ISM) (파주: 청년사, 2008), 39-40; "1830년대에 러시아의 인텔리겐차들은 니힐리즘을 근대적 사회변혁운동의 요체로 삼았다. 그들은 아나키스트가 되었고 무정부상태로 만들어서 국가를 철폐하고 개인의 절대자유를 실현시키기 위해 범죄와 테러를 자행했다. 이런 움직임들에 대해 1870년대에 비판이 일어났는데 그중에 한 사람이 '도스토예프스키'다. 그는 젊은 시절 공산주의 사상에 심취해 공산혁명에 가담했던 사람이다. 사형선고를 받고 시베리아로 끌려가 총살 5분 전에 날아든 황제의 사면령으로 살아남았다. 그 후에 『악령』, 『죄와 벌』, 『카라마조프의 형제들』이라는 책을 통해서 니힐리즘을 신랄하게 비판했다. 러시아가 개혁되어야 하지만 유물론과 개인적 자유주의가 아니라 전통적 러시아정교가 표방했던 그리스도교적 사랑과 사회주의적 개혁의 결합이라고 생각했다."

참형되었다. 재침례파는 성경이 하나님의 계시라고 인정하나 '자발적이고 개인적인 계시'도 하나님의 계시의 일부라고 주장했으나 이단으로 정죄되었다. 놀랍게도 오늘날 기독교회 안에도 이런 생각을 가지고 있는 사람들이 많은데 시한부 종말론자들이나 신사도운동 계열에 속한 자들이다.

로마가톨릭은 성경보다 전통이 더 우월한 위치에 있다. 왜냐하면 그것은 계속 추가되어지는 것들이기 때문이다. 계시에 대한 견해는 제2차 바티칸 공의회 이후로 심각한 변화가 일어났으며, 그들은 노골적으로 계시는 "그리스도의 몸인 교회의 거룩한 전통(성전)과 교회의 책인 성경을 통해서 전달이 된다"고 말한다.179)

성경의 하나님이 인간의 주인이 아니면 인간의 욕망이 주인이 된다. 욕망에 따라 살아가는 세상은 부정과 반역으로 세상을 만들어 간다. 세상의 철학과 사상은 한계가 드러나기 때문에 부정과 반역은 이미 내포되어 있는 것이다. 욕망의 지배를 받는 인간은 유목민(nomade)이 되고 욕망의 회로는 리좀180)이다. 무한한 변화의 세계인 리좀은 세속정치적으로는 혁명의 주체 단위이며 종교적으로는 영혼적인 종교주체다. 그 욕망의 극치는 신격화다.181) 수평면적 사고 속에서 공산혁명이 일어

---

179) http://www.lightzine.co.kr/02_magazine/?p=v&num=1896; 최석환(요셉) 신부, 대구가톨릭대학교 대신학원 교수, 「교회생활과 성경」 1. 계시는 어떻게 우리에게 전달되는가? - 성전, 성경, 교도권. 결론부터 말하자면 하느님의 섭리 안에서 '계시'는 그리스도의 몸인 교회의 거룩한 전통(성전, 聖傳)과 교회의 책인 성경(聖經)을 통해서 전달이 된다고 할 수 있습니다. 소위 종교개혁 이후 개신교 신학에서는 계시의 원천으로 여겨지던 성전과 성경을 분리해서 보려는 경향이 존재했지만 가톨릭 신학에서는 한 번도 이 둘을 구분하지 않았습니다. 왜냐하면 성전과 성경은 동일한 신적 원천에서 흘러나와 어떤 모양으로든 하나를 이루며 같은 목적을 지향하고 있기에 상호밀접하게 연결되고 상통하고 있기 때문입니다 (계시헌장 9).

180) 네이버 지식백과, 리좀 [Rhyzome] (문학비평용어사전, 2006.1.30, 국학자료원); "리좀은 줄기가 뿌리와 비슷하게 땅속으로 뻗어 나가는 땅속줄기 식물을 가리키는 식물학에서 온 개념으로 철학자 들뢰즈(Deleuze)와 가타리(Guattari)에 의해 수목으로 표상되는, 이분법적인 대립에 의해 발전하는 서열적이고 초월적인 구조와 대비되는 내재적이면서도 배척적이지 않은 관계들의 모델로서 사용되었다. 리좀은 마치 크랩그라스(crab-grass)처럼 수평으로 자라면서 덩굴들을 뻗는데 그것은 새로운 식물로 자라난다. 그리고 그것은 다시 새로운 줄기를 뻗는 방식으로 중심(center, 그러므로 그것은 한계지어진 구조로부터 자유롭다.) 또는 깊이(depth: 그러므로 그것은 주관하는 주체를 지니지 않는다)가 없이 불연속적인 표면으로 형성된다. 간략히 말하자면, 수목모델에서 리좀모델로 전환한다는 것은 경직된 조직 이미지에서 유연한 조직 이미지로의 이동을, 다수성의 지배체제에서 복수성의 지배체제로의 이동을 의미한다. 수목모델이 근대성의 표상방식이라면, 리좀모델은 포스트모던한 세계의 표상방식으로 전화되는 것이다. 들뢰즈와 가타리는 그들이 리좀의 성질이라고 주장하는 여섯 가지 원리를 제시하였다. 1. 접속(connection) 2. 이질성(heterogeneity) 3. 다양성(multiplicity) 4. 비의미적 단절 (asignifying rupture or aparallel evolution) 5. 지도그리기(cartography) 6. 데칼코마니(decalcomania)"

181) 이광래, 방법을 철학한다 (서울: 지와사랑, 2008), 33; 개인의 신격화와 통치자의 신격화 그 어떤 신격화라도 인간은 인간만으로는 지탱해 갈 수가 없다는 것이 역사가 말해 준다. "현인신으로의 신격화는 인간화 방법의 극치이다. 초인지향적 인간은 신격화됨으로써 더없는 인간, 즉 초인이 될 수 있다고 생각하기 때문이다. 통치자의 입장에서 보면 현인신만큼 통치자와 백성 사이의 시공을 초월하며 연결하는 튼튼한 다리도 없다. 예를 들어 기원전 2600년경 이집트 고왕국시대의 피라미드나 스핑크스가 그 상징물이다. '태양이 피라미드에서 떠오른다'고 믿을 정도로 신으로부터 영감을 받은 통

나고 하나님과 인간의 구분이 사라지는 영성의 불길이 일어난다.

오늘날 기독교 신비주의 영성을 따르는 사람들은 성경보다 하나님과의 직접적인 교통을 즐긴다. 유진 피터슨의 책 『메시지』를 성경보다 더 좋아한다. 『메시지』는 기본적으로 칼 융의 심리학의 실체를 모르면 이해가 안 된다. 『메시지』는 헤르메스주의와 카발리즘이 기초가 되어 있는 신비주의 영성이 기독교라는 영역으로 녹아난 것이다.182)

중요한 것은 무엇인가? 세상 사람들이든지 기독교인들이든지 간에 과정을 즐기는 쪽으로 가는 것은 인간의 내면에 신성이 있다는 것에 기초하며 인간이 주체적으로 체험해 가는 것을 추구하고 있다. 성경이라는 하나님의 계시된 말씀을 벗어나면 신비주의 영성으로 가게 되고 그 목적은 신인합일로 가게 된다. 그러나, 하나님께서는 이미 성경으로 계시하셨으며 성경을 통하여 말씀하신다. 그리스도인으로 사는 일에 성경만으로 충분하고 성경은 하나님의 사람을 온전케 한다.183) 교리문답은 여기에 대하여 무엇이라고 말할까?

치자의 위업을 상징했던 피라미드나 왕권을 표상하는 스핑크스, 모두 인간의 왕권을 신권화하려는 초현실적인 다리였기 때문이다."

182) http://blog.naver.com/thebloodofx/20092887089; 메시지에 함축된 여러 뉴에이지 성향 중에 한 가지 구체적인 예를 들면 주기도를 들 수 있다. 대부분의 번역은 "하늘에서 이루어진 것같이 땅에서도"라고 되어 있다. 그러나 피터슨은 전형적인 뉴에이지/사교 관용구인 "위에서와 같이 아래에서도(as above, so below)"를 삽입하였다. 신비주의적 사교에서 가장 의미 깊게 사용하는 표현이 "위에서와 같이 아래에서도(As Above, So Below)"인데 이 표현을 메시지 성경에서 사용하고 있는 것이다. 이 표현과 같은 제목을 가지고 1992년에 뉴에이지 저널의 편집자들에 의해 위에서와 같이 아래에서도 라는 책이 출판되었다. 편집장 로널드 밀러(Ronald S. Miller)는 어떻게 사교적/마술적 표현인 "위에서와 같이 아래에서도"가 "우주에 대한 근본적 진리"를 알려주는지 설명한다. 즉, 우주의 기본 진리란 하나님은 "내재하거나(immanent)" 모든 사람과 모든 것 "내에(within)" 있기 때문에 "우리는 모두 하나"라는 것이다. 밀러는 다음과 같이 말한다. "수천 년 전 고대 이집트에는 위대한 도사(master)이며 연금술사였던 헤르메스 트리게기스토스라는 사람이 있었는데 그는 히브리 선지자 아브라함과 동시대에 살았던 것으로 믿어진다. 그는 우주에 대한 근본적인 진리를 선포하길, "위에서와 같이 아래에서도, 위에서와 같이 아래에서도"라고 하였다. 이 격언의 의미는 모든 물리적 우주를 초월하는 하나님과 우리 안에 내재하는 하나님은 하나라는 것이다. 하늘과 땅, 영과 물질, 보이는 세계와 보이지 않는 세계는 우리가 가장 친밀하게 연결될 수 있는 단일체(a unity)를 형성한다."밀러는 수피교의 학자 레샤드 필드(Reshad Field)의 말을 인용하면서 "위에서와 같이 아래에서도"를 추가로 설명한다. "위에서와 같이 아래에서도"라는 표현의 의미는 우리가 우리의 근본이 하나님과 일치한다는 사실을 깨닫는 즉시 두 세계가 하나로 보이는 것을 말한다. … 한 존재와 많은 존재, 시간과 영원이 전부 하나다." 유진 피터슨이 메시지에서 의역한, "위에서와 같이 땅에서도" 계신 하나님은 "모든 것 안에" 계시고 "하나 됨"을 이루신다는 메시지는 뉴에이지/새영성의 "위에서와 같이 땅에서도" 계신 하나님은 "모든 것 안에" 계시고 "하나 됨"을 이룬다라는 메시지와 정확하게 같다. 그러나 이러한 가르침은 성경의 가르침과 상충된다. 오직 우리의 죄를 회개하고 예수 그리스도를 우리의 주와 구세주로 영접할 때 우리는 오직 그리스도 예수 안에서 "하나 된다."

183) 16 모든 성경은 하나님의 감동으로 된 것으로 교훈과 책망과 바르게 함과 의로 교육하기에 유익하니 17 이는 하나님의 사람으로 온전케 하며 모든 선한 일을 행하기에 온전케 하려 함이니라(딤후 3:16-17)

1) 성경은 주로 사람이 하나님에 관하여 믿어야 할 바와

성경이 가르치는 가장 중요한 핵심은 하나님을 믿는 것이다. 성경의 핵심은 하나님께서 예수 그리스도를 믿어 그 택자들을 구원에 이르게 하신다는 것이다. 구약은 오실 그리스도를 신약은 오신 그리스도를 말하고 있다. 신구약 성경은 죄인 된 인간을 구원하러 오신 예수 그리스도를 증거한다.184) 이 중요한 핵심을 목숨 걸고 가르쳐야 한다. 그런데 하나님을 믿는다 하면서도 비성경적인 좌파를 추종하는 기독교인들이 있으니 정말 어이가 없는 일이다. 그들이 믿는 하나님은 어떤 하나님인가?185)

유물론적 세계관 속에 신은 다만 인간의 의식 속에만 존재할 뿐이다. 포이에르바하는 인간이 종교와 신을 만들었다고 했는데 마르크스는 더 나아가서 집단적인 인간의 의식이 종교를 만들어냈다고 말했다. 마르크스는 무엇이라고 말했는가?

> 종교적인 고뇌는 참 고뇌의 표현이며 진짜 고뇌에 대항하는 것이다. 종교는 억압된 피조물, 마음 없는 세상의 마음에서 나오는 탄식이다. 이것은 인민의 아편이다. 인민의 참된 행복을 위해서는 행복으로 착각하게 하는 종교를 폐지할 필요가 있다.

마르크스에게 기독교는 "인민의 아편"이다. 마르크스와 엥겔스는 공산주의 이론에서 자본주의를 비판할 때 교회가 민중을 억압하고, 피를 빨아먹는 곳으로 거짓선전을 했다. 그런 기초 위에 좌파는 역사적으로 종교 자체를 근본적으로 부정했으며, 종교를 국가와 사회에서 타도해야 할 대상으로 삼았다.

이런 좌파를 추종하는 세력들이 기독교 안에 있다. 그들이 말하는 하나님은 인간의 의식 속에서만 존재하는 하나님인가? 아니면 역사의 문제를 해결하기 위해 실존적 결단으로 일어선 불덩어리인가?

예수 그리스도를 구주로 고백하는 기독교는 인간의 의식에만 존재하는 허상이 아니라 실제로 살아계시며 인격적이고 무한하신 삼위일체 하나님을 믿는다. 그 믿

---

184) 너희가 성경에서 영생을 얻는 줄 생각하고 성경을 상고하거니와 이 성경이 곧 내게 대하여 증거하는 것이로다(요 5:39) 30 예수께서 제자들 앞에서 이 책에 기록되지 아니한 다른 표적도 많이 행하셨으나 31 오직 이것을 기록함은 너희로 예수께서 하나님의 아들 그리스도이심을 믿게 하려 함이요 또 너희로 믿고 그 이름을 힘입어 생명을 얻게 하려 함이니라(요 20:30-31)

185) 좌파나 우파나 '씨알사상'으로 공유되고 있다. 씨알 좌파냐? 씨알 우파냐? 그 구분만 있을 뿐이다. 김동길은 "유신시대에는 씨알의 소리라는 잡지에 '내가 만약 대통령이 된다면'이라는 수필을 발표"했다(http://ko.wikipedia.org/wiki/김동길_(1928년)).

음의 결국은 영혼의 구원이나,[186] 구원받은 자의 궁극적 목적은 하나님을 찬양하는 것이다. 그러므로 우리의 신앙은 오직 삼위일체 하나님만을 알고 믿는다. 그것은 오직 예수 그리스도를 통하여 알 수가 있다.[187]

하나님을 안다는 것은 지적인 호기심을 채우는 것이 아니다. 호세아 선지자는 "내 백성이 지식이 없어 망하는도다"(호 4:6)고 했는데, 이스라엘 백성의 지식은 제사장들로부터 배우는 율법을 아는 지식이다. 이 백성이 지식이 없는 근본적인 원인은 제사장들이 하나님을 거부하는 데서 오는 죄악이었다. 그들은 여호와 하나님과 맺은 언약을 저버리고 현실의 이익에 급급했다. 언약을 저버린 것은 하나님과의 인격적인 관계를 깨뜨린 것이다. 그들에 대하여 하나님께서는 '로암미', 곧 내 백성이 아니라고 하셨다.[188]

신약에서도 하나님을 아는 것을 믿음이라고 말하고 있다.

> 우리가 주는 하나님의 거룩하신 자신 줄 믿고 알았삽나이다(요 6:69)

그러므로 칼빈은 지식과 믿음에 대하여 다음과 같이 말했다.

> 그러므로 하나님의 말씀이 우리 가운데서 온전한 믿음의 반응을 받으려면, 우리의 지성이 다른 식으로 조명을 받고 우리의 마음이 강화되어야만 하는 것이다. 믿음을 가리켜, 우리를 향하신 하나님의 선하심을 아는 확고하고도 분명한 지식으로서 그리스도 안에서 값없이 주신 약속의 진리에 근거하는 것이며, 성령으로 말미암아 우리의 지성에 계시되고 우리의 마음에 인쳐진 것이라 부른다면, 이제 우리는 믿음에 대한 올바른 정의에 이른 것이라 할 것이다.[189]

믿음은 성령님의 사역으로 빚어진 결과이며, 그 믿음은 하나님에 관한 바른 지식을 우리의 마음에 심는 것이다. 그러므로 성경은 영생에 대하여 이렇게 말한다.

> 영생은 곧 유일하신 참 하나님과 그의 보내신 자 예수 그리스도를 아는 것이니이다(요 17:3)

'안다'는 것은 겨우 이름만 아는 정도가 아니라 그 사람의 성품이나 속성까지를 알 정도로 깊은 관계를 의미한다. 믿고 영생을 얻는 것은 단순히 선택과 결단의 문

---

186) 믿음의 결국 곧 영혼의 구원을 받음이라(벧전 1:9)
187) 내 아버지께서 모든 것을 내게 주셨으니 아버지 외에는 아들을 아는 자가 없고 아들과 또 아들의 소원대로 계시를 받는 자 외에는 아버지를 아는 자가 없느니라(마 11:27)
188) 여호와께서 이르시되 그 이름을 로암미라 하라 너희는 내 백성이 아니요 나는 너희 하나님이 되지 아니할 것임이니라(호 1:9)
189) 존 칼빈, 기독교강요(중), 원광연 역 (고양: 크리스찬다이제스트, 2003), 27.

제가 아니다. 체험적인 지식으로 '하나님'과 '예수 그리스도'의 인격적 하나 됨을 말한다. 하나님에 대한 지식은 예수 그리스도로 말미암아 계시되어졌다. 영생이 '인격적인 관계로서의 앎이다 지식이다'라는 것은 구원이 다만 단회적인 사건으로 끝나지 않고 영원히 지속되는 인격적인 교제라는 뜻이다. 하나님의 자녀라는 신분의 변화는 단회적으로 일어났지만 그 자녀다움으로 가는 길은 더 많이 남아 있다.190)

> 30 예수께서 제자들 앞에서 이 책에 기록되지 아니한 다른 표적도 많이 행하셨으나 31 오직 이것을 기록함은 너희로 예수께서 하나님의 아들 그리스도이심을 믿게 하려 함이요 또 너희로 믿고 그 이름을 힘입어 생명을 얻게 하려 함이니라(요 20:30-31)

사도 요한은 복음서를 기록하게 된 목적을 두 가지로 요약하여 설명하고 있다. 그 첫째 목적이 독자들로 하여금 예수께서 '하나님의 아들 그리스도'라는 것을 믿게 하려 함이라고 말한다. 인간 안에는 신성함이 없고 인간은 어두움뿐이며191) 오직 우리 밖에서 우리를 구원하러 오셔야 하는데 그분이 바로 예수님이시다. 이것은 영지주의의 구원과 완전히 틀리다는 뜻이다. 둘째로, 예수님께서 그리스도라는 것을 믿을 때 구원이 있다는 뜻이다.192) 그 구원이 다시 하나님의 자녀로 회복시키며 사망에서 생명으로 옮기워졌다고 성경은 말한다. 성경은 언제나 예수 그리스도 안에 있는 영생을 말한다.

> 너희가 성경에서 영생을 얻는 줄 생각하고 성경을 상고하거니와 이 성경이 곧 내게 대하여 증거하는 것이로다(요 5:39)

구약 성경은 영생을 예수 그리스도를 증거하였으나, 유대인들이 그 성경을 상고하면서도 예수님이 그리스도라는 것을 배척했다. 왜냐하면 그들은 자신들의 전통으로 성경을 해석했기 때문이다. 유대인들은 인간 안에서 의를 만들어 하나님의 나라를 세우려고 했다. 그러나, 성경은 인간 밖에서, 곧 오실 메시아를 통해서 사람을

---

190) 곧 내가 저희 안에, 아버지께서 내 안에 계셔 저희로 온전함을 이루어 하나가 되게 하려 함은 아버지께서 나를 보내신 것과 또 나를 사랑하심 같이 저희도 사랑하신 것을 세상으로 알게 하려 함이로소이다(요 17:23)
191) 빛이 어두움에 비취되 어두움이 깨닫지 못하더라(요 1:5)
192) 9 참 빛 곧 세상에 와서 각 사람에게 비취는 빛이 있었나니 10 그가 세상에 계셨으며 세상은 그로 말미암아 지은 바 되었으되 세상이 그를 알지 못하였고 11 자기 땅에 오매 자기 백성이 영접지 아니하였으나 12 영접하는 자 곧 그 이름을 믿는 자들에게는 하나님의 자녀가 되는 권세를 주셨으니 13 이는 혈통으로나 육정으로나 사람의 뜻으로 나지 아니하고 오직 하나님께로서 난 자들이니라(요 1:9-13)

거듭나게 하고 생명을 주시고 하나님의 나라를 완성하신다는 것을 말한다. 그 메시아가 바로 예수 그리스도다!

교리문답에서 나오듯이, 성경은 '하나님 그분에 대하여 무엇을 믿어야 하며, 하나님께서 우리에게 무엇을 요구하시는가?'를 말한다. 그것은 언약적인 차원에서 다음과 같이 생각해 볼 수 있다.

1) 언약의 대상 언약의 주체가 누구인가?(믿음의 대상에 관하여)

2) 언약의 주체이신 하나님께서 무엇을 요구하시는가?

언약이 우리를 정죄하고, 잘잘못을 가려 벌과 상을 주겠다는 의미로 폄하하거나 오해해서는 안 된다. 언약은 하나님을 떠난 인간의 삶은 아무런 의미가 없다는 것을 말한다. "하나님은 이러이러하신 분이시고, 너희들은 이것저것을 해야만 해! 안 지키면 벌 받는다."는 것이 아니다. 하나님이 어떤 분이신지 모르면 하나님의 말씀을 순종할 수가 없다. 깨달아야 한다는 것이 아니라, 예수 그리스도를 믿어 거듭나지 아니하면 하나님을 알지 못하며 그 말씀을 행할 수도 없다. 우리의 시작도 하나님이듯이, 우리의 삶 가운데서도 하나님께서 얼마나 우리를 사랑하고 아끼시며 귀하게 여기시는지 그 마음을 알아야 한다는 것이다. 그래서 그 하나님의 눈길을 벗어나는 것은 하나님의 마음을 아프게 하는 것이며, 하나님이 없는 삶은 아무런 의미도 없으며 고통과 절망과 죽음만 있을 뿐이라는 것을 상기시켜 준다. 성경은 세상의 모든 것을 말하는 백과사전이 아니다.[193] 성경은 우리의 호기심을 풀어주는 책이 아니다. 성경의 핵심은 예수 그리스도를 통한 구원과 언약을 말하며, 성경은 우리 삶에도 충분한 답을 줌으로써 참되고 영원한 의미와 통일성을 제공한다.

2) 하나님께서 사람에게 요구하시는 의무를 가르칩니다

의무(duty), 그러면 저항감부터 생기려고 한다. 하나님께서는 왜 의무를 요구하시는가? 그것은 그 길이 아니면 생명과 복이 없기 때문이다. 그 길이 아니면 인생

---

193) G.I. 윌리암슨, 소교리문답강해, 최덕성 역 (서울: 개혁주의신행협회, 1990), 18. "성경에서 우리는 세상의 모든 것을 알 수는 없다. 예를 들자면, (1) 성경은 인류의 완전한 역사를 제공해 주지 않는다. 그것은 성경이 주어진 목적이 아니기 때문이다. 따라서 세상에는 다른 사료에서 배워야할 많은 역사들이 있다. (2) 마찬가지로 성경은 일반과학이 요구하는 기술 정보를 제공하지 않는다. 성경에는 화학공식이 없다. 전자공학의 이론도 없다. (3) 사실상 성경은 예수 그리스도에 관해서 우리가 바라는 모든 정보까지도 다 제공해 주지 않는다. 우리는 예수님의 소년시절, 교육, 또는 가정생활에 관해서 아는 바가 별로 없다. 그리고 우리는 그의 정확한 신체적 모양을 도무지 알지 못한다. 혹자는 성경이 가르치지 않는 것에 대한 다른 예증들을 많이 인용할 것이다. 성경은 모든 것을 가르쳐 주기 위해 주어진 것이 아니다. 성경은 우리에게 사람이 하나님에 대해서 어떻게 믿을 것과, 하나님과 사람에게 요구하시는 본분을 가르치려고 주어졌다." 그러나 성경적인 시각을 가지고 모든 것을 바라보아야 한다. 바로 여기에서 기독교세계관의 필요성이 대두된다.

은 저주와 사망 밖에 없기 때문이다.

그러므로 하나님을 아는 지식과 경건은 이율배반적이지 않다.[194) 경건이란 무엇인가? '경건'이란 하나님이 베푸시는 온갖 유익들을 아는 데서 생겨나는바 하나님에 대한 두려움과 그를 향한 사랑이 하나로 결합된 상태를 뜻한다.[195) 참된 경건이 있으면 하나님의 뜻이 우리의 삶을 지배하는 법이 되어야 마땅하다. 경건한 사람은 하나님을 주님으로 또한 아버지로 인정하기 때문에, 모든 일에서 그의 권위를 찾는 것을 합당한 권리로 여겨서 그의 위엄을 높이고 그의 영광을 드러내기에 진력하고 그의 명령들을 복종하게 된다.[196)

하나님께서는 그 명령하시고 약속하신 언약에 순종하기를 요구하신다. 언약에 순종한다는 것은 다만 언약을 지킨다 안 지킨다는 차원이 아니라 신앙고백이 삶으로 드러나게 된다는 의미다.

> 사람아 주께서 선한 것이 무엇임을 네게 보이셨나니 여호와께서 네게 구하시는 것이 오직 공의를 행하며 인자를 사랑하며 겸손히 네 하나님과 함께 행하는 것이 아니냐(미 6:8)

하나님께서는 우리에게 무엇을 원하실까? 우리는 하나님의 자비와 용서에 빚졌다고 생각하는 나머지, '내가 이 큰 구원을 받았으니 주를 위해 무슨 일을 할까?' 그렇게 생각한다. 그러나 하나님께서 요구하시는 것은 언약에 순종하는 것이다. 순종이 일어나는 이유는 무엇인가? 그것은 우리의 구원이 오직 예수님께서 십자가에 흘린 피로써 구원하시고, 우리를 새언약 안으로 들어오게 하셨기 때문이다. 이제는 그 언약을 신실하게 지키며 공의를 행하며 살아가는 거룩한 언약백성이 되었기 때문이다.

공의는 모든 언약의 공동체가 이 언약의 의무를 지켜가도록 의를 행하는 것이다. 그래서 성경에는 공의를 말할 때 두 가지가 등장한다.

첫째는 고아와 과부와 같이 가난하고 곤란하고 빈궁한 자들에게 공의를 베풀으라고 한다. 왜냐하면 그들은 그 어렵고 궁핍한 사정으로 인해서 하나님 앞에 이 언약을 신실하게 지키지 못하기 때문에, 그들을 도와주어서 하나님의 백성으로 언약

---

194) 네이버사전에서, 이율배반(antinomy, 二律背反): 논리적으로나 사실적으로 동등한 근거로 성립하면서도 서로 양립할 수 없는 모순된 두 명제 사이의 관계. 칸트(I. Kant)는 이러한 예로 다음과 같은 명제를 든다. 즉, "세계는 시간적으로도 공간적으로도 한정된 것이다"와 "세계는 시간적·공간적으로 무한하다"가 그것이다. 이것은 모순된 두 명제가 모두 허위이거나 또는 일면에 서만 진실일 경우에 나타날 수 있다.
195) 존 칼빈, 기독교강요(상), 원광연 역 (고양: 크리스찬다이제스트, 2003), 45.
196) Ibid., 48.

에 신실하게 하라는 것이다.

> 가난한 자와 고아를 위하여 판단하며 곤란한 자와 빈궁한 자에게 공의를 베풀지며(시 82:3)
> 선행을 배우며 공의를 구하며 학대 받는 자를 도와주며 고아를 위하여 신원하며 과부를 위하여 변호하라 하셨느니라(사 1:17)

부자는 그 가진 바 권력과 재물을 가난하고 어려운 자들에게 베풀어야 한다. 부자는 세금을 더 내야 하며 사회적 책임을 언약적인 차원에서 더 감당해 가야 한다. 평민 출신이었던 루소는 가진 자들에게 누진세를 적용해서 사회적 형평성을 유지해야 한다고 주장했다.

두 번째는 권력과 재산을 가지고 있다고 해서 불의를 행하지 말라고 하신다. 권력과 재산을 가진 사람들은 공의를 행하지 않는다. 그들은 자신의 부와 권력으로 가난한 사람들을 압제하고 재판에서 뇌물로 매수하며 악을 행하였다. 여호와 하나님께서는 이런 일들을 미워하신다.

> 너희는 재판할 때에 불의를 행치 말며 가난한 자의 편을 들지 말며 세력 있는 자라고 두호하지 말고 공의로 사람을 재판할지며(레 19:15)
> 대저 나 여호와는 공의를 사랑하며 불의의 강탈을 미워하여 성실히 그들에게 갚아 주고 그들과 영영한 언약을 세울 것이라(사 61:8)
> 그 중에 거하신 여호와는 의로우사 불의를 행치 아니하시고 아침마다 간단없이 자기의 공의를 나타내시거늘 불의한 자는 수치를 알지 못하는도다(습 3:5)

하나님 앞에 진정으로 경건하게 살아가는 사람은 두 가지를 알고 있는 사람이다. 여호와께서는 언약을 소홀히 하고 불의를 행하는 자에게는 진노하시고, 경건하여 여호와의 언약에 신실하게 삶을 살아가는 자들에게 긍휼과 상급을 베풀어 주시는 분이시다. 그 두 가지 일을 통하여 하나님의 영광을 드러내신다.

그렇게 사는 것이 우리에게 어떤 유익을 주는가? 그렇게 하나님을 두려워하며 불의를 버리고 가난한 자들에게 긍휼을 베풀며 살아갈 때에 참된 평안과 소망을 누리고 살아가게 한다. 영원하신 하나님과의 언약 관계 속에 이루어지는 삶 속에 있을 때 참되고 영원한 의미와 통일성을 부여받기 때문이다. 사도 바울은 다음과 같이 말했다.

> 무엇이든지 전에 기록한 바는 우리의 교훈을 위하여 기록된 것이니 우리로 하여금 인내로 또는 성경의 안위로 소망을 가지게 함이니라(롬 15:4)

'무엇이든지 전에 기록한 바'는 하나님의 말씀 곧 '성경'을 가리킨다. 이 말씀은 구체적으로 바울이 앞 절에서 인용한 시편 69편 9절의 메시아에 관한 예언을 염두에 두고 말한 것이다.[197] 다윗은 '주의 집을 위하는 열성'에 몰두함으로써 불의한 자들로부터 불이익을 당하였다. 이 말씀을 요한복음에서는 예수께서 세상 욕심에 사로잡힌 자들에 의해서 더럽혀진 성전을 청결케 하는 일로 말미암아 당시 종교지도자들로부터 엄청난 반발을 받게 된 것과 동일시켰다.[198]

사도 바울은 구속사적으로 시편에 나타난 기록을 그리스도에게 적용시키고 그것을 다시 로마교회의 성도들에게 적용시켰다. 그것은, 시편뿐만 아니라 구약성경에 기록된 것들이 예수 그리스도가 어떤 분인지 보여주기 위함이었다. 하나님께서는 예수 그리스도 안에서 구약과 신약을 이해하게 하시고, 예수 그리스도 안에서 구원을 얻으며, 그 허락된 구원이 얼마나 확실한 것임을 알게 하시고, 믿음으로 살아가는 현실이 어려울지라도 예수 그리스도 안에서 참된 평안과 소망을 누리고 살아가게 하신다. 그것이 가능한 것은 예수 그리스도의 생명이 우리 안에 있으며 성령님께서 내주하시고 우리의 삶에 의미와 통일성을 충만하게 부여해 주시기 때문이다. 성경은 그런 일에 실패하지 않도록 지난 날의 사건들을 통해 각성케 한다.

저희에게 당한 이런 일이 거울이 되고 또한 말세를 만난 우리의 경계로 기록하였느니라(고전 10:11)

말세란 그리스도로 말미암는 구원의 시대가 열렸음을 뜻한다. 광야의 이스라엘 백성들은 간음하다 죽고, 원망하다 죽고, 불뱀에 물려 죽고, 지진이 나서 죽고, 향로에서 불이 나와서 죽고 수많은 사람이 죽었다. 언약을 맺었다고 해서 불순종과 반역이 보호되지 않는다는 경고의 말씀이다. 하나님께서 우리를 죄와 사망에서 구원하셨을지라도, '이제는 내 맘대로 살아도 된다' 이런 법은 없다. 하나님께서 예수 그리스도를 십자가에 못 박아 피 흘려 죽게 하시어 구원하신 것은 그의 의를 덧입어 우리를 의롭게 하고 하나님 앞에 순종하는 자가 되게 하려고 한 것이다. 성경

---

197) 주의 집을 위하는 열성이 나를 삼키고 주를 훼방하는 훼방이 내게 미쳤나이다(시 69:9)
198) 13 유대인의 유월절이 가까운지라 예수께서 예루살렘으로 올라가셨더니 14 성전 안에서 소와 양과 비둘기 파는 사람들과 돈 바꾸는 사람들의 앉은 것을 보시고 15 노끈으로 채찍을 만드사 양이나 소를 다 성전에서 내어 쫓으시고 돈 바꾸는 사람들의 돈을 쏟으시며 상을 엎으시고 16 비둘기 파는 사람들에게 이르시되 이것을 여기서 가져가라 내 아버지의 집으로 장사하는 집을 만들지 말라 하시니 17 제자들이 성경 말씀에 주의 전을 사모하는 열심이 나를 삼키리라 한 것을 기억하더라(요 2:13-17)

이 우리에게 가르치는 대로 살아가는 것에 대하여 칼빈은 다음과 같이 말한다.

> 순결하고 순전한 신앙이란 바로 이것이니, 곧 하나님에 대한 신뢰가 진지한 두려움과 완전히 하나가 되어, 이 두려움으로 인하여 기꺼운 공경심이 나타나고 또한 율법이 제시하는 정당한 예배가 생겨나는 그런 것이다. 또한 우리가 더욱더 부지런히 명심해야 할 사실은 이것이니, 곧 모든 사람들이 다 하나님을 향하여 어렴풋하고 희미한 공경심을 갖고 있기는 하나, 하나님을 진정으로 높이 공경하는 사람은 별로 없으며, 또한 화려한 예식들이 즐비한 곳에서는 진실한 마음을 보기가 정말로 힘들다는 사실이다.199)

참된 경건으로 나아가는 자는 말씀에 대한 순종과 예배가 있으며, 그렇지 않은 자들은 겉보기에는 화려하나 하나님을 알지 못하고 하나님을 높이는 삶이 아니라 자기 자신이 높아지는 삶을 살아가게 된다.

---

199) 존 칼빈, 기독교강요(상), 원광연 역 (고양: 크리스찬다이제스트, 2003), 48.

제4문 하나님께서는 어떤 분이십니까? (대7)
답: 하나님께서는 영이신데, 그분의 존재와 지혜와 능력과 거룩과 공의와 선하심과 진실하심이 무한하시며 영원하시고 불변하십니다.[200]

하나님께서 자기 백성들에게 계시하시는 목적은 하나님을 경외하게 하려 함이다. 그것은 하나님의 속성을 드러내는 것이며, 그리하여 언약의 백성들이 하나님의 속성대로 살아가는 삶을 살아가게 하기 위함이다. 그런데 오늘날 하나님을 믿는다고 말하면서 하나님의 속성과는 반대되는 삶을 살아가는 사람들이 허다하다. 한국이라는 이 특수한 상황에서 그 반대되는 삶을 살아가는 사람 중에 한 부류가 마르크스 철학을 따라 살아가는 사람들이다.

마르크스 이론의 맹점

마르크스는 봉건귀족사회를 붕괴시킨 것은 시민계급이라고 말한다. 그러나 영국에서는 무역업자가 주축이 된 상업혁명이 그런 변화를 가져왔다. 유럽의 어느 나라보다도 먼저 산업혁명이 일어난 영국에서는 대규모 자본가들을 타도하려는 무산계급의 혁명은 없었다. 실제로 마르크스는 영국에서 프롤레타리아 혁명이 일어났다고 말한 적이 없다. 프랑스에서도 봉건귀족이 사라지는 원인이 노동자들의 혁명이 아니었다.

마르크스 이론은 프롤레타리아 혁명이 핵심인데, 현실 역사에서는 그렇게 되지 않았다는 것이 가장 큰 문제다. 마르크스의 이론과 현실은 왜 괴리가 생겼는가? 여기에는 두 가지 원인이 있다. 하나는 「공산당선언」에서 말하는 무산계급 혁명이론이고 또 하나는 그 무산계급 혁명의 기초를 제공하는 잉여가치와 착취이론이다.

「공산당선언」은 엥겔스의 1844년 보고서를 바탕으로 쓴 것이다. 그 주된 내용은 무엇인가? 자본주의 사회는 그 내부 모순으로 노동자 계급에 의해 붕괴된다는 것이다. 구체적으로 무엇이라고 말했는가?

발전이 경과하면서 계급 차이들이 사라지고 모든 생산이 연합된 개인들의 수중에 집중되면, 공공의 권력은 그 정치적 성격을 상실하게 될 것이다. 본래의 의미에서의 정치권력이란 다른 계급을 억압하기 위한 한 계급의 조직된 힘이다. 만일 프롤레타리아트가 부르주아지에 대항하는 투쟁에서 필연적으로 계급으로 단결하고, 혁명을 통해 스스로 지배 계급이 되고, 지배 계급으로서 낡은 생산관계

---

200) Q. 4. What is God? A. God is a Spirit, infinite, eternal, and unchangeable, in his being, wisdom, power, holiness, justice, goodness, and truth.

들을 폭력적으로 폐지하게 된다면, 프롤레타리아트는 이 생산관계들과 아울러 계급 대립의 존립 조건들과 계급 일반을 폐지하게 될 것이며, 그럼으로써 계급으로서의 자기 자신의 지배도 폐지하게 될 것이다. 계급과 계급 대립이 있었던 낡은 부르주아 사회의 자리에 각자의 자유로운 발전이 모두의 자유로운 발전의 조건이 되는 연합체가 들어선다.201)

왜 이렇게 말한 대로 안 되었는가? 마르크스와 엥겔스가 살았던 시대는 산업혁명이 가져다주는 엄청난 변화의 시기였다. 농장이 대규모화 되자 일터를 잃은 사람들이 도시로 몰렸고 싼 임금으로 하루 18시간의 중노동으로 혹사당하는 일들이 일어났다. 이것을 지켜본 마르크스와 엥겔스는 무산계급의 혁명으로 착취가 없는 새로운 사회가 도래할 것이라고 말했다. 그렇게 되기 위한 조건이 무엇인가? 노동착취는 자본가가 노동자로부터 잉여가치를 착취하는 것이고, 그것은 유물론적 변증법, 곧 자본가와 노동자와의 대립으로 설명되어져야 하는데 그것이 「공산당선언」에는 없다. 마르크스의 무산자 혁명이론은 순전히 엥겔스가 영국의 노동자들이 자본가들로부터 착취를 당하고 있다는 1844년의 그 보고서를 그대로 믿고서 엥겔스와 함께 「공산당선언」에서 터뜨린 것이다.

결과는 어떻게 되었는가? 엥겔스의 그 보고서대로 일어나지 않았다. 엥겔스는 맨체스터 주변의 공장에서 일하는 노동자들의 실태를 『영국노동계급의 상태』라는 이름으로 1844년에 보고서를 작성하면서 혁명을 말했지만 역사는 그가 말했던 예상을 빗나가버렸다. 노동자들은 혁명을 일으킨 것이 아니라 노동조합으로 문제를 해결해 나가는 점진적 개량주의를 선택했다. 이런 분명한 현실 앞에서 엥겔스는 자신의 주장에서 후회하기 시작했고 결국 노동조합을 지지하고 사회민주주의 쪽으로 기울기 시작했다.202)

마르크스는 엥겔스의 1844년 보고서를 신뢰하고, 자본주의가 발달할수록 착취가 심해지므로 노동자들의 혁명이 일어날 것이라 했다. 착취 개념에서 중요한 것이 최저 임금인데 과연 노동자들은 자신과 가족의 노동력의 재생산에 필요한 비용만을 임금으로 받았는가? 그러나 실제로 그 당시의 임금을 조사해 보면 농촌이나 도시에서 흘러들어온 반농, 빈민, 부랑자들은 최저임금을 받았으나, 정규노동자들은

---

201) 칼 맑스·프리드리히 엥겔스, 공산주의 선언, 김태호 역 (서울: 박종철출판사, 2010), 37.
202) 오병헌, 한국의 좌파 (서울: 기파랑, 2012), 100; 〈… 그(엥겔스)는 1844년 그의 보고서의 영문판을 1892년 (1월 11일)에 내면서 그 서문에서 다음과 같이 고백하고 있다. "당시 나는 24세의 젊은 나이였으며, 내 글에는 젊은이의 표가 난다. 그것은 장점과 단점을 다 같이 보여주고 있으며, 나는 그 어느 것도 부끄럽게 생각하지 않는다." "나는 많은 예측들, 그 중에서도 나의 젊은 열기 탓으로 영국에 사회혁명이 임박해 있다는 과격한 예언도 했으나, 나는 이 글들을 본문에서 삭제하지 않고 일부러 그대로 남겨 두었다."〉

최저생활비의 2.8배를 받았다. 이때가 1844년이었으므로, 마르크스가 『자본론』을 쓰기 위한 자료 수집을 할 당시인 1850-60년대에는 노동자의 임금은 훨씬 더 높아졌을 것이다.

이것은 무엇을 말하는가? 자본가에 의한 노동자 착취가 일어나는 원인은 노동자가 최저임금만을 받는다는 것인데, 그 근거가 완전히 잘못되어 있으니 마르크스의 이론은 사상누각이 되어버린 것이다. 노동자가 생활에 필요한 최저임금을 받는다고 했을 때, 노동자의 거주상황은 살폈지만 노동자의 식(食)생활, 의(衣)생활, 사회활동은 고려되지 않았다. 노동자가 살아가기 위한 실질적인 비용과 임금을 비교하지 않았고 그것을 총체적으로 계산하지 않았다. 마르크스주의의 초석이 무너지는 것이다. 결국 '봉건계급→시민계급→프롤레타리아혁명→사회주의'라는 마르크스의 이론은 그저 신기루에 불과했다.

러시아를 공산화 시킨 레닌은 어떠했는가? 초기에 레닌은 마르크스의 이론을 러시아의 현실에 적용해 보려고 했다. 그러나 차츰 러시아에서 무산계급의 혁명이 어렵다는 생각을 가지게 되었다. 유럽의 나라들과 다른 형편인 러시아에서 레닌은 1917년 10월 혁명으로 반란에 성공했다. 그러나 10월 혁명은 마르크스의 이론과는 거리가 먼 것이었다. 마르크스 이론으로 하자면 노동자가 착취에 분노를 느끼고 적대의식과 계급의식으로 뭉쳐서 혁명을 일으키는 것이다. 그런데 레닌은 러시아의 형편상 그렇게 될 수 없다는 것을 알았다.

레닌은 어떻게 했는가? 마르크스 이론에 투철한 혁명적인 지식인 선각자들이 노동자들을 지도하여 계급의식과 혁명의식으로 무장되어야 한다고 주장했다. 레닌은 러시아사회민주당을 과격하게 만들었다.

레닌은 어떻게 권력을 장악하여 공산주의로 만들었는가? 레닌은 일반대중의 불만이 무엇인지 알아냈고 그것을 혁명의 불길로 만들었다. 그 불만이란 무엇이었는가? 첫째로, 가장 큰 불안은 군인들과 국민들이 가지고 있는 패배의식과 염전(厭戰)사상이었다. 러시아는 1904-5년에 일어난 러일전쟁에서 패배했으며, 1914년에 일어난 제1차 세계대전 속에 패전을 거듭하면서 불만이 가득한 상태였다. 이 두 전쟁으로 인해 아들과 남편을 잃지 않은 가정이 거의 없었고, 사람들은 극도의 가난과 굶주림으로 그 고통이 극에 달했다. 군대와 민중들은 반(反) 차르 정서로 가득했고 1917년 2월 혁명에서 차르는 퇴위되었다. 혁명에 성공한 볼셰비키들은 자신들이 사회주의 국가를 세우리라고 생각하지 않았다. 레닌이 그것을 실행에 옮겼다. 세계대전으로 열강들이 러시아에 개입할 여지가 없었던 것이 레닌에게는 호재였다.

레닌이 주도한 혁명의 주도세력은 군인이었다. 마르크스는 노동자가 들고 일어나야 한다고 했는데 러시아는 군인이 혁명의 주체가 되어버렸다. 두 번째로, 농민들의 토지문제였는데, 레닌은 농민에게 토지를 주겠다고 하면서 농민들을 부추기고 세력화했다. 세 번째로, 공장의 노동자들에게 집을 주고 먹을 것을 주겠다고 하면서 노동자들의 마음을 빼앗았다.203)

레닌은 그런 조직을 등에 업고, 힘도 약하고 조직도 약한 멘셰비키를 분열시켰다. 레닌은 무엇을 말했나? 단 한 마디, 평화였다. 평화 싫어할 사람 누가 있나? 레닌의 10월 혁명은 로마노프 왕조의 전제 정치에 대한 반발과 레닌의 전략이 만들어낸 것이었다. 혁명에 성공하자 레닌은 마르크스 이론에 따라 이루어졌다고 말했지만 그것은 거짓이었다. 레닌의 비밀경찰에 의해 죽은 사람은 5만 명에서 최대 20만 명으로 추정되며, 전체적으로 400만 명이 죽었다고 본다.204)

기독교인이라 하면서 이런 공산주의 사상을 추종할 수 없다. 그것은 하나님의 말씀을 따라 살지 않는 것이다. 그것은 인간의 원래 속성에도 위배된다. 인간은 그 원래 지음 받은 목적대로 살아가도록 하나님 의존적인 존재이며, 하나님은 그렇게 의존하고 살아도 되는 신뢰할만한 분이시라는 뜻이다. 그러나 타락한 인간은 의존적인 존재로 살아가기를 거부하고 자율적인 존재로 살아가기를 필사적으로 갈구한다. 그런 자율성의 시작은 에덴의 타락으로부터 있었으나, 계몽주의 사상이 중심에 자리 잡으면서 본격적으로 시작되었다.

로크(John Locke, 1632-1704)는 "의식"의 연속성을 통해 자아를 정의하려 한 최초의 철학자이다. 그는 또한 정신을 "빈 서판"(백지 상태, Tabula rasa)으로 간주하였다. 로크는 데카르트나 기독교적 개념과는 다르게 사람이 선천적 관념을 지니지 않고 '빈 백지'와 같은 상태로 태어난다고 주장하였다. 백지상태로 태어난 인간은 외부 세상의 감각적인 지각활동과 경험에 의해서 마음이 형성되고 전체적인 지적 능력이 향상된다고 말했다. 그래서 로크는 영국의 첫 경험론 철학자로 평가된다.

프랑스 혁명(1789년 7월 14일-1794년 7월 27일)은 프랑스에서 일어난 시민 혁

203) http://preview.britannica.co.kr/bol/topic.asp?article_id=b06r0206b010

204) http://mlbpark.donga.com/bbs/view.php?bbs=mpark_bbs_bullpen09&idx=589260&cpage=1&s_work=search&select=stt&keyword=%ED%95%99%EC%82%B4%EC%9E%90; 「세계15대 학살자」1위 모택동 중국 7700만, 2위 도르곤 청 5000만 이상, 3위 요제프 스탈린 소련 5000만, 4위 서태후 청 2500만, 5위 아돌프 히틀러 독일 2100만, 6위 쿠빌라이칸 몽골 1900만, 7위 장체스 중국 1000만, 8위 레오폴드2세 벨기에1000만, 9위 김일성 북한 500만, 10위 징키스칸 몽골 400만, 11위 블라디미르 레닌 소련400만, 12위 도조히데키 일본 400만, 13위 폴포드 캄보디아 300만, 14위 티투스 로마 110만, 15위 하드리아누스 50만.

명이다.205) 이 혁명에 도화선이 된 것은 계몽주의 사상이다. 18세기 프랑스 철학은 기독교를 철저하게 쓰러뜨렸다. 프랑스는 무신론과 유물론이 흘러 넘쳤다. 그 주동의 핵심에는 디드로, 몽테스키외, 볼테르, 루소와 같은 계몽주의자들이었다. 이 것이 결국 나중에는 미국의 신학교들을 자유주의 신학으로 물들게 만들었다. 기독교 신앙은 설 자리를 잃었고 인간의 이성이 버젓이 주인 노릇을 하게 되었다.

역시 계몽주의 철학자인 루소(1712-1778)와 계몽주의를 정점에 올려놓은 칸트(1724-1804)에 이르면 아퀴나스에게서 시작된 자율 사상이 더 발전하게 된다. 루소는 최초로 인간평등문제를 실천적으로 파고든 철저한 평등주의자라 불린다. 그러나 사실상은 엘리트주의자였다. 칸트 역시 철저한 엘리트주의자였다. 칸트는 이렇게 말했다.

> 나는 천성적으로 진리를 추구하는 자로 지식만이 인류의 영광을 이룬다고 믿어왔다. 아무것도 모르는 평범한 대중을 경멸했다. 루소를 읽고는 이런 맹목적 편견이 사라졌다. 나는 인간성에 대한 존경심으로 도덕적 평등주의자가 됐다.

플라톤의 이상국가가 그렇듯이 루소와 칸트의 세계는 무엇을 아는 사람들만의 엘리트가 지배하는 국가요 사회다. 그것은 다만 그런 이상향의 국가를 그린다는 것만이 아니라 인간의 자율성을 말했다. 루소가 "자연으로 돌아가라"는 것은 인간 평등이 실현되는 세상이다. 루소의 자연(nature)은 인간본성이 실현되는 자유롭고 평등한 세상이요 자율적인 세상이다. 문명의 부조리를 인간이 노력하여 바꿀 수 있는가? 이성의 침몰을 보는 것은 그리 오래 가지 않았다. 자율성으로 가는 인간의 비참한 종말이다.

그러면 성경은 무엇이라고 말하는가? 지금부터 나오는 교리문답은 하나님에 관한 것(4-6문)과 하나님의 작정에 관한 것(7-38문)이다. 언약의 주체가 되시는 하나님과 그 언약을 실행해 가시는 하나님의 일하심을 말한다. 그 속에는 하나님의 성품이 있다. 교리를 배운다는 것은 하라 하지 마라 법이나 규정을 배우는 것만이

---

205) http://ko.wikipedia.org/wiki/프랑스_혁명; "절대 왕정이 지배하던 프랑스의 구제도인 앙시앵 레짐(Ancien Régime) 하에서 부르주아 계급이 부상하고(18세기에 모든 선진국에서 나타난 특징적인 현상), 미국의 독립전쟁으로 자유의식이 고취된 가운데, 인구의 대다수를 차지하고 있던 평민들의 불만을 가중시켜 마침내 흉작이 일어난 1789년에 봉기하게 하였다. 도시민과 농민대중의 개입(대공포)으로 폭력양상을 띤 이 혁명은 2년간에 걸쳐 전 체제를 전복시켰다. 프랑스 혁명은 앙시앵 레짐을 무너뜨렸지만 혁명 후 수립된 프랑스 공화정이 나폴레옹 보나파르트(Napoléon Bonaparte)의 쿠데타로 무너진 후 75년 동안 공화정, 제국, 군주제로 국가 체제가 바뀌며 굴곡의 정치적 상황이 지속되었다."

아니라 하나님의 성품을 배우고 닮아가는 것이라는 것을 잊어서는 안 된다.

제4문은 언약의 주체이신 하나님이 어떤 분이신지 설명한다. 단언컨대, 하나님을 아는 것이 그리고 무엇보다 성경대로 바르게 아는 것이 이 소교리문답의 가장 최고의 핵심이다. 이 핵심을 벗어나면 이 소교리문답은 인간을 위한 인간의 문답이 되고 만다.

하나님을 아는 것은 오직 하나님의 자기 계시로만 가능하다. 하나님이 누구신지 하나님께서 알려 주셔야 알 수 있다. 그것은 인간이 스스로 깊이 통찰한 결과로 알게 된 것이 아니다. 예수님은 성부 하나님을 계시하셨다.206) 예수님이 아니면 성부 하나님께로 갈 수가 없다.207) 성령님께서는208) 하나님의 깊은 사정까지도 알고 계시며, 그것을 인간에게 알려 주신다.209) 그것은 교제와 언약으로 나타난다.210) 하나님께서 누구신지 알리시는 모든 것들은 하나님의 이름으로 보여주신다.211) 그것이 다 성경에 있다.

하나님께서 그의 택한 자들에게 하나님을 계시하시는 이유가 무엇인가? 그것은 '제1문 인생의 목적'에서 이미 말했다. 하나님께서 자신을 계시하시는 목적은 하나님께 영광이 되게 하시기 위함이다. 거기에는 2가지 방법이 있는데, 하나는 소극적인 것이고 하나는 적극적인 것이다. 소극적인 것은 자연과 자연의 현상을 통하여 그 영광을 나타내는 것이며, 적극적인 것은 그 지으신 피조물들 가운데 하나님의 형상을 따라 지음 받은 인간의 인격적인 항복과 자발적인 순종을 통하여 하나님의 영광을 나타내시는 것이다.212) 그렇게 하기 위하여 하나님이 누구신지 알게 하신

---

206) 세상 중에서 내게 주신 사람들에게 내가 아버지의 이름을 나타내었나이다 저희는 아버지의 것이었는데 내게 주셨으며 저희는 아버지의 말씀을 지키었나이다(요 17:6)

207) 예수께서 가라사대 내가 곧 길이요 진리요 생명이니 나로 말미암지 않고는 아버지께로 올 자가 없느니라(요 14:6)

208) 헤르만 바빙크, 개혁교의학, 박태현 역 (서울: 부흥과개혁사, 2011), 326-327; "하나님의 영(靈)은 계시 영역에서 모든 생명과 구원, 모든 은사들과 능력들의 원리이다."

209) 사람의 사정을 사람의 속에 있는 영 외에는 누가 알리요 이와 같이 하나님의 사정도 하나님의 영 외에는 아무도 알지 못하느니라(고전 2:11)

210) 유해무, 개혁교의학 (서울: 크리스챤다이제스트, 1997), 149; "하나님이 누구신지는 오직 그가 창설하신 교제와 언약 안에서만 가능하며, 다른 말로 하면, 오직 계시 안에서 하나님을 뵐 뿐이다. 하나님의 본질은 계시에 선행하나 계시를 떠나서는 알 수 없다. 이는 신적 능력의 발현이 아니라, 바로 하나님 당신의 계시다."

211) Ibid., 150; "계시로써 우리에게 알려지는 하나님의 모든 것들이 성경에서는 하나님의 이름으로 지칭된다. 즉 하나님의 이름에는 고유 명칭(nomina propia)들 뿐 아니라, 속성들과 하나님 본질 내의 위격들, 곧 삼위일체론도 포함된다. 하나님의 이름은 이미 호칭이고, 그 이름은 오직 '믿음 안에서' 불려진다. …"

212) 성경에서 피조물들이 하나님의 영광을 선포한다는 말씀이 있다. "하늘이 하나님의 영광을 선포하고 궁창이 그 손으로 하신 일을 나타내는도다"(시 19:1) "하늘이 그 의를 선포하니 모든 백성이 그 영광을 보았도다"(시 97:6) 이 말씀들은 피조물들이 무슨 지각이 있어서 하나님의 영광을 드러낸다는 것이 아니라 그런 피조물들이 하나님께 영광을 주제와 계기를 제공함으로 하나님의 지으신 인간이 그의 온 인격과 삶으로 하나님께 영광을 돌리도록 해 준다는 뜻이다.

다. 성경은 하나님을 어떤 분이시라고 말하는가?

1) 하나님께서는 영이신데

하나님을 영이라고 고백하는 것은 한계를 가진 어떤 존재가 아니라는 것으로 이해되어져 왔다. 하나님께서 영이시라는 것을 전통적으로는 육체의 반대 혹은 눈에 보이지 않음으로 이해되어 왔기 때문이다. 하나님께서 영이시라는 것은 삼위일체 하나님의 신적인 본질인 신성을 말한다. 하나님을 영이라고 하는 성경의 의미는 무엇인가?

(1) 생명을 주시는 분이시다.

성경은 하나님께서 영이시다는 것을 생명을 주시는 분으로 말한다.

> 살리는 것은 영이니 육은 무익하니라 내가 너희에게 이른 말이 영이요 생명이라(요 6:63)

이 말씀은 예수님의 역사가 성령님으로 말미암는다는 뜻이다. "인자의 살을 먹고 그의 피를 마시는 자가 영생을 가졌다"는 말씀에 대한 유대인의 오해를 시정하는 것이다. 살을 먹는다는 것은 육체를 직접 먹는다는 것이 아니라 영적으로 먹는다는 의미다. 예수님께서 하신 말씀은 영적인 것으로서 살리는 성령님의 역사가 함께 하신다는 뜻이다.

성령님은 죄와 사망으로 죽었던 자들을 살리는 능력이 있으시다.

> 바람이 임의로 불매 네가 그 소리를 들어도 어디서 오며 어디로 가는지 알지 못하나니 성령으로 난 사람은 다 이러하니라(요 3:8)

부활하신 예수님께서도 영이시다.

> 주는 영이시니 주의 영이 계신 곳에는 자유함이 있느니라(고후 3:17)

예수님께서 참된 자유를 주시는 능력이심을 말씀한다. 그러기 때문에 예수님은 살려주는 영이다. "주는 영이시니"라는 것은 6절에서 "의문(儀文)은 죽이는 것이요 영은 살리는 것임이니라"는 말씀과 연관하여 바로 이해될 수 있다. 즉 바울은 '의문'과 '영', '옛 언약'과 '새언약', '율법'과 '복음'을 대조하면서 후자(後者)의 우위성을 강조하고 있다. 바울의 초점은 옛 언약과 새 언약의 관계 및 대조하면서, 그리스도께서 빛과 생명의 원천이시므로 그분께 돌아오면 사망에서 생명으로 옮기운 바 된다는 것이다. 칼빈의 말대로, 율법과 복음을 구분하는 것은 구속사적 약속의 차이에 있다. 율법은 의롭게 되는 것이 행위에 근거하는 것이며, 복음은 전적으로 하나님의 은혜에 의존하는 것이다. 그래서 행위로냐 믿음으로냐 그것이 중요하다.

"주의 영이 있는 곳", 곧 마음의 수건이 벗겨지고 율법의 지배에서 벗어난 곳에는 복음, 즉 새 언약으로 말미암는 자유가 있다. 바울은 옛 언약의 지배 아래 사는 사람을 '종의 자녀'로, 새 언약의 지배 아래 사는 사람을 '자유자의 자녀'로 비유했다(갈 4:24-31). 여기서의 '자유'는 율법의 지배 하에서의 '죄와 죽음으로부터의 자유'를 가리킨다. 마음속에 새 언약이 영으로 새겨진 그리스도인들은 정죄와 구속의 율법으로부터 벗어나 자유를 얻는데 이 자유는 확신(4절)과 담대함(12절)을 주는 자유다. 바울은 사도로서 이 자유의 영을 받았으므로 인간적인 추천서에 의존하고자 하는 마음으로부터의 자유와 자기를 자랑하고자 하는 명예욕으로부터의 자유를 소유하고 있었다(1절). 우리의 자유는 어디에서 오는가? 그것은 예수님께서 죄와 사망에서 우리를 살리셨기 때문이다.

> 기록된 바 첫 사람 아담은 산 영이 되었다 함과 같이 마지막 아담은 살려주는 영이 되었나니(고전 15:45)

여기 "기록"이란 창 2장 7절이다. "첫 사람"이란 하나님께서 처음 창조하신 아담을 말하며 그는 자기 스스로 생명을 만들어내지 못하는 사람이었다. "산 영"이 된 것은, 하나님께서 아담의 몸을 지으시고 거기 생기를 불어 넣은 뒤에 된 것이다(창 2:7). 그는 범죄하였고 또한 남을 살리는 영은 못 되었다. 그러나, "마지막 아담은 살려 주는 영이 되었"다. 예수 그리스도를 "마지막 아담"이라고 한 이유는, 그가 말세에 나타나서 인생들을 구원하여 완성시키기 때문이다(히 9:25-28). 그리스도가 "살려 주는 영이 되"신 것은 어느 때부터 된 것인가? 여기 "되었"다는 말이 역사상(歷史上)에 이루어진 사건(事件)을 가리키는 것인 만큼, 그것은 그의 부활 승천하신 때부터 된 것이다. 예수님께서 죽었다가 다시 사신 몸은, 남들에게 생명을 교통하여 줄 수 있는 몸이다. 이와 같이 생명을 교통하여 주시는 일은, 그가 하심에 있어서, 물론 성령으로 말미암아서 하신다. 예수님께서는 "하나님은 영이시니"(요 4:24)라고 말씀하셨다.[213] 요한복음 4장은 사마리아 여인에게 영생에 대하여 말씀하시는 장면으로 하나님께서 영생을 주시는 분이시라는 것을 하나님은 영이시라는 것으로 말하고 있다.

(2) 인격적이시다

하나님의 속성을 말할 때, 현대의 사고방식(mentality)과 관련하여 중요하게 생각해야 할 것은 하나님은 인격적이라는 사실이다.214) 하나님은 우리 밖에 살아계시고 무한하시며 인격적이신 하나님이시다. 우리는 하나님의 인격을 플라톤식처럼 지·정·의로 구분하거나 아리스토텔레스처럼 인지적 요소와 비인지적 요소로 구분하고 접근하는 것이 아니라 언약관계 속에서 이해한다.215) 하나님께서는 삼위일체로 존재하시는데 이미 인격적인 관계 속에 있기 때문이다.216)

세상의 종교와 철학에서 말하는 하느님은 어떤 하느님인가? 그들이 말하는 하느님은 만유내재신론(萬有內在神論)217)이다. 그들에 따르면 인간이 신성을 가진 하느님이라고 말한다. 그들은 인간을 신격화해서 "우리 안에 있는 하느님"이라고 말한다.218) 그러나 그들의 결국은 비참하다. 왜냐하면 자기 내면에 신성을 부여하고

---

213) G.I. 윌리암슨, 소교리문답강해, 최덕성 역 (서울: 개혁주의신행협회, 1990), 23: "하나님을 단지 영혼이라고 말한다면 하나님과 영혼을 가진 다른 존재들과 구별을 할 수 없게 된다. 이러한 가르침은 모든 영은 하나님의 일부이거나 현현(顯現)이라고 생각하는 범신론의 한 유형이다. 그러나 하나님은 영(the Spirit)이시라고 말할 때 하나님은 다른 만물과 구별된다는 사실을 분명하게 드러낸다."

214) 손성은, 「언약신학에 언약이 없다(II)」.

215) 유해무, 개혁교의학 (서울: 크리스챤다이제스트, 1997), 147; 〈이런 식의 초월, 불가해성, 사변을 극복하는 길은 하나님의 '인격성'을 앎으로써 가능하다. "귀를 지으신 자가 듣지 아니하시랴 눈을 만드신 자가 보지 아니 하시랴"(시 94:9). 하나님은 독야청청하지 않고, 우리와 교섭하신다. 하나님은 우리에게 말을 걸어오시고, 당신이 우리를 향하여 얼굴을 향하고 계심을 말씀하신다.〉

216) 루이스 벌코프, 벌코프조직신학(상), 권수경·이상원 역 (서울: 크리스챤다이제스트, 1993), 282: "바틀렛(Bartlett)은 하나님이 필연적으로 삼위격적이라는 사실을 증명하기 위하여 흥미 있는 방식으로 다양한 고찰들을 제시하였다. 하나님 안에 있는 복수성을 증명하기 위한 인격성으로부터의 논증은 적어도 다음과 같은 어떤 형식을 취할 수 있다: 사람들 가운데서 자아는 비자아와의 접촉에 의해서만 의식을 일깨워 준다. 인격성은 고립 속에서는 발전하지도 존재하지도 않으며, 오직 다른 인격들과의 사귐에 의하여서만 발전하고 존재한다. 따라서 하나님 안에 있는 동등한 위격들의 사귐을 떠나서는 하나님의 인격성이 고려될 수 없는 것이다. 인간과 동물들의 접촉이 인간의 인격성을 설명해 줄 수 없음같이 하나님과 하나님의 피조물들과의 접촉도 마찬가지로 하나님의 인격을 설명할 수 없다. 하나님의 삼위의 존재에 의하여 하나님 안에는 신적인 삶의 무한한 충만이 존재한다. 바울은 엡 3:19과 골1:9; 2:9에서 이러한 신성의 충만함(pleroma)에 대하여 말한다. 하나님 안에 세 위격이 존재한다는 사실을 고려해 본다면, 하나님을 한 인격으로 말하는 것보다는 하나님이 인격적이시라고 말하는 편이 더 좋을 것이다." 로버트 L. 레이몬드, 최신조직신학, 나용화·손주철·안명준·조영천 역 (서울: 기독교문서선교회, 2004), 237-238 참고.

217) 위키백과사전에서, 내재신론(內在神論, Panentheism) 또는 만유내재신론(萬有內在神論)은 스콜라 철학 초기의 에리우게나의 종교관, 또는 세계관이다. 신은 모든 것의 시조이며 중간이며 끝이라고 한다. 신은 세계를 초월함과 동시에 세계 안에 있는 것이라는 입장이다.

218) 현대 자유주의 신학자들은 하나님의 존재에 대해서는 의미를 부여하지 않는다. 무엇보다 그들은 하나님께서 실제로 살아계시는 하나님이라고 믿지 않는다. 당연히 하나님의 속성에 대해서 잘못된 설명을 하게 된다. 인격적이시며 공의로우

자기 스스로 계발해 가기 위하여 영적인 안내자와 접촉을 하는데 그것은 귀신과 접촉하는 것이기 때문이다. 그런 사람들은 결국 귀신의 지배하에 살아가게 된다.

김용옥의 신론(新論)에는 "우리 안에 있는 하느님"사상이 정확히 드러난다. 그는 모 교회 주일예배 설교(?)를 하면서, "유기체적으로 보면 예수와 하나님과 여러분이 연결되어 있다. 여러분이 하나님 안에 거하면 여러분 안에도 하나님이 계신다. 여러분이야말로 하나님이다"고 말하였다. 김용옥은 또한 『도올 선생 중용강의』에서 "사막문명에서 나온 모든 사유들은 이렇게 일방적이다. 알라신을 찾든 여호와를 부르짖든 마찬가지에요. 이에 비해 천지론의 천지는 산을 배제하는 것은 아니지만, 서양처럼 일방적인 갇(God)이 아니다. 여러분 자체가 갇(God)이요, 천지입니다."라고 말했다.219)

이렇게 김용옥이 말하는 하느님은 인간이다. 그는 자신의 철학을 기철학이라고 하는데,220) 그것은 인간의 감정과 이성이 하나가 되고, 자연과 인간이 유기체적으로 하나가 되고, 그래서 그 우주의 가운인 비인격체의 기(氣)가 바로 신이라고 말한다.221) 김용옥에게 있어서 신은 우주의 신령스런 가운이며 인간을 포함한 유기체

신 하나님의 본성을 말하지 않기 때문에 죄악에 대한 하나님의 진노는 없어져 버리고 오직 아버지의 사랑만을 강조한다. 자유주의자들은 예수 그리스도를 말하지만 하나님의 사랑을 나타내는 그리스도를 말할 뿐이다. 그들이 말하는 예수는 우리를 죄와 사망에서 구원하시는 예수가 아니라 인간으로서의 모범에 불과하다.

219) 박명룡, 김용옥의 하나님 vs 성경의 하나님 (서울: 도서출판 누가, 2007), 29-31.

220) 김용옥, 논술과 철학강의 (서울: 통나무, 2011), 282-287; "나는 우주의 모든 것을 기라는 개념 하나로 설명하려고 한다. 다시 말해서 본체도 기며, 현상도 기다. 이데아도 기며 이데아의 그림자도 기다. 여기 앉아 이 글을 쓰고 있는 나도 기요, 내가 바라보고 있는 모든 환경세계도 기다. 이렇게 되면 본체이니 현상이니, 주관이니 객관이니 하는 말들이 근원적으로 무의미해진다. 모두 기라는 존재의 다양한 양태로서 포괄적으로 설명되어야 하는 개념들일 뿐이다. 원시바다에서 단세포로부터 출발한 생명이 뭍으로 나와 이끼류 같은 것이 되고 그것이 고등한 척추동물에로까지 진화하여 나와 같은 사유를 할 수 있는 인간으로까지 발전했다고 한다면, 그 아메바로부터 철학자의 의식세계까지가 모두 하나의 기로써 설명되어야 하는 것이다. 뿐만 아니라! 이 우주의 시간과 공간이 빅뱅으로부터 시작되어 우리가 보는 우주의 물질세계가 형성되었고 그 물질의 최종적 종말사태가 블랙홀이라고 한다면, 빅뱅으로부터 블랙홀에 이르는 모든 세계가 기 하나로 설명되어야 하는 것이다. 뿐만 아니라 나의 몸에서 나의 의식이 현현하였고 그 의식에서 언어가 생겨났고, 논리와 이성이 생겨났다고 한다면, 그리고 그 이성이 이 우주를 구성해가고 있다면 한다면, 이 나의 몸의 현상과 우주의 현상, 이 모두의 관계를 기라는 개념 하나로 통일하여 설명해야 하는 것이다. 과연 이런 작업이 가능할까? … 시공간의 최소의 단위로서 어떤 입자성을 부여할 때 그 설정의 유한성에 어떤 추상적 정의를 내려야 할지 우리는 곤혹스럽게 된다. 그러나 최소한 기가 없이는 시간-공간이 불가능하다는 것만은 확실하다. 시공간을 창출하는 최소단위로서의 기는 그 시공간의 모든 가능성을 내포하는 개념이 되어야 한다. 기 한 알갱이 운명 속에 우주의 모든 운명이 투사되어야 하는 것이다. 기 속에 생명의 가능성이 전혀 배제되어 있다면 기철학적 우주는 완벽하게 물리적인 우주가 되고 말 것이다." 이런 김용옥의 궤변은 결국 기(氣)가 신(神)의 자리를 대신하고 있다. 그가 말하는 신은 변화 과정 중에 있는 신이요 진화 중에 있는 신이다. 아직도 변화 중에 있고 다음에도 변화 중에 있는 신이니 진리는 언제 변할지 모른다. 그런 변화 속에 인간은 중심을 잡지 못하고 혼란에 속에 분열을 맞이할 수밖에 없다.

221) 김용옥, 노자와 21세기(1), 통나무, 1999, p. 262. 〈"하나님"은 유일자라고 인간이 만들어 놓은 허구적인 실체, 허상

로서의 전 우주 자체를 신이라고 말한다.

이런 것은 한두교의 범신론(汎神論)에 기초한 것으로, "만물은 하나이다"라는 일원론(一元論)이다. 불교 역시 이런 일원론에 기초한다.[222] 오늘날 뉴에이지는 자아를 실현하기 위하여 일원론적 명상, 개인적 경험 그리고 내적인 신(우리 안에 있는 하느님)으로 대치되어야 한다고 주장한다.[223] 현대 심리학은 이것을 "신성한 내면 아이"라고 말한다. 이렇게 명상으로 가는 이유는 김용옥과 같은 사람들이 말하는 세계 설명으로는 허탈감에 빠지기 때문이며, 그 허탈감을 채우기 위해 결국 인간 자신이 신이 되는 길을 선택하기 때문이다. 그들은 결국 에너지 혹은 기(氣)가 충만한 신이 되는 길로 간다.

존재하기 시작한 것은 그 존재의 원인이 있다.

아무런 원인이 없는 물질은 없다. 존재하는 모든 물질들은 그 물질을 존재하게 한 원인이 있다. 원인이 없이 존재하는 것을 신(神)이라고 한다. 그것은 성경에서 "나는 스스로 있는 자니라"고 말씀하시는 유일하신 하나님이시다. 유명한 철학박사이자 신학박사인 윌리암 레인 크레이그(William Lane Craig)는 다음과 같이 정리하여 말했다.

적인 인격체를 가리키는 것이요, "하느님"은 우리 조선민중의 사상인 동학(東學)이 말하는 "하늘님", 즉 신령스러운 우주의 기운을 말하는 것이다. 하나님은 명사이지만, 하느님은 명사일 수가 없는 것이다. … 우리가 신 즉 하느님이라고 말하는 모든 것이 결국 알고 보면 有形者에 대한 無形者를 가리키는 것이요, 인간의 감관으로 포착될 수 없는 신묘한 무형적 기운을 지칭하는 것이다.〉

222) 박이문, 죽음 앞의 삶, 삶 속의 인간: 종교와 윤리 (서울: 미다스북스, 2016); "불교적 형이상학의 특징은 무엇이며 어떻게 서술할 수 있는가? 불교적 형이상학은 일원론적이다. 일원론적 형이상학은 현상적으로는 서로 달리 보이는 모든 존재들이 실제로는 서로 다르지 않은, 즉 서로 구별할 수 없는 단 하나의 전체라는 믿음이다. 일원론적 형이상학은 한편으로는 속세와 천당, 감각적 현상과 가시적 실체, 몸과 마음, 물질과 정신을 양분하는 기독교적, 플라톤적, 데카르트적인 서양을 지배해 온 이원론적 형이상학과 대조되며, 다른 한편으로는 한두교나 노장사상과 상통한다. … 불교적 존재론의 특징은 일원론적이라는 사실 이외에도 순환적이라는 데서 찾을 수 있다. 순환적 존재론은 모든 것을 역동적으로 파악한다. 이런 점에서 모든 현상들도 사실은 영원히 고정된 것이며 사물현상의 운동과 변화를 환상으로 본 파르메니데스의 경우와는 달리 불교의 경우 모든 것이 영원히 정체적이 아니라 역동하며, 우주는 기독교나 헤겔의 세계관에서와는 달리 어떤 시점에서 시작하여 어떤 방향을 향한 목적론적 직선적 진행이 아니라, 니체의 '영원회귀'의 형이상학의 경우처럼, 시작도 끝도 없이 영원히 서로의 고리를 문 순환적 반복이다. 물질과 정신, 삶과 죽음, 동물과 인간, 개와 뱀, 한 신분과 다른 신분은 인과적 관계에 의해서 순환적으로 작동한다는 것이다."

223) http://blog.naver.com/yoochinw/130069692687; " • 모든 존재하는 것은 하나님이다. • 모든 인류는 하나님의 부분이다. • 각 사람 안에는 더 높은 자아가 존재하며 이는 그 사람의 신적 본질이다. • 더 높은 자아는 우주의 지혜를 깨닫게 하는 인도자이다. • 명상은 (생각을 비우는 것) 더 높은 자아에 연결되는 방법이다. • 사람이 한 번 더 높은 자아에 연결되면 더 높은 자아의 능력과 연합하게 되면서 그 사람은 자기 자신의 실체를 조정할 수 있게 된다."

1. 무엇이든지 존재하기를 시작하는 것은 그 존재의 원인을 가진다.
(Whatever begins to exist has a cause of its existence)
2. 우주는 존재하기를 시작하였다.
(The Universe began to exist)
3. 그러므로, 우주는 그 존재의 원인을 가진다.
(Therefore, the universe has a cause of its existence)224)

이 우주는 어떤 다른 원인에 의해서 시작되었다는 뜻이다. 바람이 불고 비가 오는 것은 어떤 원인이 있었기 때문에 바람이 불고 비가 온다. 마찬가지로 이 우주라는 것도 저절로 어느 날 갑자기 생긴 것이 아니다. 우주가 우주를 만들어 낸 것이 아니라 어떤 다른 존재와 원인에 의해 생성된 것이다. 사람들은 이런 말을 매우 듣기 싫어한다. 인간 외에 어떤 다른 무한하고 인격적인 존재가 있다는 것은 인간에게 개입하는 존재가 있다는 것을 의미하기 때문이다. 그러나 인간이 아무리 부인하려고 해도 존재하게 된 사건에는 반드시 그 원인이 있다는 사실을 부인할 수가 없다.225)

그러면, 하나님은 어찌 되는가? 하나님은 누가 만들었는가? 만일 이 우주가 원인이 있다면 하나님도 원인이 있는가? 이런 질문이 나오는 것은 앞서 말해 온 문제를 제대로 파악하지 못하기 때문에 나오는 것이다. 지금까지 말해 왔던 것은 무엇인가?

---

224) 박명룡, 김용옥의 하나님 vs 성경의 하나님 (서울: 도서출판 누가, 2007), 98.
225) Ibid., 98-99; 〈현대물리학 중에는 "양자이론"(quantum theory)이 있다. 어떤 사람들은 이 양자물리학을 근거로 해서 어떤 사건이 아무런 원인이 없어도 발생할 수 있다고 반론을 제기할 수 있다. 그러나 여기서 주목해야 할 사실은 첫째, 모든 과학자들이 다 sub-atomic level events가 아무런 원인이 없이 발생한다는데 동의하지 않는다는 사실이다. 둘째, 단지 Copenhagen interpretation에 바탕을 둔 이론들만 원인이 비결정적이라고 주장한다. 그러나 Copenhagen interpretation을 주장하는 사람들도 그 이론만큼이나 권위 있게 인정받는 다른 이론들이 모두 틀렸다는 것을 증명하지 못한다. 셋째, 게다가 Copenhagen interpretation 이론에서 조차도 어떤 것(things) 자체가 어떠한 원인 없이 그냥 존재로 튀어나오는 것이 아니다. 이 이론에 의하면, 가상의 소립자가 양자 진공(vacuum)에서 자발적으로 튀어나올 수가 있다고 한다. 그런데, 여기서 주의해야 할 점은 양자 진공이 무(nothing)가 아니라는 사실이다. 오히려 그것은 진동하는 에너지의 바다라고 볼 수 있다. 그 양자 진공에서 가상의 소립자 같은 비결정적 원인을 제공하고 있기 때문이다. 그러므로 Copenhagen interpretation 이론을 고려하더라도, 양자 진공은 가상적인 실체들의 물리적 원인이다. 결론적으로, 어떤 것(thing)이 그냥 아무것도 없는 무(nothing)에서 나왔다고 볼 수 없다. 양자이론이 무(nothing)에서 유(something)가 나오는 것이라고 말할 수 없다. 따라서 어떤 사건이나 물질에는 반드시 어떤 원인이 있어야만 한다. 바로 이러한 사실을 과학 철학자, Robert Deltete는 "우주 자체가 어떤 원인이 없이 생겼다든지, 문자적으로 무(nothing)로부터 어떠한 원인이 없이 튀어 나왔다는 통상적인 양자 이론은 그 이론의 근거가 없는 것이다."라고 올바르게 주장한다. 양자이론의 단점에 대해서는 William Lane Craig, God Are You There? 14-16; Robert Deltete, Critical notice of Theism, Atheism, and Big Bang Cosmology, Zygon 30 (1995): 656; William Lane Craig, "Scientific Confirmation of the Cosmological Argument"in Philosophy of Religion ed. Louis P. Pojman (New York: Wadsworth Publishing Company, 1998), 30-41. 그리고, 박담회, 박명룡, 기독교 지성으로 이해하라 (서울: 도서출판 누가, 2006), 66-68을 참조하라.〉

"무엇이든지 존재하기를 시작하는 것은 그 존재의 원인을 가진다."
(Whatever begins to exist has a cause of its existence)[226]

다시 말해서 우주라는 존재의 시작에 관한 것이었다. 우주 그 자체가 초월적이고 자율적인 존재가 아니라 어떤 초월적인 존재에 의하여 시작된 존재라는 것이다. 그런데, 호기심 어린 인간은, '우주가 원인이 있으면 하나님도 원인이 있는 것인가요?'라는 질문을 하고, 다음과 같이 바꾸었다.

"무엇이든지 존재하는 것은 원인을 가진다."
(Whatever exists has a cause)[227]

이 새로운 문장은 우주와 하나님을 동일한 차원으로 생각한다. 그러나 성경의 하나님은 우주를 만드신 분이시기에 우주의 궁극적인 원인이시다. 하나님은 이 우주를 초월하여 계시며 닫힌 세계의 인과율의 법칙에 지배를 받지 않으신다. 그래서 하나님은 비원인적 원인(The Uncaused Cause)이다.

이것은 김용옥 씨가 말하는 하늘님 혹은 하느님과 완전히 틀린 개념이다. 그는 중국의 일원론에 기초하여 이 우주가 신이라고 생각한다. 김용옥은 우주는 자족적이며 자신의 힘으로 생성되었고 유(有)에서 다른 형태의 유(有: 동양적인 무)로 끊임없이 변화해 가는 무한성을 가진다고 말한다.[228]

그러나 성경은 이 우주를 만드신 분(우주의 원인자)이 하나님이라고 말하며, 이 우주를 초월하여 존재하시며 이 우주에 간섭하고 계신 분이 하나님이라고 말씀한다. 성경의 하나님은 원인이 없는 하나님이시다. 누구로부터 도움을 받아서 존재하는 것은 성경이 말하는 하나님이 아니다. 성경의 하나님은 그런 불완전한 하나님이

---

226) Ibid., 100.
227) Ibid., 100.
228) Ibid., 102; [중국인의 우주는 태초로부터 하늘과 땅의 교섭으로 이루어진 것이므로 자족적인 것이다. "자족적"이라는 말은 "생성에 있어서 그 자체의 힘 밖의 어떠한 힘을 필요로 하지 않는다"는 뜻이다](김용옥, 도올 논문집, 50); [그러므로 인간의 이해에 있어서는 의존성·상보성이 강조되고 우주의 이해에 있어서는 독자성·자족성이 강조되었다. 전자의 성격은 유교 철학이 倫理(윤리, 동아리 즉 모임의 이치)를 강조하는 것으로 잘 대변되고 후자의 성격은 도가 철학이 天地自然(천지자연, 아 우주는 스스로 그러하다 즉 자족적이다)이란 명제를 강조하는 것으로 w라 대변된다.](김용옥, 도올 논문집, 80); [순수한 "Nichts"는 인간의 사적 산물일 뿐이며 현상에서는 발견될 수 없다. 현상적 일원론을 기반으로 하는 동양 사상에서는, 無(nihil)에서 有로의 비약이 있을 수 없으며 오히려 有에서 동양적 無에로의 확충이 있을 뿐이다.](김용옥, 동양학 어떻게 할 것인가, 274-275); [그러나 開闢(개벽)이란 말도 舊約(구약)에서 말하는"창조"는 아니며 그 자체로서 시작된 것이라는"비그뱅"의 개념에 더 가깝다.] (김용옥, 노자철학 이것이다, 111).

아니라 완전한 존재(The Perfect Being)다.229)

결국 문제는 무엇인가?

김용옥은 우주가 하느님이고 전부이며, 성경은 우주를 초월한 무한하시고 인격적이신 하나님이 계신다는 것이다. 김용옥은 신의 속성을 우주에 다 부여하며 설명한다. 그러나 우주는 무한하지 않고 유한하다고 과학자들마저도 말하고 있다. 그것은 열역학 제2법칙230)을 아는 사람이라면 다 아는 사실이다. 그 사실은 김용옥 씨가 아무리 소리를 지르며 우겨도 달라지지 않는다.

우주가 유한하다는 것은 무슨 의미를 가지는가? 그것은 우주의 죽음을 말한다. 김용옥은 우주가 신이라고 했으니 김용옥도 신의 죽음으로 끝장나게 된다. 죽음으로 끝장나고 그것 이외에는 아무 의미도 없는 것에 나의 목숨과 인생을 걸어야 할까? 그럴 수는 없다.

하나님의 속성과 인격체이신 하나님

우리는 지금 하나님의 속성에 대하여 말하면서 김용옥과 같은 무신론자들이 말하는 신이 얼마나 잘못되어 있으며 절망적인가를 보았다. 하나님과 그분의 속성을 말해 갈 때에 중요한 것은 그 하나님의 속성이 인격적이라는 것이다. 그러나 김용옥이 말하는 신은 인격적이지 않다. 우선 그의 기(氣)철학 자체가 이미 이 우주가 하나의 에너지일 뿐이며, 인격체로 말하지 않는다. 우주는 물질체이기 때문이다. 김용옥의 하나님 혹은 하늘님은 그저 우주의 기운이다.

---

229) 하나님이 모세에게 이르시되 나는 스스로 있는 자니라 또 이르시되 너는 이스라엘 자손에게 이같이 이르기를 스스로 있는 자가 나를 너희에게 보내셨다 하라(출 3:14)

230) 네이버 지식백과, 열역학 제2법칙 (Basic 고교생을 위한 물리 용어사전, 2002.4.15, (주)신원문화사). 고립된 계에서 온도가 다른 두 물체를 접촉시켰을 때 저온의 물체에 있는 열에너지가 고온의 물체로 이동해서 저온의 물체는 더 차가워지고 고온의 물체는 더 뜨거워져도 이때 이동하는 에너지의 양만 같다면 열역학 제1법칙, 즉 에너지의 보존 법칙에는 모순이 되지 않는다. 따라서 이러한 과정이 가능한 것으로 보이지만 실제로는 이러한 과정은 일어나지 않는다. 열역학 제1법칙은 에너지가 보존된다는 것을 의미할 뿐이며, 열(에너지)의 이동 방향에 대하여 아무런 제한을 가하지 않는다. 그러므로 자연계에는 에너지 보존 법칙과 다른 자연 현상의 비가역 진행 방향을 결정하는 어떤 법칙이 있다고 생각되며 이러한 방향성을 정해 주는 일반적인 표현을 열역학 제2법칙이라고 한다. 열역학 제2법칙은 다음과 같이 여러 가지로 표현되지만, 그 내용은 궁극적으로 같다. ① 열은 고온의 물체에서 저온의 물체 쪽으로 흘러가고 스스로 저온에서 고온으로 흐르지 않는다(클라우지우스의 표현). ② 일정한 온도의 물체로부터 열을 빼앗아 이것을 모두 일로 바꾸는 순환 과정(장치)은 존재하지 않는다(켈빈-플랑크의 표현). ③ 제2종 영구 기관은 존재하지 않는다. ④ 고립된 계의 비가역 변화는 엔트로피가 증가하는 방향으로 진행한다.

"하나님"은 유일자라고 인간이 만들어 놓은 허구적인 실체, 허상적인 인격체를 가리키는 것이요, "하느님"은 우리 조선민중의 사상인 동학(同學)이 말하는"하늘님", 즉 신령스러운 우주의 기운을 말하는 것이다.231)

김용옥의 신은 잔인하다. 그가 말하는 하느님은 인격체가 아니기 때문이다.

천지는 인간의 기대나 좌절이나 희망이나 믿음과 무관하게 움직이는 스스로 그러한 생명체일 뿐이다. 인간의 믿음과 소망에 답하는 하나님과는 그 모습이 너무나도 다르다. 천지는 인간을 위하여 인간에게 인자한 모습으로 항상 기다리고 서 있는 존재가 아니다. 그것은 천둥을 치고 벼락을 치고 화산을 터트리고 홍수를 내고 산불을 내고, 지진으로 땅을 가르고 가뭄으로 모든 것을 다 말라버리게 한다. 그것은 가혹하고 각박하기 이를 데 없다. … 천지는 잔인하다! … 그러나 바로 천지는 잔인하기에 위대한 것이다. … 노자의 하나님은 은총의 하나님이 아니다.232)

노자의 사상으로 말하는 김용옥이의 신은 비인격적이기 때문에 기독교의 인격적인 신과 정면으로 충돌한다. 그렇게 말하는 김용옥의 논리는 타당성이 없다. 왜냐하면, 그냥 고대 중국의 사상이 그렇기 때문에 그렇다고 말하기 때문이다. 그의 이런 설명방식은 논리적 비약으로 끝나버린다.

우리가 지금 하나님의 속성을 말하면서 이 말을 하는 이유는 하나님께서 인격체가 아니면 속성을 말할 필요가 없기 때문이다. 하나님께서 인격체이시기 때문에 그의 속성이 있다. 인격체가 아니면 김용옥이가 말하는 신이나 차이가 없는 신이 되어 버린다. 하나님께서 인격체이시기 때문에 이성적으로 생각하며 사랑할 수 있다. 희노애락이 있다. 인격체인 인간과 소통하시는 하나님이시다. 인격체는 자의식이 있고 자유의지가 있다. 그것으로 인간은 상호간의 인격적인 관계를 맺어갈 수 있다. 사회적 윤리와 도덕성이 있다. 동물들은 이성적 사고가 없으며 자의식이 없다. 동물들은 오직 본능을 따라 살고 죽는다. 세상의 물질체들은 본능마저도 없고 양성자들과 중성자들 그리고 전자들로 이루어진 집합체이다.233)

김용옥은 천지와 기는 비인격적이며 잔인하다고 말한다. 그가 말하는 신은 비인격체이기 때문이다. 사랑과 이해와 용서가 없고 생각이 없는 신이다. 함께 아픔과 기쁨을 나누고 대화하는 존재가 아니다. 자기 자신이 신의 일부요 신이라고 생각하기 때문에 오로지 수련과 명상을 통하여 어떤 경지에 도달하는 것이 전부다.234)

그러나 성경에서 말하는 하나님은 완전한 인격을 가지신 하나님이시다. 죄로 인

231) 김용옥, 노자와 21세기(1), 통나무, 1999, p. 262.
232) Ibid., 243-244.
233) 박명룡, 김용옥의 하나님 vs 성경의 하나님 (서울: 도서출판 누가, 2007), 116-118.
234) Ibid., 119.

하여 죽은 인간을 구원하시기 위하여 십자가로 사랑을 나타내신 하나님이시다. 그 사랑과 용서하심은 하나님께서 인격체이심을 드러낸 역사적 사건이며 또한 우리로 하여금 인격적인 항복을 받아내시는 하나님이시다.

이 우주를 시작케 하고 존재케 하는 초월자는 반드시 인격체이어야만 한다. 왜 반드시 인격체이어야만 할까? 첫째로, 물질이 초월자라고 가정하면 어떤 물질이 다른 물질의 신이 된다는 것은 논리적으로 맞지 않다. 그것은 더 나은 물질이 될 수 있어도 신이라 불리지 못한다. 무엇보다 우주가 시작되기 전에는 아무런 물질이 없었기 때문이다. 둘째로, 이 우주를 시작케 한 그 초월자는 이 세상을 만들기로 결단하는 의지적 존재자이어야 하기 때문이다. 이렇게 정확하고 조직적인 우주를 만드는 것은 무엇을 의도하고 목적하는 의지가 있는 인격체이어야 하기 때문이다. 아무런 생각 없이 혹은 우연히 이 우주가 만들어진 것은 아니다.235)

윌리암 레인 크레이그(William Lane Craig)는 다음과 같이 말한다.

> 창조주는 자유로이 어떤 시작점을 가진 세상을 창조하실 것을 의도하셨다. 그는 그의 원인적 힘을 실행함으로써, 시작점이 존재하는 이 세상을 만드셨다. 따라서 그 원인(창조주)은 영원하나 그 결과(우주)는 영원하지 않다. 이와 같이, 이 유한한 우주는 인격체인 창조주의 자유의지를 통하여, 영원한 원인으로부터 존재해 가는 것이 가능하게 되었다.236)

무한하시고 인격체이신 하나님, 곧 성경에서 말하는 하나님을 믿고 신뢰하며 인생을 살아가겠는가? 아니면 잔인하고 무자비하며 가혹하기 이를 데 없는 김용옥 씨가 말하는 그런 하느님을 따라가겠는가?

2) 그분의 존재와 지혜와 능력과 거룩과 공의와 선하심과 진실하심이 무한하시며

이런 모든 하나님의 속성들은 하나님만이 홀로 자율성을 가진다는 뜻이다.

(1) 존재가 무한하시다.

하나님께서는 그 존재에 있어서 무한하시다. 이것은 하나님의 편재를 말한다.237) 하나님께서는 모든 공간적 한계를 초월하시며 그의 지으신 모든 피조물에

---

235) Ibid., 127-128.
236) Ibid., 130. William Lane Craig, Reasonable Faith: Christian Truth And Apologetics, (Crossway Books: Wheaton, 1994), 117.
237) 하나님의 편재성이란 하나님만이 가지고 계신 능력으로 하나님은 어디든지 계시다는 것을 말한다.

직접적으로 임재해 계신다.238) 즉 모든 만물과 인간이 하나님의 면전에 있다.239)

하나님의 편재성과 관련하여 두 가지를 유의해야 한다. 첫째는 하나님의 편재성이 범신론으로 오해되어져서 하나님과 우주가 동일시되면 안 된다. 이것은 만물 속에 신이 있다는 것으로 인간의 내면에도 신성이 있다고 말한다. 불교의 불심이나 철학에서 순수이성도 범신론적 신인데 현대적 용어로 신성한 내면이라고 말한다. 혹은 그 반대로 이상적인 신관을 말해서도 안 된다. 이상적인 신관은 하나님의 거룩성을 너무 강조한 나머지 하나님은 하늘 보좌에만 계시는 지고하신 분으로 말하는 것이다. 이런 신은 자기 세계에만 머물러 계시고 인간의 삶에는 냉담하고 관계하시지 않는 하나님이 되어버린다. 영지주의자들은240) 영은 거룩하고 육은 악하다고 보았기 때문에 거룩하신 하나님이 물질세계에 속한 인간과 직접적인 관계를 맺을 수 없다고 보았다. 영지주의자들은 성육신 하신 예수님을 환영이라고 보았다. 그것을 가현설이라 한다.241)

---

238) 제48문. 그러나 만일 그리스도의 인성이 그의 신성이 있는 곳마다 있는 것이 아니라면, 그리스도 안에 두 본성이 서로 분리되어 있는 것이 아닙니까? 답: 결코 그렇지 않습니다. 왜냐하면 그리스도의 신성은 제한을 받지 않고 어느 곳에서나 있을 수 있기 때문입니다.[1] 그래서 그리스도의 신성은 정말로 당신이 취하신 인성을 초월해 있지만, 이 인성 안에 있고, 인격적으로 인성과 연합되어져 있다는 사실이 따라와야만 합니다.[2] [1] 렘 23:23, 24; 행 7:48, 49. [2] 요 1:14; 3:13; 골 2:9.

239) 시 139:7-10; 왕상 8:27; 잠언 15:3; 암 9:2-4; 렘 23:23-24; 겔 8:12; 행 17:27-28.

240) J.L. 니브, O.W. 하이크 공저, 기독교교리사, 서남동 역 (서울: 대한기독교서회, 1992), 227-228; 우리는 적그리스도라 불리워진 영지주의(노스틱주의)자들이 추구했던 목적들을 생각해야 한다. "노스틱주의의 기초가 된 관념은 병든 세상에 대하여 구원의 길을 제시해 주고자 하는 목적이었다. … 노스틱주의의 목적은 근본적으로 속에 있었기 때문에, 그들은 단순히 한 종교를 세우고자 한 것이 아니라 보편적 종교를 세우려고 의도했던 것이다. 이와 같은 사변적이고 신화적인 요소 외에도, 노스틱주의는 하나님께로부터 받은 신적 계시를 가지고 있다고 주장하였다. 신적 계시, 신비적 경험, 상징적 형식의 마법, 금욕주의의 실천 등-이런 모든 것들을 보다 높은 생명을 얻게 하는 방편이 되었던 것이다. 구원의 지식을 전달하기 위해서는 이교의 모든 신비적 의식이 모방되고 채택되었으며, 정교한 의식을 갖춘 종교적 제도가 만들어지기까지 하였다. … 즉, '나는 구원받기 위하여 무엇을 해야 할 것인가?'하는 질문이다. 다른 말로 하면 이러한 그들의 모든 문제의 궁극적 목표는 인간의 구속의 문제를 해결하는 일이었던 것이다. 그리하여 노스틱주의는 항상 다음과 같은 문제에 대하여 의문을 품고 있었다. 즉 하나님은 어디로부터 오시는가? 세계는 어디서 생겼는가? 인간은 어디서 왔는가? 악은 어디서 유래했는가? 우리 인간에게 있는 영과 물질의 신비스러운 결합을 어떻게 설명할 것인가? 인간은 어떻게 물질의 속박에 매이게 되었는가? 구속은 어떻게 이루어지는가? 구속자는 누구인가? 우리는 어떻게 불멸을 획득할 수가 있는가? 등이다."

241) 위키피디아 사전에서; 〈가현설(仮現説) 또는 도케티즘(Docetism, 그리스어로 "보이다"는 뜻인 δοκέω[dokeō]에서)은 예수는 하느님이기에, 인간으로서의 몸은 환상일 뿐이라는 영지주의 교리이다. 간단히 말해서 가현설은 예수는 사람의 탈을 쓰고 왔으므로, 사람이 아니라면서 예수의 인간성을 부정하는 교리이다. 따라서 예수가 십자가에 달리고 고난받은 것은 환상일 뿐이며, 그가 죽고 부활하는 것은 중요하지 않다고 영지주의자들은 주장하였다. 가현설은 일부 기독교인들이 예수의 신성을 지나치게 강조하여 발생한 극단적인 교리로서, 요한 교회에서는 "말씀이 사람이 되었다"는 성육신(肉化) 사상(요한복음서 1장 14절)을 통해 이를 반박하였다. 복음서와 서신서 저자들은 물론, 기독교 교부와 신학자들에게도 가현설은 단죄되었는데, 그 실례로 마태오 복음서와 루가 복음서에서는 예수의 탄생설화(이야기)를 언급하고 있으

두 번째는 하나님께서 올라가신다거나 내려가신다고 말하는 성경의 표현들을 문자적으로 이해해서는 안 된다. 그것은 우리의 이해를 위해 묘사된 것들이다. 하나님은 어디에나 계시기 때문에 문자적으로 어떤 장소를 떠나시는 분이 아니시다.[242]

(2) 지혜가 무한하시다.

하나님께서 지혜가 무한하시다는 것은 가장 지혜롭다는 의미다. 가장 지혜롭다는 것은 하나님의 속성이 비교 대상이 아니며 가장 최고라는 뜻에서 표현한 말이다. 하나님의 지혜는 과거, 현재, 미래에 대한 피조세계에 대한 하나님의 모든 지식뿐만이 아니라 하나님 자신의 지혜도 포함하는 말이다. 하나님의 지혜란 하나님의 정하시고 행하시는 그 일이 우리에게 일어났을 때, 어떤 환경과 조건 속에서도 하나님의 하나님 되심을 나타내는 최고의 선택이며 최고의 결정이시라는 뜻이다. 이것은 우리의 입장에서 이해하고 설명할 때 하는 말이지, 선택과 결정이라고 해서 거기에 준하는 무슨 다른 대안이 있다는 뜻이 아니다. 왜냐하면 하나님의 일하심은 후회하심이 없기 때문이다.[243]

> 7 네가 하나님의 오묘를 어찌 능히 측량하며 전능자를 어찌 능히 온전히 알겠느냐 8 하늘보다 높으시니 네가 어찌 하겠으며 음부보다 깊으시니 네가 어찌 알겠느냐 9 그 도량은 땅보다 크고 바다보다 넓으니라(욥 11:7-9)

'하나님의 오묘'란 하나님의 깊은 마음속에 감추어진 깊은 뜻을 가리킨다. 본문은 특히 하나님의 지혜를 히브리안들의 우주를 구성하는 네 가지 영역(하늘, 음부, 땅, 바다)보다 더 높고 크고 넓다고 말함으로써 하나님의 초월성을 강조하고 있다. 인간으로서는 전능하신 하나님의 뜻을 결코 헤아리지 못한다는 뜻이다. 하나님께서는 무한히 지혜로우시며 영원히 불변하게 지혜로우시기 때문이다. 하나님께서는 만사와 모든 참된 일을 아시며(전지하심), 모든 것들을 항상 아시고, 그 아시는 일에 무엇을 더 하거나 오류가 없으시다.[244] 그것은 구원에 있어서 십자가로 나타났

며, 요한의 둘째 편지(요한 2서)에서는 예수가 사람인 것을 부정하는 사람은 그리스도의 적이라고 단죄한다.〉

242) 로버트 L. 레이몬드, 최신조직신학, 나용화·손주철·안명준·조영천 역 (서울: 기독교문서선교회, 2004), 242; 레이몬드는 하나님의 편재성을 말하면서 루터의 공재성을 은근히 편들고 있다.

243) 하나님은 인생이 아니시니 식언치 않으시고 인자가 아니시니 후회가 없으시도다 어찌 그 말씀하신 바를 행치 않으시며 하신 말씀을 실행치 않으시랴(민 23:19)

244) 삼상 2:3; 욥 37:16; 시 33:13-15; 시 94:9-11; 시 104:24; 시 139:1-4, 15-16; 잠 8:22-23, 27-30; 잠 15:3; 사 40:13-14; 사 40:27-28; 사 46:10; 롬 11:33-34; 롬 16:27; 히 4:13; 요일 3:20;

다. 그리스도는 하나님의 능력이요 하나님의 지혜다!245)

(3) 능력이 무한하시다.

하나님께서는 전능하신 하나님이시며 그의 권능은 증가되거나 감소되지 않는다. 하나님께서는 그 작정하신 대로 다 행하시며 그 지으신 우주 만물을 통치하시는 분이시다.246)

> 우리 주는 광대하시며 능력이 많으시며 그 지혜가 무궁하시도다(시 147:5)

하나님의 능력은 하나님의 지혜와 함께 역사한다. 하나님의 능력과 하나님의 지혜가 가장 잘 드러난 것은 예수 그리스도의 십자가다.247) 구속사의 전 역사에서 하나님의 전능하심이 어떻게 나타나고 있는가?

> 3 하나님의 종 모세의 노래, 어린 양의 노래를 불러 가로되 주 하나님 곧 전능하신 이시여 하시는 일이 크고 기이하시도다 만국의 왕이시여 주의 길이 의롭고 참되시도다 4 주여 누가 주의 이름을 두려워하지 아니하며 영화롭게 하지 아니하오리이까 오직 주만 거룩하시니이다 주의 의로우신 일이 나타났으매 만국이 와서 주께 경배하리이다 하더라(계 15:3-4)

이 말씀은 하나님의 어린 양 예수 그리스도를 통한 구속을 찬양한 것이다. 전능하신 하나님께서 그 영원하며 완전한 주권으로 하나님을 대적하며 하나님의 백성을 핍박하는 모든 자들을 진노로 심판하셔서 멸망시키시고, 하나님의 백성을 구속하셔서 자신의 의로움과 신실하심을 나타내신 것을 찬양했다.

---

245) 오직 부르심을 입은 자들에게는 유대인이나 헬라인이나 그리스도는 하나님의 능력이요 하나님의 지혜니라(고전 1:24) 너희는 하나님께로부터 나서 그리스도 예수 안에 있고 예수는 하나님께로서 나와서 우리에게 지혜와 의로움과 거룩함과 구속함이 되셨으니(고전 1:30)

246) 로버트 L. 레이몬드, 최신조직신학, 나용화·손주철·안명준·조영천 역 (서울: 기독교문서선교회, 2004), 267-268; 하나님께서 전능하시다고해서 무엇이든 하실 수 있다는 것으로 생각해서는 안 된다. 그 하실 수 없는 것은 무엇인가? 1) 형이상학적으로든 또는 윤리적으로든 자신의 본성에 반대되는 것이다. 예를 들면, 하나님은 거짓말을 하실 수가 없고(히 6:17-18; 딛 1:2), 그의 약속을 어길 수 없으며(고후 1:20), 자신을 부인할 수 없고(딤후 2:13), 변하실 수 없다(민 23:19; 삼상 15:29). 2) 하나님께서는 비합리적인 것, 즉 자기 모순적인 것을 하실 수가 없다. 조지 마브로드스(George Mavrodes)는 이것을 '거짓 직무'라고 일컫는다. 왜냐하면 모순적인 것들은 하나님의 합리성을 영원히 무너뜨리기 때문이다. 2+2=5가 되게 하지 않으며, 계곡이 없는 산을 만들지 않으시고, 너무 무거워서 들 수 없는 돌멩이를 만드실 리가 없고, 네모진 삼각형이나 사각형의 원을 만드시지 않으신다. 이러한 비합리적인 것들은 논리의 영역에 속하고 능력의 영역에 결코 속하지 않는다. 3) 하나님의 자기 권능을 소진하는 일이 불가능하다. 하나님께서 피조세계를 창조하시고 다스려 가시지만 그 권능이 줄어들거나 부족하게 되지 않는다.

247) 예수는 우리 범죄함 위하여 내어줌이 되고 또한 우리를 의롭다 하심을 위하여 살아나셨느니라(롬 4:25) 너희는 하나님께로부터 나서 그리스도 예수 안에 있고 예수는 하나님께로서 나와서 우리에게 지혜와 의로움과 거룩함과 구속함이 되셨으니(고전 1:30)

(4) 거룩하심이 무한하시다

이사야 선지자는 그 사명을 받는 환상 가운데서 스랍들이 찬양하는 장면을 보았다.

> 1 웃시야 왕의 죽던 해에 내가 본즉 주께서 높이 들린 보좌에 앉으셨는데 그 옷자락은 성전에 가득하였고 2 스랍들은 모셔 섰는데 각기 여섯 날개가 있어 그 둘로는 그 얼굴을 가리었고 그 둘로는 그 발을 가리었고 그 둘로는 날며 3 서로 창화하여 가로되 거룩하다 거룩하다 거룩하다 만군의 여호와여 그 영광이 온 땅에 충만하도다(사 6:1-3)

스랍들이 거룩하다고 끊임없이 찬양한 이유는 무엇인가? 그것은 하나님만이 거룩하시기 때문이다. 하나님의 하시는 그 모든 일들은 완전하시고 선하시고 의로우시다. 그에게는 죄가 없으시다.248) 하나님께서는 죄를 그냥 못본채 하지 않으신다. 죄는 하나님의 말씀을 불순종하고 언약을 깨트린 것이기 때문이다. 그러나 감사하옵게도 하나님께서는 예수 그리스도의 십자가 피로 그 죄 값을 치루시고 우리를 구원하셨다.

거룩은 인간의 윤리·도덕적인 차원에서만 말하는 것이 아니다. 그것은 인간의 유한함과 다르다는 뜻이다. 하나님은 우리를 초월해 계시나 우리에게 사랑으로 다가오신다. 에스겔은 하나님께서 자기 백성에게 은혜롭게 다가오실 때 거룩하다고 말한다. 거룩은 하나님의 영광이 그 언약의 시혜자들에게 긍휼과 자비를 베푸실 때 거룩이라 하며, 그 은혜를 받은 자들이 언약의 주체자이신 하나님께 영광을 돌릴 때 거룩이라 한다.249)

> 지존무상하며 영원히 거하며 거룩하다 이름 하는 자가 이같이 말씀하시되 내가 높고 거룩한 곳에 거하며 또한 통회하고 마음이 겸손한 자와 함께 거하나니 이는 겸손한 자의 영을 소성케 하며 통회하는 자의 마음을 소성케 하려 함이라(사 57:15)

스랍들이 반복해서 거룩하다고 노래한다. 이렇게 반복하는 것은 주의를 최고조로 환기시키는 방법이다. 천사들은 하나님을 최고로 높여 하나님의 위대하심을 찬양한다.

---

248) 우리가 저에게서 듣고 너희에게 전하는 소식이 이것이니 곧 하나님은 빛이시라 그에게는 어두움이 조금도 없으시니라(요일 1:5)
249) 유해무, **개혁교의학** (서울: 크리스챤다이제스트, 1997), 174.

네 생물이 각각 여섯 날개가 있고 그 안과 주위에 눈이 가득하더라 그들이 밤낮 쉬지 않고 이르기를 거룩하다 거룩하다 거룩하다 주 하나님 곧 전능하신이여 전에도 계셨고 이제도 계시고 장차 오실 자라 하고(계 4:8)

네 생물이 왜 이렇게 찬양을 했는가? 하나님의 거룩하심의 최고봉은 하나님의 거룩한 구원 경륜에서 나타나기 때문이다. 하나님의 거룩하심이 이렇게 놀라운 구원역사로 펼쳐지는 것을 보고 "거룩하다 거룩하다 거룩하다" 찬양하지 않을 수가 없다. 이렇게 세 번이나 거룩하다고 찬양하는 것을 '트리사기온'(trisagion)이라 하는데, 히브리어 가운데 가장 강한 최상급을 나타낸다. 이 말은 거룩이라는 속성이 하나님의 모든 속성을 정의하고 그 의미를 나타내는 근본적인 속성이라는 것을 의미한다.

하나님의 거룩하심은 언제나 두 가지로 말한다. 첫째는 하나님의 초월성이다. 하나님은 창조주 하나님이시고 우리는 피조물이다. 하나님은 위대하심으로 나타내시고, 한계 내에 있는 인간은 하나님을 의지하며 그 속에서 의미와 통일성을 부여받는 존재다. 신플라톤 철학이 교회 안에 들어오면서 지금까지도 인간에게 신성을 부여하여 초월적 존재로 상승시키고 있다. 둘째는, 하나님의 도덕적 완전하심을 말한다. 그것은 하나님의 선하심으로 나타난다. 하나님의 초월성이 나타나는 위대함은 언제나 하나님의 선하심으로 우리에게 다가오시어 우리의 항복을 받아내시는 참으로 놀라우신 하나님이시다!

이쯤 되면 하나님께서 하시는 말씀의 의미가 새로워진다.

나는 너희의 하나님이 되려고 너희를 애굽 땅에서 인도하여 낸 여호와라 내가 거룩하니 너희도 거룩할지어다(레 11:45)

레위기 11장은 '정한 짐승과 부정한 짐승'에 대하여 말한다. 45절은 이런 정결 의식법의 근거와 목적을 말하고 있다. 하나님께서 거룩하시니 이스라엘도 거룩해야 했다. 이스라엘이 거룩한 공동체가 되기 위해서는 이방적인 요소와 죄악 된 요소들과는 분리되고 제거되어야 했다. 그렇게 할 때 하나님과 친밀과 교제가 이루어지고 언약이 유지될 수 있기 때문이다. 음식을 먹는 것은 다만 양식을 해결하는 것이 아니라 신앙과 세계관이 반영된 것이었다. 그래서 이스라엘은 먹고 사는 일에서도 이방인과 구별되어야 했다.

하나님의 거룩하심 앞에 인간의 죄악은 명백하게 드러난다. 인간이 죄인이라는 사실을 인정하고 고백할 때에만 구원을 받을 수 있다. 성경이 하나님의 거룩을 말하는 것은 시위하기 위함이 아니라 인간이 처한 죄의 비참한 상황을 깨달아 하나님의 구원에 이르게 하기 위함이다.

(5) 공의가 무한하시다

하나님의 공의로우심은 언약을 신실하게 지키심으로 나타난다. 언약의 말씀대로 지켜지는 것이 공의다. 하나님께서는 사람을 외모로 판단하지 않으시며 하나님께서는 언제나 사람의 중심을 보신다.

> 그는 반석이시니 그 공덕이 완전하고 그 모든 길이 공평하며 진실무망하신 하나님이시니 공의로우시고 정직하시도다(신 32:4)

하나님을 반석에 비유함으로써 하나님을 찾고 의지하는 자들에게 있어서 언제나 안전하고 불변부동(不變不動)하는 영원한 피난처가 되심을 말해주고 있다. 쉽게 쌓였다가 쉽게 흩날리는 모래산과는 달리 언제나 제자리에 변함없이 우뚝 서 있어, 사막의 온갖 위험으로부터 여행자들의 안전한 피난처가 되어 주는 거대한 반석처럼 여호와 하나님은 언제나 공의로우신 분이시다. 하나님께서는 언제나 그 언약하신 율법에 근거하여 판단하시기 때문이다. 하나님께서는 악인에게 공의로 심판하시며 가난하고 궁핍한 자에게 공의로 은혜와 긍휼을 베푸신다. 그렇게 하시는 것은 언약공동체가 언약한 그대로 신실하게 살아가도록 하기 위함이다.

(6) 선하심과 진실하심이 무한하시다

하나님의 선하심과 진실하심 역시 자기 백성과 맺은 언약에서 드러난다. 모세가 하나님의 율법을 받기 위하여 올라갔을 때 이스라엘 백성들은 우상을 섬기고 광란에 빠졌다. 그때도, 여호와께서는 여호와의 성품이 어떠하신지 말씀하셨다.

> 6 여호와께서 그의 앞으로 지나시며 반포하시되 여호와로라 여호와로라 자비롭고 은혜롭고 노하기를 더디하고 인자와 진실이 많은 하나님이로라 7 인자를 천대까지 베풀며 악과 과실과 죄를 용서하나 형벌 받을 자는 결단코 면죄하지 않고 아비의 악을 자녀 손 삼사 대까지 보응하리라(출 34:6-7)

하나님께서는 무한히 선하시기 때문에 자기 백성들에게 사랑을 베푸신다. 하나님의 거룩하심이 하나님의 초월성을 강조한다면, 하나님의 선하심은 그의 백성들을 향한 낮아지심을 강조한다.

오늘날 거짓 선생들이 '가계에 흐르는 저주'라는 거짓된 가르침을 퍼뜨리고 있다. 아비의 악을 자녀 손 삼사 대까지 보응한다는 말씀은 인자를 천대까지 베푸시는 하나님의 은혜에 비하여, 그 진노는 아주 작은 것임을 묘사한 수사학적 표현이다.

> 29 그때 그들이 다시는 이르기를 아비가 신 포도를 먹었으므로 아들들의 이가 시다 하지 아니하겠고 30 신 포도를 먹는 자마다 그 이가 심 같이 각기 자기 죄악으로만 죽으리라(렘 31:29-30)

하나님께서는 언제나 각기 자기 죄악으로만 죽을 것이라고 말씀하신다. 하나님께서는 자기 죄를 회개하고 돌이키는 자에게 은혜와 긍휼을 베푸시며 언제나 돌아오기를 기다리는 분이시다(눅 15:12-24). 또한 하나님께서는 자기 백성에게 그 언약에 신실할 것을 요구하신다.

> 아브람의 구십구 세 때에 여호와께서 아브람에게 나타나서 그에게 이르시되 나는 전능한 하나님이라 너는 내 앞에서 행하여 완전하라(창 17:1)

아브라함은 창세기 15장 6절에서 여호와를 믿어 의롭다 함을 받았고 짐승을 쪼개어 언약을 맺었음에도 불구하고 16장에 와서 하갈을 통하여 이스마엘이 태어나게 된다. 하나님께서는 다시 아브라함에게 나타나시어 아브라함의 나이가 99살임에도 불구하고 하나님께서 전능하시기 때문에 그 언약하신대로 아브라함의 자손들이 번성하게 될 것을 다시 약속해 주시고 언약하셨다. 할례언약을 통하여 아브라함은 이제 전적으로 하나님만 신뢰하겠다는 징표를 몸에 지니게 되어 더욱 언약대로 살아가야 했다.

3) 영원하시고

영원하시다는 것은 일차적으로 시간적으로 한없이 존재하신다는 뜻이다. 그러나 성경에서 하나님이 영원하시다는 뜻은 하나님의 존재에 무엇이 부족하다거나 더 추가되어야 하고 발전되어야 할 것이 더 이상 없다는 뜻이다. 하나님의 존재와 능력과 영광과 존귀와 권세와 거룩함이 처음부터 극치라는 것을 표현할 때에 영원하신 하나님이라 한다.

> 산이 생기기 전, 땅과 세계도 주께서 조성하시기 전 곧 영원부터 영원까지 주는 하나님이시니이다 (시 90:2)
> 주는 여상하시고 주의 년대는 무궁하리이다(시 102:27)

대저 여호와는 선하시니 그 인자하심이 영원하고 그 성실하심이 대대로 미치리로다(시 100:5)
우리에게 향하신 여호와의 인자하심이 크고 진실하심이 영원함이로다 할렐루야(시 117:2)
1 여호와께 감사하라 저는 선하시며 그 인자하심이 영원함이로다 2 이제 이스라엘은 말하기를 그
인자하심이 영원하다 할지로다(시 118:1-2)

그러므로, 하나님께서 영원하시다는 것은 구원받은 우리에게 영원한 가치를 부여한다는 뜻이다. 영원한 가치는 영원한 존재로부터 나온다. 세상의 것은 한계가 있다. 돈이 좋은 것이나 돈이 주는 가치는 한계가 있다. 만원은 만원의 가치만 준다. 아무리 돈이 많아도 돈으로 영생을 살 수가 없다. 천국은 돈으로 못 간다. 지식도 마찬가지다. 지식이 영원한 것을 만들어내지 못한다. 그러나 우리 하나님은 영원하신 하나님이시므로 영원한 의미와 통일성을 부여해 주신다. 그것이 언약 백성의 복이다.

4) 불변하십니다

하나님의 계획은 불변하다. 그때마다 일어나는 상황에 대처하기 위하여 임기응변을 발휘하시지 않는다. 하나님께서는 만사를 미리 정하신 경륜을 따라 행하신다. 하나님의 계획은 인간의 의지에 굴복당하는 무능력이 아니며 인간의 투표로 결정되는 시민의 권력이 아니다.250) 하나님의 불변하심은 그 언약에서 드러난다. 십계명은 하나님의 그 불변하시는 뜻의 표현이다. 이스라엘이 언약을 배반하여 죄악을 범했으나 하나님은 끝까지 그 언약을 지켜 가신다.

나 여호와는 변역지 아니하나니 그러므로 야곱의 자손들아 너희가 소멸되지 아니하느니라(말 3:6)

"변역지 아니하"신다는 것은 무슨 뜻인가? 이것은 앞의 말씀의 결론으로, 곧 하나님께서 그 백성으로 더불어 언약하신 것을 변하지 아니하시고 반드시 그들이 기다리던 메시아를 보내시어, 정화 운동의 심판에 의하여 택한 백성(야곱의 자손)을 구원하시고야 만다는 뜻이다. 여기 "야곱의 자손"이라는 말은, 유대 민족 중에 있

---

250) R. C. 스프로울, 웨스트민스터신앙고백해설, 이상웅·김찬영 역 (서울: 부흥과개혁사, 2011), 79-80; ⟨… 한 신학자는, 이러한 견해를 "개방신론"(open theism)이 아니라 "제한신론"(limited godism)이라고 불러야 한다고 말했다. … 개방신론은, 하나님이 우리가 어떻게 결정할지 미리 알지 못하기 때문에 우리의 행동에 따라서 그의 계획들을 조정해야 한다고 가르친다. 이것은 사람의 의사 결정을 높이기 때문에 인기가 있다. 그러나 신앙고백서는 하나님의 주권이 결점이 없고 완전하기 때문에 하나님의 주권과 뜻은 불변할 것이라고 선언한다. 지금부터 15분 후에 무슨 일이 일어날지, 하나님은 추측하지 않으신다. 하나님은 계산된 가능성에 기초해서 일하지 않으신다. 하나님은 무엇이 일어날지 절대적으로 확실하게 안다. 따라서 하나님의 가장 지혜로운 경륜은 변할 수 없고 영원히 불변하다.⟩

었던 교회를 가리키나, 거기에 연속된 새 이스라엘 곧, 이방인 교회도 가리킨다. 결국, 메시아의 오심으로 온 열방 가운데서 그의 택한 백성들을 구원하실 것을 말한다.

하나님의 불변하심은 그 허락하시는 것들에서 나타난다.

> 각양 좋은 은사와 온전한 선물이 다 위로부터 빛들의 아버지께로서 내려오나니 그는 변함도 없으시고 회전하는 그림자도 없으시니라(약 1:17)
> 이스라엘의 지존자는 거짓이나 변개함이 없으시니 그는 사람이 아니시므로 결코 변개치 않으심이니이다(삼상 15:29)

우리 삶의 의미는 '하나님이 누구신가?'에 달려 있다. 왜 무한하시며 영원하시고 변함이 없으신 영이신가? 우리 인간과는 다른 존재라는 의미다.[251] 인간은 유한하며 인간은 수시로 변한다. 언제 변할지 모르며, 언제 끝날지도 모른다. 그래서 하이데거의 말처럼 불안하며, 맹목적 도약을 감행하게 된다. 그러나 하나님은 그렇지 않다. 하나님은 인간과 달리 무한하시며 영원하시고 변함이 없으신 영이시다. 그의 속성과 성품으로 말미암아 우리의 구원이 영원히 보장되며 우리의 삶이 영원한 가치와 의미와 통일성을 가지게 된다. 그래서 우리의 삶은 무너지지 않는다. 평생을 살아도 허~하지 않다.

우리를 창조하시고 우리를 인도하시는 하나님은 변개치 아니하시는 분이시다. 그분은 회전하는 그림자도 없으신 분이시다.

> 각양 좋은 은사와 온전한 선물이 다 위로부터 빛들의 아버지께로서 내려오나니 그는 변함도 없으시고 회전하는 그림자도 없으시니라(약 1:17)

어떤 사람들은 묻는다. '하나님께서 자신의 뜻대로 다 행하신다면 왜 우리는 굳이 기도를 해야 합니까?' 기도의 목적은 하나님의 계획을 변경하거나 하나님의 마음을 바꾸는 것이 아니다. 우리의 마음을 하나님의 마음으로 바꾸고 아버지 되신 하나님께 나아가 어떤 어려움과 고난 속에서도 그 하나님의 뜻대로 살아가기 위해 기도하는 것이다.

하나님의 뜻대로 살아가는 것을 망설이는 이유는 하나님과 그 하나님의 말씀에

---

251) 신인동형론적인 표현들: 성경에는 하나님께서 마치 인간처럼 눈이나 귀를 가지고 계신 것처럼 표현하는 구절들이 있는데, 그런 표현들을 신인동형론적인 표현이라고 한다. 여호와의 눈은 의인을 향하시고 그 귀는 저희 부르짖음에 기울이시는도다(시 34:15) 이런 구절들은 하나님께서 인간이 이해할 수 있도록 표현한 것이다.

제4문 하나님의 속성 137

대한 마음어린 항복이 없기 때문이다. 많은 사람이 하나님의 뜻대로 살아가는 것에 대한 거부감을 가지고 있다.

'하나님의 뜻대로 살아가라니요, 그러면, 내 뜻은 어쩌라구요?'

신앙생활이란 '하나님의 뜻'이 '내 뜻'이 되는 것이다. 구원 이후의 삶은 하나님의 뜻대로 살아가는 것이다. 그것은 그리 쉽지 않다. 왜냐하면 내가 바라는 대로만 이루어지는 과정이 아니기 때문이다. 성도는 하나님께서 연단하시는 과정을 지나게 된다. 그 과정 속에서 인격적인 항복이 일어나고 하나님의 뜻대로 살게 된다. '하나님의 신실하심', '하나님의 자비하심', '하나님의 지혜로우심', '하나님의 존재' … 이 모든 것을 말하는 것은 우리의 죄악과 허물에도 불구하고 우리를 구원하시며 이끌어 인도하시어 하나님 아버지의 나라에 들어가게 하신다는 뜻이다. 마음대로 죄를 지어도 된다는 말이 아니다. 우리의 구원이 우리의 의지와 능력에 속한 것이 아니라 하나님의 하나님 되심에 달려 있다는 뜻이다. 하나님은 우리와 다른 존재와 속성을 가지신 분이시다.[252] 그러기에 하나님을 신뢰할 수 있으며 그러기에 그 하나님의 언약에 신실하게 순종할 수가 있다.

---

252) 유해무, **개혁교의학** (서울: 크리스챤다이제스트, 1997), 173; 〈공유적 속성과 비공유적 속성-전통적으로, 하나님의 속성에 대하여 말할 때에 공유적 속성과 비공유적 속성으로 말해 왔다. 비공유적 속성은 무한성, 영원성, 자존성, 단순성을 공유적 속성으로는 지혜, 능력, 거룩, 정의, 선하심, 진실 등으로 말했습니다. 이렇게 말하면 어떻게 될까? 하나님과 인간(피조물)이 비슷한 점이 있다고 말하는 것은 이 세계를 통하여 하나님께 나아갈 수 있게 된다. 유해무 교수는 공유적 속성에 대하여 다음과 같이 말한다. "굳이 하나님과 인간 사이의 공유적 속성을 말하려면, 전통적인 방식처럼 존재론적인 차원이 아니라, 성령론의 차원에서 말해야 한다. 우리는 하나님의 피조물이기 때문에 하나님의 속성을 가지고 있지 않고, 성령 안에서 예수 그리스도를 닮음에서 하나님의 형상을 닮게 된다. 가령 다윗의 '성실과 공의와 정직한 마음'(왕상 3:6)은 다윗이 천성적으로 타고난 성품이 아니라, 하나님이 주신 은혜로 말미암아 그 안에 생긴 은혜의 산물이다. 이 점에서 우리는 이런 구약 본문도 기독론적이고 성령론적으로 해석할 수 있다. …"〉

제5문 하나님 한 분 외에 다른 신들이 있습니까? (대8)
답: 오직 한 분뿐이시며 살아계시고 참되신 하나님이십니다.[253]

소교리문답에서 유일하고 참되신 하나님을 말하는 의미는 무엇인가? 그것은 본질에 관한 것이기 때문이다. 본질이란 어떤 사물이 가지고 있는 근본적인 성질로써 다른 사물들과 구별시켜주는 특성을 말한다.

이 본질에 대한 가장 영향을 끼친 두 사람이 있다. 본질이 세계 밖에 있다고 말한 플라톤(BC 428?-BC 348?)과 본질이 세계 안에 있다고 말한 아리스토텔레스 (BC 384-BC 322)다. 플라톤이 본질은 세계 밖에 있다고 말하는 그곳은 이데아의 세계를 말한다. 이데아의 세계란 무엇인가? 두 점 사이를 연결한 것이 1차원의 세계다. 그러나 실제로 그런 1차원의 세계는 불가능하다. 왜냐하면 1차원이라는 것은 두께도 면적도 없어야 하는데, 선을 긋는 즉시로 그것이 만들어지기 때문이다. 그러니 두 점 사이를 연결하는 그 선은 그야말로 '가상의 선'에 불과하다. 2차원인 평면도 마찬가지다. 면적만 존재하고 두께는 없어야 하는데, 평면을 그리는 순간에 두께가 생겨나기 때문에 평면이란 불가능하게 된다. 삼각형도 역시 그렇게 된다. 삼각형이란 내각의 합이 180^0인 도형이다. 그런데 내각의 합이 180^0가 되려면 평면이어야 하는데 지구는 둥글기 때문에 엄밀한 의미에서 내각의 합이 180^0인 삼각형을 그려내지 못한다. 그러니, 선, 면, 삼각형의 완전한 모습은 이상적인 세계에서나 가능한 것이구나 하고 생각하게 된다. 그 이상적인 세계가 이데아의 세계다. 플라톤은 이상적인 세계가 있다고 떠올릴 수 있는 것은 이상적인 세계가 있기 때문이라고 한다. 그 떠올리는 것을 '상기설'이라고 한다. 인간의 영혼이 있었던 곳이 이데아의 세계인데, 이 영혼이 육신을 취하기 위하여 레테의 강을 건널 때에 목이 너무 말라서 망각의 물을 마시므로 기억이 온전치 못한 상태에서 몸에 들어오게 된다. 그래서 이데아의 세계를 떠올리려면 육체적 감각이 아니라 순수한 정신에 의존해야 한다고 강조했다.[254]

여기에 반기를 든 사람이 바로 아리스토텔레스다. 그는 스승의 철학의 핵심인 이데아론을 반박했다. 현실은 그저 고상한 이데아 세계의 모방에 불과하다는 이원론에 맞서서 세계는 오로지 인간이 살아가는 현실 세계뿐이라고 단호하게 말했다. 아리스토텔레스는 『범주론』[255]에서 '제1실체'와 '제2실체'를 구분한다. 제1실체'

---

253) Q. 5. Are there more Gods than one? 2A. There is but one only, the living and true God.
254) 강신주, 철학 vs 철학 (서울: 그린비, 2012), 31.

는 인간을 비롯한 현실 속에 있는 개별자를 말한다. '제2실체'는 인간이라는 종(種)의 큰 범주, 곧 이데아를 말한다. 개개인 곧 현실이 존재하지 않으면 전체 종(種)도 존재하지 않는다. 그러니 결국 본질은 현실에 존재하는 개별자 속에 있게 된다.256)

본질이 세계 내에 있느냐? 세계 밖에 있느냐?의 문제로 대립이 될지라도 어쨌거나 본질을 추구했다. 그것은 개별자에게 의미와 통일성을 제공하는 보편자를 추구했다는 것을 의미한다. 그것이 헤겔에 이르기 전까지는 계속해서 서양철학을 지배해 왔다. 헤겔은 인간이 아무리 본질을 보편자를 추구해도 안 되니까, 그만 두고 새로운 게임법칙을 만들자고 했다. 그것이 바로 헤겔의 변증법이다.

그것이 더 많은 세월이 지나 다원화 된 현대 사회에서 본질을 말한다는 것은 무엇을 의미하는가? '사물의 본질은 그저 인간의 가치가 투영된 것에 불과하다' 그렇게 변질이 되었다. 비트겐슈타인은 어떤 사물의 본질이 형성이 된 것은 후천적이라고 말한다. 오늘날에는 본질이 없다고 말하며 그 본질이라는 것은 사후적 구성 논리에 불과하다고 말한다. 사후적 구성 논리란 무엇인가?257)

요리사에게 칼의 본질은 음식을 만드는 도구다. 병사에게 칼의 본질은 죽이는 도구다. 이렇게 다르게 나타나는 것을 '사후적 구성의 논리'라 한다. x가 현실적으로 y를 한다면 x에게는 y를 할 수 있는 본질이 미리 주어져 있다고 설명하는 논리이다. 예를 들어, "책상에서 나는 책을 읽거나 글을 쓴다. 그렇다면 책상은 인간이 책을 읽거나 글을 쓸 수 있도록 하는 본질을 미리 가지고 있었다." 책상을 보고서 책상은 이렇게 사용되어야 한다고 교육을 받은 그 경험으로 책상의 본질을 말하는 것을 사후적 구성의 논리라 한다.258)

중요한 것은 이런 사후적 구성의 메카니즘을 말하는 이유가 무엇이냐 하는 것이다. '본질을 말하는 사람들은 보수주의자다' 이것을 말하기 위해서다. 본질을 말하는 사람들은 편집증적으로 집착하게 되어 본질에서 벗어나는 사람들에게 폭력적이게 된다고 말한다. 책상의 본질이 책을 읽고 글을 쓰는 것인데, 책상에 걸터앉아 있으면 어른들은 야단을 친다. 그런 사람들은 보수주의자라는 것이다.

255) 브리태니커사전에서; "『범주론』 5장에서 아리스토텔레스는 실체 범주 안에서도 '제1실체'와 '제2실체'를 구분했다. 제1실체는 이 사람, 저 말, 이 돌 등의 개체이며, 제2실체는 이 개체가 속한 종(種)과 유(類)이다. 이와 같이 아리스토텔레스는 종과 유를 파생된 종류의 실체로 보았다. 그러나 『형이상학』에서는 종과 유가 1차적 실체로 나타난다. 아리스토텔레스의 견해는 분명하지 않으며, 그래서 몇몇 학자들은 그가 『형이상학』에서 플라톤적 존재론으로 되돌아갔다고 해석한다."

256) 강신주, 철학 vs 철학 (서울: 그린비, 2012), 32.

257) Ibid., 35.

258) http://garden.egloos.com/10008878/post/220363; 사후적 구성의 논리.

그러면 기독교는 무엇인가? 본질을 말한다고 해서 무조건 보수주의자가 아니다. 그것이야말로 보수다. 정권에 아부한 부끄러운 자들이 있었다. 그들은 분명히 잘못한 것이다. 하지만 그것이 기독교의 참다운 모습은 아니다. 그렇다고 해서 기독교를 보수주의자라고 함께 엮어서는 안 된다.

왜냐하면, 기독교는 언제나 개혁을 말해왔기 때문이다. "개혁된 교회는 항상 개혁되어야 한다"(Ecclesia reformata est semper reformanda)고 부르짖어 왔고, 실제로 그렇게 해 왔다. 혹 그렇게 못한 것은 인간의 죄악이지 예수 그리스도를 구주로 믿는 그 신앙이 잘못된 것은 아니다. 하나님께서는 불의에 대하여 언제나 심판해 오셨다. 불의를 저지른 인간이 잘못된 것이다. 하나님은 언제나 의롭고 선하신 분이시다!

기독교인들은 본질을 말한다. 기독교인들만이 아니라 인간은 본질이 무엇인지 분명하게 알아야만 한다. 책상의 본질을 모르고 책상에 걸터앉는 것이 문제될 것이 없다고 말하면 존재하는 목적이 사라지게 된다. 책상의 용도가 시대에 따라 그 쓰임새가 조금씩 달라질 수도 있다. 그러나 그 본래의 목적이 없어지는 것은 아니다.

앞에서 요리사의 칼과 병사의 칼을 말했는데, 잘 생각하면 요리사의 칼과 병사의 칼은 다르다. 칼이라는 명사가 혼동을 일으키지만, 칼의 모양도 다르고 칼의 쓰임새도 원래부터 다르다. 책상도 원래 책상을 만든 사람이 어떤 목적과 의도를 가지고 책상을 만들게 된다. 이렇게 말하는 근본적인 이유는 본질이 있다면 그 본질에서 벗어나는 것은 죄가 되기 때문이며, 본질이 없다하면 그것은 죄가 아니라 다양성이 되어 버리기 때문이다. 오늘날은 다양화 된 현실 속에서 본질을 폐기처분해 버렸다. 그것은 또한 인간이 주인이 되어야 한다는 인본주의 사상과 무신론으로 무장된 인간 교만의 극치다. 그들의 말은 결국 인생의 모든 것은 플라시보 효과[259]라고 말하는 것이다. 본질이 사라진 인간은 살아가야 할 그 어떤 의미와 통일성을 발견하지 못하기 때문에, 생명력을 잃어버린 인간은 그 자체로 죽은 목숨이다.

이런 것에 대하여 불교는 무엇이라고 말하는가? 불교란 불, 곧 부처의 가르침이라는 뜻이다. 부처란 인도말로 '붓다'라고 하며, 그 뜻은 '깨친 사람'이다. 무엇을

---

[259] 위키피디아 사전에서; "위약(僞藥)은 심리적 효과를 얻기 위하여 환자가 의학이나 치료법으로 받아들이지만 치료에 전혀 도움이 되지 않는 가짜 약제를 말한다. 영어로는 플라시보(placebo)(사실 라틴어로써, '마음에 들다'라는 뜻을 가지고 있다.)라고 한다. 위약과 관련하여 잘 알려진 현상으로 심리 현상 중 하나인 위약 효과(placebo effect)가 있다. 이를 플라시보 효과 또는 플라시보 이펙트라고 그대로 읽기도 한다. 의사가 환자에게 가짜 약을 투여하면서 진짜 약이라고 하면 환자가 좋아질 것이라고 생각하는 믿음 때문에 병이 낫는 현상을 말한다. 이것은 제2차 세계 대전 중 약이 부족할 때 많이 쓰였던 방법이다."

깨쳤다는 것인가? 일체 만법의 본원 그 자체를 바로 아는 것이다. 불교에서는 본질을 법성과 자성으로 말한다. 일체 우주 만법을 총괄적으로 표현하는 것을 법성이라 하고 각각 개별적으로 말할 때는 자성이라고 하는데 그 근본에서는 법성이 즉 자성이고 자성을 바로 깨친 사람을 부처라 한다. 그러므로 부처의 가르침이란 법성이나 자성을 바로 깨치는 길 즉 깨치는 방법을 가르치는 것이 그 근본이다. 문제는, 그것은 언어문자의 이해로서는 불가능하다는 것이다. 왜냐하면 법성, 자성은 일체 언설과 이론을 떠나 있으므로 언어문자로서 표현할 수 없고 말로서 형용할 수 없기 때문이라고 말한다. 그것은 오로지 '깨친 지혜'로서만 알 수 있고 다른 것으로는 알수 없다고 말한다.260)

다시 말해서, 자성이 없어지는 무자성으로 가는 것이 불교이고 불교의 공(空) 개념이다. 반야심경에는 '색즉시공공즉시색'(色卽是空空卽是色)이라는 말이 있다. 여기서 색(色)은 물질을 뜻하는 것으로 물질(色)이 공(空)하다는 것은 물질은 그 자성(自性)이 없으며 연기(緣起)한 것이라는 뜻이다.261) 또 자성이라 함은 "늘 그러한 것이라 할 만한 것"을 말하며, 늘 변화하기 때문에 "늘 그러한 것이라 할 만한 것"이 없다는 뜻이다. 이런 공(空) 사상은 현재의 삶이 연기(緣起)한 것이기 때문에 집착할 것이 없으니 속에서 불나도록 집착하지 말고 여여하게262) 행복하게 살라고

---

260) http://www.cbc108.co.kr/wmv_view.asp?idx=874; 토요법문(불교의 본질).

261) http://hikaisha.blog.me/70133255033; 〈연기설의 오류: 불교에서의 만물은 인연화합으로 인간은 지수화풍으로 우연히 되었다는 것이다. 불교의 연기설에서 이야기 하고 있는 것처럼 우주와 인간의 기원이 그러했겠는가? 석가는 현재에 밝혀져 있는 사물의 현상도 파악할 수 없었다. 그러한 상태에서 인간은 지수화풍으로 우연히 되었다는 만화 같은 생각을 하게 되고, 실제로는 연기설 등 자신의 논리를 끼워 맞추려는 자가당착의 모순에 빠졌던 사람이다. 깨달음이라고 주장하는 것도 참이 아니라면 말장난에 불과한 주장인 것이다. "A가 없으면 B도 없다"는 A가 B의 필요조건임을 말하고 있다. 반면에 "A가 있으면 B도 있다"는 A가 B의 충분조건임을 말하고 있다. A가 B의 필요조건임이 밝혀졌다고 해서 A가 B의 충분조건임을 인정할 수는 없다. A가 B의 필요조건이면 "A가 없으면 B도 없다"가 참이더라도, "A가 있으면 B도 있다"가 언제나 참인 것은 아니다. 쌀이 없으면 쌀밥을 지을 수 없다. 그래서 쌀은 쌀밥의 필요조건이다. 하지만 쌀은 쌀밥의 필요조건에 불과하기 때문에 쌀만 있다고 해서 쌀밥을 지을 수 있는 것은 아니다. 반면에 쌀밥을 지었다면 당연히 쌀을 가지고 있었다. 그래서 쌀밥은 쌀의 충분조건이다. 하지만 쌀밥을 짓지 못 했다고 해서 쌀이 없었다고는 말할 수 없다. 기본적으로 'a이면 b이다'가 성립될 때 a는 충분조건이고, b는 필요조건이다. 불교 교리대로 따르면 당면한 인생의 과제를 해결할 수 있을까? 석가의 깨달음 내용은 무엇일까? 자기 자신의 전생에 대한 기억, 업과 윤회법, 사성제 그것이다. 그의 깨달음은 물론 이론적인 고찰이나 합리적인 통찰에 의한 것이라고 볼 수 없다. 직관적인 깨달음(느낌)이었던 것이다. 석가는 실체가 아닌 것을 실체로 착각하는 망상 또는 사물의 도리를 옳게 알지 못하는 어리석음(無明)으로 자신의 전생애에 대한 이야기도 한 것이다. '생'으로 말미암아 늙음(老), 죽음(死), 걱정(憂), 번뇌(惱), 괴로움(苦)이 있게 되나 그것을 없애야 된다고 모든 인간이 다 따라한다면 인간 세상은 없어져야 하는 것이다.〉

262) http://blog.daum.net/c6110/12905654 여여(如如)란 여(如)하고 여(如)하다는 뜻으로 "있는 그대로 (대)자유롭(게)다"란 의미로, "있는 그대로 같고 같다", "있는 그대로 항상 그렇고 그러하다"는 뜻이다. … 즉 여여(如如)라는 말은 우주 삼라만상 모든 사물이 있는 그대로 드러나 있는 그대로 변함없이 같다는 말이다.

말한다. 그러나 현실에서 그렇게 살아가는 사람은 아무도 없다. 왜냐하면 인간은 어떤 조건이든지 반응하게 되어 있기 때문이다. 그것을 하지 마라는 것은 죽으라는 얘기다.

성경은 무엇이라고 말하는가? 성경은 본질, 곧 하나님에 대하여 무엇이라고 말하는가? 성경은 분명하게 하나님은 한 분이시라고 말씀한다.263)

이스라엘아 들으라 우리 하나님 여호와는 오직 하나인 여호와시니(신 6:4)

이 말씀은 하나님의 '절대적인 유일성'을 가리키는 말이다. 이스라엘의 하나님은 고대 근동의 다신론적이고 범신론적인 자연종교와는 완전히 다른 절대적으로 유일하신 하나님이라는 뜻이다. 이방의 우상은 인간의 욕망이 투사된 말 못하는 인간의 공작물이지만, 여호와 하나님은 스스로 존재하시고 그 백성에게 찾아오시어 구원하시고 언약하시는 하나님이시다. 창조와 섭리, 인격과 소통으로 자기 백성을 인도하시는 하나님이시다.

인간은 무엇인가? 인간은 하나님께서 창조한 존재다. 성경의 인간은 신플라톤적인 관점으로나 영지주의적인 차원으로 접근하지 않는다. 인간의 내면에는 신성이 없다. 인간은 다만 하나님의 형상을 따라 지음을 받았을 뿐이다. 현대적인 의미로 인간은 '내면의 빛'이 없으며, '신성한 내면아'가 없다. 성경은 세계 자체도 하나님의 외현이라고 말하지 않는다. 세계 역시 하나님의 지으신 피조물이다. 현대인들에게 다가오는 여러 가지 영성의 흐름은 '내면의 빛' 혹은 '신성한 내면아'라는 공통분모로 접근한다. 바야흐로 초영성시대를 살아가고 있다.

성경은 분명하게 하나님만이 참되신 하나님이라고 선언한다. 여호와 하나님 외에는 어떤 신도 존재하지 않는다.264) 하나님께서는 이스라엘에게 하나님만이 참된

---

263) 이정석(풀러신학교 조직신학교수), 「하나님은 몇 분인가」, 미주 크리스챤 신문(2002.4.27) "장로교 총회가 번역한 웨스트민스터 소요리문답 5문은 '하나님 한 분밖에 다른 하나님이 계신가?'라고 묻고 '한 분뿐이시니, 참되시며 살아계신 하나님이시다'고 답한다. 그러나 영어원문에는 '분'이라고 번역할 수 있는 'person'이라는 말이 전혀 없다: 'Are there more Gods than one? There is but one only, the living and true God.' 이 조항은 본래 '하나님이 세 분(three persons)이지만 결코 세 신(three Gods)이라고 해서는 안 된다'는 아다나시우스신조를 반영한 것이다. 따라서, 올바로 번역하면 '하나님 외에 다른 신이 있는가? 한 하나님만 계시니...'로 해야 한다. 실로, 원문에는 'one person'이라는 말이 전혀 없는 데도 열심히 '한 분'이라고 강조하고, 수없이 나와 있는 'three persons'라는 말은 예외 없이 그 뜻을 잘 이해하지 못하는 '삼위(三位)로 번역하고 있다."

264) http://cafe.daum.net/dusonma/3mTf/457; 「하나님의 존재에 대한 여러 증명」하나님의 계심은 인간이 갖는 가장 큰 의문이고 이를 증명하기 위해 여러 합리적 유신 논증이 대두되었다. (1) 우주론적 증명: 우주 만물이 존재하는 그 원인자(原因者)인 자존재(自存在)가 존재하지 않을 수 없다는 인과 논증(因果論證)이다(시 19:1) (2) 목적론적 증명:

신이며 유일한 신이라는 것을 역사 속에서 실제로 계시하셨다.

> 오직 여호와는 참 하나님이시요 사시는 하나님이시요 영원한 왕이시라 그 진노하심에 땅이 진동하
> 며 그 분노하심을 열방이 능히 당치 못하느니라(렘 10:10)

이 말씀에는 여호와께 대한 세 가지 선언이 담겨 있다. 그것은 우상과 대조되는
것인데, 우상은 거짓 신이고, 생명이 없는 신이며, 단 한순간도 신으로 존재할 수
없는 신이라는 뜻이다. 왜냐하면 그런 신들은 인간이 만들어 낸 신이기 때문이다.
그러나, 영생은 오직 하나님으로부터만 주어진다. 허물과 죄로 죽은 인간 안에서는
생명을 만들어낼 수가 없다.

> 영생은 곧 유일하신 참 하나님과 그의 보내신 자 예수 그리스도를 아는 것이니이다(요 17:3)

예수 그리스도만이 생명의 주인이시며 영생의 주체(主體)가 되신다. 영생은 우리
밖에서 주어지는 것이다. 그래서 오직 십자가 복음이고 그래서 오직 하나님의 은혜
다. 그러므로 하박국 선지자의 말에 나오듯이, 우리는 하나님을 찾되 "그의 성전에
서" 하나님을 찾아야만 한다.265)

> 오직 여호와는 그 성전에 계시니 온 천하는 그 앞에서 잠잠할지니라(합 2:20)

인간의 내면에서 '하느님'을 찾아서는 안 된다. 하박국은 말씀 속에 자신을 계시
하신 그 하나님만을 인정했다. 그 외의 다른 것들은 인간의 죄악 된 욕망에서 만들
어진 것이다. 인간은 자유라는 이름하에 모든 것을 자기 마음대로 하고 싶어 한다.
이스라엘 주위에는 각양각색의 잡신들을 믿는 민족들이 있었다. 그런 신들은 무엇

자연 속에는 불변하는 법칙과 일정한 질서가 있는 것으로 보아 그 배후에는 이성적 존재가 있어서 한 목적에 따라 질서를
주었다는 정서론(定序論)과 자연 특히 생물들의 뛰어난 적응성과 계획성은 그것을 창조한 지혜와 능력의 존재를 전제한
다는 의장론(意匠論)이 있다(롬 1:18-20) (3) 도덕론적 증명: 양심은 선을 행하고 악을 물리치는 의무감을 느끼게 하는
데, 그 배후에는 인간을 도덕적으로 만든 하나님이 존재하신다는 주장이다(행 17:29) (4) 존재론적 증명: 유한하고 불완
전한 인간은 누구나 비록 부정확하게나마 무한하고 완전한 신의 관념을 갖고 있는데, 이러한 신 관념의 존재는 결국 그
관념의 실체인 신의 존재를 증명한다. (5) 종교론적 증명: 모든 시대 모든 인간에게 종교가 있으며 그 종교들이 형태는
비록 다르나 신의 존재를 인정한다는 점에서는 동일하다는 측면에서 하나님의 실재를 추론한다. (6) 심미적 증명: 우주
가운데 존재하는 미적인 요소의 원천적 근거로서 하나님의 실재를 증명하는 논증이다. (7) 성경적 유신 논증: 성경은 하
나님의 존재를 구태여 증명하려 하지 않는다. 하나님은 반드시 계시는 분으로, 나아가 모든 존재에 앞서 계신 분으로 전
제되어 있다(창 1:1).
265) 존 칼빈, 기독교강요(상), 원광연 역 (서울: 크리스챤다이제스트, 2003), 116.

이었는가? 그것은 우상이다.

> 그러므로 우상의 제물 먹는 일에 대하여는 우리가 우상은 세상에 아무것도 아니며 또한 하나님은
> 한 분밖에 없는 줄 아노라(고전 8:4)

우상은 아무것도 아니다. 왜냐하면 그것은 인간이 만들어 낸 것이기 때문이다.[266] 그런데도 그들이 그렇게 우상숭배에 열을 올린 것은 세상을 자기마음대로 살아가고 싶었기 때문이다. 하나님의 다스리심과 간섭이 없이 인간의 욕망에 사로잡혀 탈주를 꿈꾸기 때문이다.[267] 그것은 언제나 인간의 자율성이다. 그것이 바로 죄다.

철학은 인간의 자율성에 대해 어떻게 말했는가? 이런저런 철학을 말하기 보다는 실제적으로 중요한 칼 맑스의 철학을 더 생각해 보아야 한다. 그것은 분단의 상황에서 매우 현실적인 문제이기 때문이다. 그러기 전에 헤겔을 살펴보자.

헤겔의 하나님?

헤겔(G.W.F. Hegel, 1770-1831)은 하나님에 대하여 다르게 말했다.[268] 헤겔은

---

266) 26 저희가 그 받은 송아지를 취하여 잡고 아침부터 낮까지 바알의 이름을 불러 가로되 바알이여 우리에게 응답하소서 하나 아무 소리도 없으므로 저희가 그 쌓은 단 주위에서 뛰놀더라 27 오정에 이르러는 엘리야가 저희를 조롱하여 가로되 큰 소리로 부르라 저는 신인즉 묵상하고 있는지 혹 잠간 나갔는지 혹 길을 행하는지 혹 잠이 들어 깨워야 할 것인지... 하매 28 이에 저희가 큰 소리로 부르고 그 규례를 따라 피가 흐르기까지 칼과 창으로 그 몸을 상하게 하더라 29 이같이 하여 오정이 지났으나 저희가 오히려 진언을 하여 저녁 소제 드릴 때까지 이를지라도 아무 소리도 없고 아무 응답하는 자도 없고 아무 돌아보는 자도 없더라(왕상 18:26-29)
267) 그러므로 땅에 있는 지체를 죽이라 곧 음란과 부정과 사욕과 악한 정욕과 탐심이니 탐심은 우상 숭배니라(골 3:5) 9 저희가 우리에 대하여 스스로 고하기를 우리가 어떻게 너희 가운데 들어간 것과 너희가 어떻게 우상을 버리고 하나님께로 돌아와서 사시고 참되신 하나님을 섬기며 10 또 죽은 자들 가운데서 다시 살리신 그의 아들이 하늘로부터 강림하심을 기다린다고 말하니 이는 장래 노하심에서 우리를 건지시는 예수시니라(살전 1:9-10)
268) https://www.facebook.com/litdoc; (2013.10.1) 〈서구지성사는 『헤겔에서 니체에로』(칼 뢰비트), 『마르크스에서 헤겔로』(게오르그 라이트 하임)에서 드러나듯이 돌고 돈다. 니체나 마르크스나 헤겔적인 원환체계의 와해로 본다면, 원환 체계가 생겼다 부서졌다 생겼다 부서졌다 반복한다. 미국 정치는 분권(공화당)이나 집권(민주당)이냐를 반복한다. 그러나, 한국은 방석을 한번 깔고 앉으면 "쭉…" 제발로 스스로 양보하는 꼴은 없다. 한국에서 新자유주의 이론은 모두 빗나갔다. 아니, 자유주의 이론자체가 자유주의 이념을 세일링하는 그들에 의해서 깨졌다고 해도 지나치지 않다. 자유주의는 단순히 마르크스 이념 방석쟁이를 제외한 나머지 방석쟁이를 의미한다. 헤겔은 루터주의자다. 독일에 루터란 누구인가? 더불어, 헤겔은 프랑스계몽주의의 독일적 수용상을 보여준다. 하이에크 같은 사람은 독일적 후진 상태를 보여준다고 말했을 것이고, 현대신학자들은 헤겔의 총체성 개념은 철학화 된 신학이 시민사회가 아니라 어떤 왕을 바라보는 지점이라고 전체주의로 빠질 여지가 있다고 볼 것이다. 그러나, 나는 아직도 이 수준조차도 부럽다. 헤겔은 자유주의 신학자다. 정신현상학을 읽으며 많은 사람 놓치는 부분은 행위다. 70년대 민중신학 진영과 박종홍을 중심으로 한 박정희 지지세력은 모두 헤겔을 읽었다. 민족국가 측면의 독법에서는 박정희 쪽이, 그리고 헤겔의 자유주의 신학 측면을 중심으로는 민중신학 측 독해가 옳았다. 영화 『오래된 정원』에서 좌익 장년층으로 연기한 염정아가 80년대 대학생들의 사상토론에서 문

자신만만하게 자신이 칸트의 철학을 완성했다고 말하며 지금까지의 모든 철학의 문제들을 해결했다고 자부했다. 그는 절대정신을 신이라고 부르며 기독교와 여타 모든 종교의 신과 동일시했다. 헤겔의 절대정신은 세계와 대립하거나 세계를 상대하는 존재가 아니라 세계 자체를 말한다. 이것은 철학사의 고민거리였던 주체-객체의 문제를 헤겔이 극복했다고 자부했다.[269]

헤겔은 칸트의 이성은 인식적 기능에 치중했다고 보고, 더욱 힘을 부여해서 절대정신은 전능할 뿐 아니라 세계를 창조하는 주체이며 역동적인 주체라 했다. 이 전능하며 역동적인 주체인 절대정신은 종합의 용광로다. 헤겔은 수천 년 동안 의미와 통일성을 찾기 위해 노력한 정립(thesis)과 반정립(antithesis)의 체계를 무너뜨리고 새로운 방법으로 종합(synthesis)으로 변혁을 일으켰다. 이것은 합리주의적인 인간이 원해서 이루어진 것이 아니다. 수세기 동안 합리주의적 사고가 아무리 파고들어도 소득을 얻지 못한 데서 온 절망 때문에 불가피하게 발생했다. 선택은 하나 밖에 없었다. 그것은 합리성을 희생시키고 합리주의를 고수하는 것뿐이었다. 결국 진리로서의 진리는 사라지고 상대주의가 지배하는 세상이 되었다.[270]

변증법은 절대정신의 변화와 발전의 방식을 말한다. 이것은 자율적인 인간이 가는 극치가 무엇인지 말해 준다. 역사는 영원한 변증법적 발전의 과정이 되어 버린다.[271] 이것이 성경과 연결되면 어떻게 변질이 될까?

어채를 이야기한다. 그 문어채는 거의 대부분 '어디'와 '어디'를 매개하는 것 특히, 그 매개 부분의 북괴 주체사상 용어인 '고리'라는 말이 허벌나게 나왔을 것이다. 그것은 슐라이어마허의 종교론에서 드러나고 있는 종교다원주의 모습의 실체다. 인간의 프랙티스 중심으로 여러 종교가 매개된다. 20대 초반인 87년 직후 문화는 모든 분야에서 反기독교적으로!! 로 요약됐다. 보수 교회의 적대세력이 권력을 잡은 게 아닌 것처럼 당시는 느꼈지만, 그것은 은근슬쩍 권력 잡기 위한 속임수였다.〉

269) 헤겔이 이렇게 말한 이유는 급변하는 세상과 역사적인 혼란이 어떤 설명을 가지는지 밝히고자 했기 때문이다. 헤겔 (Georg Wilhelm Friedrich Hegel: 1770-1831의 어린 시절에는 프랑스 혁명(1789-1794년)과 미국의 독립선언(1776년 7월 4일)이 있었고 성인시절에는 나폴레옹이 유럽을 전쟁의 도가니에 몰아넣었다(1803-1815년). 프랑스 혁명 이후에 권력을 잡은 혁명가들은 피비린내나는 숙청을 단행했고 결국 권력은 나폴레옹에게로 넘어갔다. 유럽은 나폴레옹의 침략에 맞서 민족주의가 일어났다. 헤겔의 정신적인 스승인 피히테는 「독일국민에게 고함」이라는 강의로 독일 민족주의를 고양시켰다. 이런 역사적 혼란기에 헤겔은 역사가 어떤 의미를 가지는지 말하고자 했으나 의미와 통일성을 포기함으로 결국 절망의 선을 긋고 말았다.

270) 프란시스 쉐퍼, 이성에서의 도피, 김영재 역 (서울: 생명의 말씀사, 2008), 55.

271) http://blog.daum.net/imkkorea/13378659; 「도의 변증법적 전개과정」〈이상의 내용을 정리하면, 우주의 근원으로서의 '스스로 그러한' 보편적 법칙으로서의 도는 세계의 영원한 절대적 존재인 '하나'(一) 곧 '원기'(元氣)를 탄생시키고, 이 영원 보편적 무한성으로서의 '원기'는 하늘(天) 공간과 땅을 탄생 시켰고, 하늘과 땅, 곧 천지는 인간을 포함한 지구상의 모든 생명체와 존재를 탄생시켰다. 일, 이, 삼으로 표현되는 우주의 전개는 도에서 출발하여 도로 다시 돌아가는 과정을 보여준다. 노자의 도가 헤겔의 절대개념과 변증법적 논리의 전개 방식에서 유사성을 보이지만, 영원히 순환 반복하는 노자의 도의 흐름과 헤겔의 절대이념의 자기 전개 사이에서 차이점을 찾아본다면, 노자는 '음양의 조화'를 통한 만물의 생성을 말하고 있는 반면에, 헤겔은 정반(正反)의 '이분법적 대결' 구도 속에서 합(合)을 이루어 가는 역사관을 주장하고

태초부터 계신 하나님은 정립이고, 그 하나님이 외화된 것이 반정립의 사탄이고 그 종합은 하나님과 사탄의 싸움이 종합이 된다. 이것은 역사를 인간의 이성으로 포섭해 보려는 시도이지만 무한한 종합, 무한한 발전을 이루는 신이란 시작은 있으나 끝이 없다는 것이니 논리적으로도 모순이 되며, 성경의 하나님의 영원성을 모르는 죄로 타락한 인간 이성의 무지의 소산이다.

헤겔에게 있어서 역사는 절대정신이 자기실현을 이루는 과정이다. 그는 "동양은 한 개인이 자유라는 것을 알았고 그리스-로마는 몇 사람이 자유인 것을 알았으며 독일은 모든 사람이 자유인 것을 알고 있다"고 말하면서 독일은 절대정신이 최고도로 구현된 국가이며 기독교의 신성을 완벽하게 담지한 나라라고 했다.[272] 인간의 자율성을 꿈꾸는 철학의 날개는 신성을 이 세상에 실현시키려고 하지만 힘을 가진 이성은 잔인할 수밖에 없었다. 헤겔의 낙관적 세계관은 역사의 현장이 그렇게 진행되지 않는 실제 모습에서 처참하게 무너졌다.[273]

과학과 기술의 발달은 종교에 대한 회의를 더 심화시켰으며 사회주의 혁명 사조가 더 일어나면서 헤겔학파는 우파, 중도파, 좌파로 분열되었다. 헤겔 좌파 중에서 중요한 두 사람은 슈트라우스(D. F. Strauß)와 포이에르바하(L. Feuerbach)다. 슈

있다는 점이다. 그러나 헤겔의 변증법은 시원적인 출발로서의 보편적 절대이념이 자기 '부정성'을 통해 개별적인 현상인 '특수'로 전개 되지만, 그 '특수'는 다시 '보편'으로 회귀한다는 점에서, 원환적인 구조를 지닌다. 이 점은 다시 노자가 말하는 "되돌아가는 것이 도의 움직임이다(反者道之動)"이라는 표현이나, "도의 뿌리로 돌아간다(復歸於其根)"는 표현 등이 헤겔이 말하는 절대이념의 순환 운동과 유사성을 보이기도 한다. 중요한 것은 노자나 헤겔 모두 '순환의 법칙'으로서의 도와 절대이념을 말하고 있다는 점인데, 차이가 있다면, 노자는 도가 '만물 생성의 기초 원리'로 보고 있는 반면에, 헤겔은 절대이념으로서의 '사유방식'에 초점을 두고 있다.〉

272) 남경태, 누구나 한번쯤 철학을 생각한다 (서울: Humanist, 2012), 416-417; "그래서 헤겔은 자신의 결론을 현실화하기 위해 현실적인 모범을 삼을 국가로 당시 독일의 최강국이었던 프로이센을 말했지만, 헤겔이 죽고 난 뒤에 세계대전을 두 차례나 일으키는 나라가 될 줄은 꿈에도 몰랐다. 칸트의 개별 이성 분석을 전체적인 관점에서 비판한 데서 보듯이 헤겔은 개인보다 국가가 논리적으로나 도덕적으로 앞선다고 생각한다. 개인보다 전체를 우선시하는 사상에서는 영웅이 중요하다. 영웅이 통합을 해 내기 때문이다. 헤겔은 프랑스 혁명의 결과로 집권한 나폴레옹을 역사의 영웅으로 떠받들었다. 헤겔의 논리대로 하자면 개인이든 사회든 국가든 어떤 하나의 체제로 통합해서 영웅으로 등극하는 그 사람이 찬양을 받는다. 그것이 공산주의가 되더라도 말이다."

273) http://ask.nate.com/popup/print_qna.html'?n=3566938; "1862년 프로이센의 수상이 된 비스마르크는 오스트리아(1866), 프랑스(1870-1)와 전쟁을 치뤄 승리함으로써, 프로이센을 중심으로 독일을 통일시키는데(1871), 이것은 당시 막 형성되고 있던 독일 독점 자본의 요구와 일치하였다. 즉, 독일의 통일은 노동력, 자원, 물자, 상품 등의 이동을 촉진하고, 통일적 시장의 확보를 통해 자본의 증식조건을 유리하게 재편성해 주었다. 나아가, 비스마르크 군사독재 정권은 이러한 독점자본의 증식·지배 요구에 부응하여, 대외적으로는 보호무역주의를 강화하고 새로운 해외시장과 원료공급지를 개척하며, 국내에선, 한편으로는 강력하게 노동운동을 탄압하고(1878년의 반사회주의자법), 다른 한편으로는 복지정책을 통하여 사회개량주의를 확대시켜(1878년 종업원주식취득제, 1883년 의료보험법, 1884년 산업재해보험법, 1889년 노후 및 폐질보험법 등) 진보적 노동운동의 씨를 말리고자 하였다."

트라우스의 『예수전』(1835)은 많은 논란을 불러일으켰다. 그의 후기 저서인 『옛 신앙과 새 신앙』(1872)에서는 범신론적(汎神論的) 색체가 두드러졌으며, '아직도 우리는 기독교인인가?'라고 물으면서 "아니다"라고 확고하게 답했다. 그러나 "아직도 우리는 종교를 갖고 있는가?"라는 물음에는 긍정적으로 답했다. 슈트라우스의 종교는 진보와 문화를 신봉하는 낙관적인 현세종교였다. 하나님 대신에 우주가 신이 되어버렸다.[274]

칸트가 죽은 1804년에 독일의 도시 란츠후트에서 태어난 포이에르바하는 헤겔의 절대정신을 망령이라 생각했다. 유물론자였던 그는 헤겔 철학을 '철학을 위장한 신학'으로 단정지었다. 포에이르바하는 『기독교의 본질』에서 종교는 인간 욕망의 투영이며 소외의 한 형태로 말했다. 신을 인간의 개념으로 끌어내려서 신이란 인간이 자기의 소원과 이상을 객관세계로 투사한 상상물이라고 말했다.[275]

칼 마르크스의 유물론적 변증법

마르크스는 형이상학적 진화를 말하는 헤겔의 변증법을 뒤집고 역사는 생산력의 발달과 생산관계의 모순에 의해 이루어진다는 형이하학적 진화를 말했다.[276] 마르크스는 헤겔이 너무 관념적으로 치우쳐 있다고 비판했다. 포이에르바하의 유물론으로 헤겔을 비판했고 물질성을 중요시했다. 마르크스가 보기에 헤겔의 절대정신은 현실의 인간을 대변하는 것이 아니라 신이었다. 그래서 신비주의라고 비판했다. 마르크스는 헤겔의 관념론적 변증법과 유물론을 합쳐 세상을 변화시키는 사상으로 만들려고 했다.

우리는 마르크스에 대하여 더 진지하고 진지하게 고민해야 한다. 왜냐하면 이 시대의 지성인들이라고 하는 사람들이 이 마르크스에 꽂혀 있고 우리의 자녀들이

---

274) http://cfile240.uf.daum.net/attach/18768146504FED13012AD8; 현대철학
275) 같은 사이트에서.
276) http://k.daum.net/qna/openknowledge/view.html?qid=2emUK; 「포이에르바하의 인간학적 유물론」. 포이에르바하가 이성이나 관념의 추상성 대신에 감각과 자연의 구체성을 철학의 기초로 둔다는 점에서 일종의 유물론적 성향을 띤다. 그의 인간학적 유물론은 두 가지의 면에서 종래의 철학과 논쟁한다. 한편으로는 관념론과 신학의 비판에서이고, 다른 한편으로는 철학 자체에 대한 비판에서이다. 전자를 철학 속에서의 비판이라 한다면 후자는 철학 밖에서의 철학에 대한 비판이다. 일반적으로 철학의 본령에 속하지 않는다고 생각되는 감성을 출발점으로 그는 ?예비명제?에서 다음과 같이 말한다. "철학은 그러므로 그 자체와 더불어서가 아니라 그것의 부정인 비철학과 더불어 시작되어야 한다. 우리 속에 있는 이러한 사유와 구분되는 비철학적인, 절대적으로 반(反)스콜라적인 본질이 감각주의 원칙이다", 논리적 사유로서의 철학에 대한 거부는 인간 외부에서가 아니라 인간 자체 속에서 규명된다. 인간을 자연의 도구로 보고 물질에서 인간으로 나아갔던 18세기 프랑스 유물론자들과 다른 이유가 여기에 있다. 포이에르바하는 자연과 인간이라는 두 요소를 동일한 것으로 보고 그 어느 것에도 우위를 인정하지 않으려 한다.

철학과 인문학을 접하는 순간부터 이 마르크스에 눈이 멀기 때문이다. 교회에 와서 예배를 드리지만 마르크스를 아는 순간부터 교회와 목사는 이상하게 보이기 시작한다.

세상은 여전히 마르크스에 미쳐있다. 6·25전쟁으로 공산주의의 잔악함을 아는 민족인데도 여전히 마르크스에 미쳐있다. 더 심각한 것은 교회도 칼 맑스에 미쳐있다는 것이다. 그것도 소위 '개혁'이라고 말하면서 그러고 있다. 그들은 자신들의 정체를 분명하게 드러내지 않는다. 세상과 교회는 왜 마르크스에 미칠까? 왜 수많은 사람들의 가슴에 불을 지르게 하고 자신의 목숨도 바치고 자신의 가족들마저도 희생하게 했는가? 부조리한 사회, 억압과 소외의 문제를 보면서 정의와 이상에 불타 있는 사람들이 줄을 잡는 것이 마르크스이기 때문이다. 이미 사회주의가 몰락했음에도 불구하고 마르크스주의가 여전히 문제를 해결해 줄 것처럼 추종하고 있다. 그들을 그렇게 불타오르게 하는 것은 자본주의 사회에 뿌리 깊이 만연된 비인간적인 성격을 여실하게 폭로하기 때문이다. 피가 끓을 때는 문제점을 찍어내는 그 사람이 최고 인기를 누리게 된다. 그 문제점을 지적한 것이 잘못된 것이 아니다. 문제는 그 대안으로 제시한 것들이 잘못되었다는 것이다. 마르크스의 그런 잘못들이 무엇인지 알기 위해서는 근대와 계몽주의로 가보자.277)

마르크스는 근대 자유주의 사회의 모순을 해결하려던 사람이다. 도대체 무엇이 문제였는가? 근대 이전의 시대, 곧 전근대 시대에는 신분사회였다. 태어날 때 이미 신분이 결정되어 있고 그것을 어떻게 해결할 수가 없다. 아무리 노력을 해도 아무리 능력이 좋더라도 아무런 소용이 없다. 근대사회는 법 앞에서 평등하다. 자신이 어떤 신분으로 태어났더라도 능력만 있으면 대통령도 될 수 있다.

전근대 사회에서 출생에 의하여 신분이 결정된다는 것은 신분이 상속된다는 것이다. 그 신분의 상속을 가능하게 하는 것은 종교와 이념보다 정치권력이었다. 그 권력은 군사력에서 나왔다. 마오쩌둥이 말한 대로 정치권력은 총구에서 나오기 때문이다. 그 흐름을 바꾼 것은 프랑스 혁명이었다. 모든 종류의 신분적 차별과 억압과 구속을 폐지하고 법 앞에서의 평등을 구현한 것이다. 그야말로 근대사회의 기점이 되었다.

이 근대사회는 개인의 노력과 능력으로 인간의 운명이 결정되는 사회다. 그런 생각이 이성의 힘으로 주체적으로 형성해 나가야 한다는 것으로 이름 하여 계몽주의라 불린다. 이 계몽주의 정신이 자유주의에도 사회주의에도 근본적인 개념이다.

---

277) 박찬국, 현대철학의 거장들 (서울: 이학사, 2012). "맑스" 부분을 참고한 것이다.

하나님 없는 인간의 자율성으로 행복한 세상, 즐거운 인생을 만들어 보리라 믿었다. 자연을 지배하는 도구적 이성의 발달과 인간관계를 조화롭게 만드는 실천이성의 발달로 유토피아를 만들겠다는 것이다. 그야말로 근대는 이성의 시대. 그러나 인간에게 주어진 것은 희망보다는 환멸이었다.[278]

근대가 가진 최초의 사회형태는 자유주의 사회였다. 자유주의 사회를 정당화 하는 것은 개인의 자유를 가장 중시하는 자유주의다. 자신이 어떻게 하면 행복할지 아는 사람은 각자 개인이라고 믿는다. 그것은 인간이 이성적인 존재라는 신념에 기초한다. 국가를 비롯한 외부의 어떤 세력도 차단한다. 국가의 간섭은 가능한 한 최소화 하고 개개인의 자유를 허용하려고 한다. 국가는 내·외부의 적들을 방어하고 시민의 인권과 재산을 보호하며 개인이 감당하기 어려운 공공사업을 시행하므로 개인의 활동을 보장하고 확대하는 인프라를 구축한다. 국가가 국민 위에 군림하는 것이 아니라 오히려 국민의 감시와 통제 하에 있는 것이 국가다. 그러기 위해서는 민주주의가 수반된다. 그래서 자유주의는 흔히 자유민주주의라 불린다. 그러나 유토피아적 성격을 지닌 자유주의 사회는 개인의 행복을 위해서 경쟁체제가 될 수밖에 없다. 경쟁은 지배를 낳고, 그로 인해 서로가 적대적인 관계가 되고 정신적인 문제들이 발생했다. 자유롭게 개인을 방치하면 이성이 고상하게 행동할 것이라 생각했지만, 더럽고 음란한 욕망의 전시장이 되었다. 자유를 부르짖고 자유를 허용했지만 현실은 불평등한 사회가 되었다. 인간은 다 동일한 능력을 가지지 않았기 때문이다. 가진 자들의 경제적 권력은 상속되었고 기회는 균등하게 주어지지 않았다.[279]

기대와 다른 현실이 주어졌을 때 여러 목소리가 대안으로 나왔지만 그 중에서 가장 큰 영향을 미친 것이 마르크스의 과학적 사회주의다. 먼저 마르크스에게 중요한 것은 인간의 역사를 바라보는 관점이다. 마르크스는 생산력과 생산관계의 모순에 따라 변화하는 것이 역사라고 보았다. 생산력의 발전은 단순히 경제적인 물량의 증대를 넘어 인간의 본질적인 능력의 창조적 실현을 의미하며, 노동은 생존수단이 아니라 인간의 창조적인 자기실현이다. 이런 인간의 본질적인 능력은 귀족과 노예, 봉건영주와 농노, 자본가와 노동자 사이의 계급대립의 투쟁을 통해서 생산력을 발전시켜 나간다. 그러면 종교, 철학, 정치, 법률, 윤리 이런 것들은 다 무엇인가? 그것은 사회의 특정계급이 자신들의 물질적 이익을 수호하고 정당화하기 위한 이데

---

278) Ibid., 23-25.
279) Ibid., 26-34.

올로기에 불과하다고 말했다.[280] 마르크스는 『독일 이데올로기』에서, "지배적인 관념들은 지배적인 물질적 관계의 이념적 표현에 지나지 않는다"고 말했다.

마르크스가 말하는 자본주의 사회의 근본적인 문제점은 무엇인가? 자본주의적인 생산관계가 더 이상 생산력 발전에 기여하지 않고 저해한다는 것이다. 인간의 본질적인 능력을 실현하도록 해야 하는데, 자본주의는 협동생산이므로 노동의 본래 의미가 사라져버리고 자신의 소유물을 사고파는 거래 관계가 되어버렸다는 것이다. 그래서 마르크스는 인간의 본질적인 능력을 실현하기 위해 사회주의를 부르짖었다. 그 비판의 핵심은 자본주의가 인간을 소외시킨다는 것이다. 인간의 소외란 자신이 직면하는 외부세력에 지배되는 '통제력의 상실' 이다. 결국 개인은 그 세력에 종속되고 원래 자신이 가진 목표와 의도는 사라져버린다. 인간소외를 말한 것이 마르크스에게는 최고의 강점이다. 이 소외를 말함으로 노동자들이 단결했고 노동조건의 개선과 임금인상으로 생활이 향상되었다.[281]

마르크스는 이 소외와 소외를 극복하기 위하여 다음과 같이 말했다.

> 마르크스는 『1844년 경제 · 철학 수고』를 쓰면서 네 가지 소외를 제시했다. (1) 인간의 자연으로부터의 소외, (2) 자기 생산 활동으로부터의 소외 (3) 종(種)적 존재로서의 인간으로부터의 소외 (4) 다른 인간으로부터의 소외. 마르크스는 이런 소외가 결코 '어쩔 수 없는 숙명'이 아니라고 강조했다. 그는 본래 자본주의 체제의 구조적 갈등인 소외를 숙명으로 잘못 이해하면, 결국 소외를 해결하기보다 가만 놔두는 오류를 범할 것이라고 주장했다. 마르크스는 소외가 사회적 · 역사적 발전에서 미리 결정된 과정이 낳은 불가사의한 결과가 아니라, 역사적 과정에서 인간의 의식적 개입을 통해 해결될 수 있는 것이라고 지적했다.[282]

"인간의 의식적 개입"이란 무엇인가? 프롤레타리아 혁명이다. 이것이 마르크스가 도약하는 방식이다. 그 도약을 위한 마르크스의 신성한 내면아이는 무엇인가? 그것은 『헤겔법철학 비판』에 나온다.

> 마지막으로 이 영역은 반드시 다른 사회 영역들이 해방되어야만 스스로도 해방되며, 따라서 다른 사회 영역들 모두를 해방시킨 후에야 스스로 해방될 수 있다. 간단히 말해서 이 영역에서는 인간성이 총체적으로 상실되어 있기 때문에 이 영역은 인간성의 총체적인 구원을 통해서만 해방된다. 특수한 계급으로서, 이러한 사회의 해체가 곧 프롤레타리아다.

---

280) Ibid., 37-38.
281) Ibid., 39-50.
282) http://left21.com/article/6770 소외란 무엇인가? 이스트반 메자로스 (마르크스주의 철학자, 『마르크스의 소외론』 저자)

마르크스의 신성한 내면아이는 '인간성'에 있다. 그 '인간성'이란 인간은 이성적이면서도 선한 존재라고 믿는 것이다. 그런 인간이 각자의 능력에 따라 일하고 각자의 필요에 따라 받는 사회가 되고 그 개개인들이 연합하여 직접 관리하고 직접 운영하는 사회를 구성하는 것이 마르크스가 꿈꾸는 진정한 사회주의 사회였다. 그야말로 인간에 의한, 인간을 위한, 인간의 사회. 인간다운 삶을 부르짖는 것이 마르크스가 말하는 핵심이다. 그런데 왜 그런 인간다운 삶이 안 되는가? 그것은 마르크스가 주장한 이론에 문제점들이 내재해 있기 때문이다. 서울대 철학과 박찬국 교수는 그 문제점들을 세 가지로 말한다.[283]

1) 자본주의 붕괴론: 마르크스는 자본주의가 자유경쟁 때문에 소수의 자본가만 남고 노동자들은 궁핍하게 되어 혁명이 일어날 것이라고 보았다. 마르크스는 자기가 죽기 전에 그 혁명이 일어날 것으로 믿었지만 꿈은 이루어지지 않았다. 왜 꿈이 실패했는가? 자본가들이 경쟁에서 이기기 위해 기계를 도입하기 때문에 노동자들이 실업자가 될 것이라 생각했지만, 그 기계를 만드는 일자리가 생겨났기 때문에 예상을 빗나갔다. 또한 자본주의 체계의 탄력적인 적응성을 너무 과소평가했다. 재화의 소유권이 소수에게 집중되지 않고 주식회사, 카르텔, 트러스트 외에도 여러 가지 방식으로 나타났고 경제규모가 팽창하자 소규모 기업도 진출하게 되었으며 그것들이 하나의 관계 속에서 경제가 돌아갔다. 무엇보다 노동자들은 혁명보다 개량을 선택했다. 자유주의 사회에서 국가는 그리 강력하지 않았다. 국가는 자본가의 소유물이 아니었던 것이다. 마르크스 당시에는 투표권이 재산을 가진 사람들에게만 한정되어 있었지만 1870년대 이후로 노동자들이 선거권을 가지게 되었고 노동조합도 합법화 되어 지위가 향상되었다. 노동자들은 혁명 대신에 자본가와 타협했고 공존을 모색했다. 혁명으로 자신의 가족들의 목숨과 생계를 잃어버리고 싶지 않았다.[284]

2) 계급 없는 사회: 마르크스가 그린 사회주의 사회는 어떤 계급적 대립도 없이 인간들끼리 우애와 조화만이 존재하는 사회다. 갈등, 소외 이런 것은 경제적 계급 대립에서 오는 것이기 때문에 그런 경제적 계급 대립이 없어지면 자연히 그런 갈등도 소외도 없어질 것이라 생각했다. 그러나 그런 사회가 올 수 있는가? 성경은 그

283) 박찬국, 현대철학의 거장들 (서울: 이학사, 2012), 52-58.
284) Ibid., 52-55.

런 곳이 천국이라야 된다고 했는데, 마르크스는 이 땅에다 천국을 만들려고 했다. 경제계급의 대립의 원인은 무엇인가? 그것은 인간의 탐욕에 있다. 그것은 인간의 죄악 된 본성에서 나온 것이다. 마르크스는 그것을 무시했다. 종교는 그저 지배계급의 이데올로기에 불과하다고 치부했기 때문이다. 지금의 계급이 사라져도 새로운 계급은 계속해서 일어난다. 우리는 역사 속에서 그런 일을 분명하게 목격했다. 자본가들의 지배가 사화주의 국가에서 권력자들의 지배로 여전히 나타났고 사람들은 더 극심한 고통과 억압 속에 감시와 검열을 당하며 살아야 했고, 사람들의 인권은 유린당했으며 더 많이 죽어갔고 지금도 죽어가고 있다. 그런 죄와 탐욕이 프롤레타리아에게는 없었는가? 마르크스는 가진 것이 많은 부르주아는 계급 분화는 낳지만 가진 것이 없는 프롤레타리아는 무계급사회를 형성할 것이라고 낙관했다. 그러나, 노동조합 내에서도 역시 지배계급이 나타났고 그들의 가정에서도 자신의 아내와 자녀들을 지배하려고 했다. 마르크스는 가부장적 가족제도가 계속 유지되는 현상에 대해서 이의를 제기할 수가 없다.[285]

3) 인간관과 국가관: 마르크스는 자유주의보다 훨씬 더 낙관적인 인간관을 가졌다. 자본주의만 사라지면 완전한 사회가 건설될 것이라고 생각한 것은 인간이 이성적이고 선한존재라고 굳게 믿었기 때문이다. 그러니 거기에 국가권력이 불필요하다. 그러나 자유주의는 인간이 그리 완벽한 존재가 아니기 때문에 생명과 재산을 보호하고 분쟁을 조정하기 위해 정부권력이 개입해야 한다고 보았다. 마르크스는 자본주의가 붕괴된 이후에 일시적으로 국가권력이 필요하다고 보았다. 왜냐하면 몰락한 자본가 계급이 재탈환하려고 하기 때문이다. 자본가 세력이 완전히 사라지고 나면 프롤레타리아의 독재는 해체되고 군대도 경찰도 없어진다. 모든 문제는 생산자들의 합의에 의해 해결되고, 중앙기구는 그저 사물만을 관리하고 인간을 지배하지 않는다. 그런 것이 정치적인 통치 없이 가능한가? 사물의 관리와 인간의 통치를 구별하고 손대지 말라고 하는 것은 지극히 공허할 뿐이다. 누가 그런 순진한 이야기를 믿겠냐 싶지만 그런 이야기를 믿고 목숨을 거는 사람들이 많다. 마르크스는 국가가 경제적 지배계급의 도구이므로 경제적 계급 대립이 소멸하면 국가도 소멸할 것이라고 생각했다. 그러나, 프롤레타리아 독재가 일어난 국가에서 국가권력을 장악한 사람들이 지배계급이 되고 그것을 더 유지하기 위하여 무력으로 지배했던 사실을 부인하지 못한다.[286] 그런 마르크스의 꿈이 현실화 되지 않는 이유에 대해

---

285) Ibid., 55-56.

박찬국 교수는 다음과 같이 직격탄을 날린다.

맑스의 이상이 실현되기 위해서는 사물을 관리하는 자들을 비롯하여 모든 사회 구성원이 천사와 같은 존재로 변화되지 않으면 안 될 것이다. 사람들은 일종의 거대한 정신 혁명을 통해서 어떠한 상황에서도 타인에 대한 지배를 추구하지 않는 인간으로 변화하지 않으면 안 된다. 그러나 그러한 정신혁명이 가능하리라는 보장은 없다. 그러한 정신혁명이 불가능할 경우 사물의 관리가 인간에 대한 지배가 되는 것을 막기 위해서 우리가 생각할 수 있는 두 번째 방법은 공적인 문제에서 아무리 사소한 문제라도 모든 사람이 직접민주제방식으로 결정하는 것이다. 그러한 체제가 실현되어도 이해 갈등을 제거할 수는 없겠지만, 정치적 권력에 의하지 않고서도 이해 갈등을 조정할 수 있을 것이다. 이러한 이상은 중세의 스위스 공동체를 모범으로 생각한 아나키즘에서 기원하는 것이며, 맑스의 이상으로 볼 수는 없다. 중세의 스위스 공동체보다 큰 어떠한 사회에서도 그러한 이상이 실현될 수 없음은 명백하다 할 것이다. 그러나 기술적으로도, 경제적으로도 복잡한 구조를 가진 사회는 경제적 관리와 여러 사회 구성원들 사이의 이해 대립의 조정을 위해서 분리된 관리 기구를 창출해야만 한다. 그리고 이러한 기구들은 다시 역으로 자신의 특수한 이해를 갖게 될 것이다.
아직도 맑스를 신봉하는 많은 사람은 현실 사회주의는 맑스의 생각과 이상에 대한 왜곡일 뿐 맑스의 진의를 구현하려고 한 것은 아니라고 주장한다. 이와 함께 이들 현실 사회주의가 전체주의로 전락한 것에 대해서 맑스는 전혀 책임이 없다고 주장한다. 그러나 맑스가 생각한 어떠한 갈등도 없는 사회주의사회란 사실은 그러한 전체주의적인 방법으로만 실현될 수 있는 것이다. 물론 그러한 전체주의사회는 갈등이 없는 사회가 아니라 갈등을 은폐하고 억압하는 사회이며, 기본적으로 정치권력자들과 피지배자들 사이에 갈등이 존재하는 사회이다.
물론 맑스는 분명 전체주의사회를 의도하지는 않았다. 그러나 맑스가 의도했든 안 했든 사상 자체의 논리가 있는 것이며 맑스의 사상은 불가피하게 전체주의적인 방식 외의 다른 방식으로는 현실화되기가 어려운 것이다. 맑스는 지상에 천국을 실현하려고 했지만 지상에 천국을 실현하려는 시도는 역설적으로 전체주의라는 지옥을 낳고 말았다. 이런 의미에서 콜라코프스키(Leszek Kolakowski)는 전체주의는 "천국(das Paradies)을 모방하려는 절망적인 시도다."라고 말하고 있다.287)

하나님 없는 인간의 이상은 결국 지옥을 만든다는 것을 확인해 주는 말이다. 어느 누구도 이 세상에 억압과 갈등이 없는 이상적인 사회를 건설할 수 없다. 인간은 유일하신 하나님의 은혜와 간섭 속에 살아가야 하며 인간의 죄악과 부패를 인정하고 예수 그리스도를 믿어 그 말씀대로 살아가야 한다. 그것이 인간에게 생명이고 영원한 의미와 통일성을 제공한다.

우리가 하나님이 "실제로 존재하심"을 믿는 것은, 일반적으로 하나님께서 창조와 섭리를 통해서 모든 사람들에게 자신을 계시하셨기 때문이다. 모든 사람들은 자신 안에 있는 하나님의 형상뿐 아니라, 자신의 본성과 하나님의 섭리 사역들에 있는 하나님 자신에 대한 계시로 말미암아 신 의식을 이미 가지고 있기 때문이다. 그러나 타락으로 인해 제대로 하나님을 알 수가 없게 되었다. 하나님께서는 구원론적

---

286) Ibid., 56-58.
287) Ibid., 58-59.

으로 우리에게 알려 주시기를 기뻐하셨다. 인격적이시며 성자 하나님이신 우리 주 예수 그리스도 안에서, 성령님의 사역과 명제적으로 계시된 하나님의 말씀을 통해서 우리를 거듭나게 하시어 하나님을 믿게 해 주셨다.[288] 성경은 하나님과 인간 사이에는 간격이 있으며 인간과 세계내의 존재들 사이에도 간격이 있다는 것을 말하며 성도는 그것을 믿는 사람들이다.

---

288) 로버트 L. 레이몬드, 나용화·손주철·안명준·조영천 역 (서울: 기독교문서선교회, 2004), 196; 하나님께서는 우리에게 자신을 계시하실 때 4가지 방식으로 계시하시는데, 1) 일반적으로, 2) 명제적으로, 3) 인격적으로, 4) 구원론적으로 하신다.

제16문 신격에는 몇 위가 계십니까? (대9)[289]
답: 하나님의 신격에는 삼위가 계시며, 성부, 성자, 성령이십니다. 그리고 이 삼위는 한 분 하나님이시며, 실체에서 같으시며, 능력과 영광에 있어서는 동등하십니다.[290]

삼위일체 하나님을 말하면서, 처음부터 말해왔듯이, 하나님은 인격적이시고 무한하신 하나님이시라는 사실을 다시 생각해 보아야 한다. 하나님은 삼위로 계시기 때문에 인격적이시다. 인격적 소통이 있다. 세상의 신들처럼 어떤 에너지, 기(氣)가 아니다. 명상을 통해 도달해야 할 어떤 완성체가 아니다. 우리가 믿는 하나님은 막연한 타자로서의 하나님이 아니다. 우리의 도덕성이나 종교성이나 실용성에 기초해서 인간이 조작하여 만들어 낸 하나님이 아니다. 성경에서 말하는 하나님은 인격적인 하나님이시다. 그 인격적이신 하나님께서 우리를 창조하셨기 때문에 우리에게는 생명이 있고 인격성이 있다. 그러기에 구원받은 우리는 의미와 통일성을 끊임없이 공급받는다. 영원한 의미와 통일성을 영원토록 부여받는다! 삼위일체 하나님을 알아가면서 삼위일체논쟁이 핵심이 되어서는 안 되며, 그 삼위일체 하나님이 어떤 분이신지 구체적으로 알아가야 한다. 무한하시고 인격적이신 하나님을 높이며, 그 하나님으로부터 영원한 의미와 통일성을 공급받으므로 생명력을 누리고 살아가야 한다. 그렇게 될 때에 더욱 풍성한 교제와 소통이 일어나게 된다.

삼위일체? 인간의 이성으로는 다 이해하지 못한다

하나님의 한 본질 안에 세 위격이 존재하신다는 삼위일체는 인간의 머리로는 다 이해하지 못하는 신비에 속한다. 교회는 삼위일체를 사람의 이해를 초월하는 신비로 고백했다. 그러나 하나님을 삼위일체 하나님으로 알아야 하는 일에 대해서, 칼빈은 다음과 같이 말했다.

> 그러나 하나님은 자신을 또 다른 특별한 표지로써 지칭하셔서 자신을 우상들과 더 분명하게 구별하신다. 그는 자신을 유일하신 하나님으로 선언하시는 한편, 동시에 분명히 삼위(三位, three persons)로 바라보도록 그렇게 자신을 제시하시는 것이다. 이를 깨닫지 못하면 하나님의 이름만 그

---

289) 하이델베르크 교리문답 제25문: 하나님은 오직 한 분이신데, 왜 성부, 성자, 성령 세 위격으로 말합니까? 답: 하나님께서 당신의 말씀 속에서 당신 자신을 그렇게 계시하시어 이 세 구별된 위격이 한 분이시고 참되고 영원하신 하나님이시기 때문입니다.

290) Q. 6. How many persons are there in the Godhead? A. There are three persons in the Godhead: the Father, the Son, and the Holy Ghost; and these three are one God, the same in substance, equal in power and glory.

저 헛되이 우리 머리에 맴돌 뿐, 하나님에 대한 참된 지식은 얻을 수가 없다. …291)

세상의 어떤 철학과 종교에서도 '한 본질 안에 세 위격'이신 하나님을 생각할 수 없다. 왜냐하면, 세상은 근본적으로 인간의 내면에 하늘의 본성이라는 신성함을 부여하고 신인합일을 지향하기 때문이다. 인간의 사고한계 내에서만 가능한 신이며 그것이 근본체계다.

삼위일체는 설명하면 설명할수록 더 난해해진다. 왜냐하면 하나님의 존재에 대한 것은 인간의 이해를 뛰어넘는 신비인데 이성으로 이해하려고 하기 때문이다. 삼위일체 교리는 인간의 이성으로 알 수 있는 논리가 아니다.292) 그것은 이해의 문제가 아니라 차원의 문제다. 인간은 1차원의 선, 2차원의 평면, 3차원의 입체를 인식하고 경험할 수 있다. 그러나 그 이상의 차원, 곧 공간과 시간이 동시에 존재하는 4차원은 인간이 이해할 수 없다. 무한하신 하나님을 유한한 인간이 헤아릴 수 없다.

> … 사람 가운데 있는 세 인격은 성질 혹은 본체의 '종'(種)의 유일성, 즉 같은 종류의 성질 혹은 본체를 가질 뿐이나, 하나님 안에 있는 삼위는 본체의 수적 유일성을, 즉 한 본체를 소유하고 있다. 인간의 성질이나 본체는 각 사람이 가지고 있는 개체적 부분의 한 종류로 간주될 수 있기 때문에, 종(種)적 유일성이 있게 되는 것이다. 그러나 신적 본체는 나누일 수 없으며, 따라서 신성의 삼위 속에서 하나다. 신적 본체는 수적으로 하나이며 동일하다. 그러므로 삼위들 안에 있는 본체의 유일성은 수적인 유일성이다. …293)

만일 사람 같으면, 한 사람의 본성에 세 사람이 있다면 분열이 일어난다. 그러나

---

291) 존 칼빈, 기독교강요(상), 원광연 역 (고양: 크리스찬다이제스트, 2003), 145.
292) 박명룡, 김용옥의 하나님 vs 성경의 하나님 (서울: 도서출판 누가, 2007), 304-305; "사실 삼위일체는 충분히 논리적이다. 논리적으로 생각해서 이 세상에 하나님이 존재한다면 그 하나님은 반드시 완전한 분이어야 한다. 따라서 하나님은 도덕적으로도 완전해야 한다. 하나님이 도덕적으로 완전한 분이라는 것은 하나님은 사랑의 존재임을 말한다. 그래서 하나님은 사랑이시기 때문에 본성적으로 사랑하는 분이다. 사랑은 인격적인 행위로서 관계적이기 때문에 반드시 사랑의 대상이 있어야만 한다. 또한 자신을 내어주는 것이 사랑의 진정한 본질이다. 그래서 하나님은 본성적으로 반드시 다른 인격에게 자신의 사랑을 주어야만 한다. 그런데 만일 하나님이 한 분이면서 한 인격만을 가지고 계신다면 과연 그 하나님의 사랑을 받아야만 하는 사랑의 대상은 누구일까? 교제의 대상이 없다. 하나님은 본성적으로 다른 인격을 사랑해야하는 존재이다. 하지만 이슬람의 신과 같이 하나님이 초월자로 한 인격만 가졌다면 그 하나님은 처음부터 본성적으로 사랑의 완전성을 유지할 수 없는 분이라는 논리적인 귀결에 이르게 된다. … 그러나 삼위일체 하나님은 세 인격이기에 내적으로 사랑의 관계성이 성립될 수 있다. 다시 말해서, 하나님의 인격이 복수, 즉 세 분이기 때문에 하나님은 인간 창조 이전에도 완전한 사랑을 본성적으로 스스로 할 수 있었다는 것이 논리적으로 가능해진다. 삼위일체는 한 분 하나님이지만 구별되는 세 인격을 가진 하나님께서 서로의 의견이 충돌되지 않고 내적으로 긴밀히 연결되고 교통되어 있어서 서로 알고 서로 자발적으로 사랑하고 의견일치를 보인다는 비밀이 숨겨져 있다."(J. P. Moreland and William Lane Craig, Philosophical Foundation For a Christian Worldview, p. 594)
293) 루이스 벌코프, 벌코프조직신학(상), 권수경·이상원 역 (서울: 크리스찬다이제스트, 1993), 286.

삼위일체 하나님은 한 본체이나 삼위가 있고 분열이 없다는 뜻이다. 그래서 삼위일체는 인간의 이성으로는 이해가 안 된다. 무한하신 하나님을 유한한 인간이 완전히 포섭할 수 없다. 동일한 본체에 구별된 세 실체가 있다는 것은 인간으로서는 이해 불가하다. 헤르만 바빙크는 다음과 같이 삼위일체를 말했다.

> 사람에게 있어서 인간의 단일 본성은 세분화되어 전개된다. … 이것은 본질적으로 연장이다. 그러나 하나님에게는 그 어떤 분리나 나눔도 없다. 그의 존재가 인격성으로 전개되는 것은, 그의 존재가 위격들로 전개되는 것이며, 동시에 그의 존재가 성부, 성자 그리고 성령의 이름으로 표현되는 내재적 관계들로 전개되는 것을 즉각적으로, 곧바로, 절대적으로, 완전히 포함된다. … 그러므로 삼위는 진실로 각기 구별되지만, 다르지 않다. 삼위성은 단일성에서 말미암았으며, 단일성 안에 있고 단일성을 위한 것이다. 존재의 전개는 그 존재 내부에서 발생하며, 따라서 존재의 단일성과 단순성을 손상시키지 않는다. 더 나아가, 삼위는 비록[본질에 있어서] 다르지 않을지라도, 과연 구별된 주체들, 실체들, 실재들이며, 무엇보다도 이를 통하여 존재 자체 안에 있는 하나님의 존재를 절대적으로 전개시킨다. 마지막으로, 이 삼위는 상호 간에 출생과 내심을 통하여 절대적인 방식으로 서로 연관된다. 주체들로서의 그들의 [위격적] 구별은 그들의 내재적 관계들과 완전히 일치한다. 성부는 오로지 그리고 영원히 성부일 뿐이며, 성자는 오로지 그리고 영원히 성자일 뿐이며, 성령은 오로지 그리고 영원히 성령일 뿐이다. 그들 각 위격은 단순하고, 영원하고, 절대적인 방식으로 자기 자신이므로, 따라서 성부는 성부로서 하나님이며, 성자도 성자로서 하나님이며, 성령은 성령으로서 하나님이다. 그들 셋 모두가 하나님이므로, 그들은 단 하나의 신적 본성을 소유하며, 따라서 영원토록 찬양을 받으시기에 합당한 단 한 분의 하나님, 성부, 성자 그리고 성령이 존재한다.294)

삼위일체론은 계시되어진 것이지 인간이 합리적으로 만들어낸 것이 아니다. 합리적인 것을 좋아하는 소시니안주의자들295)과 알미니안주의자들296)은 삼위일체

---

294) 헤르만 바빙크, 개혁교의학2 (서울: 부흥과개혁사, 박태현 역, 2011), 383-384.

295) https://blog.naver.com/kjp560727/221042103346/ 소시니안주의(개인주의) 신학; 16세기 후반과 17세기 초에 폴란드 등에서 꽃피었고, 후에는 저지대(Low Countries)와 영국에까지 전파된 종교개혁 후시대의 한 신학적 운동이다. 이 운동은 반삼위일체적 교리뿐만 아니라, 합리주의적이고 윤리적인 강조점에 있어서도 유니테리안주의(Unitarianism)의 선구자로 알려져 있다. 이 운동은 삼위일체, 그리스도의 선재(Pre-existence), 원죄, 구속의 만족설(Satisfaction) 등에 대한 반대자로서 알려져 왔는데, 이 운동이 그 교리들을 반대한 이유가 그 교리들이 가지고 있는 비성경적이며 비합리적이기 때문이라는 것을 강조하는 것은 더욱 중요하다. 그들은 예수 그리스도 안에 나타난 계시의 최종성은 인정하였으나, 이 교리들은 부인한 것이다. 그들의 만족설에 대한 반대의 이유는 매우 전형적인 것이다. 즉, 하나님이 절대적인 주권을 가지고 있다면 자신이 생각하기에 적당한 어떤 방법으로든지 죄를 용서할 것이다. 더욱이 죄의 용서와 만족설은 서로 상충되는데, 이는 하나님이 죄를 용서하신다면 보상은 필요 없는 것이고, 보상이 필요하다면 용서라는 것은 한낱 환상에 불과한 것이 되기 때문이다.

296) http://mission.bz/10538; 〈알미니우스주의(Arminianism): 칼빈파의 정통주의에 대하여 인도주의적 반동을 일으킨 것이 있으니 그것이 곧 알미니우스주의이다. 이는 인본주의와 재세례파가 화란에서 개혁운동 초기에 야곱 알미니우스(1560-1609)와 그 동지들이 조직한 것이다. 알미니우스는 칼빈주의의 무조건적 예정설을 의심하여 인간의 자유를 주장하며 "신은 인생의 타락을 예지 허용하시고 구원을 얻을 이만 선택하신다"고 가르쳤다. 그를 반대하는 이들은 "하나님은 구원 얻을 이를 택하여 놓으신 후 그것을 실현키 위하여 어떤 이는 타락케 하신다"고 주장하였다. 이 양론으로 인하여 화란의 개신교는 분열되었다. 그러나 칼빈파가 대다수이므로 1621년 가을 도르트회의에서 알미니우스주의는 이단으로

교리를 거부한다. 그러나 성경이 분명하게 성부 하나님, 성자 하나님, 성령 하나님을 말하고 있기 때문에 믿고 고백한다.

성경에는 삼위일체라는 말이 없다. 어거스틴의 말대로 기독교가 삼위일체를 말하는 것은 기독교안들이 잠잠히 있지 않기 위해 만들어진 것이다. 삼위일체라는 말은 교부(敎父) 터툴리안(Tertullian)이 가장 먼저 사용했으며,[297] 325년 니케아(Nicea) 종교회의에서 인정되었다. 삼위일체교리를 알기 위해서는 삼위일체 논쟁의 역사를 아는 것이 필수적이다. 기독교회사에는 삼위일체 하나님에 대한 수많은 오류들이 발생했다.[298] 그 중요한 오류를 발생하게 하고 삼위일체를 파괴한 것은 종속이 열등하다는 통념이다.[299]

용어이해

배격을 받았기 때문에 알미니우스파는 좌파옹호에 결박되어 「항론 5개조」를 작성하였다. 1) 예정에는 조건이 있다. 하나님은 믿는 자를 선택하신다. 그런고로 하나님은 믿는 자를 예지하신다. 2) 속죄는 보편적이다. 그리스도는 선택을 받은 이들만 위하여 십자가에 달리신 것이 아니요 인류전체를 위하여 죽으셨다. 그러나 그를 믿는 이만 이 은혜를 받는다. 3) 타락은 전적이 아니다. 아담의 타락으로 말미암아 선행의 능력이 전부 상실된 것은 아니다. 아무리 죄가 깊은 인간이라도 하나님께 향한 능력이 있으므로 구원에 들어가려면 그 능력을 사용하지 않으면 안 된다. 4) 신의 은총은 불가항적이 아니다. 죄 있는 인간은 하나님께 향하는 능력과 함께 신의 은총을 반항하는 힘도 있다. 5) 죄인이 중생 후 다시 중죄를 범하면 영원히 구원받지 못할 수도 있다. 그러므로 신자가 예정되었다고 해서 그것은 영원히 구원을 보증할 근거가 될 수 없다. 알미니안주의의 탄생 배경은 네덜란드 정부가 칼빈주의를 반대하는 쿠른헤르트(Coornhert)에 대항하기 위해서 아르미니우스를 시켜 쿠른헤르트의 신학사상을 반론하라 한 것에 기인한다. 그러나 아르미니우스는 오히려 쿠른헤르트의 신학사상에 동조하게 되었다. 그 후 아르미니우스와 고마르 사이에 신학논쟁이 있었는데, 논쟁의 내용은 '타락 전 예정론'과 '타락 후 예정론'이었다. 1608년 아르미니우스 사후 그의 추종자들이 그의 신학사상을 더욱 체계화하여 발전시켰고 마침내 40여명의 아르미니안주의자들은 종교적 관용을 강조하는 네덜란드의 정치인 올덴바르네벨트의 요구에 따라 Remonstrance(항의서)라 불리는 신앙성명을 작성하였으며, 이에 대한 도르트회의(1619년)의 신학적 응답이 바로 칼빈주의의 5대 강령이다.〉

297) 삼위일체라는 단어는 사용하지 않았지만 삼위일체교리를 철학적으로 가장 완벽하게 변증한 사람은 아데나고라스(Athenagoras)라는 교부였다.

298) 위키피디아 사전에서; "삼위일체와 다른 주장 1) 삼신론: 삼위일체론은 '세 인격의 한 하나님'이라는 교리이지만, 삼신론은 세 하나님이 존재한다고 주장한다. 2) 양태론(modalism): 하나님이 시대에 따라 성부·성자·성령의 모습으로 나타나는 한 인격의 한 하나님이라고 주장한다. 구약때는 성부로, 신약때는 성자로, 현대에는 성령으로 활동하셨다는 주장이 양태론적 이론의 한 예이다. 3) 종속주의론: 성부와 성자와 성령이 개체나 성자와 성령은 성부에 종속되어 있다는 신학 이론이다. 4) 양자론: 양자론은 하나님이 예수를 양자로 삼았기 때문에, 예수가 하나님의 아들이 되었다는 주장이다. 5) 다른 의미의 삼위일체론: 성부와 성령이 예수(성자)의 한 육체 안에 있을 때를 삼위일체라 할 수 있다. 그러나 성부와 성자와 성령이 각각 영으로 있을 때는 같은 성령이나, 그 위(位)는 각각 다르고 그 영체도 각각 개체로 있는 것이라는 주장이다. 이와 같은 주장을 하는 곳은 신흥종교인 신천지예수교증거장막성전이다."

299) R. C. 스프로울, **웨스트민스터신앙고백해설**, 이상웅·김찬영 역 (서울: 부흥과개혁사, 2011), 189; "… 종속이 열등함을 의미한다는 통념은 우리의 삼위일체 교리를 파괴할 것이다. 우리는 성부, 성자 그리고 성령이 동등하게 영원하고 동질이시고 영광과 영예와 위엄에서 동등하시다고 믿는다. 그럼에도 불구하고 우리는 구속의 경륜에서 성자는 성부에게 종속되고 성령은 다른 두 분에게 종속적이라는 것 또한 믿는다 …"

삼위일체란 성부와 성자와 성령의 세 위격들이 세 가지 존재 양상에서는 구별되나 신격의 한 본질 속에 존재한다는 것을 뜻하는 말이다. 이 삼위일체 교리를 바르게 알기 위해서는 먼저 용어에 대한 이해가 필요하다.

- 위(위격, persons)[300] : 헬라어로는 휘포스타시스(hypostaseis, 실체, 본질)이며, 페르소나(persona)에서 나온 말이다. '위'는 'persons'을 한글로 번역한 것이지만, '인격'이 아니라 '위격'이라 함이 합당하다. 왜냐하면 성부와 성자와 성령은 인간이 아니라 하나님이시기 때문이다.[301] 본질이 삼위 안에 있는 신성의 공통된 것을 말한다면 위(위격)는 삼위를 각기 개별적으로 관계적으로 생각하며 신적인 본질(혹은 존재)이 존속하는 양상 혹은 방식을 말한다.

터툴리안은 본질과 위격을 말하면서 가면과 재산과 관련된 페르소나(persona)의 두 가지 의미를 사용했다. 그런데 헬라의 신학자들은 세 위격들을 가리킬 때 휘포스타시스(hypostasis)라는 헬라어 용어를 사용했다. 그들은 세 위격들을, 구별된 세 실존들(existences) 혹은 인격들(person의 일상적 용법)로 이해하지 않았다. 그럴 경우 그들은 이것이 세 분의 분리된 존재를 지시하게 될 것이고 다신론의 일종인 삼신론에 빠지게 된다고 생각했다. 그것은 유일신에 모순되었다. 휘포스타시스에 의해 표현된 신학적 개념은 실재(subsistence)라는 개념이었다.[302]

---

300) 자카라이스 우르시누스, **하이델베르크 교리문답해설**, 원광연 역 (서울: 크리스챤다이제스트, 2006), 236; "위격(位格: person)이란 실재하는 것으로(subsisting), 개별적이며, 살아 있고, 지성적이며, 비공유적이다. 또한 이것은 다른 것 속에서 지탱되거나 다른 것의 일부가 아니다. 실재한다는 것은 그것이 생각이나 결정이나 사라지는 소리나 혹은 어떤 창조된 특질이나 움직임이 아니라는 것을 뜻한다. 개별적이라는 것은 총칭적이 아니라, 개체적이라는 뜻이다. 살아 있다는 것은 돌처럼 생명이 없는 것과 다른 것을 뜻한다. 지성적이라는 것은, 생명과 감각은 있으나 인격성이 결핍되어 있는 동물처럼 비이성적이 아니라는 뜻이다. 비공유적이라는 것은, 삼위 안에서 공유가 가능한 하나님의 본질과는 달리, 위격은 공유가 불가능하다. 다른 것 속에서 지탱되지 않는다고 하는데, 이는 그 자체에 의해서 지탱되기 때문이다. 이와 마찬가지로 사람의 영혼도 그 자체로 실재하며, 지성적이며, 다른 것에 의해서 지탱되지 않으나, 그럼에도 불구하고 그것은 위격(位格: person)이 아니다. 왜냐하면 실재하는 또 다른 개체의 일부분이기 때문이다. 그렇기 때문에 다른 것의 일부가 아니다라는 정의가 덧붙여지는 것이다."

301) 이정석(풀러신학교 조직신학교수), 「하나님은 몇 분인가」, 미주 크리스챤 신문(2002.4.27) 본래 삼위일체라는 말은 중국에 온 로마 가톨릭선교사들이 라틴어 tres persona una substantia를 한문으로 직역한 것이다. '삼위'(三位)라는 말은 tres persona, three persons, 즉 세 분을 의미하며, '일체'(一體)라는 말은 una substantia, one nature, 즉 하나의 본성을 의미한다. 그러나, 한국이 한문시대를 벗어나면서 '위'(位)자를 '자리 위'라는 기초적인 의미만 알고 '분 위'라는 의미도 있다는 사실을 모르게 되었기 때문에 혼란이 야기된 것이다. 과거의 한문세대는 '제위'(諸位)가 '여러 분'이라는 사실을 모두 알았지만, 현대의 한글세대는 그 말을 잘 이해하지 못한다. 더욱이, '체'(體)자는 당연히 '몸 체'로만 알고 보다 난해한 '본체 체'를 알지 못한다. 본체란 중국철학의 본체론에서 논하는 중심 주제로서 신과 같이 절대적이고 근원적인 존재의 본질을 가리킨다. 실로, 한문보다는 영어가 친숙한 오늘날의 한국인에게는 난해한 '삼위일체'보다 'three persons in one nature'가 훨씬 더 쉽고도 정확하게 이해될 수 있을 것이다.

302) R. C. 스프로울, 웨스트민스터신앙고백해설, 이상웅·김찬영 역 (서울: 부흥과개혁사, 2011), 100-101.

- 본체: '체'는 '몸'(體)을 뜻하지 않는다. "본질 체"를 말한다. 하나님의 하나님 되시는 절대적이고 근원적인 존재의 본질을 말한다. '몸'으로 이해하면 몸 하나에 머리 셋인 괴물이 되어 버린다.

- 신격(Godhead): 하나님의 하나님 되시는 본성을 말한다. 신격은 오직 하나이시다. 세 위(person)가 되시면서 본질에 있어서는 하나라는 뜻이다.[303] 예수님께서는 "나와 아버지는 하나이니라"(요 10:30)고 말씀하셨다.

- 본질(essence): 본질은 영원하고 자존적인 존재–순수존재를 지칭한다.[304] 세 위격들은 모두 한 본질이기 때문에 본질에 있어서는 차이가 없다.[305] 그럼에도 불구하고, 한 본질 안에는 구별되는 세 실재들이 존재한다.[306] 성부와 성자와 성령에게 하나님이시라는 신성으로는 공통되는 것이다. 서로서로와의 관계에서는 성부와 성자와 성령이시다. 본질은 절대적이며 공유적이며 위격은 상대적이며 비공유적이다. 위격들은 삼위의 위격들과 별개라는 것이고 본질은 삼위의 위격들 모두에게 공통적이라는 말이다. 특히 본질이라고 할 때에 물질이 형체를 갖는 것처럼 생각해서는 안 된다. 그런 생각을 가지는 사람들은 인간의 내면에 신성한 불꽃이 남아 있다고 보면서 신비주의 영성으로 가게 된다. 교리문답은 다음과 같이 말한다.

> 하나님의 신격에는 삼위가 계시며, 성부와 성자와 성령이십니다. 그리고 이 삼위는 한 분 하나님이시며, 실체에서 같으시며, 능력과 영광에 있어서는 동등하십니다.[307]

---

303) http://www.samil.org/zbxe/37853; 손성은, 「삼위일체(三位一體)의 '위'(位)와 '체'(體)의 관계가 주는 교훈」

304) 자카리아스 우르시누스, 하이델베르크 교리문답해설, 원광연 역 (서울: 크리스챤다이제스트, 2006), 236: "본질 (essence)은 헬라어로는 우시아인데, 이는 그 자체로서 존재하는–다른 어떤 것의 도움으로 지탱되는 것이 아닌, 그러나 다른 것들이 공유(共有)할 수는 있는–하나의 사물을 의미한다. 여럿에게 공통적이거나 여럿이 함께 공유할 수 있는 본질에 대해서는, 공유적(共有的)이라거나 공유된다고 말한다. 그리고 다른 것들이 함께 참여할 수 없는 본질에 대해서는 비공유적(非共有的)이라고 말한다. 사람의 본질은 공유적이며, 여러 사람들에게 공통적이다. 하나님의 본질을 가리켜 공유적이라 할 수 있으나, 이는 다만 신성 혹은 하나님의 본성이 신격의 삼위(三位) 모두에게서 동일하고 완전하기 때문이다."

305) 코르넬리스 프롱크, 사도신경, 임정민 역 (서울: 그책의사람들, 2013), 16: "본체나 본질은 신격의 모든 구성원이 공통으로 지닌 것이고, 위격은 신격의 모든 구성원이 서로 다른 점이다. …"

306) R. C. 스프로울, 웨스트민스터신앙고백해설, 이상웅·김찬영 역 (서울: 부흥과개혁사, 2011), 103: "… 세 실재들이 본질 밖에(outside) 존재하는 것이 아니라(그래서 세 실존들이 아니다–역주) 하나님의 바로 그 존재 안에(within) 존재한다) …"

307) 나와 아버지는 하나이니라 하신대(요 10:30) 유대인들이 이를 인하여 더욱 예수를 죽이고자 하니 이는 안식일만 범할 뿐 아니라 하나님을 자기의 친아버지라 하여 자기를 하나님과 동등으로 삼으심이러라(요 5:18) 9 예수께서 가라사대 빌립아 내가 이렇게 오래 너희와 함께 있으되 네가 나를 알지 못하느냐 나를 본 자는 아버지를 보았거늘 어찌하여 아버지를 보이라 하느냐 10 나는 아버지 안에 있고 아버지는 내 안에 계신 것을 네가 믿지 아니하느냐 내가 너희에게 이르는 말이 스스로 하는 것이 아니라 아버지께서 내 안에 계셔 그의 일을 하시는 것이라(요 14:9-10) 1 태초에 말씀이 계시니라 이 말씀이 하나님과 함께 계셨으니 이 말씀은 곧 하나님이시니라 2 그가 태초에 하나님과 함께 계셨고 3 만물이 그

삼위일체란 세 하나님이 동일한 본질을 소유하고 있다는 말이다. 하나님은 오직 한 분이시나 그 하나님이 각각의 개별적인 의지와 인격을 가지신 세 위격으로 존재한다는 것이다. 그런데 이것을 조금만 잘못 가르치면 신이 셋인 '삼신론'이 되거나,[308] 한 신이 세 가지 형태를 지니는 '양태론'이 된다.[309] 이렇게 되는 이유는 위격을 단순히 하나의 관계나 직분 같은 것으로 생각하기 때문이다. 위격이란 자신이 관계를 맺고 있는 다른 것들과 비공유적 속성을 통해서 진정으로 별개로 존속하는 어떤 것을 뜻한다.[310]

영어로 표현하면 'three persons in one nature'으로 간단하다. 이것을 설명하기 시작하면 어려운 것이 사실이다. 그러나 삼위일체 교리는 철학적으로 생각해 낸 것이 아니라 성경에 나타난 그대로 믿고 고백하는 교리다. 중요한 것은, 삼위일체는 우리의 구원론적 관심과 배경에서 나왔다는 것이다.[311] 삼위일체 하나님을 말한다는 것은 기독교인들이 믿는 하나님은 초월자인 동시에 내재자라는 사실을 믿는 것이다. 우주를 창조하셨을 뿐만 아니라 인간의 역사 속에 개입하시는 하나님이시며

로 말미암아 지은 바 되었으니 지은 것이 하나도 그가 없이는 된 것이 없느니라(요 1:1-3)

308) http://www.christiantoday.co.kr/view.htm?id=173307 삼위일체 하나님에 대한 바른 이해(6) 김명용 교수(장신대)"여기서 우리가 유념해야 하는 것은 하나님이 세 분이라는 말과 세 하나님들(3 Gods)이 있다는 말을 같은 말로 이해하면 안 된다는 점이다. 하나님이 세 분이라는 말은 세 인격체(3 Persons)를 지칭하는 말이지 삼신론을 의미하는 세 신들(3 gods) 혹은 세 하나님들(3 Gods)로 생각하면 안 된다. 삼위일체론을 형성시킨 신학의 교부들은 하나님이 세 분(3 hypostasis)이라고 언급했지만 세 하나님들이 있다고는 언급하지는 않았다. 아다나시우스와 캅파도키아 교부들은 세 하나님들이 있다는 표현에 대해 한결 같이 반대하면서 오히려 한 하나님(One God)이 있다고 언급했다. 그러면 한 하나님이란 말의 뜻이 무엇일까? 성부, 성자, 성령께서 한 하나님이라는 말의 의미는 성부, 성자, 성령께서 상호침투와 공재(共在)를 통해 하나의 거룩한 삼위일체 하나님을 형성하게 되는데 이 거룩한 삼위일체 하나님을 한 하나님이라고 지칭하는 것이다. 성부, 성자, 성령께서는 하나의 거룩한 삼위일체 하나님이 삶과 역사를 만들어 가신다. 이 거룩한 삼위일체 하나님의 삶과 역사는 언제나 하나이다. 그리고 한 분의 삶과 역사 안에 언제나 세 분의 삶과 역사가 함께 존재하고 있다. 그런 까닭에 예수 그리스도의 부활의 영광은 성부의 영광인 동시에 성자의 영광이고 성령의 영광이다. 즉, 하나의 하나님이란 하나의 거룩한 삼위일체 신 전체를 지칭하는 말인 것이다."

309) http://biblenara.org/q&a/Q623.htm 참고, 달걀을 달걀 껍질, 흰자, 노란자로 설명한다든지, 물을 물, 증기, 얼음의 3가지 형태로 설명하는 것을 양태론이라 한다. 양태론은 성부와 성자와 성령을 같은 하나님이나 상황에 따라 다른 형태로 나타난 것이라 본다. 예수님께서 십자가에 못박혀 죽으신 것은 성부 하나님이 못 박혀 죽으신 것이 하여 터툴리안은 이것을 가리켜서 '성부수난설'(Patripassianismus)이라고 불렀다. 양태론을 체계적으로 집대성한 사람은 서방의 사벨리우스(Sabellius)였다. 그는 하나님께서 구속사의 과정에서 세 얼굴(또는 세 역할)로 나타나셨다고 주장했다. 그는 하나님의 세 가지 양태는 마치, 한 사람이 육과 혼과 영으로 구성된 것과 같다고 했다. 또한 그는 태양은 하나지만, 그 안에서 열과 빛을 발산하는 것처럼, 성부께서 태양이라면, 성자는 비취는 광선이고, 성령은 태양에서 나오는 열과 같다고 설명했다.

310) 자카리아스 우르시누스, 하이델베르크 교리문답해설, 원광연 역 (서울: 크리스챤다이제스트, 2006), 239; "즉, 낳거나 낳아지거나 나오는 자의 직분이나 위엄이나 계급이 아니라, 낳거나 낳아지거나 나오는 그 존재 자체를 지칭하는 것이다."

311) 유해무, 삼위일체론 (파주: 살림, 2010), 48.

죄의 종 된 인간을 구원하시는 하나님이심을 믿는 것이다. 이것이 우리의 삶에 가장 큰 위로다.

삼위일체론 논쟁

속사도 시대에는 그리스도께서 완전한 신성을 가진 분으로 고백했으며, 또한 성부와 성자와 성령을 하나님으로 고백하는 분명한 신앙이 있었다. 그러나 삼위일체 교리로 제시된 것은 아니었다. 삼위일체론 논쟁과 발전은 니케아 회의 이전과 이후로 나누어진다. 니케아 회의 이전에는 성부와 성자의 동일성과 종속성이 논의 되었으며 니케아 회의 이후에는 성령의 동일성이 확보되었다. 서방교회는 하나님의 단일성312)을, 동방교회는 삼위의 영구한 구별성을 강조했다.313)

교회는 이방 땅, 곧 헬라세계로 퍼져갔고 신플라톤주의가 교회의 언어에 영향을 끼치기 시작했다. 그리하여 요한복음에 나오는 '말씀'(Logos)을 헬라사상의 '로고스론'으로 해석하는 분위기가 조성되었다. 이제는 단일한 하나님만이 아니라 로고스론으로 하나님 안에 있는 다원성을 말하는 계기가 마련되었다.314) 그러나 이런 다원론은 다시 단일성을 강조하는 단일신론(Monarchianism, 혹은 군주론)315)의

---

312) 헤르만 바빙크, 개혁교의학, 박태현 역 (서울: 부흥과개혁사, 박태현 역, 2011), 376; "… 하나님은 복합이나 분할이 없는 절대적 단일성과 단순성이다. 이 단일성 자체는 인간들 사이에 있는 것처럼, 윤리적 속성도 계약적 속성도 아닌 절대적 성격을 지닌다. 따라서 이 단일성은 본질에 우연적인 것이 아니라 하나님의 본질 자체와 동일한 것이다."

313) J.L. 니브, O.W. 하이크 공저, 기독교교리사, 서남동 역 (서울: 대한기독교서회, 1992), 276; "동방교회의 사상은 죄와 은총의 문제를 토론하는데 있어서 지도적 역할을 담당하지 못하였다. 이 문제는 서방교회의 실천적 정신이 주로 관심을 기울인 사상적 분야였다. 사변적 경향이 강하던 동방교회의 관심은 주로 삼위일체의 교리와 기독론에 집중되어 있었다."

314) http://www.moksa.co.kr; "신플라톤주의의 실체 이론을 기독교 신학이 도입한 것은 처음부터 세 신적인 존재들이 각기 서로 맺는 관계성에 대하여 일종의 가치 평가를 하는 것을 의미하였다. 왜냐하면 신플라톤주의에 있어서 실체화(hypostatization) 과정이란 곧 동시에 존재의 감소과정을 의미하는 것이기 때문이다. 하나님의 초월적인 원근거로부터 흘라나오면서 그 신적인 존재는 그 초월적인 원줄기로부터 거리가 멀어질수록 그 존재는 약화된다. 그리고 존재의 감소는 마침내 물질에 가까워지는 것으로 나타난다. 그런데 이 물질이란 물질 자체로 놓고 볼 때에는 신플라톤주의에서는 '비존재'(non-being)라고 이해되고 있다. 그런데 신플라톤주의적인 실체 이론을 삼위일체에 대한 기독교의 이해 방식에 옮겨 놓으면서 다음과 같은 위험성이 뒤따르게 되었다. 즉 하나님께서 여러 다른 존재들로 현현하시는 것-기독교인의 신앙 체험으로 본다면, 성부, 성자, 성령-은 그 자체 내에서 계급이 매겨지는 신들의 계급구조로 변형될 수 있으며, 따라서 다신론으로 변형될 수 있다는 것이었다. 그 결과 이러한 위험을 의식적으로 피하려고 하였지만 그리고 로고스 기독론으로부터 해석되어 나오는 바 삼위일체의 세 현현 존재들이 본질상으로 완전히 같다는 것이 강조되었지만, 그럼에도 불구하고 삼위일체라는 것이 세 동등한 계급의 신들이 존재하는 것이라는 생각으로 빠질 위험성이 생겨났고, 또 이런 생각은 한 분이신 하나님이라는 관념을 몰아내고 자기가 대신 들어서기도 하였다.

315) http://www.kictnet.net/bbs/board.php?bo_table=sub5_1&wr_id=444; 1) 하나님은 오직 한분이요 그리스도는 인간인데 그 안에 하나님의 능력이 머물러있다는 주장으로 단일 군주론, 군주신론, 동력적 단일신론이라 한다. 안디옥의 감독이었던 사모사타의 바울(Paul of Samosa, 200-75)은 대표적 단일신론자라고 할 수 있다. 2) 단일신론은 유대교적 유

반격을 촉발하였다.316) 왜냐하면 신플라톤주의에 있어서 실체화 과정은 존재의 감소과정이기 때문이다. 신적 존재로부터 유출되는 과정에서 그 거리가 멀어질수록 존재는 악화 혹은 열등화 되고 맨 나중에는 물질에 가까워진다. 이런 철학이 삼위일체를 이해하는 방식에 맞물리면서 위험성이 등장하게 되었다. 그만큼 헬라와 동양의 이교 철학, 특히 신플라톤주의와 그 영향을 입은 영지주의는 세상만이 아니라 기독교에 치명적이었으며 지대한 영향을 미쳤다. 언제나 그렇듯이 세상철학이 유행을 타고 장악하기 시작하면 그것으로 기독교와 혼합하여 유명세를 타는 사람들이 생겨났다. 문제는 이 철학적 사변을 어떻게 극복하느냐? 하는 것이었다.

삼위일체 논쟁을 이해하는 핵심은 '단일신론을 어떻게 이해하느냐?'에 달려 있다.317) 단일신론의 구조를 보면 다음과 같다.

단일신론 → 1)양태론적 단일신론 -- 서방교회 → 성부고난설
　　　　　　　　　　　　　　　　　동방교회 → 사벨리안주의
　　　　　→ 2)역동적 단일신론(동력적 단일신론, 입양론, 채택설)

교회사에서 신플라톤주의의 영향으로 2세기에는 이단이 영지주의로 나타났고, 3세기에는 단일신론으로 나타났다. 삼위일체 하나님을 부인하는 이단은 양자론과 양태론이다. 전자는 삼위를 위하여 일체를 희생시켰고 후자는 일체를 위하여 삼위를 희생시켰다.318) 기독교는 하나님께서 오직 한 분이라는 유일신론이다.

　　너는 나 외에는 다른 신들을 네게 있게 말지니라(출 20:3)
　　4 이스라엘아 들으라 우리 하나님 여호와는 오직 하나인 여호와시니 5 너는 마음을 다하고 성품을 다하고 힘을 다하여 네 하나님 여호와를 사랑하라(신 6:4-5)
　　영생은 곧 유일하신 참 하나님과 그의 보내신 자 예수 그리스도를 아는 것이니이다(요 17:3)

일신론의 입장에서 기독교를 접근하려 한다. 따라서 정통 기독교의 입장이라 할 수 없다. 정통 기독교는 단일신(유일신)이 아닌 삼위일체 하나님을 믿는다. 3) 말씀에 의해 수태되어 마리아의 아들의 인성을 지닌 그리스도를 본질상 신격인 그리스도와 구별하여 본질상 하나님의 양자(養子)로서의 아들에 불과하다는 양자론(Adoptionism)이나, 하나님은 오직 한 분이라는 전제 아래 삼위일체를 한 분 하나님이 다른 양식으로 나타났다는 양태(modus)로 설명하려한 양태론도 범(汎)단일신론의 범주라고 볼 수 있다."

316) 유해무, 삼위일체론 (파주: 살림, 2010), 43.
317) https://www.facebook.com/taewha.yoo/posts/181206148625484; "삼위일체론에서 핵심은 본질과 위격을 구별하는 것이다. 즉 하나님은 본질을 따라서는 하나이시나, 위격을 따라서는 셋이다(God is one in His essence, but three in His persons). … 본질이 각각 다르면 삼신론으로 빠져나가고, 본질이 위격과 별개로 있으면 사신론으로 빠져나가고, 위격의 존재를 부정하면 양태론으로 떨어지며, 이 경우 단일신론이 되고 만다."
318) http://blog.naver.com/jaesou/70025519174/ 「단일신론의 유래」; 이 단일신론은 소시뻐안주의, 합리주의, 유니테리안니즘, 해방신학 등으로 계속 이어졌다.

단일신론은 성경이 말하는 유일신론을 변호하기 위한 것이었다. 문제는 하나님의 유일성을 변호하려다가 삼위의 구별되심을 무시하게 되어졌다는 것이다. '하나님의 유일성을 지키는 것이냐?', '삼위의 구별성이냐?' 그것이 핵심이었다. 전자의 입장에선 사람들이 양태론자들인데, 삼위를 구별하면 삼신이 되기에 삼위의 구별을 무시하였고, 후자의 입장에선 터툴리안은 삼위의 구별을 무시하는 것은 '마귀적 근원'에서 나온 것이라 했다.[319] 단일신론자들은 유일한 신은 성부하나님이며, 성부는 곧 성자라는 것이다. 성부와 성자를 동일한 격위로 생각하지 않으면 이신론(二神論)이 된다는 것이다. 대표적인 양태론자인 사벨라우스도 삼위를 구별하면 삼신론이 되어 결국 다신(多神)을 믿는다고 말했다.[320]

단일신론(군주론)의 핵심은 성부의 단일성이다. 그것이 두 가지로 나타난 것이 '역동적 단일신론'과 '양태론적 단일신론'이다. 성부의 단일성을 고수하고 성자의 신성을 파생적으로 보는 것이다. 성부의 외현(外現) 방식으로 보는 두 가지로 나타났다. 2세기에 강하게 나타난 '역동적 단일신론'(동력적 단일신론, 형태론적 군주신론, 입양론, 채택설)은 예수님은 인간이었으나 신적 능력이 역사하여 세례나 부활 시에 성자로 입양시켰다는 주장이다. 그러니 예수님은 반신반인(半神半人)이 되어 버렸다. 그리스도는 단지 신성으로 충만한 인간이다.[321] 2세기에 왕성했던 영지주의를 생각하면 왜 2세기에 역동적 단일신론이 주름을 잡았는지 파악할 수가 있다.[322] 영지주의자들에게 예수는 구세주가 아니라 인간의 내면에 있는 빛을 충만

---

319) 안더스 니그렌, 아가페와 에로스, 고구경 역 (서울: 크리스챤다이제스트, 2013), 354-355; 〈터툴리안은 창조, 성육신, 육의 부활 등의 주제에 관하여 기독교적 관점에서 영지주의자들과 마르키온을 논박했다. 그의 논박은 정확했다. 그러나 터툴리안은 자신의 입장을 기독교의 고유한 아가페의 표현으로 만드는데 실패했다. 그는 주로 이단들이 기독교와 헬레니즘을 "혼합하였기" 때문에 그들에게 반대하였다. 그러나 그 자신은 "주저 없이" 기독교와 "유대교"를 혼합한다. 즉 아가페와 노모스가 혼합되었다. ··· 마르키온에 반대했던 터툴리안이 "율법"을 완전히 인정하는 다른 극단으로 간 것은 놀라운 게 아니다. 그에게 있어서 구약과 신약은 모두 동등한 수준에 있다. ···〉

320) 차영배, 개혁교의학 (서울: 총신대학출판부, 1982), 45-46; 「삼위일체론 신론」

321) 유해무, 삼위일체론 (서울: 살림, 2010), 43.

322) 헤르만 바빙크, 개혁교의학, 박태현 역 (서울: 부흥과개혁사, 2011), 366-369; "여기 삼위일체론에 등장했던 영지주의적 요소들과 신지학적 요소들은 나중에 뵈메, 진젠도르프, 스웨덴보르그에게서 강화되었다. 뵈메에게 있어서 삼위일체는 한 과정의 결과인데, 그 과정의 토대와 요인들은 어둡고 모호한 세계, 관념의 빛 그리고 신성의 의지다. 진젠도르프는 자신을 '가장 열렬한 삼위일체 신봉자'라고 불렀으나, 사실상 영지주의적 신 개념에서 출발했다. ··· 스웨덴보르그는 삼위일체론에 대해 더욱 강경한 입장을 취했다. 그는 세르베투스와 마찬가지로 삼위일체론을 다름 아닌 삼신론으로 여겼다. 하나님은 단 한 분이시지만, 그는 그리스도 안에서 성부, 성자 그리고 성령으로 계시되었으며, 그들은 각기 영혼, 육체 그리고 그 둘로부터 나온 활동으로서 관계를 갖는다. 이러한 신지학은 현대 철학의 삼위일체론을 마련했다. 단 하나의 불변하는 실체가 있다는 스피노자의 체계에서는 이를 위한 여지가 전혀 없었다."

케 하는 영적인 안내자였기 때문이다.

3세기에 유행한 '양태론적 단일신론'은 성부만이 독자적인 위격이시고, 성자와 성령은 성부 하나님의 외현 방식으로 보며, 성부와 성자를 구별하지 않았다. 성부, 성자, 성령은 하나님인 동시에 동일본질이며 다만 성부, 성자, 성령이 이름으로만 구별된다는 것이다. 그러니 성자는 성육신하신 성부 자신이며 십자가에서 고난을 받아 죽으신 성자는 바로 성부 자신이었다고 주장했다(성부고난설주의자).[323) 가장 중요한 인물은 사벨리우스(Sabellius)다. J.L. 니브는 그의 체계를 다음과 같이 요약했다.

> 하나님은 단일한 실체이다. 하나님의 존재 안에는 구별이 없으며, 단일체인 하나님은 세 가지 상이한 양식 혹은 형태로 자기를 나타내신다. 자기를 창조주로 나타내신 것은 아버지요, 구속자로 나타내신 것은 아들이며, 정결케 하는 자로 나타내신 것은 성령이다. 그러나 이것은 세 실체를 의미하는 것이 아니다. 그것은 차라리 한 인격에 의해서 행하여진 세 가지의 역할이라고 하겠다. 다른 말로 하면 이들 삼자는 모두가 하나이며 동일한 인격인 것이다. 이러한 개념은 무대의 배역에 비유하여 설명할 수도 있다. 즉 한 사람의 연극 배우가 관중 앞에서 세 가지의 다른 성격 혹은 역할을 맡아 출연한다고 하더라도, 그의 진짜 인격은 오직 하나뿐인 것이다. 사벨리우스의 비유를 그대로 사용해서 설명하면 인간은 육체와 혼과 영의 세 가지 명칭을 가지고 있으나 그에게는 오직 한 인격이 있을 뿐이며, 태양은 빛과 열과 둥근 형체를 가지고 있으나 오직 하나의 태양이 있을 뿐이다. 그와 마찬가지로 하나님도 성부와 성자와 성령의 세 가지 명칭을 가지고 있으나 오직 한 인격이 있을 뿐이다. 성부와 성자와 성령은 동일하다. 사벨리우스의 체계의 근저를 이루고 있던 것은 가정된 동일성이었다. 사벨리우스주의의 하나님은 그러므로 세 가지의 다른 형태로 나타나는 단일한 실체, 단일한 인격이었다. …324)

삼위가 존재하는 것이 아니라, 한 하나님께서 성부와 성자와 성령의 모습으로, 다시 말해서, 한 분 하나님께서 세 가지 방법(양식, mode)으로 자신을 계시하신다고 말했다.[325) 이레니우스는 군주신론과 영자주의에 반대하여 경륜적 삼위일체

---

323) http://www.theology.ac.kr/institute/dtdata/조직신학/신론/ "삼위일체논쟁202.htm 형태론적 군주신론을 최초로 체계화한 사람은 서머나 출신의 노에투스였다. 힙포리투스의 글에 의하면 노에투스는 강한 유일신관을 가지고 있었다고 한다. 아버지와 아들과 성령은 한 분이나 세 역할, 즉 창조자로서, 구속자로서, 성화 자로서 삼중적 역할을 가지고 있다고 하였다. 이것은 고대 철학자 헤라클레이투스에 의해 주장된 우주적 모나드(Monad)와 같은 개념이다. 마치 태양이 열과 빛을 발산하는 것과 같은 개념이다. 그는 탄생하시고 수난 당하시고, 죽으신 그리스도, 즉 오직 한 분이신 하나님을 영화롭게 해 드리려고 어설픈 삼위일체를 주장하였으나 이러한 역할을 주장함으로써 성부수난설의 오류를 범하였다. 이 이름은 프락세아스에 의해 널리 퍼졌고, 사벨리우스는 로마에서 히폴리투스의 공격을 받았다. 후에 이들은 역동적 군주신론주의자들과 함께 터툴리안의 공격을 받게 된다."

324) J.L. 니브, O.W. 하이크 공저, 기독교교리사, 서남동 역 (서울: 대한기독교서회, 1992), 227-228.

325) http://blog.naver.com/jaesou/70025519174; 이 외에도 등장하는 양태론적 단일신론이 있다. 1) 에비온파: 예수가 세례 시부터 성령충만한 사람이었다고 주장 2) 테오도시우스: 원래 예수는 평범한 인간이었는데 세례 시에 신으로서 양자로 입양되었다고 주장. 3) 안디옥의 바울: 하나님의 로고스 또는 이성이 인간 예수에 강림하여 그 안에 존재하게 됨. 그리고 부활 후에 예수를 양자로 삼으심. 예수에게 강림한 로고스는 예수 안에서 위격을 이룬 인격적 로고스가 아님.

론326)을 말했다. 근본적으로 성부의 단일성을 고수하였으나 양태론적 경향을 벗어나지 못했다.327)

이런 두 가지 단일신론에 대해 서방에서는 터툴리안(160-220년 경)이 동방에서는 오리겐(185-254)이 새로운 기여를 하게 된다. 터툴리안은 서방교회답게 성부의 단일성에서 출발했다. 터툴리안도 군주신론과 영지주의에 반대하기 위하여 경륜적 삼위일체론으로 더 나아갔으나, 성부, 성자, 성령을 "뿌리와 관목(灌木)과 수목(樹木)에 비유하거나 수원(水源)과 하천과 강에 비유하기도 함으로써 그도 역시 종속설이 자리 잡고 있었다.328) 그러나 구속사를 위한 단일성이 세 위격의 모습으로 나타나는 것을 말함으로 단일신론과 영지주의 이단들을 대처해 나갔다.329)

동방의 오리겐330)은 단일성보다 위격의 구별성을 더 강조했다. 오리겐도 터툴리안처럼 단일신론을 강력히 반대하면서 로고스는 태초부터 한 인격이었다고 선언함으로써 '영원적 출생' 개념을 말했다. 성부만이 하나님이시고 로고스와 성령의 신성은 파생적으로 보았기 때문에 로고스는 성부의 피조물이었다. 오리겐의 이런 개념은 신플라톤주의의 영향 때문이다. 그러나 오리겐의 삼위일체론이 니케아 회의 전후에 지대한 영향을 끼쳐 로고스 기독론이 최종적으로 승리하게 되었다.331)

이제 그 유명한 니케아 회의에서 성부와 성자가 동일본질이라고 선포하기까지

---

326) http://cafe.daum.net/empathyworld/Gz8S/29; 삼위 하나님의 사역은 내재적 삼위일체사역과 경륜적 삼위일체사역 두 가지로 나누어 말한다. (1) 내재적 삼위일체의 사역: 내재적 삼위일체의 사역은 세계가 창조되기 이전부터 영원까지 자기 자신 안에 계신 하나님의 사역을 뜻한다. 여기서는 하나님을 "자기 자신에 있어서의 하나님"이라고 부른다. 또한 이를 "본질의 삼위일체"라고 부른다. (2) 경륜적 삼위일체의 사역: 경륜적 삼위일체의 사역은 하나님이 세계와 인류에 대하여 가지시는 사역이다. 경륜적 사역은 하나님의 구원의 경륜에 있어서 일어나는 하나님의 사역, 곧 성부의 창조, 성자의 구원, 성령의 성화를 말한다. 여기서는 하나님을 "우리에 대한 하나님"이라고 부른다. 또한 이를 "계시의 삼위일체"라고 부른다.

327) 유해무, 「삼위일체론의 형성과 의미」; "영원 전에 성부는 말씀과 지혜를 가졌고, 그들은 동등한 위격이라는 것이다. 성부의 위격에서 출발하여 성부의 위격이 동시에 말씀과 지혜(곧 성자와 성령)를 가지고 있다는 식이다. 이는 1-2세기 삼위일체론의 특성이라 할 수 있다. 그럼에도 그는 구속사의 관점에서 삼위일체론을 전개하는 좋은 길을 열었다."

328) J.L. 니브, O.W. 하이크 공저, 기독교교리사, 서남동 역 (서울: 대한기독교서회, 1992), 221.

329) 유해무, 삼위일체론 (파주: 살림, 2010), 44-45.

330) 안더스 니그렌, 아가페와 에로스, 고구경 역 (서울: 크리스챤다이제스트, 2013), 364-367; "… 무엇보다도 그곳은 종교적 혼합주의의 고향이었다. 또한 알렉산드리아는 주로 철학적 혼합주의의 고향이었다. … 클레멘트와 오리겐의 신학의 배후에는 헬라화 된 기독교가 있었다. … 그러면 문제는 이것이 어떻게 가능했는가이다. … 그 해답은 성서의 풍유적 해석 안에 있다. … 이리하여 알렉산드리아 신학자들에게서 헬레니즘의 경건과 기독교 사이의 갈등이 해결되었다. 에로스와 아가페가 타협하였다. 그러나 에로스 동기가 우세하였다. …"

331) 유해무, 「삼위일체론의 형성과 의미」. 성부와 성자의 위격적 구별을 위해서는 '휘포스타시스'를, 성부와 성자와 성령이 단일성을 표현하기 위해서는 '호모우시오스'라는 말을 썼다.

과정을 알아보자. 그것을 알아보기 전에 우리가 먼저 알아야 할 것은 서방신학과 동방신학의 초점이 어디에 있는가 하는 것이다.

서방신학의 중심은 죄의 제거에 있었다. 인간은 하나님께 범죄했으며 그 앞에 죄인으로 서 있다. 우리의 죄가 제거되지 않고서는 그분의 호의를 누릴 수 없는데, 그것을 그리스도의 성육신과 삶과 죽음과 부활을 통하여 이루어 주셨다는 것이다. 동방 신학의 관심은 인간의 타락이었다. 창조의 머리된 인간은 하나님의 형상을 잃어버렸고, 영적으로, 도덕적으로 타락했다. 그의 창조를 온전하게 하기 위해 하나님께서는 인간이 되셨다. 그리스도에게서 인성은 신성과 결합했고, 그 안에서 인간의 타락된 사망은 아름다운 영생으로 변환되었다. 아다나시우스는 말하기를 "우리에게 신성을 주시기 위하여 그는 인간이 되었다"고 했다.[332] 완전한 인간이신 그리스도께서 완전한 신이 아니면 구원은 없다는 것이다.[333] 아다나시우스의 신학과 신앙은 베드로후서 1장 4절 말씀에 지배를 받았다.

> 이로써 그 보배롭고 지극히 큰 약속을 우리에게 주사 이 약속으로 말미암아 너희로 정욕을 인하여 세상에서 썩어질 것을 피하여 신의 성품에 참예하는 자가 되게 하려 하셨으니(벤후 1:4)

아다나시우스는 성자께서 하나님이셔야 우리를 신성화 하실 수 있다고 확신했다.[334] 아다나시우스가 속한 알렉산드리아 학파(동방교회)는 구원을 신격화(deification)로 표현했다. 그리스도는 인간 본성을 취했고, 그럼으로써 인간의 신격화를 확증했다는 것이다.[335] 우리는 여기서 동방신학의 위험성을 보게 된다.[336]

---

332) 헤르만 바빙크, 개혁교의학2, 박태현 역 (서울: 부흥과개혁사, 2011), 371; "아다나시우스는, 성자는 성부와 '단일본질'이 아니라 '동일본질'이라고 말함으로써, 사벨리우스주의에 대항하여 명백하게 자신을 변호했다. 마찬가지로 '휘포스타시스'란 단어도 한편으로 존재에 대해, 다른 한편으로 삼위에 대해 사용되었다. 따라서 사람들은 한편으로 세 '실체'가 있다고 말했다. 그러나 사벨리우스주의는 위격들을 단지 단일 존재의 계시 형태들로만 여겼다. 이에 반하여 교회는 그 위격들이 신적 존재 내에 실재적으로 존재하는 실체들이라고 강조해야만 했다. …"
333) http://blog.daum.net/7gnak/15715476, 「아리우스 논쟁과 니케아회의」.
334) 유해무, 삼위일체론 (서울: 살림, 2010), 48.
335) http://blog.daum.net/lbts5857/3435/
336) http://www.duranno.com/sl/detail.asp?CTS_ID=5942/〈안드리아 스터크, 동방교회의 신비신학, 「새로운 신학자 사이먼의 글에 나타난 기도론」. 동방정교회는 신비주의를 우리들이 생각하는 것과는 다르게 이해한다. 그들은 하나님과의 지속적인 연합을 신비주의라고 생각한다. 따라서 기도는 하나님과의 신비롭고 지속적인 연합을 체험하는 기회가 되는 것이다. 동방교회의 전통은 신학과 신비주의 사이에 어떤 갈등도 알지 못했고, 심지어는 분명한 구분도 갖고 있지를 않았다. 실제로 비잔틴 신학의 "신비주의적인" 혹은 "체험적인" 성격이 강조되어 왔는데 그것은 신학과 기도생활이 설명할 수 없을 정도로 밀접하게 연관되어 있다는 것이다. 따라서 동방정교회가 신비적인 성향을 가진 오직 세 사람의 신성한 기자(Sacred writers)-4복음서 기자 가운데 가장 신비적인 기자인 성 요한, "관조적시의 저자"인 성 그레고리 나지안젠(Gregory Nazianzen), "하나님과의 연합을 노래하는 자"인 새로운 신학자 성 사이먼(St. Symeon the New Theologian)-

오리겐 좌파인 알렉산드리아 장로였던 아라우스는 완전한 신성도, 완전한 인성도 믿지 않았다. 그래서 아다나시우스는 전심전력으로 그를 반대했다.337)

아다나시우스와 아라우스 논쟁은 318년경 알렉산드리아 감독 알렉산더와 장로 아라우스 사이에서 발생한 논쟁에서 출발했다. 아라우스는 무엇이라고 했는가? 성부가 유일무이한 신성을 가지고 있고, 성자는 성부에게 영원히 종속한다는 오리겐의 이론을 강조했다. 과거에 성자는 존재하지 않았던 때가 있었다고 말함으로 성자를 사실상 피조물로서 모든 피조물의 장자로 보았다. 로고스가 피조물이라는 사실은 로고스도 변할 수 있으며, 죄도 지을 수 있음을 의미했다. 아라우스에게 로고스는 완전한 하나님도 완전한 사람도 아니었다.338)

아라우스는 일자(一者)에서 정신(nous)이 나온다는 플라톤 사상에 기초하여, 성자가 만물을 만들었으나 그 자신은 성부에 의해서 만들어졌으므로 피조물이며, 엄격한 의미에서는 신이 아니라고 주장했다. 한 마디로 그리스도의 신성을 부인했다. 아라우스는 골로새서 1장 15절339)과 요한복음 1장 14절340)에 기초하여 자기주장을 펼쳤다. 그리스도가 나셨다면 가장 먼저 나셨다 할지라도 나시지 않은 때가 있었다고 주장했다. 결국 그의 말에 의하면 그리스도를 예배하는 것은 1, 2계명을 범하는 죄를 짓게 되는 것이다.

에게만 "신학자"의 칭호를 붙였다는 것은 단순한 것은 아니다. … 기도에 대한 헤시카스트적 전통(The Hesychast Tradition of Prayer) 기도 및 영적인 삶과 이로 인한 모든 신학에 대한 동방정교회의 접근을 뒷받침하는 것은 신성화(theosis 또는 deification)이다. 이 개념은 자주 인용되는 아타나시우스의 문장에서 그 의미가 나타난다. "인간이 하나님처럼 될 수 있기 위하여 하나님께서 사람이 되었다." … 동방정교회 신자들에게 하나님과 연합 즉 삼위의 생명 속에 참여는 바로 명상기도라는 경로를 통해서 도달할 수 있는 것으로 여겨진다. 따라서 기도는 믿음의 삶에 있어 핵심적인 것이며 삶의 궁극적인 목표에 이르는 수단이다. "헤시카즘"(hesychasim)으로 알려져 있는 기도에 대한 한 가지 접근은 일반적으로 정통교회의 영성과 연관되어진다. … 영성사전은 헤시카즘을 다음과 같이 정의하고 있다. "… 근본적으로 명상적인 접근방식이 영적 체계인데 이것은 인간의 완성을 하나님과의 연합으로 보고 있다. 그러나 이 체계를 특징짓는 것은 특별한 탁월함에 있는데 이는 실로 헤시키아(hesychia) 혹은 고요의 필수성, 더 넓은 의미로는 하나님과의 연합에 이르기 위해 인간의 심령을 바람직한 상태에 놓이게 함으로써 하나님을 찾을 수 있도록 준비시키는 순수한 방법속에서 확인된다."〉

http://100.daum.net/encyclopedia/view.do?docid=b22k1089a/ "아토스 산의 그리스 정교 수도승들이 설파하고 14세기 금욕적인 신학자 그레고리오스 팔라마스가 구체화시킨 원리로 명상과 끊임없는 기도의 삶을 추구하는 헤시카즘(정숙주의)에 대해 동생 프로코로스와 함께 반대했다. 키도네스 형제는 아리스토텔레스의 논리를 헤시카즘의 신(新)플라톤주의적 성격에 적용하여 팔라마스를 범신론자라고 비난했으나, 1368년의 그리스 정교 종교회의는 오히려 그들을 비난하고 팔라마스를 성인으로 추증했다."

337) http://blog.daum.net/7gnak/15715476, 「아라우스 논쟁과 니케아회의」.
338) http://blog.daum.net/id2248/7339960
339) 그는 보이지 아니하시는 하나님의 형상이요 모든 창조물보다 먼저 나신 자니(골 1:15)
340) 말씀이 육신이 되어 우리 가운데 거하시매 우리가 그 영광을 보니 아버지의 독생자의 영광이요 은혜와 진리가 충만하더라(요 1:14)

아라우스의 주장에 대하여 알렉산더는 그리스도의 신성을 강력하게 주장했다. 320년에 알렉산드리아의 지방대회에서 아라우스는 직분을 박탈당하고 그의 추종자들도 같은 처벌을 받았다. 그러나 아라우스와 같이 루시안에게서 배운 니코메디아의 유세바우스는 아라우스를 지지했으며 동방의 교인들은 대부분 아라우스의 주장에 동조하고 있었다. 콘스탄틴은 각 지방 감독들에게 안내장을 보내었고, 325년에 니케아에서 최초의 세계회의가 소집되었다. 회의의 핵심은 무엇이었는가?

	신 성	인 성
아라우스파	하나님과 예수 그리스도는 유사본질이다 (ὁμοιουσιος Homoiousios)	그리스도는 무로부터 창조된 피조물이다.
아다나시우스파	하나님과 예수 그리스도는 동일본질이시다(ὁ μοουσιος Homoousios)	예수 그리스도는 완전한 하나님이시며 완전한 사람이시다.

논쟁의 핵심은 전문용어의 모음 하나 차이였다. 동일본질이냐 유사본질이냐를 말하는 것인데 한글로 하면 뚜렷한 차이가 있어 보이나 헬라어로 말하면 '이오타'(i)가 첨가되었느냐 안 되었느냐의 차이만이 있을 뿐인데 엄청난 차이가 있다. '호모우시오스'(homoousios)는 '동일본질'을, '호모아우시오스'(homoiousios)는 '유사본질'을 뜻하기 때문이다.

아다나시우스는 삼위의 각 신격이 단일성을 공유하며, 세 신격이 본질상 별개의 존재로 간주될 수 없다고 주장했다. 세 위격의 차이점은 그들의 이름에 나타나며 이 이름들은 상호교환적으로 사용될 수 없다고 말했다. 아다나시우스는 기독교 교리를 발전시키는데 철학이 아니라 성경을 유일한 원천으로 삼았다. 아다나시우스의 삼위일체론은 구원론과 직결되었다. 만일 그리스도가 피조물에 지나지 않는다면, 그리고 하나님과 동일 본질이 아니라면 그리스도는 우리를 구원하실 수 없으며, 아라우스의 로고스 피조사상은 피조물을 경배의 대상으로 삼는 모순에 빠진다고 말했다.341)

이런 아다나시우스의 문제점은 무엇인가? 아다나시우스는 창조와 구원을 동일선상에 놓고, 구원과 창조의 근원을 같은 것으로 보았다. 구원은 하나님의 형상대로 창조됨을 회복하는 것이며, 구속으로 인하여 죄와 사망의 권세에서 자유롭게 된 인간은 갱신될 수 있고 신화될 수 있다고 주장했다. 또 한 가지 문제점은 로고스가

---

341) http://blog.naver.com/solvini/140036396515 삼위일체 논쟁.

영혼을 대신한다는 사상으로서 그 결과 예수는 보통의 평범한 인간과 다르다는 아폴리나리우스의 주장[342]과 그의 관련 가능성이 보인다는 것이다.[343]

회의 결과 예수님은 피조되지 않았고, 출생되었고, 성부와 동등하다고 선포했다. 논쟁 끝에, '니케아 신조'(the Creed of Nicaea)[344]가 작성되고,[345] 아버지와 아들은 '동일본질'이라고 고백하게 되었다.[346] 그리하여 성자가 피조되었다는 아리우스의 주장은 거부되었다.

그러나, 니케아의 승리는 오래가지 못했다. 니케아 종교회의 이후 60년간 분쟁이 지속되었다. 335년 두로에서 열린 종교회에서 니코메디아의 유세바우스가 황제에게 아다나시우스를 고소했다. 그 결과로 아다나시우스는 파면을 당했다. 그 이후에도 누차 추방을 당했다가 다시 돌아왔다. 373년 아다나시우스가 죽던 때에는 그의 주장은 완전히 패배한 것으로 보였다.[347] 세월이 흘러 아리우스파임을 자처하

---

342) 박용규, 초대교회사 (서울: 총신대출판사, 1994); "아폴리나리우스는 신성을 강조한 나머지 인성을 약화시켜 신성이 인성을 흡수했다는 인상을 남겨주었다. 로고스가 인간 예수의 영(human soul)을 대신하였다고 이해함으로 신인(divine-human)으로 그리스도를 이해하기 보다는 인간의 육체를 입고 오신 하나님으로 이해했다. 인간 예수가 로고스를 가졌다는 점에서는 완전한 하나님이시지만, 인간의 지성과 이성을 가지지 않았기 때문에 그는 완전한 인간이 아니라는 것이다. 결국, 로고스가 인간 예수의 마음을 대신했다고 봄으로써 예수가 완전한 하나님, 완전한 사람이 아니라 신적 지성을 가지고 활동하신 예수에 불과하다고 이해했다."

343) http://blog.naver.com/solvini/140036396515/ 삼위일체 논쟁.

344) http://blog.daum.net/7gnak/15715476/ 니케아 신조 전문: 우리는 한 분 하나님 아버지 전능자 보이는 것과 보이지 않는 모든 것을 만드신 자를 믿는다. 또한 한 분 주 예수 그리스도를 믿으니, 이는 아버지로부터 특유하게 나시었고 즉, 아버지의 본질로부터 나신 하나님으로부터의 하나님이요, 빛으로부터 빛이시요, 참 하나님으로부터의 참 하나님으로서 출생하지도 만들어지지는 아니하시었고, 아버지와 동일 본질이시다. 하늘에 있는 것이나 땅에 있는 것이나 모든 것이 다 그를 통하여 만들어졌다. 그는 우리 인간들을 위하여 그리고 우리의 구원을 위하여 내려오시고 성육신 하시고 사람이 되시었다. 그는 고난을 받으시고 사흘 만에 다시 살아나시사 하늘에 오르시었고 산자와 죽은 자를 심판하시기 위하여 오신다. 또한 성신을 믿는다. 그러나 다음과 같이 말하는 자들은 즉, "그는 계시지 않은 때가 있었다. 또한 그는 없는 것들로부터 생겨나셨다."고 말하거나, 또는 하나님의 아들이 어떤 존재물이나 본질로부터 되었다거나 창조되었다거나 변할 수 있다거나 주장하는 자들을 카톨릭적 사도적 교회는 정죄한다."

345) 원래의 초기 니케아신조의 말미에는 아리우스주의자들을 저주하는 내용이 붙어있다.

346) http://www.igoodnews.net/news/articleView.html?idxno=37303/ 조병수, "삼위일체 신앙은 하나님은 한 분이심을 고백하는 것"

347) http://blog.naver.com/PostView.nhn?blogId=jongunm&logNo=50091438338/ "교회 안에서는 아리우스 이단에 동조하는 콘스탄티노플의 황제파와 니케아의 결정을 옹호하는 정통교회파 사이에 투쟁이 발발하였다. 이는 곧 알렉산드리아파와 아다나시우스를 지지하는 로마 교구와 제국에 대한 정치 및 종교적 지도권을 주장하는 콘스탄티노플 즉 대주교 간의 투쟁이었다. 하지만 350년 니케아 정통파를 옹호하던 콘스탄스 황제가 게르만의 황제 마그넨타우스에 의해 암살되자 아리우스를 지지하던 콘스탄시우스가 제국의 유일한 통치자가 되었다. 황제는 그의 통치 아래 계속적으로 니케아의 결정을 뒤엎으려 시도하던 중 351년 시르미움Sirmium과 353년 아를Arles, 그리고 355년 밀라노에서 열린 교회 회의에서 아리우스 지지를 선언하고 그 이듬해 아다나시우스를 귀양 보냈다. 그리고 하나의 존재를 의미하는 ousia(본성)를 성경에 나타나지 않는 단어로 규정하여 사용을 금지하였다. 아리우스와 협력했던 중도파는 그들의 의도와 달리 삼위의 관계가 거부되자 다시 삼위의 유사성 문제를 제기하였다. 결국 대부분의 중도파 주교들은 아리우스의 주장이 점차 과격해지자

는 발렌스 황제 때에는 제휴하게 되었으며 아다나시우스주의를 위하여 연합 전선을 펴게 되었다.348)

아다나시우스가 남긴 문제는 가이사랴의 바실, 나지안주스의 그레고리, 나사의 그레고리, 이 세 명의 갑바도기아 교부들에 의하여 정리되었고, 무엇보다 성령의 신성에 대한 문제를 해결했다.349)

서방 교회에서의 삼위일체에 관한 선언은 어거스틴(354-430)에 의해서 최종적인 정형이 확립되었다. 어거스틴은 하나님의 단일성에 강조점을 두었다. 실체, 본질, 능력, 의지에 있어서 하나님은 한 분이시다. 삼위일체의 각 인격은 서로 다른 것이 아니라 완전한 신적 실체라는 점에서 동일이라는 말을 사용했다. 성자와 성령이 보내심을 받은 것은 그들이 아버지보다 열등하거나 또는 아버지께 종속되어 있기 때문이 아니라, 아버지에게서 나오는 것이기 때문이다. 어거스틴은, "인간의 언어는 아주 불완전하기 때문에 삼위일체를 논하는 것은 매우 힘드는 일이다. 그러나 우리가 삼위일체를 논하는 것은 그것을 표현하기 위해서가 아니라 침묵하지 않기 위해서이다."라고 말했다.350)

362년 알렉산드리아 회의의 삼위일체론 기본도식인 "하나의 본질(우시아)-세 실체(휘포스타시스)"라는 표현은 성부, 성자, 성령으로 계신 세 하나님은 동일한 신

아다나시우스의 그리스도론으로 기울어졌다. 이런 혼란기에 아리우스파의 옹호자인 콘스탄시우스가 361년 사망하였다. 아다나시우스는 아리우스의 유한한 시간 안에서의 아들의 창조 대신 아들은 아버지로부터 영원히 났다고 주장하였다. 그에게 아들은 창조된 것이 아니라 난 것이다. 왜냐하면 창조된 것은 분리된 재료로 만들어지기 때문이다. 아다나시우스는 난다begotten 혹은 -에서 생겨난다. born from은 말은 아이가 부모의 실재로부터 나오듯이 아들이 아버지로부터 나오는 것을 의미한다고 믿었다. 아다나시우스는 아들의 나심은 인간 자녀가 나는 것과 같지 않으며 아들의 생산은 인간의 생산과 같지 않다고 주장했다. 아들이 시간 속에서 난 것이 아니기 때문에 아버지와 아들의 관계는 영원하다. 아다나시우스는 그리스도는 낳아진 것이지 창조된 것이 아니며 아버지와 동일한 본질이라고 주장하였다."

348) J.L. 니브, O.W. 하이크 공저, 기독교교리사, 서남동 역 (서울: 대한기독교서회, 1992), 238-239.

349) 유해무, 개혁교의학 (서울: 크리스챤다이제스트, 1997), 159-160; "아다나시우스는 성령도 하나님이심을 분명하게 말했다. 다만 위격이라는 표현은 사용하지 않았다. 세 명의 갑바도기아 신학자들은 오리게네스 전통을 따라 신성의 단일성이 아니라 구별되는 세 위격들에서 출발한다. 그들은 하나님의 공동적인 본성과 구별되는 위격들을 서로 구별하기 위하여 본질과 고유성을 각각 나누어서 사용하였다. 바실리우스는 각 위에 해당하는 세 이름들을 붙였다. 성부는 부성, 성자는 자성, 성령은 성력(聖力) 또는 성화로 구별되었다. 나지안주스의 그레고리는 성부께는 태어나지 않음, 성자께서는 태어남, 성령께는 발출이라는 명칭을 부여했다. 그는 삼위 안에서 일체가 경배를 받으며, 일체 안에서 삼위가 경배를 받는다고 했다. 그렇기 때문에 그는 성부에게만 주권을 국한시키는 것에 반대했는데, 이는 동방교회의 삼위일체론이 지닌 최대 약점을 극복하는데 기여했다. 닛사의 그레고리는 태어나지 않음, 독생하심, 성령의 발출은 '성자를 통하여'를 제안했고, 성부는 성자나 성경과 무관하게 사역하시지 않기 때문에, 신성은 하나라고 했다. 이들은 계시에서 전개되는 행위의 단일성에서 본질의 단일성을 찾았다. 이런 식으로 그들은 단일성과 구별성을 확보했다. 나아가 그들은 '호모우시오스'를 '호모이우시오스'로 해석하는 것을 정통적이라 선언했다. '호모우시오스'를 단일성으로만 이해하다 보니 사벨리우스파적(양태론적)인 오해의 소지가 많았는데, 이런 식의 선언으로 그런 오해는 제거될 수 있었다."

350) J.L. 니브, O.W. 하이크 공저, 기독교교리사, 서남동 역 (서울: 대한기독교서회, 1992), 244-245.

성과 권능을 지닌 같은 하나님이심을 선포한 신조였다. 다메섹의 요한은 삼위일체 하나님의 하나 되심에 대해 결정적으로 표현한 교부다. 하나님은 성부, 성자, 성령으로 계시고, 이 세 하나님은 본질이 같으신 하나님이신데, 이 세 하나님은 상호 침투(페리코레시스)와 함께 하심으로 하나 됨을 유지하고 계신다고 가르쳤다. 이 상호 침투와 함께 하심의 의미는 예수께서 "나는 아버지 안에 있고 아버지는 내 안에 계신다"351)는 말씀에 기초한다. 성자는 성부 안에 계시고, 성부는 성자와 함께 계시고 성자 안에 계시기 때문에 성부와 성자는 하나다. "내가 너희에게 이르는 말이 스스로 하는 것이 아니라 아버지께서 내 안에 계셔 그의 일을 하는 것이라. 내가 아버지 안에 있고 아버지가 내 안에 계심을 믿으라"(요 14:11) 요한은 삼위일체 하나님의 일체성의 신비는 성부가 성자 안에 거하시고, 성자가 성부 안에 거하시고, 또한 함께 계시는 하나님의 존재의 페리코레시스적 양태를 의미한다고 말했다. 성부가 성자 안에 거하시는 양태는 성자와 성부가 성령 안에 거하시는 양태에도 동일하게 적용된다.352)

니케아 신조에서 성령에 대해서 성자만큼 분명하게 언급되지 않자, 이 신조에 대한 결함을 완전케 하고자 황제 데오도시우스 1세는 콘스탄티노플 회의(A.D. 381)를 열었다. 그 회의에서 알렉산드리아의 결의를 받아들여 성령은 아들과 마찬가지로 하나님이시며, 아버지와 아들과 동일 본질(ESSENCE)이심을 결의했다. 또한 성부에 의한 성자의 출생(BEGOTTEN)이 영원한 출생이듯이 성령의 나오심(발출, PROCCED)도 성부와 성자로부터 영원히 나오신다는 것을 선포하였다.353) 기독론의 논쟁은 362년 아폴리나리우스주의로 시작하여 381년 콘스탄티노플 회의에

---

351) 7 너희가 나를 알았더면 내 아버지도 알았으리로다 이제부터는 너희가 그를 알았고 또 보았느니라 8 빌립이 가로되 주여 아버지를 우리에게 보여 주옵소서 그리하면 족하겠나이다 9 예수께서 가라사대 빌립아 내가 이렇게 오래 너희와 함께 있으되 네가 나를 알지 못하느냐 나를 본 자는 아버지를 보았거늘 어찌하여 아버지를 보이라 하느냐 10 나는 아버지 안에 있고 아버지는 내 안에 계신 것을 네가 믿지 아니하느냐 내가 너희에게 이르는 말이 스스로 하는 것이 아니라 아버지께서 내 안에 계셔 그의 일을 하시는 것이라 11 내가 아버지 안에 있고 아버지께서 내 안에 계심을 믿으라 그렇지 못하겠거든 행하는 그 일을 인하여 나를 믿으라(요 14:7-11)

352) 김명룡, "니케아-콘스탄티노플 신조와 바른 삼위일체론,"; "페리코레시스(perichoresis)라는 말의 원래의 뜻은 "윤무"라는 말에서 유래 된 말이다. 그것은 무대에서 무희들이 손을 맞잡고 원형의 춤을 추는 것에서 기인된 말이다. 예컨대, 남자 무용수와 여자 무용수가 손을 맞잡고 원형의 춤을 출 때 두 무용수는 사람은 분명 둘이지만 하나의 춤과 하나의 연기와 표상을 만드는 것과 마찬가지로 성부와 성자께서 만드시는 사역이 그러하다는 의미이다. 희랍의 신들은 페리코레시스적 존재가 아니었다. 희랍의 여러 신들은 상호 간의 갈등과 투쟁과 싸움으로 얼룩져 있다. 그러나 성서의 하나님은 세 하나님이시지만 그들은 사랑의 깊은 사귐으로 성부는 성자 안에 계시고, 성자는 성령 안에 계시고 성령은 성부와 성자와 안에 계신다. 즉 성서의 하나님은 페리코레시스적 양태를 지닌 존재로, 독자의 길을 걷는 세 신들이 아니고 하나이신 하나님이다."

353) http://blog.daum.net/topyung/7152023/

서 아폴리나리우스의 견해가 431년 에베소 회의에서는 네스토리우스 견해가 그리고 451년 칼케돈 회의에서는 유티키안의 견해가, 553년 콘스탄티노플 회의에서는 단성론354), 그리고 680년 콘스탄티노플 회의에서는 일의론355)이 정죄됨으로써 일단락되었다.356)

헤르만 바빙크는 삼위일체론이 정립된 과정을 다음과 같이 정리했다.

> 이런 방식으로 삼위일체론을 정교화하고 완성한 신학자는 아다나시우스(Athanasius. 296-373), 캅바도기아 신학자들 그리고 아우구스티누스다. 아다나시우스는 기독교가 그리스도의 신성 그리고 삼위일체와 더불어 생사를 같이한다는 점을 자기 시대에 그 누구보다도 잘 이해했다. 그는 이 진리를 변호하는 데 자신의 온 정력과 인생을 바쳤다. 그가 투쟁한 것은 철학적 문제가 아닌 기독종교 자체, 하나님의 계시, 사도들의 가르침, 교회의 신앙을 위한 것이었다. 삼위일체는 기독교의 핵심이다. 이를 통해 기독교는 하나님의 구별을 부인하는 유대교와 하나님의 단일성을 부정하는 이방종교와 원리적으로 구분된다. 그래서 아다나시우스는 존재론과 우주론의 철학적 혼합을 완전히 추방했다. 그는 아리우스가 전수했던 하나님과 세상 사이의 영지주의적 이원론과 모든 종류의 중간적 존재들을 거부했다. 그는 삼위성이란 그 어떤 낯선 요소와의 혼합, 즉 창조주와 생성되는 피조물과의 혼합으로 이루어진 것이 아니라 전적으로 그리고 완전히 신적인 것이라고 말했다. 그러므로 삼위성은 영원한 것이다. 하나님에게 비본질적인 우연한 것이라곤 하나도 없다. 즉, 하나님은 어떤 것으로 되는 것이 아니라 하나님의 모든 것이 영원하다. 삼위성은 항상 존재했던 것처럼, 그렇게 존재하고 계속 존재할 것이며, 그 안에 성부, 성자, 성령이 영원부터 영원까지 존재할 것이다.357)

칼빈은 삼위일체 하나님을 말하면서, "하나님의 무한하시고 영적인 본질에 관한 성경의 가르침은 일반 사람들의 헛된 망상들을 물리치는 데에는 물론 세속 철학의

---

354) http://www.kictnet.net/bbs/board.php?bo_table=sub5_1&wr_id=444/ "단성론(單性論, Monophysitism): 1) 그리스도가 신성과 인성이 아닌 오직 하나(monos)의 본성(phisis)만을 가졌다고 보는 주장이다. 2) 제4차 에큐메니칼 공의회(칼케돈 공의회, 451)는 그리스도의 양성(신성과 인성)을 강조하여 단성론을 부정하였다. 3) 칼케돈 공의회 이후 단성론은 유티케스(Euthyches, 378경-454), 줄리안(Julian of Halicarnassus)을 따라 그리스도의 인간적 몸은 신성과 완전히 결합, 변화하여 부패하지 않게 되었다고 본 가현론자와 안디옥의 세베루스(Severus, 460경-538)를 따라 두 본성은 단지 관념에 불과하고 그 본성은 우리의 본성처럼 타락할 있다고 본 세베루스주의자로 나누어졌다. 4) 이들 견해는 아직도 시리아의 야코부스파(Jacobite)와 이집트의 콥트(Coptic) 교회(콥트 교회도 단성론파, 칼케돈 공의회 지지파, 동방 카톨릭 콥트파, 이디오피아 정교회 등의 네 분파가 있는 데 여기서는 단성론을 지지하는 콥트 교회를 말함), 이디오피아 교회들의 해석으로 남아있다."

355) http://www.kictnet.net/bbs/board.php?bo_table=sub5_1&wr_id=444/ "단의론(單意論, Monothelitism): 1) 단의론은 단의지론(單意志論), 단일의지론, 일의론(一意論)이라고도 한다. 2) 단의론은 그리스도가 하나의 본질만 가졌으므로(단성론) 의지에 있어서도 그리스도에게 인간적 의지는 없고 하나의 신적 의지만 가졌다고 본다. 콘스탄티노플 대주교(610-638)였던 세르기우스(Sergius)는 대표적 단일의지론자였다. 3) 칼케돈 공의회(A.D. 451)는 그리스도가 의지에 있어 두 본질을 갖는다고 선포하여 단의론을 부정하였다. 즉 칼케돈 공의회는 단성론, 단의지론 모두를 부정하였다. 또한 제3차 콘스탄티노플 공의회(A.D. 680)는 그리스도가 두 개의 의지를 따르며 인간으로서의 의지는 하나님의 의지에 종속된다고 정리하였다."

356) 오현두, "기독논쟁: 에베소회의와 칼케돈 회의를 중심으로,"

357) 헤르만 바빙크, 개혁교의학2, 박태현 역 (서울: 부흥과개혁사, 2011), 355-356.

교묘한 이론들을 반박하는 데에도 충분하다."고 말했다. 그러면서, "그는 자신을 유일하신 하나님으로 선언하시는 한편, 동시에 분명히 삼위(三位, three persons)로 바라보도록 그렇게 자신을 제시하시는 것이다."라고 말했다.[358] 종교개혁자 가운데 가장 성경적이며, 기독론적인 삼위일체론을 제시한 신학자는 칼빈이었다. 칼빈은 위격들이 성부로부터 어떻게 나오느냐를 말했던 이전의 삼위일체론과는 다르게, 성자와 성령의 신성을 충분히 입증한 후에 서로 관련을 맺고 있는 공존적 연계성을 더욱 부각시켰다.[359] 그것은 칼빈의 다음과 같은 삼위일체론에 잘 나타나 있다.

> 성경은 성부를 말씀과, 또한 말씀을 성령과 구별짓는다. 그러나 이 신비가 너무나 크기 때문에, 우리로서는 이를 살핌에 있어서 최고의 공경과 신중함을 기울이지 않을 수 없는 것이다. 이 점과 관련하여 나지안주스의 그레고리우스(Gregory of Nazianzus)의 진술은 참 칭송할 만하다고 여겨진다: "한 분 하나님을 생각하자마자 즉시 삼위의 광채에 싸이게 되고 삼위를 구별하여 보자마자 곧바로 다시 한 분 하나님으로 되돌아가게 된다."
> 그러므로 다시 하나님의 단일성을 생각하게 만들지 않고 우리의 생각을 산만하게 하는 그런 식의 삼위일체론을 상상해서는 안 될 것이다. "성부"와 "성자"와 "성령"이라는 단어들 자체가 진정한 구별을 시사하며, 따라서 하나님께서 그의 사역들에 따라서 이 이름들로 다양하게 불리는 그 명칭이 무의미하다고 생각해서는 안 된다. 그러나 어디까지나 구별(a distinction)이지 분리(a division)는 아니다.[360]

성부, 성자, 성령은 한 하나님이시며 성부, 성자, 성령의 이름은 명목적인 이름이 아니라 실제적으로 존재한다.[361] 칼빈은 그것을 "내 말의 뜻은, 세 실재들이 각기 다른 실재와 연관되어 있으면서도, 그 자체의 특성을 통해서 다른 실재와 구별된다는 것이다."라고 말했다.[362]

칼빈은 삼위일체 하나님을 알아서 무엇이 유익한지 다음과 같이 말했다.

> 그것은 곧, 우리가 한 분 하나님을 믿는다고 고백할 때에, 이 하나님이라는 이름으로써 단일하고 유일하신 본질(essence)을 생각하며, 또한 그 안에 삼위(person) 혹은 세 본체(hypostases)가 계시는 것으로 이해하게 된다는 것이다. 그러므로, 구체적인 언급이 없이 그냥 하나님의 이름이 언급되는 경우는 언제나 성부는 물론 성자와 성령도 지칭할 수 있는 것이다. 그러나 성자가 성부와 더불어 언급될 때에는 두 분 사이의 관계를 상정하는 것이 되고, 그리하여 두 위(位)들이 구분되는 것이다. 그러나 각 위마다 고유한 특성들이 있으므로, 그들 내에서 하나의 순서가 있게 된다. 예를 들면, 성부에게 시작과 근원이 있어서, 성부와 성자를, 혹은 성부와 성령을 함께 언급할 때마다, 하나님이라는 이름이 특별히 성부에게 적용된다는 것이다. 이렇게 해서, 본질의 단일성이 유지되고, 또한 정당

---

358) 존 칼빈, 기독교강요(상), 원광연 역 (고양: 크리스챤다이제스트, 2003), 145.
359) 김재성, "칼빈의 삼위일체론, 그 형성과정과 중요성,"
360) 존 칼빈, 기독교강요(상), 원광연 역 (고양: 크리스챤다이제스트, 2003), 169-170.
361) 유해무, 삼위일체론 (서울: 살림, 2010), 60-61.
362) 존 칼빈, 기독교강요(상), 원광연 역 (고양: 크리스챤다이제스트, 2003), 153.

한 순서가 지켜지며, 그러면서도 성자와 성령의 신성이 전혀 손상을 입지 않는 것이다. …363)

사도 바울이 고린도후서 12장 8절에서 "주"라고 말했을 때에도 그것이 꼭 중보자의 위격만 말한 것이라고 제한할 필요가 없다는 것이다. 그 호칭이 삼위 중에 어느 한 위(位)를 지칭하지 않는다면 성부와 성자와 성령이 다 포괄된다고 말했다.364) 그러니까, 우리가 '하나님'하고 기도를 하든지 혹은 '주여'라고 기도하더라도 거기에는 본질에 있어서 동등하시며 위격으로는 구별되시는 삼위 하나님께 기도하는 것이다. 이렇게 칼빈이 사변적이며, 철학적인 삼위일체론을 거부하고, 전통적인 개념을 주장하는 것도 피하였던 진정한 이유는 예수 그리스도의 신성을 주장함으로, 예수 그리스도를 통해 주어진 구원의 확실성을 전파하기 위함이었다.365) 칼빈은 아다나시우스처럼 삼위일체론을 구원론적으로 말했다.

오늘날 삼위일체에 대한 오류는 터툴리안의 삼위일체 도식에 기인한다. 터툴리안은 "한 본체(숩스탄티아)와 세 인격(페르조나)"로 말했다. 한 본체는 하나님은 한 분이시라는 뜻이다. 인격이라 번역되는 페르조나는 원래 터툴리안 시대에는 인격체가 아니라 무대에서 배우가 연극을 할 때 맡은 역할을 가리키는 말이었다. 결국 터툴리안의 표현대로 하자면, "한 본체와 세 역할"이 되고 만다. 이것은 양태론적 삼위일체가 된다. 문제는 이것이 어거스틴으로 이어지게 된다는 것이다. 그로 인해 서방교회는 삼위 하나님의 독자적인 개체성을 부여하기 보다는 한 분 하나님의 내적 분리를 통해 상호간의 관계에서만 아버지이고 아들이고 성령이시라고 가르쳤다. 이것이 20세기의 신정통주의자인 칼 바르트와 로마 가톨릭 신학자 칼 라너에게 이어졌다. 바르트는 "한 인격체(Person)와 세 존재양태(Seinsweise)"로, 라너는 "한 인격체(Person)와 세 본체의 양태(Subsistenzweise)"로 표현했다. 양태론을 벗어나지 못하는 것이다.366)

예수 그리스도를 구주로 고백하는 모든 성도들은 초대교회에 공식화 된 정통주의에 입각해서 삼위일체에 대한 교리를 믿고 고백한다. 왜냐하면 구속은 삼위일체 하나님의 사역이기 때문이다. 그러므로 삼위일체 하나님이 어떤 분인지 분명하게 알아야 한다. 그렇게 되지 않으면 보편구원으로 가게 된다. 한국교회는 지극히 일신론적으로 하나님을 고백하고 있다. 우리는 삼위 하나님, 곧 성부 하나님, 성자 하

363) Ibid., 173.
364) Ibid., 174.
365) 김재성, "칼빈의 삼위일체론, 그 형성과정과 중요성,"
366) 김명룡, "니케아-콘스탄티노플 신조와 바른 삼위일체론,"

나님, 성령 하나님을 믿는다. 이런 고백은 삼위일체 하나님을 믿고 고백하는 것은 일신론이 아니라는 것이다. 우리가 믿는 하나님은 일신론도 아니고 삼신론도 아니다. 이슬람도 유대교도 이해하지 못한다. 교회는 성부 하나님과 성자 하나님과 성령 하나님에 대한 인식과 경험이 있었기에 삼위일체 하나님으로 세례를 베풀었다.

성경의 증거

삼위일체 하나님은 본질상 한 분이신데[367) 이 한 분 안에 성부 하나님·성자 하나님·성령 하나님이 삼위로 존재하시는 하나님이라는 뜻이다. 삼위의 각 위는 신적 본질을 동일하고 완전하게 소유하고 있으며 어느 한 위가 다른 위에 종속되지 않고 혼합되지 않으며 서로 구별이 된다. 신성(Godhead)에 있어서는 동일하나, 세 위격으로 존재하신다.[368) 성부와 성자와 성령은 하나님(신격)으로서는 동등하나, 위격으로는 구별이 된다는 것이다. 성경에는 다음과 같이 삼위일체 하나님에 대하여 증거하고 있다.

> 그러므로 너희는 가서 모든 족속으로 제자를 삼아 아버지와 아들과 성령의 이름으로 침례를 주고 (마 28:19) 16 예수께서 침례를 받으시고 곧 물에서 올라오실새 하늘이 열리고 하나님의 성령이 비둘기 같이 내려 자기 위에 임하심을 보시더니 17 하늘로서 소리가 있어 말씀하시되 이는 내 사랑하는 아들이요 내 기뻐하는 자라 하시니라(마 3:16-17)
> 주 예수 그리스도의 은혜와 하나님의 사랑과 성령의 교통하심이 너희 무리와 함께 있을지어다(고후 13:13)

삼위일체에 대한 보다 구체적인 증거는 요한일서 5장 7절에 나와 있다. 지금 사용하고 있는 성경에서는, "증거하는 이는 성령이시니 성령은 진리니라"이라고 되어 있으나, 스테판 역본(원어성경)에서는 "하늘에 증거하는 이가 세분이니 아버지와 말씀과 성령이라"고 분명하게 말하고 있다.

(1) 성경은 여호와가 하나님이라고 말한다.

---

367) 그런즉 너는 오늘 위로 하늘에나 아래로 땅에 오직 여호와는 하나님이시요 다른 신이 없는 줄을 알아 명심하고(신 4:39) 이스라엘아 들으라 우리 하나님 여호와는 오직 유일한 여호와이시니(신 6:4) 하나님도 한 분이시니 곧 만유의 아버지시라 만유 위에 계시고 만유를 통일하시고 만유 가운데 계시도다(엡 4:6) 기약이 이르면 하나님이 그의 나타나심을 보이시리니 하나님은 복되시고 유일하신 주권자이시며 만왕의 왕이시며 만주의 주시요(딤전 6:15)
368) 루이스 벌코프, **벌코프조직신학(상)**, 권수경·이상원 역 (서울: 크리스챤다이제스트, 1993), 285; "이것은 신적 본체가 삼위에 분배된 것이 아니라, 그 모든 속성을 가지고서 각 위들 안에 전체적으로 있으며, 따라서 그 삼위는 본체의 수적 유일성을 가지고 있다는 사실을 의미한다. …"

신명기 6장 4절에서, "이스라엘아 들으라 우리 하나님 여호와는 오직 하나인 여호와시니"라는 말씀에서 "하나"는 삼위일체론에 적용될 수 있는 표현이 아니다. 이 것은 여호와 하나님만이 유일한 신이시고 참 신이라는 뜻이다.[369] 모세가 살았던 그 시대의 중동 지방에 수많은 신이 있지만 그 모든 신은 거짓 신들이고 오직 여호와 하나님만 참 신이시고 유일한 하나밖에 없는 신이라는 뜻이다.[370]

(2) 성경은 예수님을 성자 하나님이라고 말한다.

예수님께서 하나님의 아들이라는 의미는 성부 하나님과 동등하신 하나님이라는 뜻이다. 성경에서 독생자라는 말은 하나밖에 없는 아들이라는 뜻이 아니다.[371] 성부하나님과 성자 예수님과의 관계가 영원히 유일무이한 관계라는 뜻이다.

> 본래 하나님을 본 사람이 없으되 아버지 품 속에 있는 독생하신 하나님이 나타내셨느니라(요 1:18)

독생자로서 그리스도는 피조물처럼 시간 안에 태어나신 분이 아니라 유일무이한 하나님의 아들로서 영원히 나신 분이시다. 사도 요한은 이 사실을 다음과 같이 말한다.

> 태초에 말씀이 계시니라 이 말씀이 하나님과 함께 계셨으니 이 말씀은 곧 하나님이시니라(요 1:1)

삼위일체의 제2위격이신 말씀이신 성자가 영원히 성부에게서 나신다면 그때, 성자가 성부에게서 나지 않은 때는 존재하지 않는다. 삼위일체의 제2위격은 성부와 영원한 부자관계를 가지고 있다.[372]

> 도마가 대답하여 가로되 나의 주시며 나의 하나님이시니이다(요 20:28)

---

369) 이에 세상 만민에게 여호와께서만 하나님이시고 그 외에는 없는 줄을 알게 하시기를 원하노라(왕상 8:60) 이스라엘의 왕인 여호와, 이스라엘의 구속자인 만군의 여호와가 말하노라 나는 처음이요 나는 마지막이라 나 외에 다른 신이 없느니라(사 44:6) 5 비록 하늘에나 땅에나 신이라 칭하는 자가 있어 많은 신과 많은 주가 있으나 6 그러나 우리에게는 한 하나님 곧 아버지가 계시니 만물이 그에게서 났고 우리도 그를 위하여 또한 한 주 예수 그리스도께서 계시니 만물이 그로 말미암고 우리도 그로 말미암았느니라(고전 8:5-6)
370) http://www.christiantoday.co.kr/view.htm?id=172086 김명용 교수(장신대), 삼위일체 하나님에 대한 바른 이해 (1)
371) 하이델베르크 교리문답 제33문: 우리들도 하나님의 자녀인데 유독 예수님만 독생자라고 불리는 까닭은 무엇입니까? 답: 왜냐하면 그리스도만이 영원하시고, 본래 하나님의 아들이시고, 우리들은 그리스도로 말미암아 은혜를 통하여 양자됨으로 하나님의 자녀가 되었기 때문입니다.
372) R. C. 스프로울, 웨스트민스터신앙고백해설, 이상웅·김찬영 역 (서울: 부흥과개혁사, 2011), 105-106.

도마는 부활하신 예수님의 모습을 보면서 십자가에 죽으시기 전의 예수님으로 재발견한 것이 아니라 하나님의 모습을 보았다. 이것은 도마가 예수님의 부활의 의미를 완전하는 아닐지라도 제대로 이해했다는 의미다. 요한복음의 마지막에 이 고백이 기록된 것은, 요한복음을 시작하면서 예수님을 하나님으로 밝히고 있는 것과 병행되면서 예수님을 하나님으로 더욱 분명하게 밝히고 있다.

(3) 성경은 성령을 성령 하나님이라고 말한다.
성경은 성령님의 신성을 명백하게 말하고 있다.

> 3 베드로가 가로되 아나니아야 어찌하여 사단이 네 마음에 가득하여 네가 성령을 속이고 땅 값 얼마를 감추었느냐 4 땅이 그대로 있을 때에는 네 땅이 아니며 판 후에도 네 임의로 할 수가 없더냐 어찌하여 이 일을 네 마음에 두었느냐 사람에게 거짓말한 것이 아니요 하나님께로다(행 5:3-4)

성령님은 하나님의 속성을 소유하고 있다.

> 오직 하나님이 성령으로 이것을 우리에게 보이셨으니 성령은 모든 것 곧 하나님의 깊은 것이라도 통달하시느니라(고전 2:10)

성령님은 하나님만이 하시는 생명을 살리는 일을 하신다.

> 살리는 것은 영이니 육은 무익하니라 내가 너희에게 이른 말이 영이요 생명이라(요 6:63)

예수님께서는 성령님을 말씀하면서 하나님께 돌려지는 예배와 존귀를 말씀하셨다.

> 그러므로 내가 너희에게 이르노니 사람의 모든 죄와 훼방은 사하심을 얻되 성령을 훼방하는 것은 사하심을 얻지 못하겠고(마 12:31)

그러므로 성령님을 하나님이라 부르며 하나님의 속성을 소유하시고 하나님의 사역을 행하시며 하나님과 같은 예배를 받으시므로 성령님은 하나님이시라는 결론을 내릴 수밖에 없다.[373] 그러므로 성도는 성부 하나님과 성자 하나님과 성령 하나님을 삼위일체 하나님으로 고백하게 된다(고후 13:13).

---

373) G.I. 윌리암슨, 웨스트민스터소교리문답강해, 문성출 역 (서울: 양문출판사, 1989), 41.

제7문 하나님의 작정들은 무엇입니까? (대12)
답: 하나님의 작정들은 자기 뜻의 협의를 따라 정하신 영원한 목적인데, 그것으로써 하나님께서는 일어날 모든 일들을 자기 영광을 위하여 예정하셨습니다.[374]

인간이 정말 싫어하는 것 중에 하나가 자기를 간섭하는 존재가 있다는 것이다. 사람들은 그 간섭으로부터 벗어나는 것을 계몽이라고 말했다. 그것은 하나님 없는 자율성으로 가는 길이다. 언제나 길은 두 가지다. 성도된 우리가 가는 길은 하나님께서 살아계시며 하나님께서 우리를 창조하셨고 우리는 그분의 작정과 섭리 속에 있으며 우리는 그와 소통을 하는 하나님 의존적인 존재라는 길이다. 세상 사람들은 그것을 거부하고 자기 선택과 자기 결단으로 사는 실존주의자가 되었다.

삼위일체 하나님에 대한 고백은 삼위일체 하나님의 작정에 대한 고백으로 이어져야 한다. 작정에는 인간의 이해를 초월하며 비인과율적인 것들이 있으나, 비합리적이거나 자의적인 것은 아무것도 포함하지 않는다. 작정은 하나님의 현명한 통찰과 지식에 의하여 결정된 것이다.[375]

기독교 유신론은 하나님의 주권을 강력하게 선언한다. 시·공간에 일어나는 모든 일들이 하나님의 주권으로 일어나지 않는다면 하나님이실 수가 없다. 그래서 영원한 작정은 하나님의 주권에 본질적인 것이며 하나님의 작정은 최종적인 것이다. 하나님의 작정, 하나님의 주권을 벗어나는 삶을 사는 것은 인간이 자율적인 삶을 살아가겠다는 것이다. 그렇게 되면 의미와 통일성을 상실하게 된다.

그러나 많은 성도들이 현실의 어려움으로 인해 하나님의 작정에 대해 인정하지 않는다. 그로 인해 성도들은 신앙과 삶의 괴리로 인해 허탈감을 느끼게 된다. 하나님의 작정을 믿는다는 것은 기독교신앙의 실제적인 삶을 말하는 것이다. 신앙이 다만 자기 고양을 위한 취미생활인지, 하나님의 통치가 삶으로 나타나는 실제인지 분명하게 해야 한다. 왜냐하면, 하나님의 작정이 하나님의 백성들의 사고방식을 주도하기 때문이다.

오늘날 하나님의 작정 대신에 김일성의 주체사상을 신봉하는 사람들이 있다. 어떤 좌파세력의 기본노선은 '민중민주의'와 '주체사상'이다.[376] 이런 것들이 사람

---

374) Q. 7. What are the decrees of God? A. The decrees of God are, his eternal purpose, according to the counsel of his will, whereby, for his own glory, he hath foreordained whatsoever comes to pass.
375) 루이스 벌코프, 벌코프조직신학(상), 권수경·이상원 역 (서울: 크리스챤다이제스트, 1993), 305.
376) http://www.newdaily.co.kr/news/article.html?no=146974/ 국내 從北세력의 기본노선은 '민중민주의'와 '주체사상'이다. '민중민주의'는 북한의 對南적화 노선인 '인민민주의'와 같은 의미이다. '인민민주의'는 공산주의 前 단

들을 미혹하는 이유는 무엇인가? 그것은 '사람이 먼저다'라는 멋진 구호 때문이다. 북한의 조선말사전(II)에 기록된 주체사상의 기초에는 "주체사상이 기초하며 그 출발점으로 삼는 철학의 근본원리는 곧 사람이 모든 것의 주인이며 모든 것을 결정한다는 것"이라고 정의하고 있다. 또한 조선민주주의 인민공화국 법전(대중용)에 게재된 북한헌법, 제3조에도 "조선민주주의 인민공화국은 사람 중의 세계관인 주체사상을 자기활동의 지도적 지침으로 삼는다"라고 말한다. 이런 말을 하는 자들의 궁극적인 목적이 과연 인간 그 자체인가? 그렇지 않다는 것을 공산화를 이루기 위해 죽인 사람들의 피들이 그것을 증명했다.[377]

경악스러운 것은 기독교인들 중에도 그런 사람들이 너무 많다는 사실이다. 그것은 우연히 이루어진 일이 아니다.

> 남조선에 내려가서 제일 뚫고 들어가기 좋은 곳이 어딘가 하면 교회이다. 교회에는 이력서, 보증서 없이도 얼마든지 들어갈 수 있고, 그저 성경책이나 하나 옆에 끼고 부지런히 다니면서 헌금이나 많이 내면 누구든지 신임 받을 수 있다. 일단 이렇게 신임을 얻어 가지고 그들의 비위를 맞춰가며 미끼를 잘 던지면 신부, 목사들도 얼마든지 휘어잡을 수 있다. 문제는 우리 공작원들이 남조선의 현지 실정을 어떻게 잘 이용하느냐 하는 데 달려 있는 것이다.(1974년 4월 대남공작담당요원들과의 담화)[378]

이런 김일성의 교사를 따라 기독교 안에 얼마나 많은 좌파 세력들이 존재하고 있는지 누군가는 말해주어야 할 것이다.

1945년 8월 15일 낮 12시 쇼와 천황은 항복 선언을 했다. 9월 2일에는 일본의

계에 나타나는 사회주의 과도기 정권이다. '인민민주주의'를 1980년대 중반부터 남한 내 從北운동권 세력들이 '민중민주주의로' 바꾸어 불렀다. 그래서 운동권 세력이 자신들의 이념적 노선을 '인민민주주의'로 부르건 '민중민주주의'로 부르건 간에 최종 목표는 공산주의이다. 從北세력은 북한의 주체사상에 입각해서 '통일'의 전제조건으로 국보법 철폐, 주한미군 철수, 국정원·기무사 등 공안기구 해체, 사상범 석방, 연방제 통일, 3대 부자세습 인정 등 북한 정권의 주장과 동일한 요구를 하고 있다. 따라서 從北세력은 자유민주주의와 反共 國是(국시)로 하는 대한민국 체제를 부정하고, 북한의 對南赤化노선을 추종하며, 국가의 左傾化(좌경화)를 구조화시켜 國體(국체)를 변경하려는 諸(제) 세력으로 규정할 수 있다.

377) http://blog.daum.net/ecoliving/12560988/ 남한 내 주사파의 대부였던 김영환 씨는 다음과 같이 그의 사상적 전향에 대하여 말했다. "이러한 생각이 조금씩 변하게 된 것은 크게 나누어 세 가지 이유 때문이라고 할 수 있다. 첫째는 남한의 진보운동권을 조금도 고려하지 않는 북한의 태도와 정책에서 느끼는 배신감이 쌓여 온 것이다. 둘째는 90년대 초부터 탈북자들의 증언을 비롯한 북한과 관련된 생생한 정보들이 많이 쏟아지게 되었고, 이러한 생생한 정보들을 기초로 북한의 실상을 보다 정확히 알게 된 것 때문이다. 그리고 셋째는 주체사상과 북한 실상을 집중적으로 연구한 결과 북한이 주체사상의 기본원리들을 전혀 지키지 않고 단지 독재의 도구로 사용하고 있을 뿐이라는 것을 깨달았기 때문이다."

378) http://blog.daum.net/jinju0313/5728445/ 김일성 비밀교시(좌경화의 뿌리 짐작이 간다), 2010.02.06 22:16, '김일성의 비밀교시'는 한광덕 전 국방대학원장이 2003년 10월 '동북아전략연구소'에 게재한 자료이다. 전문(全文)은 베트남 참전전우들의 홈페이지'한광덕 장군 칼럼' 메뉴에서 확인할 수 있다. 일본에서는 이 자료가 산케이(産經)신문 보도로 2004년 6월 '김일성 비밀교시'라는 제목으로 5회에 걸쳐 연재됐다.

외무대신 시게미쓰 마모루가 USS 미주리에서 항복 문서에 서명했다. 일본의 항복 선언으로 우리나라는 일제치하에서 벗어나게 되었지만 더 무서운 시련이 닥쳐왔다. 러시아는 항복 선언 다음 날로 만주와 북한을 공격했다. 일본의 무장해제는 러시아의 남하로 이어졌고 더 이상 남쪽으로 진격해 오지 못하도록 미국은 북위 38도선을 경계로 할 것을 제안하였으며, 러시아가 이에 동의하면서 38선이 만들어졌다. 38선은 러시아가 영토 확장을 위해서 한반도를 침략해서 만들어진 것이다. 1945년 9월 20일 스탈린은 북한에 공산정권을 수립하라는 암호 전문을 보냈다. 군사령관은 이 명령을 철저하게 실행에 옮겼다. 박헌영이 총비서로 있는 조선 공산당을 12월 17일에 둘로 나누어서 평양에 북조선 공산당을 따로 설립하여 김일성을 책임비서로 임명했다. 스탈린은 박헌영이 아니라 김일성을 지명했다. 김일성은 스탈린의 완전한 꼭두각시 노릇만 하도록 되어 있었다.[379]

북한의 김일성 주체사상이 등장하게 된 것은 스탈린이 죽고 난 뒤부터다. 스탈린 사후에 공산당 총비서가 된 흐루시초프는 당 대회에서 스탈린을 격하하는 연설을 했다. 그 이후로 스탈린 숭배는 짓밟히기 시작했다. 이런 영향이 북한에도 불어오는 것을 막기 위해 김일성은 북한과 러시아는 다르다는 것을 강조하면서 황장엽으로 하여금 새로운 사상을 만들게 했는데 그것이 주체사상이다. 주체사상은 두 가지를 말한다. 하나는 모든 분야에서 자주성을 가져야 한다는 것이고, 또 하나는 최고, 최종의 발언권과 영도권은 김일성에게 있다는 것이다. 이 모든 것의 핵심은 무엇인가? 김일성에 대한 절대복종이다.

주체사상을 선전하는 사람들은 자본주의 사회에서는 동기 유발이 개인의 이익이지만, 북한의 사회주의사회는 집단의 이익이 목적이라고 말하며 이것이 바로 주체사상이라고 말한다.[380] 그러나 황장엽은 다음과 같이 분명하게 말했다.

주체사상은 김일성이 소련의 예속에서 벗어나 자기의 독재체계를 수립하기 위하여 제창한 사상이

379) 오병헌, 한국의 좌파 (서울: 기파랑, 2012), 160-163.
380) http://blog.daum.net/philman1024/36/ 「주체사상이란 무엇인가, 경남대학교 북한대학원 학생들을 위한 강의안」 주체사상을 근본적으로 잘못 가르치고 있다. "자본주의사회에서 관통되고 있는 동기유발인 개인주의적 이익이 자연발생적이라면 이북사회의 사회주의사회는 사상교육에 의한 집단주의적 이익을 앞세우는 의식화된 목적의식적이라는 것입니다. 이러한 이북의 사상이 바로 주체사상이라는 것입니다. 주체사상은 김일성 주석이 항일혁명의 시기 1930년 6월 30일 카룬에서 새로운 세대의 청년공산주의자들의 모임을 가지고 거기에서 항일혁명의 의의와 그 전략전술을 담은 「조선혁명의 진로」에서 주체의 혁명로선의 창시에서 시작되었습니다. … 주체사상은 김일성 주석이 1930년대에 백두산 일대에서 항일빨치산인 조선인민혁명군을 창설하고 아무런 후방도 없이 일제의 무기를 탈취하여 그 무기를 들고 전투를 승리적으로 이끌면서 싸워온 민족해방의 투쟁 속에서 창시한 것입니다."

다.381)

황장엽의 말대로 김일성은 스탈린주의 밖에 배운 것이 없는 철저한 스탈린주의
자였는데, 스탈린이 무너지는 상황에서 새로운 지도체계로 내세운 것이 주체사상
이다. 김일성은 주체사상을 확립하는 과정에서 반대파를 숙청했다.382) 1953년 박

---

381) 황장엽, 민주주의와 공산주의 (서울: 시대정신, 2009), 296.
382) http://m.rfchosun.org/program_read.php?n=1853/ 〈「추적, 사건과 진실, 주체사상의 숨겨진 진실, 열 번째」 지
난이야기 : 대외정세가 불리하게 돌아가자 김일성은 당 중앙지도기관의 직제개편을 단행하고, 새롭게 권력의 핵심으로
떠오른 조직비서와 조직지도부장 자리에 동생 김영주를 앉혔습니다. 내심 김일성의 후계를 노리고 있던 박금철의 갑산파
는 불만을 터뜨리는데 … 갑산파 숙청에 대한 이야기를 비중있게 다루고 있는 것은, 이 시기가 주체사상이 김일성의 유일
사상으로 변질되는 분수령이 되기 때문입니다. 따라서 주체사상이 변질되는 과정을 이해하기 위해서는 반드시 짚고 넘어
가야 할 사건입니다. 또한 모순도 이런 모순이 없지만 유일사상의 바람이 불기 시작한 이 때에, 맑스-레닌주의의 오류를
극복하고 인간을 중심으로 한 진짜 주체사상이 태동했다는 점도 주목해야 합니다. 끝으로 주체사상을 수령절대주의 사상
으로 전락시키고 결국 파산시킨 장본인이 김정일이, 갑산파의 숙청이라는 혼란 상태를 틈타 권력의 핵심부로 진입해 들
어간 것도 눈여겨 볼 대목입니다. 이런 점들을 염두에 두면서 갑산파 숙청 사건을 지켜봐 주시기 바랍니다. 갑산파들은
김영주에게 권력이 집중되자, 김영주를 견제하고 박금철을 김일성의 다음 세대지도자로 옹립하려고 했습니다. … 당시 박
금철은 김일성, 최용건, 김일에 이어 당 서열 4위였고 또 항일투쟁 경력도 있었기 때문에 배경 역시 나쁘지 않았습니다.
우선 갑산파들은 선전을 통해 '박금철 띄우기'에 들어갔습니다. 그렇게 해서 나온 것이 바로 영화 '일편단심'입니다. 갑산
파들은 이 영화를 통해 항일투쟁 당시 갑산공작위원회의 업적을 선전하면서 주인공 박금철과 그의 안해의 역할을 과대포
장하였습니다. 갑산파의 속셈을 김일성이 눈치 채지 못할 리가 없었습니다. 이런 김일성의 심중을 꿰뚫고 있는 눈이 있었
습니다. 바로 1964년에 중앙당에 들어와 김일성의 사업을 방조하고 있던 김정일이었습니다. 갑산파가 한창 움직이던
1966년, 24살의 김정일은 당 중앙위원회 조직지도부 책임지도원이었습니다. 이 무렵부터 김정일은 자기 밑에 수 명의 지
도원들을 거느리며 중앙기관과 평양시 당 조직을 틀어쥐기 시작했습니다. 김정일이 정치적 영향력을 서서히 행사하고 있
었지만, 아직 나이가 어렸고 정치적 기반도 거의 없었습니다. 다만 정치적 야망만은 대단히 커서 김일성의 후계자가 되기
위해 눈을 번뜩이고 있었습니다. 이런 김정일에게 숙청의 피바람이 감지된 것입니다. 누구보다 아버지를 잘 알고 있는 김
정일은, 김일성이 권력을 확고하게 다지기 위해서 갑산파에 대한 대숙청을 감행할 것을 느끼고 있었습니다. 김정일은 곧
닥쳐올 혼란상태가 자신의 정치적 입지를 다질 수 있는 절호의 기회라고 생각했습니다. 그러던 어느 날 김정일이 자기
밑의 지도원들을 은밀하게 불러들였습니다.
김정일 : 지금 당 간부들 속에서 반당적인 사상이 번져가고 있다. 이것을 방치할 경우 우리당은 심각한 상황에 빠질 것이
다. 지금부터 반당행위자들을 추적해서 그놈들의 정체를 밝혀 내는게 동무들의 임무다. 알겠나.
지도원들 : 네, 알겠습니다.
김정일 : 다시 한 번 강조하지만 이 일은 비밀사업이다. 누구도 알아서는 안 돼. 여기서 나온 이야기는 죽을 때까지 비밀
이야.
지도원들 : 목숨을 걸고 비밀을 엄수하겠습니다.
김정일이 갑산파에 대한 뒷조사를 진행하고 있는 가운데, 1967년 5월 당 중앙위원회 4기 15차 전원회의가 비밀리에 열렸
습니다. 이 회의에서 김일성은 빨찌산 1세대들의 지지를 받아 갑산파를 숙청하기로 결정했습니다. 주목할 것은 이날 회의
에서 '유일사상체계'라는 용어가 중요하게 등장했다는 것입니다. 이 시기를 기록해놓은 〈김일성 저작집〉을 잠시 살펴보겠
습니다.
김일성 : 당의 유일사상체계를 세우는 것은 당 건설에 나서는 가장 근본적인 문제이다. 당 안에 유일적인 사상체계를 철
저히 세우지 않고서는 도대체 사상의지의 통일을 보장할 수 없고 당을 전투적으로 만들 수 없으며 따라서 혁명과 건설을
성과적으로 령도 해 나갈 수 없다.

헌영과 남로당은 마국의 간첩이라는 죄명을 씌워 처리되었다. 소련파인 박찬옥, 허가이 등은 교조주의와 형식주의에 빠져 있고, 만사에 소련의 뒤를 따라가는 주체 없는 일들을 저질렀다고 비난했다.383)

주체사상이란 무엇인가? 주체사상을 가르치는 사람들은 주체사상이 인간의 운명에 대한 문제를 해결했다고 말한다.

> 철학에서 인간의 운명문제에 대한 완전한 해답을 주려면 인간의 운명이란 무엇인가, 그리고 그것을 규정하는 것은 무엇인가라는 문제를 철학의 근본문제로 삼아야 하고 그 해답도 내와야 합니다. 그래야 운명개척의 합법칙성을 밝혀낼 수 있고 그 방도를 찾아낼 수 있는 것입니다. 주체사상은 이러한 문제를 해결했다는 것입니다.384)

그러면서 김일성이가 말한 그대로 사람의 그 본질적 특성이 "자주성, 창조성, 의식성을 가지고 있는 사회적 존재"라고 말한다. 인간의 자주성을 말하는 것은 레닌의 주장을 따르는 것이다. 사람 중심의 세계관을 말하면서 유물론을 포기했다. 유물론을 부정하는 것은 사실상 레닌도 버리는 것이기에 마르크스-레닌의 이론과는 결별하게 된 것이다.

사람들에게 인간 주체를 말하니 얼마나 솔깃하겠는가? 그러나 진정한 속셈은 무엇인가? 김일성은 1982년 자신의 생일 70회를 기념하기 위해 발표한 「주체사상에 대하여」에서 "주체사상은 사람 중심의 새로운 철학사상입니다"라고 했다. 사람이 세계와 운명의 주인이고 자주적으로 세계를 개조할 능력이 있으며 인민대중은 혁명과 건설을 추진하는 힘이 있지만 그 힘은 당을 통해서만 결집될 수 있고, 또 당 수령의 지도가 있어야만 혁명 과업이 완성될 수 있다는 것이 핵심이다.385) 다시 말해서, 겉으로는 사람이 중심이라면서 인민대중을 치켜세우지만, 그 모든 것은 당을 통해서만 가능하고 그 당은 수령이 있어야 가능하다고 말하면서 김일성 독

유일사상체계란 두말할 것도 없이 김일성의 지시와 교시만을 따라야 한다는 의미였습니다. '유일사상체계'의 등장은 북조선 사회를 암흑으로 몰아가는 신호탄이 됐습니다. 김일성은 '온갖 반당 반혁명적 사상을 퍼뜨려 당의 유일사상체계 확립을 방해하였다'는 이유로 갑산파를 무자비하게 숙청해 나갔습니다. 하지만 실제 갑산파 세력은 미미했기 때문에, 이 숙청사업은 김일성의 교시를 어기거나 권위를 해칠 가능성이 있는 대상들에 대한 탄압으로 번져갔습니다.
한편 김정일은 미리부터 점찍어 두었던 사람들을 가차 없이 공격하면서, 자기가 아버지의 숙청사업에 충실하게 림하고 있다는 것을 보여주려고 했습니다. 김정일은 김일성의 환심을 사기 위해서 끊임없이 적을 만들어 냈고 그 결과 숙청의 규모는 걷잡을 수 없이 확대됐습니다.

383) 오병헌, 한국의 좌파 (서울: 기파랑, 2012), 168.
384) http://blog.daum.net/philman1024/36/ 「주체사상이란 무엇인가, 경남대학교 북한대학원 학생들을 위한 강의안」
385) 오병헌, 한국의 좌파, 기파랑, 2012, p. 175.

재체제로 받들어야 한다는 것이 주체사상이다. 문제는 이것이 남한의 어떤 좌파들에게 그대로 녹아나 있다는 것이다. 그들은 무엇이라고 가르칠까?

주체사상에서는 민중이 역사의 주체이기는 하지만 언제나 자기 운명을 자주적으로 창조적으로 개척하는 역사의 자주적 주체로 되는 것은 아니라고 했습니다. 민중이 조직되고 사상적으로 결속되어야만 역사와 자기 운명을 자주적으로 창조적으로 개척해 나갈 수 있다는 것입니다.

바로 수령이 사상의지의 결속, 변혁조직의 결집의 구심점으로 있어 민중과 수령이 운명 개척의 공동체를 이루었을 때만이 민중이 역사의 참다운 주체, 즉 자주적 주체로 된다는 것입니다.

즉 수령은 역사의 자주적 주체의 내적 구조로서 보아야 하고 수령, 당, 민중으로 구성된 역사의 자주적 주체의 중추라는 것입니다. 역사의 주체를 하나의 생명체로 볼 때 수령은 주체의 중추, 즉 뇌수이고 당은 심장이며 중추의 의지에 따라 맥박쳐서 생명체의 구석구석 빠짐이 없이 생명의 피를 보내줌으로써 민중이라는 주체가 비로소 세계를 개조변혁하는 운동의 통일체로 된다는 것입니다.

이러한 주체사상의 수령론은 간고한 항일투쟁 속에서 창조된 것입니다. 수령이 주체의 의지를 사상의식적으로 담보하고 생명체로서의 민중의 고통과 원망을 구석구석 깊이 알고 있으며 그 고통을 함께 겪고 민중과 일심동체로 살면서 창조해낸 사상이라는 것입니다.

하나의 가정에서 어버이가 자식들이 말하기에 앞서 그리고 자식들의 요구에 앞서 이미 그것을 알고 어루만져주며 자식들은 어버이의 바램을 위해 효성을 다하듯이, 주체사상은 나라를 하나의 대가정으로 보고 수령이 어버이로서 인덕정치를 펴며 당과 민중이 함께 어버이의 뜻을 따라 효성을 다하는 대가정을 창조한다는 것입니다.[386]

민중의 사상적 결집하는 구심점이 수령이라고 가르치고 있다. 그것이 무슨 참다운 주체인가? 수령에게 의존하고 있는 것은 의존적 개체이지 자주적 주체가 되는 것은 아니다. 아무리 자주를 외쳐도 자주가 될 수 없다. 원료도 자본도 없으니 자주는 안 된다. 그래서 어떻게 하려고 하는가? 김일성은 언제나 이렇게 말했다. "남조선이 있지 않느냐?" 이 말의 의미는 무엇인가? 김일성을 비롯하여 그 뒤를 이은 김정일, 김정은의 최종 목표는 남한을 점령하여 공산화하는 것이다. 그것을 실현하는 과정을 연방제로 내세우고 있다. 그것은 남침을 위한 전략에 불과하다. 예수님을 믿으면서도 주체사상이 더 우선이고 주체사상으로 살아간다는 것은 김일성 우상화를 따르는 것이다. 그것은 바른 믿음의 길이 아니다. 성도는 오직 하나님의 뜻을 따라 살아가는 자들이다. 성경은 무엇이라고 말할까?

1) 하나님의 작정들은 자기 뜻의 협의를 따라 정하신 영원한 목적인데

작정이란 하나님의 뜻을 따라 정하신 영원한 목적이다. 이 말이 의도하는 바는 세상이 우연히 돌아가는 것이 아니라, 인간 밖에서 인간에게 간섭하시는 존재가 계

---

386) http://blog.daum.net/philman1024/36/ 「주체사상이란 무엇인가, 경남대학교 북한대학원 학생들을 위한 강의안」

시고, 성경은 '그분이 하나님이시다'라고 말하는 것이다. 그러므로, 하나님의 작정은 하나님의 절대주권을 말한다. 하나님의 주권이란 하나님의 통치·지배를 말한다. 인간이 세운 계획은 자주 변경이 되지만, 하나님은 무한하신 능력으로 모든 일을 인도해 가시기 때문에 예기치 못한 일이 발생하지 않는다.[387] 하나님의 계획이 영원히 변함이 없는 이유는 하나님의 목적이 변함이 없으시기 때문이다. 그 목적이란 무엇인가? 모든 만물이 하나님을 인정하는 것이다. 그리하여 하나님의 하나님 되심이 온전히 드러나게 된다.

대저 물이 바다를 덮음 같이 여호와의 영광을 인정하는 것이 세상에 가득하리라(합 2:14)

이 말씀은 메시아의 왕국에 대한 소망을 말한다.[388] 그 메시아 왕국은 모든 사람들이 여호와의 위력과 위엄을 알게 되고, 하나님을 아는 지식이 온 땅에 가득하게 되는 나라이다.[389] 온 우주는 하나님의 다스리심 속에 하나님의 영광을 위하여 달리고 있다.

작정이란 하나님께서 하나님의 영광을 위하여 앞으로 발생케 될 모든 사건들을 미리 정하신 그의 영원하신 계획이나 목적으로 말한다.[390] 예정이란 인간의 구원과 관련하여, 선택자와 유기자(버림받은 자)에 대한 하나님의 작정이다.[391]

하나님의 작정에 대한 반론이 늘 있어 왔다. 왜냐하면 하나님의 주권이 드러난 하나님의 말씀은 인간에게 절대적인 의무들을 부과하기 때문이다. 하나님의 명령은 우리에게 윤리·도덕적인 명령을 하시고 우리의 양심을 구속하기 때문이다. 하나님께서는 그렇게 할 수 있는 권리를 가지고 계신다. 그것은 하나님만의 고유한 절대주권이다. 그러나 인간들은 그것을 의도적으로 저버리려고 이상한 논리를 만들

---

387) 10 비와 눈이 하늘에서 내려서는 다시 그리로 가지 않고 토지를 적시어서 싹이 나게 하며 열매가 맺게 하여 파종하는 자에게 종자를 주며 먹는 자에게 양식을 줌과 같이 11 내 입에서 나가는 말도 헛되이 내게로 돌아오지 아니하고 나의 뜻을 이루며 나의 명하여 보낸 일에 형통하리라(사 55:10-11)
388) 6 내가 나의 왕을 내 거룩한 산 시온에 세웠다 하시리로다 7 내가 영을 전하노라 여호와께서 내게 이르시되 너는 내 아들이라 오늘 내가 너를 낳았도다 8 내게 구하라 내가 열방을 유업으로 주리니 네 소유가 땅끝까지 이르리로다(시 2:6-8)
389) 여호와의 영광이 나타나고 모든 육체가 그것을 함께 보리라 대저 여호와의 입이 말씀하셨느니라(사 40:5)
390) 6 해 뜨는 곳에서든지 지는 곳에서든지 나 밖에 다른 이가 없는 줄을 무리로 알게 하리라 나는 여호와라 다른 이가 없느니라 7 나는 빛도 짓고 어두움도 창조하며 나는 평안도 짓고 환난도 창조하나니 나는 여호와라 이 모든 일을 행하는 자니라 하였노라(사 45:6-7)
391) 루이스 벌코프, 벌코프조직신학(상), 권수경·이상원 역 (서울: 크리스챤다이제스트, 1993), 311; "… 예정은 그의 모든 도덕적 피조물들에 대한 하나님의 목적을 표시한다. 그러나 대개는 하나님의 주권적 선택과 의로운 유기를 말하는, 타락한 인간에 관한 하나님의 '경륜'을 나타낸다."

어냈다. 그 대표적인 두 가지는 이신론과 범신론이다.

이신론(자연신교, Deism)은 계몽주의의 영향으로 18세기 영국에서 주장되었는데,[392] 세계의 창조자로 인정하지만, 이를 세상 일에 관여하거나 계시(啓示)하는 인격적인 존재로는 인정하지 않고, 기적 또는 계시의 존재를 부정하는 이성적(理性的)인 종교관을 말한다.[393] 창조자 하나님이 계시지만 세계는 그 분과는 상관없이 운행된다고 생각하므로 성경의 사상과는 틀리며, 그리스도의 성육신과 예수 그리스도의 구속사역을 부정한다.

범신론은 신(神)과 전우주(全宇宙)를 동일시하는 종교적·철학적 혹은 예술적인 사상체계를 말한다. 세상의 모든 개별자들의 행위가 곧 하나님의 행위와 동일하다고 보므로 창조주 하나님과 인간의 차별이 없으며, 그 동일시로 인해 인간의 행위에 대한 선악의 구별도 사라지게 된다. 그러나 성경은 창조주 하나님의 계획과 섭리가 인간의 행위와 구별이 된다고 말하기 때문에 성경적 가르침과는 명백하게 위배된다.[394]

그러나 성경이 제시하는 하나님은 '인격적인' 하나님이시다. 인격적인 존재라는 말이 함축하는 바는 그가 생각할 수 있고, 결정할 수 있으며, 어떠한 일을 목적하거나 계획할 수 있는 존재인 것을 의미하는 것이다. 따라서 그러한 인격적인 하나님께서 실제로 역사 속의 모든 사건들을 창세전에 계획하신 것이며, 그 분의 작정하신 바대로 오늘 운행되고 있는 것이라고 성경은 말한다. 하나님의 작정과 예정에

---

392) 윌리암 호던, 현대신학 이해, 신태웅 역 (서울: 풀빛목회, 1989), 42-43; "… 그들은 인간의 이성밖에 있는 모든 권위에 대해 반역하며 간섭 없이 모든 문제를 점검할 수 있는 자율적 이성을 요구하였다. 이성주의자들은 결코 비종교적은 아니었다. 실례로 존 로크(John Locke)는 무신론자에게는 관용을 베풀 수 없다고 생각하였다. 왜냐하면, 그들은 관용이나 다른 이상이 존재해야 하는 서구문명의 구조자체를 위협했기 때문이다. 그러나 만약 이성주의(Rationalism)가 반종교적(Anti-religions)이 아니라면, 그것은 반정통주의(Anti-orthodox)였다. 이들은 칸트(Kant)가 그랬듯이 단지 이성의 한계 내에서 종교를 원했다고 할 수 있다."

393) 네이버 사전에서; "이신론(자연신교, Deism)은 라틴어 deus(신)에서 온 말이다. 이신론은 기독교 신학과는 대립적으로 계시신앙에 기초하지 않으며, 이론적·과학적 신 해명을 추구한다. 이와 같은 신앙의 추종자를 이신론자(deist) 또는 자연신론자라고 한다. 콜린즈(J.A. Collins)의 《자유사색 논고》(A Discourse on Free Thinking) 속에서 이들은 주로 자유사상가라고 칭하여졌다. 영국의 톨랜드(J. Toland)·틴달(M. Tindal)·샤프츠버리(E of Shaftsbury), 프랑스의 볼테르(Voltaire)·루소(J. J. Rousseau), 독일의 라이마루스(H.S. Reimarus)·레싱(G. E. Lessing) 등이 대표자들이다."

394) 두산백과사전에서; "신과 전우주 사이에 질적인 대립을 인정하지 않는다는 점에서 유신론과는 다르다. 범신론은 신비적인 종교 감정이나 자연에 전하는 시인의 감정에서 흔히 볼 수 있으며, 논리 정연한 이론의 형태를 취하고 있는 것은 아니다. 18세기 영국의 사상가 J. 톨런드에 의하여 도입된, 그리스어(語)의 '전체'를 의미하는 pan과 '신'(神)을 의미하는 theos를 결합한, pantheism이라는 술어의 번역어이지만, 신에 대한 세계의 상대적 독립을 인정하느냐 않느냐에 따라 두 가지 범주(範疇)로 나누어진다. 즉 도가(道家) 사상이나 스토아학파 철학에서처럼 독립을 인정하는 넓은 의미에서의 범신론과, 《우파니샤드》나 스피노자의 경우처럼 독립을 인정하지 않는 좁은 의미에서의 범신론이 그것이다. 역사상 가장 일관성(一貫性) 있는 전형적인 범신론은 스피노자의 철학에서 볼 수 있다."

대한 가르침은 무엇보다 에베소서와 로마서에 가장 명확하게 나타나 있다.[395]

> 4 곧 창세 전에 그리스도 안에서 우리를 택하사 우리로 사랑 안에서 그 앞에 거룩하고 흠이 없게 하시려고 5 그 기쁘신 뜻대로 우리를 예정하사 예수 그리스도로 말미암아 자기의 아들들이 되게 하셨으니(엡 1:4-5)
> 우리는 그의 만드신 바라 그리스도 예수 안에서 선한 일을 위하여 지으심을 받은 자니 이 일은 하나님이 전에 예비하사 우리로 그 가운데서 행하게 하려 하심이니라(엡 2:10)

하나님께서 창세 전에 택하시고 예정하셨다는 것은 우리의 구원이 우리의 생각과 능력 밖이라는 것을 말한다. 구원에 있어서 인간이 기여한 것도 없고 기여할 수도 없다는 것을 확실히 선언하는 것이다.[396]

하나님의 작정과 예정이 영원 전에 이미 계획되어졌으며, 하나님께서는 "모든 일을 그 마음의 원대로 역사하시는 자"(엡 1:11)[397]이시다. 이것이 하나님의 주권에 대한 성경적인 가르침이다. 하나님께서는 그 지식과 능력에 있어서 결핍이 없으시기 때문에 그 작정하신 바를 변경하지 않으신다.

작정교리에 대한 반론들

---

395) R. C. 스프로울, 웨스트민스터신앙고백해설, 이상웅·김찬영 역 (서울: 부흥과개혁사, 2011), 119-120; "개혁주의 신학의 중요한 관심사 가운데 하나는 우리가 작정이라고 부르는 주권적 결정과 관련된 하나님의 구원 계획에 대한 영원한 관점이다. 어떤 것이 일어나도록 하나님이 작정하실 때, 하나님은 자신의 작정적 의지를 나타내시는 것이다. 우리는 율법, 계명 그리고 계율을 통해서 우리의 순종을 명령하시는 하나님의 명령적(perceptive) 의지와 일어나리라고 그가 정하시는 것은 무엇이든지 일어나게 하시는 그의 작정적(decretive) 의지를 구분한다. 하나님의 작정적 의지의 한 예는 창조이다. … 하나님의 구속계획은 하나님의 영원하고 주권적인 작정에 뿌리와 근거를 두고 있다."

396) 코르넬리스 프롱크, 도르트신조 강해, 황준호 역 (서울: 그책의사람들, 2013), 65; "아르미니우스주의자들은 두 가지, 사실은 세 가지 선택을 주장했습니다. 첫 번째 선택은 복음을 믿는 사람만이 구원을 받을 것이라는 일반적인 작정입니다. 이 첫 번째 작정에서는 믿을 사람이 누구인지 아직 정해지지 않았고 어느 누구의 이름도 거론되지 않습니다. 이 선택은, 죄인은 오직 믿음으로 구원받는다는 단지 확정적이지 않은 일반적인 명제입니다. 그러고는 아르미니우스주의자들은 더 구별을 해서는 하나님께서 누가 믿을지 미리 아셨기 때문에 그 믿을 사람을 일정 수를 택하신 두 번째 선택이 있다고 말했습니다. 하지만 그리스도를 믿는 믿음만으로는 구원을 보장받지 못합니다. 왜냐하면 아르미니우스주의자들의 주장에 따르면 신자들은 여전히 배교할 수 있기 때문입니다. 따라서 하나님의 작정은 세 번째 선택을 포함하게 되는데, 이 선택에 따르면 믿음 안에서 인내하는 사람만이 최종적으로 구원을 얻습니다. 만약 아르미니우스주의자들의 선택론이 참이라면 모든 것은 당연히 사람에게 의존해야 합니다. 그리스도를 믿을지 결정해야 하는 것도 사람이고 복음을 영접해야 하는 것도 사람입니다. 또한 믿음 안에서 인내해야 하는 것도 사람입니다. 아르미니우스주의자가 말하는 복음은 하나님께서는 인내할 사람만을 선택하신다는 것입니다. 다른 말로 하면, 아르미니우스주의자의 복음 안에서 하나님께서는 언제나 사람에게 한두 발자국 뒤처져 계십니다. 따라서 믿음은 선택의 열매가 아니라 오히려 선택의 원인입니다. 당신이 모든 것을 해야만 합니다. 당신이 믿어야 하고 인내해야 하지 그렇지 않으면 하나님께서 진정 하실 수 있는 일은 아무것도 없습니다."

397) 모든 일을 그 마음의 원대로 역사하시는 자의 뜻을 따라 우리가 예정을 입어 그 안에서 기업이 되었으니(엡 1:11)

(1) 인간의 도덕적인 자유와 상반된다?

성경은 하나님의 작정하심이 인간의 자유로운 행위와 상반된다는 전제 위에서 출발하지 않는다. 하나님께서 인간의 자유로운 행동들을 작정하셨으나 행위자들은 그들의 의지로 자유로이 행동한 일에 대하여 책임이 있다고 말한다.[398] 그것은 욥의 사건에서도 분명하게 드러난다.

하나님께서는 욥을 시험하시기로 작정하셨다. 하나님께서는 사탄에게 욥을 시험하는 것을 허락하셨다. 사탄은 갈대아 사람들을 격동시켰다. 그로 인해서 욥의 아들들이 다 죽었다. 욥의 아들의 죽음은 누구 때문인가? 사람들은 최종적인 원인이 하나님께 있다고 말할 것이다. 하나님께서 시험을 허락하지 않으셨다면 욥의 아들들은 죽지 않았을 것이니까. 그러나, 사탄과 갈대아 사람들이 자신들의 탐욕으로 행한 악한 일에 대하여 하나님께서는 책임이 없다. 그 죄악은 오로지 사탄과 갈대아 사람이 책임을 져야만 한다. 하나님께서는 선하신 뜻으로 시험을 허락하셨으나, 사탄과 갈대아 사람들은 악한 의도로 욥의 아들들을 죽였다. 사탄과 갈대아 사람들은 그 악한 죄에 대한 책임을 져야 한다.

유대인들은 예수님을 십자가에 못 박아 죽였다. 하나님께서 그렇게 하실 것을 미리 예정하셨다. 그러나 예수님을 죽인 그 죄악은 유대인들이 책임을 져야만 한다. 성경은 이 두 가지 사실, 곧 하나님의 작정과 인간의 자유의지를 조화하려고 시도하지 않는다. 거기에는 모순이 없다. 하나님의 작정은 필연적으로 이루어지지만 그러나 죄악에 대한 책임은 그것을 행한 당사자에게 있다. 예수님께서는 베드로가 부인할 것을 말씀하셨으며, 그대로 이루어졌다. 그렇게 예수님을 부인한 베드로의 행동에 대해서 베드로 자신이 책임을 져야만 한다. 예레미야 선지자는 갈대아인들이 예루살렘을 차지할 것을 예언했다. 갈대아인들은 자유롭게 자신들의 욕망을 따라 그 예언을 성취했다.[399]

---

398) 19 요셉이 그들에게 이르되 두려워 마소서 내가 하나님을 대신하리이까 20 당신들은 나를 해하려 하였으나 하나님은 그것을 선으로 바꾸사 오늘과 같이 만민의 생명을 구원하게 하시려 하셨나니(창 50:19-20) 그가 하나님의 정하신 뜻과 미리 아신 대로 내어준 바 되었거늘 너희가 법 없는 자들의 손을 빌어 못 박아 죽였으나(행 2:23) 27 과연 헤롯과 본디오 빌라도는 이방인과 이스라엘 백성과 합동하여 하나님의 기름부으신 거룩한 종 예수를 거스려 28 하나님의 권능과 뜻대로 이루려고 예정하신 그것을 행하려고 이 성에 모였나이다(행 4:27-28)

399) 루이스 벌코프, 벌코프조직신학(상), 권수경·이상원 역 (서울: 크리스챤다이제스트, 1993), 308; "… 작정은 이성적인 자기 결정의 의미에서 인간의 자유와 반드시 모순되지는 않으며, 이 자유로 인간은 자기의 이전 생각들과 판단들, 그의 성향과 욕망들, 그리고 그의 전체적인 성격과 조화를 이루어서 자유롭게 행동하게 되는 것이다. 이 자유는 또한 법칙들을 가지고 있어서, 우리가 그 법칙에 익숙하면 할수록, 우리는 자유로운 행위자가 어떤 상황 아래서 어떻게 행할 것인가를 더욱더 확신할 수 있게 되는 것이다. 하나님 자신이 이 법칙들을 제정하셨다. 물론 우리는 이상적인 자기 결정의 의미에서의 우리의 자유 개념 속에서 물질주의적이고 범신론적이며 합리주의적인 모든 결정론을 경계해야 한다."

하나님의 작정과 인간의 자유의지에 대한 오해는 자유와 필연이 상반된다고 생각하기 때문에 일어난다. 하나님께서 작정하시면 그 일은 필연적으로 일어나며, 그러므로 하나님께서 그 일에 대하여 책임을 지셔야 한다는 생각은 작정과 자유와 필연에 대하여 잘못 생각하기 때문이다. 자유의 반대말은 필연이 아니라 강요이며, 필연의 반대말은 우연이다.[400]

(2) 인간의 노력을 위한 모든 동기를 박탈한다?

이런 반론은 만사가 하나님의 결정하시는 대로 된다면 사람들은 아무런 노력을 할 필요도 없고 내일에 대하여 걱정할 필요도 없을 것이라고 생각하기 때문이다. 그러나 이런 생각은 잘못된 것이다. 그것은 전적으로 게으르고 악하게 불순종한 사람들의 변명에 불과한 것이다. 하나님의 작정은 인과율적인 하나의 법칙이 아니다. 섭리가 이루어졌다고 말하는 것은 그 섭리가 실제로 이루어지고 난 뒤에야 알 수가 있기 때문이다. 하나님께서는 오히려 연약한 인간이 자신의 책임과 의무를 다하도록 말씀을 주셨다.[401]

(3) 하나님께서는 죄의 조성자이신가?

작정과 예정이 사실이라면, 하나님께서 죄의 조성자이신가?[402] 이 질문에 대한

---

400) http://blog.naver.com/pleeq/80021673887/ 이성호 「자유의지와 하나님의 작정」

401) 루이스 벌코프, 벌코프조직신학(상), 권수경·이상원 역 (서울: 크리스챤다이제스트, 1993), 309-310; "또한 이 반론은, 하나님의 작정에 의하여 결정된 방편들과 달성되어야 할 목적 사이의 논리적인 관계를 무시 한다. 작정은 인간 삶의 다양한 사건들과 함께, 논리적으로 결과들보다 선행하면서 또한 그 결과들을 야기하도록 결정된 인간의 자유로운 행동들도 포함한다. 바울과 같은 배에 타고 있었던 모든 사람들(행 27장)이 구원될 것은 절대적으로 확실한 것이었지만, 이 목적을 확고하게 하기 위하여 선원들이 선상에 남아 있어야 하였던 것도 마찬가지로 확실한 것이었다. 또한 작정이 방편과 목적 사이의 상관관계를 제정하였고, 목적이 방편의 결과로서만 작정되었기 때문에, 그것들은 노력을 위축시키는 대신에 고무시킨다. 신적인 작정에 의하면, 성공이 수고의 보상이 될 것을 믿는 확고한 신념은 노력을 격려하며 지속시키는 촉진제가 될 것이다. 작정의 진정한 기초 위에서 성경은 우리에게 약속된 방편들을 부지런히 사용하라고 촉구한다(빌 2:13; 엡 2:10)."

402) 로버트 L. 레이몬드, 최신조직신학, 나용화·손주철·안명준·조영천 역 (서울: 기독교문서선교회, 2004), 479-485; 〈… 하나님은 죄의 조성자도 죄에 대하여 비난을 받을 수 있는 원인도 아니시다. 세 가지 이유 때문에 우리는 그렇게 주장해야만 한다. 첫째로는, 성경이 "하나님은 빛이시며 그분 안에는 어둠이 전혀 없으시고"(요일 1:5) 그분은 어느 누구도 죄를 범하도록 시험하지 않으신다(약 1:13)고 가르치고 있기 때문이다. 두 번째 이유는 다음과 같다. 하나님께서 모든 것을 작정하셨다는 게 분명한 사실인 동시에, 그분께서는 그 모든 일들이 "제2원인들"의 성질에 따라 ①행성들이 자신들의 궤도를 도는 경우에서처럼 필연적으로 ②또 자유롭게 다시 말해서 피조물의 의지를 침해하지 않는 가운데 자발적으로 ③또한 다윗이 그일라 성에 남아 있을 때 사울과 그일라 거민들이 그에게 행할지도 모르는 일들에 대하여 다윗에게 알려 주시는 것처럼 우발적으로 다시 말해서 미래 사건의 우발성에 대한 적절한 고려 가운데 일어나도록 작정해 두셨다. 그러므로 무엇이든지 이후에 발생한 죄악들은 오직 인간들과 천사들로부터 나온 것이지 하나님께로부터 나온 것이 아니다.

명확한 답을 제시하는 것은 불가능하다. 하나님께서 역사의 제일(第一)원인이기 때문에 하나님을 죄의 원인자로 몰아세우는 것은 자기 죄에 대한 합리화다. 죄의 조성과 책임은 제2원인들로, 곧 죄를 짓는 것은 제2원인인 행위자의 자유와 의지에 의한 것이다. 웨스트민스터 신앙고백서 제3장 1항은 "하나님은 죄의 조성자가 아니시며, 제2원인들의 자유나 우발성이 제거되지 않고 오히려 확립된다"고 말한다.403) 성경은 무엇이라고 말하는가?

> 여호와께서 모세에게 이르시되 바로에게로 들어가라 내가 그의 마음과 그 신하들의 마음을 완강케 함은 나의 표징을 그들 중에 보이기 위함이며(출 10:1)

하나님이 어떤 분이신지 드러내시기 위하여 바로와 그 신하들의 마음을 강팍하게 하셨다. 바로가 한 죄악들은 바로가 꼭두각시로 사용되어서가 아니라, 자신의 악한 마음을 따라 행한 것이다. 하나님을 대적하고 회개치 않는 바로를 하나님께서는 역이용하시어 하나님의 능력을 나타내실 기회로 삼으신 것이다.404) 예수님을 십자가에 못 박도록 넘겨준 본디오 빌라도는 어떠한가?

> 그가 하나님의 정하신 뜻과 미리 아신 대로 내어준 바 되었거늘 너희가 법 없는 자들의 손을 빌어 못 박아 죽였으나(행 2:23)
> 27 과연 헤롯과 본디오 빌라도는 이방인과 이스라엘 백성과 합동하여 하나님의 기름부으신 거룩한 종 예수를 거스려 28 하나님의 권능과 뜻대로 이루려고 예정하신 그것을 행하려고 이 성에 모였나이다(행 4:27-28)

헤롯과 빌라도는 하나님께서 시키셔서 그렇게 한 것이 아니라, 자신들의 악한 마음을 따라 그렇게 행동했다. 하나님께서는 그들의 죄악에 대한 책임을 물으시고 심판하신다. 하나님께서는 그런 죄악들을 하나님의 위대한 구속사역을 완성하시도록 사용하셨다. 그것이 하나님의 지혜! 우리는 인과율의 세계를 벗어난 하나님의 세계를 헤아릴 수 없고, 오직 찬송할 뿐이다!

「교리문답 4문」에서 말한 대로, 하나님께서는 영이시며, 그분의 존재와 지혜

… 세 번째 이유 때문에 하나님께서 죄에 대하여 비난받을 만한 원인이 아니시며 오직 인간만이 자신들의 죄에 책임이 있다는 것이 명백해진다. … 한 개인을 "책임 있게" 만드는 것은 그 사람의 생각과 말과 행동에 대하여 근거를 제시하도록 요구하겠다고 선언했던 법률 수여자가 존재하느냐 그렇지 않느냐이다. 따라서 신적인 법률 수여자께서 모든 인간들로 하여금 자신들의 생각과 말과 행동에 대하여 그분께 근거를 제시하도록 요구하시기로 결정하셨다고 하면, 아르미니우스적인 의미에서 자유롭든지 그렇지 않든지 간에 모든 인간은 "책임 있는" 행위자이다. …〉

403) http://blog.daum.net/reformanda/3462943/ 소요리문답 제7문: 하나님의 작정하심이란?(2005.9.3.)
404) http://hangyulcmi.org/word_c/8864/

와 능력과 거룩과 공의와 선하심과 진실하심이 무한하시며 영원하시고 불변하시는 분이시다. 하나님께서는 하나님의 어떠하심과 같이 그 지으신 피조물들이 그러하기를 바라신다. 그 일을 구체적으로 이루시기 위하여 언약 안에 있는 자들에게는 율법으로 명시하여 주심으로 거룩으로 나아가며 죄를 금하신다. 죄는 근본적으로 언약을 벗어남인데 하나님의 왕 됨을 싫어하여 그 말씀에 불순종한 것이다. 그러므로 죄는 언약의 시혜자인 하나님이 아니라 그 수혜자인 인간이다.

그러면 하나님께서는 인간들이 죄를 짓도록 왜 버려두시는가? 언약의 실행이 유효적 작정인 반면에 죄의 작정은 허용적 작정이다.405) 죄를 허용하려는 하나님의 작정이 죄가 세상으로 들어왔으나 하나님께서는 죄를 기뻐하신다는 뜻이 아니다.406) 허용적 작정이란 이런 행동들의 미래 발생이 하나님에게 불확실하다는 뜻이 아니다. 그것은 하나님께서 창조하신 이성적인 피조물들의 자유로운 행위에 의하여 일어나도록 허용하신다는 의미다. 하나님께서는 이런 죄악 된 행동들에 대해서는 어떤 책임도 지지 않으신다.407)

나의 죄는 나의 죄악 된 의지의 표현이다. 그것은 전적으로 나의 책임이다. 죄를 지어놓고서, '하나님, 내가 죄를 지은 것은 하나님께서 허용하셨기 때문입니다'라고 변명할 수 없다. 우리의 악함을 하나님의 작정이라고 할 수 없다. 허용적 작정이 나의 죄에 대한 핑계가 될 수 없다. 하나님의 작정이라고 하면서 나 자신의 죄악을 하나님의 책임으로 돌릴 수 없다. 나의 죄악 된 모든 행위는 나의 죄악 된 본성에

---

405) 루이스 벌코프, 벌코프 조직신학(하), 권수경·이상원 역 (서울: 크리스챤다이제스트, 1993), 310; "… 죄에 관한 작정은 효과적이 아닌 허용적인 작정, 즉 허용하려는 작정으로, 신적인 효능에 의하여 죄를 산출하시는 작정과는 구별되는, 죄를 허용하는 작정이다. 일반적으로 이러한 반대 의견을 거론하는 알미니우스주의자들이 가정하듯이 하나님이 잘 예방하실 수 있는 것을 단순히 수동적으로 허용할 때에도 아무런 어려움이 부가되지 않는 그러한 작정에는 어떤 난점도 부가될 수 없다. 하나님과 죄의 관계는 풀 수 없는 신비로 우리에게 남아 있다. 하지만 죄를 허용하려는 하나님의 작정이 죄가 세상으로 들어오는 것을 확실케는 하였으나, 그것은 하나님이 죄를 기뻐하시는 것이 아니라, 죄가 아무리 그의 본성에 혐오스러운 것이라 하더라도 다만 하나님이 자기 계시를 위하여 도덕적인 악을 허용하는 것을 지혜로운 것으로 생각하셨다는 사실을 의미한다."
아더 핑크, 하나님의 주권, 임원주 역 (서울: 도서출판 예루살렘, 2009), 364; 아더 핑크는 다음과 같이 말한다. "하나님의 의지를 작정적 의지와 허용적 의지로 구별해서 다루는 신학자들도 있다. 이렇게 해서, 하나님이 적극적으로 예정하신 것들이 있고 단지 존재하거나 발생하도록 내버려 두시는 일들도 있다고 주장한다. 하나님은 자신의 의지에 따라서만 허용하시기 때문에 이런 구별은 실제로는 전혀 무의미하다. 이 신학자들은 만일 하나님이 죄의 저자가 되지 않으시면서 죄의 존재와 활동을 작정하셨을 수도 있다는 사실을 인식하셨더라면 이런 구별을 창안하지 않았을 것이다. 개인적으로 볼 때, 옛 칼빈주의자들의 방식처럼 숨겨진 의지와 계시된 의지로 혹은, 다른 방식으로 진술하자면 임의적 의지와 명령적 의지로 구별하는 것이 훨씬 낫다.
406) G. C. Berkouwer는 거룩하신 하나님의 경륜 속에 죄를 넣을 수 없다고 하여 죄가 하나님의 경륜 밖에서 일어난 것으로 말하였다.
407) 루이스 벌코프, 벌코프조직신학(상), 권수경·이상원 역 (서울: 크리스챤다이제스트, 1993), 305.

서 나온 것이다. 하나님의 하나님 되심을 무너뜨리는 작정이란 없다.[408] 로이드존스는 다음과 같이 말했다.

> 하나님께서는 어떤 의미에 있어서도 그리고 절대로 악의 원인이 되시지 않습니다. 하나님께서는 악을 인정하지 않으십니다. 그러나 하나님께서는 악한 행위자들이 악을 행하는 것을 허용하시고, 그 다음에 자신의 지혜롭고 거룩한 목적을 위해 그 악을 압도하십니다.[409]

자기 죄로 말미암아 인간의 한계와 비참함과 무능력을 알도록 하는 하나님의 방법이다. 그러나 그 알게 됨도 성령님의 역사가 없이는 불가능한 일이다. 하나님께서 예수님의 십자가의 희생으로 그 죄를 해결하시고 죄의 종노릇에서 벗어나 은혜의 지배 아래 들어가게 하시는 것이 하나님의 구속사역이다.[410]

오늘 우리의 삶은 하나님의 작정하신 그의 계획 속에 있다. 우리의 구원과 삶은 우연히 이루어지지 않는다. 우리의 구원에서만이 아니라 우리의 삶에도 하나님의 예정과 작정 속에서 역사하신다.

오늘 있다가 내일 아궁이에 던지우는 들풀도 하나님이 이렇게 입히시거든 하물며 너희일까보냐 믿

---

408) 1 그런즉 유대인의 나음이 무엇이며 할례의 유익이 무엇이뇨 2 범사에 많으니 첫째는 저희가 하나님의 말씀을 맡았음이니라 3 어떤 자들이 믿지 아니하였으면 어찌하리요 그 믿지 아니함이 하나님의 미쁘심을 폐하겠느뇨 4 그럴 수 없느니라 사람은 다 거짓되되 오직 하나님은 참되시다 할지어다 기록된 바 주께서 주의 말씀에 의롭다 함을 얻으시고 판단받으실 때에 이기려 하심이라 함과 같으니라 5 그러나 우리 불의가 하나님의 의를 드러나게 하면 무슨 말 하리요 내가 사람의 말하는 대로 말하노니 진노를 내리시는 하나님이 불의하시냐 6 결코 그렇지 아니하니라 만일 그러하면 하나님께서 어찌 세상을 심판하시리요 7 그러나 나의 거짓말로 하나님의 참되심이 더 풍성하여 그의 영광이 되었으면 어찌 나도 죄인처럼 심판을 받으리요 8 또는 그러면 선을 이루기 위하여 악을 행하자 하지 않겠느냐 (어떤 이들이 이렇게 비방하여 우리가 이런 말을 한다고 하니) 저희가 정죄 받는 것이 옳으니라(롬 3:1-8)
409) 로이드존스, 로이드존스 성경교리강해시리즈 1 성부하나님 성자하나님, 강철성 역 (서울: 기독교문서선교회, 2000), 141.
410) http://kwor.org/home/module/board/boardRead.php?table=tb_ib_ref14&keyset=b_writer&cl_id=ref1&clubMode=F&b_bno=11/ 〈「숙명론과 작정교리의 차이점」어떤 사람은 숙명론과 작정교리가 다를 바 없다고 비난한다. 숙명론은 일반적으로 우주 안에 모든 사건들이 그 자체의 과정에 따라 맹목적이고 비합리적으로 진행되며 일어나고 있다는 주장이다. (1) 유물론적 숙명론: 세계에 일어나는 모든 사건이 물질과 그 물질의 운동의 결과라고 본다. 그러나 작정교리는 물질 자체의 운동법칙이 아니라 영이시며 완전한 인격자이신 하나님의 뜻이다. (2) 필연적 숙명론: 모든 사건들은 독립적으로 일어나는 것이 아니라 하나님의 계열 속에 연쇄적으로 일어나는 것으로 단언하고 하나님은 단지 그 모든 사건들의 시작만 하셨다는 것이다. 그리하여 인간의 의지는 사물의 필연적인 인과법칙에 굴복하고 만다는 것이다. 이 필연적 숙명론은 성경과 판이하게 다르다. 성경의 작정교리는 인간의 자유의지와 인격적인 삶을 포함하고 있기 때문이다. (3) 범신론적 숙명론: 모든 사물은 맹목적 필연의 결과로 본다. 유물론적 숙명론과 다른 점은 그 결과를 물질과 그 물질의 운동법칙의 결과로 보지 않고 우주 자체를 신으로 보는 입장에서 맹목적 무의식적 세력이 역사하는 결과로 본다는 것이다. 그러나 성경은 단언하기를 모든 일이 지혜롭고 전지전능하시며 의식적인 하나님의 합리적인 목적을 따라 결정되었음을 분명히 말한다.〉

음이 적은 자들아(마 6:30)

참새와 들풀도 먹이고 입히는 하나님의 손길이 있다. 우리가 우연적이라 생각하는 것까지도 하나님께서는 다 아시고 계신다. 하나님께서는 우리의 삶에 어떤 돌발적인 상황이 일어날지 몰라서 기다리고 계시다가 일하시는 분이 아니시다. 하나님의 세계에는 우연이 없다.

그런데 어떤 사람들은, '그 하나님의 손길이 겨우 이런 거에요?' '왜 나는 이런 고난 속에 살아가야 하나요?'라고 반문한다. 그런 고난과 상처와 아픔의 세월을 지내게 하시는 것은 하나님의 영광을 위하여 예정하셨기 때문이다. 창세기에 나오는 요셉의 사건은 그 의미를 잘 말해 주고 있다. 요셉은 자신이 수많은 고난의 세월이 지난 후에 자기 형들에게 이렇게 고백했다.

당신들은 나를 해하려 하였으나 하나님은 그것을 선으로 바꾸사 오늘과 같이 만민의 생명을 구원하게 하시려 하셨나니(창 50:20)

하나님께서는 고난을 통하여 요셉을 연단하셨다.411) 하나님의 구속 역사에 하나님께서 사용하시기 위함이다. 하나님께서는 그 계획하신 바를 따라 그의 택하신 백성들을 인도해 가신다.412) 그 길이 어떤 때에는 우리의 마음에 들지 않을 때가 있을지라도 하나님의 일하심은 실수가 없다. 오늘 당하는 그 모든 일들을 하나님은 반드시 선으로 바꾸시는 분이심을 믿고 사는 것이 성도의 삶이다.

하나님께서는 인생과 의논하시고 일하시는 분이 아니시다! 하나님께서는 하나님의 기쁘신 뜻대로 행하신다. 하나님의 그 기쁘신 뜻은 우리의 복을 위하여 행하시는 것이다. 그것은 우리의 책임과 자격을 뛰어넘는 세계가 있다는 것이다.413) 그렇다고 우리의 책임을 간과해서는 안 된다. 하나님의 은혜와 우리의 책임을 어떻게

---

411) 17 한 사람을 앞서 보내셨음이여 요셉이 종으로 팔렸도다 18 그 발이 착고에 상하며 그 몸이 쇠사슬에 매였으니 19 곧 여호와의 말씀이 응할 때까지라 그 말씀이 저를 단련하였도다(시 105:17-19)
412) 1 할렐루야 하늘에서 여호와를 찬양하며 높은 데서 찬양할지어다 2 그의 모든 사자여 찬양하며 모든 군대여 찬양할지어다 3 해와 달아 찬양하며 광명한 별들아 찬양할지어다 4 하늘의 하늘도 찬양하며 하늘 위에 있는 물들도 찬양할지어다 5 그것들이 여호와의 이름을 찬양할 것은 저가 명하시매 지음을 받았음이로다 6 저가 또 그것들을 영영히 세우시고 폐치 못할 명을 정하셨도다 7 너희 용들과 바다여 땅에서 여호와를 찬양하라 8 불과 우박과 눈과 안개와 그 말씀을 좇는 광풍이며 9 산들과 모든 작은 산과 과목과 모든 백향목이며 10 짐승과 모든 가축과 기는 것과 나는 새며 11 세상의 왕들과 모든 백성과 방백과 땅의 모든 사사며 12 청년 남자와 처녀와 노인과 아이들아(시 148:1-12)
413) 33 깊도다 하나님의 지혜와 지식의 부요함이여 그의 판단은 측량치 못할 것이며 그의 길은 찾지 못할 것이로다 34 누가 주의 마음을 알았느뇨 누가 그의 모사가 되었느뇨(롬 11:33-34)

이해해야 할까?

> 27 유다 왕 여호야긴이 사로잡혀 간 지 삼십 칠년 곧 바벨론 왕 에윌므로닥의 즉위한 원년 십이월 이십칠일에 유다 왕 여호야긴을 옥에서 내어놓아 그 머리를 들게 하고 28 선히 말하고 그 위를 바벨론에 저와 함께 있는 모든 왕의 위보다 높이고 29 그 죄수의 의복을 바꾸게 하고 그 일평생에 항상 왕의 앞에서 먹게 하였고 30 저의 쓸 것은 날마다 왕에게서 받는 정수가 있어서 종신토록 끊이지 아니하였더라(왕하 25:27-30)

이스라엘의 죄악으로 포로로 잡혀갔다. 열왕기서는 그 끝에 여호야긴이 옥에서 풀려나고 왕의 앞에서 식사를 하고 대접을 받는 모습을 말한다. 왜 굳이 이런 내용을 말해야 하는가? 그것은 여호야긴이 화복된다는 것은 이스라엘에게도 소망이 있다는 것을 말하기 위해서이다.

이스라엘과 여호야긴이 여호와께 죄를 지어 그 죄인 된 자리에서 내일이 어떻게 될지 모르는 상황이다. 그런데 여호야긴은 아무것도 한 것이 없는데도 화복이 되었다. 그들이 행한 죄대로 하자면 다 죽어 마땅하다. 하나님께서는 그의 백성들에게 끊임없이 은혜를 베푸신다는 것을 성경은 말한다. 하나님의 은혜가 없이 인간에게는 아무런 소망이 없다는 것을 말한다. 이것이 성경이 우리에게 말하는 주된 핵심이다.

하나님께서 자기 백성들에게 책임을 요구하는 것은 하나님의 백성으로 언약을 맺었기 때문이다. 그 언약으로 하나님의 백성답게 살아가기를 요구하신다. 자기 백성을 괴롭히시려고 언약의 율법을 주시지 않으셨다. 그 백성다워라는 것은 하나님께서 우리에게 인격적으로 대접하시는 것이다. 하나님은 우리를 조종하시지 않으신다.

우리가 우리의 책임을 다하지 못했을 때 하나님께서는 우리에게 화복의 길을 주신다. 예수님의 이름으로 우리의 죄를 회개하고 용서를 받으며, 하나님 앞에 엎드리게 하신다. 십자가의 피로 죄사함을 받고 다시 언약의 백성으로 살아가게 하신다.

자유의지?

자유의지를 논하는 근본적인 취지가 무엇인가? 그것은 하나님의 은혜 없이 인간 스스로 하나님을 찾아갈 수 있고 또 그 말씀에 순종할 수 있느냐 없느냐 하는 것이다. 그럴 수 있다는 사람들이 대표적으로 펠라기우스주의자들이다. 그들은 아담의 죄와 그의 후손들의 죄 사이에는 어떤 연결도 없으며, 타락으로 인한 죄책, 오염,

죽음도 아담의 죄와는 무관하다고 주장한다. 반(半)펠라가우스주의는 펠라가우스의 입장을 완화시켜서 아담의 죄와 아담의 후손의 상태 사이에 연결이 있음을 인정한다. 인간의 인성이 아담의 범죄로 영적인 병에 걸려 있기 때문에 의지를 완전히 잃어버린 것이 아니라 약해진 상태로 본다. 그래서 은혜가 필요하기는 하지만, 문제는 자유의지를 적절히 잘 사용한 사람만이 그 은혜를 얻는다는 것이다. 하나님의 은혜보다 인간의 의지가 더 우위를 점하고 있다. 믿음의 시작과 믿음 안에서 인내하는 것은 의지의 문제이고 은혜는 오로지 믿음을 증대하는 데 필요할 뿐이다. 반(半)펠라가우스의 입장을 가장 잘 대변해 주는 말이, '하나님은 스스로 돕는 자를 돕는다'는 것이다.414)

그러나 성경은 성령 하나님의 중생케 하심이 없이는 안 된다고 분명하게 말한다. 하나님의 은혜가 없이는 그 누구도 하나님의 의에 이를 수가 없기 때문이다. 하나님께서 창조하신 피조물들은 하나님께서 정해 놓은 원리와 법칙을 따라 움직인다. 그러나 사람과 천사에게는 자유의지를 주셨다. 생각하고 판단하고 행동할 수 있게 하셨다. 그렇게 하시는 것은 하나님의 일하심에 대한 항복을 통하여 찬양을 받으시려 하심이다.

이 백성은 내가 나를 위하여 지었나니 나의 찬송을 부르게 하려 함이니라(사 43:21)

자유의지를 발휘한다는 것은 자기 마음대로 해도 된다는 것이 결코 아니다. 내 마음대로 죄를 지어도 된다는 것이 아니다. 인간의 자유의지는 하나님의 선하시고 기뻐하시는 뜻을 위한 선한 의지다.

그러나, 죄를 지어 타락하자 인간의 본성이 변질되었다.415) 하나님께서 원래 의

---

414) 헤르만 바빙크, 개혁교의학, 박태현 역 (서울: 부흥과개혁사, 2011), 629; "그 뿐만 아니라 기독교 역시 그 절대적인 의미를 상실했다. 구원은 그리스도에게 매여 있던 것이 아니라, 자연법(lex naturae)과 실정법(lex positiva)에 의해서도 확득 될 수 있었다. 그러므로 펠라가우스의 신학에서 단지 지성을 비출 뿐만 아니라, 의지도 굽히는 성령의 내적 은혜(gratia interna), 거듭나게 하는 은혜는 언급될 수 없었다." 펠라가우스도 은혜를 말하나, 하나님께서 모든 사람들에게 주신 은혜, 곧 스스로 소원하는 바를 이룰 수 있는 자연적인 능력이다. 하늘은 스스로 돕는 자를 돕는다는 말이 바로 반(半)펠라가우스적인 말이다.

415) 자카리아스 우르시누스, 하이델베르크 교리문답해설, 원광연 역 (서울: 크리스챤다이제스트, 2006), 131; 〈반론 4. 뭔가에 속박을 받는 것은 자유롭지 못하다. 우리의 선택 능력은 타락 이후 속박을 받는 상태다. 그러므로 그것은 자유롭지 못하다. / 답변. 여기서 자유롭다는 것이, 선하고 하나님을 기쁘게 하는 것을 선택하는 능력을 지닌 상태를 의미한다면, 이 반론을 받아들일 수 있다. 왜냐하면 현재 인간의 의지가 속박 상태에 있어서 오로지 악한 것만을 뜻하고 선택할 수 있기 때문이다. "나는 육신에 속하여 죄 아래에 팔렸도다"(롬 7:14). 그러나 만일 자유롭다는 것이 "자의적이다", 혹은 "자신의 의도대로 행한다"는 뜻이라면, 주 전제는 그릇된 것이다. 의지가 속박을 받기 때문에 자유가 없는 것이 아니고,

도하신대로 살지 않게 되었다. 그 본성은 죄짓는 일만 좋아하게 되었다. 본성의 변질은 의지의 변질로 이어졌다. 의지는 마음의 선택이기 때문이다. 사람들의 도덕적인 선택은 자신들의 존재 양상에 의해 결정된다. 성경은 인간은 유한할 뿐 아니라 현재 죄인의 상태라고 말한다.[416]

그러나, 예수 그리스도를 믿어 새사람이 된 자에게는 성령 하나님께서 우리의 본성을 새롭게 해 주신다. 아직도 죄가 몸에 남아 있기 때문에 인간의 의지는 완전히 죄로부터 자유롭다고 말할 수 없다. 그러나 이제는 하나님의 선하시고 기뻐하시는 뜻이 무엇인지 알게 되고 그것을 위해서 달려가게 된다.[417]

2) 그것으로써 하나님께서는 일어날 모든 일들을 자기 영광을 위하여 예정하셨습니다

작정의 목적은 오직 하나님께 영광(soli Deo gloira)이다. 그러나 현실적으로 우리는 참 행복하기 어렵다. 왜냐하면 우리가 살아가는 날들이 고난과 아픔과 상처와 눈물이 연속되는 과정들이기 때문이다. 그리고 그런 것들을 왜 하나님께서는 제거해 주시지 않는지 의아스럽기 때문이다.

의지 자체가 스스로 제한시켜 자유를 시행하지 못하게 하는 것이기 때문이다.〉

416) 로버트 L. 레이몬드, 최신조직신학, 나용화·손주철·안명준·조영천 역 (서울: 기독교문서선교회, 2004), 456; 〈이런 이유로 인해서 어떤 사람들은 "인간이 자유의지를 갖고 있는가?"라는 질문에 간단히 "예/아니오"로 대답할 수 없을 것이다. 이 질문에 대해 대답하기 위해서는 인간의 특정한 상태에 대하여 고려해야 한다. 아담은 "하나님을 기쁘시게 하기에 합당한 것을 행하고 원할 자유와 능력을 갖고 있었다. 하지만, 그는 여전히 그 자유와 능력으로부터 타락할 수도 있었다"(posse non peccare et posse peccare). 죄의 상태에서, 인간은 "구원을 수반하는 영적 선을 행할 능력과 의지를 완전히 상실했다. 그로 인해 자연적인 인간은 모두 그러한 선을 싫어하여 죄 안에서 죽은 상태이며, 그들 자신의 능력으로는 회심하거나 그것을 준비할 수도 없게 되었다"(non posse ono peccare). 은혜의 상태에서, 하나님으로 말미암아 죄에 대한 결박으로부터 자유케 된 회심한 죄인은 "영적으로 선한 것을 자유롭게 원하고 행할 수 있다. 하지만, 여전히 남아 있는 부패로 인하여 그는 선한 것을 완전하게 원하지는 않으며 악한 것을 원하기도 한다"(posse non peccare sed non prorsus et posse peccare). 마지막으로 영광의 상태에서 영화롭게 된 성도의 의지는 "완전하고도 변함없이 오직 선한 것만을 자유롭게 행하도록 사용된다"(non posse peccare). …〉

417) http://kwor.org/home/module/board/boardRead.php?table=tb_ib_ref14&keyset=b_writer&cl_id= ref1&clubMode=F&b_bno=11/ "K. Barth는 선택교리를 새롭게 해석하였다. 예수 그리스도가 하나님에 의해 선택되고 또 유기되었다. 예수 그리스도가 선택될 때 그 안에서 모든 인류가 다 선택되고, 예수 그리스도가 유기될 때 그 안에서 모든 인류가 다 유기되었다. 그런데 하나님께서 예수 그리스도를 유기하신 중에 살아나게 하심으로 모든 인류가 다 선택되었다. 여기서 부활도 Historie의 부활이 아니고 Geschichte의 부활이다. 즉 하나님의 아들로 인정되는 것이 부활이다. 결국 만인구원이다. 그러므로 종교 간의 대화가 가능하고 꼭 기독교로 돌아와야 되는 것이 아니다. 불신자에게 복음을 전해야 할 필요성은 자기가 예수 그리스도 안에서 구원에로 선택되었음을 모르기 때문에 그 사실을 깨우쳐 주는 것이다. 이 사상을 받아서 K. Rahner가 교회 밖에 있는 자들도 다 잠재적으로 그리스도인이라고, 그러므로 구원에 이를 수 있다고 하였다. 그러나 죄를 지으면 그 죄의 대가를 받아야, 죄 값은 사망이다. 다 죄가 전제되어 있고, 그 중 일부는 그 법도대로 공의가 실현되게 하고, 일부는 은혜를 베푸셔서 구원, 그러므로 만인구원은 구원이 아니다."

우리는 전능하지도 않고 무한하지도 않다. 우리가 전능하지도 않고 무한하지 않나는 것은 우리는 제한과 한세 속에 살아가는 존재라는 뜻이다. 우리는 유한한 인격체로 지음 받은 인간이다. 그리고 무엇보다 인간은 죄로 인해 타락했다. 그리스도인은 구원을 받은 자이며 아직도 죄가 그 몸에 있는 자들이다. 이 한계와 죄악성 속에 살아가기 때문에 우리에게는 고통과 아픔과 상처와 눈물이 있다는 것을 인정해야 한다. 그것을 하나님 탓으로 돌려서 하나님이 책임을 지셔야 하는 것으로 떠넘겨서는 안 된다.

하나님께서는 이 한계와 죄악성 속에서 하나님의 영광이라는 목적으로 성도들을 이끌어 가신다. 우리의 신앙과 그 신앙의 열심으로 고난과 아픔이 면제받지 않는다. 신앙을 가지면 울지 않아도 되고 고생 안 해도 되고 마음 애타고 가슴 졸이지 않아도 된다고 말하지 않는다.

오히려 하나님께서는 그런 고난과 시련들을 통하여 하나님의 백성들을 연단해 가신다. 물론 형통과 승리를 통해서도 만들어 가실 수 있다. 그러나 하나님께서 열매 맺어 가시는 방법은 언제나 십자가의 방법이다. 신앙이 다만 우리의 문제를 해결해 주시고 고통을 면해 주시는 것이라면 예수님은 그저 주술적인 잡신으로 전락하고 만다. 하나님께서 우리의 삶을 외면하신다는 것이 아니다. 신앙을 동원해서 우리의 삶에서 한계들을 제거하려는 것은 우리 하나님을 인격적 하나님이 아니라 해결사로 만드는 것이다.

우리는 우리 각자가 당면한 삶의 고통과 아픔의 이유를 모른다. 세상은 그것을 업보로 설명하려고 하지만 그렇게 설명하면 우리의 책임은 사라지고 만다. 이 세상 어느 누구도 왜 이렇게 살아야 하는지 그 궁극적인 원인은 아무도 모른다. 성경은 하나님께서 그런 모든 것들을 작정하셨다고 말씀한다.

18 그런즉 하나님께서 하고자 하시는 자를 긍휼히 여기시고 하고자 하시는 자를 강퍅케 하시느니라 19 혹 네가 내게 말하기를 그러면 하나님이 어찌하여 허물하시느뇨 누가 그 뜻을 대적하느뇨 하리니 20 이 사람아 네가 뉘기에 감히 하나님을 힐문하느뇨 지음을 받은 물건이 지은 자에게 어찌 나를 이같이 만들었느냐 말하겠느뇨 21 토기장이가 진흙 한 덩이로 하나는 귀히 쓸 그릇을, 하나는 천히 쓸 그릇을 만드는 권이 없느냐(롬 9:18-21)

하나님께서 그렇게 만들어 가신다면, 이 고난들 속에서 어떻게 우리가 이겨갈 수 있는가? 고통을 감내해 갈 수 있는 것은 우리가 하나님의 자녀가 되었다는 것과 우리 안에 성령 하나님께서 계시므로 우리의 마지막 완성까지 하나님의 뜻하신 대로 이끌어 가실 것을 확신하는 것이다. 우리 안에 예수님의 생명이 심기워졌으므로 그로 인해 우리는 우리의 삶에 의미와 통일성을 충만하게 받는다.

우리가 완성에 도달할 때까지는 수많은 고난을 겪어야 한다. 그러나 그 고난을 완화시키거나 제거하는 방법이 아니라 그것을 통해서 우리 인간의 죄악성을 깨닫게 하시고 우리의 연약과 한계를 직면하게 하시어서 오직 십자가만 붙들도록 하신다. 그리함으로 우리 각자가 당면한 고난과 아픔과 상처와 눈물들이 우리를 무너뜨리지 못하고 우리를 포기하지 않게 하시고 끝까지 감당해 가게 하신다.

하나님의 작정이 하나님만 좋게 되는 것이고 우리는 소모품이 되는 것이 아니다. 하나님께서는 그리 안 하셔도 되시는 분이시다. 왜냐하면, 하나님께서는 완전히 자기충족적인 존재이시고 본래적으로 영광이 충만하신 분이시기 때문이다. 영광을 받으시기 위하여 어떤 것도 필요로 하지 않으신다. 예술가들은 다른 사람들로부터 배워 훈련의 과정을 거쳐서 작품을 만들어 낸다. 그로 인해 예술가는 영광을 받는다. 그러나 하나님은 외부로부터 누구의 도움이 필요한 유약한 분이 아니시다.

그럼에도 불구하고 하나님께서는 그 지으신 피조물들을 통하여 영광을 받으시기를 기뻐하신다. 피조물 중에서도 인격적이고 자발적인 순종을 통하여 하나님의 말씀에 순종하고 예배함으로써 하나님의 영광을 드러내는 것을 즐거워하신다. 하나님께서 행하는 모든 것들은 하나님의 영광을 위한 것이다. 로마서에서는 다음과 같이 말한다.

> 22 만일 하나님이 그 진노를 보이시고 그 능력을 알게 하고자 하사 멸하기로 준비된 진노의 그릇을 오래 참으심으로 관용하시고 23 또한 영광 받기로 예비하신 바 긍휼의 그릇에 대하여 그 영광의 부요함을 알게 하고자 하셨을지라도 무슨 말 하리요(롬 9:22-23)

우리의 죄악과 한계 속에서 오직 예수 그리스도만 붙들고 살게 하시는 것이 우리에게 가장 만족스럽고 기쁘고 즐겁고 자유로운 것이다. 우리는 언젠가 하나님의 나라에 들어가게 될 때에는 이 죄악 된 몸을 벗고 이 한계를 벗어나게 될 것이다. 그러나 거기서도 하나님의 영광을 위하여 살게 될 것이다. 왜냐하면 그때도 하나님과 인격적인 교제를 누리고 그 하나님과 함께 사는 것이 최고의 복이기 때문이다. 사도 바울은 어떻게 유대인의 실패가 이방인의 구원이 되는지 하나님의 일하심에 대해 놀라며 찬양한다. 이스라엘의 구원과 복이 차고 넘쳐서 이방인의 구원으로 흘러가야 하는데 이스라엘의 실패에도 불구하고 이방인을 구원하시는 하나님의 그 일하심을 인간으로서는 이해하지 못한다. 사도 바울은 이렇게 찬양했다.

> 이는 만물이 주에게서 나오고 주로 말미암고 주에게로 돌아감이라 영광이 그에게 세세에 있으리로
> 다 아멘(롬 11:36)

우리가 이해하지 못한다고 해서 하나님께도 이해 안 되는 것이 아니다. 우리가 제한과 한계 속에 있다고 해서 하나님께서도 그럴 것이라고 생각해서는 안 된다. 하나님께서는 우리가 매일 겪어야 하는 그 고통의 현실을 통하여 하나님의 영광을 나타내게 하시려고 예수 그리스도를 십자가에 못박아 죽게 하신 그 마음과 열심으로 우리에게 역사하시고 계신다.

> 자기 아들을 아끼지 아니하시고 우리 모든 사람을 위하여 내어 주신 이가 어찌 그 아들과 함께 모든
> 것을 우리에게 은사로 주지 아니하시겠느뇨(롬 8:32)

우리의 한계, 우리의 고통, 우리의 상처, 우리의 눈물은 그것으로 끝나지 않는다. 그 모든 것들은 하나님께서 그 기쁘신 뜻대로 만들어 가시기 위한 우리를 향한 실제적인 일하심이다. 왜 그래야만 하는지를 묻는 것이 우리의 모습이지만, 하나님께서 눈 열어 주시고 하나님께서 알게 해 주시면 지금 가고 있는 이 길이 최고의 길이라는 것을 고백하게 된다.

> 이 일을 위하여 내가 쇠사슬에 매인 사신이 된 것은 나로 이 일에 당연히 할 말을 담대히 하게 하려
> 하심이니라(엡 6:20)

사도 바울은 복음을 위하여 쇠사슬에 매인 사신이 되었다고 했다. 복음이 더 잘 전파되기 위해서 바울이 더 대단해지는 방법으로 안 하시고 바울을 감옥에 보내시고 쇠사슬에 매이게 했다. 그 방법으로 하나님이 일하시기에 바울은 자신을 가리켜 "쇠사슬에 매인 사신"이라 했다. 우리는 무엇에 매여 있는가? 부모에 매여 있는가? 세상에 매여 있는가? 지나간 상처에 매여 있는가? 그로 인해 내가 죽고 예수님이 증거되어진다면 하나님께서 지금보다 더한 매임으로 우리를 사신이 되게 하실지라도 믿음으로 이겨가고 감당해 갈 수 있다.

현대인들은 자기 가치, 자기 존중, 자존감을 보장받아야 한다고 소리치고 있다. 자존감을 높이는 힐링이 어딜 가나 유행이다. 그것은 속임수일 뿐이다. 불교는 마음을 닦는 공부라고 말한다. 그렇게 하기 위해 팔정도를 한다. 그 핵심은 '내려놓기'다. 요즘은 가짜들이 하도 많으니 기독교 안에서도 '내려놓기'를 말하는 썩은 물들

이 너무 많다.

혜민은 이렇게 말한다.

> 행복은 내가 행복해져야지 하고 결정하면 옵니다. 왜냐면 행복은 로또가 당첨되듯 나에게 주어지는 것이기도 하지만 세상을 바라보는 나의 관점이기도 하기 때문입니다. 행복하기로 결정하세요![418]

행복을 내가 결정하라고 말한다. 행복하기로 결정하면 행복이 온다고 말하는 이 말이 정말로 인간에게 어울릴 수 있는가? 이것은 힐링의 기만이다. 혜민이나 론다 번[419]이나 다를 것이 없다. 사람들은 행복도 힐링도 인간 안에서 찾으려고 한다. 그러나, 인간이 아무리 찾으려고 했지만 못 찾았다!

그런데 왜 혜민은 그것이 된다고 말할까? 그것은 이미 인간에 대한 관점이 다르기 때문이다. 불교는 인간이 본성적으로 선하다고 말한다. 삶의 고통이란 인간의 본성에 속한 것이 아니라 수없이 얽힌 욕심과 갈망에서 비롯된 것이라고 말한다. 이것이 혜민을 비롯한 수많은 사람이 기독교를 버리고 타종교로 가게 되는 핵심 사안이다.[420]

그 기초를 마련하기 위하여 '신성한 내면아이'가 인간의 내면 깊은 곳에 있다고 말하면서 신비주의 영성으로 도약하고 있다. 이런 현상들은 인간이 처한 비참한 현실을 말해 준다. 인간이 자기 한계를 가진 존재라는 것을 자명하게 드러내고 있다. 인간의 가치와 존엄은 인간 내부에서 주어지는 것이 아니라 인간 외부에서 하나님으로부터 부여되는 것이다. 그것이 하나님으로부터 주어진다는 것은 인간과 피조세계에 일어나는 모든 일들이 하나님의 작정으로 이루어지며 하나님의 영광을 반사하기 위하여 존재하고 있다는 것을 말한다.

그러므로, 참된 모든 신학은 송영으로 시작하고 송영으로 마쳐야 한다. 신학은

---

418) http://www.facebook.com/pages/혜민스님/184941968242994/
419) 론다 번, 시크릿, 김우열 역 (파주: 살림Biz, 2007).
420) http://news.donga.com/3/all/20121219/51703924/1/ 혜민은 초등학교 때는 교회에 열심히 다녔고, 독실한 크리스챤이었다. 고등학교 1학년 때 크리슈나무르티의 『자기로부터의 혁명』을 읽고 종교학에 심취하게 되었다. http://www.facebook.com/permalink.php?story_fbid=290231931047330&id=184941968242994/ "전 절대로 기독교와 불교가 같다고 하지 않습니다." http://mediabuddha.net/bbs/board.php?bo_table=09_14&wr_id=13/ 「종교에 대한 바른 자세」 종교를 무조건 맹신하는 많은 이들을 보면 본인들의 종교밖에 모르는 경우가 많다. 그런데 안타까운 사실은 본인들 종교밖에 모르면서 다른 종교에 대해 함부로 이렇다 저렇다 저울질을 한다는 것이다. 아마도 모르기 때문에 용감한 것이고 용감하기 때문에 사실 위험하다. 옛날 우리나라 속담에 "하나만 알고 둘은 모른다"라는 말이 있는데 실제로는 "최소한 둘을 모르면 하나도 제대로 모르는 것이다"라고 해야 맞는 말인 것이다. 다른 길을 보고 정확히 이해했을 때 비로소 본인의 길이 얼마나 훌륭한지 제대로 알게 되고 또 본인과 다른 믿음이나 전통도 인정해주고 존중해줄 수 있는 마음가짐도 생기게 되는 것이다.

사변이 아니라 경외로 충만한 찬미의 제사로 드려져야 한다. 인과율로는 성경의 계시를 온전히 파악할 수가 없다. 그렇다고 신앙은 신비주의 영성으로의 도약이 아니다. 한계 내에 있는 인간은 하나님의 세계를 찬양할 수밖에 없다.[421]

신앙의 도약으로 가는 현대 기독교

현대 기독교는 실존주의 철학의 영향으로 믿음이 변질되어서 합리성과 단절이 되어 신앙의 도약으로 가고 있다. 키에르케고르의 실존주의 신앙으로 가고 있다. 예수 그리스도를 믿는다고 말하면서도 키에르케고르를 추종하고 키에르케고르 식의 신앙을 따른다는 것은 기독교의 심각한 변질이고 위협이다.[422] 그것이 도약이라는 것을 마르크스주의자인 들뢰즈도 안다.[423] 그런데도 개혁주의 신학 노선에 있다는 사람들이 예정론을 버린 키에르케고르를 말한다는 것은 그들의 신앙이 모순적이라는 증거가 된다. 그러나 그들은 자신들이 얼마나 심각한 위험 속에 있는지 모르고 있다는 것이 더 큰 문제다. 인간이라는 실존자체가 불완전하기 때문에 '완전으로 불완전을 설명할 수 없다'는 것이 헤겔 철학에 반기를 든 키에르케고르의 기본개념이다.

19세기 후반 합리주의적 관념론과 실증주의에 대한 반동으로 일어난 실존주의는 키에르케고르와 니체로부터 시작되었다. 키에르케고르가 보기에 헤겔의 세계이성이란 사상가 없는 사상이었다. 사유라는 것은 존재에서 나오는 것이고 진리라는 것도 개인의 주체적 내면적 진리라고 했다.[424] 진리가 되고 안 되고는 오로지 존

---

421) 33 깊도다 하나님의 지혜와 지식의 부요함이여 그의 판단은 측량치 못할 것이며 그의 길은 찾지 못할 것이로다 34 누가 주의 마음을 알았느뇨 누가 그의 모사가 되었느뇨 35 누가 주께 먼저 드려서 갚으심을 받겠느뇨(롬 11:33-35)

422) 그 근본적인 기초는 헤겔의 변증법에 대한 반대이다. 상반된 두 명제의 종합이라는 헤겔 사상에 맞서는 키에르케고르의 사상은 모든 것은 대립을 매개로 종합되는 것이 아니라 '반복'될 뿐이라는 것이다. 이것은 니체의 영원회귀에 비견되는 것으로 들뢰즈의 반복개념에 영향을 주었다. 고난 뒤에 예전 것을 반복적으로 보상을 받은 욥의 사건에서 보듯이, '있었던 것이 충만한 모습으로 다시 되돌아와 긍정되는 사건'만이 있는 '반복'이다.

423) 질 들뢰즈, 차이와 반복, 김상환 역 (파주: 민음사, 2012), 〈… 키에르케고르가 고대 연극과 근대 드라마에 대해 말할 때, 이미 지반은 바뀌었다. 사람들은 더 이상 반성의 지반 위에 서 있지 않다. 새로운 지반 위에서 등장하는 사유자, 그는 가면의 문제를 체험하고 가면의 고유한 속성인 텅 빈 내면을 깨닫게 된다. 그리고 그 텅 빈 내면을 "절대적 차이"를 통해 채우고 메우고자 노력한다. 다시 말해서 그 내면에 유한자와 무한자의 모든 차이를 위치시키고 이로써 희극극과 신앙극의 이념을 창조하면서 공허를 메우고자 하는 것이다. … 아브라함과 욥 안에서까지 모차르트의 음악이 공명하고 있다. 하지만 중요한 것은 이 음악의 멜로디 위로 "도약"하는 것이다. …〉

424) 남경태, 개념어사전 (서울: Humanist, 2012), 307; 〈키르케고르는 인간의 실존이 주관적이고 주체적일 수밖에 없다고 보았고, 니체는 "~란 무엇인가"라는 질문 자체가 모종의 권력이 작용한다고 말했으며, 하이데거는 세계 속에 존재하면서 세계를 묻는 특이한 인간의 이중적 존재 방식을 포함하는 의미로 현존재라는 새로운 용어를 만들어 썼고, 사르트르는 인간이 무(無)와 같은 존재라고 보았다. 이들의 공통점은 인간을 이성으로 정의되지 않는 비합리적이고 부조리와 우

재의 실존적 결단에 좌우된다. 그러면서도 신에게 의지할 수밖에 없는 인간의 모습이 '신 앞에 선 단독자' 개념으로 나가는 것이 키에르케고르의 도약이다.425) 하나님은 완전히 알 수 없는 자이며 모순된 자(the Absurd)이지만, 이성은 그의 도래를 준비할 수 있다는 것이다.426)

키에르케고르의 도약은 창세기 22장을 말하면서 일어난다. 키에르케고르는 가장 귀한 아들 이삭을 요구하는 하나님께 즉각적으로 순종하는 아브라함을 출발점으로 삼아 아브라함이 신앙의 아버지가 될 수 있었던 이유에 대하여 설명한다. 키에르케고르는 아브라함이 한 일의 이면에 있는 아브라함의 결단을 말한다. 그 결단은 윤리적인 의무와 모순되는 것이었기에 아브라함의 마음에는 '두려움'이 자리 잡고 있었다. 아브라함이 결단하고 행한 일에는 한 가지 신념이 있었는데, 그것은 '하나님은 이삭을 요구하지 않으실 것이다'라는 것이었다.427)

아브라함의 그런 행동은 하나님께 대한 절대복종에서 더 나아간 신앙적인 행동이라고 말했다. 그러나 키에르케고르에게 있어서 신앙이란 성경이 말하는 신앙과는 틀리다. 그 신앙은 합리적으로 생각될 수 없는 신앙이며 그 신앙은 오직 비합리적인 열정(passion)으로만 이해될 수 있는 것이다. 키에르케고르는 이런 아브라함을 '하나님 앞에 선 단독자'라고 말하며, 이러한 신앙의 소유자를 신앙의 기사(knight of faith)라 말했다.428) 이것이 바로 진정한 믿음은 역설적(paradoxical) 결단이 필요하다고 말하는 키에르케고르의 '신앙의 도약'이다.429) 기독교의 객관

연성에 가득한 존재로 본다는 점이다.〉

425) http://www.hyanglin.org/bbs/free01/22544/

426) 코넬리우스 반틸, 신현대주의, 김해연 역 (서울: 성광문화사, 1992), 108.

427) http://blog.naver.com/stoceo/70106714528/ 이것은 『이것이냐 저것이냐』(1843)라는 책에서 키에르케고르가 말하는 실존적 선택의 3번째 단계를 말한다. 실존적 선택을 해야 하는 이유는 인간의 근본적인 기분이 '불안'이기 때문이다. 키에르케고르가 말하는 불안이란 '자유의 가능성'이다. 하나님으로부터 아담은 선악과를 먹으면 선악을 분별하게 되고 동시에 죽는다는 금지의 법과 경고를 받았다. 여기서 아담은 자유의 가능성을 발견한다. 금지법을 어기면 죽으나 거기에는 어길 수 있는 자유가 있는 가능성이 있는 것이다. 이런 불안 속에서 선택을 통해 자기실현에 이르는 길로 '3단계설'을 말한다. 첫째는 감성적(미학적) 단계로, 감각이나 충동이나 감성에 의해 지배되는 삶이다. 이 단계에서는 내적인 분열과 무익한 자기반성, 목표도 없는 인생의 향유 및 그로 인해 절망에서 헤어나지 못한다. 둘째는 윤리적 단계로, 보편적 이성의 법칙을 따르는 삶으로 이성의 목소리에 충실한 소크라테스적인 삶이다. 마지막으로 세번째의 단계는 종교적 단계로, 신과 마주하는 단독자로서 사는 삶이다.

428) http://cafe.daum.net/ksc05/키에르케고르의 생애[종교적 실존으로 이르는 신앙의 비약]

429) http://blog.daum.net/cccsw1224/2325/ 우리는 키에르케고르의 신학을 크게 두 가지로 비판할 수 있다. 첫째, 그는 신앙에 있어서 계시적 명제(성경)의 중요성을 간과하는데, 하나님이 주시는 객관적 계시와 인간 개인이 갖는 주관적 이해 내지는 결단, 이 둘 중에 어떤 것이 더 확실한지는 사실 자명한 것이다. 키에르케고르는 단지 개인의 실존적 결단의 필요성을 너무 강조한 나머지 계시의 확실성과 역사성까지 부인하게 된 것이다. 이것은 결국 성경의 권위를 전적으로 부정하는 것과 크게 다르지 않다. 개인적 혹은 실존적 믿음이 자신에게는 확실한 것처럼 느낄지 모르겠지만, 사실 그러한

적 신앙을 부정하지는 않으나, 객관적 계시나 진리보다 개인의 주관적 결단이 믿음의 정수요 참 기독교의 핵심이라고 주장했다.

데리다는 『죽음을 주다』(Donner la mort, 1999)에서 키에르케고르를 합리적이고 보편적인 법 상위의 어떤 것을 찾는 데 몰두한 철학자로 이해한다. 도대체 그것은 무엇인가? 레비나스는 「살아 있는 키에르케고르에 대하여」(1966)라는 글에서 절대적 선에 대한 복종 같은 것이 가장 우선적이고, 이 선의 구현을 위한 부가적 도구가 합리성이라고 말했다.430)

결국 키에르케고르가 무엇을 말하고 싶은 것인가? 철저한 주관적 진리에 입각해 자신의 자유를 이해하고 자신의 운명을 스스로 개척할 줄 아는 참된 인간존재가 되는 것이다.431) 그런 키에르케고르는 실제로 어떤 모습이었는가? 그의 영향을 받은 사람들을 보면 그것을 잘 알 수가 있다.

이머징 처치의 원조격인 피터 드러커는 실존주의 철학자이며 신비주의자인 키에

믿음은 오히려 근거 없는 주관적 과신이나 착각이 될 수도 있는 것이다. 믿음이라는 것은 개인적 그리스도와의 만남에서 이루어지는 것이지만, 믿음의 그런 개인적 특징은 먼저 하나님의 계시에 근거해야 하는 것이다. 키에르케고르는 이삭을 바치는 아브라함의 역설적 믿음을 참 된 믿음의 모델로 제시하는데, 사실 아브라함의 믿음은 그의 개인적 신뢰와 결단에 근거한 것이 아니라, 그 이전에 그에게 명령하신(계시하신) 언약의 하나님의 미쁘심에 근거한 것이었다.

둘째, 키에르케고르는 역사, 철학, 윤리 같은 분야에 어떤 중립성(neutrality)을 부여하고 있다. '믿음'이라는 것을 우리의 사고나, 역사나 윤리를 초월하는 것으로 만들려는 것이다. 그러나 사실 믿음이라는 것은 우리의 사고나 역사나 윤리 모든 것에 직접적 관계를 맺고 있는 것이다. 하나님은 우리 개인 마음의 결단만을 주관하시는 것이 아니라 세상 모든 영역을 주관하시는 분이시다. 하나님을 떠나선 어떤 중립적인 영역이란 있을 수 없는 것이다. 이런 식의 키에르케고르의 신학은 자유주의 신학자들로 하여금 좋은 신학적 도구를 제공했다고 하겠다. 특별히 그의 '역설적 믿음'이라는 개념은 복음적인 것 같지만, 사실 그런 개념은 계시의 역사성과 그리스도의 인격과 사역의 역사성을 주관적 성찰로 하락시키고 하나님의 초월성이나 영원성을 순간적 참여나 내재성(immanence)과 별 다를 바 없는 것으로 보는 많은 자유주의 신학자들의 생각과 맥을 같이 하는 것이다.

430) 서동욱, 철학연습 (파주: 반비, 2011). 47.

431) 남경태, 누구나 한번쯤 철학을 생각한다 (서울: Humanist, 2012), 426-427; 〈… 키에르케고르는 아무리 헤겔의 철학 체계가 방대하고 정교하다 하더라도 궁극적으로 설명하지 못하는 게 있다고 보았다. 그것은 바로 실존이다. 구체적이고 현실적인 인간존재의 실존은 결코 철학적 사유의 대상이 될 수 없다. 그것은 헤겔의 체계에 미비한 점이 있어서라기보다 원리적으로 불가능하기 때문이다. 완전으로 불완전까지 설명할 수는 없다. … 인간 존재에는 애초부터 비합리적인 실존의 영역이 있다. 키에르케고르는 "사유와 존재는 별개의 것"이라고 말한다. 헤겔의 체계로 거대한 형이상학을 상대할 수 있을지는 몰라도, 그것으로 구체적인 개별 인간의 실존을 설명하는 것은 모기를 잡으려고 칼을 뽑는 격이다. 키에르케고르에게 중요한 진리는 헤겔이 말하는 주관과 객관이 모호한 변증법적 진리가 아니라 실존적이고 주관적인 진리다. 객관적 진리 같은게 존재하는지도 알 수 없지만 설사 존재한다 해도 나의 실존과는 전혀 무관하다. 나의 모든 실천은 나 스스로의 결단에 따라 이루어지며, 실천의 주체인 나조차 언제나 일관되게 사유하고 행동하지 않는다. 나는 배가 고파도 굶기를 선택할 수 있고 행복한 삶을 누리면서도 자살을 선택할 수 있는 존재다. 인간에게는 근원적인 비합리성이 있다. 이렇게 불확실하고 우연적이고 비합리적인 나의 실존을 절대정신과 변증법적 논리로 해명할 수 있을까? 키에르케고르의 관심은 … 철저한 주관적 진리에 입각해 자신의 자유를 이해하고 자신의 운명을 스스로 개척할 줄 아는 참된 인간존재가 되려는 것이 그의 의도다.〉

르케고르(Soren Kierkegaard)에게 큰 영향을 받았다. 드러커는 키에르케고르에게 깊은 감명을 받으면서 그를 '예언자'로 불렀으며, 키에르케고르의 '종교 체험'은 "고통 가운데 있는 현대 세계에 매우 의미가 있는 것"이라고 말하였다. 또한 퍼듀 대학의 박사 학위 논문 중에 "키에르케고르의 믿음과 무가치: 신비주의적 하나님과의 관계"라는 제목의 논문에서 저자는 키에르케고르에 대하여 다음과 같이 기록하였다.432)

> 그는 전통적인 일본 철학, 특히 젠(Zen) 또는 정토종(Pure Land Buddism)의 글들에 의하여 성립된 전통에 의하여 따스하게 받아들여진 에크하트(Eckhart) 같은 신비주의자들과 매우 유사한 사상을 가지고 있었다.

피터 드러커는 키에르케고르의 신비주의적 성향을 지지하면서 "그분은 종교 체험과 관련한 위대한 서양 전통의 자리에 굳게 서 있으며 … 특히 십자가의 성 요한의 전통을 따른다."고 말했다. 성 요한은 1500년대의 신비주의자였다. 키에르케고르의 영향을 받은 사람이 신정통주의자 칼 바르트다. 바르트는 '만약 한 사람의 철학을 택하라면 키에르케고르의 철학이다'라고 말했다. 칼 바르트는 성경은 오류를 포함하고 있으며, "종교적 진리"는 성경의 역사적 진리와 분리되어 있다고 말했다. 바르트에게는 이성이 설 자리도 없으며, 검증(venification)의 가능성도 없으므로 종교적인 도약이 이루어진다.433)

그러나, 하나님께서는 하나님 자신에 대한 신뢰성을 드러내시면서 아브라함이 충분히 하나님을 신뢰하도록 인도하셨다. 어느 날 갑자기 이삭을 바친 아브라함이 아니었다. 가나안 땅으로 인도하시면서부터 이삭을 바치라고 하는 과정 속에서 하나님께서는 아브라함으로 하여금 하나님을 충분히 신뢰하도록 언약을 맺으시고 약속을 주시며 그것을 실제로 이루시는 분이시라는 것을 아브라함의 삶에서 확인하였다. 아브라함의 신앙은 열정과 자기 주관적 결단으로 도약하는 신앙이 아니었다. 그 믿음은 비합리적이거나 부조리한 믿음이 아니다. 믿어야할 합리적인 이유도 없는 맹목적인 믿음이 아니다.

또한 성경은 우리가 믿는 신앙이 얼마나 역사적이며 실제적인지 말해주고 있다.

> 우리 주 예수 그리스도의 능력과 강림하심을 너희에게 알게 한 것이 공교히 만든 이야기를 좇은 것

---

432) http://blog.naver.com/yoochinw/130051759885
433) 프란시스 쉐퍼, 이성에서의 도피, 김영재 역 (서울: 생명의 말씀사, 2008), 66-67.

이 아니요 우리는 그의 크신 위엄을 친히 본 자라(벧후 1:16)

베드로는 예수 그리스도의 복음이 지어낸 말이 아니라 실제로 경험한 일이라고 말하고 있다. 그리스도인들이 가진 믿음은 그 믿음을 주신 하나님을 충분히 신뢰하도록 하나님께서 역사 속에서 행하신 일들에 대한 실제적이고 객관적인 것이다.

현대 기독교인들은 키에르케고르의 덫에 빠져서 헤어나지 못하고 있다. 키에르케고르는 그 목표와 방법에서 도약으로 가기 때문이다.434) 키에르케고르를 말하는 신앙은 자기 선택, 자기 결단으로 나아가는 실존주의 신앙의 도약을 말한다. 그러나 그것은 성경이 말하는 신앙이 아니다!

---

434) 질 들뢰즈, 차이와 반복, 김상환 역 (서울: 민음사, 2012), 41-43; 〈우리는 결코 니체의 디오니소스와 키에르케고르의 신 사이에 어떤 유사성이 있는 것처럼 생각하지 않는다. 이와는 반대로 둘 사이의 차이는 극복될 수 없다고 믿으며 또 그렇게 가정한다. 하지만 사정이 그럴수록 이렇게 물어야 한다. 각자의 근본적 목표가 상이한 방식으로 드러남에도 불구하고 그 목표와 반복의 주체에서 두 사람이 일치한다면, 그 일치는 어디에서 유래하는가? 키에르케고르와 니체는 철학에 새로운 표현 수단을 도입한 사람들에 해당한다. 이들과 더불어 철학의 극복에 대해 말한다는 것은 당연한 일이다. 그런데 이들의 모든 저작이 문제 삼고 있는 것은 바로 운동이다. 이들이 헤겔을 비난하는 것은 그가 거짓 운동, 추상적인 논리적 운동, 다시 말해서 '매개'에 머물러 있다는 점 때문이다. 키에르케고르와 니체는 형이상학이 운동성과 활동성을 띠게 되기를 원한다. 이들은 형이상학이 어떤 동작으로, 게다가 무매개적인 동작들로 이어지기를 원한다. 그러므로 이들은 운동을 새롭게 재현하는 것으로 만족하지 않는다. 재현은 이미 매개이다. … 그리고 그 텅 빈 내면을 "절대적 차이"를 통해 채우고 메우고자 노력한다. … 아브라함과 욥 안에서까지 모차르트의 음악이 공명하고 있다. 하지만 중요한 것은 이 음악의 멜로디 위로 "도약"하는 것이다. …〉

제8문 하나님께서 자기의 작정들을 어떻게 이루십니까? (대14)
답: 하나님께서 창조와 섭리의 사역들로 자기의 작정들을 이루십니다.[435]

하나님과 그 하나님의 뜻을 펼쳐 가시는 작정에 정면으로 반대하는 것이 인본주의다. 인본주의의 정수가 무엇인지를 보여주는 프랑스의 6·8혁명(1968년)은 무엇을 부르짖었는가? 그 내용은 무엇인가?

> 우리가 원하는 건 단지 물질이 아니에요.
> 우리는 우리를 억압하는 어떤 것도 더 이상 참을 수가 없다구요!
> 단지 무엇을 '얻어내기' 위함이 아니라
> 그 어떤 것도 자유롭게 '주장하기' 위한
> 그리고 아무도 주도하지 않는 혁명이 …
>
> 너희들은 몽상가야 너희들의 주장이란 것을 봐.
> 그게 과연 피를 흘리고 차를 불태울 만큼 정말 가치 있는 것들일까?
>
> 몽상이라고요?
> 시험성적으로 미래가 결정되지 않는 세상
> 성, 인종, 직업, 학력 때문에 차별받지 않는 세상
> 소수의 목소리에도 귀 기울일 줄 아는 세상
> 이게 정말 그저 몽상일까요?
>
> 모든 것이 가능합니다.
> 다만 당신이 꿈꾸지 않았을 뿐

여기에는 두 가지 키워드가 있다. '억압'과 '자유'다. 그러나 사회주의 혁명을 부르짖는 사람들은 진정으로 자유를 누리고 있는가? 마르크스 이론을 가르치는 사람들은 노동자가 권력을 얻게 되었다고 거짓말을 한다.

> 프랑스 혁명이나 러시아의 사회주의 혁명을 진짜 '혁명'이라고 하는 이유는 그것을 통해서 지배계급이 바뀌었기 때문입니다. 프랑스 혁명을 계기로 봉건 계급은 권력을 잃고 신흥자본주의 계급이 권력을 얻게 되었죠. 러시아의 사회주의 혁명을 통해서도 기존의 보수권력이 무너지고 진보적인 노동자계급이 권력을 얻었습니다.[436]

---

435) Q. 8. How doth God execute his decrees? A. God executeth his decrees in the works of creation and providence.
436) 임승수, 원숭이도 이해하는 마르크스철학 (서울: 시대의 창, 2012), 237.

앞서 말했듯이, 프랑스 혁명이나 러시아의 혁명은 무산계급의 혁명이 아니었다. 프랑스 혁명의 시작은 독일과의 전쟁에서 패한 것 때문에 분노한 시민계급이었고, 러시아의 혁명은 노동자가 아니라 마르크스주의로 무장한 지식계급이 주체였다.437) 그리고 무엇보다 왜곡되게 가르치는 것은 "진보적인 노동자계급이 권력을 얻었습니다"라고 말하는 것이다. 러시아가 그렇게 하지 않았다는 것은 천하가 다 아는 일이다. 노동자들에게 권력이 돌아간 것이 아니라 피의 숙청이 있었다. 이렇게 가르치는데도 추종하는 것은 맹목이다.

마르크스주의자였다가 후에 페이비언협회438)의 중견 회원이 된 죠오지 버나드 쇼는 다음과 같이 말했다.

누구든지 20세에 사회주의자가 되지 않으면 그 사람은 심장(감정)이 없는 사람이고, 40세가 되어도 아직 사회주의자로 남아있으면 두뇌(이성)이 없는 사람이다.

그런데도 왜 한국의 386세대들은 계속 좌파로 남아 있는가? 그 첫 번째 이유는 맹신이다. 무조건적으로 믿는다. 자신이 젊은 시절에 따랐던 이론을 반성 없이 끝까지 밀고 나가는 것이다. 두 번째는 정보의 결여다. 386세대가 읽은 책들은 다음과 같다.

---

437) 마르크스는 사회주의 혁명이 산업화가 가장 일찍 진행된 지역에서 일어난다고 예상했다. 왜냐하면 자본주의가 발달하면 할수록 부르주아와 프롤레타리아 간의 대심이 심각해져서 혁명이 일어난다고 보았기 때문이다. 그래서 영국을 분석했다. 그러나 아이러니하게도 최초의 사회주의 혁명은 서구에서 자본주의가 가장 늦게 발달한 러시아에서 터졌다.
438) 위키피디아 사전에서; "페이비언 협회(Fabian Society)는 영국의 사회주의 운동으로 혁명적 방법보다는 계몽과 개혁을 통한 이념실천을 활동방법으로 했다. 협회의 활동과 사상은 영국 노동당의 기초가 되었으며 영국식민지의 독립, 특히 인도의 독립 등 정책에 영향을 끼쳤다. 역사: 페이비언협회는 1884년 1월 4일 런던에서 설립되었는데 1883년 설립된 '신생활회'(The Fellowship of New Life)의 멤버들 중 몇 명이 따로 떨어져 나와 설립한 단체이다. '신생활회'는 청빈한 삶 즉, 자발적인 가난의 실천을 통해 사회를 바꾸어 보자는 목표를 가지고 설립되었는데 그중 몇몇 회원은 사회개혁에는 정치적 개입이 필요하다고 보고 따로 모여 페이비언협회를 만든 것이다. 1890년대초 신생활회는 사라졌으나 페이비언협회는 당시 영국에서 가장 유망한 지적 사회운동으로 발전하였다. 당시 멤버로는 당대의 저명한 저술가 및 학자 등이 대거 참여했다. 조지 버나드 쇼, H.G. 웰즈, 시드니 웨브, 베아트리스 웨브 등이 있었으며 버트런드 러셀도 나중에 멤버가 되었다. 경제학자 존 케인즈도 회원이었다. 혁명적인 변화보다는 점진적인 개혁을 통한 사회변혁을 주장했던 이 협회의 이름은 고대 로마의 파비우스 막시무스 장군의 전술에서 비롯되었는데 그는 카르타고의 한니발장군의 침입에 맞서 전면전보다는 질질 끄는 지구전 전술을 구사했다. 페이비언협회는 자유무역에 반대했고 국제경쟁에서 이익을 보호하는 보호무역주의를 선호했으며, 토지의 국유화를 주장했다. 1900년 영국 노동당의 창립에 수많은 협회회원이 참여했고 협회의 강령이 노동당 강령의 모태가 되었다. 페이비언협회는 사회민주주의 정책에 영향을 미쳤으며 특히 영국 노동당 정책에 가장 큰 영향을 미쳤다. 가장 최근의 사례로는 토니 블레어이다. 참고로 영국의 맑스주의 역사학자 에릭 홉스봄은 페이비언협회의 사회주의 운동에 대해 공부하여 박사학위를 취득하였다. 사회복지학을 전공한 전공자라면 우리나라에서 1990년대에 유행하였던 개념으로 주로 '사회복지발달사' 수업시간을 통해서 학습되었다."

① 마르크스: 『공산당선언』, 『고타강령비판』, 『포이엘바하』, 『자본론』
② 엥겔스: 『가족, 사유재산 및 국가의 기원』
③ 레닌: 『무엇을 할 것인가』, 『민주주의 혁명의 두 가지 이보 전진』
④ 스탈린: 『레닌주의의 기초』
⑤ 모택동: 『신민주주의론』, 『연합정부론』, 『모순론』, 『실천론』
⑥ 지압: 『인민전쟁, 인민군대』(월남)[439]

이 책들을 보면 마르크스주의를 이해하기 위해 더 적극적이지 않았다는 것을 알 수 있다. 한 마디로 균형 있게 책을 읽지 않았다. 마르크스주의를 선전하는 책을 읽었으면 마르크스주의를 비판하는 책도 읽어야 하는데 그렇게 하지 않았다. 마르크스주의를 가르치는 사람들로부터 거의 주입식 교육이 되었기 때문에 거기에 무슨 비판이 끼어들 여지가 없었다. 그 결과는 어떻게 될까? 마르크스주의를 주관적으로 잘못 해석하게 되고, 특히 북한의 주체사상에 대하여 맹목적으로 추종하게 되었다.

마르크스의 무산자 혁명 이론은 당시 상황을 똑바로 파악하지 못하고 만들어낸 허구다. 그것이 현실 역사에서 실현된 적이 없다! 레닌은 마르크스의 무산계급 혁명을 한 것이 아니라 마르크스주의로 무장된 지식그룹들이 병사와 농민과 노동자들을 선동하여 일으킨 폭동이었다. 모택동 역시 무산계급 혁명이 아니라 농민을 선동 조직해 도시를 포위하고 전쟁으로 무너뜨린 특이한 변혁이었다. 스탈린도 김일성도 마르크스 식으로 하지 않았다.

북한 공산주의의 주체사상 그대로 대한민국의 국가체제 자체를 전복하고 나면 과연 이 나라는 어떻게 되겠는가? 자본주의 사회에서 수많은 문제점들이 발생할 수 있다. 그렇다고 억압과 획일화로 인권을 짓밟는 공산주의자들에게 손을 벌려서 문제를 해결해서는 안 된다.

오늘날 한국 사회는 마르크스가 파악했던 그 당시의 영국 사회와 동일하지 않다. 근로자가 연봉이 1억 원이 넘는 사람도 많다.[440] 그런 사람들이 과연 마르크스의 이론으로 설명이 될 수 있는가? 착취와 잉여가치이론으로 해석이 되는가? 그 당시 영국은 자본주의가 고도로 성장했던 때가 아니라 막 시작하고 있었던 때였다. 자본주의가 걸음마를 시작한 단계인데 자본주의의 종말이라고 생각하고 무산계급의 혁명으로 새로운 시대를 열어야 한다고 말했으니 사회주의니 공산주의니 하는 것은 한낱 환상에 불과했다.

---

439) 오병헌, 한국의 좌파 (서울: 기파랑, 2012), 211-212.
440) 경향신문, 2014년 4월 15일자 신문에서, 2012년 연봉 1억 초과 근로자 수가 41만 5475명이다.

공산주의 사회에 인격이 있는가? 북한의 인권유린에 대해서는 한 마디도 안 한다. 아오지 탄광에서, 정치범 수용소에서 짐승같이 살다가 죽어가는 그런 북한이 그렇게 좋은가? 국민을 군대로 장악하고 국민을 공포와 굶주림으로 살아가게 하는 그런 세상이 그렇게 좋단 말인가?

참다운 인간성은 마르크스를 통해서가 아니라 오직 하나님으로부터만 주어진다. 인간성의 회복으로 가는 길은 하나님의 창조와 섭리를 아는 것이다.

> 10 이십 사 장로들이 보좌에 앉으신 이 앞에 엎드려 세세토록 사시는 이에게 경배하고 자기의 면류관을 보좌 앞에 던지며 가로되 11 우리 주 하나님이여 영광과 존귀와 능력을 받으시는 것이 합당하오니 주께서 만물을 지으신지라 만물이 주의 뜻대로 있었고 또 지으심을 받았나이다 하더라(계 4:10-11)

10-11절은 24장로들의 찬양 모습과 그 내용이다. 24장로는 보좌에 앉으신 이에게 엎드리고 경배하며 하나님께 예배한다. 또한 자신들의 면류관을 보좌 앞에 던진다. 이것은 정복당한 왕이 정복한 왕에게 보이는 모습이다. 이렇게 예배와 경배를 받으시고 영원히 왕이 되시는 분은 로마 황제가 아니라 만군의 여호와 하나님이시라는 것을 말한다. 특히, 11절의 찬양은 모든 역사가 하나님의 창조 목적으로 이루어가고 있음을 요한계시록의 일곱교회들에게 강조하고 있다. 초대교회의 고난 받는 성도들이 그 믿음의 시련을 이겨갈 수 있었던 것은 하나님께서 참된 왕으로 이 세상과 역사를 다스리시고 계심을 믿었기 때문이다.[441] 사도 바울은 그것을 다음과 같이 말했다.

> 모든 일을 그 마음의 원대로 역사하시는 자의 뜻을 따라 우리가 예정을 입어 그 안에서 기업이 되었으니(엡 1:11)

에베소서의 이 말씀은 선택의 근거가 오직 하나님의 주권적 선택에 있으며 우리에게는 전혀 없다는 것을 말해 준다. 그것은 영원 전부터 이루어졌다. 선택이 영원 전부터 이루어졌다는 것은 우리의 생각과 행위가 개입되기 전에 하나님께서 이미 계획하셨다는 뜻이다. 성경에서 예정[442]을 설명하는, 그 대표적인 사례는 야곱과

---

441) 이필찬, 내가 속히 오리라 (서울: 이레서원, 2008), 265-268.
442) 로버트 L. 레이몬드, 최신조직신학, 나용화·손주철·안명준·조영천 역 (서울: 기독교문서선교회, 2004), 606; '이 예정을 어떻게 이해하는가?'가 중요하다. 절대예정이냐 예지예정이냐? 그 핵심적 질문은 '인간의 타락을 가져온 인간의 첫 범죄가 예정되어 있었는가? 그렇지 않으면 이것은 단순한 신적 예지의 대상이었는가?'이다. "대다수의 칼빈주의자들은 작정 순서를 지배하는 원리를 이해하는데 두 가지 순서를 따라 왔다. 그 순서들은 전통적으로 후택설(後澤設,

에서다.

> 11 그 자식들이 아직 나지도 아니하고 무슨 선이나 악을 행하지 아니한 때에 택하심을 따라 되는 하나님의 뜻이 행위로 말미암지 않고 오직 부르시는 이에게로 말미암아 서게 하려 하사 12 리브가에게 이르시되 큰 자가 어린 자를 섬기리라 하셨나니 13 기록된 바 내가 야곱은 사랑하고 에서는 미워하였다 하심과 같으니라(롬 9:11-13)

사도 바울은 로마서에서, '우리가 얻은 구원이 어떻게 영원한 것인가?'를 말했다. 그것은 우리에게 조건이 있지 않기 때문이다. 예수님께서 십자가에 피 흘려 죽으심으로 우리 죄를 사하시고 구원하신 것은 우리 밖에서 일어난 일이다. 우리는 그 구원에 개입한 적이 없다. 그것은 전적으로 하나님의 은혜로 일어난 일이다. 그래서 우리가 얻은 구원은 영원한 것이다.

성경은 그 일에 하나님께서 야곱을 택하신 것을 말한다. 구원은 하나님의 택하심을 따라 되는 것이라고 선언한다. 그것은 우리의 행위나 의지로 말미암은 것이 아니다. 하나님의 택하심, 그것이 우리 구원의 원인이고 결과다.

다니엘서 4장은 하나님께서 다니엘을 통하여 알려 주신 일들이 느부갓네살에게 일어난 일을 말한다.

> 땅의 모든 거민을 없는 것 같이 여기시며 하늘의 군사에게든지, 땅의 거민에게든지 그는 자기 뜻대로 행하시나니 누가 그의 손을 금하든지 혹시 이르기를 네가 무엇을 하느냐 할 자가 없도다(단 4:35)

인간들의 수가 아무리 많고 세력이 강대할지라도 하나님 앞에서는 한낱 미약한 존재에 지나지 않는다는 것이다. 하나님께서 자기 뜻대로 행하신다는 것은 하나님께서는 피조 세계의 간섭을 전혀 받지 않으시는 유일한 전능자시라는 뜻이다. 이것은 하나님의 절대성과 하나님의 전능하심을 말한다.

하나님께서 인생 가운데 이루시는 일들에 대하여 욥은 이렇게 말했다.

> 그런즉 내게 작정하신 것을 이루실 것이라 이런 일이 그에게 많이 있느니라(욥 23:14)

욥은 자기 지혜로서는 도무지 그 이유를 알 수 없는 고통을 당하고 있었다. 욥은

Infralapsarianism)과 전택설(前澤設, Supralapsarianism)로 알려져 있다. 전자는 하나님의 의중을 지배하는 원리를 가장 잘 나타낸 것으로서 역사적(historical) 배열을 강조하고, 후자는 목적론적(teleological) 배열을 강조한다."(606-635페이지를 참고하라) 루이스 벌코프, 벌코프조직신학(상), 권수경·이상원 역 (서울: 크리스챤다이제스트, 1993), 320-329 참고.

그런 일이 자신에게만 일어나는 일이 아니라 했다. 이러한 일들은 하나님의 작정대로 하나님의 절대적인 섭리 하에 이루어지는 일이라는 것을 고백했다. 하나님께서는 그 예정하심 속에서 작정, 창조, 섭리를 통하여 이루어 가신다. 그리하여 하나님의 영광을 드러내시며, 구원한 자기 백성들을 통하여 찬송을 받으시는 하나님이시다.

> 이 백성은 내가 나를 위하여 지었나니 나의 찬송을 부르게 하려함이니라(사 43:21)

하나님께서 만드신 세계에는 자연법칙이 있다. 자연법칙은 그 지으신 창조세계를 경영하시고 통치하시는 하나님의 통상적인 역사다. 자연법칙이 인과율에 의하여 자동적으로 일어나는 것처럼 보이나 그 인과율에 기초한 자연법칙 역시 하나님의 오묘하신 능력과 주권이 행사되고 있다. 하나님은 인과율의 일차적인 원인이시다. 시작도 모르고 끝도 없는 세계가 아니다.[443] 창조는 우리의 기원에 관하여 분명하게 말해 준다. 그것은 일반적으로 목적론이라 한다.

이런 창조와 섭리에 반대하는 인간의 의도적인 반역 중에 하나가 자연과학처럼 기계적인 법칙을 따라 움직이는 집합체로 보는 데카르트의 기계론이고 또 하나는 다윈의 진화론이다. 진화심리학 박사인 경희대 전중환 교수는 "과학 이론은 증거에 입각한다. 진화는 이론인 동시에 역사적 사실이다"라고 말한다.[444] 왜 진화론에 대한 수많은 모순되는 사실에도[445] 불구하고 왜 계속해서 진화했다고 말할까? 그것은 인간이 외부의 개입이 없이 스스로 변화하고 발전할 수 있는 능력이 인간 속에 내재하고 있다는 것을 말하고 싶기 때문이다.

진화는 우연성에 기초한 이론이다. 이것이 우리의 삶에 어떤 영향을 끼치게 될까? 만일 우리의 삶이 우연성에 기초하여 살아가게 되면, 우리는 삶을 열심히 살아가야할 필요가 없으며, 우연히 그렇게 되었기 때문에 가치를 누리지 못하게 된다. 내가 애쓰고 노력해서 만든 것들과 우연히 내 손에 들어오게 된 것은 그 가치가 완전히 다르다.

베르그송은 그의 저서 『창조적 진화』에서 '엘랑비탈'이라는 획기적인 생명론

---

443) 하나님께서 모든 일의 궁극적인 원인이 되신다는 것으로 말미암아 자연세계 내에 존재하는 모든 것들이 하나님의 손에 있다는 것을 아는 기독교인들은 비관론자가 될 수 없다.

444) http://www.sisainlive.com/news/articleView.html?idxno=13385 「교과서 속 진화론 삭제, 무엇을 노리나」

445) 「한국창조과학회」의 방대한 자료를 참고하라. http://www.kacr.or.kr 그러나 창조과학회에 소속된 분들 중에서 심리학적이고 비성경적인 치유사역을 하는 것에 대하여 매우 깊은 주의를 요한다.

을 말했다. 엘랑(elan)이란 도약과 약동을 의미하고 비탈(Vital)은 생명을 의미하는 프랑스어다. 베르그송은 "생명은 주어진 여건 아래에서 능동적으로 변화하는 것이며 본래부터 가지고 있는 에너지로 진화하는 것"이라 정의했다. 생명 속에는 생명의 도약을 달성하는 근원적 힘, 무수한 잠재력이 있다는 것이다. 생명이 창조적 진화를 지속적으로 이루기 위해서는 필연적으로 두 가지 조건이 필요하다고 보았다. 첫째는 '에너지의 점진적인 축적'이고, 둘째는 '변화 가능하고 비결정적인 방향으로 축적된 에너지의 통로를 만드는 작업'이다.446)

예를 들면, 작은 원형질 덩어리인 원초적 생물 속에는 무한정의 힘과 다양한 가능성이 미분화된 상태로 내재돼 있으며, 이로부터 에너지를 축적하는 경향은 식물로, 에너지를 활동력으로 변환하는 또 다른 경향은 동물로 현실화된다고 이해했다. 원시의 생명 속에는 이런 가능성의 도가니(잠재적 전체성)가 현실화의 방향으로 나가기 위해 대기하고 있다. 그리고 이런 무한정의 힘과 경향 사이에는 불균형이 발생하고, 하나의 생명체에서 두 측면의 양립이 불가능할 때, 생명의 내부에는 폭발력이 생긴다. 생명은 그 폭발력에 의해 보다 완전한 생명을 향해 도약한다. 이런 불균형에 기인한 폭발과 도약이 '엘랑비탈(elan vital)이다.447)

진화론이 '자연도태=경쟁원리'라는 모델만을 받아들였을 때, 베르그송은 '잠재-현실화'라는 폭발적 잠재성을 생각했다. 이것이 베르그송의 신성한 내면이다. 현실의 이 엄청난 일들을 설명하기 위해 외부의 간섭이 없는 내면의 잠재성으로 간 것이다. 그렇게 하지 않으면 분열이 일어나서 죽기 때문이다.

하나님 앞에 있는 인간이 알아야 하는 3가지

성도된 우리는 어떻게 살아가는가? 우리는 하나님으로부터 참되고 영원한 의미와 통일성을 부여받고 산다. 그 속에서, '나는 왜 살아야 하는가?'에 대한 분명한 답을 얻게 되고 어떤 조건과 상황 속에서도 자유와 평안을 누리고 살게 된다. 사람은 기본적으로 3가지를 확인받고 살아가야 한다.

1) 정체 – 나는 누구인가?(being)
2) 사역 – 나는 무엇을 하고 살아야 하는가?(doing)
3) 관계 – 나는 어떤 관계 속에 살아가야 하는가?(relationship)

성도된 우리는 예수 그리스도의 십자가 피로 얻은 구원과 언약으로 이것을 부여받고 누리고 살아간다. 섭리는 하나님께서 창조하시고 내몰라라 하시는 하나님이

---

446) http://digest.mk.co.kr/Sub/Digest/GuideBook.asp?book_sno=2050778
447) 발리스 듀스, 그림으로 이해하는 현대사상, 남도현 역 (파주: 개마고원, 2008), 29-30.

아니라 끊임없이 그 지으신 피조물에게 간섭하신다는 사실을 말해 주며, 인격적인 생명체인 인간에게 하나님만이 생명을 주시고 하나님만이 영원한 의미와 통일성을 주신다는 사실을 알게 한다.

그것은 모든 존재하는 것들이 하나님 없이 존재할 수 없으며 하나님의 창조와 복 주심 속에 존재한다는 것이다. 거기에서 벗어나면 어떻게 될까? '자기 자랑'과 '자기 의'로 가게 된다.[448] 내가 이 자리에 오게 된 것은 남 놀 때 공부하고 남 쉴 때 일하고, 남들이 게으를 때 나는 부지런했기 때문이라고 생각한다. 내가 와 있는 자리에 이르지 못한 사람을 멸시하고 자기 자랑만 늘어놓게 된다.

그러나 하나님의 창조와 섭리를 믿는다는 것은 내 책임을 안 하겠다는 것이 아니다. 오늘 내가 이 자리에 있는 것이 하나님의 인도와 보호하심 속에서 이루어진 일임을 고백하는 것이다. 과거와 현재 그리고 미래에도 원망과 불평 없이 나를 이끌어 더 하나님을 알게 하시며 경건의 풍성함으로 인도하실 것을 신뢰하는 것이다. 그러기에 거기에는 분노와 상처가 없으며 감사와 자유와 만족과 기쁨이 있다. 기독교 신앙은 막연한 종교적 기대가 아니다.

이미 예정되었다면 전도할 필요가 있는가?

구원의 은혜는 전적으로 하나님의 절대주권의 영역이다.

> 모세에게 이르시되 내가 긍휼히 여길 자를 긍휼히 여기고 불쌍히 여길 자를 불쌍히 여기리라 하셨으니(롬 9:15)

인간은 본성상 죄로 인해 죽은 자들이기 때문에, 택함을 받은 사람들이나 최종적으로 유기될 사람들이나 더 나은 것은 아무것도 없다. 성령 하나님께서는 오직

---

448) 코르넬리스 프롱크, 도르트신조 강해, 황준호 역 (서울: 그책의사람들, 2013), 189; 프롱크는 죄인들이 붙드는 자기 의가 무엇인지 다음과 같이 말한다. 〈가라앉는 배에 타고 있던어린 소년에 대한 이야기를 들려 드리겠습니다. 가라앉는 배에 달린 밧줄에 소년이 매달려 있었습니다. 소년 아래에는 구명 보트가 있었고 선원들이 밧줄을 놓으라고 소년에게 외치고 있었습니다. 소년이 뛰어 내리면 밑에 있는 선원들이 소년을 붙잡을 수 있었습니다. 하지만 소년은 "밧줄을 못 놓겠어요!"하고 외치고만 있었습니다. 그 말은 사실이 아닙니다. 소년은 밧줄을 놓을 수 있지만 감히 그러지를 못하는 것이었습니다. 소년은 선원들을 신뢰하지 않았습니다. 소년은 '내가 뛰어내리면 아마도 물에 빠져서 죽을꺼야.'하고 생각했습니다. 그래서 소년은 배가 점점 가라앉도록 밧줄을 붙잡고만 있었습니다. 그러다가 결국 소년은 밧줄을 놓았습니다! 소년은 선원들의 팔 위에 떨어졌고 구원을 받았습니다. 이 이야기를 만든, 호라티우스 보나르는 이것이 바로 죄인들이 "저는 놓지 못하겠어요"하고 말할 때의 의미라는 것을 보여 줍니다. 죄인들은 자기 의를 붙잡고는 놓지 못합니다. 우리는 모두 바로 이 근본적인 죄를 범하고 있습니다. 이것을 보여 주시는 분은 오직 성령님이시며 성령님만이 우리로 하여금 자기 의를 놓고 "오직 내 자비의 영원한 팔로 뛰어내리라"고 말씀하시는 구주의 팔 안에 떨어지도록 하십니다. …〉

그 택한 자들의 마음에 역사하사 그 완고한 마음을 은혜로 부드럽게 하시어 예수 그리스도를 영접하도록 믿음을 주신다. 그렇게 하시는 이유는 오직 하나님 자신만 아시는 심오하고 신비한 진리이기 때문이다. 타락한 인류 가운데 영생을 얻어 하나님의 자녀가 되게 하신 것은 오직 하나님의 은혜이며, 오직 하나님의 기쁘신 주권이다. 우리 중에 어느 누구도 하나님의 은혜를 받을만한 가치가 있는 사람은 아무도 없다.[449]

하나님께서는 만물을 자기 주권 하에 두고 계신다. 그래서 곧 이어서 나오는 말씀이 이것이다.

> 그런즉 원하는 자로 말미암음도 아니요 달음박질하는 자로 말미암음도 아니요 오직 긍휼히 여기시는 하나님으로 말미암음이니라(롬 9:16)

사도 바울의 강조점을 보라. "오직"! "오직 긍휼이 여기시는 하나님으로"말미암아 구원을 얻게 된다. 세상은 어떤가? 세상은 자기가 노력하면 되는 종교요 철학이요 사상이다. 그러나 성경은 분명하게 우리 밖에 살아계시고 무한하시며 인격적이신 하나님으로부터 구원이 주어진다고 말한다. 이것이 성경이 말하는 구원이다![450] 여기에는 세 가지 측면이 있다.

첫째, 놀라운 것은 하나님의 주권적인 작정과 선택의 교리는 전도의 명령이나 전도의 문맥 속에 있다는 사실이다.

> 25 그때 예수께서 대답하여 가라사대 천지의 주재이신 아버지여 이것을 지혜롭고 슬기 있는 자들에게는 숨기시고 어린 아이들에게는 나타내심을 감사하나이다 26 옳소이다 이렇게 된 것이 아버지의 뜻이니이다 27 내 아버지께서 모든 것을 내게 주셨으니 아버지 외에는 아들을 아는 자가 없고 아들과 또 아들의 소원대로 계시를 받는 자 외에는 아버지를 아는 자가 없느니라 28 수고하고 무거운 짐진 자들아 다 내게로 오라 내가 너희를 쉬게 하리라 29 나는 마음이 온유하고 겸손하니 나의 멍에를 메고 내게 배우라 그러면 너희 마음이 쉼을 얻으리니 30 이는 내 멍에는 쉽고 내 짐은 가벼움이라 하시니라(마 11:25-30)

---

449) 코르넬리스 프롱크, 도르트신조 강해, 황준호 역 (서울: 그책의사람들, 2013), 48-49.
450) R. C. 스프로울, 웨스트민스터신앙고백해설, 이상웅·김찬영 역 (서울: 부흥과개혁사, 2011), 130; "하나님의 은혜의 감미로움은 반펠라기우스의 어떤 관점에서보다 개혁주의에서 분명하게 나타난다. 반펠라기우스적 그리고 예지적 관점에서 보면, 하나님은 모든 사람들에게 구원을 가능하게는 만드시지만 어느 누구에게도 구원을 확실하게 주시지 않는다. 만약 하나님이 선행적 은혜만을 주시고 최종적인 은혜와의 협력 여부는 우리에게 달려 있다고 한다면 이론적으로는, 단 한 사람도 구원의 상태에 도달하지 못할 수도 있다. 성경적 견해에 따르면 하나님의 은혜에 의해 믿고 구원되도록 선택된 사람들은 믿고 구원받을 것이다. 하나님의 구속사역은 하나님의 주권적인 선택의 작정이 성취하도록 결정한 것을, 즉 하나님 자신의 선하신 기쁘심으로 인해 선택한 택자들의 구원을 성취한다."

예수님의 말씀은 구원이 전적으로 하나님 아버지의 뜻대로 이루어지는 것임에도 불구하고 구원으로 초청하고 계신다는 것을 증거한다.

사도행전 18:1-11에서 사도 바울은 고린도 전도에서 낙심하고 있었다.

> 9 밤에 주께서 환상 가운데 바울에게 말씀하시되 두려워하지 말며 잠잠하지 말고 말하라 10 내가 너와 함께 있으매 아무 사람도 너를 대적하여 해롭게 할 자가 없을 것이니 이는 이 성중에 내 백성이 많음이라 하시더라 11 일 년 육 개월을 유하며 그들 가운데서 하나님의 말씀을 가르치니라(행 18:9-11)

그런 사도 바울에게 예수님께서는 "이 성중에 내 백성이 많음이라"고 격려하심으로 더욱 더 적극적으로 전도하게 하셨다.

둘째, 선택을 하신 분도 하나님[451]이시며 선택한 자를 구원으로 이끌도록 전도를 명하신 분도 하나님이시기 때문에 선택교리와 전도가 배타적일 수 없다.

셋째, 하나님의 미리 정하신 택자가 있다고 말씀하셨음에도 불구하고 먼저 된 우리가 전도를 해야 하는 이유는 택자와 불택자의 구분은 오직 하나님만 아시기 때문이다.

선택과 유기에 대하여

신앙고백의 표준들은 예정과 유기(버려짐)를 함께 말한다.[452] 이것을 '이중예정론'이라 하며, 하나님께서 이 세상을 창조하기 전에 영원한 생명을 얻을 사람과 영원한 죽음을 당한 사람을 미리 정하셨다는 것이다.[453]

---

451) 아버지께서 내게 주시는 자는 다 내게로 올 것이요 내게 오는 자는 내가 결코 내어 쫓지 아니하리라(요 6:37) 또 가라사대 이러하므로 전에 너희에게 말하기를 내 아버지께서 오게 하여 주지 아니하시면 누구든지 내게 올 수 없다 하였노라 하시니라(요 6:65)

452) 루이스 벌코프, 벌코프조직신학(상), 권수경·이상원 역 (서울: 크리스챤다이제스트, 1993), 318; 칼빈은 유기론을 '두려운 작정'(decretum horribile)이라고 했다. 유기론에 대해서는 벌코프 조직신학 pp. 318-320 참고. "그러나 우리는, 선택과 유기가 둘 다 절대적으로 확실하게 인간이 예정되는 목적과 그 목적이 실현되는 방편들을 결정하는 것과 같이, 그것들 역시 선택의 경우뿐만 아니라 유기의 경우에서도 하나님이 자신의 직접적인 능력에 의하여 그가 무엇을 작정하셨든지 간에 다 일으키신다는 생각을 경계해야 한다. 이것은 하나님이 선택자의 중생과 소명, 신앙, 칭의, 성화의 조성자이시니 그들에게 직접 작용하여 그들의 선택을 실현하는 것으로 말할 수 있는 반면, 그가 또한 유기자들에게 직접 작용하여 유기자의 타락과 불의한 상태들, 죄악 된 행동들에 대한 책임 있는 조성자시니 그들의 유기를 실현시킨다고는 말할 수 없다는 사실을 의미한다. 하나님의 작정은 의심할 바 없이 세상으로의 죄의 개입을 확실하게 하였으나, 그가 어떤 사람들을 거룩함으로 예정하시는 것과 같이 다른 사람들을 죄로 예정하지는 않으셨다. 또한 거룩하신 하나님으로서 그는 죄의 조성자가 될 수 없다."

453) 두산백과사전에서, 「이중예정론」. 성서를 통해서 이 선택이 전적으로 하나님의 뜻에 의한 것임을 보여준다. 성서

어떤 사람들은, '지옥에 갈 사람을 미리 정하셨다니, 그러고도 사랑의 하나님인가요?'라고 항변한다.454) 그러나 이런 생각들은 인간적인 기준으로 말하는 것이다.

왜 어떤 아들은 믿고 어떤 아들은 믿지 않는가? 사도 바울은 로마서 9장에서 선택과 유기에 대하여 말하기 전에 로마서 1-3장을 통해 유대인이나 이방인이나 이 땅의 모든 인간들이 저주 아래 놓여 있다고 말한다. 모든 인류는 아담의 죄 안에 있기 때문에 하나님의 진노의 대상이다.

코르넬리스 프롱크는 『도르트 신조 강해』에서 다음과 같이 말한다.

> 다시는 이런 말을 하지 마십시오! 불신앙의 원인이나 책임은 다른 모든 죄와 마찬가지로 결코 하나님께 있지 않고 사람에게 있습니다. 이 판결문을 받아들이고 하나님의 말씀 앞에 부복하십시오. 그리고 예수님의 말씀을 믿으십시오. "그러나 너희가 영생을 얻기 위하여 내게 오기를 원하지 아니하는도다"(요 5:40). 당신은 죄를 더 좋아하기에 하나님께로 나오기를 원하지 않는 것입니다. 당신은 당신 자신의 주인이 되기를 원합니다. 또한 그리스도의 주 되심에 복종하기를 원하지 않습니다. 하나님의 절대적인 주권 앞에 부복하기를 원하지 않습니다. 그리고 자신을 하나님의 다스리심에 두기를 원하지 않습니다.
> 이것을 인정하고 이 진리 앞에 엎드리십시오. 그리고 이렇게 말하십시오. "주여, 저는 이것이 진리임을 아옵니다. 모든 것이 제 잘못임을 아옵니다." 구원은 당신이 그것을 인정하고 당신 자신을 겸비하게 낮출 때 시작됩니다.455)

불신앙의 원인과 책임은 인간에게 있다. 선택과 유기에 대한 성경적 관점은 무엇인가? 하나님께서는 그의 은혜로 죄인을 구원하시고 천국으로 인도하시어 영광을 받으시고, 악인은 심판하여 지옥으로 보내는 것으로도 영광을 받으신다. 전자에서는 하나님의 자비가 후자에서는 하나님의 공의가 나타나기 때문이다. 하나님의 선하심을 보여주는 하나님의 공의가 나타날 때 하나님께서 영광을 받으신다.

적 예가 이스라엘 민족의 선택이다. 이스라엘의 선택은 자신들 안에서 어떠한 선택받을 근거가 발견되지 않는다. 오직 하나님의 주권적인 선택이 있을 뿐이다. 또한 버림과 선택의 대표적인 예를 한 형제인 이스마엘과 이삭 및 에서와 야곱에서도 분명히 하나님의 주권적인 선택에만 근거점을 보여준다. 즉 버림과 선택의 모든 것은 하나님의 뜻에 의해서만 결정되며, 인간의 어떠한 공로도 여기에 영향을 줄 수 없다는 것이다. 선택은 하나님 은총의 선물인 것이므로 미리 택한 사람을 값없이 비추어주는 하나님의 영광에 대한 믿음으로 감사해야 한다는 것이다. 칼뱅은, 구원은 하나님의 뜻이지만 유기는 허락할 뿐이라는 주장에 대해서도 반대한다. 즉 아무런 하나님의 정함이 없이 단지 하나님의 허락만으로 인간이 자기에게 멸망을 초래하였다는 것은 그 자체가 타당성이 없는 이론이다. 하나님의 피조물 중에 가장 중요한 존재인 인간은 단지 타락되도록 방치나 허락한 것이라고는 볼 수 없는 것이다. 그래서 칼뱅은 어거스틴을 따라 "하나님의 뜻만이 만사의 필연이다"라고 고백하며 인간의 타락도 허락 정도가 아니라 하나님의 예정이라고 말한다.

454) R. C. 스프로울, 웨스트민스터신앙고백해설, 이상웅·김찬영 역 (서울: 부흥과개혁사, 2011), 148; "… 이중 예정에 대한 대부분의 반발은 대칭적 견해, 소위 궁극적으로 동등하다는 견해에 대한 것이다. 이 경우에 동등한 궁극성이란 하나님께서 어떤 사람들의 선택을 적극적으로 작정하시는 것처럼 또한 다른 모든 사람들의 유기도 적극적으로 작정하신다는 것을 의미한다. …"

455) 코르넬리스 프롱크, 도르트신조 강해, 황준호 역 (서울: 그책의사람들, 2013), 42.

하나님의 선택하심에 대하여 불의하다고 비난할 수 없다. 그런 비난을 할 수 없는 이유는 인간이 하나님께 대하여 그 무엇이라도 주장할 권리가 없기 때문이다. 하나님께서는 인간의 구원에 대하여 인간에게 빚진 것이 하나도 없으시다. 오히려 인간이 하나님께 반역하였으며 하나님의 말씀에 불순종하고 타락함으로 주어진 은혜와 복을 상실하였다. 하나님께서 어떤 사람들은 구원하시고 어떤 사람들은 유기하실지라도 인간은 하나님께 왜 그렇게 하시느냐고 항변할 권리가 전혀 없다.456)

하나님께서는 모든 사람들을 능히 구원하실 수 있다. 왜냐하면 하나님은 모든 사람을 구원하실 권위와 능력을 가지신 분이시기 때문이다. 그러나 우리가 하나님의 능력에 대하여 왈가왈부하기 시작하는 순간 이미 창조주 하나님의 권위와 능력에 반감을 가지고 도전하는 것이다.457)

선택의 교리는 모든 인간으로 하여금 겸손하게 만든다. 왜냐하면 모든 인간을 동일한 위치에 놓기 때문이다. 하나님 앞에 어느 누구도 내세울만한 것을 가지고 있는 사람은 아무도 없다. 현대 영성가들이 말하는 신성한 내면아이가 우리 안에는 없다. 이전에는 공로의 차원이었지만 현대는 인간 안에 신성함이 있다고 노골적으로 말한다.

선택을 받았는지 어떻게 알 수 있는가?

택자들이 자신의 선택을 어떻게 확신할 수 있는가? 어떤 사람들은 확신에 대한 그릇된 방법으로 나가는 경우가 많다. 하나님으로부터 직접적인 음성을 들어야 한다고 생각한다. 성경에는 직접 말씀하신 적이 있다. 사무엘처럼 직접 부르신 경우가 있다. 그러나 그것은 하나님께서 사용하시는 일반적인 방편이 아니다. 체험에만 의존할 경우 주관적이고 신비적인 경향으로 흐르게 된다. 만일 어떤 체험이 있다면 기록된 하나님의 말씀인 성경으로 증명될 수 있는 것이라야 한다.458) 그렇지 않다

---

456) 루이스 벌코프, 벌코프조직신학(상), 권수경·이상원 역 (서울: 크리스챤다이제스트, 1993), 318.
457) 두산백과사전에서: 반(semi)펠라기우스주의: 반(半) 아우구스티누스설(說), 또는 마실리아(마실리우스)파(派), 몰리나주의라고도 한다. 429년경부터 1세기 동안 수도자 J.카시아누스, 레랭의 빈켄타우스 수사(修士), 그리고 리에의 파우스투스 주교들의 지지를 받아 남부 갈리아 지방에서 유력했던 은총(恩寵)에 관한 일종의 교리설로, "영혼의 구원을 위해서는 인간의 노력만으로도 충분하다."는 펠라기우스파(派)에 반하여 아우구스티누스는 "영혼을 구원하는 데는 원죄(原罪)가 있는 인간에게는 하나님의 은총이 선행적(先行的)으로 절대 필요하다."는 절대선행설을 주장하였다. 이때 반(反) 펠라기우스파(派)는 이 양 설의 중용을 택하여 "영혼의 구원에는 은총이 절대 필요하나, 그것을 받아들일 것인지는 첫째로 인간의 자유의지에 달렸다."고 주장하였다. 이 설은 529년 이른바 제2차 오랑주 공의회(公議會)에서 이단시(異端視)되었으나, 중세의 금욕적·율법 편중적(偏重的) 신심(信心) 태도와 융화되어 가톨릭교회 내에서 오래도록 존속되고 있다.
458) 마땅히 율법과 증거의 말씀을 좇을지니 그들의 말하는 바가 이 말씀에 맞지 아니하면 그들이 정녕히 아침 빛을 보지 못하고(사 8:20)

면 그것은 그릇된 체험이다. 성경으로 입증되지 않는 체험을 의지하게 되면 결국 은사주의나 신비주의 영성으로 변질된다.

코르넬리스 프롱크는 도르트 신조를 통하여 택함 받은 자의 4가지 열매 혹은 선택받은 자의 증거를 말한다.[459] 그리스도를 믿는 참된 믿음, 자녀로서 갖는 경외심, 죄에 대한 거룩한 슬픔, 의에 목마르고 굶주림 등이다.

첫 번째로, 택자인지 아닌지를 확인하는 가장 중요한 표지는 예수 그리스도를 믿는 참된 믿음이다. 참된 믿음이란 무엇인가? 하이델베르크 교리문답 7주 21문에서는 이렇게 말한다.

> 제21문. 참된 믿음이란 무엇입니까?
> 답. 참된 믿음이란 내가 확실한 지식으로서 하나님께서 당신의 말씀 안에서 우리에게 계시하신 모든 것을 진리로 받아들이는 것입니다. 동시에 참된 믿음이란 다른 사람에게 뿐만 아니라 나에게도 하나님께서 죄의 용서와 영원한 의로움과 구원을 단순한 은혜 곧 오직 그리스도의 공로로부터 주신다는 확고한 확신입니다. 성령께서 이 믿음을 복음에 의해서 내 마음속에서 일으키셨습니다.

아무리 연약한 믿음의 상태에 있을지라도 "하나님께서 죄의 용서와 영원한 의로움과 구원을 단순한 은혜 곧 오직 그리스도의 공로로부터 주신다"는 사실을 확고히 붙들고 있다면 그리스도께 속한 택자다. 왜냐하면 성령님께서는 죄인을 그리스도께로 인도하시어 그리스도만 의지하고 붙들게 하기 때문이다. 구원은 우리의 판단능력에 달려있는 것이 아니라 그리스도가 확실한 반석이 되신다는 사실이다. 택자 된 근거를 자기 안에서 발견하려고 하는 자는 그리스도로부터 멀어지게 된다.

두 번째로, 택자는 하나님의 자녀로서 하나님께 경외심을 가진다. 칼빈이 말했듯이 그것은 하나님을 사랑하고 두려워하는 참된 경건을 말한다. 성경은 무엇이라 말할까?

> 너희는 다시 무서워하는 종의 영을 받지 아니하였고 양자의 영을 받았으므로 아바 아버지라 부르짖느니라(롬 8:15)

택자들 속에는 성령님께서 계시어 양자로서 하나님을 진정으로 경외하며 "아바 아버지"라 부르짖게 한다. 그렇게 하나님을 경외하는 자녀는 하나님의 상속자이기 때문에 그와 함께 영광을 받기 위하여 고난도 함께 받는다고 성경은 말한다.[460]

---

459) 코르넬리스 프롱크, 도르트신조 강해, 황준호 역 (서울: 그책의사람들, 2013), 84-93.
460) 16 성령이 친히 우리 영으로 더불어 우리가 하나님의 자녀인 것을 증거하시나니 17 자녀이면 또한 후사 곧 하나님

세상은 현실의 고난에 대하여 업보(業報)라고 말하며 운명이라고 말한다. 그러나, 성경은 죄로 인해 타락한 세상 가운데서 고난을 받으나 그것을 감당하며 인내하는 것은 이 현실로 끝나는 것이 아니라 장래에 하나님께서 주실 영광을 바라보기 때문이다.

세 번째로, 택자는 죄에 대한 거룩한 슬픔을 가지고 있다. 그것은 단순히 후회하는 것이 아니라 성령 하나님께서 주시는 진정한 회개이다. 하나님의 거룩하심을 알게 될 때 동시적으로 죄의 비참함을 느끼게 된다. 택자도 죄를 지을 때가 있다. 그러나 그는 죄 짓는 것을 즐겨하지 않는다. 죄를 지었을 때와 안 지었을 때의 마음이 동일하지 않다. 그의 마음은 하나님 앞에 무릎을 꿇으며 죄에 대한 참된 슬픔과 깊은 통회를 경험하게 된다. 그리하여 오직 예수 그리스도의 십자가만을 붙들게 한다.

네 번째로, 택자는 의에 주리고 목마른 자다. 거듭난 영혼은 하나님의 거룩하신 성품을 닮아가기를 갈망한다. 그것은 추상적인 것이 아니다. 하나님께서 베푸신 은혜와 사랑과 긍휼하심을 닮아간다. 그것은 하나님의 말씀을 그대로 순종함으로 닮아간다. 예수님께서는 이렇게 말씀하셨다.

> 7 너희가 내 안에 거하고 내 말이 너희 안에 거하면 무엇이든지 원하는 대로 구하라 그리하면 이루리라 8 너희가 과실을 많이 맺으면 내 아버지께서 영광을 받으실 것이요 너희가 내 제자가 되리라 9 아버지께서 나를 사랑하신 것 같이 나도 너희를 사랑하였으니 나의 사랑 안에 거하라 10 내가 아버지의 계명을 지켜 그의 사랑 안에 거하는 것 같이 너희도 내 계명을 지키면 내 사랑 안에 거하리라(요 15:7-10)

하나님의 성품을 닮아가는 경건한 삶은 예수 그리스도의 계명을 지킬 때 열매를 맺는다. 왜냐하면 계명은 하나님의 성품을 나타낸 것이기 때문이다.

예정의 실행이 주는 은혜

예정교리는 구원의 확신에 관한 확고부동한 자리를 제공한다. 로마 가톨릭은 구원의 확신은 불가능하다고 가르친다.[461] 예수회 신학자 로버트 벨라르민

의 후사요 그리스도와 함께 한 후사니 우리가 그와 함께 영광을 받기 위하여 고난도 함께 받아야 될 것이니라(롬 8:16-17)

461) R. C. 스프로울, 웨스트민스터신앙고백해설2, 이상웅·김찬영 역 (서울: 부흥과개혁사, 2011), 338; "… 트렌트 공의회로 되돌아가 보면, 로마 가톨릭 교회는 하나님이 그리스도인에게 어떤 비범하고 특별한 계시를 주지 않는다면 구원의 확신을 가질 수 없다는 것을 일반적인 원칙으로 가르쳤다. 로마 가톨릭의 신학에 따르면, 마리아나 성 프랜시스 또는 성 토마서 아퀴나스와 같은 사람들은 특별한 계시를 받았고 구원에 대해서 완전한 확신을 가질 수 있었지만 일반 신자가 통

(Bellarmine, 1542-1621)은 구원의 확신은 개신교의 모든 이단 가운데서 가장 큰 것이라고 확언했다.462) 그들이 그렇게 말하는 이유는 도대체 얼마만큼 선행을 쌓아 놓았는지 알 수가 없기 때문이다.463) 그러나, 구원의 확신은 우리 안에 근거를 가지고 있는 것이 아니라, 구원의 시작부터 완성에 이르기까지 예정하셨다는 하나님의 약속에 달려 있다. 헤르만 바빙크는 "기독교 진리에 관련된 확신은 그리스도인 자신이나 그의 중생 안에 근거를 갖고 성령으로 말미암아 경험의 길에서 우리에게 진리로서 증거 되고 우리 편에서 신앙으로 인정되고 받아들여지게 되는 하나님의 말씀에 의존하는 확신이다."라고 말했다. 하나님의 자녀 된 신분은 우리의 행위에 기초한 공로가 아니라 우리 밖에서 십자가에 못박혀 죽으신 예수 그리스도의 십자가의 피흘림에 있다. 이런 말들이 의도하는 것은 구원의 확신은 성경이 말하는 통상적인 은혜의 수단으로 충분하다는 것이다. 그것을 벗어나서 초월로 가게 되면 잘못된 확신으로 가게 되고 잘못된 길로 나가게 된다.

우리가 해야 하는 질문은, "제가 택함 받은 자인가요?"가 아니라, "제가 부르심을 받았는가요? 청함을 받았는가요?"이어야 한다. 전자는 하나님의 탓으로 돌리려는 구실을 찾는 인간의 변명이지만, 후자는 하나님의 구원하심에 대한 죄인의 회개로 나아가 하나님의 부르심과 청하심에 대한 적극적인 반응으로 나아가게 하기 때문이다.464)

많은 사람이 하나님의 뜻이 무엇인지 알고 싶어 한다. 우리가 하나님의 뜻을 알기 원한다면 하나님의 뜻이 하나님의 비밀한 계획인지 아니면 하나님의 계시된 뜻인지 구별해야만 한다. 하나님의 비밀한 계획은 우리가 알 수가 없다. 그러나 하나

상적인 수단으로 개인적인 구원의 확신을 추구하는 것은 성공하지 못할 것이다."

462) 싱클레어 퍼거슨, 구원의 서정 문제.

463) 코르넬리스 프롱크, 도르트신조 강해, 황준호 역 (서울: 그책의사람들, 2013), 421. 종교개혁자들은 로마 가톨릭과 싸우다보니 로마가톨릭과 반대 극단으로 나갔다. 루터와 칼빈은 확신이 없다면 신앙에 의문을 품어야 한다고 말할 정도로 멀리 나갔다. 청교도들은 구원의 확신은 구원에 절대 필수적인 것이 아니라고 믿었다. 구원의 확신은 믿음을 견고하게 하기 위한 것이지 믿음의 본질에 속한 것이 아니다. 그러나 구원의 확신이 없는 성도가 누리는 복락의 많은 부분을 상실할 수도 있다. 구원의 확신이 구원에 필수적인 것은 아니나 성도의 성화에는 매우 중요한 국면임을 기억해야 한다.

464) Ibid., 43-56; 〈많은 사람이 "제가 택함 받은 자인가요?"하고 묻습니다. 저는 이 질문을 이해할 수 있기는 하지만 여기서 시작하면 안 됩니다. 오히려 당신은 자신에게 무엇보다도 먼저 "내가 그리스도를 믿는가? 그리스도가 나의 유일한 소망인가? 내가 가난하고 비참한 죄인으로서 그리스도께로 도망가서 구원해 달라고 그리스도께 달라붙는가?"하고 물어야 합니다. 오직 그런 후에야 우리는 다음 질문 "제가 택함 받은 자인가요?"를 할 수 있습니다. 만약 첫 번째 질문에 대한 답이 "예"라면 다음 질문에 대한 답도 "예"입니다. 만약 우리가 참되게 믿는다면, 비록 그것이 단지 그리스도 안에 피할 곳을 찾는 믿음이라고 할지라도, 그것은 바로 우리가 택함 받은 자라는 증거입니다! 그때 우리는 우리가 성부께서 성자께 영원 전에 주셨고 지금 시간 가운데 거부할 수 없는 사랑에 이끌려 구원자께 나오게 된 하나님의 택함 받은 자라고 결론 내릴 수 있습니다.〉

님의 계시된 뜻은 기록된 성경에 분명하게 나와 있다. 결혼을 해야 할지 말아야 할지, 차를 사야 할지 말아야 할지는 말씀에 기록된 원리에 부합하는지 확인해 보면 된다. 그것을 확인하기 위하여 하나님의 음성을 들을 필요가 없다. 예를 들어, 아이에게 밥을 주어야 할지 말아야 할지, 공부를 해야 할지 말아야 할지, 잠을 자야 할지 말아야 할지, 하나님의 음성을 들을 필요가 없다. 식사 때가 되면 당연히 밥을 주어야 하고, 학생이 당연히 공부해야하고, 밤에는 당연히 잠을 자야 한다.

칼빈은 이렇게 말했다. "하나님이 자신의 거룩한 입을 닫으시는 곳에서 나는 묻기를 그만둘 것이다." 그러므로 성도는 하나님의 기뻐하시는 뜻대로 행하면 된다. 그것은 하나님의 율법에 나와 있다.

> 37 예수께서 가라사대 네 마음을 다하고 목숨을 다하고 뜻을 다하여 주 너의 하나님을 사랑하라 하셨으니 38 이것이 크고 첫째 되는 계명이요 39 둘째는 그와 같으니 네 이웃을 네 몸과 같이 사랑하라 하셨으니 40 이 두 계명이 온 율법과 선지자의 강령이니라(마 22:37-40)

이 기준에 맞추어서 행동하는 것이 언약 백성의 삶이다. 하나님의 계명에 대한 순종은 구원으로 맺어진 언약관계에 기초한다. 폐기되지 않는 그 굳건한 언약은 하나님의 말씀에 대한 순종을 불러일으킨다. 그래서 십계명의 서문이 중요하다. 십계명의 서문은 십계명을 강제로 지켜야 하는 규제조항이 아니라 하나님께서 그들을 사랑하시어 구원하신 언약의 백성이라는 것을 선언하는 것이다. 하나님께서는 자기 백성들이 그 말씀에 순종하도록 우리 안에 하나님의 구원에 기초한 사랑으로 충만케 하신다.

하나님의 작정과 예정에 대한 오해로 어떤 사람들은 우리의 구원과 삶이 예정되었으니 아무것도 하지 않아도 되는 것으로 오해한다. 그러나 그리스도의 생명은 성도들을 살아 움직이게 한다. 그가 진정으로 거듭난 사람이라면 그 생명은 자라나게 되고 활동하게 되어 있다.

> 그가 우리를 대신하여 자신을 주심은 모든 불법에서 우리를 구속하시고 우리를 깨끗하게 하사 선한 일에 열심하는 친 백성이 되게 하려 하심이니라(딛 2:14)
> 모든 선한 일에 너희를 온전케 하사 자기 뜻을 행하게 하시고 그 앞에 즐거운 것을 예수 그리스도로 말미암아 우리 속에 이루시기를 원하노라 영광이 그에게 세세무궁토록 있을지어다 아멘(히 13:21)

하나님의 주권적인 은혜는 구원의 확신과 감사 속에 흔들리지 않고 하나님의 나라를 향해 달려가게 만든다. 영원까지 계획된 하나님의 은혜의 작정으로 말미암아 어떤 환난과 어떤 연약함과 어떤 죄악에도 불구하고 주 예수 그리스도를 향한 선한 싸움을 감당해 가게 된다. 그리하여 하나님의 은혜를 받은 자로서 그 은혜를 받은 열매가 나타나게 된다. 하나님의 작정의 실행에 관하여 성도에게 가장 위로가 되는 성경 구절 중에 하나는 이것이다.

> 우리가 알거니와 하나님을 사랑하는 자 곧 그 뜻대로 부르심을 입은 자들에게는 모든 것이 합력하여 선을 이루느니라(롬 8:28)

모든 것이 저절로 합력하여 선을 이룬다는 것이 아니다. 이 로마서 8장 28절의 핵심은 '될 대로 되라, 어떻게든 되겠지'(Que sera, sera)가 아니다. 하나님께서는 우리가 이해하지 못하는 수많은 일들을 통해서 하나님의 선으로 결과 되게 하신다는 뜻이다.

명목상의 기독교인으로 사는 분들이 많다. 인과율에 만족하고 그 너머의 세계는 내 요령껏 살아가겠다고 하는 사람들이다. 또 자기 나름대로 깊은 영성을 소유하고 있다고 생각하는 사람들도 있다. 그들은 비인과율의 세계를 신비주의 영성으로 도약하려는 사람들이다. 어디에 속했든지 하나님의 주권을 인정하는 삶이 아니다.

우리는 비인과율에 속한 일들에 대해서 알 수가 없다. 왜 나에게 이런 비극과 고통과 상처와 질병이 일어나는지 모른다. 그러나 우리는 계속 인과율의 관점으로 과거와 지금과 내일의 세계를 장악하려고 한다. 인과율의 세계만으로 비인과율의 세계를 이해 할 수 없다. 거기에는 하나님의 절대주권이 있다. 그래서 모든 것이 합력하여 선을 이루게 된다. 인간의 이성을 초월하는 하나님의 작정과 섭리하심을 인정하는 하나님의 주권이 설 때에만 모든 것이 선을 이루게 된다.

제9문 창조의 사역은 무엇입니까? (대15)

답: 창조의 사역은 하나님께서 엿새 동안에 자기의 능력의 말씀으로 아무것도 없는 데서 만물을 지으신 것인데, 모든 것을 매우 좋게 만드신 것입니다.[465]

스펄전은 "모든 무신론을 버리기 원한다면 우리는 창조와 은총과 섭리의 세 왕국에 하나님을 왕으로 모셔야 합니다"라고 말하면서, 무신론의 핵심은 "외적인 사건들에 있어서 하나님의 역사가 우리에게 나타나심을 의심하는 것"이라고 말했다.[466] 그렇게 성경의 창조론과 충돌하는 기본적인 이론들은 다음과 같다.

1) 이원론

이원론은 하나님과 물질을 말하되 둘 다 자존적인 원리를 가진 존재라고 생각하는 것이다. 이 두 가지는 서로 구별되면서도 영원히 공존하는 것인데, 물질 그 자체는 원래 하나님께 예속된 불완전한 실체라고 본다. 중요한 것은 이런 이원론에 따르면, 하나님은 창조주 하나님이 아니라 다만 세계의 구성자 혹은 건축자에 불과하다는 것이다.

이원론을 반대하는 이유를 벌코프는 다음과 같이 4가지로 말한다.

첫 번째 이유는 무로부터는 아무것도 나오지 않는다고 말하기 때문이다. 성경은 무로부터의 창조를 말하나 이원론은 이미 존재하고 있는 물질로부터 창조되었다고 말하는 전제, 즉 세계가 창조된 어떤 실체가 있다고 기본적으로 전제를 하기 때문에 거부되어야 한다.[467] 두 번째는, 물질을 영원하다고 말하기 때문이다. 세 번째는, 하나의 자존적인 원인이 완전히 모든 사실들을 설명하기에 충분할 때, 두 개의 영원한 실체들을 가정하는 것은 비철학적이기 때문이다. 하나님도 물질도 자존적이고 영원하다는 가정 자체는 불합리하기 때문이다. 그렇기 때문에 철학은 세계의 이원론적인 설명에 만족하지 않고, 우주의 일원론적인 해석을 추구하게 된다. 네 번째는, 만약 이원론이-어떤 형태들에서 그런 것처럼-영원적인 악의 원리의 존재를 가정한다면, 선이 세계 내에서 악에 대하여 승리할 것이라는 보장은 절대로 이루어지지 못할 것이다. 영원히 필연적인 것은 스스로를 지탱하게끔 되어 있어서 결

---

465) Q. 9. What is the work of creation? A. The work of creation is, God's making all things of nothing, by the word of his power, in the space of six days, and all very good.

466) C. H. 스펄전, 스펄전설교전집 마태복음 (대구: 보문번역위원회, 2000), 94-95.

467) 루이스 벌코프, 벌코프조직신학(상), 권수경·이상원 역 (서울: 크리스챤다이제스트, 1993), 343; "창조론은 원인을 배제하지 않으며, 하나님의 주권적인 의지 속에서 세계의 모든 충분한 원인을 발견한다."

코 사라질 수 없는 것처럼 보이기 때문이다.468)

2) 여러 형태의 유출설

유출설을 고전적 형태로 정식화한 것은 플로티노스와 프로클로스와 같은 신플라톤주의자들이었다. 유출설은 유대 카발라로부터 신지학의 근본적 토대를 제공하며 특히 초대교회에서 영지주의자들에게 두드러진 역할을 했다.469)

> 발출론(發出論, Emanationism) 또는 유출설(流出說)은 샘에서 물이 흘러나오듯이 세계의 본원이 세계와 만물을 구성하는 에너지와 질료를 정묘한 상태에서 거친 상태로 계층적 또는 단계적으로 발출 또는 유출시켜 물질 우주의 세계와 만물을 현현시키고 성립시키며, 또한 이렇게 성립된 정묘한 상태로부터 거친 상태로의 계층적·단계적 구조와 질서를 통해 우주 전체를 운행한다는 이론 또는 교의이다. 영(스피릿) 또는 정신을 본원으로 하는 유심론(관념론)의 세계관으로 물질세계의 현실의 존재를 설명하는 이론 또는 주장이다.470)

세계와 만물이 신적인 존재로부터 흘러나왔다는 것이다. 그러니 하나님과 세계는 본질적으로 하나이며, 이 세계는 하나님의 나타남이라고 말한다. 결국 유출설은 범신론의 핵심적인 특징이 된다. 우리는 이 유출설을 3가지 이유로 거부한다. 첫 번째, 하나님과 세계를 동일시함으로써, 하나님의 무한성과 초월성을 부인하기 때문이다. 두 번째, 하나님으로부터 세계와 관련된 하나님의 자기 결정 능력을 박탈함으로써 하나님의 주권을 빼앗기 때문이다. 세 번째, 하나님의 거룩성을 심각할 정도로 위태롭게 하기 때문이다. 그것은 세상에서 일어나는 모든 일, 즉 선한 일과 악한 일에 대하여 하나님이 책임지도록 만든다. 물론 이것은 범신론자들이 결코 피할 수 없는 그 이론의 아주 심각한 결과들이다.471)

3) 진화론

진화라 하면 다만 무엇이 발전되고 발전해서 인간이 되었다는 단순한 개념이 아니다. 진화는 외부의 간섭이 없이 인간 그 자체로 가능성이 있다는 것을 말하기 위한 기초 이론이다. 진화론은 진화하는 어떤 것을 전제로 하는 물질의 영원성을 말한다. 비존재가 존재로 발전한다고 주장할 수 있는 사람은 아무도 없다. 무(nothing)로부터 진화할 수 없기 때문이다. 오늘날 물질로 세계를 충분히 설명할

---

468) Ibid., 343-344.
469) http://blog.daum.net/hyk0502/2
470) http://ko.wikipedia.org/wiki/발출론/
471) 루이스 벌코프, 벌코프조직신학(상), 권수경·이상원 역 (서울: 크리스챤다이제스트, 1993), 344.

수 있다는 것은 과학계에서도 인정받지 못한다. 물질로 생명과 인격을 지성과 자의식, 자유와 양심, 종교적 영감을 부여받은 인간의 영혼에 대하여 설명할 수 없기 때문이다.

그러나 창조는 우리 스스로 존재케 된 것이 아니라 우리 외부에서 하나님의 작정이 실현된 것이다. 우리의 시작과 완성이 우리 내부의 자질과 능력이 아니라 우리 외부에 계신 무한하시고 인격체이신 삼위하나님의 은혜와 능력에 달려 있다는 것을 말한다.

창조론과 진화론의 싸움은 결국 '주체가 누구냐?'의 싸움이다.[472] 하나님이 주체가 된다는 것을 말하는 것이 창조론이고, 진화론은 인간이 주체가 된다고 소리치는 것이다. 창조론은 하나님의 주도면밀하신 뜻과 섭리를 말하지만, 진화론은 유전자의 자기 능력을 말하며 우연성을 강조한다. 인간이 주체라고 말하는 사람들은 푸코가 말하듯이 자기 실존에 새겨진 권력을 완전히 추방하고 자신의 실존을 스스로 구성하는 것이다. 과연 그럴 수 있는가? 자기 스스로 자기 실존을 구성하는 것은 인간이 할 수 없다. 왜냐하면, 인간은 언제나 불안 속에 있기 때문이다.[473] 그것은 오로지 하나님만이 하실 수가 있다. 자기 스스로 자기 실존을 구성할 수 있는 유일

---

472) http://www.hani.co.kr/arti/culture/book/598306.html/ 「예수와 다윈의 동행」(신재식); 진화론자들 중에는 인류의 메커니즘으로 말하는 사람도 있다. "신 교수는 종교와 과학도 이런 것이라고 얘기한다. 종교와 과학은 우리가 생명 세계를 여행하면서 각기 다른 관심에 따라 달리 만든 두 개의 지도와 같다는 것이다. "종교와 과학은 생명세계에 대한 탐구를 각기 나름의 기호와 형식을 빌려서 표현하는 활동입니다. … 흔히 종교와 과학을 구별할 때, 종교는 '의미'를 '주관적'으로 다루고, 과학은 '사실'을 '객관적'으로 다룬다고 하는 얘기들은 종교와 과학이 사용하는 기호의 특성을 가리키는 것에 불과합니다."거시적 관점에서 보면, 종교와 과학은 인류가 오랜 진화의 역사 속에서 환경에 적응하면서 생존 가능성을 높이기 위해 벌여온 여러 활동, 생존율을 높이기 위해 만들어낸 여러 메커니즘 가운데 하나라고 했다."
473) http://blog.naver.com/PostView.nhn?blogId=ksw5053&logNo=10109591522/ 「헤테로토피아와 심리적 불안의 징후」; 미셸 푸코가 언급하는 『헤테로토피아』(heterotopia)는 '다른, 낯선, 다양한, 혼종된'이라는 의미가 있는 hetero와 장소라는 뜻의 'topos/topia'의 합성어로 푸코가 〈말과 사물, 1966〉 서문에서 서로 상관없는 사물들을 묶는 하나의 허구적 질서와 연관 지어서 언급한 것이다. 헤테로토피아는 굉장히 복잡한 구조로 되어 있는데, 그것은 현실과 환상의 이중적인 구조가 시간과 공간으로 집약되어 있기 때문이다. 공간을 구획해보면 감옥, 정신병원, 묘지, 극장, 이동, 유원지, 식민지, 매춘굴, 바다 위의 배, 복도, 박물관 등을 예로 들고 있다. 이러한 모든 공간은 주류 사회에서 일탈한 공간들이다. 모든 것과 관계되어 있으면서도 동시에 그것과는 모순된 기묘한 장소, 일상에서 일탈한 다른 공간이다. 문학에서 환상적 사실주의에 내재하고 있는 헤테로토피아의 성격을 살펴보면, 카프카의 〈변신〉, 호프만의 『모래 사나이』에 드러난 공간의 혼종적 성격은 일상적인 생활공간에 비일상적인 공간이 서로 맞물리는 환상적 성격을 지니고 있다. 헤테로토피아의 공간을 강조한 이유는 그 어디에도 없는 이상 세계를 말하고자 한 것이 아니다. 인간의 심리적인 요소가 한편으로는 덧없고, 강박적이며, 불안한 의미를 지니고 있다고 일부분 인정하고자 한 것이다. 이러한 표현이 현실을 부정적으로 바라보는 것으로 생각할 수 있지만, 결국은 주체의 무의식에 자리 잡고 있는 하나의 현상이라는 것을 알게 된다. 프로이트에 의하면 트라우마는 주체의 인생에서 무의식 속에 남아 있는 불안(anxiety)은 주체가 과도한 자극을 제어하지 못할 때 반복적으로 나타난다고 한다. …

한 존재는 출애굽기 3장에서 말하는 스스로 계신 하나님이시다.[474]

성경의 창조론에서 분명히 알게 되듯이 하나님은 만물을 초월하여 존재하시며 그의 피조 된 만물들과 구별된 창조주 하나님으로 존재하신다. 그러나 동양의 우주 발생론에서는 기(氣)가 세상을 조성하기 때문에 그 기가 우주 만물 속에 내재해 있어서 존재의 구별이 없다. 또한 성경의 하나님은 모든 것을 창조하시는 하나님이시지만, 플라톤 철학에서 세상을 만든 데마우르고스는 불완전한 창조자이기 때문에 모든 것을 창조할 수 없다.

하이데거와 핑크 등에게서 철학을 배운 하인리히 롬바흐(H. Rombach, 1923-2004)의 "공창조성" 개념을 전동진 교수는 이렇게 말한다.

> "공창조성"이라는 신조어를 통해 롬바흐가 강조하고자 하는 바는 창조적 "생성"이란 어떤 창조적인 개별 주체에 의해 일방적이고 자의적으로 야기될 수 있는 것이 아니라 나와 너, 나와 재료, 나와 사태(Sache), 인간과 상황, 인간과 자연, 인간과 현실 등 그 "구조의 생성"(Strukturgenese)에 참여하고 있는 것들이 서로 응하고 서로 어우러지면서 이루진다는 것이다. 창조란 독불장군식으로 행해질 수 있는 것이 아니다. 진정한 창조는 타자와의 (자신을 고집하지 않는) 열린 대화를 통해서만 가능해진다. 창조란 본질적으로 공창조적이다. 창조성은 근본적으로 이 "공"(共, 함께)에 달려 있는 것이다.…[475]

이런 "공창조성"의 개념은 근본적으로 신비주의 영성의 본류에 속하는 "헤르메스주의"에 기초한다. 롬바흐가 이런 "공창조성"을 말하는 이유는 세계 내의 모든 존재가 일체라고 생각하기 때문이다. 그는 종교 간의 대화와 상이한 문화에 대한 관용을 넘어서 존중과 인정으로 "공창조성"을 지향할 때 충돌에서 상생으로 가게 된다고 말했다. 그 핵심에 헤르메스 신화가 있다.[476]

---

474) 하나님이 모세에게 이르시되 나는 스스로 있는 자니라 또 이르시되 너는 이스라엘 자손에게 이같이 이르기를 스스로 있는 자가 나를 너희에게 보내셨다 하라(출 3:14)

475) 전동진, 생성의 철학(하이데거의 존재론과 롬바흐의 생성론) (서울: 서광사, 2009), 124.

476) Ibid., 54-55; 〈그런데 어째서 신화인가? … "신화는 학문이 파악할 수 있는 모든 것을 훨씬 뛰어넘는 진리의 핵을 가지고 있다. 신화는 특히 인간과 인간의 공생 및 인간과 자연의 공생에 관한 생략되거나 망각되어서는 안 될 진리들을 포함하고 있다. 인간이라는 종이 계속 살아남는 것은 학문적 진리보다 신화적 진리에 훨씬 더 많이 달려 있다. 신화는 학문보다 깊이 현실을 포착하고, 학문보다 총체적으로 삶에 영향을 미친다." 롬바흐는 신을 인간 공동체의 근본경험들의 담지자로 본다. 즉 인간의 충만한 삶은 언제나 "자연과 역사, 진리와 가치, 근원과 목표에 관한 가장 중요한 근본테제(These)들"과 "보는 방식들, 감각 습관들, 삶의 지침들"이 함께 어우러져 형성하는 정합적인 얼개를 기반으로 해서만 가능한 것인데, "이 기반 구조는 고대인들에게 이론으로서, 즉 개념적인 방식으로 나타난 것이 아니라 신이라는 직관적인 형태로 나타났다"는 것이다. 그런데 어째서 하필이면 신으로 나타난 것일까? 롬바흐는 다음과 같이 대답한다. "왜냐하면 인간은 자신의 삶의 근본형태를 자기 자신에게서 자아낼 수 없었으며, 운 좋은 발견을 통하여 받아들여야 했기 때문이다. … 삶의 근본방식은 인간 자신에게서 발견된 것이 아니라 현실 전체에서, 한 지방의 정신에서, 온 얼개의 고양시키는 힘에서 발견되었다. 즉 신적인 것에서 발견되었다. 그래서 신인 것이다."〉 이런 롬바흐의 글은 칼 융의 집단 무의식을 다르

강신주 교수는 『회남자』를 말한다. 전한(前漢) 시대에 회남왕(淮南王) 유안(劉安, ?-B.C. 122)이 쓴 일종의 백과사전인 『회남자』(淮南子) 제3편 「천문훈」(天文訓) 편에 보면, 모든 것은 기가 모여 발생하고, 기가 흩어지면 사라진다는 우주발생을 말한다.[477] 이런 논리를 따르게 되면 인간과 다른 존재들과는 아무런 차이가 없다. '인간은 세상의 다른 존재들에 비해서 월등한 존재다' 그렇게 말할 수 없다. 왜냐하면 기(氣)의 여러 가지 변형된 형태에 불과하기 때문이다. 이런 설명은 인간의 인격성에 대한 근본적인 설명이 부실 할 수밖에 없다.

통일성을 말하게 되면 현대인들이 부딪히게 되는 것이 유교문화다. 현대인들은 개인주의 그것도 강력한 개인주의로 가려고 하는데 동양의 문화란 유교문화가 깊이 녹아나 있기 때문이다. 혈연, 지연, 학연으로 얽히고설켜 있다.

막스 베버는 중국에서는 자본주의가 발전할 수 없다고 말했는데, 그 이유는 유교문화인 가족중심적이고 공동체중심적이기 때문이라 했다. 그러나 1990년대 이후로 동아시아가 급부상하자 '유교적 자본주의', '아시아적 가치', '동아시아담론'이라는 새로운 주장들이 나왔다. 이 '유교적 자본주의'는 자본가와 노동자가 한 가족이라는 논리로 가기 때문에 개인주의 성향을 가진 노조 없는 기업으로 가려고 한다.

개인주의를 말하는 사람들은 먼저 강력한 개인주의가 있어야 하고 그 다음에 유대와 연대가 있어야 한다고 말한다. 전체주의를 말하는 사람은 먼저 공동체를 말하고 개인을 말한다. '국가가 없는데 개인이 있을 수 있냐?' 이런 개념이다. 더 구체적으로 말하면, '또 하나의 가족', '우리가 남이가?' '삼성이 없는데 하청업체가 있을 수 있나?' 이런 것이다. 순서가 다를 뿐이다. 어느 누구도 개인과 전체를 외면할 수 없다는 것이 현실이다.

이 두 가지를 보면 개인주의나 전체주의나 인간의 한계를 적나라하게 드러낸다. 강력한 개인주의 뒤에 강력한 연대가 온다는 것은 불가능하다는 것을 해 본 사람들은 다 안다. 자기 밥그릇 안 챙기는 사람이 거의 없기 때문이다. 악의 축은 삼성도 아니고 엘지도 아니다. 진정한 악의 축은 사탄이다! 그 사탄의 미혹에 놀아나는 인간의 죄악이 문제다.

노자는 모든 개체들을 눈에 보이지 않는 측면과 눈에 보이는 측면으로 보았다. 전자를 무명이 도(道)라 하고 관계의 원리로, 후자를 유명이나 명(名)이라 하고 식별의 원리로 말했다. 모든 개체들은 도와 명, 이 두 가지 계기를 가지고 있다고 보

게 표현한 것처럼 보인다.
477) 학자들은 『회남자』(淮南子)가 노장사상을 잇는 도가 계열에 속한다고 본다.

앉으니 도가 명을 지배하는 세상이었다. 노자의 이런 논리는 우주론으로 뻗쳐나간다. 『노자』 42장에서 다음과 같이 말했다.

> 도는 하나를 낳고
> 하나는 둘을 낳고 둘은 셋을 낳고 셋은 만물을 낳는다
> 만물은 음지를 등지고 양지를 껴안아
> 그 가운데의 기운을 조화롭다고 여긴다.[478]

노자는 무명과 유명이라는 두 계기가 세상 만물을 만들었다고 말함으로써, 도가 만물의 근원적인 원리이며 모든 개체들에 선행하여 존재하는 절대적인 원리라고 주장했다. 노자는 뿌리에 다 의존하고 있듯이 미리 주어진 도에 의존해서 살아가라고 말했다. 이것이 정치에 적용되면 군주에게 의존해야 살 수 있다는 군주의 통치 철학이 된다. 신흥개혁 세력인 법가의 입장에서 쓴 종합철학서인 『한비자』가 그 계열이고, 『삼국지』의 유비(劉備)는 유가가 아니라 노장 사상을 실천한 사람이다. 바다처럼 낮추면 물이 흘러들어오듯이, 덕이 있으면 사람이 모인다는 것이

478) 네이버 지식백과에서, 노자(삶의 기술, 늙은이의 노래), 2003.6.30, 들녘. 이미 설명한 것처럼 '하나'는 전국시대에 세계의 근원이자 만물의 시작을 의미하는 주요한 범주로 부상했다. 이 문장에서의 '하나' 역시 그러한 의미를 담고 있을 것이다. 지금 『노자』는 그러한 세계관에 "도는 하나를 낳는다"는 그 자신의 명제를 슬며시 덧붙이고 있다. 그렇게 함으로써 『노자』는 만물은 '하나'에서 시작된다는 세계관을 받아들이면서도 "도는 (만물을) 낳는다"는 자신의 형이상학을 관철시킨다. 곧 지금 『노자』는 전국 말기에 중시되었던 '하나'라는 범주 위에 도를 올려놓아 도의 우월성을 선전하고 있는 것이다. 이것은 안·의라는 덕성 위에 도·덕을 올려놓아 도·덕의 우월성을 강조하는 것과 같다. 특히 나는 지금 『노자』의 문장이 다음과 같은 『장자』의 글에서 영향 받은 것임과 동시에 그것을 극복하려는 의도에서 쓰이지 않았나 생각해본다. 『장자』에는 이미 하나·둘·셋이라는 개념을 통해 만물의 발생을 설명하는 글이 있다. 천지는 나와 함께 태어나고 만물은 나와 함께 하나가 된다. 이미 하나가 되었으니 무슨 말이 있겠는가. 이미 하나가 되었다고 말했으니 어찌 말이 없겠는가. 하나와 말이 모여 둘이 되고, 둘과 하나가 모여 셋이 된다. 이 뒤로는 교묘히 계산하는 사람도 알 수 없는데, 하물며 평범한 사람이겠는가(「제물론」). 지금 『노자』는 이 발생론에 "도는 하나를 낳는다"는 새로운 명제를 덧붙이고 있는 셈이다. 왕필은 이 『장자』의 글에 기초하여 지금 『노자』의 문장을 설명하고 있는데, 그런 면에서도 두 글의 연관성이 확인된다. 그럼에도 "도는 하나를 낳는다"는 말은 선뜻 받아들여지지 않은 것 같다. '하나'를 근원과 시작으로 이해하는 세계관은 『노자』이후에도 계속 득세했기 때문이다. 전국 말기 이후 한대의 분위기로 볼 때는 도도 근원적이지만 '하나'도 근원적이기 때문에 이 둘 사이에 '낳는다'는 관계를 설정하기가 어려웠을 것이다. 그래서인지 『회남자』는 지금 『노자』의 문장을 해설하면서도 "도는 하나를 낳는다"는 말을 생략한다. 도는 하나(일)에서 시작되지만 하나로는 무엇인가를 낳지 못한다. 그러므로 나뉘어 음양이 되고, 음양이 화합하여 만물이 태어난다. 그러므로 "하나는 둘을 낳고, 둘은 셋을 낳고, 셋은 만물을 낳는다"고 하였다(「천문훈」). 「천문훈」도 『노자』의 문장을 우주 발생론으로 이해하기 때문에 앞에서 거론한 하상공·이영 등의 해설은 「천문훈」의 해설에 빚을 지고 있다고 볼 수 있다. 하지만 「천문훈」은 "도는 하나에서 시작된다"고 하여 오히려 '하나'를 우위에 두는 듯하다. 우열을 이야기하는 것이 적절하지 않다면 최소한 두 범주를 동일시한다고는 말할 수 있다. 이것은 도와 '하나'를 동일시하는 『회남자』의 전체적 입장에서 볼 때 지극히 당연하다.

다.479)

그러나 장자에게 있어서 무명은 개체에 선행하지 않고 개체들의 활동으로 생성된 것이다. 길은 애초부터 길이 정해져 있지 않고 수많은 사람이 걸어 다녔기 때문에 생겨난다(道行之而成)고 말했다. 이것은 국가주의에 반대하는 장자의 지식인의 자율성, 인문학 정신, 곧 인간에 대한 사랑, 인간의 삶을 긍정하고 옹호하는 말이다.480) 『제물론』에서 이렇게 말한다.

> 도(道)는 걸어 다녔기 때문에 만들어진 것이고, 사물은 우리가 그렇게 말하기 때문에 그렇게 된 것이다. 어찌해서 그렇게 되었는가? 그렇다고 하니까 그렇게 된 것이다. 어찌해서 그렇지 않게 되었는가? 그렇지 않다고 하니까 그렇게 된 것이다.481)

장자의 도(道)는 공자의 도 개념을 한층 더 발전시킨 것이다. 공자에게 도는 언제나 주나라의 예, 즉 주례(周禮)를 뜻했다. 주례는 성인이 만든 길(道)이었고 장자는 따르고자 했다. 전설에 의하면 산농이 몸소 산천의 풀을 모두 뜯어 먹어보고 약초와 독초를 구분했다고 한다. 그렇게 죽을 고비를 넘겨가며 만든 지식과 지혜의 산물이 도가 되었다고 장자는 말했다. 장자의 도는 앞선 사람들의 실천을 통해 만들어진 도이다. 그래서 도는 걸어 다녔기 때문에 이루어진 것이라고 말했다.482)

---

479) 강신주, 철학 vs 철학 (파주: 그린비, 2012), 477~489.

480) http://blog.aladin.co.kr/booknamu/5939051; 한비자나 노자는 기본적으로 기존의 사고방식에 대한 대안이거나 파격, 즉 비판서로서의 위치를 가지고 있다. 이것이 이 책들의 역사성이다. 기존의 사고방식이란 유가를 말한다. 먼저 문제가 되는 노자의 경우 "공자가 찾아가서 예를 물었다"는 사마천 사기의 내용 때문에 유가보다 앞선다는 오해를 받을 수 있다. 한마디로 공자의 〈논어〉보다 〈노자〉가 시기적으로 뒤에 있을 뿐만 아니라 유학의 유구한 전통에 비해서는 너무 짧은 역사를 가지고 있다. 유학은 B.C.2288년, 즉 지금으로부터 3,300년 전 요임금 시기부터 시작하는 반면, 노자는 공자의 생몰연대인 B.C.552~479년 이후부터 형성되었다고 할 수 있다. 동북아의 인간은 유전적으로 유가의 피를 타고 났다고 할 수 있다. 따라서 동양인의 존재와 행동은 유가가 규정했다고 말할 수 있다. 이 바탕 위에 노자와 한비자가 있다. 한비자의 사상을 받아들여 전국시대를 통일한 진나라는 서쪽의 변방에 있던 나라로 중원의 중국인으로부터 멸시와 조롱을 받았다. 기본적으로 유가의 사고방식이 약할 수밖에 없었다. 한비자는 중국 가운데라고 할 수 있는 한(韓)나라에서 유세하였으나 개혁적 성향은 보수적인 유가의 벽을 넘지 못했다. 결국 한비자의 책을 눈여겨 본 진시황이 한비자의 사상을 철저히 받아들이고 진나라가 가혹하게 적용한 끝에 극단적인 효율성을 무기로 전국시대를 통일할 수 있었다. 결국 한비자는 유가의 기반 위에 개혁을 이뤄냈다고 할 수 있다. 한비자를 읽을 때 이런 역사적 맥락을 이해하면 큰 도움이 된다. 결국 유가에 대한 반론으로서 법가를 주장한 것이다. 법가나 노장을 존재와 행위의 언어로 규정하는 순간 원인 불명의 상태가 된다. 조선의 지식인들은 이러한 사정을 잘 알고 있었기 때문에 유가를 원류로 하고 한비자와 노장 등을 덧붙이는 방식으로 학습했다. 다산 정약용도 마찬가지였다. 즉 유가로 발제를 삼고, 노자를 통해 유가의 고정관념과 맹신이 어떤 부분인지 가려내고, 한비자를 통해 유가의 비효율적인 부분을 가려낸다. 한비자 본인 역시 자신의 책이 정도를 벗어났다고 고백했다. 잔인한 전국시대를 벗어나기 위해서는 극약처방이 필요했다는 게 그의 해명이었다.

481) http://blog.aladin.co.kr/common/popup/printPopup/print_Paper.aspx?PaperId=5423650

482) http://www.itmembers.net/board/view.php?id=bookreview&no=391

플라톤의 『티마이오스』(Timaios)에는 우주의 생성에 관하여 말한다.483) 우주는 제작자, 설계도, 재료 이 세 가지에 의하여 만들어진다. 그것은 세 가지 계기라고 하는데, 첫째 계기는 제작자를 의미하는 데미우르고스이고, 둘째 계기는 '언제나 같은 상태에 있는 것'으로서 본이 되는 '형상'이며, 셋째 계기는 원료를 의미하는 질료이다. 플라톤의 이런 우주발생론에는 어떤 사물의 의미는 이미 존재하고 있어야 한다. 제작자가 나무 의자를 만들려고 하면 설계도라는 형상이 이미 주어져 있기 때문이다. 사물을 사물 되게 하는 의미, 본질, 형상은 이미 존재하고 있었다는 사고방식을 말한다.484)

플라톤의 이런 생각을 정면으로 거부한 사람이 등장했는데 에피쿠로스의 '클리나멘'(Clinamen)을 재정립하여 말한 루크레타우스라는 사람이다. 세계가 만들어지기 전에는 원자들이 평행으로 운동을 하는데, 어느 순간에 어떤 원자가 그 평행운동을 깨고 궤도를 벗어나는 운동을 하게 되어 그것이 연쇄적으로 반응을 일으켜 우주가 생겨났다는 것이다. 그것은 원자들의 우연한 충돌로 생성된 것이기 때문에 기원도 목적도 없는 우연성에 기초한 유물론이다. 루크레타우스가 이런 우주발생론을 말한 것은 제작자나 형상 같은 어떤 초월적인 원인들이 미리 선재한다는 생각에 이의를 제기하기 위함이다.485)

유물론을 창시한 데모크리토스와 에피쿠로스는 세상은 허공(무)와 원자(존재)로 구성되어있다고 정의하였다. 그리고 이 허공과 원자의 세계가 어떻게 지금과 같은

---

483) 위키피디아 사전에서, 무질서와 질서: 무질서와 질서의 의미에 관해서는 박윤호(1995)의 설명을 참고할 수 있는데, 이에 따르면 티마이오스에서 플라톤이 생각하는 무질서의 내용은 동일성의 결여, 균형의 결여, 공간 운동에서 일정한 방향의 결여로 압축된다. 그리고 이에 대응하여 플라톤이 생각하는 질서의 내용도 드러나는데 동일성, 균형, 원운동이다. 실제로 이 셋은 티마이오스에서 자연사물과 자연세계를 직접 설명할 때 기본 원리의 역할을 하고 있다. 그런데 원운동과 균형에 더 주의를 기울이면 동일성이 그것들의 바탕이 되고 있음을 알 수 있다. 원운동은 동일성이 유지되는 운동이고 균형은 동일성이 유지되는 관계이다. 결국 질서에 대한 플라톤의 기본적인 생각은 동일성이라 할 수 있다. 존재와 생성: 티마이오스에 중요한 개념 중 하나는 존재와 생성이다. 플라톤은 존재(혹은 존재자)와 생성(혹은 생성자)을 구별함으로써 우주론을 제시한다. 강덕창(1992)의 설명에 의하면, 플라톤이 의도하는 존재의 의미는 '일정 시간 동안에 (그것)인, 동시에 있는 것'이고, 생성은 '순간적 시간 동안 (그것)이 되면서 (그것)이지 않게 되는, 동시에 있게 되면서 있지 않게 되는 것'이다. 이는 '항상 동일하게 있는 것'과 '항상 (다른 것으로) 되는 것'으로도 구별할 수 있다. '항상 동일하게 있는 것'은 '추론을 동반한 사유에 의해 파악되는 것'이고 '항상 (다른 것으로) 되는 것'은 '추론 없는 감각을 동반하는 의견의 대상인 것'이다(박윤호, 1992). 그리고 이 우주는 '언제나 존재하는 동시에 언제나 생성하는 것', 즉 존재자인 동시에 생성자이다. 이같은 특성은 융합되기가 힘든 상반된 두 개의 것들로 나타나지만 분명히 이 하나의 우주가 동시에 가지고 있는 특성들이며, 이 특성들은 우리의 사유와 감각으로 인식된다.

484) 강신주, 철학 vs 철학 (파주: 그린비, 2012), 41-44.

485) Ibid., 44.

세계로 진행되는지에 대해서 원자의 세 가지 운동으로 설명했다. 첫 번째는 직선으로 낙하하는 운동, 두 번째는 원자가 직선에서 벗어나면서 생겨나는 운동(편위), 세 번째는 많은 원자들의 충돌을 통해 정립되는 운동을 말했다. 데모크리토스는 첫 번째와 세 번째 운동을, 에피쿠로스는 두 번째 운동을 추가하였는데, 그것이 바로 '클리나멘'이다.486)

마르크스는 자신의 박사학위 논문에서 클리나멘을 말했다. 그리고, 20세기에 가장 영향력 있었던 프랑스의 마르크스주의 철학자 루이 피에르 알튀세르(Louis Pierre Althusser, 1918-1990)487)는 루크레타우스의 클리나멘 이론을 플라톤과 기독교 세계관에 정면으로 맞서는 유물론의 철학적 기초로 삼았다. 알튀세르는 현대 서양철학자들 가운데서 우발성의 철학을 가장 확실하게 말한 사람이다. 우발성의 철학은 모든 사건들은 개체들 사이의 우발적인 마주침으로 발생한다는 것이다. 알튀세르는 이것을 '마주침의 유물론'의 전통이라 했다.

프랑스 지성계의 흐름은 탈정초주의(post-foundationalsim)였다. 탈정초주의는 토대나 법칙을 거부하는 것이 아니라, 고정불변한 것을 우발적인 것으로 대체하는 이론적인 관점이다. 이렇게 흘러가도록 가장 큰 영향을 준 사람이 마르틴 하이데거였다. 그 중에서도 하이데거 좌파가 그랬다.

마주침의 유물론으로 가면 어떻게 되는가? 그 기본개념이 "세계 형성 이전에는 어떤 의미도, 또 어떤 원인도, 어떤 목적, 어떤 근거나 부조리도 실존하지 않았다"는 것이다. 이것은 기독교의 근본적인 핵심이 되는 창조주 하나님의 존재와 목적을

---

486) http://blog.daum.net/faylasuf/8495072; 클리나멘(clinamen) 무한한 공간 속에 무한한 원자가 직선으로 낙하한다. 무한한 많은 가능성을 내포하고 있으나 등속으로 떨어지는 원자의 운동에서 원자끼리 아무런 마찰이 없다. 그런데 어느 순간 정해진 길을 벗어난 원자가 자유롭게 궤도를 바꾸어 운동을 하고 그 결과 원자와 원자끼리 충돌해서 물질이 형성된다. 정리하자면 세상의 체계는 이렇다. 무와 존재 -> 우발성 -> 원자의 충돌에서 물질 발생 -> 분자 -> 유기체 -> 동물 -> 인간 -> 인간의 문화 -> 이데올로기 상부 구조 흐름은 이렇게 정리되는 것이다. 결론적으로 마르크스가 주장한 역사적 유물론조차 인간의 문화에서 나온 하나의 관념에 불과하다. 그것은 우연히 응고되었을 뿐이고, 응고가 해체되면 사라진다.

487) 알튀세르는 정신 분석학의 라캉, 언어학의 소쉬르, 인류학의 레비스트로스와 함께 구조주의 4인방이라 한다. 구조주의는 휴머니즘의 절정기, 이성 만능의 시대에 휴머니즘과 이성에 반대하며 일어난 것은 아이러니한 것이다. 프로이트가 말한 무의식은 엄청난 파장을 불러일으켰다. 소쉬르는 인간이 언어를 사용하는 주체가 아니라 언어구조의 지배를 받는 존재에 불과하다고 말했다. 인간은 무의식으로 분열되고 언어구조로 주체성을 상실했다. 이 두 사람 프로이트와 소쉬르의 영향으로 구조주의의 싹을 틔운 사람이 클로드 레비스트로스였다. 인류학자로서 레비스트로스는 여러 사회의 친족관계, 생활양식, 신화, 종교, 예술, 요리 등의 문화적인 연구를 통해 인간 사회의 공통적인 요소를 알아내려고 했다. 그 배후에 감추어져 있으면서 모든 사회에 존재하는 보편적인 요소를 심층으로 규정하면서 그것을 '구조'라고 말했다. 레비스트로스에게 사회구조는 사회적 무의식이다. 구조주의의 핵심 키워드는 무의식, 이성의 동일성(동질성) 부인, 주체는 사유의 중심이 아니라 구조(언어구조와 사회구주)의 산물이다.

정면으로 거부한다. 필연성을 거부하는 마주침의 유물론은 인간과 세계의 우발적인 마주침을 통하여 의미를 찾으려고 하기 때문이다. 의미와 통일성을 찾으나 인간 스스로, 인간과 세계 안에서 찾는 것이다.

야스퍼스는 니체가 보편적 앎의 가능성을 반대하는 것에 대해서 다음과 같이 말했다.

> 니체와 및 니체와 함께 하는 현대적 인간은 더 이상 신이라고 하는 일자(das Eine)와 관계를 맺으며 살아가지 않는다. 기독교적으로 방향 잡힌 역사의 통일성이라는 길잡이에 묶인 채 우리는 이 세계요 인류의 역사라고 주장되는 초월자 없는 일자(das transzendenzlose Eine) 속으로 무너져 내리고 있다. 그리고 지식을 쌓아가면서 니체와 함께 우리는 일자로서의 이러한 세계 내재적 존재는 결코 존재하지 않는다는 사실을 체험하고 말 것이다. 통일성이 깨어지면서 우연이라는 것이 최종법정으로 등장하고, 혼돈이 본래적 사실로 등장하며, 무엇에든 스스로를 광신적으로 붙잡아 놓는 일이 생기고, 전체적인 것에 대한 관점은 어떤 하나의 실험 장소에서 제시한 것으로 나타나며, 스스로를 기만하는 전체에 대한 계획수립이 나타난다. - 그리고 이러한 진행과정을 두루 살펴봄으로 해서 점증된 허무주의가 생겨난다.[488]

야스퍼스는 하나님을 통한 통일성이 무너지면 우연성으로 대체되고 결국 허무주의로 결론이 나는 것을 간파했다. 알튀세르는 1968년 프랑스 5월 혁명을 겪으면서 철학적 관점을 극적으로 바꾸게 된다.[489] 그는 루크레티우스의 클리나멘 개념으로 만든 '마주침의 유물론'으로 이념이나 선재된 의미, 혹은 결정된 역사 법칙에 사로잡힌 인간들에게 자유와 혁명을 지필 수 있을 것이라고 보았다.

알튀세르가 이데올로기에 주목한 계기는 사회적 존재가 의식을 결정한다는 유물론의 테제가 그대로 적용되지 않는다는 점이었다. 자본주의 사회에서 노동자는 노동자로서의 계급의식이 없고, 자본에 의하여 하나의 생산도구로 이용되고 있음을 알지 못하며, 자신의 노동이 잉여가치를 낳는다는 것을 알지 못한다는 것이다. 한마디로 노동자 자신이 착취당하고 있다는 사실을 깨닫지 못하고 있는 것이다. 그런 근본적인 이유는 그 착취의 과정이 이데올로기로 은폐되어 있기 때문이라고 말했다. 그러나 그것은 자본가가 음모를 의도적으로 꾸민 것도 아니고 노동자가 무지해서도 아니라 무의식적으로 진행되고 있기 때문이라는 것이다. 그러기 위해서는 전통적인 경제투쟁이나 정치투쟁으로만 아니라 이데올로기 투쟁이 있어야 한다고 말

---

488) 칼 야스퍼스, 니체와 기독교, 이진오 역 (서울: 철학과 현실사, 2006), 78.
489) 강신주, 철학 vs 철학 (파주: 그린비, 2012), 46; 알튀세르의 최종목표는 플라톤 철학도 기독교도 결코 아니었다. 그는 역사적 필연성을 주장하는 낡은 역사유물론을 폐기하기 위해 우발적인 마주침을 강조했던 것이다. 완벽한 유물론이 되기 위해서는 무엇이 선재해 있다거나 역사에 필연성이 있다고 말하는 것은 가장 위험한 적으로 간주되었기 때문이다.

했다. 노동자 계급만이 아니라 대중의 공동전선이 필요하다고 말했다.[490] 이렇게 말한 알튀세르이지만 그의 수제자 자크 랑시에르에 의하여 비판을 당했다.[491]

우리가 지금 하나님의 창조에 대한 교리문답을 살피면서 회남왕(淮南王) 유안(劉安)의 『회남자』, 플라톤의 티마이오스, 에피쿠로스의 클리나멘, 마르크스와 알튀세르의 '마주침의 유물론'까지 생각해야 하는 이유는 무엇인가? 기원도 목적도 없는 우연성에 기초한 유물론은 결국 무의식적이고 무목적적이고 허무한 삶을 말하며 투쟁과 혁명으로 점철되지만, 무한하시고 인격적인 하나님께서 창조하셨다는 창조론으로 가게 되면 인격적이고 목적이 있으며 의미와 통일성을 충분히 누리는 삶을 살아가기 때문이다. 그것을 통하여, 죄인 된 본성으로 살아가는 자본주의 사회가 만들어내는 죄악 된 것들에 대하여 분명하게 비판하고 바른 길로 가야한다. 성경은 창조에 대하여 다음과 같이 말한다.

1) 창조의 사역은 하나님이 엿새 동안에 그 능력의 말씀으로
창조에 대하여 벌코프는 다음과 같이 말한다.

> 엄밀한 의미에서 창조는 하나님이 자신의 주권적인 의지에 의하여 자신의 영광을 위해, 태초에 모든 가시적이고 불가시적인 우주를, 이미 있는 재료를 사용하지 않고 생기게 하시고, 그리하여 자신과 구별되면서도 언제나 자신에게 늘 의존하는 실체가 되게 하신 하나님의 자유로운 행동으로 정의될 수 있다.[492]

창조하시는 그 최고의 목적은 그 지으신 피조물들을 통하여 영광을 받으려는 것이 아니라, 그의 손으로 하시는 사역들 속에서 하나님의 고유하신 영광을 나타내시려는 것이다.[493] 성경은 하나님께서 천지만물을 하나님의 말씀으로 창조되었다고

490) 남경태, 누구나 한번쯤 철학을 생각한다 (서울: Humanist, 2012), 577-578.
491) http://blog.daum.net/traumzauberbaum/858; 자크 랑시에르의 『감성의 분할』은 이 실종된 문제의식을 되살리려는 시도다. 따라서 이 책을 이해하려면 우선 정치적인 것에 대한 저자의 관념을 알아야 한다. 널리 알려진 것처럼 랑시에르는 알튀세르의 저서 『자본론을 읽는다』의 집필에 참여했다. 하지만 68혁명에 대한 알튀세르의 무시와 냉소에 실망한 나머지 그는 스승에게서 등을 돌리게 된다. 그에게 필요한 것은 68혁명에서 대중이 보여준 정치적 자발성을 제대로 설명해 주는 이론이었다. 68혁명이 지향했던 '평등성'과 '익명성'은 그 이후 랑시에르의 정치사상을 강력하게 규정하게 된다. 알튀세르에게 등을 돌린 그가 의지할 곳을 마련해 준 이는 미셸 푸코였다. 푸코는 사회적으로 확립된 구별(가령 정상/비정상) 일체의 폭력성을 드러내고, 그 구별이 결코 절대적인 게 아님을 상기시키려 한다. 『감성의 분할』에서도 푸코의 계보학과 비슷한 전략을 볼 수 있다. 랑시에르는 '감성적인 것의 배분'이라는 깊은 차원으로 들어가, 현재의 예술 체제가 역사적으로 어떻게 형성되었는지를 펼쳐 보여 준다. 이는 감성적인 것의 영역을 지금과는 다른 방식으로 사회 속에 배분할 가능성을 상상하기 위한 이론적 준비라 할 수 있다.
492) 루이스 벌코프, 벌코프조직신학(상), 권수경·이상원 역 (서울: 크리스챤다이제스트, 1993), 323.
493) Ibid., 343.

말한다. 그 창조되어진 세계는 하나님께 찬양으로 화답한다.

> 1 하늘이 하나님의 영광을 선포하고 궁창이 그 손으로 하신 일을 나타내는도다 2 날은 날에게 말하고 밤은 밤에게 지식을 전하니 3 언어가 없고 들리는 소리도 없으나 4 그 소리가 온 땅에 통하고 그 말씀이 세계 끝까지 이르도다 하나님이 해를 위하여 하늘에 장막을 베푸셨도다(시 19:1-4)

성경이 이렇게 하나님과 창조세계를 표현하는 것은 언약이 하나님과 창조세계에 내재되어 있다는 것을 말한다. 언약은 세계를 창조하신 후에 추가되어진 어떤 요소가 아니다. 하나님께서 창조하신 세계는 그 처음부터 언약적으로 정돈되어졌으며 이스라엘이라는 나라와 백성들도 언약적인 삶이었다. 그러므로 창조된 세계와 이스라엘은 하나님 앞에서 인격적이고 윤리적인 책임을 지는 삶을 살아갈 수 있게 되었다.[494]

세계에 대한 이런 이해, 곧 창조와 언약적 이해는 우리의 삶에 어떤 영향을 끼치는가? 여호와 하나님의 언약과 능력 아래서 세계는 신적인 요소를 상실하므로 존재 내에 부여된 신성을 제거한다. 언약이 관통하는 세계는 하나님의 말씀으로 충만하나, 헬라적 세계는 신성을 조장하는 상상력으로 충만하다. 이것은 플라톤적 혹은 신플라톤적 철학에 기초한다. 신들의 파편으로 이 세계가 존속하고 그 본성상으로는 신성한 불꽃이 있으나 유한한 존재이기에 악이 필연적으로 발생하며 투쟁이 지속적으로 일어나게 된다. 신으로부터의 유출은 악과 투쟁이 존재론적 필연성에 의해서 발생한다는 근거를 제공한다. 그 배경에는 고대 세계의 신화가 자리 잡고 있다. 이것은 헤겔과 마르크스와 유물론적 사고방식을 추종하는 사람들의 기초다. 그 기초가 그들의 종교다! 내재적 신성함, 곧 신성한 내면아이를 존재의 기초로 삼으며 그 존재는 우발성과 투쟁의 개념이 필연적이기 때문에 세계는 언제나 낮은 단계에서 높은 단계로 상승하려는 욕망을 가진 기계가 된다.

그러나 언약적 세계이해는 약속이 성취로 이루어지는 세계다. 그 세계는 언약

---

494) 마이클 호튼, 언약적 관점에서 본 개혁주의 조직신학, 이용중 역 (서울: 부흥과개혁사, 2012), 335; 〈이런 소통적 행동을 위한 언약적 표현('말씀하사', '부르셨도다')에 주목해 보라. 창조세계는 그 존재 자체에 있어서 처음부터 언약적으로 정돈되었다. 따라서 브루거만이 논평하듯이 "창조세계 안에는 하나님의 주권적인 진지함이 있으며 하나님은 선물, 의존, 낭비의 조건인 창조 세계의 조건에 대한 위반을 용납하지 않으실 것이다. 송영을 불러일으키는 여호와의 주권을 거부하는 이들에게는 창조 세계는 불길한 경고로 끝난다." 자연 세계가 증언하는 것은 (시 19편에서와 같이) 바로 이 언약이며 여호와는 역사 속에서 자신의 언약 백성에 대해 유리하거나(창 15:5-6, 8:22, 9:8-17; 마 2:10) 불리하게(마 24:28, 27:45; 행 2:20) 증언하시기 위해 자연 세계를 소환하신다. 시편에서는 자연과 역사, 창조와 구속 가운데서의 하나님의 통치를 거듭 찬미한다.〉

대상자로서 인간의 인격적인 반응과 책임이 요구되어진다. 하나님의 지속적인 개입괴 역사 속에서 의미와 통일성을 세공받으며 참된 자유를 누리고 살게 된다. 기독신앙은 지극히 언약적이다. 그것은 성도들의 존재와 삶이 하나님의 말씀과 성령님의 간섭하심에 의존적이라는 뜻이다. 인간은 그 내면에 신성함이 없으며 자율적이지 않다. 그러므로 성경이 언제나 말하는 것은 인간의 좌악과 하나님의 은혜다. 그것은 언제나 언약적이다. 인간이 타락하여 죄를 지음으로 언약을 깨뜨렸으나 하나님의 은혜로 주어지는 대속적 죽음을 통하여 언약을 화복케 하신다. 특히 시편에서 창조를 말할 때 하나님의 구속 사역과 연결된다.[495] 우리의 관심은 이 언약의 화복이지 존재와 생성의 투쟁과 상승이 아니다.

창조는 하나님의 경륜이 시행되는 시작이다. 하나님께서 말씀으로 창조하셨다는 것은 창세기 1장에서 가장 분명하게 나타난다. 창조의 순간마다 "말씀하시되(가라사대)"라는 말씀이 나온다.

> 1 태초에 하나님이 천지를 창조하시니라 3 하나님이 가라사대 빛이 있으라 하시매 빛이 있었고 6 하나님이 가라사대 물 가운데 궁창이 있어 물과 물로 나뉘게 하리라 하시고 9 하나님이 가라사대 천하의 물이 한 곳으로 모이고 뭍이 드러나라 하시매 그대로 되니라(창 1:1, 3, 6, 9)

창조가 하나님의 말씀으로 이루어졌다고 할 때, 창조가 가지는 단어의 용도에서 드러난다. 창조의 '바라'는 신적인 '만듦'을 말하며 인간의 어떤 행동에는 사용되지 않는다. 바빙크의 말대로, "이 단어는 결코 무엇인가가 만들어지는 물질이라는 목적격을 갖지 않는다." '바라'는 신적 사역의 위대함과 능력을 드러내는 단어다.[496] 그러므로, 언약의 백성들은 여호와의 그 말씀을 신뢰하며 찬송했다.

> 6 여호와의 말씀으로 하늘이 지음이 되었으며 그 만상이 그 입 기운으로 이루었도다 9 저가 말씀하시매 이루었으며 명하시매 견고히 섰도다(시 33:6, 9)

---

495) 그레엄 골즈워디, 그리스도 중심 성경신학, 윤석인 역 (서울: 부흥과개혁사, 2013), 154; "… 시편 8편은 하나님이 이루신 창조의 정점으로서 인간이 지닌 존엄에 대한 경의를 표현한다. 시편 89편과 144편은 모두 창조에 나타난 하나님의 주권을 이스라엘 자손과의 언약 관계와 결부시키고 특별히 다윗 언약과 관련짓는다. 시편 100편도 창조와 언약을 유사한 방식으로 결부시킨다. 시편 136편의 첫 번째 부분은 이스라엘 자손에 대한 하나님의 언약적 신의를 창조와 결합한다. 시편 136편의 두 번째 부분은 애굽에서 해방된 구속 사건을 하나님의 변함없는 사랑, 곧 언약적 신의('헤세드')와 연결시킨다. 따라서 창조는 주로 하나님의 구속 사역과 관련지어서 성찰된다."
496) 헤르만 바빙크, 개혁교의학2, 박태현 역 (서울: 부흥과개혁사, 2011), 522.

이스라엘 백성들은 구원이 많은 군대와 용사의 힘으로 말미암는 것이 아니라 여호와를 경외하고 그 인자하심을 바라는 자에게 허락되는 것을 역사 속에서 알게 되었기에 그 사실을 노래했다.

> 16 많은 군대로 구원 얻은 왕이 없으며 용사가 힘이 커도 스스로 구하지 못하는도다 17 구원함에 말은 헛것임이여 그 큰 힘으로 구하지 못하는도다 18 여호와는 그 경외하는 자 곧 그 인자하심을 바라는 자를 살피사 19 저희 영혼을 사망에서 건지시며 저희를 기근 시에 살게 하시는도다(시 33:16-19)

하나님께서 말씀으로 창조하셨다는 것은 이미 존재하고 있는 재료에서 작품을 만드는 인간의 방식으로 행한 것이 아니라는 뜻이다. 하나님의 창조는 하나님의 기뻐하시는 뜻대로 모든 것을 행하시는 능력 있는 말씀의 창조다. 어느 누구의 제재와 간섭을 받지 아니하시는 하나님의 뜻이 드러난 그 말씀으로 만물을 창조하셨다. 새언약의 성도들은 그 말씀의 창조를 믿음으로 받아들이고 고백한다.

> 믿음으로 모든 세계가 하나님의 말씀으로 지어진 줄을 우리가 아나니 보이는 것은 나타난 것으로 말미암아 된 것이 아니니라(히 11:3)

그러나, 그 일의 반역은 언제나 있어 왔다.

> 이는 하늘이 옛적부터 있는 것과 땅이 물에서 나와 물로 성립된 것도 하나님의 말씀으로 된 것을 그들이 일부러 잊으려 함이로다(벧후 3:5)

세상의 기원에 대하여 고대 신화는 대개 악, 혼돈, 재난에서 발생한 실재의 일부이거나 신적인 불꽃이 물질세계에 내재한 것으로 설명한다. 그리스의 철학에서 세계와 물질은 신으로부터 발현된 것이기에 신적 영원성을 내포하게 된다. 오늘날 소위 과학적 사고방식과 철학적 사고방식을 가르치는 사람들은 신으로부터 혹은 신화로부터의 해방을 그들의 이야기의 출발점으로 삼는다. 불변의 진리를 찾으려는 노력은 계승하더라도 마법과 주술은 벗어던져야 한다고 말하며, 그것이 철학의 해방이요 참된 의미에서 철학의 탄생이라고 말한다.[497] 그들의 말에 따르면, 참된 철학이란 이성으로 불변의 진리를 찾는 것이다. 마법과 주술을 말하면서 성경의 창조 기사보다 바벨론의 창조 설화를 더 우월한 것으로 말하나 그것은 창조주 하나님에

---

497) 남경태, 누구나 한번쯤 철학을 생각한다 (서울: Humanist, 2012), 27.

대한 의도적인 거부감에서 왜곡된 것이다. 이런 시도들이 있을 때 우리는 어떻게 생각해야 할까?

창조 설화의 기원에 관한 문제가 반복적으로 야기되어 왔는데, 그것에 관한 관심이 바벨론의 창조 신화의 발견에 의하여 다시 새롭게 되었다. 우리에게 알려진 이 신화는 바벨론의 도시에서 형성되었다. 그것은 말둑(Marduk)을 최고의 신으로 하는 여러 신들의 계보에 관하여 이야기한다. 그만이 원시 용인 티아맛(Tiamat)을 이길 만큼 충분한 힘을 가지고 있어서, 사람들이 경배하는 세계의 창조주가 된다. 창세기의 창조 설화와 바벨론 신화 사이에는 몇 가지 유사점이 있다. 두 가지가 다 원시적인 혼돈과 궁창 아래와 위의 물에 대한 구분을 언급하고 있다. 창세기는 7일을 말하고, 바벨론 기사는 7개의 서판에 배열되어 있다. 양 기사들이 모두 하늘의 창조를 넷째 날에, 사람의 창조를 여섯째 날에 연결시킨다. 이 유사성들의 어떤 것은 거의 중요하지 않으며, 두 기사의 차이점들이 훨씬 더 중요하다. 히브리 기사의 순서는 바벨론의 그것과 많은 점에서 다르다. 하지만 가장 큰 차이점은 두 기사의 종교적 개념들에서 발견된다. 성경의 기사와 구분되는 바벨론의 기사는 신화적이고 다신적이다. 신들의 수준은 높지 않으며, 음모와 계략을 꾸미고 싸운다. 또한 말둑은 악한 세력들을 이기고 혼돈을 질서로 환원시키기 위해 혼신의 힘을 쏟아붓는 오랜 싸움 끝에야 비로소 승리한다. 반면에 창세기에서 우리는 가장 숭고한 유일신론과 마주치게 되며, 하나님께서 우주와 모든 피조된 것들을 그의 능력의 말씀만으로 불러내시는 것을 본다.[498]

바벨론 기사 발견으로 인해 두 가지 가능성이 제기되었다. 1) 바벨론 신화는 창세기 설화의 개악된 모조품이다. 2) 양자가 다 공통적인 좀 더 원시적인 자료로부터 유래한 것일 수 있다. 그러나 설화는 기원 문제를 해결하지 못했다. 우리는 다음과 같은 입장을 취한다. 1) 창조의 사랑은 불가해하다. 2) 과학과 철학은 둘 다 똑같이 무로부터의 창조론을 반대한다. 3) 우리는 세계가 하나님의 말씀으로 지음을 받았다는 사실을 신앙으로만 이해할 수 있다.[499] 그러므로 우리는 창조설화가 모세가 혹은 고대의 족장들 가운데 한 사람에게 계시되었다는 결론에 이르게 된다.[500]

창조기사가 바벨론 신화에서 비롯된 것이라는 주장에 대하여 바빙크는 다음과 같이 반박한다.

이 모든 지적들 가운데 오로지 첫 번째 지적만이 어떤 중요성을 지니는데, 왜냐하면 창세기 1장 2절의 '깊음'은 진실로 바벨론적 티아맛에 상응하고, 하나님이 고대로부터 자연 능력에 대항하여 전쟁을 치루었다는 사상이 구약 성경의 어디엔가 나타나기 때문이다. 어떤 구절들에서 하나님이 대적하고 정복하는 모든 능력들, 즉 라합, 리워야단, 용, 탄닌, 뱀, 나하쉬가 언급된다. 하지만 이 모든

---

498) 루이스 벌코프, 벌코프조직신학(상), 권수경·이상원 역 (서울: 크리스챤다이제스트, 1993), 357.

499) 믿음으로 모든 세계가 하나님의 말씀으로 지어진 줄을 우리가 아나니 보이는 것은 나타난 것으로 말미암아 된 것이 아니니라(히 11:3)

500) 루이스 벌코프, 벌코프조직신학(상), 권수경·이상원 역 (서울: 크리스챤다이제스트, 1993), 357.

구절들을 주의 깊게 읽어 보면, 이스라엘의 창조에 대한 신앙은 여전히 여러 면에서 신화론적 성격을 지녔다는 주장에 대해 그 어떤 근거도 제공하지 않는다.

왜냐하면 (1) 이러한 개념들은 아주 다양한 일들의 묘사에 쓰인다는 것이 부인될 수 없기 때문이다. 욥기 9장 13절, 26장 12절, 13절의 '라합'은 물론 바닷속 괴물이지만, 시편 87편 4절, 89편 11절, 이사야 30장 7절, 51장 10절에서는 의심의 여지없이 이집트에 대한 은유다. 욥기 7장 12절, 이사야 51장 9절의 '탄닌'은 바다의 용이지만, 이사야 27장 1절에서는 하나님이 정복하게 될 미래의 권세에 대한 상징으로서 사용되고, 에스겔 29장 3절, 32장 2절에서는 이집트에 대한 은유로서 사용된다. 욥기 3장 8절의 '리워야단'은 욥기 26장 12절의 '나하쉬'와 마찬가지로 해와 별들의 빛을 삼키는 하늘의 용이지만, 이사야 선지자는 이사야 27장 1절에서 두 이미지를 사용하여 미래의 세상 권세를 묘사한다. 이 모든 것은, 라합 등의 용어들이 원래 무엇을 의미했든지 간에, 다양한 일들에 대한 이미지로서 사용되었음을 증명한다.

(2) 이 용어들이 자연의 능력에 대한 묘사로서 사용되었을 때, 성경에서 그 용어들은 결코 바벨론의 창조 설화를 티아맛으로 소개하는 자연의 능력을 가리키지 않는다. 하지만 그 용어들은 과거에 특히 이스라엘의 이집트로부터의 구출과 홍해를 통과한 일(시 74:13-14, 89:11; 사 51:9-10), 또는 여전히 항상 지속되는, 따라서 현재에도 하나님이 싸워 정복하는 다양한 자연의 능력들을 주시한다. 그러나 창조 시에 하나님이 반드시 정복해야 했던 하나님과 대립된 자연적 능력의 존재는 그 어디에도 언급되지 않는다. 라합, 리워야단 등을 바벨론 티아맛과 동일한 것으로 볼 증거는 하나도 없다.

(3) 하나님이 자연의 능력들을 억제하고 승리한다는 개념은 시적인 묘사로서, 이스라엘의 시인들과 선지자들이 이교도의 신화를 믿었다는 주장을 결코 지지할 수 없다. 때때로 탄닌과 리워야단이 실제 바닷속 괴물을 연상하게 한다는 것은 가능하다. 하지만 그렇지 않을 경우, 그리고 어떤 자연의 능력, 예를 들어 빛을 삼키는 어두움이 라합 혹은 리워야단 혹은 나하쉬로 재현될지라도, 히브리 시는 우리가 언제나 황도대, 큰 곰과 작은 곰, 게와 전갈, 미네르바와 비너스를 말하듯이, 동일한 방식으로 이미지를 사용한다. 그러한 신화론적 이미지들의 사용이 그것들의 실재적 존재에 대한 믿음을 증거하는 것은 결코 아니다. 이것이 더욱 증명하지 않는 까닭은, 구약 성경이 바다를 매우 자주 하나님의 책망을 받는 강력한 자연의 능력으로 묘사하고 있기 때문이다(욥 12:26, 38:11; 시 18:16, 65:8, 93:4; 렘 5:22; 나 1:4).

(4) '깊음'이라는 용어는 그 자체로 아무것도 증명하지 않는다. 왜냐하면 비록 이 용어가 바벨론의 티아맛과 일치된다고 할지라도, 이로부터 바벨론의 창조 설화와 성경에서 이 용어들과 연관된 개념들이 서로 일치하는지에 대해서는 아무것도 도출되지 않기 때문이다. 사실상 이 개념들은 동일한 것이 아니고, 오히려 정반대로 서로 거리를 멀리 둔다. 왜냐하면 티아맛은 유일하게 존재하는 혼돈으로서 신들의 창조에 선행하고 그 뒤에 그 신들을 대항하는 반면, 창세기 1장 2절의 '깊음'은 '공허와 혼돈'이 어떤 신화론적 연상 없이 이를 위해 쓰인 것처럼 단순히 땅이 본래 존재했던 무형無形의 상태를 지시하기 때문이다.[501]

우리가 이렇게 길게 바빙크의 글을 읽어야 하는 이유는 막연한 궁금증 속에서 머뭇거리지 않고, 성경의 창조 기사에 대한 확신을 분명하게 하기 위해서이다. 계속해서, 바빙크는 성경의 창조기사와 바벨론의 창조 설화의 차이점에 대하여 다음과 같이 말한다.

---

501) 헤르만바빙크, 개혁교의학2, 박태현 역 (서울: 부흥과개혁사, 2011), 596-597.

… 창세기에 의하면 하나님의 실재는 만물에 선행하는 반면, 바벨론 창조 설화에서는 신들이 혼돈 이후에, 그리고 혼돈으로부터 태어난다. 성경에서 하늘과 땅은 하나님의 능력의 말씀으로 존재했고, 그 뒤에 하나님의 신이 수면 위에 운행한 반면, 바벨론 신화에서는 본래 오로지 혼돈만이 있었고, 그로부터 알 수 없는 방식으로 신들이 나오고 그 신들에 대해 혼돈이 대립한다. 성경에서 빛의 창조는 땅의 무형無形 상태 후에 맨 처음 나오지만, 바벨론 설화에서는 빛의 창조가 전혀 나타나지 않는다. 전자에서는 땅의 준비가 규칙적인 순서로 육 일 동안 완성되는 반면, 후자에서는 그런 질서란 결코 존재하지 않는다. 유일하게 일치하는 것은 오로지 두 설화에서 하늘과 땅이 형성되기 전에 혼돈이 선행한다는 것뿐이다. 이로부터 두 설화 사이의 일치나 공통적 기원을 도출하는 것은 성급하고 근거 없는 일이다. 창세기의 창조 설화는 전적으로 독특한 성격을 지닌다. 그것은 신통기 theogonie의 그 어떤 흔적도 포함하지 않으며, 엄격한 일신교적이어서 무無로부터의 창조를 가르치며 원시 재료를 부정한다. 그렇기 때문에 또한 유대인들이 이 설화를 포로기, 혹은 그 이전에 가나안에서 바벨론 사람들로부터 빌려왔다는 것은 믿을 수 없는 일이다. 첫째, 창조는 이미 바벨론 포로 이전에 이스라엘 사람들에게 알려져 있었다. 둘째, 이것은 이미 6일간의 창조에 근거한 7일간의 일주일도 마찬가지다. 그래서 유대인들이 자신들 가르침의 그렇게 중요한 부분을 바벨론 사람들이나 가나안 사람들로부터 전수받았다는 것은 사실일 수 없다. 마지막으로, 이교도의 우주진화론들은 전적으로 다신교적이어서 일신교적 민족인 이스라엘을 끌어당기기보다는 오히려 거부당해야만 했고, 또한 창세기 1장과 같은 아름다운 일신교적 설화로 그렇게 쉽게 재편집하도록 허락되지 않았다. 오히려 모든 것은, 창세기 전통이 고대로부터 기원한 것으로, 다른 민족들에게 있어서 점차 변질되었던 반면, 이스라엘에게 있어서는 그 순수성이 보존되었다는 사실을 논증한다.[502]

우리는 이렇게 창조기사에서 하나님께서 온 우주와 만물을 창조하셨음을 알게 됨으로 해서 다른 신화들이 물질을 신으로 섬기며 인간의 내면에 신성을 부여하고 도약하는 자리에서 벗어나서 진정한 인간해방을 누릴 수 있다. 하나님을 경배하고 섬기는 것만이 영원한 의미와 통일성을 참되게 누리는 길이다. 이렇게 성경은 창조 사건으로부터 회심을 촉구하고 있다!

말씀에 의한 창조를 말할 때 성경은 예수 그리스도를 말한다.

> 우리 주 하나님이여 영광과 존귀와 능력을 받으시는 것이 합당하오니 주께서 만물을 지으신지라 만물이 주의 뜻대로 있었고 또 지으심을 받았나이다 하더라(계 4:11)

신약성경은 예수님 안에서 만물이 창조되고, 예수님으로 말미암아 만물이 창조되었고 예수님을 위하여 만물이 창조되었다고 말한다.

> 16 만물이 그에게 창조되되 하늘과 땅에서 보이는 것들과 보이지 않는 것들과 혹은 보좌들이나 주관들이나 정사들이나 권세들이나 만물이 다 그로 말미암고 그를 위하여 창조되었고 17 또한 그가 만물보다 먼저 계시고 만물이 그 안에 함께 섰느니라(골 1:16-17)
> 만물이 그로 말미암아 지은 바 되었으니 지은 것이 하나도 그가 없이는 된 것이 없느니라(요 1:3)

---

502) Ibid., 597-597.

요한복음과 골로새서는 예수님께서 창조자이심을 분명히 했다. 이것은 요한복음과 골로새서가 영지주의적 위험성을 간파하고 있기 때문이다. 그것은 요한복음 1장 5절이 "빛이 어두움에 비취되 어두움이 깨닫지 못하더라"고 말하는 데서 더욱 드러난다. 인간의 내면에 인간을 구원할 빛이 있는 것이 아니라, 구원할 빛은 인간 밖에서 비추어진다. 요한복음에서 '말씀으로' 창조됨을 강조하는 이유가 여기에 있다. 그리하여 성경은 신성한 내면아이에 대해서 철저하게 거부한다.

오늘날 뉴에이지 구상화는 인간의 말이 모든 것을 가능하게 할 수 있다는 창조성을 가르치고 행한다. 그것은 인간의 내면에 신성을 확보함으로 가능한 것인데, 오직 하나님의 능력에 속한 것을 인간이 하나님처럼 되려는 사탄의 사악함이 노골화 되고 있다.

칼 융의 적극적 심상법(Active Imagination)은 구상화가 본격적으로 사용되는 계기가 되었으며, 아그네스 샌포드와 노만 빈센트 필503)을 비롯한 거짓 선지자들은 그것을 더욱 퍼뜨렸다. 예수회의 이그나티우스 로욜라,504) 토마스 머튼,505) 리차드 포스터,506) 타드 벤틀리,507) 조용기,508) 조엘 오스틴509)을 비롯한 수많은

---

503) http://truthnlove.tistory.com/711?srchid=BR1http%3A%2F%2Ftruthnlove.tistory.com%2F711; "이 개념은 심리 행동의 한 형태로서 구상화(이미징)라고 불린다. 이는 의식 속에서 원하는 목표와 목적을 생생하게 그려서, 이 그림이 무의식 속으로 가라앉을 때까지 그림을 잡고 있는 과정인데, 이 그림은 무의식 속에서 미개발의 거대한 에너지를 방출한다."

504) http://blog.daum.net/discern/48(2009. 8. 27.); "그리스도가 당신 앞에서 십자가 위에 계신 것을 상상하고, 그와 대화를 시작하라." "누구든지 먹을 때에는, 우리 주 그리스도께서 (제자들과 함께) 식탁에서 먹고 마시고 보고 말하는 것을 상상하고 그것을 따르도록 노력해야 한다." - 『영적 훈련』에서

505) 같은 사이트에서. "나는 환상 속에서 뿐 아니라 실제 현실에서도 그분(예수)께 말할 수 있다는 얘기다. 주님과의 이 영적 접촉이 명상의 참 목적이다."

506) 같은 사이트에서. "그리스도의 빛이 당신의 손을 통해 흘러서, 당신의 아이가 그 날 겪은 모든 마음의 상처를 치유했다고 상상하십시오."

507) http://blog.naver.com/yoochinw/130068219847; 플로리다 거짓 부흥의 타드 벤틀리의 과거 홈페이지에는 "유도 구상화"(Guided Visualization)에 관한 코스가 소개되고 있었으며, 이 구상화를 통해 삼층천을 볼 수 있으며, 특별히 그는 이를 통해 죽은 선다 싱을 만났다고 주장했다. 타드 벤틀리와 패트리샤 킹의 컨퍼런스에 참석했던 한 성도의 증언을 들어보자: 〈나는 그들의 "삼층천" 유도 구상화에 대해서 모르는 채 패트리샤 킹(5일간)과 타드 벤틀리(2일간)의 컨퍼런스에 참가해서 삼층천 방문을 상상하기 - 유도 구상화하기 - 시작했는데, 나는 아직 그것들이 실제로는 어둠의 영이라는 사실을 인식하지 못하고 있었다. 뉴에이지는 그것들을 스피릿 가이드라고 부르는데, 그것들은 악령들이었다. 그래서 나는 삼층천 방문에 관한 타드 벤틀리의 테이프를 집에서 들으려고 사가지고 왔다. 나는 거실 바닥에 누워서 삼층천을 구상하는 방법에 대한 가르침을 듣고 있었고 그 속에 빠져들고 있었다. 그러자 몸이 갑자기 걷잡을 수 없이 떨리기 시작했으며 움찔움찔하고 신음하기 시작했고, 그러자 마자 내 몸은 딱딱하게 굳어버렸다. 나는 몸의 어느 부분도 움직일 수 없었으며, 나는 이것이 악령이 나를 장악하려고 하는 것임을 알았다. 그래서 나는 온 힘을 다해서 "하나님 나를 구해 주세요, 예수님 도와주세요"라고 외쳤다. 내가 주께 외치자 내 몸이 부드럽게 되었다. 하나님은 그날 밤에 나를 구해주셨고, 나는 그로

사람이 구상화를 사용했다. 론다 번의 『시크릿』510)은 사람들을 더욱 미혹의 구렁텅이로 몰아넣고 있다. 지금은 구상화를 사용하지 않는 영성이란 거의 없다.

2) 아무것도 없는 가운데 만물을 지으신 것인데

'무로부터'의 창조는 문자적으로 성경에서 말한 것이 아니다. 그것은 제2마카비서 7장 28절에서 "무로부터 만들었다"라는 말에 처음으로 나타났다. '무로부터의 창조'는 세계가 원인 없이 존재하게 되었다는 사실을 의미하는 것은 아니다. 왜냐하면, 하나님의 의지는 세계의 원인이기 때문이다. 오해되어지는 여러 이유들 때문에 '무로부터의 창조'는 기존재료를 사용하지 않고 창조하셨다고 말하는 것이 더좋다.511)

어거스틴이 무로부터의 창조설을 지지한 것은 그것이 하나님의 주권과 세계에 대한 하나님의 초월성을 강조해 준다고 생각했기 때문이다. 만약 물질이나 원초적질료가 하나님으로부터 창조되지 않았다면, 하나님이 만물의 창조주라고 말할 수없다. 선재하는 질료로 세계를 만들었다면, 장인은 되어도 하나님은 될 수 없다. 만

인해 영원히 감사할 것이다. 나는 밤새 울며 하나님께 용서를 구했으며, 내게 안수했던 손들과 나 스스로 불러들인 미혹을 끊어버리느라고 밤을 보냈다. …〉

508) 조용기 목사의 '사차원의 영성'이 뉴에이지 구상화라는 것을 아는 사람은 거의 없다.

509) http://truthnlove.tistory.com/711?srchid=BR1http%3A%2F%2Ftruthnlove.tistory.com%2F711; "말에는 엄청난 창조의 힘이 있다. 우리가 뭔가를 입으로 말하는 순간에 말의 내용이 생명을 얻는다. 이것이 영적 원리다."

510) 같은 사이트에서. "당신의 인생에 나타나는 모든 현상은 당신이 끌어당긴 것이다. 당신이 마음에 그린 그림과 생각이 그것들을 끌어당겼다는 뜻이다. … 이것으로 하지 못할 일은 하나도 없다. … 그림을 그릴 때 당신은 그 강한 파장을 우주에 내뿜는 것이다. 그러면 끌어당김의 법칙이 그 신호를 받아서 당신이 마음속에 그린 그림을 현실로 만들어 되돌려준다."

511) 루이스 벌코프, 벌코프조직신학(상), 권수경·이상원 역 (서울: 크리스챤다이제스트, 1993), 337-339; (4) 무로부터의 창조론의 성경적인 근거. 창 1:1은 창조 사역의 시작을 기록하고 있으나, 분명히 하나님이 기존 재료로부터 세계를 생성하신 것으로 묘사하지 않는다. 그것은 무로부터의 창조, 즉 엄밀한 의미에서의 창조였으므로, 칼빈은 창 1장에 기록된 사역의 한부분에서만 그 용어를 적용하려고 하였다. 그러나 1장의 나머지 부분에서도 하나님은 그의 능력의 말씀 즉 단순한 신적인 명령에 의하여 만물을 불러내신 것으로 묘사된다. 동일한 진리를 시 33:6, 9; 148:5에서 가르치고 있다. 가장 명백한 구절은 히 11:3이다. "믿음으로 모든 세계가 하나님의 말씀으로 지어진 줄 우리가 아나니 보이는 것은 나타난 것으로 말미암아 된 것이 아니니라." 창조는 여기서 우리가 믿음으로만 이해할 수 있는 사실로 묘사된다. 믿음으로 우리는 세계가 하나님의 말씀 즉 하나님의 능력의 말씀인 신적인 명령으로 주조되었거나 형성되었으며, 따라서 보이는 것들 즉 이 세계의 가시적인 것들이, 나타나고 보이는 것과, 적어도 가끔씩 보이는 것들로 말미암지 않는다는 사실을 알게 된다. 이 구절에 의하면, 세계는 분명히 감각들로 지각할 수 있는 어떤 것으로 말미암지 않았다. 이와 관련하여 인용되는 또 다른 구절인 롬 4:17은 "죽은 자를 살리시며 없는 것을 있는 것같이 부르시는" 하나님에 관하여 언급한다. 사도가 이 구절에서 세계의 창조를 언급하지 않고 아들을 가지려는 아브라함의 소망에 대하여 언급하는 것은 사실이다. 하지만 여기서의 하나님에 대한 묘사는 일반적이며, 따라서 일반적인 적용에 속한다. 하나님은, 존재하지 자는 것을 존재하도록 하실 수 있고, 또 그것을 존재하도록 하시는 것은 하나님의 본성에 속한다.

일 물질이 창조되지 않았다면, 물질이 불변성을 가지게 되므로 그것은 우리의 일상 경험과 상반된다.[512)

하나님께서는 이전에 존재했던 그 무엇에 더하여 우리를 만드신 것이 아니다. '무로부터의 창조'는 하나님과 세상 사이에 본질적인 차이가 있음을 주장한다.[513) 쉐퍼의 말로 하자면, 하나님과 세상 사이에는 '틈'(chasm)이 있다. 하나님은 인격적이시며 무한하신 만물의 창조주이시며, 다른 모든 것들은 유한하고 피조물이다. 하나님만이 무한하신 창조주시다. 그러나 인간은 하나님의 형상대로 창조된 존재이기에 하나님과 인격적인 관계를 가지는 존재다. 현대인들은 동물과 기계와의 관계를 찾으나, 성경은 인격적인 면에서 하나님과 관계가 있다고 말한다.[514)

하나님께서는 어떻게 무에서 온 우주를 창조하셨는가? 말씀으로 창조하셨다. 하나님께서는 그 계획하셨던 것들을 이루실 때마다 '하나님께서 가라사대'라고 말씀하셨고 그 말씀이 곧 실체가 되었다.[515) 하나님의 말씀은 능력의 말씀이기 때문에 외부의 도움이 필요 없었다. 그 말씀으로 만물이 존재하게 되었으며 그 명령으로 만물이 견고히 서게 되었다.

> 6 여호와의 말씀으로 하늘이 지음이 되었으며 그 만상이 그 입기운으로 이루었도다 7 저가 바닷물을 모아 무더기 같이 쌓으시며 깊은 물을 곳간에 두시도다 8 온 땅은 여호와를 두려워하며 세계의 모든 거민은 그를 경외할지어다 9 저가 말씀하시매 이루었으며 명하시매 견고히 섰도다(시 33:6-9)

---

512) http://blog.daum.net/korea392766/115441440; 〈정기철(호남신대, 기독교 철학), 아우구스티누스의 창조와 시간론. 그러면 무로부터의 창조설이 가지는 의의 및 특징은 무엇인가? 첫째, 무로부터의 창조설은 하나님께 절대 의존성과 우연성을 잘 드러내 준다. 우연성이란 피조물이 존재할 수도 있고 또한 존재를 상실할 수도 있음을 뜻한다. 우연성은 따라서 하나님께 절대 의존성을 이미 전제하고 있다. 그래야만 행복을 누릴 수 있고 시간의 변화를 초월할 수 있다. … 둘째, 무로부터의 창조설은 모든 피조물이 무로부터 창조되었으니 무로 돌아가는 가변성(mutability)을 가지고 있음을 강조하고 있다. 가변성은 시간의 존재론적 근거가 된다. 반면에 창조주는 완전한 존재이시고 영원불변하시며 항상 동일하신 분이시기 때문에, "어떤 형상이나 운동의 변화에도 영향을 받지 않으시며, 당신의 뜻은 시간의 경과에 의해 변하지 않는다."(12권 11장 11절). 모든 피조물은 무로부터 지음 받았기에 항상 무에로 되돌아갈 가변성 아래 있다. … 셋째, 무로부터의 창조설은 창조의 목적을 종말론적 목적(telos)을 향해 가는 역사적 시간을 통해 설명한다. 존재의 형성 과정이나 역사의 운동과정이 우연이거나 맹목적이거나 순환적 반복행위가 아니라, 하나님의 영광에 참여하는 즉 안식에 이르는 목적을 지향한다. 창조 때 시작된 시간은 유한한 것으로서 종말론적인 목적을 향해 나아가는 역사적인 시간이다. 역사의 시간은 전자시계처럼 자동으로 진행하는가? 아니면 섭리 속에서 시간이 진행되는가? 섭리는 시간의 흐름에 따라 점차로 성취되어 가는 목적인가? 개별적 역사 사건 속에 하나님의 특별한 섭리가 일어나지 않는가? 하나님의 섭리가 개별적인 역사 사건 속에 일어남으로서 그 의미를 갖지만, 하나님의 섭리는 영원하고 시간에 따라 변하지 않는다. …〉
513) 헤르만바빙크, 개혁교의학2, 박태현 역 (서울: 부흥과개혁사, 2011), 526.
514) 프란시스 쉐퍼, 이성에서의 도피, 김영재 역 (서울: 생명의 말씀사, 2008). 35-36.
515) 하나님이 가라사대 빛이 있으라 하시매 빛이 있었고 (창 1:3)

앞서 말했듯이, 무로부터의 창조 개념을 가장 철저하게 설명한 사람은 어거스틴이었다. '무로부터'는 어떤 물질적이고 물리적인 실체들도 존재하지 않았다는 것이나, 하나님 자신은 항상 존재하고 계셨다. 성경은 하나님을 우주와 우주의 어떤 부분과 동일시하지 않는다. 만일 그것이 동일시되면 범신론이 되어버린다. 하나님께서는 천지를 창조하셨을 뿐만 아니라 천지가 존재하도록 섭리해 가신다.

김용옥은 무신론자인 버트란트 러셀(Bertrand Russell, 1872-1970)의 말을 인용하며 다음과 같이 말했다.

> 럿셀의 말대로 "도대체 이 세계가 탄생의 원인을 가져야만 한다고 생각할 아무 이유가 없으며 모든 사물이 완전한 태초를 가져야만 한다는 생각 자체가 우리 상상력의 빈곤에서 오는 정신병에 불과하다." 존재론자나 기독교인들은 대체로 이러한 정신병의 환각에 안주하는 경향이 있다.[516]

김용옥은 그의 우주에 대한 개념 자체가 한두교적 일원론에 기초하고 있기 때문에 우주를 초월한 신이 있다는 것과 그 초월한 신이 우주를 만들었다는 생각 자체가 성립되지 않는다. 또한 김용옥은 중국의 일원론에 기초하고 있다.

> 중국인의 우주는 태초로부터 하늘과 땅의 교섭으로 이루어진 것이므로 자족적인 것이다. "자족적"이라는 말은 "생성에 있어서 그 자체의 힘 밖의 어떠한 힘을 필요로 하지 않는다"의 뜻이다.[517] 중국적 우주관의 대체적 흐름은, 나의 존재기능은 반드시 타의존재 기능에 의존하지만 이러한 존재기능이 어떤 시공적 직성형태로 연결되는 것이 아니라 이러한 존재기능의 역동적 의존성의 그물적 연계의 전체가 우주이며, 그 전체의 우주(holistic universe)는 自足的(자족적)이라고 본 것이다. 그러므로 인간의 이해에 있어서는 의존성·상보성이 강조되고 우주의 이해에 있어서는 독자성·자족성이 강조되었다. 전자의 성격은 유교철학이 倫理(윤리, 동아리 즉 모임의 이치)를 강조하는 것으로 잘 대변되고 후자의 성격은 도가 철학이 天地自然(천지자연-이 우주는 스스로 그러하다 즉 자족적이다)이란 명제를 강조하는 것으로 대변된다. … 인간과 우주는 분리될 수 없는 하나이며 이 우주는 인간적 우주(humane cosmos)일 뿐이라고 최소한 동양인은 생각했기 때문이다.[518] (한자음 필자 추가)

그러기 때문에 중국인들은 존재의 궁극적 원인을 따져 묻지 않는다. 그저 '이미 있는 것'이요 '이미 주어진 것'으로 파악한다. 김용옥은 우주가 그 자체로 창조력을 가지고 있다고 말한다. 김용옥에 있어서 우주는 창조적 과정 그 자체(This universe is the creative process itself)라고 말하며 그것은 '유기체적 세계관'이라고 한다. 그

---

516) 김용옥, 동양학 어떻게 할 것인가?, 통나무, 1990, p. 313.
517) 박명룡, 김용옥의 하나님 vs 성경의 하나님 (서울: 도서출판 누가, 2007), 46; (김용옥, 도올논문집 (서울: 통나무, 1991), 50.)
518) Ibid.; (김용옥, 도올논문집 (서울: 통나무, 1991), 79-80.)

러나 이런 김용옥의 주장은 노자의 사상과 화이트헤드의 과정철학으로부터 결정적인 영향을 받았기 때문이다.[519)

김용옥의 주장에는 논리적 모순이 존재한다. 왜냐하면 그는 우주에 관한 두 가지 상반된 주장을 하기 때문이다. 그 상반된 주장이란 무엇인가? 김용옥은 우주가 스스로 그러한 것이며 시작이 없고 자족적이라고 말한다. 그러면서도 이 우주는 시·공간 속에 존재하기 때문에 생명체로서는 유한하다고 말한다. 이렇게 되면 누가 봐도 논리적 모순이 내재하고 있다는 것을 쉽게 발견할 수가 있다. 이런 것을 두고 논리학의 기본법칙인 '비모순의 법칙'(the law of noncontradiction)이라고 말한다.[520)

우주의 시작점이 있다는 것에 대하여 성경은 분명히 말하고 있다.

> 태초에 하나님이 천지를 창조하시니라(창 1:1)

무신론자나 유신론자 모두가 동의할 수 있는 객관적인 방법으로 철학적 논증과 과학적인 증명이 필요하다. 이것은 어물쩍 넘어가서는 안 되는 중대한 사항이다. '그냥 믿으라'가 아니라 분명하게 설명되어져야 하는 중요한 사실이다.

1. 철학적 논증

시간이란 어떤 사건이 앞서고 뒤섬으로서 일어나는 상관관계를 나타내는 것이다. 시간이란 과거의 어떤 사건이 있고 현재의 어떤 사건이 있으며 미래의 어떤 사건으로 나아간다. 시간이란 현재에서 미래로 나아가는 것이지 현재에서 과거로 돌

---

519) 김용옥, 논술과 철학강의 (서울: 통나무, 2011), 270; 김용옥은 서양의 것이라면 질색팔색을 하면서도 자기의 기철학과 통하는 것이라면 얼싸구나 하고 좋아한다. 그러면서 '사상은 어차피 주고받는 것이다'(p. 271)라고 둘러댄다. 그는 '도가도비상도'를 말하면서, '본체는 허망한 것이며 현상만이 참된 것'이라고 말한다. 드러난 모습, 그대로의 모습만이 진실한 것이며 말로 규정되는 세계는 허망한 것이라고 말한다(p. 275). 언어로 파악되는 세계는 진실된 세계가 아니라고 말하면서, 사랑도 사랑한다고 말하는 것이 아니라 그냥 살아가면서 말없이 느끼는 것이라고 한다. 그의 말대로라면 오늘날 현대여성들이 그 말대로 만족하며 살아가기를 바랄까? 오히려 여성들은 '사랑한다'고 듣고 싶어 한다. 그러면 드러난 것만이 진리라고 말하는 김용옥의 말대로라면 그는 지금 헛소리를 하고 있는 것이다. 동양인들은 변화를 사랑하고 변화만이 진실한 것이며 불변은 거짓이라고 생각했다고 말한다(p. 279). 사랑이 변해도 되는 것이라면 오늘은 이 사람을 사랑하고 내일은 저 사람을 사랑하고 살아도 되는 불륜이 정당화 된다.

520) 박명룡, 김용옥의 하나님 vs 성경의 하나님, 도서출판 누가, p. 55. 이 법칙은 〈'A는 A이면서 동시에 같은 방식으로 −A(A가 아닌 것)가 될 수 없다'는 것이다. A는 반드시 A와 일치해야 하는데, 그렇지 않다면 그것은 A가 아닌 것이 분명하다는 것이다. 동일한 실체가 동시에 두 가지 상반되는 입장을 취할 수 없다. 논리의 법칙이 이 세상의 실재를 파악하는 기본 법칙이다. 예를 들면 '2 더하기 2는 4'라는 수학법칙과 동일하다. 이러한 법칙들이 무시되면 결국 우리는 아무것도 알 수 없다. 따라서, '비모순의 법칙'은 실재를 파악하는 기본법칙이다.…〉

아가는 체계가 아니다. 아침에 일어나서 세면을 하고 밥을 먹고 학교에 가서 공부를 한다. 점심을 먹고 오후 수업을 한다. 그것이 시간이 흘러가는 체계이다. 그 역순으로 일어나는 체계는 인간의 제한된 세계 내에서는 일어나지 않는다. 이 단순한 말은 이 우주가 시작점이 있었기 때문에 지금까지 있어 왔고 앞으로도 어떤 지향점을 향해서 나아가고 있다는 것이다. 과거는 지나갔으며 현재를 경험하고 있으며 미래는 다가오고 있다. 그것이 기본체계이다. 그 과거 속에는 오늘의 이 우주를 있게 한 어떤 시작점이 있었다는 것을 의미한다.[521]

2. 과학적인 증거들[522]

1) 빅뱅이론(The Big Bang Theory)과 인플레이션 이론이 증명한다.

빅뱅이론을 말한다고 해서 그것이 성경적이라는 것을 의미하는 것은 아니다. 왜냐하면 빅뱅이론은 대폭발로부터 현재까지 경과한 시간을 약 백억 년 내지 백오십억 년이라고 보기 때문이다. 은하가 1회 자전하는 데는 약 2억 년 걸리므로, 이 기간 동안 은하는 약 50회 남짓 자전한 것이다. 고속으로 회전하는 형상을 띠고 있는 은하의 모습치고는 그 수치가 매우 작다.[523]

> 근래 들어 빅뱅이론을 기독교 신앙 안으로 수용하고자 하는 움직임이 일어나고 있습니다. 빅뱅이론을 수용함에 있어서 조심해야 할 것은, 먼저 이 이론을 '우주 기원론'으로 수용하는 것이 아니라, 단지 '우주형성론'으로 수용해야 할 것입니다. 즉, 빅뱅은 창조주 하나님에 의하여 발생했고, 빅뱅이론은 단지 빅뱅 이후에 우주가 어떤 식으로 '형성되어 왔는지'에 대해 연구하는 이론이라는 관점에서 수용해야 할 것입니다. 또한 단지 '우주형성론'이라 할지라도 그 안에 전혀 초자연적 개입이 없었다는 '무신론적'인 주장은 과감히 제거해야 합니다.[524]

---

521) Ibid., 57-62.

522) Ibid., 57-69.

523) http://ko.wikipedia.org/ 위키피디아 사전에서

524) http://biblenara.org/q&a/Q40.htm; 〈빅뱅이론은 하나의 가능한 '우주형성론'에 불과하며, 어떤 '과학적 사실' 차원의 문제가 아닙니다. 진정한 의미에서 "기원에 관한 이론"이라면 "빅뱅을 일으킨 원초 물질의 존재"까지도 설명할 수 있어야 합니다. 그러나 이 일은 어떠한 과학 이론이라도 완벽하게 설명할 수 있는 성질이 아닙니다. 왜냐하면, 하나님의 창조에는 분명 '초자연적'인 과정이 들어있기 때문에 단지 '자연적'인 법칙의 전개만으로 태초의 상황을 구성하려는 작업은 어느 선에선가 한계에 부딪히기 마련이기 때문입니다. 이렇게 볼 때에 만물의 기원을 논하려면 이 물질 세계에 속하지 않은 초월적 존재를 가정할 수밖에 없습니다. 질서와 조화 그리고 아름답게 천지만물을 창조하신 하나님의 솜씨의 결과를, 대폭발(빅뱅)이라는 극히 우연적이고도 혼돈스러운 방법으로 대체하는 것은 너무 많은 사실을 설명하지 못한다는 것을 잊지 않아야 합니다. 또한 빅뱅 이론은 혼돈스러운 상태로부터 오히려 우연에 의해 질서를 찾아간다는 것인데, 이는 과학적 이론에도 어긋나는 가정입니다. 그리고 이 문제는 신학적으로도 많은 문제점을 불러일으킵니다. 왜냐하면, 기독교의 신관(神觀)은 결코 '하나님께서 태초에 우주를 시작시키시고 어디론가 떠나버리셨다' 라는 '이신론'(理神論, deism)을 말하고 있지 않기 때문입니다.〉

우주의 시작과 무로부터의 창조를 지지하는 P. C. W. 데이비스(Davies)[525]는 다음과 같이 말한다.

만일 우리가 이러한 예측을 우주의 끝까지 추론해 본다면 우리는 우주의 모든 거리가 줄어들어 제로(Zero) 상태에 이르는 지점에 도달한다. 따라서 최초 우주적 특이점은 과거 시간의 제일 끝에서 우주를 형성하는 것이다. 그러한 제일 끝 지점을 지나 그 이면에 대해서 물리적 추론이나, 심지어 시공간의 개념을 계속할 수 없다. 이러한 이유 때문에 대부분의 우주학자들은 최초 특이점을 우주의 시작으로 생각한다. 이러한 관점에서 빅뱅은 창조 사건을 대표한다. 그 창조는 우주에 단순히 모든 물질과 에너지가 만들어졌을 뿐만 아니라 시공간 그 자체도 만들어진 것이다.[526]

뛰어난 물리학자이며, 노벨 물리학 수상자인 레온 레더맨(Leon Lederman)은 『The God Particle』에서 다음과 같이 말한다.

최초 시작에는 아무 것도 없었다(진공의 의혹스런 형태). 공간도 없고 시간도 없고, 물질도 없고, 빛도 없고, 소리도 없는 완전히 아무 것도 없는 상태였다. … 불행하게도 그 처음 시작에 대해서 아무런 데이터가 없다. 아무 것도 없고 제로(zero)이다! 당신이 우주의 탄생에 대해서 어떤 것을 읽거나 들을 때, 누군가가 그 이야기를 만들어 낸 것이다. 우리는 철학의 영역에 위치해 있다. 그 최초 시작에 무슨 일이 일어났는지에 대해서는 오직 하나님만이 아신다.[527]

무신론자 퀸틴 스미스(Quentin Smith)는 다음과 같이 말한다.

분석적으로 보아서 우주적 특이점의 개념은 그 이전의 물리적 사건들의 결과가 아니다. 특이점의 정의는, 그 특이점 이면의 시공간 복사체로 연결시키는 것이 불가능하다는 것을 말해준다. … 이것은 특이점이 어떤 선재된 자연적 과정의 결과이다 라는 생각을 지워버리게 한다.[528]

---

525) 폴 데이비스, 현대물리학이 발견한 창조주(정신과학총서 2), 류시화 역, 정신세계사, 2000, 폴 데이비스는 책(God and the new physics) 말미에서 "나는 종교보다 과학이 더 하나님을 찾는 데에 가깝다는 깊은 확신을 갖고 있다"고 말했다는 것을 주의해야 한다. 이런 폴 데이비스의 말은 이신론자인지 기독교 신자인지 분간하기 어렵다. 그의 책 『The Mind of God: The Scientific Basis for a Rational World』 (1993)에서는 하나님에 대한 다양한 논의가 있으며 적어도 우주 밖에 어떤 존재가 있음을 말하고 있다. 마지막 장에서는 물리학의 한계 너머에 대하여 이해하려고 비이성적 (non-rational=religious and mystical) 접근을 제안한다. Book Description에 보면, "By the means of science, we can truly see into the mind of God."라는 말을 하고 있는데, 중요한 것은 이 박식한 물리학자가 하나님의 존재로 나아가지 않으면 안 되는 지경에 와 있다는 것이다.
526) 박명룡, 김용옥의 하나님 vs 성경의 하나님 (서울: 도서출판 누가, 2007), 79-80; P. C. W. Davies, "Spacetime Singularities in Cosmolgy"in The Study of Time Ⅲ, ed. J. T. Fraser(New, York: Springer Verag, 1978), 78-79.
527) Ibid., 80. Leon Lederman, The God Particle (New York: Dell Publishing, 1993), Henry F. Schaefer Ⅲ, "The Big Bang, Stephen Hawking, And God," In Science, 47-48.
528) Ibid., 80-81. Quentin Smith, "The Uncaused Beginning of the Universe"in William Lane Craig and Quentin Smith, Theism, Atheism, and Big Bang Cosmology (Oxford: Clarendon, 1993), 120. Paul Copan & William Lane Craig, Creation out of Nothing, 223-224.

존 배로우(John Barrow)와 프랭크 티플러(Frank Tiple)는 『The Anthropic Cosmological Principle』에서 다음과 같이 말했다.

> 바로 이 특이점에서, 공간과 시간이 존재하여 나왔다. 이 특이점 이전에는 문자적으로 아무 것도 존 재하지 않았다. 따라서 만약 우주가 그러한 특이점에서 기원하였다면, 우리는 진실로 무로부터(ex nihilo)의 창조를 가진다.529)

무신론자 스타븐 호킹도 "거의 모든 사람들은 지금 우주와 시간 그 자체는 빅뱅 이 일어났을 때 시작점을 가진다고 믿고 있다."고 말했다. 우주는 반드시 시작점을 가지고 있다는데 동의하고 있으며 다음과 같이 말한다.

> 우주의 탄생은 무로부터 나온 것으로 여겨진다. … 이 우주에 대한 모델에 의하면, 우주는 문자 그 대로 무로부터 창조되었다고 할 수 있다. 그냥 단순히 진공에서부터가 아니라, 절대적으로 아무 것 도 없는 무(nothing)으로부터 나왔다고 볼 수 있다. 왜냐하면 이 우주 밖에는 아무 것도 없기 때문 이다.530)

세상의 그 어떤 인간의 이론과 설명에는 문제점이 있기 때문에 빅뱅이론도 문제 점531)이 있으며 인플레이션 이론으로도 이 우주를 다 설명하지 못한다. 그러나 이

---

529) Ibid., 81; John Barrow and Frank Tiple, "The Anthropic Cosmological Principle" (Oxfor: Claredon, 1986), 442.

530) Ibid., 88; Hartle and Hawking, "Wave Function of the Universe" 2961; Hawking and Penrose, Nature of Space and Time, 85. Paul Copan & William Lane Craig, Creation out of Nothing, 235.

531) http://navercast.naver.com/contents.nhn?contents_id=1321; "빅뱅우주론을 위태롭게 만든 문제는 우주의 나이였 다. 빅뱅이론은 허블이 발견한 우주의 팽창속도로부터 역산하여 우주의 나이를 추정할 수 있다. 허블 상수의 역수(1/H) 가 우주의 대략적인 나이가 된다. 허블이 관측한 허블 상수 값은 H=500km/s/Mpc (2009년 HST 자료로 추정한 값은 74km/s/Mpc)였고, 이로부터 추정된 우주의 나이는 18억 년이었다. 당시 방사성 연대측정으로 얻어진 지구의 나이는 30 억 년이 넘었으므로 우주의 나이가 지구나 별들의 나이보다 적은 모순을 드러내고 있었던 것이다. (이것은 당시 허블의 거리 측정에 심각한 오류가 있었기 때문이다.)"(김충섭 / 수원대학교 물리학과 교수)

http://www.kacr.or.kr/library/itemview.asp?no=3709; 임번삼 박사(한국창조과학회) 빅뱅설은 아인슈타인(A. Einstein, 1915)의 일반상대성원리에 기초한 것으로, 1920년대의 프리드만(A. Fridman)과 르메트르(G. Lematre)의 우주 팽창설, 허블(Edwin Hubble 1929)의 적색편이설, 1940년대 가모프(G. Gamov)의 우주배경온도설, 최근의 초 팽창이론(inflation theory) 등이 보강되어 확립된 우주형성 이론이다.(11) 핀 홀 크기의 우주가 계란 크기가 되었을 때 폭발했다는 것이다. 가스덩어리가 사방으로 분산-냉각되면서, 50억 년 전에 태양계가, 46억 년 전에 지구가 형성되었다는 것이다. 자연계의 법칙 중 열역학법칙은 150여 년간 지속된 권위 있는 법칙이다. 물질과 에너지는 서로 전환되지만 총량은 항상 일정하다 는 제1법칙과, 자연계의 모든 작용은 엔트로피(무질서도)가 증가하는 방향으로 진행한다는 제2법칙으로 구성되어 있다. 열역학 제2법칙은 부정적인 영향(예: 가용에너지의 소멸)과 더불어 긍정적인 영향(예: 소화, 호흡)도 끼친다. 하나님이 처 음 창조하신 세계는 질서도가 가장 높은 상태였지만, 아담의 범죄로 자연계의 쇠퇴는 가속화 또는 확산된 듯하다.(12) 사

렇게 우주론을 설명하는 과학자들의 말을 인용하는 것은 그들 역시 우주의 시작점이 있다는 것을 말하고 있다는 사실이다. 물론 과학자들의 말이 기준이고 진리가 될 수는 없다. 과학자들이라고 시작이 있다고 말하는 과학자들만 있는 것도 아니기 때문이다. 이것 하나만은 분명해졌다. 어느 누구도 우주의 시작에 대해서 이렇다 저렇다고 종지부를 찍을만한 이론을 말하지 못한다는 것이고, 인간의 지식과 경험 이전의 것이기 때문에 그것은 인간의 한계 밖의 일이라는 사실이다.

2) 열역학 제2법칙

열역학 제2법칙이란 무엇인가? 사전을 참고하면 다음과 같이 말한다.

> 물리학에서 열역학 제2법칙(second law of thermodynamics)은 에너지가 흐르는 방향을 설명하는 법칙이다. 이는 어떠한 계의 총 엔트로피는 다른 계의 엔트로피가 증가하지 않는 이상 감소하지 않는다는 법칙이다. 이런 이유로 열적으로 고립된 계의 총 엔트로피가 감소하지 않는다. 이것은 차가운 부분에 한 일이 없을 때, 열이 차가운 부분에서 뜨거운 부분으로 흐르지 않는 이유이다. 두 번째로 열원(reservoir)으로부터 양의 열에너지를 뽑아서 모두 일로 전환하되, 다른 추가적인 효과를 동반하지 않는 순환과정(cycle)은 존재하지 않는다. 총 일의 생산은 뜨거운 열원에서 차가운 열원으로 열의 이동을 필요로 한다. 따라서 영구 기관은 존재할 수 없다. 마지막으로 어떠한 과정에서 엔트로피 증가가 적다는 것은 그 과정의 에너지 효율이 좋다는 것을 뜻한다.[532]

저명한 물리학자 폴 데이비스(Paul Davies)는 열역학 제2법칙과 관련하여 "이 우주는 영원히 존재할 수 없다. 우리는 유한한 시간 전에 절대적 시작이 있어야만 한다는 것을 알고 있다"라고 말한다. 폴 데이비스(Paul Davies)는 다음과 같이 말한다.

> 태양과 별들은 영원히 지속적으로 탈 수 없다. 곧 또는 나중에 그들은 연료를 다 태우고 죽게 될 것이다. 역행시킬 수 없는 모든 물리적 진행과정도 그것은 똑같이 진리이다. 우주에서 기용한 에너지의 비축은 유한하고 영원히 지속될 수 없다. 이것의 한 예가 소위 열역학 제2법칙이다. 이 법칙은 전 우주에 적용된다. 그리고 그것은 한 쪽 방향으로 쇠퇴되어 가고 있고, 무질서 상태나 엔트로피의 극대치인 마지막 상태를 향해서 쇠퇴해 가는 것이 예측된다. 비록 이러한 최후 상태까지 아직 이르지 않았지만, 그것은 이 우주가 무한한 시간동안 계속해서 존재할 수 없다는 것을 말해 준다.[533]

람을 비롯한 생물의 노화는 더 촉진되었고, 토지는 저주를 받아 엉경퀴와 가시덤불을 내게 되었다. 우주계도 풀리는 시계 태엽처럼 열사상태를 향해 진행하게 되었다. 그러나 빅뱅설과 "팽창하는 우주론"에서는 우주가 항상 질서도가 낮은 상태에서 높은 쪽으로만 진화한다고 하므로 열역학 제2법칙과 대치된다. 빅뱅설은 우주계란(有)에서 우주(有)가 형성되었다는 질적 변화를 다룬 이론이므로, 우주의 기원에 대한 근본적인 해답이 될 수 없다. 더구나 최근에는 빅뱅설에 대한 많은 문제가 제기되고 있어 이 이론에 대한 신뢰성이 흔들리고 있다. 이 이론의 강력한 지지자인 호킹(S. Hawking) (13)도 이 이론의 핵심인 블랙홀설이 잘못되었다고 2005년에 공식 취소한 바 있다.

532) http://ko.wikipedia.org: 위키피디아 사전에서

열역학 제2법칙이 말하는 핵심은 엔트로피가 증가한다는 것이고 그것은 곧 우주의 시작점이 있다는 것을 증명한다는 것이다. 김용옥 씨가 우주의 시작이 있다는 것을 아무리 부인하며, 우주의 시작이 있다고 말하는 기독교안을 '정신병의 환각'이라고 조롱을 하여도 우주의 시작이 있다는 것은 부인할 수 없는 사실이다.

또한 진화론자들과 달리 기독교인들은 6일 창조(혹은 다른 말로 문자적 창조론, 젊은 지구 창조론이라 한다)를 믿으며, 지구의 나이를 6천살 정도로 본다.[534] 지구

---

533) 박명룡, 김용옥의 하나님 vs 성경의 하나님 (서울: 도서출판 누가, 2007), 91; Paul Davies, "The Big Bang-and Before" (paper presented at the Thomas Aquinas College Lecture Series, Thomas Aquinas Collage, Santa Paula, Calif., Mar 2002). Paul Copan & William Lane Craig, Creation out of Nothing, 244.

534) 권영민, 성경적기독교와 엉터리기독교 (경주: 신지서원, 2009), 32-35: "첫째, 과학자들은 우주에 흩어져 있는 먼지가 매년 1,400만 톤 정도가 외계로부터 달에도 떨어지고 있으므로, 달의 나이가 45억년이라면, 적어도 달의 표면에는 6미터 이상의 먼지가 쌓여있을 것이라고 생각해왔다. 그래서 1969년에 아폴로 11호가달나라에 갈 때, 착륙선의 다리를 그에 맞추어 길게 설치했는데, 실제로 달에 착륙해보니 우주 먼지가 겨우 4cm정도밖에 안 된다는 사실에 큰 충격을 받았다. 왜냐하면 먼지의 두께를 역산하면 달의 나이는 1만년 정도밖에 되지 않기 때문이다. 그래서 달과 지구의 나이가 생각보다는 훨씬 젊다는 점을 확인했다. 둘째, 지질학에서는 바다 밑으로 유입되는 진흙의 양으로 지구의 나이를 추정하는 방법이 있다. 따라서 지질학에서는 오랜 세월 동안 이 진흙의 양이 연간 평균 200억 톤 정도였던 것을 감안하여 바다 밑을 조사했다. 그 결과 확인된 진흙 퇴적물의 두께는 약 400m정도로, 이는 약 5,000년 정도의 시간이면 충분하다는 결론을 얻은 것이다. 셋째, 천체 과학자들이 수백 년 동안 광속을 측정해본 결과, 빛의 속도가 빠르게 감소하고 있다는 사실을 확인했다. 따라서 아무리 멀리 떨어져 있는 별도 지구까지 도달하는 데는 수억 년이나 수십억 년이 걸리는 것이 아니라, 불과 수천 년밖에 걸리지 않기 때문에 은하계 잔해의 수로 미루어 볼 때, 우주의 나이는 수백억년이 아니라, 불과 7,000년 정도로 내다보았다. 넷째, 현재의 대기 상층권에서 형성되는 비평형 상태의 대기 자체가 형성되기 시작했던 시기는, 실제로 측정해본 결과 수만 년이 걸린 것이 아니라 불과 6,000년 정도밖에 걸리지 않았다. 다섯째, 인구 증가율로 계산해 볼 때 지구상에 현재의 인구가 생성되는데 소요되는 시간은 6,000년 전인 아담 이후의 시대인, 노아홍수 시대(4,300년 전)부터 시작해서, 현재의 정도밖에 걸리지 않는다. 따라서 만약 진화론에서처럼 인류의 시작이 20만 년 전이라고 하면, 현재의 인구수는 몇 조나 되어, 지구 전체를 꽉 채우고도 남게 되기 때문에 도저히 계산이 맞지 않는다. 여섯째, 광물 안에 남아있는 헬륨 원소의 양을 확인하여 광물의 나이를 추정할 수 있는데, 최근 선캄브리아기 화강암의 헬륨을 확인한 바 그 암석의 나이는 수억 년이 아니라 6,000년 정도로 추정되었다. 일곱째, 인류학자들은 현생 인류가 지구상에 나타난 시기를 20만 년 전쯤으로 잡고 있다. 그런데 약 19만 5천년 동안은 인류가 원시적인 생활을 해오다가 마지막 5000년에 와서야, 왜 갑자기 지능이 급격히 발달해지면서 문명 생활로 접어들었는지 납득할 수가 없다. 여덟째, 지난 160여 년 동안 지구의 자기장이 지속적으로 급격히 줄어들고 있는데, 지구 자기장의 세기는 약 1,400년마다 절반씩 줄어든다. 따라서 이로부터 추정되는 지구의 나이는 1만년 내외 정도라는 것이다. 그 외에도 대양의 소금, 혜성의 붕괴, 우주 내의 수소, 짧은 반감기를 가진 달의 동위원소, 층리면의 생물 활동 흔적의 결여, 달의 분화구의 보존, 젊은 토성의 고리 등등이, 지구의 나이가 생각보다 훨씬 젊다는 증거들이라고 창조과학자들은 말하고 있다. 이러한 창조과학자들이 말하기를, 전지전능한 하나님은, 6일이 아니라 6초 동안에도 우주를 창조할 수 있는 분으로서, 말씀 한 마디로도 충분한데 굳이 기나긴 150억 년이란 세월을 낭비할 필요가 없을 것이라 말하고 있다. 그 예로서, 예수님은 복음서의 오병이어의 기적 후에, 먹고 남은 음식을 버리지 말고 거두어들이라고 제자들에게 말씀하신 내용을 상고해볼 때, 이처럼 하나님은 불필요한 낭비를 원치 않으시기 때문에, 우주의 창조에 있어서도 그러한 맥락을 엿볼 수 있다고 믿고 있다."

250 소교리문답

의 나이에 대해서는 여전히 논쟁 중이다.

다윈의 진화론은 대진화의 증거를 제시하지 못한다. 어떤 이들은 대진화의 증거로 시베리아 중부에 서식하는 버들솔새(Greenish warber)를 말한다. 그러나 그 버들솔새도 새의 종류이지 새가 다른 종으로 바뀐 것은 아니다. 어느 누구도 대진화의 증거를 실제로 제시하지 못한다!

더 놀라운 것은 무엇인가? 인간의 인격을 설명하지 못한다. 인간의 마음속에서 우러나는 윤리·도덕적인 상태를 그 누구도 진화의 결과라고 설명하지 못한다. 오늘날 진화론자들은 인격과 도덕을 뇌의 진화로 설명하려고 한다. 그러나 그것이 뇌의 진화로 이루어졌다고 무엇으로 증명할 수 있는가? 아무도 증명하지 못한다.[535]

3) 모든 것이 매우 좋았습니다

하나님께서는 창조하신 것들에 대하여 "보시기에 좋았더라"고 말씀하셨다. 이 말씀은 앞서 살펴 본 '무로부터의 창조'개념에서 나온다. 하나님께서 한계성을 지닌 시공간의 피조물들을 창조하시고 그 근본적이고 내재적인 차이 속에서 하나님의 뜻대로 완성되었기 때문이다. 그것이 하나님의 뜻대로 되었다는 것은 하나님의 영광을 드러내기에 충분하다는 의미다. 인간과 온 세계는 하나님의 하나님 되심을 증거하는 존재다. 그러므로 성도는 성경적인 존재론과 헬라적 존재론을 분명하게 분별하면서 언약의 신실함으로 나간다.

> 4 그 빛이 하나님의 보시기에 좋았더라 하나님이 빛과 어두움을 나누사 10 하나님이 뭍을 땅이라 칭하시고 모인 물을 바다라 칭하시니라 하나님의 보시기에 좋았더라 12 땅이 풀과 각기 종류대로 씨 맺는 채소와 각기 종류대로 씨 가진 열매 맺는 나무를 내니 하나님의 보시기에 좋았더라(창 1:4, 10, 12)

"보시기에 좋았더라"라는 하나님의 이 말씀은 기독교 이외의 다른 종교와 철학 사상에 정면으로 충돌한다. 서구사상의 근간이 되는 플라톤 철학과 신플라톤주의는 물질적인 것은 불완전하고 악하다고 말하기 때문이다. 동양의 종교 역시 물질은 악한 것이라고 보고 물질적인 것과 영적인 것의 투쟁으로 말한다.

---

535) 어떤 사람들은 캐시 허치슨(59)의 극적인 사례를 말한다(2012년). 뇌졸증으로 15년 동안 전신마비 상태였던 허치슨이 자기 스스로 모닝커피를 마시는 동영상이 화제가 되었었다. 그는 자기 팔로 마신 것이 아니라 로봇 팔을 이용하여 빨대로 커피를 마시는데 성공했다. 허치슨의 뇌를 열어 오른손과 왼손의 움직임을 관장하는 뇌의 한 부분에 전극을 이식했다. 그 전극은 뇌파를 컴퓨터로 보내어 번역한 다음 로봇 팔로 보내졌고 허치슨이 생각한대로 움직여졌다. 이것은 뇌파와 자극에 대한 반응을 말하는 것이지 인격에 대해서 설명하는 것이 아니다.

성경도 영과 육에 대하여 말하기 때문에 얼핏 보면 비슷하게 보이나, 성경이 육신을 말할 때는 인간의 몸만 말하는 것이 아니라 하나님 없는 인생의 타락한 본성, 성령님의 내주와 다스림이 없는 상태를 말한다. 또한 물질의 영역에 대해서 말하지만 그것은 물질의 영역에 대한 오용을 말하는 것이지 물질적인 것들이 본래 악하다고 말하지 않는다. 성경은 언제나 그 말씀대로 이루어진 일에 대하여 항복하며 찬송이 흘러넘친다.

저가 말씀하시매 이루었으며 명하시매 견고히 서셨도다(시 33:9)

다윗은 온 인류가 여호와를 두려워하며 경외해야 할 근본적인 이유를 말하고 있다. 이 말씀에서 '견고히 섰도다'라는 말은 하나님의 창조가 완성되었음을 의미한다. 모든 만물이 하나님의 말씀에 의하여 존재하게 되었으며, 그 말씀이 권능이 있음을 말해 준다. 여호와 하나님의 그 말씀과 능력으로 인하여 모든 피조물들은 그 앞에 굴복하고 복종하게 된다.

기독교 신앙이 창조를 고백한다는 것은 모든 존재들이 전적으로 하나님께 의존하고 있다는 것을 말한다. 이 우주의 그 어떤 것들도 자율적인 존재는 없다.

오직 주는 여호와시라 하늘과 하늘들의 하늘과 일월성신과 땅과 땅 위의 만물과 바다와 그 가운데 모든 것을 지으시고 다 보존하시오니 모든 천군이 주께 경배하나이다(느 9:6)

6절부터 38절까지는 백성들의 회개기도 내용이다. 하나님의 백성들의 거듭되는 배역의 역사에도 불구하고 끝까지 언약에 신실하신 하나님의 은혜를 강조하고 있다. 이 기도에는 하나님의 은총과 능력을 다음과 같이 회고하는데 무엇보다 먼저 창조주 여호와 하나님이 인위적으로 조작된 이방의 신들과 비교될 수 없는 존재임을 찬양한다.536) 창조하실 뿐만 아니라 섭리하시는 하나님을 노래하는 것은 이스라엘이 여기까지 이르게 된 것이 여호와 하나님으로부터 말미암았다는 것이며 지금도 인도하고 계시다는 의미다.

사도 바울은 아테네 사람들에게 다음과 같이 말했다.

---

536) 호크마 주석에서, (1) 창조에 있어(6절), (2) 애굽과 홍해에서(9-11절), (3)광야와 시내에서(12-21절), (4) 가나안 정복 과정에서(22-25절), (5) 사사들을 통해서(26-28절), (6)선지자들을 통해서, 그리고 (7) 현재의 상황을 통해(32-37절).

또 무엇이 부족한 것처럼 사람의 손으로 섬김을 받으시는 것이 아니니 이는 만민에게 생명과 호흡과 만물을 친히 주시는 자이심이라(행 17:25)
우리가 그를 힘입어 살며 기동하며 있느니라 너희 시인 중에도 어떤 사람들의 말과 같이 우리가 그의 소생이라 하니(행 17:28)

사도 바울은 헬라철학과 대조적으로 성경을 증거했다. 헬라의 철학은 무엇을 말하는가? (1) 스토아 철학: 범신론 (2) 에피쿠로스 철학: 세상 만물은 영원 전부터 존재해 온 원자들의 우연한 집합이다. (3) 아덴 사람들은 아티카(Attica) 본토의 흙에서 생겨나 다른 사람들과 다르다고 자부한다. (4) 에피쿠로스 자연신론(deism): 신은 인간의 일에 절대 관여하지 않는다. (5) 인간이 드리는 희생제사를 통하여 신들은 완전한 행복을 누릴 수 있으며, 또 한 사람의 손으로 신들을 새겨 만질 수 있다고 여겼다. 이런 사고방식(mentality)을 가지고 살았던 아덴 사람들을 향한 사도 바울의 설교 핵심은 무엇인가? (1) 하나님은 한 분이다. (2) 하나님은 창조자이시다. (3) 인류는 한 하나님에서 창조되었고 같은 조상을 가진 후손이다. (4) 하나님은 인류의 모든 삶을 섭리하신다. (5) 천지의 주재시다.537)

사도 바울은 아덴 사람들이 가지고 있는 생각의 핵심을 간파하고 하나님께서는 인간의 조종을 받지 아니하는 하나님이시며 오히려 만물을 창조하신 하나님께서 인간의 모든 삶을 다스리시고 있다는 것을 말했다. 성경이 말하는 것은 존재하는 모든 것들이 하나님으로부터 존재하게 되었으며, 하나님의 섭리를 떠나서는 존재할 수도 없다는 사실이다.

진화론을 대입하려는 시도들
그러나, 진화론의 영향으로 창조론과 섞여서 만들어진 이론들이 생겨났다. 간격이론, 날-시대 이론, 지역적 홍수론, 하부구조가설, 유신론적 진화론,538) 점진적 창조론 등이 대표적이다.

---

537) 호크마 주석에서.
538) http://www.pckworld.com/news/articleView.html?idxno=48982(기독공보, 2786호, 2011년 01월 13일 (목) 11:38:39) 유신론적 진화론은 한 마디로 "하나님께서 창조하시고 수십억 년의 진화과정을 허용하셨다"는 것인데, 어떤 경우는 창세기와 진화론을 타협한 모든 이론을 총칭하기도 한다. 유신론적 진화론은 그 내용상으로 진화론과 별 차이가 없다. 단지 시작할 때 하나님이라는 단어만을 사용한 것이지 전체 역사를 완전히 진화론으로 설명한 것이다. 그러므로 진화의 과학적 근거가 없다는 것만을 안다면 굳이 유신론적 진화론을 수용할 이유는 없다. 더군다나 어떤 세상의 과학 논문에서도 유신론적 진화론이 등장하지 않는다는 것을 알아야 한다.

(1) 간격이론(gap theory)[539]

에피스코파우스(Dutchman Episcopius, 1583-1643)에 의해 처음 언급된 간격이론은 진화론적인 지질학 개념과 창세기 1장을 연결하려는 시도이다. 간격이론이란 창세기 1장 1절과 2절 사이에 오랜 시간적 간격이 있다는 이론이다. 간격이론의 주된 핵심은 2절의 해석이다. 2절에서 'was'로 번역된 히브리어 동사는 '하야'의 일반적 해석은 '이다'(to be)이다. 특별한 경우에는 '되다'(to become)를 의미한다. 그러나 여기 창세기 1장 2절에는 '이다'를 의미한다. 간격이론을 퍼뜨린 「스코필드 관주성경」은 간격이론을 말하기 위해 2절의 'was'를 '되다'로 번역했다. 그래서 1절만 처음 창조를 말하고 2절은 그 처음 창조가 혼돈되고 타락하게 된 일종의 우주적 재난이라고 말한다.[540] 간격이론은 화석을 포함하는 지질시대의 수억 년이 이 두 절 사이에 해당된다고 말한다.[541] 이 혼돈시대 이후(그 간격에) 하나님께서는 3절 이후로 6일 동안의 재창조를 하셨다고 재창조설을 주장한다. 또한 화복설이라고도 하는데, 창세기의 창조기사는 처음 창조를 말하는 것이 아니라 타락한 창조의 화복이라고 말하기 때문이다. 성경은 이런 간격이론을 거부한다.

---

539) http://blog.naver.com/bchkoh/2631661; 〈간격이론이 알려지게 된 것은 Thomas Chalmers(Scottish, 1780-1847)에 의해서이며, 진화론에 영향을 받은 지질학자이면서 목사인 William Buckland가 대중화시켰습니다. 그 후에 이 이론에 대한 여러 글들이 등장했는데 19세기 지질학자 Hugh Miller가 더 자세한 이론을 전개했습니다. 20세기에 들어와서 Arthur C. Custance가 "Without form and Void"이라는 책에서 간격이론을 옹호했습니다. Scofield Study Bible에는 "화석은 원시창조로 설명되며, (그러면) 창세기의 우주진화 모양과 과학은 모순이 없다"고 설명했었습니다. Dake's Annotated Reference Bible에는 "(진화론적)지구나이에 동의할 때, 창세기 1장 1절과 2절 사이에 수 백 만년을 놓는다. 그러면 창세기와 과학 사이에 모순이 사라진다." 라고 전형적인 간격이론에 기초한 해석을 썼습니다.〉
540) R. C. 스프로울, 웨스트민스터신앙고백해설1, 이상웅·김찬영 역 (서울: 부흥과개혁사, 2011), 174-175.
541) 루이스 벌코프, 벌코프조직신학(상), 권수경·이상원 역 (서울: 크리스챤다이제스트, 1993), 366-367; ④ 지질학자들은 한때, 암석의 지층들이 전 지구에 걸쳐 동일한 순서로 발견되었으며, 각 지층의 형성에 필요하였던 시간의 길이를 측정함으로써 지구의 나이를 정할 수 있을 것이라는 전제를 내세웠다. 그러나 (a) 암석들의 순서는 여러 지역에 따라서 다른 것으로 밝혀졌고 (b) 다른 지층들의 형성에 필요하였던 시간을 결정하기 위하여 이루어졌던 실험들은 완전히 다른 결과들을 가져왔으며, (C) 모든 이전 시대의 물리 화학 작용을 평가하는데 있어서 오늘날의 물리 화학 작용이 안전한 인도자라고 하는 라이엘(Lyell)의 균일설(the uniformitarian theory)은 신뢰할 수 없는 것으로 밝혀졌다. ⑤ 광물적이고 기계적인 조성에 의하여 여러 지층이나 암석들의 시대를 결정하려는 시도가 실패하였을 때, 지질학자들은 화석을 측정하는 요소로 만들기 시작했다. 고생물학(Palaeontology)은 실제로 중요한 주제가 되었으며, 라이엘의 균일설의 영향을 따라 진화의 중요한 증거로 발견되었다. 어떤 화석들이 다른 것들보다 더 오래되었다고 단순히 가정되었으며, 어떤 근거에서 그런 가정이 나왔느냐는 문제가 제기되면, 그 답은 그것들이 더 오래된 암석들에서 발견된다는 것이다. 이것은 순환 논법으로, 평범한 추론에 불과하다. 암석들의 연대는 그것들이 포함하고 있는 화석들에 의하여 결정되고, 화석들의 연대는 그것들이 발견되는 화석들에 의하여 결정된다. 그러나 화석들은 언제나 같은 순서로 발견되지 않으며, 때때로 그 순서가 역전된다. ⑥ 현재 지질학에 의하여 측정되는 화석들의 순서는 창조 설화가 우리로 하여금 기대하게 하는 순서와 일치하지 않다. 따라서 지질학 이론들을 받아들이는 것조차도 성경과 과학을 조화하려는 목적에 이바지하지 못한다.

이는 엿새 동안에 나 여호와가 하늘과 땅과 바다와 그 가운데 모든 것을 만들고 … (출20:11)

이 구절을 보면 분명히 "엿새 동안"에 모든 것을 만들었다고 말하며 그 속에 긴 기간이란 것이 들어갈 틈이 없다.

한 사람으로 말미암아 죄가 세상에 들어오고 죄로 말미암아 사망이 왔나니 이와 같이 모든 사람이 죄를 지었으므로 사망이 모든 사람에게 이르렀느니라(롬 5:12)

여기서도 사람의 죽는 것은 죄 때문이라고 분명하게 말한다. 간격이론대로라면 아담 이전에 지질계통표에 근거한 유인원이 죽었어야 했다.

피조물이 이제까지 함께 탄식하며 함께 고통 하는 것을 우리가 아나니(롬8:22)

분명히 성경은 죄로 인해 피조물이 고통 받게 되었다고 말한다. 그러나 간격이론은 죄 이전에 죽음과 고통이 있었다고 말한다.

아담 안에서 모든 사람이 죽은 것같이 그리스도 안에서 모든 사람이 삶을 얻으리라(고전 15:22)

성경은 아담이 죄를 지어 타락했고 죽게 되었다고 말하나, 간격이론은 아담이 죄를 짓기 전부터 죽음이 있었다고 말한다. 이것은 복음의 기초 자체를 흔드는 것이다. 결국 진화론이 성경을 파괴하게 된다. 또한 이는 노아홍수를 제거함으로 동일한 말씀으로 심판하신다는 말씀도 막연하게 만들어버린다.[542]

나는 빛도 짓고 어둠도 창조하며 …(사45:7)

성경은 창세기 1장 2절에서 흑암이 깊음 위에 있는 그 깜깜한 세상도 하나님께서 지으신 것이라고 말하며 하나님께서 창조하시는 과정을 보여준다.

(2) 날-시대 이론(day-age view)

날 시대 이론은 창세기 1장에 나오는 '날'(히브리어로 '욤')이 한 시대를 의미한다고 본다. 주님께서는 한 날이 천년과 같다고 말하는 베드로후서 3장 8절에 근거

---

542) 이제 하늘과 땅은 그 동일한 말씀으로 불사르기 위하여 간수하신 바 되어 경건치 아니한 사람들의 심판과 멸망의 날까지 보존하여 두신 것이니라(벧후 3:7)

하여 '날'은 제한이 없는 시대, 곧 수천 년 혹은 수백만 년을 말할 수 있다는 주장이다.543) 그러나 날 시대 이론은 성경의 큰 문맥과 실제적인 문맥도 무시한다. 창세기 1장에는 여섯 날들이 "저녁이 되며 아침이 되니"라는 말을 분명하게 하고 있다. 만일 '날'이 수천만 년이고 수백만 년이라면 성경이 말하는 저녁과 아침도 은유적으로 해석되어야 하기 때문에 지지를 받을 수가 없다. 날 시대 이론은 무엇보다 생물학적 대진화론을 수용하려는 경향이다.544) 생물이 진화할 때, 진화가 어떤 우연적인 요소에 의해서 과(科)·목(目)과 같은 큰 무리의 특징이 변화하는 진화를 대진화라 한다. 그러니 거기에는 종(種)의 출현을 조정하는 지적인 계획자나 창조자가 없이 우연히 발생했다고 주장한다. 이런 대진화이론을 성경과 연결한 것을 '유신론적 진화론'이라 한다. 생물학적 진화의 기본적인 전제들을 인정하면서 우연이 아니라 하나님께서 진화의 과정에 개입하셨다고 말한다.545)

진화론 증거로 제시되는 것은 '상동기관설'이다. 다른 말로 '공통구조의 원리'라고 한다. 현존하는 생물의 몸에서 겉모양과 하는 일은 서로 다르지만 유사한 구성 성분을 가지고 있기 때문에 공통의 조상에서 발생했다는 이론이다. 그러나 생물체가 공통된 물질이나 구조를 가지고 있다고 하더라도 공통의 원천을 필연적으로 내

---

543) 루이스 벌코프, 벌코프조직신학(상), 권수경·이상원 역, 크리스챤다이제스트, 1993, pp. 361. 창 1장의 '날'이라는 용어의 문자적인 해석이 다음의 고찰에서 옹호되고 있다. ① 주된 의미에서 은은 자연적인 날을 나타내는데, 그것은 이 말이 문맥상 필요하지 않다면 단어의 일차적 의미를 떠나서는 안 된다고 하는 주석상의 정당한 원칙이다. 노르체이 박사는 이 말이 단순히 지상의 인간에게 알려진 것과 같은 '날' 이외의 결코 어떤 것을 의미하지 않는다는 사실을 강조한다. ② 창세기의 저자는 각각의 날들에 "저녁이 되고 아침이 되니"라고 하는 말들을 덧붙임으로써 문자적인 해석에 대하여 절대적으로 우리의 입을 봉하는 것으로 보인다. 언급된 각각의 날들은 단지 하루 저녁과 아침, 즉 수천 년의 기간에는 거의 적용될 수 없는 기간으로 이루어진다. 또한 창조 기간들이 특별한 날들, 즉 하루의 긴 낮과 하루의 긴 밤으로 이루어진 각각의 날들이라고 한다면, 길고 긴 밤 동안에 모든 식물들은 어떻게 될 것인가라고 하는 질문이 당연히 제기된다. ③ 출 20:9-11에서 이스라엘은 6일 동안 일하고 제7일에는 안식하라는 명령을 받는데, 그것은 여호와가 6일 동안 천지를 지으시고 제7일에는 안식하셨기 때문이다. 건전한 주석은 '날'이라는 단어가 어떤 의미에서는 두 경우를 다 취하여 할 필요가 있는 것으로 본다. 게다가 안식을 위하여 제정된 안식일은 틀림없이 문자적 인 날이었고, 다른 날들도 같은 날이었을 것으로 추측된다. ④ 마지막 3일간은 분명히 보통의 날들이었는데, 그것은 그 날들이 태양에 의하여 일상적인 방법으로 결정되었기 때문이다. 우리가 앞선 날들이 길이에 있어서 마지막 3일간과 다르다고 절대적으로 확신할 수는 없으나, 100만 년의 날들이 보통의 날들과 다른 것처럼, 그날들이 앞의 날들과 절대적으로 다른 것 같지는 않다. 예를 들어서 빛과 어두움의 분리를 위하여 왜 그렇게 긴 기간이 필요한지에 관한 물음이 또한 제기될 수 있다.

544) http://www.kictnet.net/bbs/board.php?bo_table=sub5_1&wr_id=699; 소진화는 다르다(비교적 단기간에 걸쳐 일어나는 진화로 1937년에 T.도브잔스키가 처음으로 사용). 대진화는 모든 생물들이 하나의 원시세포로부터 진화했다고 말하는 것이며, 소진화는 종(種)이 환경에 적응하기 위하여 긴 시간에 걸쳐 경미한 변화를 겪는다고 말한다. 소진화가 과학적으로나 성경적으로 인정을 받는 것은 사람의 일생에서 관찰될 수 있는 것과 같은 변화나 실험실 내에서 재현시킬 수 있기 때문이다. 그러나 대진화는 실험에 의하여 입증된 적이 결코 없다.

545) R. C. 스프로울, 웨스트민스터신앙고백해설1, 이상웅·김찬영 역 (서울: 부흥과개혁사, 2011), 176-177.

포하고 있는 것은 아니다. 이것이 문제가 되는 것은 오로지 남겨진 자료를 일관된 방식으로 해석하려는 고생물학이 문제를 원천적으로 가지고 있기 때문이다. 고생물학은 진화의 과정을 입증할 수 있는 실험을 하지 않고 다만 유사한 화석을 모아 이 생물과 저 생물이 공통의 혈통을 가진 것이라고 추정만 할 뿐이다.546)

아들은 자신들의 주장을 피력하기 위하여 화석연대를 말하지만 성 헬렌 화산폭발로 인해 화석연대는 말 그대로 폭발하고 말았다. 왜냐하면 성 헬렌 화산의 지각변동은 2,000만년의 점진적 퇴적과 동일한 실험적 데이터를 산출할 수 있다는 것을 입증했기 때문이다.547)

(3) 하부구조설

네덜란드의 니코라스 리델보스에 의해 제시된 하부구조설은 창세기의 처음 몇 장의 문학 형식은 그 이후 장들의 문학형식과 다르다고 주장하는 것이다. 리델보스는 창세기의 처음 장들은 문학형식들이 역사적 이야기와 시(詩)가 '혼합'되어 있다고 말했다. 창세기 2장 9절에는 "선악을 알게 하는 나무"와 "생명나무"를 말하면서 문학적 구조가 의식적으로 그리고 의도적으로 신화적이거나 전설이나 사가(saga)548)로 채워져 있다고 주장했다. 리델보스는 창세기가 하나님의 창조가 언제 어떻게 일어났는지에 대한 역사적 사실을 말하는 것이 아니라 7막으로 된 하나의 드라마를 제공한다고 결론지었다. 역사가 아니라 드라마라는 말이 중요하다. 제1막은 "저녁이 되고 아침이 되니 이는 첫째 날이니라"는 진술로 끝나는데, 창세기의 저자는 하나님의 창조 역사가 일곱 개의 구별된 단계로 발생했다는 것을 보여 주려고 했다는 것이다. 그런데 이런 설명은 우주 진화에 대한 현대이론들이 말하는 단계들과 놀랍게 일치한다고 했다. 그러므로 하부구조설은 창세기 1-2장의 신빙성과 영감을 유지하면서도 빅뱅 우주론과 조화를 이루도록 허락한다는 것이다. 그날은 아

---

546) Ibid., 177.
547) http://www.kacr.or.kr/library/itemview.asp?no=286&orderby_1=subject 1980년 6월 12일 5시간의 폭발 동안 단지 3시간 안에 거의 대부분의 퇴적층이 형성되었다는 것은 단시간 동안 지층이 형성될 수 있음을 증거해 주고 있다.
548) 위키백과사전에서; 사가(Saga)는 중세 아이슬란드 문학이 세계에 자랑하는 산문 문학의 한 형식이다. '사가'라는 말은 아이슬란드어로 '말해진 것, 말로 전하다' 등을 뜻하며, 에다의 시나 궁정시에 있어서도 이 의미로 쓰였다. 현대어로도 그런 뜻으로 해석되지만 1200년경에는 적어도 아이슬란드에 있어서는 '어떤 길로 쓰인 이야기'를 뜻하게 되어 이런 종류의 문학형식은 세계문학에 있어 특수한 지위를 차지하기 때문에 '사가'라는 말이 이런 종류의 문학을 가리키는 술어(術語)가 되었다. … 사가의 종류를 든다면 우선 훈족(族)의 왕 아틸라나, 부르군트의 왕, 그리고 니벨룽겐의 시 등에 나오는 영웅의 북구 고대의 사가, 노르웨이 왕들의 사가, 그리스도교의 성자들의 사가, 사랑이나 모험 등을 취급한 프랑스어(語) 등으로 번역된 기사의 사가, 아이슬란드인의 사가 등이 있다.

주 긴 진화 기간을 위한 하부구조를 만들기 위한 순전히 예술적이고 문학적인 장치에 불과하다는 것이다. 그의 이론은 우주 진화에 대한 현대 이론들이 말하는 단계들과 일치하며, 창세기 1-2장의 신빙성과 영감성을 유지하려고 하면서 빅뱅 우주론과 조화를 이루려고 한다. 고든-콘웰 신학교와 웨스트민스터 신학교에서 구약을 가르쳤던 메리데스 클라인549)이 리델보스의 주장을 미국에 퍼뜨린 바람에 개혁주의 그룹 내에서조차 하부구조가설을 추종하게 되었고 그것이 심각한 문제를 야기시켰다.550)

이 외에도 한국창조과학회551)에서 제공하는 수많은 자료들은 성경적인 창조 개념을 이해하는데 유익하다. 교회는 자라나는 세대들뿐만 아니라 교회 전체가 진화론의 허구성을 분명하게 말해주고 하나님의 창조에 대하여 확실하게 가르쳐야 한다.

성경은 만물의 기원을 하나님의 창조하심으로 말한다. 그러나 세상은 우연성에 기초해서 설명하려고 한다. 이 두 가지는 단순히 기원의 문제만이 아니라 삶을 살아가는 핵심적인 원리가 된다. 세상 사람들은 우연성에 기초하여 살아가기 때문에 통일성이 무너지고 허무주의로 귀착된다. 그것을 극복하고자 뉴에이지 영성으로 도약을 한다. 이것이 현대인의 절망이요 죽음이다. 그러나, 창조하신 하나님은 자기 백성들과 언약하시며 섭리해 가시는 하나님이시다. 그 언약 안에 있을 때 하나님으로부터 참되고 영원한 의미와 통일성을 부여받아 충만한 삶을 살아가게 된다.

549) 메리데스 G. 클라인, 하나님 나라의 도래, 이수영 역 (서울: 개혁주의신학사, 2010), 32-33; "창조의 시초에 비가시적 하늘의 시작과 가시적인 우주의 시작이 연합되어 나타난다. 우주론자들이 가시적 우주의 기원을 소위 '우주대폭발'(the Big Bang)이라는 시점으로 보는 것과 같이 우리는 이와 동시적으로 어느 순간에 영광-하늘이 존재하게 된 시점을 '대섬광'(the Big Blaze) 시점이라고 부를 수 있을 것이다." "… 결론적으로 말하면 시간이라는 틀에 관한 한, 과학자들은 성경에 기술된 창조 사건들의 기간과 순서와 상관없이 우주 기원에 대한 가설을 세울 수 있다는 것이다. … 결국 기록된 내러티브 순서를 실제적인 시간적 순서로 보는 견해에 따르게 되면 창세기 1장은 창조 과정 중에도 자연에 부합하게 섭리가 역사한다는 창세기 2:5의 가르침과 모순될 수밖에 없다는 것이 결론부의 핵심이다."(pp. 307-308) "… 첫째 날과 넷째 날에서 이 후렴구는 태양의 시간 현상과 관련이 없다. 왜냐하면 태양의 시간 현상은 그 두 문맥에만 갇혀 있지 않고, 6일 동안의 모든 날들에 포함되었기 때문이다. … 그러므로 여섯 번의 저녁-아침 날들은 하위 구조 영역에서의 시간의 흐름을 나타내지 않는 것이다. 그들은 태양일에 의해서 확인될 수 없다. … 그래서 창조 '주간'을 문자적으로 이해하는 것이 아니라 비유적으로 이해해야 한다."(p. 331)
550) R. C. 스프롤, 웨스트민스터신앙고백해설1, 이상웅-김찬영 역 (서울: 부흥과개혁사, 2011), 179-181.
551) http://www.kacr.or.kr/

제10문 하나님께서는 사람을 어떻게 창조하셨습니까? (대17)[552]
답: 하나님께서 사람을 남자와 여자로, 자기의 형상을 따라 지식과 의와 거룩함으로 창조하시되, 피조물을 다스리게 하셨습니다.[553]

성경은 하나님께서 인간을 창조하셨다고 말한다.[554] 이에 반하는, 니체, 푸코, 들뢰즈를 관통하는 스피노자의 인간론은 무엇인가? 그는 '인간이란 신의 변용(變容)이다'라고 말했다. 그래서 스피노자는 범신론이다. 스피노자는 『에티카』 (제1부 신에 대해서)에서 다음과 같이 말했다.

> 정리 10 실체의 각 속성은 그 자체를 통해 파악되지 않으면 안 된다.
> 정리 11 신 또는 각각 영원하고도 무한한 본질을 표현하는 무한한 속성으로 이루어진 실체는 필연적으로 존재한다.[555]

스피노자의 이런 원리에 대하여 이수영 교수는 다음과 같이 말한다.

> 이제 문제는 신 바깥에 신의 존재를 배제하는 것의 유무인데, 만약 그 외부 실체가 신의 본성과 다른 본성(즉 속성)을 갖고 있다면 본성상에 있어 하등의 공통점도 있을 수 없으므로 신의 존재에 대

---

552) 하이델베르크 교리문답 제6문: 그러면 하나님께서 인간을 그렇게 악한 상태로 창조하셨습니까? 답: 아닙니다. 그와 반대입니다. 하나님께서는 인간을 선하게 그리고 당신의 형상대로 창조하셨습니다. 즉 인간은 참된 의와 거룩함 가운데 창조되어서, 창조주 하나님을 바르게 알고, 진정으로 하나님을 사랑하고 영원한 축복가운데서 하나님을 찬양하고 영광을 돌리면서 하나님과 함께 살게 하셨습니다. 제26문: 당신이 "나는 전능하신 하나님 아버지, 천지의 창조주를 믿습니다"라고 말할 때 당신은 무엇을 믿습니까? 답: 하늘과 땅과 그 가운데 모든 것을 무에서 창조하셨고, 영원한 경륜과 섭리로 그것을 보존하시고 다스리시는 우리 주 예수 그리스도의 영원한 아버지께서 당신의 아들 그리스도 때문에, 나의 하나님이 되시고 나의 아버지가 되신다는 것을 믿습니다. 나는 하나님을 전적으로 신뢰하므로 하나님께서 나의 몸과 영혼에 필요한 모든 것을 채워 주시며, 하나님께서 이 슬픈 세상에서 내게 보내신 역경이 무엇이든지 간에 나에게 선으로 바꿔 주실 것을 굳게 믿습니다. 하나님께서는 전능하신 하나님으로서 능히 그렇게 하실 수 있고, 신실한 아버지로서 기꺼이 그렇게 하실 것입니다.

553) Q. 10. How did God create man? A. God created man male and female, after his own image, in knowledge, righteousness, and holiness, with dominion over the creatures.

554) 자카리아스 우르시누스, 하이델베르크 교리문답해설, 원광연 역 (서울: 크리스챤다이제스트, 2006), 79; 우르시누스는 하나님께서 본래 창조하신 상태를 다루는 목적에 대하여 다음과 같이 말한다. 1. 하나님께서는 사람을 죄 없는 상태로 창조하셨고, 따라서 하나님께서는 죄나 우리의 부패나 비참함을 생기게 한 장본인이 아니시라는 것이 분명히 드러나게 하기 위하여. 2. 죄로 말미암아 우리가 얼마나 높은 위엄의 자리로부터 깊은 비참함의 자리로 타락했는지를 깨닫게 하며, 그리하여 황송하게도 이러한 처참한 처지에 있는 우리를 구원해 주신 하나님의 긍휼하심을 인식하게 하기 위하여. 3. 우리가 받은 바 은덕이 얼마나 큰가를 깨닫게 되고, 또한 우리가 그런 호의를 받기에 얼마나 무자격한가를 깨닫게 하기 위하여. 4. 우리가 상실한 바 그 위엄과 복락을 회복하기를 그리스도 안에서 더욱 진정으로 사모하며 구하게 하기 위하여. 5. 이 회복에 대해 하나님께 감사하게 하기 위하여.

555) B. 스피노자, 에티카, 황태연 역 (서울: 도서출판 피앤비, 2012). 63-64.

해 그 어떤 영향도 미칠 수 없으니 신의 존재는 위협받지 않을 것이다. 만약 외부의 실체가 신의 본성과 같은 실체라면 어떻게 될까? 신의 본성과 같다면 그것은 이미 신 아닌가. 그러므로 신의 내부든 외부든 신의 존재를 부정하는 모순적인 제한은 그 어디에도 없으며 따라서 신은 필연적으로 존재한다고 해야 한다. 신은 실재한다. 신은 실재적이다. 신 안에는 그 어떤 부정도, 제한도, 모순도 없다. 신은 긍정이며, 존재이고, 실재이다. 그러므로 신 안에 있는 모든 것도 긍정이고 실재이고 존재이다. 스피노자의 신을 이해하는 순간 우리는 우리 삶에서 부정을 긍정할 어떤 이유도 발견하지 못하게 되는 것이다.556)

말이 어려운 것 같아도, "외부의 실체가 신의 본성과 같은 실체"라는 말은 인간이 곧 신의 본성과 같은 실체라는 말을 하고 싶은 것이다. 만물은 신의 변용이고 그 만물 속에 인간이 있으니 인간을 신이라 했다. 이수영 교수는 또 다음과 같이 말한다.

사실 창조된 인간도 그 창조된 상태 그대로 머물러 있는 건 아닌데, 한 인간의 하루를 살펴보면, 잠을 자는 인간, 밥을 먹는 인간, 공부를 하는 인간, 웃는 인간, 슬퍼하는 인간, 증오하는 인간 등 여러 측면을 모두 포함하고 있다. 그런데 이 인간의 다양한 모습은 모두 동일한 한 인간의 양상들, 즉 mode들이라 말할 수 있는데, 신이 창조한다는 것은 정확히 이렇게 양태화 하는 방식으로서, 매순간의 변화도 자체가 이미 신의 속성의 양태적 측면인 것이다. 그래서 우리의 mode가 순간순간 바뀔 때 어떤 의미에서는 신이 매번 생산하고 있는 셈이고, 이때의 생산도 (닭이 알을 낳는 것과 같은) 새로운 사물의 창조가 아니라 동일한 인간의 mode 변환이라고 생각하는 게 좋다. 신은 자신의 본질을 구성하는 속성들의 다양한 mode화를 통해 수없이 많은 것들을 생산한다. 그래서 들뢰즈는 이를 "변용능력"(pouvoir d'treaffecte)이라고 부르고 있는데, 우리는 이 용어를 신의 생산과 인간의 mode 변화를 더 정확히 설명해주는 것으로 볼 수 있다. 신은 그 절대적으로 무한한 능력에 의해 자신의 속성이 갖는 여러 mode를 변화시키고, 그 변화가 곧 만물의 mode 변화이자 만물의 생산이 되는 것이다. 만물의 생산은 무에서 출현하는 유가 아니라 신의 변용 affection, 곧 속성들의 양태로의 변환이다. …557)

왜 인간을 신의 변용이라고 말해야 하는가? 왜냐하면 그것이 인간의 자율성을 확보하기 위한 원천이기 때문이다. 이것은 스피노자만이 아니라 현대철학이 하나님 없는 세상에 인간이 하나님이 되고 주인 노릇을 하기 위한 가장 중요한 핵심이 된다. 그렇지 않으면 인간이 스스로 설 수 있는 기초가 없게 된다. 인간 내부에 문제가 있다고 시작하는 철학은 성립할 수가 없다.

그러므로 인간이 주체적으로 무엇을 행하기 위해서는 인간 스스로 그 내적인 완전함을 갖추어야 하는 것이 가장 우선적으로 요구된다. 그것은 언제나 인간 안에 신성한 내면아이를 확보하는 것이다. 이 핵심을 알면 결국 싸움이란 에덴동산의 반

556) 에티카, 자유와 긍정의 철학, 이수영 (파주: 오월의 봄, 2013), 59.
557) Ibid., 122-123.

역과 같이 하나님의 하나님 되심을 인정하고 경배하느냐? 아니면, 그것을 거역하고 반역하는 사탄의 종노릇을 하느냐? 그 둘 중에 하나라는 것을 알게 된다. 우리는 이 교리를 살펴가면서 교리가 인간의 자유를 누리게 하는지 구속하는지 관심을 갖고 살펴보아야 한다. 인본주의자들에게는 인간의 자율성을 확보하는 것이 인간의 자유와 직결되기 때문이다.

푸코가 말년에 몰입한 작업은 '실존미학'이다. '삶을 규정하는 규칙들에 제한되지 않고 적극적으로 삶을 어떻게 살아갈 것이냐?' 하는 것이었다. 그것이 국가의 법이든지 종교적 교리든지 간에 그런 규칙들은 기계적인 삶을 만들기에 그 규칙들을 떠나 삶을 꾸며가야 한다고 말했다. 그런 삶의 모범이 그리스인과 로마인들의 삶에 있다고 보았다. 그들이 규칙에 얽매인 종속적이고 획일적인 삶이 아니라 자유롭게 독창적으로 살아갔다고 보았기 때문이다. 그러나, 그렇게도 자유롭고 독창적인 삶을 부르짖었던 미셸 푸코는 롤랑 바르트와 동성애 파트너였다! 1984년 6월 25일, 푸코는 에이즈 합병증으로 사망했다.

'세상은 왜 이런가?'를 설명하는 그리스 로마 신화는 세상의 이치를 설명하는 도구였다. 그것은 다만 현재를 설명하는 도구였기에 종말이 등장하지 않는다. 그리스 로마 신화에 등장하는 신들은 인간을 대변하는 것이다. 그 결론은 무엇인가? '그냥 살아라' 그것 외에는 없다. 동시대의 이집트인들이 사후 세계를 중요하게 생각한 반면 그리스인들은 지극히 현실주의자들이었다. 이런 현실주의가 실제적인 타락을 가져왔다. 게르만족의 대이동과 더불어 로마라는 나라를 주름잡은 귀족들의 타락이 로마의 멸망의 원인이 되었다. 현실이 전부라고 말하는 세계는 절망과 죽음밖에 없다는 것을 역사는 분명하게 말한다.

왜 우리는 성경대로 하나님의 인간 창조를 말해야 하는가? 인간의 역사에서 죄악들을 보기 때문이다. 하나님의 인간 창조를 부정하는 것은 인간의 신성화로 이어지고 현상계가 전부라고 부르짖다가 스스로 타락하고 스스로 비참한 파멸을 자초하기 때문이다. 그러므로 우리는 성경대로 하나님께서 인간을 창조하셨다는 것을 믿어야 한다. 성경은 인간 창조에 대하여 무엇이라고 말하는가?

1) 하나님께서 사람을 남자와 여자로, 자기의 형상을 따라
하나님의 창조는 6일 동안 이루어졌다. 그 마지막 날에 인간을 창조하셨다. 왜 인간을 창조하셨는가? 그것은 하나님의 영광을 나타내고 찬송케 하기 위함이다.

1 [감사의 시] 온 땅이여 여호와께 즐거이 부를지어다 2 기쁨으로 여호와를 섬기며 노래하면서 그 앞에 나아갈지어다 3 여호와가 우리 하나님이신 줄 너희는 알지어다 그는 우리를 지으신 자시요 우리는 그의 것이니 그의 백성이요 그의 기르시는 양이로다(시 100:1-3)

이 찬송은 본능적으로 기계적으로 나오는 것이 아니다. 구원과 언약에 기초하여 여호와가 하나님이신 줄을 알 때에만 찬송이 흘러넘치게 된다. 그러나 오늘날 이런 진리의 말씀은 변질이 되었다. 그 주범은 누구인가?

C.S. 루이스는 유신론적 진화를 말했다. 하나님께서 우주를 창조하셨고 그 후에 인간은 동물로부터 진화되었다고 말했다. C.S. 루이스는 우주에 관하여 유물론적 관점과 종교적 관점, 이 두 가지로 말했다. 이 두 가지를 연결하는 '생명력의 철학', '창조적 진화', '돌연변이적 진화'에 대해 말하면서 개방종교를 말하는 베르그송(Henri Bergson)558)의 '창조적 진화'를 말했다.559) 시편 묵상에서는, 사람은 여전히 영장류이고 동물이라고 말했다.560)

그렇다면 그가 우리를 어떤 모습으로 만들고자 하셨는지 어떻게 알 수 있을까요? 아시다시피 그분은 우리를 과거의 모습과 너무나 다르게 만들어 놓으셨습니다. 오래 전, 우리는 태아로서 어머니 몸속에 있으면서 여러 단계를 거쳤습니다. 한때는 식물과 비슷했고, 한때는 물고기와 비슷했습니다. 우리는 후기 단계에 이르러서야 사람의 아기와 비슷해졌습니다. …561)

그런데도 사람들은 루이스에 빠져들고 있다. 유명한 사람이 추천하기 때문이다. 왜 사람들은 성경의 진리로 판단하지 않고 유명세로 진리를 짓밟는 것인가?

---

558) 위키피디아 사전에서; 그는 인간의 생명을 가장 중요시한 '생의 철학'을 부르짖은 사람으로서, 그의 철학을 창조적 진화의 철학이라고 부르고 있다. 그는 '있다'는 것은 오직 우리들의 체험을 통한 경험이나 느낌으로만 알 수 있다고 말하였다. 또 현재라는 의식 속에는 과거나 미래도 모두 포함되어 있으며, 모든 것이 변하는 현재의 시간이야말로 우주의 가장 본질적인 것이라고 주장하였다. 인간과 사회에 관한 그의 관점 또한 '시간', '변화', '운동'에 중점을 두고 재해석 한 것이다. 종교에는 고정적인 제도, 고로 폐쇄적이게 되는 종교와 시대에 따라 변하는 개방적 종교가 있다고 하여 후자가 필연적으로 살아남게 된다는 것을 역설하였다. 도덕에 관한 관점 또한 기존의 고정되어 있는 전통적 도덕의 체계보다, 시시각각 움직이고 계속 변화되어 가는 원칙을 가진 유기체적 도덕의 우수성을 옹호하였다. 사회에 대한 관점에서도 그는 고정되고 닫힌 폐쇄된 사회보다는 변화되고 움직이는 '열린사회'를 주장하였다. 칼 포퍼는 『열린사회와 그 적들』에서 '열린사회'라는 용어가 그에게서 빌려온 것임을 밝히기도 했다. … 플라톤 이후 2000년 넘게 이어져왔던 물질들의 "정지"를 전제로 한 존재론 위주의 철학적 담론을, 베르그송은 당대의 최첨단의 과학지식들을 흡수하려고 노력하여(그는 그의 저서 '물질과 기억'의 단 3페이지를 쓰기 위하여 병리학을 5년동안 공부하기도 하였다) "운동"으로 전환시켜, 이후의 철학 사조들(화이트헤드, 들뢰즈 등)의 사상적 기원이 되고 있다는 평가이다.
559) C. S. 루이스, 순전한 기독교, 장경철·이종태 역 (서울: 홍성사, 2012), 53. 각주에서.
560) C. S. Lewis, Reflections On The Psalms, 115, 129; "but he (man) remains still a primate and an animal."
561) C. S. 루이스, 순전한 기독교, 장경철·이종태 역 (서울: 홍성사, 2012), 309.

성경은 창세기에서 인간의 기원에 대하여 이중적으로 말한다. 첫 번째는 창 1:26-27이며, 두 번째는 창 2:7, 21-23이다.

> 26 하나님이 가라사대 우리의 형상을 따라 우리의 모양대로 우리가 사람을 만들고 그로 바다의 고기와 공중의 새와 육축과 온 땅과 땅에 기는 모든 것을 다스리게 하자 하시고 27 하나님이 자기 형상 곧 하나님의 형상대로 사람을 창조하시되 남자와 여자를 창조하시고(창 1:26-27)
> 여호와 하나님이 흙으로 사람을 지으시고 생기를 그 코에 불어 넣으시니 사람이 생령이 된지라(창 2:7)
> 21 여호와 하나님이 아담을 깊이 잠들게 하시니 잠들매 그가 그 갈빗대 하나를 취하고 살로 대신 채우시고 22 여호와 하나님이 아담에게서 취하신 그 갈빗대로 여자를 만드시고 그를 아담에게로 이끌어 오시니 23 아담이 가로되 이는 내 뼈 중의 뼈요 살 중의 살이라 이것을 남자에게서 취하였은즉 여자라 칭하리라 하니라(창 2:21-23)

이 두 가지 말씀은 두 개의 창조를 말하는 것이 아니다. 창세기 2장 4절에서, "여호와 하나님이 천지를 창조하신 때에 천지의 창조된 대략이 이러하니라"에 나오는 "대략이 이러하니라"라는 표현은 창세기에서 자주 사용되는 용법이다. 그것은 창세기 2장의 기록이 창세기 1장의 그것과는 다른 어떤 내용을 담고 있다는 것이다. 이 표현은 언제나 기원 또는 시작을 가리키기보다는 가족의 역사를 말한다. 창세기 1장의 기록은 만물의 창조를 그 일어난 순서대로 서술한 것이며, 창세기 2장의 기록은 피조물과 인간의 관계를 다루고 있다. 그것은 하나님께서 창세기 1장에서 인간을 창조하신 이후에 세월이 흘러 다시 창세기 2장을 말하는 연대기적 순서가 아니다. 창세기 2장은 인간 창조에 앞서 창조된 것들이 피조물의 왕인 인간의 적합한 주거지를 준비하는 데 기여하고 있음을 보여 준다. 그것은 또한 인간이 식물과 동물들로 둘러싸인 하나님의 피조물 안에서 차지하는 위치가 무엇이며, 그 역사는 어떻게 시작되었는가를 보여준다.[562]

창세기 1-2장에서 말하는 대로, 하나님께서는 사람을 남자와 여자로 창조하셨다.[563] 흙으로 사람을 만드시고 생기를 그 코에 불어 넣으시니 생령이 되었다(창 2:4).

---

562) 루이스 벌코프, 벌코프조직신학(상), 권수경·이상원 역 (서울: 크리스챤다이제스트, 1993), 320-329; "고등 비평에 의하면, 창세기 기록자는 두 개의 설화, 즉 창 1:1-2:3과 창 2:4-25을 짜맞추었는데, 이 두 기록은 독립된 것이요 모순된 것이라고 한다. …"

563) Ibid., 438; "… 바르트와 브룬너는 인간의 원초적인 상태와 타락에 관한 이야기를 일종의 신화로 간주한다. 창조와 타락은 모두 역사에 속한 것이 아니라 초역사에 속한 것이다. 따라서 양자는 모두 인식 불가능한 것이다. 창세기의 이야기는, 인간이 지금은 어떤 선도 행할 수 없고 죽음의 법칙에 굴복하고 있지만, 그것이 전부는 아니라는 것을 가르쳐 주는 이야기일 뿐이라는 것이다. …"

하나님께서는 아담을 먼저 만드시고 그 홀로 거하는 것이 좋지 못하여 아담에게 돕는 배필로 하와를 만드셨다. 만드시되 아담의 갈빗대로 만드셨다. 하와를 아담의 돕는 배필로 만드셨다. 그러나, 하와는 아담의 노예가 아니다. 남자와 여자 모두 하나님의 형상을 따라 만들었다는 것은 동등한 가치와 존귀함을 가진다는 것을 말한다. 남자와 여자 모두에게 하나님의 지으신 세계를 다스리고 통치할 과업을 맡기셨다.

> 26 하나님이 가라사대 우리의 형상을 따라 우리의 모양대로 우리가 사람을 만들고 그로 바다의 고기와 공중의 새와 육축과 온 땅과 땅에 기는 모든 것을 다스리게 하자 하시고 27 하나님이 자기 형상 곧 하나님의 형상대로 사람을 창조하시되 남자와 여자를 창조하시고 28 하나님이 그들에게 복을 주시며 그들에게 이르시되 생육하고 번성하여 땅에 충만하라, 땅을 정복하라, 바다의 고기와 공중의 새와 땅에 움직이는 모든 생물을 다스리라 하시니라(창 1:26-28)

우리 평생의 주된 과업은 하나님의 형상을 닮는 것이다. 하나님의 하나님 되심이 우리의 삶에 드러나는 삶이다. 신앙의 열심과 헌신으로 이 세상의 것을 보상해 달라는 요구를 하는 것이 아니다.

하나님께서 남자와 여자로 만드신 것은 인간이 하나님 의존적인 삶을 살아가야 한다는 것을 실제 삶에서 가르쳐 주시기 위함이다. 그래서 결혼을 통하여 언약을 가르쳐 주신다.

> 31 이러므로 사람이 부모를 떠나 그 아내와 합하여 그 둘이 한 육체가 될지니 32 이 비밀이 크도다 내가 그리스도와 교회에 대하여 말하노라(엡 5:31-32)

결혼은 언약적 하나 됨이다. '한 육체'가 된다고 해서 두 사람이 하나의 몸이 되었다는 뜻이 아니다. 그리스도와 교회의 하나 됨도 언약적 하나이지 존재론적 하나 됨이 아니다. 존재론적 구별은 천국에서도 드러나 있다.[564]

성경이 창조와 결혼을 통한 언약적 하나 됨을 말하는 이유가 무엇인가? 그것은 하나님과 인간이 하나가 되는 유일한 길은 예수 그리스도 안에서 거듭나는 것이며, 예수 그리스도께서 십자가로 승리하셨듯이 십자가의 길을 갈 때 하나가 될 수 있다는 것을 가르치기 위함이다. 그러므로 세상은 자존감과 잠재력을 가르치나 교회는 십자가를 가르친다.

---

564) 내가 또 보니 보좌와 네 생물과 장로들 사이에 어린 양이 섰는데 일찍 죽임을 당한 것 같더라 일곱 뿔과 일곱 눈이 있으니 이 눈은 온 땅에 보내심을 입은 하나님의 일곱 영이더라(계 5:6)

창조에 등장하는 몇 가지 주제들을 살펴보면 다음과 같다.

인간 본성의 구성적 요소

인간의 구성 요소에 대해서는 이분설과 삼분설이 있다. 이것이 중요한 이유는 오늘날 교회 안에 인본주의 심리학과 내적치유, 신비주의 영성[565])이 들어오는 근본적인 배경에는 삼분설이 자리 잡고 있기 때문이다. 이 문제는 생각보다 매우 위험한 방향으로 나아가게 된다.

이분설은 인간이 몸과 영혼 두 부분으로 구성되어 있다는 것이며, 삼분설은 몸과 혼과 영으로 구성되어 있다는 견해이다. 삼분설을 주장하는 사람들은 사탄이 인간의 영에는 영향을 끼치지 못하나 몸과 혼에는 영향을 끼치므로 이른바 축사(逐邪), 곧 귀신을 쫓아내야 한다고 말한다. 그러나 이런 삼분설은 헬라 철학에서 유래했다.[566])

개혁주의는 이분설을 지지하면서도 인간의 본성은 두 개의 주체로 나누어 지지 않고 전인으로 본다. 다시 말해서, 인간이 죄를 짓는 것은 몸만 죄를 짓거나 영혼만이 죄를 짓는 것이 아니라 인간이라는 전인이 죄를 짓는 것이며, 몸만 죽는 것이 아니라 인간이 죽는 것이며, 영혼만 구원을 얻는 것이 아니라 몸과 영혼이 그리스도 안에서 구원을 받는다.

창세기 2장 7절은 전인에 대한 기본 사상을 잘 말해 준다.

> 여호와 하나님이 흙으로 사람을 지으시고 생기를 그 코에 불어 넣으시니 사람이 생령이 된지라(창 2:7)

이 구절 전체가 인간을 다루고 있다. 그 말은 하나님께서는 인간을 기계론적인 과정으로 창조하지 않으셨다는 뜻이다. 먼저 흙으로 인간의 몸을 만드시고, 시간이

---

565) 이들은 신인합일로 간다.

566) 루이스 벌코프, 벌코프조직신학(상), 권수경·이상원 역 (서울: 크리스챤다이제스트, 1993), 401-402; "희랍 철학에서는 인간의 몸과 영혼과의 관계를 물질적 우주와 신과의 관계를 유비로 하여 설명했다. 신이 제3의 본질 또는 중간적 존재를 통해서 물질계와 서로 교류할 수 있는 것처럼, 인간의 영도 제3의 중간적 요소인 혼을 통해서만 몸과 살아 있는 관계를 맺을 수 있다는 것이다. 혼은 한편으로는 비물질적인 것으로 간주되면서도 다른 한편으로는 몸에도 적용할 수 있는 능력을 지닌다. 혼이 이성(nous) 혹은 영을 소유하고 있는 한 불멸의 존재로 간주되지만, 몸에 관계하는 한에 있어서는 육적이요, 또한 죽음을 면할 수 없는 존재가 되는 것이다. 가장 잘 알려져 있는 조악(粗惡)한 형태의 삼분설은 몸을 인간 본성의 물질적인 부분으로, 혼을 동물적인 생명의 원리로, 그리고 영을 하나님과 관계하는 합리적이고 불변하는 요소로 간주하는 것이다."

지난 후에 몸 안에 혼을 불어 넣고 그리고 다시 영을 불어 넣은 것이 아니다. 어떤 사람처럼, 그 지으신 몸 안에 영을 불어 넣을 때 혼이 파생된 것이라고 성경은 말하지 않는다. 그것은 삼분설을 말하기 위한 억지 주장이며 망상이다. 특히 '생령'이라는 말은 살아 있는 존재로서의 전인을 묘사한다. 히브리어 '네페쉬 하야(살아 있는 혼 혹은 존재)는 창세기 1장 21, 24, 30절에서는 동물에게도 적용되었다. 이것은 무엇을 말하는가? 이 구절은 인간이 두 요소로 구성되어 있음을 지지하면서도 그 유기적 통일성을 강조한다는 것이다. 이것이 성경전체를 꿰뚫고 있는 기본사상이다.567)

삼분론자들은 성경에서 물질적인 요소 외에 혼과 영이라는 단어가 있기 때문에 자신들의 주장이 합당하다고 말한다. 그러나 성경에서는 이 두 단어를 서로 교환적으로 사용하고 있다.568)

하나님의 형상에 대한 의미가 무엇인가?569)
하나님께서는 모든 피조물들 가운데서 오로지 인간만 하나님의 형상을 따라 만드셨다.

> 26 하나님이 가라사대 우리의 형상을 따라 우리의 모양대로 우리가 사람을 만들고 그로 바다의 고기와 공중의 새와 육축과 온 땅과 땅에 기는 모든 것을 다스리게 하자 하시고 27 하나님이 자기 형상 곧 하나님의 형상대로 사람을 창조하시되 남자와 여자를 창조하시고(창 1:26-27)

하나님의 형상을 따라 창조함을 받았다고 할 때에 두 가지 질문이 있다. 첫째,

---

567) Ibid., 403.
568) Ibid., 404.; 〈성경은 분명히 두 용어를 교호적으로 사용한다. 눅 1:46, 47의 병행어법을 주목하라: "내 영혼이 주를 찬양하며 내 마음이 하나님 내 구주를 기뻐하였음은." 인간을 가리키는 표현 형식이 어느 곳에서는 "몸과 혼"으로(마 6:25; 10:28), 어느 곳에서는 "몸과 영"(전 12:7; 고전 5:3, 5)으로 나타난다. 죽음은 혼을 포기하는 것으로 묘사되기도 하고(창 35:18; 왕상 17:21; 행 15:26) 영을 포기하는 것으로 묘사되기도 한다(시 31:5; 눅 23:46; 행 7:59). 더욱이 혼과 영이 다 같이, 죽은 자의 비물질적인 요소를 가리키는 용어로 사용되었다(벧전 3:19; 히 12:23; 계 6:9; 20:4). 성경의 구분은 다음과 같다: "영"이라는 단어는 인간 안에 있는 영적 요소로서 몸을 통제하는 생명과 행동의 원리를 가리킨다. 반면에 "혼"이라는 단어는 같은 요소로서 인간 안에 있는 행위의 주체를 가리킨다. 그러므로 이 단어는 구약에서 인칭 대명사로 쓰이기도 한다(시 10:1, 2, 104:1; 146:1; 사 42:1; 비교. 눅 12:19). 몇몇 경우에서는 보다 구체적으로 감정의 자리로서의 내적 생명을 가리키기도 한다. 이 모든 의미들이 창 2:7과 부합한다. "여호와 하나님이 … 생기를 그 코에 불어넣으시니 사람이 생령이 된지라." 그러므로 인간은 영을 가진 혼이라고 할 수 있을 것이다. 이처럼 성경은 "몸과 혼 또는 영"이라는 두 개의 구성 요소를 말한다. 성경의 표현은 인간의 자의식과도 조화를 이룬다. 인간은 자신이 물질과 영으로 구성되어 있다는 사실은 의식하지만, 아무도 영과 구분되는 혼을 소유하고 있다는 사실을 의식하지는 못한다.〉
569) 넓은 의미의 하나님의 형상과 좁은 의미의 하나님의 형상.

하나님의 형상대로 창조되었다는 의미가 무엇인가? 둘째, 타락 이후에도 하나님의 형상을 여전히 가지고 있는가? 이다.

첫째, 하나님의 형상대로 창조되었다는 의미는 무엇인가?[570] 하나님께서는 인간을 하나님의 형상과 모양을 따라 만드셨다. 로마 가톨릭은 형상과 모양이 서로 다른 의미라고 했다. 형상은 합리적 피조물의 이성적 기능을 말하며, 모양은 특별한 미덕으로 타고난 거룩함을 나타내는 덧붙여진 은사라고 말했다.[571] 그러나, 사실상 이 용어는 상호보완적이며 모양은 형상을 설명해 준다.[572] 두 가지 구별된 개념이 아니라 중복된 말이다.

창세기 1장 27절을 잘 보면, 인간을 하나님의 형상이라고 말하지 않는다. 인간은 하나님의 '형상'이 아니라 하나님의 '형상대로' 창조된 존재라고 말한다. 고대 근동에서 차용해 온 이 낱말은 '대표/대리' 사상을 가지고 있다. 어떤 왕의 형상이 어떤 지역에 서 있다면, '여기는 이 형상을 가진 왕이 통치하는 땅이다'라는 뜻이다.[573] 인간은 그렇게 하나님의 대리자로서 하나님이 누구신지를 온 세상에 드러내고, 그리하여 하나님께 영광을 돌리는 삶을 살아야 했다. 그래서 형상은 인간에게 부여된 권한이자 책임이다.[574] 이것은 요셉의 총무직 수행과 예수님의 청지기 비유에서 잘 드러난다.

---

570) 루이스 벌코프, 벌코프조직신학(상), 권수경·이상원 역 (서울: 크리스챤다이제스트, 1993), 413; 〈그러나 루터와 칼빈은 서로 견해가 달랐다. 루터는 하나님의 형상을 인간의 합리적이고 도덕적인 능력과 같은 인간의 자연적인 재능에서 찾지 않고 오직 원의 안에서만 찾았다. 그러므로 그는 그것을 인간이 죄를 범할 때 완전히 상실된 것으로 보았다. 반면에 칼빈은 하나님의 형상은 다른 모든 본질을 능가하는 모든 인간 본성의 부분들을 포함한다고 생각하면서 다음과 같이 말한다. "따라서 하나님의 형상이라는 용어는 아담이 부여받은 완전성을 지칭하는 바 명료한 지성, 이성에 복종하는 지성, 적절히 통제된 감성, 창조주가 부여한 모든 탁월하고 찬탄할 만한 재능들을 가리킨다. 물론 하나님의 형상의 자리는 정신과 마음, 혼과 그 능력이지만, 육체의 모든 부분 가운데 다소라도 영광의 빛이 비취지 않은 부분은 있을 수 없다." 하나님의 형상은 자연적인 재능과, 원의라고 불리는 영적인 자질들, 곧 참된 지식, 의, 거룩 등도 포함한다. 죄로 인하여 하나님의 형상 전체가 손상을 입었다. 그러나 완전히 소실된 것은 영적인 자질들뿐이다. 소지니주의자들과 일부 알미니우스주의자들은 하나님의 형상이 하등 피조물에 대한 인간의 지배를 뜻한다고 가르쳤다.〉

571) 하나님의 형상으로 지음을 받았다는 것은 본질의 유사성이나 동등성을 의미하지 않는다. 신비주의 영성은 언제나 본질의 동등성에서 출발한다. 그것이 바로 '신성한 내면아이' 사상이다.

572) 유해무, 개혁교의학 (서울: 크리스챤다이제스트, 1997), 233-234; "… 즉 두 낱말은 하나님의 어떤 측면들이 외형화 되고 시각화(視覺化) 되는 관계이다. 형상은 그야말로 외형화를 뜻하고, 모양은 그 외형화가 정확하게 이루어졌다는 뜻이다. … 나아가 이 용어들이 지닌 또 다른 의도는 신인 양자 간의 동일시에 대한 경고이다. …"

573) Ibid., 234.

574) Ibid., 234-235; "그러나 직무와 자질들을 분리할 수는 없다. 우리가 이것을 강조하는 것은 타락에 의한 형상의 상실 여부를 따지는 개혁신학의 한 전통에 이의를 가지고 있기 때문이다. 칼빈이 그리스도를 통한 회복의 관점에서 형상을 재상할 때(창 1:26 주석 참고), 특히 지식, 의와 거룩을 언급한다(골 3:10; 엡 4:24). I. x v, 4. 이것을 '원의'(iustitia originalis)라 하여 하나의 자질로만 보지 않고, 인간을 대신(對神) 관계에서 본다면 올바른 해석이라 하겠다. …"

개혁주의자들은 "복원해석법"(restoration hermeneutic)을 사용하여 형상에 대하여 인격적 도덕적 해석을 주장하였다.575) 타락한 인간이 예수 그리스도를 통해 회복된 상태가 무엇인지를 알아내면 원래의 형상의 의미가 무엇인지 알 수 있다는 것이다. 그리하여 하나님의 형상이란 참된 의와 거룩과 하나님을 참으로 아는 지식이라 했다. 이것은 하나님의 형상을 본질만 아니라 관계적으로 정의되는 것으로 결국 형상은 언약적인 관점에서 조명되어진다. 언약의 화복은 예수 그리스도 안에서 회복되듯이, 형상의 화복도 예수 그리스도 안에서 이루어진다.

알미니안주의자들은 사람이 하나님의 형상으로 창조되었으나 하나님의 모양으로는 창조되지 않았다고 말했다. 하나님의 형상으로 창조되었다는 것은 논리적 추론이나 생각을 할 수 있고 도덕적인 것을 아는 능력을 가진 존재 그 이상은 아니라고 보았다. 하나님의 모양은 거룩함, 완전함, 의로움과 관련된 것이라고 말했다. 이 모양에 속한 것들은 처음부터 주어진 것이 아니라 인간의 노력과 순종의 대가로 받는 것이라고 주장했다.576)

이 말이 가지는 의미는 무엇인가? 거룩이 인간의 본성이 아니라 인간의 노력과 자유의지로 거룩을 만들어 낼 수 있다는 주장이다. 거룩이 처음부터 있었다고 말하면 인간의 진정한 자유는 없다고 보기 때문이다. 알미니안주의자들에게 인간은 무흠한 아이와 같아서 더 성숙할 가능성이 있는 존재이다. 인간의 노력과 자유의자를 발휘해서 지식이 증가하고 거룩과 의를 가질 가능성을 가진 존재로 보았다. 알미니안주의자들에게 아담은 선과 악의 중간 상태, 곧 중립상태라고 주장했다.

이런 주장들이 왜 위험한가? 알미니안주의자들의 말대로라면, 타락은 심각한 문제가 아니기 때문이다. 거룩이 원래부터 주어진 형상의 일부가 아니므로 타락이 일어나도 인간이라는 존재에 결정적인 영향을 끼칠 상실이 없게 된다. 그러니 알미니안주의자들은 전적타락을 믿지 않으며 인간의 이성과 의지는 아무런 영향 없이 그대로 온전하다고 생각했다. 인간이 선을 행할 능력은 상실했으나 선을 행하고자 하는 의지는 가지고 있다는 것이 알미니안주의자들의 신조. 그러나 하나님의 형상에 대하여 에베소서 4장과 골로새서 3장은 무엇이라고 말하는가?

> 새 사람을 입었으니 이는 자기를 창조하신 자의 형상을 좇아 지식에까지 새롭게 하심을 받는 자니라(골 3:10)
> 22 너희는 유혹의 욕심을 따라 썩어져 가는 구습을 좇는 옛 사람을 벗어버리고 23 오직 심령으로

---

575) 로버트 L. 레이몬드, 최신조직신학, 나용화·손주철·안명준·조영천 역 (서울: 기독교문서선교회, 2004), 547-548.
576) 코르넬리스 프롱크, 도르트신조 강해, 황준호 역 (서울: 그책의사람들, 2013), 218-222.

새롭게 되어 24 하나님을 따라 의와 진리의 거룩함으로 지으심을 받은 새 사람을 입으라(엡 4:22-24)

이 말씀들은 옛사람을 계속 벗어버리거나 새사람을 계속해서 입으라는 것을 말하는 것이 아니라 그리스도인들은 새사람으로 완료되었다는 뜻이다.[577] 그렇게 새롭게 되는 형상은 지식과 의와 거룩이며 성령 하나님의 역사하심으로 회복이 된 것이다. 이 형상이 화복된다는 것은 에덴동산에서 아담이 타락했을 때 지식과 의와 거룩을 상실했다는 뜻이다. 지식과 의와 거룩은 창조함을 받았을 때 아담에게 주어진 것이다. 타락은 이 모든 것들을 상실하게 했다. 하나님의 형상과 타락은 인간의 비참함의 원인과 기원을 하나님께 돌리지 않는다는 것을 의미한다. 그 장본인이 하나님께 있다고 항변하지 못한다. 또한 그 죄의 비참함이 말할 수 없이 심각하기에 그 화복이 인간 안에서가 아니라 오직 예수 그리스도만이 이루어 주실 수가 있다는 것을 말한다.

알미니안주의자들이 타락을 심각하게 여기지 않는 것은 성경과는 완전히 틀린 주장이다. 이런 주장을 하는 근본적인 이유는 무엇인가? 그것은 인간의 구원이 인간에게 달려 있다는 것을 말하기 위함이다. 타락은 인간의 마음과 의지에 결정적인

---

577) 앤서니 후크마, 개혁주의 인간론, 이용중 역 (서울: 부흥과개혁사, 2012), 44.-46; 〈바울이 여기서(9-10절) "옛사람" 또는 "옛자아"라는 말로 표현하고자 하는 바는 무엇인가? 존 머리에 따르면 "'옛사람'이란 육신과 죄의 지배를 받는 통일된 인격체를 가리키는 말"이다. 다시 말해 옛 자아는 본성적인 우리의 모습, 죄의 노예가 된 우리 자신이다. 그러나 바울은 골로새에 사는 신자들에게 너희는 그리스도와 하나가 된 뒤로 더 이상 죄의 노예가 아니라고 말한다. 죄에 예속된 옛 사람 또는 옛 자아를 벗어 버리고 새 자아(헬라어로 '네오스 안트로포스')를 입었기 때문이다. 방금 말한 옛 사람에 관한 비유를 따라 우리는 새 사람 내지 새 자아는 성령이 다스리는 통일된 인격을 의미한다고 결론짓는다. 거짓말은 너희가 입은 새 사람과 어울리지 않으므로 너희는 거짓말해서는 안 된다고 바울은 말하고 있는 것이다. 그러나 새 자아조차도 아직 완벽하지는 않다. 바울이 계속해서 말하는 대로 새 자아는 "자기를 창조하신 이의 형상을 따라 지식에까지 새롭게 하심"을 입고 있기 때문이다. 무언가가 새로워질 필요가 있다면 그것은 아직 완벽한 것은 아니다. 이 구절에 사용된 헬라어 동사들의 시제에 주목하는 것도 흥미로울 것이다. 주동사인 "벗어 버리고"(헬라어로 '아페크뒤사메노이')와 "입었으니"(헬라어로 '엔뒤사메노이')는 둘 다 부정과거 시제로 스냅 사진과 같은 순간적인 행동을 암시한다. "새롭게 하심을 입은"으로 번역된 분사(헬라어로 '아나카이누메논')는 현재 시제인데 이는 진행 중인 행동이나 지속적인 행동을 묘사한다. 따라서 이 구절에서 바울은 신자들을 완전히 옛 자아를 탈피하거나 벗어 버리고 새로운 자아ー그러나 지속적이고 점진적으로 새롭게 되어 가고 있는 새 자아ー를 입은 이들로 간주한다. 다시 말해서 이 구절에 비추어 보면 신자들은 자신을 죄의 노예나 "옛 사람", 또는 부분적으로 "옛 사람"이자 부분적으로 "새 사람"으로 간주해서는 안 되며 그리스도 안에 있는 새로운 사람으로 간주해야 한다. 그러나 신자들이 입은 새 자아는 아직 완벽하거나 무죄하지 않다. 이 새 자아는 여전히 점진적으로 성령으로 말미암아 새로워져야 하기 때문이다. 따라서 그리스도인들은 자신을 아직 완전히 새롭지는 않지만 진정으로 새로운 사람으로 간주해야 한다. … 바울은 골로새 3장 9-10절을 상기시키는 말로 그리스도인이란 결정적으로 돌이킬 수 없도록 옛 자아를 버리고 새 자아를 입었으며 그 마음의 정신이나 태도에 있어서 지속적이며 점진적으로 새롭게 되어야 할(헬라어로 '아나네우스타이', 현재시제) 사람이라고 말한다. 완전한 방향 변화에는 매일의 점진적인 변화가 수반되어야 한다. 그리스도인은 새 사람이지만 아직 변화되어야 할 것이 많이 남아 있다.

영향을 미쳤다. 인간은 영적으로 부패했으며 완전히 죽었다. 인간의 본성은 완전히 죄의 지배 아래 놓이게 되었다. 인간의 의지와 행동은 인간의 본성에 따라 움직이게 된다. 인간을 지배하는 죄의 영향으로 인간은 고의적으로 의도적으로 죄를 범하게 된다. 외부의 어떤 개입으로 죄를 짓는 것이 아니라 자신의 본성이 죄를 범하도록 부패하고 타락해 있기 때문에 그 경향대로 죄를 짓게 된다.

둘째, 타락 이후에도 하나님의 형상을 여전히 가지고 있는가? 개혁주의는 로마 가톨릭[578]과 달리 타락 이후에도 인간은 여전히 하나님의 형상이라고 말했다. 타락 이후에 사람은 하나님의 형상을 어느 정도로 잃어버렸는가? 로마 가톨릭은 자연적인 은사에 더하여 주신 초자연적인 은사만 잃어버렸다고 말했다. 타락으로 원의를 상실했으나 자연적 은사들은 여전히 그대로 있기 때문에 이성적인 사고를 하며, 선과 악을 구별하며, 특히 자유의지를 가지고 있다고 말했다. 이 자연적 은사를 사용하여 초자연적 은혜를 받을 준비를 할 수 있으며, 심지어 이것이 구원에 필요한 조건이라고까지 말했다.[579] 그 뒤를 이어받은 사람들이 펠라기우스주의자들이다. 그들은 인간이 그 본성상 선하다고 말하며 스스로 구원을 위해 기여할 수 있다고 생각했다. 그것은 하나님의 형상에 대한 그릇된 이해 때문에 발생한다. 성경은 무엇이라고 말하는가?

---

578) http://truthnlove.tistory.com/1231; (들풀) 「하나님의 형상으로 창조된 사람」 중세기의 로마 가톨릭 신학자로서 가장 대표적인 학자인 토마스 아퀴나스는 어거스틴의 삼위일체적 '하나님의 형상' 개념, 즉 영혼의 삼중성인 기억, 지성 및 의지가 인간 영혼 속에 있는 하나님의 형상이라는 개념을 계속 지지하였다. 그러나 그는 아리스토텔레스적인 관점으로 '하나님의 형상' 개념을 재해석하여, 이성적 동물인 인간은 하나님의 자연적 형상이며 또한 하나님의 초자연적 형상이기도 하다고 하였다. 전자는 인간이 그의 이성과 정신 속에서 하나님을 반영하는 의미에서 창조의 형상이고, 후자는 새 창조의 형상 또는 은총을 입은 하나님의 자녀의 형상이라고 보았으며, 아담의 타락 후에도 자연적 형상은 그대로 남아있다고 보았다. 그래서 그는 "믿기 위하여 이해한다"는 유명한 말을 남기기도 하였으며, 순수이성에 의해 하나님의 존재나 인간 영혼의 불멸에 대한 신념을 증명할 수 있다고 주장했다. 그가 하나님의 존재를 증명하기 위해 제시한 논증 가운데 하나가 우주론적 논증인데, 이것은 자연 세계를 관찰함으로부터 하나님의 존재를 증명하는 것이다. 로마 가톨릭 교회는 이와 같이 주장함으로 말미암아, 본래 창조된 대로의 인간은 본래적 의가 없었으나 또한 죄도 없었고 다만 죄의 결과를 낳기 쉬운 경향을 가진 것뿐이었는데 타락 후에 인간은 본래적 의가 상실되었을 뿐이어서 타락했어도 창조된 때와 같은 상태에 있다고 하였다. 로마 교회의 인간 이해에 대한 이러한 이원론적 이해는, 하나님께서 인간을 창조할 때 고급한 이성을 인간의 본질로 부여하셨으나 동시에 육체적 요소로 인해 저급한 세력들(inferiors vires)이 공존하여 서로 갈등을 일으킬 수밖에 없었는데, 하나님께서 이를 통제할 수 있는 '초자연적 은총의 선물'(supernaturalis donum gratiae)을 부여하셨다는 것이다. 이 선물은 아담의 타락 시에 상실되었고 구원을 통해 다시 회복되는 것으로 보았다. 이렇게 인간을 본질적인 것과 추가적인 것, 즉 자연과 은총으로 분리하여 인간의 전적타락 또는 전적부패와 무능을 부정하는 자연신학의 배경이 되었다. 그리하여 로마 가톨릭 교회는 이성이나 양심 자체는 구속 없이도 정상적으로 창조되었을 때와 마찬가지로 작동한다는 자연신학을 주장한다. 종교개혁자들은 로마 가톨릭 교회의 이러한 자연신학을 철저히 배격하였는데, 그 이면에는 '하나님의 형상'에 대한 이해로서 인간의 전적 타락과 전적부패와 무능이 깔려 있다.

579) 코르넬리스 프롱크, 도르트신조 강해, 황준호 역 (서울: 그책의사람들, 2013),243.

무릇 사람의 피를 흘리면 사람이 그 피를 흘릴 것이니 이는 하나님이 자기 형상대로 사람을 지었음
이니라(창 9:6)
이것으로 우리가 주 아버지를 찬송하고 또 이것으로 하나님의 형상대로 지음을 받은 사람을 저주하
나니(약 3:9)

루터는 전적으로 원시적 의로움의 관점에서 형상을 이해하여 아담이 타락했을
때에 하나님의 형상이 완전히 상실되었다고 말했다. 전적부패는 절대적부패 혹은
완전부패를 의미하지 않는다. 타락한 인간이라도 동물이 된 것도 아니며 기계가 된
것도 아니다. 타락 이후에도 여전히 사람으로 남아 있다. 칼빈은 아담의 타락으로
전체 형상이 영향을 받았지만 원시적 의로움만 완전히 상실되었다고 말했다.

> 아담이 그의 원 상태에서 타락하였을 때에, 이 반역으로 인하여 하나님께로부터 소외되었다는 데에
> 는 의심이 있을 수 없다. 그러므로, 그때 아담에게서 하나님의 형상이 전적으로 소멸되었거나 파괴
> 된 것은 아니라 하더라도 그 형상이 너무나도 부패하여져서 남아 있는 것도 모두 끔찍한 기형(畸形)
> 이 되어 버린 것이다. 따라서, 그리스도를 통하여 얻는 그 회복에서 우리의 구원이 시작되는 것이
> 다. 그리스도께서 우리를 참되고 완전한 순전함으로 회복시켜 주시며, 그 때문에 둘째 아담이라 불
> 려지시는 것이다.580)

칼빈은 형상을 재창조의 관점에서 보았다. 예수 그리스도 안에 이루어지는 형상
의 화복에서 하나님의 형상을 파악했다. 창조함을 받았던 과거의 관점과 그 부패된
본성이 그리스도 안에서 화복되는 관점에서 형상을 바라보았다.
타락은 하나님 없는 자율성으로 갔기 때문에 하나님의 성품을 왜곡시키고 의도
적인 반역을 했다. 그러나, 타락 이후에도 하나님께서 인간에게 부여한 가치로 인
해서 인간의 가치와 존엄성은 사라지지 않는다. 그래서 하나님께서는 살인을 금하
신다.581) 이것을 통해 타락 이후에도 어느 정도는 하나님의 형상이라는 사실을 알
수가 있다. 이 말이 전적타락이 아니라는 말로 들려서는 안 된다. 전적타락이 아니
라고 보면 성경에서 이탈하여 자율적인 인간으로 가게 된다.582) 전적타락은 부패

---

580) 존 칼빈, 기독교강요(상), 원광연 역 (고양: 크리스챤다이제스트, 2003), 228.
581) 5 내가 반드시 너희 피 곧 너희 생명의 피를 찾으리니 짐승이면 그 짐승에게서, 사람이나 사람의 형제면 그에게서
그의 생명을 찾으리라 6 무릇 사람의 피를 흘리면 사람이 그 피를 흘릴 것이니 이는 하나님이 자기 형상대로 사람을 지었
음이니라(창 9:5-6)
582) 프란시스 쉐퍼, 이성에서의 도피, 김영재 역 (서울: 생명의말씀사, 2008), 16; "아퀴나스의 견해에 의하면 인간의
의지(will)는 타락하였으나 지성(mind)은 타락하지 않았다. 성경이 말하는 타락에 대한 이 불완전한 견해로 말미암아 갖
가지 어려운 문제들이 꼬리를 물고 일어나게 되었다. 인간은 이제 한 영역에서만 독립적(independent)이고 자율적
(autonomous)이었다."

의 강도에 대한 것이라기보다는 부패의 범위에 대한 것이다. 타락으로 말미암은 부패는 사람의 영혼과 육신의 모든 부분으로 확장되었다는 것이며 그 모든 기능들이 하나님을 대항하는데 사용한다는 뜻이다.583) 전적타락은 타락한 상태에 있는 인간이 선천적으로 오염된 본성을 가지고 있으며, 그 오염은 인간의 전 존재에 확장되어 있으며, 결국 인간에게는 영적인 선이 전혀 없다는 뜻이다.584)

그래서 우리는 넓은 의미의 하나님의 형상인 형식적인 형상(formal image)과 좁은 의미의 하나님의 형상인 실질적인 형상(material image) 이 두 가지 차원에서 하나님의 형상을 이해해야 한다.

넓은 의미/형식적 의미로서의 하나님의 형상이란 타락한 이후에도 여전히 사람이라는 것이다. 앞서 말했듯이, 타락이 사람을 짐승으로 만든 것은 아니다. 왜곡이 되었으나 여전히 인간됨이 있으며, 죄의 속박 아래 있으나 선택을 할 수 있는 의지적인 존재다. 범죄 후에도 다른 동물들에게서 발견할 수 없는 이성과, 지성과 양심 그리고 만물을 통치할 수 있는 통치권을 말한다.585)

좁은 의미/실질적인 의미로서의 하나님의 형상은 범죄 후에 잃어버린 하나님의 형상으로서 참된 지식, 의, 거룩 등을 말한다.586) 인간이 범죄하여 타락 후에는 좁은 의미의 형상은 잃어버렸다. 하나님에 대한 참된 지식, 하나님의 의, 하나님의 거룩은 상실되었으나 선과 악을 구별하는 능력이나 인간에게 필요한 다른 것들은 여전히 남아 있다.587)

---

583) 폴 워셔, 복음, 조계광 역 (서울: 생명의말씀사, 2013), 155-157; 전적타락이 아닌 것. 1) 전적타락은 인간에게 있는 하나님의 형상이 타락으로 모두 사라졌다는 것을 의미하지 않는다. 2) 전적타락은 인간이 하나님의 인격이나 뜻을 전혀 알 수 없다는 것을 의미하지 않는다. 3) 전적타락은 인간이 양심이 없다거나 선과 악에 무감각하다는 의미가 아니다. 4) 전적타락은 인간이 미덕을 실천할 수 없다는 것을 의미하지 않는다. 5) 전적타락은 모든 사람이 부도덕한 행위를 저지른다는 것, 곧 모두가 똑같이 부도덕하고, 존재하는 온갖 악을 저지른다는 의미가 아니다. 6) 전적타락은 하나님께 복종하는 데 필요한 기능이 인간에게 전혀 없다는 것을 의미하지 않는다.

584) 로이드존스, 성부하나님 성자하나님, 강철성 역 (서울: 기독교문서선교회, 2000), 276.

585) http://frt.kr/A3a-i/A3c.htm (1) 카톨릭의 견해: 하나님께서는 인간을 창조하실 때 영혼의 영성(靈性), 의지의 자유, 육체의 불사성 등의 자연적 은사와 더불어 식욕과 정욕 같은 열등한 성향을 억누를 수 있는 초자연적 은사를 주셨는데 이것이 바로 하나님의 형상이다 - 이 주장은 인간의 타락원인과 범죄 후 전적 부패한 인간 상태의 심각성을 간과한 약점이 있다. (2) 루터의 견해: 인간만이 가진 참지식과 의로움과 거룩, 즉 영적 특질이 하나님의 형상이다 - 인간이 범죄 후에도 동물과 다른 이상지성양심 등을 갖고 있는데 이것을 간과한 약점이 있다. 이렇게 넓은 의미의 하나님의 형상 개념을 수립함으로써 영적인 특질 즉 원시적인 의(義)만이 하나님의 형상이라고 말한 루터파의 모순을 제거하며, "넓은 의미의 하나님의 형상으로는 영적인 선이나 공로를 쌓을 수 없고, 영적인 진리를 전혀 분별할 수 없다"(고전 1:20, 2:13-15; 롬 3:10-18; 시 14:1-3)고 말함으로써 로마교회가 지니는 모순을 제거하게 된다.

586) 하나님을 따라 의와 진리의 거룩함으로 지으심을 받은 새 사람을 입으라(엡 4:24) 새 사람을 입었으니 이는 자기를 창조하신 자의 형상을 좇아 지식에까지 새롭게 하심을 받는 자니라(골 3:10)

587) 코르넬리스 프롱크, 도르트신조 강해, 황준호 역 (서울: 그책의사람들, 2013),245; 〈그러면 남아 있는 이 하나님의

알미니안주의자들은 타락 이후에 남이 있는 본성의 희미한 빛의 흔적을 너무 대단하게 높였다. 희미하게 남은 넓은 의미의 형상을 너무 대단하게 과장하는 바람에 타락이 가져온 죄, 그리고 그 죄의 절망과 비참함은 너무 최소화했다. 그들은 일반 은총의 희미한 불꽃을 열렬하게 부채질해서 구원에 이르는 은혜의 불길로 만들었다. 그러니 알미니안주의자들에게는 일반은총이나 특별은총이나 정도의 차이가 있을 뿐이지 사실상은 별 차이가 없다. 인간이 애쓰고 노력하면 하나님의 외적인 개입이 없어도 은혜의 상태로 도달할 수 있다고 믿는 사람들이다. 인간의 노력에 대한 하나님의 보상을 기대하는 것이 바로 알미니안주의자들이다. 오늘날에도 성도들이 열심히 주를 위해 살아가면 하나님께서 보상해 주시리라고 생각하는 경향이 있다. 이런 것들은 자신도 모르게 알미니안주의를 따르는 것이다. 인간된 우리가 무엇을 행함으로 하나님의 은혜를 받아낼 수 있다거나 하나님께로 더 가까이 갈 수 있다고 생각하는 것은 로마가톨릭과 펠라기우스주의와 알미니안주의의 뒤를 따르는 것이다. 이것이 세상의 종교와 영성 혹은 세상의 종교와 혼합된 종교와 영성과 기독교가 완전히 틀린 근본적인 것이다. 우리가 무엇을 행하는 것은 이미 예수 그리스도 안에 그 은혜를 누리고 있기 때문이지 그 은혜를 우리의 노력과 열심으로 받아낼 수 있는 것은 아니다. 성경은 언제나 성령 하나님의 거듭나게 하시는 역사만이 하나님의 자녀가 되는 길이라고 말한다.

타락 이후에도 사람에게 다른 동물과 구분되게 하는 이성, 지성, 양심 그리고 만물 통치권과 같은 의미의 하나님 형상이 있으나 그것만으로는 영적인 선이나 공로를 쌓을 수 없고 또한 영적인 진리를 분별할 수도 없다. 넓은 의미와 좁은 의미의 형상은 예수 그리스도 안에서 영적 생명을 받을 때에만 회복될 수 있다.

인간은 피조물인 동시에 인격체이다

인간이 하나님의 형상대로 창조함을 받았다는 것이 우리의 삶에서 어떤 의미를 가지게 될까? 인간은 하나님의 형상대로 창조함을 받았기 때문에 인간은 소중하고

형상의 역할은 무엇입니까? 무엇보다 먼저 남아 있는 형상들은 인간을 변명할 수 없게 만듭니다. 둘째로 이 희미함들은 하나님과의 접촉점이 됩니다. 하나님께서는 여전히 사람에게 말씀하실 수 있습니다. 하나님께서 여전히 사람과 접촉하실 수 있습니다. 그런 접촉을 하나님께서 동물들과는 하실 수 없습니다. 인간은 하나님께서 감동시키실 수 있는 본성을 여전히 가지고 있어서 하나님께서 말씀하시는 것을 이해할 수 있습니다. 셋째로 이 희미함들은 인간이 자연적이고 사회적이며 외적인 종교적 선을 행할 수 있게 합니다. 신조는 "사람에게는 타락 후에도 본성의 빛이 희미하게 남아 있어, 하나님과 자연의 사물들과 선과 악의 차이에 대한 약간의 지식을 갖고 있으며, 덕과 외적 질서에 열의를 약간 표한다."고 말합니다.〉

훌륭한 존재다.

> 최근 나는 강의 도중에 약물을 상용하고 있는 학생을 소개 받았다. 그의 용모는 훤칠했고 얼굴은 지적이었으며, 머리는 길고 청바지에 샌들차림이었다. 강의실에 들어와 내 강의를 듣더니 대뜸 "야, 이건 아주 새로운 이야기인데, 이런 말은 한 번도 들어본 적이 없어."하는 것이었다. 이튿날 오후에 그 학생이 다시 왔기에 그에게 인사를 건넸다. 그는 나를 응시하면서 말했다. "선생님, 참 정중하게 인사를 하시는데 무엇 때문에 저에게 그런 인사를 하시는지 어리둥절합니다.""학생이 누군지 알기 때문이오. 하나님의 형상대로 만들어진 사람인 줄 아니까 인사를 하는 것이오."라고 나는 대답했다. 이러면서 우리는 감격스러운 이야기를 주고받았다. 인간의 기원을 모르고서는 사람들을 인간답게 대할 수가 없고, 높은 수준의 참 인간으로 그들을 대할 수 없다. 하나님께서 인간이 누구라는 것을 말씀하신다. 하나님께서는 자기 형상대로 지으셨다고 우리에게 알려주신다. 그러므로 인간은 놀라운 존재다.[588]

세상은 왜 인간이 소중하며 훌륭한 존재인지 설명할 수가 없다. 그러나 성경은 하나님께서 인간을 하나님의 형상대로 만들었기 때문에 소중한 존재임을 말해준다. 인간은 타락 이전의 원래 상태 때문에도 소중하다.[589] 좁은 의미로는 하나님의 형상을 상실했으나, 넓은 의미로는 아직도 하나님의 형상이 남아 있기 때문에 한 개인을 존중해 주고 예의를 갖추며 인사를 나눌 수가 있다. 상대방이 다만 물질이고 기계라면 그렇게 할 이유가 없다!

2) 지식과 의와 거룩함으로 창조하시되
성경은 하나님의 형상을 따라 인간이 창조되었다고 말한다.

> 하나님이 가라사대 우리의 형상을 따라 우리의 모양대로 우리가 사람을 만들고 그로 바다의 고기와 공중의 새와 육축과 온 땅과 땅에 기는 모든 것을 다스리게 하자 하시고(창 1:26)

그것은 세 가지 차원, 곧 지식과 의와 거룩함으로 창조되었다고 말한다.[590]
(1) 하나님은 지식에 있어서 인간을 자기의 형상을 따라 지으셨다.

---

588) 프란시스 쉐퍼, 이성에서의 도피, 김영재 역 (서울: 생명의말씀사, 2008), 30-31.
589) 앤서니 후크마, 개혁주의 인간론, 이용중 역, (서울: 부흥과개혁사, 2012), 15; "그러나 우리는 종종 비기독교적인 개념들이 이른바 기독교적 인간론 속에 스며들어 왔다는 사실을 기억해야 한다. 예컨대 중세 시대에 두드러졌던 스콜라주의의 인간관은 비록 기독교적인 것으로 받아들여지기는 했지만 사실 혼합적인 인간론에 더 가까웠다. 이 인간관은 아리스토텔레스 철학에서 발견되는 관념론적 인간관을 기독교적 관점과 통합하려 했다. 서로 다른 두 인간론의 이와 같은 잘못된 결합의 결과는 불행하게도 오늘날까지 우리에게 남아 있다. 예컨대 (간음 같은) '육신의 죄'는 (교만, 질투, 이기심, 인종주의 등과 같은) '영혼의 죄'보다 훨씬 더 심각하다는 그리스도인들 사이의 일반적인 관념은, 악은 주로 몸 안에 그 뿌리가 있다는 스콜라주의 인간론 속에 함축된 관점에서 비롯되었다."
590) http://www.inchristbook.com/magazine/웨스트민스터-소요리문답-강해-8/

지식이 먼저 나오는 것은 여호와 하나님을 아는 지식이 없으면 경배할 수가 없기 때문이다. 하나님께서는 피조물들에게 지혜를 주셔서 하나님을 알게 하신다. 왜 하나님께서는 인간에게 지혜를 주실까? 그것은 피조물들이 하나님께서 의도하신 그대로 살아가게 하기 위함이며 그렇게 살아가는 것이 피조물들에게 가장 충만한 의미와 통일성을 부여하기 때문이다.

또한 여기서 지식을 말하는 것은 인간이 타락하기 이전, 곧 무죄 시에는 인간을 향한 하나님의 계시를 이해할 수 있었다는 것을 의미한다. 아담은 하나님께서 지으신 "모든 가축과 공중의 새와 들의 모든 짐승에게 이름을" 지었다(창 2:20). 이름을 짓는다는 것은 대상의 특성을 잘 파악하고 있다는 것이다. 인간이 대상에게 이름을 부여하는 것이 억압이 되지 않는 이유는 하나님과의 언약적 관계 속에서 청지기적 자세로 파악하기 때문이다. 피조세계는 우연성에 기초한 것이 아니라 인격적이고 무한하신 하나님께서 창조하시고 언약하신 세계이기 때문이다. 그러기에 아담은 하나님의 뜻을 사랑과 순종으로 드러내는 선지자였다. 사도 바울은 새언약 하에 있는 성도들에게 다음과 같이 권면했다.

> 새 사람을 입었으니 이는 자기를 창조하신 자의 형상을 좇아 지식에까지 새롭게 하심을 받는 자니라(골 3:10)

새사람을 입은 그리스도인은 '자기를 창조하신 자의 형상', 곧 그리스도의 형상을 좇아 새롭게 창조된 자들이다. '새롭게 하심을 받은'이란 단어는 현재 시상으로 계속해서 새롭게 되어야 한다는 뜻이다. 그것은 단순히 지적인 성장이 아니라 하나님의 뜻에 순종함으로 그리스도를 닮아가며 새로워지게 된다. 사도 바울은 "지식에까지 새롭게 하심을 받는 자"라고 말하는 이유는 우리가 예수 그리스도의 뜻에 일치하는 삶을 살아가기 위해서이다. 성도는 그리스도와 새언약을 맺은 특별한 관계 속에 있기 때문이다.

(2) 하나님은 거룩함에 있어서 자기의 형상을 따라 인간을 지으셨다.

하나님의 거룩하심은 하나님의 도덕적 속성을 말하기도 하나, 그 존재에 있어서 피조물과 다른 초월을 의미한다.[591] 피조물 된 인간이 거룩하다는 것은 여호와를 위하여 구별(聖別)되었다는 뜻으로 여호와 하나님께 의존적인 삶을 나타낸다. 아담은 무죄 시에 전적으로 하나님 의존적인 삶을 살았다. 그것은 하나님의 말씀에 순

---

591) 유해무, 개혁교의학 (서울: 크리스챤다이제스트, 1997), 176.

종함으로 드러났다. 선악과는 그 의존적인 삶을 지켜가도록 하는 그 표였다. 교회가 세상과 구별되는 거룩한 모임이 되는 것은 인간이 주인이 되는 자율성으로 모인 것이 아니라 예수 그리스도가 중심이기 때문이다. 교회는 예수 그리스도의 피로 값 주고 사신 교회다.

그 교회는 자기 안에 신성한 내면아아를 계발시켜가는 영성가들이 아니라 자기 밖에서 그리스도로 말미암아 주신 구원을 기뻐하고 즐거워하는 자들이다. 그러므로 옛언약에서는, "나 외에는 다른 신이 없느니라"(사 44:6)고 말씀하셨고, 새언약에서는, "내가 곧 길이요 진리요 생명이니 나로 말미암지 않고는 아버지께로 올 자가 없느니라"(요 14:6)고 말씀하셨다.

(3) 하나님은 의(義)에 있어서 인간을 자기의 형상을 따라 창조하셨다.

의는 언약 관계 속에서 드러나는 것으로 여호와 하나님께서 언약하시며 주신 그 율법을 온전히 지킬 때에 의롭다 하신다. 여호와께서 의로우신 것은 그 말씀하신 대로 다 지켜 행하시는 분이시기 때문이다. 창조 시에 아담은 하나님과 맺은 언약을 지켜 행하는 의로운 상태였으나 사탄의 유혹에 넘어가 범죄함으로 불의한 자가 되었다.

중요한 것은 하나님께서 그 언약하신 대로 의를 이루심으로 자기 백성들에게 위협하지 않으시는 분이시라는 사실이다. 율법을 지키지 못하여 불의했을 때, 그 지은 죄를 회개하고 하나님께 와서 죄용서 함을 받도록 길을 열어놓으셨다. 그리하여 자기 안에서 의를 이루는 것이 아니라 '여호와가 우리의 의'라고 고백하고 살게 하셨다. 그러나, 인간은 실존적 삶을 부르짖었다. 여호와의 부르심을 거절한 인간은 자기의 죄와 실패에서 벗어날 길이 없기 때문에 절망에 사로잡혔다. 실존을 외칠 때는 사기충천하지만 그것이 실패할 때는 자기 스스로가 감당하지 못하는 허무의 늪에 빠져서 헤어나지를 못하기 때문이다. 인간이 살 길은 무엇인가? 그것은 자율성을 버리고 하나님께 돌아와 자기를 창조하신 하나님을 의지하고 사는 길 뿐이다!

하나님께 돌아온 인간은 어떻게 살아야 하는가? 하나님의 창조함을 입은 아담과 하와가 그 지으신 세계 속에 하나님의 의와 거룩을 나타냈듯이, 예수 그리스도의 십자가로 구원받은 하나님의 백성들은 하나님의 의와 거룩을 세상에 나타내는 삶을 살아야 한다.

하나님을 따라 의와 진리의 거룩함으로 지으심을 받은 새 사람을 입으라(엡 4:24)

"의와 진리의 거룩함으로"는 문자적으로 '진리로부터 나온 의와 거룩함 안에서' 를 의미한다. 여기서는 신분적 새사람이 아니라 성화적 차원에서 새사람을 말한다. 하나님의 백성 된 성도는 우리 안에서가 아니라 우리 밖에서, 곧 예수 그리스도 안 에서 예수 그리스도로 말미암아 의로와지고 거룩한 신분이 되었으며, 그 새사람은 완성된 자가 아니기에 자라가야 한다.

이렇게 인간이 지식과 거룩과 의에 있어서 하나님의 형상을 따라 자음을 받았기 때문에, 이 부분에서 자주 언급하는 것이 '영혼의 불멸'이다. 헬라철학도 영혼불멸 사상을 말하기에 혼란이 있다. 성경에서 말하는 것과 무슨 차이점이 있는가? 헬라 적 개념은 영혼이 처음부터 영원하고 불멸하다고 믿었다. 그러나, 기독교적 개념은 영혼이 존재하지 않았던 때가 있었지만 영혼이 창조된 이후에는 영원히 존재한다 고 믿는다. 영혼이 영원히 존재하는 것은 영혼 자체에 어떤 신적인 능력이 있어서 가 아니라 하나님께서 영혼을 유지하시기 때문이다. 하나님 없는 영혼은 죽은 것이 다.

3) 피조물을 다스리게 하셨습니다
하나님께서는 하나님의 대행자로서 그 지으신 모든 피조물을 다스리게 하셨다.

> 하나님이 그들에게 복을 주시며 그들에게 이르시되 생육하고 번성하여 땅에 충만하라, 땅을 정복하
> 라, 바다의 고기와 공중의 새와 땅에 움직이는 모든 생물을 다스리라 하시니라(창 1:28)
> 여호와 하나님이 그 사람을 이끌어 에덴동산에 두사 그것을 다스리며 지키게 하시고(창 2:15)
> 6 주의 손으로 만드신 것을 다스리게 하시고 만물을 그 발 아래 두셨으니 7 곧 모든 우양과 들짐승
> 이며 8 공중의 새와 바다의 어족과 해로에 다니는 것이니이다(시 8:6-8)

'정복하고 다스린다'는 것은 파괴를 의미하지 않는다. 오늘날 환경파괴의 원인을 하나님의 명령으로 생겨났다고 시비를 거는 사람들이 있다. 그러나 환경이 파괴된 것은 인간의 탐욕 때문이다. 그것은 인간의 죄악 된 본성이다. 하나님께서는 하나 님의 영광을 그 창조하신 세계에 드러내시기를 기뻐하셨다. 그 무엇보다 인간을 통 하여 나타내시기를 원하셨다. 인간은 하나님의 형상을 따라 자음 받은 존재이기 때 문이다.

문화사역의 위험성

그러나 여기에 또 다른 위험성이 있다. 그것은 '문화명령'과 '영역주권사상'의 변질이다. '정복하고 다스린다'는 것은 '문화명령'으로 이해되어져 왔다. 오늘날 '문화 관조주의'에서 '문화변혁론'이 강조되면서, 해방신학, 민중신학, 자유주의신학, 좌파가 함께 어울려서 성경적 관점에서 심각하게 벗어나 있다. 그런 일에 대표적인 사람이 이만열 교수다. 이만열 교수는 2013년 '새로운 신학의 모색'을 주제로 역사강좌를 개최했다. 먼저 토착화 신학의 등장배경을 말하면서, 1960년대에 토착화 신학의 대표적인 감리교 신학자 윤성범, 유동식, 변선환 등이 있다고 말했다.[592] 무엇이 문제인가? 그는 그리스도인들이 로고스 개념으로 유대인들의 메시아(그리스도) 개념을 이해했듯이 동양인은 복음을 이해하기 위해 도(道) 개념의 토착화 신학을 말했다는 것이다. 더욱 심각하게 문제가 되는 것은 윤성범과 유동식의 토착화 신학이 "1992년 종교다원주의를 용납했다는 이유로 교수직과 목사직을 박탈"당했는데 "그 이후로 한국신학계에서 종교다원주의를 정좌하는 분위기가 지배하게 되면서 토착화 신학을 위한 기반이 협소화 됐다"면서 안타까워했다는 것이다. 도대체 무엇이 안타깝다는 것인가? 종교다원주의가 지배하는 토착화 신학을 위한 기반이 협소화 되는 것이 안타까운 일이라는 것은 자신도 그런 종교다원주의, 토착화 신학의 동류라는 것을 말해주는 것인가?

이만열 교수는 무엇보다도 민중신학이 한국의 정치적, 경제적 현실 속에서 한국 기독교가 인권운동과 민주화 운동을 전개하는 과정으로 말했다. 그가 말하는 민중신학의 핵심은 무엇인가? 그것은 "함석헌의 '씨알사상', 민중사관, 김지하의 장시 「장일담」으로 대변되는 민중문학, 민중예술"이다. 특히 함석헌은 퀘이커이단이다. 이만열 교수는 교회의 장로이면서 그런 퀘이커학회의 학회장이다.[593] 토착화

592) http://usaamen.net/news/board.php?board=m2013&sort=wdate&command=body&no=1612; 이만열 교수 "민중신학, 한국적 상황에서 출발,"(Apr. 16. 2013.).

593) http://blog.ohmynews.com/hamsh01313/500633/ 이만열 교수는 2013년도 함석헌학회/한국양명학회 춘계학술발표대회에서 다음과 같이 말했다. 〈저희 함석헌학회는 지난 2010년 4월 16일 서울에서 창립총회를 갖고 발족되었습니다. 함석헌(1901-1989) 선생은 일제 강점기와 해방 후 한국사회에 예언자적 사명을 수행한 사상가로 알려져 있습니다. 일제 강점하에서 「성서적 입장에서 본 조선역사」를 발표한 이래, 함석헌 선생은 '생각하는 백성이라야 한다'를 포함한 수많은 주장을 통해 한국사회를 일깨우면서 인권과 민주화, 평화와 통일을 위해 노력했습니다. 그는 한국사회에서 정치적으로나 종교적으로 이단으로 취급을 받았던 인물이지만, 그의 사상은 근현대 한국을 올곧게 이끌어 가는 데에 크게 기여하고 있습니다. 함석헌선생 식으로 생각했을 때, 우리 사회는 악이 선을 지배하는 모순된 사회로 인식됩니다. 그래서 선생은 우리 사회를 "사회정의가 없는, 평화정신이 없는, 통일의식이 없는 사회"로 규정하였습니다. 함석헌 선생의 이같은 주장에 공감하는 학자 분들과, 그의 사상과 행적을 따르고자 하는 사회 인사들 및 젊은이들이 주축이 되어 학회를 조직하고, 그의 사상과 실천을 연구하는 한편 한국사회가 갖는 모순된 현상을 극복하고자 노력하고 있습니다.〉

신학, 민중신학의 입장에서는 가능하지만 정통기독교 신학에서는 불가하다! 왜냐하면 그것은 성경의 진리를 대적하는 사상이기 때문이다! 이만열 교수는 카이퍼, 바빙크에 기초한 '신칼빈주의'를 말하면서 기독교인이 "이 세상 모든 영역에 하나님의 주권이 실현되게 할 의무"를 지니고 있다고 말했다. 그러나 이만열 교수는 그런 주권실현을 위해 평화협정 체결과 미군철수를 주장하며 좌파적인 길을 걷고 있다.594) 이런 사상에 오염된 사람들이 기독교 안에 너무나도 많다.

올바른 문화명령은 기원과 인간론에 대한 올바른 정립에서 시작한다. 우리는 '인간의 기원에 대한 진화론의 견해'와 '비기독교적인 인간론'에 대하여 생각해 보아야 한다. 왜냐하면 그것이 이 현실 사회를 지배하는 담론이 되어 있기 때문이다.

1) 인간의 기원에 대한 진화론의 견해

첫 번째로, 올바른 문화명령을 수행하기 위해서는 진화론에 대하여 다시 살펴볼 필요가 있다.595) 진화(進化)는 생물 집단이 여러 세대를 거치면서 변화를 축적해 집단 전체의 특성을 변화시키고 나아가 새로운 종의 탄생을 야기하는 과정을 가리키는 생물학 용어다. 진화론은 여러 생물 종 사이에서 발견되는 유사성을 통해 현재의 모든 종이 이러한 진화의 과정을 거쳐 먼 과거의 공통 조상, 즉 공통의 유전자 풀로부터 점진적으로 분화되어 왔다는 사실을 유추할 수 있다고 말한다.596)

진화론의 가장 중요한 특징 중 하나는 동물과 인간의 연속성이다. 만일 불연속성이라고 하면 진화론은 치명적인 결함으로 좌초하고 만다. 그러나 현재까지도 그 연속성을 증명할만한 실제적인 자료는 없다. 간단한 예로 사람이 다 되어가는 중간형(intermediate form) 원숭이는 이 지구상에 한 마리도 없다. 우리는 진화론에 대하여 무엇이라고 말해야 하는가?

(1) 진화론은 하나님의 말씀인 성경에 위배된다

성경은 분명히 하나님께서 직접적으로 특별하게 인간을 창조하셨다고 말한다.

---

594) http://blog.daum.net/song3294221/16536762; 북한 가짜교회 감싸는 이만열 前국사편찬위원장
595) J. GLENN FRIESEN은 『신칼빈주의와 기독교 신지학』에서 "아브라함 카이퍼의 신칼빈주의의 핵심 사상은 칼빈이나 개혁주의로부터 오지 않았다"고 말했으며, 그 근원은 개신교가 아닌 가톨릭 철학자인 프란츠 폰 파더의 이교도적인 철학 사상인 '기독교 신지학'(Christian Theosophy)이라고 밝혔다. The key ideas of Abraham Kuyper's Neo-Calvinism do not come from Calvin or from Reformed sources. Their source is the Christian theosophy of Franz von Baader (1765-1841).; "Kuyper's ideas come from Christian theosophy." J. GLENN FRIESEN의 "Neo-Calvinism and Christian Theosophy Franz von Baader, Abraham Kuyper, Herman Dooyeweerd"의 서문에서.
596) http://ko.wikipedia.org/wiki/진화

인간은 창조함을 받은 즉시로 높은 지적·도덕적·종교적 수준을 가진 존재로서 모든 피조물에 대한 지배권을 부여받았다. 인간이 유인원으로부터 발전되어진 결과라고 말하는 진화론과는 완전히 다르게 성경은 말한다.

(2) 진화론은 실제적 사실에 의해 입증되지 않는다

진화론은 이런저런 학설을 말하지만 실제적이고 구체적인 증거로 말하지 못한다. 다윈은 자신의 이론이 전적으로 획득된 형질을 전수(傳受)할 수 있는 가능성에 의존하고 있다고 말했다. 그런데 바이스만의 생물학 이론의 핵심 가운데 하나는 획득된 형질은 유전되지 않는다고 말했으며, 그의 견해는 이후의 유전학 연구에 의하여 충분히 입증되었다. 획득된 형질의 유전이라는 가정에 기초하여 다윈은 종의 진화에 확신을 가지고 주장했으며, 동시에 원시 세포로부터 인간에까지 이르는 연속적인 발전을 구체화했다. 그러나 드 브리스(De Vries), 멘델(Mendel) 및 기타 생물학자들의 실험은 다윈의 견해를 논박한다. 다윈이 말한 점진적이고 눈에 띄지 않는 변화는 드 브리스가 주장한, 갑작스럽게 그리고 예기치 않게 발생하는 돌연변이를 받아들일 수밖에 없었다. 다윈은 몇 갈래 방향으로 끝없이 진행되는 변화를 가정했으나, 멘델은 변화 또는 변이는 종 밖에 있는 기관에서는 일어나지 않으며, 어떤 일정한 법칙에 복종하는 것도 아니라고 주장했다. 동시에 현대의 세포학은 유전된 형질의 전달자인 유전 인자와 염색체 연구를 통하여 이 개념을 확증했다. 진화론자들이 말하는 이른바 새로운 종은 사실상 새로운 종이라기보다는 다만 같은 종에 속한 변종에 지나지 않는 것임이 입증되었다.[597]

『Time』은 세 차례나 진화론을 특집으로 다루었는데, (1) 생의 기원 (2) 인류의 조상 (3) 화석과 진화에 대하여 보도했다.[598]

(1) 첫 번째로 『Time』(1993. 10. 11)은 '생의 기원'을 보도했다.

597) 루이스 벌코프, 벌코프조직신학(상), 권수경·이상원 역 (서울: 크리스챤다이제스트, 1993), 395.
598) http://www.kacr.or.kr/library/itemview.asp?no=202; 이어지는 글들은 한국창조과학회에서 발췌한 자료다. 한국창조과학 홈페이지를 참고하면 더 많은 자료들을 통해서 진화론이 얼마나 잘못된 것인지 확인할 수 있다. "Time지는 매주 표지 기사마다 그 편집후기를 Time지 맨 앞 쪽에 게재한다. 1994 3월 14일 Time 지에는 (인류의 조상을 표지기사로 내보내었던 때이다.) 수석부사장이 표지기사 편집 후기를 쓰고 있다. 거기서 수석부사장은 그 기사를 취재했던 기자의 소감을 그대로 적고 있다. '인류의 조상을 취재했던 기자는 기자가 되기 전 테네시 고등학교에서 과학 선생님을 하셨습니다. 이제 그는 고등학교에서 가르쳤던 모든 진화론 내용이 엉터리라는 사실을 고백하고 있습니다. 물론 다른 모든 학교도 마찬가지로 엉터리를 가르쳐왔습니다. 이러한 사실이 최근 몇 차례의 Time 진화론 특집기사로 밝혀졌습니다. 이제 진화론에 대해 잘못 알고 계시던 분들은 그러한 생각을 바로 잡으시기 바랍니다"

1871년 다윈은 첫 생명이 물 속에서 나왔을 것이라는 가설을 제시하였다. 그리고 1953년 미국 시카고 대학에서 Miller 라는 대학원생이 유리관 속에 물, 암모니아 가스, 메탄 가스 등을 넣고 전기 스파크를 일주일 동안 가해보니까 소량의 아미노산이 검출되었다고 발표했다(아미노산들은 다시 결합하여 단백질을 이룬다.) 이때 사람들은 '생의 기원' 논쟁이 끝난 것으로 생각했다. 그리고 많은 사람이 하나님을 서둘러 떠나기 시작했다. 이윽고 1963년 미국 케네디 대통령은 중고등학교에서 기도와 예배를 금지하는 법안을 통과시켰다.

그러나 1994년 스페인에서 개최된 '생의 기원' 주제 세계학술대회에서 Miller의 실험은 의미가 없다는 주장이 강력히 제기되었다. 그 이유로는 첫째, 지구상 대기가 암모니아 가스 등으로 뒤덮인 적이 없다는 사실이 확인되었기 때문이다. 둘째, 현대 과학이 밝혀낸 바에 의하면 생명체 내의 모든 단백질은 DNA/RNA 지령에 의해서만 만들어지므로 Miller가 만든 방식의 아미노산은 생명체와 관련이 없다는 것이다(신비는 여기서 그치지 않는다. 최근 밝혀진 바에 의하면 DNA/RNA 자신이 생성되려면 다시 단백질이 필요하게 된다. 그러면 단백질을 만들라는 지령은 DNA/RNA가 내리는데, DNA/RNA를 만들기 위해 필요한 단백질은 누가 어떻게 만드는가라는 근본적인 문제가 제기된다. 이것은 마치 닭과 달걀과 같은 수수께끼이다.) 셋째, 최근 지구상에서 확인되는 모든 화석 층에서는 거의 대부분의 종들이 다 한꺼번에 출현된다. 마지막으로 첫 생명체는 단순한 아미노산이어서는 안된다. 이 개체는 처음부터 '완전한 번식능력'을 가지고 생겨나야만 한다. 번식능력을 갖추지 않고 생겨난 생물체는 후세로 이어지지 않은 생물체이다. 번식능력이 없이 생겨나 자신 한 세대만 살다 가버린 생물체는 우리와 아무런 관계가 없는 생물체이고 우리와 관계가 있는 모든 생물체는 첫 세대부터 번식을 통해 우리에게까지 전달된 것들뿐이다. 그러니 생명체는 생겨난 첫 대부터 자신과 동일한 종을 재생산해야만 한다. 그러려면 처음부터 매우 정교한 생식기능, 유전자 등을 가지고 태어나야만 한다. 그렇지 않고서는 돌연변이도 적자생존도 시작될 수가 없다. 그런데 진화연습을 시작해보기도 전에 어떻게 이러한 복잡하고 정교한 기능을 갖출 수 있을까?

결론으로 「Time」은 오늘 현재 '생의 기원'에 대해서는 다만 서너 개의 설익은 주장만이 난립해 있다고 보도하고 있다.599)

(2) 두 번째로, 인류의 조상에 대하여 「Time」 (1994. 3. 14.)은 표지기사로 실

---

599) http://www.kacr.or.kr/library/itemview.asp?no=202; 첫 생명이 물과 번개에서 나왔을 것이라는 가설이 위와 같이 무너지자 진화론자들은 생명의 기원에 대해서 여러 개의 새로운 가설들을 제안하고 있다. 첫 번째 주장은 바다 속 깊은 곳에서 화산이 폭발하면서 첫 생명이 탄생되었다는 주장이다. 지상에서는 Miller 실험과 같은 환경이 갖추어진 일이 없었다는 사실이 밝혀지자 그러한 환경이 있었을 법한 곳을 찾아 바다 속 화산을 지목한 것이다. 그곳은 화산 용암이 분출하면서 암모니아 가스등이 나올 수 있기 때문이다. 그러나 이 가설은 섭씨 120도가 넘는 뜨거운 곳에서는 모든 생물이 다 죽는다는 데 어떻게 거꾸로 생명이 생겨날 수가 있는가라는 질문 등에 대해 잘 설명을 못하므로 아직 과학적 정설로 인정받지 못하고 있다. 바다 속 화산근처에 생명체가 있다면 그것은 거기에서 생긴 것이 아니라 거꾸로 주변에서 이민해 간 것이라는 설이 더 유력하다. 두 번째 주장은 유성등이 대기 중으로 떨어지며 타 들어 가는 순간 암모니아 가스등이 발생되고 여기서 생명이 탄생되었다는 주장이다. 그러나 그 연소 기간은 수 분 밖에 안 되어 너무나 짧고, 태어나야 할 생명체는 너무 복잡하여 이 역시 설득력이 모자란다. 세 번째 주장은 외계의 생명체가 우주 먼지 등에 묻어 지구로 왔다는 주장이다. 외계에 생명이 존재한다는 주장은 그곳에 안 가본 사람(?)은 반박해 볼 수도 없다. 그러나 생명체가 우주 먼지를 타고 지구로 이민올 수 있는지 여부도 큰 의문이다. 지구까지 오려면 엄청나게 긴 세월 동안 엄청나게 비진화적인 환경(온도, 유해 우주선 등)을 견뎌야 하는데 그것이 과연 가능한 것인지 의문투성이다. 물론 이것도 증명은 안된 것이다. 최근에는 화성 생물 탐사에 엄청나게 많은 돈을 쓰고 있고, 인터넷을 통해 외계로부터 전파를 받는다고 야단들이다. 화성의 생명체를 탐사하려고 엄청난 돈을 쓴다는 것은 곧 바꾸어 말하면 '지구에서는 생명이 스스로 우연히 생길 수 없습니다'를 시인하는 것과 하나도 다를 것이 없는 것이다.

었다. 그 기사 중 가장 중심 부분인 네안델탈인에 대하여 다음과 같이 말했다.

네안델탈인 화석을 처음 조사한 과학자는 불란서 사람 Boule이었다. 그는 네안델탈인을 인류와 원숭이 사이의 연결고리라고 결론을 내렸다. Boule는 네안델탈인(그 모양이 마치 현대인과 원숭이의 중간처럼 보여서)의 특징을 다음과 같이 말했다. ① 발을 원숭이처럼 곧바로 펴지를 못했었다.② 원숭이처럼 발로 물건을 쥘 수 있었다. ③ 원숭이처럼 척추를 곧게 펴지 못했었다. ④ 원숭이처럼 턱이 앞으로 나왔다.

그러나 1957년 미·영 과학자들이 Boule가 조사했던 바로 그 화석을 재조사해 보니 정반대의 결론이 나왔다. 재조사에 의하면 네안델탈인은 ① 발을 곧바로 폈었다(Boule가 조사한 화석은 관절염 때문에 굽었었다). ② 발로 물건을 쥘 수 없었다. ③ 척추는 곧바로 뻗었었다.

더욱 더 수상한 것은 네안델탈인의 두뇌는 우리의 두뇌보다 더 컸는데 이 중요한 사실을 Boule는 보고서에서 일부러 누락시켰다는 것이다. 1957년 이후로도 계속 네안델탈인에 대한 연구가 진행되고 있지만 연구가 되면 될수록 인류와 네안델탈인들은 완전히 다른 종임이 입증되고 있을 뿐이다. 1997년 12월 17일 CNN은 영국 과학자들이 네안델탈인의 DNA를 조사해 본 결과 네안델탈인은 인류와 무관한 종으로 나타났다고 보도했다. 그런데도 국내 교과서는 오늘날까지도 네안델탈인을 인류의 조상으로 고집하고 있다.

네안델탈인 뿐이 아니라 「Time」(1996년 6월 3일자)은 Piltdown Man에 대해서도 기사를 내보내었다. Piltdown Man은 1912년 영국에서 발견되어 한때 원숭이와 현대인 사이의 연결고리로 각광을 받았었다. 그러다가 1950년대에 그것이 가짜인 것으로 밝혀졌었다. 누군가가 사람의 두개골에 원숭이의 턱을 일부러 끼워 넣고 그것을 오래된 것처럼 보이게 하려고 페인트 칠을 하고 줄칼로 밀은 사실이 정밀분석 결과 밝혀졌다. 1996년 「Time」은 그것이 누구 짓인지를 밝혀내었는데, 그는 바로 영국 박물관의 동물학부 책임자로 일하던 Hinton이라는 사람이었다. 그 증거로는 Hinton 씨가 생전에 소유하고 있던 여러 뼈들의 유전자를 조사해봄으로서 쉽게 알아낼 수 있었다.

「Time」은 인류의 조상에 대한 특집을 마감하며 이 분야를 다음 한 문장으로 요약했다. "현재로서는 원숭이가 진화되어 사람이 되었다는 주장은 사실 데이터에 입각한 과학적 주장이 아니라 한낱 상상에 불과하다." 이러한 결론은 진화론을 주장하는 과학자들에게는 말할 수 없는 모욕이다. 그럼에도 불구하고 그 이후 「Time」의 독자란에 아무런 항의도 없었으며, 그것은 이런 모욕적인 기사에 대해 별달리 항의할 근거가 없다는 것을 증명해 준다.

(3) 세 번째로 「Time」 (1995. 12. 4)은 '화석과 진화'를 다루었다.

지구에서 발견되는 여러 가지 지층 중에 캄브리아기(Cambrian)는 매우 유명하다. 캄브리아기는 수 km의 화석층을 이루는데 거기에서는 척추동물을 제외한 거의 대부분의 종이 한꺼번에 다 발견된다. 캄브리아기 지층은 영국에서도 많이 발견되고 다윈 시대에도 이미 널리 알려진 사실이었다. 그래서 다윈에게 '진화론이 사실이라면 어떻게 캄브리아기 층에서는 모든 생명체가 다 한꺼번에 어우러져 발견되느냐'고 물으면 그들은 '캄브리아기 밑 어딘가 진화를 증명하는 지층이 숨겨져 있을 것이다.'라고 주장해 왔다. 그러나 그러한 주장은 이제 더 이상 설득력이 없게 되었다. 왜냐하면 다윈 이후 130년간 지구의 지층을 조사해왔고 이제는 그 조사가 다 끝났기 때문이다. 1987년 이후 그린랜드, 중국, 시베리아, 그리고 최근 나미비아까지 모든 지층이 보여주는 바에 의하면 전세계 지층들은 동일한 시간대에 동일하게 발전했음을 보여주고 있고 또 캄브리아기 위로는 거의 모든 종이 한꺼번에 갑자기 출현하지만 캄브리아기 밑으로는 생물이 전혀 발견되지 않는다는 사실을 확인하여 주고 있다. 캄브리아기 밑으로는 아메리카, 아프리카, 호주 등이 대양을 사이에 두고 서로 멀어지며,

육지와 바다와 히말라야 산들이 형성되던 흔적과, 엄청난 화산, 지진 등의 흔적과, 도저히 생명이 살 수 없는 환경이었음을 알려줄 뿐이다. 더욱 충격적인 사실은 만일 캄브리아기의 생명체들이 진화해서 생긴 것이라면 그 진화에 소요된 기간은 아무리 길어야 500만년-1000만년 정도로 확인되었다는 사실이다. 「Time」은 이러한 현상을 'Biology Big Bang' 또는 '초음속 진화'라고 부른다고 소개하고 있다. 이 기사에서 취재대상이 된 하버드, MIT 교수들은 이러한 발견이 동료 생물교수들에게 매우 큰 충격을 줄 것이라고 말하고 있다. 생물학자들은 모든 종이 500만년에 다 진화되었다는 사실을 어떻게 설명할 도리가 없다는 것이다. 하버드, MIT 교수들은 '우리가 과거 추정하던 것보다 훨씬 더 빨리 종들이 생겨났다. 엄청나게 이상한 일이다 … 이 결과는 생물학자들이 불안해할 정도이다. …'. 「Time」은 이 기사 끝 부분에서 '다윈의 진화론은 이제 화석에 나타난 현상들을 더 이상 설명할 수가 없다. 다윈의 설보다 훨씬 더 빠른 속도로 진행되는 진화론이 나오지 않으면 안 된다'고 맺고 있다(그러면서도 끝까지 창조론은 시인하지 않는다.).

결론적으로 「Time」은 생의 기원문제에 대한 다윈과 밀러(Miller)의 가설은 이제 완전히 폐기되었고 새 이론은 검증된 것이 없으며, 현재 화성 등 외계에서 생의 기원을 찾는 중이라는 말로 맺고 있다. 이는 곧 지구상에서는 생명체가 스스로 우연히 생겨날 수 없음을 시인하는 말이다. 「Time」은 인류의 조상을 연구하는 분야는 과학이 아니라 상상에 불과한 분야라고 결론짓고 있다. 마지막으로 화석은 이제 거의 탐사가 끝난 상태이고 그 결과는 다윈 진화론의 폐기라고 보도했다. 즉 모든 종은 한꺼번에 나타난다는 것이다. 그리고 그 모든 종이 진화에 의해 생겨난 것이라면 그 진화 시기는 아무리 길어도 500-1000만년이라고 적고 있다. 그러므로 「Time」은 공공연히 다윈 진화론이 죽었음을 보도하고 있다. 이러한 수차례의 도전적인 기사에 대해 진화론자들은 단 한 번의 반론도 제기하지 못하고 있다.

이런 「Time」의 기사는 무엇을 말해 줄까? 진화론은 마땅한 다른 대안이 없는 종교적 신념이 되고 말았다는 것이다. 아무리 많은 증거를 제시할지라도 세상은 진화론을 끝까지 주장한다. 왜냐하면 진화론이 자신들을 지배하는 삶의 원리이기 때문에, 그것을 포기하면 모든 것이 무너지기 때문이다. 그러므로, 진정한 문화명령을 이루기 위해서는 창조론을 뒷받침하는 많은 연구들이 진행되어야 하고 그것이 교회와 교육현장에 실제로 알려지도록 노력해야 한다.

2) 비기독교적인 인간론

두 번째로, 올바른 문화명령을 위한 기초는 성경적 인간론이다. 왜 그 많은 개념들 중에서 인간론을 생각해야 하는가? 그것은 문화명령의 근본이 이 세상의 구조를 해결하는 것이 아니라 인간의 구원에 있어야 하기 때문이다.

성경적인 인간론에 반대하는 기본적인 개념은 다음과 같다.

(1) 관념론적 인간론 - 영혼은 거룩하며 신체는 열등한 것으로 생각한다. 플라톤은 인간의 실제 본성은 지성 혹은 이성이며 이것은 사후(死後)에도 존재하는 신성한 불꽃이라 보았다. 영혼의 불멸성은 말하지만 육체의 부활은 부정한다.

(2) 유물론적 인간론 - 인간은 물질적인 요소로 구성된 존재라고 보며, 인간의

정신적, 감정적, 영적인 삶은 단지 인간의 물질적 구조의 부산물로만 여긴다. 마르크스주의의 역사에 대한 경제 결정론은 인간의 본성에 대한 유물론적 관점 내지 자연주의적 관점에 의존한다. 인간은 그저 자연이 만들어 낸 결과물에 불과하다. 이런 인간 개념은 하나님 앞에서의 윤리·도덕적 책임이 없다. 인간이 다만 사회 구조의 일부라면 악은 그 구조에서 생겨난 것이고 악을 제거하기 위해서는 사회구조의 변화에 의해서만 가능하다고 말한다. 이렇게 되면 한 개인이 자신이 저지른 악에 대한 책임이 없어져 버린다. 마르크스주의자들에게 있어서 인격체로서의 한 개인은 의미가 없으며 오직 자신이 속한 사회의 구성원으로서만 중요할 뿐이다. 악을 제거하고 완벽한 사회를 구현하기 위하여 폭력적이고 혁명적인 행동이 필요하다고 말한다.[600)]

유물론적 인간론의 또 다른 형태는 B. F. 스키너의 행동주의 이론이다. 스키너 역시 인간의 행동은 그 사람의 환경에 의하여 결정되기 때문에[601)] 책임성을 간과해 버린다.[602)] 인간은 결정을 내리는 어떤 정신도 존재하지 않으며, 인간은 자유도 존엄성도 없다고 말한다. 완벽한 환경으로 완벽한 인간을 만들려고 하는 생각은 인간을 기계로 전락시킨다. 교육을 통한 범죄 없는 가상소설[603)]은 스키너 자신의 자녀들로부터 '아버지'로서는 실패했다는 소리를 듣게 된다.

이런 비성경적인 인간론은 결국 절망과 비참함에 이르게 되고 뉴에이지 영성으로 도약하게 된다. 문화명령은 이런 시대의 멘탈리티와의 싸움이어야 하고 영적인 싸움이어야 한다. 그러나 소위 문화명령과 영역주권사상을 말하면서 실제로 무엇을 하고 있는가? 퀘이커 영성과 뉴에이지 영성에 물든 CCM을 부르면서 문화사역이라 한다. 사회구조를 해결해야 한다고 하면서 이 조국의 분단을 파악하지 못하고 정치·사회·경제·문화·종교에 좌파적 이념으로 개입하려고 한다.

---

600) 앤서니 후크마, 개혁주의 인간론, 이용중 역 (서울: 부흥과개혁사, 2012), 13.
601) http://blog.daum.net/mindmove/6541; "그(스키너)에 따르면 결국 성격이란 개인이 자신이 속한 환경 속에서 주어지는 강화(보상 또는 처벌)나 가치(기대에 맞는 행동–보상/기대에 어긋난 행동–처벌)에 따라 형성된 환경적 산물로 보았다. 결국 스키너에 따르면 성격이란 개인의 자유의지에 따른 선택이 아니라 환경에 의해 결정된다고 보았다."(2011.10.04. 17:58) 스키너의 인간론은 『자유와 존엄을 넘어서』를 참고하라.
602) 앤서니 후크마, 개혁주의 인간론, 이용중 역 (서울: 부흥과개혁사, 2012), 14; "이런 관점들을 평가하는 한 가지 방식은 이런 관점들은 일방적이라고 말하는 것일 것이다. 즉, 이런 관점들은 다른 측면들을 희생시키면서까지 인간의 어느 한 측면만을 강조한다. 관념론적 인간론은 한 사람의 '영혼' 또는 '이성'에는 모두 강조점을 두는 반면 인간의 물질적 구조에 대해서는 완전한 실재성을 부정한다. 마르크스와 스키너의 인간론 같은 유물론적 인간론은 인간의 물질적 측면을 절대화하는 반면 인간의 '정신적' 측면내지 '영적' 측면이라고 부를 만한 것의 실재성은 부정한다."
603) 『Walden Ⅱ』, 1948. 행동주의 원리에 기초하여 쓴 이상적 사회를 그린 소설이다. 행동주의자들, 곧 바람직한 행동에 대한 긍정적 강화를 제공하여 시민들을 조절하는 자들에 의해서 만들어지는 이상적인 사회를 묘사했다.

진정한 문화명령은 사회를 변화시켜 사람을 구원하는 것이 아니라 복음을 전하여 죄악으로 죽은 인간을 구원하는 것이다. 세상의 멘탈리티와 같이 가는 문화사역은 그 자체로 죽은 것이나 마찬가지다. 문화사역을 한다고 하면서 세상의 문화와 같은 사상으로 가고 있기 때문이다. 그런 문화사역은 다만 자기를 표현하는 방식만 다를 뿐이다. 그런 것은 문화사역이 아니라 문화보급이다. '다 같이 하나가 되어 아우르자'고 하는 것은 성경이 말하는 문화명령이 결코 아니다!

왜 복음으로 영혼을 구원하는 일이 우선적이어야 하는가? 왜냐하면 복음만이 사람을 변화시킬 수 있기 때문이다. 세상은 무엇이라고 가르치는가?

오늘날 유행하는 가르침?

법륜은 「즉문즉설」에서 다음과 같이 말했다.

> 질문: 인간은 왜 존재하는지 궁금합니다.
> 답: … 내가 존재하기 때문에 왜라는 생각을 일으켜요? 왜라는 생각을 하기 때문에 내가 존재해요? … 그러니까, 왜 존재하느냐 하는 거는 망상에 속한다. 잘못된 생각이다. 왜 그것은 존재하기 때문에 왜라는 생각을 할 수 있잖아 거죠? 그런데 왜라는 생각을 가지고 왜 존재하느냐? 그거는 성립하지 않아요. 존재는 있는 거에요. 주어진 거에요. 삶은 왜 사느냐 해 가지고 사는 게 아니에요. 왜 사느냐 해 가지고 방법을 알면 살고 그런 개념이 아니고 왜 사느냐 하면 종착은 자살입니다. 만약에 여러분들이 사람이 왜 살지 왜 살지 왜 살지 자꾸 하면 끝에 가서 어데로 간다고, 살 이유가 안 나오거든요, 왜 사는 데는 이유가 없기 때문에, 이유가 없으니 이 사람은 뭐해야 된다? 죽어야 된다. 이런 생각은 굉장히 죽음으로 가는 생각이에요. 그거는 탐구가 아니에요. 그러면, 존재는 이미 주어진 거란 말이에요.[604]

인간이 왜 존재하는지에 대하여 질문을 했는데, 그 대답은 이유가 없다고 말한다. 인간은 그저 주어진 존재이며, 왜 사는지 그런 고민을 하면 죽음으로 간다고 대답한다. 죽고 사는 것을 그저 자신의 선택으로 말한다.

> '나는 죽고 싶습니다' 그러면 죽으면 되고, '나는 괴롭게 살고 싶습니다' 그러면 괴롭게 살면 되는 거에요.[605]

과연 인생이 왜 존재하는지 의미도 없고 그저 주어진 것이고 그런 고민을 하면 죽는 것이라서 죽고 싶으면 죽고 괴롭게 살고 싶으면 그렇게 괴롭게 살면 되는가? 행복하게 살고 싶으면 그 괴로움의 원인을 없애고 수행을 하면 되는가? 자기 존재

---

604) http://www.youtube.com/watch?v=C6_5BwREnmA 법륜, 「인간은 왜 존재하는지 알고 싶어요」
605) 같은 사이트에서.

의 의미도 모르면서 수행을 한다는 것은 도약이다.

이런 비참한 현실 때문에, 참다운 문화명령은 복음을 전하여 사람을 구원하는 길로 가야 한다. 성경은 하나님께서 인간을 창조하셨다고 기원에 대하여 분명하게 말한다. 창조는 하나님 안에서 삶의 의미와 통일성을 제공한다. 불교는 인간의 근원에 대하여 말하지 않는다.606) 지금도 괴로운데 그걸 알아서 뭐 하겠느냐고 말한다. 삶의 의미에 대하여 집착하지 말라고 한다. 삶의 의미가 없는데 살아갈 필요가 있는가? 괴롭게 사나 행복하게 사나 아무런 의미가 없다는 것은 맹목적인 인생이며 무의미한 인생이다. 인간이 삶의 의미와 통일성을 가지지 못하면 절망에 빠져서 비참한 인생을 살아가게 된다.

창조는 언약을 겨냥하고 있다. 언약의 내용은 무엇인가? 그것은 하나님이 우리의 하나님이 되시고 우리는 하나님의 백성이 되는 것이다.607) 창조와 언약은 의미와 통일성을 확실하고 분명하게 부여하는 실제적인 복이다. 창조는 재창조로 회복된다. 창조 시에 지음 받은 자리에서 인간은 죄를 지어 타락했다. 불교는 인간의 삶의 문제가 집착, 욕(慾)이라고 말하나,608) 성경은 인간의 문제가 죄라고 분명하게 말한다. 그 죄를 해결하는 유일한 길은 예수 그리스도를 믿는 것이다. 왜냐하면 예수 그리스도께서 십자가에 못박혀 죽으심으로 우리의 죄 값을 다 자불하셨으며, 예수님의 의를 우리에게 주셨기 때문이다. 인간의 회복은 인간 스스로의 의지와 선택이 아니라 인간 밖에서 인간을 구원하러 오신 예수 그리스도를 믿을 때 이루어진다. 또한 창조는 종말을 지향한다. 하나님께서 천지를 창조하시고 인간을 창조하신 것은 이 세상이 전부가 아니라 영화롭게 완성된 영원한 하나님의 나라를 우리에게 주신다. 성경은 언제나 인간의 의미와 통일성에 대하여 머뭇거림이 없다.

언약과 재창조와 종말을 통하여 우리에게 가르치는 것이 무엇인가? 그것은 인간은 하나님 의존적이어야 한다는 사실이다. 자기 스스로 무엇을 할 수 있는 것처럼 자율성으로 가면 죄를 짓고 타락하며 의미와 통일성을 부여받지 못한다. 거기에는 하나님의 생명력이 없다. 그러므로 참다운 문화명령은 그리스도의 대명령을 수행하는 것이다(마 28:19-20).

---

606) http://www.youtube.com/watch?v=teawzwF7rZo 법륜, 대한민국 청년에게 고함 [역사특강 1강 1부]에서 법륜은 철저하게 진화론에 기초하여 인간의 기원을 말한다. 진화론이 무너지면 불교는 기댈 곳이 없다.

607) 유해무, 개혁교의학 (서울: 크리스찬다이제스트, 1997), 236.

608) http://blog.daum.net/yukim/18349122: 욕망은 왜 생기는가? 불교에서는 정념에서 자유로와지는 것을 열반이라 한다. 정념이란 남에게 사랑받고 인정받고 존중받으려는 애욕(에고, 이기심)에 따른 번뇌를 말한다. 이 애욕(애착)이 근본이 되어 여섯 가지 욕망(식욕, 성욕, 수면욕, 출세욕, 명예욕, 재물욕)을 갖게 된다고 말한다.

제11문 하나님의 섭리의 사역들은 무엇입니까? (대18)[609]

답: 하나님의 섭리의 사역들은 자기가 지으신 모든 피조물들과 그 모든 행동들을 지극히 거룩하고, 지혜롭고, 능력 있게 보존하시고 통치하시는 것입니다.[610]

하나님의 섭리[611]란 하나님의 계획을 말한다.[612] 섭리(providence)라는 말은 '~앞에' 혹은 '~전에'를 의미하는 접두어 프로(pro)와 '보다'라는 뜻의 라틴어 동사 '비데레'(videre)의 합성어로 '미리 본다'는 뜻이다. 섭리는 '미리 내다보다'라는 의미와 '무엇을 예비하다'라는 의미가 있는데, 섭리는 후자를 뜻한다. 아브라함이 이삭에게 "하나님이 자기를 위하여 친히 준비하시리라"는 라틴어(Deus providebit)[613]에서 나왔다.[614]

앞서서 우리는 우주의 발생에 대하여 루크레티우스의 클리나멘과 에피쿠로스를 생각했다. 에피쿠로스는 세상의 일들이나 사람들의 문제에 대해 섭리가 없다고 보

---

609) 하이델베르크 교리문답 제27문: 당신은 하나님의 섭리를 어떻게 이해하십니까? 답: 하나님의 섭리는 하나님의 전능하심과 현존하는 능력이고, 그것에 의해서, 하나님께서 당신의 손으로 천지만물을 붙드시고, 다스리시어, 나뭇잎과 풀잎, 비와 가뭄, 풍년과 흉년, 양식과 음료, 건강과 질병, 부와 가난, 이 모든 것이 사실상 우연히 오게 하시는 것이 아니라, 당신의 아버지 같은 손길로부터 오게 하시는 것입니다.

610) Q. 11. What are God's works of providence? A. God's works of providence are, his most holy, wise, and powerful preserving and governing all his creatures, and all their actions.

611) 자카리아스 우르시누스, 하이델베르크 교리문답해설, 원광연 역 (서울: 크리스챤다이제스트, 2006), 267; "예지와 섭리, 그리고 예정은 서로 다르다. 예지란 하나님 자신이 행하실 것은 물론 다른 존재들이 그의 허용하심을 받아 행하게 될 것들까지도(예컨대, 죄를 짓는 일) 영원 전부터 미리 아시는 하나님의 지식을 뜻한다. 섭리와 예정은 모두 하나님께서 친히 행하실 일들에 관한 것이지만, 섭리는 하나님께서 지으신 모든 만물에 다 해당되나 예정은 오직 이성적인 피조물들에게만 해당된다는 점에서 서로 다르다. 그러므로 예정이란 하나님께서 각 사람이 창조되기 전부터 그 각 사람에 대하여 특정한 용도와 목적을 정해 놓으신 지극히 지혜롭고 영원하며 불변하는 하나님의 작정인데, … 그러나 섭리란 하나님께서 그의 피조물들에게서 모든 선한 일들을 이루시며, 악한 일들이 행해지는 것을 허용하시고, 선하고 악한 모든 것들에 역사하사 그 자신의 영광과 그의 백성들의 구원을 이루도록 하시는 영원하고 지극히 자유로우며 불변하고 지혜롭고 의롭고 선한 하나님의 계획이다."

612) 여호와의 도모는 영영히 서고 그 심사는 대대에 이르리로다(시 33:11) 내가 종말을 처음부터 고하며 아직 이루지 아니한 일을 옛적부터 보이고 이르기를 나의 모략이 설 것이니 내가 나의 모든 기뻐하는 것을 이루리라 하였노라(사 46:10) 하나님은 약속을 기업으로 받는 자들에게 그 뜻이 변치 아니함을 충분히 나타내시려고 그 일에 맹세로 보증하셨나니(히 6:17)

613) 아브라함이 가로되 아들아 번제할 어린 양은 하나님이 자기를 위하여 친히 준비하시리라 하고 두 사람이 함께 나아가서(창 22:8)

614) 유해무, 개혁교의학 (서울: 크리스챤다이제스트, 1997), 215-216; "선택의 하나님이 우리의 창조와 섭리의 하나님 이시다. 하나님은 영원 선택하신 자녀들을 보호하고 다스리시며 인도하신다. 선택으로 하나님이 우리의 아버지가 되시려는 사랑을 주신다면, 섭리는 우리로 하여금 이것을 구체적으로 체험하게 하심이다. 전자는 우리 바깥에서 이루어지는 하나님의 주권적인 선택이나 후자는 우리로 더불어 성부되심을 깨닫게 하시는 사역이다."

았다. 에피쿠로스는 지복과 불멸의 신이 인간에게 호의를 베풀거나 징벌을 내린다고 상상하는 것은 매우 모순적이라고 보았다. 왜냐하면 그가 보기에 그러한 "분노나 호의는 단지 약한 것들에게만 존재하기 때문이다." 에피쿠로스는 신(神) 역시 원자들로 구성된 존재라고 보았으며 그 신(神)은 완벽하고 자족적인 존재이기 때문에 이 세계와 인간의 삶에 일어나는 잡다한 일들을 초월한 존재이다. 그것은 에피쿠로적 윤리가 완벽하게 구현된 존재이다. 에피쿠로스의 신은 인간과 다른 존재가 아니라 인간이 추구하는 이상적인 윤리 모델이다. 우주의 천체현상은 신의 섭리로 움직여지는 것이 아니라 그들 스스로 움직인다고 믿었다.615)

스토아 철학자들은 신적 질서에 의해 자연이 운행된다고 보았고 그 질서에 순응하는 삶이 이상적이라고 보았다. 우주 만물은 동질이며 상호 밀접하게 관련된 것으로 생각했으며, 그들에게 산·자연·운명·섭리는 동의어다. 스토아의 근본 특징은 이 세계(우주)에 존재하는 것은 모두 물체이며, 불(火)과 같이 미세한 물질로 구성되어 있다고 하는 자연학에 있다. 신(神) 조차도 예외는 될 수 없이 인간이나 그것을 둘러싸는 자연과 마찬가지로 물체라고 생각했다. 그리고 만물은 이 근원적부터의 생성과 그 곳으로의 환귀의 과정을 반복하도록 결정지어져 있다고 생각했다.616) 만물의 본질 자체에 부여된 기본 법칙대로 살아야 하며 그것을 운명이라 했다.

아리스토텔레스학파는 만물의 제일 원인으로서의 하나님을 상정했다. 아리스토텔레스의 하나님은 성경에서 말하는 인격적인 하나님이 아닌 형상도 동작도 없는 비인격적 개념상의 존재이다. 그러니, 그 하나님이라는 신은 만물을 바라보고 알기는 하나 그것들을 인도하고 다스리지는 않는다. 보편이 아니라 개별자를 강조하기 때문에 사람의 의지에 달려 있다고 말한다.

헤겔을 말하면 헤겔의 변증법이 떠오르게 된다. 그 변증법이란 정신의 자기반성과 더 나은 현실화의 과정을 말한다. 헤겔은 역사의 동력은 인간의 이성이라 했으

<hr>

615) http://blog.jinbo.net/bideologue/tag/루크레티우스: 〈하지만 우리는 에피쿠로스가 종교를 완전히 부정하지 못했다고 그의 종교비판을 근본적이지 못한 것으로 평가해서는 곤란하다. 왜냐하면 에피쿠로스의 신이란 세계에 너무 무관심했기에 사람들이 흔히 생각하던(혹은 바라던) 신이라고 도저히 볼 수 없었기 때문이다. 비록 에피쿠로스가 응분의 보상과는 다른 나름의 진실한 동기(기만적 전략이나 시대와의 타협도 아닌)에서 신에 대한 제사에 참여했다고 하지만, 신의 전능성을 믿는 신앙심이 깊은 이들에게 에피쿠로스의 신학(?)은 오히려 모욕처럼 들렸던 것 같다.(살렘, 113) 그도 그럴 것이 자연의 일을 주관하지 않는 신이란 앙꼬 없는 찐빵처럼 그 핵심이 박탈된 신이기 때문이다. 살렘은 에피쿠로스의 유물론적 신학을 다음과 같이 정리한다. "결국 게으른 신들만을 숭배하라고 요구하면서, 에피쿠로스의 철학은 국가의 신들(그들은 보통 공포와 전율의 신들이다)에 대한 믿음을 무너뜨릴 뿐 아니라, 더욱이 가멸적인 존재, 전쟁의 수장이나 군주에 대한 숭배를 배제한다."(살렘, 119)〉
616) 위키피디아 사전에서.

며 역사는 인간의 자유가 점차 실현되어 온 과정이라 했다. 그는 "이성적인 것은 현실적인 것이며 현실적인 것은 이성적인 것이다"라고 말했다. 눈앞에 펼쳐진 현실 세계는 인간의 이성이 실현된 결과로 보았으며 그 인간의 이성 혹은 정신의 반성과 사유를 통해서 더 나은 것으로 발전될 수 있다고 보았다.

더 중요한 것은 헤겔이 말하는 이런 인간의 이성, 정신은 한 개인의 정신을 넘어 '세계정신'으로 사유된다는 것이다. 더 나은 세계로 발전하기 위해서는 개인의 정신만으로 되는 것이 아니고 세계정신이 개인정신에 작용할 때 이루어지는 것이라고 보았으며, "개인이란 세계정신이다"라고 말했다. 그렇게 세계정신이 역사하여 만들어 내는 그 최종적인 정신의 자기 현실화는 무엇이었는가? 그것은 부르주아 근대사회, 곧 자본주의 사회였다.

여기에 반기를 든 사람이 칼 맑스다. 정신이 현실을 만들어내었다는 헤겔의 철학에 대하여 맑스는 오히려 물질이 인간의 머리에 투영되어 만들어진 것이 관념이다 정신이다 그렇게 보았다.

맑스에게는 생산력, 소유개념 이 두 가지가 중요하다. 생산력이 발전하고 중세의 소유개념이 바뀌게 되어 자본주의 사회를 만들어 내었듯이, 더 생산력이 발전하면 자본주의 사회의 소유개념이 바뀌게 되고 프롤레타리아 사회를 만들 것이라고 생각했다.

맑스가 이렇게 밀고 나간 것은 무엇보다 노동자들에게 '역사는 당신들 편이다'라는 것을 말해 주고 싶었기 때문이다. 이 말은 역사의 주체가 저 부르주아들이 아니라 프롤레타리아라는 것을 심어주고 싶었다는 뜻이다. 헤겔처럼 세계정신이 역사의 주체가 아니라 현실에서 피땀 흘려 고생하는 당신들이 역사의 주체라고 말해주었다. 맑스가 노동자들에게 제시한 이상향은 무엇이었는가? 그것은 '자유로운 개인들의 연합'이다. 자본주의 사회에서는 계급과 계급의 대립이 상존했다면 프롤레타리아 독재 이후에 개개인의 자유로운 발전이 이루어지는 그런 연합이 이루어진다는 것이다. 그러나 그렇게 개인의 자유로운 발전이 이루어지는 나라는 지상에는 어디에도 없다. 인간이 역사의 주체가 되고 역사는 인간의 몫이라고 하여 선동은 할 수 있지만 인간이란 5분 뒤에 무슨 일이 일어날지 알 수가 없는 무능한 인간이다.

벌코프는, 섭리란 창조주가 모든 그의 피조물을 보존하시고, 세계에서 일어나는 모든 일에서 활동하시며, 만물을 그들의 지정된 목적으로 인도하시는 신적 에너지의 지속적인 실행이라고 정의한다.[617]

섭리가 제한을 받고 배제되기 시작한 것은 계몽주의 사조의 영향을 입어 발생한 18-19세기의 이신론과 범신론 때문이다. 이신론은 하나님께서 창조 사역을 하신 이후에 세계 밖으로 물러나셨다고 말했으며, 제2원인[618]의 실재를 부인했던 범신

---

617) 루이스 벌코프, 벌코프조직신학(상), 권수경·이상원 역 (서울: 크리스챤다이제스트, 1993), 373-374; "… 칼빈과 하이델베르크 요리 문답, 그리고 가장 최근의 일부 교의학자들(댑니, 하지 부자, 딕, 쉐드, 맥퍼슨)은 두 가지 요소만을 언급한다. 하지만 이것은 그들이 협력의 요소를 배제하였다는 것을 의미하는 것이 아니라, 단지 그들이 그것을 하나님이 세계를 보존하고 다스리는 양식을 지시하는 다른 두 요소들에 포함되어 있는 것으로 간주하고 있음을 의미한다."

618) http://blog.daum.net/sheepjh/10104407; 〈모든 과학적인 원리 가운데에 으뜸 되는 원리는 바로 '원인과 결과의 법칙'이라 할 수 있습니다. 이 법칙은 개인의 삶에서의 경험이나, 엄밀한 실험적 결과에서나 항상 보편적으로 성립되어져 왔습니다. 인과율의 법칙이 우리의 생활에 항상 적용되는 것임은 직관적으로 알 수가 있습니다. 모든 '사건'들은 그 사건에 앞서있는 '원인'(原因)이 되는 사건을 가지고 있습니다. 그런 '원인'에 대한 질문들은 왜? 어떻게? 언제? 등등의 형태로 질문되어 질 수가 있습니다. 그런데, 그런 질문들과 답변들을 통해서 원인들을 역추적 해 나가다가 보면 결국 우리는 더 나아갈 수 없는 지점에 다가서게 됩니다. 그 마지막지점의 '원인'은 자신의 원인을 가지지 못하게 됩니다. 바로 이것을 '제일원인'(第一原因)이라고 합니다. 과학적 실험의 결과물은 대부분 '등식'으로 표현됩니다. 그럼으로써 발생된 결과물을 원인과 결부시킵니다. A+B=C라면 결국 C라는 결과는 A와 B를 혼합하는 '원인'에 의해서 만들어졌다는 것입니다. 그리고, 그것은 같은 환경에서 다른 사람에 의해서 그 원인들이 수행되어도 동일한 결과가 나타내어질 것이라고 믿는 것이 과학입니다. 하지만, 이런 원인들은 전부 다 이미 '주어진 환경(그보다 상위원인)' 내에서의 인과율이며 따라서 '제2원인'들이라고 부를 수가 있습니다. 무한한 제 2원인들이 서로 꼬리에 꼬리를 물고서 연결되어 빚어지는 것이 바로 이 세상의 모습입니다. 원인이란 … 19세기 변증가인 A. Row의 말을 빌면 "어떤 원인은 앞서서 존재하는 어떤 것을 가리키며, 이것은 앞서서 존재하지 않던 어떤 것을 존재케 하는 힘일뿐 아니라 실제로 그것을 생산케 하는 것이다"입니다. 우리가 지금 당면한 모든 만물들은 그것이 물리적인 영역이건, 심리적인 영역이건 … 어떤 결과이거나, 아니면 어떤 원인이라고 할 수가 있습니다. 각 원인들은 그 자체가 앞선 어떤 원인의 결과이기도 합니다. 결과 안에 존재하는 것들은 무엇이건 간에 능동적으로, 또는 잠재적으로건 원인 안에 이미 존재하고 있는 것이어야 합니다. 만일, 그렇지 않다면 각 결과들은 그 원인 내지는 그 결과자체를 스스로 '창조'해야 하는 데 … 이것은 현재까지의 모든 물리학적 지식상 모순이 됩니다. 흔히 말하는 '과학적 방법'은 바로 이 인과율의 법칙을 말하는 것입니다. 그렇다고 이 인과율의 법칙이 하나님의 존재를 지지하는가? 하면은 꼭 그렇게 분명하지는 않습니다. 실제로 많은 무신론적인 사색가들이 이 인과율의 법칙을 유치한 단계로 적용하여 하나님의 존재를 부정하는 데에 사용해 왔습니다. 기계론적이고, 결정론적인 색채를 짙게 풍기면서 '기적'을 부인하는 도구로 주로 사용되어져 왔습니다. 하나, 이런 논증은 핵심을 놓친 것입니다. 그들의 생각처럼 기적은 '인과율의 법칙'을 어기는 것이 아니라 … 보다 더 고차원적인 원인에 의하여 보다 더 고차원적인 결과(기적)이 발생하였다는 '인과관계'가 아주 명확한 '사실'로 받아들일 수가 있기 때문입니다. 좀 더 깊게 생각한다면, 인과법칙은 하나님을 부정하는 것이 아니라 더욱 하나님을 긍정하는 것이라고 볼 수가 있습니다. 이 법칙을 거슬러 올라가면 아래 둘 중의하나의 선택을 강요당합니다. 하나) 최초의 원인은 없고 오직 제2원인만으로 구성된 무한한 원인들의 고리? 둘)모든 원인 중 다른 어떤 원인도 없는 제1원인의 존재? 첫 번째 선택을 보면, 유한한 제2원인들의 무한한 연결고리로 인식하는 경우, 연결고리들이 무한히 많다면, 그 원인들도 무한하게 많아야 합니다. 더 선행하는 연결고리들은 더욱 더 '커야만 됩니다. 왜냐하면 원인에서 결과로 이행될 때에는 항상 어떤 것들의 일부가 상실되기 때문입니다. 그러므로 결국 최초의 원인이 아닌 무한한 연결고리라면 최초의 원인이 아닌 원인은 본질적으로 '더욱 무한한 것'으로 뻗어져 나가야만 이것이 성립됩니다. 그러나, 아무것도 '무한'보다 더 '무한' 할 수는 없기에 결국 모순이 되고, '최초의 제1원인'을 인정할 수밖에 없게 되는 것입니다. 이 제1원인은 원인이 없는 원인입니다. 이 우주를 이루는 제1원인은 무한하며, 영원하고, 전능해야만 됩니다. 왜냐하면, 이 제1원인은 무한한 우주의 생성, 한없는 시간의 흐름, 에너지의 다양하고 특수한 배열들, 우주 어느 곳에서나 어느 때나 발생하는 물질적인 결과의 모든 원인을 제공하는 유일한 원인이어야만 하기에 그렇습니다. 또 이 제1원인은 살아있어야만 하며, 전지하고, 의지도 있어야 합니다. 왜냐하면 우주 안에 있는 모든 생명현상과 그 결과들, 의식과 의지, 지성의 결과들을

론은 하나님과 세상을 동일시함으로 말미암아 창조와 섭리의 구분이 사라져 버렸다.

하나님의 섭리는 하나님의 본성과 성품에 일치되도록 역사한다. 섭리교리만이 아니라 모든 신앙의 교리는 하나님의 본성과 성품의 차원에서 이해해야 한다. 오늘 우리가 당면한 일들이 하나님의 본성과 성품에 일치된다. 이 말이 의미하는 바가 무엇인가? 하나님의 본성과 성품이 드러나는 현장이 우리의 삶이라는 뜻이다. 중차대한 일로 나타내실 수도 있지만, 우리의 삶으로 하나님의 본성과 성품이 나타나시기를 기뻐하신다.[619]

성경에서 말하는 섭리는 섭리의 대상에 따라 '일반 섭리'와 '특별섭리'로, 섭리의 방법에 따라 '통상섭리'와 '비상섭리'로 구분된다.[620] 일반 섭리는 하나님의 그 지으신 세계에 대한 하나님의 통치하심과 하나님의 보존을 말한다. 특별섭리는 하나님께서 그 택하신 자들을 구원하시는 특정한 활동, 곧 구속의 역사와 관련된 하나님의 특별은총을 의미한다.[621]

아브라함이 이삭을 제단에 바치려고 할 때에 하나님의 섭리가 구체적으로 나타났다. 이삭은 아버지 아브라함에게 여쭈었다.

> … 내 아버지여 하니 그가 가로되 내 아들아 내가 여기 있노라 이삭이 가로되 불과 나무는 있거니와 번제할 어린 양은 어디 있나이까(창 22:7)

아브라함은 아들 이삭에게 친근하게 대답해 주었다.

생각할 때에 이 제1원인은 반드시 그러해야만 합니다. 또 이 제1원인은 도덕적인 영역에서도 의로우며, 아름다우며, 선하며, 사랑이 많아야 합니다. 의로운 것이 악한 것보다 좋다고 하는 보편적인 생각이 이 제1원인으로 부터 비롯되어야 한다면, 이 제1원인은 그런 속성을 당연히 지녀야만 하는 것입니다. 사랑과 같은 개념들은 비록 '추상적'이기는 하지만 분명히 실재하는 개념입니다. '보편적으로 존재하는 개념'들의 제1원인은 그런 속성을 자신 안에 다 가지고 있는 것입니다. 그런 면에서 이런 제1원인을 '여러 신들의 혼합체'로 본다면 이는 앞서 얘기한 '제2원인'으로 돌아가는 순환론에 빠지게 되니, 결국 우리는 제1원인으로서는 오직 '창조주 하나님 한 분만 존재케 됨을 알 수가 있는 것입니다.〉

619) 신비주의 영성가들이 말하는 '일상의 영성'과는 무엇이 다를까? 그들이 말하는 삶, 일상은 '하나님 체험'이다. 왜 그것이 '하나님 체험'인가? 그것은 인간의 내면에 '신성'이 있다고 믿기 때문이다. 그들의 일상은 그 신성을 깨닫고 체험하는 현장이다.

620) 김은수, 개혁주의신앙의 기초1 (서울: SFC, 2011), 134-135; ① 통상섭리: 자연세계는 자연법칙에 따라, 인간 사회는 도덕법에 따라, 그리고 인간의 정신세계는 양심과 마음의 특성과 법칙에 따라 섭리하시는데, 이와 같이 창조하신 피조세계의 각 영역에 작용하는 나름대로의 법칙과 원리에 따라서 행하시는 모든 하나님의 섭리사역을 말한다. ② 비상섭리: 이것은 비상한(특별한) 때와 상황에서 자연법칙에 반하여, 모든 일의 제1원인이 되시는 하나님께서 직접적으로 간섭하시어 이루시는 초자연적인 사역을 말하는데, 우리는 이것을 가리켜 '이적' 또는 '기적'이라고 한다. 특별히 이러한 비상섭리는 그의 백성들을 구원하시기 위하여 하시는 일이다.

621) 로버트 L. 레이몬드, 최신조직신학, 나용화·손주철·안명준·조영천 역 (서울: 기독교문서선교회, 2004), 513.

> 아브라함이 가로되 아들아 번제할 어린 양은 하나님이 자기를 위하여 친히 준비하시리라 … (창 22:8)

하나님께서는 진실로 그렇게 준비해 주셨다. 하나님께서는 아브라함을 멈추게 하셨고, 아브라함은 수풀에 걸린 수양을 가져다가 아들을 대신하여 번제로 드렸다 (창 22:11-12). 거기에는 우연이 없었다! 이 일은 장차 자기 백성을 대신하여 십자가에 피흘려 죽으실 예수 그리스도를 예표하시는 사건이었다. 이것은 하나님의 섭리하심이 예수 그리스도 안에서 이루어진다는 것을 잘 말해 주는 사건이다. 일반 섭리와 특별섭리로 구별해서 말한다고 해서 그 두 개의 사역이 별개로 일어나는 것이 아니다.[622] 성부 하나님께서는 예수 그리스도 안에서 하나님의 목적을 수행해 가신다.

> 이는 하나님의 영광의 광채시요 그 본체의 형상이시라 그의 능력의 말씀으로 만물을 붙드시며 죄를 정결케 하는 일을 하시고 높은 곳에 계신 위엄의 우편에 앉으셨느니라(히 1:3)

이 말씀에서 하나님의 일반 섭리와 특별 섭리가 너무나 아름답게 나타나 있다. 예수님께서 그의 능력의 말씀으로 만물을 붙들고 계신다는 것은, 예수 그리스도의 통치 영역에서 벗어나 있는 것은 아무것도 없다는 것이다. 죄를 정결케 하신다는 것은 예수 그리스도께서는 성육신하시고 십자가에 흘린 피로써 단번에 우리를 깨끗게 하심으로 우리의 죄를 도말하셨다는 것을 뜻한다. 그러므로 온 세계의 역사와 개개인의 삶은 오직 예수 그리스도 안에서만 참된 의미를 갖게 된다.

하나님의 섭리에 대한 거부는 왜 일어나는가? 그것은 인간이 하나님 없는 자율적인 삶을 추구하기 때문이다. 그것이 죄요 타락이다. 예수님께서는 산상수훈에서

---

622) 루이스 벌코프, 벌코프조직신학(상), 권수경·이상원 역 (서울: 크리스챤다이제스트, 1993), 376-377; "자연 섭리와 특별 섭리의 특별한 작용을 조화할 수 있느냐의 문제와 관련하여, 우리는 오직 다음 항목들을 지적할 수 있다. ① 자연 법칙들은 모든 현상계와 작용들을 절대적으로 통제하는 자연의 능력들로 묘사되어서는 안 된다. 그것들은 실제로는, 자연의 능력들이 작용하는 방식에서 발견되는, 다양성 속의 확일성에 대한 종종 인간의 불충분한 묘사에 불과하다. ② 하나님과는 독립적으로 활동하고, 실제로 하나님이 세상 과정에 개입하시는 것을 불가능하게 하는 폐쇄 체계로서의 자연 법칙들에 관한 유물론적인 개념은 절대적으로 잘못된 것이다. 우주는 인격적인 기초를 가지고 있으며, 자연의 확일성은 단순히 인격적인 행위자에 의하여 규정된 방법에 불과하다. ③ 소위 자연 법칙들은 모든 조건들이 동일하기만 하면 동일한 결과들을 산출한다. 결과들은 일반적으로 단 하나의 능력의 결과들이 아니라, 자연의 능력들의 결합이다. 심지어 사람도 자연의 한 능력과 어떤 다른 능력 또는 능력들을 결합함으로써 결과들을 변경시킬 수 있지만, 이러한 능력들의 각각은 그것의 법칙들과 엄밀하게 일치할 때 작용한다. 또한 이것이 사람에게 가능하다면, 그것은 하나님에 대하여서는 보다 더 무한적으로 가능하다. 모든 종류의 결합에 의하여 하나님은 가장 다양한 결과들을 산출할 수 있다."

하나님 없는 이방인들의 삶에 대하여 말씀하셨다.

> 31 그러므로 염려하여 이르기를 무엇을 먹을까 무엇을 마실까 무엇을 입을까 하지 말라 32 이는 다 이방인들이 구하는 것이라 너희 천부께서 이 모든 것이 너희에게 있어야 할 줄을 아시느니라(마 6:31-32)

하나님께서는 이방인들과 다른 특별섭리를 펼쳐 가시는 것을 말씀하고 있다. 이방인들은 하나님께서 그들 위에 역사하시는 것을 모르고 여전히 자기 스스로 자신들의 삶을 해결해 가려고 한다. 하나님의 특별섭리 속에 있는 성도라도 믿음이 적은 자들은 마치 이방인들이 살아가는 삶을 살아가려고 한다. 예수님께서는 하나님께서 얼마나 세밀하게 섭리해 가시는지 말씀해 주었다.

> 오늘 있다가 내일 아궁이에 던져지는 들풀도 하나님이 이렇게 입히시거든 하물며 너희일까보냐 믿음이 적은 자들아(마 6:30)

예수님께서는 하나님의 통상적인 섭리가 특별섭리의 영역인 구속의 목적을 수행하기 위해 주어진다는 것을 말씀하셨다. 그리고 하나님께서 얼마나 세세히 섭리해 가시는지 말씀해 주었다.

> 29 참새 두 마리가 한 앗사리온에 팔리는 것이 아니냐 그러나 너희 아버지께서 허락지 아니하시면 그 하나라도 땅에 떨어지지 아니하리라 30 너희에게는 머리털까지 다 세신바 되었나니 31 두려워하지 말라 너희는 많은 참새보다 귀하니라(마 10:29-31)

이것은 현대인들이 가지고 있는 지배적인 세계관과는 정면으로 충돌한다. 현대인들의 세계관은 무엇인가? 그것은 물리적인 것의 직접적 인과관계로, 하나님의 섭리에서 벗어나 자율적인 존재로, 자연의 고정된 법칙에 의해 발생하는 닫힌 세계관으로, 기계적 우주에 살고 있다는 세계관이다.

하나님의 섭리는 기독교 신앙의 핵심이다. 자연의 법칙들은 하나님께서 자신의 우주를 움직이시는 통상적인 방법을 묘사한다. 자연법칙은 하나님과 독립적으로 작동하는 것이 아니다. 기독교인은 인간의 역사와 삶에 하나님의 세밀하신 손길이 미치고 있다는 열린 세계관623) 속에서 살아간다.

---

623) 프란시스 쉐퍼가 말하는 '열린' 개념과 베르그송의 '열린' 개념은 완전히 틀리다. 쉐퍼의 '열린'은 세계가 인과율로만 움직여지지 않고 하나님의 개입이 언제든지 있다는 것이지만, 베르그송의 '열린'은 진화론에 기초한 것으로 종교와 시대가 개방적으로 변화되어 한다는 뜻이다.

아담 스미스가 그의 주저 『국부론』을 저술했을 때, 아담 스미스는 수요와 공급의 법칙과 같은 경제를 결정하는 정상적인 법칙을 파악하려고 시도했다. 스미스는 경제에 대한 작용과 반작용의 역사(history)에서 "보이지 않는 하나님의 손"을 감지하려고 시도했다. 스미스는 사람과 세상의 일들이 궁극적으로 하나님에 의해 지시되고 통치되며 하나님의 통치는 보이지 않는다고 결론을 내렸다. 아이작 뉴턴에게 있어서 과학의 임무란 하나님을 따라서 하나님의 생각을 하는 것이다. 이전의 과학자들은 자연적인 것들의 움직임의 양식을 연구함으로써 하나님이 자신의 세계를 다스리시는 통상적인 방법을 이해하려고 노력했다.624)

그러나 오늘날 수많은 사람이 하나님 중심의 열린 세계관에서 벗어나 인간 중심의 자율적이고 닫힌 세계관으로 기울어지고 있다. 이런 일들이 일어나는 것은 현대에 이르기까지 인류가 의미와 통일성을 포기했기 때문이다. 그로 인해 사람들은 비참과 절망에 빠지게 되었고 신비주의 영성으로 도약하고 있다. 이런 일들의 배후에는 현대 철학자들의 두 가지 양상이 있다. 첫 번째는 이성의 한계와 부작용이 드러났기 때문에 결자해지의 각오로 이성의 힘으로 다시 세상을 치유해 나가자는 것이고, 둘째는 그렇게 드러난 이성의 한계를 인정하고 감정에 충실하자는 것이다. 이것은 이성의 힘을 감정에 넘겨주는 것이다. 그러나 아무리 몸부림을 쳐 보아도 소용이 없다는 것을 알게 되었고 결국 맹목적 도약을 감행하게 되었다. 비기독교적 세계관으로 사는 사람들은 하나님의 섭리에 대한 믿음을 저버리고 뉴에이지 구상화로 세계를 임의로 주장하려고 한다.

그러나 성도는 하나님의 창조와 섭리 속에 삶을 살아가는 사람이다. 교리문답 제11문은 그 섭리사역의 범위와 방식과 요소에 대하여 말한다.625)

1) 자기가 지으신 모든 피조물들과 그 모든 행동들을

이것은 하나님의 섭리 사역의 범위를 말한다. 하나님의 섭리는 특정 대상에만 이루어지는 것이 아니다. 하나님의 섭리는 그 창조하신 모든 피조물들과 그 모든 행동들에게 미친다. 예수님께서는 산상수훈에서 그 섭리를 이렇게 말씀하셨다.

이같이 한즉 하늘에 계신 너희 아버지의 아들이 되리니 이는 하나님이 그 해를 악인과 선인에게 비

---

624) R. C. 스프로울, 웨스트민스터신앙고백해설, 이상웅·김찬영 역 (서울: 부흥과개혁사, 2011), 202-203
625) 이는 하나님의 영광의 광채시요 그 본체의 형상이시라 그의 능력의 말씀으로 만물을 붙드시며 죄를 정결케 하는 일을 하시고 높은 곳에 계신 위엄의 우편에 앉으셨느니라(히 1:3) 여호와께서 그 보좌를 하늘에 세우시고 그 정권으로 만유를 통치하시도다(시 103:19) 오직 주는 여호와시라 하늘과 하늘들의 하늘과 일월성신과 땅과 땅 위의 만물과 바다와 그 가운데 모든 것을 지으시고 다 보존하시오니 모든 천군이 주께 경배하나이다(느 9:6)

추시며 비를 의로운 자와 불의한 자에게 내려주심이라(마 5:45)

참새 두 마리가 한 앗사리온에 팔리지 않느냐 그러나 너희 아버지께서 허락하지 아니하시면 그 하나도 땅에 떨어지지 아니하리라(마 10:29)

이 말씀들은 하나님의 하나님 되시는 그 모습이 무엇인가를 말한다. 그것은 하나님께서 그 은혜와 긍휼을 선인과 의로운 자에게만이 아니라 악인과 불의한 자에게도 내려주신다는 것이다. 하나님의 섭리가 얼마나 사랑으로 나타나고 있는지를 말씀하셨다. 하나님께서 피조세계를 다스리시나 강제와 억압으로 하지 아니하고 얼마나 사랑으로 지키고 돌보시는지 그것을 보라는 것이다. 왜 이런 말씀을 하셨는가? 서기관과 바리새인들은 자신들이 하나님을 예배하고 섬기고 율법을 지킨다고 하면서도 자기 자랑과 자기 의로 나가고 그렇지 못한 사람들을 비판하고 정죄했기 때문이다. '진정으로 하나님을 믿고 아는 사람들이라면 그 삶에 하나님의 성품을 닮은 모습이 있는가?' 그것을 보라는 뜻이다. 그렇지 않으면 잘못된 방향으로 가고 있는 것이다.

2) 지극히 거룩하고, 지혜롭고, 능력 있게

이것은 하나님의 섭리 사역의 방식을 말한다. 하나님께서 지극히 거룩하고, 지혜롭고 능력 있게 섭리해 가신다는 것은 인간이 헤아릴 수 없는 놀랍고 오묘한 방식으로 역사하신다는 것을 의미한다. 사도 바울은 그 섭리가 그리스도 안에서 어떻게 이루어지는지 다음과 같이 말했다.

오직 비밀한 가운데 있는 하나님의 지혜를 말하는 것이니 곧 감취었던 것인데 하나님이 우리의 영광을 위하사 만세 전에 미리 정하신 것이라(고전 2:7)

사도는 자신이 전하는 복음이 하나님께로부터 왔으며 그 복음을 이해하는 것은 하나님의 지혜로 말미암는다는 점을 강조했다. 여기서 '비밀'이란 예수 그리스도께서 인간의 이해를 초월하신다는 것을 의미한다. 그러므로, 이 '비밀'은 인간의 지혜와 능력으로는 결코 파악할 수가 없고, 오직 하나님의 계시로만 알 수 있다. 하나님의 섭리의 역사는 그리스도의 십자가 피로써 죄인들을 구원하시는 구속역사에 가장 놀랍게 나타났다.

3) 보존하시고 통치하시는 것입니다

이것은 하나님의 섭리 사역의 요소를 말한다. 섭리는 보존하심과 통치하심 두 가지를 말한다. 보존은 하나님이 그가 창조하신 만물들과 더불어 그가 그것들에게 부여하신 특성들과 능력들을 함께 유지하시는 하나님의 계속적인 사역이다.626) 통치는 하나님이 신적인 목적의 성취를 보장하시기 위해 만물을 목적론적으로 다스리시는 하나님의 지속적인 행동이다.627)

세상은 그 자신의 내적인 힘에 의하여 움직여지지 않는다. 그러나, 이신론자들은 하나님은 그저 위대한 시계공에 불과했다. 시계를 설계하고 만든 다음에 태엽을 감고 나면 그 이후에는 그것 자체의 내적인 동력으로 움직인다는 것이다. 이신론이 사라졌다고 말하는 사람들도 있지만, 실제로는 종교와 문화의 영역에 많은 부분을 점령하고 있다. 어떤 원인을 주면 외부의 어떤 간섭이 없이도 결과가 발생한다는 생각으로 무장된 이신론은 하나님의 은혜가 역사할 자리를 주지 않는다. '주기도문을 천 번하면 기도가 응답을 받는다', '3일을 금식하면 문제가 해결된다는 식으로 어떤 원리를 따라 하면 결과가 나온다', '이런 방법을 사용하면 교회가 성장한다'라고 말하는 것은 매우 위험하다. 그렇게 했는데도 안 되면, 사람들은 어떤 자세를 가지게 되는가? 결국 하나님은 없다고 말하면서 실존주의자로 돌변하게 된다.

이와 같은 하나님의 섭리하심을 통하여 우리에게 무엇을 알게 하시는가?

> 13 하나님의 행하시는 일을 보라 하나님이 굽게 하신 것을 누가 능히 곧게 하겠느냐 14 형통한 날에는 기뻐하고 곤고한 날에는 생각하라 하나님이 이 두 가지를 병행하게 하사 사람으로 그 장래 일을 능히 헤아려 알지 못하게 하셨느니라(전 7:13-14)

인과율과 비인과율에서 배웠듯이, 인간은 결코 인생에게 일어나는 일을 다 헤아릴 수가 없다. 인간은 비인과율의 세계를 인정하지 않을 수가 없다. 그 비인과율의 세계가 있다는 것은 하나님의 존재와 하나님의 섭리의 방식을 인정하는 것이다.

세상도 인과율로만 이루어지지 않는다는 것을 안다. 인과율은 이성으로 파악되는 세계다. 그렇다고 해서 하나님께서 인과율의 세계를 간과하신다는 뜻이 결코 아니다. 하나님께서는 인과율과 비인과율의 세계 모두를 통치하시는 분이시다. 인과율로 파악되는 세계는 인간의 능력으로 알 수 있는 것인데, 그것만으로 안 된다는 것은 인간을 초월하는 세계, 곧 신적인 세계가 있다는 것이다.

그런데 인간이 바라는 그 신이라는 것은 영원한 의미와 통일성을 제공해 줄 수

---

626) 루이스 벌코프, 벌코프조직신학(상), 권수경·이상원 역 (서울: 크리스챤다이제스트, 1993), 378.
627) Ibid., 383.

있는 신이라야 한다. 그것은 인격적이고 무한하신 신이다. 그 신은 바로 성경에서 말하는 여호와 하나님이시다. 그런데 인간은 그것을 너무나도 싫어한다. 왜냐하면 자기 밖에서 자기를 간섭하고 섭리해 가는 신이 있다는 것이 죽기보다 싫기 때문이다. 그래서 인간은 무엇을 했는가? 영원한 의미와 통일성을 제공받으며 살기 위해 인간의 내면에 신성을 부여했다. 그것이 바로 신성한 내면아이다. 그리고 그 신성한 내면아이를 계발해 가기 위해 구상화를 한다. 그러나, 성경은 언제나 우리의 기원과 우리의 삶이 하나님께 의존하고 있으며, 하나님의 섭리, 곧 우리 외부의 간섭 속에서 이루어지고 있다는 것을 말한다.

하나님의 섭리는 하나님의 백성들의 회심에 가장 찬란하게 드러난다. 하나님의 섭리가 우리의 삶에 아무리 베풀어진다고 할지라도 회개를 위한 수단과 도구가 되지 않는다면 아무런 의미가 없다. 그렇기 때문에 회심은 하나님의 섭리가 죄인에게 드러나는 가장 큰 복이다.

하나님의 섭리가 회심으로 인도하는 방편은 너무나도 다양하다. 한 개인 개인에게 역사하시는 손길은 오묘하고 신비롭다. 에티오피아 내시는 이사야서를 읽고 있을 때 빌립이 나타나 자신의 병거에 올라타서 그 뜻을 설명해 주었다. 아람의 군대 장관 나아만은 이스라엘에서 잡혀온 계집아이 하나로 인해 엘리사에게로 나아가게 되었다. 예수님은 정오에 사마리아 우물가를 지나가심으로 사마리아 여인이 예수님을 영접하는 놀라운 사건이 일어났다. 오네시모는 주인 빌레몬으로부터 도망쳐 로마로 갔으나 감옥에 갇히고 그 속에서 바울을 만나 복음을 듣고 회심하게 되었다. 하나님의 놀라운 역사에 대하여 존 플라벨은 다음과 같이 말했다.

> 장난삼아 설교를 들으러 갔다가 진정한 회심을 경험한 경우도 있다. 앞서 언급한 퍼민(Giles Fimin, 1614-1697)의 증언에 따르면 다른 술주정뱅이들로부터 '아버지로 불렸던 한 유명한 술주정뱅이가 어느 날 경건한 윌슨을 비웃어줄 생각으로 그의 설교를 들으러 갔다고 한다. 하지만 설교 전, 기도를 듣는 순간부터 그의 심령이 녹아지기 시작했다. 윌슨이 "네가 나았으니 더 심한 것이 생기지 않게 다시는 죄를 범치 말라"(요 5:14)라는 본문 말씀을 읽자, 그는 더 이상 마음을 주체할 길이 없었다. 윌슨이 설교를 하기 위해 교회에 갈 때마다 그의 가게 앞을 지나는 것을 두려워했을 정도로 완고했던 복음의 원수가, 결국 그의 설교를 듣고 죄를 뉘우치는 역사가 일어났다.628)

이렇게 놀라운 하나님의 회심에 대한 섭리는 두 가지로 나누어 생각할 수 있다. 하나는 죄악 된 삶을 살다가 회심을 한 경우이고 다른 하나는 경건한 신앙의 가정 속에서 어린 시절부터 말씀의 양육을 받고 특별한 경험이 없이 신앙을 가지게 된

---

628) 존 플라벨, 하나님의 섭리, 조계광 역 (서울: 규장, 2009), 77-78.

경우이다. 전자의 경우는 회심에 이르기까지 하나님의 섭리에 대한 구체적이고 체험적인 경험들이 있을 수 있다. 그러나 후자는 경건한 믿음의 분위기 속에서 믿음을 갖게 되고 성장해 왔기 때문에 별다른 변화가 없는 경우가 많다. 그러나 분명하고 뚜렷한 체험들이 없다고 해도 걱정할 이유가 없다. 왜냐하면 그런 것들이 구원의 증거와 확신을 보장해 주는 것이 아니기 때문이다. 중요한 것은 예수 그리스도를 믿고 시인하는 것이다. 그 믿음이 분명하다면 언약의 말씀을 신실히 행하는 믿음을 보이고 있을 것이다.

여기서 우리가 중요하게 확인해야 할 것은 무엇인가? 종교적 체험은 선택의 조건이 아니라 선택의 열매라는 사실이다. 종교적 체험은 우리 안에서 만들어 낼 수 있는 것이 아니다. 자기 안에서 믿음과 회개에 이를 수 있다고 말하는 알미니안주의자들은 자기 뱃속에서 거미줄을 뽑아내는 거미와 같다. 그들은 '내가 복음을 들었고, 그래서 내가 회개했고, 내가 예수님을 믿었습니다'라고 말하는 사람들이다. 알미니안주의자들은 예수 그리스도의 십자가 복음을 받아들이고 결정하는 주체가 사람에게 있다고 말하는 인간적인 너무나 인간적인 종교인들이다. 그러나 구원은 전적으로 하나님의 은혜에 의존한다고 성경은 말한다.[629] 왜냐하면 인간은 전적으로 타락했기 때문이다.

> 10 기록한 바 의인은 없나니 하나도 없으며 11 깨닫는 자도 없고 하나님을 찾는 자도 없고 12 다 치우쳐 한가지로 무익하게 되고 선을 행하는 자는 없나니 하나도 없도다(롬 3:10-12)

인간 스스로 자기를 죄에서 돌이킬 수 없다. 그것이 성경의 일관된 가르침이다! 성령님께서 죄인들의 심령에 역사하지 않으면 어느 누구도 자기 죄를 회개할 자가 없다. 그래서 구원은 전적으로 하나님의 은혜. 어떤 형태로든지 간에 인간이 스스로 자기 죄에서 돌이킬 수 있다고 말하는 것은 인간의 내면에 신성한 내면아이를 부여하게 된다.

인간이 지은 모든 죄악들은 하나님의 심판을 받아 마땅하다. 왜냐하면, 하나님께서 인간을 창조하시되 기계로 만들지 아니하셨기 때문이다. 인간이 행한 일에 대한 책임은 인간에게 있다. 왜냐하면 하나님께서는 인간이 죄를 짓도록 압력을 행사하시거나 부추기시거나 시험하시지 않으시기 때문이다.[630]

---

629) 가라사대 진실로 너희에게 이르노니 너희가 돌이켜 어린 아이들과 같이 되지 아니하면 결단코 천국에 들어가지 못하리라(마 18:3)
630) 사람이 시험을 받을 때에 내가 하나님께 시험을 받는다 하지 말지니 하나님은 악에게 시험을 받지도 아니하시고

하나님의 통치하시는 방식을 인간된 우리로서는 다 이해할 수 없다. 하나님께서는 그의 기뻐하시는 뜻 가운데 합력하여 선을 이루시도록 역사하시지 악을 조장하여 멸망에 이르도록 역사하시는 분이 아니시다.

세상은 무엇이라고 하는가? 세상은 실존주의를 가르친다. 우리도 알게 모르게 오염되어 있다. 하이데거는 인간은 태어날 때 우리의 의지와는 상관없이 다른 세계에 내던져진 존재라고 말했다. 우리의 선택과 의지와 상관없이 이 세상에 존재하게 되었기 때문에 우리가 우리의 삶을 책임지고 살아야 한다고 말했다. 그래서 자기 결단과 자기 선택을 매우 중요하게 말하며, 꿈과 가능성을 발견하라고 하며, 그것을 실현해 가라고 말했다.631) 니체와 마찬가지로 하이데거는 생의 허무와 삶의 유한성, 불안한 현실에도 불구하고 인간 스스로 결단하고 과감히 미래를 향해 자신을 던지는 기투(企投, Entwurf)만이 인간을 본래적 실존으로 돌려놓는 것이라 말했다. 놀랍게도 그 기투가 히틀러의 군국주의를 옹호하는 것으로 나타났으니 하이데거의 철학이 현실화 되면 강자의 철학이 되고 만다.

기투는 순진한 고민이 아니다. 기투는 신이 되고자 하는 몸부림이다. 그것이 샤르트르의 심장이다. 샤르트르의 기본가정은 신의 부재다. 태어난 인간은 '백지상태'이고, 그 상태에서 미래를 나아가는 존재다. 인간은 자기 자신을 창조해 가면서 자신의 본질을 갖게 된다. 그렇게 인간이 실존해 가면서 자기 자신을 창조해 가는 과정을 '기투'라고 한다. 샤르트르가 실존을 말하는 기초는 인간의 백지상태. 그 백

친히 아무도 시험하지 아니하시느니라(약 1:13)

631) (하이데거, 존재와 시간, 이기상 역), 무신론적 실존주의자인 하이데거는 아이러니하게도 이런 인간의 실존을 그리스 신화를 통해 확보하고 있다. 하나님 없는 인간이 기대는 곳이 어딘지를 잘 보라. 르네상스가 그랬듯이, 현대철학의 샘물은 신화다. 그는 인간이라는 존재는 다른 존재자와 자기 자신에 대하여'염려'하는 존재라고 말한다. 고대 그리스에 쿠라라는 염려의 신이 강을 건너다가 점토를 발견하고 한 덩어리를 떼어내어 빚기 시작한다. 빚은 것을 바라보고 생각하고 있을 때 주피터가 다가왔다. 쿠라는 주피터에게 점토 덩어리에 혼을 불어넣어 달라고 간청했다. 쿠라는 자신이 빚은 형상에 자기 이름을 붙이려고 하자 주피터는 자신이 혼을 넣었기 때문에 자기 이름을 붙여야 한다고 했다. 이렇게 쿠라와 주피터가 다투고 있을 때, 대지의 신 텔루스가 나타났다. 그 형상에 자기의 일부가 들어가 있으니 자기 이름을 붙여야 한다고 했다. 결론이 나지 않자, 신들은 사투르누스라는 시간의 신을 재판관으로 모셨다. 사투르누스는 그럴듯한 결정을 내려주었다. "주피터는 혼을 주었으니 그가 죽을 때 혼을 받고, 텔루스는 육체를 선물했으니 육체를 받아가라. 쿠라는 이 존재를 처음으로 만들었으니 이것이 살아 있는 동안 그대의 것으로 삼아라. 그러나 그 이름은 후무스(흙)로 만들어졌으니 호모, 즉 인간이라고 불러라." 고 했다.(1편 42절 중에서)

참고, 소강희, 하이데거 존재와 시간 강의 (서울: 문예출판사, 2010), 27; "… 그는 먼저(제1장) 현존재의 전체성을 확보하기 위해 죽음의 현상을 분석한다. 현존재는 '죽음에 이르는 존재'로서 파악된다. 이것을 그는 '죽음에로의 선구(先驅)'라고 한다. 이어서(제2장) 그는 현존재의 본래성을 보증받기 위해 양심을 분석한다. 양심은 각자의 내면에서 부르는, 소리 없는 말이다. 이렇게 해서 현존재의 본래적 전체성(즉 선구적 결의성)이 증거되거니와, 이것을 그는 시간에서 검토한다(제3장). 이 대목은 『존재와 시간』에 거는 하이데거의 의도가 최고도로 실현되는 자리이기도 하다. …"

자상태가 샤르트르의 '신성한 내면아이'이며, '기투'는 샤르트르의 구상화다.

그러나 성경은 하나님의 작정과 섭리 가운데서 태어나게 하셨으며, 이 세상에 태어나고 살아가는 그 모든 과정 속에 삼위하나님께서 간섭하신다. 그래서 무신론적 실존주의자들이 말하는 삶의 방식과는 완전히 다르다. 그들은 자기 선택, 자기 결단을 강조하나, 우리는 하나님의 작정과 섭리를 믿으며 그 언약의 말씀에 순종하는 삶을 살게 된다.

섭리는 창조와 동일한 하나님의 역사이다. 천지창조만 놀랍고 위대한 것이 아니라 매일의 삶을 인도하시는 것도 그 창조만큼이나 놀랍고 위대한 손길로 이끄신다. 그것은 다음과 같이 나타난다고 말할 수 있다.[632]

1) 하나님의 섭리와 자연

하나님의 섭리는 인간이 인간을 대하는 모습과는 너무나도 다르다. 그 다른 모습을 예수님께서는 다음과 같이 말씀하셨다.

> 이같이 한즉 하늘에 계신 너희 아버지의 아들이 되리니 이는 하나님이 그 해를 악인과 선인에게 비취게 하시며 비를 의로운 자와 불의한 자에게 내리우심이니라(마 5:45)

예수님께서는 바리새인과 서기관들의 의보다 더 나은 하나님의 의에 대해서 말씀하신다. 그들은 자신들이 율법을 지켜 행함으로 남들보다 더 의롭다고 생각했다. 자기 의로 가득한 바리새인과 서기관들은 악인과 선인으로 나누어 그 선인들만 하나님의 나라에 들어간다고 생각했다. 그러나 하나님께서는 의로운 자나 불의한 자에게 해를 비취시는 은혜롭고 자비로우신 하나님이시다. 그렇다고 이 말이 모든 사람들을 다 구원하신다는 뜻으로 오해해서는 안 된다. 이 말씀은 하나님의 자녀가 되는 방법을 말하는 것이 아니라 하나님의 자녀 된 자들은 하나님의 성품대로 살아야 한다는 것이다. 그것은 사람들을 차별 없이 대하며 그들이 회개하여 돌아오기까지 끝까지 인내하며 사랑을 베푸는 것이다. 하나님께서는 인간으로 하여금 먹고 살아갈 수 있도록 언제나 은혜를 베푸시는 하나님이시다.

---

632) 하이델베르크 교리문답 제28문: 하나님께서 만물을 창조하셨고, 여전히 당신의 섭리로 그 창조하신 만물을 붙들고 계심을 아는 지식이 우리에게 어떤 유익을 줍니까? 답. 우리는 어떤 불행 가운데서도 인내할 수 있게 되고, 어떤 번영 가운데서도 감사하게 되고, 미래에 관하여서도 신실하신 하나님 아버지께 맡기게 되며, 어떤 창조물도 우리를 하나님의 사랑으로부터 떼어놓을 수 없다는 사실을 확신하게 됩니다. 왜냐하면 모든 창조물이 전적으로 하나님의 손안에 있으므로, 하나님의 뜻이 아니고는 창조물은 전혀 움직일 수 없기 때문입니다.

저가 가축을 위한 풀과 사람의 소용을 위한 채소를 자라게 하시며 땅에서 식물이 나게 하시고(시 104:14)

'땅에서 식물이 나게 하시고'의 문자적인 뜻은 '그가 땅으로부터 떡을 가져오시고'이다. 여기서 '떡'이란 이어서 나오는 구절에서[633]과 함께 토지의 주요 3대 산물을 뜻하는 것으로 사람들의 양식을 뜻한다. 이 구절이 말하고자 하는 것은 무엇인가? 이런 양식들이 인간의 수고로 얻어지는 것이지만 사실은 하나님께서 인간에게 베푸시는 선물이라는 의미다. 하나님께서는 그렇게 인류의 역사뿐만 아니라 모든 자연 현상까지도 세밀하게 섭리해 가시는 분이시다.

10 하나님의 부시는 기운에 얼음이 얼고 물의 넓이가 줄어지느니라 11 그가 습기로 빽빽한 구름 위에 실으시고 번개 빛의 구름을 널리펴신즉 12 구름이 인도하시는 대로 두루 행하나니 이는 무릇 그의 명하시는 것을 세계상에 이루려 함이라(욥 37:10-12)

'하나님의 부시는 기운'은 '하나님의 입김'으로 하나님께서 통치하시고 계신다는 하나님의 절대 주권을 표현하고 있다. 세상 중에 일어나는 일들은 우연히 일어나거나 기계처럼 움직여지는 것이 아니다. 하나님께서는 그것을 하나님의 계획 가운데 친히 다스리신다. 사람들은 과학기술로 자연을 포섭하려고 하지만 하나님의 일하심을 인간의 손에 가둘 수 없다.

2) 하나님의 섭리와 이 세상 민족들

하나님의 권위와 통치하심은 이방나라에서도 일어나고 있는 것을 다니엘을 통해 알 수가 있다. 다니엘은 바벨론에 포로로 잡혀가 느부갓네살 왕의 신하로 있었다. 왕이 꿈을 꾸고 마음이 번민하여 잠을 이루지 못하다가 박수와 술객과 점쟁이와 갈대아 술사를 불러 그 꿈을 알고자 했으나 아무도 말하지 못했다. 왕이 명령을 내려 그들이 다 죽게 되었을 때, 다니엘이 명철하고 슬기로운 말로 왕의 장관 아리옥에게 말하고 그 동무들에게 그 일을 고하여 함께 기도했다. 하나님께서는 다니엘에게 그 은밀한 것을 밤에 이상으로 알려 주셨다. 다니엘은 하나님을 찬양하는 중에 이렇게 말했다.

그는 때와 기한을 변하시며 왕들을 폐하시고 왕들을 세우시며 지혜자에게 지혜를 주시고 지식자에

---

633) 사람의 마음을 기쁘게 하는 포도주와 사람의 얼굴을 윤택케 하는 기름과 사람의 마음을 힘 있게 하는 양식을 주셨도다(시104:15)

게 총명을 주시는도다(단 2:21)

다니엘은 하나님께서 모든 일을 섭리하심을 고백하고 찬양했다. 어느 날 느부갓네살 왕은 꿈을 꾸고 그로 인해서 두려웠고 번민 중에 있었다. 그리고 박사들을 불러 그 꿈의 해석을 명하였을 때 아무도 말해 주는 사람이 없었고, 결국 다니엘이 왕 앞에 불리워 갔다. 다니엘은 꿈을 해석해 주는 중에 이렇게 말했다.

… 지극히 높으신 자가 인간 나라를 다스리시며 자기의 뜻대로 그것을 누구에게든지 주는 줄을 아시리이다(단 4:25)

다니엘은 세상 나라를 다스리는 분이 하나님이심을 말해 주었다. 그럼에도 불구하고, 벨사살 왕은 바벨론 성이 난공불락이라는 것과 바벨론 성 안에 충분한 식량이 있다는 것을 믿고 대연회를 베풀고 흥청망청 보내었다. 왕은 유대인의 성전에서 빼앗아 온 금 은 그릇을 가지고 연회에 사용하도록 명령했다. 하나님께 예배할 때 사용되어야 할 귀한 그릇들로 마시고 즐기며 금, 은, 동, 철, 목, 석으로 만든 신들을 찬양할 때 갑자기 손가락이 나타나 왕궁 촛대 맞은 편 분벽[634]에 글자를 쓰기 시작했다. 그 손가락은 "메네 메네 데겔 우바르신"(단 5:25)이라고 기록했다. 다니엘은 왕에게, "왕이 저울에 달려서 부족함이 보였다"(단 5:27)고 해석해 주었다. 그리고 나서 다니엘은 하나님께서 벨사살 왕이 죽임을 당할 것이라고 말해 주었고, 그날 밤에 실제로 벨사살 왕이 죽임을 당하였다.

하나님께서 세상의 모든 것을 유지하시고 통치하신다는 것을 확실하게 보여준 사건이었다. 그것은 사도 바울의 설교에서도 드러났다.

인류의 모든 족속을 한 혈통으로 만드사 온 땅에 거하게 하시고 저희의 연대를 정하시며 거주의 경계를 한하셨으니(행 17:26)

아텐 사람들은 그들이 아티카(Attic) 본토의 흙에서 생겨났기 때문에 다른 사람들에 비해 우월하고 남다르다는 것을 자랑하였다. 그러나 바울은 이에 반대하여 인류는 한 하나님에 의해 창조되었고 한 혈통과 한 조상을 가진 후손이라 말했다. 하나님께서는 인간을 시간과 공간의 한계 내에 살게 하셨다.[635] 하나님의 창조와 섭

---

634) 허옇게 바른 벽
635) 지극히 높으신 자가 열국의 기업을 주실 때 인종을 분정하실 때에 이스라엘 자손의 수효대로 민족들의 경계를 정하셨도다(신 32:8)

라는 인간을 겸손하게 만든다. 운명은 맹목적이나 섭리는 목적적이다. 운명은 마치 화살이 공중을 날아가지만 무작정 날아가는 것이다. 그러나 섭리는 표적을 향하여 곧장 날아가는 것이다.

3) 하나님의 섭리와 모든 개개인들

하나님의 섭리하심이 현실적으로 불합리하게 나타나 보일 때 우리는 어떻게 생각하고 행동하는가?

> 6 여호와는 죽이기도 하시고 살리기도 하시며 음부에 내리게도 하시고 올리기도 하시는도다 7 여호와는 가난하게도 하시고 부하게도 하시며 낮추기도 하시고 높이기도 하시는도다 8 가난한 자를 진토에서 일으키시며 빈핍한 자를 거름더미에서 드사 귀족들과 함께 앉게 하시며 영광의 위를 차지하게 하시는도다 땅의 기둥들은 여호와의 것이라 여호와께서 세계를 그 위에 세우셨도다(삼상 2:6-8)

악인의 형통을 볼 때 우리는 어떻게 해야 할까? 신앙을 지키는 자는 오히려 핍박과 고난을 당하고, 예수 그리스도 안에서 믿음으로 살려고 하는 자는 헛된 수고에 불과하다는 유혹을 만날 때, 우리는 어떻게 해야 할까? 악한 사람들의 형통한 것만 본다면 비신앙적인 생각을 할 수밖에 없다.

우리의 신앙과 삶을 무력하게 만드는 것은 과거의 실패와 현재의 답답함과 미래의 불안이다. 그 속에서 우리는 하나님의 백성으로 살아가야 할 것을 요구받고 있다. 첫째로 우리는 악인의 형통을 오늘의 관점에서만 바라보아서는 안 된다. 오늘 그들이 잘 먹고 잘 산다고 할지라도 그것이 언제까지라도 보장되지 않는다는 사실이다. 기독교 신앙에서 형통이란 한 인간의 삶이 '하나님과 관계가 어떠한가?', '영원한 하나님의 나라와 연결되는가?'를 말하는 것이지 이 세상의 보상이 얼마나 주어지느냐로 평가되지 않는다.

둘째는 그들의 형통 이면에 놓여 있는 비성경적인 삶의 방식을 직시해야 한다. 물질적인 성공이 만들어내는 가치들이 무엇인가를 분명하게 바라보아야 한다. 셋째로, 우리가 믿음으로 살아가는 일에, "여호와께서 여기까지 도우셨다"(삼상 7:12)는 말씀대로, 자기 백성 된 우리를 지키시고 보호하시리라는 믿음을 끝까지 붙들어야 한다.

4) 하나님의 섭리와 인간의 마음

하나님의 섭리하심에 대하여 우리가 가져야 할 마음의 자세는 무엇인가?

마음의 경영은 사람에게 있어도 말의 응답은 여호와께로서 나느니라(잠 16:1)
너희 안에서 행하시는 이는 하나님이시니 자기의 기쁘신 뜻을 위하여 너희로 소원을 두고 행하게 하시나니(빌 2:13)

사람들이 아무리 자기 생각을 결정하고 움직여도 그 모든 결과들을 하나님께서 인도하여 가신다. 이 섭리의 교리를 믿을 때 우리의 마음은 안정감을 누릴 수가 있다. 불교는 일어나는 일들이 업보 때문이라고 말한다. 그 일어나는 일들에 대하여 개의치 않고 행복하게 살아가기 위하여 향상심을 유지하라고 한다. 그러나 그런 향상심은 어느 누구도 도달할 수가 없다. 왜냐하면 죽을 때까지 인간 속에는 욕망이 불타오르기 때문이다. 그러나 성경은 하나님께서 이 모든 일을 주관하고 계시며 주관하시되 그의 택한 백성들을 위하여 섭리하시는 하나님께서 말씀으로 의미와 통일성을 부여하시기에 어떤 어려운 일들 속에서도 평안을 누릴 수가 있다고 말한다. 세상의 향상심은 인간 스스로 만들어 내려고 하기 때문에 그것은 결코 도달할 수가 없다.

우리가 고통을 당할 때, 하나님의 섭리교리보다 더 위로가 되는 것은 없다. 어떤 형편과 조건 속에 있을지라도 그것이 하나님의 가장 지혜롭고 거룩한 섭리에 의해 이루어졌음을 믿을 때, 우리의 영혼은 평안을 누리게 된다. 우리는 내일이 지금의 형편보다 더 어렵고 고달픈 상황에 직면할 수 있다. 어떤 기적적인 해결이 없을지라도 그것이 하나님의 섭리가 최고로 나타난 자리임을 믿는다면 얼마든지 견디어 낼 수 있다. 고통이 고통으로 끝나지 않도록, 고통에 비통이 없도록 성령 하나님께서 역사하시어 예수 그리스도를 끝까지 붙들게 하신다.[636] 하나님의 섭리는 우리로 하여금 이 세상성에 파묻히지 않고 하나님의 언약에 신실하여 거룩과 경건으로 나아가도록 하는 것이다. 그리하여 삼위 하나님이 우리의 전부가 되게 하신다. 그리스도를 믿은 보상이 이 세상의 것들로 채워지기를 바란다면 우리는 가장 비참한 자들이다. 고난으로 예수 그리스도만을 붙들게 되는 자리로 가고 있다면 아름다운 신앙의 열매를 맺고 있는 것이다. 존 플라벨은 섭리에 대하여 다음과 같이 말했다.

---

636) 8 형제들아 우리가 아시아에서 당한 환난을 너희가 알지 못하기를 원치 아니하노니 힘에 지나도록 심한 고생을 받아 살 소망까지 끊어지고 9 우리 마음에 사형선고를 받은 줄 알았으니 이는 우리로 자기를 의뢰하지 말고 오직 죽은 자를 다시 살리시는 하나님만 의뢰하게하심이라 10 그가 이같이 큰 사망에서 우리를 건지셨고 또 건지시리라 또한 이후에라도 건지시기를 그를 의지하여 바라노라(고후 1:8-10)

섭리의 바람이나 조수가 아무리 우리를 거스르는 것처럼 보이더라도 모든 섭리가 합력해서 우리를 하나님께 더욱 가까이 나아가게 만들고, 또 하늘나라의 영광스런 삶을 준비하게 만드는 과정인 것은 분명한 사실이다.

'아포베세타이'(될 것이다)라는 헬라어가 암시하듯이, 사도 바울은 자신의 결박과 고난이 결국에는 구원에 이르는 수단이 될 것이라고 확신했다(빌 1:19). 물론 결박과 고난 자체만으로는 그런 결과를 이루어낼 수 없다. 그러나 동역자들의 "간구와 예수 그리스도의 성령의 도우심"이 있으면 모든 시련을 이겨내고 결국 구원에 이를 수 있다.[637]

우리가 감당하기 힘든 상황 가운데 있을지라도, 하나님께서는 그 모든 일들을 하나님의 지혜와 능력과 공의와 선하심과 자비의 영광을 찬양하기 위해 행하시는 분이시다. 성령 하나님께서는 우리 마음에 그 확신을 불러일으키게 하시어 우리로 하나님께 찬양하게 하신다. 하나님의 그 섭리 속에는 하나님의 공의와 하나님의 자비하심이 언제나 나타난다. 그것이 가장 분명하고 확실하게 드러난 것이 예수님의 십자가 희생이다.

사무엘상 3장 2-18절은 사무엘이 하나님의 부름을 받는 사건이다. 사무엘이 세 번째 하나님의 부르심을 받았을 때, 엘리는 이 일이 여호와께로부터 말미암은 것임을 알았다. 엘리는 사무엘에게 말했다.

… 여호와여 말씀하옵소서 주의 종이 듣겠나이다 하라 …(삼상 3:9)

엘리는 사무엘을 불러 여호와의 하신 말씀이 무엇인지 물었다. 사무엘은 여호와께서 말씀하신 대로 말해 주었다. 사무엘의 말을 들은 엘리는 분노하지 않았다. 동방박사들에게 별이 나타난 곳을 알려 주면 자기도 가서 태어난 왕에게 경배하겠노라 말한 헤롯이 분노하여 2살 아래의 아이들을 다 죽인 것처럼 행동하지 않았다. 오히려 엘리는 이렇게 말했다.

… 이는 여호와시니 선하신 소견대로 하실 것이니라 …(삼상 3:18)

엘리는 여호와의 선지자로서 여호와 하나님의 본성과 성품대로 이루어질 것을 고백했다.

다윗은 나단 선지자로부터 지은 죄를 책망 받은 후에 역시 분노하지 않았다. 왜

---

637) 존 플라벨, 하나님의 섭리, 조계광 역 (서울: 규장, 2009), 238.

나하면 다윗도 나단 선지자의 말 속에 여호와 하나님의 본성과 성품대로 공의와 자비가 나타난 것을 보았기 때문이다. 다윗은 철저하게 회개했다. 그것이 시편 51편이다.

> 내가 주께만 범죄하여 주의 목전에 악을 행하였사오니 주께서 말씀하실 때에 의로우시다 하고 판단하실 때에 순전하시다 하리이다(시 51:4)

다윗은 자신의 죄에 대한 하나님의 심판이 하나님의 본성과 성품대로 이루어지는 일이라는 것을 고백했다. 그리고 하나님의 자비하심에 매달렸다.

하나님의 섭리를 신뢰하는 믿음의 성도들이 현세의 삶을 살아갈 때 하나님의 뜻을 분별하는 방법은 무엇인가?

> 오묘한 일은 우리 하나님 여호와께 속하였거니와 나타난 일은 영구히 우리와 우리 자손에게 속하였나니 이는 우리로 이 율법의 모든 말씀을 행하게 하심이니라(신 29:29)

하나님의 말씀을 통하여 우리에게 요구되는 하나님의 명령은 분명하게 나타나 있다. 그러나 '오묘한 일'은 우리가 알 수가 없다. 그것은 '비인과율'에 속한 것이기 때문이다. 그것은 오로지 하나님의 생각과 계획 속에만 있다. 지금 우리는 계시가 종료된 신약시대를 살고 있다. 예전과 같이 하나님으로부터 직접 전달되는 특별한 계시를 시도해서는 안 된다. 비인과율에 속한 하나님의 뜻을 알기 위해서 신비적인 방법을 추구해서도 안 된다. 성도는 하나님의 뜻대로 나아가기 위해 성경을 열심히 읽고 연구해야 한다.[638] 그렇다고 해서 성경에 개개인의 삶을 지시하는 구체적인

---

638) 존 플라벨, 하나님의 섭리, 조계광 역 (서울: 규장, 2009), 311-312; 〈하나님의 뜻을 분별하는 방법 … 죄를 합법화하거나 정당화하는 섭리는 절대 존재하지 않는다는 사실을 명심하라. 하나님 앞에서 "성경은 아무 말씀도 하지 않았지만, 하나님의 섭리가 그 일을 하도록 도와주었습니다"라는 변명은 결코 통하지 않는다. 불확실한 상황에서 하나님의 뜻을 알고 싶을 때는 다음 몇 가지 규칙을 염두에 두기를 바란다. 첫째, 하나님을 경외하는 마음을 가져라. 하나님을 분노하시게 하지 않도록 주의하라. "여호와의 친밀함이 경외하는 자에게 있음이여 그 언약을 저희에게 보이시리로다"(시 25:14)라는 말씀대로 하나님은 경외하는 자에게 자신의 뜻을 감추지 않으신다. 둘째, 세상 일에 관심을 덜 기울이고 성경을 부지런히 연구하라. 성경말씀은 우리의 발을 비추는 등불이다(시 119:105). 성경말씀은 행해야 할 의무를 깨닫게 하고 피해야 할 위험을 가르쳐 주는 길잡이다. 성경은 하나님의 뜻을 물어 알 수 있는 위대한 신탁이다. "내가 주께 범죄치 아니하려 하여 주의 말씀을 내 마음에 두었나이다"(시 119:11)라는 말씀대로 성경의 원리를 마음에 간직하면 안전한 길을 걸어갈 수 있다. 셋째, 알고 있는 진리를 실천에 옮기라. 그러면 "사람이 하나님의 뜻을 행하려 하면 이 교훈이 하나님께로서 왔는지 내가 스스로 말함인지 알리라"(요 7:17), "그 계명을 지키는 자는 다 좋은 지각이 있나니"(시 111:10)와 같은 말씀대로, 무엇을 행하는 것이 우리의 의무인지 깨달을 수 있다. 넷째, 기도로 어느 길을 가야 할지 주님의 조명과 인도를 구하라. 어려운 상황에서 죄에 치우치지 않고 바른 길로 나아가게 해 달라고 간구하라. 에스라가 그랬다. "때에 내가 아하와

지침들이 나와 있는 것이 아니다. 성경을 통하여 나타난 삶의 원리와 방향과 목적들을 통하여 우리의 문제들을 해결해 가야 한다. 그러면, 우리의 기도는 무엇인가? 하나님의 말씀을 더 잘 깨달아 하나님께서 기뻐하시는 길로 나가도록 구하는 것이며, 그 언약에 순종하는 삶을 살도록 요청하는 것이다. 그것은 지켰다 안 지켰다의 싸움이 아니라, 하나님의 본성과 성품을 닮아가는 것이다.

> 당신들은 나를 해하려 하였으나 하나님은 그것을 선으로 바꾸사 오늘과 같이 만민의 생명을 구원하게 하시려 하셨나니(창 50:20)

요셉은 자기 의도대로가 아니라 하나님의 의도하신대로 이루어졌다는 것을 고백했다. 하나님의 본성과 성품처럼 요셉이 닮아갔을 때 그것을 알게 되었다. 우리의 본성과 성품대로 살아가려고 하면 불평불만이 나올 수밖에 없다. 우리의 당면한 현실은 너무나도 어렵기 때문이다. 그러나 하나님께서는 고난과 아픔 속에서 하나님의 본성과 성품을 나타내시고 열매 맺어 가신다. 십자가의 길을 통과하지 않은 성품은 그리스도의 성품이 아니다.

제12문 사람이 지음을 받은 지위에 있었을 때, 하나님께서는 사람을 향해 어떤 특별한 행위를 하셨습니까? (대20)
답: 하나님께서 사람을 창조하셨을 때, 완전한 순종을 조건으로 사람과 더불어 생명의 언약을 맺으시고, 선악을 알게 하는 나무의 열매를 먹는 것을 사망의 고통에 의거하여 금하셨습니다.[639]

1989년 12월 25일 루마니아 북부 군 기지 내 임시법정, 대통령이자 국가평의회 의장, 공산당 서기장인 니콜라이 차우셰스쿠(Nicolae Ceausescu)는 사형언도를 받자 "어떻게 국가 최고지도자에게 이럴 수 있느냐? 난 이 재판을 인정 못 한다"고 고함쳤다. 제1부총리를 거쳐 당서열 2위에 오른 부인 엘레나도 "우리는 인권이 있

강 가에서 금식을 선포하고 우리 하나님 앞에서 스스로 겸비하여 우리와 우리 어린 것과 모든 소유를 위하여 평탄한 길을 그에게 간구하였으니"(스 8:21) 다섯째, 기도한 뒤에는 섭리가 하나님의 말씀과 조화를 이루는 곳까지만 따라가고 더 이상은 나아가지 말라. 성경말씀을 무시한 채 섭리만 보고 행동을 결정하는 것은 바람직하지 않다.
639) Q. 12. What special act of providence did God exercise towards man in the estate wherein he was created? A. When God had created man, he entered into a covenant of life with him, upon condition of perfect obedience; forbidding him to eat of the tree of the knowledge of good and evil, upon the pain of death.

다. 사람을 이렇게 함부로 다루면 안 된다”며 언성을 높였다.[640] 다른 사람들의 인권을 무참히 짓밟아 놓고 자신의 인권을 소리치는 것은 무슨 심보인가?

사람들은 ‘나’는 ‘나’이기를 바랄 뿐 아니라 그런 ‘나’들이 소통이 되기를 바란다. 그것은 결국 의미와 통일성을 원한다는 것을 말한다. 어느 시대인들 그 고민을 안한 사람은 없다. 그것이 더 심각한 고민이 되는 것은 갈수록 사람들은 분열을 맞이하고 있기 때문이다.

들뢰즈(Gilles Deleuze, 1925-1995)는 『차이와 반복』이라는 책으로 기존의 형이상학을 해체하고 새로운 형이상학의 기초를 정립하려고 했다. 들뢰즈는 이렇게 말했다.

> … 현대 철학의 특징은 시간성/무시간성, 역사성/영원성, 특수/보편 등의 양자택일적 선택지를 넘어서는 데 있다. 니체를 따라 우리는 반시대성을 시간과 영원보다 훨씬 심오한 것으로 발견한다. 즉 철학은 역사의 철학도 영원성의 철학도 아니다. 철학은 반시대적이며, 언제나 그리고 오로지 반시대적일 뿐이다. 다시 말해서, “내가 바라는 것은 이 시대에 반하는, 도래할 시대를 위한” 철학이다. 새뮤얼 버틀러를 따라 우리는 에레혼을 발견한다. 그것은 원초적인 ‘부재의 장소’를 의미한다. 그리고 그것은 위치를 바꾸고 위장하며 양상을 달리하고 언제나 새롭게 재창조되는 ‘지금-여기’를 동시에 의미한다. 그것은 경험적 특수자도 추상적 보편자도 아닌 것, 곧 어떤 분열된 자아를 위한 코기토를 가리킨다. 우리는 개체화들이 비인격적이고 독특성들이 전(前)-개체적인 세계, 곧 눈부신 익명인 ‘아무개’의 세계를 믿는다. …[641]

들뢰즈나 라캉이 보기에, 자본주의 체제에서 사람들은 편집증 환자나 분열증 환자가 되어버렸다. 더 많이 모아서 더 행복해지리라고 생각하는 사람들이거나 그런 생존경쟁에서 절망하고 포기한 사람이 되어 버렸다. 그렇게 된 이유가 ‘주체집착증’에 걸려있더라는 것이다.

그런 것에 ‘반시대적’으로 가기 위해서는 ‘전통적인 형이상학’을 부수고 나가야 한다고 말했다. 사람들이 들뢰즈를 반플라톤적이고 니체의 후예라고 말하는 이유가 있는 것이다. 그들이 말하는 것은 한결같이 세계 너머에 있는 고찰이 아니라 세계의 표면효과들의 장(場)에 관한 담론이다. 외부의 간섭자를 철저하게 박탈한다. 들뢰즈에게 진정으로 사유하는 것은 전제 없이 사유하는 것이다. 이것이 들뢰즈가 말한 ‘새로운 사유의 이미지’이다. 그래서 이정우 교수는 전통적인 의미에서의 ‘형

---

640) http://www.konas.net/article/article.asp?idx=7537, 김필재, 20세기 공산주의 대학살 연대기(年代記) ⑦.
641) 질 들뢰즈, 차이와 반복, 김상환 역 (서울: 민음사, 2012), 21; (에레혼: 영국 소설가 새뮤얼 버틀러(Samuel Butler, 1835-1902)가 1872년에 발표한 풍자소설의 제목. no where의 철자를 뒤바꾼 단어로서, 어떤 상상적 유토피아를 지칭한다. 아래에 나오는 표현 ‘부재의 장소 nulle part’는 원래 단어의 번역어이다. 들뢰즈는 이 책의 결론에서 에레혼을 다시 언급하면서, 이것을 now-here의 변형 글자로 읽는다. 역자 주에 나오는 설명)

308 소교리문답

이상학'이 아닌 '형이상학적 표면'에 대한 체계라고 말한다. 들뢰즈의 철학이란 사물의 근원에 대한 탐구가 아니라 사건이라는 개념을 통해 사물의 표면에서 일어나는 의미발생의 정치역학에 가깝다.[642]

서양 형이상학의 전통이란 일반성(generality)과 특수성(particularity) 개념이다. 들뢰즈의 카드는 단독성(singularity)이다. 그것은 카테고리에 소속되지 않으려는 억압적이지 않은 존재로서의 의미와 통일성을 추구하려는 것이다.[643]

그것은 외부의 간섭을 배제한 사람들의 세상이다. 그런 세상은 무엇으로 설명하는가? 그것은 '마주침'이다. 우발성으로 가지 않으면 카테고리에 묶인다. 다양한 개체들의 마주침, 그로 인해 생겨난 흔적 또는 결과를 아장스망(agencement)이라 했다. 예를 들어, 추운 겨울에 지하철 유리창에 성에꽃이 핀 것은 그 지하철 안에 타고 있는 다양한 개체(사람과 물건)들이 만들어낸 합작품이다. 그 속에는 다양성이 포함되어 있다. 다양성이 포함되어 있고 우발적인 마주침이 있다는 것은 리좀(rhizome)으로 설명된다. 기존의 철학은 뿌리와 줄기로 상징되는 수목형의 나무관계(부자관계)였다면 들뢰즈의 철학은 뿌리줄기다. 땅속에서 자라면서 다른 뿌리줄기와 만나거나 분리되기도 하면서 모든 방향으로 거침없이 뻗어나가는 식물이 리좀이다. 그야말로 어디로 튈지 모르는 것이 리좀이다. 통일성을 찾으려고 하나 그것보다는 개별자의 자율성에 훨씬 더 무게를 두고 있다.

그러나 성경은 하나님께서 언약을 통하여 의미와 통일성을 충만하게 부어주셨다는 것을 말한다. 들뢰즈의 리좀형으로 사는 것 역시 끈 떨어진 연이 되기를 싫어한다는 것이다. 하나님께서는 인간을 기계로 만드시지 않으셨다. 전기만 연결되면 에

---

642) 정강경, 〈잘못 놓여진 구체성의 오류〉에 빠진 들뢰즈.
643) http://blog.daum.net/ex-nihilo/892 그에 따르면, 인간을 일반성이란 도식(圖式, 틀)에서 볼 경우, 철수와 영희는 일반성에 포함되는 개개인으로서의 특수성이라 할 수 있다는 것. 일반성과 특수성의 도식이 가장 잘 적용될 수 있는 사례는 자본주의. 사람이나 물건이 모두 돈으로 구매할 수 있는 상품으로 전락하기 때문이다. 여기서 돈은 일반성을, 사람이나 물건은 특수성을 상징한다. 일반성과 특수성이라는 도식에 입각한 사유에는 중요한 특징이 있다. 일반성에 포괄되는 특수한 것들은 서로 교환이 가능하다고 믿는 것이다. 여기에서 일반성이 특수성을 지배한다는 지배와 위계의 논리가 탄생한다. 들뢰즈는 이 같은 지배와 위계의 논리를 극복하기 위해 단독성을 들고 나왔다. 단독성은 다른 무엇과도 바꿀 수 없는 독립성과 개체성을 의미했다. 그렇지만 모든 개체나 사건들이 다른 것과 교환 불가능하다면, 이들은 어떻게 관계를 맺을 수 있겠는가 하고 고민을 한 끝에 일반성과는 다른 보편성(universality)이라는 원리를 고안, 지극히 단독적인 것만이 보편성을 확보할 수 있다는 주장을 하게 된 것이다. 예컨대 갑돌이와 갑순이의 사랑과 철수와 영희의 사랑은 서로 다르지만, 동시에 같은 것이라 할 수 있다는 것이다. 사랑이라는 보편성으로 말하자면 같은 것이지만, 각각의 사랑을 단독적인 것으로 본다면, 서로 다른 것이라 할 수 있다는 것이다. 각각의 사랑은 단독적인 것이지만, 동시에 두 커플의 사랑에는 사랑의 보편성이 존재하기 때문이다.

너지만 있으면 임무를 수행하고 제품을 만들어내는 자동기계로 만들지 않으셨다. 인간은 생명이 있으며 생명체는 인격이 있다. 인격은 의미와 통일성을 누려야만 한다. 하나님께서는 그 지으신 인간과 언약을 맺으시므로 의미와 통일성을 풍성하게 누리고 하나님의 영광을 위하여 살도록 하셨다. 하나님의 영광을 위해 산다는 것은 받은 의미와 통일성이 인간 내면으로 향하는 것이 아니라 영원하신 하나님을 향함으로 교만하여 우쭐대지 않도록 하셨다. 왜냐하면 그렇게 사는 인간은 스스로 붕괴되기 때문이다.

오늘날 교회 안에서 언약에 대해 소홀히 해 왔기 때문에 복음의 본질에서 벗어나게 되었다. 그것은 교회가 자유주의 신학에 희생을 당한 명백한 증거이다. 현대 교회는 신복음주의적인 설교가 유행하고 있다.644) 그 결과 교회는 점점 더 로마 가톨릭의 영성과 신비주의 영성에 오염되어 가고 있다. 왜냐하면 하나님의 말씀이 아닌 도약을 통해서 의미와 통일성을 부여받으려고 하기 때문이다.

그러나 참되고 영원한 의미와 통일성은 예수 그리스도의 구원과 언약으로 주어진다. 언약은 그 지으신 피조물에 대한 하나님의 권위를 가지고 있다는 것이며 인간은 창조주 하나님께 의존적이라는 것을 전제로 한다. 하나님께서 인간에게 오시어 언약을 맺으시는 것 그 자체가 은혜다. 그래서 개혁주의 신학은 곧 언약신학이라 한다. 이 언약은 인격적인 하나님과 맺은 언약이다.

하나님께서는 사람을 창조하셨을 때 생명의 언약을 맺으셨다. 그 언약은 완전한 순종을 조건으로 하는 언약이었다.645) 선악을 알게 하는 나무의 열매를 먹지 말라고 명령하셨으며, 그것을 먹는 날에는 반드시 죽는다고 말씀하셨다.

> 16 여호와 하나님이 그 사람에게 명하여 가라사대 동산 각종 나무의 실과는 네가 임의로 먹되 17 선악을 알게 하는 나무의 실과는 먹지 말라 네가 먹는 날에는 정녕 죽으리라 하시니라(창 2:16-17)

---

644) 신복음주의는 한 마디로 자유주의에 패배한 복음주의를 말한다. 오늘날 복음주의란 신복음주의라는 말에서 '신'을 뺀 것이다. 그 '신'은 새로워진 복음주의라는 뜻이 아니라, 복음에 반대하고 거역하는 '신'자를 의미한다. 신복음주의는 오순절 은사주의와 신사도운동 그룹과 손을 잡고 대형교회로 급성장했다. 빌리 그레이엄, 빌 하이벨스, 릭 워렌, 조엘 오스틴 등이 대표적인 신복음주의자들이다.

645) 로버트 L. 레이몬드, **최신조직신학**, 나용화·손주철·안명준·조영천 역 (서울: 기독교문서선교회, 2004), 550; 하나님과 아담과의 언약이 행위언약이라 할 때는 하나님께서 아담에게 공의로 행하실 것을 확증하는 데 강조점이 있다. 즉, 아담의 하나님의 공의의 시험을 성공적으로 감당하여 순종하면 그의 순종을 인하여 상급을 당연히 받게 될 것을 강조한다. 그 언약이 생명언약이라 할 때는 아담이 하나님께 순종할 때 아담과 그의 후손들이 받게 될 상급의 성질을 특별히 강조한다.

'하나님께서 특별섭리를 어떻게 시행하셨는가?'를 말할 때, 하나님께서 인간과 언약을 맺으셨다고 말한다. 그 첫 언약은 '행위언약'이었다. 그 행위언약은 아담과 그의 후손들에게 생명이 약속되었다. 언약은 자기 백성에게 주신 약속이므로 언약을 지킴으로 영생이 주어지는 것이 아니라 하나님의 백성이기 때문에 그 백성 된 복을 누려가도록 주신 약속이다. 그 언약에 순종을 요구하시는 것은 우리의 순종이 영생의 조건이 된다는 것이 아니다. 영생은 인간의 행위에 대한 보상이 아니다.646)

---

646) 웨스트민스터 신앙고백서 19장 1, 2항에서 행위언약을 말한다. 19장 1항: 하나님은 아담에게 행위언약으로서의 한 법을 지키라 명하셨다. 하나님은 아담과 그의 후손들이 개인적으로, 완전하게, 영원하게 그리고 그 규정대로 정확하게 준수하도록 요구하셨다. 하나님은 그대로 지키는 경우에는 영생을 약속하였고 그대로 지키지 않는 경우에는 죽일 것이라고 위협하셨다. 그리고 하나님은 아담에게 그대로 지킬 수 있는 능력과 힘도 주셨다. 19장 2항: 타락이 발생한 후에도 그 법은 여전히 완전한 의의 표준으로 작용했고, 그리고 그 법은 하나님이 시내산에서 두 돌판에 친히 기록하신 십계명의 형태로 우리에게 주어졌다.

이런 행위언약 사상은 어거스틴과 칼빈의 성경해석과 일치하지 않는다. 행위언약 사상은 잉글랜드 독립회중파의 조상 윌리엄 퍼킨스(William Perkins)의 글에서도 나타났다. "하나님의 언약은 어떤 조건 하에서 영생을 얻는 것에 관한 인간과의 계약이다. 이 언약은 두 부분으로 이루어져 있는데, 하나님의 인간을 향한 약속과 인간의 하나님을 향한 약속이다. 하나님께서 인간에게 하시는 약속은 인간이 어떤 조건을 이행하면 당신은 그의 하나님이 되시겠다고 맹세하시는 것이다. 인간이 하나님에게 하는 약속은 그가 하나님께 충성을 서약하고 그들 사이의 조건을 이행하겠다고 맹세하는 것이다." (William Perkins, "A Golden Chain:..." The Works, vol 1, 32. 원종천, 〈청교도 언약사상: 개혁운동의 힘〉, "행위언약은 완전 순종을 조건으로 만들어진 언약이고, 이 조건은 윤리법으로 표현된다. 윤리법은 인간에게 그의 본질과 행동에서 완전한 순종을 명령하는 하나님 말씀의 부분이고, 그 외에는 어떤 것도 금한다 ... 율법은 두 부분으로 되어 있다. 그것은 순종을 요구하는 법과 그리고 순종과 결합되어 있는 조건이다. 그 조건은 율법을 완성하는 자들에게는 영생이고, 율법을 범하는 자들에게는 영원한 죽음이다. 십계명은 율법의 축소판이요 행위언약이다." (William Perkins, "A Golden Chain:..." The Works, vol 1, 32. 원종천, 〈청교도 언약사상: 개혁운동의 힘〉, 이런 퍼킨스의 사상을 계승하고 발전시킨 회중파 청교도는 윌리엄 퍼킨스(William Perkins, 1558-1602), 윌리엄 에임스(william Ames, 1576-1633), 폴 베인즈(Paul Baynes, 1573-1617), 리처드 십스(Richard sibbes, 1577-1635), 존 코튼(John Cotton, 1585-1652), 존 프레스톤(John Preston, 1587-1628), 존 오웬(John Owen, 1616-1683), 리챠드 백스터(Richard baxter, 1615-1691), 토마스 굿원(Thomas Goodwin, 1600-1680), 존 하우(John Howe,1630-1705), 스티븐 차녹(Stephen Charnok, 1628-1680), 존 번연(John Bunyan, 1628-1699), 토마스 왓슨(Thomas Watson, 1620-1686), 토마스 브룩스(Thomas Brooks, 1608-1680), 메튜 풀(Matthew Poole, 1624-1679), 토마스 맨톤(Thomas Manton, 1620-1677), 조나단 에드워즈(Jonathan Edwards, 1703-1758)가 있다. 이 중에서 웨스트민스터 신앙고백서에 직접 참여한 회중파는 토마스 굿윈, 토마스 왓슨, 토마스 맨톤이다. 독립파는 잉글랜드 회중파 청교도 가운데 끝까지 국교회를 떠나지 않고 개혁을 추구했던 사람들이고, 분리파는 국교회를 사탄의 집단으로 간주하고 국교회와 분리하여 새로운 교회를 세우려고 시도하다가 순교하거나, 네덜란드 등지로 망명하여 새 교회를 세우다가 1620년 메이플라워호를 타고 신대륙을 찾아온 회중파 청교도들이다. 이 독립파의 영향력은 매우 막강했다. "독립파(Independent): 이들은 비록 소수였으나 능력과 경건, 대중적인 인지도로 존경을 받았으며 회의 시 매우 명예로운 위치를 확보하였다. 이들은 특히 장로교 정치 형태를 완강히 반대하고 회중교회의 독립을 주장하였다. 이들은 토마스 굿윈, 예레미야 바로우, 윌리암 브리지, 필립 나이, 시드락 심슨 등 12명이었다. 교회 정치에 관한 논쟁에서 이들은 회중 또는 회중제도가 최고의 권위 있는 교회 재판관으로 간주되어야 할 것과 재판 개정 기간에는 상고할 수 없으며, 다른 회중 교회로부터 파송된 목사나 장로들로 구성된 대회는 단지 충고와 자문 권만 가질 뿐이다."(서요한, 영국 청교도와 웨스트민스터 총회 소고) 웨스트민스터 총회의 전체 영국 총대 151명, 스코틀랜드 장로파가 파송한 총대 8명, 도합 159명이었다. 그 가운데 12명이 행위언약, 능동순종, 회심준비론을 중시하는 회중파 청교도였다. 근본적으로 잉글랜드, 스코틀랜드, 아일랜드, 그리고 영국에 복속되어 있었던 웨일즈에 하나의 개혁교회를 세우기 위해 가장 유력했던 장로파, 회중파가 공동으로 수용할 수 있는 하나의 신앙고백서를 만들기 위해 이루어진 모임이었으므로 회중파 청교도들이 매우 중시하는 원죄교리, 구원론 등을 근본적으로 거부할 수는 없었던 것이다. 그로 인해 회중파의 영향을 받은 장로파 청교도들도 있었을 것이고 웨민신앙고백서에 영향을 주었을 것이다. 서요한 교수는 이렇게 말했다. "(잉글랜드) 의회는 단독으로 1643년 6월 12일 그 법안을 공포하였다. 의회는 처음에 39개 신조 15의 개정으로 청교도적 신앙을 마련하였다. 그러나 보다 진전된 고백서를 위해 1643년 7월 1일 영국과 웨일즈, 스코틀랜드, 아일랜드 4개국 개신교 지도자들이 교리적 일치를 위해 의회에 총회 소집을 요청하였다."(서요한, 영국 청교도와 웨스트민스터 총회 소고) 그 당시는 잉글랜드 의회가 청교도를 지지하는 쪽과 국교회와 국왕을 지지하는 쪽으로 양분되어 서로를 제거하기 위해 치열하게 전쟁하던 때였다. 전쟁을 승리로 이끈 의회 군대의 대장 올리버 크롬웰은 회중파 청교도였고, 그는 견해를 달리하는 스코틀랜드 교회측과 곧 바로 전쟁을 시작했고, 잉글랜드 의회 안에 있는 장로파 인물들을 다 추방했다. 그러므로 네 나라에 하나의 교회를 세우고자 만들었던 웨민고백서는 완성되는 순간부터 그 의미를 상실했다.

스코틀랜드와 잉글랜드의 종교개혁은 로마 가톨릭을 거부했다는 점에서 일치점이 있으나, 근본적인 면에서는 달랐다. 스코틀랜드는 스위스로 망명하여 칼빈에서 종교개혁 신학을 배운 존 낙스에 의해 시작되었고, 지극히 칼빈주의였다. 잉글랜드는 헨리 8세의 재혼 문제로 정치적으로 개혁을 시작했기 때문에 로마 가톨릭의 전통과 관습을 유지했기 때문에 스코틀랜드와 잉글랜드 사이에는 긴장이 상존했다.

주교전쟁: 두 나라를 다스리는 제임스 1세는 스코틀랜드의 칼빈주 종교개혁(장로교) 속으로 잉글랜드의 영국 국교회의 개혁을 위해 노력했다. 제임스 1세의 뒤를 이은 아들 찰스 1세는 아버지와 반대로 강력하게 영국 국교회의 신학과 제도를 스코틀랜드 장로교 속으로 주입하려고 압박했다. 1638년, 스코틀랜드에서 잉글랜드 찰스 1세의 압력에 굴복하지 않고 스코틀랜드 장로교의 신앙과 제도를 지키겠다고 맹세하는 '서약 운동'이 일어났으며 '서약파'라 불렸다. 서약파는 잉글랜드에서 보낸 국교회의 주교들을 모두 추방하고 그 자리에 장로교 목회자들을 세웠다. 화가 난 찰스 1세는 추방당한 주교들을 복직시키기 위해 군대를 동원하여 스코틀랜드를 압박했다. 이렇게 시작된 전쟁이 '주교전쟁'이다. 찰스 1세는 잉글랜드의 군대가 스코틀랜드의 반란을 진압하지 못하자 아일랜드의 로마 가톨릭 신자들로 군대를 구성하여 스코틀랜드를 공격했다. 이로 인해 찰스 1세는 잉글랜드와 아일랜드 양쪽에서 저항을 받았다. 찰스 1세는 아일랜드의 반란을 제압하기 위한 군비를 마련하기 위해 세금을 징수하는 법안을 통과하도록 잉글랜드 의회를 압박했다. 다수의 청교도 지지자들로 구성된 잉글랜드 의회는 이전의 국교회 수호자 제임스 1세와도 관계가 어려웠는데, 그의 아들 찰스 1세와의 관계가 더욱 나빠졌다.

잉글랜드 내전과 엄숙동맹: 잉글랜드 의회와 찰스 1세는 서로를 제거해야만 하는 전쟁에 돌입했다. 이것이 '잉글랜드 내전' 또는 '청교도 혁명'이다. 1642-1646년의 1차 내전, 1648-1649년의 2차 내전이 있었다. 천주교 문서를 연구하는 학자들은 당시의 혼란의 배후에 천주교의 회복과 확장을 꾀하였던 예수회가 일하고 있었다고 한다. 내전의 초기에는 정규 군대를 보유한 국왕과 그를 지지하는 왕당파가 우세했다. 전세가 불리했던 잉글랜드 의회는 찰스 1세와 반대편에 있는 스코틀랜드의 장로파들에게 군대파견을 요청했다. 스코틀랜드의 장로파는 잉글랜드 의회 측과 '엄숙한 동맹과 언약'(the Solemn league and covenant)을 합의한 후에 군대를 보냈다. 이 협약의 핵심적인 내용은 잉글랜드 내전을 종식한 후 세 나라(잉글랜드, 스코틀랜드, 아일랜드, 웨일즈는 잉글랜드에 완전복속 상태)에 하나의 개혁교회를 세우는 것이었다. 스코틀랜드 장로파들이 주장했던 하나의 개혁된 교회란 장로교회를 의미했다.

웨스트민스터 총회: 잉글랜드에서는 회중파 청교도가 강한 세력을 형성하고 있었다. 1643년, 내전 중에 잉글랜드 의회는 찰스 1세의 비협조를 무릅쓰고 웨스트민스터 총회를 소집했다. 국왕과 왕당파가 지지하는 영국 국교회를 대체할 하나의 개혁된 교회를 세우기 위한 준비의 과정이었다. 웨스트민스터 총회는 상원의원 10명, 하원의원 20명, 그리고 121명의 성직자(국교회의 주교가 아닌 청교도 목회자)들로 구성되었다. 스코틀랜드 장로파에서도 5명의 목회자와 3명의 장로를 별도로 파송하였다. 웨스트민스터 총회는 내란 중이었음에도 불구하고 1643년부터 5년 6개월 동안 1,163회의 모임을 가졌다. 그 결과로 '예배모범'(1645년), '장로교회 정치규범'(1645년), '신앙고백서'(1646), '대.소요리문답'(1648년)을 만들었다.

잉글랜드 내전은 회중파 청교도 신자였던 올리버 크롬웰의 지도력과 선전으로 점차 의회파에게 유리하게 전개되었다.

서철원 교수는 다음과 같이 말했다.

하나님은 사람을 인격체로 지으셨기 때문에 언약을 체결하셔서 인격적으로 하나님을 섬기게 하셨다. 그냥 명령하심으로 하나님을 섬기게 하신 것이 아니다. 하나님은 아담과 선악과 계명으로 언약을 체결하셨다 선악계명은 창조주를 하나님으로 섬기면 그것이 선이어서 생명에 이르게 하고, 하나님 섬김을 거부하면 그것이 악이어서 죽음에 이르게 하는 계명이다. 성경 전체의 제시에 의하면 하나님은 창조경륜에서 자기의 백성을 가지실 것을 작정하셨다. 이 작정에 의해 자기의 백성을 가지시려고 아담과 언약을 체결하셨다. 백성은 창조주를 자기의 하나님으로 섬기는 책임을 갖는다. 이 책임이 언약체결로 주어졌다. 하나님은 언약을 체결하면 언제든지 백성들이 의존해서 살 생활의 규범을 주셨다. 이 규범에 의해서 하나님만을 섬기도록 하기 위해서 선악과계명을 주셨다. 첫 언약에 상응해서 새 언약이 신약에 제시되었다(눅 22:20; 고전 11:25; 고후 3:6; 히 8:8). 전통적인 개혁파 신학자들은 행위언약과 은혜언약 도식으로 사고함으로 새 언약을 완전히 도외시하였다. 첫 언약은 행위언약이 아니고 하나님의 백성 되기로 한 약정이다. 새 언약은 첫 언약의 성취이다. 두 언약을 통해서 하나님은 자기의 백성을 가지시는 경륜을 온전하게 이루신다. 언약체결로 하나님은 그의 백성 된 아담과 하와와 함께 하심으로 그들을 자기의 백성 삼으신 것을 명백히 하셨다. 이 성경적 언약 개념으로 행위언약과 은혜언약 체계를 바꾸어야 한다.647)

서철원 교수에 의하면, 하나님께서 아담과 맺은 언약은 하나님의 백성으로 삼으신 것을 확증한 것이다. 언약을 지켜 하나님의 백성이 되는 것이 아니라 하나님의 백성으로 삼으시고 언약을 지키도록 한 것이다.

그러나 아담은 하나님과 맺은 언약을 어겼다.

네 시조가 범죄하였고 너의 교사들이 나를 배역하였나니(사 43:27)
저희는 아담처럼 언약을 어기고 거기서 내게 패역을 행하였느니라(호 6:7)

1546년, 찰스 1세의 항복으로 내전은 끝났다. 전쟁이 끝난 이후에 돌발상황이 일어났다. 처음부터 각 나라의 왕을 인정하자고 주장한 스코틀랜드 장로파가 내전에서 패한 찰스 1세에게서 잉글랜드에서도 장로교를 인정하겠다는 약속을 받고 찰스 1세를 여전히 잉글랜드의 왕으로 지지했다. 반면에, 회중파 청교도였던 크롬웰과 회중파 청교도들은 찰스 1세의 폐위해야 한다고 강력하게 주장했다. 1648년, 찰스 1세는 스코틀랜드 장로파들의 도움을 받아 다시 전쟁을 일으켰으나, 크롬웰에게 패하여 단두대에서 처형되었다. 1648년, 크롬웰은 잉글랜드 의회에서 잉글랜드 장로파 인물들을 전부 추방하였다. 잉글랜드 내전에서 이기기 위해 잉글랜드 의회와 스크틀랜드 장로파가 협약한 '엄숙한 동맹과 언약', 즉 세 나라에 하나의 장로교회를 세우자 했던 약속은 파기되었다. 하나의 개혁된 교회(장로교회)를 세우자며 함께 만들었던 웨스트민스터 신앙고백서만 남았다.
1658년, 크롬웰의 궁정 목사였던 회중파 청교도 신학의 황태자 존 오웬, 그리고 브릿지, 카릴 등이 중심되어 잉글랜드 회중파 청교도의 신앙고백서 '사보이 선언'(the Savoy Declartion)이 작성되었다. 잉글랜드 회중파 청교도가 세 나라에 하나의 장로교회를 세우자면서 장로파 청교도들과 함께 작성한 웨스트민스터 신앙고백서를 공개적으로 버렸다. 이후 회중파들은 자기들의 신앙과 신학의 길을 개척하였다. 웨스트민스터 신앙고백서 속에 어거스틴이나 칼빈이 전혀 가르치지 않았던 비성경적인 '행위언약'(19장 1, 2항) 사상이 삽입된 이유는 이런 역사가 있다. 회중파 청교도 학자들은 칭의를 얻는 길이 '오직 율법준수'라고 믿었으며, 사람이 지키지 못하는 율법을 예수님이 대신 지켜 사람에게 칭의를 전가한다는 비성경적인 칭의 사상을 가진 이 웨스트민스터 총회에 참석하여 자신들의 신학을 주장하면서 강한 영향을 미쳤다.
647) 서철원, **서철원 박사의 교의신학3 인간론** (서울: 쿰란출판사, 2018), 29-30.

아담은 선악과를 먹지 말라는 하나님의 명령을 어김으로써 언약을 파기했다.[648] "패역을 행하였느니라"는 말씀은 신실치 못한 결혼 관계처럼 하나님의 언약을 배반하고 반역하는 행위를 의미한다. 하나님의 언약을 저버리고 자기만의 삶을 살아가는 그것이 바로 죄다.

> 이러므로 한 사람으로 말미암아 죄가 세상에 들어오고 죄로 말미암아 사망이 왔나니 이와 같이 모든 사람이 죄를 지었으므로 사망이 모든 사람에게 이르렀느니라(롬 5:12)
> 아담 안에서 모든 사람이 죽은 것 같이 그리스도 안에서 모든 사람이 삶을 얻으리라(고전 15:22)

소교리문답은 인간을 향한 특별 섭리가 언약으로 나타난 것을 잘 말해주고 있다.[649] 하나님께서는 하나님의 형상대로 지음을 받은 인간과 언약이라는 방식으로 교제하시는 하나님이시다. 그 언약은 예수 그리스도 안에서 온전히 성취가 되어지는 언약이다. 그 언약으로 하나님은 우리의 하나님이 되시며 우리는 그의 백성이 된다.

언약은 완벽한 순종이 의무사항이다. 언약을 맺은 자에게 주신 것이 율법이다. 에덴동산에서는 십계명과 같이 정형화된 율법은 아니어도 지켜야 할 의무사항이 주어졌다. 그것은 선악과를 먹지 말라는 것이었다. 이것은 율법의 근본 핵심이 무엇인지 말해준다. 율법의 근본 핵심은 '의'에 있다. 율법은 '의'를 요구한다. 그러나 아무도 그 의에 이를 수가 없다. 그러므로, 의롭다 하심을 받는 것은 율법이 아니라 믿음이다. 율법은 예수 그리스도께로 인도하는 몽학선생이다.

> 믿음이 온 후로는 우리가 몽학선생 아래 있지 아니하도다(갈 3:25)

---

648) 로버트 L. 레이몬드, **최신조직신학**, 나용화·손주철·안명준·조영천 역 (서울: 기독교문서선교회, 2004), 549; 하나님과 아담 사이에 맺어진 것을 언약으로 간주하는 4가지 이유는 다음과 같다. 1) 베리트라는 단어가 언약이 체결되는 때에 그 언약이 유효하기 위해서는 실제적으로 반드시 사용되어야 하는 것이 아니다(삼하 7장 참고) 2) 언약에 필요한 요소들(당사자, 규정, 약속과 위협)이 모두 갖추어져 있다. 3) 호세아 6장 7절의 "저희가 아담처럼 언약을 어기고"에서, 아담의 죄가 "언약을 범하는 것"이었음이 분명하다. 4) 아담과 그리스도 간에 있는 신약적 대조(롬 5:12-19; 고전 15:22, 45-49)로 미루어 보아, 그리스도가 새언약의 언약적 대표인 것처럼(눅 22:20; 히 9:15), 아담 또한 언약 체결에 있어 언약적 대표로 행하였다.

649) 종주권 언약과 왕의 하사언약: ① 종주권 언약: 전쟁에서 이긴 나라와 진 나라가 맺는 주종관계의 언약이다. 이것은 조건적 언약 혹은 쌍방언약이라고 말하기도 한다. 주종관계를 명확히 하고 난 다음에 계약을 잘 지키겠다는 맹세를 한다. 그리고 짐승을 죽여 반으로 쪼개고 그 사이를 지나갔다. 이 언약을 어기면 이 짐승처럼 반으로 쪼개어 죽는다는 것을 뜻했다. 그리고 서로는 언약관계 됨을 기뻐하는 잔치를 했다. ② 왕의 하사언약: 이 언약은 전자와 달리 무조건적인 언약이다. 그래서 일방적 언약이다. 언약 대상자의 어떤 조건과 상관없이 그저 왕이 그저 베풀어주는 은혜의 선물이다.

율법은 믿음이 오기 전까지만 그 역할을 감당했다. 예수님께서 십자가에 피흘려 죽으심으로 옛언약은 새로운 국면으로, 곧 새언약으로 들어갔다. 율법은 인간의 죄임 됨을 말한다. 그것은 인간이 자기 스스로는 자기 한계를 벗어날 수 없다는 것이다. 그 한계는 죄로 말미암아 생겨난 한계다. 여기서 한계는 죽음을 말한다. 아무리 세상 것을 많이 가져도 다시 절벽 낭떠러지에 서 있는 자신을 발견하게 된다. 그 비참함을 그 절망을 감당하지 못해 사람들은 미쳐간다. 가지면 다 될 줄 알았는데, 가질수록 허탈해가니 절벽을 하루에 몇 번 뛰어내리는지 모른다.

율법은 그 죽음에서 벗어나는 길은 오직 예수 그리스도뿐이라는 것을 확실하게 말해준다. 예수 그리스도뿐이라는 것은 인간 외부에서 오신 메시아라는 뜻이다. 성경의 구원은 인간이 자기 안에 신성을 부여하고 그 충만함으로 도약하는 것이 아니다.

자금까지 우리는 언약의 주체이신 하나님에 대하여 살펴보았다. 그 하나님은 우리 밖에 살아계시는 무한하신 인격자이시다. 그 하나님을 왜 우리가 믿어야 하며 하나님과 언약 관계 속에 순종하며 살아야 할까? 그것은 인간의 인과율을 통해서는 진리와 생명을 만들어내지 못하기 때문이다. 그것은 마치 율법을 통해서 구원을 얻을 사람이 없는 것과 같다. 어느 누구도 율법을 다 지킬 수 있는 사람은 없다. 여기에서 이 말을 하는 것은 다시 한번 더 인간의 한계와 절망을 지적하기 위해서이다.

지금까지의 문답을 통해서 알게 되는 것은 무엇인가? 인간은 영원성, 궁극성을 지향하도록 창조되어졌다는 것이다. 하나님께서는 타락한 인간이라도 그 지향성을 남겨 두셨다. 타락한 인간은 그 지향성을 인과율과 비인과율로 풀어간다. 인간이 인과율로는 가치와 통일성을 만들어내지 못한다는 것을 안다. 그래서 반드시 비인과율의 세계로 나아가게 된다. 그 비인과율의 세계는 신의 영역이요, 영적인 세계요, 종교적인 세계라는 것을 인식하게 된다.

인간은 분명히 자기가 다 헤아리지 못하는 세계를 인정하지만, 그로 인해 매우 심각해진다. 왜냐하면 타락한 인간은 자기 밖에 무한한 인격자가 있다는 사실에 견디지를 못하기 때문이다. 그래서 인간이 선택한 길은 무엇인가? 인간은 자기 자신이 신이 되기로 했다. 그래서 너도 나도 할 것 없이 명상을 하면서 영적인 안내자와의 만남을 통해 신이 되는 길을 선택했다. 그러나 그것은 사탄의 거짓말이며 미혹이다. 인간은 자기 노력에 의하여 존재론적으로 신이 될 수가 없기 때문이다.

놀랍고 충격적인 사실은 하나님께서는 그 중에 택하셔서 하나님만이 인간에게 가치와 통일성을 주시는 거룩하시며 영원하신 인격체라는 것을 알게 해 주신다는 것이다. 인간의 지혜와 능력으로 알게 되는 것이 아니라 성령 하나님의 지혜와 능력으로 새롭게 변화되어진다.

이 섭리의 교리가 주는 유익이 무엇인가?

그것은 허~하지 않다는 것이다. 인과율에 얽매여 살아가며 이 세상성에 붙잡혀 살아가면 인생이 허~하게 된다. 그때부터 인생은 새로운 방황을 시작한다. 자신이 살아가는 현실에서 견디지를 못한다. 그때야 알게 된다. 삶의 의미와 통일성은 돈도 아니고 명예와 권력으로도 주어지지 않는다는 것을 깨닫게 된다. 그것은 유한한 인간 안에서는 만들어내지 못한다는 것을 알게 된다. '그다음'을 모르고, '그다음'이 불안해지기 시작한다. 사는 것이 죽기보다 힘들어진다. 그것이 인생의 비참함이다.

그러나 하나님께 우리의 인생을 맡기고, 하나님께서 작정하시고 섭리하시는 인과율과 비인과율의 세계를 모두 인정하며, 하나님의 은혜를 구하는 삶을 살아가면 인생은 영원한 의미와 통일성 속에서 참된 자유와 만족과 기쁨을 누리며 살아가게 된다. 그러면, 이 섭리의 교리가 실제로 어떻게 적용되어야 할까?

1) 하나님께서는 성도들의 필요를 아시고 채우신다

성경의 하나님은 천지만물을 창조하시고 멀리서 구경하시는 이신론자들의 하나님이 아니시다. 하나님의 영원한 계획대로 실행하시기 위하여 지금도 일하시는 하나님이시다.[650]

> 31 그러므로 염려하여 이르기를 무엇을 먹을까 무엇을 마실까 무엇을 입을까 하지 말라 32 이는 다 이방인들이 구하는 것이라 너희 천부께서 이 모든 것이 너희에게 있어야 할 줄을 아시느니라 33 너희는 먼저 그의 나라와 그의 의를 구하라 그리하면 이 모든 것을 너희에게 더하시리라 34 그러므로 내일 일을 위하여 염려하지 말라 내일 일은 내일 염려할 것이요 한 날 괴로움은 그 날에 족하니라(마 6:31-34)

서기관과 바리새인들은 자기들이 스스로 자기 먹을 것을 공급하는 자기 의로 가득 찬 사람들이다. 그것은 이방인들이 살아가는 방식이었다. 하나님의 공급하심을

---

650) 예수께서 저희에게 이르시되 내 아버지께서 이제까지 일하시니 나도 일한다 하시매(요 5:17)

믿는다는 것은 언약에 대한 신뢰이며 그 언약을 주신 하나님에 대한 신뢰이다. 그래서 신앙이란 약속을 붙드는 것이다.

중요한 것은 그 채우시는 방향이다. 그것은 하나님의 백성답게 만들어 가는 일로 공급하여 주신다. 거기에는 환난과 궁핍이 있을 수가 있다. 상처와 눈물이 있을 수 있다. 왜 그래야만 하는가? 십자가를 통과하지 않는 그 어떤 것도 의미가 없기 때문이다.

2) 하나님의 은혜를 구하는 인생이 되라고 가르쳐야 한다

부모가 자녀에게 '공부해라', '열심히 살아라' 말할 수 있다. 부모는 자녀들에게 사랑하고 아끼는 마음으로 그렇게 말한다. 안 입고 안 먹고 고생하고 노력해서 이만큼 왔고 그래서 오늘 너희들이 있게 되었다고 말한다. 그런데 그런 말들이 자녀들의 마음에 왜 항복을 받아내지 못할까? 왜 그것이 신앙으로 이어지지 못할까? 이런 말들 속에는 노력하면 된다는 세상적인 원리가 포함되어 있다. 마치 '하늘은 스스로 돕는 자를 돕는다'는 말처럼 우리의 희생과 노력이 오늘의 결과를 만들었다고 말하는 것이다. 이렇게 되면 하나님을 경배할 이유가 없어져 버린다!

인간이 애쓰고 노력한다고 해서 인간의 영혼에 참다운 만족을 줄 수 없다는 것은 자라나는 세대들도 본성적으로 안다. 본성적으로 안다고 해서 그 본성이 스스로 그런 것을 자각하는 능력이 있다는 것이 아니라 인과율로는 인간의 영혼의 만족을 주지 못하더라는 것을 알기 때문이다. 예전세대보다 더 많이 돈을 가졌지만 만족이 없으며 예전 세대보다 더 많이 공부했지만 허하다는 것을 알게 되었다. 자신들의 그 비참함에 어쩔 줄을 모르고 있다.

그러면 어떻게 해야 하는가? 인간은 하나님의 은혜로 산다는 것을 가르쳐야 한다. 오늘 우리가 이만큼 살게 된 것이 우리가 조건이 되어서가 아니라 오직 하나님의 놀라우신 은혜로 되었다는 것을 고백하고 가르쳐야 한다.

> 오늘 내가 이렇게 된 것은 하나님의 은혜였다. 내가 하나님을 버리고 곁길로 갔을 때에도 하나님께서는 나를 붙드셨고 다시 이 자리에 오게 하셨다. 교만할 때 낮추셨고 나밖에 몰랐을 때 꺾으셨고 내가 애쓰고 노력한 것보다 하나님께서는 더 풍성하게 주시는 하나님이셨다. 하나님을 향한 열심과 헌신을 가졌지만 사실 나는 다 못 지켰다. 죄를 지었고 절망에 빠졌었다. 그러나 하나님께서는 다시 은혜로 나를 붙들어 주셨고 나는 다시 예수 그리스도의 십자가를 붙들게 되었다. 이 모든 것이 하나님의 은혜였다!651)

---

651) 박영선 목사의 설교 중에서.

인생은 이렇게 고백하지 않을 수가 없다. 이 고백대로 우리의 자녀들에게도 가르쳐야 한다. 그것이 바로 하나님의 섭리 속에 나타나는 하나님의 은혜를 바르게 고백하고 하나님의 백성으로 길이길이 살아가는 삶의 자세이다. 이렇게 될 때 하나님을 참되게 경배하게 된다. 다시 한 번 되새겨 보자.

> 인간은 영원성·궁극성을 지향한다. 그것은 우리 안에서 만들어질 수 없다. 그것은 우리 밖에 살아계신 무한한 인격자이신 삼위일체 하나님으로부터만 주어진다. 우리의 삶은 우리 노력의 결과가 아니라 하나님의 은혜다. 그것이 기독교신앙이다. 세상은 그 영원성·궁극성을 확보하기 위하여 자기 자신이 신이 되는 길로 간다.

이 차이를 분명하게 알아야 한다. 이것이 바로 소교리문답을 통하여 알아야 하는 가장 핵심적인 것이라고 할 수 있다. 하나님께서 사람을 창조하시고 완전한 순종을 조건으로 생명의 언약을 맺으신 것은 하나님만이 생명의 주인이시기 때문이다. 언약 안에 있을 때에 생명이 있다. 하나님께서는 어느 시대에나 하나님만 의지하고, 오직 예수 그리스도의 십자가만 바라보고, 성령님의 역사하심을 구하면서 살아가는 언약의 백성들, 곧 '남은 자'를 보존하셨다. 이것이 은혜로세! 이것이 은혜로세! 할렐루야! 아멘!

제13문 우리 시조는 창조된 본래의 상태에 계속 머물렀습니까? (대21)[652]
답: 우리 시조는 자신의 의지의 자유를 지녔으나 하나님께 범죄함으로 창조된 본래의 상태에서 타락하였습니다.[653]

죄를 말하고 타락을 말하는 것은 인간의 이성이 최고라고 부르짖었던 시대에나 주체를 상실한 현대에나 극렬한 반대에 부딪히는 것이다. 왜 이것이 그런 반대에 직면하게 되는가? 인간의 본성이 근본적으로 문제가 있다는 것은 인간 내부에 해결책이 없다는 것을 말하기 때문이다. 성경은 인간의 죄와 타락을 말하며 인간의 내면에 신성함이 없으며 해결책은 우리 밖에 있다고 분명하게 말한다.

사람들이 기독교를 근본적으로 싫어하는 이유가 여기에 있다. 세상은 인간 내면에 신성을 부여하고 그것을 계발시키면 된다고 말한다. 그러나 성경은 인간은 어둠이고 죄인이기에 인간 밖에서 인간을 구원할 메시아로부터 구원을 받아야 하며 그 메시아가 바로 예수님이라고 말한다.

지금까지 우리는 언약의 주체이신 하나님에 대해서 살펴보고 언약의 수혜자인 우리가 무엇을 지향하고 살아야 하는지 살펴보았다. 이제부터는 인간의 죄악과 예수 그리스도의 구원에 대하여 살펴볼 것이다. 그 기본적인 구조는 다음과 같다.

13-19문: 인간 스스로는 이 죄의 상태에서 벗어날 길이 없는 무능한 존재다.
20-22문: 구원은 우리 외부로부터 와야 한다는 것을 말해 준다.
　　　　 그 구원은 오직 예수 그리스도로부터 온다.
23-38문: 예수 그리스도께서 이루신 일의 결과가 무엇인가?

인간의 자유의지

창조 시에 아담은 하나님의 형상을 따라 지음을 받았으며, 자유의지를 포함하고 있다. 인간은 조작되어지는 기계로 만들어진 것이 아니다. 아담은 하나님의 뜻에 순종할 수도 있었고 거부할 수도 있었다. 선악과를 먹을 수도 있고 안 먹을 수도 있는 존재이다. 하나님께서는 인간이 자기 의지로 행동하도록 만드셨다.

---

652) 하이델베르크 교리문답 제7문: 그렇다면 인간의 타락한 본성은 어디로부터 왔습니까? 답: 낙원에서 우리의 첫 조상 아담과 하와의 타락과 불순종으로부터 왔습니다. 그래서 우리의 본성이 낙원에서 부패하여져서, 우리가 모두 죄 가운데서 잉태되었고, 탄생하게 되었습니다.

653) Q. 13. Did our first parents continue in the estate wherein they were created? A. Our first parents, being left to the freedom of their own will, fell from the estate wherein they were created, by sinning against God.

타락의 원인이 하나님께 있다고 말하는 사람들이 있다. 유혹의 때에 하나님께서 은혜를 거두어 들이셨기 때문에 아담과 하와가 죄를 지었고 타락했다는 것이다. 우르시누스는 다음과 같이 말한다.

대전제는 은혜를 주관하는 자가 그것을 거두어들이지 말아야 할 의무를 지니고 있을 때에, 은혜를 바라고 의도적으로 거부하지 않는 자에게서 그것을 거두어들일 때에, 또한 악의로 그것을 거두어들일 때에만 해당된다. 그러나 처음에 베푼 은혜를 보존할 의무를 지니지 않은 경우나, 은혜를 바라는 자에게서는 그것을 거두어들이지 않고, 그 은혜를 거두어들이기를 원하거나 그 은혜를 거부하는 자들에게서만 은혜를 거두어들이지 않는 자의 경우에는 해당되지 않는다. 이 경우 그런 식으로 하여 은혜가 거두어지고 누군가가 버려지는 결과가 초래된다 할지라도, 그렇게 버리는 자가 죄의 원인인 것은 아니다. 그런데 사람이 유혹을 당할 때에 하나님께서 그에게서 은혜를 거두어들이신 것은 전자의 경우가 아니라 후자의 경우에 해당되므로, 그는 사람의 죄와 멸망의 원인이 아니시고, 오로지 사람이 하나님의 은혜를 고의로 거부하는 죄를 범한 것이다.[654]

우르시누스의 말은 하나님께서는 언약에 신실하신 분이시라는 것을 말한다. 하나님은 죄의 원인이 아니시며 먼저 배신하지 않으신다. 하나님께서는 먼저 은혜를 거두어 가시지 않으신다. 하나님께서는 끝까지 부르시고 찾으시며 끝까지 은혜를 베푸시는 분이시다!

그런데, 어찌 하나님께서는 인간의 타락을 허용하셨는가? 성경은 두 가지를 말한다. 첫째는 인간이란 하나님께 대한 의존적 존재라는 것이고 둘째는 예수 그리스도를 통한 회복이다. 이 두 가지는 하나님의 은혜와 긍휼하심을 드러내어 찬양을 받으시기 위함이다.[655]

그러나 아담이 가진 자유의지는 자기 마음대로 해도 되는 자유의지가 아니었다. 하나님께서 허락하신 범위 안에서 행사할 수 있는 자유이다. 아담이 가진 자유의지는 무한한 것이 아니라 제한된 의지이다. 그 자유의지는 언약 안에서 누리는 은혜이지 언약 밖으로 나가도 되는 반역의지가 아니다.

인과율에 제한을 받는다

아담은 에덴동산에서 살도록 지음을 받았다. 아담은 종말에 이루어질 하나님의 나라에 살지 않았다. 아담이 살았던 세상은 우리가 지금 살고 있는 세계와 동일하

---

654) 자카리아스 우르시누스, 하이델베르크 교리문답해설, 원광연 역 (서울: 크리스챤다이제스트, 2006), 90.
655) 하나님이 모든 사람을 순종치 아니하는 가운데 가두어 두심은 모든 사람에게 긍휼을 베풀려 하심이로다(롬 11:32) 22 만일 하나님이 그 진노를 보이시고 그 능력을 알게 하고자 하사 멸하기로 준비된 진노의 그릇을 오래 참으심으로 관용하시고 23 또한 영광 받기로 예비하신 바 긍휼의 그릇에 대하여 그 영광의 부요함을 알게 하고자 하셨을지라도 무슨 말 하리요(롬 9:22-23)

게 인과율의 세계이다. 아담은 인간으로서 두 발로 서서 걸어 다니는 인간이었다. 아담은 새처럼 날아다닌 것도 아니고 물고기처럼 바다에서 생활할 수 있는 존재가 아니었다. 아담의 자유의지는 인과율 속에 제한을 받는 의지였다. 그 인과율 속에 제한된 인간인 아담은 늘 하나님의 은혜를 의지하는 삶을 살아야만 했다.

하나님께서 주신 본성에 제한을 받는다

아담은 하나님께서 창조 시에 주신 본성에 제한을 받고 살았다. 아담은 인간이기에 인간의 본성을 가지고 있는 것이지 하나님과 동등한 신(神)으로 만들어진 것이 아니었다. 오늘날 신비주의 영성을 추구하는 자들처럼 인간의 내면에 어떤 신성(神聖)이 존재하는 것도 아니었다. 아담은 인간 그 이하도 이상도 아니었다. 하나님께서 아담에게 주신 본성은 거룩과 의를 추구하는 본성으로 하나님을 닮아가며 하나님을 영화롭게 하는 본성이다. 아담은 이 본성에 제한을 받았다. 아담은 악을 행하도록 자음 받지 않았다.

타락한 인간의 본성은 어떻게 살아가기를 소원할까? 그것은 인간 내부의 충동으로 살아가는 것이다. 니체는 '대중사회의 도덕론'이라는 것을 말했다. 니체가 말하는 '대중사회'란 구성원들이 무리를 지어 오로지 이웃사람들과 똑같이 행동하는 것을 가장 우선적으로 배려하는 것이 바탕이 된 사회를 말한다. 그런 사회는 오직 '동일화'라는 행동 준칙으로 비판과 회의 없이 동일한 방향으로 가게 된다고 말했다. 니체는 그렇게 사는 사람들을 '짐승의 무리'(Herde)라 했다. 니체가 기독교를 몸서리치게 싫어했던 이유는 그런 '동일화'를 요구한다고 보았기 때문이다.656) 니체에게 기독교라는 말과 함께 진리, 이성이란 단어는 만민을 평등하게 만드는 균질화를 의미했다. 또한 그렇게 사는 것에 희열을 느끼는 사람들을 '노예'라고 했다. 그런 노예적 존재로 살아가는 대중사회를 벗어나는 유일한 길은 '귀족'으로 사는 것이다. 귀족은 외부로부터 도움이나 자극이 필요 없는 자립적인 존재다. 니체의 그런 대중 혐오 경향은 푸코에게 그대로 계승되었다.

도대체 귀족의 그런 자립적 존재란 무엇을 말하는가? 그것은 의식할 수 없는 원

---

656) 문성학, "니체의 기독교 비판 ; 그 정당성에 대한 검토," 철학논총 16 (1999): 초록에서; "기독교에 대한 니체의 비판은 크게 말해서 대략 다섯 가지로 요약된다. 첫째로, 소위 하나님의 나라라는 것은 강자들에 대한 약자들의 원한 감정에 의해 창조된 것이다. 둘째로, 신이란 무의 다른 이름에 불과하다. 셋째로, 기독교 도덕은 노예도덕이다. 넷째로, 실제로는 존재하지도 않는 하나님의 나라에 대한 믿음이란 숨겨진 허무주의의 표현이다. 다섯째로, 기독교 성직자들은 인간의 자기 중오를 부추김으로써 자신들의 권력의지를 관철시킨다."

초적인 충동, 본능, 감정대로 자기의 몸을 맡기고 사는 사람을 말한다. 이 귀족을 극한으로 끌어올린 것이 '초인'이다. 이런 것은 스피노자가 말했던 자기 보존의 충동인 코나투스(conatus)와도 유사하다. 스피노자에게 코나투스는 '현실적인 본질'이다. 그러나 인간의 본질은 '신성'이다. 이것이 스피노자의 신성한 내면아이다. 중요한 것은 이런 것들이 자기 내부에서 나온다는 것이다. 니체의 '힘 의지'는 '무의식적 충동'이다. 니체의 초인은 신성한 내면아이가 자리하고 있다. 니체는 기독교의 하나님을 죽이고 니체 자신이 하나님이 되었다! 타락한 인간은 내면에 신성함을 부여하려고 극렬하게 시도한다.657) 왜냐하면, 영원성·궁극성을 인간 내면에서 확보하려고 하기 때문이다.

언약으로 주신 율법에 제한을 받는다

아담에게 주어진 자유의지는 하나님과 맺은 그 언약의 율법에 제한을 받았다. 여호와 하나님께서는 아담과 언약하시고 분명하게 말씀하셨다.

> 16 여호와 하나님이 그 사람에게 명하여 가라사대 동산 각종 나무의 실과는 네가 임의로 먹되 17 선악을 알게 하는 나무의 실과는 먹지 말라 네가 먹는 날에는 정녕 죽으리라 하시니라(창 2:16-17)

아담은 이 언약의 말씀에 신실하게 살아가야 했다. 이 말씀을 따라 살아가는 것이 아담에게 만족과 기쁨과 자유와 평안을 주는 길이기 때문이다. 아담과 하와는 그 복된 길을 벗어나서 죄를 지었다. 그 죄의 동력인은 사탄과 인간의 의지에 있었다.658) 인간의 의지에 있었다는 것은 하나님께서 인간을 리모컨트롤 하지 않는다는 뜻이다. 하나님의 명령에 대한 믿음과 순종은 아담과 하와가 그 마음으로부터 항복할 때 일어나는 것이다. 그 역으로 불순종하고 죄를 짓는 것도 역시 자기 마음에 의도적인 반역이 있을 때 일어나는 것이다. 그것은 또한 하나님께 죄의 원인이 있지 않다는 뜻이다. 어떤 사람은 왜 하나님께서 죄를 짓지 않도록 막아주지 않으

---

657) 「니체 - 초인, 자기감정을 긍정하다」 (인간의 모든 감정, 2011.04.10, 서해문집) "니체가 주장하는 '힘 의지'는 프로이트의 용어를 빌리자면 '무의식적 충동'입니다. 사실 프로이트가 체계화한 무의식 개념은 니체에게서 비롯됩니다. 역사적으로 니체는 쇼펜하우어의 '생의 의지' 개념에 빚고 있기는 하지만, 무의식의 철학과 심리학을 개척한 사람은 니체라고 할 수 있습니다."

658) 너희는 너희 아비 마귀에게서 났으니 너희 아비의 욕심을 너희도 행하고자 하느니라 저는 처음부터 살인한 자요 진리가 그 속에 없으므로 진리에 서지 못하고 거짓을 말할 때마다 제 것으로 말 하나니 이는 저가 거짓말장이요 거짓의 아비가 되었음이니라(요 8:44) 이러므로 한 사람으로 말미암아 죄가 세상에 들어오고 죄로 말미암아 사망이 왔나니 이와 같이 모든 사람이 죄를 지었으므로 사망이 모든 사람에게 이르렀느니라(롬 5:12)

셨느냐고 항변한다. 의로우신 하나님께서는 죄를 기뻐하지 않으신다.659) 하나님께서는 인간의 본성 속에 죄를 포함시킨 것이 아니다. 인간은 하나님의 형상을 따라 지음을 받았다. 하나님께서는 인간을 선하게 창조하셨으나, 사탄의 꾀임에 빠져 스스로 죄를 짓고 타락하였다!

'인간이 어떻게 죄를 짓게 되었느냐?' 하는 것은 신비의 영역이다. 그러나 중요한 것은 인간의 죄가 참으로 실재한다는 것이며 그 죄의 책임을 인간이 지고 있다는 사실이다.660) 인간은 수동적으로 죄를 지은 것이 아니라 능동적으로 적극적으로 죄를 지었다. 사탄이 죄를 짓도록 미혹했으나 인간이 죄를 짓도록 강제하지 않았다. 인본주의자들은 끝까지 이 점을 부인하고 저항하고 대항한다. 그렇게 해야 자신들이 설 자리를 확보하기 때문이다.

타락으로 자유의지는 손상되었다
죄를 짓자 아담은 두려워하여 숨었다.

> 6 여자가 그 나무를 본즉 먹음직도 하고 보암직도 하고 지혜롭게 할 만큼 탐스럽기도 한 나무인지라 여자가 그 실과를 따먹고 자기와 함께한 남편에게도 주매 그도 먹은지라 7 이에 그들의 눈이 밝아 자기들의 몸이 벗은 줄을 알고 무화과 나무 잎을 엮어 치마를 하였더라 8 그들이 날이 서늘할 때에 동산에 거니시는 여호와 하나님의 음성을 듣고 아담과 그 아내가 여호와 하나님의 낯을 피하여 동산 나무 사이에 숨은지라(창 3:6-8)

아담은 왜 숨는가? 하나님과 맺은 언약을 깨뜨렸기 때문이다. 언약을 깨뜨린 것이 얼마나 큰 일이길래 아담이 하나님의 낯을 피하여 숨어야 했는가? 타락으로 말미암아 인간은 그 원래 가야할 방향성이 완전히 뒤틀려졌기 때문이다. 타락은 근본적으로 자율적인 인간을 지향하기 때문에 하나님의 영광으로 나아가는 그 원래의 본성이 완전히 바뀌어져서 인간 중심으로 전환되었다. 성경은 그 영향이 얼마나 심각한지 다음과 같이 말한다.

> 이러므로 한 사람으로 말미암아 죄가 세상에 들어오고 죄로 말미암아 사망이 왔나니 이와 같이 모든 사람이 죄를 지었으므로 사망이 모든 사람에게 이르렀느니라(롬 5:12)
> 뱀이 그 간계로 이와를 미혹케 한 것 같이 너희 마음이 그리스도를 향하는 진실함과 깨끗함에서 떠나 부패할까 두려워하노라(고후 11:3)

---

659) 4 주는 죄악을 기뻐하는 신이 아니시니 악이 주와 함께 유하지 못하며 5 오만한 자가 주의 목전에 서지 못하리이다 주는 모든 행악자를 미워하시며(시 5:4-5)
660) 알 씨 스프로울, 하나님의 뜻과 그리스도인의 생활, 이길상 역 (서울: 목회자료사, 1992), 63.

나의 깨달은 것이 이것이라 곧 하나님이 사람을 정직하게 지으셨으나 사람은 많은 꾀를 낸 것이니라(전 7:29)

한 사람 아담의 타락은 모든 인류를 실제적으로 사망에 이르게 했다. 그리고 인간의 본성이 완전히 달라졌다. 개혁주의자들과 알미니안주의자들이 논쟁한 주요 쟁점은 "타락으로 인간의 본성이 어떻게 되었는가?"하는 것이다. 사람이 죄를 지어 타락했으나 짐승이나 기계가 된 것이 아니다. 참된 지식과 거룩과 의로 이루어진 좁은 의미의 하나님의 형상은 상실되었지만 인간은 여전히 도덕적이고 이성적인 피조물로 남았다. 그러나 인간의 본성의 전방향이 변질되었다. 에베소서 2장 1절에서는 타락한 인간의 영적인 죽음을 다음과 같이 말한다.

너희의 허물과 죄로 죽었던 너희를 살리셨도다(엡 2:1)

인간이 허물과 죄로 죽었다는 의미가 무엇인가? 그것은 타락한 인간은 구원에 이르기 위해 어떤 의도 만들어 낼 수 없다는 뜻이다. 하나님의 언약에서 벗어난 인간은 하나님과 원수가 되어 있으며 하나님께 대한 적개심으로 가득 차 있기 때문이다.

성경은 왜 아담의 타락을 말하는가?

왜냐하면, 아담의 타락은 하나님의 통치에 대한 반란이기 때문이다. 물론 그 반란의 주동자는 사탄이지만 아담은 그 반란에 가담함으로 실제적인 죄를 범했다. 인간은 전적으로 부패했고 전적으로 무능하게 되었다. 이것이 무엇을 말하는가? 인간은 인간 그 자체로 죄악으로 가득 찬 존재라는 것이다. 인간과 그 인간을 둘러싼 세계의 문제는 인간의 죄악 때문이다. 인간이 그 내부적으로 문제의 원인을 내포하고 있다는 것이다. 그것이 성경이다. 그러면 세상은 무엇이라고 말할까?

세상은 이성을 잘 사용하면 스스로 극복가능하다고 본다. 그것이 계몽주의다. 계몽이란 영어로 'enlightenment'라고 한다. 무지한 자에게 이성의 빛을 비춰주는 것이다. 그 본래의 뜻은 기독교 세계에서 벗어나 이성적 세계를 구축하는 것이다. 신에 대한 의존성을 버리고 인간의 자율성으로 갔다. 초기의 계몽주의는 이신론자들이었기에 비교적 온건했지만 18세기 후반에 이르자 계몽주의는 신을 몰아낸 자리에 신이 되어 무소불위의 권력을 휘둘렀다. 진보의식에 가득 찬 계몽주의는 인류에게 해방과 구원을 가져다 줄 것으로 보였지만 파시즘의 출현, 홀로코스트, 세계대전이라는 무서운 결과를 가져왔다.

프로이트와 같이 정신분석학661)의 근본 테마는 사회나 가정에 억압이 없으면 히스테리가 나타나지 않는다는 것이다. 그런데 억압이 없는 데서도 히스테리가 나타나더라는 것이다. 잘 먹고 잘 사는데도 말이다. 왜 억압이 없는데 그런 현상이 일어나는가? 세상은 대답을 못한다. 칼 융은 무엇이라 했는가? 무의식 속에는 원형이 있는데, 원형적으로 억압이 되어 있다고 말한다. 억압이 집단적으로 사회적으로 늘 존재해 왔다는 것이다.

이런 방식은 인간이 인간의 문제를 해결하기 위한 시도에 늘 하는 말이다. 가만히 들어보면 인간의 자기 내부적 문제는 아니라는 말을 하고 있다. 물론 칼 융의 말이야 내부적 문제로 말하는 것 같지만 집단무의식으로 가면 결국 자기는 문제없고 그런 외부의 압력 혹은 억압이 문제다.

그래서 사람들은 무엇을 하는가? 사회적 억압을 제거하기 위해 혁명을 하고 정차를 해서 체제와 구조를 개선하려고 한다. 특히 종교, 자본, 권력, 신, 멘토까지 전부 제거하려고 한다. 그런데 참 놀라운 것은 그런 억압적인 것들을 해체하려는 마르크스주의와 공산주의 자체가 억압적이고 폭력적이라는 사실이다. 페르소나만 다를 뿐이지 그들이 하는 소위는 더 인간을 검열하고 더 획일화하고 더 죽인다. 사회주의를 건설하기 위해 사람을 죽이는 것은 억압이 아닌가? 그 체제를 유지하기 위하여 지금도 죽이고 있고 강제수용소에서 인간 이하로 짐승 같이 살아가는데, 왜 그런 일에는 하나같이 꿀 먹은 벙어리가 되는가? 그들에게 마르크스든 사화주의든 공산주의든 간에 우상이다.

강신주 교수는 무엇이라고 말하는가? 발터 벤야민(1892-1940)이 19세기 파리에서 쓰인 문학을 주목하면서 직업 매춘부들이 사랑하면 돈을 안 받더라고 말하면서 다음과 같이 말한다.

> 진정으로 좋은 사회는 사랑은 사랑으로만 바뀌고, 신뢰는 신뢰로만 바뀌고, 우정은 우정으로만 바뀌는 거에요. 그런데 자본주의가 들어오면 돈이 더 많은 사람을 사랑하게 되고, 친구도 돈 좀 있으면 만나고 실직하면 안 만나요.662)

---

661) 프로이트의 시대에는 심리학이나 정신분석학이나 별 차이가 없었으나, 현대에는 인문학과 의학만큼 분명하게 구분하는 시대다. 그 치료에 있어서 프로이트는 자유연상법으로 환자의 무의식 속에 있는 콤플렉스를 의식에 드러냄으로 치료를 했다. 그러나, 그 허구에 대해 아는 사람은 별로 없다. 그 콤플렉스라는 것이 재경험 되어질 때 오는 트라우마는 누구 탓일까? 현대는 화학적인 측면을 많이 다루고 특히 뇌의 문제로 접근하는 경향이 강하다. 그러나 아무도 정답은 모른다.
662) 강신주·지승호, 강신주의 맨얼굴의 철학 당당한 인문학 (서울: 시대의 창, 2013), 423.

이렇게 말하면서 마르크스를 치켜세운다. 자본주의 메커니즘을 분석하는 이유가 그 자본주의를 극복하고 서로 사랑하기 위해서라고 말한다. 그것이 마르크스의 정신이라 말한다. 정말 그랬는가? 사랑하기 위해 그렇게 수많은 사람들을 죽였는가?

미셸 푸코(Michel Foucault, 1926-1984)는 권력의 지배, 권력의 노예라는 문제로 고민한 사람이다.663) 권력으로부터 만들어진 주체가 아니라, 만드는 주체를 말하면서, 세네카, 에픽테토스, 마르쿠스 아우렐리우스와 같은 스토아주의자들처럼 자기수양을 강조한다.664)

푸코가 말하는 권력의 지배 개념이 가지는 문제점이 무엇인가? 권력이 주체(의 복종)를 생산한다면 그 주체가 권력에 저항하는 이유는 무엇인지, 동일한 권력에서 복종과 저항이 동시에 생산되는 것인지 생각하게 된다. 이 문제점을 명확하게 하기 위해서는 '왜 권력이 필요한가?'라는 근본적인 질문을 해야 한다. 그것은 우리가 권력을 통해서 원하고자 하는 그 무엇인가가 있기 때문이다. 현실 사회에는 사람들이 제멋대로 활동해서 기존의 질서를 파괴할 위험성이 늘 있다. 어떤 정해진 질서나 형식, 정해진 관계로부터 벗어나려는 저항력인 '탈주적인 힘'이 작용한다. 권력이란 바로 이런 힘에 대해 반작용을 하며, 그 탈주하려는 힘을 길들이고 포섭하여, 그 탈주하려는 힘에 어떤 형식을 부과함으로써 생산적인 능력으로 만드는 것이다. 그래

---

663) 위키피디아 사전에서; 푸코는 다양한 사회적 기구에 대한 비판, 특히 정신의학, 의학, 감옥의 체계에 대한 비판과 성의 역사에 대한 사상을 통해 널리 알려졌다. 또한 권력과 지식의 관계에 대한 이론들과 서양의 지식의 역사에 관한 '담론'을 다루는 그의 사상은 많은 토론을 불러일으켰다.

664) 심세광, 「푸코의 주체화와 실존의 미학」강의 중에서, 〈결국 고대 그리스 로마시대에 있어서 '자기인식'은 '자기배려'의 한 부분이었다는 말이다. 만약 이것이 사실이라면 서양철학사가 자기배려에 입각해 결코 쓰여지지 않은 이유를 어떻게 설명할 수 있을까? 왜 고대연구자들 조차도 '자기인식'에 가려진 이 '자기배려'에 어떤 관심도 갖지 않은 것일까? 철학적 행위의 중심원리였지만 사라져버린, 이 '자기배려'는 푸코에게 있어 그 자체로서 중요한 성찰의 대상이 된다. 푸코는 이 '자기배려'가 억압된 세 이유를 들고 있다. 먼저, 자기배려의 정언은 오늘날 "일종의 도덕적 댄디즘, 극복 불가능한 미학적 개인적 단계의 단언과 위험"이나 "집단적 도덕을 지탱할 수 없는 개인의 자폐"로 비쳐질 수 있기 때문이라고 말한다. 푸코가 누차 강조하였듯이 그리스로마의 윤리는 도덕률이나 신의 명령에 의해 지배되지 않았다. "인간 실천의 질서에서 모든 규칙의 일반 원리로서 법과 법의 형식을 취하게 되는 서구문화의 점진적 법제화"는 중세에 와서야 발생했다. 하지만 법은 보다 광범위한 주체의 실천의 역사에 속한다. "법은 본래 주체의 자기 기술의 가능한 양태들 가운데 하나에 지나지 않는다." 법은 "오늘날 우리가 관계하는 주체를 형성시킨 긴 역사의 양태들 가운데 하나에 지나지 않는다." "오늘날 우리 현대인들은 '가능하거나 불가능한 주체의 객관화' 문제를 인식의 영역에서 보는 반면, 그리스시대, 헬레니즘시대, 로마시대의 고대인들은 '주체의 求道적 경험으로서의 세계에 대한 한 지식의 구축' 문제를 본다. 그리고 또 다른 근대인인 우리가 '법질서 내에서 주체의 예속'을 보는 반면, 그리스인과 로마인은 '진실의 실천을 통한 최종적 목적으로서의 주체의 구축'을 본다." 바로 이점이 푸코가 고대의 자기배려에서 특별히 주목하는 부분이다. 자기배려는 만인에게 부과되기 이전의 원칙이나 보편적 정언이 아니라, 지극히 개인적 삶의 선택 대상으로 주어진다. 하지만 고대인들의 이러한 관점은 성서의 전통이나 칸트의 윤리에서 발견될 수 있는 도덕률에 메여있는 사람들에게는 수용 불가능한 것이다.〉

서 권력은 근본적으로 부정적인 의미를 가지게 된다. 결국 푸코는 권력의 연구를 통해 권력에 대한 저항 가능성을 찾으려했지만, 권력의 지배란 불가피하며 그 권력을 넘어서는 것조차도 불가능하다는 것으로 결론이 났다(권력은 주체를 생산하고, 사람들이 주체로 생산되고 살아가기 위해서는 권력이 필요하기 때문이다).665)

이 땅에 권력이 생성되는 근본적인 이유는 힘으로 자기를 지키려고 하기 때문이다. 그것은 타락으로부터 생겨난 것이다. 여호와 하나님의 언약 속에서 지키시고 돌보시는 그 은혜를 저버리자 자기 스스로를 자기가 지켜야만 했다. 이제는 타자가 적이고 원수며 경쟁자가 되어버렸다. 힘으로 자기를 지키고 살아가기 위해 힘으로 타자를 억압하는 세상이 되었다. 세상이 이렇게 된 것은 사회구조의 탓이 아니라 인간의 죄악 때문이다!

---

665) http://thedol.egloos.com/1715898; 푸코의 권력 개념과 그 문제점: 푸코의 권력 개념을 명제로 표현하면, 첫째로 권력은 소유되기 보다는 행사되는 것이다. 푸코는 권력을 국가권력이나 정치권력 같이 중심적인 것으로 보지 않고, 권력을 관계망 속에서 편재하는 것으로 보았다. 따라서 권력은 지배·피지배란 이분법에 의해서 위로부터 내려오는 것이 아니라 다양한 지점들에서 '아래로부터' 만들어진 체계이다. 둘째로 권력은 지배계급의 전략적 입장의 총체적 효과이다. 권력은 지배계급에 의해서 일방적으로 행사되는 특권을 의미하지 않는다. 권력은 다양한 영역에서 다양한 메커니즘을 통해서 행사되며, 그로써 지배가 지속될 수 있도록 한다. 이런 맥락에서 푸코는 권력을 힘 관계가 작용하는 것, 곧 상이한 힘, 세력이 대치하는 전투 상황으로 본다. 그는 전쟁을 정치의 도구로 파악한 클라우제비츠의 명제를 원용하여 권력을 '다른 수단으로 지속되는 전쟁'으로 보고자 한다. 마지막으로 권력은 그것을 갖지 못한 자들에게 다만 단순하게 일종의 의무 내지 금지로서 강제되는 것은 아니다. 즉, 권력은 금지나 부정보다는 차라리 생산적인 것이다. 그것은 개개인에게 지식을 만들어주고 그들을 '주체'로 생산한다. 앞서 시험은 각 개인을 하나의 사례로 만드는 과정을 언급했다. 이는 권력과 지식의 관계가 드러나는 부분으로서 권력의 생산적 특성이 드러난다. 학교에서 아이들의 일거수일투족은 생활기록부에 기록된다. 누가 어떤 상을 받았고, 결석을 몇 번 했는지, 성적으로 줄 세운 서열까지 기록으로 남고 이는 권력이 작용하기 위한 조건이 된다. 푸코는 이런 권력과 지식의 관계를 '권력-지식'이라고 말한다. 권력과 지식은 상호 직접적으로 연관되므로 지식의 영역과 연계되지 않으면 권력관계는 존립할 수 없으며 권력관계를 상정하지 않거나 구성하지 않는 지식은 존재하지 않는다.

제14문 죄는 무엇입니까?

답: 죄는 하나님의 율법 중에 어떤 것을 순종함에 조금이라도 부족한 것이나 그것을 범하는 것입니다.[666]

이 시대의 멘탈리티를 바르게 파악하는 길은 하나님을 아는 참된 지식이다. 하나님을 바르게 알아야 무엇이 잘못되었는지 분별할 수 있다. 그리할 때에 죄에 대하여 분명하게 알 수 있다. 도대체 죄란 무엇인가? 죄는 하나님 의존적인 삶을 거부하고 자율성, 단독성을 추구한 것이다. 자율성은 단순한 독립이 아니라 인간의 신성화로 가는 것이다.[667] 그것은 마음으로 교만하여진 것이며, 행실로는 하나님의 언약의 말씀을 불순종하는 것으로 나타났다. 그리하여 인간에게 죄책과 부패가 임하게 되었다. 죄라는 말은 현대인들이 가장 듣기 싫어하는 말 중에 하나다. 왜 그렇게 듣기 싫어하는가? 그것은 내가 무슨 윤리·도덕적으로 죄를 지어서 기분 나쁘기 이전에 나라는 존재 앞에 항복하고 순종해야할 존재가 있다는 것이 더 불쾌하기 때문이다.

현대인들은 죄를 어떻게 생각하고 있는가? 스피노자(Baruch de Spinoza, 1632-1677)는 선악의 개념을 관념으로 몰아갔다.

> 정리 68 만일 사람들이 자유롭게 태어났다면, 그들이 자유로운 동안에는 아무런 선과 악의 개념도 형성하지 않았을 것이다.
> 증명 나는 오직 이성에 의해서만 인도되는 그러한 사람을 자유롭다고 말했다. 따라서 자유롭게 태어나서 자유롭게 존속하는 사람은 단지 타당한 관념만을 가지므로 아무런 악의 개념도 가지지 않는다(제4부의 정리 64의 보충에 의하여). 따라서 그는 선의 개념도 갖지 않는다(선과 악은 상관적이기 때문에).[668]

"오직 이성에 의해서만 인도"된다는 것은 외부의 간섭이 없는 인간을 말한다. 그러니 "오직 이성"이라는 말은 『에티카』의 말로 하자면 인간이란 신의 변용태이고 그러니 인간의 내면에 신성한 내면아이를 부과한다. 스피노자의 이 말이 무슨 의미를 가지는 것인지 이수영 교수는 이렇게 말한다.

---

666) Q. 14. What is sin? A. Sin is any want of conformity unto, or transgression of, the law of God.

666) Q. 14. What is sin? A. Sin is any want of conformity unto, or transgression of, the law of God.
667) 4 뱀이 여자에게 이르되 너희가 결코 죽지 아니하리라 5 너희가 그것을 먹는 날에는 너희 눈이 밝아 하나님과 같이 되어 선악을 알 줄을 하나님이 아심이니라(창 3:4-5)
668) B. 스피노자, 에티카, 황태연 역 (서울: 도서출판 피앤비, 2012), 290.

스피노자는 선과 악이라는 도덕적 범주 중에서 선의 실천 쪽에 무게를 두는 대신 선과 악이라는 범주 자체에서 벗어나버린다는 점에서 훨씬 급진적이고 혁명적이다. 스피노자에게 선이나 악은 근본적으로 자연 속에는 존재하지 않는 것, 즉 실재성이 아예 없는 관념에 불과한 것이다. 스피노자의 충격적인 테제로서 "만약 사람들이 자유로운 존재로 태어났다면 그들이 자유로운 동안에는 그 어떤 선악에 대한 개념도 형성하지 않았을 것이다."(4부, 정리 68)라는 것이 있다. 이 명제를 뒤집어보면 선악이라는 도덕은 오직 부자유상태, 즉 예속적인 노예상태의 인간에게만 존재하는 것이라 할 수 있다. 자연 안에는 선도 없고 악도 없다. 다시 말해 '신 즉 자연'이라고 할 때의 그 자연, 그 신 속엔 선도 악도 없다.669)

이수영 교수는 선악을 무엇이라 말하는가? 스피노자의 개념에서 "선악이라는 도덕은 오직 부자유상태, 즉 예속적인 노예상태의 인간에게만 존재하는 것"이다. "예속적인 노예상태의 인간"이란 역시 외부의 간섭이 없는 단독적인 존재를 말하기 위함이다. 이수영 교수가 계속해서 선악에 대하여 무엇이라 설명하는지 들어보자.

모든 것이 필연성이자 자유의 세계인 신에게 어찌 부자유에 기초한 도덕이 있을 수 있겠는가? "예를 들어 음악은 우울한 사람에게는 좋지만, 슬퍼하는 사람에게는 나쁘며, 귀머거리에게는 좋지도 나쁘지도 않다."(4부, 서문) 동일한 사물도 그것을 경험하는 사람에 따라 좋은 것이 될 수도 있고 나쁜 것이 될 수도 있으며 심지어 아무것도 아닌 것이 될 수도 있다. '선한' 음악이나 '악한' 음악, 이런 말이 얼마나 이상한지 우리는 충분히 이해한다. 그런데도 우리는 선이나 악, 혹은 선한 행위와 악한 행위가 이 자연 속에 있다고, 즉 실재한다고 생각한다. 그러나 다시 한 번 말하지만, 이 세상에 존재하는 그 어떤 사물도 행위도 사건도 그 자체로 선하거나 악한 경우는 없다.670)

음악으로 선과 악을 설명한다. 음악이 그 경험하는 사람에 따라 달라지듯이, 선악은 자연 속에 존재하지 않는다는 것이다. 음악이 과연 그렇게 중립적인가? 찬송가과 뉴에이지 음악은 아무런 차이가 없는가? 요즘 그런 상식이 없는 사람이 누가 있는가? 스피노자 식으로 모든 사물에 신성을 부여하면 선악이라는 개념은 사라져 버린다. 이어지는 이수영 교수의 설명은 더 가관이다.

그런데도 선악이라는 개념이 쓰이는 이유는 무엇일까? 칼이 어떤 신체에 침입하는 장면을 생각해보자. 이 장면 전체에 선이나 악은 없다. 그렇다면 선악은 어디에 있는가? 불법적으로 우리의 국경을 침탈한 적들의 신체에 칼이 침입해 들어갈 때 그것은 선한 행위라고 명명될 것이다. 그러나 그 칼이 아무런 잘못도 없는 사람의 신체를 뚫고 들어갈 때 그것은 악한 행위가 될 것이다. 칼과 신체의 결합, 혹은 합성 자체에는 그 어떤 선도 없고 악도 없다. 자연에 실재하는 것은 오직 칼과 신체의 만남이다. 단지 그 합성이 우리에게 유리할 때에는 선이라고 명명되고 불리할 때는 악이라고 명명될 뿐이다. 따라서 선악이라는 개념은 자연에 실재하는 것이 아니라 인간이 그 합성된 관계에 대해 자신의 관점에서 명명한 '관념'일 뿐이다. 다시 말해 칼과 신체의 결합 자체가 아니라 인간이 유불리를

---

669) 이수영, 에티카 자유와 긍정의 철학 (파주: 오월의 봄, 2013), 282.
670) Ibid., 282-283.

따져 형성한 관념 속에만 선악이 존재하는 것이다. 한마디로 선악은 관념, 즉 사유의 양태에 불과한 것이다.671)

칼이 적의 신체를 뚫고 들어가면 선한 것이고 잘못도 없는 사람의 신체를 뚫고 들어가면 악한 행위라 한다. 이런 식으로 선악을 말하기 때문에 상대주의가 될 수밖에 없다. 역으로 생각해서, 그 적의 입장에서 보면 적은 누구이겠는가? "칼과 신체의 만남"이 있을 뿐이고 유불리에 따라서 선악이라 판단되는 것은 오로지 '관념'이라는 것은 정말 사악한 관념이다. 자기에게 유리하면 선이고 아니면 악이라는 말은 내가 하면 로맨스고 남이 하면 스캔들이라고 하는 말과 동일하기 때문이다. 결국은 하나님의 지배와 간섭을 싫어하고 오로지 인간 중심주의로 살고 싶은 인간의 죄악을 드러내는 것이다. 이런 것이 인문학의 핵심이다.

오늘날 교회 안에서도 인문학을 부르짖는 사람들이 있다. 예수님도 믿고 인문학도 즐긴다는 것이 얼마나 안 맞는 장단인지를 모르고 있다. 모든 인문학의 주어는 '나'다. 거기에는 '우리'가 없다. 오로지 내가 느낀 것이다. 우리가 느낀 것이 아니다. 내 삶을 통해 드러나는 것이다. 우리의 삶으로 드러나는 것이 아니다. 거기에는 수평적 '떼'는 있어도 수평과 수직이 함께 하는 '공동체'는 없다. 그래서 민족을 내세워도 안 된다. 원리도 없다. 오로지 '나' 그리고 '대동단결'이다. 이런 내용을 가진 철학과 인문학은 반기독교적일 수밖에 없다. 기독교는 수평적 관계만 아니라 수직적 관계도 있다. 성경이라는 원리가 있고 기준이 있다. 하나님만이 모든 존재의 궁극적인 근원이요 생명이요 길이요 진리다. 여호와 하나님과 그 백성들은 언약으로 하나 된 공동체이기에 하나님과 이웃을 향한 책임과 의무와 순종이 있다. 언약을 어긴 자들에 대한 심판과 형벌이 있고 순종한 자들에 대한 복이 약속되어 있다. 언약공동체인 교회공동체에는 사랑의 교제와 치리가 있다.

성경이 말하는 죄는 무엇인가? 죄는 하나님의 언약의 말씀에 불순종하는 것이다. 하나님께서 우리에게 요구하시는 것을 버리고 우리가 하고 싶어 하는 것을 하는 것이다. 인문학 정신으로 살고, 인본주의로 사는 것이 죄다. 이렇게 말하면 참상식도 없다고 욕을 할 것이다. 과연 그럴까?

마르크스, 프로이트, 니체 이 세 사람은 구조주의의 '땅고르기' 역할을 했던 사람들이다. 그러나 직접적으로 구조주의를 시작한 사람은 언어학자 페르디낭 드 소쉬르(1857-1913)다.672) 소쉬르는 "언어는 '사물의 이름'이 아니다"라고 했다. 어떤

671) Ibid., 283.
672) 고사카 슈헤이, 현대철학과 굴뚝청소1, 김석민 역 (서울: 새길아카데미, 1998), 59; 고사카 슈헤이는 현대 사상의

관념이 먼저 존재하고 거기에 이름을 붙인 것이 아니라 이름이 붙고 난 뒤에야 어떤 관념이 인간의 사고 속에 존재하게 되었다고 했다. 그는 모국어를 사용하는 것 자체가 이미 어떤 가치 체계 속에 휘말려 있다고 보았다. 우리는 일반적으로 마음의 어떤 생각이 밖으로 나온 것이 언어라고 생각하지만, 소쉬르는 그 마음의 어떤 생각이란 언어로 표현되고 난 뒤에 알게 된 것이라 했다.

왜 이런 철학이 문제가 되는 것인가? 소쉬르가 이런 말을 하는 근본적인 이유가 매우 위험하기 때문이다. 이런 언어의 힘을 시인에게 영감을 불어 넣는 '시의 신'이나 소크라테스의 '다이몬'은 '말을 하고 있을 때 내 속에서 말하는 것은 내가 아니다'로 말한다. 소쉬르는 그것을 소위 '타인의 지론'이라 한다. 내가 습득한 언어 규칙, 어휘, 표현으로 만들어진 것이다. 이것은 하나의 집단무의식을 말한다.

사람들이 멋지게 인문학을 말하고 철학을 말하는 것 같지만, 결국 그 속에는 무의식, 인간의 신성함 그리로 간다. 아니라고 할 사람이 있으면 줄을 서보라! 그것이 죄다! 하나님 없이 살아가는 것이 멋있을 것 같으나 그것이 얼마나 큰 죄인 줄도 모르고 기독교인이면서도 인문학을 외치고 있다.

강영안 교수가 그런 사람이다. 강영안 교수는 합신 목회대학원에서 「소크라테스와 예수」 주제로 특강을 했다.[673] 무엇이라고 강의했는가?

> 철학은 헬라어로 '필로소피아'(philosophia)라고 한다. 이 말을 가장 많이 쓴 사람은 소크라테스(Socrates)이지만 문헌상으로 가장 먼저 쓴 사람은 피타고라스(Pytagoras)다. 피타고라스는 본인의 직업을 '필로소포스'(philosophos), 즉 '소피아(sophia, 지혜)를 찾는 사람이라고 하였다. 피타고라스는 "누가 지혜를 사랑하는 사람인가."라는 질문에 대하여 세 가지로 답변한다. 첫째, 열심히 뛰는 사람, 둘째, 뛰는 사람을 구경하는 사람, 셋째, 구경하는 사람들 사이에서 장사하는 사람. 즉 열심히 활동하는 삶, 구경하고 관찰하는 삶, 자신의 욕망을 실현하기 위해 부지런히 움직이는 삶이 있다는 것이다. 이 중 첫째, 둘째 내용을 '비타 악티바'(vita activa)와 '비타 컨템플라티바'(vita conpemplativa)로 구별지을 수 있다. 비타 악티바는 분주하게 활동하는 삶, 비타 컨템플라티바는 관조하는 삶을 의미한다. 서양 기독교 역사에서 사막 교부들의 삶은 비타 컨템플라티바였다. 수도사들은 비타 컨템플라티바로 사는 것이 하나님의 자녀로 사는 좋은 삶이라는 인식이 있었다. 이런 인식은 종교개혁 시기까지 이어져 왔다. 개신교의 삶은 상대적으로 비타 악티바의 삶을 강조한다. 세속적으로 보이는 일이라도 하나님 앞에서 하면 거룩한 일이라는 것이다. 물론 비타 악티바가 현대 사회의 실적주의와 연관되어 "피로사회"라는 결과를 낳기도 했다. 결과적으로 비타 악티바와 비타 컨템플라티바의 균형을 이루어야 한다.

사막의 교부들이 말하는 "비타 컨템플라티바"는 신비주의 관상기도를 말한다.

3가지 원류를 니체의 사상, 프로이트의 정신분석학, 소쉬르의 언어학이라 한다.
673) 2013년 6월 24일부터 7월 5일 2주간 수원 합동신학대학원대학교에서 있었던 하계 목회대학원

그런데 그런 것들과 균형을 이루어야 한다고 말했다. 그것은 균형을 이루어야할 것이 아니라 버려야할 것이다. 결국 강영안 교수가 말하는 철학의 이 두 가지 관점의 문제는 '성경이 무엇을 말하는가?'로 출발점으로 삼지 않는 것이다. '버려야 할 것'과 '취하여야 할 것'을 분별하지 못하면 그것이 혼합주의로 가는 첩경이다. 강연안 교수의 강의가 더욱 심각한 이유는 무엇인가?

> 소크라테스의 죽음의 과정은 플라톤의 『변론』과 『크리톤』에 나타나 있다. 죽음의 과정 속에서 소크라테스는 아주 의연하다. 재판을 받을 때도 저자세로 나오지 않고, 오히려 자신을 고발한 사람들을 놀리기도 했으며, 여유 있게 약을 먹고 "자신들의 영혼을 잘 돌보게." 하고 유언을 하기도 하였다. 초연한 태도였다. 초기 기독교는 소크라테스의 이런 사상을 받아들이기도 했다. 하지만 예수님께서는 소크라테스와는 달랐다. 죽음과 철저하게 싸우셨다. 여기서 삶과 죽음에 대한 근본적인 차이가 나타난다. "내 마음이 심히 고민하여 죽게 되었으니"(마 26:38; 막 14:34). 예수님께서는 피땀 흘려 기도하시면서 죽음과 씨름하셨다.
> 소크라테스에게 있어서 죽음은 영혼을 몸에서 풀어 주는 것, 코리스모스(korismos), 즉 분리를 말한다. 전형적인 희랍적 이원론이다. 육신은 무덤인데 이 무덤에서 해방되는 것이 죽음이라는 것이다. 그리고 두 번째로는 엘류테리아(eleuteria; 해방), 세 번째로는 카타르시스(catharsis; 정화). 이것이 소크라테스에게 있어서의 죽음이다. 소크라테스의 희망은 하데스(hades), 즉 죽은 사람들의 공간으로 가서 육신의 영향을 받지 않고 프시케(psyche), 즉 영혼이 갖고 있는 가장 탁월한 능력(noesis; 노에시스)을 가지고 참된 인식에 들어가는 것이다. 인간의 오감 때문에 알지 못하고 있던 순수지성을 가지고 참된 지성에 들어간다는 것이다. 하지만 예수님께서 보았던 죽음은 이와 다르다. 바울이 그것을 가장 잘 드러내었다. "맨 나중에 멸망받을 원수는 사망이라"(고전 15:26). 죽음은 인간이 살 수 없도록 만드는 것이다. 예수님께서는 죽음을 무찔러야 할 원수로 본 것이다.

문제는 무엇인가? 소크라테스의 철학은 단순히 인문학적인 것만이 아니라는 것이다. 그것은 종교와 관련이 되어 있다. 소크라테스가 "자신의 깨우침을 낳도록 도와주는 사람으로 보"는 것은 단순히 철학적인 접근만이 아니라 종교적 접근이 있기 때문이다. 그것은 이전의 주술적인 '말'이 이제는 이성적인 변증의 성격을 띠었기 때문이다.

소크라테스는 왜 죽었는가? 그것이 일차적으로 중요하다. 소크라테스를 죽음으로 몰아넣은 것은 그리스의 전통적 신을 버리고 "다이모니온"이라는 외국에서 들어온 일신교와 관련되었기 때문이다. 이것을 먼저 말해 주지 않고 예수님과 소크라테스를 비교하는 것은 의미가 없다.

소크라테스는 단순히 희랍적 이원론에 충실했던 것이 아니라, 외국의 새로운 종교를 펼쳤다. 주술의 영역, 다시 말해서 접신하는 방식에서 인간의 이성으로 전생을 회상하는 방식으로 바뀌었던 것이다. 그러니 그것이 사람들에게 얼마나 충격적이었겠는가? 그것이 소크라테스의 철학의 근본적인 구조이고 틀이다. 이런 것을 말해 주지 않고 예수님과 비교한다는 것은 핵심에서 벗어나는 것이다. 강연안 교수는 '소크라테스의 철학은 소크라테스의 종교와 관련되어 있다'는 것을 말하지 않는다. 이것은 매우 중요한 문제다. 진리에 도달하는 방법이 이전에는 주술적이었다면 이제는 이성적 화상을 통하여 접근하는 것이 소크라테스다. 그것은 다이모니안이라는 종교가 있기 때문에 만들어진 것이다.

더 심각한 얘기를 해 보자. 강영안 교수는 2012년 10월(목) 청어람 소강당에서 〈『배제와 포용』을 통해 본 우리 시대의 화두, 정의와 평화 그리고 진리〉라는 제목으로 강의 했다. 『배제와 포용』은 미로슬라브 볼프(miroslav volf)의 책이다. 볼프는 누구인가? 그는 예일대학교 조직신학교수다. 볼프는 기독교와 모슬렘을 양대 축으로 해서 전세계 종교를 통합하자는 크리슬램(Chrislam) 운동의 주동자 중에 한 사람이다.674) 이런 사람이 쓴 책을 "두고두고 읽어라"고 하는 사람이 강영안 교수다. 과연 이것이 기독교 인문학이란 말인가?

세상은 언제나 죄에 대하여 회피하려고 한다. 그것을 인정하면 다 무너지기 때문이다. 참다운 인간성의 화복, 인간의 자유로 가려면 인간의 근본적인 문제가 죄라는 것을 인정해야 한다. 왜 죄를 심각하게 말해야만 하는가? 죄의 본질을 깨달을 때 그리스도의 복음이 빛을 말하기 때문이다. 인간이 영적파산자라는 것을 알 때에는 십자가가 유효하기 때문이다. 성령님께서는 택자들에게 죄의 비참함과 절망을 계속해서 깨닫게 하신다. 그래서 성경은 먼저 인간의 죄인 됨을 드러낸다.

죄를 짓는 자마다 불법을 행하나니 죄는 불법이라(요일 3:4)

---

674) http://www.yale.edu/faith/acw/acw.htm; 이 배교에 활동하는 사람들의 명단은 다음에 나와 있다. Harold W. Attridge, Dean and Lillian Claus Professor of New Testament, Yale Divinity School/ Miroslav Volf Founder and Director of the Yale Center for Faith and Culture/ Henry B. Wright Professor of Theology, Yale University/ Joseph Cumming Director of the Reconciliation Program, Yale Center for Faith and Culture/ Emilie M. Townes Andrew Mellon Professor of African American Religion and Theology and President-elect of the American Academy of Religion/ Rev. Colin Chapman, Former Lecturer in Islamic Studies, Near East School of Theology, Beirut, Lebanon, and author of Whose Promised Land?/ David Yonggi Cho(조용기 목사), Founder and Senior Pastor of Yoido Full Gospel Church, Seoul, Korea/ Rev. Richard Cizik, Vice President of Governmental Affairs, National Association of Evangelicals/ Fuller Theological Seminary(풀러 신학교), Pasadena, CA/ Brian D. McLaren, Author, Speaker, Activist/ Bill Hybels, Founder and Senior Pastor, Willow Creek Community Church, South Barrington, IL/ Tony Jones, National Coordinator, Emergent Village/ Mennonite Central Committee, Akron, PA/ Richard Mouw, President and Professor of Christian Philosophy, Fuller Theological Seminary/ Rev. Dr. Robert Schuller, Founder, Crystal Cathedral and Hour of Power/ Rev. Berten A. Waggoner, National Director, Association of Vineyard Churches/ Jim Wallis, President, Sojourners/ Rick Warren(릭 워렌), Founder and Senior Pastor, Saddleback Church, and The Purpose Driven Life, Lake Forest, CA

모든 불의가 죄로되 사망에 이르지 아니하는 죄도 있도다(요일 5:17)

그것은 윤리·도덕적인 죄의 근본적인 배경은 불법 곧 하나님의 말씀을 떠나 내 맘대로 사는 것이다. 그것은 언약적인 죄를 말한다. 사도 바울은 인간의 가장 근본적인 죄에 대하여 이렇게 말한다.

하나님을 알되 하나님으로 영화롭게도 아니하며 감사치도 아니하고 오히려 그 생각이 허망하여지며 미련한 마음이 어두워졌나니(롬 1:21)

그 근본적인 죄란 무엇인가? 모든 죄의 핵심은 반항과 불순종이며 궁극적으로 하나님을 거역하는 것이다. 교리문답에서 "순종함에 조금이라도 부족한 것"이라고 언급하는 이유는 무엇인가? 그것은 가장 사소한 죄라도 마귀를 섬기는 것과 같고, 가장 미미한 불순종도 우상숭배와 같은 죄이기 때문이다.[675] 죄는 결국 하나님께 마땅한 명예를 돌려드리지 않게 한다. 그래서 예배는 성도의 특권이다! 예배란 하나님의 것을 하나님께 드리는 것이다. 그것은 기계적인 조작이 아니라 그리스도의 피로 구원받은 자가 인격적인 항복으로 드리는 인격체의 반응이다.

세상이 말하는 죄는 무엇인가? 세상이 말하는 죄는 인간의 윤리·도덕적인 기준에 어긋나는 것이다. 그것은 언제나 상대적인 죄를 말하기 때문에 시대와 상황에 따라 죄가 달라진다. 그래서 인간이 사는 세상에는 언제나 무권유죄(無權有罪) 유권무죄(有權無罪), 권력이 있는 자는 무죄이고, 권력이 없는 자는 유죄라는 불법이 자행되어 왔다. 아무리 큰 죄를 지어도 돈과 권력, 인맥이 있으면 법 위에 군림하고 법을 교묘히 피해 가면서 법과 제도를 비웃는 특권층의 카르텔[676]이 장악하고 있다. 죄에 대한 올바른 지식이 올바른 기독교적 구원을 이해하게 되며, 우리가 속한 사회를 정의롭게 만들어 갈 수가 있다.

폴 워셔는 다음과 같이 말한다.

복음의 핵심은 그리스도의 죽음이다. 그리스도께서는 죄 때문에 죽으셨다. 따라서 죄를 성경적으로

---

675) 이는 거역하는 것은 사술의 죄와 같고 완고한 것은 사신 우상에게 절하는 죄와 같음이라 왕이 여호와의 말씀을 버렸으므로 여호와께서도 왕을 버려 왕이 되지 못하게 하셨나이다(삼상 15:23)
676) 두산백과사전에서, 기업 상호간의 경쟁의 제한이나 완화를 목적으로, 동종 또는 유사산업 분야의 기업 간에 결성되는 기업담합형태.

이해하지 않고는 복음을 옳게 선포할 수 없다. 죄의 극악한 본성을 일깨우고, 인간이 죄인이라는 것을 보여주어야 한다. … 죄의 문제를 명확하게 설명하는 것이 시급한 이유는 우리가 죄 가운데서 출생해 죄를 지으며 살아가기 때문이다(시 51:5, 58:3). 우리는 마치 물을 마시듯 악을 저지른다(욥 15:16). 물고기가 물에 젖은 자신의 상태를 의식하지 못하듯, 우리도 우리의 타락한 상태를 의식하지 못한다. 그렇기 때문에 우리는 죄와 인간의 부패함에 관한 성경의 가르침을 재발견해야 한다. 죄를 어떻게 이해하느냐에 따라 하나님과 복음을 이해하는 것이 달라진다.

예수 그리스도의 복음을 위탁받은 청지기인 우리가 죄를 가볍게 여기거나 죄 문제를 회피한다면, 사람들은 큰 피해를 당하게 될 것이다. 인간의 진정한 문제는 죄 때문에 하나님의 진노를 당하게 되었다는 것이다(요 3:36). 이를 부인하는 것은 곧 기독교의 근본 진리 가운데 하나를 부인하는 것이다. …677)

인간의 죄인 됨과 부패함은 성경적 기준으로 바르게 선포할 때 드러난다. 그것은 하나님의 율법을 기준으로 말할 때 인간의 죄가 드러나고, 예수 그리스도께서 십자가에 피 흘려 죽으신 이유가 분명해진다.

우리의 마음이 하나님의 기뻐신 뜻대로 살아가며 하나님께 영광 돌리는 마음으로 충만하여 살아가면 죄를 짓지 않는다. 그러나 이 세상의 어떤 인간도 그렇게 하지 못한다! 인간의 죄성으로 인해 그 마음이 식어지고 언제든지 자율적인 삶을 추구하게 되어 죄를 짓게 된다. 하나님께서 기뻐하시는 그 길로 가기 위해 그리스도 안에 있는 우리의 신분이 무엇인가를 기억해야 한다. 사탄의 유혹은 우리의 신분과 본분이 무엇인지를 망각하고 현실의 필요에 눈이 멀게 하는 것이다. 예수님께서 성령님께 이끌리어 시험을 받으실 때에도 사탄은 두 번이나 이렇게 말했다.

… 네가 만일 하나님의 아들이어든 …(마 4:3, 6)

나머지 한 번678)도 역시 하나님의 아들 됨을 포기하라는 것이었다. 그러나 예수님께서는 세 번 모두 하나님의 아들 됨을 나타내셨다. 놀랍게도 예수님께서 이 시험을 받으시기 전에 성부 하나님께서는 이렇게 말씀하셨다.

하늘로서 소리가 있어 말씀하시되 이는 내 사랑하는 아들이요 내 기뻐하는 자라 하시니라(마 3:17)

시험들 속에 죄를 짓지 않는 길은 성도된 우리가 얼마나 위대하고 놀라운 신분인가를 붙드는 것이다. 그것은 우리 스스로 노력해서 성취한 것이 아니다. 오로지 우리 밖에서 주어진 하나님의 은혜요, 예수 그리스도의 십자가의 피 흘림으로 허락

---

677) 폴 워셔, 복음, 조계광 역 (서울: 생명의말씀사, 2013), 104-105.
678) 가로되 만일 내게 엎드려 경배하면 이 모든 것을 네게 주리라(마 4:9)

된 은혜이다.

중요한 것은 하나님을 바르게 아는 것이다. 이스라엘이 죄를 범한 것은 하나님을 바르게 알지 못했기 때문이다. 호세아 선지자는 이렇게 말했다.

> 내 백성이 지식이 없으므로 망하는도다 네가 지식을 버렸으니 나도 너를 버려 내 제사장이 되지 못하게 할 것이요 네가 네 하나님의 율법을 잊었으니 나도 네 자녀들을 잊어버리리라(호 4:6)

하나님을 아는 참된 지식이 없었기 때문에 죄를 서슴지 않고 저질렀다. 우상숭배는 그들의 신론이 틀렸기 때문에 나온 결과이다. 하나님이 누구시며 그 성품이 무엇인지 바르게 알아야 현실에서 언약대로 순종하며 살게 된다. 그래서 구원론이 삶을 지배한다. 세상은 인간 안에 신성한 내면아이가 있다고 생각하기 때문에 구상화가 삶을 지배한다. 그러나 성도는, 인간은 죄로 인해 죽어 어두운 상태가 되었기 때문에[679] 메시아 되신 예수님께서 구원하셨으며, 구원 이후에도 끊임없는 하나님의 간섭이 있으며 성령님의 내주하심이 있다.

현실적으로 말해보자. 개혁주의를 가르치고 십자가 복음을 외치는 사람들이 현실적으로는 마음에 어떤 생각을 품고 살아가고, 실제로는 어떤 행동을 하느냐 하는 것이다. 겉으로는 예수님을 믿는 것 같은데 그 마음에 자리 잡고 있는 것 중에 대표적인 것이 민족주체사상이다. 그 민족주체사상으로 가는 길에는 함석헌의 씨알사상이 주된 핵심이다. 씨알사상이란 역사의 진정한 주체와 담지자는 어떤 사회 계급이 아니라 민(民), 곧 씨알들이라는 민중사관이다. 민중이 하나님이다. 그 속에는 힌두교, 불교, 유교, 노장사상이 함께 혼합된 역사관이다. 함석헌은 1948년 대한민국의 건국헌법을 반대한 원조다.[680] 이런 반기독교적인 사상을 추종하고 신봉하는

---

679) 빛이 어두움에 비취되 어두움이 깨닫지 못하더라(요 1:5)

680) https://www.facebook.com/litdoc?hc_location=timeline; "이 사람이 애국 보수 신념으로 믿을만한 가, 아니면 언젠가 배신할 수 있는가를 기준하는 구분은 이승만, 박정희 칭송이나, 북한인권이 전혀 아니다. 얼마든지 그런 것을 하면서도 뒷문을 여는 수법이 존재한다. 온 마음과 정성을 다하여 씨알사상 함석헌을 반대, 반대, 반대, 반대한다는 고백을 늘 열두 번도 더 하는 것이 중요하다. 함석헌은 김대중 사상의 원조이며, 정말로 모든 좌익 사상에 연결이 안 되는 게 없다. 이것을 긍정하는 보수시민단체 할배 좌장이냐면 보수가 늘 힘을 못 쓰는 것 아닌가? 함석헌은 박정희의 애국심 진흥 움직임에서, 대한민국이 국가가 아니라고 우긴 이의 신화적 아이콘이다. 즉, 48년 건국 헌법 규범을 반대한 제일 원조다. … 씨알 사상 함석헌을 마음과 정성을 다하여 반대할 수 있느냐? 이 양반 지지와 48년 건국 대한민국 헌법 규범의 지지는 동시에 갈 수가 없다. 하나를 잡으면 하나를 버리는 구조다."

http://www.ssialsori.net/data/peace/sialsasang/sasang26.htm; "다음으로 간디의 비폭력운동이나 그의 대정치자세가 함석헌의 이러한 입장을 옹호하는 것은 말할 것도 없다. 간디는 일생 동안 비폭력운동을 신조로 삼았으며 바로 그것을 실

사람들은 누구인가?

> 함석헌의 역사철학과 씨알사상은 한국의 민중신학자 안병무, 서남동, 문익환 등에게 큰 영향을 끼쳤고, 사학자 노명식, 이만열, 서굉일 교수를 비롯해 유동식, 지명관, 김동길, 조형균, 김용준, 이문영, 한승헌, 김영호, 김조년, 박재순, 한명숙 등에게 큰 영향을 미쳤다. 젊은 소장학자 김성수는 함석헌 연구로 영국에서 학위를 받았고 '함석헌 평전'을 비롯해 그의 작품을 영어로 펴내는 일에 공헌하고 있다. 민권운동가로서 함석헌은 계훈제, 송건호, 장준하, 서영훈, 김찬국, 김지하, 박성준, 윤영규, 박노해 등에게 영향을 줬다. 그리고 현재 시민운동, 노동운동, 생명운동, 평화운동을 펴고 있는 수많은 지도자들이 모두 함석헌의 사상적 영향을 직간접적으로 받았다고 말할 수 있다. 단체로는 재단법인 '함석헌 기념 사업회(이사장 이문영)가 있으며, 도서출판 한길사는 함석헌 전집을 발간해 그의 사상을 펴는 데 큰 문화사상적 공헌을 한 셈이다. ⋯681)

단적으로 말해 함석헌의 영향을 안 받은 사람이 거의 없다는 뜻이다. 보수든 진보든 민중신학에 붙잡혀 있다. 지나간 세대만 그런 것이 아니라 지금도 그렇다. 겉으로 드러난 색깔과 스타일이 다를 뿐이지 실제로는 같은 줄을 잡고 있다. 괜한 소리가 아니다. 혹자는 이렇게 말했다.

> 좌익도 함석헌 숭배, 우익도 조갑제란 기독교 프락치 중심으로 함석헌 숭배 사상이 들어왔다. 이단 신앙은 한마디로 내가 그리스도다 하는 것으로 요약된다. 반면에 함석헌으로 대표되는 "기독교 공산당들"은 성령 자리에 먹거리를 배치하고, 공산당의 힘의 근원이 되는 민중성을 하나님으로 설정하는 바탕이다. 조갑제는 한 번도 함석헌의 제자가 아님을 선언한 적이 없다! 오히려, 함석헌 무덤에 격렬한 충성의 댄스를 추는 입장일 것이다.
> 물질 숭배에 아무런 근거 없는 미래 발설. 기독교 공산당이 중심을 이루는 한국 사회가 왜 샤머니즘에 무릎을 꿇었는가에 핵심이다. 구국기도란 엉터리 기독교인이 맨날 말하는 '**가 북상'이라 말에도, 성경상에서 나오는 하나님을 사칭하는 사탄적 수사학에 팍삭 절어있음이 입증된다. 우익의 우두머리도 기독교 공산당이요 좌익의 우두머리도 기독교 공산당이다! 에헤라! 얼어 죽을!!682)

말이 좋아 기독교이고 허울 좋은 개혁주의이지 실상 그 속내는 함석헌의 씨알사상이 모태이고 민중신학과 자유주의 신학이 버무려져서 함께 깨춤을 추고 있다. 그런데도 그런 목사들이 존중을 받고 유명 강사가 되어 있으니 한국의 기독교는 말이 좋아 기독교이지 본질은 사라지고 없다.

현하기 위해서 영국의 식민지 그늘에서 벗어났을 때 정부를 중심으로 한 국가의 틀을 만들기 위한 헌법작성에 반대하고 국민회의 형식의 공동체를 이룩하겠다고 고집했는데 함석헌이 이에 전적으로 동의하는 것은 당연한 귀결이다."
681) 김경재, "함석헌의 '역사철학' 나는 이렇게 생각한다," 교수신문, 2003/01/11.
682) http://www.frontiertimes.co.kr/bbs/board_view.php?uid=4215/

제15문 우리 시조가 창조된 본래의 상태에서 타락하게 된 죄는 무엇이었습니까? (대 24)

답: 우리 시조가 창조된 본래의 상태에서 타락하게 된 죄는 금지된 열매를 먹은 것이었습니다.[683]

스피노자는 선악과를 어떻게 해석할까? 그것은 신이 인간에게 선한 삶을 살게 하기 위한 도덕적 장치 혹은 체계에 불과하다.

성서는 일반 대중들에게 선함 삶을 살도록 가르치기 위해 지적인 장치보다는 도덕적인 장치를 많이 사용하는데, 화를 내는 신이나 자비로운 신과 같은 인간적인 형상이 그렇다. 따라서 이 아담의 우화에서 인간적인 전달방식을 걷어내고 보면, 신은 아담이 그 과일을 먹었을 때 아담에게 식중독과 같은 것이 발생할 것이라는 자연학적 인식을 전한 것이라 하는 게 타당할 것이다. 풋과일과의 합성이 자연의 법칙상 배탈이나 죽음을 야기한다는 것. 신의 입장, 즉 전자연의 입장에서 봤을 때 아담이 풋과일과 합성해 배탈이 나는 결과나 아담이 과일을 먹지 않고 건강한 결과나 모두 자연 법칙에 속하는 일이다. 신이 금지명령이라는 인간적인 방식으로 말했다고 하지만 사실상 자연 법칙의 표현인 것이다. 안 먹는 게 좋았지만 아담이 굳이 먹었으니 자연의 법칙상 당연히 배탈이 나야 한다(사실 배탈도 자연의 법칙인 것은 맞지만 아담의 관점에서는 자연 법칙의 위반이라고 해석할 수 있다). 그런데 인류 최초의 인간이었으니 그런 자연학적인 지식을 획득할 기회는 없었을 테고, 무지상태에서는 자신의 배탈에 대해 도덕적으로 해석하는 경향이 금방 생겨나게 된다. 죄와 벌의 해석학이 등장하는 것이다. 풋과일의 독이 아담의 신체를 파괴할 것이라는, 영원하고도 필연적인 자연학적인 법칙이 무지한 아담에게서는 어떤 강력한 지배자의 도덕적인 징벌로 다가온 것이다.

뜨거운 불에 손이 닿으면 심각한 화상을 입는다는 자연 법칙에 대한 이해가 없는 아이들은 어른들이 불 가까이 다가가지 못하게 하면 이를 자연학적 인식의 전달이라기보다는 도덕적이고 권위적인 금지로 여기다가도 일단 불에 데게 되면 그것이 자연 법칙이었다는 인식을 얻게 된다. 부모는 대부분 도덕적이지만 그래도 가끔은 자연의 이치를 설명하기도 한다는 그런 인식 말이다. 스피노자의 말대로 "신의 목적은 아담으로 하여금 인식에 있어서 더 완벽해지라고 하는 것이었다." 이처럼 자연의 법칙을 이해하지 못하는 자에게 그 필연의 법칙은 금세 도덕적인 법칙으로 전환되는 게 현실이다.[684]

그러나, 이런 스피노자의 말은 틀렸다. 왜냐하면 스피노자는 '아담의 무지'를 전제로 하기 때문이다. 아담이 그렇게 무지했는가? 성경을 보자.

18 여호와 하나님이 가라사대 사람의 독처하는 것이 좋지 못하니 내가 그를 위하여 돕는 배필을 지으리라 하시니라 19 여호와 하나님이 흙으로 각종 들짐승과 공중의 각종 새를 지으시고 아담이 어

683) Q. 15. What was the sin whereby our first parents fell from the estate wherein they were created? A. The sin whereby our first parents fell from the estate wherein they were created, was their eating the forbidden fruit.
684) 이수영, 에티카 자유와 긍정의 철학 (파주: 오월의 봄, 2013), 292-293.

떻게 이름을 짓나 보시려고 그것들을 그에게로 이끌어 이르시니 아담이 각 생물을 일컫는 바가 곧 그 이름이라 20 아담이 모든 육축과 공중의 새와 들의 모든 짐승에게 이름을 주니라 아담이 돕는 배필이 없으므로 21 여호와 하나님이 아담을 깊이 잠들게 하시니 잠들매 그가 그 갈빗대 하나를 취하고 살로 대신 채우시고 22 여호와 하나님이 아담에게서 취하신 그 갈빗대로 여자를 만드시고 그를 아담에게로 이끌어 오시니 23 아담이 가로되 이는 내 뼈 중의 뼈요 살 중의 살이라 이것을 남자에게서 취하였은즉 여자라 칭하리라 하니라 24 이러므로 남자가 부모를 떠나 그 아내와 연합하여 둘이 한 몸을 이룰지로다(창 2:18-24)

하나님께서는 아담을 창조하시고 각종 짐승과 새를 아담에게로 이끄셨다. 아담은 그들에게 이름을 지어주었다. 고대 히브리 사회에서 누군가에게 이름을 짓는 것은 그에 대한 소유권이나 종주권(宗主權)을 나타내는 행위였다. 하나님께서 그 권한을 아담에게 위임한 것은 만물보다 뛰어난 인간의 우월성을 인정해 주셨다는 의미를 지닌다. 또한 하나님께서는 아담의 독처하는 모습이 좋지 않아 아담의 갈빗대로 하와를 만드시고 아담에게로 이끄셨다. 그 때 아담은 "이는 내 뼈 중의 뼈요 살 중의 살이라"고 하면서 "여자"라 칭했다.

이름을 짓는다는 것은 소유권을 행사하는 그 대상을 알고 해석할 줄 안다는 것이다. 아담은 하나님의 청지기로서 언약의 우두머리로서 하나님께서 허락하신 세상을 파악하고 다스리고 경영함으로 하나님께 영광 돌리는 삶을 살아가는 존재였다. 그런 아담에 무지했다는 것은 말이 안 된다!685)

그러면 성경이 말하는 선악과 사건은 무엇을 말하는가? 인간이 타락한 증거는 사도 바울이 말하듯이 새사람이 행하고 싶은 거룩한 것을 하지 않고 행하고 싶어 하지 않는 죄악을 하는 것이다.686) 하나님께서 창조하신 에덴동산에서 아담 하와는 하나님의 명령을 따라 순종하는 삶을 살았다. 그렇게 사는 그들에게 간교한 뱀이 다가와 하와에게 물었다.

… 하나님이 참으로 너희더러 동산 모든 나무의 실과를 먹지 말라 하시더냐(창 3:1)

하나님의 명령에 의구심을 가지게 만들었다. 아담이 지은 죄는 '먹지 말라고 한 것을 한 번 먹어본 건데 왜 그러세요?' 하는 정도가 아니다. 아담을 유혹한 사탄은 하나님의 권위와 권좌를 찬탈하려고 의도적이고 악의적으로 반역한 존재다. 사탄

---

685) 루이스 벌코프, 벌코프조직신학(상), 권수경·이상원 역 (서울: 크리스챤다이제스트, 1993), 438; 바르트와 브룬너는 인간의 원초적인 상태와 타락에 관한 이야기를 일종의 신화로 간주한다. 창조와 타락은 모두 역사에 속한 것이 아니라 초역사에 속한 것이기 때문에 양자는 모두 인식 불가능한 것이라고 본다.
686) 나의 행하는 것을 내가 알지 못하노니 곧 원하는 이것은 행하지 아니하고 도리어 미워하는 그것을 함이라(롬 7:15)

이란 '대항하는 자'라는 뜻이다. 하나님을 대항하는 자가 사탄이고, 하나님을 대항하는 자를 계속해서 만들어 내는 자다. 그런 사탄의 유혹에 넘어간 것은 사탄과 똑같이 하나님께 의도적으로 악의적으로 하나님께 대항하고 반역한 것이다. 이것이 아담의 죄다!

이것이 그 옛날 에덴동산에만 있었던 일인가? '권력에의 의지'를 구현해 가는 니체의 초인사상은 두 갈래로 나누어졌다. 하나는 에른스트 융거와 하이데거를 통해 나치즘으로 나갔고, 또 하나는 세상의 허무와 한계에도 불구하고 자신과 세계를 스스로의 노력으로 창조해 가는 주체로서의 초인은 카뮈와 샤르트르의 현실 참여적 실존주의로 나타났다. 니체와 하이데거의 허무주의는 무신론적이고 마르크스주의적이었던 실존주의 철학자 장 폴 샤르트르에게 다르게 나타났는데, 샤르트르는 인간의 독특함은 인간의 주관성이며 그 주관성의 핵심 요소는 의지 혹은 자유라고 했다. 니체와 하이데거가 무에서 허무를 발견했다면 샤르트르는 무에서 자유를 말했다. 인간의 본질이란 정해져 있는 것이 아니므로 인간이라는 주체의 자유로운 선택이 중요하다고 보았다. 이 인간의 주체성, 자유 이것이 모든 것을 만들어 가는 것이기에 하나님의 자리를 인간이 대신하게 되었다.

샤르트르는 인간이 자율적일 때 비로소 도덕적으로 완전히 자유로울 수 있다고 말했다. 도대체 이 말이 가지는 의미는 무엇인가? 프란시스 쉐퍼는 다음과 같이 말한다.

> 샤르트르에 의하면 우주는 합리적으로 볼 때 부조리(absurd)하다. 그러므로 사람은 자신을 자신답게 만들려고(to authenticate oneself) 노력하지 않으면 안 된다는 것이다. 그러면 어떻게 해야 하는가? 의지(will)의 행동으로 자신을 자신답게 함으로써 가능하다. 그러므로 당신이 자동차를 타고 가다가 비를 맞고 있는 사람을 발견할 때 그를 차에 태워 준다고 하자. 그것은 부조리하다. 그것이 무슨 상관인가? 그는 아무것도 아니다. 그 상황 역시 아무것도 아니다. 그러나 차를 몰던 당신은 의지의 행동으로써 자신을 자신답게 했다. 그런데 어려운 문제는 이처럼 자신을 자신답게 하는 데는 아무런 합리적인 혹은 논리적인 내용이 없다는 것이다. 의지의 행동이 발로되는 모든 방향은 동등한 것이다. 따라서 당신이 차를 몰고 가다가 비를 맞고 있는 사람을 보고서 그냥 속력을 더 내어 그 사람을 치었다면, 이때도 먼저 번 경우와 똑같이 자기의 의지로 자신을 자신답게 한 것이다. 만일 이와 같은 사실을 이해한다면 이와 같이 절망적인 상태에 처하여 있는 현대인을 위하여 울 수밖에 없다.687)

사탄이 간교하게 유혹한 것은 샤르트르처럼 외부의 간섭자가 없이 오로지 실존적 의지의 결단으로 살아가는 것이다. 그것이 아담이 범한 죄였다. 아담의 죄는 형

---

687) 프란시스 쉐퍼, 이성에서의 도피, 김영재 역 (서울: 생명의말씀사, 2008), 64-65.

식적인 의미에서 보자면, 선악을 알게 하는 선악과를 먹은 것이다. 그러나 그 내용적인 의미에서는 하나님 없는 자율성이며 신성화였다!

샤르트르가 말하는 자율적인 삶을 살아가게 되면 세상은 어떻게 될까? 자율적인 자유는 개인(개별자)을 우주의 중심으로 하는 자유를 말한다. 그것은 어느 누구에게도 속박되지 않는 자유를 말한다. 그것은 어느 누구에게도 책임을 지지 않는 자유다. 문제는 무엇인가? 그렇게 살아가면 세상이 죽기 전에 먼저 그런 삶을 추구하는 개인이 먼저 절망과 비참에서 헤메다가 죽고 만다는 사실이다.

사탄은 무엇이라고 말했는가?

1 여호와 하나님의 지으신 들짐승 중에 뱀이 가장 간교하더라 뱀이 여자에게 물어 가로되 하나님이 참으로 너희더러 동산 모든 나무의 실과를 먹지 말라 하시더냐 2 여자가 뱀에게 말하되 동산 나무의 실과를 우리가 먹을 수 있으나 3 동산 중앙에 있는 나무의 실과는 하나님의 말씀에 너희는 먹지도 말고 만지지도 말라 너희가 죽을까 하노라 하셨느니라 4 뱀이 여자에게 이르되 너희가 결코 죽지 아니하리라 5 너희가 그것을 먹는 날에는 너희 눈이 밝아 하나님과 같이 되어 선악을 알 줄을 하나님이 아심이니라 6 여자가 그 나무를 본즉 먹음직도 하고 보암직도 하고 지혜롭게 할 만큼 탐스럽기도 한 나무인지라 여자가 그 실과를 따먹고 자기와 함께한 남편에게도 주매 그도 먹은지라 (창 3:1-6)
12 아담이 가로되 하나님이 주셔서 나와 함께 하게 하신 여자 그가 그 나무 실과를 내게 주므로 내가 먹었나이다 13 여호와 하나님이 여자에게 이르시되 네가 어찌하여 이렇게 하였느냐 여자가 가로되 뱀이 나를 꾀므로 내가 먹었나이다(창 3:12-13)

사탄은 언제나 거짓말로 미혹하고 좌를 지어 타락하게 한다. 사탄의 거짓말은 무엇인가? 샤르트르의 말처럼 '부조리'였다. 하나님과 맺은 언약을 신경 쓰지 말고 스스로 선택하고 행동하고 살아가라는 것이었다. 사탄의 미혹은 무엇인가? '하나님께 복종하지 말고 네 스스로 하나님이 되어라'고 말한 것이었다. 그러나 아담과 하와는 그 죄의 결과를 감당하지 못했다. 좌를 짓기 전에는 자기 한계를 알지 못한다. 그러나 좌를 짓고 난 후에는 심판과 형벌이 기다리고 있다. 사탄은 인간의 그런 절망과 죽음을 노린 것이다.

선악과 왜 만드셨나요?

하나님께서는 선악과를 통하여 하나님이 온 우주의 창조주이시며 절대주권을 가지신 왕이시라는 것을 나타내셨다. 그에 비하여 인간은 피조물이며 왕이신 하나님의 언약의 말씀에 순종해야할 그의 백성이라는 사실을 나타내셨다. 그리하여 그 말씀에 순종하는 것이 선이며 불순종하는 것은 죄가 되며 죽음에 이른다는 것을 나타 내셨다.

선악과 사건을 말하면 사람들은 이구동성으로 이런 질문을 한다.

'하나님께서는 왜 선악과를 만드셨나요?'

'왜 그냥 가만히 놓아두셨는가요?'

비슷하게, 우리 자신에게도 같은 질문을 한다.

'왜 죄를 지을 때 가만히 계셨나요?'

'죄를 못 짓게 하시면 안 되나요?'

죄와 사망으로부터 이왕 구원해 주셨으면 죄를 짓지 않도록 영원히 격리되게 해 주시면 안 되는지 궁금해 하고 괴로워한다. 오로지 마음속에는 의롭고 거룩한 생각 만 하고 그렇게 살아가기를 소원한다.

이런 근본적인 오해가 왜 생기게 되는 것인가? 하나님께서는 사람을 만드시되 기계로 만드시지 않으셨다. 리모컨트롤 하지 않으신다. 텔레비전 채널을 선택하듯 이, 하나님께서 우리를 조정하시어 죄를 못 짓게 하시거나, 컴퓨터 프로그램처럼 의와 거룩만 쫓아가도록 프로그램을 짜 놓은 것이 아니다. 하나님께서 강요와 위협 으로 우리를 인도해 가시지 않는다. 하나님께서는 자기 백성과 언약하시고 하나님 의 본성과 성품이 자기 백성에게 실현되기를 기뻐하신다. 그래서 선악과를 먹지 말 라 하셨으며 그래서 율법을 주셨다. 하나님의 계명을 억지로 행하는 것이 아니라 자발적으로 순종하며 마음과 사랑을 바칠 것을 요구하신다.

그럼에도 불구하고 하나님의 법을 어기고 선악과를 먹고 죄를 저지른 것이 인간 이다. 마음의 항복이 없으면 하나님의 법에 순종할 수가 없다. 불순종은 하나님 없 는 자율적인 인간이 되려는 의지의 표현이다.

그렇게 죄를 지어 타락한 인간을 하나님께서는 다시 부르시고 구원하셔서 성령 하나님의 역사하심으로 하나님 앞에 세워 의와 거룩으로 새사람으로 만들어 가신 다.

"정녕 죽으리라" - 죽음의 의미는 무엇인가?

그것은 실제로 죽을 것을 말하기도 하지만, 하나님과 관계없는 삶을 말한다. 하 나님의 언약을 저버리는 것은 하나님을 왕으로 섬기며 사는 것을 거부하고 자신이 왕이 되어 살아가는 것을 말한다. 조직신학자 벌코프는 다음과 같이 말한다.

4. 언약의 형벌
여기서 경고되고 있는 형벌은 죽음이다. 이것의 의미는, 성경에서 사용되고 있는 이 용어의 일반적인 의미와, 형벌이 시행될 때 범죄자에게 가해지는 악을 면밀하게 살피면 알 수 있다. 가장 포괄적인 의미에 있어서의 죽음은 육체적이고 영적인 영원한 죽음을 포함한다. 성경에 나타난 근본적인 죽음의 개념은 존재의 소멸이 아니라 생명의 근원으로부터의 분리를 뜻하며, 그로부터 초래되는 몸의 해체, 비참 그리고 저주를 뜻한다. 근본적으로 죽음이란 영혼이 하나님으로부터 분리되는 것이요, 영적인 비참함 속에 자신을 드러내는 것이요, 마침내는 영원한 죽음에 이르러 끝나는 것이다. 그러나 여기에는 몸과 혼의 분리 및 그로 인한 몸의 해체도 포함된다. 분명한 것은 형벌의 시행이 최초의 범죄 직후에 시작되었다는 것이다. 영적인 죽음이 즉각 들어왔으며, 죽음의 씨앗이 몸 안에서 활약하기 시작했다 형벌의 완전한 시행이 즉각 뒤따르지 않고 보류되었다. 그 이유는 하나님이 즉각 은혜와 회복의 경륜을 시작하셨기 때문이다.[688]

죄와 죽음은 언약적으로 이해해야 한다. 인간의 윤리·도덕적인 차원으로 죄와 죽음을 이해하게 되면 성경의 본질에서 벗어나게 된다. 아담 하와의 죽음은 하나님과 분리된 것이다. 그들의 영혼만 분리된 것이 아니라 육체도 분리가 된 것이다.

우리는 언제나 기억해야 한다. 인간은 하나님 의존적인 삶을 살아야만 한다. 왜냐하면 인간에게 필요한 모든 것이 하나님으로부터만 공급받을 수 있기 때문이다. 타락은 인간이 자율성으로 가려고 하기 때문이다. 자율성은 오직 하나님께만 있다.[689] 사탄의 유혹은 하나님의 자율성을 인간의 자율성으로 가져오는 것이다. 그것이 바로 신이 된다는 것의 본질이다.

---

688) 루이스 벌코프, 조직신학(상), 권수경·이상원 역 (서울: 크리스챤다이제스트, 1993), 428. 1993.
689) 프란시스 쉐퍼, 이성에서의 도피, 김영재 역 (서울: 생명의말씀사, 2006), 27-29; "이 통일의 문제(자연과 은총의 통일성을 말함)에 대하여 종교개혁은 르네상스와는 완전히 반대되는 대답을 제시했다. 종교개혁은 아리스토텔레스주의와 신플라톤주의의 해석을 거부하였다. 종교개혁자들이 주장하는 대답은 무엇인가? 이들에 의하면 로마 가톨릭 교회에서 자라나는 묵은 인본주의와 자율적인 인간으로 풀어주는 불완전한 타락을 말하는 아퀴나스의 신학에서 문제점이 싹트게 되었다는 것이다. 종교개혁은 성경에서 말하는 전적타락(a total Fall)을 인정하였다. 전인(全人)이 하나님에 의하여 지음을 받았으나, 지금은 지정의를 포함한 전인이 타락한 상태에 있다는 것이다. 아퀴나스와는 반대로 오직 하나님만이 자율적이라고 주장했다. 이것은 두 가지 면에서 진리였다. 첫째로, 최종적인 면에서 볼 때 자율적인 것은 아무것도 없다. 종교개혁자들은 궁극적이며 충분한 지식은 성경에 있다고 주장했다. 다시 말해, 교회나 자연신학 등 다른 어떤 것을 성경과 동등하게 여겨 성경에 첨가하는 견해와 달리, 성경만이 있을 뿐이라는 것이다. 둘째로, 구원 문제에 있어서 인간이 자율적이라는 것을 찾아볼 수 없다. 로마 가톨릭에서는 구원을 얻는 데에 두 가지 노력이 필요하다고 한다. 즉 우리의 구원을 위한 그리스도의 죽으심과 인간이 그리스도의 공로를 받을 자격을 갖추는 일, 이 두 가지가 겸비되어야 한다는 것이다. 따라서 여기에는 인본주의적인 요소가 개입되었다. 종교개혁자들은 인간이 할 수 있는 일은 아무것도 없으며, 인간의 자율적이거나 인본주의적인 노력, 또는 종교적이거나 도덕적인 노력으로는 구원을 얻을 수 없다고 주장한다. 즉 그리스도께서 역사의 시공간에서 죽으심으로 완성하신 사역을 근거로 해서만 사람은 구원을 얻을 수 있다는 것이다. 구원을 얻는 유일한 길은 믿음으로 빈손을 들고, 하나님의 은혜로 하나님의 선물을 받아들이는 데에 있다. 즉 믿음으로만 가능하다. 그러므로 이러한 영역에는 분열이 있을 수 없다. 궁극적인 규범이 되는 지식에는 분열이 없다. …"

김용옥은 다음과 같이 말했다.

> … 왜냐하면 그의 행동은 나의 어릴 때의 행동과는 달리 자각적인 행동이기 때문이다. 그리고 자각에서 우러나온 선택적 행동이기 때문이다. 이러한 자각과 선택을 철학에서는 자율(autonomy)이라고 부른다. 자신의 율(律)을 자기 스스로 결정하는 것이다. 이러한 의미에서 나의 기철학(philosophy of Gi) 혹은 몸철학(philosophy of Mom)은 개인의 자율의 철학이다. 사회가 개인을 억압할 수 없으며 전체가 부분을 말살할 수 없다. 양자는 어디까지나 상보관계에 있는 것이지만 기의 개체의 자율성은 결국 이 우주의 궁극적인 근원이라고 나는 생각하는 것이다.
> 이렇게 보면, 우리가 대부분 신발을 바로 신고 산다는 이러한 사회적 보편성은 결국 우리 몸의 기의 보편성에 그 궁극적 당위근거가 있다. 이러한 나의 몸철학의 결론은 사실 매우 상식적인 것 같이 보이지만, 인류철학사에서 본다면 매우 상식적이 아닌 결론이다. 왜냐하면 여태까지의 대부분의 철학이 상식적이 아닌 것을 상식으로 삼아왔으며 우리 행위의 보편타당한 절대적 근거를 찾으려고만 노력해왔기 때문이다. 앞에서 얘기했지만 어느 정도의 현실적 보편성은 있지만 불변하는 것은 아니며 더구나 절대라는 것은 아무것도 없다. 우리의 물리적 환경 전체에서 절대라는 것은 없다. 즉 관계가 단절된 고립된 존재라는 것은 신을 포함해서 그 어느 것도 존재하지 않는다. 신(神)도 물리적 관계 속에 내재하지 않는다면 그것은 신이 아니다. …690)

김용옥 철학의 핵심은 이런 "개체의 자율성"이다. "개체의 자율성"이라는 말은 인간 개개인이 진리와 가치의 기준이 되는 체계를 말한다. 진리의 기준을 무엇으로 삼느냐의 문제에서 김용옥은 인간을 척도로 삼았을 뿐이다. 절대성을 부인하고 보편성을 추구하는 것 같으나 김용옥의 보편성의 절대적 추구야말로 또 다른 절대성을 추구하는 결과를 낳고 만다. 결국은 그 논리적 말장난에서 벗어날 수가 없다. 물리적 관계 속에서만 파악하려는 김용옥의 단순함은 동양적 영성과 실존주의적이고 현상학적인 접근에서 이루어지고 있기 때문에 결국은 이 시대가 겪고 있는 비참함

---

690) 김용옥, 논술과 철학강의 (서울: 통나무, 2011), 54-55; "동양인들은 예로부터 이 우주는 기(氣)로 구성되어 있다고 생각해 왔다. 이러한 생각은 선진(先秦) 시대의 사상으로부터 시작하여 한 대(漢代)에 정착한 이래, 송(宋)·명(明)·조선조에 이르기까지 일관된 흐름이다. 리(理)를 말하든 기(氣)를 말하든 우주론의 기본적 바탕이 기라는 생각은 변함이 없다. 물론 나의 몸도 기로 구성되어 있다. 나의 발도 기며 나의 신발도 기이다. 나의 발의 구조는 나의 말을 이루고 있는 기의 구조이며, 나의 신발의 구조도 나의 신발을 이루고 있는 기의 구조이다. 결국 나의 몸의 편함이란 이러한 나의 발의 기와 나의 신발의 기가 서로 소통하는 관계에서 성립하는 나의 느낌이다. 결국 나는, 그렇게도 머리가 나빴던 나는 신발을 거꾸로 신는 행위보다는 신발을 바로 신는다는 행위가 나의 몸에 편했기 때문에, 나는 신발을 바로 신기를 선택한 것이다. 만약 끝끝내 나의 몸에 있어서 신발을 거꾸로 신는 것이 더 편했다면 나는 끝끝내 신발을 거꾸로 신기를 선택했을 때 우리는 행동을 제재하기를 삼가야 할 것이다. 설사 그가 보통 사람과 다르더라도 그가 그러한 행동을 못하도록 억누르는 행동은 나의 어릴 때의 행동과는 달리 **자각적인 행동**이기 때문이다. 그리고 자각에서 우러나온 **선택적 행동**이기 때문이다. 이러한 자각과 선택을 철학에서는 자율(autonomy)이라고 부른다. 자신의 율(律)을 자기 스스로 결정하는 것이다. 이러한 의미에서 나의 기철학(Philosophy of Gi) 혹은 몸철학(Philosophy of Mom)은 개인의 자율의 철학이다. 사회가 개인을 억압할 수 없으며 전체가 부분을 말살할 수 없다. 양자는 어디까지나 상보관계에 있는 것이지만 기의 개체의 자율성은 결국 이 우주의 궁극적인 근원이고 나는 생각하는 것이다."

에 직면하지 않을 수가 없다.

아담의 타락은 오늘날 인간이 겪고 있는 모든 문제의 원인이 어디에 있는지를 밝히 말해 준다. 그 원인은 바로 "인간의 죄"이다. 그것은 아담의 죄가 우리에게 전가(轉嫁)[691]된 것이다. 왜 아담의 죄가 우리에게 전가될까? 그것은 아담이 옛언약의 대표자였기 때문이다.

의사가 환자를 바르게 진찰하고 바르게 처방이 되어야 환자를 바르게 치료할 수가 있다. 인간을 바르게 진단할 수 있는 길은 오직 성경을 통한 길이다. 성경은 인간의 문제가 죄에 있다고 분명하게 말한다. TV나 신문에 나오는 악한 사람들을 보면서 나쁘다고 말한다. 반면에 그런 악한 행동을 하지 않는 자신은 선하다고 생각한다. 그러나 그것은 상대적인 잣대로 보는 인간의 판단이다. 인간은 모두가 죄인이다. 다만 그 죄가 겉으로 드러났느냐 아니냐의 차이일 뿐이다.

인간의 죄와 사망이 어디서부터 시작되었는가?

예수님을 제외한 아담의 후손들은 아담의 죄에 대한 책임이 있다. 이것을 죄책이라고 하는데, 죄책이란 율법 또는 도덕적 요구를 어긴 행위에 대해서 처벌 또는 정죄를 받는 상태를 말한다.[692] 아담의 죄책이 아담의 후손에게 옮겨졌다. 그것을 전가되었다고 말한다.

> 한 사람의 순종치 아니함으로 많은 사람이 죄인 된 것 같이 한 사람의 순종하심으로 많은 사람이 의인이 되리라(롬 5:19)

죄와 사망은 우리의 행위 이전에 아담의 범죄함으로부터 온 것이다. 창세기의 아담의 범죄가 신화라고 말한다면 오늘 우리가 당면하는 고생과 아픔과 상처와 눈물도 그저 신화에 불과한 것이며 환영이라고 말해야 한다. 삶이 환영이라고 말하는 사람들이 누구인가? 동양의 신비주의 영성을 추구하는 사람들이다. 그러나 우리가 조금만 생각해 보아도 고통이 어디서 오는가를 알 수가 있다. 삶의 고통과 아픔은 현실이다. 아니라고 수백 번 수만 번을 외쳐도 아프고 눈물이 나는 현실이다. 고통이 죄와 관련되지 않은 것이 없다. 죄에 대한 진노와 죄책과 저주는 객관적이며 현실과 일치하는 엄연한 진리이다. 그런데도 하나님께 나아와 은혜를 구하지 않는 것

---

691) 전가(impute)는 '간주하다', '계산하다', '여기다', '법적으로 이전하다'라는 뜻으로, 법적 책임이나 효력을 다른 사람에게도 똑같이 이전하여 법적 지위나 책임을 함께 공유하는 것을 말한다.

692) 루이스 벌코프, 벌코프조직신학(상), 권수경·이상원 역 (서울: 크리스챤다이제스트, 1993), 449

이 인간의 죄악 된 본성이다. 하나님의 은혜가 없이는 하나님을 찾을 수가 없다. 십자가는 하나님의 해결책이다! 아담의 죄가 왜 우리의 죄가 되는가? 그것은 16문에 나온다.

제16문 모든 인류가 아담의 첫 범죄로 타락하였습니까? (대22)
답: 아담으로 맺은 언약은 아담 자신뿐만 아니라 그의 후손도 위한 것이므로 보통 생육법으로 아담에게서 난 모든 인류는 그 첫 범죄로 아담 안에서 범죄하였고,[693] 그와 함께 타락하였습니다.[694]

유대인들의 죄의 전가 개념은 유대인들의 성년식에서 알 수 있다.

둘째, 성년식 전에는 이 아이가 부모의 죄과에 대하여 고통을 당했지만, 이제는 이로부터 자유롭다. 따라서 아버지의 죄(his own sins)가 더 이상 자녀를 괴롭힐 수 없다(Scherman, 1992, p. 144). 이 말의 뜻은 성년식 이후로는 아들이 육적으로나 영적으로 부모와 완전히 독립되었다는 것을 뜻한다. 더 이상 서로를 책임질 필요가 없다는 뜻이다.
특히 아버지의 죄(his own sins)가 성년식 이전의 자녀에게는 전가되지만 성년식 이후에는 더 이상 전가되지 않는다는 대목은 성년식을 한 이후의 아들은 이제부터 아버지와 상관없이 독립적으로 온전한 새 인생을 시작하라는 뜻을 지닌다. 그러므로 성년식은 대단히 중요한 인생의 기점이 된다.[695]

성년식 이전에는 부모의 죄과에 대하여 고통을 당하나 성년식 이후에는 아버지의 죄과에 대하여 괴롭힘을 당하지 않는다는 것은 성경과 반대되는 유대주의적 가르침이다. 그렇다면, 유대인들은 왜 성년식을 행하는가?

즉 "이 의식(성년식)은 유대인 소년이 성인이 되면, 본인 스스로 유대주의의 율법을 지키도록 의무를 부여하기 위하여 거행하는 행사다"(Bridger, 1976). 따라서 그는 성년식 이후부터 성인이 되는 특권을 누리게 되며, 동시에 유대인의 계율을 지켜 행할 의무가 주어진다.
성년식을 치른 남자들은 유대인의 공동체에서 성인의 수에 포함될 수 있는 자격이 있다. 예를 들어 보자. 유대인은 자신들이 함께 모여 기도하는 회당이 따로 있다. 그런데 거리가 멀거나 기후가 좋지 않아 자신이 살고 있는 구역에서 기도할 수 있는 조건을 정해 놓았는데, 그것이 꼭 10인 이상이어야 한다. 왜냐하면, 유대교의 회당에서는 기도를 드릴 때 열 명 이상의 사람이 있어야 기도가 성립되기 때문이다. 이때 누가 이 10인에 포함될 수 있는가? 그 조건 역시 성년식을 치른 남자만이 해당된다. 성년식을 치르지 않은 사람이나 여성은 이 조건에서 제외된다.[696]

---

693) 로버트 L. 레이몬드, 나용화·손주철·안명준·조영천 역 (서울: 기독교문서선교회, 2004), 566; 레이몬드는 각주 37번에서 다음과 같이 말한다. "웨스트민스터 신앙고백서에 우리의 최초의 조상들의 죄가 통상적인 출생법을 통해서 후손들에게 전가되었다고 진술되어 있는데, 이것은 성경적이지 않다. 왜냐하면 성경 어디에도 하와의 죄가 인류에게 전가되었다고 말씀되어진 것이 없기 때문이다. 아담만이 인류의 언약적 머리이다. 그런 까닭에 성경에는 어디서나 아담의 죄가 인류에게 전가되었다고 말씀되어 있는 것이다."
694) Q. 16. Did all mankind fall in Adam's first transgression? A. The covenant being made with Adam,[40] not only for himself, but for his posterity; all mankind, descending from him by ordinary generation, sinned in him, and fell with him, in his first transgression.
695) 현용수, 잃어버린 지상명령 쉐마2 (서울: 쉐마, 2006), 117.
696) Ibid., 113-114.

성년식을 치르는 이유는 율법을 지키는 유대공동체에 포함되기 위함이다. 유대공동체는 혈통적으로 하나님의 백성이라고 여기는 사람들이다. 놀라운 것은, 이런 성년식을 신약에서도 적용해야 한다고 말한다는 것이다.

> 유대인의 성년식 개념을 신약시대 자녀교육에 어떻게 적용할 수 있겠는가? 신약시대 교회에서도 기독교인 가정에서 자란 자녀들에게 성년식 프로그램을 만들어 13세 이전에 말씀의 제자로 양육하여 13세에 성년식을 거행하는 것이 2세 교육에 매우 유익하다.[697]

성년식을 통해 부모의 죄가 전가 되지 않고 유대공동체에 포함시키는 유대주의를 신약의 교회에 적용시키는 것은 명백히 잘못된 것이다. 죄의 전가가 이루어지지 않는 것은 예수님께서 십자가에 못박혀 죽으셨기 때문이지, 성년식으로 이루어지는 것이 결코 아니다. 기독교 가정에서 자란 자녀들에게는 '성년식'이 필요한 것이 아니라, 참된 회심과 성화가 필요하며, 그것을 위해 예수 그리스도의 십자가 복음을 전해야 한다.

현용수 박사는 다음과 같이 말했다.

> 문제는 뭡니까? 예수님 믿기 이전에 13세 이전에 어떤 교육을 받았느냐에 따라서 예수님을 믿고 나서 양반교인이 되느냐 쌍놈교인이 되느냐? 구별이 되는 겁니다.[698]

그의 말 대로, "13세 이전에 어떤 교육을 받았느냐에 따라" 예수님을 믿고 난 뒤에도 양반교인으로 쌍놈교인으로 구별이 되는 것일까? 성경은 무엇이라고 말하는가?

> 그런즉 누구든지 그리스도 안에 있으면 새로운 피조물이라 이전 것은 지나갔으니 보라 새것이 되었도다(고후 5:17)
> 거기는 헬라인과 유대인이나 할례당과 무할례당이나 야인이나 스구디아인이나 종이나 자유인이 분별이 있을 수 없나니 오직 그리스도는 만유시요 만유 안에 계시니라(골 3:11)

예수 그리스도를 구주로 믿고 난 뒤에는 모두가 다 "새로운 피조물"이 되었기에 거기에는 어떤 구별도 없다! 그러므로 13세 이전에 받은 교육이 어떻다 할지라도 예수님 안에서는 차별이 없다. 동일한 하나님의 나라의 시민이요 하나님 나라의 백

---

697) Ibid., 123.
698) http://blog.daum.net/shemaiqeq/77/ "현용수 박사의 강의 「교육의 내용과 형식-2」," 25분 00초부터 25분 17초까지(Sep. 3. 2009).

성이다.

사람들은 인간이 근본적으로 죄인이라는 사실에 대해 거부하고 오히려 근본적으로 선하다고 생각한다. 그러나 성경은 아무도 선하지 않다고 분명하게 말한다.

> 10 기록한 바 의인은 없나니 하나도 없으며 11 깨닫는 자도 없고 하나님을 찾는 자도 없고 12 다 치우쳐 한가지로 무익하게 되고 선을 행하는 자는 없나니 하나도 없도다(롬 3:10-12)

선을 행하는 자가 하나도 없다. 의인 역시 하나도 없다. 깨닫는 자도 없고 하나님을 찾는 자도 없다. 그것이 인간의 처한 형편이다. 우리의 조상 아담이 선악과를 먹고 죄를 지어 타락하게 되었을 때 아담은 언약의 대표자였기 때문에 그 첫 범죄를 아담과 언약관계에 있는 모든 인류에게 전가되었다.

그 죄로 인해 그들은 생물학적으로도 죽음을 맞이하게 되었고, 무엇보다 영적으로 죽었다. 영적으로 죽었다는 것은 하나님과 단절되었다는 뜻이다. 그 결과로 인간은 태어날 때부터 죽을 때까지 하나님을 찾지 않고 자기 죄를 회개하지도 않는다. 하나님께서 거듭나게 하시지 아니하면 사람이 자기 스스로 하나님께 나아올 수 없다. 그것이 인간의 본성이다.

사람들이 죄인이 아니라고 믿고 살고 자신의 행동이 죄가 아니라 생각하는 것은 하나님의 기준인 율법에 맞추어 생각하지 않기 때문이다. 이 세상의 기준으로 사람들의 행동을 생각하고 자신의 모습을 생각하기 때문에 상대적으로 판단할 뿐이다. 그러나 성경은 인간의 죄인 됨을 분명하게 말한다.

> 12 이러므로 한 사람으로 말미암아 죄가 세상에 들어오고 죄로 말미암아 사망이 왔나니 이와 같이 모든 사람이 죄를 지었으므로 사망이 모든 사람에게 이르렀느니라 13 죄가 율법 있기 전에도 세상에 있었으나 율법이 없을 때에는 죄를 죄로 여기지 아니하느니라 14 그러나 아담으로부터 모세까지 아담의 범죄와 같은 죄를 짓지 아니한 자들 위에도 사망이 왕 노릇 하였나니 아담은 오실 자의 표상이라(롬 5:12-14)

로마서 5장은 구원의 확신에 대하여 말하고 있다. 하나님께서 우리에게 어떻게 은혜를 베푸셨는지, 그리고 그의 계획과 의지와 신실하신 성품으로 구원하셔서 그 완성의 자리로 갈 것이며, 우리에게 허락하신 그 구원이 취소될 수 없다는 것을 말하고 있다.

바울은 먼저 모든 사람이 죄인이라는 것을 말한다. 아담 한 사람으로 시작된 죄가 세상에 들어와 그 죄로 말미암아 모든 사람이 죄를 지어 사망에 이르게 되었다. 모든 사람이 죽는 것은 죄의 세력이 지배하고 있기 때문이다. 율법이 주어지기 전에도 모든 사람은 죄와 죽음의 지배 아래 있었다. 그렇게 된 것은 아담이 언약의 대표자이기 때문이다.

> 15 그러나 이 은사는 그 범죄와 같지 아니하니 곧 한 사람의 범죄를 인하여 많은 사람이 죽었은즉 더욱 하나님의 은혜와 또는 한 사람 예수 그리스도의 은혜로 말미암은 선물이 많은 사람에게 넘쳤으리라 16 또 이 선물은 범죄한 한 사람으로 말미암은 것과 같지 아니하니 심판은 한 사람을 인하여 정죄에 이르렀으나 은사는 많은 범죄를 인하여 의롭다 하심에 이름이니라 17 한 사람의 범죄를 인하여 사망이 그 한 사람으로 말미암아 왕 노릇 하였은즉 더욱 은혜와 의의 선물을 넘치게 받는 자들이 한 분 예수 그리스도로 말미암아 생명 안에서 왕 노릇 하리로다 18 그런즉 한 범죄로 많은 사람이 정죄에 이른 것 같이 의의 한 행동으로 말미암아 많은 사람이 의롭다 하심을 받아 생명에 이르렀느니라 19 한 사람의 순종치 아니함으로 많은 사람이 죄인 된 것 같이 한 사람의 순종하심으로 많은 사람이 의인이 되리라(롬 5:15-19)

모세 이전 사람들이 이와 동일한 범죄를 짓지 않았을지라도 그들은 하나님 앞에서 동일한 죄인들이다. 왜냐하면 그들은 아담 안에서 하나님께 대하여 거역하는 본성을 이어 받았기 때문이다. 이러한 사실에 대해 호세아 선지자는 '아담처럼 언약을 어기고'(호 6:7)라는 표현을 사용하여 인간의 범죄가 단순히 자범죄가 아니라 하나님과의 관계에서 파생된 근본적인 죄임을 선포하고 있다. 범죄가 한 사람 아담으로부터 시작되었듯이 은혜도 한 사람 예수 그리스도로부터 시작되었다.

성경은 14절 끝에서 '아담은 오실 예수 그리스도의 표상'이라 했다. 아담과 예수 그리스도는 한 인류의 대표자요, 머리라는 점에서 같다는 뜻이다. 아담은 죄를 지어 멸망당할 자들의 머리이고, 예수 그리스도는 의를 얻어 영생을 얻을 자들의 머리로서 같다.

바울이 왜 아담과 예수 그리스도의 공통점을 말하는가? 그것은 예수 그리스도 안에서 구원을 받는다는 진리가 무엇인지 말해주기 위해서다. 자연발생적으로 출생한 자들은 혹 그가 죄를 하나도 짓지 않았어도, 죄가 무엇인지 몰라도, 아담의 죄가 전가되어 있기에 죄인이다. 아담이 옛언약의 대표자이기 때문이다.[699] 같은 방

---

699) 로버트 L. 레이몬드, **최신조직신학**, 나용화·손주철·안명준·조영천 역 (서울: 기독교문서선교회, 2004), 37: "웨스트민스터 신앙고백서에 우리의 최초의 조상들의 죄가 통상적인 출생법을 통해서 후손들에게 전가되었다고 진술되어 있는데, 이것은 성경적이지 않다. 왜냐하면 성경 어디에도 하와의 죄과 인류에게 전가되었다고 말씀되어진 것이 없기 때문이다. 아담만이 인류의 언약적 머리. 그런 까닭에 성경에서는 어디서나 아담의 죄가 인류에게 전가되었다고 말씀되어 있는 것이다."

법으로 의인이 되는 방식을 말한다. 의를 행할 수 없으며 의에 이를 수 없는 자들이라도 예수 그리스도의 의 때문에 그 공로가 전가되어서 의인되는 방식이다. 한 사람 아담의 죄 때문에 우리가 모두 죄인이 되고 사망에 이르렀듯이, 한 분 예수 그리스도로 말미암아 의인이 되었다. 사도 바울은 성도들의 부활에 대하여 말하면서 다음과 같이 말했다.

> 아담 안에서 모든 사람이 죽은 것 같이 그리스도 안에서 모든 사람이 삶을 얻으리라(고전 15:22)

'아담 안에서 모든 사람이 죽는다'는 것은 인류가 아담과 함께 죄의 연대성 속에 있다는 것을 말해 준다. 성경은 아담이 하나님께 불순종함으로 세상에 죄가 들어왔으며, 그로 인해 사망이 모든 사람에게 이르렀다고 말한다.[700] 인류가 아담 안에 연합되어 있었다는 것은 아담이 언약의 대표자였다는 뜻이다. 아담의 범죄는 인류의 범죄이며 아담의 죽음은 인류의 죽음이다. 그러나, 예수 그리스도는 십자가에 피흘려 죽으시고, 부활하심으로 아담의 죄와 죽음에서 해방시켰다. 그리스도께서 부활하셨으므로 새언약의 대표이신 그리스도를 믿는 성도들은 그리스도 안에서 부활하게 된다.

원죄[701] – 왜 아담의 죄로 인류가 타락하게 되는가?
벌코프는 원죄에 대하여 다음과 같이 말한다.

A. 원죄
인간은 죄악 된 상태와 조건 안에서 태어난다. 이 상태를 신학에서는 원죄(peccatum originale)라고 부른다. 원죄에 해당하는 영어 'original sin'은 화란어 'erfzonde'보다 적절한 단어이다. 그 이유는, 엄격히 말해서 'erfzonde'는 원죄에 해당하는 것을 다 포괄하지 못하기 때문이다. 원죄는 원초의 죄책을 말하는 것이 아니다. 왜냐하면 이 죄책은 선천적으로 물려받는 것이 아니라 전가되는 것이기 때문이다. 이 죄를 원죄라고 부르는 이유는 (1) 그것이 인류의 원초적인 뿌리로부터 파생되는 것이기 때문이요 (2) 또한 그것이 태어날 때부터 인간의 생명 안에 현존하는 것으로서, 인간이 모방한 결과가 아니기 때문이며 (3) 또한, 그것이 인간의 삶을 오염시키는 모든 실제적인 죄들의 내적 뿌리가 되기 때문이다. 그러나 어쨌든 이 용어를 죄는 인간 본성의 원초적인 구성 요소에 속하는 것이므로 하나님이 인간을 죄인으로 창조하셨다는 생각을 가리키는 것으로 오해하지 않도록 주의해야 한다.

---

700) 이러므로 한 사람으로 말미암아 죄가 세상에 들어오고 죄로 말미암아 사망이 왔나니 이와 같이 모든 사람이 죄를 지었으므로 사망이 모든 사람에게 이르렀느니라(롬 5:12)
701) 니체는 원죄론을 "인간에게는 근본적으로 뭔가가 결여돼 있다."라고 변형시켰다.

이 말에서 보듯이 원죄는 아담의 첫 죄로 말미암아 인류가 짊어지게 된 첫 죄의 결과를 의미한다. 원죄는 인간본성이 타락했다는 것으로 인간이 죄를 지어서 죄인이 아니라 죄인이기에 죄를 짓는 것이다. 그것을 '언약의 대표성'이라 한다. 하나님께서는 창조 이전에 이미 구속 계획을 세우셨다. 그 세우신 목적에 따라 예수 그리스도의 속죄가 택한 자들에게 영향을 미치도록 결정하셨다. 아담과 아담의 후손들은 유기적으로 연결되어 있다. 따라서 필연적으로 인간의 타락은 하나님의 영원하고 불변하는 계획의 필수적이고 본질적인 측면이다.702)

이런 언약의 대표성에 대해서 세상은 이해하지 못하고 거부한다. 무엇보다도 공평성에 대해 이의를 제기한다. 그들은 '아담의 죄가 왜 우리의 죄가 되나요?' '다른 사람이 지은 죄로 내가 벌을 받는다면 그것이 공평한 일인가요?' 하고 항의성 질문들을 한다. 그러나 하나님께서는 아담과 그의 후손들(예수님은 제외) 사이의 연합을 세우셨다. 생물적 연합 외에 대표적 연합이다.

아담의 행동이 그 후손의 행동이 되는 방식으로 후손들의 대표로 세우셨다. 아담의 불순종이 우리의 불순종이요 아담의 순종이 우리의 순종이 된다. 그래서 공평하시다. 그것은 "언약적 공평"이다.

아담의 죄가 전가되는 문제에 대한 이론은 실재론과 언약주의 두 가지다. 이에 대하여 원천적으로 반대하는 불가지론적 견해, 간접전가, 펠라기우스 이론이 있다.

실재론(Realism)은 터툴리안과 어거스틴의 의견이다. 아담이 죄를 지을 때 우리가 실제로 거기에 있어야 하나님께서 우리에게도 죄를 물을 수 있다는 개념이다. 아담은 인류 전체를 구성하는데 아담 이후에 태어난 그의 모든 후손들은 아담의 본성이 개별화된 것이라 한다. 아담이 범죄했을 때 인성의 모든 부분이 죄를 범한 것이다는 주장이다. 아담이라는 전체 집합 안에 인류의 총체적 인성이 부분집합으로 있기 때문에 아담이 최초로 죄를 지을 때 인류도 동일하게 죄를 지었다는 것이다.

히브리서 7장 9-10절703)을 들어서 증거구절로 삼으나, 8절에는 "할 수 있나니"라고 말함으로써 실제로는 레위가 아브라함의 허리에 없었다는 것을 암시한다. 그러므로 실재론은 성경적 지지를 받지 못한다.

언약주의(Federalism)는 아담이 언약의 대표자라는 개념이다. 아담은 인류의 언약적 머리이다. 아담은 한 개인으로 죄를 지었으나 아담은 그 이후로 출생할 모든

---

702) 로버트 L. 레이몬드, 최신조직신학, 나용화·손주철·안명준·조영천 역 (서울: 기독교문서선교회, 2004), 489.
703) 9 또한 십분의 일을 받는 레위도 아브라함으로 말미암아 십분의 일을 바쳤다 할 수 있나니 10 이는 멜기세덱이 아브라함을 만날 때에 레위는 아직 자기 조상의 허리에 있었음이니라(히 7:9-10)

인류를 대표하는 언약적인 머리였다. 언약주의는 아담의 죄책의 전가가 그 어떤 것에 의해 중개되어진 것이 아니라 그 죄책은 즉각적이고 직접적이므로 인류는 죄책과 그 저주에 연루되어 있다는 주장이다.

구원은 언약의 대표성의 타당성에 근거한다. 예수 그리스도는 새언약의 대표이다. 우리의 구원은 하나님께서 우리의 죄책을 예수님에게 전가시키시고 예수님의 의를 우리에게 전가시키시는 이중전가를 필요로 한다.

사람들은 '왜 아담의 죄를 내가 책임져야 하는가요?'하고 질문한다. 언약주의는 '아담이 당신을 대표하기 때문이다.'라고 대답한다. 그러면, 사람들은 '내가 언제 아담을 대표자로 세웠나요?'라고 항변한다. 그러나 대표자로 세우는 것은 내 의지로 세운 것이 아니고 하나님께서 아담을 인간의 대표자로 세우셨다.

펠라기우스(Pelagius, 360?-420)는 아담의 원죄 자체를 부인한다. 따라서 아담으로부터 어떤 죄책이나 오염도 없으며, 아담의 죄는 전가되지 않는다고 말한다. 펠라기우스는 개인적 죄의 성격만을 주장한다. 인간은 기본적으로 선한 도덕적 본성을 갖고 있기에 중립적인 상태에 있으며, 절대적인 자유의지를 갖고 있다고 말한다. 따라서 사람이 선한 의지만 갖고 있다면, 죄를 짓지 않고 선을 행할 수 있다고 말한다. 그러면 '인간이 죄를 짓는 이유는 무엇인가?'에 대하여서는 모방으로 설명한다. 아담은 그의 후손들에게 나쁜 모범을 보였기 때문에 그 이후의 사람들은 그 나쁜 모방을 따라 학습하는 경향이 있다는 것이다. 죄는 이렇게 모방을 통해 죄는 전가되어질 뿐이라고 말한다. 이 말은 인간의 본성 자체가 선하고 선과 악을 택할 수 있는 자유의지가 있다는 뜻이다. 인간 개개인의 죄는 오로지 그 개인의 죄이며 아담과 그 후손들과는 아무런 관계가 없다는 것이 펠라기우스주의자들의 가르침이다.704)

---

704) 자카리아스 우르시누스, **하이델베르크 교리문답해설**, 원광연 역 (서울: 크리스챤다이제스트, 2006), 101; "대전제를 구별해야 한다. 자기들이 본성적으로 소유하지 않은 것들은 부모가 자녀에게 물려줄 수 없다. 그런데 부모가 죄책에서 자유를 얻은 것은 본성을 통해서가 아니라 그리스도의 은혜를 통해 이루어진 일이다. 이와 같은 이유로, 부모는 은혜로 말미암아 그들에게 전가된 의(義)도 본성을 통해서 후손들에게 전달할 수가 없고, 오히려 그들이 본성적으로 지닌 부패와 정죄의 상태를 전달해 줄 뿐이다. 그리고 그들이 자기들의 의가 아니라 죄책을 전달해 주는 이유는, 그 자녀들이 은혜에 의해서가 아니라 본성에 의해서 출생하기 때문이다. 은혜와 칭의를 육체적인 생식에 의해서 전달되는 것으로 생각해서도 안 된다. 그것들은 오직 하나님의 지극히 자유로운 선택에 의해서 이루어지는 것이다. 야곱과 에서의 경우가 이 점을 보여주는 실례다. 아우구스티누스는 두 가지로 이를 예증하고 있다. 그 하나는 곡식의 낟알들이 타작을 통해서 껍질과 티눈이 분리된 상태로 땅에 심겨지는데, 여전히 그것들을 지닌 상태로 땅에서 돋아난다는 것이다. 그런 결과가 생기는 이유는 타작과 깨끗이 씻는 일이 그 곡식에 본질이 아니고, 인간이 그것에 가하는 수고이기 때문이다. 또 하나의 예증은, 아버지가 할례를 받아 생식기의 가죽이 없는데도 불구하고 그에게서 나는 아들에게는 여전히 생식기의 가죽이 있다는 것이다. 이 역시 할례가 아버지의 본성에 속하는 것이 아니라, 언약으로 그에게 가해진 것이기 때문에 생기는 현상이다."

알미니안주의자들이 펠라기우스주의에 완전히 동의한 것은 아니지만 전적타락은 부정했다. 그들은 인간이 타락했으며 그것이 인간의 본성에 영향을 끼쳤지만, 그럼에도 불구하고 여전히 인간에게는 어떤 선함과 자유의지가 남아 있다고 말했다.

펠라기우스주의나 알미니안주의와 같이 인간의 죄성을 인정하기를 싫어하고 인간 밖에서 주어지는 구원을 거부하는 이론들 속에는 언제나 신성한 내면아를 확보하고 있음을 발견하게 된다. 그것이 정도의 차이는 있을지라도 언제나 인간의 무능력에 대한 철저한 거부감이 도사리고 있다. 인본주의자들은 사람이 근본적으로 선하다고 가르치며 그 선한 것을 잘 계발시키라고 가르치기 때문에 성경이 말하는 원죄교리와는 정면충돌하게 된다.

불가지론적 견해는 래디스(R. W. Landis)가 주장한 것으로 아담의 죄책과 부패가 인류에게 전가된 사실을 받아들이지만, 전가의 방식이나 죄책과 부패의 관계에 대한 이론을 세우는 것을 거부한다.[705]

간접전가는 프랑스의 사무르(Samur) 신학교의 플라케우스에 의해 시작되었다. 이것은 어떠한 형태로든지 관련짓기는 하되, (어떤 납득될 만한?) 다른 근거 위에서 그 연관성을 설명하려는 시도이다. 하나님께서 스스로 죄를 짓지도 않은 이들에게 먼 옛날 다른 사람의 실수를 근거로 하여 죄책을 전가한다는 것은 납득하기 어려운 점이라고 보았기 때문이다.[706]

그는 죄책의 전가는 즉각적이지 않고 간접적이라고 하면서, 아담의 원죄로 직접 물려받는 것이 아니라 부모들의 부패성을 통해 아담의 죄의 부패성을 물려받는다고 주장한다. 이는 하나님께서 죄가 없는 사람들에게 죄를 전가한다는 인상을 피하고자 했기 때문이다.

그러나 간접전가는 아담의 부패가 그의 후손들에게 전이되어야 하는 근본적인 원리나 이유를 제시해 주고 있지 못하며, 인간의 부패를 통해 죄가 이어진다는 말씀이 없다(로마서 5장).

펠라기우스의 말이나 간접전가는 "이러므로 한 사람으로 말미암아 죄가 세상에 들어오고 죄로 말미암아 사망이 왔나니 이와 같이 모든 사람이 죄를 지었으므로 사망이 모든 사람에게 이르렀느니라"(롬 5:12)는 말씀에서 벗어나기 때문에 타당성이 없다.

---

705) 로버트 L. 레이몬드, **최신조직신학**, 나용화·손주철·안명준·조영천 역 (서울: 기독교문서선교회, 2004), 554.
706) http://blog.daum.net/parkland/15750602/ 김광열 교수, 「인간론에 나타난 이단 사상」

레이몬드는 다음과 같이 결론을 내린다.

결론적으로 말해서, 로마서 5장에 기술되어 있는 아담과 그리스도 간의 유비에 의하면, 행위 언약의 조건 아래서 아담의 죄는 단지 아담이 인류의 언약적 대표이기 때문에 온 인류에게 전가되었고, 아담의 첫 범죄는 그것의 죄책과 오염을 포함해서 직접적으로 온 인류에게 전가되었다. 그리고 통상적인 혈통상의 출생에 의하여 태어난 그의 모든 후손들에게 그 죄의 형벌과 오염이 전달되는 것이다.707)

그러나, 알미니안주의자들은 타락의 영향력을 축소시키는 사람들이다. 신체의 일부가 다친 수준으로 말한다. 그들은 팔이나 다리가 부러진 정도로만 본다. 그러나 성경은 완전히 죽은 자라고 말한다.

---

707) 로버트 L. 레이몬드, **최신조직신학**, 나용화·손주철·안명준·조영천 역 (서울: 기독교문서선교회, 2004), 557.

제17문 그 타락은 인류를 어떤 상태에 빠지게 하였습니까? (대23)[708]
답: 그 타락은 인류를 죄와 비참의 상태에 빠지게 하였습니다.[709]

한국 사람들은 현실의 고통에 대하여 무엇이라고 생각할까? 한국 사람들은 불교인이 아니더라도 불교적인 사고방식에 익숙하다. 불교에서는 인생의 삶을 '일체개고'(一切皆苦)[710]라고 말한다. 그 일체개고의 원인이 욕망(慾望: 번뇌)이라고 생각하며, 그 욕망(慾望)을 버리라고 가르친다. 욕망과 번뇌, 망상에서 존재의 일체개고가 근원이 되므로 그것을 버리고 끊는 것이 불교의 구원이며 해탈 세계인 열반을 이룰 수 있다고 말한다. 불교가 말하는 해탈이란 자기를 있는 그대로의 모습으로 밝혀내는 일(자각)이다.[711] 불교의 구원은, 윤회의 근본이 욕망이므로 욕망이 없어지면 윤회의 세계에서 해탈된다는 것이다. 그러니 불교에는 죄라는 개념이 자리 잡고 있는 것이 아니라 욕망이 자리하고 있다.

그렇다면, 불교의 욕망(慾望)으로부터 구원자는 누구인가? 그 구원자는 자기 자신이다. 기독교는 인간 외부로부터 오시는 메시아이신 예수 그리스도로부터 주어지는 구원이지만, 불교는 자기 스스로 욕망을 제어하는 것이다. 불교가 자력구원의 종교라고 말하는 것은 이 욕망을 스스로 없앨 수 있다고 보는 종교(?)이기 때문이다. 다시 말해서, 기독교가 죄에서 구원받는 것이고 불교는 욕망으로부터 구원받는 것이다. '욕망으로부터의 해탈'을 말하는 것이 불교다.[712]

욕망에서 해탈하려면 그것의 원안을 제거해야 하는데, 그 방법이 무엇인가? 십

---

708) 하이델베르크 교리문답 제8문: 그러나 우리가 부패하여서 전적으로 어떤 선도 행할 수 없고, 모든 악을 행하려는 방향으로 기울어져 있습니까? 답: 그렇습니다. 우리가 하나님의 영에 의해서 거듭나지 않는다면, 그러합니다.

709) Q. 17. Into what estate did the fall bring mankind? A. The fall brought mankind into an estate of sin and misery.

710) 네이버 사전에서; 〈불교〉 사람이 무상(無常)함과 무아(無我)를 깨닫지 못하고 영생에 집착하여 온갖 고통에 빠져 있음을 이르는 말.

711) http://lake123172.tistory.com/entry/불교의-욕망과-기독교의-죄는, 서재생 목사, 서울대현교회, "불교에서는 인간은 무한한 행복을 욕망하면서 다른 한편 사욕의 만족을 욕구한다고 봅니다. 완전한 생의 만족을 이룰 수 없는 현실 속에서 감관(感官)의 욕망이 크면 클수록 내적 모순도 커진다는 것입니다. 이 때문에 내적 모순을 완화하기 위해서 감관의 욕망이 완전히 제거 되었다고 하여도 이성의 욕구가 만족지 못 한한 완전히 해탈(解脫)되었다고 볼 수가 없다는 것입니다. 그러므로 욕망에서 해탈 하고자 한다면 소극적인 면과 적극적인 면을 동시에 가지고 욕망을 형성하는 원인을 제거해야 한다는 것입니다."

712) http://www.ibulgyo.com/news/articleView.html?idxno=94512/ 불교신문 2508호/ 3월14일자; 고양의 원각사 주지 정각은 불교의 구원에 대해 이렇게 말한다. "진리는 나의 빛(Veritas lux mea)이라 한다면, 그 빛은 내면을 향한 메아리가 된 채 불성(佛性)의 씨앗이 움트는 힘이 되어야 한다는 말이다."

중계[713]와 팔정도의 실천을 강조한다. 십중계는 욕망을 제거하기 위한 소극적인 면으로써 감관(感官)의 욕망(욕구)을 제거하기 위한 방법으로써 계명이고, 욕망의 제거에 적극적인 면을 보이는 욕망의 소멸과 동시에 이성의 충족을 목적으로 요구되는 것이 팔정도다. 싯다르타의 출가 원인이 바로 "인생의 생존가운데서 겪는 생·노·병·사의 존재를 절실히 느껴 이것을 벗어나고자 함에 있었"다. 싯다르타는 인생의 존재의 그 원인을 자아(自我)를 위한 욕망이라는 것을 발견하였고, 그것을 제거 방법으로 사성제와 팔정도를 제시했다.[714]

어느 날 혜가대사에게 마흔 살이 넘었음직한 사람이 찾아와서 자신은 풍병(風病)을 앓고 있는 사람이라고 말하면서 대화를 하게 되었다. 풍병이란 지금의 말로는 한센병환자다. 그 풍병으로 사람들의 혐오 속에서 살아온 것도 서러운 일이지만, 그보다도 '도대체 내가 무슨 몹쓸 죄업을 지었기에 이와 같은 병을 앓고 있는가' 하는 그 생각으로 스스로를 미워하고 혐오하는 그 매와 돌멩이가 더욱 가슴 아팠다. 수많은 명의들을 찾아서 처방을 받았으나 끝내 치료하지 못하고 최후로 산중에 유명한 도승이 있다는 소문을 듣고 온 것이다.[715] 혜가대사는 그 사람(승찬대사)이 인간의 죄업 때문에 몹쓸 병을 앓고 있다고 하는 것은 잘못된 것이라 했다. 죄업이란 본래 실체가 없는 것인데 사람들은 잘못 알고 그 죄업이라는 환영(幻影)을 스스로 가설해 놓고 그것에 속박당하여 고통을 받고 있다고 말했다. 죄업이란 그저 이름뿐이라는 것이다. 『천수경』에는 다음과 같은 말이 있다.

죄무자성종심기(罪無自性從心起) 심약멸시죄역망(心若滅時罪亦亡)
죄망심멸양구공(罪亡心滅兩俱空) 시즉명위진참회(是則名爲眞懺悔)

이 말은, '죄라는 것은 본래 실체가 없는데 마음으로 좇아서 일어나는 것이므로 마음이 소멸되면 죄 또한 없어진다. 마음도 없어지고 죄도 없어져서 그 두 가지가 함께 공(空)해져서 없어져버릴 때 이것이야말로 진짜 참회이다'로 풀이한다. 이것

---

713) 네이버 사전에서; 십중금계(대승 불교에서, 보살이 범해서는 안 되는 가장 중요한 열 가지 계율). 대승 불교에서, 보살이 범해서는 안 되는 가장 중요한 열 가지 계율. 살생하지 말 것, 도둑질하지 말 것, 음행(婬行)하지 말 것, 거짓말을 하지 말 것, 술을 사거나 팔지 말 것, 사부중(四部衆)의 허물을 말하지 말 것, 나를 칭찬하거나 남을 비방하지 말 것, 재물이나 가르침을 베푸는 일에 인색하지 말 것, 성내는 마음으로 상대가 참회하는 것을 거절하지 말 것, 삼보(三寶)를 비방하지 말 것이다. [비슷한 말] 십계(十戒)·십중계·십중대계.

714) http://lake123172.tistory.com/entry/불교의-욕망과-기독교의-죄는, 서재생 목사, 서울대현교회.

715) http://www.ibulgyo.com/news/articleView.html?idxno=97979/ 「죄를 가져오너라, 참회하게 해 주리라」, 불교신문 2549호/ 8월 15일자.

은 『반야심경』에서 오온개공(五蘊皆空)과도 뜻이 통한다. 몸도 마음도 텅 빈 것으로 바라보라고 한다. 몸도 공한 것이요, 인간의 마음을 통하여 일어나는 온갖 기쁘고 슬픈 감정들도 다 공하다고 하는 것이니, 모든 실체 자체가 알고 보면 텅 비어 있다는 것이다.716)

이런 말대로 하면 사랑하는 것도 미워하는 것도 다 환상일 뿐이고 아무것도 없는 것이다. 그것은 그저 잠깐의 착각일 뿐이다. 살아가면서 겪게 되는 여러 가지 일로 인해 어떤 감정이 생겨나도 '공이로세, 공이로세' 그렇게 살라고 한다. 석가는 『반야심경』에서 '색즉시공 공즉시색'이라 했다. "있는 것과 없는 것은 다르지 아니하고 없는 것은 또 있는 것과 다르지 않다"는 것이다. 비어 있는 것을 아무것도 아닌 것을 있는 것처럼 살지 마라는 것이다.

그러나 제아무리 공을 들고 마음을 닦아본들 아무런 소용이 없다. '세상만사가 아무것도 아니다'고 생각할 수 있는 것은 산 사람으로서는 안 되는 일이기 때문이다. 그것은 죽어야 한다. 죽은 자는 말이 없으니 헛된 것이다.

성경은 인간이 처한 상태에 대해서 무엇이라고 말하는가? 성경은 인간이 죄를 지어 타락한 그 결과라고 말한다. 타락은 인류를 죄와 비참의 상태에 빠지게 하였다.

> 12 이러므로 한 사람으로 말미암아 죄가 세상에 들어오고 죄로 말미암아 사망이 왔나니 이와 같이 모든 사람이 죄를 지었으므로 사망이 모든 사람에게 이르렀느니라 13 죄가 율법 있기 전에도 세상에 있었으나 율법이 없을 때에는 죄를 죄로 여기지 아니하느니라 14 그러나 아담으로부터 모세까지 아담의 범죄와 같은 죄를 짓지 아니한 자들 위에도 사망이 왕 노릇 하였나니 아담은 오실 자의 표상이라 (롬 5:12-14)

이 세상은 사람들이 죄를 짓는 이유에 대하여 여러 가지로 말하지만, 교육의 부재와 환경 탓이라고 생각해 왔다. 그러나 아무리 문명이 발달할지라도 사람들은 오히려 이전보다 더 많이 죄를 짓고 있다. 이것이 세상 사람들의 절망이요 비참함이다. 아무리 위대한 철학자라 할지라도 성경이 말하는 타락이 없이는 올바르게 설명할 수가 없다.717)

---

716) http://cafe.daum.net/yumhwasil/4hEo/41
717) 헤르만 바빙크, 개혁교의학3, 박태현 역, 부흥과개혁사, 2011, pp. 54-57. "… 만일 죄의 기원에 대해서 질문한다면, 다시금 다양한 답변들이 등장한다. … 어떤 사람들은 죄의 기원을 인간 본성의 측면에서 해설하고, 다른 사람들은 우주라는 측면에서 설명하고, 또 다른 사람들은 하나님에게서 찾는다. 첫 번째 부류에 속하는 사람들은 죄의 기원을 물질을 통

성경은 무엇이라고 말할까? 죄는 외부에 있는 것이 아니라 인간 내부에 있다. 하나님께서는 인간을 선하게 창조하셨으나 인간이 자기 스스로 죄를 지어 타락했다.

10 기록한 바 의인은 없나니 하나도 없으며 11 깨닫는 자도 없고 하나님을 찾는 자도 없고 12 다 치우쳐 한가지로 무익하게 되고 선을 행하는 자는 없나니 하나도 없도다 13 저희 목구멍은 열린 무덤이요 그 혀로는 속임을 베풀며 그 입술에는 독사의 독이 있고 14 그 입에는 저주와 악독이 가득하고 15 그 발은 피 흘리는데 빠른지라 16 파멸과 고생이 그 길에 있어 17 평강의 길을 알지 못하였고 18 저희 눈 앞에 하나님을 두려워함이 없느니라 함과 같으니라(롬 3:10-18)

성경이 진단한 인간 상태는 무엇인가? 모든 인간은 죄의 지배 아래 있다. 인간이 죄의 지배 아래에 있다는 것은 죄에게 복종하고 있다는 뜻이다. 어느 누구도 예외가 없다. 성경은 죄의 보편성을 말한다. 오늘날 심리학자들이나 구조주의자들은 결국 무의식에서 그 해답을 찾으려고 하지만 인간의 참된 본성에 대하여 아무 말도 못한다.

한 인간의 통치에서 찾는다. 그리스 철학은 일반적으로 이성이 감각적 충동과 욕망들을 제어하는 임무를 가졌다고 생각했다. 유대인들은 인간 안에 내재하는 천성적인 악의 충동을 수용했는데, 이 충동은 신체적 발달에 따라 지속적으로 힘을 얻고, 성적 욕구에서 절정에 이르고, 비록 이 충동 자체가 악한 것은 아닐지라도, 인간을 온갖 죄악으로 유혹한다. 이러한 생각은 금욕주의적 운동에서 거듭 반복되었다. 로마교 신학은 추가적 선물(donum superadditum)이라는 제어 장치가 없는 인간이 가지는 육체와 영, 인간 본성의 질병(morbus naturae humanae)과 무기력(languor) 사이의 자연적 충동을 언급할 때에, 심지어 유대인들의 주장의 상대적 타당성까지 인정했다. 죄는 현대 철학과 신학에서 본성과 이성, 감성과 지성, 저등한 자아와 고등한 자아, 육체와 영, 이기적 성향들과 사회적 성향들 사이의 원래의 대립으로부터 동일한 방식으로 반복하여 도출되었다. … 인간의 감각적 본성은 그 자체로 죄가 아니지만, 인간의 이성과 의지가 죄의 요구에 응할 때 비로소 죄가 발생하기에, 이 이론은 펠라기우스주의의 이론으로 되돌아간다. 혹은 감각적 본성은 그 자체로 죄악 된 것이며, 그래서 죄는 그처럼 물질에 고유한 것이기에, 인간론적 해설은 반드시 우주적 해설로 나아가야만 한다. … 플라톤은 하나님과 나란히 그리고 하나님과 대립하는 영원한 물질을 수용했다. 세계는 과연 이상의 작품이지만, 세계 안에는 또한 처음부터 다른 맹목적인 힘이 작용했는데, 이 힘은 데미우르고스가 전적으로 지배할 수 없었다. 그러므로 하나님은 자신이 원하는 대로 세상을 선하게 만들 수 없었다. 즉 하나님은 유한성, 물질에 매여 있었다. 그러므로 죄, 고통, 그리고 죽음의 원인은 물질이다. 물질은 이데아의 급속히 확산되는 힘을 저지한다. 물질은 신플라톤주의, 영지주의 그리고 많은 금욕적이고 신지학적 학파들에서 동일한 의미를 지닌다. 하나님이 창조했으되 하나님과 대립하는 물질로부터 죄를 도출하거나, 또는 피조물의 유한성과 제한성, 피조물의 원래 결함에서 죄를 도출했다. 또는 일반적으로 세계 관념의 실현에서 죄를 도출하는 모든 이론들은 플라톤의 이 이론과 연관되어 있다. 그러나 이러한 피조적 존재의 성격으로부터 죄를 해설하는 것은 어떤 방식으로든지 하나님에게 되돌아가 하나님의 속성이나 사역에서 죄의 기원을 찾으려는 결말을 피할 수 없다. … 악의 기원은 존재에 대한 질문 다음으로 삶의 가장 큰 수수께끼이며 지성이 짊어지기에 가장 무거운 십자가다. 사람들은 긴 세월 동안 '악은 어디서 오는가?'라는 질문에 대해 생각해 왔으며, 지금도 여전히 성경의 대답보다 더 만족스런 대답을 헛되이 기다리고 있다. 철학이 이 문제에 대해 무엇인가 의미 있는 점을 가르쳐 주는 한, 그것 자체가 전체적으로 볼 때 이 세상은 타락 없이 설명될 수 없다는 성경의 진리에 대한 강력한 증거다. 비록 모든 위대한 철학자들이 창세기 3장을 알지 못하거나 하나의 신화로 거부했을지라도, 그들은 본의 아니게 이 단순한 이야기에 묵묵히 혹은 명백하게 경의를 표했다. 그리고 철학이 다른 방식으로 그 문제의 해결책을 추구하는 한, 철학은 가엾게도 길을 잃고 오류에 빠졌다. …"

모든 사람이 죄를 범하였으매 하나님의 영광에 이르지 못하더니(롬 3:23)

사망에 이르렀다. 죽었다! 그 죽음의 의미가 무엇인가? 인간의 본성은 철저히 왜곡되고 부패되었다. 그것은 하나님과 관계없는 삶을 말한다. 하나님과 관계가 없어졌다는 것은 인간이 영육 간에 죄와 사망의 지배아래 들어가게 되었다는 것을 말하며, 하나님으로부터 생명력을 공급받지 못하게 되었다는 것을 말한다. 그렇게 되면 하나님으로부터 의미와 통일성을 공급받지 못하게 된다. 그로 인하여 인간은 비참한 상태에 빠지게 되었다.

인간이 죄와 비참의 상태에 빠졌다는 것은 인간 스스로 인간의 상태를 바꿀 수가 없다는 뜻이다. 우리 안에는 그럴만한 어떤 가능성이나 요소나 자질이 없다. 세상은? 인간 속에 신성이 있고 불성이 있다고 말한다. 그것을 계발시키면 된다고 말한다. 그러나 성경은 분명하게 말한다. 죽었다!

너희의 허물과 죄로 죽었던 너희를 살리셨도다(엡 2:1)

'죽었던'은 신체적 죽음만을 의미하는 것이 아니라, 영적이며 도덕적 죽음을 의미하는 것으로 생명을 수여하시는 하나님으로부터의 단절을 뜻한다. 또한 죽었다는 것은 인간이 자기 죄에서 스스로 벗어날 능력이 없다는 것을 말한다. 실제로 죄로 인해 죽었고 그 죽음에서 벗어날 능력도 없다. 인간은 총체적으로 죽었다.

하지만, 펠라기우스는 원죄를 부인했다. 인간은 각자가 원하는 대로 선악을 자유로이 선택할 수 있도록 지음을 받았으며, 아담의 범죄는 자신에게만 적용되며 아담 이외에 다른 사람들에게는 아무런 영향을 주지 않는다고 주장했다. 인간은 자유의지가 있어서 개인의 노력과 의지로 구원에 이를 수 있다고 말했다. 죽음은 죄와 관련된 것이 아니며 유아는 죄가 없기 때문에 유아세례는 필요 없다고 말했다. 그러니 예수님이 군이 필요할 이유가 없었고 세례를 통해 죄사함을 받고 율법을 잘 지키면 천국에 갈 수 있다고 주장했다. 하나님의 은총은 다만 인간의 이성을 잘 계발시키는 데 필요한 것이며 군이 그런 도움이 없어도 옳은 일을 할 수 있기 때문에 은총은 절대적인 것이 아니라 상대적인 것이었다. 이것이 펠라기우스의 인단세설(human monergism)이다.718)

---

718) http://sgti.kehc.org/data../person/kang/2.htm/ 강근환, 교회사에 나타난 이단성. "인간론의 주된 내용은 인간의 본래 상태와 타락 그리고 그 결과이며 구원론과 은총론으로 연결된다. 이 문제는 성향상 사변적 경향이 강한 동방교회보

이에 어거스틴은 아담의 죄는 인류 전체의 죄이며, 원죄는 유전되며 따라서 인간은 선을 선택할 자유가 없고 오로지 죄를 짓는 데만 자유롭기 때문에 구원은 오직 하나님의 선택에 의해서만 이루어진다고 주장했다. 구원은 하나님의 예정에 속한 것이며 불가항력적인 것이기에 인간의 선택이 개입할 여지가 없다고 말했다. 구원에 있어서, 펠라기우스는 인간이 중심이고 어거스틴은 하나님의 은혜가 중심이었다. 펠라기우스주의는 412년과 418년 카르타고 회의, 431년 에베소에서 열린 제2차 공의회에서 정죄되었다.

그러나, 어거스틴의 주장을 전부가 받아들인 것이 아니었다. 예정설과 불가항력적 은총을 부인하는 동조자들이 늘어났다. 영지주의 이원론과 숙명론에 반대하여 인간의 자유를 강조하는 알렉산드리아 교부들(동방)은 하나님의 은혜와 인간의 자유가 협력하여 회심을 일으킨다는 신인협력설(synergism)을 주장했다.[719] 반면에 사변적이기 보다는 인간의 구원에 쟁점을 둔 라틴교회(서방)는 그 실천적 경험을 따라서 인간의 유전적 죄와 하나님의 주권적 은혜를 강조했다. 이것이 어거스틴의 신단세설(divine monergism)이다. 신인협력설을 주장한 반펠라기우스주의는 인간은 자기의 자유의지로서 하나님께로 돌아설 수 있고, 그 후에 하나님이 그 새생명에게 계속 살 수 있는 은혜를 계속해서 부어주신다고 주장하였다. 또한 인간이 회심한 이후에도 하나님의 은혜에 저항할 수 있다고 말했다. 어거스틴이 죽기 직전에

다는 실천적인 서방교회가 주로 다루게 되었다."
719) J.L. 니브, O.W. 하이크 공저, **기독교교리사**, 서남동 역 (서울: 대한기독교서회, 1992), 278-280; 〈구원론의 문제에 있어서 동방교회가 뒤떨어지게 된 이유: 1) 동방교회는 하나님의 은총과 인간의 자유에 대한 문제를 토론하는 데 별로 관심을 갖지 않았다. 은총 즉 다시 말하면 그리스도로 말미암은 구속, 죄 된 옛 생활로부터의 해방, 세례에 의한 신생 등은 초대 기독교도들의 의식을 지배한 강한 요인이 되어 있었으므로, 교리적 반성은 별로 필요하게 느껴지지 않았다. … 2) … 희랍(동방)교회와 라틴(서방)교회의 특징적 차이점에서 … 희랍적 교부들은 실천적인 라틴교부들과는 달리 사변적인 문제에 관심을 기울였으며, 변증론자들의 시대로부터 그들은 기독교를 보다 높은 철학이라고 간주하거나, 혹은 유대교와 이교에서 볼 수 있는 상대적 진리와 비교하여 절대적 진리라고 간주하였던 것이다. 3) 한 걸음 더 나아가서 … 로고스의 희랍적 개념과 함께 자연적 인간이 소유한 이성과 자유의 희랍적 개념에 적용되는 어떤 요소도 도입되었다. 이러한 점이 희랍적 기독교의 구원론에 영향을 미쳤다고 볼 수 있는데, 그들의 견해에 의하면 인간은 이성의 빛을 따라서 행동할 수 있는 능력을 소유한 자라는 것이다. 그러나 희랍적 교부들, 그 중에도 특히 반(反) 노스틱주의적 교부들은 철저한 펠라기우스주의자들이라고는 볼 수 없었다. 그들은 인간의 의지가 타락으로 인하여 약화되었으며 따라서 은총의 도움을 필요로 한다는 점을 인정하였다(이레나우스, 알렉산드리아의 클레멘트와 시릴, 오리겐, 아다나시우스, 바실, 두 그레고리, 예루살렘의 시릴 등). 그들에 의하면 선을 행하는 데 있어서 자유와 은총은 병행한다는 것이다. 더 정확하게 말하면, 인간의 자유는 시작하고 거기에 보충적으로 은총이 따르게 된다는 것이다(반(半)펠라기우스주의). 신앙은 인간 자신의 노력이다. 그들은 이러한 견해를 가지고 있었기 때문에 하나님의 은총의 창조적 행위로서의 진정한 신생과 인간 의지의 회복에 대해서는 가르치지 않았고 또 가르칠 수도 없었다. … 오리겐은 일종의 선행적 은총을 말한 적이 있으며, 카파도키아의 교부들은 가끔 성서적인 바른 입장을 취하기도 하였다. 그러나 크리소스톰은 반(半)펠라기우스적 용어를 사용하여 "그것은 우리 자신과 하나님에게 의존한다"고 하였다. …〉

시작된 이 논쟁은 529년 오렌지 회의에서 펠라가우스와 함께 반펠라기우스를 정죄하였다.[720]

성경은 구원에 대하여 무엇이라고 말하는가?

> 기록된 바 내가 너를 많은 민족의 조상으로 세웠다 하심과 같으니 그의 믿은 바 하나님은 죽은 자를 살리시며 없는 것을 있는 것 같이 부르시는 이시니라(롬 4:17)

사도 바울은 여기서 창세기 17장 5절의 말씀을 인용했다. 그것은 아브라함이 혈통과 관계없이 모든 사람의 조상이 되는 이유에 대한 성경적인 증거를 말하기 위해서다. 사도 바울은 살아 역사하시는 하나님의 속성을 말해주며 또한 생명을 부여하시는 하나님의 능력을 말하고 있다. 그것은 이삭의 출생과 예수 그리스도의 부활 사건을 해석하는 데서 나타나는데, 예수 그리스도를 하나님께서 다시 살리셨다는 것과 또한 그것을 믿는 자들을 의로 여기신다는 두 가지의 핵심적 진리를 동시에 증거 하였다.

또한 사도 바울은 '없는 것을 있는 것같이 부르시는 이'라고 하면서 무(無)에서 유(有)를 창조하시는 하나님의 창조주로서의 특성을 묘사했다. 그것은 아브라함의 일생을 통하여 나타났는데, 인간의 어떤 행함에도 구애받지 아니하시고 택하신 자들을 부르시는 절대 주권의 능력을 행사하는 분이시다. 부르신 이후라도 인간의 약함과 죄악에도 불구하고 하나님께서 행하시고자 하시는 대로 그 작정하신 일을 다 이루어 가시는 하나님이시다.

인간의 죄악 된 모습을 알게 하시며 그럼에도 불구하고 구원해 가시고 하나님의 계획하신대로 역사해 가시는 하나님을 알아가면서 삶에 의미와 통일성을 충만하게 누리며 살아간 사람이 아브라함이다. 구원받아 언약 안에 거하는 인격체는 자유와 기쁨과 평안을 누리고 살게 된다.

삶이 피상적이며 무익하다

세상은 언제나 그 시대를 이끄는 유행이 있다. 유행 따라 살지 않으면 이상한 취급을 받는다. 그러나 얼마 안 지나서 그런 유행들은 구식이 되고 만다. 그렇게 멋지다고 말했던 것들이 아무런 의미가 없게 된다. 결국 세상 사람들은 자신들의 삶이

---

720) 김서영, 반펠라기우스주의(Semi-Pelagianism).

얼마나 피상적이며 얼마나 공허한지 금방 알게 된다. 그렇게 되는 근본적인 이유는 무엇인가? 인간은 죄인이며 인간이 만들어 내는 것은 유한한 의미와 통일성을 제공하기 때문이다. 유행은 그 유한함을 벗어나기 위한 탈출구다.

예수님을 믿는 성도가 되었다는 것은 그런 인생의 헛됨과 공허함을 꿰뚫어 보는 자들을 말한다. 세상이 아무리 좋다하여도 그 속에는 깊이가 없으며 만족도 없다는 것을 알게 된 자들이다. 만일 성도라 하면서도 세상이 말하는 것이 헛되고 무익하다는 것을 알아차리지 못하고 있다면, 깊이 생각해 볼 문제이다. 성령 하나님의 역사하심으로 거듭난 자라면 이 세상이 제시하는 그 어떤 것들도 영혼에 만족과 기쁨을 주지 못한다는 것을 알게 된다. 예수님을 믿기 이전에 자신이 처한 상황과 예수님을 믿고 난 뒤에 달라진 자신의 모습을 분명하게 알게 된다. 이전에는 세상이 전부라고 생각했으며 세상의 것을 자랑하고 살면서 죽음과 그 너머의 심판을 생각하지 않았다. 죄악의 비참한 현실을 알지 못했다. 그러나, 예수님을 영접하고 거듭난 이후로는 그렇게 자랑하던 이 세상의 것들이 얼마나 헛된지 알게 된다.

성경이 예수 그리스도의 십자가 복음을 말하는 것은 인간이 죄인이기 때문이다. 죄인 된 상태에서 아무리 환경을 바꾼다고 해도 아무런 소용이 없다. 죄인이 만들어 내는 것은 죄 밖에 없기 때문이다. 인간은 그 죄 된 상태에서 벗어날 수가 없다. 우리 밖에서 우리를 구원해 주셔야만 한다. 그분이 바로 예수 그리스도다! 그래서 복음이다!

좌익 마르크스주의자들이 더 이상 양보하지 않는 것은 "담론의 물질성"이다. 이 말은 자연주의자요 무신론자로 끝까지 버티겠다는 것이다. 인간이 죄인이라는 것은, 성경이 인간을 규정짓는 양보할 수 없는 교리다. 이 교리는 인간의 이성으로 만들어 낸 것이 아니다. 그것은 믿음으로 수납되어지는 것이지 이성으로 조작할 수 있는 것이 아니다.

세상은 그렇게 무신론으로 무장하고 있기 때문에 근본적으로 반기독교적이다. 자유주의 신학의 물을 먹은 사람들은 입만 열면 함석헌의 씨알을 말하고 종교다원주의를 신봉하며 그런 세계를 열망한다. 그것이 WCC다. 그들의 마음속에 역사는 모든 단계에서 인류문명이 발전하여 앞으로 나아가고 있다는 진보사관이 자리하고 있다. 그 진보사관의 눈으로 세상을 바라보고 기독교를 동원하려고 한다.

성경은 그렇게 될 수 없다고 확실하게 말한다. 그 근본적인 시작점이 바로 인간의 죄성이다! 케인즈는 타당성이 입증되지 못한 사회주의에 의존하지 않아도 자본주의의 병리현상을 얼마든지 치료할 수 있다고 믿었다. 하이에크는 사화주의 특히 마르크스주의자들의 공산주의란 역사주의의 오류에 기반하고 있다고 말한다. 역사 발전론이란 사회는 자연현상과 달리 법칙성이나 필연성과 같은 것이 없다고 보고 개별적이고 특수한 역사현상의 계기 속에서 "봉건제는 반드시 자본주의로 이행하며 자본주의는 공산주의로 이행할 수밖에 없다"는 것이다.721) 하이에크는 시장경제가 진화한다고 말한다.

중요한 것은 사화주의자들이든지 자본주의자들이든지 자기 내에 근원적으로 심겨진 문제를 모르기 때문에 그들의 이상은 실현불가능하다는 것이다. 그 양자들 모두 자신들의 죄악성을 보지 못하고 집단이기주의로 얼마든지 부정과 불법을 저지르기 때문이다. 그런 불법을 저지르면서도 당당해 한다. 그들의 이념은 누구를 위한 이념이고 그들의 정치는 누구를 위한 정치가 되겠는가? 인간의 죄성을 괄호치고 넘어가는 낭만주의자들로 넘쳐나는 세상은 결국 자멸하고 만다. 우리 죄를 위하여 십자가에 못박혀 죽으신 예수 그리스도를 믿고 그 말씀에 순종하는 것만이 생명의 길이다.

---

721) 박종현, 케인즈 & 하이에크: 시장경제를 위한 진실게임 (파주: 김영사, 2008), 38, 47.

제18문 사람이 타락하여 빠지게 된 상태의 죄성은 어떻게 나타납니까? (대25, 26)[722] 답: 사람이 타락한 상태의 죄성은 아담의 첫 범죄의 죄책과, 원래 의의 결핍과, 그의 본성 전체가 부패한 것(이것을 일반적으로 원죄라고 부름)과, 이 원죄로부터 나오는 모든 자범죄로 나타난다.[723]

아담의 타락과 죄를 말하는 것은, '인간의 모든 문제가 어디에서 발생하게 되었는가?'를 말해 주는 가장 근본적인 핵심이다. 사람들은 환경적인 차원에서 사람의 문제를 말하며 사회구조적 해결점을 모색한다. 그러나, 기독교는 인간 내부의 문제로 시작한다. 인간이 죄인이며 인간 안에서는 어떤 해결책도 없으며, 우리 밖에서 우리를 구원하러 오신 예수 그리스도 안에서만 그 해결책이 있으며 구원이 있다고 믿는다.

인간의 죄의 결과를 말할 때 그 근본적인 원인이나 현상에는 인간의 자유의지, 인간의 자율성, 인간의 자율적인 주체성 이런 것들이 있다. 인간의 죄를 말할 때 드러난 현상만을 볼 것이 아니라 인간이 가지는 그 근본적인 죄악 된 의도성을 알아야만 한다. 인간의 타락한 죄성이 인간의 자유를 추구한다는 것은 하나님 없는 인간 중심의 삶의 핵심이다.

오늘날 사람들은 무의식이라는 말을 너무 쉽게 한다. 무의식이라는 말이 가지는 위험성을 생각하지 않고 '무의식적으로 했다'고 말한다. 그 영향은 어디로부터 왔는가? 그것은 무엇보다 프로이트의 정신 분석학이다. 프로이트에서부터 라캉에 이르기까지 정신 분석학은 인간이 외부의 압력이나 영향 없이 자유로울 수 없다는 것을 말했다. 그것은 칸트가 말하는 자율적인 주체 개념에 대한 이의를 제기하는 것이다. 자율적인 주체란 윤리적 결단 상황에서 이성의 힘으로 보편적인 도덕법칙을 자유롭게 만들 수 있고 충실하게 따를 수 있다는 것인데, 이것은 개인의 경험적 사실에 근거하여 도덕적 가치를 도출하려는 공리주의에 반대하는 것이다. 인간의 감정이라는 것은 믿을만한 것이 못되는 것이니 인간의 도덕 근거는 이성에 기초해야 한다는 뜻이다. 결국 자율적 주체란 인간의 이성이 그 힘을 발휘하는 자유의지를 말한다. 칸트가 말하는 인간 혹은 인격이란 무엇인가? 그것은 인간의 내면적 자유

---

722) 벌코프 조직신학, pp. 454-461 참고.

723) Q. 18. Wherein consists the sinfulness of that estate whereinto man fell? A. The sinfulness of that estate whereinto man fell, consists in the guilt of Adam's first sin, the want of original righteousness, and the corruption of his whole nature, which is commonly called original sin; together with all actual transgressions which proceed from it.

의지에서 나오는 도덕적 자율성과 자유의 주체가 되는 인간(인격)이다. 정언명령, 곧 "너 자신과 다른 모든 사람의 인격을 결코 단순히 수단으로 취급하지 말고, 언제나 동시에 목적으로 대우하도록 행위하라."는 것은 인간의 이성에 근거한 자유의지, 자율적 주체를 말한다.

정신분석학은 인간을 어떻게 보았는가? 인간의 윤리적 결단은 현실의 원리에 의해 지배되는 자아와 내면화된 도덕의 원리에 지배되는 초자아의 분열에서 유래하는 것이라고 말했다. 칸트가 이성의 힘으로 도덕적 법칙을 만들어 내었다고 말했지만, 정신분석학은 현실적 자아가 만든 것이며 자아와 초자아의 분열을 막기 위해 만들어 낸 것이라 본다. 그것을 다른 말로 초자아의 검열을 수용하는 것이라고 말한다. 결국 정신분석학의 말대로 하자면, 인간이 무슨 행동을 하더라도 자유로운 것이란 없다는 뜻이다. 언제나 무의식의 지배를 받고 있으니 말이다.

사람들은 자기 스스로 새로운 의미를 만들어 내어서 자기 스스로 새로운 시작을 하는 능력을 자유라고 말한다. 사람들은 그 의미를 어디에서 만들어 내려고 할까? 특정한 주체와 특정한 타자의 마주침에서 생산된다고 본다. 인간 밖에서 부여되는 의미가 아니기 때문에 인간과 인간의 만남으로 만들어지는 의미가 전부다. 미리 결론을 말하자면 이렇게 생성된 의미는 무엇이 문제인가? 그것은 한계성이다. 인간과 인간이 만들어 낸 의미는 인간이라는 존재가 가지는 유한성으로 말미암아 한계에 부닥치게 된다. 어떤 사람과의 만남이 처음에는 새로운 의미를 부여하고 더 이상의 의미가 없을 것 같지만 얼마 못가서 그 의미는 사라지게 된다. 이것이 인간이 만들어내는 의미의 비참함이고 절망이다. 그 절망을 극복하고자 새로운 의미를 만들어 내기 위해 새로운 타자와의 만남을 찾아 헤매고 다닌다. 여기서 죄가 발생한다.

그럼에도 불구하고 사람들은 타자를, 자물쇠를 열 수 있는 비밀번호를 가졌다고 본다. 타자를 해석과 이해를 강제하는 일종의 기호라고 여긴다. 하나님을 배제한 인간은 결국 타자인 다른 인간을 통해서만 의미부여를 시도하려고 한다. 들뢰즈는 『프루스트와 기호들』(proust et les singes)에서 기호는 "우리에게 사유하도록 강요하고 참된 것을 찾도록 강요"하는 힘을 가지고 있다고 말했다. 이 책은 마르셀 프루스트(Marcel Proust, 1871-1922)의 『잃어버린 시간을 찾아서』(A la recherche du temps perdu. 1929)라는 책을 텍스트로 들뢰즈의 패러다임으로 분석해낸 책이다. 들뢰즈는 제2부에서 '앙띠로고스'의 개념을 전개한다. 절대인식이 주체를 벗어나 있다면서 인간의 감성과 개별적 존재의 부활을 강조한다. 거미를 통해 인간을 설명한다. 거미처럼 미세한 진동의 신호에 반응하는 인간을 말한다. 이것은 두 측면을 말한다. 첫째는, 타자와 관련된 비자발성을, 둘째는, 이것을 해석하려는 주체의 자발성을 말한다. 지성이 아닌 감관의 체험을 말하는 것은 독립적이고 개별적인 주체를 말하기 위함이다.

강신주 교수는 장자(莊子)의 「대붕의 비상」을 통하여 인간의 자유의 가능성과 한계를 말한다. 북쪽 바다에 곤이란 물고기가 붕이란 큰새로 변해서 하늘로 날기를 기다렸다. 바람이 충분하지 않으면 그 커다란 양 날개에 실어 줄 힘이 부족하기 때문이다. 그런데 그것을 본 메추라기가 놀렸다. "저 놈은 어디로 가려고 생각하는가? 나는 뛰어서 위로 날며, 수십 길에 이르기 전에 숲 풀 사이에서 (자유롭게) 날개를 퍼덕거린다. 그것이 우리가 날 수 있는 가장 높은 것인데, 그는 어디로 가려고 하는가?"

마침내 대붕은 6개월을 기다리다 태풍을 만나 바람타고 하늘로 날아올라 남쪽으로 날아갔다. 여기서 대붕은 자아를 말하며 바람은 타자를 말한다. 대붕은 타자와의 조우, 소통, 공백과 결여를 통해 타자와 소통하고 마침내 자유로이 날아올랐다. 대붕은 태풍이 아니었더라면 비상할 수도 없었고 비행을 지속할 수도 없었다. 이것은 인간의 자유가 갖는 성격을 말해 준다. 그것은 타자와의 맞닥뜨림으로 새로운 의미를 만들어 내어 자신을 새롭게 변형시킬 수 있다는 것이다. 메추라기처럼 그저 자신의 의미 체계 안에 안주하는 자유가 아니라 타자와의 마주침으로 주어진 의미 체계를 뛰어넘어 새로운 의미 체계를 생산하려고 한다.

결국 이 말은 그 새로운 의미체계를 생산해 낸다는 것이 인간 독단으로는 생성시킬 수 없다는 뜻이다. 이것은 인문학의 단독성을 말한다. 장자는 현실을 벗어나지 않고 타인과 소통을 통해 자유로우나 한계를 느끼고, 그러면서도 그 한계를 뛰어넘는 냉철한 사람이 되고자 했다. 이것이 강신주의 테마다. 자기 자신이 되는 것, 자기 느낌으로 살고, 자기 자신으로 완성되는 것, 이것이 인문학이고 자유라고 소리친다.[724]

과연 그럴 수 있는가? 인간이 원하는 것은 영원한 의미와 통일성이다. 그러나 타자 역시 유한한 인간이다. 한계성 속에 있는 인간이 새로운 의미를 생산해 낸다 하더라도 그것은 유한한 의미일 뿐이다. 그러니 대붕은 추락할 수밖에 없다.

실존주의 철학자 샤르트르는 인간의 자유에 대하여 무엇이라고 말했는가? 그는 "인간은 자유롭도록 저주받은 존재이다"라고 말했다. 샤르트르는 인간이란 본질의 지배를 받는 존재가 아니라 자신의 본질을 새롭게 만들 수 있고 만들어야만 하는

---

724) 인문학명강의 (서울: 21세기 북스, 2013), 197-217. 강신주 편, 「바람에도 꺾이지 않는 자유」

존재라 했다. 외부의 간섭을 다 잘라내 버린 실존주의자는 어떻게 그렇게 생각할 수 있었는가? 샤르트르는 인간이 자신의 모습을 반성하고 성찰할 수 있는 존재라는 데서 찾았다. 그것은 샤르트르가 말하는 대자(對自, For-Itself) 개념에서 나온다. 인간은 자신(自, Itself)에 '대해서'(對, For) 있을 수 있는 존재, 다시 말해서, 인간이 자기 자신에 대하여 거리를 둘 수 있는 존재이기에 자신을 반성하고 더 나은 삶을 살아갈 가능성을 확보할 수 있다는 것이다. 결국 핵심은 인간의 자기 의지다. 인간의 자유의지를 발휘하여 자신의 삶을 더 나은 미래로 만들 수 있다는 것이다. 과연 그렇게 될 수 있는가? 프란시스 쉐퍼는 다음과 같이 말한다.

> 세속적 실존주의는 세 개의 주요 노선으로 세분된다: 프랑스의 장 폴 샤르트르(Jean-Paul Satre: 1905-80)와 카뮈(Camus: 1913-60), 스위스의 야스퍼스(Jaspers: 1883-1969), 독일의 하이데거(Heidegger: 1889-1976). 첫 번째로 언급할 인물은 장 폴 샤르트르이다. 합리적으로 볼 때, 우주는 부조리하다. 그러므로 여러분은 스스로를 증명하려고 해야 한다. 어떻게? 그것은 의지의 행위를 통해 여러분 자신을 증명하는 것으로 가능하다. 따라서 만일 여러분이 도로를 따라 드라이브를 하는데, 쏟아지는 비를 맞고 있는 어떤 사람을 목격한다면, 여러분은 차를 멈추고, 그를 부축하여 차에 태운다. 그것은 부조리하다. 그것이 도대체 무슨 의미가 있는가? 그는 무(無)다. 상황도 무다. 그러나 여러분은 의지의 행위로써 자신을 증명하였다. 그러나 증명이 합리적 또는 논리적 내용이 없다는 것이 어려움이다. 의지의 행위의 모든 방향은 동등하다. 그러므로 마찬가지로, 만일 여러분이 드라이브를 하다가 비 속에 있는 사람을 발견하고, 더욱 스피드를 내어 그를 들이받았다고 한다면, 여러분은 똑같은 수준에서 자신의 의지를 증명한 것이다. 여러분은 이해하는가? 만일 여러분이 이해한다면, 이런 소망 없는 상황에 처해있는 현대인을 위해 애곡하라.725)

인간이 자기 의지를 발휘하여 더 나은 삶을 결정할 수 있다고 말하지만 실제로는 주체만 죽는 것이 아니라 타자도 죽인다. 이것이 실존주의의 비참한 현실이며 미래는 더 불안하고 더 절망스럽기 때문에 도약하지 않을 수가 없다. 그래서 이 시대는 영성에 몰입한다.

샤르트르는 봉건사회나 자본주의 사회에 대하여 강한 반감을 표시했다. 왜냐하면 그런 사회체계는 인간의 자유를 가로막는 체계라고 보았기 때문이다. 그런데도 샤르트르는 맑스주의를 "우리 시대의 철학"이라고 주장하면서 맑스주의에 대하여 동조했다는 것은 어이없는 사실이다. 그는 실존주의와 맑스주의와의 통합을 시도했다. '자유'를 중시하는 실존주의자인 샤르트르는 그 '자유'를 쟁취하는 방법이 혁명이라고 말한 좌파지식인이었다.

여기에 반기를 든 사람이 대표적인 맑스주의자 알튀세르(Louis Pierre Althusser,

---

725) 프란시스 쉐퍼, 이성에서의 도피, 김영재 역 (서울: 생명의말씀사, 2008), 63-64.

1918-1990)다. 통상적인 맑스주의는 모순의 폭발을 통해 혁명이 일어난다고 말했으나, 알튀세르는 양립할 수 없는 계급의 대립이 커다란 사회적 혁명을 낳는다고 말했다. 샤르트르는 인간이 사회적 구조를 만든다고 보았으나, 알튀세르는 인간은 사회적 구조의 결과물이라고 말했다. 그러니까, 자본가와 노동자의 계급투쟁이란 자유인들의 투쟁이 아니라 모순된 생산관계에서 발생되는 하나의 현상에 불과하다고 주장했다. 어떤 사람은 노동자 인식과 능력을 가지고 태어나고 어떤 사람은 자본가로서의 심성과 태도를 지니는 것이 아니라 이데올로기적 차원에서의 불화와 대립을 조건으로 갖는다. 이데올로기적 장치가 균열을 일으키거나 실패하지 않으면, 노동자가 체계에 저항하려는 생각을 품기란 어렵다는 것이다.726) 이것은 샤르트르의 개념이 어느 정도는 녹아 있다는 것을 알 수 있다.

샤르트르는 인간으로부터 사회와 역사로 나아갔고, 알튀세르는 사람과 역사로부터 다시 인간에게로 나아갔다. 지금 이 현실 메커니즘 속에 장악된 주체인 인간, 그 사회 구조의 지배를 받는 구조의 노예가 되어버린 인간을 해명하고자 했다. 그렇게 생각하는 근본적인 기초는 무엇인가? 그것은 인간이 기쁨의 코나투스를 지니고 있다는 것이다. 이것이 알튀세르와 샤르트르의 신성한 내면이다. 슬픔과 고통을 안겨다 주는 사회 구조라면 그 구조를 해체하고 새로운 구조를 만들어야 한다고 말한다. 그 이유는 자신의 기쁨을 위해서다. 샤르트르가 자기 의지를 발휘하는 것과 별다를 것이 없다. 그러나 이런 시도들은 근본적으로 한계성을 가지고 있기 때문에 자멸할 수밖에 없다. 그러므로 참된 인간성으로 가기 위해서는 사람이 타락한 상태의 죄성이 무엇인지 바르게 알아야만 한다. 성경은 타락한 죄성을 다음과 같이 말한다.

1) 사람이 타락한 상태의 죄성은 아담의 첫 범죄의 죄책과

죄책은 율법 또는 도덕적 요구를 어긴 죄에 대한 책임을 지고 그 죄의 값을 치르는 것을 말한다. 그로 말미암아 인간이 창조함을 받았던 그 때의 의로운 상태는 박탈되었다.727)

---

726) http://suyunomo.net/?p=5515 「알튀세와 우발성의 정치」
727) 하이델베르크 교리문답 제9문: 그렇다면 하나님께서 인간이 할 수 없는 것을 율법에서 요구하심으로 부당한 것이 아닙니까? 답. 그렇지 않습니다. 왜냐하면 하나님께서는 인간을 율법에서의 요구를 행할 수 있도록 창조하셨기 때문입니다. 그러나 인간은 사단의 유혹을 받았을 때, 고의적인 불순종으로 자신과 그의 모든 후손이 율법에서의 요구를 행할 수 있는 이 선물을 박탈당했습니다.

이러므로 한 사람으로 말미암아 죄가 세상에 들어오고 죄로 말미암아 사망이 왔나니 이와 같이 모든 사람이 죄를 지었으므로 사망이 모든 사람에게 이르렀느니라(롬 5:12)

하나님께서 아담에게 "선악을 알게 하는 나무의 실과는 먹지 말라 네가 먹는 날에는 정녕 죽으리라"(창 2:17)고 하셨던 명령 그대로 실제로 이루어졌다. 성경이 말하는 죽음이란 (1) 육체적인 죽음, (2) 하나님과의 관계 단절, (3) 지옥의 형벌로 영원한 죽음을 의미한다.[728] 그러므로 어떤 성격이던지 간에 모든 죄는 그 본질상 영원한 죽음을 당해 마땅한 것이다.[729]

오늘날 현대인들에게는 죄책에 대한 관점이 매우 비성경적이다. 왜냐하면 현대인들의 진리관이 무너졌기 때문이다. 더 이상 의미와 통일성을 추구하지 않는다. 진리냐 아니냐는 자신에게 행복을 주느냐 아니냐에 달려 있다. 그렇기 때문에 행복을 주는 도약은 현대인에게 보편화되어 있다. 인간은 기계로 살 수 없기 때문이다. 현대인들은 느낌으로 판단한다. 자신에게 좋게 느껴지면 옳은 것이고 나쁘게 느껴지면 나쁜 것이다. 생각과 감정의 구분이 없다. 양심의 소리에 반응하고 자은 죄에 대한 죄책감이 바르게 작동하려면 객관적 진리인 율법을 범한 정도에 따라 측정되어져야만 한다.

죄책감을 둔화시키는 데에는 오늘날 현대교회의 설교도 한 몫을 거들고 있다. 18세기 영적 대각성 기간에 행한 설교들은 진노하시는 하나님의 면전에 있는 위태로운 죄인들의 상태를 말해주었다. 그 이후로 불어 닥친 자유주의로 인해서 강단은 성경의 핵심진리를 사수하는 것을 포기하고 시대에 호응하느라 진리를 변경시켰다. 그것이 무엇인가? 인간은 지옥에 갈만큼 그리 나쁜 인간이 아니며, 하나님도 인간이 죄를 짓는다고 해도 지옥에 보내실 만큼 그리 진노하시는 하나님이 아니라는 것이다.

그러나, 십자가는 하나님의 진노를 실재를 입증한 사건이다. 죄에 대한 하나님의 진노를 선포하지 않으면 그것은 설교가 아니며, 죄에 대한 하나님의 진노를 믿지 않으면 성도가 아니다. 한 마디로 십자가가 필요 없는 구원이란 성경이 말하는 구

---

728) 그러나 두려워하는 자들과 믿지 아니하는 자들과 흉악한 자들과 살인자들과 행음자들과 술객들과 우상 숭배자들과 모든 거짓말 하는 자들은 불과 유황으로 타는 못에 참여 하리니 이것이 둘째 사망이라(계 21:8)
729) 자카리아스 우르시누스, 하이델베르크 교리문답해설, 원광연 역 (서울: 크리스챤다이제스트, 2006), 121; 이 율법의 모든 말씀을 실행하지 아니하는 자는 저주를 받을 것이라 할 것이요 모든 백성은 아멘 할지니라(신 27:26) 땅의 티끌 가운데서 자는 자 중에 많이 깨어 영생을 얻는 자도 있겠고 수욕을 받아서 무궁히 부끄러움을 입을 자도 있을 것이며(단 12:2) 또 왼편에 있는 자들에게 이르시되 저주를 받은 자들아 나를 떠나 마귀와 그 사자들을 위하여 예비 된 영영한 불에 들어가라(마 25:41)

원이 아니다! 하나님은 공의로우신 하나님이시기 때문이다.

2) 원래 의의 결핍과

의의 결핍이란 무엇을 말하는가?[730] 하나님의 뜻을 분별할만한 영적인 지식이 없으며 그것을 실천할 의지와 능력이 없다는 뜻이다.[731]

> 10 기록한 바 의인은 없나니 하나도 없으며 20 그러므로 율법의 행위로 그의 앞에 의롭다 하심을 얻을 육체가 없나니 율법으로는 죄를 깨달음이니라(롬 3:10, 20)

바울은 성경이 말하는 의인 개념으로 인간관을 강조하여 표현했다.[732] 인간은 근본적으로 도덕적으로 불완전하다. 구약에서의 의인은 하나님의 은혜를 입은 자이며 하나님과 동행하는 자이다.[733] 결국 죄에 오염[734]된 인류는 본질적으로 '선'이나 '의'와는 거리가 멀다.

> 내가 죄악 중에 출생하였음이여 모친이 죄 중에 나를 잉태하였나이다(시 51:5)

---

730) 루이스 벌코프, 벌코프조직신학(상), 권수경·이상원 역 (서울: 크리스챤다이제스트, 1993), 452-453; "로마 가톨릭의 지배적인 죄관은 다음과 같이 표현할 수 있을 것이다: 실제적인 죄는 의식적인 의지의 행위에 있다. 하나님의 의지에 부합하지 않는 성격과 습관이 죄의 성격을 가지고 있는 것은 사실이지만, 그것들은 엄격한 의미에서 죄라고 부를 수는 없는 것이다. 죄의 이면에 자리 잡은 정욕(concupiscence)은 낙원에 있던 인류를 지배했으며, 원의라는 첨가된 은사(donum suferadditum)의 상실을 초래했다. 그러나 그 정욕은 죄라고 부를 수 있는 것은 아니고, 단지 죄의 연료라고 할 수 있는 것이다 아담의 후손들의 죄악성은 일종의 부정적인 상태로서, 원래부터 있어야 할 것 곧 원의의 결핍을 말하는 것으로, 이는 인간의 본성에 속한 것은 아니다. 어떤 본질적인 것의 결여는, 일부 학자들이 주장하는 것처럼, 자연적 의가 상실될 때뿐이다. 이 견해에 대해서는 펠라기우스의 이론에 대하여 제기된 반론들이 그대로 적용될 수 있을 것이다. 그 반론들을 다시 한 번 되새겨 보는 것만으로 충분하다. 죄가 의지의 의도적인선택과 외적 행위에 있다고 주장한다는 점에서 볼 때, 펠라기우스주의에 대해 제기되었던 반론을 그대로 적용할 수 있을 것이다. 원의가 인간의 자연적 본성에 첨가된 것이요 원의의 상실이 인간의 본성의 훼손을 의미하는 것은 아니라는 말은, 인간 안에 나타난 하나님의 형상에 관하여 논의할 때 이미 지적된 것처럼, 비성경적인 개념이다. 성경에 따르면, 정욕은 사실적인 죄요, 많은 죄악 된 행위들의 뿌리이다."

731) 육에 속한 사람은 하나님의 성령의 일을 받지 아니하나니 저희에게는 미련하게 보임이요 또 깨닫지도 못하나니 이런 일은 영적으로라야 분변함이니라(고전 2:14) 내 속 곧 내 육신에 선한 것이 거하지 아니하는 줄을 아노니 원함은 내게 있으나 선을 행하는 것은 없노라(롬 7:18)

732) 10-12절에는 일반적인 죄 상태에 대해서 말하고 있으며 13-14절에는 입술로 저지르는 모든 죄에 대해서 말하고 있다. 15-17절에서는 행위에 대한 모든 죄를 말하며, 18절에서는 죄의 원천에 대해 말한다.

733) 에녹이 하나님과 동행하더니 하나님이 그를 데려 가시므로 세상에 있지 아니하였더라(창 5:24) 그러나 노아는 여호와께 은혜를 입었더라(창 6:8)

734) 김은수, 개혁주의신앙의 기초1 (서울: SFC, 2011), 162; "오염: 인간 본성의 타락-원죄로 말미암아 인간의 본성이 부패하고 타락했기 때문에 사람은 태어날 때부터 하나님의 진노와 저주 아래에 있으며, 죄와 사망의 종노릇하게 된다."

다윗은 자신이 죄악 된 본성의 소유자임을 강조한다. 시편 기자가 자신의 존재의 시작으로부터 인간의 죄성에 깊이 연루되어 있었다고 자각했다는 점이다. 다윗은 그러한 죄악에 대해 변명하려고 하지 않으며 오히려 사죄의 은총이 오직 하나님께만 있음을 강조하고자 했다. 중요한 것은 이런 다윗의 회개가 하나님의 언약적 신실하심에 기초하고 있다는 사실이다.

> 하나님이여 주의 인자를 좇아 나를 긍휼히 여기시며 주의 많은 자비를 좇아 내 죄과를 도말하소서 (시 51:1)

자기 죄를 회개하는 것이 자괴감으로 끝나지 않는 것은 하층부의 절망에서 끝나거나 그것을 벗어나기 위해서 도약하는 것을 의미하지 않기 때문이다. 다윗은 하나님과 하나님의 언약에 기초하여 자기 죄를 회개하고 용서를 구함으로 참된 구원을 맛볼 수가 있었다.[735] 언약은 상층부와 하층부를 연결하는 가장 확실한 성경의 약속이다.

3) 그의 본성 전체가 부패한 것(이것을 일반적으로 원죄라고 부름)과

아담과 하와는 죄를 지어 타락하자마자 지성·감정·의자·양심이 오염되었다. 옛언약의 머리였던 아담이 죄를 지어 타락한 이후에 인간은 원죄와 자범죄를 갖게 되었다. 원죄는 우리의 조상 아담과 하와가 하나님의 명령을 어기고 죄를 지은 것으로, 인간의 오염된 자질 또는 상태를 말한다. 모든 인간은 아담 안에서 죄책을 짊어지고 있으며, 그 결과로 태어날 때부터 그 죄성을 물려받는다.[736]

> 여호와께서 사람의 죄악이 세상에 관영함과 그 마음의 생각의 모든 계획이 항상 악할 뿐임을 보시고(창 6:5)

---

735) 호크마 주석에서; 문자적으로는 '당신의 인자를 따라서'의 뜻이다. '인자'(헤세드)는 본질적으로 언약 관계를 내포하는 단어이다. 이 말이 사람에게 쓰일 경우에는 '하나님을 향한 경건'을 뜻하는 반면, 하나님께 쓰일 경우에는 '하나님의 자비롭고 확실한 약속' 혹은 '언약적 신실성'(26:3)을 의미한다.

736) 루이스 벌코프, 벌코프조직신학(상), 권수경·이상원 역 (서울: 크리스챤다이제스트, 1993), 462; "… 원죄는 원초의 죄책을 말하는 것이 아니다. 왜냐하면 이 죄책은 선천적으로 물려받는 것이 아니라 전가되는 것이기 때문이다. 이 죄를 원죄라고 부르는 이유는 (1) 그것이 인류의 원초적인 뿌리로부터 파생되는 것이기 때문이요 (2) 또한 그것이 태어날 때부터 인간의 생명 안에 현존하는 것으로서, 인간이 모방한 결과가 아니기 때문이며 (3) 또한, 그것이 인간의 삶을 오염시키는 모든 실제적인 죄들의 내적 뿌리가 되기 때문이다. 그러나 어쨌든 이 용어를 죄는 인간 본성의 원초적인 구성 요소에 속하는 것이므로 하나님이 인간을 죄인으로 창조하셨다는 생각을 가리키는 것으로 오해하지 않도록 주의해야 한다."

원죄는 우리의 도덕적 상태를 말한다. 우리는 본성적으로 죄를 짓는 경향을 가지고 태어났기 때문에 죄를 지으며, 죄인이다. 인간은 그 본성상 죄에 대한 강렬한 욕구를 가지고 있다. 하나님의 뜻대로 살기보다는 죄를 짓고 싶은 불타는 열정으로 가득하다. 혹자는 '저는 그렇게 죄 짓는 열정으로 가득차 있지 않은데요'라고 말할 것이다. 과연 그럴까? 인간의 죄는 겉으로 드러나는 것이 전부가 아니라 그 마음의 생각에 깊이 자리 잡고 있다. 죄에 익숙하게 되면 양심이 마비가 되고 마음이 강퍅하게 된다. 외적인 환경이 그렇게 만들어 가는 것이 아니다. 인간의 죄악 된 본성이 나이를 들어갈수록 더 악하고 교묘하게 드러나고 부패해진다.

사람들이 갈수록 악해지는 이유는 자신들의 영적 상태를 하나님의 기준으로 점검하지 않기 때문이다. 자신들의 주위에 있는 사람들이 어떻게 사는지 확인하고 그 사람들보다 자신은 나은 사람이라고 생각한다. 그런 일에 한 몫을 하는 것은 뉴스와 신문이다. 흉악한 죄를 지은 사람들을 탑 뉴스로 보도한다. 그런 뉴스를 접하는 사람들은 '적어도 나는 저런 악한 사람은 아니다'라고 생각하게 만들어 자신 속에 있는 더 흉악한 죄를 아무렇지도 않게 생각한다. 하나님께서 인간에게 베푸시는 은혜를 거두어 가시면 인간의 마음은 강퍅해지고 자신이 하는 일이 얼마나 큰 죄악인지도 모른다.

4) 이 원죄로부터 나오는 모든 자범죄로 나타난다

자범죄(실제적인 죄, Actual transgression)는 죄성을 가지고 있는 인간이 스스로 짓는 죄를 말한다. 몸으로 짓는 외적인 형태의 죄들만이 아니라 원죄에서 유래하는 모든 의식적인 사유와 의지를 가리킨다. 인간의 죄악 된 본성과 경향에서 나오는 개별적인 죄의 행위를 자범죄라 한다.[737]

> 14 오직 각 사람이 시험을 받는 것은 자기 욕심에 끌려 미혹됨이니 15 욕심이 잉태한즉 죄를 낳고 죄가 장성한즉 사망을 낳느니라(약 1:14-15)

'시험'(temptation)은 인간의 내면에서부터 나오는 자기 욕심에 이끌린 것이다. 그러므로 하나님께서 자신을 연단하시기 위해 그렇게 하셨다고 합리화 할 수가 없다. 여기서 '미혹됨'에 해당하는 헬라어 '델레아조메노스'는 원래 사냥이나 고기잡이에서 유래한 말로서 문자적으로 '미끼로 고기를 꿰어 내다', '올가미로 사냥하다'는

---

737) 루이스 벌코프, 벌코프조직신학(상), 권수경·이상원 역 (서울: 크리스챤다이제스트, 1993), 470.

뜻이다. 이 말은 사람들이 미혹을 받는 것은 마치 물고기가 자기 앞에 놓인 낚시 바늘에 물려 이리 저리로 이끌려 다니는 모습과 같다는 것이다. 특히 '욕심'(에피뒤미아스)는 악한 뜻에 대한 열망을 말한다.738)

사도 야고보는 죄라는 것이 행동으로 나타나기 이전에 이미 욕심을 갖기 시작할 때부터 죄가 싹트고 결국에는 사망에까지 이른다는 것을 말하고 있다.739) 다시 말해서, '욕심' 그 자체가 바로 죄라는 것이다. 인간의 죄란 욕심에게 굴복당하는 시

---

738) 16 내가 이르노니 너희는 성령을 좇아 행하라 그리하면 육체의 욕심을 이루지 아니하리라 17 육체의 소욕은 성령을 거스리고 성령의 소욕은 육체를 거스리나니 이 둘이 서로 대적함으로 너희의 원하는 것을 하지 못하게 하려 함이니라 18 너희가 만일 성령의 인도하시는 바가 되면 율법 아래 있지 아니하리라 19 육체의 일은 현저하니 곧 음행과 더러운 것과 호색과 20 우상 숭배와 술수와 원수를 맺는 것과 분쟁과 시기와 분냄과 당 짓는 것과 분리함과 이단과 21 투기와 술 취함과 방탕함과 또 그와 같은 것들이라 전에 너희에게 경계한 것같이 경계하노니 이런 일을 하는 자들은 하나님의 나라를 유업으로 받지 못할 것이요(갈 5:16-21) 전에는 우리도 다 그 가운데서 우리 육체의 욕심을 따라 지내며 육체와 마음의 원하는 것을 하여 다른 이들과 같이 본질상 진노의 자녀이었더니(엡 2:3) 하나님을 모르는 이방인과 같이 색욕을 좇지 말고(살전 4:5)

739) 루이스 벌코프, 벌코프조직신학(상), 권수경·이상원 역 (서울: 크리스챤다이제스트, 1993), 471-472; 〈용서받을 수 없는 죄: … "성령을 거스리는 죄"라는 명칭은 너무나 일반적인 것이다. 그러므로 성령을 거스리는 죄 가운데도 용서받을 수 있는 죄가 있다(엡 4:30). 성경은 "성령을 거스려 말하는 것"에 대하여 특별히 언급한다(마 12:32; 막 3:29; 눅 12:10). 이 죄는 분명히 현세에 범한 죄로서, 회심과 용서를 불가능하게 만든다. 이 죄는 증거와 확신이 있음에도 불구하고, 그리스도 안에 나타난 하나님의 은혜에 관한 성령의 증거를 의식적으로, 악의를 가지고, 그리고 고의적으로 거부하고, 중상함과 동시에 질시와 증오심에 사로잡혀서, 그것을 어둠의 권세 잡은 자의 일로 돌리는 행위를 말한다. 이 죄는 객관적으로 그리스도 안에 나타난 하나님의 은혜의 계시와 성령의 강력한 사역을 전제로 한다. 동시에 주관적으로는 정직하기만 하면 진리를 부인하지 못할 만큼 강하게 성령의 조명을 받아서 지적으로 확신하는 상태를 전제로 한다. 이 죄는 진리를 의심하거나 단순히 부인하는 것을 의미하지 않고, 다만 마음의 확신과 양심의 조명과 마음의 판결에 반하여 행동하는 것을 의미한다. 인간은 이 죄를 범함으로써 의도적으로 그리고 악의로, 명백한 하나님의 사역을 사탄의 영향과 작용으로 돌리는 것이다. 이는 곧 결정적으로 성령을 중상하는 것이며, 성령이 악의 심연에서 나온 영이요, 진리는 거짓말이요, 그리스도는 사탄이라고 대담하게 선언하는 것이다. 이것은 성령의 인격성에 대항하는 죄라기보다는, 객관적으로 그리고 주관적으로 그리스도 안에 나타난 하나님의 은혜와 영광을 드러내는 성령의 공적 사역을 거스르는 죄이다. 성령을 거스르는 죄의 뿌리는 의식적으로 그리고 의도적으로 하나님과 모든 거룩한 것들을 증오하는 것이다. 이 죄가 용서받을 수 없는 이유는, 이 죄의 죄책이 그리스도의 공로를 능가하기 때문이거나 죄인이 성령의 새롭게 하는 권능을 넘어설 수 있기 때문이 아니라, 죄의 세계 안에도 하나님이 세우시고 유지하시는 법칙들과 준칙들(ordinances)이 있기 때문이다. 이 특별한 죄의 경우에 문제되는 법칙은, 이 죄가 모든 회개를 거부하고 양심을 마비시키며 죄인을 완고하게 만듦으로써, 죄를 용서받을 수 없는 것으로 만든다는 점이다. 이 죄를 범하는 자들에게서 우리는 하나님에 대한 공공연한 증오, 하나님과 모든 거룩한 것에 대하여 도전하는 태도, 거룩한 것을 조롱하고 비방하기를 즐기는 태도, 자신들의 영혼의 복리와 미래의 삶에 대한 절대적인 무관심을 발견하게 된다. 이 죄 뒤에 회개가 뒤따르지 않는다는 사실을 고려할 때, 우리가 확신할 수 있는 것은, 이 죄를 범한 사실을 두려워하며 다른 사람들에게 기도를 요청하는 자들은 이 죄를 범하지 않은 것이라는 사실이다. … 그러나 히 6장은 이 죄의 개체적인 특별한 한 형식을 가리키는 것으로서, 성령이 이상한 은사와 권능으로 나타났던 사도 시대에만 특별히 있을 수 있었던 어떤 사건을 가리킨다고 보는 것이 옳을 것이다. 이 점을 염두에 두지 않으면, 매우 강한 표현을 가진 이 본문이 성령에 의해서 거듭난 자들에게도 적용되는 것으로 오해될 수 있다. 히 6:4-6이 평범한 현세적 믿음을 통해 할 수 있는 경험을 초월하는 경험을 말하고 있지만, 반드시 마음속에 중생의 은총이 있는가를 시험하는 구절은 아니라는 사실을 염두에 둘 필요가 있다.〉

점으로부터 출발한다. 결국 사도 야고보는 인간이라는 존재가 처음부터 하나님으로부터의 분리를 의미하는 영적 사망을 잉태하고 있었음을 말하고 있다.740)

> 마음에서 나오는 것은 악한 생각과 살인과 간음과 음란과 도적질과 거짓 증거와 훼방이니(마 15:19)

이 구절에서는 악한 생각의 목록이 6가지로, 마가복음 7장 21-22절에서는 12가지로 나온다. 예수님께서는 십계명의 후반의 계명들을(제6-9계명) 말씀하시면서 유대의 바리새인과 서기관들이 장로의 유전은 쉽게 지키면서도 그 마음에는 여전히 하나님의 계명을 지키지 않는다고 말씀하셨다. 이것은 사람의 마음이 본질적으로 악하다는 말씀이다. 인간을 궁극적으로 더럽히는 것이 본질적으로 내재되어 있다는 사실을 말씀하셨다. 예수님께서는 이어서 이렇게 말씀하셨다.

> 이런 것들이 사람을 더럽게 하는 것이요 씻지 않은 손으로 먹는 것은 사람을 더럽게 하지 못하느니라(마 15:20)

예수께서 자기 의에 충만해서 외식하는 자들의 위선을 말씀하시면서 사람이 근본적으로 죄인이기 때문에 그 속에서 나오는 것들이 역시 죄 밖에 없다는 것을 말씀하셨다. 인간이 그렇게 본질적으로 죄악 된 존재라면, '아담과 하와는 불완전하게 창조되었는가?'라고 질문하게 된다. 이 물음에 대하여 레이몬드는 다음과 같이 말했다.

> 하나님께서는, 신적 계획 자체에 있어서나 그 계획의 위대하고 영광스러운 목적을 향하여 예정된 길을 따라 발생하는 부수적인 악에 있어서도 그분께서 친히 작정하셨던 궁극적인 목적이 그분 자신의 옳음을 충분히 입증해 줄 만큼 위대하고 영광스러운 것이라고 생각하셨다.741)

하나님께서는 그렇게 계획하신 목적대로 이루어 가신다. 인간은 그것을 다 헤아리지 못한다. 하나님께서 왜 인간을 그렇게 만드셨는지 모른다. 태초의 아담과 하와는 하나님 보시기에 좋았으나 완벽한 존재는 아니었다. 그것은 어거스틴이 간결하게 잘 말해 주었다. 어거스틴은 인간의 단계를 아래와 같이 네 단계로 나누었다.

---

740) 죄의 삯은 사망이요 하나님의 은사는 그리스도 예수 우리 주 안에 있는 영생이니라(롬 6:23)
741) 로버트 L. 레이몬드, 최신조직신학, 나용화·손주철·안명준·조영천 역 (서울: 기독교문서선교회, 2004), 486.

(1) 죄를 지을 수도 있는 인간 — 아담과 하와
   (humans who are able to sin = posse non peccare et posse peccare)
(2) 죄를 안 지을 수 없는 인간 — 타락한 인간
   (humans who are not able not to sin = non posse non peccare)
(3) 죄를 안 지을 수도 있는 인간 — 구원 받은 인간
   (humans who are able not to sin =
   posse non peccare sed non prorsus et posse peccare)
(4) 죄를 지을 수 없는 인간 — 낙원(새 하늘과 새 땅)에서의 인간[742]
   (humans who are not able to sin = non posse peccare)

인간은 (1)의 단계에서 (4)의 단계로 곧장 나아갈 수 있었다. 그러나 인간이 타락함으로 말미암아 (2)의 상태로 전락했고, 인간은 예수 그리스도를 믿고 성령을 따라 삶으로써 (3)의 단계를 거쳐, 최후에 (4)의 단계에 들어갈 수 있다.[743] 이것은 인간의 노력이 개입된 무슨 단계적 변화를 말하는 것이 아니라 구원은 전적으로 하나님의 은혜에 기초한다는 것을 말한다.

하나님은 인간이 처음부터 죄를 안 짓는 존재로 만드신 것이 아니었다. 처음부터 의에 충만한 존재로 만드신 것이 아니라 의를 덧입어야 하는 존재로 만드셨다. 하나님 의존적인 존재로 지음을 받은 것이지 자율적인 존재로 만들어진 것이 아니었다. 그러나 창조함을 받았을 때에는 죄 있는 존재로 창조되지는 않았다. 어거스틴이 말한 죄를 지을 수 없는 인간 상태로 가는 것은 인간의 노력으로 되는 것이 아니라 하나님의 은혜로 되어지는 일이다.

하나님께서 그 지으신 인간을 향한 섭리는 기계적이지 않다. 하나님께서는 인간을 인격체로 창조하셨다. 그렇게 창조하신 목적은 하나님을 영화롭게 하기 위함이다. 기계적인 영화가 아니라 온 몸과 마음을 다하여 하나님을 영화롭게 하기 위함이다. 그것은 이성과 지성을 소유한 인격체만이 할 수 있는 일이다. 그것은 하나님의 구원받은 자들, 곧 예수 그리스도로 말미암아 하나님의 언약 안으로 들어온 자들만이 할 수 있다.

그렇게 하나님께서 사람의 타락을 허용하신 이유는 무엇인가? 첫째로, 창조주께서 원시의 의의 상태에 있도록 보존하시지 않고 피조물을 그냥 두시면 피조물이 연약하여 죄악 가운데 있을 수밖에 없다는 것을 드러내시기 위함이다. 둘째로, 이를 계기로, 믿는 모든 자들을 그리스도로 말미암아 구원하심으로써 하나님 자신의 선

---

742) http://www.monergism.com/thethreshold/articles/onsite/four-fold.html/
   (Enchiridion, CHAP. 118; On Correction and Grace XXXIII)
743) 로버트 L. 레이몬드, 최신조직신학, 나용화·손주철·안명준·조영천 역 (서울: 기독교문서선교회, 2004), 486-487.

하심과 긍휼하심과 은혜를 드러내시며, 또한 악인과 버림받은 자들의 죄를 벌하시는 하나님의 정의와 능력을 드러내시기 위함이었다.[744)]

---

744) 자카리아스 우르시누스, 하이델베르크 교리문답해설, 원광연 역 (서울: 크리스챤다이제스트, 2006), 91-92. 31 이 와 같이 이 사람들이 순종치 아니하니 이는 너희에게 베푸시는 긍휼로 이제 저희도 긍휼을 얻게 하려 하심이니라 32 하 나님이 모든 사람을 순종치 아니하는 가운데 가두어 두심은 모든 사람에게 긍휼을 베풀려 하심이로다(롬 11:31-32) 22 만일 하나님이 그 진노를 보이시고 그 능력을 알게 하고자 하사 멸하기로 준비된 진노의 그릇을 오래 참으심으로 관용하 시고 23 또한 영광 받기로 예비하신 바 긍휼의 그릇에 대하여 그 영광의 부요함을 알게 하고자 하셨을지라도 무슨 말 하리요(롬 9:22-23)

제19문 인류가 타락한 상태의 비참은 무엇입니까? (대27-29)
답: 타락으로 말미암아 모든 인류는 하나님과의 교제를 상실하였으며, 그분의 진노와 저주 아래 있으며, 그 결과 현세의 모든 비참과 죽음과 영원한 지옥형벌을 받게 되었습니다.[745]

인간의 비참한 현실에 대하여 성경은 타락으로 말미암아 일어난 일이라고 분명하게 말한다. 그러나, 불교는 어떻게 말할까? 저들은 고통의 진정한 원인을 집착이라고 말한다. 그것은 자아의 개념과 깊은 관련이 있다. 불교는 고통의 원인을 알아내고 제거하여 고통이 없는 마음의 상태, 곧 열반(nirvana)에 이르려고 한다.

불변하는 실체가 존재한다는 생각을 하기 때문에 집착이 일어난다고 말한다. 나라는 인간은 주어진 시간 동안 살다가 사라지는 것뿐인데, 나라는 인간 실체가 불변하는 것이라고 생각하기 때문에 집착이 일어난다는 것이다. 나가르주나(Nagarjuna, 龍樹, 150?-250?)[746]는 그의 주저 『중론』에서 모든 것이 공(空)하다, 즉 불변하는 실체가 존재하지 않는다고 말했다.

---

745) Q. 19. What is the misery of that estate whereinto man fell? A. All mankind by their fall lost communion with God, are under his wrath and curse, and so made liable to all the miseries of this life, to death itself, and to the pains of hell forever.

746) Nagarjuna, 용수(龍樹)는 붇다의 중도(中道, madhyamaka) 사상을 완성시킨 사람으로 보며, 제2의 붇다로 불린다. nagarjuna에서 나가(naga)는 '뱀', '코브라', '독사', '용'을 뜻하고, 아르주나(arjuna)는 '나무이름'이다.

조셉 캠벨, 인도의 신화와 예술, "깨달음의 마지막 밤을 지새우던 성자가 상대적 기원(dependent origination)의 신비를 깨닫는 순간 지상의 모든 만물들은 우레와 같은 소리로 그가 전지함에 도달한 것을 찬송하였다. 그 후 그는 깨달음의 축복에 잠겨 나이란쟈나 강변의 보리수(깨달음의 나무) 아래에서 7일 동안 정좌하였다. (중략) 일곱 날이 경과한 후 그는 일어나서 [목자의 나무]라는 벵갈 보리수 곁으로 다가가 다시 안좌했다. 그리고 그곳에서 다시 이레 동안 깨달음의 축복에 싸여 앉아 있었다. 그 기간이 지나자 다시 일어나 뱅골 보리수를 떠나 세 번째 나무로 가서 다시 이레를 앉아 지내면서 그 숭엄한 고요의 경지를 체험하였다. 이 세 번째 나무-전설의 나무-를 이름 하여 [뱀의 왕, 문찰린다(Munchalinda)의 나무]라 하였다. 한 마리의 거대한 코프라 문찰린다가 그때 그 나무의 뿌리들 사이의 구멍 속에 살았다. 그는 불타가 지복의 경지에 도달하는 순간 계절에 맞지 않게 거대한 먹구름이 모여들기 시작함을 지각하였다. 그러자 조용히 암흑의 거처를 빠져나와 자신의 몸을 꼬아 깨달은 자의 성채를 일곱 번 감쌌으며 그의 거대한 코프라 두건을 우산처럼 활짝 펴서 성자의 머리를 보호하였다. 이레 동안 비가 내리고 찬바람이 부는 가운데 불타는 명상에 잠기었다. 이레째 되는 날, 때 아닌 폭우가 몰아쳤다. 문찰린다는 꼬았던 몸을 풀고 자신을 유순한 젊은이로 변신하여 양손을 합장하면서 세상의 구세주에게 굽혀 경배하였다." 붇다가 벵갈 보리수 밑에 앉아 선정에 들자 갑자기 날씨가 나빠졌다. 성자는 아무 것도 모르고 깊은 명상에 들어간다. 그때 나무 밑에 있던 거대한 코프라가 이것을 알고 밖으로 나와 자신의 몸으로 붇다를 감싸 악천후로부터 보호했다는 이야기다. 이야기는 훗날 조금 더 진행된다. 공(空) 사상의 위대한 나가르주나가 전생에 바로 이 뱀의 왕이었다는 이야기다. 즉 Nagarjuna라는 이름을 살피면 뱀 혹은 용을 뜻하는 나가(naga)와 아르쥬나(arjuna) 즉 나무가 합쳐진 이름이다. 붇다를 보호했던 공덕으로 위대한 불교 법맥을 잇는 위대한 사람으로 재탄생했다는 이야기다.[주. 임현담]

… 나가르주나가 경계했던 것은 언어에 의한 문법적 착각 때문에 우리가 형이상학적 사유에 속을 수도 있다는 점이었다. 다시 말해 우리는 어법상 주어에 해당되는 어떤 것이 마치 하나의 실체로 존재하고 있다고 오해하는 잘못을 범할 수 있다는 것이다.

나가르주나에게 있어 형이상학적 사유란 모두 극복해야할 대상이었다. 모든 형이상학은 불변하는 실체를 가정하고, 결국 우리를 이 불변하는 실체에 대한 집착으로 이끌기 쉽기 때문이다. 그에 따르면 형이상학은 크게 두 가지 경향으로 나뉠 수 있다. 불변하는 실체가 존재하며 그의 모든 작용은 그의 본성으로부터 기원한다고 주장하는 상견(常見), 불변하는 실체가 존재하지만 그의 모든 작용은 우발적이라고 주장하는 단견(斷見)이 바로 그것이다. 인도철학 전통에서 상견은 인중유과론(因中有果論)으로, 그리고 단견은 인중무과론(因中無果論)으로 이해되어 왔다. 다시 말해 상견이 원인(혹은 주어) 속에 그 결과(혹은 술어)가 미리 내재하고 있다고 보는 입장이라면 단견은 원인(혹은 주어) 속에 그 결과(혹은 술어)가 미리 존재하지 않는다고 보는 입장이라고 할 수 있다. "철수가 간다"라고 할 때 상견에서는 철수라는 실체가 간다는 본성이 있기 때문에 철수가 갈 수 있다고 주장하는 반면, 단견에서는 철수라는 실체에 간다는 본성이 없기 때문에 철수가 간다는 것은 단지 우연적인 일에 지나지 않는다고 주장한다.

나가르주나는 상견으로 이해된 "철수는 간다"라는 명제는 반복 혹은 중복의 오류를 범한다고 비판했다. 실체로 이해된 철수는 본질적으로 '가는 쟈'이기 때문에, 그에게 '간다'라는 술어를 붙일 수 없다는 것이다. 그래서 나가르주나는 "가는 자는 가지 않는다"라고, 즉 "가는 자가 간다"라는 명제는 성립되지 않는다고 주장했던 것이다. 반면에 나가르주나는 단견으로 이해된 "철수는 간다"라는 명제는 사실을 위배하는 오류를 범하고 있다고 비판한다. 실체로 이해된 철수는 본질적으로 '가지 않는 쟈'이기 때문에, 그에게 '간다'라는 술어를 붙일 수도 없다는 말이다. 나가르주나는 "가는 자가 아닌 것은 가지 않는다"라고 즉, "가는 자가 아닌 것이 간다"라는 명제는 성립되지 않는다고 보았던 이유도 바로 여기에 있다.…747)

　　나가르주나가 상견과 단견을 모두 거부한 이유는 무엇인가? 그것은 불변하는 실체가 있다고 생각하면 집착이 일어난다고 보았기 때문이다. 불변하는 실체가 있다는 것을 자성(自性), 불변하는 실체가 없다는 것을 공(空)이라 하는데, 이 공(空)으로 세상을 보면 집착이 일어나지 않는다고 말했다.748) 그러면 철수는 무엇인가? 그것은 다만 조건으로 만들어진 존재일 뿐이다. 그러니 그 속에는 영원성이 없고

---

747) 강신주, 철학 vs 철학 (서울: 그린비, 2012), 495-496.

748) 강신주, 철학적 시 읽기의 즐거움 (파주: 동녘, 2012), 302-303; 〈데리다가 현전을 그렇게도 비판했던 이유는 무엇일까요? 사실 다의 비판은 '현전' 개념에만 한정되지 않습니다. 그는 서양철학이 강조했던 모든 개념들도 절대적인 근거가 없다고 비판하기 때문이지요. 데리다의 사유를 해체주의deconstructivism라고 규정하는 것도 이런 이유에서일 겁니다. 그렇지만 그가 지적인 즐거움을 위해 비판과 해체를 일삼고 있다고 오해해서는 안 됩니다. 자명해서 조금도 의심할 필요가 없다고 생각되는 모든 것을 해체함으로써, 데리다는 고질적인 편견을 깨뜨려 우리를 구체적인 삶의 세계 속으로 다시 되돌리려고 했기 때문입니다. 이 점에서 데리다의 논리에는 불교의 전략과 유사한 것이 있습니다. 모든 것이 공(空)으로 귀결된다고 주장한 나가르주나(Nagarjuna, 150?-250?)라는 철학자를 들어보셨나요? 그는 절대적으로 존재한다고 여겨지는 모든 것이 사실 '의존적으로 발생한다'는 점을 논증합니다. 이에 따르면 결과적으로 모든 것들은 자기동일성(自性)이 없는 것, 즉 '공'한 것으로 판명되지요. 그런데 공을 이해한 사람은 허무주의에 빠지는 것이 아니라, 이제 편견을 벗어나서 세상을 있는 그대로 새롭게 본다는 점이 중요합니다. 착각에서 벗어나 진정한 삶을 영위하도록 한다는 점에서 데리다의 비판은 나가르주아의 정신을 공유하고 있다고 할 수 있을 겁니다.〉

다만 무상함뿐이다. 그것을 인연(因緣)이라 한다. 인(因)이란 직접적인 원인을, 연(緣)이란 간접적인 조건을 말하는데 이 인연의 마주침으로 일어나는 메커니즘을 연기(緣起)라고 한다. 여기에서 루크레티우스(에피쿠로스학파)의 클리나멘, 알튀세르의 '우발적인 마주침', '마주침의 유물론', '장자의 철학'749)과 같은 맥락이 있다.750)

여기에서 나가르주나의 중도적 성향이 나타난다. 인연들의 우발적인 마주침으로 발생한 모든 개체와 사건들은 자성(自性)은 가지지 않으나, 개체와 사건들을 다른 것과 구별하기 위해서 특수한 이름을 붙이는 것은 문제가 되지 않는다는 것이다. 철수와 영희는 그 특수성을 나타내는 이름이지 철수와 영희는 자성이 없는 다시 말해서 불변하는 실체는 없는 것이다. 자성이 없는 철수와 영희는 어떻게 사랑을 할 수 있는가? 자성이 없는 사랑은 무슨 사랑인가?

바수반두(Vasubandhu, 世親, 316-396)는 이 집착을 실제로 제거하기 위해 인간의 의식을 여덟 가지 층으로 분류하는 '팔식설'을 말했다. 가장 심층에 있는 여덟 번째 의식이 알라야식인데, 행동이나 행위를 의미하는 업(業, karma)의 결과가 씨앗처럼 알라야식에 저장된다고 보았다. 오늘날로 말하면 무의식적 기억이 집착을 만들어낸다는 것이다. 그래서 그 무의식적 기억, 즉 알라야식을 끊으려고 했다. 프로이트와 칼 융, 라캉에 이르기까지 인간의 무의식에서 원인을 찾고 해결하려는 인간의 노력은 결국 구상화라는 방법으로 무의식에 뛰어들어 영적인 안내자와의 만남을 통해 신성화로 가는 길로 가고 있다. 세상 만물이 신이라고 말하는 범신론은 현실의 삶을 덧없는 것으로 간주한다. 여기 이 현실에 무슨 애정과 마음을 두지 말라는 것이다. 이 현실이란 자신이 현세에서 가진 모습인데 그것은 그저 일시적인 것이므로 애착을 가지지 말라는 뜻이다.751) 그러면 왜 세상의 존재들은 각기 다른

---

749) 강신주, 철학 vs 철학 (서울: 그린비, 2012), 48; "유명은 만물들의 어머니"라고 주장했을 때, 노자(老子)가 전자의 입장을 따랐다면, "사물(物)을 사람들이 그렇게 불렀기 때문에 그렇게 구분된 것이다"라고 말했을 때 장자(莊子)는 후자의 입장을 따르고 있기 때문이다. 의미의 선재성과 의미의 사후성이라는 분명한 간극으로 인해 노자와 장자의 사유는 건널 수 없는 깊은 강이 놓여져 있었다.

750) Ibid., 496.

751) http://blog.daum.net/kimgim/5935820/ 베르그송(H. Bergson, 1859-1941)은 기억이나 기대가 없다면 '없음'조차 없다고 주장했다. "기억하고 기대하는 능력이 있는 존재에게만 무엇이 없다는 것이 가능하다. 아마 그는 어떤 대상을 기억하고 있어서 그것과 만날 것을 기대하고 있었을 것이다. 그러나 그는 다른 대상을 발견한다. 이때 그는 기대를 좌절시키는 것 앞에서 원래의 기억을 상기하게 되고, 자신에게는 이제 아무것도 발견되지 않는다고, 자기는 '없음'과 조우했다고 말하게 된다."(창조적 진화) 존재론적 없음에 집착한 서양의 형이상학에 '없음'이 의식적 효과일 뿐이라고 말했다. 예를 들어, 호주머니에 돈이 없음의 상황은 있었던 과거에 대한 기억, 상품을 사려는 기대가 불러일으킨 의식 활동의 결과라는 것이다. 집착은 기억, 기대와 결핍이 만든 메커니즘이라는 것이다.

모습을 나타내고 있는가? 그것은 『우파니샤드』에서 윤회로 말한다. 자신이 행한 것들이 다음 생애의 자신의 모습을 만든다고 말한다. 저들이 소원하는 것은 이 윤회의 고리에서 벗어나 우주적 신인 브라흐만과 하나가 되는 것이다.752)

그런데 현실을 살아가는 사람들이 염세주의로 살아가는 것을 보고 반발이 일어난다. 그들을 육사외도(六師外道, Sad-darama)라 한다.753) 왜냐하면 그들은 불교의 정통적 가르침을 따르지 않았기 때문이다. 이 중에서 아지타 케사캄발란은 범아일여 사상을 해체하기 위하여, 윤회사상의 핵심인 인과율을 해체하기 위하여 극단적인 유물론을 펼쳤다. 인간이란 땅, 물, 불, 바람의 요소가 있다면서, 인간의 자아란 이 네 가지 요소가 결합되어 생긴 표면적인 효과에 지나지 않는다면서 인간에게는 전생도 후생도 없으니 여기 이 현실을 향유하라고 했다. 좋은 행동이나 악한 행동이라도 어떤 결과를 만들어내지 않는다고 말했다. 그야말로 인과율을 전적으로 부정하는 것이었다. 이것은 범아일여 사상이 현실에 대한 부정적인 삶을 살도록 조장한 것에 대한 반발이었다. 그러나 아지타의 이런 논리는 또 하나의 허무주의를 낳았다. 어떤 행동도 어떤 결과를 만들어내지 않는다고 말했으니 악하게 살든지 선하게 살든지 아무런 문제가 될 것이 없었다. 이런 두 극단을 싯다르타는 종합하려고 했다.

첫 번째 극단은 '모든 것은 존재한다'라는 표현으로 정리될 수 있는 견해로서, 이 세계의 모든 것에는 변화와는 무관한 자기동일성(自性)이 존재한다고 보는 입장이다. 불교에서는 이런 견해를 '상견(常見)이라고 규정한다. 두 번째 극단은 '모든 것은 존재하지 않는다'는 표현으로 요약되는 견해로서, 세계의 모든 것에는 어떠한 자기 동일성도 존재하지 않고 끝없이 변화할 뿐이라고 보는 입장이다. 불교에서는 이런 견해를 '단견(斷見)이라고 부른다. 상견이 범아일여의 주장을 가리킨다면, 단견은 이 경우 아지타의 유물론적 주장을 가리키는 것이다. 싯다르타에 따르면 상견이나 단견은 모두 일상적인 경험만을 사변적으로 추상화해서 구성된 형이상학적인 주장들에 지나지 않았다.754)

싯다르타는 왜 이 두 가자를 종합했는가? 범아일여도 허무주의, 아지타의 유물론도 허무주의로 가기 때문이다. 싯다르타는 이것을 극복하기 위해 인간의 고통에 집중했다. 범아일여에서는 현실의 삶을 고통으로 내몰고 오로지 윤회의 고리를 끊

752) 강신주, 철학 vs 철학 (서울: 그린비, 2012), 498-501.
753) Ibid., 454-455. 〈『사문과경』이라는 불교 초기 경전을 보면 불교도들은 육사외도로 다음 여섯 명의 사상가들을 지목하고 있다. 인과응보를 부정했던 푸라나 캇사파, 숙명론을 내세웠던 막칼리 고살라, 진리에 대한 불가지론을 피력했던 회의론자 산자야 벨랏티풋타, 철저한 유물론의 입장을 피력했던 아지타 케사캄발린, 선악의 인과관계를 부정했던 파쿠다 카차야나, 그리고 마지막으로 불살생의 정신을 강조했던 자이나교의 창시자 니간타 나타풋타가 바로 그들이다.〉
754) 강신주, 철학 vs 철학 (서울: 그린비, 2012), 458.

어야 한다고 말하고, 아지타는 현세의 고통이란 아무 의미도 없는 것이라고 말했다. 싯다르타는 삶의 고통은 집착에서 비롯된다고 말했다. 그 고통에서 벗어나는 길은 과거의 오온755) 상태에서 파생되어 나온 자아에 대한 현재의 집착을 무화시키는 길 밖에 없다는 것이 싯다르타의 주장이다.

> 나는 이제 오온(五蘊)과 오온의 집착된 모습(受陰)을 말하리라.
> 어떤 것을 인연으로 쌓임(蘊, 陰)이라 하는가.
> 모든 물질(色)로서 과거의 것이나 미래의 것이나 현재의 것이나,
> 안에 있는 것이나 밖에 있는 것이나, 거친 것이나 가는 것이거나,
> 좋은 것이거나 나쁜 것이거나, 멀리 있는 것이거나 가까이 있는 것이거나
> 그 일체는 모두 물질의 인연으로 쌓임이라 한다.
> 따라서 수(受)·상(想)·행(行)·식(識)도 또한 그와 같아서
> 그 일체는 모두 수·상·행·식의 인연으로 쌓임이라 하나니
> 이것을 모두 오온(五蘊)이라 한다.
> 어떤 것을 오온의 집착된 모습이라 하는가.
> 만일 물질에 대한 번뇌의 흐름이 있으면 그것을 취함(取)이라 한다.
> 만일 그 물질에 과거나 미래나 현재에서 탐욕과 성냄과 어리석음 및
> 그 밖의 여러 가지 큰 번뇌의 마음이 생기고,
> 수·상·행·식에 있어서도 또한 그러하면
> 이것을 오온의 집착된 모습이라 한다.756)

다시 말해서, 눈에 보이는 것과 눈에 보이지 않는 것의 구분은 의미가 없으며, 모든 괴로움의 근본 원인은 탐욕, 성냄과 같은 마음이 일어남을 알아채지 못하는데 있다는 것이다. 일체의 모든 것은 마음이 만들어내는 허상이라 말한다.757) 싯다르타는 불변하는 자아가 아니라 가변적이나 연속성도 있는 현실적인 자아를 말했다. 우파니샤드의 범아일여와 아지타의 유물론이 둘 다 현실을 외면하게 만들었기 때문이다.

싯다르타는 이 집착을 제거하기 위해 여덟 가지를 말하는데, 그것을 팔정도라 한다.758) 과연 그렇게 할 수 있는가? 인간이 팔정도를 이루어낼 수 있는가? 인간

---

755) 네이버 지식백과; 오온(五蘊), 중원문화, 2009. 불교에서는 인간을 구성하는 다섯 가지 요소, 곧 몸, 감각, 지각, 성향, 의식을 오온(五蘊)이라 한다. 싯다르타에 있어서 자아란 이 오온이 결합되어 생겨난 일종의 표면효과이다. 한 개체는 오온이 임시로 모여 구성된 것이고, 오온의 그 어느 것도 아로 불릴 수 없다(五蘊假和合, 五蘊無我). 에 오온의 개념 내용이 확대되어, 현상 세계의 모든 구성요소를 의미하는 것이 되었다. 대승에서는 오온 그 자체도 또한 공(空)이고 실재하지 않는다고 주장한다.

756) 잡아함경 2권, 음경(陰經).

757) http://blog.daum.net/bujeok/719 「불교에서 말하는 오온(五蘊)이란?」

758) 네이버 지식백과; 팔정도[八正道] (한국민족문화대백과, 한국학중앙연구원), 정견(正見)·정사유(正思惟)·정어(正語)·정업(正業)·정명(正命)·정념(正念)·정정진(正精進)·정정(正定)을 말한다. 우리나라의 불교는 대승불교권에 속하지만,

이 스스로 깨달음에 이르고 인간이 스스로 수행함으로 집착에서 벗어날 수 있는가? 그것이 된다면 왜 성철은 이렇게 말했는가?

> 生平欺狂男女群(생평기광남녀군)하니 彌天罪業過須彌(미천죄업과수미)라
> 活陷阿鼻恨萬端(활함아비한만단)이여 一輪吐紅掛碧山(일륜토홍괘벽산)이로다.
> 일생 동안 미친 남녀의 무리를 속여서 수미산을 덮은 죄업이 하늘을 가득 채웠다
> 산채로 아비지옥에 떨어져서 한이 만갈래나 된다
> 한송이 꽃이 붉음을 내뿜으며 푸른 산에 걸렸도다.759)

불교에서는 이 사람이 지옥에 가는 것을 무엇이라고 말하는가? "모든 중생을 위해 지옥까지도 마다하지 않는 보살정신"이라고 말한다.760) 성철은 "일생동안 미친 남녀의 무리를 속여서 수미산을 덮은 죄업이 하늘을 가득채웠다"고 말했다. 인간이 팔정도의 길을 간다는 것은 불가능하다는 뜻이다.

성경은 인간의 당면한 문제들에 대하여 무엇이라고 말하는가? 그것은 하나님께 불순종한 그 죄악으로 말미암아 타락했기 때문이라고 말한다.

1) 타락으로 말미암아 모든 인류는 하나님과의 교제를 상실하였으며

타락은 하나님과의 분리를 초래했다. 왜냐하면 아담과 하와는 하나님 없는 자율성으로 가는 죄를 지었기 때문이다.

> 그들이 날이 서늘할 때에 동산에 거니시는 여호와 하나님의 음성을 듣고 아담과 그 아내가 여호와 하나님의 낯을 피하여 동산 나무 사이에 숨은지라(창 3:8)
> 가로되 내가 동산에서 하나님의 소리를 듣고 내가 벗었으므로 두려워하여 숨었나이다(창 3:10)
> 이같이 하나님이 그 사람을 쫓아내시고 에덴 동산 동편에 그룹들과 두루 도는 화염검을 두어 생명 나무의 길을 지키게 하시니라(창 3:24)

하나님께서는 범죄한 아담과 하와를 찾아오셨으나, 그들은 자신들이 지은 죄로 인하여 두려움에 쌓였기 때문에 스스로를 숨겼다. 하나님께서 부르시는 그 소리는 죄를 짓고 난 후에도 여전히 은혜로왔으나 죄악에 빠진 인간은 그 음성이 오히려

불교를 믿는 사람은 무엇보다도 먼저 이 팔정도에 의하여 수행하고 생활하도록 되어 있다. 이 팔정도는 팔지성도(八支聖道)라고도 하며, '여덟 개의 부분으로 이루어진 성스러운 도(道)'라는 의미이다. … 이 팔정도는 중생을 미혹세계인 이곳에서 깨달음의 세계인 피안으로 건네주는 힘을 가지고 있어 선(船)이나 뗏목(筏)으로 비유되기도 한다.
759) http://well.hani.co.kr/18463
760) 같은 사이트에서.

두려웠고 하나님의 낯을 피했다. 결국 그들은 이전에 하나님과 자유로이 교제하는 복된 자리에서 하나님과의 교제가 단절된 비참한 상태에 이르게 되었다. 교제가 끊어진 '낯섦'의 상태가 인간의 마음에 두려움을 가져왔다.[761] 하이데거가 인간이 처한 상황을 '불안'이라한 것은 인간이 처한 비참한 상황을 인정하는 것이다. 하나님 없는 인간은 교제의 단절로 말미암아 다가오는 죽음 앞에 벌벌 떨 수밖에 없는 존재다.

2) 그분의 진노와 저주 아래 있으며,
하나님을 저버린 인간에게 내린 진노와 저주는 무엇인가?

> 전에는 우리도 다 그 가운데서 우리 육체의 욕심을 따라 지내며 육체와 마음의 원하는 것을 하여 다른 이들과 같이 본질상 진노의 자녀이었더니(엡 2:3)

사도 바울은 자신을 포함한 모든 그리스도인들이 과거에는 하나님께 불순종하고 육체의 욕심을 따라 살았다고 말했다. 그것은 하나님으로부터 분리되어 죄성에 따라 사는 삶이었다. 하나님께서 원하시는 삶과는 근본적으로 거리가 먼 인생이 되었다. 그것은 죄가 죄인 줄도 모르고 사는 진노요 저주다.

> 무릇 율법 행위에 속한 자들은 저주 아래 있나니 기록된 바 누구든지 율법 책에 기록된 대로 온갖 일을 항상 행하지 아니하는 자는 저주 아래 있는 자라 하였음이라(갈 3:10)

사도 바울은 율법의 행위를 구원의 방편으로 삼고자 하는 자들은 저주 아래 있다고 말함으로써 죄의 보편성을 말하고 있다. 율법 중에 하나라도 어기게 되면 율법을 범한 것이 되어 저주 아래 있게 되는 인간의 무능함과 연약함을 말한 것이다. 율법을 지켜야 하는 필연적인 의무가 있으나 어느 누구도 그렇게 할 수 있는 사람은 없다. 결국 사도 바울이 말하고자 한 것은 인간의 죄인 됨을 드러내는 율법의 기능이다. 율법은 범죄한 자들을 정죄하고 그로 인해 형벌과 진노를 가져오게 된다.[762] 율법의 정죄에 벗어날 인간은 아무도 없다. 거기에는 예외가 없다!

---

761) 가로되 내가 동산에서 하나님의 소리를 듣고 내가 벗었으므로 두려워하여 숨었나이다(창 3:10)
762) 율법은 진노를 이루게 하나니 율법이 없는 곳에는 범함도 없느니라(롬 4:15) 또 이 선물은 범죄한 한 사람으로 말미암은 것과 같지 아니하니 심판은 한 사람을 인하여 정죄에 이르렀으나 은사는 많은 범죄를 인하여 의롭다 하심에 이름이니라(롬 5:16) 그런즉 한 범죄로 많은 사람이 정죄에 이른 것 같이 의의 한 행동으로 말미암아 많은 사람이 의롭다 하심을 받아 생명에 이르렀느니라(롬 5:18)

3) 그 결과 현세의 모든 비참과

비참한 상태란 무엇인가? 세상은 무엇이 비참한 것이라고 할까? 돈, 권력이 없는 것이 비참하다고 말한다. 성경은 무엇이 비참한 것이라고 할까? 하나님을 모르며 하나님과 교제가 끊어진 것이 비참하다고 말한다. 왜 그것이 비참한가? 하나님을 떠나서는 생명과 진리와 가치와 의미와 자유가 없기 때문이다. 하나님으로부터 영원한 의미와 통일성을 제공받지 못하는 현실 속에 인간은 허무함과 절망감 속에서 죽어간다.

파멸과 고생이 그 길에 있어(롬 3:16)

이 말씀을 원문 그대로 번역하면 '그들의 길에 파멸과 고생이 있다'는 뜻이다. 이 말씀은 앞 절의 결론으로, 피 흘리는 데 빠른 발을 가진 '그들의 길에' 파멸과 고생뿐이다. 모든 인간은 죄 아래 있기 때문에 미래에 주어질 것이라고는 지옥의 형벌 밖에 없다. 인류는 죄 속에서 서로를 죽이게 되어 결국에는 그 잔혹한 피 흘림의 결과로 비참하고 고통스런 파멸로 끝나게 된다고 성경은 말한다. 이 비참함에서 벗어나는 것은 언약 안으로 다시 들어오는 것이다. 그러나 언약 안에 들어오는 것은 자기 마음대로 들어오고 자기 마음대로 나갈 수 없다. 다시 들어오기 위해서는 죄의 값을 치루어야 한다. 그 죄의 값은 죽음이다. 우리가 하나님의 저주와 심판을 받아 죽어야 한다. 문제는 우리가 죽는다고 해서 그 죄 값을 갚을 수가 없다는 것이다. 그런데 그 저주와 심판의 죽음을 예수님께서 십자가에서 대신 죽으셨다. 그 죽음의 희생으로 말미암아 우리는 새언약으로 들어올 수가 있게 되었다. 그것이 구원이다.

4) 죽음과

죄는 인간을 영육 간에 죽음에 이르게 했다. 이것은 인간이 스스로 구원에 이를 수 없는 자리에 처해졌다는 것을 말한다.

죄의 삯은 사망이요 하나님의 은사는 그리스도 예수 우리 주 안에 있는 영생이니라(롬 6:23)

'죄의 삯은 사망'이라는 말은 죄에 계속 거하는 자에게 지불되는 대가가 사망이라는 뜻이다. '삯'이란 헬라어 '와소니아'는 '병사들의 급료'를 의미하는데, 이것은 군인들이 철저하게 군사적인 의무에 매여 있어서 그에 준하는 대가를 받듯이, 인간이 '죄의 종'노릇 함으로 인해 그 죄에 매여서 결국 '사망'이라는 대가를 받게 된다고 말하는 것이다. 이어 나오는'은사'는 '삯'과 반대로, '일한 것 없이 하나님께 의로 여기심을 받는'것이다.763) 은사는 전적으로 하나님의 은혜로 받은 것이기에 자랑하지 못한다. 그리고 이 '은사'는 성도가 죄에서 해방되어(18, 22a절) 거룩의 열매를 얻게 된(22b절) 사실을 말한다.764)

이것은 구원이 인간의 노력이 아니라 하나님의 값없는 은혜로 주어진다는 사실을 말한다. 성경은 "우리 주 안에 있는 영생"이라고 분명하게 선언한다. 세상은 인간 안에서 구원을 만들어 낼 수 있다고 말하나 성경은 우리 밖에서, 오직 예수 그리스도 안에서만 영생을 주신다고 선포한다.

5) 영원한 지옥형벌을 받게 되었습니다

인간은 하나님과의 관계가 완전히 단절되었으며, 자연 상태로 태어난 모든 인간은 죄의 형벌로 말미암아 자옥으로 가게 되었다.

> 또 왼편에 있는 자들에게 이르시되 저주를 받은 자들아 나를 떠나 마귀와 그 사자들을 위하여 예비된 영영한 불에 들어가라(마 25:41)

타락한 인간이 겪는 저주와 심판은 3가지로 나타난다.
1) 이 세상에 사는 동안 온갖 비참한 일을 겪는다.
2) 육신의 죽음을 맛보게 된다.
3) 우리의 영혼이 자옥의 영원한 고통을 받는다.

불교는 삶의 고통이 집착 때문이라 한다. 그 집착은 왜 일어나는가? 삼법인765)

---

763) 6 일한 것이 없이 하나님께 의로 여기심을 받는 사람의 행복에 대하여 다윗의 말한 바 7 그 불법을 사하심을 받고 그 죄를 가리우심을 받는 자는 복이 있고 8 주께서 그 죄를 인정치 아니하실 사람은 복이 있도다 함과 같으니라 9 그런즉 이 행복이 할례자에게뇨 혹 무할례자에게도뇨 대저 우리가 말하기를 아브라함에게는 그 믿음을 의로 여기셨다 하노라(롬 4:6-9)

764) 죄에게서 해방되어 의에게 종이 되었느니라(롬 6:18) 그러나 이제는 너희가 죄에게서 해방되고 하나님께 종이 되어 거룩함에 이르는 열매를 얻었으니 이 마지막은 영생이라(롬 6:22)

765) 네이버 지식사전에서; 불교의 근본교리 가운데 하나로, 여기에서 법은 진리를 뜻하며 인(印)은 진리의 표적이라는 말. 삼법인은 세 가지 불변의 진리라는 말이다. 삼법인은 "모든 존재는 변하고 있다"는 제행무상(諸行無常)과 "모든 사물은 실체가 없다"는 제법무아(諸法無我)와 "열반의 세계만이 고통이 없는 진리의 세계이다"라는 열반적정(涅槃寂靜)의 세 가지 명제로 되어 있다. 이 가운데 열반적정은 "모든 것은 괴롭다"라는 「일체개고」(一切皆苦)로 대체되어 말해지기도 한다. 이 삼법인은 불교의 존재론적 기본입장과 인생관의 핵심을 아주 간명하게 나타내고 있는 것이다. 다시 말해, 모든 존재는 영구불변의 것이 아닌 바, 그 원인은 모든 사물이 실체를 가지고 있지 않기 때문이고, 이러한 진리를 모르는 데에

에 의해 세상을 보니까 마음을 둘 곳이 없고, 마음 둘 곳을 찾다보니까 집착이 일어나고 고통이 따른다고 말한다. 그 고통을 벗어나기 위해 새로운 방법에 집착하고 (재집착) 또 다시 새로운 고통이 생겨나는데 그것을 윤회라 한다. 그 고리를 끊기 위해서는 수도(修道)를 해야 한다고 말한다.

그러나, 교리문답에서 말하고 있듯이, 성경은 이런 모든 비참함을 겪는 이유는 죄를 지어 타락했기 때문이며 하나님과의 교제가 끊어졌기 때문이다. 그것은 하나님과의 언약을 깨트리고 그 언약 밖으로 나갔기 때문이다. 언약 밖에는 죄로 인한 비참함이 있다는 것을 말하고 있다. 세상은 자기 스스로의 깨달음과 존재소멸로 해결할 수 있다고 말하나, 성경은 인간의 죄로 인해 타락했기 때문에 스스로는 결코 해결할 수 없고 우리 밖에서, 오직 하나님께서 구원해 주셔야만 된다고 말한다.

서 번뇌가 생기는 것이니, 진리를 깨달아 번뇌를 제거한 열반의 세계에 이르는 것이 인생에 있어 최고의 이상이라는 것이다.

제20문 하나님께서는 모든 인류를 죄와 비참의 상태에서 멸망하도록 버려두셨습니까? (대30, 31)
답: 하나님께서는 오직 그분의 선하신 뜻을 따라 영원 전부터 어떤 이들을 영생에로 택하시고, 은혜언약을 맺으셔서 구속자로 말미암아 그들을 죄와 비참의 상태에서 건져내시고, 구원의 상태에 이르게 하셨습니다.766)

기독교는 인간의 궁극적인 문제와 그 해결이 인간 안에 있는 것이 아니라 인간 밖에 있다고 믿는 것이다. 그러나, 불교에서는 수양으로 가능하다고 말한다. 그 방편은 사성제 팔정도다.

불교에 궁극적 구원이 없는 이유는 무엇인가? 불교가 기초하는 인도 힌두교 사상의 핵심은 "자아(Atman)의 존재 규명을 통해 업(karman)으로 인한 윤회로부터의 해탈"이다.767) 이것이 인도 사상사를 지배해 왔다. 기독교는 구원자가 인간 외부에서 찾아오심으로 인간을 구원하나, 불교는 인간이 스스로 자신의 길을 찾아 구원에 이르는 종교이다. 중앙승가대 불전연구원의 정각은 "불교의 구원은 길 잃은

---

766) Q. 20. Did God leave all mankind to perish in the estate of sin and misery? A. God, having out of his mere good pleasure, from all eternity, elected some to everlasting life, did enter into a covenant of grace to deliver them out of the estate of sin and misery, and to bring them into an estate of salvation by a Redeemer.

767) http://hikaisha.blog.me/70133255033/ 윤회의 이론은 참인가?; (죄를 지으면 내세에서 짐승, 곤충, 벌레 등으로 태어나는가?) 인간의 모든 고통과 고뇌는 전생의 죄 때문에 오는가? 인간이 가진 욕심은 모두 죄가 되는가? 등에 대하여 석가가 말한 결론이 참이 되기 위해서는 모두 그렇다가 되어야 한다. 하나라도 아니다라면 허구가 되는 것이다. 본인의 결론은 죄, 선, 악, 생명, 죽음, 성(性), 지옥, 우주, 인생 등에 대하여 석가의 결론은 아니다라는 것이다. 학생이 공부를 하려는 욕심(욕구, 의지), 제품을 연구 개발하려는 욕심(욕구, 의지) 등이 죄가 되는 것인가? 아닌 것이다. 인간에게 당연히 필요한 것이다. 불교인 중에서 논리에 맞지 않으면 그것은 의지다라는 말장난을 내세우려고도 한다. 잡아함경(雜阿含經)에 보면 석가는 색은 무상(無相)하다라고 관찰하라, 수상행식(受想行識)도 무상하다고 관찰하라 하는 내용이 나온다. 수상행식(受想行識)은 감정(feeling), 지각(perception), 의지(volition), 의식(consciousness)을 말한다. 행(行)이 의지라는 것이다. 석가는 무상(無相)하다라고 말했다. 의지도 생각의 작용이 우선하는 것이다. 석가는 그러한 것을 탐하는 마음이 없어진 것을 심해탈이라고 하였다. 석가는 그렇게 되었기에 다음 생애에 몸을 받지 않았다고 하였다. 그리고 그것들은 괴로움(苦)이요 공(空)하며, 나가 아니다(非我)라고 관찰하는 것 또한 그와 같다고 하였다. 불교인이 의지라는 언어를 내세워 욕구를 다른 방면으로 희석시켜 보려는 얄팍한 말장난인 것이다. 스님이 수행하는 것이 허구인 윤회에서 벗어나겠다는 집착이며 욕심이 아닐까? 현실적으로 보면 융통성 이론을 주장하는 사람들이 석가보다 훨씬 현명한 사람들이다. 일체의 욕구를 버리면 일체의 근심을 없앨 수 있다. 일체의 욕구도 근심도 고통도 애증도 없는 경지에 도달한다는 것은 곧 죽음을 뜻하는 것이고 그 이상도 그 이하도 아니다. 생명의 속성은 끊임없이 더 좋은 것을 추구하며, 자손도 낳아야 된다. 그러한 과정에서 성공도 기쁨도 맛을 보게 되고, 고통도 실패도 따르게 되며, 죽음도 맛보게 되는 것이다. 인생에서 고통과 번뇌를 일체 면하여 주겠다고 말하는 사람이 있다면 그것은 사기꾼(거짓말)이거나, 살인자(죽음 그 이상도 그 이하도 아니니까) 둘 중 하나일 뿐이다. 불교인들이 일체의 고통과 번뇌를 피하기 위하여 삶의 본질을 외면하고 왜곡하는 행위는 공연한 내숭이고 위선일 뿐이다.

한 마리 양을 찾고자 하는 목자의 노력이 아니라 양 스스로가 목자가 된 채 자신의 길을 찾아 나서는 증득(證得)의 논리"라고 말한다.768) 그래서, 석가는 "나는 진리를 깨달았다" 말했지만, 예수님께서는 "내가 곧 길이요 진리요 생명이"(요 14:6)라고 말씀하시는 데서도 그 차이가 드러나게 된다.

불교는 초월자의 계시에 의존하는 종교가 아니라 구체적 관찰과 논리에 근거를 둔 철학으로 규정하는 한에서만 가능하다. 여기서 종교적 불교와 철학적 불교의 구별이 있으나 자력으로 구원을 이루어 인간 해방을 꿈꾸는 일에는 같은 지향점을 가지고 있다.769)

불교는 우주의 존재 이전에 생명이 먼저 있었다고 말한다. 그런데 이 생명이라는 것은 성경에서 말하는 인격적인 생명을 말하지 않는다. 그것은 에너지를 말한다.770) 결국 불교가 말하는 신이라는 것은 김용옥이 말하듯이 그것은 기(氣)를 말하며 성경이 말하는 무한하시며 인격적인 하나님이 아니다.771)

불교는 인간이 작심하여 수행정진에 힘쓰면 누구든지 보살이 된다고 말한다. 부처는 이 보살의 원형이요 득도하여 부처와 같이 보살이 될 수 있다고 말한다. 그러나, 한계 속에 있는 유한한 인간이 작심하여 보살에 이르기 위해서 거쳐야 하는 과정은 할 수 없는 것을 하라고 하는 것이요, 안 되는 것을 되게 하라는 것이다. 사성

---

768) http://www.wongaksa.or.kr/temple/junggak/junggak_03_view.html?page=
&table=ML_BBS&idx=2&id=53&limit=&keykind=&keyword=

769) http://www.haeinji.org/contents/index.html?contents=default_view&webzine_no=232&seek_no=2; "그런데도 나의 세계관을 불교적이라고 규정할 수 있다면, 그것은 내가 불교를 기독교의 경우처럼 초월자의 계시에 의존하는 종교로서가 아니라 구체적 관찰과 논리에 근거를 둔 철학으로 규정하는 한에서만 가능하다. 나는 종교적 불교와 철학적 불교를 구별하고 후자만이 납득이 가는 세계관이라 믿고 그것을 따라 간다. 나의 세계관이 불교적이라면 철학적 불교의 관점에서만 그러하다. 불교가 인간 석가모니의 가르침이고, 그가 가르치고자했던 세계관의 핵심이 사성제(四聖諦) 팔정도(八正道)에 집약되어 있다면, 그 가르침이 궁극적으로 지향하는 것이 일종의 구원 즉 고통으로부터의 인간의 근원적 해방에 있다는 점에서는 종교적이지만 그것이 계시나 맹신에서 나온 것이 아니라 객관적 사실과 정밀한 논리적 사고로 뒷받침되었다는 점에서 불교는 종교이기보다는 철학으로 분류해야 하기 때문이다."

770) 윤회설은 이 에너지가 소멸되지 않고 영원히 다른 형태로 존재하게 된다는 것이다. 그러니 불교에서 말하는 언필칭 해탈은 사실은 애쓸 필요가 없는 것이다. 에너지가 어떤 형태로든지 있는 것이니, 굳이 사성제 팔정도를 해야 할 이유가 없다. 불교의 존재론에서 생명체는 비실체적인 몇 개의 요소들이 어떤 조건에 의해 일시적으로 모인상태에 불과한 것이라 말한다.

771) http://holyqt.com/xe/index.php?mid=theme03&category=4006&listStyle=list&sort_index=
readed_count&order_type=desc&document_srl=4040; 〈그런데, 어떤 사람들은, 불교에서도 신들을 믿고 여러 가지 신들을 숭배한다고 반론을 제기하는 사람들이 있습니다. 맞습니다. "불교에서도 제석천(帝釋天)을 비롯한 갖가지 신격(神格)을 인정합니다. 하지만 이러한 신은 모두 유한한 존재이며, 인간과 마찬가지로 윤회 세계의 일부입니다."따라서 이러한 신들은 인간보다 힘이 있기 때문에 숭배의 대상을 될지라도, 인간을 해탈(불교적 구원)로 이끌 수 있는 존재는 아닙니다. 다시 말해서, 불교에서 숭배하는 신들은 창조주 하나님이 아닙니다. 불교에서는 명확히 창조주 하나님의 존재를 부인한다는 것만은 사실입니다. 따라서, 창조주 하나님과의 인격적인 교제를 할 수 없지요〉

제(四聖諦), 팔정도(八正道)로 아무리 몸부림을 쳐도 스스로 생로병사의 문제와 고통을 해결할 수 없다. 무엇보다 인간이 죽어라고 애를 쓸지라도 해결할 수 없는 죄의 문제는 난공불락의 철옹성이다. 그러니, 인간의 궁극적 문제들을 외부의 간섭 없이 스스로 해결해 보려고 하나 더 미로에 빠지고 구원의 길은 아득하여 한숨만 나오게 된다.

하나님의 구원 계획의 결과로 성도는 하나님의 생명으로 거듭나게 되었다. 그 생명은 성령님의 역사와 그리스도의 말씀으로 생명력을 부여받게 되는데, 그로 인해 우리의 삶에 영원한 의미와 통일성을 공급해 준다. 세상은 삶의 의미와 통일성을 자기 스스로, 현상계 안에서만 찾으려한다. 그러나 그 유한성 때문에 신비주의 영성과 뉴에이지 영성으로 도약하고 있다. 또 한편으로는 그 절망과 비참한 상태를 상쇄(相殺)하기 위하여 쾌락주의, 긍정주의로 빠져들고 있다. 그러나, 성경은 하나님께서 우리를 어떻게 구원하시는지 다음과 같이 말한다.

1) 하나님께서는 오직 그의 선하신 뜻을 따라 영원 전부터 어떤 이들을 영생에로 택하시고

하나님께서는 공의로우시기에[772] 타락한 죄인들을 벌하시지만[773] 그들 중에 어떤 사람들을 죄와 비참함에서 택하여 구원하셨다.

> 4 곧 창세 전에 그리스도 안에서 우리를 택하사 우리로 사랑 안에서 그 앞에 거룩하고 흠이 없게 하시려고 5 그 기쁘신 뜻대로 우리를 예정하사 예수 그리스도로 말미암아 자기의 아들들이 되게 하셨으니 6 이는 그의 사랑하시는 자 안에서 우리에게 거저 주시는 바 그의 은혜의 영광을 찬미하게 하려는 것이라 7 우리가 그리스도 안에서 그의 은혜의 풍성함을 따라 그의 피로 말미암아 구속 곧 죄 사함을 받았으니(엡 1:4-7)

성경이 구원을 창세 전으로 말하는 것은 인간의 생각과 능력이 미치기 전이라는 것을 말하기 위함이다. 하나님의 구원 계획은 인간이 헤아릴 수 없다. 그러기에 구

---

772) 하이델베르크 교리문답 제11문: 그렇다면 하나님은 자비로운 분이 아니십니까? 답: 하나님은 정말로 자비로운 분이십니다. 그러나 하나님은 또한 공의로우신 분이십니다. 하나님께서는 공의로우심으로 지극히 높으신 하나님의 권위에 대항하는 죄에 대해 가장 심한 형벌 곧 몸과 영혼의 영원한 형벌을 받게 하십니다.
773) 하이델베르크 교리문답 제10문: 하나님께서 이런 불순종과 배교를 벌하지 아니하시고 버려두셨습니까? 답: 결코 그렇지 않습니다. 하나님께서는 우리의 원죄와 자범죄에 대해서 진노하십니다. 하나님께서는 지금 그리고 영원토록 심판하심으로 그 죄악들을 벌하십니다. 누구든지 율법 책에 기록된 모든 것을 항상 행하지 아니하는 자는 저주 아래 있는 자라(갈 3:10)고 하나님께서 선포하신 것처럼 말입니다.

원받은 성도는 하나님의 은혜의 영광을 찬송하지 않을 수 없다!

알미니안주의자들은 믿지 않는 사람들은 택함을 받지 않았으며 예수님께서는 믿지 않는 사람들을 위해 죽으시지도 않았다고 말한다. 알미니안주의자들이 이런 말을 하는 것은 무제한 속죄교리 혹은 보편 속죄 교리를 주장하기 때문이다. 그래야만이 어떤 사람이 믿지 않는 것에 대한 책임을 물을 수 있다고 생각했다.

그러나 죄인들이 믿지 않는 것은 예수님의 십자가 속죄에 문제가 있다거나 그 속죄가 충분하지 않다거나 그 능력이 부족하기 때문이 아니다. 예수님을 믿지 않는 이유는 예수님을 통하여 영생을 얻기를 원하지 않기 때문이다.

> 그러나 너희가 영생을 얻기 위하여 내게 오기를 원하지 아니하는도다(요 5:40)

왜냐하면 예수님 앞에 나오게 되면 죄인으로 서야하기 때문이다. 사람들은 그것을 싫어했다. 자기를 치장하고 자랑한다. 하나님과 사람들 앞에서 당당하게 서고 싶어 한다. 유대인들은 성경을 연구했지만 인간의 가능성으로 나아갔다. 무엇이든지 열심히 행하면 의를 이룰 수 있다고 생각했다. 인간의 무능력과 죄의 비참함을 말해주는 성경말씀에는 눈이 가지 않았다. 그들은 한결같이 말한다. '나는 하나님의 나라에 들어가더라도 내 방식대로 내 힘으로 내 능력으로 내 의로 들어가겠다' 그러나 성경은 그들에게 이렇게 말한다.

> 11 임금이 손을 보러 들어올새 거기서 예복을 입지 않은 한 사람을 보고 12 가로되 친구여 어찌하여 예복을 입지 않고 여기 들어왔느냐 하니 저가 유구무언이어늘 13 임금이 사환들에게 말하되 그 수족을 결박하여 바깥 어두움에 내어 던지라 거기서 슬피 울며 이를 갊이 있으리라 하니라(마 22:11-13)

이 비유는 근본적으로 구원의 근거나 조건이 인간에게 있지 않고 오직 하나님께 그 근거와 조건이 있다고 말한다. 성경은 언제나 구원이 전적으로 하나님의 은혜베푸심이라는 것을 말한다. 믿지 않는 원인은 예수님께 있는 것이 아니라 언제나 사람들 안에 있다. 그러므로 구원은 예수님께서 주와 그리스도가 되시는 것을 고백하고 복종하는 것이다. 인간 안에는 아무런 가능성도 없으며 인간의 내면에는 어떤 신성한 것도 없다는 것을 믿는 것이 진정한 신앙이다. 영생은 언제나 어린 아이와 같이 전적으로 하나님께 의존하는 자만이 얻을 수 있다. 하나님께 의존할 수 있는 이유는 무엇인가?

<blockquote>
영생의 소망을 인함이라 이 영생은 거짓이 없으신 하나님이 영원한 때 전부터 약속하신 것인데(딛 1:2)
</blockquote>

왜냐하면 하나님은 '거짓이 없으신' 하나님[774]이시기 때문이다. '거짓이 없으신' 하나님이란 '영생'을 약속하신 자의 불변성'을 말하는데, 그것은 영생의 확실성을 의미한다. '영원한 때 전부터'라는 말에 사용된 헬라어 '크로논'은 '지속되는 시간'이란 의미로, '영원히 지속되는 시간 이전에'라는 뜻이다. 하나님의 구원 계획이 창세 전에 이루어졌음을 강조하고 있다.

2) 은혜언약을 맺으셔서, 구속자로 말미암아 그들을 죄와 비참한 상태에서 건져내시고, 구원의 상태에 이르게 하셨습니다

구원이란 타락으로 인해 인간을 지배하게 된 죄와 사망의 모든 비참함에서 완전히 구출되는 것이며, 예수 그리스도로 의와 거룩함과 생명과 영원한 복락을 완전히 회복하는 것이다.[775]

<blockquote>
23 모든 사람이 죄를 범하였으매 하나님의 영광에 이르지 못하더니 24 그리스도 예수 안에 있는 구속으로 말미암아 하나님의 은혜로 값없이 의롭다 하심을 얻은 자 되었느니라(롬 3:23-24)
</blockquote>

인간은 죄로 인해 하나님께서 인간들에게 부여해 주신 영광스러운 지위를 상실했다. 그 회복은 오직 예수 그리스도의 구속의 결과이며, 그것은 하나님의 공의를 만족케 한 것이다.[776] 성경은 전적으로 하나님의 은혜임을 강조하기 위해 값없이 의롭다 하심을 얻었다고 말한다. '구속'이란 '속전을 지불하고 노예를 사는 것'이다. 그러나 하나님께서는 값없이 자기 백성을 구원하셨다. 그것은 하나님의 선물이다.[777] "의롭다 하심을 얻은 자"라고 함으로써 수동적으로 받는 것임을 강조하고 있다. 구원은 인간의 어떤 행위나 능력으로 영향을 미칠 수 없는 하나님의 절대 주

---

774) 이는 하나님이 거짓말을 하실 수 없는 이 두 가지 변치 못할 사실을 인하여 앞에 있는 소망을 얻으려고 피하여 가는 우리로 큰 안위를 받게 하려 하심이라(히 6:18)

775) 자카리아스 우르시누스, 하이델베르크 교리문답해설, 원광연 역 (서울: 크리스챤다이제스트, 2006), 157.

776) 하이델베르크 교리문답 제12문: 그러면 하나님의 공의로우신 판결에 따라서 우리가 현세적이고 영원한 심판을 마땅히 받아야 합니다. 우리가 어떻게 이 심판을 피하고, 다시 하나님의 은혜를 받을 수 있습니까? 답: 하나님께서는 당신의 공의가 만족되기를 원하십니다. 그러므로 우리 자신에 의해서든 또 다른 사람에 의해서든 완전한 값을 지불 받아야 합니다.

777) 너희가 그 은혜를 인하여 믿음으로 말미암아 구원을 얻었나니 이것이 너희에게서 난 것이 아니요 하나님의 선물이라(엡 2:8)

권적 은혜에 속한 것이다. 하나님께서는 죄를 지어 타락한 인간에게 화복의 약속을 주셨다.

> 내가 너로 여자와 원수가 되게 하고 너의 후손도 여자의 후손과 원수가 되게 하리니 여자의 후손은 네 머리를 상하게 할 것이요 너는 그의 발꿈치를 상하게 할 것이니라 하시고(창 3:15)

아담은 죄를 지어 타락함으로써 첫언약을 어겼다.[778] 하나님께서는 범죄하여 언약을 깨트린 아담과 하와에게 심판을 선언하셨다. 또한 사탄, 곧 뱀을 심판했다. 무엇보다 중요한 것은 여자의 후손이 그 사탄을 멸망시킬 것이라는 약속이다. 사탄을 완전히 멸망시키고 정복하심으로써 우리에게는 구원을 허락하시겠다는 약속이다.

타락한 인간에게는 하나님의 왕 되심을 거부하고 죄인이 되었기 때문에 스스로 언약의 말씀에 순종할 수가 없게 되었다. 인간이 다시 언약 안으로 들어가고 생명을 얻기 위해서는 하나님께서 구원해 주셔야만 되는 일이다. 하나님께서는 창세기 3장 15절을 통해 언약을 화복하실 하나님의 계획을 말씀해 주셨다. 사탄을 심판하여 여자와 뱀은 원수가 되며, 여자의 후손과 뱀의 후손도 원수가 된다.

하나님께서 "… 여자의 후손은 네 머리를 상하게 할 것이요 너는 그의 발꿈치를 상하게 할 것이니라 …"(창 3:15) 하신 것은 여자의 후손으로 오시는 메시아, 곧 예수 그리스도께서 사탄의 권세를 멸하시고 그의 택한 백성들을 구원하실 것이라는 말씀이다.

은혜로 값없이 구원하시는 그리스도 안에서 맺은 은혜언약은 첫 사람 아담과 맺은 행위언약을 무효화 하지 않는다. 아담은 모든 인류의 대표로서 하나님과 언약을 맺었다. 그러나, 새언약의 대표이신 예수 그리스도의 순종으로 하나님의 백성들은 구원에 이르게 되었다. 아담이 실패한 행위언약을 예수 그리스도는 준수하셨다. 이 말이 가지는 의미는 무엇인가? 구원은 하나님께서 만족하시는 의에 이르러야 한다는 것이며, 인간은 자기 스스로 그 의를 만들어 내지 못한다는 뜻이다.

실존주의에 사망선고를 내린 레비스트로스의 구조인류학은 '인간이란 무엇인가?' 하는 인간 존재의 근본적인 문제를 말했다.[779] 인류학적 여행기이자 자서전인 『슬픈열대』에서 젊은 시절 자신을 자극한 학문으로 지질학, 프로이트의 정신

---

778) 저희는 아담처럼 언약을 어기고 거기서 내게 패역을 행하였느니라(호 6:7)
779) 우치다 타츠루, 푸코, 바르트, 레브스트로스, 라캉 쉽게 읽기, 이경덕 역 (서울: 갈라파고스, 2010), 158-159.

분석학, 마르크스주의를 말했다. 이 세 가지를 통해 레비스트로스는 인간이 의식할 수 있는 표면이 아닌, 의식이 접근하지 못하는 심층에서 진실을 찾으려 했다. 마르크스는 "의식은 자신을 속인다"고 했다. 레비스트로스는 『신화학』 2권에서 "구조적 분석은 인간사회의 분명한 다양성 너머에 근본적이고 공통적인 특성에 도달하기를 주장한다. 또한 구조적 분석은 각 민족지적 사실들의 생성을 지배하고 있는 불변적 법칙들을 명시하려고 한다."고 말했다. 의식되지는 않으나 여러 집합들에 공통적으로 작동하는 원리를 발견하려 했다. 인간이 타자와 공생하기 위하여 어느 시대 어느 장소에서나 모든 집단에 적용되는 암묵적 규칙이 2가지 있다고 했다. 첫째는 '인간 사회는 동일한 상태로 계속 있을 수가 없다'는 것이고, 둘째는, '우리가 원하는 것이 있다면 먼저 타자에게 주어야 한다'는 증여 시스템이다. 이런 규칙에 대해서 우치다 타츠루는 '아웃 사람에 대한 사랑'이나 '자기희생'으로 압축해서 말했다.780) 그러나, 이런 '아웃사랑'과 '자기희생'은 성경이 가장 탁월하게 말하고 있는 주제다. 그것이 은혜언약이기 때문이다. 예수님께서는 무엇이라고 말씀하셨는가?

> 37 예수께서 가라사대 네 마음을 다하고 목숨을 다하고 뜻을 다하여 주 너의 하나님을 사랑하라 하셨으니 38 이것이 크고 첫째 되는 계명이요 39 둘째는 그와 같으니 네 이웃을 네 몸과 같이 사랑하라 하셨으니 40 이 두 계명이 온 율법과 선지자의 강령이니라(마 22:37-40)

하나님께서 자기 백성과 맺으신 언약 속에는 언약 대상자를 위한 사랑과 은혜와 긍휼이 풍성하게 나타나 있다. 그러나 레비스트로스는 왜 그런 것들이 존재하는지 그 이유를 설명하지 못한다. '그것이 하나의 구조다 틀이다' 그렇게 말할 수 있을지는 몰라도 그 궁극적인 이유를 말하지 못한다.

성경은 거기에 대하여 무엇이라고 말할까? 인간은 무한하시고 인격적이신 하나님으로부터 창조함을 받았으나 하나님의 말씀에 불순종하여 죄를 지어 타락했으나 예수 그리스도의 십자가 피로서 그 죄를 사하시고 영원한 하나님의 나라로 인도하신다고 말한다.

그런 삶에는 자기를 부인하고 자기 십자가를 지는 삶이 있기 마련이다. 왜냐하면 구원 받았으나 여전히 완성되지 않은 인간이기에 끝까지 죄와의 싸움이 계속되기 때문이다. 하나님께서 예수 그리스도의 십자가로 보여주신 그 사랑을 성도들은 계속해서 빛과 소금으로 드러내는 삶을 살아야 하기 때문이다.

---

780) http://blog.daum.net/power2lsd/13757872 클로드 레비스트로스 구조주의적 사유방식

여자의 후손 vs 뱀의 후손

타락 이후에 인간은 여자의 후손과 뱀의 후손, 두 부류로 나누어지게 되었다. 여자의 후손은 하나님께서 택하여 구원하시는 백성을 말하며, 뱀의 후손은 사탄의 권세 아래 종노릇하는 사람들을 말한다. 아담과 하와의 자손으로 태어나지만 그 속에는 이런 두 가지 부류의 사람이 존재하게 된다.

가인과 아벨은 그 대표적인 인물이다. 가인은 사탄의 후손인 뱀의 후손에 속하여 여자의 후손인 아벨을 죽였다. 그러나 하나님께서는 아벨을 대신하여 셋을 주셔서 여자의 후손의 계보를 이어가게 하셨다. 겉으로 보기에는 다 같은 사람이지만 그 속에는 치열한 영적인 싸움이 있다. 그러나 그 영적인 싸움을 끝장 낼 여자의 후손은 예수 그리스도이시다. 예수님께서 오시어 사탄을 정복하시고 멸하시어 우리를 그 권세로부터 구원하여 내셨다.

창세기 3장 21절에는 구원에 관한 예표적인 사건이 있다. 하나님께서는 아담과 하와에게 무화과 잎 대신에 짐승의 가죽으로 옷을 지어 입히셨다. 그것은 죄를 지어 타락한 그들을 대신하여 짐승이 죽었다는 것을 말한다. 죄악으로 죽은 우리를 구원하시기 위하여 예수님께서 십자가에 죽으심으로 구원하시고 우리를 의롭다 하실 것을 미리 보여주신 사건이다. 이렇게 구원은 우리 밖에서 오는 것이지 우리 속에 있는 신성을 내면의 빛을 계발하여 완성해 가는 것이 아니다.

이 비참한 상태에서 누가 구원해 줄 수 있는가? 오직 예수님뿐이다! 왜 예수님인가? 다른 사람은 안 되는가? 세상은 무엇이라고 하는가? 세상은 도를 깨우치고, 신성 혹은 불성을 계발시키고 선을 행함으로 구원에 이른다고 말한다. 그러나 성경은 인간은 스스로 구원에 이를 수가 없다고 말한다. 구원은 자기 선택, 자기 결단이 아니다. 천국은 도덕적으로 선해야 가는 곳이 아니다. "저 사람은 예수 안 믿어도 천국 가겠어"라고 말하는 것은 성경과 완전히 반대되는 것이다. 도덕적으로 선한 사람이 가는 천국은 성경이 말하는 천국이 아니다. 자격과 조건을 갖추어서 가는 곳이 천국이 아니다.

하나님께서는 첫사람 아담과 언약을 맺으셨으나, 인간은 죄를 지어 언약을 파기했다. 하나님께서는 그 언약을 회복시키고 새롭게 하심으로 우리를 다시 하나님과 언약관계로 회복시키신다. 그 회복은 인간의 노력과 행위로 될 수가 없다. 왜냐하면 인간은 죄인이기 때문이다. 그러므로 그 회복은 오직 예수 그리스도의 십자가 피로써만 이룰 수 있다.

제21문 하나님께서 택하신 자들의 구속자는 누구십니까? (대36)[781]

답: 하나님께서 택하신 자의 유일한 구속자는 주 예수 그리스도이십니다.[782] 그는 영원한 하나님의 아들로서 사람이 되셨으며, 그는 과거와 지금 계속해서 영원토록 하나님과 사람이시며, 구별된 두 본성을 가진 한 위격이십니다.[783]

자유주의 대한민국에 소위 '강남좌파'라는 것이 있다. 강남좌파란 고학력·고소득자이면서도 정치적으로는 진보적 가치를 지향하는 사람을 일컫는 말이다. 원래 이 말은 386정치인 같은 진보 엘리트가 보여주는 '몸과 마음의 괴리'를 비판하기 위해 사용되었다. 그들은 말로는 민중을 위한다고 하지만 실제로는 부르주아적 삶을 즐기기 때문이다. 강남좌파가 생겨나고 있는 것은 한국 사회의 이념지형이 다원화되고 있다는 증거다. 샤르트르는 프랑스의 강남 좌파다. 제2차 세계대전 후 세계를 휩쓴 '실존주의의 교황(敎皇)'으로 불린 샤르트르는 참여문학의 거장이자 유럽의 양심으로 여겨졌다. 세계적 명성으로 얻은 부(富)와 영향력을 즐긴 사르트르는

---

781) 하이델베르크 교리문답 제29문: 왜 하나님의 아들이 구원자라는 뜻인 예수라고 불립니까? 답: 왜냐하면 그분이 우리를 우리의 모든 죄에서 구원해 주시기 때문이며, 또한 그분 외에는 다른 곳에서 구원을 찾거나 발견할 수 없기 때문입니다.

제30문: 그렇다면 구원과 행복을 성자들에게서나, 자기 자신들이나, 혹은 다른 어떤 곳에서 찾는 사람들도 구원자 예수님을 믿는다고 할 수 있습니까? 답: 아닙니다. 비록 그들이 말로 예수님을 자랑할지라도, 그들은 실제로 유일하신 구원자 예수님을 부정하는 것입니다. 왜냐하면 예수님이 완전한 구원자가 아니라고 하거나, 혹은 참된 믿음으로 이 구원자를 받아들이는 자들이 그 구원자 예수 안에서 그들의 구원을 위하여 필요로 하는 모든 것을 발견해야만 한다는 이 두 가지 사실 중 한 가지는 틀림없는 진실이기 때문입니다.

782) G. I. 윌리암슨, 소교리문답강해, 최덕성 역 (서울: 개혁주의신행협회, 1990), 21-22; 「그러면, 왜 교리문답이 왜 율법을 먼저 말하지 않고, 구원받기 위해서 필요한 그리스도의 신앙을 먼저 말하는가? 라고 질문할 수 있다. 여기에 대한 답은 다음과 같다. (1) 교리문답이 율법을 먼저 다루고 다음으로 신앙을 다룬다 해서 그릇된 것이 아니다. 하나님은 구세주를 주시기 전에 율법을 먼저 주셨다. (2) 그러나 교리문답에서 율법이 가장 먼저 취급되지 않은데 대한 선한 이유들이 있다. 그 이유들은 무엇인가? 첫째는, 율법을 앞에 두고 그리스도의 신앙을 뒤에 두게 되므로 그리스도가 율법보다 덜 중요하다는 인상을 받을 가능성이 있기 때문이다. 둘째는, 부주의한 독자는 구원이 율법이 명한 바를 행하므로 얻어진다고 생각할 가능성이 있기 때문이다. 어떤 이들은 '먼저 율법을 지키라. 그리하면 그리스도가 영접할 것이다'고 말할 것이다. 그러나 이것은 잘못이다. 성경은 율법을 지킴으로 구원받을 자는 아무도 없음을 말하고 있기 때문이다. 사실상 그리스도 외에는 그 누구도 하나님이 요구하시는 대로 그 율법들을 지킬 자는 없다. 둘째로, 율법을 먼저 두고, 그리스도를 믿는 신앙을 뒤에 둔다면 예수 믿은 이후에는 율법이 필요 없다는 인상이 생길 수 있다. 어떤 이는 '내가 그리스도께 왔으므로 나에게 어떻게 살라고 말하는 율법은 필요 없다'고 말할 것이다. 이것 또한 잘못이다. 우리가 그리스도를 우리의 구세주로 필요로 함을 알도록 하나님은 율법을 주셨을 뿐 아니라, 그리스도께서 우리의 구세주가 되신 이후 우리가 어떻게 그를 위해 살아야만 하는가를 알게 하려고 율법을 주셨다. "하나님을 사랑하는 것은 이것이니 우리가 그의 계명들을 지키는 것이라"고 요한은 말했다.(요일 5:3).」

783) Q. 21. Who is the Redeemer of God's elect? A. The only Redeemer of God's elect is the Lord Jesus Christ, who, being the eternal Son of God, became man, and so was, and continueth to be, God and man in two distinct natures, and one person, forever.

6·25전쟁을 미국의 사주에 의한 한국의 북침(北侵)이라고 강변했다. 소련의 조직적 인권침해를 알고 있었으면서도 "소련에는 완벽하게 비판의 자유가 보장되어 있다"고 말했고, 소련의 강제수용소를 고발한 망명 작가 솔제니찬을 "시대착오적 인물"로 폄하했다. 사회학자이자 정치평론가인 레이몽 아롱(R. Aron, 1905-1983)은 샤르트르가 '혁명의 모국(母國)' 소련 찬양에 바쁠 때 마르크스주의 이념이야말로 '지식인의 아편'이라고 꼬집었다.[784]

샤르트르의 실존주의는 기존의 실존철학에 마르크스의 역사 이론이 접합된 것이다. 샤르트르가 '실존은 본질에 선행한다'고 말한 것은 특정한 상황에서 어떤 결단을 내리는가에 따라 그 인간이 본질적으로 '누구인가'가 결정된다는 뜻이다. 그러나, 현실은 어떤가? 남북이 대치한 상황은 이미 주어져 있다. 나와 관계가 없다고 아무리 말해도 이 상황을 벗어날 수 없고 중립이라고 말한다고 해서 그 책임에서 벗어날 수 없는 것이 인간이다. 샤르트르는 이것을 앙가주망(eagagement)이라 했다. 개개인이 처한 역사적 상황은 중립적이지도 않으며 기다려 주지도 않고 결단을 요구한다. 그 상황 속에 있는 개인은 주어진 상황에 몸을 던지고 어떤 외부의 간섭이 없이 오로지 주관적인 판단을 내리고 그 판단의 책임을 지고 자기의 본질을 구축해 나가야 한다.

샤르트르의 그런 주관적인 판단이 문제가 되는 이유는 무엇인가? 그 주어진 상황 속에서 정치적 선택을 해야 하는데, 그 선택을 위해 마르크스주의적인 역사인식을 전제해야 한다는 것이다. 그 수많은 전제들 중에서 왜 하필 마르크스주의적 역사인식이 전제되어야 하는 것인가? 기존의 질서를 뒤집어엎고 판을 새로 짜자는 것 외에는 없다는 것을 말해준다. 그래서 샤르트르는 프랑스 강남좌파다.

현대인들이 좋아하는 말은 무엇인가? '자기 스타일대로 살아라' 멘토도 필요 없고, 주의, 원리 그런 것들은 내팽개쳐버리고 네 길을 가라고 한다. 남이 걸어간 길을 가지마라고 하며, 누구를 흉내내지도 말고 내 감정대로 밀어붙이라고 말한다. 자기 온 몸으로 그렇게 밀어붙여서 자기만의 인생을 살라고 말한다.

과연 그렇게 살 수 있는가? 어느 누구의 도움도 없이 그렇게 살아갈 수 있는가? 아무도 그렇게 못한다. 소위 '자기 길'이라는 것은 이 땅에 태어나서 듣고 배우고

---

784) http://blog.daum.net/01047089793/184; 〈동시대의 냉대와 싸우면서 소련과 사회주의의 허구를 고발한 레이몽 아롱은 "정직하면서도 머리가 좋은 사람은 좌파가 될 수 없다"는 촌철살인(寸鐵殺人)을 남겼다. 강남좌파가 '스타일리스트'를 넘어 진정한 진보로 가는 한 길은 '북한문제'를 직시하는 데 있다. 북한 사회주의체제의 반동적 본질에 대한 부정직성이야말로 한국 진보지식인의 아편이기 때문이다.〉

체험한 모든 것들이 쌓여서 '자기 길'이 된 것이지 아무것도 없는 상태에서 '자기 길'이라는 것은 만들어지지 않는다. 내 길을 간다고 큰소리치는 것은 그저 남들보다 조금 더 알게 되었다는 허세이지 나만의 길이란 없다. 그것이 나만의 길이라는 것을 외치게 되는 것은 현실의 삶을 살아가는 자기 자신의 삶에 대한 특수성이 참다운 의미와 통일성을 풍성하게 부여받고 살아갈 때 하는 말이 되어야 한다. 그리고 그것이 타자에 대한 사랑과 섬김으로 나타나야 한다.

예수님을 믿고 산다는 것은 자기 선택, 자기 결단으로 사는 것이 아니라, 인간의 죄성을 인정하고 오직 하나님의 은혜로 구원받고 하나님 의존적인 삶을 살아간다는 것이다. 그러나 '오늘날에 예수 그리스도는 누구인가?' 그것이 중요하다. 왜냐하면 신비주의 영성에 물든 사람들에게 예수님은 '영적인 안내자'(spirit guide)에 불과하기 때문이다. 안타깝게도 그것이 이제는 교회 안으로 밀고 들어와서 점점 그렇게 인식되어져 가고 있다. 성경은 예수님을 자기 백성을 죄와 사망에서 구원하신 구원자 예수 그리스도로 선포한다. 그러나 현대 그리스도인들에게 '구원자'가 빠지기 시작했다. 예수님은 이제 '내면의 빛'을 충만케 해주는 위대한 스승으로 자리매김 되고 있다.

그러나, 예수 그리스도는 죄와 사망에 빠진 자들을 구원해 주시는 유일하신 분이시다. 오직 예수 그리스도의 십자가의 피만이 죄를 씻길 수 있다. 그 보혈의 은혜는 수천 년 동안 수많은 사람들의 죄를 씻겼다. 그 보혈의 샘은 결코 마르지 않는다! 예수 그리스도에게 피하는 자들에게는 십자가의 피로 죄사함을 받는다! 성경은 우리의 구속자에 대하여 다음과 같이 말한다.

1) 하나님께서 택하신 자의 유일한 구속자는 주 예수 그리스도이십니다

이것은 구속자가 누구시며, 그는 어떤 분이신가를 말해 준다. 왜 그 구속자가 예수님이셔야 하는가? 그것은 하나님과 사람 사이에 중보자는 오직 예수 그리스도 한 분뿐이시기 때문이다.[785]

---

785) 하이델베르크 교리문답 제18문: 그러면 참 하나님이시고 동시에 참되고 의로운 사람이신 그 중보자는 누구십니까? 답: 우리 주 예수 그리스도이십니다. 그분은 우리의 지혜와 의로움과 거룩함과 구속함이 되셨습니다(고전 1:30). 제19문: 당신은 이 사실을 어디에서 알 수 있습니까? 답: 거룩한 복음에서 알 수 있습니다. 이 복음은 하나님께서 친히 처음에 낙원에서 계시하셨습니다. 그 후에는, 하나님께서 이 복음을 족장들과 선지자들을 통하여 선포하셨고, 희생제사들과 율법의 다른 의식들을 통하여 예시하셨습니다. 최종적으로, 하나님께서 이 복음을 당신의 독생하신 아들을 통하여 성취하셨습니다.

제20문: 모든 사람이 아담을 통하여 멸망 받은 것처럼 그리스도에 의해서 구원을 얻게 됩니까? 답: 그렇지 않습니다. 오직 참된 믿음에 의해서 그리스도께 접붙임을 받고, 그의 모든 유익을 받아들이는 자들만이 구원을 받습니다.

5 하나님은 한 분이시요 또 하나님과 사람 사이에 중보도 한 분이시니 곧 사람이신 그리스도 예수라 6 그가 모든 사람을 위하여 자기를 속전으로 주셨으니 기약이 이르면 증거할 것이라(딤전 2:5-6)

구속이란 무엇인가? 이스라엘 사람들에게 구속이란 의미는 성경 『룻기』에 잘 나타나 있다. 만일 한 가정에서 자신의 소유한 땅을 다른 사람에게 팔았다가 다시 되찾으려고 할 때에 그것을 회복하는 방법은 구속자가 나타나는 것이었다. 그 구속자는 두 가지 조건을 갖추어야 했다. 하나는 그 가정의 친척이어야 하며, 또 하나는 경제적인 능력을 갖추고 있어야만 했다.[786] 죄와 사망에 빠진 인간을 구속하기 위한 구속자도 이런 조건을 충족시켜야 했다.[787]

  1) 의로운 인간이어야 한다: 인간을 대신하여 죽으심-하나님으로[788]
  2) 인간을 구속할 능력이 있어야 한다:[789] 그러나 인간이 인간을 구속할 능력은 아무도 없다.[790] 인간은 다 죄인이기 때문이다.[791]

그래서 하나님이신 예수님께서 인성을 취하셔서 우리를 대신하여 십자가에 죽으셨다. 예수님께서 하나님이시라는 것은 우리의 죄를 구속하실 수 있는 능력이 있으시다는 뜻이다. 그리하여 예수님은 인간을 대표하여 죽으셨다.

그러므로 시간 안에서 택함을 받은 자들은 예수 그리스도 안에서 구원을 받는다.

---

786) 현대 자유주의 신학자들은 예수님을 이상적인 인간으로, 모범적인 도덕적 인간으로 말했다. 범죄하여 타락한 인간을 구원하시는 예수님이 아니라 실천적 윤리적 관점으로만 예수님을 말한다. 자유주의자들에게 기독교는 그저 도덕종교에 지나지 않는다. 그들은 예수님의 동정녀 탄생과 병 고치는 이적, 부활, 천국과 지옥을 믿지 않는다.
787) 하이델베르크 교리문답 제15문: 우리는 어떤 중보자와 구원자를 찾아야 합니까? 답: 그 구원자와 중보자는 참되고 의로운 사람이고 동시에 모든 피조물보다 더 큰 능력을 소유하신 참 하나님이셔야 합니다.
788) 하이델베르크 교리문답 제16문: 왜 그분은 참되고 의로운 사람이어야 합니까? 답: 그분은 참 사람이심에 틀림없습니다. 왜냐하면 하나님의 공의는 죄를 지은 동일한 인간의 본성이 죄에 대한 대가를 지불할 것을 요구하기 때문입니다. 그분은 의로운 사람이심에 틀림없습니다. 왜냐하면 스스로 죄인 된 사람은 다른 사람을 대신하여 죄의 대가를 지불할 수 없기 때문입니다.
789) 하이델베르크 교리문답 제17문: 동시에 왜 그분은 참 하나님이셔야 합니까? 답: 그분은 참 하나님이심으로 당신의 신적 능력으로 당신의 인간적인 본성 안에서 하나님의 진노의 짐을 지시고, 우리를 위하여 의와 생명을 얻어서 우리를 회복시켜 주십니다.
790) 하이델베르크 교리문답 제13문: 우리 스스로 하나님의 공의를 만족시킬 수 있는 완전한 값을 지불할 수 있습니까? 답: 절대 불가능합니다. 이와 반대로 우리는 매일 매일 우리의 죄를 더욱 더 증가시키고 있습니다.
제14문: 단지 어떤 피조물이 우리를 위하여 하나님의 공의를 만족시킬 수 있는 완전한 값을 지불할 수 있습니까? 답. 아무도 그럴 수 없습니다. 첫째로, 하나님께서 인간이 범한 죄 때문에, 다른 피조물을 심판하시길 원하지 않으십니다. 더구나, 둘째로 어떤 피조물도 죄에 대한 하나님의 영원하신 진노의 짐을 질 수 없을 뿐만 아니라, 그 영원하신 진노로부터 다른 피조물을 구원할 수도 없습니다.
791) 기록한 바 의인은 없나니 하나도 없으며(롬 3:10)

예수 그리스도는 그의 백성들에게 "선택의 거울"이 되신다. 칼빈은 이 "선택의 거울"에 대하여 다음과 같이 말한다.

> 누구든지 믿는 자는 하나님께서 자신 안에서 역사하셨음을 확신하게 되며 믿음은 바로 하나님께서 우리를 입양하신 입양 증서의 복사본이다. 하나님께서는 당신의 영원한 계획을 가지고 계시며 그 원본은 오직 자신만이 가지고 계시고 우리에게는 믿음으로써 그 복사본을 주신다. 따라서 예수 그리스도는 거울이시다. 하나님께서는 우리를 기쁘게 받으실 만한 존재로 보기를 원하실 때 그 거울을 통해 우리를 보신다.792)

하나님께서는 예수 그리스도 안에서 하나님의 백성들을 바라보신다. 하나님의 백성들은 예수 그리스도 안에 있다. 그래서 그리스도는 우리가 선택받았는지 알 수 있는 거울이다.793)

구원이란 무엇인가? 구원은 인간의 문제인 죄에 대한 해답이다. 인간의 문제란 무엇인가? 인과율로 해결이 되는 것이 있고 안 되는 것이 있다. 세상은 어떻게 할까? 신비주의로 가고 우상을 만들고 자기 자신이 신이 되는 길로 간다. 그 방법이 구상화(visualization), 혹은 상상화(imagination)다.

그러나 성경은 무엇이라고 할까? 인간 문제의 원인이 죄에 있으며 그 해결책은 오직 예수 그리스도에게만 있다고 말한다. 구원은 인간의 문제에 대한 하나님의 해결책이다. 구원이라 하면 인생과는 상관이 없고 오로지 예수 믿고 천국 가는 것으로만 생각하는 경우가 많다. 구원은 인간의 문제가 죄에 있으며 그 죄의 해결책은 인간 안에 있는 것이 아니며, 인간 스스로 해결할 수 없다. 인간은 죄의 비참한 상태에 빠져있기 때문에 스스로 그 상태를 바꿀 수가 없다. 우리는 허물과 죄로 죽었던 자들이다.

그는 허물과 죄로 죽었던 너희를 살리셨도다(엡 2:1)

인간의 문제는 인간 안에 있다는 것을 성경은 말한다. 환경 탓이거나 다른 사람 탓이 아니다. 오직 인간 밖에서만 그 해결책이 있다. 구원은 전적으로 인간 밖에서 와야 한다. 그것은 오직 예수 그리스도께서 해결하셨다. 그래서 기쁜 소식이다. 만일 우리 스스로 그 죄의 문제를 해결하려고 했다면 결코 기쁜 소식이 될 수 없다. 우리 안에서 그것을 해결하지 못하는데 우리 밖에서 구원자가 오셨다는 것이 복음

---

792) 존 칼빈, 에베소서설교, 세 번째 설교, 엡 1:4-6.
793) 코르넬리스 프롱크, 도르트신조 강해, 황준호 역 (서울: 그책의사람들, 2013), 61.

이다.

알미니안주의자들은 예수 그리스도께서 십자가에 죽으심으로 모든 사람들에게 구원이 가능해졌으나 그것이 구원의 보장이라고 말하지 않는다. 사람의 자유의지로 예수님께서 이루신 구원을 받아들일 수도 있고 거부할 수도 있다고 말함으로써 믿음과 회개에 이르는 것이 인간의 일이라고 주장했다. 이 말의 위험성은 무엇인가? 인간이 자기 스스로 예수님을 믿을 것인지 아닌지 자유의지로 결정할 수 있다면 인간이 전적으로 타락하지 않았다는 말과 똑같다. 결국 이 말은 구원이 전적으로 사람의 결정여하에 달려 있다는 뜻이다.

그러나 성경이 말하는 구원은 전적으로 인간 밖에서 주어지는 저항할 수 없는 은혜다. 그 구원하심으로 이루시려는 것이 무엇인가? 하나님께서 인간을 창조하셨을 때에 하나님의 영광을 위해 살도록 창조되었다. 그러나 타락으로 인해 인간은 그렇게 살아갈 수가 없게 되었다. 예수 그리스도의 구속은 인간의 원래 목적대로 살아가도록 회복시켰다.[794]

세상의 구원은?

일차적으로 인간은 전통을 해체하고 현실의 주체로서 인간의 한계를 극복하고 현실의 행복을 누리기를 원한다. 세상은 예수 그리스도를 믿고 따르기 보다는 니체처럼 디오니소스를 선택했다. 그리스도의 십자가 죽음은 퇴락하는 삶의 표현이고 삶에 대한 탄핵이었으나 디오니소스는 비극적 환호성 속에서 상승해 오르는, 그래서 스스로를 항상 새롭게 탄생시키는 생명으로 보았다.[795] 니체가 이렇게 한 이유는 무엇인가? 그는 자신 속에서 데카당스[796]의 전형을 보았고 그것을 극복하려고 했기 때문이다. 허무에서 벗어나는 길은 '권력의 의지'로 운명에 대항하는 초인으로 갔기 때문이다. 이런 니체의 사상은 에른스트 융거, 오스발트 슈펭글러, 카를 슈

---

794) 코르넬리스 프롱크, 도르트신조 강해, 황준호 역 (서울: 그책의사람들, 2013), 199. "이 땅에서 그리스도의 속죄 사역의 목적은 무엇입니까? 무엇보다 먼저, 하나님께서 영광 받으시는 것입니다. 둘째로, 하나님의 아들이신 예수 그리스도께서 영광을 받으시는 것입니다. 셋째로 하나님께서 택하신 자들이 구원받는 것입니다. …"
795) 칼 야스퍼스, 니체와 기독교, 이진오 역 (서울: 철학과 현실사, 2006), 108.
796) 네이버 지식백과; 데카당스 [décadence] (세계미술용어사전, 1999, 월간미술). '퇴폐'라는 뜻으로, 문화의 미적 퇴폐 과정 및 그 결과 또 난숙기의 예술적 활동이 그 정상적인 힘이나 기능을 잃고, 형식적으로는 막다른 골목에 다다라 이상한 감수성, 자극적 향락 따위에 빠지는 경향. 종종 쇠퇴기에 있어서 사회 전반의 부패 현상에 대응하는 탐미주의나 악마주의의 형태로 되어 극단적인 전통 파괴, 배덕(背德), 생에 대한 반역 등을 수반한다. 그러나 데카당스 현상은 전시대 문화의 붕괴를 촉진하여 새로운 발전 능력을 낳는다고 하는 어느 정도 긍정적인 뜻도 지니고 있다. 니체Friedrich W. Nietzsche(1844-1900)는 데카당스를 '힘에의 의지'의 감퇴현상으로 보았고, 지드André Gide는 '데카당스의 문화'는 '문화의 데카당스'와는 구별되는 것으로 문화 발전에 있어서 적극적 의의가 인정된다고 보았다.

미트 같은 우파들로 이어졌으며 독일 민족이 세계를 지배해야 한다는 나치즘의 사상적 기반이 되었다.

야스퍼스는 이런 니체를 향해 다음과 같이 비난했다.

> 이러한 사유는 모든 현대적 해체작업을 나타내는 표현 같은 것이다. 만약 우리가 니체를 끝까지 따른다면, 현존하는 이상들, 가치들, 진리들, 실제성들 중 남아나는 것은 아무것도 없게 된다. 괴물이 되었건 유령이 되었건 혹은 손으로 쥘 수 있는 무딘 성질의 것이건 간에 모든 것이 기라앉는다. 비록 이 일이 이 시대에 그 어느 곳에서도 참된 실재성으로 주장되지는 않았을지라도 말이다.797)

니체처럼 따라가다가 지치고 절망에 빠진 현대인들은 무엇을 하는가? 그들은 도약을 감행한다.798) 그 도약의 일차적인 접근은 심리학에 기대는 것이다. 심리학은 내면으로의 여행을 자연스럽게 유도한다. 그리하여 세상은 우리 안에 구원이 있다고 말한다. 인간 안에 무의식에 기초하고 있다. 프로이트는 리비도를 융은 집단무의식의 원형과의 만남을 해결책으로 제시한다. 그래서 분석하고 명상한다. 그것이

---

797) 칼 야스퍼스, 니체와 기독교, 이진오 역 (서울: 철학과 현실사, 2006), 116.
798) http://blog.daum.net/leeeunju/24; 야스퍼스에 의하면 실존은 고정되어 있는 존재가 아니고 항상 움직이고 동요하는 존재방식이다. 그러므로 사유체계나 이념 속으로 응고되지 않는 살아 있는 삶이 실존철학의 연구대상이다. 인간은 우선 일상적인 현존으로 살아간다. 그러나 한계상황에 부딪혀 일상세계가 모든 것이 아니라는 사실을 깨달으며 초월을 생각하게 되고, 초월을 생각하는 순간 실존이 된다. 단순한 현존이 정신적인 내용으로 가득 찬 실존으로 변하고 더 나아가 초월자로 나아간다는 야스퍼스의 철학에는 신비적이고 종교적인 요소가, 현존은 난파를 통하여 실존이 될 수 있다는 그의 주장에는 염세주의적인 요소가 들어있다. 그는 인간의 힘으로 어찌할 수 없는 한계상황으로 우연, 죽음, 고통, 죄, 투쟁 등을 들고 있다. 인간은 스스로 원하지도 않고 창조하지도 않은 상황 속에서 우연히 살고 있다. 내가 이곳, 이 민족, 이 집에서 태어난 것은 우연이다. 이러한 우연은 인간의 삶을 제한하며 인간으로부터 많은 가능성을 박탈해버린다. 인간은 또 다른 한계상황인 '투쟁'과 결부되어 있다. 삶이 있는 곳에는 투쟁이 없을 수 없다. 현존 자체가 바로 투쟁이다. 투쟁은 타인의 삶을 침해하는 것을 의미한다. 투쟁과 착취가 삶의 불가피한 요소이다. 현존은 한계상황 속에서 스스로의 무력함을 깨닫고 인간의 본래적 존재인 실존으로 넘어간다. 실존의 체험은 자유의 체험이나 초월자의 확신과 연관된다. 그러한 체험은 그러나 합리적 방법으로 수행될 수 없는 독특한 것이다. '도약' 속에서 인간은 실존을 체험한다. 그는 그것을 변증법적 도약이라 부른다. 이러한 체험은 저절로 오지 않으며 개인의 '결단'을 요구한다. 인간은 자유의 가능성을 지니며 성찰과 모험이 이러한 자유의 실현 즉 실존의 실현을 도와준다. 그러나 인간을 실존의 길로 이끄는 가장 큰 힘은 신앙이다. 한계상황, 실존, 자유 등은 고립된 인간의 내면세계에서 이루어진다. 이러한 인간의 개인주의적인 고립을 벗어나게 하기 위하여 야스퍼스는 '교제'를 들고 나온다. 교제란 실존 사이의 연관성이다. 인간은 타인의 실존을 체험하면서 가장 심오한 스스로의 내면을 체험할 수 있다. 실존은 항상 다른 실존과 결부된다. 교제 속에서만 인간은 참다운 실존이 될 수 있다. 교제는 현존의 투쟁처럼 타인을 침식하는 것이 아니라 모든 무기를 상대방에게 제공하는 사랑의 싸움이다. 그러나 실존이나 교제는 유한한 인간이 완전히 도달할 수 없는 목표이고 이상이다. 실존과 교제는 죽음이라는 한계상황 앞에서 더 이상 가능하지 않다. 실존은 이러한 난파와 더불어 초월자에게 눈을 돌린다. 실존은 초월자 없이 불가능하다. 초월자는 인격적인 개념이 박탈된 절대자이다. 초월자 속에서 실존은 자유를 얻는다. 초월자는 암호라는 언어를 통해서 인간에게 나타나고 실존은 이 암호를 해독해간다. 초월자와 연관된 실존 속에서만 인간은 자유를 확신한다. 현존으로부터의 자유이다.

바로 구상화다. 영적인 안내자(spirit guide)와 만남을 통해서 신성화에 도달하려고 한다.

구원과 우리의 삶은?

예수님께서 나를 위하여 죽으시고 죄 값을 치루셨다는 것을 안다면 죄악 된 습성들을 버리지 않을 수 없다. 예수 그리스도의 구속은 우리로 하여금 거룩한 마음으로 불붙게 하며 죄악 된 행위를 멀리하게 한다. 왜냐하면 나는 죄 값을 치루고 다시 살아난 생명이기 때문이다. 십자가의 구속을 통하여 세상을 바라볼 때 바르게 보게 된다. 십자가 렌즈로 사람을 볼 때 인간의 진정한 문제가 죄라는 것을 보게 된다. 십자가로 삶을 보며, 십자가로 사람들을 볼 때에 진정한 가치와 자유와 만족을 발견할 수 있다.

현대교회는 '오직 그리스도'(solus Christus)라는 종교개혁의 기치를 점점 버리고 있다. 그것은 교회의 역사에서 언제나 있어 왔던 일들이지만 이제는 갈수록 더 그렇게 변질되어 가고 있다. 왜 그렇게 될까? 그것은 많은 사람이 하나님을 직접 만나려고 시도를 하기 때문이다. 자신의 신앙의 정당성을 체험으로 입증하고 지켜가려고 하기 때문이다. 그들은 더 이상 예수 그리스도께서 중보자가 되시는 것을 원하지 않는다. 그러나, 우리는 오직 그리스도 안에서 만족하며 즐거워한다. "하늘에 속한 모든 신령한 복"799)은 오직 예수 그리스도 안에서만 있기 때문이다.

2) 그는 영원한 하나님의 아들로서 사람이 되셨으며

사도 요한은 예수 그리스도의 신성과 인성에 대하여 다음과 같이 말했다.

> 말씀이 육신이 되어 우리 가운데 거하시매 우리가 그 영광을 보니 아버지의 독생자의 영광이요 은혜와 진리가 충만하더라(요 1:14)

사도는 9절에서 말한 성육신 사건을 다시 말하고 있다. "말씀이 육신이" 되었다고 말함으로써 '그리스도가 인간으로 오신 것처럼 보였으나 육체로 오시지 않았으며 그의 수난도 하나의 가상(假像)이었다'고 주장했던 영지주의의 가현설(Docetism)을 정면으로 거부하고 있다.

특히 "우리 가운데 거하시매"라고 말함으로써 그리스도의 성육신이 이 세상에서

---

799) 찬송하리로다 하나님 곧 우리 주 예수 그리스도의 아버지께서 그리스도 안에서 하늘에 속한 모든 신령한 복을 우리에게 주시되(엡 1:3)

실제로 이루어졌으며, 우리 인간들 속에서 발생한 역사적인 사건이라는 것을 강조하고 있다. "우리가 그 영광을 보니"라는 것은 사도요한이 실제로 목격한 사건임을 더욱 강조하고 있다.

6 그는 근본 하나님의 본체시나 하나님과 동등 됨을 취할 것으로 여기지 아니하시고 7 오히려 자기를 비어 종의 형체를 가져 사람들과 같이 되었고(빌 2:6-7)

예수 그리스도는 본래 하나님의 본체이시며 하나님과 동등하신 분이시다. 그러나 죄를 지어 타락한 인간을 구원하시려고 그 동등됨을 포기하시고 종의 형체를 취하셨다.

그 안에는 신성의 모든 충만이 육체로 거하시고(골 2:9)

사도 바울은 영지주의 세력이 교회 안에 침투해 오는 것에 대하여 인간 안에는 신성이 없고 오직 그리스도가 본질적으로 신성으로 충만하신 하나님이시라고 말했다. 또한 영지주의 가현설에 대항하여 그리스도께서 육체를 지니고 오셨음을 힘주어 말했다. 사탄은 에덴동산에서부터 그랬듯이 그 사악한 간계로 인간의 신성화를 조장하지만, 성경은 언제나 인간 밖에서 그리스도를 통하여 구원이 주어진다는 것을 강력하게 말한다.

3) 그는 과거와 지금 계속해서 영원토록 하나님과 사람이시며
우리를 구원하신 예수 그리스도는 하나님이시며 사람이다.

예수는 영원히 계시므로 그 제사 직분도 갈리지 아니하나니(히 7:24)

이 말씀은 예수님의 영원한 대제사장직과 레위계통의 한계성을 말한다. 레위 계통의 제사장들은 그 생명이 한정된 인간이기에 제사장직이 계속 이어져가야 했다. 그러나 예수님은 영원히 살아계신 하나님이시기에 그 뒤를 이을 제사장이 필요하지 않았다. 이것은 예수님의 제사장직이 영원하며 완전하다는 것을 말한다. 예수님의 제사장직은 영구적이며 최종적이다.

예수 그리스도는 어제나 오늘이나 영원토록 동일하시니라(히 13:8)

이 세상의 제사장은 그 한계로 인하여 죽고 사라지나 예수 그리스도는 그 제사장직이 변함없이 지속된다는 뜻이다. 그러기에 그리스도께서는 자기 백성들을 위한 대제사장의 직무를 계속 행하시고 계신다. 하나님 앞에서 성도들을 변호하시며, 그들을 위해 간구하고 계신다. 그리스도의 대제사장직은 영원하다.

4) 구별된 두 본성을 가진 한 위격이십니다

이것은 그리스도의 신성과 인성에 대한 것이다.

> 조상들도 저희 것이요 육신으로 하면 그리스도가 저희에게서 나셨으니 저는 만물 위에 계셔 세세에 찬양을 받으실 하나님이시니라 아멘(롬 9:5)

바울은 먼저 그리스도가 육신을 입고 이 땅에 오셨다는 것을 증거했다. "조상들"이란 족장들 곧 아브라함과 이삭 그리고 야곱을 의미한다. 예수 그리스도는 그 육신적 흐름으로는 아브라함과 다윗의 자손으로 오셨다.[800] 또한 그리스도는 만물 위에 계신 분으로 "세세에 찬양을 받으실 하나님"이시다. 바울은 로마에 있는 유대인들에게 자기 백성을 구원하러 오신 그리스도가 하나님이심을 높이 드러내고 있다.

예수님의 신성과 인성에 대한 문제

아리우스 이단과 니케아 회의(325년)

예수님의 신성과 인성에 대한 치열한 논쟁은 계속되었다. 아리우스는 예수님의 신성을 부인하였다. 아리우스는 예수님을 하나님의 피조물이라고 말했으며, 일반적인 사람들에 비해 조금 뛰어난 것일 뿐이라고 말했다. 아리우스의 말에 동조하는 사람들이 늘어가자 이 사태를 해결하기 위하여 325년 니케아 종교회의가 열렸다. 그리하여 예수님의 신성을 확보하게 되었으며, 아리우스는 이단으로 정죄되고 교회 밖으로 추방되었다.

아폴리나리우스 이단과 콘스탄티노플 회의(381년)

세월이 조금 지나자, 아폴리나리우스라는 사람이 예수님의 인성을 부인했다. 그

---

800) 아브라함과 다윗의 자손 예수 그리스도의 세계라(마 1:1)

는 예수님께서 참된 인성을 취하였으나 인간의 본성 전체를 취하시지는 않으셨다고 말함으로써 예수님의 인성을 축소(truncation)시켰다. 그를 추종하는 무리가 일어나게 되자 381년 콘스탄티노플 종교회의가 열리게 되었고, 아폴리나리우스는 이단으로 정죄되고 교회 밖으로 추방되었다.

네스토리우스 이단과 에베소회의(431년)

또 세월이 흘러, 네스토리우스가 질문을 했다. "예수님 안에 있는 신성과 인성은 어떤 관계를 맺고 있는가?" 그는 예수님의 인성을 강조하였는데, 인간 예수에게 하나님이 임하여 하나님의 아들 그리스도가 되었다고 했으며, 예수님의 인성과 신성을 너무 많이 구분했다. 다시 말해서, 한 몸 안에 신성과 인성 두 가지가 존재한다고 보았다. 결국, 431년 에베소 회의에서 네스토리우스는 이단으로 정죄되고 추방되었다.

유티케스 이단과 칼케돈 회의(451년)

예수님의 신성과 인성에 대한 논쟁은 계속 되었다. 신성과 인성을 인간의 지혜로 이해해 보려고 했기 때문이다. 유티케스는 예수님의 신성과 인성이 혼합된 하나의 신인본성을 가졌다고 주장했다. 그리하여 451년 칼케돈 회의에서 유티케스와 그 일파는 이단으로 정죄되었다. 유티케스 이단은 단성론으로 잘 알려져 있다 (monophysite).

이런 것들을 말하는 이유는 무엇인가? 우리의 유일한 구속자는 예수 그리스도라는 것을 말하기 위함이다. 예수님께서 하나님이신 이유는 죄 없으신 속죄 제물로 속죄 사역을 완성하셔야 했기 때문이며, 예수님께서 인성을 소유하신 이유는 사람들의 죄의 형벌을 담당하셔야 했기 때문이다. 예수님의 인성은 죄로 타락한 인간과는 달리 죄가 없는 인성이다.[801] 인간은 죄인이며 그 안에는 신성이 없다. 세상은 언제나 인간 내면에 신성함이 있다면서 신인합일을 꿈꾼다. 그 바탕에는 신플라톤주의가 깊이 자리 잡고 있다. 그것은 인간 스스로의 노력으로 구원에 이르려는 상승의 도약이다.

---

801) 우리에게 있는 대제사장은 우리 연약함을 체휼하지 아니하는 자가 아니요 모든 일에 우리와 한결같이 시험을 받은 자로되 죄는 없으시니라(히 4:15)

제22문 하나님의 아들이신 그리스도께서 어떻게 사람이 되셨습니까? (대37)
답: 하나님의 아들이신 그리스도께서 참된 몸과 이성 있는 영혼을 스스로 취하심으로 사람이 되셨는데, 성령의 능력으로 동정녀 마리아에게 잉태되어 탄생하셨으나 죄는 없으십니다.[802]

성경은 그리스도의 동정녀 탄생에 대하여 직접적으로 확실하게 말한다.[803] 어떻게 하나님이신 분이 인간의 몸을 입을 수 있는지 우리는 알 수 없다. 그것은 신비에 속한 일이다. 그것이 신비에 속한 일이라는 것은 우리의 이해를 초월하는 일이기 때문이다. 성육신의 핵심은 예수 그리스도가 곧 하나님이시라는 것이다. 인간들 중에 위대한 경지에 올라간 자가 그리스도가 아니다. 예수 그리스도는 처음부터 하나님이셨다. 하나님께서 죄인을 구원하기 위하여 인간이 되셨다는 것이 성육신이다. 그리스도께서 인간이 되신 것은 인간을 죄에서 구원하시기 위함이다.

그러나 오늘날 인간의 죄인 됨에 대하여 얼마나 깊이 생각할까? 또한 의미와 통일성에 대해 종교와 영성의 차원으로 접근하는 것이 유행이 되어 그리스도를 영성의 대가(great master)로 높이면서 자신들도 그리스도처럼 될 수 있다고 손을 높이 쳐들고 노래를 부르고 있다. 오늘날 교회는 그런 영성에 점점 오염이 되어 가고 있다.

사람들이 그리스도를 오해하고 잘못 믿는 이유는 어디에 있는가? 쉐퍼가 현대의 진리관이 바뀌었다고 했듯이, 세계를 인식하는 틀 자체가 바뀌었기 때문이다.

야곱 폰 웩스쿨은 1957년에 『동물과 인간 세계로의 산책』을 통해 이 지상에

---

802) Q. 22. How did Christ, being the Son of God, become man? A. Christ, the Son of God, became man, by taking to himself a true body, and a reasonable soul, being conceived by the power of the Holy Ghost, in the womb of the virgin Mary, and born of her, yet without sin.

803) 그러므로 주께서 친히 징조로 너희에게 주실 것이라 보라 처녀가 잉태하여 아들을 낳을 것이요 그 이름을 임마누엘이라 하리라(사 7:14) 야곱은 마리아의 남편 요셉을 낳았으니 마리아에게서 그리스도라 칭하는 예수가 나시니라(마 1:16) 예수 그리스도의 나심은 이러하니라 그 모친 마리아가 요셉과 정혼하고 동거하기 전에 성령으로 잉태된 것이 나타났더니(마 1:18) 이 일을 생각할 때에 주의 사자가 현몽하여 가로되 다윗의 자손 요셉아 네 아내 마리아 데려오기를 무서워 말라 저에게 잉태된 자는 성령으로 된 것이라(마 1:20) 아들을 낳기까지 동침치 아니하더니 낳으매 이름을 예수라 하니라(마 1:25) 다윗의 자손 요셉이라 하는 사람과 정혼한 처녀에게 이르니 그 처녀의 이름은 마리아라(눅 1:27) 34 마리아가 천사에게 말하되 나는 사내를 알지 못하니 어찌 이 일이 있으리이까 35 천사가 대답하여 가로되 성령이 네게 임하시고 지극히 높으신 이의 능력이 너를 덮으시리니 이러므로 나실 바 거룩한 자는 하나님의 아들이라 일컬으리라(눅 1:34-35) 예수께서 가르치심을 시작할 때에 삼십 세 쯤 되시니라 사람들의 아는 대로는 요셉의 아들이니 요셉의 이상은 헬리요(눅 3:23)

존재하는 객관적 세계를 '벨트'(Welt)라 하고, 각각의 동물들이 느끼는 현실로서의 세계를 '움벨트'(Umwelt)라 하였다. 인간은 다양한 동식물과 같은 시간과 공간에서 살고 있는 것 같지만 인간을 비롯해서 개개의 생명체가 지각하고 있는 세계는 서로 완전히 다르다는 것이다.804) 지상의 생명체들은 저마다의 움벨트가 있고 어떤 사물의 존재와 상관없이 자신이 느끼는 감각세계인 움벨트에 의해서 자신의 세계를 만들어 간다고 주장했다. 장님이 코끼리 만지는 비유와는 완전히 다르다. 각각의 개체들은 자기만의 고유한 인식 방법들이 있다는 것이다.

그리스도는 변하지 않지만 오늘날 인간이 그리스도를 인식하는 그 방법과 내용은 너무나도 다르다. 그 다름이 나타나는 이유는 신성한 내면아이에 달려 있다. 신성한 내면아이로 가지 않는 바른 인식은 오직 성경에 기초할 때만 가능하다. 성경은 인간의 죄인 됨을 분명하게 말한다. 우리의 죄인 됨과 인식의 한계를 겸허히 인정하고 성령님께 지혜를 주시기를 기도해야 한다.

제22문은 예수님의 성육신을 말한다. 성육신을 말할 때 잊지 말아야 할 것은 인간이 죄인이라는 것을 전제한다는 것이다. 그것을 놓치면 성육신 교리를 배우는 의미를 모르는 것이다. 모른다는 것은 무엇을 모른다는 것인가? 인간은 그 내면에 신성함이 없다는 것을 모른다는 것이다. 세상의 종교와 학문은 무엇이라고 가르칠까?

유교의 최종목적은 인간 속에 있는 자연성을 회복하는 것이다. 인간 안에는 '내재적 생명력'이 있다고 보기 때문이다. 그것을 '연비어약'(鳶飛魚躍)이라 한다. 솔개가 하늘을 날아오르듯이, 물고기가 연못에서 뛰듯이 천지 만물은 자연의 바탕에 따라 움직여 저절로 그 즐거움을 얻는다는 뜻으로, 곧 도(道)는 천지에 가득 차 있음을 뜻하는 말이다. 인간도 그렇게 내면에 감추어진 힘과 능력이 있는데 훈련을 통해서 그것을 계발하면 된다는 것이다.

그래서 유교 인문학의 기초는 격몽요결(擊蒙要訣)이다.805) 자연성이 최고로 발

---

804) 네이버 지식사전에서; 〈저자들은 『떡갈나무 바라보기』에서 동식물들의 서로 다른 움벨트의 예를 다양하게 보여준다. 벌을 예로 들어 보면, 벌과 인간의 움벨트는 서로 다르기 때문에 같은 꽃을 보고 있어도 벌에게 보이는 꽃의 모양과 인간에게 보이는 꽃의 모양은 서로 다르다고 한다. 벌은 후각과 시각을 이용해 꽃의 모양과 수를 가늠해낸다. 벌의 움벨트에서 활짝 핀 꽃이 아닌 꽃봉오리는 어두운 원의 형태로 보일뿐이라고 한다. 그렇다면 벌의 세계에서 꽃이 핀 들판은 무수한 원이나 온갖 꽃의 형태로 가득해 보일 것이다. 즉 그 세계는 활짝 핀 꽃이 있거나 아니면 어두운 원이 여기저기 있는 꽃봉오리의 세계일뿐이라는 얘기다. 이처럼 우리가 지금껏 당연하다고 생각해왔던 것들을 잠시 잊어야 우리와는 다른 세계에 가까이 다가가는 것이 가능해진다.〉

805) 위키피디아 사전에서; 격몽요결(擊夢要訣)은 율곡 이이가 초학자들에게 학문하는 방향을 일러주기 위해 저술한 책

휘된 사람을 성인이라 한다. 자기 가능성을 최고로 끌어올리는 것을 외부의 도움이 없이 인간의 힘으로 하겠다는 것이다. 그것이 인문학이다. 그것이 유교의 핵심이다. 그래서 격몽요결의 첫 장은 입지(立志)다. 단순히 '뜻을 세워라' 이런 것만이 아니고 인간 안에 모든 것이 있다는 것을 자각하고 그 가능성을 끌어올리기 위해 용기 있게 결단하라는 것이다.

그러나 성경은 인간의 죄인 됨을 아담의 타락으로부터 계속해서 말한다. 인간 안팎에 일어나는 모든 일들은 구조적인 문제가 아니라 본성 자체의 문제라는 것을 말한다. 그리스도께서 오신 것은 유대사회의 문제를 해결하려 오신 것이 아니었다. 예수님께서는 분명하게 말씀하셨다.

> 인자가 온 것은 섬김을 받으려 함이 아니라 도리어 섬기려 하고 자기 목숨을 많은 사람의 대속물로 주려 함이니라(마 20:28)

"대속물"은 죄를 사하는 희생제물이 되셨다는 것이다. 그것은 그리스도께서 죄와 사망의 종노릇하는 자기 백성들을 구원하시기 위해 자불하신 십자가의 피흘림을 말한다. 인간은 자기 죄를 깨닫지도 못하며 자기 스스로 구원하지도 못한다. 오직 성령 하나님께서 역사하실 때에 가능하다. 인간의 문제는 현상적인 것도 구조적인 것도 아니며 죄로 말미암아 일어난 것이다. 그 죄에서 구원하기 위하여 오신 그리스도에 대하여 성경은 다음과 같이 말한다.

1) 하나님의 아들이신 그리스도께서 참된 몸과

이것은 예수 그리스도께서 인성을 취하신 이유에 대해서 말한다. 왜 그리스도께서 인성을 취하셔야만 했는가?

> 그리스도께서 왜 처녀에게서 나셔야 했습니까? 사람의 죄를 속하셔야 했기 때문입니다. 그리스도께서는 하나님의 율법이 요구하는 바를 만족시켜야 했습니다. 이것은 한낱 사람이 능히 할 수 있는 일이 아니었습니다. 그래서 그리스도께서는 그냥 사람이셔서는 안 되었고, 완전히 의로운 사람이셔야 했습니다. 여기서 동정녀 탄생이 들어옵니다. 이 기적 같은 탄생은 그리스도께서 아담의 원죄에 물

으로, 격몽은 주역 몽괘 상구의 효사에 있는 말로, '몽매하여 따르지 않는 자를 깨우치거나 징벌한다'는 뜻이다. 율곡은 이 책이 자신이 해주 석담에 있을 때 한두 학도가 추종하여 학문을 청해 왔을 때, '초학(初學)이 향방을 모를 뿐 아니라, 굳은 뜻이 없이 그저 아무렇게나 이것저것 배우면 피차에 도움이 없고 도리어 남의 조롱만 사게 될까 염려하여, 간략하게 한 책을 써서 대략 마음을 세우는 것, 몸가짐을 단속하는 일, 부모를 봉양하는 법, 남을 접대하는 방법을 가르쳐, 마음을 씻고 뜻을 세워 즉시 공부에 착수하게 하기 위하여 지었다'고 서문에 밝히고 있다. 이 책은 그가 42세 때 만들어졌고, 나중 정조 12년에 정조는 이 책이 '소학의 첫걸음'이라는 소개를 적은 서문을 썼다.

들지 않은 인성을 취하시리라는 보장입니다. 그리스도께서는 아담을 자기 아버지로 둘 수 없었습니다. 그 아버지에 그 아들이었을 테니까요. 하나님께서 자기 아버지가 되셔야만, 그리스도께서는 오염을 피할 수 있었습니다. 그리고 바로 그 일이 일어났습니다. … 누군가 이런 식으로 올바르게 말했습니다. "우리 주님께서 신성으로 어머니가 없으신 것처럼, 인성으로는 아버지가 없으십니다. 인자(The Son of man)는 남자의 아들(man's son)이 아닙니다. 이렇게 해서 아담서부터 이어져 내려온 세대의 사슬이 끊어졌습니다."806)

그리스도께서 첫사람 아담으로부터 내려오는 죄의 저주를 끊어버리고 자기 백성들을 의롭게 하시려고 인성을 취하셨다. 예수 그리스도께서 자기 백성을 대신하여 죄책을 담당하셨기 때문에, 본질상 진노 아래 있는 우리들을 구원하실 수 있는 분은 오직 예수 그리스도뿐이시다.

초대교회가 복음을 전한 1세기의 헬라 문화에 가장 큰 걸림돌이 된 것은 예수님의 성육신이었다. 왜냐하면 헬라인들은 이미 신플라톤주의 철학의 영향으로 육은 악하다고 생각하고 있었기 때문이다. 그러니, '어떻게 거룩한 신이 악한 육신을 입고 올 수 있다는 말인가?'라는 질문이 저절로 나오게 되었다. 헬라인들은 하나님께서 스스로 몸을 입으신다는 것은 하나님 스스로 불완전하게 되는 것이고 하나님 스스로 악하게 된다는 것을 의미했다. 언제나 교회 안에는 절충주의가 성행하게 되는데, 헬라인들의 이런 사고방식과 성경의 진리가 혼합이 되어 영지주의 이단이 파죽지세로 교회 안으로 밀고 들어왔다. 예수님께서 몸을 입고 있는 것처럼 보일뿐이며 그것은 하나의 환영이며 유령이라는 영지주의 가현설(假現說, Docetism)은 교회를 초토화시켰다.807) 여기에 대해서 사도 요한은 분명하게 선포했다.

2 하나님의 영은 이것으로 알지니 곧 예수 그리스도께서 육체로 오신 것을 시인하는 영마다 하나님께 속한 것이요 3 예수를 시인하지 아니하는 영마다 하나님께 속한 것이 아니니 이것이 곧 적그리스도의 영이니라 오리라 한 말을 너희가 들었거니와 이제 벌써 세상에 있느니라(요일 4:2-3)

예수님은 하나님이시므로 예수님의 몸은 그저 환상일 뿐이라 말하는 가현설을 주장하는 영지주의는 적그리스다! 몸이 환상이니 십자가에 못박히신 것도 환상이고 부활은 아무런 의미가 없다는 것이다. 그러나, 사도 요한은 요한복음에서 더욱 분명하게 자기 백성을 구원하시기 위하여 예수님께서 물질적인 몸을 입고 이 땅에

806) 코르넬리스 프룽크, 사도신경, 임정민 역 (서울: 그책의사람들, 2013), 76-77.
807) 윌리암 호던, 현대신학 이해, 신태웅 역 (서울: 풀빛목회, 1989), 26; 〈그러나 기이하게도 초기 노스틱주의자들에게 있어서 문제되었던 바는 "동정녀"(Virgin)의 문제가 아니라, "나셨다"(born)는 문제였다. 현대인들은 "동정녀"라는 말에 반기를 들지만 노스틱주의자들은 "나셨다"는 말에 반기를 들었다. 실제로 이 구절은 고난과 죽음과 장사의 구절과 함께 예수의 완전한 인간성에 대한 신앙을 확증하는 방법이었다. …〉

오셨다고 선언한다.

> 말씀이 육신이 되어 우리 가운데 거하시매 우리가 그 영광을 보니 아버지의 독생자의 영광이요 은
> 혜와 진리가 충만하더라(요 1:14)

그리스도는 영지주의자들에게 임하는 영적인 안내자가 아니다. 그 안내자와의
만남은 영적인 세계에서 일어나는 접신이다. 그러나 그리스도는 스스로 구원에 이
를 수 없는 죽은 영혼들을 구원하시려고 실제로 육신을 입고 오셨다. 인간이 사는
세계에 오시고 그들과 함께 사셨다. 예수 그리스도는 자기 백성을 구원하러 이 세
상에 실제로 오신 메시아다!

> 자녀들은 혈육에 함께 속하였으매 그도 또한 한 모양으로 혈육에 함께 속하심은 사망으로 말미암아
> 사망의 세력을 잡은 자 곧 마귀를 없이 하시며(히 2:14)

예수님께서 육신을 입으신 이유에 대하여 말하고 있다. 마귀를 멸하는 것이다.
왜냐하면 그 마귀가 사망의 세력을 잡고 있기 때문이다. 사탄은 아담과 하와를 미
혹하여 죄를 지어 타락케 하였고 그 형벌로 죽음이 왔다. 그리하여 사탄은 사망의
권세를 소유하게 되었다. 그러나 예수님께서 십자가에 못박혀 죽으시고 부활하심
으로 사탄의 그 사망권세는 이제 소용이 없게 되었다. 그리스도의 대속적 죽음으로
말미암아 더 이상 죄가 지배할 수 없게 되었다.

2) 이성 있는 영혼을 스스로 취하심으로 사람이 되셨는데

먼저 교리사적으로, 삼위일체 논쟁 이후에 주후 451년에 예수님의 신성과 인성
의 관계를 결정지은 칼케돈 회의(Council of Chalcedon)가 있었다. 삼위일체 논쟁
에서 언급했듯이, 아리우스는 오리겐의 종속설에 기초하여 성자가 성부보다 열등
한 제2격의 하나님이라 주장했다.[808] 아리우스주의를 이어받은 아폴리나리우스는
그리스도가 참 중보자가 되려면 참 하나님이심과 동시에 참 인간이어야 한다고 말

---

808) 헤르만 바빙크, 개혁교의학2, 박태현 역 (서울: 부흥과개혁사, 2011), 364; "아리우스주의는 종교개혁 이후, 특히
영국에서 많은 신학자들에게서 다시금 등장했다. 예를 들어, 밀톤은, 성자와 성령은 성부의 자유로운 뜻에 의해 창조 전
에 피조되었고, 그들이 단지 하나님이라고 불렸던 것은 구약 성경의 사사들과 관원들처럼, 그들의 직분 때문이라고 가르
쳤다. … 아리우스주의의 세 번째 형태는 소시누스주의로 등장했다. 성부는 유일하고 참된 하나님이다. 성자는 하나님에
의한 즉각적, 초자연적 수태를 통해 피조 된 거룩한 인간으로, 그는 수태되기 이전에 존재하지 않았고, 인류에게 새로운
율법을 설교하기 위해 하나님에 의해 태어났다. 그는 이 임무를 완수한 후, 승천하여 신적 은혜에 참여했다. 성령은 다음
아닌 하나님의 능력이다. … 소시누스주의는 유니테리언으로 변했다."

했으나, 만일 그리스도의 완전한 인성을 인정하게 되면 그리스도의 무죄성이 보장되지 않으며 속죄사역도 보증될 수 없다고 생각했다. 아폴리나리우스는 그리스도의 인성을 말하면서 인간의 영혼 대신에 '로고스'를 대입하여 구세주로서의 자격을 부여하고 의지의 통일을 가하려고 했다. 그러나 이것이 결국은 그리스도의 참된 인성을 부인하게 되었다.[809] 네스토리우스는 그리스도의 신성과 인성을 모두 인정했으나 이원론적 혹은 분열된 두 인격으로 보았다. 결국 칼케돈 회의는 그리스도의 신성과 인성은 분리되지 않으며, 예수 그리스도는 완전한 하나님이요, 완전한 인간이라고 고백함으로써 그리스도의 양성교리를 교회의 정통교리로 확립했다.[810]

예수님께서 인간이 되셨다는 증거가 성경 어디에 나타나는가?

> 이에 말씀하시되 내 마음이 심히 고민하여 죽게 되었으니 너희는 여기 머물러 나와 함께 깨어 있으라 하시고 (마 26:38)

예수님께서 겟세마네 동산에서 최후의 기도를 하셨다. 이 말씀에는 성육신하신 예수의 인간적 고뇌를 사실 그대로 나타내고 있다. 그럼으로써 예수 그리스도께서 실제로 인간으로서 겪으셨던 그 고통이 얼마나 심각했는지를 말해주고 있다. "내 마음이 심히 고민하여 죽게 되었으니"라는 말씀은 십자가를 지는 고통이 너무 극심하기에 그 대속의 죽음을 앞둔 예수님의 심정이 거의 죽을 형편에 처했다는 것을 말해 주고 있다.

예수님께서는 인성을 지니셨기 때문에 그 십자가의 고통이 얼마나 견디기 어려

---

809) http://blog.daum.net/calvintheology/19/ 칼케돈 회의와 그리스도; 다시 말하면 아폴리나리우스는 아리스토텔레스의 방법에 따라 인간을 몸(Body), 영혼(Soul) 그리고 이성(Rational mind)으로 구분한다. 인간이 되신 그리스도에 있어서 인간의 영혼 대신 로고스가 그 자리를 차지하고 차지함으로서 우리와 다른 죄 없는 인간이 되었다고 주장하였다. 이것은 알렉산드리아의 로고스 기독론의 영향이라고 할 수 있다. 정리해서 말하면 아폴리나리우스는 그리스도의 인성은 완전한 인성이 아니라고 본 것이다.

나시안주스의 그레고리(Gregory of Nazianzus)에 따르면 아폴리나리스의 이단적인 주장은 주후 약 352년경부터 시작되었다고 한다. 안디옥학파의 양성론(dyophysitism)을 반대하는 입장에서 출발했으나 결과적으로는 그리스도의 인성을 약화시킴으로써 단성론(monophysitism)으로의 출발을 인도한 결과가 되었다. 그러나 이러한 그의 주장은 대 바실(The Great Basil), 닛사의 그레고리(Gregory of Nyssa), 나지안주스의 그레고리(Gregory of Nazianzus), 그리고 힐라리우스(Hilarius) 등으로부터 강력한 비판을 받았다. 그리고 콘스탄티노플 회의(381)는 아폴리나리스를 이단으로 정죄하였다.
810) 위키피디아 사전에서; 또한 칼케돈 신조에 '하느님의 어머니'(테오토코스, Theotoskos)라는 단어를 넣음에 따라, 예수 그리스도의 신성을 강조하는 테오토코스를 정통 교리로 재확인하였다. 칼케돈 공의회의 정통교리 확립으로 콥트 교회 등 단성설을 따르는 교회나 그리스도의 인성을 강조하는 네스토리우스파 교회는 이단으로 단죄되었다. 이중 그리스도의 신성과 인성은 구분된다고 주장한 네스토리우스파는 더욱 압박을 받게 되어 중동과 중국으로 활동 무대를 옮겼다.

운 일인지 아시기에 더욱 간절히 기도하셨다. 그 장면을 누가는 이렇게 기록했다.

예수께서 힘쓰고 애써 더욱 간절히 기도하시니 땀이 땅에 떨어지는 피방울 같이 되더라(눅 22:44)

이 말씀은 예수님께서 진실로 그 고통을 감당하시기 어려워 하셨다는 것을 증거한다. 인간의 몸을 입으시고 십자가에 죽으시고 피흘리심으로 인간의 좌를 사하시는 그 대속의 죽음을 감당하는 것이 너무나도 고통스러웠기 때문이다. 예수님께서 가신 그 길은 유대 그리스도인들에게 믿음에 충성케 하는 본이 되셨다.

그는 육체에 계실 때에 자기를 죽음에서 능히 구원하실 이에게 심한 통곡과 눈물로 간구와 소원을 올렸고 그의 경외하심을 인하여 들으심을 얻었느니라(히 5:7)

유대 그리스도인들은 믿음으로 살아가는 일에 너무나도 많은 어려움을 겪고 있었다. 히브리 저자는 그들에게 그리스도도 역시 이 땅에 육신의 몸을 입고 계실 때에 그 십자가 길을 아무런 어려움 없이 가시지 않으셨다고 말해 주었다. 그리스도는 "죽음에서 능히 구원하실" 하나님께 "심한 통곡과 눈물로 간구와 소원을 올렸"다. 성도가 가는 길 역시 십자가의 길이다. 예수님께서 그렇게 "심한 통곡과 눈물로 간구와 소원을 올"리며 가셨다면, 우리도 그렇게 가야하는 것이 성도의 길이다.

예수 그리스도의 인성으로 인해 우리는 그리스도 앞에 나갈 수 있다. 그가 우리의 체질을 아시며 우리의 연약함을 아시기 때문이다.

우리에게 있는 대제사장은 우리 연약함을 체휼하지 아니하는 자가 아니요 모든 일에 우리와 한결같이 시험을 받은 자로되 죄는 없으시니라(히 4:15)

그리스도는 "우리와 한결같이 시험을 받"으신 분이시기에 우리의 고통과 눈물을 아신다. 그리스도는 성도들의 고통을 아시고 함께 고난을 당하시며 우리의 믿음을 지켜가도록 역사하시는 분이시다. 우리가 기도하는 것은 바로 이 믿음의 선한 싸움에서 인내하고 끝까지 달려가기 위함이다. 그리스도께서 그 믿음의 길을 달려간 자들에게 주실 상은 무엇인가?

7 내가 선한 싸움을 싸우고 나의 달려갈 길을 마치고 믿음을 지켰으니 8 이제 후로는 나를 위하여 의의 면류관이 예비되었으므로 주 곧 의로우신 재판장이 그 날에 내게 주실 것이니 내게만 아니라 주의 나타나심을 사모하는 모든 자에게니라(딤후 4:7-8)

이것이 성도의 영원한 보상이다. 의로우신 재판장이 주실 "의의 면류관"을 바라보고 끝까지 이 믿음의 싸움을 달려가는 것이 성도다.

3) 성령의 능력으로 동정녀 마리아에게 잉태되어 탄생하셨으나

하나님의 아들이 세상에 내려오실 때, 홀로 영으로 오신 것이 아니다. 성령 안에서 성령의 초자연적인 능력으로 마리아의 태중에 사람으로 임하신 것이다.

> 보라 네가 수태하여 아들을 낳으리니 그 이름을 예수라 하라(눅 1:31)
> 천사가 대답하여 가로되 성령이 네게 임하시고 지극히 높으신 이의 능력이 너를 덮으시리니 이러므로 나실 바 거룩한 자는 하나님의 아들이라 일컬으리라(눅 1:35)

성령의 초자연적인 수태는 성자의 인간적인 아버지를 배제하고 「죄의 유전」으로부터 피하도록 하였고, 성령의 성결케 하는 능력으로 말미암아 죄의 오염으로부터 보호를 받은 것이다. 예수 그리스도는 우리와 똑같은 몸을 입으셨지만, 원죄와 죄가 없다는 것은 바로 성령수태 때문이다. 「無」에서 「有」를 창조하신 전능하신 하나님께서 처녀 마리아가 남편 없이 성자를 수태할 수 있도록 초자연적인 능력으로 역사하셨다.

그리스도께서 육신을 입으신 사람이 되신 것은 우리 인류의 일원이 되어 주신 것이다. 그리스도께서 입으신 몸은 우리와 똑같은 몸이다. 재세례파(再洗禮派)는 그리스도의 몸은 하늘로 부터 마리아의 몸을 통과하여 세상에 왔으나 우리 몸과 똑같지 않은, 유사한 몸이라고 주장한다. 그러나 그것은 잘못이다. 왜냐하면, 우리와 똑같지 않은 몸으로는 우리와 일치할 수 없고, 하나님과 인간의 중보자가 될 수 없기 때문이다. 그리스도의 몸은 우리와 똑같으나 죄는 없으시다. 그리스도의 성육신의 의미는 사람을 구원하기 위해서는 사람이 되어야 한다는 진리다(요 1:14).[811]

> 4 때가 차매 하나님이 그 아들을 보내사 여자에게서 나게 하시고 율법 아래 나게 하신 것은 5 율법 아래 있는 자들을 속량하시고 우리로 아들의 명분을 얻게 하려 하심이라(갈 4:4-5)

"율법 아래 나게 하"셨다는 것은 예수께서 완전한 인성을 가진 사람의 몸으로 태어나셨음을 강조한다. '사람'으로 오셨다고 말하지 않고, "율법 아래 나게 하"셨

---

811) http://kcm.kr/dic_view.php?nid=41164/ 그리스도의 성육신

다고 한 것은 하나님의 율법을 지킬 의무를 가진 '유대인'으로 오셨다는 것을 강조한 것이다. 예수 그리스도께서는 그의 삶속에서 율법의 요구를 만족시키셨으며, 죽음으로 율법의 진노를 담당하셨다. 중요한 것은 그렇게 "율법 아래 나게 하"신 것은 "우리로 아들의 명분을 얻게 하려 하심이"다. '아들의 명분'이란 '양자됨'을 말한다. 사도 바울이 이 말을 군이 사용한 이유는 하나님의 아들 됨이 자연적으로 발생하는 것이 아니라 예수 그리스도의 구속 사역에 의한 것임을 분명하게 나타내기 위한 것이다.

4) 죄는 없으십니다

우리의 죄를 담당하신 그리스도는 죄가 없으신 분이시다. 죄인이 죄인을 대신하여 죽는 것은 아무런 의미가 없다. 오직 성령으로 잉태되시어 죄 없으신 예수 그리스도께서 우리 죄를 대신하여 죽으심으로 구속을 이루셨다.

> 우리에게 있는 대제사장은 우리 연약함을 체휼하지 아니하는 자가 아니요 모든 일에 우리와 한결같이 시험을 받은 자로되 죄는 없으시니라(히 4:15)

고난당하는 유대 기독교인들에게 대제사장이신 예수 그리스도께서 인간과 동일하게 연약함을 느낀다는 사실을 말하고 있다. "체휼"은 함께 수난을 당한다는 뜻인데, "아니하는 자가 아니요"라고 이중 부정을 사용함으로 성도들의 고난에 함께 하고 계신다는 위로의 말을 하고 있다.

그럼에도 불구하고 예수님께서 성육신하시어 인간들이 겪는 모든 어려움을 경험하셨으나 죄는 없으신 분이시다. 예수께서 인간으로서 죄의 유혹을 받아 범죄할 가능성이 있었으나 범죄하지 않으셨다. 우리 인간은 예수 그리스도를 믿어도 연약하여 죄를 지을 때가 있으나 그리스도는 그런 연약함을 느꼈으나 죄를 짓지는 않으셨다.

> 이러한 대제사장은 우리에게 합당하니 거룩하고 악이 없고 더러움이 없고 죄인에게서 떠나 계시고 하늘보다 높이 되신 자라(히 7:26)

히브리서 저자는 대제사장 되신 예수 그리스도가 얼마나 탁월한 분이신지를 말해준다. 예수 그리스도는 영원하시며,[812] 자기를 의지하는 자들은 온전히 구원하

---

812) 예수는 영원히 계시므로 그 제사 직분도 갈리지 아니하나니(히 7:24)

실 뿐만 아니라,813) 항상 살아서 그리스도인들을 하나님께 중재하고 계신다. 그리스도는 영원한 새 언약에 합당한 제사장이신 그분의 성품에 대하여 다섯 가지로 묘사한다. 1) 거룩하고 2) 악이 없고 3) 더러움이 없고 4) 죄인에게서 떠나 계시고 5) 하늘보다 높이 되신 자이시다. 레위 계통의 제사장들과 다르시며, 인간 된 죄인과는 다르시며, 레위 계통의 제사장은 죽었으나 그리스도는 승천하셔서 완전한 중재자가 되신다.814) 이런 말씀을 하는 근본적인 이유는, 유대 그리스도인들에게 '예수 그리스도가 얼마나 탁월하시고 얼마나 신뢰하실만한 분이신가?'를 밝히 말해주는 데 있다.

예수님께서 죄가 없으신 것은 첫 사람 아담 안에 있지 않기 때문이다. 예수님은 첫사람 아담 안에 있지 않은 아담의 후손이다. 예수님은 인간 아버지가 아니라 성령으로 잉태되셨기 때문이다. 그래서, 아담 안에 있지 않으며, 아담의 죄가 예수님께 전가되지 않았다. 아담은 인류의 대표로서 첫 아담이었으며, 예수님은 새언약의 대표자로서 마지막 아담, 둘째 아담이다. 예수님은 아담 안에 계시지 않기 때문에 죄가 없으시고, 우리와 같이 구원이 필요하지 않다. 예수님은 새언약의 대표자이시다. 그렇게 죄 없으시고 온전히 거룩하신 그리스도께서 오심으로 우리가 잉태되고 태어날 때부터 지니고 있는 그 죄를 하나님 앞에서 덮어 주셨다.815)

813) 그러므로 자기를 힘입어 하나님께 나아가는 자들을 온전히 구원하실 수 있으니 이는 그가 항상 살아서 저희를 위하여 간구하심 이니라(히 7:25)

814) 그러므로 우리에게 큰 대제사장이 있으니 승천하신 자 곧 하나님 아들 예수시라 우리가 믿는 도리를 굳게 잡을지어다(히 4:14)

815) 하이델베르크 교리문답 제 36문. 그리스도의 거룩한 잉태와 탄생으로부터 당신이 얻는 유익이 무엇입니까? 답: 그리스도는 우리의 중보자가 되시고, 당신의 순결함과 거룩함으로 하나님 앞에서 내가 잉태되어 태어날 때부터 가지고 있는 내 죄를 덮어주십니다.

제23문 그리스도께서 우리의 구속자로서 무슨 직분을 수행하십니까? (대42)

답: 그리스도는 우리의 구속자로서 낮아지심과 높아지심의 상태에서 동시에 선지자와 제사장과 왕의 직분들을 수행하십니다.[816]

들뢰즈 철학의 핵심은 존재론이다. 그의 철학은 고대의 루크레타우스로부터 근대의 스피노자, 흄, 맑스, 니체에게서, 현대에는 베르그송, 그리고 자기 당대의 미셸 푸코로부터 영향을 받은 것이다. 들뢰즈가 말하는 존재론이란 결국 기독교의 하나님을 정면으로 반대하고 자율적인 존재로 가는 것이다.[817] 이런 철학자들이 무엇을 말하는지 세상 사람들도 다 안다.

또한 이들 사상들은 〈존재〉보다 〈생성〉을 강조하고, 〈관계성〉에 대한 개념들을 통찰하고 있다는 점에서는 공통되고 있지만, 예컨대 포스트모던의 첫 번째 흐름인 〈해체적 포스트모던〉은 조금 극단적인 경우로써 〈보편〉과 〈실재〉에 대한 회의로 인해 이 세계를 하나로 묶어서 단일하게 해석하려는 대안적 세계관을 제시할 수 있는 여지 자체가 봉쇄되고 있다. 이들에게 남아있는 건 현재에 진행되고 있는 주류 담론에 대한 저항과 폭로 그리고 다양한 담론적 공간 확보에 대한 치열한 전략적 투쟁만이 있을 뿐이다. 이들이 제시하는 대안이란 것도 바로 이 점을 벗어나지 않는 범주 내에서의 대안인 것이다. 영원한 진리란 없고 그것은 다만 사회적 과정 속에서 형성될 뿐이기에 대체로 진리 인식에 대한 회의나 혹은 다원주의적 진리관인 상대주의로 귀결되는 경향을 띠고 있는 것이다.[818]

---

816) Q. 23. What offices doth Christ execute as our Redeemer? A. Christ, as our Redeemer, executeth the offices of a prophet, of a priest, and of a king, both in his estate of humiliation and exaltation

817) http://blog.daum.net/jiwoonism/216/ 김상환; 내재성의 개념에는 들뢰즈의 미소가 담겨 있다. 그것은 자신이 경쟁하던 모든 철학자들에게, 그리고 자신이 철학에 쏟아 부었던 한평생의 수고에 던지는 회심의 미소이다. 내재성은 들뢰즈의 사유가 도달한 최후의 높이, 긍지의 높이를 표시한다. 우리는 적어도 『철학이란 무엇인가?』(1991)의 2장(「내재성의 평면」)에 펼쳐진 눈부신 문장을 읽으면서 그렇게 말할 수 있다. 내재성은 물론 이 작품에서 처음 등장하는 용어가 아니다. 그것은 오히려 일찍부터 들뢰즈 철학을 상징하는 어떤 구호나 문양 같은 구실을 해왔다. 어쩌면 고추장이라 하는 것이 더 옳은지 모른다. 왜냐하면 그것은 들뢰즈가 스피노자, 니체, 베르그송 등을 하나의 사발 속에 뒤섞기 위해 끌어들인 공통 개념이었기 때문이다. 비빔밥의 고추장에 해당하는 이 개념에 의존하여 들뢰즈는 플라톤-기독교주의 전통에 맞서는 철학사의 전통을 일으켜 세우고 현대적 사유의 이미지를 주조하고자 했다. 이때 플라톤-기독교주의 전통은 초월성의 이름 아래 집약된다. 니체적인 어법으로 말하자면 초월적 사유의 본성은 삶의 바깥에 삶을 설명할 수 있는 어떤 이상적인 모델을 세우는 데 있다. 문제는 이상적인 모델에 의거하여 삶의 세계를 분석, 해석, 평가하다 보면 삶의 세계를 단죄하거나 부정할 수밖에 없다는 점이다. … 이런 것이 들뢰즈의 철학을 끌고 가는 일관된 물음이다. 이런 물음 속에서 내재성은 생에 대한 긍정과 같고, 초월성은 생에 대한 부정과 같다. 들뢰즈의 초기 철학(초월론적 경험론)에서 초월적 사유는 재현적 사유와 유사한 의미를 지닌다. 이때 재현은 있는 그대로의 차이(즉자적 차이)나 구별을 개념적 동일성이나 유비적 추론 등을 통해 환원적으로 재구성하는 절차를 말한다. 재현주의에 반대하는 내재성의 철학은 즉자적 차이(강도적 차이)를 삶의 세계를 설명하는 원리로서 옹호한다.

818) 정강길, 〈잘못 놓여진 구체성의 오류〉에 빠진 들뢰즈, 들뢰즈의 가장 큰 치명적 오류는 무엇인가? 그는 적어도 바로 이 〈임〉이 있다는 사실자체만큼은 긍정하고 있다는 점이다. 그리고 이에 기반함으로써 들뢰즈는 그 자신이 고안한 개념들을 자기의 철학적 체계를 위해 하나씩 축조해 나가고 있다. 또한 그가 보는 〈됨〉은 〈임〉에 대한 계열화에 지나지 않

이런 철학자들이 말하는 것들을 잘 보라. 주류담론에 대한 저항과 폭로, 투쟁으로 가는 것 밖에 없다. 절대적 진리, 영원한 진리는 없다고 말하며 그러면서도 다원주의적인 진리는 있다고 소리치는 것은 결국 인간도 자율적인 존재라고 억지소리를 하는 것 밖에 없다. 안 그러면 무너지기 때문이다. 그런 무너짐을 알고 화이트헤드의 과정철학(유기체 철학)은 관념론과 유물론을 극복하고 통합하려 했지만 결국 종교다원주의의 뿌리가 된다.

그런 자율적인 존재로 무엇을 말할까? 푸코는 프로이트의 무의식에 주목했다. 무의식은 의식의 여집합이다. 여태까지는 의식이 인간의 중심에 있었고 인간을 조정한다고 보았지만, 무의식이 핵심이라 한다. 들뢰즈의 무의식은 스피노자가 『에티카』에서 말하는 '자기원인', 곧 자기가 자기의 원인이 되는 전체로서의 우주를 말한다.[819] 자기는 탄생하지 않았으나 다른 존재는 탄생케 하는 것, 스스로 자신을

는다는 점을 인지할 때 결국 들뢰즈가 말하는 '차이화 하는 운동'이란 것은 바로 모든 사물의 상태에 대한 경계지점에서 일어나는 운동일 뿐이며, 제아무리 데리다가 말한 〈차연〉의 개념보다 구체적이라고 주장하더라도 그것은 여전히 명백히 오류를 담지한 추상관념에 불과할 뿐이다. 영화상에 있어서의 들뢰즈의 논리는 작가의 사유가 집약적으로 압축되어 있는 내러티브상의 연속적 장면에 해당하는 프레임에서 의미가 생성되는 것이 아니라 바로 프레임과 프레임사이의 경계에서 무한한 의미가 생성된다고 보고 있는 것이다. 그것은 무한히 미분될 수 있는 것으로 그러한 미분화에 의해 그 어떤 하나의 동일한 사실도 상이한 의미로 나뉠 수 있다고 주장한다. 그렇다면 들뢰즈가 영화에서 〈미장센〉보다 〈몽타주〉를 곧잘 더 중요시하게 평가하는 이유도 알만하지 않은가. 들뢰즈는 자신의 사상을 '사건의 철학'이라는 말로 요약하고 있다고 한다(p. 53). 들뢰즈가 보고 있는 사건화는 양식과 공통감각과 관련하는 일정한 반복이 불가피하게 포함된 것이다(p. 53). 들뢰즈는 여기서 사건의 반복적 계열화가 만들어지는 그 특정한 조건에 주목하면서 이를 〈지층〉이란 개념으로 표현한다. 그리고 이 지층들을 구별하는 층들의 배열양상을 또한 〈배치〉라고 하며, 이러한 배치 안에서 반복되는 사건들이 갖는 특이성을 가장 극도로 추상한 것을 〈추상기계〉라고 부른다(p. 55). 이러한 들뢰즈의 논리는 결국 역사유물론적 전개로 나아가 양식화된 의미를 낳는 자본주의적 배치에서 탈주하려는 정치성을 띤 이론으로 발전한다(pp. 56-57). 결국 들뢰즈가 노리는 정치적 효과는 반복적 계열화로 나타나고 있는 기존 체제를 전복하기 위한 다양한 탈주 공간에 대한 확보요, 공통감각으로 점철된 근대성을 벗어나려는 새로운 것에 대한 추구라고 할 수 있겠다. 사실 이러한 시도들은 아마도 막스 베버적 계열이 아닌 마르크스적 계보에 있는 사회학자라면 들뢰즈의 이러한 이론들이 상당히 매력적으로 비춰졌을런지도 모를 일이다.

819) B. 스피노자, 에티카, 강영계 역 (서울: 서광사, 2012), 19-21; "정의 1. 나는 자기 원인이란 그것의 본질이 존재를 포함하는 것, 또는 그것의 본성이 존재한다고 생각할 수밖에 없는 것이라고 이해한다. 2. 같은 본성을 가진 다른 것에 의하여 한정될 수 있는 사물은 자신의 유(類) 안에서(in suo genere) 유한하다고 일컬어진다. 예건대 어떤 물체는 우리가 항상 달리 더 큰 어떤 것을 생각하기 때문에 유한하다고 일컬어진다. 마찬가지로 사유는 다른 사유에 의하여 한정된다. 이에 반하여 물체는 사유에 의하여 한정되지 않으며, 사유도 물체에 의하여 한정되지 않는다. 3. 나는 실체란 자신 안에 있으며 자신에 의하여 생각되는 것이라고 이해한다. 즉 실체는 그것의 개념을 형성하기 위하여 다른 것의 개념을 필요로 하지 않는 것이다. 4. 나는 속성이란 지성이 실체에 관하여 실체의 본질을 구성하고 있다고 지각하는 것으로 이해한다. 5. 나는 양태(樣態)를 실체의 변용(變容)으로, 또는 다른 것 안에 있으면서 다른 것에 의하여 생각되는 것으로 이해한다. 6. 나는 신을 절대적으로 무한한 존재, 즉 모든 것이 각각 영원하고 무한한 본질을 표현하는 무한한 속성으로 이루어진 실체로 이해한다. (해명: 나는 자신의 유 안에서 무한하다고 말하기보다는 절대적으로 무한하다고 말한다. 왜냐하면 단지

418 소교리문답

생산하고 재생산하는 순환운동을 하는 것이 무의식이다. 그것은 말이 좋아 무의식이지 실제로는 신(神)을 말한다. 그런 의미에서 철학은 학문이 아니라 종교다!

우주는 그런 생산과 순환의 힘이 내재되어 있다고 한다. 그 힘은 무엇인가? 욕망이다. 우주를 이루는 요소는 '욕망기계'다.[820] 순환과 기계의 관점이어야 하는 이유는 순환과 기계가 아니면 초월적인 존재를 도입해야 하기 때문이다. 그 초월적인 존재는 결국 성경이 말하는 하나님이다. 그러니 자극히 범신론적인 차원으로 몰아간다. 이것이 들뢰즈의 신성한 내면이다. 들뢰즈의 구상화는 무엇인가? 그런 범신론적인 존재인 무의식이, 우주전체가 종합되고 반복되는 것이다.

하나님 없는 인간의 철학체계가 기대는 곳은 무의식이다. 그 무의식에 신적인 요소들이 다 대입이 된다. 그리고 그 무의식이 모든 것을 만들어 내는 원인이라고

자신의 유 안에서만 무한하다면 어떤 것에 대해서도 우리는 무한한 속성을 부정할 수 있기 때문이다. 그러나 절대적으로 무한한 것의 본질에는, 본질은 표현하지만 어떠한 부정도 포함하지 않는 모든 것이 속한다. 7. 오직 자신의 본성의 필연성에 의해서만 존재하며, 자기 자신에 따라서만 행동하게끔 결정되는 것은 자유롭다고 한다. 그러나 다른 것에 의하여 특정하게 규정된 방식으로 존재하고 작용하도록 결정되는 것은 필연적이라거나 강제되었다고 한다. 8. 나는 존재가 영원한 것에 대한 단순한 정의에게 나온다고 생각하는 한, 영원성을 통하여 존재 자체를 이해한다. (해명: 왜냐하면 그러한 존재는 사물의 본질과 마찬가지로 영원한 진리로 파악되며, 따라서 지속(持續)이나 시간으로는 설명될 수 없기 때문이다. 비록 우리가 지속을 처음과 끝을 가지지 않는 것으로 파악한다고 할지라도.)"

820) http://www.crossvillage.org/board/index.php?doc=program/board.php&bo_table=sinhak03&page= 1&wr_id=329 그래서 들뢰즈는 과학의 성과를 버리는 것이 아니라 '과학주의'에서 버리는 방도를 취하게 되는데 바로 그것은 바로 인간을 구성하는 기관이나 세포단위층보다 더 깊은 층인 분자 수준의 층에서 벌어지는 욕망들의 흐름을 주목한다. 이 분자 수준에서 욕망이 생산된다. 그래서 인간 자체가 기계인 것이다. 이 기계는 의미를 발생시키는 재료를 만드는 공장이 된다. 이렇게 해서 생산된 자연적 욕망들은 어떤 형식을 갖추는 과정을 통해서 의미가 발생되는데 과학주의는 바로 이 '의미층'을 놓치면서 인간을 논한 것이 문제점이 된 것이다. 이렇게 분자층에서 발생된 욕망이 외부와 만나서 연이어 차이나는 형식과 표현을 자아내게 된다. 이렇게 형식과 형식으로 갈라지고 또 갈라지다 보면 나름대로 동일성을 갖추면서 비로소 의미가 생겨난다. 이 동질성은 그만큼 다른 차이성을 박해하고 구박하고 억압하는 과정을 겪어서 얻어진 것이다. 예를 들면, 나라에 혁명이 일어나면 같은 생각을 가진 사람들끼리 내각을 구성하게 되는데 이 동일성에 반대하는 진영은 졸지에 야당으로 전락한다. 이 동일성은 나름대로 평치와 질서를 갖추게 된다. 그 질서를 위해 법이 차려지는데 이 법으로 인하여 차이나는 것들은 '위법자', 혹은 '범법자', '혹은 죄인'으로 분류되어 공동체와 격리된다. 이것은 비단 국가 사회뿐만 아니라 인체가 생리적으로 구조를 갖추어 기관이 되는 과정에서도 마찬가지로 진행되게 된다. 따라서 핍박받은 차이성은 그 집단에서 이탈되고 탈출을 감행하게 되면서 새로운 변화를 조성하여 기존 질서를 흔들면서 세계를 유지되고 있다. 그래서 들뢰즈 입장에서는 주체란 기껏 한시적으로 질서를 갖춘 욕망기계에 불과하기에 늘 정주(그 자리에 죽치고 앉아있는 다른 욕망기계들)을 공격하는 떠돌이 생활(유목주의)을 할 수 밖에 없는 것이다. 바로 이러한 주체성은 오늘날 자본주의 경제 체계 하에서 주체들이 보여주는 특징을 제대로 설명해준다고 보고 있는 것이다. 의리고 정이고 혈통이고 종교도 뭐고 따질 것 없이 이 주체 못할 욕망기계는 자신이 의미를 취득할 수 곳으로 언제든지 옮길 만반의 준비가 되어 있다. 약간 더 대우가 나은 회사로 이직한다든지, 보다 복지 정책이 잘 되어있고 임시 경쟁이 덜한 나라로 언제든지 이민 갈 준비가 되어 있다. 소위 '고향'이라는 이름의 정주(머묾)사상 자체를 늘 이탈하도록 욕망은 반응하는 것이다. 즉 생산을 위한 욕망기계 안에서는 그 어떤 대비적 개념이 성립될 수 없다고 보는 것이다. 모든 것을 욕망의 용광로 속에다 다 녹여버렸으니.

소리친다. 성경의 하나님을 버리지만 결국은 인간이 신이 되고 우주가 신이 되는 그런 세계를 만들어 내는 것이 인간의 철학이고 심리학이다. 그런 신적인 존재로 만들어가는 근본적인 이유는 인간은 영원한 의미와 통일성을 누리고 싶기 때문이다.

그러나 성경은 그런 영원한 의미와 통일성을 인간이 만들어 내지 못한다고 말한다. 그것은 인간 밖에서 주어지는 선물이다. 그 선물을 주시는 분이 바로 예수 그리스도다. 인간은 스스로 무엇을 만들어 낼 수 있는 존재가 아니다. 자기 원인, 자율성을 가진 존재로 아무리 부르짖어도 그것은 부질없는 일이다. 왜냐하면 인간이 그런 목소리를 내는 것 자체가 한계성에 직면해 있다는 것을 스스로 증명하는 것이기 때문이다.

예수 그리스도의 삼중직은 선지자·제사장·왕이다. 그리스도에게 이 직분들이 왜 필요한가? 인간은 죄로 인하여 타락했기 때문에 하나님께 나아갈 수도 없으며, 하나님의 뜻을 알 수도 없기 때문이다. 그리스도의 삼중직을 통하여 우리의 절망과 비참한 상황을 알게 되고 거기에서 구원받는 길은 인간 내부에 있지 않고 오직 예수 그리스도를 구주로 믿는 것뿐이라는 것을 아는 것이다.[821] 그러므로 예수 그리스도는 하나님과 인간 사이의 유일한 중보자시다.

> 하나님은 한 분이시요 또 하나님과 사람 사이에 중보도 한 분이시니 곧 사람이신 그리스도 예수라 (딤전 2:5)

"하나님은 한 분이시요"라고 하나님의 유일성을 말하는 것은 하나님만이 인간에게 구원을 주시는 분이며, 진정으로 모든 사람이 구원받기를 원하시는 분이심을 강조하기 위함이다.[822] 그런 분이시기에 하나님께서 구원하실 수 있으며, 신뢰할 수 있는 분이시다. 그 구원의 하나님과 사람 사이의 중보는 오직 한 분 그리스도 예수 뿐이시다. 왜 그리스도가 유일한 중보자가 되시는가? 그리스도는 십자가의 죽음으로써 인간의 죄로 인해 깨진 하나님과 사람 사이의 관계를 회복하셨기 때문이다. 그리스도 없이 하나님께 나아갈 수 없다. 하나님과 사람 사이의 중보자가 되려면

---

821) 하이델베르크 교리문답 제34문: 왜 당신은 예수님을 '우리 주(主)'라고 부릅니까? 답: 왜냐하면 예수님께서 금이나 은이 아니라 당신의 보배로우신 피로 우리의 모든 죄로부터 우리의 몸과 영혼을 구속해 주셨고, 우리를 당신의 소유로 삼으시기 위하여 마귀의 모든 권세로부터 우리를 자유롭게 해 주셨기 때문입니다.
822) 하나님은 모든 사람이 구원을 받으며 진리를 아는데 이르기를 원하시느니라(딤전 2:4)

한 인격 안에 신성과 인성이 동시에 존재해야 한다. 중보자가 필요한 이유는 무엇인가?

> 오직 너희 죄악이 너희와 너희 하나님 사이를 내었고 너희 죄가 그 얼굴을 가리워서 너희를 듣지 않으시게 함이니(사 59:2)

"너희 죄악"이란 무엇인가? 하나님과 맺은 언약을 배반한 것이다. 그들은 실제적인 죄를 범했다. 공의대로 재판을 하지 않았고 고아와 과부와 나그네를 짓밟았다. 그 '죄악'은 하나님과 인간 사이를 분리시키는 커튼이나 벽과 같은 역할을 한다. 그 같은 상태에서는 인간이 아무리 애를 써도 하나님께 나아갈 수 없다.

예수님께서 오신 것은 첫 사람 아담이 죄를 지어 타락함으로 언약을 깨트렸기 때문에, 우리를 죄 권세에서 구속하여 언약을 회복하러 오셨다. 그리스도의 삼중직은 그 언약을 회복하고 완성하시기 위한 직분이다.

그리스도의 기름부으심[823]

예수 그리스도께서 기름부음의 어떤 의식을 치루셨다는 내용은 성경에 없다. 그러나 예수님은 영적으로 기름부음을 받으셨다. 그리스도로 기름부음을 받으신 것은 영적인 기름부음이었다. 구약과 신약에서는 그리스도의 기름부음에 대하여 다음과 같이 말한다.

> 왕이 정의를 사랑하고 악을 미워하시니 그러므로 하나님 곧 왕의 하나님이 즐거움의 기름으로 왕에게 부어 왕의 동류보다 승하게 하셨나이다(시 45:7)
> 네가 의를 사랑하고 불법을 미워하였으니 그러므로 하나님 곧 너의 하나님이 즐거움의 기름을 네게 주어 네 동류들보다 승하게 하셨도다 하였고(히 1:9)
> 주 여호와의 신이 내게 임하였으니 이는 여호와께서 내게 기름을 부으사 가난한 자에게 아름다운 소식을 전하게 하려 하심이라 나를 보내사 마음이 상한 자를 고치며 포로 된 자에게 자유를, 갇힌 자에게 놓임을 전파하며(사 61:1)

그리스도의 기름부음은 구약의 모형과 그림자로서가 아니라 그 실체로 합당하게 기름부음을 받으셔야 했기에 영적인 기름부음이었다.[824] 기름부음을 받으신 그리

---

823) 하이델베르크 교리문답 제31문: 왜 예수님이 그리스도 곧 기름부음을 받은 자라고 불려집니까? 답: 왜냐하면 예수님은 하나님 아버지로부터 임명을 받으셨고, 성령으로 기름부음을 받으시어, 우리의 구속에 관한 하나님의 비밀스러운 경륜과 뜻을 우리에게 완전히 계시해 주시는 우리의 대 선지자이시고, 교사이시고, 당신의 몸을 단번에 희생제사로 드려서 우리를 구속하시고, 계속해서 아버지 앞에서 중보하시는 우리의 유일하신 대제사장이 되시고, 말씀과 성령으로 우리를 통치하시고, 우리를 위해 얻은 구속 안에서 우리를 보호하시고 보존하시는 우리의 영원한 왕이 되시기 때문입니다.

스도께서 수행하신 직분에 대하여 성경은 다음과 같이 말한다.

1) 낮아지심과 높아지심의 상태에서

낮아지심이란 우리 죄인들을 위하여 자기의 영광을 버리시고 성령으로 잉태되어 동정녀 마리아에게 나시고 십자가에 못 박혀 죽으시고 죽으신 후 부활하기까지의 상태를 말한다.825) 그리스도의 낮아지심의 핵심은 하나님의 아들이신 분이 사람이 되신 것이고 십자가에 죽으신 것이다. 그것은 전적으로 하나님의 사랑이다.826) 그 사랑을 이루시려 이 땅에 성육신하셨다.

또한 그리스도께서는 자기 백성을 구원하시기 위하여 높아지셨다. 그리스도의 부활, 승천, 성부의 우편에 앉으심과 세상을 심판하기 위하여 다시 오실 것 등을 말한다.827) 그리스도께서는 이 낮아지심과 높아지심을 통하여 그리스도의 삼중직, 곧 선지자·제사장·왕직을 감당하셨다.

2) 선지자

베드로는 성전 미문에서 구걸하는 나면서부터 앉은뱅이 된 사람을 고치고 난 뒤에 솔로몬 행각에서 예수 그리스도를 증거하였다. 예수 그리스도의 고난과 죽으심, 부활을 통해 '만유의 회복'말했다. 여기서 회복이란 (1) 이 땅에서 모든 죄와 불의가 사라지고, (2) 하늘에 있는 것이나 땅에 있는 모든 것이 다 그리스도 안에서 통일되어 그 본래 지은 목적대로 하나님을 사랑하고 순종하는 상태에 이르게 되어,

---

824) 자카리아스 우르시누스, 하이델베르크 교리문답해설, 원광연 역 (서울: 크리스챤다이제스트, 2006), 298; "직분과 기름 부음 사이에는 반드시 유비가 있는 것이요, 따라서 결과적으로 그의 기름 부음이 성례적인 것이 아니라 영적인 것이어야 했고, 모형적인 것이 아니라 그 실체에 속한 것이어야 마땅했던 것이다."

825) 하이델베르크 교리문답 문 46: 그리스도의 낮아지심의 상태는 어떠한가? 답: 그리스도의 낮아지심의 상태는 우리를 위하여 자기의 영광을 내버리시고 종의 형상을 취하셔서 성령으로 잉태되어 동정녀 마리아에게 나시고 지상에서 사시다가 십자가에 못 박혀 죽으시고 죽으신 후 부활하기까지의 낮은 상태이다.

826) 하나님이 세상을 이처럼 사랑하사 독생자를 주셨으니 이는 저를 믿는 자마다 멸망치 않고 영생을 얻게 하려 하심이니라(요 3:16)

827) 하이델베르크 교리문답 문 52. 그리스도께서 그의 부활에서 어떻게 높아지셨는가? 답. 그리스도께서 그의 부활에서 높아지심은(그가 사망에게 매어 있을 수 없어) 사망 중에 썩음을 보지 않으신 것과 고난 받으신 바로 그 몸이 본질적 특성을 그대로 가지고(사망성과 기타 현세에 속하는 공통적 연약성이 없이) 그의 영혼과 실지로 연합되어 그의 권능으로 사흘 만에 죽은 자 가운데서 다시 살아나심을 말한다. 이로써 하나님의 아들이심과 하나님의 공의를 만족시키시고 사망과 사망의 권세 잡은 자를 정복하신 것과 산 자와 죽은 자의 주가 되심을 친히 선포하셨다. 그가 공적 인물로서 자기 교회의 머리로서 하신 모든 것은 믿는 자들을 칭의 하시고 은혜로 새 생명을 주시고 원수들에 대항하여 이기게 하시고 마지막 날에 그들을 죽은 자 가운데서 다시 살리실 것을 그들에게 확신시키기 위한 것이었다(행 2:24; 시 16:10; 눅 24:39; 요 10:18; 롬 1:4, 4:25, 14:9; 히 2:14; 고전 15:20-22, 25, 26; 엡 1:22, 23, 2:56; 살전 4:13-18).

(3) 의의 거하는바 새 하늘과 새 땅이 완성된 복스러운 상태로 만들어지는 것을 말한다. 사도 베드로는 그 만유의 화복을 위한 선지자 직을 말했다.

> 22 모세가 말하되 주 하나님이 너희를 위하여 너희 형제 가운데서 나같은 선지자 하나를 세울 것이니 너희가 무엇이든지 그 모든 말씀을 들을 것이라 23 누구든지 그 선지자의 말을 듣지 아니하는 자는 백성 중에서 멸망 받으리라 하였고 24 또한 사무엘 때부터 옴으로 말한 모든 선지자도 이 때를 가리켜 말하였느니라(행 3:22-24)

사도 베드로는 모세와 사무엘 및 그 이후의 모든 선지자들에 대하여 언급하고 그들 모두가 예수 그리스도를 증거하고 있음을 강조했다. 이 신명기 18장의 말씀은 이중적 예언이다. '나와 같은 선지자'는 이스라엘 과거에만 적용되는 것이 아니라 새언약을 성취하신 예수 그리스도께 적용이 된다. 그리스도는 하나님의 구속 계획을 완성하시는 선지자이시며 창조의 목적대로 화복하실 선지자이시다.

선지자가 하는 일은 궁극적으로 '하나님의 진리는 무엇인가?' 하는 것이다. 성경이 말하는 하나님의 진리는 불변하는 실체로부터 나오는 불변하는 말씀이다. 그러나 세상의 진리란 그렇지 않다. 왜냐하면 불변하는 실체란 없다고 부정하기 때문이다. 예를 들어, 마르틴 하이데거의 철학과 동양종교 사이에는 묘한 유사성이 있다.828) 어떤 이들은 하이데거 사유 자체를 불교와 노장 사상에 빗대어서 말하기도 한다. 그런데 정작 하이데거는 자기 철학이 불교나 도교와 연관성이 있다고 말한

---

828) http://qt1000.duranno.com/moksin/detail.asp?CTS_YER=2011&CTS_MON=10&CTS_ID=87387&CTS_CTG_COD=9 김영란, 「지나친 인문학 열풍을 경계하라」, "자연주의적 인문학은 모든 것을 자연으로 귀결시킨다. 헬라철학자들은 물활론을 주장했다. 그들은 만물의 기원을 물·공기·원소 등이라고 보고, 물·공기·원소 등은 모두 신적인 성질을 가졌다고 보았다. 그것은 곧 물질이 영혼을 가지고 활동한다고 해서 물활론이라고 불린다. 자연주의자들에 의하면 모든 것은 자연으로 와서 자연으로 돌아간다. 이 세상에 보이는 모든 것들이 태어남, 성장, 발전, 쇠퇴 죽음, 그리고 재생이라는 거대한 자연의 대 사슬 안에서 회전하는 것으로 보았다. 이러한 자연주의적 세계관에는 역사라는 개념이 없다. 자연이란 끊임없이 회전하는 영겁의 복귀(eternal return)다. 역사라는 개념은 히브리적 세계관에서 나타난다. 하나님이 이 세계를 창조하시고 인간에게 관리하도록 명령하신 것이다. 여기에 역사라는 개념이 나온다. 역사는 만물의 영겁의 복귀가 아니라 시작과 끝이 있는 직선적인 선이다. 역사에는 종말이 있다. 기독교는 종말론적 세계관을 제시했다. 이러한 자연주의적 세계관은 결과적으로 무신론 아니면 범신론으로 빠져든다. 자연을 신으로 보지 않으면 무신론이요, 자연을 신으로 보면 범신론이다. 전자는 니체, 마르크스, 사르트르, 까뮈 등이요 후자는 스피노자, 딜타이, 하이데거 등이다. 이들에 반해 키에르케고르, 야스퍼스, 마르셀, 리꾀르, 레비나스 등은 인격 신을 강조한 인문주의 사상가들이다. 무신론은 우리 인간을 소망으로 이끌지 못하고 절망과 좌절에 이르게 한다. 실존주의 철학자의 대부였던 사르트르는 말년에 죽음 앞에서 죽음이 너무나 두려운 나머지 여태까지의 명성을 지닌 철학자답지 않은 소인배 같은 행동을 했다. 이는 그만이 아니라 모든 인간에게 있는 허무성과 존재의 심연에 직면한 두려움과 좌절과 절망을 표현했다고 보아야 할 것이다. 인본주의 인문학은 인간을 절대화한다. 인본주의 인문학은 인간을 인간 이상으로 미화시켜 신격화한다. … 자연주의적 인문학은 자연을 신격화한다. 성경에 의하면 자연은 결코 신이 아니다. 자연은 인간을 위해 창조된 하나님의 창조물이다."

적이 없다. 도리어 중국철학을 폄하했다.829)

그러나, 하이데거의 철학과 동양종교와 사상 간의 공통점이 많기 때문에 어딘가에 연결해 보려는 움직임은 계속되고 있다. 그것이 일치점이 있느냐 없느냐?가 중요한 것이 아니다. 하나님 없는 인간의 진리 추구는 같은 방향성을 가질 수밖에 없다. 그 같은 방향성이라는 것은 무엇인가?

권순홍 군산대 교수는 하이데거와 불교의 접점을 말한다. 그것은 두 사상이 공히 반본질주의와 반실재론, 요컨대 반실체론을 사유의 전제로 삼는다는 사실이다. 니체와 하이데거는 인간 존재 뒤에 완전하고, 불변하며 영원한 어떤 것이 있다고 말하는 형이상학을 비판했다. 서양 형이상학의 근본 가정을 부정하고 해체한 니체 철학을 계승한 것이 하이데거의 철학이다. 그것은 플라톤의 이데아로 대표되는 영혼·실체라는 관념을 거부하는 것이다. 니체는 인간을 떠받치고 있던 '배후의 실체'인 신은 죽었다고 선언했다. 하이데거는 시간과 공간을 관통하는 진리 대신에 '지금 여기 있는' 인간 존재 자체에 주목했다. 데리다 역시 구조주의에 남아 있는 형이상학의 잔재를 비판했다.830)

형이상학, 곧 이데아를 거부한다는 의미는 변하지 않는 영원한 실체는 없다는 것이다.831) 만물이 생성·변전의 연속이다. 그것은 유식불교832)도 마찬가지다. 자

---

829) http://blog.hani.co.kr/blog_lib/contents_view.html?BLOG_ID=nairex&log_no=17373 하이데거와 불교 무엇이 닮았을고, 『유식불교의 거울로 본 하이데거』 권순홍, 길. 1966년 한 장문의 인터뷰에서 그는 이렇게 말했다. "내가 확신하는 것은, 현대 기술 세계가 발생했던 동일한 장소로부터만 어떤 전환이 준비될 수 있다는 것, 그러므로 그 전환은 선불교나 그 밖의 다른 동양의 세계 경험을 통해서는 일어날 수 없다는 것입니다."

830) http://www.france.co.kr/literature/derrida-2.htm

831) 그렇다고 기독교가 플라톤적이어야 한다는 뜻은 아니다.

832) http://mtcha.com.ne.kr/korea-term/sinra/term51-yusig.htm; 우주의 궁극적 실체는 오직 마음뿐으로 외계의 대상은 단지 마음이 나타난 결과라는 불교사상이다. 여기서 유식의 '식'(識)이라고 하는 것은 크게 말해서 마음이고 유식이라고 하는 말은 글자 그대로 '오직 마음' '모든 것은 마음에 의한 것이다'라고 하는 이 학설의 기본적인 주장을 요약한 명칭이다. 유식은 모든 것을 마음의 작용으로 보고 마음이 어떤 형태로 작용하는가를 심도 있게 추구한 이론이라는 의미에서 진정한 심리학이라고 말해도 틀리지 않을 것이다. 이는 마음의 구조와 그 심리작용 등을 잘 인식하고서 활동하면 궁극적인 목적인 성불(成佛)의 단계에까지 이를 수 있다는 원리와 그 수행성을 강조한 내용이라고 할 수가 있다. 세친(世親)의 《유식삼십송》에서 정립된 사상으로 유가학파의 근본 철학인 유식사상은 일반적으로 바깥에 있다고 생각되는 대상들은 인식작용으로부터 독립적으로 실재하는 것이 아니고 제8아뢰야식(阿賴耶識)에 저장되어 있는 종자로부터 생긴 것으로 견분(見分)이 상분(相分)을 인연하여 생긴, 결국 자기 자신의 인식수단으로 자신을 보는 것이라는 것이다. 따라서 대상은 결정적인 상태로 존재하는 것이 아니며 인식을 통해 비로소 존재되는 것으로 생각되는 2차적인 현상일 뿐이다. … 세친의 10대 제자인 호법(護法)과 안혜(安慧) 등에 의해 주석서가 나오며 호법은 《성유식론(成唯識論)》을 지어 유식사상의 기반을 다지며 이것이 중국에 전해져 현장(玄)과 그의 제자 규기(窺基)가 창립한 유식종은 법상종이라고도 한다. 유심사상(唯心思想)과도 일맥상통하는 점은 있으나 유심사상이 《화엄경》과 기신론의 진여연기설에 기초를 두었다면, 유식사상은 아뢰야식의 나타남에 근거한 인식론적 철학적 해명이며, 유심사상은 우주론적인 존재인 진여에 근거한 존재론적인 경향을 띠고 있다. 한국의 경우 신라시대 일찍이 유가업(瑜伽業)이라는 유식학문이 화엄업과 함께 정립되어 유

아, 실체 이런 것은 없다. 이것은 소승불교의 '설일체유부', 곧 세상 만물이 모두 실재하고 있으며, 자성(자아·자기동일성)이 만물에 내재한다는 실재론·실체론을 급진적으로 거부한다. 하이데거와 불교의 일치점이 드러나는 공통지반이다.[833] 그곳에는 반드시 도약이 일어나고 결국에는 인간이 신이 되어 버린다.

3) 제사장

세상의 종교와 그런 종교의 제사장은 근본적으로 존재론적 신성화를 목적으로 한다. 혹은 세상의 물질의 복을 받기 위한 매개체에 불과하다. 그러나 성경의 제사장은 인간이 죄인이기 때문에 필요하다.

> 14 그러므로 우리에게 큰 대제사장이 있으니 승천하신 자 곧 하나님 아들 예수시라 우리가 믿는 도리를 굳게 잡을지어다 15 우리에게 있는 대제사장은 우리 연약함을 체휼하지 아니하는 자가 아니요 모든 일에 우리와 한결같이 시험을 받은 자로되 죄는 없으시니라(히 4:14-15)

"큰 대제사장"이라고 함으로써 아론 계통의 대제사장들보다 그리스도가 더 우월함을 나타낸다. 연약함이 있으며 죄악을 범하는 인간들을 그의 피로 죄 값을 치루셨으며 그 십자가 피로써 용서하시는 대제사장이다.

> 5 또한 이와 같이 그리스도께서 대제사장 되심도 스스로 영광을 취하심이 아니요 오직 말씀하신 이가 저더러 이르시되 너는 내 아들이니 오늘 내가 너를 낳았다 하셨고 6 또한 이와 같이 다른 데 말씀하시되 네가 영원히 멜기세덱의 반차를 좇는 제사장이라 하셨으니(히 5:5-6)

히브리서 저자는 앞에서 하나님께 충성한 면에서 모세와 예수님의 유사성을 말했으며, 그 우월성에 있어서 예수 그리스도가 얼마나 탁월하신가를 말했다.[834] 같

식사상의 대가를 배출하는데, 원측(圓測)·원효(元曉)·태현(太賢) 등이 그들이다.

833) http://blog.hani.co.kr/blog_lib/contents_view.html?BLOG_ID=nairex&log_no=17373 권순홍, 하이데거와 불교 무엇이 닮았을꼬, 『유식불교의 거울로 본 하이데거』, 유식불교에서 모든 것은 마음의 기능이고 마음의 작용이다. 마음이 작용해 만물에 실체성을 부여하는 것일 뿐, 그 마음을 떠나면 어떤 것도 실재하지 않는다고 유식불교는 말한다. 유식불교의 이 마음(아뢰야식)에 해당하는 것이 하이데거의 '근원적 시간'이라고 지은이는 말한다. 하이데거는 전기 대표작에서 이렇게 말한다. "시간을 모든 존재이해 일반의 가능한 지평으로 해석하는 것이 이 논술의 잠정적인 목표이다." 하이데거의 설명을 따르면, 인간 현존재는 시간 안에서 생기하는 존재다. 인간은 죽음이라는 절대적 사태를 향해 미리 달려가봄으로써 자신의 존재 전체를 문제 삼는다. 그때 드러나는 것이 존재의 지평인 '근원적 시간'이다. 이 시간 안에서 인간 현존재는 그때그때마다 세계와 내적·외적으로 관계하면서 끊임없이 변화하고 유전한다. 끝없는 달라짐의 연속이 현존재다. 현존재는 실체적 동일성이 아니라 개방성이며 차이성이다. 하이데거 철학은 이 끊임없는 생성·변화를 긍정한다.

834) 3 저는 모세보다 더욱 영광을 받을 만한 것이 마치 집 지은 자가 그 집보다 더욱 존귀함 같으니라 4 집마다 지은 이가 있으니 만물을 지으신 이는 하나님이시라 5 또한 모세는 장래 말할 것을 증거하기 위하여 하나님의 온 집에서 사

은 방식으로 저자는 대제사장으로서의 아론과 그리스도를 비교한다. 유사한 것은 스스로 대제사장이 된 것이 아니라 하나님의 부르심에 의해 대제사장이 되었다는 것이다. 그러나 예수 그리스도께서는 아론 계통의 대제사장보다 우월하시다. 왜냐하면 그리스도는 하나님의 아들이시기 때문이다. 그것을 증명하기 위하여 시편 2장 7절을 인용하여 예수 그리스도께서 하나님의 아들이시기에 그 대제사장직도 영원하시며 우월하시다는 것을 말한다.

4) 왕

예수 그리스도는 왕으로 오셨다. 그러나 그 왕은 이 세상에 하나님의 나라를 만들기 위하여 오신 분이 아니시다.[835]

> 시온 딸에게 이르기를 네 왕이 네게 임하나니 그는 겸손하여 나귀 곧 멍에 메는 짐승의 새끼를 탔도다 하라 하였느니라(마 21:5)

'시온 딸에게 임하나니'는 이사야 62장 11절을, 후반부는 스가랴 9장 9절을 인용한 것이다. 이사야 62장은 시온의 미래를 선포한다. 11절에서는 구원을 선포한다. 그 구원자는 마치 개선장군이나 정복군주 또는 강력한 통치자의 모습으로 승리의 개가가 울려 퍼지는 가운데서 입성하는 모습을 보여준다. 스가랴 9장 9절부터 도래할 메시아에 대하여 말한다. 그 메시아는 평강의 왕으로, 온 세상에 평화를 선포하시기 위하여 겸손히 입성하시는 모습이다. 그런데, 마태는 예수님께서 이스라엘의 사사(士師)들과 평화를 전하는 전령(傳令)들이 사용하던 짐승인 나귀를 타고 오신다고 표현함으로써 예수 그리스도가 모든 피조물들의 진정한 메시아이시며 평화를 주시는 분이심을 강조하고 있다.

> 그 옷과 그 다리에 이름 쓴 것이 있으니 만왕의 왕이요 만주의 주라 하였더라(계 19:16)

예수 그리스도가 '만왕의 왕이요 만주의 주'라는 표현은 하나님의 칭호다.[836]

환으로 충성하였고 6 그리스도는 그의 집 맡은 아들로 충성하였으니 우리가 소망의 담대함과 자랑을 끝까지 견고히 잡으면 그의 집이라(히 3:3-6)

835) 예수께서 대답하시되 내 나라는 이 세상에 속한 것이 아니라 만일 내 나라가 이 세상에 속한 것이었더면 내 종들이 싸워 나로 유대인들에게 넘기우지 않게 하였으리라 이제 내 나라는 여기에 속한 것이 아니니라(요 18:36)
836) 너희의 하나님 여호와는 신의 신이시요 주의 주시요 크고 능하시며 두려우신 하나님이시라 사람을 외모로 보지 아니하시며 뇌물을 받지 아니하시고(신 10:17)

그리스도를 그렇게 부르는 것은 역사의 마지막에 사탄과 그 대행자들을 멸망시키고 온 세상을 통치하시고 지배하시는 그리스도의 절대적인 권력을 나타낸다.

> 6 이는 한 아기가 우리에게 났고 한 아들을 우리에게 주신바 되었는데 그 어깨에는 정사를 메었고 그 이름은 기묘자라, 모사라, 전능하신 하나님이라, 영존하시는 아버지라, 평강의 왕이라 할 것임이라 7 그 정사와 평강의 더함이 무궁하며 또 다윗의 위에 앉아서 그 나라를 굳게 세우고 지금 이후 영원토록 공평과 정의로 그것을 보존하실 것이라 만군의 여호와의 열심이 이를 이루시리라(사 9:6-7)

메시아 예언에 대한 말씀이다. 그 메시아는 성부 하나님께서 보내신 분이시다. 그 메시아는 세상 나라의 왕처럼 백성을 착취하는 폭군이 아니라 자기 백성을 돌보고 책임지는 '왕'이시다. 그리스도는 '평화의 왕'으로 불리는데, 그것은 메시아가 다스리는 그 나라는 평화로 다스려지며 그로 인해 그 나라는 평화의 나라이기 때문이다. 하나님께서 다윗 왕국을 통하여 백성들에게 영원하신 하나님의 나라를 고대케 했으며, 그 나라는 메시아에 의해 완성될 것이고 그 나라는 영원히 평화로운 나라가 될 것임을 보여주셨다. 어떻게 그 나라가 평화의 나라가 될 수 있는가? 그것은 여호와께서 약속하신 다윗 언약에 기초하기 때문이며, 공평과 정의로 그 나라가 유지될 것이기 때문이다.

> 내가 나의 왕을 내 거룩한 산 시온에 세웠다 하시리로다(시 2:6)

시편 저자는 다윗 왕조의 왕을 세우신 이는 하나님이심을 "내가"라는 표현으로 특별히 강조하고 있다. 그 왕을 시온에 세웠다는 것은 예루살렘과 다윗 왕조를 모두 하나님께서 세우셨다는 뜻이다. 그 세우심의 원래 의미는 하나님께서 기름부어 세우셨음을 말한다.

그리스도의 삼중직이 가지는 의미가 무엇인가? 예수 그리스도께서는 죄인 된 우리를 구원하시기 위하여 기름부음을 받으시고 선지자와 제사장과 왕의 직분을 행하셨다는 것이다. 그리스도는 사회구조를 변화시키려고 오신 것이 아니라 죄인을 구원하려 오셨다. 우리는 존재론적 신성화로 구원을 이루는 것이 아니라 우리 밖에서 우리를 구원하러 오신 예수 그리스도의 십자가 피로써 이루어진다!

제24문 그리스도께서 선지자직을 어떻게 수행하십니까? (대43)
답: 그리스도께서 우리를 구원하시기 위한 하나님의 뜻을 그분의 말씀과 성령으로 우리에게 계시하심으로 선지자직을 수행하십니다.[837]

주체와 대상, 주관과 객관의 문제는 지나간 세기 동안 인식론의 주제가 되어왔다. 실증주의는 주관과 객관의 확실한 분리를 말한다. 사물만이 아니라 인간도 대상화하고 분석하고 해부해 버리기 때문에 그야말로 인간은 시체다. 이런 실증주의의 문제를 해결하기 위해 구조주의가 등장하자 주체는 바람과 함께 사라져버렸다. 후설의 현상학[838]은 인간이 세계를 인식하는 것을 '자연적 태도'라 했다. 주관이니

---

837) Q. 24. How doth Christ execute the office of a prophet? A. Christ executeth the office of a prophet, in revealing to us, by his Word and Spirit, the will of God for our salvation.

838) http://blog.daum.net/leeunju/23; 후설은 잡지 〈로고스〉의 창간호에 〈엄밀한 과학으로서의 철학〉을 발표했는데 여기서 그는 어떻게 그리고 왜 철학이 엄밀한 과학이 되어야 하는가를 제시한다. 이 논문은 후설의 초기현상학을 이해하는 데 중요한 자료가 된다. 후설은 자연과학이 자체의 의미를 줄 수 없다는 사실을 지적하면서 그것을 '시대적인 궁핍'이라고 표현한다. 그러나 근본적인 것은 자연과학과 연관된 문제가 아니고 당시대의 가치문제였다. 삶의 의미가 뿌리째 흔들리고 있던 당시의 상황에 직면하여 삶의 어느 구석에도 붙을 만한 근거가 없다고 후설은 말한다. 후설의 현상학이 발생하던 시대의 사회적 배경으로 1차 세계대전, 독일제국의 붕괴, 러시아혁명, 파시즘 등이 나타난다. 이러한 위기의식 속에서 회의주의와 상대주의를 극복하고 확고한 진리와 가치로 나아가는 방법을 제시해주려는 의도 아래 쓴 저서가 〈논리연구〉이다. 인식과 대상의 일치는 어떻게 보증되는가? 후설이 말하고자 한 것은 도대체 우리의 인식이 올바르다는 것을 보증해주는 것은 무엇인가 하는 문제이다. 그는 그것을 주관으로서의 인식과 실재 그 자체인 객관과의 일치를 어떻게 확인하면 되는가 하는 표현으로 묻고 있는 것이다. 데카르트에서 헤겔에 이르는 근대 철학의 역사는 '세계는 객관적으로 존재한다'는 전제를 결코 의심하지 않았고, 항상 이 전제 위에서 출발해 논리를 구성하였다. 그런데 후설은 이 전제에서 출발하면 문제는 해결이 불가능한 게 아닌가 생각했다. 그는 우리가 상식적으로 가지고 있는 세계에 대한 상을 '자연적 태도'에 의한 상이라고 한다. 우리는 다양한 입장을 가지고 사회를 살고 있고, 이 세상에 대해 느끼는 방법이나 생활방식도 사람에 따라 천차만별이다. 그럼에도 불구하고 누구나 이 세계가 단 하나의 세계, 즉 어느 누구에게도 '객관적으로 동일한 세계'임을 의심하지 않는다. 세계는 단 하나의 세계로서 객관적으로 존재한다는 확신을 후설은 자연주의적 태도라고 불렀다. 현상학적 환원의 제일보는 우선 이 확신을 일단 차단하는 것에서 시작된다. 객관적 세계와 그것을 인식하는 인간이 있는데, 거기에서 객관적 세계가 존재한다는 확신을 차단하면 주체의 의식만 남게 된다. 이것을 현상학에서는 선험적 주관이라든가 순수의식이라는 말로 표현한다. 또 자연주의적 세계관의 확신을 서서히 제거하고 순수의식을 도출하는 이 과정을 초월론적 환원이라고 부른다. 인간의 의식은 능동성을 가지고 있으므로, 특정한 상에 관심을 집중하거나 그것을 임의의 상 쪽으로 방향을 바꾸거나 할 수 있다. 의식의 이러한 특질을 지향성이라 한다. 현상학이란 세계의 상이 의식에 어떻게 나타나서 확립되기에 이르는지를 연구하는 학문인 것이다. 그는 인간이 의식 속에서 객관세계의 상을 어떻게 구성하고 확립하는가 하는 데 초점을 맞추었다. 인간은 세계를 '있는 그대로' 정확하게 표현할 수는 없다. 그러나 의식을 '있는 그대로' 정확하게 표현할 수는 있을 것이다. 이것이 후설 현상학의 방법론의 핵심이다. 후설은 만년에 생활세계라는 새로운 개념을 제출한다. 생활세계란 자연주의적 태도로 극히 상식적으로 살고 있는 구체적인 생활영역을 의미한다. 후설은 순수의식이 모든 의미를 구성할 수 있다는 입장에서 일부 방향 전환하여, 오히려 구체적인 생활세계 안에 있는 인간의 의식으로 환원의 화살을 돌리려고 했다. 생활세계의 개념은 환원 방법이 갖는 극단적인 추상화를 반성하면서 생겨난 것이다.

객관이니 그렇게 분리하기 이전에 이미 인간은 세계를 총체적으로 인식할 줄 안다면서 다음과 같이 말했다.

> 내가 세계를 인식한다는 것은 곧 내가 세계를 직접적이고 직관적으로 발견하며 경험한다는 뜻이다. 나는 특별한 관심을 기울이지 않아도 내게 그냥 주어져 있는 시각, 촉각, 청각 등의 신체적 감각을 통해 세계를 경험하는 것이다(순수현상학과 현상학적 철학의 이념)

좀 더 현실적으로 생각했던 탓인가? 현실 세계 내의 유의미를 찾으려 하는 것이 세상이니 인간은 이미 세계에 참여하고 있다는 것을 말하는 것은 당연한 귀착이다. 여기서 하버마스는 '상호주관성' 개념으로 간다. 후설의 제자인 하이데거는 '현존재' 개념으로 인간이 세계 내의 존재이면서 동시에 세계를 대상화 하는 이중적 존재 방식을 말했다. 그러나 이 두 가지 주체는 분열될 수밖에 없기에 하버마스는 원천적으로 주체의 분열을 문제 삼지 말라고 했다. 내가 지금 옆 사람과 말하면서 소통하고 있다는 것은 주체와 대상이 분열된 것이 아니라 통합되어 있다는 것이다. 분열된 상태에서는 대화가 안 되기 때문이다. 이것이 상호주관성이다.839)

많은 사람이 탈근대, 탈이성을 말하면서 불안이나 경이로 접근하고 무의식과 예술에서 출구를 찾을 때, 하버마스는 계몽주의적 이성을 발전시켜야 한다고 했다. 이성이 자연과 인간을 지배대상으로 관할하고 이용하려는 목적합리성으로만 발전한 것이 아니라 인간을 자율적 이성적 절대적 가치를 갖는 인격으로 보면서 서로 대화하는 이성적 능력, 곧 의사소통의 합리성도 발전되어왔다고 말했다. 목적 합리성의 과도한 지배를 막기 위해 이성 자체를 포기하고 탈근대적인 감수성으로 대체하는 것은 어린아이를 목욕물과 함께 버리는 것이라 했다.

그러나, 하버마스가 말하는 의사소통의 합리성은 윤리·도덕적 합리성을 중핵으로 한다. 윤리·도덕이란 기준이 있어야 한다. 하버마스는 영역별로 가치 내용의 상이함이 있으나 윤리·도덕에 대한 합의가 이루어져서 보편적 가치 기준이 존재한다고 보았다. 과연 그럴까? 절대적 기준이 상실된 현실 속에서 그런 합의가 이루어지고 보편적 가치가 존재하고 있는가?

무엇보다 하버마스는 이런 종교적 절대기준이 사라진 것을 인간이 이성적 주체

---

839) 남경태, 개념어사전 (서울: Humanist, 2012), 261; "하버마스는 주체의 분열을 애초에 문제 삼을 필요가 없다고 말한다. 상식적으로 보면 주체는 분열되어 있지 않다. 생활세계 속에서 사람들이 의견을 나누고 의사소통을 한다는 사실은 곧 주체와 대상이 자연스럽게 통합되어 있음을 나타낸다. 거꾸로 말하면 주체와 대상이 통합되어 있기 때문에 의사소통이 가능한 것이다. 이것이 바로 상호주관성이다."

로 태어나기 위한 필수적인 '탈주술화 과정'이라고 해석하고 그것을 계몽의 과정이라 했다. 그러나 과연 그것이 계몽이고 탈주술이 되어 의사소통이 이루어지는가? 하버마스는 의미 있는 대화를 위한 충족조건을 다음과 같이 말했다.

1) 이해가능성: 문법적으로 타당하며 알아들을 수 있게 표현되는가?
2) 진리성: 객관적으로 참인가?
3) 규범성(적합성): 사회적으로 통용되는 규범에 적절한가?
4) 진실성(진정성): 진심으로 자신의 의도를 표현했는가?[840]

그러나 현실 사회를 생각해 보면 이런 4가지 조건이 충족된다는 것은 거의 불가능하다는 것을 경험하고 있다. 내가 아무리 참이라 하고 내가 아무리 진심으로 말을 해도 상대방과 나는 이미 다른 개념을 가지고 있으며 다른 이데올로기로 접근하고 있기 때문에 의사소통은 요원하다. 다원화 된 사회 속에서 사람들은 자신이 속한 집단의 논리에 따라 말하며 자신의 실리를 정당화하기 위해 언제든지 권모술수를 행한다. 내가 하면 정당하고 남이 하면 불법이라 생각한다.

하버마스는 상호주관성이 작용해서 의사소통이 잘 이루어져야 하는데 현실에서는 왜곡되고 있다고 말했다. 권위주의적인 정치 체제에서는 타당성이 만족되는 합리적인 의사소통이 이루어지지 않는다고 보았다. 그것을 위해 하버마스는 '신사회운동'을 말했다. 프랑스의 6·8혁명으로 시작된 정치적·경제적 이해관계를 추구하는 노동운동 중심의 사회 운동과는 다르게 문화, 삶의 질, 환경, 연대, 평화 등 일상적 삶의 가치들을 지향하는 사회운동을 말했다.[841]

하버마스의 이런 논리는 이성을 기반으로 한다는 점에서 계몽주의적이다. 이성의 질병을 치료하고 이성으로 인간의 인간다움을 완성할 수 있는가? 세상도 거기에 대해서는 회의적이라고 말하고 있다. 현대사회에서 주체와 대상이 분열되지 않고 합리적인 의사소통을 기대한다는 것은 이제 요원한 일이 되고 말았다. 에리히 프롬은 『자유로부터의 도피』(Escape from freedom)에서 다음과 같이 말했다.

> 모든 사람이 저마다 질서 정연하고 명백한 사회체제 안에서 정해진 위치를 가졌던 중세의 봉건 체제와는 대조적으로, 자본주의는 개인을 전적으로 자기의 발로 서도록 했다. 이러한 원리는 개인과 개인 사이의 모든 유대를 단절시키는 역할을 했으며, 따라서 한 개인을 다른 개인들로부터 고립시키고 분리시켰다.

840) http://blog.naver.com/PostView.nhn?blogId=sunmouse486&logNo=80068670840
841) 남경태, 개념어사전 (서울: Humanist, 2012), 259-262.

고립, 분리, 단절은 현대사회의 소외를 말해주는 단어들이다. 이것은 의미와 통일성을 상실한 소외다. 인본주의자들은 합리적인 소통이 이루어지고 의미와 통일성을 누리기 위해서는 인간 내부에서 답을 찾아왔다. 그러나 분명하게 실패했으며 그 실패를 이기기 위해 현대인들의 도약은 뉴에이지 영성에서 희열에 차 있다.

발터 벤야민은 『아케이드 프로젝트』에서 잠재적인 군중의 혁명성보다는 그 군중이 꿈에서 "깨어나는 것"을 중요하게 말했다. 혁명의 주체는 오로지 노동계급이라고 말한 것보다 더 중요한 것은 그 노동계급이 어떻게 하면 혁명적 주체가 될 수 있는가 하는 것이다. 혁명계급인 프롤레타리아의 속성이 중요한 것이 아니라 그런 프롤레타리아의 속성이 깨어나는 것이 벤야민의 핵심이다. 혁명은 프롤레타리아의 인식과 사유가 변화됨으로 일어나는 필연적인 결과이다. 그러기에 벤야민의 관심은 사회구조를 바꾸는 것보다 혁명계급의 의식 구조, 주체의 의식구조를 바꾸는 것이 중요했다. 그는 『아케이드 프로젝트』에서 도시라는 공간에서 탄생한 근대적 주체인 만보자(漫步者)에 주목했다. 만보자란 근대를 통해 출현된 무신론적 과학적 주체를 뜻한다. 이들은 세계를 관찰 또는 구경의 대상으로 바라보며, 끊임없이 존재의 괴리에서 발생하는 욕망의 추구를 찬양한다. 이런 근대적 상황을 구체적으로 채현하고 잇는 존재가 바로 만보자이다.[842] 보들레르에게 만보자는 시인이지만 벤야민에게는 수집가(collector)이다. 만보자는 거리에서 정보를 수집하며 지식을 생산한다.

문제는 무엇인가? 그것은 만보자의 도약이다. 이 만보자의 지식은 "번개처럼 오는 것"이고 이 지식이 교직하는 "텍스트는 번개로 이루어진 긴 두루마리"다. 이런 지식을 만들어내는 힘은 충격(shock)이고, 파국의 체험(Erlebnis)이다. 벤야민의 지식은 경험과 실증의 집적을 통해서 이룩할 수 있는 성채가 아니다. 만보자를 끊임없이 도시로 이끄는 것은 '의식'이 아니라 '무의식'의 충동이다. 진리는 주체 밖에서 개입하며, 그렇기 때문에 경험적 현실에서 실현할 수 없는 무엇이다.[843] 그것은 벤야민의 '아우라'에서 더욱 강조된다.[844] 그것은 예술작품의 종교적 주술성에 기

842) 이택광, 인문좌파를 위한 이론 가이드 (서울: 글항아리, 2010), 132.

843) Ibid., 135-136.

844) http://k.daum.net/qna/view.html?qid=0Do5p; 아우라란 본래 '분위기' 등의 의미로 20세기 초의 독일 사상가 벤야민walter benjamin이 예술 이론으로 도입한 용어이다. 그에 따르면 아우라는 예술작품에서 개성을 구상하는 계기로, 예술작품이 나지고 있는 미묘하고도 개성적인 고유한 본질 같은 것을 의미한다. 예술작품이 풍기는 고고한 분위기는 이 아우라를 통해서 이루어지며, 이러한 개성적이고도 근접하기 어려운 분위기 때문에 자율적인 존재로서의 예술 작품이 가능할 것이다. 예술작품에서의 품위와 자율성이 아우라에 근거하고 있다는 사실을 벤야민은 아우라가 생겨나게 된 예술의 전통으로부터 유도해 내고 있다. 이 점은 예술이 원래 지니고 있던 기능, 즉 예술작품이 신을 예배하고 숭배하는 제의와

초한다. 지식도 경험도 아닌 무의식의 충동에 이끌리는 만보자는 도약을 감행하지 않을 수가 없다. 그것이 만보자의 정체성이다.

그러나 성경은 창조주 하나님께서 살아계시고, 그 창조함을 받은 인간은 하나님의 형상으로 지음을 받은 인격적인 존재라는 사실로 시작한다. 그로 인해서 종교적 도약 없이도 인격적인 소통이 실제로 가능하며, 하나님과 인간이 맺은 언약은 의미와 통일성을 충만하게 누리게 한다. 그러나 죄를 지어 타락한 인간은 타자를 경계하며 적으로 간주하게 되었고, 언약에서 떠난 인간은 하나님으로부터 그 의미와 통일성을 상실했다. 그러나 예수 그리스도께서 오시어 구원하여 생명을 주시고 그 언약을 회복하심으로 새언약 가운데 참된 소통이 이루어지게 하심으로 의미와 통일성을 누리게 하셨다. 예수 그리스도께서는 하나님의 뜻을 나타내는 그 선지자적 직분으로 그것을 풍성하게 누리게 하신다. 그러므로 거기에는 종교적 도약이 일어나지 않는다.

이스라엘의 참 선지자들은 장차 오실 그리스도를 예표했다.

> 네 하나님 여호와께서 너의 중 네 형제 중에서 나와 같은 선지자 하나를 너를 위하여 일으키시리니 너희는 그를 들을지니라(신 18:15)

여호와 하나님께서는 장차 모세와 같이 하나님의 뜻을 백성들에게 전달할 선지자가 '이스라엘 12지파의 혈통 가운데서' 나올 것이라고 말씀하셨다.[845] '나와 같은 선지자 하나'는 일차적으로는 선지자 제도에 관한 약속이지만 모세 사후에도 계

의식에 사용되었던 사실에서 볼 수 있다. 최초의 예술 작품은 의식에 사용되었는데 처음에는 마적인 의식(magisches rituel)에, 나중에는 종교적인 의식에 쓰였다. 이러한 근원에서 비롯된 예술 작품또한 의식 기능을 여전히 내포하고 있다고 벤야민은 주장한다. 제의적인 예술작품 속에는 주관된 신성(das gottliches subject)이 상징화 되어 있다. 이러한 예술 작품 앞에서 할 수 있었던 것이 예배와 기도였던 것처럼 예술 작품은 인간에게 아주 가깝게 밀착된 것이며 동시에 접근할 수 없는 분위기를 풍기고 있다. 종교와 신적인 것은 예술 작품에 어떤 마적인 힘을 부여하기 때문에 작품은 감히 가까이 대할 수 없이 미묘한 분위기 속에서 신비스런 자태로 나타나지만 동시에 아주 친숙하게 느낄 수 있게 하는 힘으로 우리를 끌고 있다. 이것은 벤야민은 예술 작품의 본질적인 비밀 수조 (geheimstruktur)라고 해석하며, 이러한 예술 작품의 제의적 가치를 시간, 공간적인 감지의 카테고리에서 표현하고 있는 것이 그의 아우라 개념이다. 물론, 예술작품 속에 깃든 신적인 것의 표출을 긍정하는 데에서만 이 아우라의 개념이 가능할 것이다. 벤야민은 아우라를 '유일하고도 아주 먼 것이 아주 가까운 것으로 나타날 수 있는 일회적 현상'이라고 정의하고 있다. 예술 작품의 불가복(das unnahbare)의 마적인 현상은 작품이 일회적 존재성이며, 이것이 곧 아우라의 의미이다. 그렇게도 먼 것이 친숙하게 느껴질 수 있는 것은 '시간과 공간의 기이하게 얽힌 짜임'에 기인하고 있다. 원과 근은 서로 상반되는 개념이고, 먼 것은 접근할 수 없다는 본질적인 것이 곧 예술 작품 속에 구현된 제의적인 것의 상이 지닌 본질이기도 하다. 벤야민은 이 원과 근의 동시성, 그 유착을 인식 내지 경험하고자 했으며, 이것을 개념화하려는 시도로 나타난 것이 '아우라'라는 그의 사고상이다.

845) 반드시 네 하나님 여호와의 택하신 자를 네 위에 왕으로 세울 것이며 네 위에 왕을 세우려면 네 형제 중에서 한 사람으로 할 것이요 네 형제 아닌 타국인을 네 위에 세우지 말 것이며(신 17:15)

속해서 이스라엘 백성 중에서 일어날 하나님의 모든 선지자들을 가리킨다. 그러나 궁극적으로는 메시아에 대한 예언으로, 마치 모세가 이스라엘의 선지자,[846] 제사장,[847] 그리고 왕이었듯이[848] 온 인류의 유일한 대제사장이며,[849] 영원한 왕이며,[850] 참 선지자이신[851] 예수 그리스도가 이스라엘 혈통 중에서 나타나실 것을 의미한다.

> 22 모세가 말하되 주 하나님이 너희를 위하여 너희 형제 가운데서 나 같은 선지자 하나를 세울 것이니 너희가 무엇이든지 그 모든 말씀을 들을 것이라 23 누구든지 그 선지자의 말을 듣지 아니하는 자는 백성 중에서 멸망 받으리라 하였고 24 또한 사무엘 때부터 옴으로 말한 모든 선지자도 이 때를 가리켜 말하였느니라(행 3:22-24)

베드로는 신명기의 말씀을 인용하면서, 모세와 사무엘 및 그 이후의 모든 선지자들이 결국은 예수 그리스도를 증거하고 있다고 말했다. 그렇게 예언대로 이 땅에 오신 예수 그리스도는 누구신가? 왜 오셔야만 했는가? 그것은 인간의 구조적인 문제를 해결하러 오신 것이 아니라 자기 백성을 회개케 하여 하나님의 뜻을 따라 거룩한 언약의 백성으로 살게 하기 위함이었다.[852]

예수님의 선지자적 사역은 이 땅의 공생애 기간 동안만 이루어진 것이 아니다. 성육신 이전에는 계시의 영으로 임했던 선지자들의 교훈으로,[853] 신자들의 영적

---

846) 그 후에는 이스라엘에 모세와 같은 선지자가 일어나지 못하였나니 모세는 여호와께서 대면하여 아시던 자요(신 34:10)

847) 6 모세가 피를 취하여 반은 양푼에 담고 반은 단에 뿌리고 7 언약서를 가져 백성에게 낭독하여 들리매 그들이 가로되 여호와의 모든 말씀을 우리가 준행하리이다 8 모세가 그 피를 취하여 백성에게 뿌려 가로되 이는 여호와께서 이 모든 말씀에 대하여 너희와 세우신 언약의 피니라(출 24:6-8)

848) 여수룬에 왕이 있었으니 곧 백성의 두령이 모이고 이스라엘 모든 지파가 함께 한 때에로다(신 33:5)

849) 5 또한 이와 같이 그리스도께서 대제사장 되심도 스스로 영광을 취하심이 아니요 오직 말씀하신 이가 저더러 이르시되 너는 내 아들이니 오늘날 내가 너를 낳았다 하셨고 6 또한 이와 같이 다른 데 말씀하시되 네가 영원히 멜기세덱의 반차를 좇는 제사장이라 하셨으니 7 그는 육체에 계실 때에 자기를 죽음에서 능히 구원하실 이에게 심한 통곡과 눈물로 간구와 소원을 올렸고 그의 경외하심을 인하여 들으심을 얻었느니라 8 그가 아들이시라도 받으신 고난으로 순종함을 배워서 9 온전하게 되었은즉 자기를 순종하는 모든 자에게 영원한 구원의 근원이 되시고 10 하나님께 멜기세덱의 반차를 좇은 대제사장이라 칭하심을 받았느니라(히 5:5-10)

850) 예수께서 총독 앞에 섰으매 총독이 물어 가로되 네가 유대인의 왕이냐 예수께서 대답하시되 네 말이 옳도다 하시고(마 27:11)

851) 여자가 가로되 주여 내가 보니 선지자로소이다(요 4:19)

852) 마르크스와 엥겔스는 『독일 이데올로기』에서 올바른 관념이 잘못된 관념으로부터 해방시킬 수 있다는 생각이 엉터리라고 말했다. 그런 생각의 바탕이 되는 헤겔주의자들도 역시 오류라고 비판했다. 마르크스와 엥겔스가 말하는 해결책은 무엇이었을까? 그들은 물질 토대를 만들어 내는 그 존재만이 관념을 통제할 수 있다고 보았다. 그러나 유물론은 세상을 바꾸지 못했다. 오히려 수많은 인간을 죽였고 이미 역사에서 심판을 받았다. 인간을 변화시키고 사회를 움직이는 것은 물질이 전부가 아니라 생명이고 의미와 통일성이다.

깨달음으로 그 직분을 행하셨다. 잠언 8장에 보면, 사람의 자녀들을 가르치는 의인화된 지혜로서 나타난다. 성육신 이후에는 그의 교훈과 이적, 사도들과 하나님의 말씀의 사역자들의 설교로, 그리고 내주하는 성령으로서 신자들에게 허락하신 조명과 감화로 수행하신다. 그리고 성령의 역사를 통해 하늘에서 선지자 직분을 계속해서 이루신다.[854)]

> 1 옛적에 선지자들로 여러 부분과 여러 모양으로 우리 조상들에게 말씀하신 하나님이 2 이 모든 날 마지막에 아들로 우리에게 말씀하셨으니 이 아들을 만유의 후사로 세우시고 또 저로 말미암아 모든 세계를 지으셨느니라(히 1:1-2)

"옛적에"는 문자적으로 '지나간 시대'라는 뜻으로 '구약시대'를 말한다. 옛언약의 시대에도 하나님께서 말씀하셨으며, 2절의 '이 모든 날 마지막에'도 말씀하셨다. 그러나 옛언약 하에서는 선지자들을 통하여(안에서) 말씀하셨으나, 메시아가 오신 새 언약 시대에는 그 아들 예수 그리스도를 통하여 말씀하셨다. 그리스도께서는 하나님의 상속자이시며 온 우주의 창조주이시며, 만물의 존재의 근원이 되심을 말함으로써 예수 그리스도의 신성을 높이고 있다.

> 본래 하나님을 본 사람이 없으되 아버지 품 속에 있는 독생하신 하나님이 나타내셨느니라(요 1:18)

성경이 말하는 대로, 하나님을 본 사람은 없다. 결코 보이신 적이 없는 하나님이란 뜻이다. 모세가 여호와와 대면했다는 명성을 얻었지만,[855)] 그 역시 하나님의 본체를 본 것은 아니었다.[856)] 왜냐하면 유한하고 죄악 된 인간이 거룩하고 영광스런 하나님을 본다는 것은 곧 죽음을 의미했기 때문이다.[857)] 그러나, 영원 전부터 하나

---

853) 자기 속에 계신 그리스도의 영이 그 받으실 고난과 후에 얻으실 영광을 미리 증거하여 어느 시, 어떠한 때를 지시하시는지 상고하니라(벧전 1:11)

854) 루이스 벌코프, 벌코프조직신학(하), 권수경·이상원 역 (서울: 크리스챤다이제스트, 1993), 596.

855) 사람이 그 친구와 이야기함 같이 여호와께서는 모세와 대면하여 말씀하시며 모세는 진으로 돌아오나 그 수종자 눈의 아들 청년 여호수아는 회막을 떠나지 아니하니라(출 33:11) 그 후에는 이스라엘에 모세와 같은 선지자가 일어나지 못하였나니 모세는 여호와께서 대면하여 아시던 자요(신 34:10)

856) 17 여호와께서 모세에게 이르시되 너의 말하는 이 일도 내가 하리니 너는 내 목전에 은총을 입었고 내가 이름으로도 너를 앎이니라 18 모세가 가로되 원컨대 주의 영광을 내게 보이소서 19 여호와께서 가라사대 내가 나의 모든 선한 형상을 네 앞으로 지나게 하고 여호와의 이름을 네 앞에 반포하리라 나는 은혜 줄 자에게 은혜를 주고 궁휼히 여길 자에게 궁휼을 베푸느니라 20 또 가라사대 네가 내 얼굴을 보지 못하리니 나를 보고 살 자가 없음이니라 21 여호와께서 가라사대 보라 내 곁에 한 곳이 있으니 너는 그 반석위에 섰으라 22 내 영광이 지날 때에 내가 너를 반석 틈에 두고 내가 지나도록 내 손으로 너를 덮었다가 23 손을 거두리니 네가 내 등을 볼 것이요 얼굴은 보지 못하리라(출 33:17-23)

857) 또 가라사대 네가 내 얼굴을 보지 못하리니 나를 보고 살 자가 없음이니라(출 33:20)

님과의 관계성 속에 존재하셨던 예수 그리스도께서는 성부 하나님이 누구신지 나타내셨다.[858] 그렇게 예수님께서 하나님께로부터 온 것을 알고 믿는 자들이 세상 가운데 있다.

> 나는 아버지께서 내게 주신 말씀들을 저희에게 주었사오며 저희는 이것을 받고 내가 아버지께로 부터 나온 줄을 참으로 아오며 아버지께서 나를 보내신 줄도 믿었사옵나이다(요 17:8)

헬라어 원문에서는 '왜냐하면'으로 시작하여 앞 절에 대한 이유를 설명해 준다. 그 앞 절의 말씀은, "지금 저희는 아버지께서 내게 주신 것이 다 아버지께로서 온 것인 줄 알았나이다"(요 17:7)이다. 예수 그리스도를 영접한 사람들은 예수님께서 하신 모든 말씀들이 다 하나님 아버지로께로부터 온 것임을 알고 믿었다는 것을 말한다. 성령 하나님께서는 그렇게 말씀을 받고 알고 믿도록 그 택한 자들에게 역사하신다. 그것이 오로지 성령 하나님으로 말미암았다는 것을 사도 베드로도 증거했다.

> 이 섬긴 바가 자기를 위한 것이 아니요 너희를 위한 것임이 계시로 알게 되었으니 이것은 하늘로부 터 보내신 성령을 힘입어 복음을 전하는 자들로 이제 너희에게 고한 것이요 천사들도 살펴보기를 원하는 것이니라(벧전 1:12)

선지자들이 간절히 알기를 원하며 열심히 상고했던 그 예언의 내용은 오실 메시아에 대한 것이었다. 선지자도 그것을 온전히 이해할 수 없었다.[859] 그 선지자들에게 말씀해 주신 것도 성령 하나님이셨고 새언약의 복음전파자들도 성령 하나님께서 계시하여 주신 것이다. 그것이 얼마나 놀라운 것인지 "천사들도 살펴보기를 원하는 것"이었다. 예수님께서는 이런 일에 대하여 미리 말씀해 주셨다.

> 내가 아버지께로서 너희에게 보낼 보혜사 곧 아버지께로서 나오시는 진리의 성령이 오실 때에 그가 나를 증거하실 것이요.(요 15:26)

성령 하나님께서 오시는 목적은 예수 그리스도를 증거하는 것이다. 그리스도의 구속을 효력 있게 적용하시는 것은 또 다른 기적이 아니라 그리스도의 말씀이

---

858) 예수께서 가라사대 빌립아 내가 이렇게 오래 너희와 함께 있으되 네가 나를 알지 못하느냐 나를 본 자는 아버지를 보았거늘 어찌하여 아버지를 보이라 하느냐(요 14:9)
859) 내가 너희에게 말하노니 많은 선지자와 임금이 너희 보는 바를 보고자 하였으되 보지 못하였으며 너희 듣는 바를 듣고자 하였으되 듣지 못하였느니라(눅 10:24)

다.860) 하나님의 뜻은 우리 스스로 알 수 있는 것이 아니다. 열심히 공부해서 되는 것도 아니다. 오직 하나님께서 그 아들 예수 그리스도 안에서 성령님으로 알려 주셔야만 알 수가 있다. 그것을 계시라고 한다. 그리스도의 선지자 직에 대하여, 신명기 18장 15절에서는 다음과 같이 말한다.

> 네 하나님 여호와께서 너의 중 네 형제 중에서 나와 같은 선지자 하나를 너를 위하여 일으키시리니 너희는 그를 들을지니라(신 18:15)

이 말씀은 일차적으로 선지자 직을 말하며, 모세 이후에 계속될 하나님의 선지자들을 가리킨다. 모세와 그 모든 선지자들은 예수 그리스도를 나타내는 그림자였으며, 예수님께서는 자신을 선지자라고 하셨다.

> 그러나 오늘과 내일과 모레는 내가 갈 길을 가야 하리니 선지자가 예루살렘 밖에서는 죽는 법이 없느니라(눅 13:33)

예수님께서는 이 땅에 성육신 하여 오시기 전에도 그의 선지자들을 통하여 하나님의 뜻을 전하도록 하셨다. 예수님은 이 땅에 오셔서 공생애 기간 동안에 하나님의 말씀을 증거하셨다.

지금은 어떻게 하시는가? 예수님은 성령의 감동으로 기록된 성경을 통하여 하나님의 뜻을 가르쳐 지키게 하신다. 하나님께서 직접 말씀하시는 직통계시가 아니라, 기록된 말씀을 통하여 하나님이 누구시며 하나님께서 원하시는 삶이 무엇인지 말씀해 주신다. 이것을 성령의 내적인 사역, 성령님의 조명하심이라고 말한다. 그 사역으로 성도는 예수님의 계명을 지키게 된다.

> 너희가 나를 사랑하면 나의 계명을 지키리라(요 14:15)

서기관과 바리새인들은 계명을 지킴으로 예수님으로부터 저주를 받았다. 그런데 왜 제자들에게는 계명을 지키라고 하는가? 왜 계명을 지키는 것이 저주받을 일인가? 아니다. 그러면 무엇이 문제인가? 그들은 계명을 지킴으로 자기 의로 갔기 때문이다. 그러나, 성도는 이미 그리스도의 피로 구원을 얻었기 때문에 하나님을 사

---

860) 30 가로되 그렇지 아니하니이다 아버지 아브라함이여 만일 죽은 자에게서 저희에게 가는 자가 있으면 회개 하리이다 31 가로되 모세와 선지자들에게 듣지 아니하면 비록 죽은 자 가운데서 살아나는 자가 있을지라도 권함을 받지 아니하리라 하였다 하시니라(눅 16:30-31)

랑하며 아웃을 사랑하는 차원에서 계명을 지킨다.

구원 받은 자가 아니면 그리스도의 계명에 순종할 수 없으며 구원받은 자가 아니면 계명은 무거운 짐이 된다. 무거운 짐이 된다는 것은 인간의 노력으로 구원에 이르려고 하기 때문이며, 그 구원은 자기 노력의 결과이므로 자기 자랑이 되고 자기 의가 된다.

> 내가 어렸을 때에는 말하는 것이 어린 아이와 같고 깨닫는 것이 어린 아이와 같고 생각하는 것이 어린 아이와 같다가 장성한 사람이 되어서는 어린 아이의 일을 버렸노라 우리가 이제는 거울로 보는 것같이 희미하나 그때는 얼굴과 얼굴을 대하여 볼 것이요 이제는 내가 부분적으로 아나 그때는 주께서 나를 아신 것같이 내가 온전히 알리라(고전 13:11-12)

이 땅에 있는 동안 우리는 그리스도를 온전히 알지 못한다. 그러나 하나님의 나라에 이르렀을 때에는 온전히 알게 될 것이다. 온전한 이해에서 온전한 순종으로 나아간다. 그 나라에 가기 전까지, 이 현실 가운데서 우리가 하나님의 말씀을 아는 것은 오직 성령님의 역사하심으로만 알 수가 있다. 성령님께서는 성경을 읽거나 설교를 들을 때 하나님의 말씀을 깨닫도록 역사하신다. 그리하여 맹목적 도약이 아니라 예수 그리스도 안에서 하나님과 소통이 되어 생명력을 누리고 살아가게 하신다.

제25문 그리스도께서는 제사장직을 어떻게 수행하십니까? (대44)
답: 그리스도께서는 단번에 자기를 희생 제물로 드려 하나님의 공의를 속상(贖償)하시며, 우리를 하나님과 더불어 화목하게 하시고, 우리를 위하여 끊임없이 중보하심으로 제사장직을 수행하십니다.861)

성경은 그리스도의 제사장 직분을 말한다. 세상의 종교와 철학에는 구속자, 중보자 개념이 필요 없다. 인간 내부에 신성한 내면아이가 있다고 믿기 때문이다. 그 말하는 용어가 다르고 스타일이 다를 뿐이다. 그러기에 그들에게 필요한 것은 모범자나 영적인 안내자다. 구상화의 방식이 다를 뿐이지 근본적인 차이는 없다. 그것이 왜 종교에만 국한되지 않고 철학이라는 영역에도 그럴까? 그것은 인간을 비롯한 개별자들을 탐구해 갈수록 단독자이기를 원하면서도 통일성을 추구하기 때문이다. 그것을 놓치면 맹목 속에 죽기 때문이다.

하이데거 역시 마찬가지다. 하이데거는 자신의 철학적 물음을 '존재물음'이라 했다. 하이데거는 존재는 존재자가 아니라 했다. 존재는 그리스인들이 경이로 경험했던 자연, 퓌지스로 말하며, 더 구체적으로는 신들과 죽을 자로서의 인간, 하늘과 대지가 어우러진 사역(四域)으로서의 세계로 말한다.862) 이것이 하이데거의 신성한 내면아이다.

하이데거는 사역으로서의 세계는 어떤 신비한 세계가 아니라 단순하고 소박한 자연의 세계라고 말하나 그 세계는 무한한 의미로 충만한 존재를 말하기에 그가 말하는 자연의 이미지를 담은 단순한 고향이 아니다. 이전에는 신과 존재의 구분이

---

861) Q. 25. How doth Christ execute the office of a priest? A. Christ executeth the office of a priest, in his once offering up of himself a sacrifice to satisfy divine justice, and reconcile us to God, and in making continual intercession for us.

862) http://blog.daum.net/cjfgkrdptpdl/124; 인간의 세계의식은 어떠해야 하는가? "하이데거에게 '고향'은 현대 기술문명에 대한 대칭개념이다. 현대의 기술세계가 인간을 비롯한 모든 존재자들을 계산 가능한 에너지원으로서 무자비하게 동원하는 세계인 반면에, 고향은 인간과 모든 존재자들이 자신들의 고유한 존재를 발현하면서도 서로 간에 조화와 애정이 지배하는 세계다. 이런 근원적인 세계는 하늘, 대지, 그리고 신적인 자들과 죽을 자로서의 인간이 서로 조응하면서도 각자의 고유성을 유지하는 세계라고 한다. 그 세계는 어떠한 신비한 세계가 아니라 사실은 우리가 뿌리박고 있는 단순 소박한 자연의 세계다. 그것은 우리가 지상의 모든 것들을 지배하려는 의지에서 벗어나 순연(純然)한 눈과 마음으로 본 세계일뿐이다. … 세상 만물에 신성이 깃들어 있다는 범신론이 여전히 매력을 잃지 않고 끊임없이 사람들의 상상력을 자극하는 까닭은 세상 속에는 생명이라는 신비로운 주인공이 숨어있기 때문이다. 그러나 범신론을 주장한 스피노자도, 그리고 하이데거조차도 존재의 층구조, 즉 물질과 생명을 엄밀하게 구분하지 않았다는 점에서 한계를 갖는다. 세상 속에 생명이 존재하기 때문에 세상이 신비로운 것이며, 만약 세상에 물질의 법칙을 따를 뿐인 물질들만 존재한다면 세상은 더 이상 신비롭지 않다. 생명이 존재하는 한 인류의 현재와 미래에는 여전히 시인의 눈으로써 신비롭게 바라봐야 할 신성이 가득한 세계가 남아있다."

있었다면 하이데거에게는 신과 존재자의 구분이 없어져 버리고 신이 곧 존재이고 존재자이다. 로마가톨릭 신학에 발을 담갔던 하이데거가 자신만의 현대철학으로 만들어 낸 것이다. 프로이트는 무의식을, 칼 융은 집단무의식과 신화를 말하고, 니체는 힘의 의지, 생동을 말하고,[863] 하이데거는 사역(四域), 자연을 말한다. 사람마다 말하는 스타일이 다를 뿐이며, 모두가 신성한 내면아와를 말할 뿐이다.

실존이라는 것이 무엇인가? 세계의 모든 존재자들과는 달리 인간은 자신의 존재에 의문을 제기하고 자신의 존재 의미를 묻는다는 것이다. 그런데 그렇게 물으려면 다른 존재자와 다른 면이 있어야 한다. 인간이 동물이나 자연과는 다른 속성이 있어야만 한다. 인간은 자신의 존재를 의문시 할 수 있는 무엇인가가 있어야만 한다. 그렇게 이해하고 있는 존재를 하이데거는 '현존재'(Dasein)라 한다. 그 현존재는 존재와 구별된 듯하지만 존재의 개시(開示)를 통해 존재의 충만함을 누리는 경험을 하게 되고 전체로서의 존재임을 알게 된다. 실존은 현실 속에서 아직 전체로서의 존재를 파악하고 있지 못할 뿐이다. 그렇게 파악하고 경험하고 모든 존재자가 전체의 열린 터에서 자신의 빛을 발하게 된다. 여기에서 도약이 일어나고 구상화가 시작된다.

하이데거의 구상화는 무엇인가? 불안과 경이를 통해 존재로부터 계시를 받으며 (존재의 소리를 들으며) 고유한 존재자로서 존재가 되는 것이다. 근대 이성을 옹호하는 하버마스는 하이데거가 산을 버렸지만 그 자리에 존재를 사변적인 실체로 대체시켜서 다시 예속시켰다고 본다.

존재가 아닌 것은 무(無)다. 여기서 무라는 것은 아무것도 없는 공허한 무가 아니다. 존재자가 아니라는 의미에서 무다. 현대의 기술문명 사회 속에서 존재는 무로서 자신을 개시한다고 말한다. 현대 사회에서 존재자들은 계산 가능하고 변환 가능한 에너지로 간주되고, 고유한 존재로서는 인정받지 못한다. 인간은 그렇게 취급되기를 원하지 않는다. 그 때 인간은 허무감에 사로잡힌다. 하이데거는 이런 느낌을 '불안'이라 했다. 불안은 공포와 다르다. 공포는 대상이 있지만, 불안은 대상도 없이 예기치 못한 순간에 엄습한다. 공허한 무를 느끼는 것이다. 그렇게 무의미하고 헛된 것으로 드러내는 그 어떤 것이 '무'다.

---

863) 고사카 슈헤이, 현대철학과 굴뚝청소1, 김석민 역 (서울: 새길아카데미, 1998), 48-49; "계층 구조적인 개념인 트리(tree)의 세계는 미리 설계도에 따라 정해진 질서라면, 니체의 '생성'이 가리키는 세계는 그 반대다. 이것은 들뢰즈가 리좀(rhizome)이라고 부르고 있는 세계의 이미지다. 세계는 무한한 변화 그 자체라는 이미지다. 이러한 혼돈, 즉 생성하는 세계에 기준을 가져다주는 것은 '힘에의 의지'다. 니체에게 삶의 목적은 보다 크고 강하게 되는 것이며, 삶의 중심을 이루는 것은 '힘에의 의지'다."

또 현대의 기술문명의 근저에는 지배의지가 있는데, 기술적인 사물들의 허망을 깨닫고 그 불안에서 도피하지 않으며 이 지배의지를 포기할 때 고유한 존재를 갖는다고 말했다. 그럴 때 '경이'라는 기분이 생겨난다. 이전까지는 진리가 이성을 통해 드러나는데, 하이데거는 '근본기분'으로 드러난다는 것이다. 하이데거는 모든 존재자의 공유한 존재 전체를 '존재 자체'라 불렀다. 모든 존재자들을 합친 것이 아니라 하나의 통일성과 조화를 이루고 있는 상태를 말한다. 하이데거는 도교에 영향을 입었다는 것이 이런 곳에서 드러난다. 그러나 이것이 불교인들이 볼 때에는 걸림돌이다. 왜냐하면 주체가 살아 있기 때문이다.[864]

하이데거는 시인이 되어야 한다고 말했다. 직업적인 시인이 아니라 시인이 가지는 감수성으로 세상을 살아야 한다는 뜻이다. 그것은 단순한 감수성이 아니다. 세계의 사물에서 발현되는 '존재의 성스러운 빛'을 본다는 뜻이다. 그래야만이 소모품으로 전락한 현대 기술사회의 허탈감과 절망을 극복할 수 있다고 본다. 존재는 시적으로 경험할 때 개시(開示)된다는 것이다. 이론적으로 파악해 가는 것이 아니라, 순연한 눈으로 보고 경험하면서 그 존재자들로부터 발하는 존재의 빛에 감응하는 것이다. 존재자들이 자신의 진리를 드러내 보이면서 임재하는 것을 경험한다는 것은 성경에서 말하는 것과 매우 유사하다. 하나님께서 인간에게 계시하면서 임재하시는 방식과 무엇이 다른가? 하이데거는 외부의 구속(救贖)과 개입 없이 존재의 빛에 인간 스스로가 감응할 수 있다고 말하기 때문이다. 그것은 범신론이다. 그러니 거기에 인간의 죄를 구속할 제사장이 필요 없다.

성경은 인간은 죄로 인해 타락한 존재이며 그 죄에서 구원할 분은 오직 예수 그

---

864) http://www.budreview.com/news/articleView.html?idxno=361/ 박진영, 하이데거, 무 그리고 불교(Mar. 10. 2005), 〈그렇다면 하이데거가 상정한 무는 어떠한 구조를 통해 존재자로 하여금 존재의 무상을 인식하게 하는가? 불안이 평안함으로 바뀐다는 것은 하이데거에게서 어떻게 일어나는가? 하이데거에게 이는 무의 무화작용을 통해 개별 존재자가 존재의 총체성 즉 존재와 만나게 됨으로 이루어진다. 존재는 존재자가 아니기 때문에 그 모습을 나타낼 수 없다. 그러나 존재자 없이 존재가 있을 수 없으며 존재 없이 존재자가 있을 수 없다. 그러나 존재자는 많은 경우 존재를 망각한다. 따라서 무의 존재는 존재자를 개별적 개체 지향적 사고에서 개별자를 넘어선 총체적 존재로 이끈다. 무를 통해 존재자가 이르는 곳은 결국 존재이다. 하이데거는 말한다. "모든 존재자 가운데서 인간만이 유일하게 존재의 목소리에 불리어 경이로움 중의 경이로움을 발견한다. 즉 존재자는 '있다'."(WIM 46-7) 여기서 우리는 하이데거의 유와 무의 관계의 아이러닉한 전환을 발견한다. 결국 기존 형이상학에서 유가 무를 종속시켰다는 그의 설득력 있는 논설에도 불구하고, 궁극적으로 하이데거의 무는 존재자의 '있음'을 확인하기 위한 긴긴 우회였다. 나아가 이 존재자의 '있음'은 그 궁극적 근원으로써 존재의 '있음'을 무라는 수단을 통해서 확인하는 것이다. 이러한 존재자는 형이상학이 상정한 존재자와 무엇이 다른가. 이것이 형이상학이 규정해 온 절대적 존재자의 다른 이름이 아니면 무엇인가. 하이데거의 무는 결국 총체적 존재로서 존재를 밝히기 위한 중간매체에 불과한 것인가. 그렇다면 하이데거에서도 무는 결국 그가 존재라고 명한 절대유(絶對有)를 밝히기 위한 것이었으며, 유에 대한 무의 종속이라는 형이상학 전통에 그대로 남아 있는 것이다. 그리고 그 근본적 이유를 우리는 하이데거 철학이 이전의 형이상학과 마찬가지로 실체론적 사고에 근거하기 때문이라고 볼 수 있다.〉

리스도 뿐이라고 선언한다. 그것은 직분상으로 제사장직에 속한다. 그리스도께서 제사장직을 어떻게 수행하시는지 성경은 다음과 같이 말한다.

1) 단번에 자기를 희생 제물로 드려 하나님의 공의를 속상(贖償)하시며

그리스도는 인간의 죄를 담당하신 제사장이다. 그 죄를 어떻게 담당하셨는가? 그것은 의인이 죄인을 대신하여 죽은 것이다.

> 이와 같이 그리스도도 많은 사람의 죄를 담당하시려고 단번에 드리신 바 되셨고 구원에 이르게 하기 위하여 죄와 상관없이 자기를 바라는 자들에게 두 번째 나타나시리라(히 9:28)

그리스도의 제사장직은 단번에 드린 속죄에 있다. "단번에" 드린 그리스도의 영원한 속죄는 모든 사람들의 죄를 온전히 제거하였다. 구속을 성취하신 그리스도는 재림의 때에 그의 백성들에게 그의 영원한 기업을 누리게 하시고 완전한 구원을 소유하게 하신다. 구약의 대제사장들이 속죄제를 드리고 성소에서 나올 때, 백성들은 그 성소 밖에서 대제사장을 기다렸다. 대제사장이 성소 밖의 백성들에게 나온다는 것은 하나님께서 속죄제를 받으셨다는 뜻이다. 그로 인해 백성들은 즐거워하고 기뻐하게 된다. 그처럼 그 완성될 날을 기다리는 성도들에게 다시 오실 것을 약속하고 있다.

그리스도의 속죄는 하나님의 공의를 만족시켰다. 성경이 말하는 의는 언제나 언약과 관련되어 있다. 아담과 하와가 죄를 지은 것도 하나님과 맺은 언약을 어기고 거역했기 때문이다. 그리스도의 속죄는 하나님의 긍휼하심으로 그렇게 언약을 저버린 자들의 죄를 대신 담당하신 것이다. 이제 그리스도 안에 있는 자에게는 더 이상 정죄함이 없다.

'언약의 실패, 언약의 불순종을 어떻게 화복하는가?'를 말해 주는 것이 그리스도의 속죄다. 그 화복은 오직 하나 밖에 없다. 그 불순종의 대가를 치루어야 한다. 불순종의 대가는 죽음이다! 그리스도의 대속적 죽음은 영원한 죽음이기에 영원한 속죄를 이루었다.

그것이 왜 영원한 죽음인가? 인간이 지은 죄는 하나님 앞에 지은 죄이다. 하나님 앞에 지은 죄란 하나님의 공의와 사랑을 짓밟은 죄이기 때문에 유한한 형벌로 끝나지 않는다. 인간의 죄로 인하여 영원하신 하나님이 피해를 받으셨기 때문에 영원한 형벌, 곧 영원한 죽음의 형벌을 받지 않을 수가 없다. 오직 독생자 되신 하나님, 곧 예수 그리스도께서 그 죄의 형벌을 받아 죽으심으로 인간의 죄책을 사면해 주셨다.

예수 그리스도의 죽음의 의미는 그 죄책의 형벌이 완전하다는 것이다. 그 죄책에 내가 다시 담당해야 할 형벌이 없으며, 그 죄책을 나에게 다시 요구하지 않으신다.

> 하물며 영원하신 성령으로 말미암아 흠 없는 자기를 하나님께 드린 그리스도의 피가 어찌 너희 양심으로 죽은 행실에서 깨끗하게 하고 살아계신 하나님을 섬기게 못하겠느냐(히 9:14)

저자는 새 언약의 그리스도의 피를 통한 구속 사역의 효과에 대하여 말한다. 그리스도의 피는 옛 언약의 제사보다 질적으로 우월하다. 흠 없으신 그리스도께서 자신을 단번에 드리심으로 양심을 깨끗이 하는 것과 하나님을 섬기지 못하게 막던 죄를 제거하는 구속 사역을 성취하셨다. 그로 인해 새언약의 성도들은 하나님을 섬기게 되었다. 그 구속사역은 성령님께서 택자들에게 효력 있게 적용하심으로 성취되었다. 그리하여 그리스도는 화목제물이 되셨다.

> 25 이 예수를 하나님이 그의 피로 인하여 믿음으로 말미암는 화목 제물로 세우셨으니 이는 하나님께서 길이 참으시는 중에 전에 지은 죄를 간과하심으로 자기의 의로우심을 나타내려 하심이니 26 곧 이 때에 자기의 의로우심을 나타내사 자기도 의로우시며 또한 예수 믿는 자를 의롭다 하려 하심이니라(롬 3:25-26)

그리스도의 피 흘리심은 그리스도의 생명을 속전으로 바친 희생이었다. 그 피를 인하여 이제 하나님과 관계가 화복되었다. "전에 지은 죄를 간과"했다는 것은 죄인된 인간이 하나님의 인내로 말미암아 죄의 가리움을 받았다는 뜻이다.

예수님의 십자가의 죽으심은 죄에 대한 유일하고 완전한 희생제사이며 무한한 가치가 있다. 그 피 흘리심은 온 세상의 죄를 속하고도 남는 대속의 사건이다. 그것을 '속죄의 보편적 충분성'이라고 말한다. 그러나 그 보편적 충분성이 알미니안주의자들이 말하는 보편구원을 뜻하지 않는다. 이 부분에서 많은 사람이 걸려 넘어져서 엉뚱한 길로 가게 된다. 여기에 대해서 코르넬리스 프롱크가 잘 설명해 준다.

> 보편적 충분성은 단지 그리스도의 죽으심이 오직 택함 받은 자들에게만 효력을 미치긴 하지만 그것 자체로는 모든 사람에게 충분하다는 것을 뜻할 뿐입니다. 하나님께서 모든 인류를 구원하기를 기뻐하셨을 경우에라도 그리스도께서 겪으신 고난보다 더 많은 고난을 겪을 필요가 없으셨습니다. 그리스도께서는 온 세상, 즉 온 인류의 죄들에 대한 하나님의 진노를 짊어지셨습니다. 온 인류의 죄는 나눌 수 없습니다. 택함 받은 자들의 죄들과 유기자들의 죄들을 나누는 것은 불가능합니다. 인류는 하나이기에, 그 모든 지체가 하나님의 진노에 놓여 있습니다. 그러하기에 그리스도께서 택함 받은 자들을 구하시려면 그분께서는 모든 인류의 죄에 대한 하나님의 진노를 겪으셔야만 했습니다.

그리스도의 사역에 충분함에 대해서는 모든 사람이 구원을 받든 소수만 구원을 받든 아무 차이가 없습니다. 비록 그리스도께서 오직 죄인 한 명만 구원하시기 위해 보내심을 받으셨을지라도, 그리스도께서는 겟세마네와 갈보리에서의 고난을 겪으셔야 했을 것입니다.[865]

교회사에서 '보편속죄교리'는 많은 사람들을 미혹에 빠트렸다.[866] 특별한 사람들만 그런 것이 아니다. 오늘날 교회에서 "예수님께서 당신을 위해 죽으신 것을 믿으라"고 설교하는 것은 보편속죄 교리를 믿으라고 설교하는 것이다. '예수님께서 모든 이를 위하여 죽으셨다. 당신을 위해서도 죽으셨다. 당신이 이것을 믿으면 구원을 얻을 것이다'라는 설교를 흔하게 들을 수 있다. 성경은 무엇이라고 하는가? 사도들은 속죄를 이루신 주 예수 그리스도를 믿으라고 선포했다. 사도들은 그리스도께서 자신을 위하여 죽으셨다는 것을 믿으라고 죄인들을 부르지 않았다. 사도들은 그리스도를 믿으라고 죄인들을 불렀다.[867] 이스라엘이 광야에서 놋뱀을 쳐다보았을 때 치료를 받았듯이, 예수 그리스도께서 십자가에 피 흘려 죽으신 것을 믿는 자마다 구원을 얻게 된다.

2) 우리를 하나님과 더불어 화목하게 하시고
그리스도께서는 우리를 위해 십자가에서 피 흘려 죽으심으로 우리 죄를 대속하

---

865) 코르넬리스 프롱크, 도르트신조 강해, 황준호 역 (서울: 그책의사람들, 2013),168.

866) http://cafe.daum.net/yangmooryvillage/1K7N/1; 에모랄디즘, 소위, 개혁주의나 칼빈주의를 표방한다고 하면서도 너무나 중요한 그 핵심을 갉아먹고 있는 이 애모랄디즘을 다른 용어로는 '가설적 보편주의'(hypothetical universalism) 혹은 '4요소칼빈주의'(4-point Calvinism)이라고도 한다. 특별히 '4요소칼빈주의'라는 말은, 칼빈주의의 핵심표현이기도 한 다섯 개의 교리 중의 하나를 부인하기 때문이다. 특별히 그 원래의 형태는, 제한적 구속(limited atonement) 교리를 부인한 것인데, 현대에 와서는 다른 변형적 주장을 가미해서 여러 가지 변종들을 낳고 있는 것으로 관찰된다. … 이 주장의 원래 형태는 17세기의 프랑스에서 시작되었다. 곧 Moses Amyraut(1596-1664, 혹은 Amyraldus라고도 함)라는 사람에 의해서 시작되었는데, 이 사람이 활동한 신학교가 Samur라는 이름을 가지고 있어서 이런 주장에 동조하는 이들을 "새머학파"(School of Samur)라고도 한다. 이 Amyraut의 주장을 한 마디로 이야기하면, 예수 그리스도의 죽음이 모든 사람들이 구원받을 것을 "가정하고" 죽으셨다고 하는 것이다. 이런 주장은 택자들과 맺은 하나님의 은혜언약은 조건적 언약이라고 하는 주장으로 확대되고, 결국은 성도의 견인을 부인하게 되고, 좀 더 진전되면, 하나님의 속성에 대하여 애매모호한 견해에 도달하게 된다. 어떤 한 부분의 주장이 왜곡됨으로 인해서, 다른 부분의 주장에까지 일종의 누룩이 확대되는 과정을 이 신학적 경향에서 보게 되는 것이다. 우리는 그것을 잘 이해해야 할 필요가 있다. 어쩌면 이런 저의 글을 읽고 관심을 갖게 되면, 지금 당신은 현대신학의 뜨거운 도가니 속에 들어와 있는 지도 모른다. 현대신학의 정체를, 혹은 보수신학이나 개혁신학으로 위장되어 있는 거짓된 신학의 정체에 대해서 관심을 가지고 싶다면, 바로 이 용어에 대해서 약간은 익숙해져야 할 것이다.

867) 코르넬리스 프롱크, 도르트신조 강해, 황준호 역 (서울: 그책의사람들, 2013),170. 〈우리는 존 머리(John Murray) 교수가 말하듯 해야 합니다. "우리는 죄인들이 그리스도를 신뢰하여 그리스도께 구원을 받도록 하기 위해, 그리스도의 모든 직분 안에서 그리스도께 자신을 맡겨 드리도록 촉구하는 식으로 설교를 해야 한다." 이것이 성경에 나오는 설교입니다.〉

심으로 우리를 하나님 앞에 다시 세워 교제케 하셨다. 그것은 언약 안으로 다시 들어오게 하셨기 때문에 가능해진 일이다. 화목은 언약적 이해 속에 설명되어져야 한다.

> 곧 우리가 원수 되었을 때에 그 아들의 죽으심으로 말미암아 하나님으로 더불어 화목되었은즉 화목된 자로서는 더욱 그의 살으심을 인하여 구원을 얻을 것이니라(롬 5:10)

하나님과 원수가 되었다는 것은 '하나님을 향해 적개심을 갖고 있다'는 해석과 '하나님이 원수로 여기는 사람'이라는 두 가지 해석이 있다. 이 두 가지는 다 의미 있는 해석으로 받아들인다. 그리스도의 죽으심이 하나님과 화목되게 했다면, 그리스도의 부활하심은 구원의 더욱 확실한 보증이다. '화목된'과 '구원을 얻을 것이니라'에 해당하는 헬라어 원문은 1인칭 복수 수동태로 되어 있는데, 이것은 하나님과 죄인 된 인간과의 화목을 이루는 주체가 하나님이시며 또한 구원을 이루시는 분도 하나님이심을 말한다. 칭의와 화목과 구원은 인간의 공로나 업적과는 무관하게 오직 하나님의 아들의 죽으심과 부활로 말미암은 것이다.

3) 우리를 위하여 끊임없이 중보하심으로 제사장직을 수행하십니다

그리스도께서는 우리의 성화를 위하여 일하시는 하나님이시다. 이제는 새언약의 백성으로서 하나님의 백성다움으로 살아가야 한다. 언약에 신실함, 그것이 성도의 본분이다.

> 누가 정죄하리요 죽으실 뿐 아니라 다시 살아나신 이는 그리스도 예수시니 그는 하나님 우편에 계신 자요 우리를 위하여 간구하시는 자시니라(롬 8:34)

그리스도의 속죄와 부활로 인해 성도는 율법에서 해방되었기에 더 이상 율법의 정죄가 없다.[868] 이제는 그리스도 안에서 새언약의 백성이 되었기 때문에 그 신분상 정죄에서 완전히 벗어났다. 또한 그리스도는 하나님 보좌 우편에서 자기 백성들을 위하여 간구하신다. 이 간구는 십자가 보혈의 구속에 근거하여 하나님 앞에서 변호하고 계신다는 사실을 말한다. 히브리서 저자는 그 간구하심에 대하여 계속해서 말한다.

---

868) 1 그러므로 이제 그리스도 예수 안에 있는 자에게는 결코 정죄함이 없나니 2 이는 그리스도 예수 안에 있는 생명의 성령의 법이 죄와 사망의 법에서 너를 해방하였음이라(롬 8:1-2)

그러므로 자기를 힘입어 하나님께 나아가는 자들을 온전히 구원하실 수 있으니 이는 그가 항상 살아서 저희를 위하여 간구하심 이니라(히 7:25)

"그러므로"는 그 앞에 있는 23-24절의 논리적 결론을 말한다.

23 저희 제사장 된 자의 수효가 많은 것은 죽음을 인하여 항상 있지 못함이로되 24 예수는 영원히 계시므로 그 제사 직분도 갈리지 아니하나니(히 7:23-24)

인간 제사장의 연약함과 한계를 인하여 그 제사장 직분은 새롭게 이어져야만 했으나, 예수 그리스도는 영원하신 하나님이시므로 다시 이어가야할 필요가 없다. 그러기에 레위 계통의 제사장들이 이룰 수 없는 구원을 완전히 이루셨다. 성도들은 옛언약의 그런 제사를 통해서가 아니라 이제는 예수 그리스도의 십자가 피로써 죄사함을 받고 하나님의 구원에 참여하게 된 자들이다. 놀라운 것은 그 구속에 근거하여 그 구원받은 자들을 위하여 항상 간구하신다는 사실이다.

구약 시대에 제사장은 아무나 될 수 없었다. 이스라엘 족속 중에서 레위지파의 아론 자손들에게만 제사장이 될 수 있었다. 그 중에서 대제사장은 아론의 맏아들인 엘르아살 가문의 사람이어야만 했다.

제사장의 주된 사역은 세 가지였다. 첫째는 백성을 대신하여 제사를 드리는 일이다. 백성 중에 죄를 지은 자가 자기 죄를 용서받기 위해 제물을 가지고 오면 그 사람은 그 짐승에게 안수를 하고 그 짐승을 잡는다. 그 다음에 제사장은 피를 뿌리고 태우며 하나님께 올려드린다. 둘째는 백성을 대신하여 기도를 한다. 제사장은 향을 피웠는데 그것은 백성들을 위하여 기도하는 사역을 했다는 것을 의미한다. 셋째는 백성을 위해 축복했다.

여호와는 네게 복을 주시고 너를 지키시기를 원하며 여호와는 그의 얼굴을 네게 비추사 은혜 베푸시기를 원하며 여호와는 그 얼굴을 네게로 향하여 드사 평강 주시기를 원하노라 할지니라 하라(민 6:24-26)

예수님께서 어떻게 대제사장이 되실 수 있는가? 히브리서 기자는 제사장에 대하여 두 가지 계열이 있음을 말한다. 하나는 아론 계열이고 하나는 멜기세덱 계열이라고 말한다. 예수 그리스도는 바로 이 멜기세덱의 반차(班次)[869]를 따르는 제사

---

869) 네이버 사전에서, 혹은 반열(班列)이라는 말인데, 품계나 신분, 등급의 차례를 말한다.

장이라고 말한다. 그러나 옛언약의 제사제도는 온전케 할 수 없었다.

> 율법은 장차 오는 좋은 일의 그림자요 참 형상이 아니므로 해마다 늘 드리는 바 같은 제사로는 나아오는 자들을 언제든지 온전케 할 수 없느니라(히 10:1)

히브리서 저자는 율법이 "장차 오는 좋은 일의 그림자요 참 형상이 아니"라고 함으로써 율법의 한계성을 말한다. 이 율법은 원래 모세의 율법을 말하나, 이 말씀에서는 제사 제도를 포함한 모든 구약성경 전체를 뜻한다.

그림자와 형상은 플라톤적 개념이 아니다. 그것은 원본과 복사본의 개념이 아니다. 점진적으로 계시되어진 그 계시의 실체가 종말에 완전히 실현되었다는 것을 말한다. 그리스도는 옛언약을 완성하신 새언약의 중보자시다.

성경이 말하는 형상은 그림자였던 한계를 가진 율법은 해마다 속죄일에 동물을 희생 제물로 드리는 제사를 통해 하나님께 나아가게 하였다. 그럼에도 불구하고 그 효력은 일시적이며 불완전한 것으로 죄를 제거하지 못했다. 그래서? 어떻게 했는가?

> 오직 그리스도는 죄를 위하여 한 영원한 제사를 드리시고 하나님 우편에 앉으사(히 10:12)

이 말씀은 시편 110편 1절을 인용한 것인데, 예수 그리스도의 구속 사역의 영원성을 말한다. 지상의 인간 제사장들의 직무와 비교되는 예수의 대제사장 직무는 무엇이 다른가? 옛언약 하에 있었던 이 땅의 제사장들은 반복되어야 하는 성질의 것이었지만, 예수 그리스도의 구속사역은 온전히 성취되어서 더 이상 반복할 필요가 없는 영원한 것이다. 그리스도의 구속은 '단번에' 드려진 영원한 희생제사다. 그러기에 그 효력은 영원하다. 하나님 우편에 앉으셔서 자기 백성들을 위하여 중보사역을 행하시며, "자기 원수들로 자기 발등상이 되게 하실 때까지 기다리"신다(히 10:13).

많은 성도들이 예수님을 믿기 전에 죄는 예수님께서 완전히 속죄해 주셨지만, 예수 믿은 그 시간부터는 자기 죄에 대해서 자기가 책임을 일정 부분(죄책)을 감당해야 한다고 생각한다. 그러나 그렇지 않다. 원죄는 죄책과 오염이 내포된 것이다. 아담의 죄가 전가된 것은 '죄책'과 '오염'이 전가된 것이다. 인간 자신의 힘으로는 죄에서 벗어날 수 없으며, 오직 예수 그리스도만 구원하실 수 있다. 그러므로, 예수님께서 십자가의 형벌을 통하여 그 백성을 대신하여 죄책을 담당하신 것은 그 죄책을 다 담당하신 것이지 조금이라도 남겨 두신 것이 없다. 예수님을 믿기 이전의 죄만이 아니라 그 이후의 죄라도 다 담당하셨다. 과거와 현재와 미래의 죄책을 다 담당하셨다.

그러면, '나에게 다시 죄책을 묻지 않으신다면 이런 어려움들은 왜 오는가?'하고 생각할 수 있다. 하나님께서 예수 그리스도의 십자가의 형벌로 죄책은 면하게 하셨으나, 과거에 지은 죄로 인한 결과까지 없애주지는 않으신다. 예를 들어, 어떤 사람에게 피해를 준 일이 있는데, '나는 예수님께 회개했노라' 하고 그 피해 준 일에 대하여 '나는 모르쇠' 하며 살아가라고 말씀하지 않으셨다.870)

구약에서도 자기 지은 죄로 인하여 하나님께 나아와서 속죄의 제물을 바치고 자기 죄를 회개하더라도, 그 피해 준 일에 대하여 배상을 하도록 하셨다.871) 만일 그렇지 아니하면 사람들은 그 죄악 된 본성으로 인하여 죄악을 범해 놓고도 회개했다고 하면서 더 악하게 살게 되고 세상은 무법천지가 되어 혼란에 빠지고 악이 득세하여 하나님의 공의가 무너지게 된다.

인과율을 따라 자기 죄에 대한 배상을 하는 것이지, 죄책을 요구하지는 않는다. 죄책은 자기를 대신하여 죽은 그 짐승이 담당했던 것처럼, 예수 그리스도께서 십자가에서 우리의 죄책을 다 담당하셨다. 그 죄책이라는 것은 하나님 앞에서 행한 죄이기 때문에 인간이 감당할 수가 없기 때문이다. 그러나 그 죄로 인하여 피해를 입은 당사자에게 합당한 배상을 함으로 하나님의 공의가 서도록 하신다. 인과율이 적용되는 것이지 죄책 때문에 어려움을 당하는 것이 아니다.

그러면 왜 성도의 삶에 어려움을 허락하시는가? 그것은 하나님께서 자기 백성을 사랑하심으로 주시는 징계다. 여기서 징계라는 것은 징벌하신다는 것이 아니라 훈련하신다는 뜻이다.

> 너는 사람이 그 아들을 징계함 같이 네 하나님 여호와께서 너를 징계하시는 줄 마음에 생각하고(신 8:5) Know then in your heart that as a man disciplines his son, so the LORD your God

---

870) 이런 부류의 사람들에 대하여 사도 바울은 다음과 같이 말한다. 1 그런즉 우리가 무슨 말 하리요 은혜를 더하게 하려고 죄에 거하겠느뇨 2 그럴 수 없느니라 죄에 대하여 죽은 우리가 어찌 그 가운데 더 살리요 3 무릇 그리스도 예수와 합하여 세례를 받은 우리는 그의 죽으심과 합하여 세례 받은 줄을 알지 못하느뇨 4 그러므로 우리가 그의 죽으심과 합하여 세례를 받음으로 그와 함께 장사되었나니 이는 아버지의 영광으로 말미암아 그리스도를 죽은 자 가운데서 살리심과 같이 우리로 또한 새 생명 가운데서 행하게 하려 함이니라(롬 6:1-4)

871) 3 해 돋은 후이면 피 흘린 죄가 있으리라 도적은 반드시 배상할 것이나 배상할 것이 없으면 그 몸을 팔아 그 도적질한 것을 배상할 것이요 4 도적질한 것이 살아 그 손에 있으면 소나 나귀나 양을 무론하고 갑절을 배상할지니라 5 사람이 밭에서나 포도원에서 먹이다가 그 짐승을 놓아서 남의 밭에서 먹게 하면 자기 밭의 제일 좋은 것과 자기 포도원의 제일 좋은 것으로 배상할지니라 6 불이 나서 가시나무에 미쳐 낟가리나 거두지 못한 곡식이나 전원을 태우면 불 놓은 자가 반드시 배상할지니라(출 22:3-6)

disciplines you.(NIV)
주께서 그 사랑하시는 자를 징계하시고 그가 받아들이시는 아들마다 채찍질하심이라 하였으니(히 12:6) because the Lord disciplines those he loves, and he punishes everyone he accepts as a son.(NIV)

구약에서나 신약에서나 같은 말씀을 하고 있다. 하나님께서 사랑하시기 때문에 훈련하신다고 말한다. 특별히 히브리서의 말씀은 믿음 때문에 고난 받는 성도들에게 하시는 말씀이다. '왜 믿음으로 살아가는 우리에게 이런 고난이 있어야만 하는가?'에 대해서 답변해 주고 있는 말씀이다. 그 성도들이 삶에 어려움과 고난을 당하는 것은 그들이 죄를 지어서가 아니라 하나님께서 훈련시키시는 과정이라 말한다.

이런 과정들 속에 '비인과율'의 원리가 나타나게 된다. 하나님께서 인생을 인도해 가시는 과정을 인간이 결코 다 설명할 수가 없다. 아무리 생각하고 연구를 해보아도 인과율에 기초한 일이 아닌 일들이 많이 일어난다. 사도 바울은 구원에 대한 하나님의 그 놀라운 역사를 다음과 같이 말했다.

깊도다 하나님의 지혜와 지식의 풍성함이여, 그의 판단은 헤아리지 못할 것이며 그의 길은 찾지 못할 것이로다(롬 11:33)

그것은 구원에만 해당되는 것이 아니다. 욥은 자기 생애에 닥친 일에 대하여 다음과 같이 말했다.

무지한 말로 이치를 가리는 자가 누구니이까 나는 깨닫지도 못한 일을 말하였고 스스로 알 수도 없고 헤아리기도 어려운 일을 말하였나이다(욥 42:3)

욥은 38장 2절에서[872] 하나님께서 책망하신 말씀을 상기하고 스스로를 책망한다. 하나님을 아는 지식도 없이 자신의 능력으로 알지 못하는 하나님의 일들에 대해 판단하여 하나님의 계획과 지혜를 가리웠음을 회개하고 있다. 하나님께서 창조하신 세계와 그 행사가 너무도 놀랍다는 것을 깨닫고 뉘우쳤다. 하나님의 주권과 그 능력은 인간으로는 헤아릴 수 없는 일이며 그것을 인간이 판단한다는 것은 너무나도 어리석은 행위이다. 그러므로 성도는 인과율적으로 하나님의 계획과 그 일하

---

872) 1 때에 여호와께서 폭풍 가운데로서 욥에게 말씀하여 가라사대 2 무지한 말로 이치를 어둡게 하는 자가 누구냐 3 너는 대장부처럼 허리를 묶고 내가 네게 묻는 것을 대답할지니라(욥 38:1-3)

심을 분석할 것이 아니라 그 언약의 말씀에 순종하며 믿음으로 살아가야 한다.

우리는 누구인가? 그리스도께서 이루신 구속으로 말미암아 새언약의 백성이 된 자들이다. 그리스도께서 십자가에 피흘려 죽으심으로 영원한 대제사장이 되시고 영원한 하나님의 나라를 주셨다. 그러나 아직 이 땅에서 살아가는 동안에는 우리가 감당해야할 고난이 있다. 사도는 다음과 같이 말했다.

> 내가 이제 너희를 위하여 받는 괴로움을 기뻐하고 그리스도의 남은 고난을 그의 몸된 교회를 위하여 내 육체에 채우노라(골 1:24)

"그리스도의 남은 고난"이란 그리스도께서 당하신 고난이 부족하다는 것이 아니다.[873] 그리스도와 연합된 교회는 머리되신 그리스도께서 당하신 고난을 지체된 교회가 당해야 하는 고난이다. 우리의 대제사장 되신 그리스도께서 가신 십자가의 길을 교회된 우리도 그 길을 가게 된다.

---

873) 로마 가톨릭은 '그리스도의 고난+성도의 고난=완성'이라는 구도로 본다.

제26문 그리스도께서는 왕직을 어떻게 수행하십니까? (대45)
답: 그리스도께서는 우리를 자기에게 복종하게 하시고, 우리를 다스리시고 보호하시며, 자기와 우리의 모든 원수를 억제하시고 정복하심으로 왕직을 수행하십니다.[874]

사람들은 삶의 힘의 근거를 어디에서 얻는가? 강신주 교수는 자기감정을 배신하는 것은 비겁한 것이라고 말한다. 그래서 파업현장에 가서 '분노하라'고 한다. 왜냐하면 감정의 지속성에서 힘을 얻는다고 믿기 때문이다. 감정이라는 것은 고통이 있다는 것이고 그 고통의 폭이 곧 그 사람의 자유의 폭이라고 본다. 그러니 강신주 교수에게 철학(Philosophia)은 소피아(Sophia)가 아니라 필로스(Philos)가 먼저다. 일반적으로는 지혜에 대한 사랑이지만, 강신주 교수에게는 사랑하면 지혜로와지는 것이다. 별을 사랑하면 별을 알게 되고 여자를 사랑해야 여자를 알게 된다고 말한다. 그러면 여자를 모르고 무턱대고 사랑하게 되는가? 세상은 존재에 대한 의미 없이 존재를 사랑할 수 있는가? 그 존재가 나에게 위협이 되고 죽음에 이르게 할 존재라면 어떻게 되는가?

하이데거는 존재 그 자체의 물음으로 나갔다. 어떻게 존재에 접근할 수 있는가? 존재의 의미를 용도에서 찾았다. 책상은 책을 펼쳐 놓기 위해 존재하는 것이고, 의자는 앉기 위해 존재한다. 그런 책상과 의자를 사용하며 살아가는 나 자신은 '현존재'이다. 모든 사물들의 존재 의미는 그것들을 이해하려는 현존재에 종속된다. 결국 모든 존재자의 존재에 대한 물음은 현존재의 존재의미에 대한 물음으로 돌아온다.

사람들은 계속해서 물어왔고 지금도 묻고 있다. '나는 누구인가?', '나는 왜 태어났는가?', '나는 무엇을 해야 하는가?', '나는 왜 살아야 하는가?' 이런 것들은 우리 자신의 존재 의미를 묻는 것이다. 이 물음은 현존재가 그 존재의 내용을 채우는 특정한 본질이 없음을 말한다.

현존재의 본질은 내용적 규정이 아니라 다만 내가 존재하고 있다는 '실존'이다. 현존재는 의미와 통일성을 내던져버렸기 때문에 그것을 추구하는 것은 이미 현존재의 분열만 초래한다. 현존재는 그저 내던져진 실존이다. 그야말로 끈 떨어진 연이다. 연이 노랑색이든지 부채연이든지 그런 내용적 규정은 소용없다. 끈 떨어진

---

874) Q. 26. How doth Christ execute the office of a king? A. Christ executeth the office of a king, in subduing us to himself, in ruling and defending us, and in restraining and conquering all his and our enemies.

연이 그게 무슨 소용이 있겠는가 말이다.

그러면 존재의 참된 의미에 어떻게 도달할 수 있는가? 하이데거는 인간의 감성과 지성을 푸대접한다. 감성도 지성도 아니면 무엇인가? 그것은 '기분'이다. 무슨 기분인가? '불안'이다. 끈 떨어진 연이 느끼는 것은 '불안'(Angst)이다. 불안은 공포와 다르다. 공포는 특정한 대상으로부터 주어지는 무서움이지만, 불안은 그런 대상이 없는 오싹함이다. 이것이 '무'(無)에 대해 느끼는 기분이다.

무에 대한 불안을 야기시키는 것은 무엇인가? '죽음'이다. 죽음 앞에서의 불안은 존재가능 '앞에서'의 불안이다. 죽음으로 현존재는 무에 직면하고, 죽음 앞에서의 불안은 무의 가능성을 드러낸다. 존재의 근본가능성에 무가 속한다. 말이 철학적이라서 그렇지 인간이란 결국 필멸한다는 것이다.

그런 운명을 아는 사람들은 어찌 사는가? 세인들 속에 숨으려고 한다. 잡담, 호기심, 애매성을 즐긴다. 그런 것들 속으로 도피하면서 삶을 평가하고 의미를 찾으려고 한다. 인간은 그렇게 죽음 앞에서 자신이 유한자라는 것을 알게 된 유한한 실존자다. 여기서 하이데거는 유한을 긍정한다. 자연의 돌이 조각가의 손에 다듬어질 때 작품이 되고, 문명이 번성하려면 폴리스가 있어야 했다. 인간도 죽음 앞에서 유한한 실존임을 알게 될 때 자신을 선택하고 장악하는 자유가 있다. 자유와 선택과 결단으로 사는 인간의 끝은 무엇인가? 그 다음은 무엇인가? 죽음으로 알게 되었는데 죽음 너머에는 뭐가 있겠는가? 아무것도 없다. 실존주의의 비참함이다. 그러니 허무주의가 바톤 체인지를 기다리고 있다.

놀랍게도 하이데거는 히틀러 집권 중에 프라이부르크대학 총장으로 재직하면서 나치부역자라는 혐의를 받고 있다. 그리고 그것을 죽을 때까지 반성하지 않았다. 하이데거에게 히틀러는 무엇인가? 본래적 존재의 목소리를 듣고 결단을 통해 세인들을 이끌어 민족을 모으는 사람들이 사색가(철학자), 시인 그리고 위대한 정치가라고 말했다. 그런 시인은 횔덜린이고 그런 정치가는 히틀러다. 이런 파시즘으로 흐른 하이데거의 철학을 비판하면서 레비나스는 "무한자의 이념에 근거한 주체성을 변호"했다.

세인들을 결단과 선택으로 살아가게 했던 히틀러와 예수 그리스도는 무엇이 다른가? 과연 예수 그리스도의 왕직이란 무엇인가?

9 이러므로 하나님이 그를 지극히 높여 모든 이름 위에 뛰어난 이름을 주사 10 하늘에 있는 자들과 땅에 있는 자들과 땅 아래 있는 자들로 모든 무릎을 예수의 이름에 꿇게 하시고 11 모든 입으로 예수 그리스도를 주라 시인하여 하나님 아버지께 영광을 돌리게 하셨느니라(빌 2:9-11)

그리스도의 왕 되심은 언제나 그 은혜에 기초한다. 하나님께서는 언제나 자기 백성에게 먼저 은혜를 베푸시는 하나님이시다. 언약을 맺고 그 언약의 율법을 시행하라고 요구하시기 전에 애굽으로부터 구원하신 하나님이시다. 하나님은 자기 백성에게 아무것도 해 준 것도 없이 준수해야할 법칙들만 늘어놓고 엄포를 놓으시는 왕이 아니시다. 새언약 하에 예수 그리스도께서는 십자가의 고난과 피흘림으로 자기 백성들을 구원하신 왕이시다. 성부 하나님께서는 그리스도를 모든 우주를 다스리시는 '주'로 삼으셨다.

> 25 저가 모든 원수를 그 발 아래 둘 때까지 불가불 왕노릇하시리니 26 맨 나중에 멸망 받을 원수는 사망이니라 27 만물을 저의 발 아래 두셨다 하셨으니 만물을 아래 둔다 말씀하실 때에 만물을 저의 아래 두신 이가 그 중에 들지 아니한 것이 분명하도다(고전 15:25-27)

그리스도의 왕 되심은 그냥 이루어진 것이 아니다. 일차적으로 그 백성을 구속하시기 위하여 십자가에 죽으신 것이고, 부활하심으로 사망과 원수를 완전히 멸하신 권세다. 그리스도의 왕권은 만물을 "그 발아래"두시는 완전한 정복을 이루신 권세다. 그 권세는 하나님 아버지로부터 받은 권세다. 그리스도께서 모든 원수들을 정복하시고 그 왕권을 하나님 아버지께 바치실 것이다. 그리하여 하나님 아버지는 만유의 주로서 찬송을 받으신다.[875]

> 빌라도가 가로되 그러면 네가 왕이 아니냐 예수께서 대답하시되 네 말과 같이 내가 왕이니라 내가 이를 위하여 났으며 이를 위하여 세상에 왔나니 곧 진리에 대하여 증거하려 함이로다 무릇 진리에 속한 자는 내 소리를 듣느니라 하신대(요 18:37)

빌라도는 "그러면 네가 왕이 아니냐"라는 질문에 대해, 예수님께서는 분명하게 "내가 왕이니라"고 말씀하시면서 "진리에 대하여 증거"하려 하심이라고 하셨다. 그 진리는 세상 중에 자기 백성을 구원하시는 진리다. 그래서, 예수 그리스도가 진리다. 중요한 것은 아무나 그 진리를 들을 수가 없다는 것이다. 오직 진리에 속한 자만이 들을 수가 있다. 그 진리를 듣지 못한 자들, 곧 그리스도의 왕 되심을 거부하고 싫어했던 자들은 예수 그리스도를 죽였다![876] 그들은 누구인가? 진리를 거부한

---

875) 만물을 저에게 복종하게 하신 때에는 아들 자신도 그때 만물을 자기에게 복종케 하신 이에게 복종케 되리니 이는 하나님이 만유의 주로서 만유 안에 계시려 하심이라(고전 15:28)
876) 33 다시 한 비유를 들으라 한 집 주인이 포도원을 만들고 산울로 두르고 거기 즙 짜는 구유를 파고 망대를 짓고

자들이요 진리에 속한 자가 아닌 자들이다.

공산주의 철학자 알랭 바디우의 진리는 기존의 진리 개념과 다르다. 사건이 사건에 충실한 주체를 만들어 내고, 그런 주체의 실천으로 진리가 생산된다고 말한다. 진리를 생산하는 영역을 정치, 과학, 예술, 사랑, 이 네 가지로 말한다. 왜 종교가 없느냐 하면, 신은 죽었기 때문에 더 이상 진리를 생산하지 못한다고 답했다. 이렇게 만들어지는 진리는 모든 제도권 정치를 반대한다. 모든 국가 제도와 단절하고 대중에 의한 직접 민주주의로 나간다. 강신주 교수가 부르짖는 것과 같다. 그야말로 대중민주의다. 그러나, 정권이 교체가 되어도 여전히 거짓과 위선이 난무하고 자기 실속 챙기는 모습은 똑같다. 그런 일은 제도권 좌파도 마찬가지다. 그들도 대중운동의 성과를 자신들의 공으로 돌리고 여전히 집권에 눈독을 들이고 있기 때문이다. 평등과 정의에 의한 만인의 민주주의를 하자고 말은 그럴듯하게 해도 인간의 타락은 막을 길이 없는 현실을 경험하고 또 경험하는 것이 인간이다.

알랭 바디우의 신성한 내면아이는 '사건으로 각성된 주체'이며, 정치, 과학, 예술, 사랑, 이 네 가지로 진리를 만들어 내고 만인의 민주주의를 하자는 것이 구상화다. 문제는, 그렇게 사건이 주체를 각성시키고 진리를 만들어 낼 수 있는 그런 인간은 없다는 것이다. 자기 속에 근본적으로 죄를 내포하고 있는 인간은 진리를 만들어 낼 수 없! 진리가 무엇인지도 모르는 인간이 진리를 만들어 낸다는 것은 망상이다. 인간이 주체가 되어 만들어내는 진리는 가변적이고 상대적일 수밖에 없다. 말이 좋아 상대적이지 그것은 난립하는 것이다. 그런 체계에서는 생명도 소망도 없다. 생명과 소망은 인격체에게 있다. 인격체는 생명력을 공급받아야만 살 수 있다. 그것은 바로 의미와 통일성이다. 인격체는 참되고 영원한 의미와 통일성을 원한다.

오직 예수 그리스도만이 진리다! 왜 예수님만이 진리가 되시는가? 그것은 죄와 사망에서 건지시는 분은 오직 예수님뿐이기 때문이다. 구원하여 생명을 주시고 영생에 이르게 하시는 분은 오직 예수님뿐이시다!

예수께서 가라사대 내가 곧 길이요 진리요 생명이니 나로 말미암지 않고는 아버지께로 올 자가 없

농부들에게 세로 주고 타국에 갔더니 34 실과 때가 가까우매 그 실과를 받으려고 자기 종들을 농부들에게 보내니 35 농부들이 종들을 잡아 하나는 심히 때리고 하나는 죽이고 하나는 돌로 쳤거늘 36 다시 다른 종들을 처음보다 많이 보내니 저희에게도 그렇게 하였는지라 37 후에 자기 아들을 보내며 가로되 저희가 내 아들은 공경하리라 하였더니 38 농부들이 그 아들을 보고 서로 말하되 이는 상속자니 자 죽이고 그의 유업을 차지하자 하고 39 이에 잡아 포도원 밖에 내어쫓아 죽였느니라 (마 21:33-39)

느니라(요14:6)

예수 그리스도께서는 그 진리를 가르쳐 지키게 하라고 명령하셨다.

> 내가 너희에게 분부한 모든 것을 가르쳐 지키게 하라 볼찌어다 내가 세상 끝날까지 너희와 항상 함께 있으리라 하시니라(마 28:20)

예수님의 말씀은 오고 오는 세대에 계속해서 가르치고 전달되어야 하는 하나님의 진리다. 그럼으로 말미암아 하나님의 나라는 널리 확장되어 간다. 그런 일에 "항상 함께 있으리라"고 약속해 주셨다. 주님의 지상명령이 오늘날은 어떤가? 세상의 종교와 철학과 심리학이 교회 안으로 들어와서 '어떻게 성경만으로 사람들을 변화시킬 수 있습니까?'라고 목사와 성도들이 대놓고 말하는 시대가 되었다. 이것은 교회가 변질되었다는 증거다. 교회가 그리스도의 진리를 믿고 밝히 증거할 때 그리스도의 왕 되심이 온전히 드러나게 된다. 성경은 그리스도의 왕 되심을 미리 예언했다.

> 보라 장차 한 왕이 의로 통치할 것이요 방백들이 공평으로 정사할 것이며(사 32:1)

이사야 32장은 의로운 왕의 출현에 대하여 말한다. 예루살렘을 보호하시는 하나님의 권능으로 말미암아 그 도성을 공격하려던 대적인 앗수르는 전멸되고 예루살렘은 영원히 안전하게 될 것이다. 여호와가 싸우시고 여호와가 구원하실 것이다. 그 도성의 사람들은 우상을 버리고 언약하신 여호와께 돌아올 것이다. 예루살렘의 구원은 여호와께 달려있다. 선지자는 그 예루살렘에 시행될 참되고 의로운 통치를 말하면서, 장차 오실 메시아 시대의 왕을 말한다. 그 왕은 세상 나라의 왕과 달리 의와 공평으로 통치할 것이다. 그것은 그 의로운 왕이 다스리는 그 나라의 백성들이 안정감 있게 살아가는 완전한 기초가 된다. 그 왕이 들레지 않으므로877) 그 백성들은 분열이 없다.

예수님께서 십자가에 달리셨을 때에 예수님의 머리 위에는 패가 붙었다.

> 빌라도가 패를 써서 십자가 위에 붙이니 나사렛 예수 유대인의 왕이라 기록되었더라 예수의 못 박히신 곳이 성에서 가까운 고로 많은 유대인이 이 패를 읽는데 히브리와 로마와 헬라 말로 기록되었더라(요 19:19-20)

---

877) 그가 다투지도 아니하며 들레지도 아니하리니 아무도 길에서 그 소리를 듣지 못하리라(마 12:19)

십자가에 달린 그 패는 유대인들이 예수님을 왕으로 여겨서 그렇게 써붙인 것이 아니다. 예수님을 조롱하고 욕하기 위한 것이었다. 그러나 그 패는 예수님이 만백성을 위한 진정한 왕이라는 사실을 선포하는 것이 되었다.

신약성경의 첫 성경인 마태복음에서는 예수님께서 아브라함과 다윗을 잇는 진정한 왕임을 말해 주고 있다. 예수님은 이 땅에 오시기 전에도 왕이셨다. 온 우주 만물이 창조되기 이전부터 계셨으며 말씀으로 세상을 창조하셨다. 예수님께서 이 땅에 성육신 하여 오셨을 때 동방의 박사들은 유대인의 왕을 찾아왔다.

> 유대인의 왕으로 나신 이가 어디 계시뇨 우리가 동방에서 그의 별을 보고 그에게 경배하러 왔노라 하니(마 2:2)

모든 유대인들에게 메시아 대망은 공통된 현실이었다. 특하나 바벨론 포로로 흩어진 유대인들에게는 유대를 구하고 축복을 받을 메시아에 대한 기대는 충만했다. 그러나 그들이 기대했던 정치적이고 군사적 해방을 가져올 메시아가 아니었다. 유대인들은 자기들의 기대와 다른 메시아였기에 예수님을 십자가에 못박아 죽였다. 그런데 오늘날 수많은 사람이 하나님의 주권 사상과 문화변혁론을 말하면서 좌파 사상에 물들어서 비성경적인 방법을 동원하여 이 땅에 하나님의 나라를 실현하려는 사람들이 너무나도 많다.

목회자정의평화협의회의 어떤 목사는 「예수의 의미」를 이렇게 말했다.

> … 그러므로 "예수"라는 이름은 민중들의 믿음과 염원을 떠나서는 이해할 수 없다. 예수라는 이름은 바로 고난의 역사 속에서 하나님의 함께하심과 하나님의 구원을 확신하고 간절히 염원하였던 민중과 또한 그들을 통해 그들과 함께 구원의 역사를 일으키시는 하나님이 만나는 이름이다. 이 민중과 하나님의 만남에서 구원을 향한 사건과 운동이 터져 나온다.
> 따라서 예수의 이름을 부름으로써 구원을 얻는다는 초기 그리스도인들의 신앙은, 그들의 믿음과 희망과 투쟁을 통해 하나님의 구원을 이룬다는 것과 같은 말이다. "예수" 이름을 부르는 믿음은 예수의 삶과 예수의 하나님나라 운동에 투신하는 것과 다른 것이 아니다. …878)

이들에게 예수는 민중의 해방자다. 그것이 하나님의 구원이요 하나님의 나라 운동이라 한다. 같은 단어를 사용한다고 해서 같은 내용을 말하는 것이 아니다. 예수님께서 민중의 해방자였다면 십자가에서 죽으실 필요가 없다. 민중을 동원하여 로

---

878) http://ccjp.or.kr/zbxe/freebbs/32057 (2009.07.07 11:29:49)

마에 대항하고 왕으로 군림했을 것이다. 그러나 성경은 그렇게 말하지 않는다. 예수님께서는 사탄의 지배로부터 구원하시려고, 죄와 사망으로부터 구원하시려고 십자가에서 죽으셨다.

이런 사람이 한국교회의 위기를 말하고 있다. 한국교회의 위기는 과연 무엇인가? 한국교회의 근본적인 위기는 신학이 자유주의 신학이 되고 민중신학이 되고 종교다원주의에 무너지고 심리학에 무너졌기 때문이다. 그들이 성경을 가르치고 교리를 가르치지만 심리학을 학문이라고 말하며 좌파적 성향으로 가고 있다. 우리는 그리스도를 참된 왕으로 모시고 있는가?

제27문 그리스도의 낮아지심은 어떠합니까? (대46-50)

답: 그리스도의 낮아지심은 비천한 상태로 탄생하신 것과, 율법 아래 나셔서 현세의 비참과 하나님의 진노와 십자가의 저주받은 죽음을 당하신 것과, 장사 지낸 바 되셔서 얼마 동안 죽음의 권세 아래 머물러 있었던 것입니다.[879]

세상을 어렵게 살다보면 서러움이 생긴다. 그냥 생기는 정도가 아니고 북받쳐 오른다. 아무리 일을 해도 이 팍팍한 현실을 어떻게 벗어날 길이 없으면 그렇게 서러움이 끝도 없이 올라온다. 먹고 사는 것도 그렇지만 외로움은 더하다. 이것도 참고 저것도 참겠는데, 이놈의 외로움은 참기가 힘들다. 자기도 모르게 먼 산을 보는 일이 많아지고 어느새 한 숨만 늘어간다.

왜 예수님을 믿어도 그게 없어지지 않는가? '내가 무엇을 잘못 믿어서 그렇나?' 별 생각을 다해 보아도 신앙이라는 것이 믿음이라는 것이 왜 그걸 해결 안 해줄까 싶은 생각이 든다. 예수님을 믿어도 성경이 말하는 본질대로 가지 않고 이 세상이 말하는 것들과 너무 섞여 있기 때문이다.

세상은 무엇을 품고 살까? 세상은 이상을 가지고 산다. 이 서러움 많은 세상을 이길 힘은 존재하지 않는 그 무엇인가를 꿈꾸는 것이라 생각한다. 이상이 사람들에게 의지를 불러일으키고 현실을 제대로 인식하게 만들기 때문이다. 그 이상이 현실을 극복하게 만들고 살아갈 의지를 준다고 생각하기 때문이다. 그래서 수많은 이데올로기를 만들어 내었지만 서로 싸우기는 매한가지다.

공자는 언제나 중용의 덕을 강조했다. 사서 중의 하나인 『중용』은 유교사상을 철학적으로 조직적으로 서술한 것이다. 『대학』은 유교가 말하는 이상사회를 현실 사회에 구현하기 위한 정치적 방법을 말하나, 『중용』은 개인의 내면의 이상을 그려낸 것이다. 그래서 사람들은 『중용』을 '천국으로 가는 길잡이'라 말한다.

왜 이런 생각을 하게 된 것인가? 내 마음이 천국이라는 생각이 중용의 천국이다. 중용에서는, 인간의 마음속에 하늘의 마음이 들어 있는데 그것을 성(性)이라 한다. 이것이 중용의 신성한 내면이다. 구상화는 무엇인가? 하늘의 마음을 들여다보고 그 본심대로 살아가는 것이다. 그리고 그 마음이 흐트러지고 망가지면 수도(修道)를 하면서 살아간다. 수도는 무엇으로 하는가? 교육으로 한다. 공부를 통해서

---

879) Q. 27. Wherein did Christ's humiliation consist? A. Christ's humiliation consisted in his being born, and that in a low condition, made under the law, undergoing the miseries of this life, the wrath of God, and the cursed death of the cross; in being buried, and continuing under the power of death for a time.

마음속의 도를 닦는 것이다. 중용에서는 그렇게 수도하는 사람을 '군자'라 한다. 그렇게 하늘의 마음으로 사는 것이 천국이고 그렇게 사는 사람이 군자다. 그 하늘의 마음에 맞추어 사는 것이 중용이다.

중용의 '중'은 모자라지도 않고 지나치지도 않는 적절함이다. 그러나, 사람의 욕심은 그 중용을 지키지 못한다. 마음이 그러하면 현실은 더 더욱 그리 가지 않는다. 과유불급(過猶不及), 곧 지나치지도 모자람도 없는 상태를 유지하고 싶으나 사람은 그리 안 된다. 그래서 이상이다. 인간의 마음이 하늘마음이라는 그 전제부터가 잘못되었기 때문이다.

현대인들은 어떻게 바뀌어가고 있는가? 사람들은 신화(神話)에 빠져들고 있다. 왜 신화에 대한 관심이 더 많아지는 것인가? 질베르 뒤랑은 이런 시대의 현상을 두고 '신화의 귀환'이라 했다. 그렇게 신화에 대한 관심을 부추기는 현대의 키워드는 무엇인가? 그것은 상상력, 이미지, 스토리 3가지다. 이것은 지난 세기 동안에 말해왔고 추구했던 합리적, 이성적인 것들과는 너무나 다른 것들이다. 상상력은 신화에 녹아나 있다. 상상력은 이미지와 스토리를 만들어 내어 신화라는 것을 만들어 낸 것이다. 신화는 상상력, 이미지, 스토리의 결과물이다. 동·서양의 차이점들이 있지만 사람들의 이상과 욕망을 그려낸 것이 신화. 그 이상과 욕망은 인간의 신성함에 기초한다. 그 기초를 상실하면 모든 것이 무너지기 때문에 반드시 그 위에 전개해 나간다. 그들이 신화를 통해 그려낸 이상들은 왜 지금도 현실화 되지 않는 것인가?

아무리 좋은 이상과 이념을 만들어내어도 왜 해결이 안 되는가? 인간의 본성이 좌악되기 때문이다. 이 땅은 인간이 범한 죄로 인해 저주를 받은 상태이며, 그 화복은 인간의 힘으로 이루어지는 것이 아니라 예수 그리스도께서 다시 오시어 만물을 회복케 하실 그때라야 이루어진다고 성경은 말한다.

예수님을 믿는 사람들은 무엇을 가지고 사는가? 이상이 아니다. 하나님의 나라가 이상이면 세상이나 성도나 아무런 차이가 없다. 성도는 약속을 붙들고 산다. 말씀을 붙들고 산다. 그 말씀이 무엇인지 모르면 그 말씀을 주신 그리스도가 어떤 분이신지 모르면 똑같이 서러움이 북받쳐 오른다.

그리스도는 무엇을 바라셨는가? 무엇을 바라시고 이 땅에 오셨는가? 그리스도의 그 바램과 오심이 우리와 상관이 없는 일이 되면 삶이 허해진다. 그것은 신앙의 근본이 잘못되어 있다는 증거다. 복음은 그리스도께서 죽으시고 장사 지낸 바 되셨다가 사흘 만에 부활하셨다는 세 가지 사실을 증거하는 것이다.880) 왜 그래야만

하는가? 그것은 구원이 철저하게 우리 밖에서 이루어진 결과로 주어졌다는 것을 증거하기 때문이다. 뿐만 아니라 현실의 비참함과 절망에서 벗어나는 길은 우리 밖에서 역사하시는 삼위일체 하나님으로부터 주어진다는 분명한 선포다.

예수님께서는 우리의 구원을 위하여 낮아지셨다. 예수님의 낮아지심은 1) 예수님의 출생, 2) 예수님의 지상생활, 3) 십자가의 죽으심으로 나눌 수 있는데, 문답을 따라 다음과 같이 살펴볼 수 있다.

1) 그리스도의 낮아지심은 비천한 상태로 탄생하신 것과[881]

예수 그리스도를 믿는다는 것은 우리 안에는 신성이 없고 우리 안에는 진리가 없다는 것이다. 성도는 세상이 얼마나 내면에서 진리를 찾고 있는지 분명하게 알아야 한다.

왕수인은 주자학의 공부 방법이 잘못되었다고 보고 주자학을 거부하고 양명학을 만들었다. 주자가 말한 것은 무엇인가? 모든 사물에는 태극이라는 진리가 있다고 보고, 사물의 본성을 연구하여 진리를 찾으려는 것이다. 왕수인은 그 대신에 진리가 인간의 마음속에 있다고 보았다. 그는 귀양 중에 "성인의 도는 나의 본성만으로 스스로 넉넉하다. 따라서 밖으로 찾을 것이 아니다."라고 깨달았다고 한다. 자신의 마음만 잘 깨달으면 진리를 발견할 수 있고, 그 진리를 실천하면 성인이 될 수 있다 했다. 주자는 진리가 인간의 정신과 사물에 있다고 보았고 왕수인은 인간의 정신에만 있다고 말했으며, 주자는 인간과 사물의 본성이 같다고 보았으나, 왕수인은 다르다고 말했다.

그러나, 예수님을 믿는다는 것은 우리 안에 진리가 있는 것이 아니라 예수님께만 진리가 있다는 것이다. 예수님께서 진리이시다. 예수님께서는 자기 백성을 구원하시기 위하여 낮아지셨다. 성육신은 인간이 원하는 결과를 인간이 만들어 낼 수 없다는 것을 드러내시고 오직 하나님만이 구원하신다는 것을 증거하는 실제 사건이다.

---

880) 3 내가 받은 것을 먼저 너희에게 전하였노니 이는 성경대로 그리스도께서 우리 죄를 위하여 죽으시고 4 장사 지낸 바 되었다가 성경대로 사흘 만에 다시 살아나사(고전 15:3-4)

881) 하이델베르크 교리문답 제35문: 당신이 "예수 그리스도는 성령으로 잉태되사 동정녀 마리아에게 나셨다"고 말할 때 당신은 무엇을 고백하는 것입니까? 답: 참되고 영원하신 하나님이시고, 그 본성을 그대로 가지신 영원하신 아들이, 성령의 사역을 통하여, 스스로 동정녀 마리아의 혈육으로부터 참된 인간의 본성을 취하셨습니다. 그래서 예수 그리스도는 참된 다윗의 후손이 되셨고, 모든 면에서 그의 형제들과 똑같이 되셨지만, 그러나 죄는 없으십니다.

제36문: 그리스도의 거룩한 잉태와 탄생으로부터 당신이 얻는 유익이 무엇입니까? 답: 그리스도는 우리의 중보자가 되시고, 당신의 순결함과 거룩함으로 하나님 앞에서 내가 잉태되어 태어날 때부터 가지고 있는 내 죄를 덮어주십니다.

낮아지심의 첫 번째는 예수님의 성육신이다. 예수님은 이 땅에 오시되 로마 황제의 아들로 오시지 아니하시고, 가난한 목수의 아들로 태어나셨으며 누추한 마굿간에서 태어나셨다.

> 맏아들을 낳아 강보로 싸서 구유에 뉘었으니 이는 사관에 있을 곳이 없음이러라(눅 2:7)

성경은 예수님께서 태어나시고 "구유에 뉘었"다고 말한다. 그것은 하나님의 아들이신 예수님의 낮아지심을 말한다. 그리스도는 이 땅에 군림하는 왕으로 오시지 않았다. 이 세상의 구조를 변혁하기 위해 오신 것이 아니라 자기 백성을 죄에서 구원하기 위해 오셨다.

> 6 그는 근본 하나님의 본체시나 하나님과 동등 됨을 취할 것으로 여기지 아니하시고 7 오히려 자기를 비어 종의 형체를 가져 사람들과 같이 되었고 8 사람의 모양으로 나타나셨으매 자기를 낮추시고 죽기까지 복종하셨으니 곧 십자가에 죽으심이라(빌 2:6-8)

그리스도께서는 타락한 인간을 구원하시기 위해 하나님과 본체로서 동등 됨을 취하지 아니하시고 종의 형체를 가지셨다. 그것은 죄 없는 인간의 모습이었다. 그리스도는 우리와 동일한 사람이셨으나 성령으로 잉태하셨기 때문에 무죄하게 태어나셨다. 칼빈은 다음과 같이 말했다.

> 그러나 우리가 그리스도를 모든 더러움에 물들지 않았다고 하는 것은 그가 남자를 알지 못하는 그 어머니로부터 났다는 것 때문이 아니라, 그가 성령의 성별을 입어 아담의 타락 이전 때처럼 순결하고 완전한 출생이었기 때문이다. 여기서 우리는 다음과 같은 사실을 확실히 상기해 두어야만 하겠다. 즉, 성경이 그리스도의 순결에 관하여 우리에게 주의를 환기시킬 때에는 언제나 그것은 그의 진정한 인성에 관한 말로 이해해야 한다는 것이다. 왜냐하면, 하나님이 순결하다고 하는 것은 필요치 않은 것이기 때문이다.882)

예수님께서 동정녀 마리아에게 났다는 그것이 예수님의 무죄성을 입증하는 것이 아니다. 성령으로 잉태되셨기 때문에 무죄하시며, 예수님께서 성자 하나님이기 때문이다. 그리스도의 낮아지심은 성도들의 삶을 변화시킨다.

> 우리 주 예수 그리스도의 은혜를 너희가 알거니와 부요하신 자로서 너희를 위하여 가난하게 되심은 그의 가난함을 인하여 너희로 부요케 하려 하심이니라(고후 8:9)

---

882) 존 칼빈, 기독교강요, 영한기독교강요 (서울: 기독성문출판사, 1993), p. 487. 「2권 13장 4항 참인간이시나 죄가 없으시다! 참 인간이시나 영원한 하나님이시다! 」

사도 바울은 앞서서 예루살렘 교회의 구제 헌금에 대해 독려하면서 마게도냐 교인들의 모범을 말했다. 사도는 보다 더 차원 높은 연보의 동기와 근본 원리를 말하기 위하여 예수 그리스도의 성육신과 속죄의 죽음을 말했다. 예수 그리스도께서 그렇게 하신 것은 고린도교회 성도들이 자기 자랑과 자기 의로 가는 삶이 아니라 자기희생으로 가야하는 것을 말한다. 그것은 그리스도 안에서 하나의 교회요 하나의 형제자매라는 언약적 개념이 아니면 연보는 할 수가 없는 것이다. 그러기에 연보를 하는 이방인 교회도 그 연보를 받는 예루살렘교회도 그리스도 안에서 하나이다.

2) 율법 아래 나셔서

오늘날 사람들은 외부 세계에 실재하는 것이 있다는 것을 '유아론'883) 으로 치부한다. 인간 정신 외에 그 어떤 존재도 믿을만한 타당한 근거가 못된다는 생각으로 산다. 그러면 실재하는 것은 무엇인가? 오직 자아와 그 의식뿐이다. 거기서 더 나아가 무의식을 말하는 것이 대세다. 그래서 결국 영성으로 간다. 자기 내면에 신성한 내면아를 확보하고 자기 방법에 따라 구상화를 진행한다. 아무리 철학적인 개념으로 말을 많이 해도 여출일구(如出一口)하다. 단독자, 고유명사, 나만의 방식, 나만의 삶, 그것을 확보하기 위한 신성한 내면아이, 그렇게 하기 위한 자신의 구상화 스타일만 다를 뿐이다.

그러나, 성경은 우리 밖에서 구원하러 오신 예수 그리스도를 말한다.

> 때가 차매 하나님이 그 아들을 보내사 여자에게서 나게 하시고 율법 아래 나게 하신 것은(갈 4:4)

"때가 차매"는 하나님의 구원 계획의 때를 말한다. 이제는 율법의 저주 아래 종노릇하는 시대는 지나가고 예수 그리스도 안에서 새언약의 시대가 왔다. 그리스도께서 "율법 아래 나"신 것은 완전한 인성을 가진 사람의 몸으로 태어나셨음을 의미한다. 뿐만 아니라 하나님의 율법을 지킬 의무를 가진 '유대인'으로 오셨음을 뜻한다. 예수님께서는 공생애 동안에 율법의 요구를 만족시키셨고,884) 십자가에서 죽으심으로 율법의 진노를 담당하셨다.885)

---

883) 다음 국어사전에서: 유아론(唯我論): 실재하는 것은 자아(自我)뿐이고, 다른 것은 자아의 의식 속에 존재하는 것이라는 이론.

884) 17 내가 율법이나 선지자나 폐하러 온 줄로 생각지 말라 폐하러 온 것이 아니요 완전케 하려 함이로다 18 진실로 너희에게 이르노니 천지가 없어지기 전에는 율법의 일점일획이라도 반드시 없어지지 아니하고 다 이루리라(마 5:17-18)

3) 현세의 비참과

예수님께서는 33년 동안 이 세상을 사시면서 지금 우리가 당하는 인간의 질고와 고통을 겪으셨다. 예수님께서는 태어난지 8일 만에 성전에 예물을 드릴 때에도 양 대신에 비둘기를 드렸는데 그것은 가난한 사람들이 드리는 것이었다. 공생애를 시작하시기 전에 목수 요셉의 일을 도와 가난하게 사셨다. 예수님이 사셨던 갈릴리의 나사렛은 사람들로부터 무시 받는 촌동네였다.

> 나다나엘이 가로되 나사렛에서 무슨 선한 것이 날 수 있느냐 빌립이 가로되 와 보라 하니라(요 1:46)

예수님은 공생애를 시작하시기 전에 40일을 밤낮으로 금식하셨다. 육신의 고통 가운데 있을 그때 사탄은 시험을 했으나 하나님의 말씀으로 승리하셨다. 공생애 3년 기간에는 집도 소유도 없이 사셨다. 예수님의 제자가 되기 위하여 찾아온 사람들에게 다음과 같이 말씀하셨다.

> 예수께서 이르시되 여우도 굴이 있고 공중의 새도 거처가 있으되 오직 인자는 머리 둘 곳이 없다 하시더라(마 8:20)

예수님의 제자가 된다는 것은 이 세상의 것을 보장해 주는 것이 아니었다. 예수님께서는 매일의 사역으로 식사하실 겨를도 없었다.

> 집에 들어가시니 무리가 다시 모이므로 식사할 겨를도 없는지라(막 3:20)

풍랑으로 배가 휘청거리자 죽겠다고 그 제자들은 난리법석이었지만 사역으로 인한 고단함 때문에 예수님은 깊은 잠이 드실 정도였다. 예수님을 반대하던 바리새인과 사두개인들의 시기 질투로 인해 더욱 더 어려움을 당하셨다. 백성들이 예수님을 따랐기 때문이다. 무엇보다도 가족들이 예수님을 오해하고 하나님의 아들임을 몰랐으며 그 행하시는 사역을 이해하지 못했다. 예수님은 고향사람들로부터도 배척을 당했다. 그들은 예수님을 낭떠러지로 데려다가 죽이려는 시도를 하기도 했다.

---

885) 그리스도께서 우리를 위하여 저주를 받은 바 되사 율법의 저주에서 우리를 속량하셨으니 기록된 바 나무에 달린 자마다 저주 아래 있는 자라 하였음이라(갈 3:13) 사람의 모양으로 나타나셨으매 자기를 낮추시고 죽기까지 복종하셨으니 곧 십자가에 죽으심이라(빌 2:8)

죄인과 어울린다고 조롱하고 욕했으며 미친 사람 취급을 받고 귀신들린 취급을 받았다.

그런 수많은 과정들 속에서 수차례나 죽음의 위협을 받으셨다. 제자들에게마저도 부인을 당했으며 은 삼십에 팔리셨다. 베드로는 예수님께서 붙잡히시자 여종 앞에서 저주하며 도망쳤다.

> 그는 멸시를 받아서 사람에게 싫어버린 바 되었으며 간고를 많이 겪었으며 질고를 아는 자라 마치 사람들에게 얼굴을 가리우고 보지 않음을 받는 자 같아서 멸시를 당하였고 우리도 그를 귀히 여기지 아니하였도다(사 53:3)

이사야 선지자는 오실 메시아의 낮아지심을 말했다. 메시아는 "멸시를 받"고 거절과 배척이 일어난다. 왜 메시아가 그런 대우를 받아야만 하는가? 그리스도가 영광의 왕으로 세상을 호령하는 자로 오시지 않기 때문이다. 메시아의 구원은 환영만 받지 않았다. 오히려 더 많은 멸시와 핍박과 고난이 있었다. "질고"는 문자적으로는 "병"이다. 그것은 죄를 의미한다. 육체적 질병은 유다의 죄악 된 상태를 말한다.[886] 오시는 메시아의 낮아지심은 자기 백성들을 죄로부터의 구원하시기 위함이다.

4) 하나님의 진노와

그리스도께서는 십자가에 달려 죽으심으로 하나님의 진노를 담당하셨다. 왜 그리스도는 진노를 당하셔야만 했는가? 자기 백성들의 죄로 인해서 진노를 당하셨으며, 자기 백성을 의롭게 하기 위해서 진노를 받으셨다.

> 제 구시 즈음에 예수께서 크게 소리질러 가라사대 엘리 엘리 라마 사박다니 하시니 이는 곧 나의 하나님, 나의 하나님, 어찌하여 나를 버리셨나이까 하는 뜻이라(마 27:46)

예수님께서는 마지막으로 소리지르셨다. 예수님께서는 다윗이 성령의 감동하심에 따라 예언적으로 노래한 시편 22편 1절을 인용하셨다. 십자가의 고통이 얼마나 처절하고 고통스러운지 말해주는 것이다. 그것은 하나님의 아들이 십자가에 못박혀 죽으셔야만 하는 죄를 향한 하나님의 증오와 보응이 얼마나 엄격하고도 무서운

---

886) 5 너희가 어찌하여 매를 더 맞으려고 더욱 더욱 패역하느냐 온 머리는 병들었고 온 마음은 피곤하였으며 6 발바닥에서 머리까지 성한 곳이 없이 상한 것과 터진 것과 새로 맞은 흔적뿐이어늘 그것을 짜며 싸매며 기름으로 유하게 함을 받지 못하였도다(사 1:5-6)

것인지 보여준 것이다.

하나님의 진노를 담당하신 그리스도의 순종은 '적극적인 순종'과 '수동적인 순종'으로 나누어서 설명한다. '적극적인 순종'은 하나님께서 요구하시는 대로 행하신 것으로, 아담과 맺으신 언약을 온전히 이행하고 순종한 것이다. '수동적인 순종'은 하나님의 의의 형벌을 받아서 십자가에서 죽기까지 순종하신 것이다. 예수님께서 십자가를 지심으로 하나님의 진노를 받으심으로 하나님의 의를 만족케 하신 것은 수동적인 순종만이 아니라 적극적 순종이 있다.[887]

이것을 생각하는 이유는 무엇인가? '수동적인 순종'만 강조하면 반법주의(反法主義)[888]로 갈 우려가 있기 때문이다. 예수님께서 율법의 요구를 이루신 것은 다만 십자가를 지신 것만이 아니라 그 이전에도 하나님의 율법대로 다 이루셨다. 예수님의 삶은 율법의 요구를 이루신 적극적인 순종이다. 십자가만 따로 떼어내어서 수동적 순종만 강조해서는 안 된다. 예수님께서 온전히 그 삶으로 순종하신 적극적 순종이 함께 강조될 때 성도의 삶은 생명력이 넘쳐난다. 그것은 죄를 지었을 때에만 그리스도의 십자가가 필요한 것이 아니라 삶 가운데서 성령님을 의지하여 하나님의 언약에 신실하게 살아가야 한다.

5) 십자가의 저주받은 죽음을 당하신 것과[889]

예수님은 우리와 달리 무죄하심에도 불구하고 그 당시에 가장 잔인한 형벌이었던 십자가에 달려 죽으셨다. 예수님의 십자가의 죽으심은 죄인들을 대신하여 받으신 고난이며 죄인들을 대표하여 받으신 고난이다.

예수님은 불의한 재판을 당하셨으며, 조롱과 심한 매질을 당하셨다. 그 당시의

---

887) 김헌수, 하이델베르크 교리문답강해1 (서울: 성약, 2004), 144-146.
888) 반법주의 혹은 반율법주의(antinomianism): 은혜의 언약 아래서는 율법의 요구를 따를 당위가 없다고 주장하는 것.
889) 하이델베르크 교리문답 제37문: 당신이 "예수 그리스도께서 고난당하셨다"고 말할 때, 당신은 무엇을 고백하는 것입니까? 답: 예수 그리스도께서 땅위에 사시는 전 생애 동안, 그러나 특별히 생애의 마지막 순간에, 전 인류의 죄에 대한 하나님의 진노를 친히 육체와 영혼으로 감당하셨다는 것입니다. 이렇게, 그리스도께서 유일한 속죄 제물로 고난당하심으로, 우리의 몸과 영혼을 영원한 정죄로부터 구속하시고, 우리에게 하나님의 은혜와 의와 영생을 얻게 해 주셨습니다.
제38문: 예수 그리스도께서 왜 재판관인 본디오 빌라도 치하에서 고난당하셨습니까? 답: 그것은 그리스도께서 비록 죄가 없을지라도, 지상의 재판관에 의해서 유죄 판결을 받으심으로, 우리에게 임할 하나님의 준엄한 심판으로부터 우리를 자유롭게 해 주시기 위함입니다.
제39문: 예수 그리스도께서 다른 방법으로 죽지 않으시고 십자가에 달려 죽으셨다는 것이 특별한 의미가 있습니까? 답: 그렇습니다. 나는 예수 그리스도께서 십자가에 달려 죽으심으로 내가 받아야 할 저주를 친히 담당하셨다는 사실을 확신하게 됩니다. 왜냐하면 십자가에 달리는 것은 하나님께 저주받는 것이기 때문입니다.
제40문: 왜 그리스도께서 죽기까지 자신을 낮추시어야 했습니까? 답: 왜냐하면 하나님의 공의와 진리 때문에 하나님의 아들의 죽음이외에 다른 어떤 방법으로도 우리의 죄에 대한 대가를 지불할 수 없었기 때문입니다.

채찍은 때려 칠 때마다 살점이 찍혀 나오는 너무나도 고통스러운 것이었다. 그 몸으로 십자가를 지고 가셔야 했으며, 십자가에 못박혀 인간으로서 당해야 하는 최고의 고통을 당하시고 죽으셨다. 나무에 매달려 죽는 것은 유대인에게 있어서 하나님의 저주를 받아 죽는 죽음이었다.

십자가의 그 모진 고통 속에서도 사람들은 예수님을 향하여 멸시와 조롱을 퍼부었다. 예수님의 죽음과 저주와 조롱과 멸시는 죄인 된 우리가 받아야할 것이었다.

> 그리스도께서 우리를 위하여 저주를 받은 바 되사 율법의 저주에서 우리를 속량하셨으니 기록된 바 나무에 달린 자마다 저주 아래 있는 자라 하였음이라(갈 3:13)

율법을 범한 사람들은 범법자이기에 율법의 저주 아래에 있는 자들이다. 그런 죄인들을 위하여 그리스도께서 그 저주를 대신 담당하시고 율법의 저주로부터 속량하셨다. "속량"이란 '값을 치르고 사다', '되돌려 사다'는 뜻으로, 그리스도께서 율법의 노예가 된 우리를 위해 그 죄의 값을 치르고 사셨다는 의미다. 그 속전(贖錢)은 십자가의 피였다.

예수님께서 십자가에 못 박혀 죽으심으로 하나님의 진노를 당하셨으며, 하나님의 공의가 충족되었다. 의로우신 하나님께서는 그리스도의 대속적 죽음으로 믿는 자들을 의롭게 하셨다. 하나님의 나라는 의로워야 들어가는 나라다. 그 의는 우리 안에서 계발되어 나오는 것이 아니라 우리 밖에서 우리 죄를 인하여 십자가에 대신 진노를 받아 죽으심으로 하나님으로부터 주어진 것이다. 그래서 복음이다!

6) 장사 지낸 바 되셔서 얼마 동안 죽음의 권세 아래 머물러 있었던 것입니다[890]

그리스도의 장사되심에 대하여 성경은 다음과 같이 말한다.

---

890) 하이델베르크 교리문답 제41문: 왜 그리스도께서는 장사 지낸바 되었습니까? 답: 그리스도의 장사되심은 그리스도께서 참으로 죽으셨다는 것을 증거해 줍니다.
제42문: 그리스도께서 우리를 위하여 죽으셨는데, 왜 우리 또한 여전히 죽어야 합니까? 답: 우리의 죽음은 우리 죄값을 지불하기 위한 것이 아니라, 죄를 끝내고 영생으로 들어가는 문이기 때문입니다.
제43문: 우리가 십자가 위에서 그리스도의 희생제사와 죽음으로부터 얻는 또 다른 유익은 무엇입니까? 답: 그리스도의 죽음을 통하여 우리의 옛 사람이 그리스도와 함께 십자가에 못박히고 죽고 장사지낸바 되어, 육신의 악한 욕망이 더 이상 우리를 지배하지 못하게 되고, 우리가 우리 자신을 그리스도께 감사의 제사로 드릴 수 있게 되었습니다.
제44문: 왜 "그리스도께서 음부에 내려가셨다"는 고백이 덧붙혀져 있습니까? 답: 내가 극도의 슬픔과 유혹을 당하는 중에도, 나로 하여금 주 예수 그리스도께서 모든 고난을 당하시는 동안에, 특별히 십자가위에서 고난당하시는 동안 말할 수 없는 고통과 아픔과 공포와 고뇌를 겪으심으로써 음부의 고통과 슬픔으로부터 나를 구원하셨다는 것을 확신하고 위로를 받게 해 주기 위해서입니다.

장사 지낸 바 되었다가 성경대로 사흘 만에 다시 살아나사(고전 15:4)
24 하나님께서 사망의 고통을 풀어 살리셨으니 이는 그가 사망에게 매여 있을 수 없었음이라 25 다윗이 저를 가리켜 가로되 내가 항상 내 앞에 계신 주를 뵈웠음이여 나로 요동치 않게 하기 위하여 그가 내 우편에 계시도다 26 이러므로 내 마음이 기뻐하였고 내 입술도 즐거워하였으며 육체는 희망에 거하리니 27 이는 내 영혼을 음부에 버리지 아니하시며 주의 거룩한 자로 썩음을 당치 않게 하실 것임이로다(행 2:24-27)
미리 보는고로 그리스도의 부활하심을 말하되 저가 음부에 버림이 되지 않고 육신이 썩음을 당하지 아니하시리라 하더니(행 2:31)

예수께서는 십자가에 죽으심으로 자기 백성의 죄를 대신하여 죽으셨으나 죄가 없으시기에 그 사망의 올무에 매여 있지는 않으셨다. 그리스도는 사망의 권세를 이기고 부활하셨다.[891]

논란이 되는 것은 사도신경에서 그리스도께서 십자가에 죽으시고 "자옥에 내려 가셨다"는 말을 덧붙이고 있기 때문이다. 여기에는 여러 가지 해석이 있었다. 어떤 초대교부들 중에서는 그리스도께서 '선조림보'(limbus patrum)에 가셨다고 했다. '림보'는 지옥의 유황불 중심이 아니라 그 중심에서 벗어난 가장자리를 말하는데,[892] '로마 가톨릭 교회에서 천국이나 연옥 또는 연옥 그 어느 곳에도 가지 않은 죽은 자들의 거처 혹은 그러한 상태를 가리키는 것'이다.[893] '선조림보'는 그리스도의 부활 이전 시대에 죽은 성도들이 부활을 기다리는 곳이라 말한다.[894] 물론 기독교는 비성경적인 것이기에 철저히 거부한다.

어떤 사람들은 예수님께서 십자가에서 죽으시고 문자 그대로 자옥에 내려가셨다고 생각한다. 그들은 예수님께서 사탄과 죽음을 이기셨다고 선포하시기 위하여 지옥에 친히 내려가셨다고 말한다. 이런 일련의 해석에 대하여 코르넬리스 프롱크는 다음과 같이 말한다.

루터(Martin Luther)는 그리스도께서 귀신들에게 자신의 승리를 알리시려고 고통받는 곳에 가셨다는 옛 해석을 고수했습니다. 하지만 칼빈은 이 해석에 동의할 수 없었습니다. 그렇다고 로마 가톨릭 전통을 따라 선조 림보로 해석하지 않았습니다. 그 대신 칼빈과 다른 종교개혁 신학자들은 그리스

---

891) 4 장사 지낸 바 되었다가 성경대로 사흘 만에 다시 살아나사 5 게바에게 보이시고 후에 열 두 제자에게와 6 그 후에 오 백여 형제에게 일시에 보이셨나니 그 중에 지금까지 태반이나 살아 있고 어떤 이는 잠들었으며(고전 15:4-6)
892) http://cafe.naver.com/logchurch/1457
893) http://cafe.naver.com/xpoemcity
894) 네이버지식에서; 가톨릭이 말하는 내세는 천국과 림보, 연옥, 지옥으로 구분할 수 있다. 고성소(古聖所)로 불리기도 했던 림보는 천국과의 경계지역으로 세례 받지 못한 어린이나 이교도 등의 영혼이 죽어서 가는 곳을 말한다. 인간이 죄를 완전히 씻지 못하고 죽어 머무는 곳이 연옥이라면, 림보는 어린아이들처럼 원죄만 있는 영혼이 영원히 사는 곳이다.

도께서 실제로 지옥의 고통을 당하셨지만, 사도신경에서 말하는 것처럼 그리스도께서 죽으시고 장사되시고 나서가 아니라, 죽으시기 전에 그러셨다는 입장에 이르렀습니다. 그리스도께서는 "다 이루었다."(요 19:30)고 하심으로 능동적이고 의식적인 고난이 끝났음을 보여 주셨기 때문에, 지옥에 내려가신 것은 그리스도께서 죽으신 다음에 일어날 수 없었습니다.

그러니까 제네바의 종교개혁자인 칼빈에 따르면, 그리스도께서는 십자가에 달리신 동안 지옥의 고통을 겪으셨습니다. 달리 말해, 지옥에 내려가셨다는 표현은 문자 그대로 받아들여선 안 되고, 비유로 받아들여야 합니다. 이것이 그리스도의 고난을 조금이라도 덜 실제적이거나 덜 고통스럽게 하는 게 아닙니다. 그리스도께서 십자가 위에서 견디신 지옥 같은 고통은 더없이 혹독하고 끔찍했습니다.[895]

자카리아스 우르시누스도 역시 이 견해를 강력하게 지지한다.[896] 고려신학대학원의 변종길 교수는 다음과 같이 말한다.

어쨌든 신약성경 전체에서 볼 때 예수님이 음부 또는 지옥에 내려가셨다는 사상은 근거가 없는 것이며, 죽은 자들에게 또 다시 회개의 기회가 주어진다는 것도 맞지 않다. 개혁교회는 이러한 견해들을 배척한다. 사도신경에 "음부에 내려가셨다"가 들어온 것은 후대이다. 초기에는 "십자가에 못 박혀 죽으시고 장사 지낸 바 되었다가 사흘 만에 부활하셨다"는 단순한 고백뿐이었다. 후에 "음부에 내려가셨다"가 들어온 것은 베드로전서 3:19에 대한 오해에서 기인한 바가 크다고 생각된다. 따라서 우리가 고백하는 사도신경에 "음부에 내려가셨다"를 추가할 이유는 없다고 생각된다.[897]

이렇게 개혁주의 신학에서는 그리스도께서 지옥에 내려가셨다는 것은 비유적으로 해석해야 하며, 십자가의 고난이 지옥 같은 고통이었다는 것을 말한다. 지옥 같은 고통이란 단순히 육체적 고통을 말하는 것만이 아니다. 코르넬리스 프롱크가 말하듯이 "지옥의 본질은 하나님과 하나님의 선하심에서 떨어지는 것"이다. 그리스도께서는 그 고통을 겪으셨다.[898]

이 세상에서의 믿음의 행사는 가장 우선적으로 중보자로서의 그리스도의 영광을 바라보는 것이다. 예수 그리스도는 신격을 그대로 지니신 채 인성을 취하여 낮아지심으로써 중보자의 직무를 감당하셨다.[899] 하나님께서는 피조물에 대하여 관심을 나타내시는데, 하나님 자신을 낮추시며 하나님의 존재와 그 보좌의 특권에서 내려

---

895) 코르넬리스 프롱크, 사도신경, 임정민 역 (서울: 그책의사람들, 2013), 131-132.
896) 자카리아스 우르시누스, 하이델베르크 교리문답해설, 원광연 역 (서울: 크리스챤다이제스트, 2006), 387-388: "어떤 이들은 그리스도의 영혼이 지옥에 내려가신 것이 고난을 당하기 위함도, 조상들을 해방시키기 위함도 아니었고, 그의 승리를 밝히 드러내시고 마귀들을 공포에 질리게 하시기 위함이었다고 믿기도 한다. 그러나 성경은 어디에서도 그리스도께서 그런 목적으로 지옥에 내려가셨음을 증언하지 않는다."
897) https://www.kts.ac.kr/www/bbs/board.knf?boid=sunji&wid=81 선지동산 59호.
898) 제 구시 즈음에 예수께서 크게 소리질러 가라사대 엘리 엘리 라마 사박다니 하시니 이는 곧 나의 하나님, 나의 하나님, 어찌하여 나를 버리셨나이까 하는 뜻이라(마 27:46)
899) 존 오웬, 서문강 역, 그리스도의 영광 (서울: 지평서원, 2009), 133-135.

오심으로 나타내셨다.900)

　예수 그리스도께서 우리의 인성을 취하신 것은 말로 할 수 없는 사랑의 행위였다(히 2:14, 17). 그 사랑의 행위는 그리스도가 가진 독특한 성품(신성과 인성)으로 말미암은 것이며, 그 사랑의 행동들은 그의 인격 속에서 나오는 것이다.901)

---

900) Ibid., 140-148. "하나님의 아들이 이렇게 낮아지셨다는 것은 그가 가진 신성을 벗으셨다든지, 신성에서 떨어져 나왔다는 것을 뜻하지 않습니다. 다시 말하면, 사람이 되심으로써 더 이상 하나님이 되는 것을 멈췄다는 뜻이 아니라는 말씀입니다. 하나님의 아들의 낮아지심의 원천은 바로 여기에 있습니다. … 그리스도께서는 이런 신성을 여전히 지니시면서 종의 형체를 취하여 사람의 모양으로 나타내셨다고 말하고 있습니다(빌 2:7). 그것이 바로 그리스도의 낮아지심입니다. 하나님의 본체 되시는 것을 멈췄다는 것이 아니라는 말씀을 드렸습니다. 오히려 하나님의 본체로서의 그리스도의 영광은 지속되면서 다만 '인성 속에서 종의 형체'를 취하셨습니다. 그러하기에 그리스도께서는 그 전의 자기의 존재의 본질을 바꾸시는 것이 아닙니다. … 소시니안(Socianian)들의 견해와 우리의 견해가 바로 이런 데서 차이가 납니다. 곧 우리는 그리스도께서 하나님으로서 우리를 위해서 사람이 되셨다고 믿습니다. 그러나 쏘시니안들은 그리스도께서는 오직 사람으로서 당신 자신을 위해서 '한 신(神)'이 되었다고 말합니다.(쏘시니안들이란 렐리우스 쏘시너스 Laellus Socinus의 추종자들을 말하며, 그는 16세기 후반 이태리 신학자였습니다. 쏘시니아니즘 Socinianism은 삼위일체의 교리를 부인하면서, 하나님께서는 스스로 불가사의한 분이시나 그리스도를 통해서 자신을 계시하셨다고 주장합니다. 그들이 보기에 그리스도께서 이적적으로 태어나셔서 이적을 행하실 수도 있으셨지만 그럼에도 불구하고 사람 이상은 아니었습니다. 그래서 그리스도께서 그 속죄로 말미암아 죄에 대한 하나님의 공의를 만족시켰다는 것을 부인합니다. 성령은 하나님의 감화를 가리키는 또 다른 명칭에 불과하다는 것입니다-역자 주) … 그러므로 이 낮아지심은 옛 아리우스파(Arians)에 속했던 사람들이 상상했던 것처럼 신성이 인성으로 바뀐 것을 뜻하는 것은 아닙니다. … 그들은 말하기를, 만물을 지으셨고 그 자체로 하나님의 뜻과 능력의 발현이었던 '태초부터 계셨던 말씀'이 때가 차매 육체로 바뀌었다는 것입니다. … 이와 같은 이 사람들은 신성이 인성으로 바뀌는 그 본체론적인 변화를 상상했던 것입니다. 마치 교황주의자들이 화체설을 통해서 상상하고 있는 바와 같습니다. 그들 교황주의자들은 말하기를, 하나님께서 사람이 되셨고 하나님의 본체가 사람의 본질로 바뀌었다는 것입니다. 그러나 그런 주장은 그리스도의 낮아지심과 아무런 상관이 없습니다. … 그런 식의 낮아지심은 그리스도의 신성과 인성을 모두 파괴하는 것이고, 그리스도를 우리와 아무 관계없는 인격으로 만들어 버리는 것입니다. … 왜냐하면 그 인성은 '여자에게서 나신 바 된' 그 인성이 아니라 말씀의 본체로부터 나온 인성이 되기 때문입니다. 그리스도께서 낮아지실 때 그 신성에 있어서는 어떤 변화나 차이가 전혀 생기지 않았습니다. 과거 유두개(Eutyches-5세기의 콘스탄틴노플의 한 장로로서, 그리스도께서 성육신하신 후 인성을 취하시는데 그 인성을 신적 성질로 변화되었으며, 그래서 그리스도의 몸은 우리 인간의 몸과 같은 성질을 가진 것이 아니었다고 주장했습니다-역자주)와 그를 따르는 자들은 그리스도의 양성, 즉 그 신성과 인성이 함께 혼합되어, 말하자면 하나의 성질을 가지게 되었다고 생각했던 것입니다. … 그리스도께서는 인성을 취하시게 되었지만, 그럼에도 불구하고 그의 신성은 그 전과 조금도 달라지지 않았습니다. 그의 신성에는 '어둠이나 회전하는 그림자' 하나도 없습니다. … 이 그리스도의 나타나심은 그저 눈에 보여 나타나는 이른바 가현적(假現的)인 것에 지나지 않는 그런 방식은 아니었습니다. … 그들은 사람으로서 그리스도가 행하시고 당하신 모든 일들은 정말 사람으로서 그렇게 하시고 당하신 권한이 아니라, 외면적으로 그렇게 보였을 따름이라는 것입니다. 마치 천사들이 사람의 모양을 하고 먹고 마시는 방식으로 드러나 보였던 구약 시대의 경우처럼 말입니다."

901) Ibid., 167. "그러나 그것은 그의 신성 속에서만 우러나는 사랑의 행위였습니다. 왜냐하면 그 행위는 그가 인성을 입기 전에 있었던 일이었기 때문입니다. 그러므로 그 일은 인성을 입고서 비로소 시작된 것이 아니었습니다."

제28문 그리스도의 높아지심은 어떠합니까? (대51-56)

답: 그리스도의 높아지심은 3일 만에 죽은 자들 가운데서 다시 살아나신 것과, 하늘에 오르신 것과, 하나님 아버지 우편에 앉아 계신 것과, 마지막 날에 세상을 심판하러 오시는 것입니다.[902]

예수 그리스도께서 십자가에서 죽으심으로 끝나지 않고 부활 승천하셨다는 것은 성도들의 삶 역시 죽음이 끝이 아니라 더 나은 영광이 있다는 보증이 된다.[903] 그리스도는 부활의 첫 열매가 되셨다.

> 그러나 이제 그리스도께서 죽은 자 가운데서 다시 살아 잠 자는 자들의 첫 열매가 되셨도다(고전 15:20)
> 그러나 각각 자기 차례대로 되리니 먼저는 첫 열매인 그리스도요 다음에는 그리스도 강림하실 때에 그에게 붙은 자요(고전 15:23)

그리스도께서 부활하셨기에 그리스도와 연합된 성도들도 다 부활하게 될 것을 성경은 확실하게 증거하고 있다. 이것이 성도들의 궁극적인 소망이다.

세상은 죽음에 대해서 무엇이라고 말할까?[904] 니체의 영원회귀는 한번 죽었다가 다시 재생하는 디오니소스 신에 기초하기 때문에 근본적으로 반유대교적이고 반기독교적이다. 니체는 인간의 본성이 악하고 죄인이라는 것이 딱 듣기 싫었다. 그것은 죄책감을 불러일으키고 구원을 열망하게 만들기 때문이다. 그것은 자기 외부에 구원자를 요청하는 것이기에 죽어도 싫은 것이다. 니체 철학의 핵심은 '영원회귀의 긍정'이다. 그것은 여태껏 서구사회를 지탱해온 신과 그리스도교를 몰락시키고, 인간의 힘으로 인간 해방을 부르짖는 것이다. 그것은 초인과 영원회귀, 힘의 의지로 나타났다. 기독교가 말하는 초월적인 세계는 헛된 꿈이고 그 꿈에서 깨어나 세상에 충실하고, 육체와 현실에 힘을 다하고 사는 것이 삶의 본질적이라 했다.

니체는 세상의 모든 것들은 어떤 목적을 가지고 존재하는 것이 아니라 맹목적으

---

902) Q. 28. Wherein consisteth Christ's exaltation? A. Christ's exaltation consisteth in his rising again from the dead on the third day, in ascending up into heaven, in sitting at the right hand of God the Father, and in coming to judge the world at the last day.

903) 하이델베르크 교리문답 제45문: 그리스도의 부활이 우리에게 주는 유익이 무엇입니까? 답: 첫째, 그리스도께서 부활하심으로 죽음을 이기시어, 우리가 당신의 죽음을 통하여 우리를 위하여 획득하신 의에 참여할 수 있게 해 주신다는 것입니다. 둘째, 그리스도의 능력에 의해서 우리도 또한 새로운 생명으로 부활하게 되었다는 것입니다. 셋째, 그리스도의 부활은 우리의 영광스러운 부활에 대한 보증이 된다는 것입니다.

904) 성 염(서강대 철학과), 죽음에 관한 철학적 이해를 참고한 것이다.

로 그저 끊임없이 흘러가고 돌아가는 것이 영원히 재현되는 영원회귀라고 말했다.905) 초월의 세계는 등 뒤로 던져버리고 이 현상계에 무슨 의미도 목적도 찾으려 하지 말고 그냥 있는 그대로 보고 있는 그대로 긍정하자는 것이다. 니체 철학의 주제가 플라톤주의의 전복이다.

니체가 무슨 대단한 소리를 한 것이 아니다. 죽음으로 땡하고 끝나 버리면 허탈하니까, 인간의 능력을 최대한 발휘하자는 것이다. 무슨 목적 의미 그런 것을 찾자 그러면 플라톤, 기독교로 돌아가게 되니까 그런 것은 철저하게 거부하자는 것이다. 거기에 딱 맞는 것이 디오니소스적인 정열의 인간이고 초인이다.

하이데거(M. Heidegger 1889~1976)는 인간을 "죽음을 향해 있음' 또는 '죽음에 붙여진 존재'(Sein zum Tode)라고 규정했다. 죽음은 실존의 한계를 보여주는 지평선(地平線)으로 보았다. 비본래적인 삶과 세계로부터 벗어나는 것은 주체의 결단만으로는 되는 것이 아니다. 그것은 인간이 죽음이라는 극단적인 한계상황에 직면할 때 일어난다. 이 세상의 삶이 공허하고 가식적이었다는 것을 죽음이 개시(開示)하여 보여준다는 것이다. 죽음이 인간에게 나타나는 본래적인 방식을 죽음이라 했다. 나라는 주체를 제대로 알게 해 주는 것이 인격체가 아니고 죽음이라는 한계적 상황이니 자기가 자기를 인식하고 경험해가는 존재이기에 하이데거는 결국 도약을 감행해야만 했다.

강신주 교수가 열렬히 추종하는 장자는 죽음을 어떻게 보았는가?

'자래'라는 사람이 죽어가고 있었다. 머리맡에서는 그의 처자식이 슬픔에 잠겨 울고 있었다. 때 마침 찾아 온 '자리'라는 친구가 그 광경을 보고 호통을 쳤다. "왜들 우느냐. 사람의 임종을 방해하지 말거라." 이것이 장자 자신의 사생관이다. 죽는 당사자가 조용히 죽음을 맞으려 하는데 주위에서 운다는 것은 죽는 사람에 대한 적절한 예우가 아닐 뿐더러 자연의 섭리에 거스르는 행위라고 보았다. 그래서 자기 아내가 죽었을 때도 장자는 울기는커녕 두 다리를 뻗고는 아내의 시체 앞에서 북을 치며 노래를 불렀다.(莊子妻死 惠施弔之 莊子則方箕踞 鼓盆而歌 - 至樂) 장자의 친구 혜자가 옆에서 지켜보자니 기가 막힐 노릇이었다. 조강지처가 죽었는데 곡을 안 하는 것은 그렇다 치고 노래까지 부르는 것은 너무 심하지 않느냐고 혜자는 힐난한다.

그러자 장자가 이렇게 말했다. "나도 인간이네. 한 평생 고생만 시킨 아내인데 난들 어찌 슬프지 않겠나. 헌데 가만히 생각해 보거나. 본래 삶과 죽음은 없는 것이네. 생명뿐만 아니라 형체도 없었고, 형체만이 아니라 기(氣)도 없었네. 무엇인가 혼돈 속에 섞여 있다가 변하여 기가 생겼고, 기가 변해서 형체가 생기고, 형체 속에서 생명이 생겼다네. 그리고 오늘은 이렇게 변해서 죽음이 된 것이네. 이것은 춘하추동 사계절이 운행하는 것과 같을 뿐이네. 지금 내 아내는 천지라는 거대한 방에서 해와 달과 별들을 품에 안고 편히 잠들고 있는 것일세. 그렇게 거대한 방에 누워 편히 잠을 자려하는데 내가 곁에서 큰 소리로 비통하게 운다는 것은 천명을 거스르는 일이라고 생각했네. 내가 곡을 하

905) 김성원, 신은 허구의 존재인가? - 현대무신론 비판 (서울: 대한기독교서회, 2003), 24.

며 슬피 운다면 오히려 아내의 마음을 불편하게 만들지 않겠나."906)

장자는 의아해 하는 문상객들에게 다음과 같은 우화를 들려주었다.

옛날 어느 나라의 공주가 시집을 가게 되었다. 공주는 이 미지의 세계가 던져 주는 불안 때문에 잠을 이룰 수가 없었다. 사랑하는 부모님, 무엇 하나 부족할 게 없는 지금의 생활에서 떠나, 전혀 미지의 한 남자에게 자신을 맡긴다는 것이 불안하고 초조해졌던 것이다. 울며불며 시집을 안 가겠다고 했지만 불가항력이었다. 날은 다가오고, 속절없이 공주는 이웃 나라로 가게 되었다. 그로부터 몇 년 후 이제 공주는 두 아이의 어머니로서, 한 사람의 아내로서 근면하게 살아가고 있었다. 공주는 지금 행복을 만끽하고 있는 것이다. 그때 불현듯 이런 생각이 들었다. 그 때 내가 왜 결혼하지 않겠다고 망설였던가! 지금 이렇게 행복하지 않은가. 그 당시에는 미처 상상하지 못한 보람이 있고, 깊은 사랑이 있지 않은가. 공주는 혼자 고소(苦笑)를 지었다.907)

장자는 인간이 죽고 난 다음에는 그때 왜 그리 죽음을 두려워했는지, 이 공주처럼 웃으며 독백을 할지 모른다고 말한 것이다. 장자에게 죽음은 소멸이 아니라 원래의 상태로 돌아감(歸)이다. 마치 구름이 일어났다 사라졌다하는 것과 같은 것이니 그로 인해 슬퍼할 필요가 없다는 것이다. 죽음이란 것은 존재의 다른 형태일 뿐이고 죽음은 없다. 이러한 사고의 틀에는 장자의 제물론(齊物論)에 나오는 호접몽(胡蝶夢)의 비유가 자리 잡고 있다.

어느 날 장자는 제자를 불러 이런 말을 들려주었다. "내가 어젯밤 꿈에 나비가 되었다. 날개를 철럭이며 꽃 사이를 즐겁게 날아다녔는데, 너무도 기분이 좋아서 내가 나인지도 잊어버렸다. 그러다 불현듯 꿈에서 깨었다. 깨고 보니 나는 나비가 아니라 내가 아닌가? 그래 생각하기를 아까 꿈에서 나비가 되었을 때는 내가 나인지도 몰랐다. 그런데 꿈에서 깨고 보니 분명 나였다. 그렇다면 지금의 나는 정말 나인가, 아니면 나비가 꿈에서 내가 된 것인가? 지금의 나는 과연 진정한 나인가? 아니면 나비가 나로 변한 것인가?"
알쏭달쏭한 스승의 이야기를 들은 제자가 이렇게 말했다. "스승님, 스승님의 이야기는 실로 그럴듯하지만 너무나 크고 황당하여 현실세계에서는 쓸모가 없습니다."
그러자 장자가 말하기를, "너는 쓸모 있음과 없음을 구분하는구나. 그러면 네가 서있는 땅을 한번 내려다보아라. 너에게 쓸모 있는 땅은 지금 네 발이 딛고 서 있는 발바닥 크기만큼의 땅이다. 그것을 제외한 나머지 땅은 너에게 쓸모가 없다. 그러나 만약 네가 딛고 선 그 부분을 뺀 나머지 땅을 없애버린다면 과연 네가 얼마나 오랫동안 그 작은 땅 위에 서 있을 수 있겠느냐?"
제자가 아무 말도 못하고 발끝만 내려다보고 있자 장자는 힘주어 말했다. "너에게 정말 필요한 땅은 네가 디디고 있는 그 땅이 아니라 너를 떠받쳐주고 있는, 바로 네가 쓸모없다고 여기는 나머지 부분이다."908)

---

906) http://blog.daum.net/bys2960/2939525 장자, 죽음이란 무엇인가?
907) 같은 사이트.
908) http://blog.daum.net/ymkwon57/465

내가 나비인지 나비가 나인지 모르겠다는 이 말이 가지는 의미는 무엇인가? 장자에게는 꿈도 현실도, 삶도 죽음도 구별이 없는 세계라는 것이다. 인간이 보고 생각하는 것도 한낱 만물의 변화상에 불과한 것이니, 삶도 죽음도 별개로 존재하지 않는다는 것이고, 죽음은 마치 해와 달과 별들이 운행하듯이, 혹은 춘하추동 사계절이 변화하듯이 흐르고 흐르는 것뿐이라 여겼다.

대붕의 정신, 대붕의 자유를 말하는 장자가 죽음에 대해서는 너무 자유했던가? 장자의 세계에서 죽음 이후에는 무슨 대책이 없다.

그러나 예수 그리스도를 구주로 믿는 성도들에게는 이 죽음 이후의 세계에 대하여 약속으로 보장을 받고 있다. 그 보장은 일차적으로 예수님께서 십자가에 못박혀 죽으시고 부활 승천하신 것이고, 또한 성령님께서 내주하심으로 보증하신다. 그래서 소교리문답은 그리스도의 높아지심을 말한다.

왜 그리스도는 높아지셨는가? 우리의 구원과 부활을 위하여 높아지셨다. 그리스도의 높아지심은 1) 부활 2) 승천 3) 하나님 보좌 우편에 앉으심 4) 재림 4단계로 볼 수 있다. 문답에 따라 다음과 같이 살펴볼 수 있다.

1) 3일 만에 죽은 자들 가운데서 다시 살아나신 것과

예수님께서 부활하신 사건이 있기 전에도 죽었다가 살아난 사건이 있었다. 그러나 살아났으나 다시 죽었기 때문에 소생이라고 한다. 그러나 부활은 첫사람 아담과는 비교할 수 없는 영광스러운 몸으로 다시 사는 것이다. 고통이 없고 죽음이 없으며 무엇보다도 더 이상 죄를 짓지도 않는다. 그리스도께서는 부활하심으로 죄와 사망에서 벗어나 영화로움에 이르게 할 것을 미리 보여주시는 첫 열매가 되셨다.

> 그러나 이제 그리스도께서 죽은 자 가운데서 다시 살아 잠 자는 자들의 첫 열매가 되셨도다(고전 15:20)

"잠자는 자들"이란 죽은 자들을 비유하는 말이다. "첫 열매"란 하나님께 처음 익은 열매를 바치게 되면 수확하는 곡식의 전부를 바치는 의미를 가진다.[909] 그리스

---

909) 제사하는 처음 익은 곡식 가루가 거룩한즉 떡 덩이도 그러하고 뿌리가 거룩한즉 가지도 그러하니라(롬 11:16) 이스라엘 자손에게 고하여 이르라 너희는 내가 너희에게 주는 땅에 들어가서 너희의 곡물을 거둘 때에 위선 너희의 곡물의 첫 이삭 한 단을 제사장에게로 가져갈 것이요(레 23:10)

도께서 부활하시어 첫 열매가 되심으로 그리스도를 믿는 모든 백성들도 함께 부활하게 된다. 그리스도는 그 몸 된 교회의 머리이시기에 함께 부활에 참여하는 영광을 누리게 된다.[910] 예수님은 죽은 자 가운데서 부활하심으로 하나님의 아들로 인정되셨다.

> 성결의 영으로는 죽은 가운데서 부활하여 능력으로 하나님의 아들로 인정되셨으니 곧 우리 주 예수 그리스도시니라(롬 1:4)

"죽은 가운데 부활하여"라는 말은 원래 "죽은 자들의 부활로서"란 의미다. "죽은 자들"이라고 복수를 사용한 것은 예수님의 부활이 모든 신자들의 부활을 성립시키신 부활의 새 시대를 가리키기 때문이다. "인정되셨으니"는 '결정하다, 세우가, 정하다, 임명하다, 표시하다'라는 의미인데, 예수님께서 부활하심으로 하나님의 아들 되심이 온 세상에 공포되었다는 뜻이다. 그것은 예수님께서 십자가에 피 흘리심으로 자기 백성을 구원하신 대속사역에 대한 영원하고 확실한 증거다. 예수님께서 부활하셨다는 것은 하나님께서 우리 죄를 위한 속죄제물로 받아들이셨으며 그것을 믿는 택자들을 의롭게 하신다는 확실한 증거다.[911] 사도 바울은 그것을 계속 선포했다.

> 장사 지낸 바 되었다가 성경대로 사흘 만에 다시 살아나사(고전 15:4)

사도는 이 문맥에서 그리스도의 부활이 눈으로 친히 본 자들의 증거에 의하여 확증(確證)된 것임을 말했다. 먼저 게바에게 보이시고 열두 제자와 오백여 형제에게 일시에 보이셨다. 그 놀라운 광경을 본 자들이 태반이나 살아있다고 말했다. 그 후에 야고보에게 보이셨고, 그리고 사도 바울 자신에게도 보이셨다고 말했다. 그리스도의 부활은 그렇게 역사 속에 일어난 객관적인 사실이며, 부활은 예수님께서 신성을 지닌 하나님이란 사실을 온 우주에 선포한 사건이다.

2) 하늘에 오르신 것과

예수님께서는 부활하시고 승천하셨다.[912] 승천은 원래 예수님께서 계셨던 곳으

---

910) 만일 우리가 그의 죽으심을 본받아 연합한 자가 되었으면 또한 그의 부활을 본받아 연합한 자가 되리라(롬 6:5) 그는 몸인 교회의 머리라 그가 근본이요 죽은 자들 가운데서 먼저 나신 자니 이는 친히 만물의 으뜸이 되려 하심이요(골 1:18)
911) 예수는 우리 범죄함을 위하여 내어줌이 되고 또한 우리를 의롭다 하심을 위하여 살아나셨느니라(롬 4:25)

로 되돌아간 것이다. 예수님은 원래 신성을 가진 하나님이셨으나, 이 땅에 오셨을 때 인성을 취하셨기 때문에 신성과 인성을 함께 가진 상태로 승천하셨다. 예수님께서 승천하셨다는 것은 이 땅에서의 사역을 다 완성하셨다는 것을 의미한다. 예수님께서는 우리의 거할 처소를 예비하신다고 하셨다.

> 내 아버지 집에 거할 곳이 많도다 그렇지 않으면 너희에게 일렀으리라 내가 너희를 위하여 처소를 예비하러 가노니 가서 너희를 위하여 처소를 예비하면 내가 다시 와서 너희를 내게로 영접하여 나 있는 곳에 너희도 있게 하리라(요 14:2-3)

예수님께서 우리를 위하여 처소를 예비한다는 것은 무엇인가? 아버지의 집에 거할 곳은 택한 자들을 위하여 이미 예비 된 것이다. 그가 예비하실 "처소"는 그렇게 본래부터 있던 아버지 집, 곧 "거할 곳"에 신자들을 수용할 자리다. 그곳에 가도록 예수님께서 십자가에 죽으심으로 그 길이 되어주셨다. 그리스도의 구속의 은혜가 없이는 영원한 하나님의 나라에 갈 수가 없다!

예수님께서는 승천하심으로 보혜사 성령님을 보내 주시기 위함이었다. 성령님을 보내시는 이유는 무엇인가?(요 16:7-14)

> 보혜사 곧 아버지께서 내 이름으로 보내실 성령 그가 너희에게 모든 것을 가르치시고 내가 너희에게 말한 모든 것을 생각나게 하시리라(요 14:26)

보혜사 성령님을 보내시는 이유는 사도들이 예수님에게서 직접 들은 말씀을 기

---

912) 하이델베르크 교리문답 제46문: 당신이 "그리스도께서 하늘로 올라가셨다"고 고백할 때, 당신은 무엇을 고백하는 것입니까? 답: 그리스도께서 제자들이 보는 앞에서 이 땅으로부터 하늘로 올라가셨으며, 산 자와 죽은 자를 심판하기 위해 다시 오실 때까지 우리의 유익을 위해 그곳에 계신다는 것입니다.
제47문: 그렇다면 그리스도께서 우리에게 세상 끝날까지 함께 하시겠다고 하신 약속은 어떻게 됩니까? 답: 그리스도께서는 참 사람이시고 참 하나님이십니다. 인성으로 볼 때에는 그리스도께서 더 이상 땅위에 계시지 않습니다. 그러나 신성과 위엄과 은혜와 성령의 견지에서는 그리스도께서 결코 우리를 떠나 계시지 않습니다.
제48문: 그러나 만일 그리스도의 인성이 그의 신성이 있는 곳마다 있는 것이 아니라면, 그리스도 안에 두 본성이 서로 분리되어 있는 것이 아닙니까? 답: 결코 그렇지 않습니다. 왜냐하면 그리스도의 신성은 제한을 받지 않고 어느 곳에서나 있을 수 있기 때문입니다. 그래서 그리스도의 신성은 정말로 당신이 취하신 인성을 초월해 있지만, 이 인성 안에 있고, 인격적으로 인성과 연합되어져 있다는 사실이 따라와야만 합니다.
제49문: 그리스도께서 하늘로 올라가심이 우리에게 어떻게 유익이 됩니까? 답: 첫째, 그리스도께서는 하늘에 계신 당신의 아버지 앞에서 우리의 대변인이 되십니다. 둘째, 우리는 우리의 머리이신 그리스도께서 당신의 지체인 우리를 당신께로 데려가실 것에 대한 확실한 보증으로서 하늘에 우리의 몸을 두게 됩니다. 셋째, 그리스도께서는 우리에게 또 다른 보증으로서 당신의 영을 보내주셨습니다. 그 성령의 능력으로 말미암아 우리는 땅위에 있는 것들을 찾지 않고, 그리스도께서 하나님 우편에 앉아 계시는 위에 있는 것들을 찾습니다.

억케 하기 위함이다. 사도들에게 어떤 새로운 계시를 주시는 것이 아니라 예수님께서 하신 말씀이 무슨 뜻인지 깨닫게 하시며 알게 해 주셨다.

> 말씀을 마치시고 저희 보는데서 올리워 가시니 구름이 저를 가리워 보이지 않게 하더라(행 1:9)

헬라문학에서는 대개 영웅이 죽어서 신이 되어 하늘로 올라간다(헤라클레스가 그의 화장터에서 그랬던 것처럼).913) 하지만 성경은 예수님의 승천을 무엇이라 말했는가? 승천은 부활하신 예수님의 신분을 확인하는 것이었다. 즉 인간이면서 또한 하나님인 왕의 대관식이었다. 제자들은 그 대관식을 목격했다. 본문에서 "보는 데서"는 현재 분사로 되어 있는데, 이것은 제자들이 예수님을 직접 그리고 계속해서 보고 있었다는 것을 강조한다. "구름"은 하나님의 임재하심과 영광을 가시적(可視的)인 형태를 말하는 상징적인 표현이다. 출애굽한 이스라엘 백성들에게 성막에 구름이 충만함으로 하나님의 영광과 임재를 나타냈다.914) 변화산상에서 구름이 예수님과 제자들을 에워쌌었을 때에도 하나님의 임재를 알리는 가시적인 표시였다.915) 종말에 그리스도께서 재림하실 때에도 구름을 타고 오실 것을 말씀하셨다.916)

3) 하나님 아버지 우편에 앉아 계신 것과

부활하시고 승천하신 예수님은 하나님 보좌 우편에 앉으셨다.917) 천국에는 하

---

913) 네이버 지식백과에서: 헤라클레스: 세월이 흘러 헤라클레스는 승리의 대가로 딸을 주지 않은 에우리토이 왕을 상대로 하여 마지막 복수극을 펼친다. 그 결과 에우리토이와 그의 아들은 전사하고 딸 이올레는 헤라클레스의 첩이 된다. 이 올레의 등장으로 남편의 사랑을 잃을까 초조해진 데이아네이라는 헤라클레스의 속옷에 네소스의 피를 칠한다. 고통에 몸부림치는 남편의 모습을 보며 그제야 네소스의 계략을 알아챈 데이아네이라는 자신의 어리석음을 한탄하며 스스로 목숨을 끊는다. 독이 퍼져 짓무른 몸을 이끌고 신전으로 간 헤라클레스는 스스로 불 속으로 뛰어들어 제우스의 곁으로 돌아가라는 신탁을 받는다. 헤라클레스는 신탁에 따라 화장터를 지은 후 만신창이가 된 자신의 몸을 태워 생을 마감한다. 그의 인생은 폭력과 증오로 점철된 것이었다. 여인들과의 관계도 다른 영웅들처럼 애정에 바탕을 둔 것이라기보다는 욕망의 분출에 가까운 것이었다. 마치 무언가에 사로잡힌 것처럼 모험으로 가득한 삶을 산 헤라클레스는 사후에 제우스의 명으로 신의 반열에 올라서게 된다.

914) 그 후에 구름이 회막에 덮이고 여호와의 영광이 성막에 충만하매(출 40:34)

915) 말할 때에 홀연히 빛난 구름이 저희를 덮으며 구름 속에서 소리가 나서 가로되 이는 내 사랑하는 아들이요 내 기뻐하는 자니 너희는 저의 말을 들으라 하는지라(마 17:5) 34 이 말 할 즈음에 구름이 와서 저희를 덮는지라 구름 속으로 들어갈 때에 저희가 무서워하더니 35 구름 속에서 소리가 나서 가로되 이는 나의 아들 곧 택함을 받은 자니 너희는 저의 말을 들으라 하고(눅 9:34-35)

916) 그때 인자의 징조가 하늘에서 보이겠고 그때 땅의 모든 족속들이 통곡하며 그들이 인자가 구름을 타고 능력과 큰 영광으로 오는 것을 보리라(마 24:30)

917) 하이델베르크 교리문답 제50문: "그리스도께서 하나님 우편에 앉아계신다"는 것이 덧붙여진 이유가 무엇입니까? 답: 그리스도께서 하늘로 올라가시어 그곳에서 교회의 머리로서 당신 자신을 나타내시며, 당신을 통하여 성부께서 만물

나님 좌우에 좌석이 있는가? 고대에 왕들은 자신의 왕위를 이어 받을 사람을 왕좌 우편에 앉혔다. 그 우편에 앉은 자에게 영광과 존귀와 권위를 준다는 것이다. 하나님 보좌라는 것은 하나님의 통치권을 의미한다. 하나님께서 예수님을 하나님 보좌 우편에 앉히신다는 것은 하나님께서 그 통치권을 예수님께 다 맡기신다는 것을 의미한다.

예수님은 하나님 보좌 우편에 계시면서 성령님을 통하여 택한 자를 구원하시며 믿는 자에게 성경을 깨닫게 하시며 그 말씀에 순종하게 하신다. 그것은 예수님의 선지자 사역을 말한다. 또한 예수님은 우리의 대제사장으로서 그의 택한 백성들을 위하여 중보하고 계신다.

> 그 능력이 그리스도 안에서 역사하사 죽은 자들 가운데서 다시 살리시고 하늘에서 자기의 오른 편에 앉히사(엡 1:20)
> 누가 정죄하리요 죽으실 뿐 아니라 다시 살아나신 이는 그리스도 예수시니 그는 하나님 우편에 계신 자요 우리를 위하여 간구하시는 자시니라(롬 8:34)

예수 그리스도께서 하나님의 보좌 우편에 계신다는 것은 그 위임받으신 권한으로 만물을 통치하고 계심을 말씀한다. 그렇게 통치하시는 예수 그리스도는 그 성취하신 구속 사역을 근거로 자기 백성들을 위하여 하나님께 변호하고 계신다. 그리스도는 그 권세와 능력으로 자기 백성을 구원하시고 끝까지 책임지시는 하나님이시다. 예수님께서는 믿는 자의 마음에 주와 그리스도가 되게 하셔서 왕으로서의 사역을 행하신다. 구원받은 백성들은 예수님의 말씀에 순종함으로써 예수 그리스도의 왕 되심을 높인다.

4) 마지막 날에 세상을 심판하러 오시는 것입니다

예수님께서는 산 자와 죽은 자를 심판하시기 위하여 영광 중에 다시 오실 것이라고 하셨다.[918] 그 날에는 모든 것이 그 앞에 드러나게 될 것이다. 천국과 지옥에

을 다스리신다는 사실을 보여 주십니다.

제51문: 우리의 머리이신 그리스도의 이러한 영광이 우리에게 주는 유익이 무엇입니까? 답: 첫째, 그리스도께서는 당신의 성령을 통하여 당신의 지체인 우리에게 하늘의 은사들을 부어주신다는 것입니다. 둘째, 그리스도께서는 당신의 능력으로 우리를 모든 원수들로부터 보호하시고 지켜주신다는 것입니다.

918) 하이델베르크 교리문답 제52문: "그리스도께서 산 자와 죽은 자를 심판하기 위하여 다시 오실 것이다"는 고백은 당신에게 무슨 위로를 줍니까? 답: 나는 모든 슬픔과 박해 가운데서도 머리를 들어서 이전에 나의 유익을 위하여 자신을 하나님의 심판에 복종시키심으로 나에게서 모든 저주를 제거해 주셨던 바로 그 그리스도께서 하늘로부터 심판 주로서 오실 것을 간절히 기다립니다. 그리스도께서는 당신과 나의 모든 원수들을 영원한 지옥으로 던지실 것입니다. 그러나 그리

갈 자들이 나누어질 것이다. 성도는 그리스도를 믿는 믿음으로 천국에 갈 것을 소망으로 인내하고 살기 때문에 허하지 않고 풍성한 삶을 살아가게 된다. 그 천국의 소망이 영원한 것이기 때문이다. 하나님이 영원하시니 하나님으로부터 주어지는 은사들도 영원하다.

예수님의 높아지심은 믿는 성도인 우리들을 위한 것이다. 예수님의 죽으심은 우리의 죽음이며 예수님의 부활하심도 우리의 부활이다. 예수님께서 보좌에 앉으시는 것도 우리와 함께 앉으시는 것이다. 왜냐하면 우리는 그리스도와 연합되었기 때문이다.

> 가로되 갈릴리 사람들아 어찌하여 서서 하늘을 쳐다보느냐 너희 가운데서 하늘로 올리우신 이 예수는 하늘로 가심을 본 그대로 오시리라 하였느니라(행 1:11)

예수님의 승천에 대하여 이미 말씀을 들었지만 그들의 눈앞에서 일어나는 일에 대하여 확신에 차 있지 못하였다. 제자들의 분명하지 못한 태도에 대하여 "어찌하여 서서 하늘을 쳐다보느냐"고 말하면서 책망하였다. "이 예수는 하늘로 가심을 본 그대로 오시리라"는 말씀은 승천에 대한 분명한 확신을 주시고 재림에 대한 약속도 주신 것이다. 하나님의 나라는 사람의 손으로 만들어지는 것이 아니다.

> 이는 정하신 사람으로 하여금 천하를 공의로 심판할 날을 작정하시고 이에 저를 죽은 자 가운데서 다시 살리신 것으로 모든 사람에게 믿을 만한 증거를 주셨음이니라 하니라(행 17:31)

"정하신 사람"이란 예수 그리스도를 말한다. 이것은 예수님께서 자신을 '인자'라 하셨듯이 사도 바울 역시 그리스도의 인성을 강조하기 위하여 이런 표현을 했다. 성경에서 심판주를 굳이 '사람'이라고 말한 것은 인성을 가지셨던 그리스도의 죽으심과 부활이 엄연히 역사적 사실임을 말하고자 함이다. 그렇게 죽으시고 부활하신 그리스도이시기에 심판주가 되신다는 것을 강조한 것이다. 그렇게 높아지신 그리스도는 여전히 죄인들을 부르시고 계신다. 성도는 높아지신 그리스도 안에서 종말론적 기쁨을 누리고 산다.

스도께서는 나와 당신의 택한 모든 백성들을 하늘의 기쁨과 영광 가운데 계신 당신께로 데려가실 것입니다.

제29문 우리는 그리스도께서 사신 구속에 어떻게 참여하는 자가 됩니까? (대58)
답: 우리는 그리스도께서 획득하신 구속을 자기의 성령으로 우리에게 구속을 효력
있게 적용하심으로 말미암아 그 구속에 참여하는 자가 됩니다.919)

우리가 살고 있는 대한민국이라는 나라에 여러 종교가 있지만 왜 우리는 불교도
가 아니라 기독교인인가? 그것은 인간론이 틀리고 구원론이 틀리기 때문이다. 불교
는 무엇이라고 할까? 법륜의 이야기를 들어보자.

> 양나라 임금 무제가 수백 개 절을 짓고, 탑을 세우고, 경전을 번역해서 유포하고, 스님들을 수천 명
> 양성했어요. 달마대사가 중국에 왔을 때 양무제가 인도에서 도인이 왔다 하니까 당연히 궁중으로
> 초빙해 식사대접을 하고 나서 물었어요. "지금 이 나라 불교 상황은 어떻고, 제가 절을 몇 백 개 짓
> 고, 탑도 세우고, 경전도 번역하고, 스님들도 교육시켰습니다. 이 정도면 공덕이 얼마만 합니까?"
> 달마대사가 딱 한 마디로 "무!" 이랬어요. 양무제는 화가 확 올라오지만 그래도 도인이라니 "너 누
> 구냐?" 하고 물었어요. 속마음은 '도대체 네가 누구인데 그렇게 말을 함부로 하느냐?' 이 말이죠. 달
> 마대사가 "나도 모르오" 했어요. 임금이 참다못해 감정이 폭발해서 칼을 빼려고 했어요. 절을 몇 백
> 개나 지은 불자가 제 맘에 안 든다고 칼을 빼 고승을 죽여 버리려고 하는 그게 그 사람의 수준이지
> 요. 그건 불자가 아닙니다. 어떻게 제 마음에 안 드는 말을 한다고 큰스님을 죽이려 합니까? 절만
> 지으면 불자입니까? 탑만 세우면, 경전만 유포하면 불자입니까? 마음을 닦아야 불자이지요.
> 그래서 달마대사는 양나라를 떠나 소림사에 가서 침묵했단 말이에요. 많은 사람이 찾아와 달마권법
> 가르쳐 달라, 산스크리트어 가르쳐 달라, 경전 번역해 달라, 전부 다 무엇인가를 얻으러 왔는데 이
> 깨달음의 법은 줄래야 줄 게 없으니까 침묵할 수밖에. 사람들은 얻으러 와서 못 얻으니까 결국 하루
> 만에 가는 사람도 있고, 한 달 만에 가는 사람도 있고 ⋯.
> 9년을 침묵하니까 수많은 사람이 왔다가 다 떨어졌어요. 그 가운데 오직 한 사람만이 안 가고 대사
> 가 일하면 자기도 같이 일하고, 참선하면 같이 참선하고, 밥 먹으면 같이 밥 먹고, 아무 말도 안 하
> 고 늘 같이 있는 거예요. 온갖 떨거지가 다 떨어져나갔는데 오직 한 사람이 안 가고 있으니까 9년이
> 지난 어느 날 대사께서 물어봤어요. '너는 왜 왔니?' '안심입명의 도를 얻으러 왔습니다.' '네 마음이
> 어떤데?' '예, 제 마음이 심히 불안합니다.' '그래? 불안한 마음 이리 내놔라. 내 편안하게 해줄게.'
> 불안한 마음 내어 놓으려면 어디를 봐야 해요? 자기를 봐야 되겠죠? 한참 후에 '내놓을래야 내 놓을
> 게 없습니다' 했어요. 그래서 대사께서 '내 이미 네 마음을 편안하게 했도다'라고 말씀하셨습니다. 여
> 기서 스승은 밖으로 향한 제자의 눈을 안으로 돌려준 거예요. 눈이 안으로 향했을 때 이미 편안해진
> 거예요.
> 이게 불교에요. 그런데 여기 무슨 승속을 따지고, 남자 여자 따지고, 이런 이야기 붙을 데가 어디
> 있어요?920)

법륜이 말한 핵심은 '마음을 닦는 것'이다. 외적인 일의 성과를 얼마나 이루었느
냐가 중요한 것이 아니라 마음을 닦지 않으면 아무 소용이 없다는 것이다. 그렇게

---

919) Q. 29. How are we made partakers of the redemption purchased by Christ? A. We are made partakers of
the redemption purchased by Christ, by the effectual application of it to us by his Holy Spirit.
920) http://well.hani.co.kr/?mid=media&category=115&document_srl=434315

말하는 이유는 무엇인가? 불교는 '인간의 마음속에 불성이 있다'고 보기 때문이다. 그래서 불교는 '믿는 종교'가 아니라 '수행종교'다. 팔만대장경을 아무리 줄줄 외워도 마음을 닦지 않으면 소용이 없다는 것이다. 도대체 어떻게 마음을 닦으라는 것인가? 법륜은 무엇이라 하는가? 앞에 인용한 글에서 다음과 같이 말했다.

> 불, 법, 승 삼보에 귀의하고 계, 정, 혜 삼학을 닦아라. 이러면 돼요.
> 그러니까 핵심은 내가 막연히 살지 말고 나를 조금 더 살펴라, 그래서 진짜 내가 답답한 게 무엇인지 내 문제를 발견하고 그걸 내지르면 한 점 돌파할 수가 있습니다.

이것은 무엇을 말하는가? 도를 닦으라는 말이고 마음을 닦으라는 말이다. 법륜의 다른 글을 살펴보면 구체적으로 무엇을 하라는 것인지 나온다.

> 질문) 욕설, 폭언에 의처증까지 있어서 이혼을 결심했습니다. 이제 3개월 쯤 됐는데 아이나 재산 문제를 핑계로 자꾸 연락을 합니다. 재산도 아이들도 다 주고 나왔는데 주위를 맴도니 괴롭습니다. 단호히 끊어버리고 싶지만 아이가 중심을 못 잡고 방황하는 데다 진로문제도 있으니 어쩔 수 없이 받아줍니다. 소송을 해서 아이들을 데려올까 하는 생각도 듭니다.
>
> 답) 의처증 있는 배우자와 사는 게 얼마나 힘든 일인지 안 살아본 사람은 모른다고 합니다. 동네만 나갔다 와도 따지고, 전화 한 통도 따지고, 미칠 지경이라고 하지요. 그런데 그게 다 병증인 줄을 알아야 합니다. 힘 드는 건 이해하지만 결혼은 상대가 병들고 아프더라도 끝까지 책임지겠다는 약속입니다. 중풍 걸려 똥오줌 받아내는 배우자는 버려도 됩니까. 지금 생각으로는 의처증으로 겪는 괴로움보다는 그편이 차라리 나을 것 같겠지만 겪어보면 그것 또한 보통 일이 아닙니다.
> 그러니 미안하고 불쌍한 마음으로 상담을 해주면 좋겠습니다. … 우선 오늘부터 백일 간 하루에 300배씩 참회기도하세요. '내가 그동안 어떻게 살았는데! 재산이고 뭐고 다 주고 나왔는데!' 하며 자꾸 잘잘못을 따지고 손익을 따지면 죽을 때까지 괴롭다가 죽습니다. 환자 두고 온 내 잘못만 생각하고 고개 숙여 진심으로 참회해야 내 상처가 녹아납니다. 지금 우리가 말하는 문제는 누가 잘했고 잘못했고가 아니라 어떻게 자기 내면에 상처를 치유하느냐, 내가 어떻게 마음을 내야 해탈할 수 있느냐 하는 것이 아닙니까.
> 더구나 그동안 나의 잘못으로 아이 문제는 앞으로 계속 불거져 나올 겁니다. 평생을 짊어져야 할 과보이고, 죽어라 기도해도 10년에 끝날까말까 하지요. 자꾸 핑계대고 적당히 합리화하면 남편 문제가 끝나도 자식은 평생 짊어지고 살아야 됩니다. 꾸준히 참회기도를 하면 내 마음 속에서 남편이 좋은 사람이 되고, 그러면 남편 만나서 내 인생 버렸다는 상처가 치유됩니다. 그러면 무엇보다 내가 좋고, 아이들도 차츰 좋아집니다.[921]

법륜은 무엇이라 했는가? "백일 간 하루에 300배씩 참회기도"를 하면서 자기 안에 상처를 치유하라 했다. 그렇게 참회기도를 하면 마음이 닦아지고 상처가 치유된다고 말했다. 이것은 일종의 '자기최면'이다. 결론은 무엇인가? 자기 죄를 자기가

---

921) http://well.hani.co.kr/419734: 전 남편에게 계속 연락이 와서 괴롭습니다.

씻어내는 것이 불교다.

성경은 우리 속에 신성한 것이 없다고 말하며, 삶의 문제가 마음을 닦는다고 해결된다고 말하지 않는다. 우리의 구원은 우리 밖에서 그리스도를 통하여 주어지는 것이며 삶의 문제도 그리스도 중심적으로 해결해 갈 것을 말한다. 그리스도께서 이루신 구속에 우리가 어떻게 참예할 수 있는가?

> 5 우리를 구원하시되 우리의 행한 바 의로운 행위로 말미암지 아니하고 오직 그의 긍휼하심을 좇아 중생의 씻음과 성령의 새롭게 하심으로 하셨나니 6 성령을 우리 구주 예수 그리스도로 말미암아 우리에게 풍성히 부어주사(딛 3:5-6)

구원의 근거와 전제 조건은 우리 편에 달려 있는 것이 결코 아니다. 구원은 인간의 도덕적 행위에서 발생하는 의로움으로 만들어지지 않는다.[922] 그러면 구원은 무엇으로 말미암는가? 그것은 오직 하나님의 긍휼하심이다. 그런데 '어떻게 한 사람의 죽음이 그렇게 수많은 사람들을 구원할 수 있는가?' 그것은 예수 그리스도의 피 흘림이 하나님으로서 무한한 가치가 있기 때문이다. 또한 인간으로서 온전히 율법에 복종하셨기 때문이다.[923] 예수님의 가치는 세상 모든 사람들의 가치를 다 합친 것보다 더 큰 가치가 있다.

성경은 구원의 수단을 두 가지로 말한다. "중생의 씻음과 성령의 새롭게 하심"이다. 첫 번째로, "중생의 씻음"에서 "씻음"이란 '세례'를 뜻한다. 세례는 그리스도와 함께 죽고 그리스도와 함께 살아남으로 새언약과 새시대로 진입하는 수단이다. 그런 외적인 물세례로 구원이 가능하다는 것이 아니라 영적인 거듭남의 외적인 고백이다. 두 번째로, "성령의 새롭게 하심"인데, "새롭게 하심"은 "중생의 씻음"의 결과이며, 하나님의 형상으로 회복되는 과정이다.[924] "중생"과 "성령의 새롭게 하심"에 대하여 동일한 사건으로 바라보기도 하고 서로 다른 사건으로 해석하기도 한다.

---

922) 4 일하는 자에게는 그 삯을 은혜로 여기지 아니하고 빚으로 여기거니와 5 일을 아니할지라도 경건치 아니한 자를 의롭다 하시는 이를 믿는 자에게는 그의 믿음을 의로 여기시나니(롬 4:4-5) 16 사람이 의롭게 되는 것은 율법의 행위에서 난 것이 아니요 오직 예수 그리스도를 믿음으로 말미암는 줄 아는고로 우리도 그리스도 예수를 믿나니 이는 우리가 율법의 행위에서 아니고 그리스도를 믿음으로서 의롭다 함을 얻으려 함이라 율법의 행위로서는 의롭다 함을 얻을 육체가 없느니라 17 만일 우리가 그리스도 안에서 의롭게 되려 하다가 죄인으로 나타나면 그리스도께서 죄를 짓게 하는 자냐 결코 그럴 수 없느니라(갈 2:16-17) 8 너희가 그 은혜를 인하여 믿음으로 말미암아 구원을 얻었나니 이것이 너희에게서 난 것이 아니요 하나님의 선물이라 9 행위에서 난 것이 아니니 이는 누구든지 자랑치 못하게 함이니라(엡 2:8-9)
923) 폴 워셔, 복음, 조계광 역, 생명의말씀사, 2013, p. 224.
924) 26 이는 곧 물로 씻어 말씀으로 깨끗하게 하사 거룩하게 하시고 27 자기 앞에 영광스러운 교회로 세우사 티나 주름 잡힌 것이나 이런 것들이 없이 거룩하고 흠이 없게 하려 하심이니라(엡 5:26-27)

그러나, "중생"은 하나님의 자녀로 태어난 새로운 신분을 말하며, "새롭게 하심"은 그렇게 새로운 신분으로 태어난 자들이 점진적으로 변화되어 가는 성화의 삶을 말한다. 그 일은 어떻게 일어난 일인가?

> 10 오직 하나님이 성령으로 이것을 우리에게 보이셨으니 성령은 모든 것 곧 하나님의 깊은 것이라도 통달하시느니라 11 사람의 사정을 사람의 속에 있는 영 외에는 누가 알리요 이와 같이 하나님의 사정도 하나님의 영 외에는 아무도 알지 못하느니라 12 우리가 세상의 영을 받지 아니하고 오직 하나님께로 온 영을 받았으니 이는 우리로 하여금 하나님께서 우리에게 은혜로 주신 것들을 알게 하려 하심이라(고전 2:10-12)

성령 하나님께서는 이 세상의 관원들도 깨닫지 못했던 하나님의 깊은 지혜를 선지자와 사도들과 모든 그리스도인들에게 알게 하셨다. 사람의 사정은 그 사람의 속에 있는 영이 알듯이 하나님의 영적인 지혜와 진리는 오직 하나님의 성령님만이 아신다. 하나님께서는 성령님을 통하여 계시하시며 성령의 조명으로 주신 계시를 깨닫게 하신다. 그것은 참으로 하나님의 은혜로 허락하여 주신 것이다.

예수님께서 이루신 구속 사역을 성령 하나님께서는 그의 택자들에게 적용시키신다.[925] 우리가 그 구속에 참예자가 된다는 것은 언약의 화복이 이루어졌다는 것이다. 구속이란 대가나 몸값을 자불하고 면제나 석방을 받았다는 뜻이다. 성도는 예수 그리스도의 피흘리심으로 죄와 사망의 비참함에서 벗어난 하나님의 자녀다. 그 일은 우리 스스로가 한 것이 아니라 성령 하나님께서 이루셨다.

부르심, 중생

중생이란 새생명이 처음 심어지는 것이다. 회심은 그 심어진 중생의 씨앗이 드러나고 발현되는 것을 말한다. 이것은 언제나 성령 하나님의 사역의 결과이다. 알미니안주의자들은 인간의 전적타락을 믿지 않았다. 인간이 타락했을지라도 의지는 자유롭다고 주장했다. 죄인들에게 복음이 선포될지라도 예수님을 믿고 안 믿고는 전적으로 인간의 자유의지에 달려있다고 말했다.

예수님께서는 성령님의 사역을 바람으로 비유하셨다.[926] 그 비유의 핵심은 성

---

925) 하이델베르크 교리문답 제53문: 당신은 성령에 관하여 무엇을 믿습니까? 답: 첫째, 성부와 성자와 함께 성령도 참되고 영원하신 하나님이시라는 것을 믿습니다. 둘째로, 성령도 또한 나로 하여금 참 믿음으로 그리스도 안에 있게 하고, 그 그리스도의 모든 유익에 참여하게 하시고, 나를 위로하시고, 나와 영원히 계시기 위해서 내게 임하신 것을 믿습니다.
926) 7 내가 네게 거듭나야 하겠다 하는 말을 기이히 여기지 말라 8 바람이 임의로 불매 네가 그 소리를 들어도 어디서 오며 어디로 가는지 알지 못하나니 성령으로 난 사람은 다 이러하니라(요 3:7-8)

령님께서 행하시는 구원 사역은 성령님의 주권이다. 성령님께서는 성부 하나님의 뜻을 따라서 행하신다. 우리 편에서 보자면 우리는 그 사역이 어떻게 진행되는지 도무지 알 수가 없다. 그러나 성령님께서 우리 안에 역사하기 시작하면 죄인들은 예수님을 영접하게 되고 하나님의 말씀을 사모하게 된다. 죄인은 자기 안에는 죄 밖에 없으며 그 죄에서 구원받기 위하여 자기 스스로는 아무것도 할 수 없다는 것을 고백하게 된다. 그는 오직 예수 그리스도께서 십자가에 피 흘려 죽으시고 부활하신 그 사역만을 의지하게 된다.

구원은 하나님의 불가항력적인 은혜에 달려 있다. 그것은 성령님께서 죄인들을 이끌어 변화시키지 아니하면 예수님을 믿을 수 없다는 뜻이다.

구원에 대한 잘못된 견해들

교회사에는 성경 본래의 구원에서 멀어진 잘못된 구원론들이 있어왔다. 그 예들은 다음과 같다.

1) 로마 가톨릭: 로마 가톨릭은 인간의 협력이 없는 구원에 이를 수 없다고 말한다. 그리스도를 믿는 믿음에 인간의 선행이 첨가되어야 한다.

2) 유니테리안주의: 신은 하나라는 유일신 신앙 즉, 단일신론을 주장하며 예수님을 하나님이라고 믿지 않는다. 그리스도는 그저 사람이 살아가는 데 있어 모범일 뿐이다. 인간이 본성적으로 타락하지 않았다고 보기에 하나님이 뜻한 대로 선악을 행할 능력이 있다고 믿는다. 인간의 자유의지로 윤리적 실천을 행할 수 있다고 본다. 그러니 유니테리안주의자들에게 그리스도의 대속이 필요하지 않다.

3) 소시니안주의: 이들은 유니테리안주의의 선구자들이며, 종교개혁에 대한 합리주의적인 반동이다. 삼위일체, 그리스도의 선재, 원죄, 구속의 만족설 등을 반대한다. 하나님이 절대적인 주권을 가지고 있다면 하나님께서는 어떤 방법으로든지 죄를 용서할 것이라고 말한다. 죄의 용서와 만족설을 서로 상충되는 것으로 본다. 왜냐하면 만일 하나님께서 죄를 용서하신다면 보상은 필요가 없고, 또 보상이 필요하다면 용서라는 것은 한낱 환상에 불과한 것이라고 생각하기 때문이다.

4) 펠라기안주의: 아담의 타락과 부패가 인간에게 전혀 영향을 끼치지 못한다고 말하며, 인간은 무죄한 상태로 태어난다고 주장한다. 인간은 선한 상태로 태어나기에 인간 스스로의 노력으로 구원에 이를 수 있다고 믿는다.

5) 알미니안주의: 하나님께서 인간을 죄에서 구원하시기 위하여 예수님을 보내시고 십자가에 죽으신 것과 성령 하나님께서 은혜를 주신다는 것을 믿는다. 그러나

하나님의 그 은혜를 받아들이거나 거절하는 최종적인 결정권이 인간에게 있다고 주장한다. 그렇게 되면, 수시로 변하는 것이 인간의 마음이기 때문에 구원의 확신을 가질 수 없고 흔들리게 된다. 그들은 인간이 먼저 회개하고 나면 그 후에 성령님께서 중생시킨다고 주장한다. 전도현장에서 많이 사용하는 성경구절이 있다.

볼지어다 내가 문 밖에 서서 두드리노니 누구든지 내 음성을 듣고 문을 열면 내가 그에게로 들어가 그로 더불어 먹고 그는 나로 더불어 먹으리라(계 3:20)

알미니안주의자들은 이 구절을 들어서 중생이 '협력적 과업'이라고 말한다. 문밖에서 예수님이 문을 두드리고 계시면 문을 열어 주는 것은 인간이 해야 하는 일이라고 말한다. 그래서 문을 열어 드리기만 하면 예수님이 들어오셔서 죄인을 구원하신다고 말한다. 그러나 이 말씀은 이미 구원받은 자들의 모임인 교회에 말하고 있다. 구원에 관한 말씀이 아니라 성화에 관한 말씀이다.

회개를 촉구하시는 분은 예수 그리스도시며, 죄인의 마음 문을 열 수 있도록 능력을 주시는 분은 성령하나님이시다. 왜냐하면 인간은 허물과 죄로 죽었기 때문에 죄인 스스로는 예수님의 음성을 들을 수도 없으며 마음에 들어오시게 할 수 없기 때문이다. 오직 성령 하나님께서 역사하실 때에만 거듭남의 역사가 있게 된다.

찰스 피니의 뿌리는 펠라기우스주의와 알미니안주의. 그는 인간이 그 자신의 의지와 능력으로 율법을 지킬 수 있다고 생각했다. 그런 생각의 바탕에는 무엇이 있는가? 인간의 원죄나 인간본성의 부패를 인정하지 않는다. 죄는 다만 사람이 자기의지로 하나님의 계명을 범하는 것뿐이다.

알미니안주의자들은 제한 없는 보편 속죄를 믿었다. 개혁주의자들은 예수 그리스도께서 오직 택자들을 위해서만 죽으셨다고 믿었으나, 알미니안주의자들은 예수 그리스도의 죽음이 모든 사람의 구원을 가능하게 만들었으나 그것이 곧 구원의 보증은 아니라고 말했다. 개혁주의자들은 제한속죄를 믿었다. 제한속죄란 그리스도의 구속의 가치와 능력이 제한되었다는 뜻이 아니라 계획과 성취에서 제한되었다는 뜻이다. 예수님의 속죄의 성취가 오직 택자들에게만 제한되었다는 의미다. 그래서 "확정적 속죄" 혹은 "특정적 속죄"라고 말하기도 한다. 하나님의 능력과 사역이 제한되어 있다는 뜻이 아니라 하나님께서 하나님의 정하신 그 택자들에게만 구속을 제한하셨다는 뜻이다.

알미니안주의자들의 보편속죄 개념은 하나님의 공의를 근본적으로 거부한다. 인간이 형벌을 받는 것은 원죄와 자범죄 때문이다. 인간 스스로는 그 죄의 형벌로 벗어날 수가 없다. 인간이 지은 죄는 하나님께 지은 죄이기 때문이다. 하나님의 진노에서 벗어나는 것은 오직 예수 그리스도의 십자가의 피 흘림뿐이다. 왜냐하면 그 죽으심이 하나님의 공의를 만족케 하신 완전한 속죄를 제공하기 때문이다. 그 속죄는 오직 택자들에게만 제공된다. 그 증거는 무엇인가? 사도 바울은 다음과 같이 말했다.

> 자기 아들을 아끼지 아니하시고 우리 모든 사람을 위하여 내어 주신 이가 어찌 그 아들과 함께 모든 것을 우리에게 은사로 주지 아니하시겠느뇨(롬 8:32)

예수 그리스도를 주시되 "우리 모든 사람을 위하여 내어 주"셨다고 했다. 이 말씀에서 "우리 모든 사람"은 누구인가? 그것은 그 앞에 나오는 구절로 정확하게 확인된다.

> 29 하나님이 미리 아신 자들로 또한 그 아들의 형상을 본받게 하기 위하여 미리 정하셨으니 이는 그로 많은 형제 중에서 맏아들이 되게 하려 하심이니라 30 또 미리 정하신 그들을 또한 부르시고 부르신 그들을 또한 의롭다 하시고 의롭다 하신 그들을 또한 영화롭게 하셨느니라(롬 8:29-30)

사도 바울이 말한 "우리 모든 사람"은 하나님의 택자들이다. 그러나 알미니안주의자들은 예수님의 죽으심이 택자들이 아닌 모든 사람들이라고 주장한다. 사람들이 지옥의 멸망에 가게 되는 것은 그리스도가 모든 사람을 위하여 죽으셨으나, 다만 그리스도를 믿는 것을 거부했기 때문이라고 말한다. 믿고 안 믿고는 인간의 자유의지에 달려있는 것이라고 말한다. 그러나 예수님을 안 믿는 것도 정죄에 이르는 것이지만 원죄와 자범죄로 인해 하나님의 심판을 받게 된다! 예수 그리스도의 속죄는 오직 택자들만을 위한 것이다. 성령 하나님께서는 그리스도의 속죄를 그 택자들에게 효력 있게 적용하신다.

제30문 성령은 그리스도께서 사신 구속을 어떻게 우리에게 적용하십니까? (대59)
답: 성령이 그리스도께서 사신 구속을 우리에게 적용하시는 것은 우리 안에 믿음을 일으키고, 또 효력 있는 부르심으로 우리를 그리스도와 연합시키심으로 말미암습니다.927)

세상은 '자기'로 살라고 한다. 관습과 교육에 의해 길들여진 인간으로 살지 마라는 것이다. 그런 관습의 요구와 학습된 방식으로 사물과 자신을 이해하고 살면 기존의 세상과 타협하고 산다고 말한다. 그렇게 살지 말고 자신의 목소리를 내라고 한다.

그렇게 하기 위해서는 무엇을 해야 하는가? 그것은 투철한 자기 이해다. 그래야만 무엇이 관습에 의해 길들여진 것이고 무엇이 교육에 의해 학습된 것인지 알 수 있기 때문이다. 그걸 알면 '잃어버린 나'를 찾는다고 말한다. 결국 '자기'로 살기 위해서는 세상과 불화하는 것이 시작이 되는 셈이다.

도대체 세상 사람들은 무엇을 기준으로 '자기'를 '자기' 되게 할까? 사람들은 산에 오르라고 한다. 세상과 거리를 둘 수 있기 때문이라고 한다. 세상을 떠나서 통념의 지배를 받지 않고 생각할 수 있다고 말한다. 그런데 산에 가면 사람들은 종교심을 부린다. 돌을 쌓아 올리고 큰 바위 앞에서는 절을 한다. 어떤 사람은 구름의 자리로 가야 한다고 말한다. 종교심을 떠나 더 높은 자리로 가야 자유로운 사유가 가능하다고 보기 때문이다.

그래서 하는 말이 '본래면목'(本來面目)이다. 맨 얼굴로 세상에 맞서라고 소리친다. 그 소리가 가지는 정신은 무엇인가? '반역의 정신'이다.

김수영은 「김일성 만세」(1960. 10. 6)라는 시를 통해 진정한 자유가 무엇인지 말했다.

'김일성 만세'
한국의 언론 자유의 출발은 이것을
인정하는 데 있는데

---

927) Q. 30. How doth the Spirit apply to us the redemption purchased by Christ? A. The Spirit applieth to us the redemption purchased by Christ, by working faith in us, and thereby uniting us to Christ in our effectual calling.

이것만 인정하면 되는데

이것을 인정하지 않는 것이 한국
언론의 자유라고 조지훈(趙芝薫)이란
시인이 우겨대니

나는 잠이 올 수밖에

'김일성 만세'
한국의 언론자유의 출발은 이것을
인정하는 데 있는데

이것만 인정하면 되는데

이것을 인정하지 않는 것이 한국
정치의 자유라고 장면(張勉)이란
관리가 우겨대니

나는 잠이 깰 수밖에

김수영이가 말한 자유란 과연 무엇인가? 4·19 혁명 이후 6월 15일에 내각책임제 개헌안이 통과되고, 7월 19일에 총선이 실시되었다. 민주당이 압도적인 지지를 받게 되었고, 장면 총리가 이끄는 제2공화국이 시작되었다. 김수영은 장면 정권이 자신의 권좌를 유지하려고 이승만 정권이 '반공주의'를 사용했듯이 똑같이 사용하려는 것을 보고 분개한 것이다. 그리고 「김일성 만세」라는 시를 쓴 것이다. 그 의미가 무엇인지 강신주 교수는 이렇게 말한다.

> … 남한 사회에서 "김일성 만세"라는 말이 나올 수 있을 때, '적=동지'라는 공식이 가능해진다. 바로 이 순간 개인의 자유를 억압하는 "공통된 그 무엇"으로 작용하던 반공주의는 붕괴되고, 남한 사회는 진실로 자유로운 공동체로 거듭날 수 있을 것이다. 그래서 김수영은 "김일성 만세"가 가능해져야만, 남한 사회에는 언론의 자유뿐만 아니라 정치의 자유도 가능해진다고 노래한 것이다.928)

이것이 한국 지성인의 해석이고 지평이다. 입에서 나오는 대로 다 말하고 마음에 생각나는 대로 다 하고 사는 것이 자유인가? 그런 것이 자유라면 자유는 방종을 넘어 죽은 것이다. 김수영은 자유가 방종으로 흐르는 것이 사랑이 없어서 그렇다고 말한다. 정말 사랑이 없어서 그럴까? 이것이 인본주의 단독성으로 보는 관점이다.

---

928) 강신주, 김수영을 위하여 (서울: 천년의상상, 2013). 261.

성경은 무엇이라고 하는가? 사랑이 없어서가 아니라 죄인이라서 그렇다.

이런 말을 한 강신주 교수는 "모든 권위에 침을 뱉어라"고 말한다. 어떤 사람은 한국에는 좌파가 없다고 말한다. 그런 것들은 음모라고 도리어 더 큰소리를 친다. 과연 그럴까? 아니다. 아니라는 것을 국민들은 다 알고 있다. 이 나라에서 "김일성 만세"를 외칠 수 있다는 것이 순수한 자유를 갈구하는 목소리로 천진난만하게 시작할 수 있을지는 몰라도, 그 목소리에 오염된 수많은 사람이 많아지면 이 나라는 무너지게 된다. "김일성 만세" 소리가 많아지면 북한은 오해를 하게 된다. 그들은 언론의 자유라고 생각하지 않는다. '이제는 남한으로 밀고 내려가도 되겠구나' 하고 착각을 하게 만든다. 그래서 김수영의 천국은 이상이고 강신주의 천국은 허상이다.

지금 대한민국은 분단국가다. 그것은 북한의 6·25 남침이라는 처참한 전쟁으로 인해 발생한 것이다. '동족상잔의 비극'이라 한다. 공산주의가 얼마나 잔혹한지 겪어보지 않은 세대는 모른다. 그런데 6·25를 겪은 사람 김수영이 이런 말을 했다. 단독성의 실현을 부르짖는 인본주의로 가면 이렇게 된다. 모든 권위에 침을 뱉고 나만의 목소리를 내고 나만의 삶을 살아가라고 가르치기 때문이다. 이 현실을 알아야만 한다. 인문학이 말하는 이상과 현실은 다르다. 덩달아 기독교 인문학을 말하는 사람들도 있다. 춤추는 장단을 보면 예삿일이 아니라는 것을 모를 사람이 누가 있겠는가! 화장술이 좋다고 본래 얼굴이 어디로 가겠는가!

강신주 교수는 다음과 같이 말한다.

> 모든 사람들이 누구도 지배하려고 하지 않고 본인 역시 누구의 지배도 받지 않으려고 할 때 비로소 민주주의가 가능해지는 법입니다. 그렇기 때문에 사실 참다운 민주주의에서는 개인이 자신이 가진 권력을 누구에게 양도하거나 누구로부터 받을 수도 없는 것입니다. 이와 달리 권력이란 사람들을 지배하는 자와 지배당하는 자로 구별하여 계속 지배 논리를 관철시켜야만 유지될 수 있는 것입니다. 사람들이 지배와 피지배의 구별을 넘어 더불어 함께 시위에 참여하는 것을 목도할 때마다, 기존의 권력이 그렇게도 불안해하는 까닭은 바로 이와 같은 이분법을 사람들이 와해시키고 무력화하는 것을 엿보기 때문이지요. 결국 민주주의가 가능하려면, 우리는 지배의 논리를 몸속 깊이 각인시키려고 시도하는 권력과 매순간 싸워야만 합니다. 오직 그럴 때에만 지배와 피지배의 논리를 우리 자신의 내면에서, 그리고 우리의 삶 전체로부터 몰아 낼 수 있을 것입니다.[929]

강신주 교수의 이 말은 결국 참다운 민주주의는 불가능하다는 것이다. 왜냐하면

---

929) 강신주, 철학적 시 읽기의 즐거움 (파주: 동녘, 2012), 186-187.

이 세상 어느 누구도 지배욕이 없는 사람은 없기 때문이다. 사람이 지배욕을 초월한다는 것은 밥 안 먹고 평생을 산다는 것과 똑같은 말이다. 개별자의 연대는 지배욕를 더 강화할 뿐이다. 타락한 인간은 다만 누가 먼저 권력을 가지고 지배해 가느냐 하는 것이고, 그 권력의 균형을 어떻게 유지해 가느냐의 문제이지, 권력의 지배 그 자체를 인간 속에서 빼낼 수는 없다. 권력을 가진 자가 초연하게 살기를 바라지만, 그것은 이상에 불과하다는 것을 역사는 말해 준다.

성령님은 우리에게 무엇을 만들어 가실까? 기독교인의 '본래면목'(本來面目)은 무엇인가? 그것은 인간의 죄악 됨이다. 세상은 인간이 죄인이라 그러면 펄펄 뛴다. 뻔히 죄짓는 것을 보면서도 죄인이라 하면 정색을 한다. 자기 죄를 직면케 하기 때문이다. 그러나 인간이 죄인 됨을 알고 고백하는 것은 하나님의 특별하신 은혜로 되어지는 일이다. 성경적인 '본래면목'으로 가게 되면 인간은 겸손해 지지 않을 수가 없다.

제30문은 택함 받은 자들이 어떻게 그리스도의 구원에 참여하게 되는지를 말한다. 어떤 사람들은 사람들이 자유의지로 예수님을 믿어야 한다고 말한다. 하나님께서 예수 그리스도 안에 있는 구원을 제공하셨으므로 구주로 받아들이고 안 하고는 전적으로 사람에게 달려있다는 주장이다. 이런 주장에 대하여 반대하는 사람들은 인간의 자유의지와 상관없다고 말하면서, 택자들은 이미 영원 전에 의롭다 함을 받았고 출생 이후에는 그리스도의 말씀 안에서 양육 받고 성장해 가면서 이미 의로워진 것을 확인하게 되는 것이지 구원을 받기 위해 무엇을 해야 하는 것은 아니라고 말한다. 그러나 이런 두 가지 주장은 다 틀린 말이다. 여기에 대하여 코르넬리스 프롱크는 다음과 같이 말한다.

> … 하나님께서는 택하신 자들을 오직 그리스도 안에서 선택하셨을 뿐만 아니라 또한 택하신 자들이 그 구원자와 교통하고 교제 안으로 들어가는 방편까지도 선택하셨다는 것입니다. 비록 영원 전에 선택되었지만, 택함 받은 자들이 각자 개인적으로 성령으로 말미암아 복음의 효과적 부르심으로 구주께로 인도함을 받고, 그리하여 죄인들이 자신의 죄와 죄책을 알게 되고 구주를 영접하도록 믿음을 부여받는 것은 시간 안에서 이루어집니다.930)

구원은 오직 성령님의 역사하심으로 말미암은 것이다. 하나님께서 선택받은 자들의 마음에 어떻게 믿음을 일으키는지 성경은 다음과 같이 말한다.

---

930) 코르넬리스 프롱크, 도르트신조 강해, 황준호 역 (서울: 그책의사람들, 2013),52.

1) 성령이 그리스도께서 사신 구속을 우리에게 적용하시는 것은 우리 안에 믿음을 일으키고[931]

성령님께서 구원을 적용하시는 논리적인 순서를 '구원의 서정'이라 한다. 개혁파의 구원의 서정은 ① 소명(부르심) ② 중생(거듭남) ③ 회심(회개) ④ 믿음(참된신앙) ⑤ 칭의(의롭다하심) ⑥ 양자(자녀삼으심) ⑦ 성화(거룩케 하심) ⑧ 견인(끝까지 지키고 보호하심) ⑨ 영화(영화롭게 하심)으로 말한다.[932] 이런 구원서정은 인간의 전적타락과 무능력을 말하며 오직 하나님의 주권적인 은혜로만 구원이 이루어진다는 것을 말한다. 인간은 죄인이기 때문에 어느 누구도 그 본성상 예수 그리스도 앞으로 나오지 않는다. 성경은 분명히 선언한다.

> 10 기록한 바 의인은 없나니 하나도 없으며 11 깨닫는 자도 없고 하나님을 찾는 자도 없고 12 다 치우쳐 한가지로 무익하게 되고 선을 행하는 자는 없나니 하나도 없도다(롬 3:10-12)

이것이 거듭나지 못한 인간에 대한 성경의 정확한 평가이다. 타락한 인간은 아무도 의롭지 않으며 단 한 명이라도 절대로 선을 행할 수 없다. 인간은 영적으로 죽어 있다! 마음의 생각부터 하는 일이 다 죄악뿐이다. 그러므로 중생은 오직 하나님의 은혜가 아니면 일어날 수가 없다.

---

931) 하이델베르크 교리문답 제21문: 참된 믿음이란 무엇입니까? 답: 참된 믿음이란 내가 확실한 지식으로서 하나님께서 당신의 말씀 안에서 우리에게 계시하신 모든 것을 진리로 받아들이는 것입니다. 동시에 참된 믿음이란 다른 사람에게 뿐만 아니라 나에게도 하나님께서 죄의 용서와 영원한 의로움과 구원을 단순한 은혜 곧 오직 그리스도의 공로로부터 주신다는 확고한 확신입니다. 성령께서 이 믿음을 복음에 의해서 내 마음속에서 일으키셨습니다.
제22문: 그러면 그리스도인들은 무엇을 믿어야 합니까? 답: 복음 안에서 우리에게 약속하신 모든 것을 믿어야 합니다. 그것은 보편적이고 확실한 기독교인이 믿는 믿음의 조항들을 요약해서 우리에게 가르치는 것입니다.
제23문: 이 조항들은 무엇입니까? 답: 1. 나는 전능하신 하나님 아버지, 천지의 창조주를 믿습니다. 2. 나는 그분의 독생자 우리 주 예수 그리스도를 믿습니다. 3. 그분은 성령으로 잉태되시어 동정녀 마리아에게서 나시고 4. 본디오 빌라도 치하에서 고난당하시고, 십자가에 달리시고, 죽으시고, 장사되시고, 음부에 내려가셨으며, 5. 사흘만에 죽은 사람들로부터 부활하시고, 6. 하늘에 오르셔서, 전능하신 하나님 아버지의 우편에 앉아 계시는데, 7. 그리로부터 산 사람들과 죽은 사람들을 심판하러 오실 것 입니다. 8. 나는 성령을 믿습니다. 9. 나는 거룩한 공교회와 성도의 교제와 10. 사죄와 11. 육의 부활과 12. 영생을 믿습니다.
제24문: 이 조항들을 어떻게 나눌 수 있습니까? 답: 세 부분으로 나눌 수 있습니다. 첫째 부분은 성부 하나님과 우리의 창조에 관한 것입니다. 둘째 부분은 성자 하나님과 우리의 구속에 관한 것입니다. 셋째 부분은 성령 하나님과 우리의 성화에 관한 것입니다.
932) http://blog.daum.net/visions72000/1358 루터의 견해 ① 소명 ② 조명 ③ 회심 ④ 중생 ⑤ 신앙 ⑥ 신비적 연합 ⑦갱신 ⑧ 보전/ 알미니안파의 견해 ① 소명 ② 회개 ③ 신앙 ④ 칭의(의의전가) ⑤ 중생 ⑥ 성화 ⑦ 견인/ 칼빈의 견해 ① 소명 ② 신앙 ③ 중생 ④ 회심 ⑤ 성화 ⑥ 칭의 ⑦ 예정 ⑧ 부활/ 로마 가톨릭의 견해 ① 충족의 은혜 ② 협력 은혜 ③ 주입 은혜(성례)/ 펠라기우스의 견해 ① 회개(죄인의 자력으로) ② 순종

> 너희가 그 은혜를 인하여 믿음으로 말미암아 구원을 얻었나니 이것이 너희에게서 난 것이 아니요 하나님의 선물이라(엡 2:8)

중생은 오직 성령 하나님의 직접적이고 주권적인 역사이다. 거기에는 인간의 어떤 협력이 있을 수가 없다. 그것은 마치 예수님께서 죽은 나사로를 무덤에서 살려 내신 것과 같다. 예수님께서 큰 소리로, "나사로야 나오라"(요 11:43) 불렀을 때, 나사로는 전적으로 수동적이었다. 왜냐하면 나사로는 죽어 있었기 때문이다. 오직 성령님만이 죄로 죽은 자를 살릴 수 있다. 그리스도의 구속을 개인에게 적용하시는 분은 오직 성령님만이 하신다. 예수님께서도 성령님께서 생명을 살리신다고 말씀하셨다.

> 살리는 것은 영이니 육은 무익하니라 내가 너희에게 이른 말이 영이요 생명이라(요 6:63)

이에 반해서 반펠라기우스주의자[933]들은 중생의 역사에 죄인이 협력을 하든지 거부하든지 자신의 선택에 달려 있다고 말한다. 모든 반펠라기우스주의자들의 문제점은 타락한 인간이 신앙을 행사할 수 있는 능력을 가지고 있다는 것이다. 그 능력 때문에 타락한 인간조차도 중생 없이 예수님께 나아갈 수 있다고 주장한다. 알미니안주의자들은 하나님께서 믿을 능력을 주시지만 굳이 그것을 받아야 하는 것은 아니라고 말했다. 하나님께서 복음을 제시하시더라도 믿을지 안 믿을지 사람의 의지에 달려 있다고 말했다.

그러나 개혁주의자들은 하나님께서 그 택하신 백성들에게 복음을 제시하시고 믿을 수 있는 능력을 주신다고 믿었다. 로마가톨릭은 하나의 참 교회 안에 소속되어 있으면 구원의 확신이 있다고 말했으나 칼빈은 인간의 구원이 조직체에 달려 있는 것이 아니라 하나님께서는 그가 택하신 자들을 구원하신다고 말했다. 이것이 예정론이다. 구원이 인간의 힘과 능력에 달려 있는 것이 아니라 오직 하나님의 은혜로 말미암은 것이다. 그로 인해 오직 하나님만이 영광을 받으신다.

어떤 사람들은 빌립보서 2장 12절을 오해한다.

---

933) http://apprising.org/2010/01/28/tim-keller-also-promoting-mystic-guru-peter-scazzero/ It was John Cassian, the father of semi-pelagianism, who would then adapt the meditation of Contemplative/Centering Prayer (CCP) from these hermits and bring it back to the Western church where it would later fester and grow within the anti-biblical monastic traditions of the Roman Catholic Church.

> 그러므로 나의 사랑하는 자들아 너희가 나 있을 때뿐 아니라 더욱 지금 나 없을 때에도 항상 복종하여 두렵고 떨림으로 너희 구원을 이루라(빌 2:12)

이 말씀으로 인간이 자유의지를 사용해서 구원을 이루어야 한다고 말하기도 한다. 그러나 결코 그렇지 않다는 것을 13절에서 말해 준다.

> 너희 안에서 행하시는 이는 하나님이시니 자기의 기쁘신 뜻을 위하여 너희로 소원을 두고 행하게 하시나니(빌 2:13)

하나님께서 택하신 자들 안에서 그 기쁘신 뜻대로 행하신다. 거기에는 인간의 어떤 의지가 개입될 여지가 없다. 새언약의 놀라움에 대하여 예레미야 선지자는 이렇게 말했다.

> 나 여호와가 말하노라 그러나 그 날 후에 내가 이스라엘 집에 세울 언약은 이러하니 곧 내가 나의 법을 그들의 속에 두며 그 마음에 기록하여 나는 그들의 하나님이 되고 그들은 내 백성이 될 것이라(렘 31:33)

하나님께서는 율법을 마음에 기록하신다고 했다. 중생할 때 주어지는 이 은혜는 하나님의 법을 자원하여 순종하게 한다. 하나님께서는 죄인들의 마음과 의지에 믿음의 원리와 습관을 주실 뿐만 아니라 실제로 믿음에 이르도록 역사하신다. 이 일은 성령 하나님께서 역사하심으로 이루어진다. 오늘날 알미니안주의적인 전도방식으로 내가 선택하고 내가 결단하면 된다고 생각하는 것은 인간의 전적타락을 인정하지 않는 것이다. 타락한 인간은 하나님 주도적인 구원을 싫어한다.

2) 또 효력 있는 부르심으로 우리를 그리스도와 연합시키심으로 말미암습니다

성도가 그리스도와 연합되었다는 것은 그리스도 안에서 우리의 존재를 확인한다는 것이다. 14세기부터 일어난 인문학의 기본적이고도 핵심적인 질문은 '나는 누구인가?', '나는 어떻게 살아가야 하나?', '나는 무엇을 하고 살아가야 하나?'였다. 여태까지 이런 질문들은 하나님 안에서 해결되어 왔는데 이제 그것을 버리고 인간 안에서 찾기 시작한 것이 인문학이다. 성도는 새언약의 중보자 되신 예수 그리스도 안에서 이런 질문들에 대한 답을 충분히 공급받고 사는 자들이다. 삶의 의미와 통일성은 인간 안에서 만들어 낼 수가 없다. 성령님께서는 그리스도와 우리를 하나로 연합시키신다. 그리스도와의 연합이 우리 삶의 좌표를 잡게 한다.

> 우리가 유대인이나 헬라인이나 종이나 자유자나 다 한 성령으로 세례를 받아 한 몸이 되었고 또 다 한 성령을 마시게 하셨느니라(고전 12:13)

성령님의 역사로 그리스도와 연합된 자는 모두 다 '한 몸'을 이루었다. 거기에는 "유대인이나 헬라인이나 종이나 자유자"나 구별이 없다. 거기에는 분열과 다툼이 사라지고, 그리스도 안에서 함께 살아가게 된다. 성령님께서는 그리스도의 구속을 우리의 마음과 삶에 적용하시며 내주하시는 분이시다.

> 믿음으로 말미암아 그리스도께서 너희 마음에 계시게 하옵시고 너희가 사랑 가운데서 뿌리가 박히고 터가 굳어져서(엡 3:17)

그리스도께서 성도에게 내주하시는 것은 성령님의 내주와 관련된다. 성도는 그리스도를 믿음으로 그리스도와 연합하게 되고, 그리스도의 내주를 경험하게 된다. 이 내주와 연합은 존재론적인 것이 아니다. 그것은 언제나 언약적인 관점에서 내주이고 연합이다.

그리스도의 내주는 단회적으로 끝나는 것이거나 일시적인 머무름이 아니라 항상 함께 하심을 말한다. "너희 마음에 계"신다는 것은 삶의 모든 영역에 그리스도께서 역사하신다는 뜻이다. 그것이 '임마누엘'이다. 그리스도의 내주하심으로 인하여 성도는 하나님의 사랑 안에 자라가게 된다.

> 나는 포도나무요 너희는 가지니 저가 내 안에 내가 저 안에 있으면 이 사람은 과실을 많이 맺나니 나를 떠나서는 너희가 아무 것도 할 수 없음이라(요 15:5)

그리스도 안에 거하는 것은 우리의 노력의 결과가 아니다. 그리스도께서 우리를 구원하신 그 결과로 주어진 것이다. 성경은 그리스도 "안에" 있는 자가 누구인지 말해 주고 있다. 그것은, 그리스도의 말씀을 믿고 행하는 자들이다. 그것은 언약적인 이해 속에 있다. 언약을 맺은 당사자들은 그 언약한 대로 지켜 행하는 것이 그 언약에 참여하는 것이며 언약의 복을 누리게 된다.

> 너희를 불러 그의 아들 예수 그리스도 우리 주로 더불어 교제케 하시는 하나님은 미쁘시도다(고전 1:9)

사도 바울은 고린도전서를 시작하면서 하나님의 부르심을 받아 사도가 되었다고 말했다. 1장 9절에는 고린도교회의 성도들 역시 하나님의 부르심을 받은 자라고 말하고 있다. 그렇게 부르시는 목적이 무엇인가? 하나님께서 자기 백성과 교제하기 위함이다. 이 "교제"는 언약적인 연합과 교통을 말한다. 성령님께서는 하나님과 우리를 연결시키고 교제케 하시는 분이시다.

> 만일 우리가 그의 죽으심을 본받아 연합한 자가 되었으면 또한 그의 부활을 본받아 연합한 자가 되리라(롬 6:5)

성도는 세례로 말미암아 그리스도와 함께 연합 된 자들이다. 세례는 그리스도와 함께 죽고 함께 살아남으로 그리스도와 연합되게 한다.934) 그 연합은 성령님의 효력 있는 적용으로 일어난 것이며, 외적인 세례는 그것을 고백한 것이다.

---

934) 하이델베르크 교리문답 제58문: 당신은 영생에 관한 교리에서 어떤 위로를 얻게 됩니까? 답: 나는 이미 나의 마음 속에서 영원한 기쁨을 느끼기 시작하였으며, 이 생명이 죽은 후에도 눈으로 보지도 못하고 귀로 듣지 못하고 사람의 마음으로 생각하지도 못하였던 완전한 행복 곧 하나님을 영원히 찬양하는 복을 누리게 된다는 것입니다.
제59문: 당신이 이 모든 것을 믿으면 당신에게 어떠한 유익이 있습니까? 답: 그리스도안에 있는 나는 하나님 앞에서 의로운 자와 영생의 상속자가 됩니다.

제31문 효력 있는 부르심이 무엇입니까? (대67, 68)
답: 효력 있는 부르심은 하나님의 영의 역사로 우리의 죄와 비참을 깨닫게 하시고, 우리의 마음을 밝게 하셔서 그리스도를 알게 하시고, 우리의 의지를 새롭게 하시고, 또 우리를 설득하셔서 복음 안에서 우리에게 값없이 주신 예수 그리스도를 영접할 수 있게 하는 것입니다.[935]

"효력 있는 부르심"이라는 주제를 말한다는 것은 인간의 본질에 관한 문제를 다루는 것이다. 인간의 문제에 대한 궁극적 해결책을 말하기 때문이다. 더 중요한 것은 그 본질을 아는 것이 인간의 노력과 열심과 지혜로 되는 것이 아니라 우리 외부의 역사, 곧 성령 하나님의 역사로 이루어진다는 것이다. 이런 성령 하나님의 역사는 세상은 이해하지 못한다. 그것은 오직 성령님의 역사로 구원받은 자들만이 누리는 은혜다.

반대로 니체와 푸코는 다르게 생각하고 말했다. 그들의 관심은 인간이고 인간의 현실이다. 푸코는 자신의 사유를 '오늘의 문제에 대답하려는 시도'라고 했다. 사회에 배제된 비정상적인 소수 집단인 광인이나 범죄자들과 동성애자들을 위해 투쟁했다. 그는 현 사회의 가치관은 실재 자체의 반영이 아니라 역사적으로 가공된 관념이라 보았다. 푸코의 철학사상은 인식 행위가 사람들이 의식하지 못하는 각 시대의 인식 구조에 의해 결정된다는 구조주의의 영향을 받았으며 그 방법론으로 니체의 계보학을 채택했다. 니체나 푸코나 오늘, 여기, 현재를 진단하는 철학이다.

니체는 인류사의 황금시대를 호머의 서사시가 기술하는 그리스 시대라고 했다. 그리고 기독교가 모든 것을 잘못되게 만든 원흉이라 보았다. 니체는 그리스인들이 비극을 통해서 허무주의를 극복하고 건강한 삶의 생명력을 얻었다고 본다. 비극은 이성보다 더 근원적인 본질에서 비롯되기 때문이다. 그런데 기독교가 그런 디오니소스적 요소인 축제, 음주, 가무, 신화, 어둠을 억제하고 약화시켰다는 것이다. 니체는 세상이 더 타락했기 때문에 디오니소스적인 것을 복원하고 강화해야 한다고 주장했다. 디오니소스적이라는 것은 근본적으로 신의 세계를 부정하고, 인간의 육체에서 생겨나는 감정과 열정과 욕망을 통해 부단한 변화가 일어나며 인간 스스로를 창조하고 생성한다는 것이다.

---

935) Q. 31. What is effectual calling? A. Effectual calling is the work of God's Spirit, whereby, convincing us of our sin and misery, enlightening our minds in the knowledge of Christ, and renewing our wills, he doth persuade and enable us to embrace Jesus Christ, freely offered to us in the gospel.

푸코 역시 시공간을 초월하는 보편적인 문제들에 대해서 말하지 않고 오늘 자금 우리의 문제를 말했다. '인간이란 무엇인가?', '존재란 무엇인가?', '우주의 본질은 무엇인가?' 이런 것은 여기, 오늘, 우리의 문제에 답하는 것이 아니라는 것이다. 그렇다고 성경이 여기, 오늘, 우리의 문제를 외면하는 것이 아니다. 성경은 궁극적인 문제가 해결이 안 되면 현실의 문제는 해결할 수 없기 때문에 본질에 대하여 말한다. 효과적인 부르심은 바로 그런 본질에 관한 것이다.

효력 있는 부르심은 「효과적인 은혜」, 「불가항력적 은혜」라고 불린다.936) 하나님께서는 누구를 효과적으로 부르시는가? 택자들만, 오직 택자들만 부르신다. 성령 하나님께서는 택자들의 영혼에 역사하시어 하나님의 부르심에 실패가 없게 하신다. 인간이 하나님께 나오게 되는 것은 하나님의 유효한 부르심이 있기 때문이다. "주께서 택하시고 가까이 오게 하사 주의 뜰에 거하게 하신 사람은 복이 있나이다 …"(시 65:4) 인간 스스로 하나님께 나아가는 것이 아니라 하나님께서 그렇게 하도록 의도하시기 때문이다.937)

1) 하나님의 영의 역사로

효력 있는 부르심은 성령 하나님께서 중생하지 않은 자의 영혼을 밝힌다. 조나단 에드워즈는 그것을 "영혼을 밝히는 신적이고 초월적인 빛"이라고 말했다. 이런 말이 나올 때, 퀘이커 이단과 혼동되지 말아야 한다. 이 빛은 인간 내면의 빛이 아니라 인간 밖에서 주어지는 성령 하나님의 빛이다. 퀘이커의 빛은 내면의 신성을 각성케 하는 빛이지만, 성령님의 빛은 죄인을 살리는 빛이다.

우리는 왜 이 자리에 있게 되었는가? 그것은 오직 하나님의 은혜다. 허물과 죄로 죽은 타락한 자에게는 그리스도에게 돌아와 그리스도를 선택할 능력이 없다.938) 하나님의 은혜가 없는, 성령님의 역사가 없는 타락한 자는 예수 그리스도에게 돌아올 수가 없다. 이것이 성경이 말하는 구원의 근본진리다. 그러나 교회에는 이 진리를 왜곡시키려는 시도들이 늘 있어왔다.

---

936) 불가항력적 은혜라는 말 대신에 효과적인 은혜라고 말하는 것은 불가항력적 은혜라는 말 속에 어느 정도 은혜에 저항할 수 있다는 것을 내포하고 있기 때문이다. 하나님의 구원 역사는 인간의 모든 저항을 극복한다는 의미에서 불가항력적 은혜라고 한다.

937) 로버트 L. 레이몬드, 최신조직신학, 나용화·손주철·안명준·조영천 역 (서울: 기독교문서선교회, 2004), 490.

938) 현대의 (신)복음주의자들은 믿음이 먼저이고 그 다음에 중생이 일어난다고 말한다. 이 말이 가지는 의미는 불신자가 자기 스스로 예수 그리스도를 찾고 믿기로 결정했다는 소리이다. 이것은 성경의 입장과 모순된다. 오늘날 얼마나 많은 전도프로그램들이 이런 주장을 열심히 퍼드리고 있는가!

내가 너희에게 다만 이것을 알려 하노니 너희가 성령을 받은 것은 율법의 행위로냐 듣고 믿음으로냐(갈 3:2)

갈라디아 교회의 문제는 믿음 외에 무엇을 더 하는 것이었다. 교회 안에 있는 율법주의자들은 율법과 율법의 행위에 대해 중요하게 생각했다. 사도 바울은 율법이 다만 그리스도께로 인도하는 몽학 선생이라고 했다. 이런 복음의 본질을 무너뜨리는 일에 대하여 바울은 심각한 문제를 던졌다. "너희가 성령을 받은 것은 율법의 행위로냐 듣고 믿음으로냐" "율법의 행위" 라고 말한 것은 자신들의 노력의 결과로 성령을 받았느냐는 질책성 질문이다. '믿음으로'라는 것은 그리스도의 십자가 피로써 이루어졌다는 것이고, 그것은 인간의 행위의 결과가 아니라는 뜻이다. 사도 바울은 회심939)이 전적으로 성령 하나님의 주권적인 사역임을 강력하게 말했다.940)

너희에게 성령을 주시고 너희 가운데서 능력을 행하시는 이의 일이 율법의 행위에서냐 듣고 믿음에서냐(갈 3:5)

5절 말씀은 형식상으로 보면 2절 말씀과 유사해 보이나 그 내용이 차이가 있다. 1) 2절은 성령을 보내시는 하나님이 주체가 되신다. 다시 말해, 2절은 갈라디아 교회의 성도들이 성령을 받은 근거가 무엇이냐에 초점을 두고 있다. 5절은 하나님께서 어떤 기준으로 성령을 주시는가? 하는 것이다. 2) 2절은 성령을 받은 과거의 사실에 관심을 두고 과거 시제로 표현했다. 5절은 현재 시제로 되어 있다. 특히 "성령을 주시고", "능력을 행하시는" 두 가지 사역은 현재 분사를 사용했다. 이것은 성령님께서 과거에도 역사하셨지만 지금도 역사하고 계신다는 '현재적인 의미'를 더욱 강조하기 위한 것이다. 지속적인 성령님의 역사를 강조함으로써 그리스도를 믿을 때부터 지금까지 역사하고 계심을 강조했다. 또한 "성령을 주시고"에서 '주다'는

---

939) http://blog.daum.net/revkimgl/251/ "회심: 그리스도인의 삶의 첫 단추는 '회심'이라고 한다. 이 회심은 결정적인 전환점이란 점에서 신자의 삶에 단회적으로 발생한다. 회심이란 회개와 신앙의 두 가지 핵심적인 요소로 구분할 수 있다. 즉, 회심이란 회개를 통해 자기 죄에서부터 돌이키는 것이며, 믿음으로 그리스도에게 나아가는 행위라고 할 수 있다.(겔 18:30-32; 엡 5:14; 행 3:19) 여기서 회개는 회심의 부정적 측면을, 신앙은 회심의 긍정적 측면을 가리킨다. 어느 하나라도 없으면 불완전하다. 이 회심의 과정(혹은 경험)은 사람들마다 획일적으로 나타나지 않는다. 그러나 회심의 결과는 항상 일치한다. 우리는 하나님께서 다양하게 역사하신다는 사실을 잊어서는 안 된다."

940) R. C. 스프로울, 웨스트민스터신앙고백해설, 이상웅·김찬영 역 (서울: 부흥과개혁사, 2011), 39; "… 예정, 선택, 반(semi) 펠라기우스주의, 칼빈주의, 아르미니우스주의에 대한 모든 논쟁은 다음의 질문으로 요약된다. 회심은 성령 하나님의 주권적인 역사가 단독적으로-일방적으로-역사하는 것인가 아니면 하나님과 당신의 협력적인 사역인가? 당신은 최종적으로 어느 쪽에 설 것인가? 우리 신앙고백서는 효과적인 부르심 또는 중생에서의 작용이 오직 하나님만의 단독적 사역이라고 분명하게 진술한다. 효과적인 부르심은 우리를 믿음으로 이끄는 신적인 시작이다. …"

'에피코레곤'을 21절에서 "율법을 주셨다"의 '주다'는 '디도미'를 사용했다. '에피코 레곤'은 '값없이 제공하다' 또는 '지원하다' 등의 뜻이다. 이것은 갈라디아 성도들에 게 주신 보혜사 성령님이 인간의 행위의 결과로 주신 것이 아니라 값없이 주신 선 물임을 강조한 것이다.

알미니안주의자들은 믿고 회개하는 것은 인간이 해야 하는 부분이라고 말한다. 그들은 사람이 본성의 빛을 바르게 잘 사용하여 영생에 이르기에 합당한 자가 될 수 있다고 말한다. 그러나 인간의 본성은 죄의 지배와 영향력 아래 있으며 사악하 기 때문에 믿음의 선물을 받을 만한 자격을 갖출 수가 없다! 오직 성령 하나님의 역사가 없이는 회개와 믿음에 이를 수 없으며 믿음 안에서 인내할 수도 없다!

구원은 하나님의 단독사역(monergism)인가? 신인협력(synergism)인가?

중생이 '단독사역이냐?', '신인협력사역이냐?' 이 두 가지는 언제나 논쟁거리다. 단독사역은 중생의 은혜를 하나님의 은혜의 역사로 본다. 중생은 전적으로 하나님 의 주권이다.

중생은 믿음에 선행한다. 중생하기 위해 믿음을 가질 필요가 없다. 믿음을 위한 필수조건이 중생이다. 알미니안주의자들은 정반대로 믿는다. 중생하기 위해 믿음을 가져야 한다. 하나님께서 은혜를 주시지만 그 은혜는 불가항력적이지 않다고 본다. 그 은혜를 거절할 수도 있고 그 은혜에 협력할 수도 있어서, 협력한 그 사람은 구 원을 받고 거절한 사람은 멸망을 당한다고 말한다. 예지에 근거하여 하나님께서 은 혜를 제공할 때 적극적으로 반응할 사람들을 선택하시는 것이 구원이 된다. 알미니 안주의자들이 그렇게 말하는 이유는 그리스도의 보편 속죄로 인간이 타락 이전의 아담과 같은 위치가 되었고, 이제 자유의자를 발휘할 수 있다고 믿는다. 그렇기 때 문에 예수님을 믿고 안 믿고는 전적으로 자유의자를 발휘하는 그 개개인에게 달려 있다고 주장한다.

그러나, 종교개혁가들은 누가 믿을지 누가 안 믿을지 예지한 것에 근거해서 선 택하시는 것이 아니라고 말했다. 하나님의 은혜로 오직 택자들에게만 하나님의 주 권적으로 효력 있는 부르심을 주시기로 결정했다고 말했다. 사람의 마음을 바꾸고 믿음으로 이끄는 것은 오직 하나님의 단독적인 은혜이다. 하나님의 선택은 전적으 로 하나님의 자유에 달려 있다. 사도 바울은 그것을 야곱과 에서를 통하여 말한 다.941)

---

941) 10 그뿐 아니라 또한 리브가가 우리 조상 이삭 한 사람으로 말미암아 임신하였는데 11 그 자식들이 아직 나지도

2) 우리의 죄와 비참을 깨닫게 하시고

성령님께서 영혼을 그리스도께로 이끌 때 일어나는 반응에 대하여 예수님은 이렇게 말씀하셨다.

> 심령이 가난한 자는 복이 있나니 천국이 저희 것임이요(마 5:3)

김동호 목사는 마태복음 5장 3절을 이렇게 말했다.

> 예수님의 산상보훈에 보면 8복이 나옵니다. 팔복 중에 심령이 가난한 자와 의에 주리고 목마른 자가 어떤 면에서는 서로 충돌합니다. 심령이 가난하다는 것은 욕심이 없는 사람이라는 뜻입니다. 의에 주리고 목마르다는 것은 욕심이 있는 사람을 의미합니다.[942] 저는 이 둘의 조합이 좋습니다.[943]

예수님께서 말씀하신 "심령이 가난한 자"란 무엇인가? 3절의 "심령이"에서 '관점의 여격'(dative of respect)이 사용되었는데, 이것은 '심령'이 마음을 말하는 것이 아니라 영적인 의미라는 것을 분명히 하기 위한 것이다. 또한 "가난한 자"는 가난과 어려움에 짜들리고 시달려서 외롭게 앉아 있는 사람, 거지와 같이 불쌍한 사람, 그리하여 무언가 남의 도움을 기다리며 학수고대하는 사람의 모습을 말한다. "심령이 가난한 자"는 영적인 의미에서 가난한 자이며, 하나님을 의지하며, 하나님의 도움을 구하는 자이다.[944]

심령이 가난한 자가 될 때 실제로 일어나는 반응은 무엇인가?

> 저희가 이 말을 듣고 마음에 찔려 베드로와 다른 사도들에게 물어 가로되 형제들아 우리가 어찌할꼬 하거늘(행 2:37)

아니하고 무슨 선이나 악을 행하지 아니한 때에 택하심을 따라 되는 하나님의 뜻이 행위로 말미암지 않고 오직 부르시는 이로 말미암아 서게 하려 하사(롬 9:10-11)

942) 헨드릭슨 마태복음 주석(상)에서, p. 413. 김동호 목사는 "의에 주리고 목마르다는 것" 역시 잘못 해석하고 있다. 헨드릭슨은 다음과 같이 말한다. "이 의는 하나님의 거룩한 율법, 곧 그의 뜻에 대한 완전한 순종에 있다. 이것은 일종의 전가된 의이다. '아브라함이 여호와를 믿으니 여호와께서 이를 그의 의로 여기시니라'(창 15:6). 사람은 하나님과의 이 바른 관계에 스스로 들어갈 수가 없다."

943) http://www.crosslow.com/news/articleView.html?idxno=229 심령이 가난한 자, 의에 주리고 목마른 자, 졸부와 청빈의 공통점(2012.03.07)

944) 변종길, 천국의 원리 (서울: SFC 출판부, 2006), 362-397 「심령이 가난한 자」 (부록 2).

또한 사도 바울은 에베소 교회의 성도들에게 다음과 같이 말했다.

> 2 그때 너희가 그 가운데서 행하여 이 세상 풍속을 좇고 공중의 권세 잡은 자를 따랐으니 곧 지금 불순종의 아들들 가운데서 역사하는 영이라 3 전에는 우리도 다 그 가운데서 우리 육체의 욕심을 따라 지내며 육체와 마음의 원하는 것을 하여 다른 이들과 같이 본질상 진노의 자녀이었더니(엡 2:2-3)

이 말씀은 택자들이 회심을 했을 때 하나님의 진노의 대상이었다는 것을 경험하게 된다는 뜻이다. 하나님께서 택자들을 부르실 때 죄인 된 자신들의 처지를 보게 되며, 그것은 율법의 저주 아래서 하나님의 원수가 되어 있기 때문에 인간 스스로는 절대로 벗어날 수 없는 비참한 죄인이라는 것을 처절하게 깨닫게 된다.945) 자신의 죄악과 부패함으로 말미암아 오직 예수 그리스도가 필요하다는 것을 깨닫게 하시고 느끼게 하시는 것, 이것이 바로 성령님께서 택한 성도의 마음을 바꾸실 때 일어나는 진정한 체험이다.

3) 우리의 마음을 밝게 하셔서 그리스도를 알게 하시고

우리가 우리의 마음을 밝게 할 수 없다. 인문학의 영원한 주제는 '인간은 과연 어떤 존재인가?'하는 것이다. 인문학을 통하여 인간을 접근하는 근본적인 이유는 인간이 "바람처럼 왔다가 이슬처럼 갈 수 없"다고 생각하기 때문이다. 그러기 위해서 인간은 인문학적 소양을 쌓아야 한다고 말한다. 무엇을 하면 그런 소양이 쌓여질까? 사람들은 고전을 읽고 배워야 한다고 말한다. 고전을 배운다고 인간이 달라질까? 왜 성경은 그런 것을 배운다고 인간이 변화되지 않는다고 말할까? 그것은 인간이 죄인이기 때문이다. 성경은 이렇게 말한다.

> 그 눈을 뜨게 하여 어두움에서 빛으로 사단의 권세에서 하나님께로 돌아가게 하고 죄사함과 나를 믿어 거룩케 된 무리 가운데서 기업을 얻게 하리라 하더이다(행 26:18)

---

945) 코르넬리스 프롱크, 도르트신조 강해, 황준호 역 (서울: 그책의사람들, 2013),54. 참고로, 모태에 있을 때 부르심을 받는 것에 대하여 코르넬리스 프롱크는 다음과 같이 말한다. "… 칼빈이나 다른 개혁주의 신학자들은 사람이 모태에 있을 때 부르심을 받는다는 것을 부인합니다. 세례 요한이나 예레미야 같은 사람이 있지만 세례 요한이나 예레미야는 예외로 생각해야 합니다. 하나님께서 죄인을 다루시는 일반적인 방법은 죄인들이 자라감에 따라 자신을 잃어버린 바 된 자로 알게 하시고 구원으로 인도해 주시는 것이지, 태어나기 전부터 구원해 주시는 것이 아닙니다." 코르넬리스 프롱크의 이런 말은 혈통적 신앙인이란 없다는 것을 말해 주기도 한다. 부모가 예수님을 믿는다고 해서 자동적으로 그 자녀들이 구원을 받은 것은 아니다.

이 말씀은 이사야 42장 6-7절 말씀과 관련된다.

> 6 나 여호와가 의로 너를 불렀은즉 내가 네 손을 잡아 너를 보호하며 너를 세워 백성의 언약과 이 방의 빛이 되게 하리니 7 네가 소경의 눈을 밝히며 갇힌 자를 옥에서 이끌어 내며 흑암에 처한 자를 간에서 나오게 하리라(사 42:6-7)

빛으로 세워진 하나님의 종은 어두움에서 헤매는 소경의 눈을 뜨게 하여 빛의 세계로 인도할 것을 말한다. 사도 바울 역시 사람들의 영적으로 소경된 자들의 눈을 뜨게 하여 "어두움에서 빛으로 사단의 권세에서 하나님께로 돌아"오게 하는 사명을 받았다. 어두움은 사단의 권세의 지배 아래 있다는 것이며, 빛은 하나님의 지배 속에 있다는 것을 의미한다. 어두움은 죄의 지배 아래 있으나 빛은 하나님의 은혜의 지배 아래에 있다. 인간은 사탄의 권세로부터 죄의 지배로부터 스스로 벗어나지 못한다. 오직 성령 하나님의 역사로 벗어나게 된다.

그것은 복음 전파에서 나타난다. 복음을 전했을 때 왜 어떤 사람들은 받아들이고 어떤 사람들은 받아들이지 않는가? 교리적인 용어로, 왜 누구는 '선택'을 받았으며, 왜 어떤 사람은 '선택'을 받지 못했는가? 그것은 복음의 외적인 부르심을 받은 자들이 내적인 부르심의 은혜를 받은 사람들이 아니기 때문이다. 오직 내적인 부르심을 받은 자들만이 예수님을 영접할 수 있다.

먼저 알아야 할 것은 복음 그 자체에 문제가 있는 것이 아니라는 사실이다. 이 말의 의미는 무엇인가? 예수 그리스도는 모든 사람들에게 예외 없이 전파된다. 선택 된 자에게만 들려지는 것이 아니다. 성경은 분명하게, "누구든지 주의 이름을 부르는 자는 구원을 얻으리라"(롬 10:13)고 말하고 있다. 예수 그리스도의 복음은 차별이 없다.

두 번째로, 복음을 받아들이는 차이는 인간의 자질에 관한 문제가 아니다. 어떤 사람은 복음을 받아들이는데 다른 사람은 받아들이지 않았다고 해서, 복음을 받아들인 그 사람이 받아들이지 않은 사람에 비해서 남다른 자질이 그 사람 속에 있는 것이 아니다. 인간은 죄와 허물로 죽은 죄인이기 때문이다.[946] 그 말의 뜻은 인간 스스로는 구원에 이를 수 없다는 것이다.[947] 성령 하나님께서 그 마음에 역사하지

---

946) 너희의 허물과 죄로 죽었던 너희를 살리셨도다(엡 2:1)
947) 육에 속한 사람은 하나님의 성령의 일을 받지 아니하나니 저희에게는 미련하게 보임이요 또 깨닫지도 못하나니 이런 일은 영적으로라야 분변함이니라(고전 2:14)

않으면 아무도 거듭날 수가 없다. 복음을 받아들인 사람은 성령의 효력 있는 부르심이 있었기 때문이다.

4) 우리의 의지를 새롭게 하시고

거듭나지 못한 인간은 죄의 지배를 받는 존재, 곧 자기 아비 사탄에게 속하였기 때문에 인간이 행하는 것은 그런 사탄의 지배를 받는 의지대로 행하게 된다. 예수님은 이것이 인간이 당면한 가장 중요한 것이라고 말씀하셨다. 그렇게 사탄의 지배 아래 종노릇 하며 여전히 죄 가운데 있으나 그것이 죄인 줄도 모르고 살아가는 자들 중에서, 하나님께서는 하나님의 은혜와 긍휼하심으로 선택을 하시고 부르셨다. 그들을 위하여 예수 그리스도께서는 십자가에서 죽으시고 부활하셨다. 이것이 성경의 핵심이! 세상은 주체적 선택과 결단의 도약으로 성취할 수 있다고 말하나, 그리스도의 구속사역의 혜택은 실제로 그리고 확실히, 선택받은 사람들만을 위한 것이다.[948]

---

948) 루이스 벌코프, 조직신학(하) 권수경·이상원 역 (서울: 크리스챤다이제스트, 1993), 637-638; 〈3. 제한 속죄론의 증명〉 다음의 증명들이 제한 속죄론의 근거로 제시될 수 있다. (1) 제일 먼저, 하나님의 계획은 언제나 확실히 유효하며 인간의 행위로 인해 좌절될 수 없다는 일반론이 개진될 수 있다. 이것은 우리 주 예수 그리스도의 죽음으로써 인간을 구원하려는 계획에도 적용된다. 만일 모든 사람들을 구원하는 것이 하나님의 의도였다면, 이 목적은 인간의 불신앙에 의해 좌절될 수 없었을 것이다. 모든 면에서 오직 제한된 수효만이 구원받는다는 것이 인정된다. 따라서 그들이 하나님께서 구원하기로 결정하신 유일한 자들이라는 결론이 도출된다. (2) 성경은 반복해서, 그리스도께서 위하여 그 목숨까지 버리신 사람들을 매우 명확히 한정시켜 묘사하는 방식으로 제한하고 있다. 그가 위해서 고난받고 죽으신 사람들은 '그의 양'(요 10:11, 15), '그의 교회'(행 20:28; 엡 5:25-27), '그의 백성'(마 1:21), '택하신 자들'(롬 8:32-35) 등으로 다양하게 호칭되고 있다. (3) 그리스도의 희생 사역과 중보 사역은 단지 그의 속죄 사역의 다른 두 측면이어서 어느 한쪽의 범위가 다른 쪽보다 더 넓을 수 없다. 그런데 그리스도는 다음의 말씀에서 그의 중보 사역을 매우 명확하게 한정 짓고 있다. "내가 비옵는 것은 세상을 위함이 아니요 내게 주신 자들을 위함이니이다"(요 17:9). 만일 그가 실제로 만민을 위해서 죄 값을 지불하셨다면 왜 그의 중보 기도를 제한시키시겠는가? (4) 그리스도께서 만민을 구원하기 위해 죽으셨다는 교리는 논리적으로 절대적 만인 구원론(absolute universalism), 즉 사실상 모든 사람들이 구원받는다는 교리로 연결됨을 또한 지적해야 한다. 그리스도께서 죄 값을 지불하시고 죄과를 제거하신 사람들이 바로 그 죄과로 인해 버림받는 것은 불가능하다. 알미니우스주의자는 그들의 중도적 입장에 머물러있을 수는 없고 오히려 그 논리의 극단까지 나아갈 수밖에 없다. (5) 만일 혹자들이 말하듯 속죄는 보편적이지만 그 적용에 있어 특수적이라고 한다면, 즉 그는 만민의 구원을 가능케 하셨지만 실제로는 단지 한정된 수효만을 구원하신다고 한다면, 구원의 획득과 실제적 수여 사이에는 불가분의 관계가 있음을 지적해야 한다. 성경은 명료하게, 그리스도의 속죄 사역의 목적과 효과는 단지 구원을 가능케 할 뿐 아니라, 신인(神人) 간에 화해시키며 인간으로 영원한 구원(허다한 사람들이 얻는 데 실패했던)을 실제로 소유하게 하려는 데 있다고 가르친다(마 18:11; 롬 5:10; 고후 5:21; 갈 1 :4; 3:13; 엡 1:7). (6) 그리고 만일 하나님과 그리스도의 목적이 명백히 인간의 신앙과 순종 여하에 달린 조건적인 것이라고 주장한다면, 성경이 분명히 그리스도께서 그의 죽음으로써 신앙, 회개 및 성령 역사의 다른 모든 열매를 그의 백성을 위하여 획득하셨다고 가르친다는 사실에 주목해야 할 것이다. 결과적으로 이것들은 단순히 인간의 의사에 의해 성취 여부가 좌우되는 조건이 아닌 것이다. 속죄도 마찬가지로, 구원을 얻기 위해 요구되는 모든 조건들을 확실하게 충족시키고 있다(롬 2:4; 갈 3:13, 14; 엡 1:3, 4; 2:8; 빌 1:29; 딤후 3:5, 6)

만일 하나님의 선택과 부르심이 없이 지금 그대로 살아가면 사탄이 영원한 지옥의 형벌을 받는 것처럼 똑같이 그 형벌을 받게 된다. 왜냐하면 죄로 타락한 인간은 그 마음의 의지와 성향이 죄 밖에는 만들어내지 못하기 때문이다.[949]

그러나, 이런 하나님의 선택에 대한 거부와 저항이 항상 있어 왔다. 그것은 인간의 운명에 대한 생각들이 성경적이지 않았기 때문이다. 사람들은 인간의 삶을 운명론적으로 생각했다. 인간의 운명을 좌우하는 최종적인 결정은 어떤 비인격적인 힘으로 생각하거나, 선한 신과 악한 신의 대결이 빚어내는 결과로 생각했다.

그러나 성경은 인간의 역사와 운명은 여호와 하나님이라는 인격체에 의하여 움직여 간다고 말한다. 이것이 말하는 의미는 무엇인가?

첫째는, 하나님께서는 죄로 타락한 인간을 구원하신 후에 내버려 두지 않는다는 것이다. 하나님께서는 인간의 구원도 창세 전에 예정하셨을 뿐만 아니라, 구원 이후에도 끊임없이 개입하시고 역사해 가시는 하나님이시다.

둘째는, 인간이 어떤 종교적 열심과 노력으로 인간의 생애를 바꿀 수 없다는 것이다. 세상의 종교와 사상은 인간의 노력으로 인간의 운명을 바꿀 수 있다고 말한다. 그래서 오늘날에는 뉴에이지 명상을 통하여 우주에 파동을 내어 보내면 자신이 원하는 것을 이룰 수 있다는 사탄의 헛된 망상에 빠져가고 있다.

하나님의 은혜는 죄인들의 선택과 부르심의 근거이다. 그러나 인간들은 하나님의 은혜를 거부하며, 인간의 신성함을 부르짖으며, 하나님을 거부하고 "우리 안에-있는-하느님"의 완전한 신성에 도달하려고 한다.

성경은 어떻게 말하고 있는가?

> 내가 그들에게 일치한 마음을 주고 그 속에 새 신을 주며 그 몸에서 굳은 마음을 제하고 부드러운 마음을 주어서(겔 11:19)

이 말씀은 하나님께서 이스라엘의 남은 자들에게 새로운 형태의 은혜를 베푸신다는 뜻이다. 이 새로운 은혜는 출애굽 이후에 시내산 언약을 맺고 율법을 주신 것과는 다르다. 새언약은 옛언약과 그 내용이 다른 것이 아니다. 새 신, 곧 성령님께서 새 마음을 주시고 성령님의 능력으로 말씀을 따라 살아가게 하신다.[950] 옛언약

---

949) 죄의 삯은 사망이요 하나님의 은사는 그리스도 예수 우리 주 안에 있는 영생이니라(롬 6:23)
950) 10 또 주께서 가라사대 그 날 후에 내가 이스라엘 집으로 세울 언약이 이것이니 내 법을 저희 생각에 두고 저희 마음에 이것을 기록하리라 나는 저희에게 하나님이 되고 저희는 내게 백성이 되리라 11 또 각각 자기 나라 사람과 각각 자기 형제를 가르쳐 이르기를 주를 알라 하지 아니할 것은 저희가 작은 자로부터 큰 자까지 다 나를 앎이니라 12 내가

자체가 의미가 없는 것이 아니라 그 언약을 지킬 능력이 없으며 이스라엘이 그 일에 실패했다는 것을 말해준다. 그것은 오직 성령 하나님께서 새 마음을 주시고 능력을 주실 때 이루어지는 것이다.

> 26 또 새 영을 너희 속에 두고 새 마음을 너희에게 주되 너희 육신에서 굳은 마음을 제하고 부드러운 마음을 줄 것이며 27 또 내 신을 너희 속에 두어 너희로 내 율례를 행하게 하리니 너희가 내 규례를 지켜 행할지라(겔 36:26-27)

장차 하나님께서 이스라엘을 회복시키실 때 포로에서의 귀환과 죄의 정결이 있으며, 그 무엇보다 이스라엘의 내적 갱신이 있다. 그것은 오로지 성령 하나님의 역사로 이루어 질 것이다. 이스라엘의 영적인 갱신은 새언약으로 불리운다. 그것은 그렇게 영적인 갱신을 이루실 메시아의 도래를 예고하는 것이다. 이스라엘의 회복은 메시아 시대의 시작이다. 그 메시아 시대에는 그리스도와 교회의 언약적 연합이 이루어진다. 그 연합관계를 조나단 에드워즈는 다음과 같이 말했다.

> 그리스도는 부정한 '아내를 취하실 수 없고 순결한 신부, 흠 없고 거룩한 신부를 취하셔야 한다. 그러나 동시에 이런 순결함은 그리스도만 죄인에게 제공해 줄 수 있다. 이런 이유로 그리스도와 교회가 영적으로 연합하는 그 중심에 십자가가 있는 것이다. 오직 그리스도의 십자가로 말미암아 신부에게 있는 모든 얼룩과 흠이 정결하게 되고 그리스도와 교회의 결합이 가능하게 되었다.951)

신약의 교회는 그리스도와의 연합으로 생명을 누리고 영원한 의미와 통일성을 부여받아 풍성한 삶을 누리며 살게 된다. 그것은 우리의 의지가 아니라 성령님의 역사로 말미암은 것이다. 오늘날 현대사회를 살아가는 사람들에게 자신의 의지와 상관이 없이 부름을 받았다는 것, 선택을 받았다는 것은 매우 이해하기 힘들다. 현대인들은 실존주의적인 삶의 스타일에 익숙하다. 자신이 중심이 되고, 자신이 원리가 되어 자기가 선택하고 자기가 모든 것을 결정한다. 그런 삶의 방식은 성경이 말하는 구속의 방식과는 완전히 다르다. 그것은 다음과 같은 성경 구절에서 알 수가 있다.

> 너희가 나를 택한 것이 아니요 내가 너희를 택하여 세웠나니 이는 너희로 가서 열매를 맺게 하고 또 너희 열매가 항상 있게 하여 내 이름으로 아버지께 무엇을 구하든지 다 받게 하려 함이라(요

저희 불의를 긍휼히 여기고 저희 죄를 다시 기억하지 아니하리라 하셨느니라 13 새 언약이라 말씀하셨으매 첫 것은 낡아지게 하신 것이니 낡아지고 쇠하는 것은 없어져가는 것이니라(히 8:10-13)

951) 더글라스 스위니·오웬 스트라첸, 조나단 에드워즈의 하나님의 아름다움, 김찬영 역, 부흥과 개혁사, 2012, p. 127.

15:16)

이 말씀은, 그리스도와 성도의 연합은 전적으로 그리스도의 은혜로 말미암는다는 것을 말해 준다. 성경은 분명하게 "내가 너희를 세상에서 택하였"다고 말씀한다.[952] 놀라운 사실은 하나님께서 우리를 택하실 때에 우리의 자질과 능력과 업적을 따라서 택하신 것이 아니라는 사실이다.[953]

이런 선택과 부르심은 인간의 죄악과 비참함과 무능함을 알지 못하면 도저히 이해할 수 없다. 현대인들은 인간 속에 신성한 무엇이 있다고 생각하며 인간 내면에 완전한 무엇이 있다고 생각한다. 이것이 성경과 세상의 사상이 충돌하는 가장 중요한 핵심 가운데 하나이다. 인간 내면에 신성한 것이 존재한다고 생각하면 하나님의 선택과 부르심은 있을 수가 없다. 그러나, 인간이 죄인이며 그 비참함과 절망에서 벗어날 수가 없다는 성경의 인간론을 믿으면 반드시 하나님의 선택과 부르심이 있어야만 한다.

우리나라의 대통령이 특별사면령을 내릴 때, 그 선택권은 대통령에게 있다. 죄를 지은 범죄자는 특별사면에 대한 선택권이 전혀 없다.

5) 또 우리를 설득하셔서 복음 안에서 우리에게 값없이 주신 예수 그리스도를 영접할 수 있게 하는 것입니다

예수님을 믿는다는 것은 무슨 뜻인가? 코르넬리스 프롱크는 다음과 같이 말한다.

> 예수님을 믿는다는 것은 무슨 뜻입니까? 예수님을 믿는다는 것은 내가 구원받았다는 것을 믿어야 한다는 것이 아닙니다. 또한 내가 그리스도께서 나의 죄를 위해 죽으셨다는 것을 믿도록 부름을 받았다는 것을 뜻하지 않습니다. 예수님을 믿는다는 것은 내가 주 예수님께로 가서 예수님께 나의 구주가 되어 달라고 간구하는 것을 말합니다. 또한 그리스도께서 나를 구원하시고 흑암의 권세에서 구해 달라고 기도하며 내 삶을 그리스도의 손에 맡기는 것을 뜻합니다. 당신은 복음이 그리스도에 대해 말하는 바, 즉 그리스도께서 죄인들의 보증이시며 하나님의 율법을 거스른 죄책을 지닌 지옥에 마땅한 자들의 대리인이이시라는 것을 믿습니다.[954]

---

952) 너희가 세상에 속하였으면 세상이 자기의 것을 사랑할 터이나 너희는 세상에 속한 자가 아니요 도리어 세상에서 나의 택함을 입은 자인고로 세상이 너희를 미워하느니라(요 15:19)
953) 하나님이 우리를 구원하사 거룩하신 부르심으로 부르심은 우리의 행위대로 하심이 아니요 오직 자기 뜻과 영원한 때 전부터 그리스도 예수 안에서 우리에게 주신 은혜대로 하심이라(딤후 1:9) 형제들아 너희를 부르심을 보라 육체를 따라 지혜 있는 자가 많지 아니하며 능한 자가 많지 아니하며 문벌 좋은 자가 많지 아니하도다(고전 1:26)
954) 코르넬리스 프롱크, 도르트신조 강해, 황준호 역 (서울: 그책의사람들, 2013),164.

프롱크의 이 말은, 인간의 주체적 결단으로 예수 그리스도를 영접하는 것이 아니라 하나님께서 죄인들을 예수 그리스도 안에서 받으실 수 있기에 예수 그리스도를 믿으라고 우리를 부르신다는 뜻이다.

그러므로 예수님께서는 다음과 같이 말씀하셨다.

44 나를 보내신 아버지께서 이끌지 아니하면 아무라도 내게 올 수 없으니 오는 그를 내가 마지막 날에 다시 살리리라 45 선지자의 글에 저희가 다 하나님의 가르치심을 받으리라 기록되었은즉 아버지께 듣고 배운 사람마다 내게로 오느니라(요 6:44-45)

왜 유대인은 예수님을 그리스도로 믿지 못했는가? 그리스도이신 표가 없어서가 아니었다. 그것은 하나님께서 그들을 그리스도에게로 이끌지 않으셨기 때문이다. 하나님께서는 그리스도를 세상에 보내시며, 그리스도를 믿도록 자기 백성을 이끄신다. 이끈다는 말이 무엇인가? 그것은 성령님의 역사로 영혼이 거듭나는 중생을 말한다. "선지자의 글"은 이사야 54장 13절이다.

네 모든 자녀는 여호와의 교훈을 받을 것이니 네 자녀는 크게 평강할 것이며(사 54:13)

이 말씀은 미래에 하나님의 백성들이 메시아의 가르침을 받아들일 것을 예언한 것이다.[955] 성부 하나님의 절대 주권으로 이끌림을 받은 자들만이 그리스도에게 나올 수 있다.

또 가라사대 이러하므로 전에 너희에게 말하기를 내 아버지께서 오게 하여 주지 아니하시면 누구든지 내게 올 수 없다 하였노라 하시니라(요 6:65)

예수님께서 이 말씀을 하시는 목적은 무엇인가? 예수님의 말씀을 믿지 않는 자들이 있었기 때문이다. 그들이 예수님을 영접하지 않은 까닭은 예수님의 증거가 불충분해서가 아니라, "아버지께서 오게 하여 주지 아니"하셨기 때문이다. 예수님의 "누구든지 올 수 없다"는 말씀은 '아무도 올 수 없다'는 뜻이다. 예수님께 오려면 필요조건[956]이 충족되어야 한다. 그것이 무엇인가? '성부 하나님께서 오게 해 주

---

955) 그들이 다시는 각기 이웃과 형제를 가리켜 이르기를 너는 여호와를 알라 하지 아니하리니 이는 작은 자로부터 큰 자까지 다 나를 앎이라 내가 그들의 죄악을 사하고 다시는 그 죄를 기억지 아니하리라 여호와의 말이니라(렘 31:34)
956) 효력 또는 결과가 일어나기 위해 반드시 있어야 하는 어떤 것. 그러나 그것이 있다고 해서 반드시 결과를 보장하는 것은 아니다.

셔야 '올 수 있는 것, 이것은 또한 충분조건[957]이다.[958]

> 너희가 그 은혜를 인하여 믿음으로 말미암아 구원을 얻었나니 이것이 너희에게서 난 것이 아니요 하나님의 선물이라(엡 2:8)

한글 성경에는 "왜냐하면"을 뜻하는 헬라어(가르)가 생략되어 있다. 그것은 앞 절과 관련이 되어 있으며, 2장 7절에서도 하나님의 은혜를 말했다.

> 이는 그리스도 예수 안에서 우리에게 자비하심으로써 그 은혜의 지극히 풍성함을 오는 여러 세대에 나타내려 하심이니라(엡 2:7)

8절은 그리스도 예수 안에 주어지는 하나님의 자비하심 때문에 주어진 하나님의 지극히 풍성하신 은혜를 재차 강조하고 있다. 그것이 강조되어야 하는 이유는 무엇인가? 에베소서 2장 1절부터 말했듯이, 우리는 전에 허물과 죄로 죽었던 자들이기 때문이다. 인간은 스스로 그 허물과 죄에서 벗어날 수가 없다. 그것은 오직 하나님께서 은혜를 베풀어 주셔야만 가능하다.

이 은혜는 우리를 겸손하게 한다. 복음이 들렸을 때 나는 옳은 선택을 했고 다른 사람들은 반응을 안 해서 믿지 않은 것이 아니다. 그렇게 되면 나의 구원은 공로로 얻은 구원이 된다. 그것은 나의 의요 내 자랑이 된다. 그러나 구원은 전적으로 하나님의 은혜로 된 것이다! 죽은 나사로가 무덤에 있었던 것처럼 우리는 죄로 인해 죽었던 자들이다. 죽은 자는 살아나지 못한다. 영적으로 죽었던 자들이 살아난 것은 우리의 죄 때문에 예수님께서 십자가에서 죽으시고 부활하셨기 때문이다!

> 허물로 죽은 우리를 그리스도 예수 안에서 살리셨고 (너희가 은혜로 구원을 얻은 것이라)(엡 2:5)

그리스도께서는 허물과 죄로 죽었던 자들에게 새 생명을 주셨는데, 그것은 오직 하나님의 은혜로 이루어졌음을 말한다. 그것은 예수 그리스도와 연합된 생명이다. 그것은 성령님께서 역사한 결과다.

---

957) 나올 결과를 절대적으로 보장하는 것을 말한다.
958) 아르미니우스도 이 점에 동의했다. 어떤 사람이 예수님께로 오려면 성령님이 그 속에 역사하셔야 한다는 것에 동의했다. 그러나 그 은혜를 거절할 수도 있고 받아들일 수도 있다고 말했다. 그러니 구원을 받고 안 받고는 순전히 사람의 선택이다. 결국 구원이 자기 의로 간다. 그러나 성경은 예수 그리스도의 의로 구원받는다고 가르친다.

13 주의 사랑하시는 형제들아 우리가 항상 너희를 위하여 마땅히 하나님께 감사할 것은 하나님이 처음부터 너희를 택하사 성령의 거룩하게 하심과 진리를 믿음으로 구원을 얻게 하심이니 14 이를 위하여 우리 복음으로 너희를 부르사 우리 주 예수 그리스도의 영광을 얻게 하려 하심이니라(살후 2:13-14)

"처음부터"는 '영원 전부터', '창세 전부터'라는 뜻이다.[959] 하나님께서는 자기 백성을 창세 전에 택하셨다. 그 택함을 효력 있게 적용하고, 거룩케 하고, 진리를 믿음으로 구원에 이르게 하는 것은 성령 하나님께서 역사하셨기 때문이다. 이 말씀에서 "진리"는 예수 그리스도의 십자가 구속 사건을 말한다. 그런 성령님의 역사는 결국 예수 그리스도께 영광을 돌리게 한다.

연결고리
그 일에 대하여 칼빈은 『기독교 강요』에서 다음과 같이 말했다.

그러므로, 이미 말했듯이 우리가 그와 하나가 되지 않고서는 그가 소유하시는 모든 것이 우리와 아무런 상관이 없을 수밖에 없다. 그리스도가 소유하시는 그것을 우리가 믿음으로 말미암아 얻게 되는 것은 사실이다. 그러나 복음을 통해서 제시되는 그리스도와의 교제를 모든 사람이 차별 없이 다 받아들이는 것이 아니라는 것이 분명하기 때문에, 우리로서는 한 단계 더 높이 올라가서 성령의 은밀한 역사하심을 살피는 것이 지극히 합당할 것이다. 우리가 그리스도를 누리고 또한 그가 베푸시는 모든 은택을 누리는 것이 바로 성령의 역사하심으로 말미암는 일이기 때문이다.[960]

성령님은 그리스도와 우리를 하나로 묶어주는 연결고리다. 성부 하나님께서는 성도에게 주실 모든 복을 그리스도께 주셨다. 그리스도 안에 있는 복을 누리려면 그리스도께 붙어 있어야 한다. 그리스도와의 연합되는 것은 성령님의 신비로운 역사다. 성령님의 역사로 우리는 그리스도께 접붙여지고[961] 그리스도로 옷 입는다.[962]

부르심을 거부하는 불신앙의 원인과 죄책은 사람에게 있다. 예수님께서는 씨뿌리는 비유를 통해서 3가지 방식으로 거부한다고 말씀하셨다.[963] 첫 번째는 길가에

---

959) 곧 창세 전에 그리스도 안에서 우리를 택하사 우리로 사랑 안에서 그 앞에 거룩하고 흠이 없게 하시려고(엡 1:4)

960) 존 칼빈, 기독교강요(중), 원광연 역, 크리스찬다이제스트, 2003, p. 9. 기독교강요3권 1장 「제1장 그리스도에 대한 말씀은 성령의 신비한 역사를 통해 우리에게 유익을 준다」

961) 또한 가지 얼마가 꺾어겼는데 돌감람나무인 네가 그들 중에 접붙임이 되어 참감람나무 뿌리의 진액을 함께 받는 자 되었은즉(롬 11:17)

962) 누구든지 그리스도와 합하여 세례를 받은 자는 그리스도로 옷입었느니라(갈 3:27)

963) 19 아무나 천국 말씀을 듣고 깨닫지 못할 때는 악한 자가 와서 그 마음에 뿌리는 것을 빼앗나니 이는 곧 길가에 뿌리운 자요 20 돌밭에 뿌리웠다는 것은 말씀을 듣고 즉시 기쁨으로 받되 21 그 속에 뿌리가 없어 잠시 견디다가 말씀을

뿌려진 씨앗으로, 복음이 다만 지식으로만 들려지고 죄에 대한 각성과 돌이킴이 없다. 둘째는, 돌밭에 뿌려진 씨앗으로, 복음을 듣고 감동을 받으나 그 감동이 지속되지 못한다. 왜냐하면 복음으로 인해 어려움이 생길 때 떠나가 버린다. 셋째는, 가시떨기에 뿌려진 씨앗으로, 복음이 뿌려지나 이 세상의 염려와 재물의 유혹으로 말씀의 열매를 맺지 못하는 사람이다.

어떤 사람들은 '내가 내 능력 밖의 것이라서 못했는데, 그렇다고 해서 하나님께서 나에게 책임을 물으시고 비난하실 수가 있습니까?' 그렇게 말하기도 한다. 이것은 자신의 잘못을 피하기 위해 하나님의 작정을 이용하는 것에 불과하다. '내가 죄인이라서 죄를 지었고 내가 죄인이라서 예수님을 영접하지 못하는거지요?'라고 항변한다. 인간은 분명히 죄인이다. 죄인이기 때문에 구원에 이를만한 어떤 것도 행할 능력이 없다. 그러나, 그 무능력도 인간의 죄이며 인간의 잘못이다. 인간은 태어날 때부터 자연적으로 무능력하며, 인간은 태어날 때부터 도덕적으로도 영적으로도 무능력하다. 그렇기 때문에 인간은 죄를 더 사랑하며 예수님께 오지 않는다.964) 인간은 그 본성상 죄를 좋아하기 때문에 죄를 짓는다. 그 말은 인간은 자발적으로 죄를 짓는다는 뜻이다. 누가 외부에서 강압하기 때문에 억지로 죄를 짓는 것이 아니라는 의미다. 하나님께서는 죄를 짓도록 위협하지 않으신다. 인간은 거룩과 경건으로 살기보다는 쾌락을 즐기고 현실의 만족을 위하여 목숨을 건다. 인간은 인간의 죄악을 밝히 말하는 성경보다는 인간의 가능성을 말하는 인문학을 즐긴다.

알미니안주의자들은 복음을 받아들이는 것도 인간의 자유의지이고 거절하는 것도 자유의지라고 했다. 신앙과 불신앙의 책임이 인간에게 있다고 말하기 위하여 자유의지를 동원했지만, 그러나 개혁신앙은 신앙의 원인이 오직 하나님께 있다고 고백했다. 알미니안주의자들은 '처음 은혜'와 '두 번째 은혜'라는 두 가지 은혜를 가르쳤다. 처음은혜는 일반은혜라고도 말하는데, 복음을 듣는 모든 사람들이 하나님께 받는 은혜이다. 이 처음은혜를 자유의지를 동원해서 올바르게 사용한 사람들만이 구원에 이르는 두 번째 은혜를 받을 자격을 얻는다고 말했다. 알미니안주의자들에 의하면 복음을 받아서 구원에 이르기 위해 인간이 의지를 발휘하고 결정해야 한다고 말함으로 구원이 사람에게 달려있다고 말했다.

그러나 성경은 분명하게 말한다. 인간이 복음을 믿고 회개하는 모든 과정들은

인하여 환난이나 핍박이 일어나는 때에는 곧 넘어지는 자요 22 가시떨기에 뿌리웠다는 것은 말씀을 들으나 세상의 염려와 재리의 유혹에 말씀이 막혀 결실치 못하는 자요(마 13:19-22)

964) 그러나 너희가 영생을 얻기 위하여 내게 오기를 원하지 아니하는도다(요 5:40)

전적으로 하나님의 선물이다.

> 또 미리 정하신 그들을 또한 부르시고 부르신 그들을 또한 의롭다 하시고 의롭다 하신 그들을 또한 영화롭게 하셨느니라(롬 8:30)

이 말씀에서 '믿음'을 말하지 않는 이유는 무엇인가? 그것은 하나님의 예정과 부르심이 믿음으로 확정되며, 칭의와 영화도 믿음으로 성도에게 주어졌기 때문이다. 구원의 모든 과정에는 '믿음'이 전제되어 있다.

이 말씀 어디에도 인간의 자유의지로 구원이 결정된다고 말하는 내용이 없다. 오직 하나님께서 처음부터 끝까지 완성하신다. 효과적인 부르심은 선택의 첫 열매이며 오직 택함을 받은 자들에게만 일어난다. 알미니안주의자들은 하나님 앞에 자신들을 떳떳한 모습으로 세우려고 한다. 하나님 앞에 서기 위한 자격을 갖추고 난 다음에 당당하게 하나님 나라의 입장권을 요구하는 사람들이다. 그러나 성경은 성령님께서 인간들을 변화시켜서 자신의 죄악의 비참함을 깨닫게 하시고 회개케 하여 예수 그리스도께로 피하게 한다. 그리하여 죄인에게 베푸시는 하나님의 영원하신 은혜에 호소하며 구원받기를 갈망하는 가난한 심령을 부어주신다.[965]

오늘날 현대 교회는 영성의 물결에 휩쓸려 타락해 가고 있다. 영성은 인간의 내면에 신성함이 있다고 보며 그 신성을 충만케 하여 이 현실에서 그 신성을 체험하는 일상의 영성을 가르치고 자기 비움, 내려놓음을 말하면서 자기 노력에 의한 신성화를 가르친다. 그러나, 성령 하나님께서는 죄인의 심령에 역사하시어 죄와 비참을 깨닫게 하시고 그리스도를 영접하게 하신다. 그 은혜를 입은 성도는 이제 그리스도를 위해 살아간다.

---

965) 심령이 가난한 자는 복이 있나니 천국이 저희 것임이요(마 5:3)

제32문 효력 있는 부르심을 받은 자들은 현세에서 무슨 은덕을 받습니까? (대60)
답: 효력 있는 부르심을 받은 자들은 현세에서 칭의와 양자됨과 성화에 참여하고, 그리고 현세에서 이것들과 함께 또는 이것들로부터 나오는 여러 가지 은덕을 받게 됩니다.966)

'현세의 은덕' 혹은 '이생의 유익'이라 해서, 기독교 신앙이 이 세상의 보상을 말하는 것이 아니다. 많은 사람들은 믿음으로 살아가면 이 세상살이가 달라질 것이라고 생각하지만, 성경은 그런 보상을 약속하지 않는다. 그렇다고 기독교가 이 세상과 무관하다고 생각하거나 피안의 세계로 도피하는 것도 아니다.

차안(此岸)의 세계에 마음을 두고 살도록 만든 사람 중에 대표적인 사람이 칸트다. 모종의 궁극적인 실재가 존재하지만 인간의 정신은 그 실재를 직접 인식할 수는 없다고 말했다. 순수이성으로는 본체 혹은 물자체를 볼 수는 없다는 것이다. 인간의 인식이 경험되어지는 현상계에만 국한된다고 말했다. 이것이 후에 현상학의 기반이 된다. 칸트는 신·영혼·불멸·세계의 전체성과 같은 개념들에 대해서는 선천적 종합판단이 불가능하다고 단정했다. 그리함으로 지난 수천 년 동안 신학과 철학의 가장 중요한 주제인 신에 관한 논증 일체를 부인했다. 칸트가 이런 형이상학적인 개념들을 부정한 것은 그 자체로 의미가 없어서가 아니라 검증이 불가능하기 때문이었다. 그러나, 도덕적인 삶을 위해서는 그런 형이상학적인 개념들이 필요하다고 했다.967)

헤겔은 칸트의 한계를 뛰어넘기 위해 '절대정신'을 말했다. 이 절대정신은 관념의 세계에만 머무르는 것이 아니라 이 현실세계를 만들어간다. 그러니 세계는 역동적인 세계가 되고 역사는 무한히 발전해 가게 된다. 그것이 헤겔의 변증법이다. 절대정신은 정립(정)-반정립(반)-종합(합)이라는 변증법적 방식으로 변화하고 발전한다는 것이다. 여기서 그 유명한 말이 나온다. "역사는 절대정신이 자기실현을 이루는 과정이다."

그렇게 발전의 과정에 있으니 개인보다는 국가가 우선되었다. 그 모범 국가가 프로이센이었다. 또한 헤겔은 프랑스 혁명으로 나폴레옹이 집권하자 역사의 영웅으로 떠받들었다. 그런데 프로이센이 나폴레옹에게 격파당했다는 소식에 이런 말

---

966) Q. 32. What benefits do they that are effectually called partake of in this life? A. They that are effectually called do in this life partake of justification, adoption, and sanctification, and the several benefits which in this life do either accompany or flow from them.

967) 남경태, 누구나 한번쯤 철학을 생각한다, Humanist, 2012, pp. 395-396.

을 남겼다. "미네르바의 부엉이는 황혼녘에야 날개짓을 한다." 역사의 과정 속에 있는 인간은 역사의 완성을 알 수 없다는 뜻이다.

쇼펜하우어는 칸트부터 다시 시작했다. 칸트가 본체를 인식할 수 없다고 한 것이 잘못이라 말하고 본체를 알 수 있다고 했다. 쇼펜하우어가 말하는 본체의 세계는 바로 의지이기 때문이다. 칸트의 입장에서 도덕은 현상계에 속한 것이 아니라 본체의 세계에 속한다. 그런데 그 도덕은 의지의 작용이다. 그렇다면 의지가 곧 본체인 것이다. 그 의지는 순수하고 맹목적이다. 그 의지는 힘이고 에너지이기에 운동과 변화를 낳는다. 세상이 변화하고 인간이 살아가는 모든 것들은 이 의지 때문이다. 이 의지는 이성보다 근원적이고 간사하지 않으며 그 자체로 순수하다. 왜냐하면 맹목적이기 때문이다.968) 이것이 바로 쇼펜하우어의 신성한 내면이다. 쇼펜하우어의 구상화는 의지로부터의 해탈이다. 그래서 한두교로 불교로 갔다.

칸트, 헤겔, 쇼펜하우어를 통해서 인간의 한계를 생각하게 되고, 그 한계를 벗어나기 위해 결국 신비주의, 금욕주의로 가는 것을 보게 된다. 이 현실이 전부이고 이 현실 속에서 무엇을 이루려고 하지만 그 꿈은 이루어지지 않고 결국은 도약하게 된다는 것을 이 몇 사람만 보아도 알 수가 있다. 성경은 믿음의 결과로 이 세상의 위로와 유익을 제공하는 것이 아니다. 성도는 이생에서 칭의와 양자와 성화에 참여하고 그것들로부터 나오는 은혜의 혜택을 누리게 된다. 그것이 진정한 보상이다. 그러나 이 땅의 거짓선생들이 많아서 성경의 본질을 흐리고 이 세상에서 돈과 명예와 건강과 권력이 주어진다고 가르치고 있으니, 그것이 성도들의 영안을 흐리게 한다.

칭의와 양자와 성화는 구원의 서정을 말한다. 일반적으로 개혁주의에서 구원의 서정이라 할 때에 소명(부르심)-중생(거듭남)-회심(믿음, 회개)-칭의(의롭다함)-양자(하나님의 자녀가 되게 하심)-성화(바른 삶의 행동)-견인(최후까지 은혜 가운데 거함)-영화(부활의 몸을 받음)를 말한다.

논쟁은 언제나, '중생 후 믿음이냐?', '믿음 후 중생이냐?'이다. 구원의 순서는 시간적 순서라기보다는 논리적 순서를 말한다. 예를 들면, '칭의의 결과로 믿음을 가지는가?' 아니면, '칭의는 믿음의 결과인가?' 시간적으로 보면 믿음과 칭의는 동시에 발생한다. 우리가 예수 그리스도를 믿을 때 하나님께서는 우리를 의롭다 하신다. 이렇게 믿음이 칭의에 앞서는 것은 논리적으로 칭의가 믿음에 의존하기 때문이다.

효력 있는 부르심에 대하여 성경은 무엇이라고 말하는가?

---

968) 남경태, 누구나 한번쯤 철학을 생각한다 (서울: Humanist, 2012), 418-424.

1) 현세에서 칭의와 양자됨과 성화에 참여하고

먼저, 효력 있는 부르심을 받은 자들이 누리는 혜택은 무엇인가?

> 그 기쁘신 뜻대로 우리를 예정하사 예수 그리스도로 말미암아 자기의 아들들이 되게 하셨으니(엡 1:5)

그 혜택은 하나님의 구원사역으로 그의 선택한 자들을 아들로 삼으신 것이다! 하나님께서는 자기 백성을 부르시되 하나님의 목적을 이루기 위한 도구나 수단으로 부르지 않으셨다. 하나님께서는 하나님의 아들 되게 하시는 그것이 목적이다. 하나님의 양자 된 성도들은 하나님과 함께 하며 하나님의 상속자가 되고 하나님의 성품을 닮아가는 자들이다.

> 또 미리 정하신 그들을 또한 부르시고 부르신 그들을 또한 의롭다 하시고 의롭다 하신 그들을 또한 영화롭게 하셨느니라(롬 8:30)

이 구절에서 사도 바울이 성화를 말하지 않은 이유는 무엇인가? 소명과 칭의를 말하고 곧바로 영화를 말한 것은 구원의 확실성을 말하기 위함이다. 구원의 확실성은 구원 이후의 삶에 따라 결정되는 것이 아니다. 그렇다고 어떤 아들처럼 '성깔대로 살아라'고 해서는 안 된다. 그것은 구원의 은혜와 언약이 무엇인지 모르는 말이다. 구원은 우리의 어떠함에 따라 달려 있지 않으며, 성화는 구원받은 자가 삶으로 언약에 신실하게 응답하는 것이다.

2) 그리고 현세에서 이것들과 함께 또는 이것들로부터 나오는 여러 가지 은덕을 받게 됩니다

칭의와 양자와 성화는 다만 내세적인 것만이 아니다. 왜냐하면 그것은 삶의 원리로 성도의 삶을 움직이기 때문이다.

> 너희는 하나님께로부터 나서 그리스도 예수 안에 있고 예수는 하나님께로서 나와서 우리에게 지혜와 의로움과 거룩함과 구속함이 되셨으니(고전 1:30)

이 말씀은 성도들이 '그리스도 안에' 있게 되는 궁극적인 동인(動因)이 하나님이시라는 것을 말한다. "그리스도 안에 있다"는 것은 새언약의 백성들이 그 언약 안에서 누리는 친밀한 교제를 누리고 있다는 것을 의미한다. 그 교제가 생명력을 준다. 세상은 절대타자로 신을 상정하나 그 신으로부터 교제가 없기 때문에 맹목적 도약을 감행한다. 그러나, 성도는 삼위하나님과 지속적인 교제를 누리기 때문에 각양 좋은 은사를 받아 누리게 된다.969) 그것은 그리스도가 우리의 "지혜와 의로움과 거룩함과 구속함"이 되어주셨기 때문에 누리는 은혜다. 그리스도께서 우리를 죄에서 구원하셨고, 그리스도의 대속으로 의로워졌으며, 그리스도 안에 있음으로 구별되어 거룩하게 되었으며, 그리스도의 부활로 참되고 영원한 소망을 주셨다. 이모든 것들은 그리스도 안에서 신비로운 연합으로 이루어진 것이다. 그로인해, 성도는 세상이 주는 유한한 의미와 통일성과는 비교할 수 없는 하나님이 주시는 영원한 의미와 통일성을 누리고 살게 된다.

> 자기 아들을 아끼지 아니하시고 우리 모든 사람을 위하여 내어 주신 이가 어찌 그 아들과 함께 모든 것을 우리에게 은사로 주지 아니하시겠느뇨(롬 8:32)

하나님께서는 독생자 예수 그리스도로 하여금 모진 십자가의 고난을 그대로 겪게 하셨다. 그렇게 하신 이유는 독생자의 죽으심을 통하여 죄인들을 구원하시려고 하셨기 때문이다. 독생자를 아끼지 않으신 하나님께서 성도를 위해 주시지 않을 것이 없다. 그러나, 우리의 삶에는 고통이 있고 아픔이 있다. 구원받은 성도들이 그리스도 안에서 자라가는 일은 우리의 생각과는 다르게 갈 때가 많다. 십자가의 길을 걷지 않고 십자가를 알 수 없기 때문이다. 하나님께서 원하시는 것은 세상 것을 가져서 십자가를 아는 것이 아니라 십자가를 짐으로 언약에 신실한 백성이 되는 것이다.

하나님의 부르심은 우리의 삶에 어떻게 나타나는가?

> 너희가 나를 택한 것이 아니요 내가 너희를 택하여 세웠나니 이는 너희로 가서 열매를 맺게 하고 또 너희 열매가 항상 있게 하여 내 이름으로 아버지께 무엇을 구하든지 다 받게 하려 함이라(요 15:16)

참으로 하나님께서는 "아버지께 무엇을 구하든지 다 받게"해 주시는가? 사람들은 너무나 주관적으로 생각한 나머지 아무것이나 구하면 다 주시는 것으로 오해를 한다. 그러나 그리스도께서 구하라고 하시고 그 응답으로 주시는 열매는 영적 과실이다. 그것은 새언약 안에 누리는 언약의 복이 성취됨을 말한다. 새언약의 복은 이

---

969) 각양 좋은 은사와 온전한 선물이 다 위로부터 빛들의 아버지께로서 내려오나니 그는 변함도 없으시고 회전하는 그림자도 없으시니라(약 1:17)

세상의 보상이 아니다. 칭의란 죄의 형벌로부터 구원 받는 것이다. 성화는 죄의 세력으로부터 구원을 말한다. 이런 모든 것들은 구조를 개혁하여 세상을 바꾸는 것이 아니다. 인간은 근본적으로 죄악되기 때문에 그리스도는 죄에서 구원하시기 위하여 오셨고 죽으시고 부활하셨다.

예수 그리스도의 구속하심으로 말미암아 성도는 죄책으로부터 완전히 용서받아 자유함을 누리게 된다. 또한 성도의 영혼은 더 심오한 변화를 경험하게 된다. 그 존재론적인 변화와 인식론적인 변화는 다음과 같다.

> 첫째로, 존재론적으로는 하나님과 원수 되었던 인간의 영혼 안에 하나님을 사랑하는 경향성이 생긴 것이다. 중생은 인간의 영혼과 본성에 근본적인 변화를 도입한다. 그것은 사랑의 경향성의 변화이다. 비중생자와 중생자 사이에 사랑할 수 있는 능력의 변화를 도입하는 것이 아니라 사랑의 방향성의 변화를 가져오는 것이다. 즉, 자기 사랑의 경향성을 가지고 육욕으로 살던 사람을 하나님 사랑의 경향성을 가지고 성령을 따라 사는 사람으로 변화시키는 것이다. 이러한 영혼의 경향성의 변화는 그의 마음의 성향의 변화로 나타나며 이러한 변화를 통해 인간은 자연적인 본성 자체가 도덕성을 회복하게 되는 것이다. 이것이 인간이 중생을 통해 하나님의 형상을 회복해 가는 기초가 된다. 그러나 이러한 경향성은 가변성을 가진 경향성이다. 절대적인 의미에서는 이 경향성이 결코 소멸되지는 않으나 상대적인 의미에서는 인간의 거룩한 삶과 은혜의 원리에 순종하는 생활을 통해 증진되기도 하고 퇴보하기도 하는 것이다. 따라서 성화는 중생과 함께 도입된 존재론적인 변화를 마음의 성향 안에서 사랑으로 증진하는 것이다.
> 둘째로, 인식론적으로 중생하기 전 육신의 감각을 통해 사물을 인식할 수밖에 없었던 인간이 영적인 감각으로 사물을 인식하게 된 것이다. 특별히 존 오웬은 인간은 중생과 함께 세 가지 감각을 일시에 회복한다고 보았는데 하나님의 용서와 사랑, 그리고 영광을 위하여 살고자 하는 감각이 그것이라고 보았다. 그런데 이러한 영적인 것에 대한 감각은 중생과 함께 신자의 영혼 안에 도입된 이래로 결코 완전히 소멸될 수는 없다. 그러나 신자가 불순종하고 은혜의 원리를 따르지 않는 삶을 살아갈 때 내면의 세계 속에서 증진하는 죄의 영향력은 이러한 신령한 것들에 대한 감각들을 무디게 만든다.970)

로마서 5장에 가면 구원받은 성도의 실상에 대하여 다음과 같이 말한다.

> 그러므로 우리가 믿음으로 의롭다 하심을 얻었은즉 우리 주 예수 그리스도로 말미암아 하나님으로 더불어 화평을 누리자 또한 그로 말미암아 우리가 믿음으로 서있는 이 은혜에 들어감을 얻었으며 하나님의 영광을 바라고 즐거워하느니라 다만 이뿐 아니라 우리가 환난 중에도 즐거워하나니 이는 환난은 인내를(롬 5:1-3)

하나님의 은혜로 구원받은 성도가 하나님의 영광을 바라고 즐거워하는 자리에 있음을 말한다. 그러나 그 영광의 자리에 도달하기까지는 우리에게 주어진 현실은

---

970) 김남준, 존 오웬의 신학 (서울: 부흥과개혁사, 2009), 83-84.

무엇인가?

> 다만 이뿐 아니라 우리가 환난 중에도 즐거워하나니 이는 환난은 인내를 인내는 연단을 연단은 소망을 이루는 줄 앎이로다(롬 5:3-4)

그 완성의 자리에 가기 전까지 성도된 우리의 삶은 환난이라고 말한다. 그 환난이라는 것이 외적인 핍박과 어려움에 직면한 것일 수도 있다. 예수 믿는 것 때문에 우리의 믿음의 선조들은 목숨을 내어 놓아야 했으며, 예수 믿는 신앙 때문에 생활에 어려움을 겪어야만 했다. 지금도 믿음 때문에 극심한 고초 가운데서 고난 중에 있는 사람들이 있다.

뿐만 아니라 그 환난이라는 것이 우리의 삶에 답답함으로 다가올 때가 있다. 왜 저런 배우자를 만났는지? 왜 이 막막한 인생을 살아가야 하는지? 왜 저런 자식이 태어나서 이렇게 애를 먹이는지? 왜 나는 남들 같지 않고 이 모양으로 살아가는지? 이 막막한 현실을 어떻게 계속 걸어가야 하는지? 이 지긋지긋한 삶을 박차고 어디론가 가고 싶지만 그럴 수 없는 이 형편을 어떻게 해야 하는지? 누가 이런 나의 아픔과 눈물을 알아 줄 것인지? 하나님을 의지해야 하고, 말씀대로 살아야 하고, 기도도 해야 하고 그렇게 살아야 하는 것이 정답인줄 알면서도 왜 그렇게 안 되는지?

하나님께서 이런 막막하고 답답한 현실을 살아가게 하신다. 예수 그리스도를 믿는 성도들이지만 세상 사람들과 동일한 삶을 살게 하신다. 하나님께서는 왜 그런 일들에 구체적인 응답이나 외적인 역사를 나타내시지 않으실까? 하나님께서는 우리를 둘러싼 외적인 환경을 변화시킴으로 우리를 항복시켜 나가실 때도 있지만, 대부분은 하나님 앞에 믿음의 항복을 통해 우리 자신을 변화시켜 나가신다.

하나님만으로 만족하고 살아가며, 예수 그리스도 안에 있는 성령 충만한 삶으로 나아가는 것은 세상의 것을 보장하는 것이 아니다. 우리의 간구에 속히 응답하지 아니하심도 하나님께서 우리를 미워하시거나 우리를 외면하심이 아니다. 그러기에 그 속에는 인내가 있다. 인내는 무작정 참고 버티어 나가는 것이 아니다. 만일 누구라도 그렇게 신앙생활을 하고 인생을 살아가야 한다면 억울해서 못산다. 그 막막함과 답답함 속에서 하나님께서 주시는 것이 무엇이며 세상이 주는 것이 무엇인지, 하나님 안에 있을 때와 세상 속에 있을 때에 무엇이 차이가 나는지 알아가게 하신다.

당연히 그 속에는 수많은 연단의 과정들이 있다. 고생을 좋아할 사람은 세상에 아무도 없다. 주일을 지키며 믿음으로 살아가며 하나님의 기뻐하는 자녀로 살아가가를 소원하는데도 여전히 성도는 어려움에 직면할 수 있다. 그 속에서도 예수 그리스도를 바라보며 걸어갈 수 있는 것은 우리에게 주신 믿음과 소망 때문이다. 성경은 다음과 같이 말한다.

> 믿음의 주요 또 온전케 하시는 이인 예수를 바라보자 저는 그 앞에 있는 즐거움을 위하여 십자가를 참으사 부끄러움을 개의치 아니하시더니 하나님 보좌 우편에 앉으셨느니라(히 12:2)

주님께서 걸어가신 길이 우리의 길이며, 그 길을 통해서만 하나님께 갈 수 있다. 십자가 없는 믿음의 길은 없다. 결국은 우리의 소망이 주 예수께 있음을 붙잡게 하시고 믿음에 충성하게 하신다. 이것이 성도가 예수 안에서 누리는 유익이다.

제33문 칭의는 무엇입니까? (대70)

답: 칭의는 하나님의 값없는 은혜의 행위인데, 그것으로 우리의 모든 죄를 용서하시고, 그분의 목전에서 우리를 의로운 자로 받아 주시되, 그리스도의 의 때문에 그렇게 하십니다. 이 의는 오직 믿음으로 받아들여지며 우리에게 전가됩니다.971)

성경은 인간이 스스로 의로워질 수 없다고 선언한다.

> 10 기록한 바 의인은 없나니 하나도 없으며 11 깨닫는 자도 없고 하나님을 찾는 자도 없고 12 다 치우쳐 한가지로 무익하게 되고 선을 행하는 자는 없나니 하나도 없도다(롬 3:10-12)

왜 인간이 스스로 의로워질 수 없는가? 인간은 죄인이기 때문이다.972) 죄인이 의로움을 받을 수 있는 것은 오직 예수 그리스도의 대속의 은혜다.973) 그러나 세상의 종교와 철학은 신성한 내면아를 기초로 하기 때문에 언제든지 스스로 노력하여 의에 도달할 수 있다고 주장한다.

예수님께서는 공생애 기간에 특히 '자기 의'의 문제로 서기관과 바리새인들을 심하게 꾸짖으셨다. 왜냐하면 그것은 하나님의 구원과 정면으로 배치되는 것이기 때문이다. 그들은 "자기를 의롭다고 믿고 다른 사람을 멸시하"였다.974)

진정한 개신교(Protestant)인은 자신이 무엇을 반대하고(protesting) 있는지 아는 사람이라 했다. 그것은 바로 '칭의 교리'다. 믿음으로 의롭다 함을 받는 것은 개신교냐 로마 가톨릭이냐 결정짓는 핵심 사안이다. 이 교리가 16세기 서구 세계를 뒤집어 놓았고, 지금도 기독교냐 아니냐를 가늠하는 시금석이다. 우리 신앙의 선조들은 이신칭의의 교리를 사수하기 위해 실제로 피를 흘렸고 실제로 죽었다! 로마가톨릭은 예수 그리스도를 믿음으로 의롭다 하심을 받는다는 칭의(稱義)의 복음을 부

---

971) Q. 33. What is justification? A. Justification is an act of God's free grace, wherein he pardoneth all our sins, and accepteth us as righteous in His sight, only for the righteousness of Christ imputed to us, and received by faith alone.

972) 모든 사람이 죄를 범하였으매 하나님의 영광에 이르지 못하더니(롬 3:23)

973) 그리스도 예수 안에 있는 구속으로 말미암아 하나님의 은혜로 값없이 의롭다 하심을 얻은 자 되었느니라(롬 3:24)

974) 9 또 자기를 의롭다고 믿고 다른 사람을 멸시하는 자들에게 이 비유로 말씀하시되 10 두 사람이 기도하러 성전에 올라가니 하나는 바리새인이요 하나는 세리라 11 바리새인은 서서 따로 기도하여 가로되 하나님이여 나는 다른 사람들 곧 토색, 불의, 간음을 하는 자들과 같지 아니하고 이 세리와도 같지 아니함을 감사하나이다 12 나는 이레에 두 번씩 금식하고 또 소득의 십일조를 드리나이다 하고 13 세리는 멀리 서서 감히 눈을 들어 하늘을 우러러 보지도 못하고 다만 가슴을 치며 가로되 하나님이여 불쌍히 여기옵소서 나는 죄인이로소이다 하였느니라 14 내가 너희에게 이르노니 이 사람이 저보다 의롭다 하심을 받고 집에 내려갔느니라 무릇 자기를 높이는 자는 낮아지고 자기를 낮추는 자는 높아지리라 하시니라(눅 18:9-14)

정한다. 1563년 트렌트 회의는, "누구든지 사람이 공식적으로 의롭다 하심을 받는 것이 [그리스도의] 의로 말미암는다고 말하면, 그는 저주를 받을지어다"라고 선언하였고, 또 "누구든지, 사람이 그리스도의 의(義)의 전가(轉嫁)에 의해서만 의롭다 하심을 받는다고 말하면, … 혹은 심지어 우리가 의롭다 하심을 받는 은혜는 오직 하나님의 호의뿐이라고 말하면, 그는 저주를 받을지어다"라고 선언하였다.975)

로마가톨릭은 그리스도의 공로로 구원을 받는다고 말하면서도 하나님과의 협력을 말한다.

> 우리는 예수 그리스도를 믿는 신앙은 선행의 열매를 맺지 않으면 구원적 신앙이 아니라고 믿는다. 선행은 구원을 위하여 필요하다 … 예수는 또한 적어도 행위와 자선에 따라 상급을 주시고 구원을 부여하신다.
> 믿음에 대한 봉사와 증언은 구원을 위해 필요하다.
> 칭의(의화)는 죄의 용서뿐만 아니라 또한 성화와 내적 인간의 갱신이다.
> 칭의가 취득되는 참된 수단은 예수 그리스도를 믿는 믿음을 통해서가 아니라 세례성사를 통해서이다. … 칭의가 승인되는 통로와 수단은 세례성사를 통해서이다.976)

결국 로마가톨릭은 칭의와 성화를 결합한 '의화'교리를 말한다. 의로움을 받기 위해서는 인간의 행위도 필요하다고 말한다. 그래서 로마가톨릭의 칭의론은 반펠라기우스적이다.

그런데 금세기에 놀라운 일이 일어났다. Vatican II 공의회 이후 로마 가톨릭은 루터란세계연맹(LWF)과 교제를 가지고 대화와 협력을 하면서 칭의론에 동의했다. 1997년에는 칭의론에 대한 합의문을 작성하였고 1999년 10월, 이 합의문을 승인하기로 결정했다. 이 일에 감리교도 동참했다.977) 로마카톨릭과 루터교는 한 집안 식구가 된 것이다. 루터는 종교개혁의 포문을 열었지만, 루터의 후손들은 그 포문으로 루터를 죽였!

또한 미국의 CRC 교단도 로마가톨릭과 세례협정문을 체결하였다(2013년 1월).

---

975) http://www.oldfaith.net/
976) 같은 사이트에서.
977) http://www.christiantoday.co.kr/view.htm?id=176962 발터 카스퍼 추기경은 이날 "가톨릭과 루터교세계연맹이 합의한 공동선언문에 감리교회가 동의해 줌으로 인해 이 합의가 더 이상 양자만의 동의가 아니라 3자의 동의가 됐다"며 "이것은 칭의 교리가 이제 더 이상 국지적인 이슈가 아니라 전세계적인 이슈임을 의미하며, 이를 통해 신앙 공유작업이 일어날 것"이라고 말했다. "루터교와 천주교는 (마르틴 루터의 종교개혁 이후) 지난 400여 년간 서로를 인정하지 않으며 갈등했다"며 "그러면서 어떻게 우리가 하나님 앞에 설 수 있겠는가"라고 반문했다. 그는 이어 "이제 우리는 서로 손가락질 하지 말고 새 역사를 열어야 한다"면서 "감리교회가 매우 역사적인 순간에 이 선언문에 동참하게 되어 기쁘게 생각한다"고 말했다.

이것은 CRC 교단이 로마가톨릭의 신앙을 기독교 신앙의 범주로 인정한다는 의미다. 과거 종교개혁의 선조들이 목숨까지 바치면서 로마 가톨릭의 거짓교리로부터 지켜낸 성경의 진리를 무참히도 짓밟은 것이다.

성경에서 말하는 '칭의'는 무엇인가?

1) 하나님의 값없는 은혜의 행위인데, 그것으로 우리의 모든 죄를 용서하시고

칭의는 참된 기독교인의 신앙의 진수다. 구원론이 삶을 지배하기 때문이다. 칭의는 첫째로, 죄인 된 자신의 행위에 근거하지 않고 오직 예수 그리스도의 '완전한 의'를 통해서만 구원받는다는 뜻이다.[978] 이 구원은 오직 믿음으로만 주어진다. 알미니안주의식으로 하는 자기 결단이 아니다. 두 번째로, 칭의는 '예수 그리스도의 의의 전가'다. 하나님께서 법적으로 자옥형벌에 처해진 죄인들에게 그리스도의 의를 전가하심으로 죄를 사하고 의롭다 하신 것이다. 세 번째로, 칭의는 '하나님과의 새로운 관계 회복'이다. 칭의를 통하여 이제 언약으로 들어오게 되었다. 이제는 하나님의 아들로서 교제를 누리며 산다. 네 번째로, 칭의는 '성령님의 역사와 내주하심'으로 이루어진다. 그리스도의 대속의 죽음을 죄인들에게 효력 있게 하시는 분은 성령님이시다. 우리의 믿음은 우리의 수양의 결과로 성취한 것이 아니다. 성령님이 아니시면 복음을 이해하지 못하며 그리스도를 영접할 수도 없다.[979]

오늘날 강단은 크리스탈로 변했지만, 그 강단에서 선포되어지는 말씀은 크리스탈이 아니다. 왜냐하면 성경의 핵심이 사라지고 있기 때문이다. 이제 강단에서 하나님의 진노와 심판은 거추장스러운 것이 되고 말았다. 그러니 현대교회에서 그 진노와 심판에서 구원해 줄 칭의에 목숨을 걸지 않는다. 그러나 참된 설교자는 오직 믿음으로 의롭다 함을 받는다는 참된 복음을 선포한다. 왜냐하면, 예수 그리스도의 피로 죄사함을 받고 의롭다 하심을 받았기 때문이다.

---

978) 하이델베르크 교리문답 제 60문: 당신이 어떻게 하나님 앞에서 의롭게 됩니까? 답: 오직 예수 그리스도를 믿는 참된 믿음을 통해서 그렇게 됩니다. 비록 내 양심이 내가 슬프게도 하나님의 모든 계명에 거슬러 심각하게 죄를 범하였고, 그 모든 계명 중에 어느 하나도 결코 지키지 못했고, 아직도 모든 악으로 향하는 경향으로 기울어져 있다고 고소할지라도, 나의 어떤 공로도 없이, 오직 은혜로 하나님께서 그리스도의 완전한 속죄와 의와 거룩을 나에게 전가시켜 주셨습니다. 그래서 만일 내가 믿는 마음으로 이 선물을 받아들이기만 한다면, 하나님께서는 내가 결코 어떤 죄도 범하지 않은 것처럼, 그리고 그리스도께서 나를 위하여 이루어 주신 모든 순종을 내 자신이 성취한 것처럼 인정해 주십니다.
제61문: 왜 당신은 당신이 오직 믿음으로만 의롭게 된다고 말합니까? 답: 나는 나의 믿음의 가치 때문에 하나님께 받아들여지는 것이 아니라, 오직 그리스도의 속죄와 의와 거룩 때문에 하나님께 받아들여지고, 오직 믿음에 의해서만 이 그리스도의 의를 받아서 나의 것으로 만들 수 있기 때문입니다.
979) 김민호, 칭의로 신앙을 개혁하라 (서울: 아이디얼북스, 2011), 12-15.

그리스도 예수 안에 있는 구속으로 말미암아 하나님의 은혜로 값없이 의롭다 하심을 얻은 자 되었
느니라(롬 3:24)
우리가 그리스도 안에서 그의 은혜의 풍성함을 따라 그의 피로 말미암아 구속 곧 죄 사함을 받았으
니(엡 1:7)

하나님의 풍성한 은혜는 성도의 구원과 삶의 근거가 된다. 그것은 창세 전에 예
비하신 은혜다. 그 풍성하신 은혜가 나타난 증거는 그리스도의 십자가에 있다. 십
자가에 피 흘려 죽으심으로 구속을 위한 속전을 지불하셨다. 인간은 죄에서 스스로
벗어날 수가 없다! 십자가 피로 이룬 구속은 장래에만 아니라 성도들의 현재의 삶
에도 풍성함을 준다. 이제는 그리스도 예수 안에 있는 자에게는 정죄함이 없으며
더 이상 죄와 사망의 권세가 성도의 삶을 지배하지 않기 때문이다. 이제는 그리스
도와 교제를 통해 영원한 의미와 통일성을 부여받기 때문이다. 그 모든 것은 그리
스도 안에서 의인이 되었기 때문에 이루어진 것이다. 우리가 의롭다 함을 받은 것
은 오로지 예수 그리스도의 피의 구속 때문이다.

인간이 죄인이고 그 죄책에서 벗어날 길이 없다면, '나는 어떻게 구원을 받을 수
있는가? 불의한 사람인 내가 어떻게 거룩하시고 의로우신 하나님과 화해하는 것이
가능한가?' 이것이 16세기 논쟁의 핵심이었다.[980]

로마 가톨릭은 주입된 선행적 은혜와 인간의 의지가 협력하여 맺어지는 고유한
의로 칭의를 받는다고 가르쳤다. 인간의 선행이 칭의의 공식적 원인 혹은 근거로
간주되었다. 왜 인간의 선행이 칭의의 근거가 될 수 없는가?[981] 1) 인간의 의는 현
세에 있어서 매우 불완전하기 때문이다. 2) 칭의는 이미 그 자체로 그리스도의 의
와 하나님의 은혜의 열매다. 3) 신자의 최고의 선도 죄로 인해 부패했기 때문이
다. 그러므로 성경은 하나님의 은혜에 의하여 값없이 칭의를 받고[982] 율법의 행위
로는 칭의를 받지 못한다[983]고 매우 분명하게 말한다.[984]

980) R. C. 스프로울, 웨스트민스터신앙고백해설, 이상웅·김찬영 역 (서울: 부흥과개혁사, 2011), 65.
981) 하이델베르크 교리문답 제 62문: 그러면 우리의 선행이 왜 하나님 앞에서 우리의 의가 되지 않습니까? 왜 적어도
우리의 선행의 한 부분이라도 하나님 앞에서 우리의 의가 되지 않습니까? 답: 하나님의 심판대 앞에서 의는 절대적으로
완전해야만 하며 하나님의 율법과 완전히 일치되어야 하는데, 심지어 우리가 이 세상에서 행하는 최상의 행위도 모두 불
완전하고 죄로 오염되어져 있기 때문입니다.
제63문: 그러면 하나님께서 이 세상과 오는 세상에서 우리의 선행에 대해 보상해 주시겠다고 약속해 주셨을지라도, 우리
가 획득한 선행은 아무것도 아닙니까? 답: 이 보상은 획득되어지는 것이 아니라 은혜의 선물입니다.
제64문: 그러면 이런 가르침은 사람들을 무관심하고 사악하게 만들지 않겠습니까? 답: 그렇지 않습니다. 참된 믿음에 의
해서 그리스도께 접붙혀진 자들은 감사의 열매를 맺지 않을 수 없습니다.
982) 그리스도 예수 안에 있는 구속으로 말미암아 하나님의 은혜로 값없이 의롭다 하심을 얻은 자 되었느니라(롬 3:24)

16세기 중반 트렌트 회의에서 로마 가톨릭 지도자들은 2가지 중요한 정죄를 했다. 하나는 4세기 초반에 정죄된 펠라기우스주의를 다시 정죄한 것이다. 펠라기우스주의자들은 천국에 들어가기 위해서는 은혜가 필수적인 것이 아니라 했다. 은혜는 다만 천국에 들어가기 쉽게 만들 뿐이고, 인간은 선천적인 도덕적 능력이 있기 때문에 인간 스스로의 선행으로 자기 의로 천국에 들어갈 수 있다고 말했기 때문에 정죄를 당했다.[985]

두 번째는, 종교개혁가들의 오직 믿음으로 의롭다 함을 받는다는 교리를 정죄하고 파문했다. 그것은 복음에 저주를 퍼붓는 일이었다! 그것은 결국 누워서 침 뱉는 식으로 로마 가톨릭 자신들을 파문한 꼴이 되었다.

---

983) 그러므로 사람이 의롭다 하심을 얻는 것은 율법의 행위에 있지 않고 믿음으로 되는 줄 우리가 인정하노라(롬 3:28) 사람이 의롭게 되는 것은 율법의 행위에서 난 것이 아니요 오직 예수 그리스도를 믿음으로 말미암는 줄 아는고로 우리도 그리스도 예수를 믿나니 이는 우리가 율법의 행위에서 아니고 그리스도를 믿음으로서 의롭다 함을 얻으려 함이라 율법의 행위로서는 의롭다 함을 얻을 육체가 없느니라(갈 2:16) 또 하나님 앞에서 아무나 율법으로 말미암아 의롭게 되지 못할 것이 분명하니 이는 의인이 믿음으로 살리라 하였음이니라(갈 3:11)

984) 루이스 벌코프, 벌코프조직신학(하), 권수경·이상원 역 (서울: 크리스챤다이제스트, 1993), 775.

985) http://www.evanholy.com/sub3/sub7.php?mode=read&read_no=2276&now_page=2&menu=22 「사람들은 어떻게 구원받는가?」 교회사에 일어난 구원에 관한 3가지 오류들은 다음과 같다. 1. 펠라기우스주의(Pelagianism): 원죄의 교리를 부정하며, 구원을 전적으로 인간의 사역으로 본다. 펠라기우스주의는 사람들이 타락 이전의 아담과 하와와 같은 상태로 태어난다고 믿는다. 인류 첫 부모의 반항은 그 자손들에게 영향을 주지 않는다. 죄에 대한 경향, 성향, 기질, 예속은 유전되지 않는다고 본다. 사람들이 하나님에게 순종하고 안하고의 선택은 자유롭다. 하나님의 법에 순종하는 것은 모든 사람의 능력에 속한다. 자유의지는 모든 사람으로 하여금 모든 유혹을 이길 수 있게 한다. 인간은 예수 그리스도의 모범과 가르침을 따름으로 구원을 얻게 된다. 여기서 예수 그리스도는 사람이 어떻게 살아야 하는가의 완전한 모델이다. 그리스도의 가르침에 대한 순종을 통하여 각 개인은 구원을 얻을 수 있다. 서기 431년 에베소에 있었던 제3차 에큐메니칼 공의회에서 펠라기우스주의는 이단으로 정죄되었다. 2. 반펠라기우스주의(Semi-Pelagianism): 반펠라기우스주의는 하나님의 은혜를 인정하나, 인간의 우선권에 강조점을 두는 신인협력적인 구원을 주장한다. 반펠라기우스주의는 원죄를 인정하지만 인간은 하나님의 도덕적 형상의 흔적과, 선을 선택하고 옳은 것을 행하는 능력을 유지하고 있다고 본다. 그래서 인간은 구원을 이루는데 기여할 어느 정도의 자유의지와 능력을 가지고 있다고 말한다. 죄에 대한 깨달음과 회개, 믿음은 인간의 능력에 속한다. 인간이 그렇게 하면, 하나님께서 그리스도를 통하여 그들을 용서하고 구속함으로 응답하신다. 인간의 반응에 대한 하나님의 수여가 반펠라기우스적인 구원이다. 529년에 이르러 오렌지 회의에서 이단으로 정죄되었다. 3. 반어거스틴주의: 펠라기우스주의는 원죄가 인간에게 구원에 기여할 내적인 근거를 남겨두었다고 보나, 반어거스틴주의는 원죄가 인간에게, 구원의 과정에서, 하나님께로 향할 어떤 능력도 부족하게 만들었다고 믿는다. 에덴동산에서 아담과 하와의 타락으로 인간은 영적으로 죽었으며, 그 죄인 된 자리에서 벗어날 능력이 없다. 그러므로 구원은 하나님의 사역이다. 하나님께서 '선행적 은총'을 주심으로 하나님의 은혜를 수용하고 행하게 만든다. 그리하여 하나님의 구원사역에 협력하게 만든다. 그러나, 인간은 그 복음에 응답할 수도 있지만, 그 순간 회개시키는 은혜를 체험하지 않을 수도 있다. 믿음은 하나님께서 정하신 시간에 인간 속에 역사하는 하나님의 "은혜"에 협력한 결과물이다. 그러나 어거스틴은 회개와 믿음과 구원은 전적으로 하나님의 사역이라고 말했다. 타락한 인간의 구원에 인간의 그 어떤 것도 기여할 수가 없다. 하나님께서는 인간이 헤아릴 수 없는 방법으로 구원하시며, 모든 사람이 구원에 이르는 것이 아니라 오직 선택을 받은 자만이 믿음으로 구원에 이른다. 거기에 인간이 어떤 기여가 없다는 것은 하나님의 은혜에 대한 인간의 저항은 있을 수가 없는데 이것을 불가항력적인 은혜라고 한다.

칭의에 대하여 성경은 분명하게 말한다.

> 6 일한 것이 없이 하나님께 의로 여기심을 받는 사람의 행복에 대하여 다윗의 말한 바 7 그 불법을 사하심을 받고 그 죄를 가리우심을 받는 자는 복이 있고 8 주께서 그 죄를 인정치 아니하실 사람은 복이 있도다 함과 같으니라(롬 4:6-8)

"일한 것이 없이"라는 말은 원래 '행위와 상관없이'라는 뜻이다. 하나님 앞에서 의롭게 되는 것은 인간의 행위가 아니다. 인간의 행위란 인간의 노력을 말한다. 인간이 아무리 노력해도 자기 안에 죄와 죄책을 해결하지 못한다. 그것이 된다고 하는 사람들은 타종교로 간다. 왜냐하면 인간이 죄인이라는 소리가 죽기보다 싫기 때문이다. 그러나 하나님께서 은혜를 주신 사람은 인간의 무능함을 알게 하시고 그리스도의 십자가 앞으로 나오게 하신다.

그런 일에 대하여 다윗은 사람이 받는 복이 무엇인지 말했다. 본문이 말하는 '행복'은 믿음으로 참여한 모든 자들에게 임하는 동일한 복을 말한다. 그것은 전적으로 하나님의 은혜로 주어지는 것이다. 그 은혜는 무엇인가? "그 불법을 사하심을 받고 그 죄를 가리우심을 받는" 것이다.

"불법"이란 다만 법을 어긴 것만이 아니라, "하나님의 율법을 어긴 행위"를 말한다. 그것이 바로 죄다. 그 속에는 고의적인 불순종이 있다. 하나님 없는 자율성으로 가려고 하는 의도적인 반역이 자리 잡고 있다. 그런 의미에서 불법과 죄는 같은 말이라고 할 수 있다. 그런 죄를 하나님의 은혜로 용서함을 받는 것이 진정한 복이다. 성경은 계속해서, "주께서 그 죄를 인정치 아니하실 사람"은 복이 있다고 반복적으로 강조하고 있다.

로마 가톨릭이라고 해서 믿음이 없는 행위에 의한 칭의 혹은 은혜 없는 공로에 의한 칭의를 믿는 것이 아니다. 그들도 인간이 타락하고 불의하며 하나님의 최종심판을 통과할 만큼 충분히 선하게 될 만한 능력이 인간 안에 없다는 것을 인정한다. 그러면 문제는 무엇인가? 로마 가톨릭은 그런 일이 실제로 일어나려면 성례를 통한 은혜의 주입이 있어야 한다는 것이다. 로마 가톨릭은 은혜의 주입을, 개혁주의는 은혜의 전가를 말했다. 주입이냐 전가냐 이것이 로마 가톨릭과 개혁주의의 칭의관의 차이이며 이것이 역사를 뒤흔들고 세계의 역사를 바꾸어 놓은 핵심 사안이다.

믿음이 수단이냐? 믿음이 원인이냐?에 따라 개혁교회와 로마 가톨릭이냐로 완전히 다른 길을 간다. 이신칭의 교리는 '원인'에 있어서 예수 그리스도 외에 아무것도 없다. 수단이라고 할 때에도 그것이 우리 안에서 나오는 것이 아니라 하나님께서 주시는 것이다. 행위구원은 언제나 '원인'에 예수 그리스도 외에 무엇을 더하여 인간이 그 구원에 기여하게 만든다. '오직 믿음으로만'이라는 표현은 '오직 믿음이라는 수단으로만'이라는 표현과도 같다. 우르시누스는 "바울은 언제나 믿음으로 말미암아, 믿음으로 된다고 말씀하여 믿음을 하나의 수단으로 제시하며, 교황주의자들이 주장하듯이 '믿음 때문에' 된다고는 한 번도 말씀한 적이 없는 것이다."고 말했다.

로마 가톨릭은 은혜의 주입을 주장하며 그것은 세례 시에 칭의의 은혜가 영혼 안에 부어진다고 말한다. 그것으로 끝나지 않고 그 주입된 의가 내재하기 위해 동의하고 협력할 때 칭의의 상태가 되며, 대죄(mortal sin)986)를 범하지 않는 한 그 상태에 머무르게 된다.

가톨릭 사전에서는 대죄를 다음과 같이 말한다.

> 죄인에는 대죄(大罪, mortale, peccatum grave)를 저지른 사람과 소죄(小罪, veniale, peccatum leve)를 지은 사람으로 나눌 수 있다. 전자는 하느님의 은총을 상실하게 된 자로, 영혼에 초자연적인 죽음을 가져오는 중죄이며, 우상숭배, 살인, 간통 등이 이에 해당되며, 이 죄인은 교회에서 파문(破門)되어 왔다. 후자는 참회하고, 속죄행위를 하여 용서를 얻을 수 있는 죄인으로서, 영혼 속에 자력으로 회복할 수 있는 힘이 남아 있는 자를 말하나, 이 소죄를 거듭할수록 대죄에 떨어질 위험이 커진다는 논리를 배제하지는 않는다. 그 사람 마음이 범행을 되풀이함으로써 일정 종류의 죄에 지향적인 경향을 띠며, 그 때문에 쉽게 또는 자주 같은 죄에 빠지는 사람 즉 재범자(再犯者, recidivus 또는 consuetudinarius)의 경우, 1회적인 결의 곧 통회나 결심에 의해서는 안 되고, 격정(激情)을 극복하며 그런 성향을 뿌리째 없애도록 노력함으로써 보증된다고 본다.987)

---

986) http://www.ocatholic.com/catholic/c-22.htm/ 「대죄(大罪)란 무엇인가?」; 대죄는 자유의지로 하느님과의 친교를 단절시키거나 하느님과의 소원한 관계를 더욱 악화시키는 것이다. 죄는 하느님의 사랑에 대한 배신의 행위다. 죄는 하느님께 대한 인격적 침해요 하느님을 등지는 것이다. 이 이유 때문에, 알고 자유를 가지고서 한 행동과 그렇지 못한 행동을 구별할 필요가 있다. 본시 나쁜 행동도 무지나 자유가 없이 했을 때 죄가 되지 않을 수가 있다. 죄는 대죄와 소죄로 나뉜다. 대죄는 하느님과의 친교를 단절시키거나 하느님께로부터 소외된 상태이며 영혼의 죽음을 의미한다. 따라서 영원한 생명에 참여할 자격을 포기한다. 대죄는 하느님의 계명과 교회나 국가에서 세운 법을 알고도 자유로이 범할 때 성립된다. 자기가 하고 있는 일이 매우 나쁘다는 것을 알면서도 행했다면 그는 대죄를 범한 것이다. 대죄는 한 번의 사건이 아니고 사람의 생활 방향을 바꾸어 놓는다. 사람은 '대죄의 상태'에 있을 수가 있다. 즉 하느님 사랑에 귀의하지 않고 그분께 성실을 바치지 않는 생활을 계속할 수 있다. 대죄를 범한 사람은 그리스도께서 오셔서 우리 전부에게 얻어 주신(요한 17, 16) 풍부한 새 생명에 대해서는 온전히 죽은 몸이다. 뉘우치도록 하느님이 먼저 그를 움직여 주시기 전에는, 생명에로 돌아서기 위해 아무것도 스스로 하지 못한다. 소죄는 은총의 생명 및 하느님과의 친교를 전부 박탈하지 않는다. 인간의 나약성과 결함으로 일상 속에서 범하는 사소한 죄들이다. 소죄는 하느님을 등지는 것이 아니고, 그리스도를 따르려고 노력하는 가운데 일어나는 하나의 실수요, 주저함이요, 잘못이다. 중대한 본분을 가벼운 정도로 범했을 때도 소죄가 된다. 도둑질을 하되 사소한 물건을 훔친 경우이다. 중대한 잘못을 범하긴 했으나, 온전한 의식과 자유의사가 없었기 때문에 소죄가 되기도 한다.

987) 가톨릭 사전에서 http://info.catholic.or.kr/dictionary/view.asp?ctxtIdNum= 3240&keyword=%B4%EB%C1%CB&gubun=01

이 사전대로 하면 천국에 이를 사람은 아무도 없다! 대죄는 주입된 은혜를 파괴하고 의롭다 함을 받은 이전의 상태로 돌아가게 만들기 때문이다. 주입된 은혜를 상실하지 않게 하는 방법은 무엇인가? 그것은 고해성사다. 고해성사를 통해 갱신된 은혜를 주입받는다. 세례성사를 받은 사람은 처음부터 신앙의 시작과 완성에 이르는 데 필요한 모든 초자연적 능력을 지니게 된다고 말하면서 대죄를 지은 사람이 다시 갱신된 은혜를 주입받아야 하니 세례 성사 때 받는 초자연적 능력은 무용지물이 된다. 소죄를 지은 자는 지옥이 아니라 정화의 장소라 불리는 연옥에 간다고 말한다. 거기에서 불순물이 다 타고 의롭게 될 때까지 머물러야 하니 도대체 언제까지 있어야 할지를 모른다.

2) 그분의 목전에서 우리를 의로운 자로 받아 주시되, 그리스도의 의 때문에 그렇게 하십니다
인간 안에는 의가 없다. 인간은 허물과 죄로 죽은 자들이기 때문이다.

> 너희의 허물과 죄로 죽었던 너희를 살리셨도다(엡 2:1)

그렇게 죽은 자들을 살려내시고 의롭게 하실 분은 오직 예수 그리스도뿐이시다. 그런데 이 말에 전적으로 동의하지 않는 사람들이 있다. 그들은 어떻게 생각할까? 어떤 부류의 사람들은 복음이 주어졌을 때, '나는 적극적인 반응을 해서 믿었고 저 사람은 거부해서 안 믿었다.' 그래서 거부하지 않고 믿은 그 사람이 의롭게 되었다고 주장한다. 이들의 구원은 '나의 선택'에 달려있는 것이다. 이것이 알미니안주의식 구원이다. 그러나 성경이 말하는 믿음은 하나님의 선택의 결과다. 인간의 선택이 구원을 결정하지 않는다. 성경은 확실하게 이것을 확증한다.

> 7 여호와께서 너희를 기뻐하시고 너희를 택하심은 너희가 다른 민족보다 수효가 많은 연고가 아니라 너희는 모든 민족 중에 가장 적으니라 8 여호와께서 다만 너희를 사랑하심을 인하여 또는 너희 열조에게 하신 맹세를 지키려 하심을 인하여 자기의 권능의 손으로 너희를 인도하여 내시되 너희를 그 종 되었던 집에서 애굽 왕 바로의 손에서 속량하셨나니(신 7:7-8)
> 37 아버지께서 내게 주시는 자는 다 내게로 올 것이요 내게 오는 자는 내가 결코 내어 쫓지 아니하리라 38 내가 하늘로서 내려온 것은 내 뜻을 행하려 함이 아니요 나를 보내신 이의 뜻을 행하려 함이니라 나를 보내신 이의 뜻은 내게 주신 자 중에 내가 하나도 잃어버리지 아니하고 마지막 날에 다시 살리는 이것이니라(요 6:37-39)
> 4 곧 창세 전에 그리스도 안에서 우리를 택하사 우리로 사랑 안에서 그 앞에 거룩하고 흠이 없게

하시려고 5 그 기쁘신 뜻대로 우리를 예정하사 예수 그리스도로 말미암아 자기의 아들들이 되게 하셨으니(엡 1:4-5)

너희가 나를 택한 것이 아니요 내가 너희를 택하여 세웠나니 이는 너희로 가서 과실을 맺게 하고 또 너희 과실이 항상 있게 하여 내 이름으로 아버지께 무엇을 구하든지 다 받게 하려 함이니라(요 15:16)

이방인들이 듣고 기뻐하여 하나님의 말씀을 찬송하며 영생을 주시기로 작정된 자는 다 믿더라(행 13:48)

그러므로 죄인이 의롭게 되는 것은 하나님의 택하심이요 그리스도 안에서 이루어진 것이다.

하나님이 죄를 알지도 못하신 자로 우리를 대신하여 죄를 삼으신 것은 우리로 하여금 저의 안에서 하나님의 의가 되게 하려 하심이니라(고후 5:21)

"죄를 알지도 못하신 자"는 예수 그리스도를 말한다. 그리스도는 무죄한 분이셨으나 죄인이 받을 하나님의 진노를 받으셨다. 그것이 그리스도의 대속이었다. 그리스도의 대속적 죽음을 믿는 자들은 의롭다함을 얻게 되었다.

"저의 안에서 하나님의 의"가 된다고 하셨다. "저의 안"이란 그리스도 안에서다. 예수님께서 성취하신 그 의를 우리에게 전가해 주심으로 의롭다 함을 받는다. 우리의 죄는 그리스도에게 전가되고 그리스도의 의는 우리에게 전가되는 이중전가가 칭의다.

곧 예수 그리스도를 믿음으로 말미암아 모든 믿는 자에게 미치는 하나님의 의니 차별이 없느니라(롬 3:22)

하나님의 의롭다하심은 오직 믿음을 통하여 주어진다. 그것은 예수 그리스도를 구주로 믿는 자들에게만 주시는 선물이다. 이것은 21절에서 나타나는 새로운 대전환을 말한다. 그 대전환이란 '율법 아래 있을 때'를 벗어나 '율법에서 자유로울 때'가 되었기 때문이다. 이제는 율법에 의존하지 않고 율법에서 벗어났다. 율법에도 하나님의 의가 나타나 있지만 율법으로는 인간이 하나님의 의를 옷 입을 수 없었다. 인간이 그 타고난 죄 된 본성으로는 이를 수가 없기 때문이다. 하나님의 의는 그리스도의 십자가 대속을 믿는 믿음으로만 주어지는 선물이다. 타락한 인간은 스스로 그 믿음에 이르지 못한다.

로마 가톨릭은 어떤 사람이 실제로 의롭게 되기 전에는 그 사람을 의롭다고 결코 선언하지 않는다고 말했다. 이 말이 경악스러운 것은 의롭다함을 받으려면 먼저 거룩해져야 하기 때문이다. 계속해서 죄를 짓는 인간이 거룩해질 수가 없으므로 결국 천국에 들어가지 못하게 된다. 성경은 무엇이라고 말하는가?

> 24 그리스도 예수 안에 있는 구속으로 말미암아 하나님의 은혜로 값없이 의롭다 하심을 얻은 자 되었느니라 25 이 예수를 하나님이 그의 피로 인하여 믿음으로 말미암는 화목 제물로 세우셨으니 이는 하나님께서 길이 참으시는 중에 전에 지은 죄를 간과하심으로 자기의 의로우심을 나타내려 하심이니(롬 3:24-25)

그리스도께서 십자가에 피 흘려 죽으심으로 죄인들을 구원하기 위한 속전으로 바쳐 희생하셨다. 그 속죄로 하나님과 인간은 화목하게 되었다. 그리스도의 피 흘리심은 '속죄 제물'이며 '화목 제물'이다.

인간은 본성적으로 의롭지 않다. 불의하기 때문에 하나님의 진노를 받아 마땅하다. 하나님과 화목 되기 위해서는 의로와야 하는데 인간 속에는 의로워질만한 아무런 근거도 내용도 없다. 죄인 된 인간 안에는 하나님께서 받으실만한 아무런 가치가 없다. 오직 예수 그리스도만이 그 가치를 만들어 내셨다. 예수님께서는 율법에 순종하시고 십자가에서 죄 값을 다 자불하셨다! 그것이 우리 구원의 근거이다! 하나님께서는 예수 그리스도 안에서 우리를 보신다. 어떤 인간도 자기의 애씀으로 구원에 이를 수 없다.

3) 이 의는 오직 믿음으로 받아들여지며 우리에게 전가됩니다

구원은 다만 죄책을 제거하는 것만이 아니라 의의 전가가 있어야만 한다. 죄용서에서 의로움으로 가야 한다. 어떻게 의롭다 함을 받는가? 오직 믿음으로만 의롭다 함을 받는다. 칭의는 믿음으로 그리스도와 연합되고 그리스도의 의가 우리에게 전가되어 그 의로 말미암아 성부 앞에서 의롭다 여겨진 것이다. 그리스도의 의를 연결시킴에 있어서, 전가가 객관적인 측면이라면 믿음은 주관적인 측면이다.

개혁주의와 로마 가톨릭 간의 칭의 논쟁은, '그리스도의 객관적 사역의 유익들을 우리가 어떻게 받아들일 수 있는가?' 하는 것이었다. 종교개혁자들의 답은 "오직 믿음 안에서 그리고 오직 그것을 통해서 혹은 오직 믿음에 의해서 그리고 오직 그것을 통해서"였다. 다시 말해서 칭의란 오직 그리스도만을 믿는 믿음에 의해서 그리고 그것으로 말미암아서라는 의미로 말하는 것이다.[988]

---

988) 루이스 벌코프, 벌코프조직신학(하), 권수경·이상원 역 (서울: 크리스챤다이제스트, 1993), 777; 즉각적인 칭의에

그러나 로마 가톨릭은 칭의의 도구적 원인[989]을 세례와 고해성사라고 한다. 이런 성례들을 사람이 의롭게 되는 도구로 정의한다. 성경은 오직 그리스도에 대한 믿음으로만 의롭게 되고 구원을 얻는데 로마 가톨릭은 사제가 집례하는 성례로 의롭게 되고 구원을 받는다고 하니 성경과는 틀리다.

성경이 무엇을 말하느뇨 아브라함이 하나님을 믿으매 이것이 저에게 의로 여기신 바 되었느니라(롬 4:3)

성경은 오직 믿음으로 의롭다함을 받는 칭의 교리에 대하여 아브라함을 증거하며 말한다. 아브라함은 하나님을 믿는 순간에 곧바로 의롭게 되었다. 거기에 무슨 협력이 요구되지 않았다. 마찬가지로 우리가 그리스도를 믿을 때 하나님은 즉시로 우리를 의롭다 하신다. 하나님 나라에 들어가기 위해서는 오직 그리스도께서 이루신 객관적 사역에 대한 믿음뿐이다.

우리에게 전가된 의

우리가 예수 그리스도를 믿을 때, 하나님께서는 그리스도의 의를 우리의 것으로 전가하신다. 우리의 죄는 그리스도에게로 전가되며 그리스도의 의는 우리에게로 전가 된다.

칼빈은 칭의론을 예수 그리스도와의 연합의 틀 안에서 설명했다. 세례는 그리스도와 함께 죽고 함께 사는 연합이다. 성령님께서는 그리스도와의 연합(unio) 속에서 교통(communio), 공유가 이루어지게 하신다. 성도와 그리스도와의 연합은 친밀한 관계 이상으로 생명과 본질을 나누는 심오한 교통이다.

반대하는 사람들이 있다. "바르트는 칭의를, 순간적인 행위 혹은 단번에 성취되어 그 이후에 성화가 수반되는 행위로 이해하지 않는다. 그에 의하면 칭의와 성화는 항상 동행한다. … 칭의는 항상 인간이 자신의 삶을 건설했던 신념과 가치에 대해 전적으로 실망하는 시점에 이를 때마다 새롭게 일어난다. 투르나이젠 역시 칭의가 단번에 일어나는 것을 거부하고, 이러한 견해를 경건주의적 견해라고 부르며, 이는 종교개혁의 교리에 치명적인 해를 준다고 주장한다."

989) R. C. 스프로울, 웨스트민스터신앙고백해설2, 이상웅·김찬영 역 (서울: 부흥과개혁사, 2011), 77-78; 도구적 원인은 아리스토텔레스의 철학에 기초한다. 아리스토텔레스는 변화를 일으키는 원인을 형상인, 작용인, 목적인, 질료인, 4가지로 말했으나 도구적 원인은 포함시키지 않았다. 그러나 이 4가지 원인들은 도구적 원인이라는 개념을 위한 근거를 형성했다. 아리스토텔레스는 채석장의 석재로 만든 조각상으로 설명했다. 석재는 질료인, 조각가의 완성품에 대한 청사진은 형상인, 조각가는 작용인, 조각상이 만들어져서 아름다운 정원이 조성되어지는 것은 목적인이다. 이 4가지 원인들에 도구적 원인이 추가된다. 조각가가 사용하는 끌과 망치는 변화를 일으키는 수단인 도구들이다. 종교개혁가들은 칭의의 수단은 오직 믿음뿐이라고 했다. 로마 가톨릭에서 칭의의 도구적 원인은 세례와 고행성사이다라고 말함으로써 성경의 구원관에서 벗어나게 되었다. 믿음은 칭의의 유일한 도구이다.

루터파 신학자 안드레 오시안더는 그리스도와 성도 사이에 "본질적 의"(essenatial righteousness)의 교류를 말하며, 신성에 속한 의가 존재론적으로 교류된다고 보았다. 오시안더 식으로 하면 성도가 그리스도의 신성을 받음으로 신성화에 이르는 오류를 범하게 된다.

로마 가톨릭 신학자 롬바르트는 어떠한가? 그리스도의 죽음이 칭의를 주고 우리 안에 사랑이 일어나서 의롭게 만들고, 그 사랑을 통해 점차 죄가 제거된다고 보았다. 칼빈은 롬바르트의 이런 개념에 대하여, 그리스도의 의가 구속사적 의로써 단회적 전가를 통해 성도의 신분이 보장되는 것이 아니라, 우리 안에서 내면적 속성으로 지속적 영향을 끼치는 것으로 이해되는 위험이 있다고 말했다. 그리스도가 우리를 위해 단번에 의가 되신 것으로 충분치 못하고, 지속적인 근거가 되어야 하는 부담이 남는 것이다. 칼빈은 오시안더의 신적 속성의 투입과는 다른 "신비적" 연합이라 했다. 이것은 '언약적 실제'이며 "그리스도가 우리의 것이 됨으로써, 우리가 그가 받은 선물들을 공유하게 된다."[990]

복음은 무엇인가? 믿는 사람에게 주어지는 죄사함이다.

> 저에 대하여 모든 선지자도 증거하되 저를 믿는 사람들이 다 그 이름을 힘입어 죄 사함을 받는다 하였느니라(행 10:43)

자기 안에서 만들어진 것이 아니라 자기 밖에, 곧 그리스도를 통하여 이루어진 것을 믿는 것이다. 베드로의 이 설교는 율법을 자랑하고 따랐던 유대인들에게는 매우 충격적인 것이었다. 베드로는 복음을 믿은 자에게 일어나는 결과가 무엇인지 말했는데, 그것은 바로 죄사함이었다. 지속적인 인간의 노력이 아니라 그리스도를 믿는 믿음으로 주어진다는 것은 유대교의 완전한 종식을 선언한 것이었다. 그런데도 유대주의는 끊임없이 복음을 공격했다. 사도 바울은 율법으로 의롭다함을 받으려는 자들에게 단호하게 말했다.

> 사람이 의롭게 되는 것은 율법의 행위에서 난 것이 아니요 오직 예수 그리스도를 믿음으로 말미암는 줄 아는고로 우리도 그리스도 예수를 믿나니 이는 우리가 율법의 행위에서 아니고 그리스도를 믿음으로서 의롭다 함을 얻으려 함이라 율법의 행위로서는 의롭다 함을 얻을 육체가 없느니라(갈 2:16)

---

990) 강웅산 교수(총신대 신학대학원 조직신학), 칼빈의 칭의론과 한국교회, 개혁신학회 2009 봄학술세미나.

"사람이 의롭게"된다고 할 때, 그 의는 인간이 만들어 낼 수 있는 의를 말하는 것이 아니다. 그 의는 오직 하나님의 속성에 속하는 의다. 죄인 된 인간은 그 어떤 노력으로도 하나님의 의에 이를 수가 없다. "율법의 행위"란 다만 모세의 율법만을 말하는 것이 아니라 스스로 의로워지려는 인간의 모든 행위와 노력들을 말한다. 예수님께서는 끊임없이 서기관과 바리새인들의 율법주의를 지적했으나 자기 의에 도취된 그들은 결국 그리스도를 십자가에 못박아 죽였다. 성경이 말하는 의로워지는 원리는 "오직 예수 그리스도를 믿음으로"이다. 이 믿음은 자격이나 조건이라는 뜻이 아니라 수단일 뿐이다.

언제나 우리의 의, 곧 자기 의로 가고 있지 않는지 돌아보아야 한다. 세상은 자기 의를 쌓는다. 행위로 구원을 얻으려고 하기 때문이다. 그것은 세상의 종교가 하는 것이다. 개혁주의는 성화의 증진을 말하나 로마 가톨릭은 칭의가 증진되어야 한다고 말한다. 그러나 칭의는 더하거나 감소되어질 수가 없다. 왜냐하면 우리는 예수 그리스도의 의로 의롭다 함을 받았기 때문이다. 고해성사를 통해 다시 의를 주입받아야 할 필요도 없으며 무슨 보속991)을 행할 필요도 없다. 성경은 언제나 우리의 의가 어디에서 난 것인지 분명하게 말한다.

> 그 안에서 발견되려 함이니 내가 가진 의는 율법에서 난 것이 아니요 오직 그리스도를 믿음으로 말미암은 것이니 곧 믿음으로 하나님께로서 난 의래(빌 3:9)

3장 8절에서 사도 바울은 그리스도를 만나기 전의 삶 전체에 대해 "배설물"이라고 했다.992) 여기서 "배설물"이란 개에게 던지는 것으로 '똥'이나 '음식 찌꺼기', '쓰레기' 등을 의미한다. 그것은 율법적인 노력이 얼마나 부질없는 것이고 헛된 것인지 그리고 그런 것들을 얼마나 철저하게 버렸는지를 말해 준다. 이어서 바울은 오직 믿음을 통해서만 '의'를 얻으며 율법으로서는 의에 이르지 못한다는 것을 강조하고 있다. 오로지 그리스도의 십자가만이 죄를 속량하실 수 있기 때문이며 인간은 의에 이르기 위하여 노력하면 할수록 죄밖에 짓는 것이 없기 때문이다. 인간은 자신의 노력이나 행위는 죄 밖에 없음을 인정하고 그리스도를 통해서 주시는 하나님의 의를 받아들이는 것만이 의에 이르는 길임을 믿어야 한다.

---

991) 위키백과사전에서; 보속(補贖, 라틴어: Satisfactio)은 넓은 의미로 손해의 배상 및 보환을 뜻하나 기독교 신학에서는 죄인이 로마 가톨릭교회와 동방 정교회의 성사 가운데 하나인 고해성사를 보고나서 실천하는 속죄 행위를 말한다.
992) 또한 모든 것을 해로 여김은 내 주 그리스도 예수를 아는 지식이 가장 고상함을 인함이라 내가 그를 위하여 모든 것을 잃어버리고 배설물로 여김은 그리스도를 얻고(빌 3:8)

우리가 의롭게 된 것은 우리 안에 있는 무엇이 아니다. 우리 밖에서 우리에게 오직 믿음을 통하여 주어진 것이다. 그리스도를 믿음으로 주어진 의를 말한다. 로마가톨릭은 '오직 믿음'에서 '오직'을 인정하지 않는다. 칭의가 증가되어야 하는데 믿음만으로는 충분하지 않다고 말한다. 그러나 의롭게 되기 위해서는 믿음 외에 다른 어떤 것이 필요하다고 성경은 말하지 않는다!

칭의가 삶에 미치는 영향

이신칭의, 곧 믿음으로 의롭다 하심을 받는 것의 결과와 그 보상은 무엇인가?

> 곧 예수 그리스도를 믿음으로 말미암아 모든 믿는 자에게 미치는 하나님의 의니 차별이 없느니라 (롬 3:22)
> 그러므로 우리가 믿음으로 의롭다 하심을 얻었은즉 우리 주 예수 그리스도로 말미암아 하나님으로 더불어 화평을 누리자(롬 5:1)

그 보상은 이 세상의 물질이 아니다. 성경은 하나님과 더불어 화평을 누리는 것이라고 말한다. 칭의란 죄로 인해 불의했던 인간을 의롭다고 여기신다는 것이다. 이신칭의란 오직 믿음으로만 의롭다 함을 얻는다는 것이다. 우리의 죄를 용서받고 그리스도의 의를 우리에게 전가시킴으로 우리를 의롭다 하신다. 그로 인해 주어진 하나님과의 화평은 이 세상의 모든 어려움을 이기게 한다. 우리가 누구인지 알았고, 무엇을 위해 살아가야 하는지, 그리고 우리의 마지막이 무엇인지 분명하게 알게 되었기 때문이다.

구원론이 삶을 지배한다! 칭의는 인간의 문제인 죄와 사망에서 벗어나 하나님의 백성이 되어 새로운 삶을 시작하게 되는 근거를 말해 준다. 전에는 언약 밖에서 하나님의 뜻에서 벗어난 육체를 쫓는 삶을 살았다. 이제는 언약 안에 들어와 그 언약의 말씀을 따라 살아가도록 새롭게 만드셨다.

이 말은 칭의가 성경 전체를 관통하며 우리 삶의 근본적인 기초라는 것을 말한다. 구원론이 무엇이냐에 따라 삶의 내용이 완전히 달라진다. 불교의 구원론이 불교인의 삶을 만들고, 로마 가톨릭의 구원론이 로마 가톨릭인의 삶을 만들며, 기독교의 구원론이 기독교인의 삶을 만들어 낸다. 칭의는 다만 예수님을 믿어 천국 가는 것만이 아니라 여기 이 세상을 살아가는 삶을 좌우하는 가장 핵심적인 원리다. 그래서 복음이다!

칭의에 기초해서 살아가는 성도는 삶에 대한 관점, 고난에 대한 이해가 다르다. 세상은 고난에 대하여 실존적인 자기 결단, 자기 선택을 말하나, 그것으로 못살기 때문에 맹목적 도약이 일어난다. 그러나, 의롭다 함을 받은 성도는 고난 가운데 있을지라도 하나님으로부터 끊임없이 공급되는 은혜로 말미암아 넉넉히 이겨가게 된다. 왜냐하면 칭의는 새언약에서 다시는 떨어져 나갈 수 없는 하나님의 변함없는 결정이기 때문이다. 예수 그리스도와 우리는 언약 안에서 영원히 연합되었기 때문이다. 아브라함은 우리에게 칭의가 삶을 어떻게 움직여 가는지 말해준다.

> 아브람이 여호와를 믿으니 여호와께서 이를 그의 의로 여기시고(창 15:6)

하나님께서 아브라함에게 하시려는 것을 믿으니 의로 여기셨다고 했다. 인간이 그 해결책을 만들어 해결하는 것이 아니라 하나님께서 택하시고 하나님께서 부르셔서 해결해 가신다. 하나님께서 아브라함을 하란에서 불러 인도해 가시는데, 앞날이 어찌될지 몰랐다. 무엇보다 그에게는 자녀가 없었다. 아브라함이 생각하기에는 자기의 종 엘리에셀이 상속자가 될 것이라고 생각했다. 그러나 하나님께서는 하늘의 별들을 세어보라고 하시면서 아브라함의 자손을 그렇게 많게 해 주시겠다고 말씀하셨다. 아브라함은 그것을 믿었다. 이 사건을 두고 아브라함을 의롭다고 하셨다.

칭의는 하나님의 일하심, 곧 선택과 부르심과 섭리에 대한 전적인 신뢰를 말한다. 그 속에는 하나님만이 인생의 문제에 대한 진정한 해결책을 가지고 계신다는 믿음이 있다. 아브라함이 자신의 문제를 자신이 해결하지 못했듯이, 인간의 해결책은 인간 안에서 나오지 못한다. 오직 하나님께 있다는 믿음이다. 그것은 인과율을 뛰어넘어 비인과율 속에 일하시는 하나님을 신뢰하는 것이다.

세상은 인과율로 설명하려고 하기 때문에 가계에 흐르는 저주, 업보, 윤회사상으로 나간다. 그러나 하나님께서는 우리가 이해하지 못하는 손길로 그 섭리 가운데 역사하시며 그것을 믿을 때 의로 여기신다고 말씀한다. 다만 예수 믿고 천국 간다는 것만이 아니라 우리의 삶에서 역사하시는 하나님 그분을 신뢰하는 것을 말한다.

또한 칭의가 삶에 미치는 영향은 로마서 전체를 관통한다. 로마서 1, 2장은 인간의 문제가 죄에 있음을 말한다. 하나님 없이 살아가는 온 인류의 죄, 곧 일반적인 사람들의 죄와 유대인들의 죄를 드러낸다. 왜 사도 바울은 먼저 복음을 말했는가? 그것은 죄악에서 구원받는 것은 인간의 행위가 아니라 복음이라는 것을 말해주기 위함이었다.

> 16 내가 복음을 부끄러워하지 아니하노니 이 복음은 모든 믿는 자에게 구원을 주시는 하나님의 능력이 됨이라 첫째는 유대인에게요 또한 헬라인에게로다 17 복음에는 하나님의 의가 나타나서 믿음으로 믿음에 이르게 하나니 기록된 바 오직 의인은 믿음으로 말미암아 살리라 함과 같으니라(롬 1:16-17)

성경은 "복음", "하나님의 능력", "하나님의 의"를 강조하며 "믿음으로 믿음에 이르게" 한다고 선포한다. 하나님 앞에 의롭게 되는 것은 오직 믿음으로만 주어진다. 하나님 없는 인간은 더럽고 추한 죄악으로 가득한 세상으로 만들었고 갈수록 더 죄를 짓는다. 성경은 인간이 처한 이런 비참한 상황에서 벗어날 길은 인간에게는 없다고 선언한다. 그것은 오직 십자가에 피흘려 죽으심으로 우리의 죄를 사하여 주시고 우리를 의롭다 하신 그리스도의 대속뿐이다.

초대교회에 이미 신플라톤주의와 영지주의가 온 세상을 장악하고 있었다. 신약성경, 특히 요한복음과 골로새서와 요한서신은 그런 시대적 사실을 염두해 두고 있었다. 사도 바울과 사도 요한은 이런 현실을 분명하게 알고 있었다. 초대교회는 영지주의로 인해 매우 심각한 위협에 직면해 있었으며 '적그리스도'라고 했다. 영지주의가 구원의 길이 된 인간은 쾌락주의로 가거나 금욕주의로 갔다. 죄를 지어 놓고도 죄를 인정하지 않았다. 열등한 신 데미우르고스가 세상에 악과 불완전함을 가져온 장본인이라고 보기 때문이다. 인간이 죄를 지어 타락한 것이 아니라 본래적으로 결함을 가지고 있다고 생각했다. 요즘 말로 하면, 인간이 지은 죄는 구조악에 불과한 것이다.[993] 죄를 지어 놓고도 구조악의 결과라고 하면 세상은 어떻게 되겠는가? 영지주의의 구원론은 사람들을 더욱 죄인으로 만들었다.

현대의 영지주의자 스티븐 휠러는 다음과 같이 말한다.

> 신비경험을 연구하는 사람들은 '환상적인visionary 신비상태'와 '합일적인unitive 신비상태'를 구별한다. 전자가 서술적인 것이라면 후자는 신적인 합일을 가리킨다. 고대 영지주의자들은 두 경험 모두에 참여했던 것 같다. 영지주의적인 환상에는 흔히 천상으로의 상승이 포함되지만, 무아 상태에서의 죽음과 같은 다른 종류의 환상도 엄연히 포함된다. 창조된 세계를 버리고 영원한 세계들로 상승해 감으로써 그 영역들에 거하는 존재들과 대화를 나누게 되는 것이다. 영지주의자들은 이런 환상이 적어도 부분적으로는 마음 안에서 벌어지는 것임을 분명히 알고 있었고, 그래서 그것들에 특별한 위상을 부여했다. 그들은 이런 환상을 개인 안에 있는 '신적 불꽃pneuma'(靈)이 더 높은 세계의

---

993) 스티븐 휠러, 이것이 영지주의다, 이재길 역 (서울: 샨티, 2006), 103-105.

실재와 하나가 되는 경험으로 묘사했다. 다른 신비주의자들과 마찬가지로, 영지주의 현자들도 합일의 경험을 신성한 존재(소피아, 그리스도)나 궁극의 하느님의 영적 본질과 연결되는 것(신비한 결합으로unio mystica)으로 이해했다. 이처럼 환상적인 경험과 합일적인 경험이 동시에 존재하는 것이 그노시스의 특징이라 할 수 있다.994)

이렇게 영지주의자들은 인간의 내면에 신성한 불꽃이 있다고 보고 영적인 안내자를 만나 신인합일에 이르려고 하는 자들이다. 신성한 내면아이에 기초하고 구상화를 통하여 구원을 만들어 내려고 했던 것이다. 사도들은 이런 모든 인간의 노력으로는 구원에 이를 수가 없다고 선포했다. 인간은 죄인이며 그 내면에 신성이 없다는 것을 분명하게 했다.

성경은 인간이 스스로 자기 문제를 해결하고 죄에서 벗어나 구원에 이르려고 하는 일체의 시도들을 부질없는 짓이라고 선포한다. 인간의 내면에는 신성이 없다. 왜냐하면 인간은 죄로 인해 죽었기 때문이다.995) 신성은 오직 구원자 예수 그리스도께만 있다.996) 그러므로 구원은 인간 밖에서 오직 예수 그리스도의 십자가를 통해서만 이루어진다. 인간의 죄를 인간 스스로가 절대로 해결할 수가 없기 때문이다.

믿음으로 말미암은 구원은 마지막 영화에 이르기까지 보장되어 있으며 절대적으로 확실하기 때문에 그리스도 안에서 영원한 의미와 통일성을 충만하게 누리고 살아가게 된다. 그리스도의 십자가의 피흘림으로 구원이 보장되어 있기 때문에 불안해하지 않는다. 오히려 갈수록 기쁨과 감사가 넘친다. 저 영화에 이르기까지 일어나는 모든 삶의 문제들은 합력하여 선을 이루며 우리 구원의 보증이 되신 성령님께서 내주하시면서 우리의 약함을 도우시며 기도하게 하신다. 그리하여 끝까지 믿음을 지켜가며 그리스도를 향한 사랑으로 모든 고난과 환난을 이겨가게 하신다.997) 칭의론, 곧 구원론이 삶을 지배한다.

로마서 3장과 야고보서 2장과의 관계

994) Ibid., 25-26.
995) 1 너희의 허물과 죄로 죽었던 너희를 살리셨도다 2 그때 너희가 그 가운데서 행하여 이 세상 풍속을 좇고 공중의 권세 잡은 자를 따랐으니 곧 지금 불순종의 아들들 가운데서 역사하는 영이라(엡 2:1-2)
996) 9 그 안에는 신성의 모든 충만이 육체로 거하시고 10 너희도 그 안에서 충만하여졌으니 그는 모든 정사와 권세의 머리시라(골 2:9-10)
997) 28 우리가 알거니와 하나님을 사랑하는 자 곧 그 뜻대로 부르심을 입은 자들에게는 모든 것이 합력하여 선을 이루느니라 29 하나님이 미리 아신 자들로 또한 그 아들의 형상을 본받게 하기 위하여 미리 정하셨으니 이는 그로 많은 형제 중에서 맏아들이 되게 하려 하심이니라 30 또 미리 정하신 그들을 또한 부르시고 부르신 그들을 또한 의롭다 하시고 의롭다 하신 그들을 또한 영화롭게 하셨느니라(롬 8:28-30)

칭의를 말할 때 꼭 확인하고 가야할 것이 있는데, 로마서 3장과 야고보서 2장의 가르침이 어떤 긴장관계에 있는 것이 아닌가? 하는 것이다. 로마서 3장은 율법의 행함이 아니라 오직 믿음으로 의롭다 함을 받는다고 말한다. 야고보서 2장은 행함으로 의롭다 함을 받고 믿음만으로 되는 것이 아니라고 한다.

야고보가 행함으로 의롭다 함을 말할 때 바울과 똑같이 아브라함을 예로 든다. 그러나 차이점이 있다. 야고보는 창세기 22장의 아브라함을 말한다.[998] 바울은 창세기 15장의 아브라함을 말한다. 그것이 무슨 차이가 있는가? 바울은 율법의 행함과 무관한 믿음에 의한 칭의를 말하며, 야고보는 율법의 행함과 함께하는 믿음에 의한 칭의를 말한다. 야고보는 창세기 22장에서 의롭게 되는 아브라함을, 바울은 창세기 15장에서 의롭다함을 받는 아브라함을 말한다.

이 두 가지 입장을 어떻게 이해해야 할까? 바른 이해로 가기 위해서 우리는 각각의 저자가 무엇을 말하려고 했는지 그것을 먼저 알아야만 한다. 바울은 로마서 3장에서 거룩하신 하나님께서 어떻게 죄인을 의롭다하실 수 있는가? 하는 것이다. 야고보는 2장에서 믿음을 가진 사람이라면서 선한 행위가 없다면 그 믿음은 과연 구원하는 믿음이라 할 수 있겠는가?이다. 그래서 야고보는 이렇게 말했다.

> 이로 보건대 사람이 행함으로 의롭다 하심을 받고 믿음으로만 아니니라(약 2:24)

이 말씀은 "오직 신앙에 의해서만 그 의를 받게"된다는 칭의 교리와 반대되지 않는가? 라고 생각할 수 있다. 그러나 야고보 사도는 행함으로 드러나는 것이 참된 믿음의 증거라 말한 것이다.

> 혹이 가로되 너는 믿음이 있고 나는 행함이 있으니 행함이 없는 네 믿음을 내게 보이라 나는 행함으로 내 믿음을 네게 보이리라(약 2:18)

우리가 의롭다 함을 받을 때는 행위와 전혀 무관하게 오직 믿음으로만 의롭다 함을 받았으나, 그 믿음은 행함이 없는 가짜 믿음에 의한 것이 아니다.

야고보는 "구원에 이르는 믿음"을 말하지 않는다.

야고보는 의롭다함을 받은 사람이 어떤 사람인지, 의롭다 함을 받지 못한 사람은 어떤 사람인지 그것을 말하고 있다. 외적인 행동으로 속일 때도 있지만, 우리의

---

998) 우리 조상 아브라함이 그 아들 이삭을 제단에 드릴 때에 행함으로 의롭다 하심을 받은 것이 아니냐(약 2:21)

행위가 우리의 믿음을 확인해 준다고 말한다.

야고보는 아브라함과 라합을 예를 들어 말한다. 창세기 22장 1-14절에서 아브라함은 아들 이삭을 번제로 바치려 했다. 그것은 하나님께서 그렇게 명령하셨기 때문이다. 아브라함이 하나님의 말씀을 따라 실제로 그렇게 하려 한 것은 그의 믿음이 참되다는 것을 확증하는 것이다. "아브람이 여호와를 믿으니 여호와께서 이를 그의 의로 여기시고"(창 15:6)의 말씀에서 이미 아브라함은 믿음으로 의롭다 함을 받았다. 그러나 22장의 이 사건은 그 믿음을 구체적으로 나타낸 사건이다. 하나님과 언약한 백성은 그 언약의 말씀에 순종하는 것이 그 백성 됨을 나타내는 것이기 때문이다.

야고보는 또한 라합을 들어 설명한다. 라합은 정탐꾼들에게 다음과 같이 말했다.

> 우리가 듣자 곧 마음이 녹았고 너희의 연고로 사람이 정신을 잃었나니 너희 하나님 여호와는 상천하지에 하나님이시니라(수 2:11)

그런 믿음을 가진 라합은 이스라엘의 정탐꾼들을 숨겨주었다. 그것은 자신과 가족들의 생명이 위험에 처해질 수도 있는 일이었다. 그녀의 행동은 그가 고백한 그 믿음이 실제로 어떤 것인지를 나타내었다. 그렇기 때문에 야고보 사도의 말이나 바울 사도의 말은 완벽하게 조화를 이루게 된다.

> 그러므로 사람이 의롭다 하심을 얻는 것은 율법의 행위에 있지 않고 믿음으로 되는 줄 우리가 인정하노라(롬 3:28)

그러므로 야고보가 말하는 행위는 이미 믿은 성도의 행위를 말한다. 그 행위는 진정한 성도라면 반드시 맺어야 하는 열매이다. 사람이 무슨 행위를 함으로써 죄인이 의롭게 된다는 것이 아니라, 이미 예수 그리스도로 말미암아 의롭게 된 그 사람이 언약에 순종해 가는 삶을 말한다.

제34문 양자됨은 무엇입니까? (대74)

답: 양자됨은 하나님께서 값없이 베푸시는 은혜의 행위인데, 그것으로 우리가 하나님의 자녀의 수효 중에 받아들여지며, 하나님의 자녀로서의 모든 특권을 누릴 권세를 가집니다.[999]

세상은 외부의 구원자를 극렬하게 거부한다. 구원을 스스로 자기 안에서 찾으려고 한다. 또한 현실에 일어나는 삶의 고통을 치유하기 위하여 예술과 종교를 방책으로 제시한다. 쇼펜하우어가 자율성을 회복하고 치유를 하기 위해 추천한 종교는 기독교가 아니라 인도 종교였다. 왜냐하면 불교와 같은 종교는 의지[1000]로부터 해탈하는 최고의 방법을 말하기 때문이다. 왜 쇼펜하우어는 기독교가 아니라 힌두교나 불교로 갔는가? 인간의 의지가 선하다고 보았기 때문이다. 그것이 그대로 니체에게 전달되었다. 인간의 의지가 죄로 부패하고 썩었다는 것을 인정하지 않기 때문에 자기 스스로 이겨내기 위한 길로 가게 된다. 기독교냐 아니냐의 본질적인 분기점은 인간의 내면이 선한가? 아니면 죄로 오염되고 부패하여 죽었는가? 하는 것이다.

다만 그것을 계발하는 영역이 다를 뿐이다. 음악가는 음악에서 미술가는 미술에서 시인은 시에서 과학자는 과학에서 찾으려고 한다. 그것은 정치, 경제, 사회 어느 분야에서도 마찬가지다. 들뢰즈의 단독성은 김수영의 팽이에서 강신주 교수의 인문주의에서 그대로 핵심을 차지한다. 그들은 단독성이 보편성이라는 이상을 믿고

---

999) Q. 34. What is adoption? A. Adoption is an act of God's free grace, whereby we are received into the number, and have a right to all the privileges, of the sons of God.

1000) http://sbh5510.egloos.com/10941363; 쇼펜하우어에게 있어서 "의지"(독일어: Wille)란 개념은, 일반적인 의미의 뜻뿐만이 아니라, 인간의 다른 맹목적인 감성인, "욕망", "갈구함", "추구", "노력", "고집"까지 포괄하는 개념이다. "표상"(독일어: Vorstellung)이란 영국 경험주의-칸트 등이 쓰고 있는 용어로서, 마음 밖에 있는 어떤 물체나 대상에 대해 가지는 심상(Sensory Image)을 표현하는 말이다. 표상에는 신체가 포함된다. 쇼펜하우어는 사람마다 가진 자기 자신의 몸을 "직접적 대상"이라고 불렀는데, 이는 뇌가 마음이 깃든 자리이기 때문이다. 쇼펜하우어는 생의 의지를 부정하여 인식을 최대한으로 높이는 삶을 영위하라고 충고했다. 쇼펜하우어의 철학은 『의지와 표상으로서의 세계』한 권에 모두 집약되어있다고 해도 과언이 아니다. 그는 이 책을 통해 칸트철학이 남겨두었던 '물자체'(物自體)라는 난제의 진정한 해결책을 제시했다고 믿었다. 칸트는 우리에게 주어진 현상적 세계, 즉 표상으로서의 세계의 배후에는 '사물자체'가 있지만 그것이 무엇인지는 알 수 없다는 입장을 가졌다. 쇼펜하우어는 현상 또는 표상으로서의 세계 배후에 있는 물자체의 정체는 바로 의지라고 말한다. "물자체는 우리의 지각을 떠나서 존재하는 것이다. 곧 본래적으로 존재하고 있는 것이다. 데모크리토스에게 그것은 형태를 가진 물질이었다. 로크에게도 근본적으로 같은 것이었다. 칸트에게 그것은 'X'였다. 쇼펜하우어의 그것은 의지다." 현상세계의 배후에서 이 현상세계를 조정하는 '의지'는 인내심이나 끈기 같은 제어와 조절이 가능한 힘이 아니라 '맹목적이고 끝없는 충동'이다. 이 충동은 결코 만족을 얻는 상태에 도달하지 못하며, 따라서 이 충동의 지배를 받는 삶은 결코 평정을 얻을 수 없는 운명이다. 이런 까닭에 삶은 비관적인 것일 수밖에 없다.

사는 사람들이다.

양자된다는 것이 무엇인가? 그것은 죄인이 영생의 상속자가 되는 것을 말한다. 인간의 선함을 말하는 세상의 철학과 종교는 양자의 개념을 이해할 수 없다. 우리는 우리 밖에서 우리를 구원하러 오신 예수 그리스도께서 우리의 죄의 저주를 담당하신 그리스도의 수동적 순종에서 우리 죄가 용서되고, 영생을 포함하는 모든 은혜의 선물을 받게 한 그리스도의 능동적 순종에서 영생의 상속자가 되는 양자됨의 근거를 발견한다. 그러나 알미니안주의자들은 우리의 신앙, 즉 복음의 순종이 있어야만 된다고 말하니 성경과는 틀리다.[1001]

양자됨은 오로지 예수 그리스도를 구주로 믿은 성도들만이 누릴 수 있는 것이다. 양자는 언약 안에 들어온 자들이 누리는 복이다. 단독성으로 사는 사람들은 독립을 부르짖기 때문에 그 저항이 생명을 부지해 줄 것처럼 보이지만 오로지 이상이다. 이상이 좌절되면 사람은 어떻게 되는가? 미쳐버린다. 안 미치면 분열을 어떻게 감당할 수가 없어서 도약을 감행하게 된다. 그것도 아주 열렬히 비상한다. 그렇게 되면 자기가 그렇게 청춘을 바치고 인생을 바쳤던 이상은 어디론가 사라져 버린다. 그것만큼 비참한 인생이 세상에 또 어디 있겠는가.

우리는 어떻게 양자가 되었는가? 하나님의 자녀로 거듭나기 이전에 우리는 죄와 사망의 지배 아래 있었으며, 본질상 진노의 자녀였다.[1002] 그러나 성령의 역사로 말미암아 거듭난 사람들은 하나님의 아들이 되었다.[1003] 죄로 죽었던 우리를 그리스도의 십자가의 피로 구원하시고 의롭다 하시고 아들로 받아주셨다. 성경은 양자됨을 다음과 같이 말한다.

1) 하나님께서 값없이 베푸시는 은혜의 행위인데
죄인 된 인간이 받은 가장 큰 은혜와 복은 죄 사함을 받고 의롭게 되어 하나님의 자녀가 된 것이다. 죄와 사망의 종노릇하던 우리가 하나님의 자녀가 되었다니! 이보다 더 좋을 수는 없다! 사도 요한은 그 기쁨과 감격을 이렇게 말한다.

1001) 루이스 벌코프, 벌코프조직신학(하), 권수경·이상원 역 (서울: 크리스챤다이제스트, 1993), 775.
1002) 전에는 우리도 다 그 가운데서 우리 육체의 욕심을 따라 지내며 육체와 마음의 원하는 것을 하여 다른 이들과 같이 본질상 진노의 자녀이었더니(엡 2:3)
1003) 로이드존스, 로마서강해5, 서문 강 역 (서울:, 기독교문서선교회, 2005), 213; "모든 인류가 하나님의 아들이라든지 하나님의 자녀들이라고 말하는 것은 전적으로 비성경적입니다."

보라 아버지께서 어떠한 사랑을 우리에게 주사 하나님의 자녀라 일컬음을 얻게 하셨는고 우리가 그
러하도다 그러므로 세상이 우리를 알지 못함은 그를 알지 못함이니라(요일 3:1)

사도 요한은 하나님께서 말할 수 없는 사랑을 주셔서 우리를 하나님의 자녀로
삼아주신 것을 말하고 있다. 그 사랑이란 그리스도를 말하는 것이고 그리스도의 속
죄를 말한다. 그 사랑을 세상에 속한 자들은 모른다. 그들은 하나님을 대적하는 사
탄에 속한 자다. 그들은 내면에 신성한 불꽃이 있다고 생각하는 자들이다. 그들은
그리스도의 속죄를 필요로 하지 않는다. 스스로 내면의 빛이 있다고 하는 자들은
사탄과 함께 어두움에 있는 자들이다.

사도 요한을 감동시킨 그 사랑이 우리를 똑같이 감동시키는 것은 우리가 하나님
의 자녀가 되었기 때문이다. 그 사랑은 경외감으로 충만케 되는 사랑이다. 오늘날
현대교회는 사랑을 말하나, 경외감을 상실하여 하나님의 거룩하심을 찬탈하고 있
다.

예수님께서 오신 목적은 하나님의 자녀로 입양시키기 위함이다.

때가 차매 하나님이 그 아들을 보내사 여자에게서 나게 하시고 율법 아래 나게 하신 것은 율법 아래
있는 자들을 속량하시고 우리로 아들의 명분을 얻게 하려 하심이라(갈 4:4-5)

그리스도가 오심으로 율법에 매여 있었던 암담한 상태가 끝났다. 그리스도께서
율법의 요구를 다 이루시고 십자가의 죽음으로 율법의 진노는 사라졌다. 그 대속의
은혜를 받은 자들은 하나님의 아들이라 칭함을 받는다. 성도는 이제 예수님을 믿고
하나님의 양자가 되어 하나님을 아버지라 부를 자격이 생겼다. 주기도문에서, '하
늘에 계신 우리 아버지'라고 말하는 것은 바로 그런 까닭이다.

양자됨은 전적으로 법적인 방식에 의하여 이루어진다. 하나님께서 우리를 그의
가족으로 받아들이시는 하나님의 법적인 조치이다. 법적인 방식으로 양자로 받아
들이시는 분이 변치 아니하시는 하나님1004)이시기 때문에 우리의 구원은 취소
되지 않는다. 양자됨은 하나님이 영원하시기 때문에 영원한 효과를 가지고 있다.

1 보라 아버지께서 어떠한 사랑을 우리에게 주사 하나님의 자녀라 일컬음을 얻게 하셨는고 우리가
그러하도다 그러므로 세상이 우리를 알지 못함은 그를 알지 못함이니라 2 사랑하는 자들아 우리가

1004) 각양 좋은 은사와 온전한 선물이 다 위로부터 빛들의 아버지께로서 내려오나니 그는 변함도 없으시고 회전하는
그림자도 없으시니라(약 1:17)

> 지금은 하나님의 자녀라 장래에 어떻게 될 것은 아직 나타나지 아니하였으나 그가 나타내심이 되면 우리가 그와 같을 줄을 아는 것은 그의 계신 그대로 볼 것을 인함이니(요일 3:1-2)

세상이 하나님의 자녀 된 그리스도인을 모를지라도, 그리스도인들에게 죄 된 본성이 묻어난다 할지라도 그리스도인은 분명히 하나님의 자녀다. 그리고 하나님께서는 그의 자녀들을 거룩하게 만들어 가신다. 장래에 그리스도께서 오시면 "우리가 새사람을 입고" 주와 같은 영광의 몸의 형체로 변하게 될 것이다.[1005] 이것이 하나님의 자녀 된 우리의 영광이다.

하나님의 양자로 되는 것은 한순간에 이루어진다. 오랜 기간에 걸쳐서 이루어지는 하나의 과정이 아니라, 하나님의 행동으로 단번에 되어지는 하나님의 사역이다.

우리가 양자된 것은 의식할 수 있다. 왜냐하면 성경이 "너희가 아들인고로 하나님이 그 아들의 영을 우리 마음 가운데 보내사 아바 아버지라 부르게 하셨느니라"(갈 4:6)고 말하고 있기 때문이다. 또한 "성령이 친히 우리 영으로 더불어 우리가 하나님의 자녀인 것을 증거하신다"(롬 8:16)고 말한다. 하나님께서는 우리를 그의 아들로 받으신 것을 알게 하시어 확신 가운데 거하기를 기뻐하신다.[1006]

2) 그것으로 우리가 하나님의 자녀의 수효 중에 받아들여지며, 하나님의 자녀로서의 모든 특권을 누릴 권세를 가집니다

양자됨의 결과는 무엇인가?[1007]

> 그러므로 네가 이 후로는 종이 아니요 아들이니 아들이면 하나님으로 말미암아 유업을 이을 자니라 (갈 4:7)

"유업을 이을 자"는 '상속자', '후사'를 말한다. 성도들은 하나님 나라의 백성으로 하나님께서 주시는 복을 소유하고 누리게 되는 자들이다.[1008] 성도들의 양자됨

1005) 그가 만물을 자기에게 복종케 하실 수 있는 자의 역사로 우리의 낮은 몸을 자기 영광의 몸의 형체와 같이 변케 하시리라(빌 3:21) 사랑하는 자들아 우리가 지금은 하나님의 자녀라 장래에 어떻게 될 것은 아직 나타나지 아니하였으나 그가 나타내심이 되면 우리가 그와 같을 줄을 아는 것은 그의 계신 그대로 볼 것을 인함이니(요일 3:2)
1006) G. I. 윌리암슨, 소요리문답강해, 최덕성 역 (서울: 개혁주의신행협회, 1990), 146.
1007) 싱클레어 퍼거슨, 오직 그리스도 안에서, 신호섭 역 (서울: 지평서원, 2012), 191; "구원은 새로운 가족 안에서 누리는 삶의 특권을 얻는 것을 의미한다. 만일 당신이 하나님의 양자라면, 당신은 하나님의 상속자요 그리스도와 함께한 상속자가 된다(롬 8:17 참고). 당신은 참으로 부유한 사람이 되는 것이다."
1008) 14 무릇 하나님의 영으로 인도함을 받는 그들은 곧 하나님의 아들이라 15 너희는 다시 무서워하는 종의 영을 받지 아니하였고 양자의 영을 받았으므로 아바 아버지라 부르짖느니라 16 성령이 친히 우리 영으로 더불어 우리가 하나님의 자녀인 것을 증거하시나니 17 자녀이면 또한 후사 곧 하나님의 후사요 그리스도와 함께 한 후사니 우리가 그와 함께

은 율법을 지켜 행함으로써가 아니라 전적으로 하나님 은혜의 결과다.

성도는 이제는 주인과 종의 관계가 아니라 아버지와 아들의 관계가 되었다. 종은 자신이 일한 것의 대가로 살지만, 아들은 아버지의 자녀라는 이유 때문에 아버지로부터 보호와 돌봄과 인도를 받고 살게 된다.

> 영접하는 자 곧 그 이름을 믿는 자들에게는 하나님의 자녀가 되는 권세를 주셨으니(요 1:12)

요한복음은 영지주의자들의 거짓된 사상의 위험성을 폭로한다. 요한복음에 빛과 어둠, 생명과 죽음, 진리와 거짓 같은 대조에 나타나는 것도 그런 이유 때문이다. 영지주의의 구원은 세상은 악한 것이라고 보고 그 물질세계로부터 해방되는 것이다. 신성이 육체라는 감옥에 갇혀 있기 때문에 그 해방을 위해 하늘로부터 내려오는 신성한 구세주는 위대한 영적인 안내자다. 그러나 성경은 세상이 악하다고 말하지 않으며 그것은 하나님의 일하심의 결과다. 인간의 구원을 막고 있는 것은 세상의 물질이 아니라 하나님의 언약을 깨뜨린 인간의 의도적이고 악의적인 반역이다.[1009] 그 죄를 사하시려고 예수 그리스도께서 오셨고, 그리스도를 믿는 성도는 '어둠의 자녀'에서 '하나님의 자녀'로 그 신분이 변화된 자들이다. 그 변화는 예수 그리스도를 구주로 믿는 믿음 때문이다. 그렇게 하나님의 자녀 된 성도의 삶은 어떠한가?

> 자녀이면 또한 후사 곧 하나님의 후사요 그리스도와 함께 한 후사니 우리가 그와 함께 영광을 받기 위하여 고난도 함께 받아야 될 것이니라(롬 8:17)

'자녀'는 가족 관계를 '후사'는 상속(相續)관계를 말한다. 사도 바울은 하나님의 자녀로서 하나님의 후사가 되는 성도의 권세를 강조하고 있다. 그 권세는 믿음 때문에 현실 속에 나타나는 고난을 이겨가는 힘이 된다. 그 고난은 죄와 싸우는 고난,

---

영광을 받기 위하여 고난도 함께 받아야 될 것이니라(롬 8:14-17)

1009) 라이온 사(社), 교회사핸드북, 송광택 역 (서울: 생명의말씀사, 2005), 98; 모든 영지주의자들은 물질적 창조를 악한 것으로 간주하였으나 신성(神性)의 광채들이 구원받기로 예정된 어떤 "영적인" 개인들의 몸 안에 주입되었다. 이 "영적인"자들은 자신의 천적(天的) 기원을 알지 못한다. 하나님은 그들에게 한 구속자를 보내 주셨다. 그 구속자는 그들에게 그들 자신과 그들의 기원과 운명에 대한 비밀한 지식의 형태로 구원을 가져다준다는 것이다. 이와 같이 영적인 잠에서 깨어난 영적인 자들은 죽음에서 그들의 육체의 감옥으로부터 탈출하여 악마가 지배하는 이 세상의 영역을 안전하게 통과함으로써 하나님과 재결합한다는 것이다. 그들은 구원이 오로지 개인의 "영적인" 본질에 대한 지식에 의존한다고 믿었기 때문에 어떤 영지주의자들은 극도로 방탕한 행동에 빠졌다. 그들은 그들이 외부의 진흙에 의해 더러워질 수 없는 "진주들"이라고 주장했다.

하나님의 의와 나라 때문에 받는 고난,[1010] 그리스도의 군사이기 때문에 받는 고난[1011] 등이 있을 수 있다. 그러나 그런 모든 고난을 이겨가는 비결은 예수 그리스도 안에서 더 이상 정죄함이 없으며 하나님의 나라를 유업으로 물려받을 상속자라는 믿음에 있다. 내적치유를 받고 정신과의사에게 상담을 받으러 갈 것이 아니라 그 고난으로 우리의 신분을 그 정체성을 분명히 할 때 삶의 의미와 통일성은 더욱 충만해진다.

양자된 특권이 무엇인가?

성도가 구원 받기 이전에는 어떤 자리에 있었는가? '마귀의 자녀', '죄의 자녀'였다. 하나님의 언약을 저버린 불순종의 아들들이었다. 양자가 된다는 것은 그 자리에서 회개하고 언약 안으로 다시 들어온 것이다.

아버지 하나님이 양자 삼으신 사람들은 결코 버림을 받지 않는다. 자기 양들의 선한 목자가 되시는 예수님께서는 "저희를 주신 내 아버지는 만유보다 크시매 아무도 아버지 손에서 빼앗을 수 없느니라"(요 10:29)고 말씀하셨다. 그러므로 하나님의 양자가 된 성도는 아버지의 손 안에 있기 때문에, 사탄은 하나님의 손에서 다시 빼앗아 갈 수 없다!

성경이 양자를 말할 때 항상 염두해 두는 것은 성도의 구원의 확실성이다. 양자는 영화의 확실성을 말한다. 그것이 확실하다는 것이 우리의 삶과 무슨 관련이 있는가? 인간은 의미와 통일성에서 영원한 의미와 통일성을 소망한다. 현세에 살아가나 영원성을 추구한다. 그 영원성이 확보될 때에 오늘의 어려움과 상처와 눈물을 싸워가고 이겨갈 수가 있다. 양자됨의 확실성은 영화로움의 확실성을 보장하는 것이고 그것은 성도들의 삶에 영원한 의미와 통일성을 보장한다. 그로 인하여 현세의 모든 핍박과 고난들을 이겨갈 수가 있다.

그뿐만이 아니다. 양자로 받아들여진 사람들은 성령님으로 말미암아 다시 태어난 사람들이기 때문에 신의 성품에 참예한 자들이 되었다.

> 이로써 그 보배롭고 지극히 큰 약속을 우리에게 주사 이 약속으로 말미암아 너희로 정욕을 인하여 세상에서 썩어질 것을 피하여 신의 성품에 참예하는 자가 되게 하려 하셨으니(벧후 1:4)

1010) 의를 위하여 핍박을 받은 자는 복이 있나니 천국이 저희 것임이라(마 5:10) 그러나 의를 위하여 고난을 받으면 복 있는 자나 저희의 두려워함을 두려워 말며 소동치 말고(벧전 3:14)
1011) 네가 그리스도 예수의 좋은 군사로 나와 함께 고난을 받을지니(딤후 2:3)

"신의 성품에 참예한다"는 것은 우리가 하나님과 동일한 존재가 된다는 뜻이 아니다. 오늘날 신비주의 영성이 극성을 부리면서 성경을 곡해하여 하나님과 같이 되는 것이라고 엉터리로 가르치는 사람들이 있다. 이 말은 성도들은 이제 사고방식과 마음에 있어서 그리스도의 성품을 닮아간다는 뜻이다. 그리하여 성도들의 삶을 통하여 하나님이 누구신지 기억나게 한다. 그 닮아가는 과정은 결코 순탄하지 않다.

주께서 그 사랑하시는 자를 징계하시고 그의 받으시는 아들마다 채찍질 하심이니라 하였으니(히 12:6)

부모는 그 자식이 잘되기를 바라며 훈련해간다. 하나님께는 자기 백성을 어떻게 훈련하시는가? 그 훈련은 고난을 통한 훈련이다. 거기에는 하나님의 징계와 책망이 있다. 그런 것들이 있는 근본적인 이유는, 성도는 하나님의 '아들'이기 때문이다. 그것이 자기 백성을 사랑하시고 책임지시는 하나님의 신실하심이다. 그것이 없으면 사생자라 했다.[1012] 그런 고난이 없으면 가짜라는 뜻이다. 하나님은 죄를 짓고 어그러진 길로 가는 성도를 그냥 두시는 그런 하나님이 아니시다. 또한 더욱 언약에 신실하게 살아가도록 징계하시고 책망하시는 하나님이시다. 과거의 상처와 아픔과 눈물은 예수 그리스도를 알아가는 하나님만의 계획과 섭리의 과정이다.

저희는 잠시 자기의 뜻대로 우리를 징계하였거니와 오직 하나님은 우리의 유익을 위하여 그의 거룩하심에 참예케 하시느니라(히 12:10)

하나님께서 그리스도인들을 징계하시는 목적은 무엇인가? 그것은 "우리의 유익을 위하여" 징계하신다. 하나님께서 하나님의 자녀들을 언약에 신실함과 거룩함에 이르도록 훈련해 가신다.

그 훈련을 받는 그 순간에는 이해가 되지도 않고 힘들기만 한다. 그러나 그 힘든 수업을 통하여 영광으로 나아가도록 하신다. 그 속에서 하나님을 알아가게 하시며 하나님의 공급하심을 누리게 하신다. 그 공급하심을 누리도록 기도하게 하신다. 기도를 한다는 것은 성도가 인과율의 삶으로만 살지 않겠다는 것이다. 하나님께서는 성도의 필요를 먼저 다 아신다.

그러므로 저희를 본받지 말라 구하기 전에 너희에게 있어야 할 것을 하나님 너희 아버지께서 아시

1012) 징계는 다 받는 것이거늘 너희에게 없으면 사생자요 참 아들이 아니니라(히 12:8)

서기관과 바리새인들은 자기 의를 추구하고 살았기에 사람들에게 보이려고 외식을 했다. 하나님의 자녀들은 그렇게 외식하는 자들도 아니고 이방인들처럼 중언부언하여 자기가 원하는 것을 받아내는 자들도 아니다. 하나님의 자녀들은 하나님의 나라와 의를 구하는 자들이다. 하나님 아버지께서는 우리의 기도에 귀를 기울이시며 하나님께서 만들어 가시고자 하시는 그 길로 인도해 가신다.

이 모든 일에 기억해야 할 것은 성령 하나님이 우리 안에 내주하신다는 사실이다. 성령님께서 내주하신다고 우리를 하나님으로 만드는 존재론적으로 신성화를 의미하지 않는다. 성령님께서는 우리가 하나님의 자녀인 것을 증거하신다.[1013] 우리 안에 계시면서 하나님의 성품을 닮아가게 하신다. 성령님께서는 언제나 언약에 신실하도록 역사하신다. 그리하여 성화의 삶을 살게 하신다.

1013) 14 무릇 하나님의 영으로 인도함을 받는 그들은 곧 하나님의 아들이라 15 너희는 다시 무서워하는 종의 영을 받지 아니하였고 양자의 영을 받았으므로 아빠 아버지라 부르짖느니라 16 성령이 친히 우리 영으로 더불어 우리가 하나님의 자녀인 것을 증거하시나니(롬 8:14-16)

제35문 성화는 무엇입니까? (대75)

답: 성화는 하나님께서 값없이 베푸신 은혜의 사역인데, 그것으로 우리가 하나님의 형상대로 전인이 새롭게 되며, 죄에 대해서는 더욱 더 죽고 의에 대해서는 살 수 있게 됩니다.[1014]

하나님의 자녀로 거룩하게 살아가는 성화를 생각할 때,[1015] 세상은 어떻게 변화와 거룩을 만들어 가는지 생각해 보자.

20세기 중반 서구 멘탈리티의 핵심은 실존주의와 맑시즘이었다. 그로 인해 세상은 처참한 결과를 맛보게 되었다. 제1차 세계대전(1914), 러시아 혁명(1917)으로 시작된 세계적인 사회주의 혁명, 세계대공황(1929), 제2차 세계대전(1939), 제3세계의 식민지 해방운동 등으로 세계는 만신창이가 되었다. 사람들은 왜 이런 결과가 일어났는지 그 원인을 알고 싶어 했다. 일반적인 분석은 계몽주의, 곧 이성에 대한 과도한 신뢰였다. 그것은 주체가 인간이라는 것인데, 거기에 대한 해방을 안겨다 준 것이 구조주의였다.[1016]

1014) Q. 35. What is sanctification? A. Sanctification is the work of God's free grace, whereby we are renewed in the whole man after the image of God, and are enabled more and more to die unto sin, and live unto righteousness.

1015) 주권적 구원(Lordship salvation): 이것은 존 맥아더 목사가 세대주의자들에게 제기했던 문제다. 여기에는 두 가지 핵심사상이 있다. 첫째로, 구원은 예수님께서 이미 다 완성하셨기 때문에 우리 편에서 할 일은 없고 오로지 믿기만 하면 된다고 하면서 죄인에게 구원을 주시는 구세주(savior)로 모시고 구원을 받는다고 말한다. 두 번째는, 세대주의 언약관을 말하는데, 율법과 복음을 대립적인 개념으로 보고, 이제 복음이 도래했기 때문에 율법은 폐기되었다고 말하면서, 복음을 믿으면 우리의 성품과 도덕의 변화와는 상관이 없이 구원을 얻는다는 것이다.

이런 입장은 율법에 대한 그릇된 이해에서 나온다. 우리가 예수님을 믿고 율법으로부터 자유케 된다고 말하는 것은 율법 그 자체로부터 자유케 된다는 뜻이 아니다. 율법으로부터의 자유는 율법의 정죄로부터 해방되었다는 의미다. 율법과 복음은 너무 대비시키어 율법에 대한 알레르기 반응을 보이는 경우가 많다. 마치 복음을 율법으로 실패했기 때문에 하나님께서 임기응변으로 만들어낸 대책으로 생각하시는 분들이 많다. 그러나 옛언약이나 새언약은 그 본질은 동일하다. 우리가 구원받았다 함은 율법으로 정죄된 죄인의 자리에서 벗어나 하나님의 은혜로, 곧 예수 그리스도의 공로로 의인이 되었다는 것이다. 율법은 하나님의 속성과 성품이 반영된 하나님의 의로서 율법이다. 제1문에서 보았듯이, 하나님의 하나님 되심이 바로 하나님의 영광이며, 그것이 행위로 드러난 것을 하나님의 의라 한다.

왜곡된 주권적 구원도 있다. 이런 주권적 구원은 놀랍게도 나름 믿음이 좋다고 생각하거나 잘 믿어보겠다는 하는 사람들이 좋아한다. 그래서 자기 성깔대로 살라고 한다. 어차피 예수님께서 다 해 주실거니까 그렇게 자기 성질대로 살아가라고 한다. 그러나 이런 주장들은 율법과 복음의 본질을 벗어난 생각이다.

1016) 20세기 후반 프랑스 철학의 주요흐름은 구조주의였다. 클로드 레비스트로스(친족관계 분석), 롤랑 바르트(문학이론), 자크 라캉(정신분석)이 꽃을 피웠다.

서동욱, 철학연습 (서울: 반비, 2011). 137-138; 철학사적으로 구조주의는 현상학적 철학의 대척지에서 수립되었다. 구체적으로는 1940년대부터 프랑스 지성계를 지배해온 샤르트르의 철학과 대립했다. 이는 2차대전 후 성립된 학문적 경향이며, 1950년대 레비스트로스의 주요 저서가 나오고, 1960년대 푸코와 라캉의 주요 저서가 발표되면서 절정에 이르렀다.

사회생활을 지배하는 건 사회체계의 논리이지, 행위자의 논리가 아니다(알튀세). 인간은 이미 주어져 있는 문화적인 관행과 상징 질서라는 사회적인 물길이 잠시 머물렀다 흘러나가는 시간적인 매듭이자 공간적인 코드에 지나지 않는다(레비스트로스). 인간의 주체적 의식이라는 것도 한갓 신기루에 불과하다. '나는 생각한다'가 아니라 '나는 생각되어진다.' 의식은 나와 타자, 타자와 타자들 간에 얽힌 그물조직 속으로 용해되고 만다. 무의식도 '타인의 진술'에 의해 조성될 뿐이다(라캉). 권력관계에 있어서도 인간은 주체가 아니다. 권력은 제도도, 구조도 아니며 특정인에게 부여된 특정한 힘도 아니다. 그것은 사회의 복잡하고 전략적인 상황에 부여된 명칭이다. 인간은 방대한 권력구조 앞에서 수동적인 역할을 할 수밖에 없다(푸코). 이런 구조조의의 주장들은 인간의 자기중심적 확신을 무력화시켰다.[1017]

역사와 세계의 주체라고 소리치던 인간의 그 당당하던 모습은 바람과 함께 사라졌다. 혁명을 부르짖던 뜨거운 피들은 냉동실로 직행했다. 책임소재를 물으면 '나는 몰라' 그렇게 대답하는 것이 아니라, '역사와 세계가 이렇게 이렇게 움직여졌단다' 라고 해석하고 설명해 주면, '아~ 그랬구나' 하는 것으로 끝났다.

탈구조주의 철학의 대표자인 데리다(Jacques Derrida, 1930-2004)는 구조주의의 구조는 인간의 필요에 의해 생겨난 허구일 뿐이라 했다. 데리다가 보기에 레비

구조주의는 학문 운동도 아니고 학파도 없으며, 구조주의자라 불를 수 있는 학자의 범위도 모호하다. 심지어 현상학적 철학과의 관계도 모호한데, 대표적인 것이 하이데거에 대한 입장이다. 라캉은 그의 철학에 열광해 나름대로 수용하고자 했으며, 시대마다 다른 진리를 출현시키는 푸코의 에피스테메 개념도, 시대마다 다른 방식으로 존재자들이 출현한다는 '하이데거의 존재의 역사성'에 영향을 받았다. 그러므로 구조주의란 몇몇 철학자들에게서 발견되는 최소한의 일반적 특질로 이해되어야 한다. 그 가운데 중요한 것은, 삶의 질서, 존재자들의 질서란 의식이 아닌 더 심층적인 구조에 기반한다는 것이다. 또 하나 중요한 특질은 변증법적으로 발전하는 역사에 대한 부정이다.

레비스트로스와 라캉은 그 구조를 언어학적 구조에서 찾았다. 어떤 의미에서 레비스트로스만을 정확히 구조주의자라고 부를 수 있을 것이다. 그는 인류학적 연구와 신화 연구를 통해 여러 종족의 의식 배후에 숨겨져 있는 보편적 구조를 확인하려고 했다. 라캉의 입장은 무의식이 언어처럼 구조화되어 있다는 것이다. 주체의 자리는 데카르트에서 보듯 자발적이고 주관적인 의식이 아니라 객관적인 언어적 질서(상징계) 속에서 찾아진다. 그러나 라캉의 중요한 업적은 언어로 대표되는 상징적 질서 안으로 침투해 들어오는 전복적인 '실재'의 힘(대상a)을 드러내고자 한 것이다. 푸코는 각 시대의 진리를 구성하는 의식되지 않는 질서(에피스테메)를 규명한다. 각 시대는 비연속적이며 따라서 발전의 도상에 있는 것도 아니며, 그저 전혀 다른 사고의 질서 속에서 진리를 재구성할 뿐이다. 들뢰즈와 데리다 역시 의식철학에 대해 적대적이긴 하지만, 구조주의로부터 벗어난 새로운 종류의 철학이다. 들뢰즈는 스피노자와 니체의 영향 아래 존재론과 욕망 이론의 영역에서, 피안의 신과 같은 초월적 원리를 부정하는 데 몰두했다. 이는 삶 자체를 모든 억압적인 질서로부터 해방시키려는 노력의 표현이다. '해체주의'로 널리 알려진 데리다의 철학은 서구 사상이 자리 잡고 있는 근거들이 최종적이지 않음을 밝힘으로써 전통철학을 와해시킨다. 결과적으로 근원적인 것, 순수한 것을 찾으려는 서구철학의 오래된 노력이 실은 비근원적인 것, 순수하지 않은 것의 침입에 의해서만 지탱되고 있었음이 밝혀진다. 이런 사상은 데리다 후기에는 근원적이지 않고 순수하지도 않은 외국인에 대한 환대라는 정치철학적 주제로 이어진다. 한마디로 구조주의 이후 철학의 전개는, 니체와 스피노자의 새로운 발견, 언어학과 인류학 같은 학문 영역의 약진, 전통적인 의식 주체의 와해, 무의식의 강조, 급진적인 정치적 입장 등으로 특징지을 수 있을 것이다."

1017) 박민영, 인간이 남긴 모든 생각 이즘(ISM) (파주: 청년사, 2008), 33.

스트로스의 구조주의는 서구의 근본 사고를 무의식적으로 표현한 것에 지나지 않았던 것이다.1018) 그는 서구의 로고스 중심주의는 목소리 중심주의이며 이성 중심주의 두 가지를 내포하고 있다고 말했다.

　세상의 여러 종교 중에서 불교는 무엇이라고 말하는가? 불교는 죄와의 싸움으로 가는 성화가 아니라 아(我)를 없애는 수행이다. 불교에서는 인간은 6도(지옥, 아귀, 축생, 인간, 수라, 천상)를 윤회한다고 말한다.1019) 이 끝없는 윤회에서 벗어나려면

1018) http://blog.naver.com/1019milk/80155317524, 서동욱, 「해체주의: 자크 데리다는 누구인가?」, 〈야생의 부족이 순수하다는 레비스트로스의 사고방식은 사실 서구인들이 이전에 몰랐던 종류의 사고가 아닙니다. 가령 우리는 아무것도 알지 못하는 어린 아이들을 바라보면서 순수하다고 이야기하는데, 이 경우에도 역시 위의 사고가 적용되고 있다고 할 수 있습니다. 그리고 바로 이런 식의 사고는 서구 의식의 밑바닥에 오래 전부터 존재하고 있었던 '실낙원 신화'와 연관됩니다. '실낙원 신화'란 아주 오래 전 인간은 순수한 모습을 지닌 채 낙원에서 살고 있었지만, 이후 타락하여 현재에 이르게 되었다는 내용의 믿음입니다. 레비스트로스는 이 '실낙원 신화'를 브라질 원주민들의 삶에 투영시켰고, 그것을 통해 원주민들을 서구적 사고로서 이해했던 것입니다. '실낙원 신화'의 바탕에는 다시 두 가지의 사고가 전제되어 있습니다. 그 중 하나는 '순수성의 신화'라고 불립니다. 바로 인간의 가장 원초적 모습이 순수하다는 생각입니다. 하지만 사실 이러한 믿음은, 신화'라는 단어를 통해서도 알 수 있듯이, 학문적으로 검증할 수 없습니다. 그럼에도 서구인들은 원초적인 순수성에 대해 항상 일종의 노스텔지어를 지녔고, 그 순수성을 찾아가고자 하는 열망도 있었습니다. 그리고 이 열망에서 '실낙원 신화'의 두 번째 전제가 되는 사고인 '목적론적 역사관', 다시 말해 '종말론'이 나타나게 되었습니다. 역사는 순수성으로부터의 '타락'에서 다시 '순수성'을 찾아가는 과정이라는 발상입니다. '순수성의 신화'와 '종말론'이라는 근본적 사고는, '인식론'과 '역사학'이라는 서구의 두 가지 주요 학문이 탄생하는 계기가 되었습니다. 먼저 순수한 의미, 순수한 삶이 무엇인가에 대해 찾고자 하는 노력은 '인식론'을 낳았습니다. 플라톤의 경우만 보더라도 그는 개념의 '진실한 의미', '참된 의미'를 찾길 원하였고, 이들 단어에 대해 '정의'(definition)내리는 작업을 통해 성취하려고 하였습니다. 그가 주장한 '이데아'(Idea) 역시, 타락한 의미가 섞여 있지 않은, 완전히 순수한 의미를 찾는 과정에서 이루어진 철학적 발상이었습니다. 이러한 작업이 후에까지 이어져 학문에서는 '인식론'으로 표현된 것입니다. '역사학' 또한 이와 비슷합니다. 인간의 삶을 '타락'에서 '순수'를 찾아나가려는 과정으로 이해하면서, 서구는 역사의 개념을 발전시켜 나갔습니다. 데리다가 보기에 레비스트로스의 구조주의는 서구의 근본 사고를 무의식적으로 표현한 것에 지나지 않았습니다.〉

1019) http://blog.daum.net/m-deresa/12385805/ (Dec. 30. 2009) 불교철학에서 가장 전통적이고 중요한 철학적 물음은 무아설과 윤회설 사이의 관계설정에 대한 것이다. 가장 일반적인 논쟁의 형태는 무아설과 윤회설이 상호 모순적이라는 주장과 양립 가능하다는 주장 사이에서 제기된다. 그러나 이 논쟁은 불교에서의 무아설과 윤회설이 기존의 그것과 어떤 차이를 갖고 있는가에 대한 해석상의 문제와 연관되어 있다. 어떤 이들은 무아설을 주장하고 있지만, 그 주장 내용을 살펴보면 특정한 형태의 자아존재를 전제하기도 하고, 혹자는 윤회설을 주장하면서도 윤회의 주체를 부정하는 경우가 있다. 따라서 불교에서의 무아-윤회 논쟁은 무아설과 윤회설에 대한 개념 해석상의 차이에 따라서 매우 다양한 형태로 전개되어 왔던 것이다. 석가의 어떤 가르침에 충실하자면 무아설은 절대적일 수 있다. 그러나 석가의 다른 가르침으로 보면 무아설이나 유아설 그 어느 것도 모두 미혹한 중생을 구제하기 위한 방편으로 사용되었기 때문에 그 어떤 것에도 집착할 필요가 없다. 이렇게 되면 무아설이 불교의 고유한 입장이라고 주장할 수조차 없게 된다. 불교에서의 구원 또는 해탈의 주체 설정과 관련하여 어떤 사람들은 세속적 실천적 차원에서는 유아설을 인정하면서도 무아설이 진정한 진리라고 주장하였다. 따라서 이 경우의 현상적 자아나 그 부분들은 참된 자아가 아니라는 점에서 비아설(非我說)이 정당화되기도 하였다. 이와 같은 사실에서 나카무라 하지메는 무아설의 기본적으로 불변하는 실체적 원리의 부정에 있다는 사실을 인정하면서도 실천적 차원에서의 진아를 부정할 수 없다고 보았다. 그는 무아설을 말하면서도 아트만이 단적으로 존재하지 않는다고 말하는 것을 주저하였던 것이다. 바로 여기에 불교철학의 아포리아가 은폐되어 있는 것이다. 무아설이 구체적으로

열반(nirvana)에 이르러야 한다고 하고 있다. 열, 곧 불꽃이 꺼진 것이 열반이다. 『잡아함경』(雜阿含經)에는 "탐욕과 성냄과 어리석음과 일체번뇌가 영원히 없어져야 열반이다."고 말한다. 혹 이를 오해하여 무아(無我)를 내가 없다고 생각하고, '내가 없는데 어떻게 윤회를 하느냐 윤회는 잘못된 것이다'라고 생각하는 사람들이 있다. 그러나 무아(無我)라는 말은 내가 없다는 것이 아니라 "고정된 실체로서의 나"라는 것이 없다는 뜻이다. 그러나 인간의 무의식 깊은 곳에는 "고정된 실체로서의 나라는 것이 있다"는 생각이 자리하고 있는데, 그것을 자성(自性) 혹은 자상(自相)이라 한다.[1020] 불교에서는 이 아상(我相, 나라는 의식적 무의식적인 생각)이 있는 한 윤회는 계속 이루어진다고 말한다. 나라는 생각을 잡고 있는 한 나는 없어지지 않기 때문이다. 이 없어지지 않는 나(불변의 고정된 자아가 아님)가 업을 짓고 업을 받고 하는 것이 윤회다.[1021] 그러나 나라는 것이 없어지는 그 윤회는 도대체 언제란 말인가? 집착을 없애기 위해 아무리 애를 써도 그 집착을 없애기 위한 집착이 사라지지 않기 때문에 윤회는 결국 사람을 절망케 할 뿐이다.

인문학을 부르짖는 사람들은 무엇이라고 말할까? 단독성으로 가기 위해서 해묵은 지배욕을 극복해야 한다고 말한다. 그런 지배욕을 이겨내야 자기와 모든 사람들이 다 자유롭게 된다고 말한다. 그래서 강신주 교수는 김수영을 말하면서 "금방이라도 비나 눈을 내릴 듯한, 땅에 낮게 드리워진 먹구름이 그가 그린 구름의 이미지에 가깝다"고 말한다. 지배욕은 거부하되 공존을 열망하고 관철시키라는 것은 오로지 의지의 발현이다.

그렇게 의지를 발현하기 위한 근본적인 원라는 무엇인가? "존재하는 모든 인간과 사물은 다른 무엇과도 바꿀 수 없는 절대적인 것으로" 여기는 것이다. 결국 절대적인 신을 버린다고 하면서도 절대적인 신은 인간 자신이 되어 버린 것이다. 절대성으로 가면서 지배욕이 없다는 것은 어린 애들 소꿉장난보다 못한 것이다. 절대성이란 지배체계를 갖지 않고는 생겨날 수가 없다.

그런데 조금이라도 생각해 보면 이런 질문이 생긴다. '그렇게 낮게 드리워진 먹

무엇을 의미하는가에 대한 약속이 이루어지지 않는 한에서 이 문제는 해결될 수 없는 상태에 머물러 있게 될 것이다.
1020) 위키백과에서, http://ko.wikipedia.org/wiki/자성_(불교)/ 자성(自性) 또는 자상(自相)에 대하여, 공상(共相, 산스크리트어: sāmānya lakṣaṇa, 영어: common nature)은 여러 가지 법(法: 개별 존재)에서 공통으로 존재하는 특성이다. 예를 들어, 가을의 산이 빨갛고 불이 빨갛고 옷이 빨갛다고 할 때의 공통의 빨강을 가리켜 공상(共相)이라고 하고, 파랑 혹은 노랑 등과 구별되는 빨강 그 자체를 가리켜 자상(自相)이라고 한다.
1021) http://www.cbc108.co.kr/wmv_view.asp?idx=874/ 토요법문(불교의 본질), 2010/3/ 6/.

구름이라는 것이 그 자체로 존재할 수 있는가?' 사시사철 변화무쌍한 것이 날씨이고 아무리 첨단의 수퍼 컴퓨터가 동원되어도 제대로 예측 못하는 것이 기상(氣象)이다. 너무나도 변수가 많기 때문이다. '낮게 드리워진 먹구름'도 그 변수로 인해 영향을 받는다.

대개 구름이란 인생의 덧없음을 빗대어 하는 말이다. 그렇게 살고 싶은데 인생이 그렇게 안 되더라는 것이다. 그러니 저 구름처럼 흘러가고 싶은 것이다. 김수영도 강신주도 자신들의 삶을 구름에 빗대어 말하는 것을 보면 인생의 덧없음을 알지만 대책이 없다는 것이 얼마나 괴로운지 잘 나타내고 있다.

먼저 성화 교리를 훼손하는 3가지 주의(-ism)는 다음과 같다.[1022]

1) 율법주의(legalism): 구원을 받기 위해 율법을 지켜야 한다는 주장이다.

2) 반율법주의(antinomianism): 은혜로 구원을 받았기 때문에 도덕적 의무나 원리들로부터 자유롭다는 주장이다.[1023] 구약의 도덕법이 규정하는 의무를 부인하는 것이 반율법주의이다. 바리새인들은 율법에 철저하게 순종을 하는 것처럼 보였지만 사실은 반율법주의자들이다. 왜냐하면 그들은 자신들을 거룩하게 하기 위하여 율법대로 살아간 것이 아니라 율법을 뜯어 고쳐 자기들만의 전통을 만들었기 때문이다. 그들은 구약의 단물만 빼먹은 반율법주의자들이다. 아이러니하게도, 반율법주의자들이 제일 싫어하는 말은 반율법주의자들이다. 역사적으로 반율법주의 논쟁은 16세기 종교개혁 당시에 일어났다. 구약에 계시된 율법이 은혜로 구원받은 신약의 성도들을 주장할 권리가 있는가? 하는 것이었다.[1024]

1022) R. C. 스프로울, 웨스트민스터신앙고백해설, 이상웅·김찬영 역 (서울: 부흥과개혁사, 2011), 262-265. 성"화 교리에는 두 가지 이단 세트가 있다. 하나는 율법주의와 반율법주의이고, 다른 하나는 정적주의와 활동주의다. 활동주의는 율법주의를 그대로 답습하는 것인데, 중생한 이후에 신자는 의로운 행동을 실천하는 능력을 자기 안에 자체적으로 가지고 있다는 것이다. 더 의롭게 되기 위해서 결심하고 능동적이 되어서 단지 옳은 일을 행하면 된다고 말한다. 성령님의 추가적이고 계속적인 도움 없이 오로지 자신의 힘과 노력으로 성화를 이룰 수가 있다는 주장이다. 정적주의는 활동주의의 정반대다. 언제나 경건한 분위기를 나타내며 더 깊은 그리스도인의 삶을 말하면서, '내려놓고 하나님이 행하시게 하라'고 주장한다. 모든 정적주의는 중생의 순간에는 신인협력설이고 성화는 하나님의 단독사역이라고 말하면서 성경의 원리를 완전히 뒤집어서 말한다. 이들은 자신의 경건을 스스로 속이고 있거나 하나님의 율법의 요구를 낮춘다."

1023) http://kas815.blog.me/70070644328 세대주의, 반율법주의를 조장하다. 로버트 L. 레이먼드 박사. 세대주의가 "참되고 건전한 영성(찰스 라이리)를 주장하지만, 이는 사실상 하나님께서 율법을 의의 표준으로 정하셨다는 것을 부인하는 것이며 반율법주의(antinomianism)에 빠지게 만든다. (십계명을 포함하여) 율법은 또 다른 세대에 유대인들에게만 적용된 것으로 간주하는 것이다. 세대주의자들은 "이방인들은 율법을 받지 않았으며 그리스도인에게 이 율법은 폐기되었다(찰스 라이리)"는 이유로 십계명을 거부한다. 그렇지만 신약성경은 모든 인간이 "율법 아래 있으며 모든 입을 막고 모든 세상으로 하나님의 심판 아래 있게 하려 한다"고 가르친다. (로마서 3:19)

1024) R. C. 스프로울, 웨스트민스터신앙고백해설, 이상웅·김찬영 역, 부흥과개혁사, 2011, p. 154.

반율법주의를 조장하는 현대적인 주장은 「상황윤리」다. 이 말은 마국 성공회 신부 조셉 플레쳐가 쓴 『상황윤리』에서 나온 말이다. 플레쳐는 율법을 사랑이라는 단 하나의 계명으로 축소했다.[1025] 특별한 상황 속에서 사랑이 요구하는 것을 행하면 된다는 것이다. 그 특별한 상황을 죠셉 플레쳐는 회색(灰色)의 영역(The Gray Area)이라 표현했다.[1026] 결국 상황윤리는 사랑으로 죄를 정당화 한다.

3) 갈라디아주의(galatianism): 은혜로 구원을 얻었으나 구원을 지켜내기 위해서는 율법을 지켜야 한다는 주장이다.

성경은 성화에 대하여 무엇이라고 말할까?
1) 성화는 하나님께서 값없이 베푸신 은혜의 사역인데
성화는 우리의 결단과 선택이 아니라 하나님의 은혜로 이루어진다.[1027] 그래서 성화의 주체는 하나님이시며 성화는 하나님의 사역이다. 그러므로 성화는 하나님

[1025] 죠셉 플레쳐의 상황윤리 6가지 원칙들. 1. 사랑만이 언제나 선한 것이다 2. 사랑만이 유일한 규범이다 3. 사랑과 정의는 같은 것이다 4. 사랑하는 것은 좋아하는 것과 다르다. 5. 사랑은 모든 수단을 정당화시킨다 6. 사랑은 구체적인 결단을 내린다

[1026] http://blog.naver.com/panem/70091737139 죠셉플레쳐의 책에 나오는 「회색의 영역」 1) 18세기 서부 개척시대에 개척자들이 동부에서 서부까지 가는 사이에 인디언의 습격으로 죽는 경우가 많았다. 스코트랜드 출신의 여자는 젖먹이가 하도 크게 울어서 인디언들에게 노출되어 그와 세자식과 같이 했던 모든 사람들이 다 죽었다. 그런데 비슷한 상황에 처했던 다른 서부개척팀의 한 흑인여자는 자기 어린애를 제 손으로 죽여서 모두가 무사히 안전지에 도착할 수 있었다... 2) 남극을 탐험하던 탐험대에서 예기치 않게 사고가 발생하여 한 대원이 중상을 입었다. 그들은 이 중상을 입은 환자를 운반할 수 없는 처지였다. 그 자리에 머물던 그들은 모두 죽고 말았다..... 3) 베르크마이어 부인은 2차 대전 말 소련군이 설치한 포로수용소에 수용되었던 독일여성이었다. 그 여자의 남편은 웨일즈에서 전쟁포로가 되었고, 여자의 남은 가족들은 독일에 있었다. 어떻게 해야 이 수용소를 빠져나와 남편 및 가족들과 재회할 수 있을까? 그 여자는 이 곤경에서 벗어날 수 있는 비상책을 하나 발견했다. 그 여자는 소련군이 수용소 안에서 임신한 여자가 생기면 책임을 져야 할 두통거리로 간주, 예외 없이 집으로 돌려보내는 것을 발견했다. 그래서 그 여자는 한 경비원을 유혹하여 임신했고 따라서 석방되어 남편과 다시 만나 행복하게 되었다. 남편 베르크마이어는 매우 이해심이 많았고 아기가 태어났을 때 모든 가족들은 기쁨으로 아기를 맞았다. 4) 45세의 짐을 만났다. 주치의의 부탁이었다. 내 병을 치유하자면 약값이 몇 십만 불이 들어갈거야. 그렇다면 이제 나는 자녀들에게 남겨줄 것이 전혀 없어. 회사에 적립된 그 돈이 유일한 내 재산인데 계속 치료하자면 집도 날리고 그 돈도 다 날릴거야... 난 약을 복용하지 않겠소. 당신 같으면 어떻게 하겠소? (우리는 더 이상 말을 하지 못하고 조용히 있었다....)

[1027] 하이델베르크 교리문답 제86문: 우리가 우리 자신의 어떤 공로도 없이 그리스도를 통하여 오직 하나님의 은혜로 우리의 비참에서 구원받았다면, 우리는 왜 여전히 선을 행해야 합니까? 답: 그리스도 때문입니다. 그리스도께서 당신의 피로 우리를 구속하시고, 당신의 성령으로 우리가 새롭게 되어 하나님의 형상이 되도록 하셨음으로, 우리는 우리의 전 생애에서, 당신의 은혜에 대해 하나님께 감사를 드리고, 우리를 통하여 하나님께서 찬양받으시게 하고, 또한, 믿음의 열매를 통하여 우리의 믿음을 증거하고, 우리의 경건한 생활을 통하여 우리의 이웃이 그리스도께로 돌아오도록 해야 합니다. 제87문: 감사하지도 않고, 회개하지도 않는 삶을 살아가는 상태에 있으면서도 하나님께로 돌이키지 않는 사람도 구원받을 수 있습니까? 답: 결코 구원받을 수 없습니다. 성경에서는 행실이 나쁜 사람, 우상숭배자, 간음하는 자, 도둑, 탐욕스러운 사람, 술주정뱅이, 중상하는 사람, 강도 등과 같은 사람들은 하나님의 나라를 상속받을 수 없다고 했습니다.

께서 값없이 베푸시는 은혜다.1028) 성령께서는 이 성화에 구원받은 성도를 참여케 하신다. 구원의 주체는 오직 하나님이시다. 구원에 있어서 우리가 개입한 것은 아무것도 없다. 그러나 성화는 다르다. 우리를 자동적으로 거룩하게 만들지 않는다. 이것은 언약의 의무와 책임을 다하는 것인데, 그것은 강요가 아니라 구원의 기쁨으로 인한 즐거운 순종이다. 칭의는 전적으로 성령님의 직접적이고 주권적인 사역이며 죄인은 전적으로 수동적이지만, 성화는 성령님과 협력적 과업이다.

거기에는 '성화에 도달하는 7단계'와 같은 전략을 말하지 않는다. 그런 설명들은 하나님을 인과율로 조작하거나 우리의 열심으로 하나님의 신성에 도달하려는 신비주의 영성에 오염된 것들이다.

성화의 문제에 관한 가장 인기 있는 두 가지 이론이 있다.1029) 첫 번째는 '완전주의자'(perfectionist)이다. 완전주의라는 말 그대로 체험을 추구한 결과로 죄가 전적으로 우리에게서 혹은 우리의 본성에서 완전히 제거될 수 있다고 말한다. 만일 성령의 세례를 받는다면 죄가 완전히 제거되고 우리에게서 완전히 죄가 떠난다고 말한다. 죄로부터의 완전한 해방, 체험, 이것이 핵심이다. 이들은 로마서 7장과 8장을 대조하면서 성도는 7장의 상태에서 8장의 상태로 변화된 사람이라고 본다. 8장으로 넘어온 성도는 '제2의 체험', '성령의 세례', '죄의 완전한 제거'가 이루어진다고 본다. 완전주의자들은 종말에 완성될 것을 지금 손에 넣으려고 하는 너무 성급한 사람들이라고 할 수 있다.

1875년에 영국에서 시작된 케직(Keswick) 사경회(査經會)1030)는 성령세례야말로 '성령충만'이라고 인정할 수 있는 지속적인 승리의 삶을 가져오는 것이라고 믿었다. 그들은 성령세례가 '무죄한 완전'을 가져온다는 사상을 웨슬리주의자 보다 더 선호하였다. 완전주의자들이 증거구절로 제시하는 것은 사도행전 15장 8-9절과 사도행전 26장 18절이다.

1028) 김남준, 존 오웬의 신학 (서울: 부흥과개혁사, 2009), 85. "… 신자 안에 내재하는 죄를 죽이는 일의 주인공은 성령님 자신이시며 의무에 대한 인간의 순종은 도구일 뿐이다. 인간은 타락함으로 잃어버린 하나님의 형상을 성화의 과정을 통해 회복하게 되는데 죄와의 끊임없는 싸움과 성화에의 진전은 바로 인간으로 하여금 하나님이 본래 창조하셨던 자리로 돌아가게 하고 그 인간 본연의 존재의 목적과 기능을 수행하게 한다. 그러므로 오웬의 인간론의 맥락에서 보자면 인간의 가장 중요한 소명은 하나님이 인간을 창조할 당시에 의도하셨던 인간됨을 회복하는 것이며 하나님이 원래 인간에게 위탁하셨던 소명을 따라 사는 것이다."

1029) 로이드존스, 로마스강해5, 서문 강 역, 기독교문서선교회, 2005, pp. 127-139.

1030) http://blog.daum.net/holyheaven/832 「영국 케직 사경회와 오순절 운동」 미국의 오순절운동에 지대한 영향을 주었다.

550 소교리문답

> 8 또 마음을 아시는 하나님이 우리에게와 같이 저희에게도 성령을 주어 증거하시고 9 믿음으로 저희 마음을 깨끗이 하사 저희나 우리나 분간치 아니하셨느니라(행 15:8-9)

이 말씀이 로마서에 있는 말씀과 비슷한 진술이라고 말하면서 이방인들이 믿음으로 이 복을 받았으며 그들의 마음이 믿음으로 죄가 완전히 제거되었다고 주장한다.

> 그 눈을 뜨게 하여 어두움에서 빛으로, 사단의 권세에서 하나님께로 돌아가게 하고 죄사함과 나를 믿어 거룩케 된 무리 가운데서 기업을 얻게 하리라 하더이다(행 26:18)

바울의 임무는 주를 믿어 거룩하게 되는 것이라 말하면서 죄가 완전히 제거되었다고 주장한다. 그러나 사도행전 15장은 이방인들 중에 어떤 사람들이 예수 그리스도를 믿어 성도가 되었다고 말하고 있으며, 사도행전 26장의 "거룩케 된"이라는 말씀은 구별되었다는 뜻이다. 정말 중요한 것은 이 성경 본문들이 성화를 말하는 것이 아니라 이방인들이 그리스도인이 될 수 있느냐 없느냐?의 문제를 말하고 있다는 사실이다. 성화가 아니라 칭의를 말하고 있다! "기업을 얻게"하는 자격을 부여하는 것은 성화가 아니라 칭의다.

두 번째 관점은 '반작용의 원리'라는 것인데, 이것은 전적으로 완전주의자의 관점을 배격한다. 이 원리를 쫓는 사람들이 즐기는 말은 '내려놓음', '내어맡김', '포기', '항복'이다. 그리스도인이 자신의 무능함을 고백하고 싸움을 포기하고 내려놓고 주님께 맡기라고 말한다. 그렇게 할 때 즉각적으로 구원과 해방을 받는다고 말한다. 이들은 하나님의 음성 듣기를 즐겨하며 신비주의 영성을 추구하며 스스로 깊은 자리에 이른 사람이라고 생각한다. 이 관점에 대표적인 사람이 '워치만 니'(1903-1972)이다.

그런데 완전주의와 반작용의 원리를 추구하는 사람들은 사실상 한 통속이라고 할 수 있다. 워치만 니는 영국의 케직 사경화를 통해 유명해진 인물이다. 그러나 과연 성경이 그렇게 말할까?

> 12 그러므로 형제들아 우리가 빚진 자로되 육신에게 져서 육신대로 살 것이 아니니라 13 너희가 육신대로 살면 반드시 죽을 것이로되 영으로써 몸의 행실을 죽이면 살리니(롬 8:12-13)

이 말씀에는 '내려놓음', '포기' 이런 것이 없다. 사도는 정반대로 말하고 있다.

영으로써 몸의 행실을 죽이라고 말하고 있다. 죽이라는 동사는 현재시제이다. 그것은 계속해서 반복적으로 죽이라는 말이다. 여기에서 사도는 즉각적이고 극적인 것을 말하지 않고 늘 해야 한다고 말하고 있다. 그 싸움을 하나님께 맡기거나 남에게 미루는 것이 아니라 우리 자신이 해야 한다고 말한다.[1031] 이 싸움을 늘 해 갈 수 있는 비결은 어디에 있는가? 그것은 그리스도 안에서 참되고 영원한 의미와 통일성을 제공 받는 것이다.

> 무릇 하나님의 영으로 인도함을 받는 그들은 곧 하나님의 아들이라(롬 8:14)

성령 하나님의 인도함을 받고, 하나님의 아들 된 신분이 주는 의미와 통일성이 얼마나 위대한 것인지 아는 자는 이 싸움을 끝까지 해 갈 수 있다. 칭의와 성화는 예수 그리스도의 인격 안에서 영원히 연합되어져 있다. '성화 없는 칭의'나 '칭의 없는 성화'는 있을 수가 없다. 참된 칭의는 참된 성화를 동반한다. 성화의 정도에 따라 칭의가 결정되지 않는다. 칭의는 우리의 거룩함으로 주어진 것이 아니라 우리 밖에서 오직 하나님의 은혜로 주어진 것이다. 그것은 십자가에 피 흘려 죽음으로써 율법의 요구를 완성하신 예수 그리스도의 의로 말미암아 영 단번에 주어진 하나님의 은혜로운 법적 선언이다.

성화는 이 영원한 의에 기초하여 성령 하나님께서 그리스도의 형상을 닮아가도록 성도들에게 역사하신다. 올바른 칭의론에 기초하면 성도의 삶에는 복음의 능력이 나타나게 된다.[1032] 성화를 배제한 칭의는 없다. 그리스도로부터 생명력을 공급받는다는 것은 칭의와 성화 모두를 누리는 것이다. 칼빈은 칭의와 성화의 관계를

1031) 하이델베르크 교리문답 제88문: 한 사람이 참다운 회개 혹은 회심을 한다는 것은 무엇을 말합니까? 답: 그것은 옛 본성을 죽이고, 새로운 본성을 살리는 것입니다.
제89문: 옛 본성을 죽인다는 것은 무엇을 말합니까? 답: 그것은 하나님을 진노하게 만든 우리 죄를 진심으로 슬퍼하고 탄식하며, 더욱더 그런 죄를 미워하고 피하는 것을 말합니다.
제90문: 새로운 본성을 살린다는 것을 무엇을 말합니까? 답: 그것은 그리스도를 통하여 하나님 안에서 진정으로 기뻐하며, 사랑과 기쁨으로 모든 선을 행함으로 하나님의 뜻에 따라 살아가는 것을 말합니다.
제91문: 그러면 선행이란 무엇입니까? 답: 그것은 오직 참된 믿음과, 하나님의 영광을 위하여 하나님의 율법에 따라 행하는 것이며, 우리 자신의 견해나 인간이 만든 규정에 따라 행하는 것이 아닙니다.
1032) 강웅산, 칼빈의 칭의론과 한국교회, 개혁신학회 2009년 봄학술세미나; "종교개혁의 큰 틀에서 보면, 루터나 칼빈이나 이신칭의를 말했다. 그러나 칼빈의 칭의개념은 루터의 칭의개념이 보이고 있는 취약점을 보완하고 있다. 다시 말해, 루터에게서의 취약점은 바로 오늘날의 현실적 문제로 지적되고 있는 성화가 약해되는 반율주의적(antinomian) 삶을 낳는 데 반해, 칼빈의 칭의론은 구조적으로 그런 문제를 배제하고 있다는 것이다. 그것을 가능케 하는 이론적 근거는 칼빈은 그리스도와의 연합이라는 틀 안에서 칭의론을, 크게는 구원론 전체를, 설명하고 있기 때문이다."

그리스도 안에서 누리는 이중 은혜라 했다.

칭의는 우리의 신분을 획기적으로 변화시킨 것이다.[1033] 우리는 이제 더 이상 죄의 종노릇 하지 않으며 사탄의 지배 아래 있지 않다. 이제는 하나님의 은혜의 지배 아래 살아가는 하나님의 백성이다. 이 신분의 변화가 성화를 낳는 바탕이다. 세상은 그것을 못 만들어 내기 때문에 신성한 내면아이로 간다. 성화는 상태의 변화, 수준의 변화를 말하는 것으로 그것은 주님 오실 때까지 점진적으로 변화해 가는 것이다. 어떻게 인간이 변화되는가? 하나님의 은혜로 구원받고 그 언약 속에서 영원한 의미와 통일성을 제공받기 때문이다.

2) 그것으로 우리가 하나님의 형상대로 전인이 새롭게 되며

성도는 하나님의 자녀로 거듭난 자들이다.

> 주의 사랑하시는 형제들아 우리가 항상 너희를 위하여 마땅히 하나님께 감사할 것은 하나님이 처음부터 너희를 택하사 성령의 거룩하게 하심과 진리를 믿음으로 구원을 얻게 하심이니(살후 2:13)

무엇을 "마땅히 하나님께 감사"해야 하는가? 그것은 구원하심에 감사하는 것인데, 처음부터 선택하셨기 때문이다. 그 원어적 의미는 창세 전에, 영원 전부터 택하셨다는 뜻이다. 또한 "성령의 거룩하게 하심"에 감사해야 한다. 이 거룩은 언약적 구별로 일어난 새로운 신분으로서의 거룩이며, 그 신분답게 만들어 가시는 성령 하나님의 현재적 역사다. 하나님의 자녀는 하나님의 백성답게 만들어 가시기 때문이다. 진리를 믿어 구원하셨기 때문이다.

그러므로 성령 하나님의 역사로 우리의 믿음은 강해져야 한다. 믿음이 자라가고 강해져 그리스도의 형상을 닮는 것이 성화다. 그러나 오늘날 초영성주의 시대에는 신성화로 가는 것이 대세가 되었다.

> 23 오직 심령으로 새롭게 되어 24 하나님을 따라 의와 진리의 거룩함으로 지으심을 받은 새 사람을 입으라(엡 4:23-24)

1033) 월터 마샬, 성화의 신비, 장호준 역 (서울: 복있는 사람, 2010), 67; "이 신비에 대해 오해하지 말기를 바란다. 그리스도와의 연합을 통해 그리스도와 한 인격이 되는 것이 아니다. 성부와 성자가 연합한다고 해서 한 위격이 되지 않는 것과 같은 이치다. 이 연합으로 우리가 하나님이 되는 것은 아니다. 우리는 하나님의 성전일 뿐이다. 더 위대한 의미에서 그리스도께서 하나님의 성전인 것과 같다. 더욱이 우리는 이 땅에서 결코 완전한 거룩에 이를 수 없다. 천국에서야 비로소 완전해진다! 이 땅에서는 그리스도가 우리 안에 사심으로 거룩해져 가는 것이다."

옛사람은 이미 십자가에 못박혀 죽었다. 이것은 신분의 차원을 말한다. 그런데 왜 옛사람을 벗어버리라고 말하는가? 여기서 말하는 옛사람은 예수 믿기 이전의 죄인 된 모습을 말한다. 이것은 수준의 차원을 말한다. 종교적인 삶이 성화를 증명하지 않는다. 성화는 한 순간에 일어나고 끝나는 것이 아니라 이 세상을 떠날 때까지 계속되어지는 일이다.[1034]

> 또한 하나님께서는 성화(聖化)의 사역을 통해 우리의 죄를 씻으시고 거룩하게 하신다. 성화의 사역은 우리의 본성에서 죄가 모두 사라질 때까지 결코 중단되지 않는다. 그리스도의 인성(人性)을 거룩하고 흠이 없게 하신 성령께서 우리를 점차 정화시켜 거룩하신 주님을 본받게 하신다. 성령께서는 은혜를 베푼 모든 신자의 생각과 감정을 새롭게 하셔서 거룩한 본성을 지니게 하신다. 그분은 우리의 본성에 내재하는 죄를 남김없이 씻어내기 위해 항상 일하신다.[1035]

구원받은 성도라 할지라도 이생의 삶을 사는 동안에는 완전히 죄로부터 자유로울 수 없다. 그렇다면 왜 우리는 군이 거룩과 경건의 싸움을 해야 할 필요가 있는가? 그것은 우리가 예수 그리스도와 연합된 자들이기 때문이다. 성경은 다음과 같이 말한다.

> 3 무릇 그리스도 예수와 합하여 침례를 받은 우리는 그의 죽으심과 합하여 침례를 받은 줄을 알지 못하느냐 4 그러므로 우리가 그의 죽으심과 합하여 침례를 받음으로 그와 함께 장사되었나니 이는 아버지의 영광으로 말미암아 그리스도를 죽은 자 가운데서 살리심과 같이 우리로 또한 새 생명 가운데서 행하게 하려 함이라 5 만일 우리가 그의 죽으심과 같은 모양으로 연합한 자가 되었으면 또한 그의 부활과 같은 모양으로 연합한 자도 되리라 6 우리가 알거니와 우리의 옛 사람이 예수와 함께 십자가에 못 박힌 것은 죄의 몸이 죽어 다시는 우리가 죄에게 종노릇 하지 아니하려 함이니 7 이는 죽은 자가 죄에서 벗어나 의롭다 하심을 얻었음이라 8 만일 우리가 그리스도와 함께 죽었으면 또한 그와 함께 살 줄을 믿노니 9 이는 그리스도께서 죽은 자 가운데서 살아나셨매 다시 죽지 아니하시고 사망이 다시 그를 주장하지 못할 줄을 앎이로라 10 그가 죽으심은 죄에 대하여 단번에 죽

1034) 싱클레어 퍼거슨, 오직 그리스도 안에서, 신호섭 역, (서울: 지평서원, 2012), 186-189; "그리스도의 내주하심에서 오는 차이점-그리스도께서 우리 안에 거하시는 것이 우리의 삶에 어떤 차이점을 만들어 내는가? 몇 가지를 살펴보자. 첫 번째로, 신약성경에 따르면 그리스도께서 우리 안에 거하기 위해 오셨다는 것은 우리 삶의 근본적인 방향이 바뀐다는 의미이다. 두 번째로, 그리스도께서 각 사람 안에 거하실 때, 그 사람의 삶은 사실 영적 전쟁터가 된다. 세 번째로, 모든 동료 그리스도인들을 향한 우리의 자세와 반응이 달라진다. 그들도 우리 안에 거하는 성령이 동일하게 내주하시는 '그리스도인'이라는 생각이 지배하기 때문이다. 네 번째로, 우리를 그리스도와 연합시키기 위해 그리스도께서 성령으로 말미암아 우리 안에 거하실 때 우리의 몸은 주님의 것이 된다(고전 5:12-17 참고). 우리의 눈과 우리가 보는 것, 우리의 입술과 우리가 말하는 것, 우리의 손과 우리가 만지는 것, 우리의 발과 우리가 행하는 것이 모두 다 주님의 것이다. 그렇다면 당신은 과연 주님께서 당신의 몸을 구속했고 이제 당신을 거룩하게 하기를 원하시므로 당신의 몸을 주님께 드리며 살아야 한다는 것을 항상 의식하고 있는가?"
1035) 리처드 십스, 내가 어찌 너를 버리겠느냐, 조계광 역, 규장, 2008, p. 69.

으심이요 그가 살아 계심은 하나님께 대하여 살아 계심이니 11 이와 같이 너희도 너희 자신을 죄에 대하여는 죽은 자요 그리스도 예수 안에서 하나님께 대하여는 살아 있는 자로 여길지어다(롬 6:3-11)

성도가 그리스도와 연합되었다는 것은 예수 그리스도의 의를 덧입었다는 것이며 그것은 필연적으로 언약에 순종하는 행위로 이어지게 된다. 주님의 의를 덧입는 순간에 성도들은 하나님으로부터 주어지는 새로운 성향을 가지게 된다. 그 성향이란, 하나님을 사랑하고 이웃을 사랑하는 것이다. 그 성향은 하나님께서 거룩하시듯이, 그의 새언약 안에 들어오게 하신 자들을 거룩하게 만들어 가신다. 그렇다고 그것이 자동적으로(automatical) 거룩해진다는 뜻은 아니다. 성도는 그렇게 성화되어 가고 있으며 그의 영원한 나라에서 영화롭게 된다.

3) 죄에 대해서는 더욱 더 죽고 의에 대해서는 살 수 있게 됩니다

이것은 죄를 점차로 죽여 가는 죽임(mortification)[1036]과 의를 향하여 살아가는 살림(vivification)으로 말한다.[1037] 성도는 즉시 의롭게 된 사람이다. 그러나 즉시 성화되지 않는다. 거듭난 성도라도 우리의 몸에 죄의 세력에 오염된 채로 남아 있다.

기독교 신앙은 이론이 아니다. 철학적 관념의 세계도 아니다. 기독교 신앙은 구원 얻어 천국 가는 것만이 아니라 현실을 살아가는 실제적인 삶의 원리이다. 현실의 세계는 그리스도인들의 믿음이 흔들릴 수가 있다.

조나단 에드워즈가 『의지의 자유』에서 말하듯이 의지의 자유는 없다. 다시 말해서 의지, 곧 스스로의 자유-자결적 의지의 자유는 없다. 의지는 본성에 속해 있기 때문이다. 따라서 본성에 따라 의지는 선택을 한다. 그러니 자유의 소속은 의지가 아니라, 인간이다. 인간의 본성에 의지가 속해 있으나, 의지는 그 본성 안에서 자유롭게 선택하는 것이다. 인간의 본성은 자유롭게 어떤 것을 의지적으로 선택할 수 있다. 인간은 본성의 성향에 따라서 선택할 수 있고 자유롭기 위해서는 우리 자신의 가장 강한 성향을 따라 선택해야 한다. 이것이 자유의 본질이다. 그러나 유감스럽게도 본성이 타락했기 때문에 자유롭게 하나님의 뜻을 선택할 수 없다. 자연적 능력은 있으나 도덕적으로 무능력한 처지에 있는 것이 인간이다.[1038]

1036) 이와 같이 너희도 너희 자신을 죄에 대하여는 죽은 자요 그리스도 예수 안에서 하나님을 대하여는 산 자로 여길지어다(롬 6:11)

1037) 또한 너희 지체를 불의의 병기로 죄에게 드리지 말고 오직 너희 자신을 죽은 자 가운데서 다시 산 자같이 하나님께 드리며 너의 지체를 의의 병기로 하나님께 드리라(롬 6:13)

왜 이런 말들이 필요할까? 성도들이 거듭나기 이전에는 죄악 된 본성을 따라 살았기 때문에 죄악 된 삶을 따라 살아갈 수밖에 없었다. 그러나 이제는 본성이 바뀌었다. 옛 본성(옛 사람)이 개선된 것이 아니라 새 본성(새 사람)으로 새롭게 창조되었다. 이제는 그 새로운 본성을 따라 살아가는 새로운 존재가 되었다. 이것이 성도의 상태이다. 여기에는 분열이 없다.

그러나, 우리의 영은 하나님을 기쁘시게 하는 삶을 살려고 하지만, 우리의 몸은 여전히 죄가 잔재하고 있기 때문에 죄 된 욕망이 있다. 그 싸움을 해 가는 것이 성화이다.1039) 본성이 변화되지 않으면 죄와의 싸움은 없다. 본성이 새롭게 변화되었기 때문에 그 본성이 의와 거룩을 추구하기 때문에 그리스도인은 자유를 누리며 살아가게 된다. 성경은 이렇게 명령한다.

> 12 그러므로 너희는 죄로 너희 죽을 몸에 왕노릇 하지 못하게 하여 몸의 사욕을 순종치 말고 13 또한 너희 지체를 불의의 병기로 죄에게 드리지 말고 오직 너희 자신을 죽은 자 가운데서 다시 산 자같이 하나님께 드리며 너의 지체를 의의 병기로 하나님께 드리라(롬 6:12-13)

이렇게 하나님께 의의 병기로 드리기 위해서는 하나님의 은혜의 수단인 하나님의 말씀에 의지해야 한다. 그리스도인은 의지의 싸움을 한다. 의지는 중립적이지 않다. 하나님의 말씀으로 새본성의 의지대로 살아갈 것인가? 육체의 소욕에 이끌리는 옛본성의 의지대로 살아갈 것인가?의 싸움을 한다. 어거스틴의 말대로 하자면, 이제 한 마리의 말에 두 기수가 생겼다.

1038) 양낙홍, 조나단 에드워즈 생애와 사상 (서울: 부흥과 개혁사, 2003), 685-692; "알미니안주의자들은, 인간에게 회개하고 하나님께 돌아갈 능력이 없다면, 죄에 머무는 것에 대해 하나님께서 처벌할 수 없다고 했다. 즉, 인간이 할 수 없는 것을 하나님께서 요구하실 수 없다고 주장했다. 따라서 인간에게는 의지의 자유가 있다고 주장한다. 그의 의지로서 회개하고 하나님께 돌아갈 수 있다는 말이다. 알미니안주의자들이 주장하는 의지의 자유는 '자결적 의지의 자유'와 '우연성'이라는 핵심적인 개념이 내포되어 있다. 즉, 의지는 스스로 자유롭게 선택할 능력이 있으며, 인간의 존재는 필연적으로 결정된 것이 아니라, 어떻게 선택하느냐에 따라, 좀 더 포괄적으로 말하면 우연적으로 변할 수 있다는 것이다. 이에 대해 에드워즈는 자결적 의지의 자유는 모순된다고 한다. 의지는 본성에 따라 움직이기 때문이다. 본성이 원하는 대로 의지가 발현된다. 따라서 본성이 자유로우면 의지는 그 자유가운데서 본성의 뜻에 순종한다. 인간의 본성이 하나님처럼 도덕적 행위자로서 행할 수 있다면, 인간의 본성에서 자유롭게 발현되는 의지는 그에 순종해서 도덕적 행위를 할 수 있다. 따라서 의지에 자유가 있는 것이 아니라, 본성에 자유가 있는 것이다. 그러나, 앞서 언급했듯이 인간의 본성은 타락했기에 타락한 상태를 의지적으로 선택할 수 있다. 그러므로 하나님과 같은 도덕적 행위로서의 본성은 인간에게 존재하지 않는다."
1039) 월터 마샬, 성화의 신비, 장호준 역 (서울: 복있는 사람, 2010), 187. "구원의 한 부분으로서 우리가 그리스도를 통해 행위 언약의 결박에서 풀려난 것은 분명한 사실이다. 그리스도 안에 있는 우리는 더 이상 구원받기 위해 율법을 지키는 것이 아니라는 말이다. 그러나 이 말이 곧 우리에게 죄를 지을 자유를 주셨다는 뜻은 아니다! 그리스도께서 우리의 결박을 푸시고 자유롭게 하신 것은, 최고의 법을 성취하고, 율법 조문의 묵은 것이 아닌 성령의 새로운 것으로 섬기게 하기 위한 것이다(갈 5:13; 롬 7:6)."

칭의는 죄책으로부터 구해낸 것이며, 성화는 죄의 오염으로부터 구원해 낸 것이다. 칭의는 법정적 선언이며, 성화는 실제적으로 거룩해져 가는 과정이다. 그런 성화의 과정은 구원의 3가지 시제를 염두해 두고 있다.

·칭의 - 과거의 구원 - 이미 받은 구원
·성화 - 현재의 구원 - 현재 받아가고 있는 구원
·영화 - 미래의 구원 - 미래에 받을 구원

그렇다고 해서 우리의 구원이 불확정적이라는 말이 아니다. 성화를 설명하기 위하여 시간적인 개념으로 설명한 것뿐이다. 빌립보서 2장 12절에서 사도 바울은 말한다.

> 그러므로 나의 사랑하는 자들아 너희가 나 있을 때 뿐 아니라 더욱 지금 나 없을 때에도 항상 복종하여 두렵고 떨림으로 너희 구원을 이루라(빌 2:12)

성도들은 이미 구원을 받았는데 왜 "구원을 이루라"고 말했는가? 빌립보서에서 말하는 구원은 성화, 곧 현재의 구원을 말한다. 그래서 성도의 성화가 점진적이다. 이 땅에 있는 동안에 어느 누구도 완전한 성화에 이를 수 없다. 하나님께서 우리를 부르실 때까지 성도의 삶에서 죄에 대하여 죽고 의에 대하여 살게 되는 싸움은 계속해서 일어난다.

제36문 현세에서 칭의와 양자됨과 성화에 수반되거나 거기서 나오는 은덕들은 무엇입니까? (대77, 83)
답: 현세에서 칭의와 양자와 성화에 수반되거나 거기서 나오는 은덕들은 하나님의 사랑에 대한 확신과 양심의 평안과 성령 안에서의 기쁨과, 은혜의 증가와 그 은혜 안에 끝까지 견디는 것입니다.[1040]

강신주 교수는 김수영의 「달나라의 장난」 (1953)이라는 시에 나오는 '팽이'를 인문정신의 진수로 본다.

> 열심히 도는 팽이는 김수영 앞에서 성인(聖人)과 같은 아우라를 내뿜고 있다. "너는 나처럼 돌고 있느냐?"고 힐난하는 것처럼 말이다. 여기서 그는 스스로를 채찍질할 수밖에 없는 숙명을 직감한다. … 팽이가 도는 모습을 보면서, 김수영은 서럽기만 한 인간의 숙명을 응시하게 된다. … 모든 돌고 있는 팽이는 자기만의 중심을 가지고 돈다. 그런데 두 팽이가 마주친다는 것은, 어느 하나가 다른 팽이의 회전 스타일을 수용한다는 의미. 그러나 바로 그 순간 허망하게도 팽이는 쓰러지고 만다. 팽이만 그런가. 인간도 마찬가지 아닐까? 자기만의 스타일로 살지 못하고 남의 스타일을 답습하는 순간, 인간은 자신의 삶을 스스로 살아내지 못한다. 김수영의 말대로 "생각하면 서러운" 일이다. 보통은 인간이 고독하기 때문에 누군가와 사랑하며 살아야 한다고 생각한다. 그의 통찰이 옳다면, 이제 우리는 누구에게 기대서도 안 되고, 누가 기대는 것을 용납해서도 안 된다. 오직 철저하게 자신의 힘으로 자신을 채찍질하고 자신만의 스타일로 삶을 마무리해야 한다. "너도 나도 스스로 도는 힘을 위하여 공통된 그 무엇을 위하여 울어서는 아니"되기 때문이다.[1041]

김수영이나 강신주 교수나 '스스로 도는 팽이'에 자기를 대입하여 분석하고 만들어간다. 그러나 김수영도 강신주 교수도 시작부터 잘못되었다. 왜냐하면 이 세상 어디에도 '스스로 도는 팽이'는 없기 때문이다. 팽이는 팽이 외부에서 누군가가 힘을 가해주어야만 돈다. 팽이 스스로가 돌려면 팽이 내부에 회전력을 가할 수 있는 힘이 있어야만 한다. 그 힘은 또 어디에서 공급되는 것인가? 계속해서 쓰러지지 않고 공급되어지는 힘이 팽이 내부에 있다면 팽이는 원자력으로 돌아가는 것이 아니라 팽이 자체가 신이고 그 신의 능력으로 돌아가는 것이다. 그것이 말이 되는가? 왜 말이 안 되는 것을 된다고 말하는가?

또한 두 팽이가 마주치는 것을 남의 스타일을 답습하는 것으로 말한다. 그렇게

1040) Q. 36. What are the benefits which in this life do accompany or flow from justification, adoption, and sanctification? A. The benefits which in this life do accompany or flow from justification, adoption, and sanctification, are, assurance of God's love, peace of conscience, joy in the Holy Ghost, increase of grace, and perseverance therein to the end.
1041) 강신주, 김수영을 위하여 (서울: 천년의상상, 2013), 184-186.

되면 자신의 삶을 살아내지 못한다고 말한다. 그러면서 타인의 삶을 흉내지지 말고 자신만의 삶을 살아내라고 한다. 타율적이든지 자율적이든지 간에 타인의 스타일을 수용하는 순간 스스로 도는 것을 그만두는 일이기 때문이다. 자신만의 삶의 방식을 살지 않으면, 부르디외(Pierre Bourdieu, 1930-2002)가 말했던 것처럼 타인과 자신을 구별하여 도드라지게 하려는 속물적인 본성과 다르지 않다고 말한다.

그래서 어떻게 하라고 하는가? 자신의 스타일을 강요하는 것에 '저항하라'고 한다. 김수영이 평생 독재에 저항했듯이 그렇게 저항해야 하고, 유일산을 가르치는 종교에 저항해야 하고, 자본을 유일한 가치로 떠받드는 자본주의에 저항해야 한다는 것이다. 그렇게 제2의 김수영이 되라고 말한다.

국가, 종교, 자본에 저항해서 남는 것은 무엇인가? 국가 없는 개인이 존재할 수 있고 자본 없이 생계를 꾸려갈 수 있는가? 종교를 죽으라고 미워하지만 스스로 도는 팽이를 꿈꾸는 김수영과 강신주 교수는 스스로가 신이 되어 버린 것이 아니고 무엇이란 말인가! 국가, 종교, 자본이 내뿜는 더러운 것들이 있다. 그러나 그것이 사라져야할 것들인가? 잘못된 것들은 시정되어져 가야 하는 것이지 폐기되어야 하는 것이 아니다.

저항해야할 것은 저항해야 한다. 본질을 버리고 가는 것들에 대해서 저항해야 한다. 독재에 저항해야 하고, 지저분한 종교에 저항해야 하고, 인격성을 짓밟고 교환 가치로 밖에 안 보는 자본에 저항해야 한다. 그러나, 스스로 도는 단독성만으로는 안 된다. 그런 단독성이 가능하다면 사막으로 가서 그것을 증명해 보여야 한다. 황량한 사막에서 아무도 없는 사막에서 단독성을 발휘해 보아야 증명이 될 것이다.

성도는 김수영과 강신주의 팽이, 단독성과 다르다. 무엇이 다른가? 스스로 도는 팽이가 아니라 외부에서 돌려주는 팽이다. 팽이 스스로는 아무것도 할 수가 없다. 팽이치기는 혼자 하는 경우도 있지만 대개는 동네 친구들과 함께 한다. 거기에는 공동체가 있다. 혼자 도는 팽이는 없다. 다 같이 돌다가 부딪히기도 하고 누구의 팽이는 끄떡 없이 잘 돌기도 하지만 누구의 팽이는 쓰러지기도 한다. 그러면 또 다시 줄을 감고 돌리고 팽이를 내리친다. 그러면 팽이는 신나게 돈다. 팽이치기는 그렇게 '함께 함'이다.

성도는 하나님께서 살려 주시고 보호하시고 인도하시는 팽이다. 얼마나 좋은가! 나 혼자는 아무것도 할 수 없는데 생명을 주시고 책임져 주시니 그보다 더 좋을 수는 없는 것이다. 또 함께 부르신 언약의 공동체가 있으니 더할 나위 없이 좋은 것이다. 그 공동체의 일원은 나와 함께 하는 사람들이고 나도 그들과 함께 하는 사람들이다. 그리스도는 그 공동체의 머리가 되신다.

칭의·양자·성화의 유익들은 무엇인가?

1) 하나님의 사랑에 대한 확신과 양심의 평안과 성령 안에서의 기쁨과

이것은 우리(팽이)를 돌리는 힘이 우리 외부에서 주어진다는 것을 의미한다. 그러나, 어떤 사람들은 하나님의 사랑에 대한 확신을 믿음으로 의롭다 하심을 받은 것으로 가기보다는 체험으로 가려고 한다. 칼빈은 그런 자들에 대하여 단호하게 말한다.

> 그러나 아무리 그들이 그것의 불확실성을 조롱할지라도 만일 그들이 그들 자신의 피로써, 또한 그들 자신의 생명의 대가로 그들의 교리를 인쳐야 한다면 그것이 그들에게 얼마나 엄청난 의미를 지니는 것인지를 알 수 있을 것입니다. 우리의 확신은 정반대의 것입니다. 그것은 죽음의 공포나 심지어 하나님의 심판대까지도 두려워하지 않는 것입니다.
> 그들은 우리에게 기적을 요구함으로써 부정직한 행동을 하고 있습니다. 왜냐하면 우리는 어떤 새로운 복음을 날조하고 있는 것이 아니라 예수 그리스도와 그의 제자들이 행하신 모든 기적들이 확증해 주고 있는 진리의 복음을 견지하고 있기 때문입니다. 그러나 우리와 비교할 때 그들은 이상한 능력을 가진 자들입니다. 심지어 오늘날까지도 그들은 계속되는 기적에 의해 자기들의 신앙을 확증할 수 있다는 것입니다. 대신에 그들은 그렇지 않았더라면 평온했을 마음을 동요시킬 수 있는 기적을 끝까지 주장합니다. 그들은 그처럼 어리석고 우스꽝스러우며 허망하고 거짓된 것입니다.[1042]

성경은 언제나 우리에게 허락하신 믿음으로 의롭다 하심을 얻은 것으로 화평을 누린다고 말한다. 세상 것을 가져서 누리는 화평이 아니다.

> 1 그러므로 우리가 믿음으로 의롭다 하심을 얻었은즉 우리 주 예수 그리스도로 말미암아 하나님으로 더불어 화평을 누리자 2 또한 그로 말미암아 우리가 믿음으로 서있는 이 은혜에 들어감을 얻었으며 하나님의 영광을 바라고 즐거워하느니라(롬 5:1-2)

이 화평은 인간의 내면에 흐르는 어떤 것이 아니다. 성경이 말하는 화평이란 무엇인가? 그것은 하나님의 진노 아래 있었던 죄인 된 인간이 예수 그리스도로 말미암아 죄 사함을 받고 하나님의 자녀가 되었기 때문에 오는 화평이다. 이 화평은 예수 그리스도로 말미암아 칭의를 얻은 자만이 누린다.

1042) 존 칼빈, 기독교강요(상), 원광연 역 (고양: 크리스찬다이제스트, 2003), 24.

3 다만 이뿐 아니라 우리가 환난 중에도 즐거워하나니 이는 환난은 인내를 4 인내는 연단을 연단은 소망을 이루는 줄 앎이로다 5 소망이 부끄럽게 아니함은 우리에게 주신 성령으로 말미암아 하나님의 사랑이 우리 마음에 부은바 됨이니(롬 5:3-5)

그리스도를 믿는 성도에게 왜 환난이 오는가? 그것은 삶을 지배하던 주인이 달라졌고 그 원리가 달라졌기 때문이다. 그러나 그 과정을 통하여 인내와 연단과 소망으로 나아가게 하신다. 성령 하나님께서는 그 모든 과정들을 하나님의 사랑으로 이겨가게 하신다.

그 믿음의 싸움을 해 가는 성도들에게 주어지는 유익은 무엇인가? 그 유익이라는 것은 세상의 보상이 아니다.

하나님의 나라는 먹는 것과 마시는 것이 아니요 오직 성령 안에서 의와 평강과 희락이라(롬 14:17)
너희는 먼저 그의 나라와 그의 의를 구하라 그리하면 이 모든 것을 너희에게 더하시리라(마 6:33)

이 말씀은 성도 된 우리가 하나님의 새언약 안에 들어와 있다는 것을 먼저 말한다. 칭의·양자·성화의 유익들은 새언약의 백성이 된 것이며 그로 인해 하나님의 나라와 그 언약에 신실한 삶을 살게 된 것이다.

하나님의 택하심과 부르심과 거룩하게 하심으로 이제는 하나님과 새로운 관계, 언약의 관계가 회복되었다. 그 관계는 구원의 확신을 통하여 새언약 안에 견고히 거하게 하는 기초를 제공한다.

김수영은 「무단추천제 폐지론」(1967.2)에서 다음과 같이 말했다.

시나 소설을 쓴다는 것은 그것이 곧 그것을 쓰는 사람의 사는 방식이 되는 것이다. 따라서 시나 소설 그 자체의 형식은 그것을 쓰는 사람의 생활의 방식과 직결되는 것이고, 후자는 전자의 부연(敷衍)이 되고 전자는 후자의 부연이 되는 법이다. 사카린 밀수업자의 붓에서 〈두이노의 비가〉가 나올 수 없는 것처럼 〈진달래 꽃〉을 쓴 소월(素月)은 자기 반의 부유한 아이들을 10여 명씩 모아 놓고 고기의 과외공부를 가르치는 초등학교 6학년 선생이나 중학교 3학년 담임선생은 될 수 없었다.

그런데 현실은 정말 그럴까? 그렇게 살아가는 사람이 얼마나 되는가? 미제를 타도하라고 하는 사람들이 자기 자녀들을 미국에 유학은 왜 보내는가? 소위 무슨 운동을 하는 사람들은 왜 일용직 근로자들이 살아가는 것처럼 그렇게 안 살고 더 좋은 아파트 더 좋은 주택에서 살아가고 더 좋은 승용차를 타고 다니며 더 좋은 대우를 바랄까? 물론 모든 운동가들이 다 그런 것은 아니다. 그러나 그들도 자본이 주어지고 권력이 주어지니까 자기 자신이 소리치던 대로 살지 않더라는 것이다. 그것이 인간의 죄성이다!

강신주 교수는 "분단과 독재의 시대에 아무 일도 없었다는 듯이 서정시를 쓰는 것은 야만이다!"라고 말한 아도르노(Theodor Wiesengrund Adorno, 1903-1969)의 말대로 온 몸을 밀어붙여 자기만의 삶을 살라고 말한다.[1043] 그러나 이 세상성에 묶여 있는 인간은 김수영처럼 살지 못한다.

2) 은혜의 증가와

성도는 우리 밖에서, 곧 그리스도로부터 구원을 얻으며 그리스도로부터 계속해서 부어지는 은혜로 살아가는 자들이다.

1043) http://blog.ohmynews.com/dima0306/345782 이성백(서울시립대학교 교수). 〈계몽의 변증법〉은 "왜 인류는 진정한 인간적인 상태에 들어서기보다 새로운 종류의 야만 상태에 빠졌는가"라는 물음에 답을 추구한다. 현대 시민사회는 애초의 기대와는 정반대로 20세기 전반기에 들어서 도리어 역사에 유례없는 야만적 상황들을 초래하였다. 그 원인을 아도르노는 계몽적 이성이 도구적 이성으로 전락해버린 데에서 찾는다. 다시 설명하자면 현대 시민사회가 부의 증대, 경제 성장을 지상목표로 추구하는 길만을 질주해 온 데서 찾는다. 〈계몽의 변증법〉에서의 현대 시민사회에 대한 철학적 비판은 "동일성 원리"(das Identitätsprinzip)의 비판에서 그 정점에 도달한다. 동일성 원리의 비판은 아도르노의 철학 사상에서 핵심일 뿐만 아니라, 탈현대주의의 "차이의 철학"에 이르기까지 20세기 철학적 사회 비판의 핵심 주제가 되고 있기 때문에 중요하다. 동일성 원리는 주체가 객체, 즉 자연과 사회 내에서 주체 자신과 다른 것들을 자기 자신과 같은 것으로 만드는 원리이다. 아도르노는 이 동일성 원리를 주체가 객체를 자기 수중에 장악하는 지배 원리로 해석하고 있다. 아도르노의 주장에 의하면 주체가 객체를 자기 자신과 동일한 것으로 만드는 것은 주체의 특정한 형식을 객체에 부과하여, 객체로 하여금 이 주관적 형식에 따르도록 강제함으로써 이루어진다. 그리고 이때 객체는 주체가 부과하는 형식으로 환원되면서 객체 자체의 고유한 성격이 희생된다. 이렇기 때문에 아도르노에 의하면 동일성 원리는 객체로부터 객체 자체의 고유성을 억압하면서 객체를 주체의 형식에 복종시키는 지배의 원리이다. 동일성 원리는 사물의 즉자성을 파괴하고 그것을 인간을 위한 사물로 만드는 것이다. "계몽이 사물들과 갖는 관계는 독재자들이 인간들과 갖는 관계와 같다. 독재자는 인간들을 조종할 수 있는 만큼 인간들을 안다. 이와 마찬가지로 인간은 그가 사물들을 조종할 수 있는 만큼 사물들을 안다. 이를 통해 그 자체로서의 사물은 인간을 위한 사물이 된다." 아도르노에 따르면 서구 문명의 역사적 발전 과정은 동일성 원리의 전반적인 확산 과정이다. 이는 진보와 해방을 추구해온 역사적 발전 과정 또한 지배가 보편적으로 확산되는 과정이기도 하였음을 의미한다. 계몽은 인간을 주인으로 세우고 자연을 지배하는 것을 목표로 하였으며, 실제의 역사적 진보는 자연에 대한 지배가 심화되는 과정이었다. 수학과 자연과학의 자연에 대한 연구, 즉 "사물의 본성과 인간 오성의 행복한 결혼은 가부장적인 것이다." 근대과학은 자연 그 자체의 본질을 통찰하는 것이 아니라, 자기 유지를 추구하는 인간이 계산 가능성과 유용성이라는 척도를 자연에 부과하여 강제적으로 자연으로 하여금 이 척도를 따르도록 하는 것이다. 현대 시민사회는 동일성 원리가 작동되는 전형적인 사회적 모델이다. 현대 시민사회는 상품 교환사회이다. 교환될 상품들은 서로 질적으로 다르다. 이러한 상품들이 교환되기 위해서는 이것들을 서로 동일한 것으로 환원할 수 있게 하는 어떤 것이 필요하다. 그것은 상품들의 생산에 소요된 노동 시간에 의해 결정되는 추상적인 교환가치이다. 추상적인 교환가치가 상품들을 서로 동일한 것으로 교환 가능하게 한다. 상품 교환을 지배하고 있는 것은 따라서 동일성 원리이다. 동일성 원리에서 사물의 차이와 다양성이 배제되듯이, 상품 교환에서도 마찬가지로 상품들 간의 질적 차이는 무시된다. 상품 교환사회로서 시민사회는 모든 것이 교환을 위한 양적 가치로 환원되며, 그것들의 특수한 질들은 무시되는 사회이다. 심지어 인간마저도 개별적 인격으로 대우받지 못하고, 상품적 가치로서만 취급되면서, 동일화, 즉 획일화가 강요된다.

> 우리가 다 그의 충만한 데서 받으니 은혜 위에 은혜러라(요 1:16)

그리스도의 충만은 루터의 말대로 고갈되지 않는 샘이다. 16절 말씀은 그리스도의 충만하신 은혜가 차고 넘쳐서 성도에게 미치는 상태를 의미한다. 그 은혜는 끊임없이 흘러넘친다. 초대교회를 혼란에 빠트리고 미혹케 했던 영지주의자들은 '플레로마'(충만)를 최고의 영적 세계로 간주했다. 그들은 '플레로마'에서 예수님이 이 세상으로 왔다고 주장했다. 그러나 사도 요한은 '플레로마'가 예수 그리스도의 속성이며, 그 충만함이 성도들에게 은혜로서 주어진다고 선포했다. 영지주의자들에게 그리스도는 영적인 안내자이나 성도들에게 그리스도는 죄와 사망에서 구원하시는 메시아다!

> 의인의 길은 돋는 햇볕 같아서 점점 빛나서 원만한 광명에 이르거니와(잠 4:18)

해가 어둠 속에서 떠올라 점점 더 환하게 빛을 발하듯이, 하나님을 높이고 하나님의 언약과 그 말씀에 지혜를 얻으며 순종하는 의인은 하나님께서 영화롭게 해 주시어[1044] 더욱 하나님의 영광을 나타내게 된다.[1045] 그러나 악인들은 이미 죄악된 일이 습관이 되었으며, 악을 행하지 아니하면 잠이 안 오는 사람들이다.[1046] 그들은 점점 더 파멸에 이르게 되며 결국은 영원한 멸망에 처하게 된다.

3) 양심의 평안

하나님과 새언약 관계에 있는 사람은 양심의 평화를 얻게 된다. 왜냐하면 성도는 예수 그리스도의 십자가 피를 의지하고 살며 하나님의 기뻐하시는 것을 구하며 살기 때문이다.

구원받은 성도라도 죄를 짓는다. 그로 인해 양심의 가책을 받는다. 우리의 양심은 그냥 가만히 있지 않고 고소를 한다. 사탄은 더욱 정죄를 한다. 그러나 그때 성령 하나님께서는 성도로 하여금 예수 그리스도의 십자가 보혈을 의지하게 한다. 왜냐하면 예수 그리스도께서 우리의 죄를 사하시려고 십자가에서 피를 흘려 죽으셨

1044) 8 그를 높이라 그리하면 그가 너를 높이 들리라 만일 그를 품으면 그가 너를 영화롭게 하리라 9 그가 아름다운 관을 네 머리에 두겠고 영화로운 면류관을 네게 주리라 하였느니라(잠 4:8-9)
1045) 우리가 다 하나님의 아들을 믿는 것과 아는 일에 하나가 되어 온전한 사람을 이루어 그리스도의 장성한 분량이 충만한 데까지 이르리니(엡 4:13)
1046) 그들은 악을 행하지 못하면 자지 못하며 사람을 넘어뜨리지 못하면 잠이 오지 아니하며(잠 4:16)

기 때문이다. 예수 그리스도께서 십자가의 형벌을 대신 담당하셨다는 것보다 성도에게 귀한 것은 없다! 그러므로 성도는 상한 심령으로 하나님 앞에 나아가게 된다. 그렇게 하나님께 나아갈 때 예수 그리스도 안에서 양심의 평화를 누리게 된다.

3) 성령 안에서의 기쁨
그리스도 안에 구원받은 자들은 세상을 어떻게 살아가는가? 성도는 성령님께서 주시는 기쁨으로 살아간다. 사도행전은 그것을 이렇게 말했다.

> 제자들은 기쁨과 성령이 충만하니라(행 13:52)

여기서 언급된 제자들은 바울과 바나바의 전도로 기독교인이 된 비시디아 안디옥의 거주자들이다. 누가는 그들에게 '기쁨과 성령이 충만'했다는 말로서 그 지역 사람들이 예루살렘 성도들과 동일한 성령을 받았음을 보여줌과 동시에 기독교 공동체가 융성해 갔음을 시사해 주고 있다. 복음을 전하는 자들이나 그 복음을 듣고 예수님을 영접한 사람들이나 성령님이 주시는 기쁨으로 고난을 이겨내고 살았다. 왜냐하면 예수님이 복음이 전부가 되었기 때문이다. 성령님께서 그렇게 만드시고, 또한 그렇게 예수님이 전부이고 복음이 전부인 사람들만이 성령님이 주시는 기쁨을 누린다.
데살로니가 교회는 어떠했는가?

> 또 너희는 많은 환난 가운데서 성령의 기쁨으로 말씀을 받아 우리와 주를 본받은 자가 되었으니(살전 1:6)

데살로니가의 성도들은 기쁨으로 복음을 받아들였고, 바울과 그 일행의 삶을 본받았다. 이전에는 죄에 매여 살았으나 이제 그리스도를 믿었으며 복음은 그들의 삶을 변화시켰다. 그 복음으로 인해 환난을 받았으나 그것을 이겨낼 수 있었던 것은 오직 성령님께서 주시는 기쁨 때문이었다.

4) 그 은혜 안에 끝까지 견디는 것입니다
개혁주의는 "한번 은혜는 영원한 은혜"로 구원이 상실되지 않고 받은바 그 구원의 영원한 안전을 말한다.
하나님께서는 자기 백성들을 구원하신 뒤에 가만히 앉아서 구경만 하시는 분이 아니다. 하나님께서는 우리의 구원을 위하여 십자가에 예수님을 내어 주셨듯이 우리의 완성을 위하여 동일한 사랑으로 지키시고 보호하시고 인도하신다.

> 너희 속에 착한 일을 시작하신 이가 그리스도 예수의 날까지 이루실 줄을 우리가 확신하노라(빌 1:6)

"착한 일"이란 무엇인가? 그것은 바울이 감옥에 있을 때 빌립보 교회가 도운 것인가? 빌립보 교회가 헌금하며 전도 사역에 참여한 것인가? 본문은 그런 의미가 아니라, 하나님께서 빌립보 성도들에게 베풀어 주신 그리스도의 구원사역의 은혜를 뜻한다. 구원을 시작하신 하나님께서는 그 완성까지 하시는 분이시다. 바울은 옥중에 있으면서 빌립보 교회 성도들에게 그 받은 바 구원의 은혜를 온전히 이루실 하나님을 신뢰할 것을 말했다.

"그리스도 예수의 날까지"란 하나님께서 구속 사역을 완성하시는 날이다. 예수 그리스도께서 재림하시는 그 날은 마지막 심판의 날이며, 자기 백성을 부르신 그 구원의 완성의 날이기도 하다.

> 내가 비옵는 것은 저희를 세상에서 데려가시기를 위함이 아니요 오직 악에 빠지지 않게 보전하시기를 위함이니이다(요 17:15)

주님께서 오시기 전까지 성도들은 어떻게 살아가야 하는가? 성도의 일차적인 싸움은 죄악들과의 싸움이다. 성도는 그리스도의 재림까지 여전히 세상 속에 살아간다. 그러나 세상의 악한 것들에 빠지지 않고 하나님의 거룩한 백성으로 살아가는 믿음의 싸움을 해야 한다.

> 예수를 죽은 자 가운데서 살리신 이의 영이 너희 안에 거하시면 그리스도 예수를 죽은 자 가운데서 살리신 이가 너희 안에 거하시는 그의 영으로 말미암아 너희 죽을 몸도 살리시리라(롬 8:11)

11절은, 1절부터 말해왔던 구원의 확신의 문제를 말해 오면서, 10절 말씀에 대한 추가적인 설명이다.[1047] 하나님께서 성령으로 예수님을 죽은 자 가운데서 살리셨듯이, 성령님이 내주하는 성도도 그렇게 살리실 것이다. "몸은 죄를 인하여 죽은 것"(10절)이지만 그 죽을 몸도 살리신다. 하나님께서는 온전히 회복시키시고 새롭

1047) 또 그리스도께서 너희 안에 계시면 몸은 죄로 인하여 죽은 것이나 영은 의를 인하여 산 것이니라(롬 8:10)

게 하실 것이라는 것은 구원의 확신의 차원에서 말했다.

세상 사람들은 무엇 때문에 기뻐하고 즐거워할까? 사람들은 이 세상에서 잘 먹고 잘 사는 것으로 기뻐하며 즐거워한다. 그것은 실존적인 삶이요 자율성으로 신성화로 가는 길이다. 성도들은 무엇 때문에 기뻐하고 즐거워할까? 성도의 가장 큰 기쁨은 죄와 사망에서 구원하신 것으로 기뻐하고 즐거워한다. 그 구원의 은혜 속에서 세상의 어떤 형편과 조건 속에서도 절망하지 않고 믿음으로 살아간다. 그것은 우리 안에서 만들어지는 것이 아니다.

35 누가 우리를 그리스도의 사랑에서 끊으리요 환난이나 곤고나 핍박이나 기근이나 적신이나 위협이나 칼이랴 36 기록된바 우리가 종일 주를 위하여 죽임을 당케 되며 도살할 양같이 여김을 받았나이다 함과 같으니라 37 그러나 이 모든 일에 우리를 사랑하시는 이로 말미암아 우리가 넉넉히 이기느니라 38 내가 확신하노니 사망이나 생명이나 천사들이나 권세자들이나 현재 일이나 장래 일이나 능력이나 39 높음이나 깊음이나 다른 아무 피조물이라도 우리를 우리 주 그리스도 예수 안에 있는 하나님의 사랑에서 끊을 수 없으리라(롬 8:35-39)

세상의 환난과 여러 어려움들에 직면한 성도들은 무엇으로 이겨 갈 수 있는가? 바울은 이 말씀을 통해서 성도들에게 어떤 외적인 도움이 나타나지 않더라도 세상을 이기는 궁극적인 열쇠를 말해 준다. 그것은 하나님의 사랑이다. 세상의 어느 누구도 성도를 대적할 수 없으며, 송사할 수 없고 정죄할 수 없다. 지나간 날의 상처도 아픔도 현실의 환난과 고난도 그리스도의 사랑으로 이겨간다. 단순히 겨우 지탱하는 정도가 아니라 넉넉히 이겨간다. 하나님의 사랑은 성도들에게 충만한 의미와 통일성을 누리게 하기 때문이다.

성도의 견인에 대하여
성도가 타락하여 믿음을 저버리고 배교할 수 있는가?

내가 저희에게 영생을 주노니 영원히 멸망치 아니할 터이요 또 저희를 내 손에서 빼앗을 자가 없느니라(요 10:28)

이 말씀은, 그리스도의 구원을 얻은 자들의 영생의 복을 말한다. 이 영생의 복은 아무도 빼앗지 못한다. 그 이유는 무엇인가? 성도들의 운명은 만유보다 크신 하나님 아버지와 그리스도의 손에 있기 때문이다. 이것은 구원받은 성도들의 구원의 불변성을 확신케 하고 양들에게 영원한 안정감을 제공한다. 그러나 우리는 다음과 같은 것들을 생각해야 한다.

1) 보이는 교회에 속한 모든 사람들이 다 구원을 받는 것은 아니다

성도의 견인은 믿음을 고백하는 모든 사람들의 견인을 말하지 않는다. 사도 요한은 교회의 구성원이었지만 결국 구원에 이르지 못할 사람이 있음을 말한다.

> 저희가 우리에게서 나갔으나 우리에게 속하지 아니하였나니 만일 우리에게 속하였더면 우리와 함께 거하였으려니와 저희가 나간 것은 다 우리에게 속하지 아니함을 나타내려 함이니라(요일 2:19)

그러나 사도요한이 이 구절에서 참된 성도가 은혜 밖으로 나가는 것을 말하지 않는다. 은혜 밖으로 나간 사람은 은혜에 속한 사람처럼 보였으나 처음부터 성도가 아닌 사람이다.

마태복음 13장에는 씨뿌리는 비유에서 보듯이 거기에는 복음에 대하여 어떤 반응이 나오기는 하지만 진정으로 회심하지 않은 사람들을 말한다. 그러나 참된 신자일지라도 일시적으로 죄에 빠지고 얼마동안 계속 머물 수도 있다. 그것은 전적인 것도 최종적인 것도 아니다. 그러나 참된 성도는 완전히 타락하여 의의 길에서 벗어나는 일은 없다.

베드로와 가룟 유다 둘 다 죄를 지었으나, 가룟 유다는 멸망의 자식이었으며 베드로는 전적이거나 최종적인 죄가 아니었다. 베드로의 돌이킴을 통해 알 수 있듯이, 그것은 예수님의 중보기도 때문이었다.[1048]

히브리서 6장에는 유대인 그리스도인들 중에서 기독교를 버리고 다시 유대교로 돌아간 사람들에게 경고하고 있다.[1049] 그들은 성령님의 은사들을 맛보나 그들은 성령님의 은혜가 없었다. 은사는 은혜가 없이도 있을 수 있다. 지나간 교회사를 보면 대단한 은사를 가졌다고 말하지만 참된 성도가 아닌 사람들이 많았다. 참된 성도는 예수님을 배반하지 않는다. 그러나 이런 일이 거울이 되어서 늘 경계해야만

1048) 그러나 내가 너를 위하여 네 믿음이 떨어지지 않기를 기도하였노니 너는 돌이킨 후에 네 형제를 굳게 하라(눅 22:32)
1049) 4 한번 비침을 얻고 하늘의 은사를 맛보고 성령에 참예한 바 되고 5 하나님의 선한 말씀과 내세의 능력을 맛보고 6 타락한 자들은 다시 새롭게 하여 회개케 할 수 없나니 이는 자기가 하나님의 아들을 다시 십자가에 못 박아 현저히 욕을 보임이라(히 6:4-6)

한다.

2) 성도의 견인은 아무렇게나 살아도 구원받는다는 것이 아니다
성도의 믿음은 행함이 있는 믿음이다. 야고보 사도의 말을 들어 보라.

이와 같이 행함이 없는 믿음은 그 자체가 죽은 것이라(약 2:17)

참된 믿음은 행함으로 살아있는 증거가 나타나게 된다. 믿는 성도를 움직이는 원리가 다르기 때문에 행동으로 나타날 수밖에 없다. 그렇지 않으면 그 믿음은 죽은 믿음이다. 생명은 살아있어서 성장하게 된다.

영혼 없는 몸이 죽은 것같이 행함이 없는 믿음은 죽은 것이니라(약 2:26)

참으로 회심한 성도이며, 성령이 그 안에 거하는 성도라면 죄 가운데 생활하지 않는다. 새언약 안에 들어온 성도는 반드시 죄와 싸우며 살아가는 삶을 살게 된다. 우리는 더 이상 죄의 법 아래 있지 않다. 더 이상 정죄함이 없다. 그렇다고 해서 또 죄를 짓는 삶을 살아가서는 안 된다. 왜 그래야 할까?

15 그런즉 어찌하리요 우리가 법 아래 있지 아니하고 은혜 아래 있으니 죄를 지으리요 그럴 수 없느니라 16 너희 자신을 종으로 드려 누구에게 순종하든지 그 순종함을 받는 자의 종이 되는 줄을 너희가 알지 못하느냐 혹은 죄의 종으로 사망에 이르고 순종의 종으로 의에 이르느니라 17 하나님께 감사하리로다 너희가 본래 죄의 종이더니 너희에게 전하여 준 바 교훈의 본을 마음으로 순종하여 18 죄에게서 해방되어 의에게 종이 되었느니라(롬 6:15-18)

한 사람이 순종을 하는 것을 보면 그가 무엇에 순종하는지, 그 주인이 누구인지 알게 된다. 만일 사탄이 주인이면 죄의 종으로 살아가게 되고, 하나님이 주인이면 의의 종으로 살아가게 된다. 참으로 구원받은 사람은 죄의 종노릇 하는 자리에서 벗어나 하나님의 법을 즐거워하고 순종하게 된다.

참된 성도는 죄의 지배에서 벗어났지만, 여전히 죄의 힘과 맞서 싸워야 하는 존재이다. 성도는 자신 안에 내재하는 죄가 있기 때문에 평생토록 싸워가야 하는 존재이다. 참된 성도는 그 싸움이 자신의 능력으로 이루어지는 것이 아닌 것을 알기 때문에 더욱 예수 그리스도께 의지하며 예수 그리스도의 능력으로 싸워간다. 그러므로 성도의 견인 교리를 말할 때 기독교 신앙을 고백하는 모든 사람들이 궁극적인

구원에 이른다는 뜻이 아니다. 오직 성령 하나님께서 중생케 한 참된 성도들만을 견인해 가신다.

3) 성도의 견인은 성도 스스로 구원에 이르지 않는다는 것이다[050]
성도의 견인은 우리 안에 있는 능력으로 이루어지지 않는다. R. C. 스프로울은 다음과 같이 말한다.

> (1) 선택 작정의 불변성: 하나님께서는 영원 전에 구원 받을 자를 선택하셨고 그것을 지금도 진행하고 계시며 그 작정하시고 목적하는 바를 반드시 이루신다. 하나님께서는 임기응변으로 일하시지 않으며 우리의 실패에 대한 대안을 준비하시지 않는다. 그것은 영원하신 하나님 자신의 불변성에 기초하고 있기 때문에 성도의 견인은 안전하다.
> (2) 성부 하나님의 불변하신 사랑: 하나님의 작정이 불변하듯이 성도를 향한 사랑도 영원하다. 언약에 신실하신 하나님은 그의 택자들을 영원히 사랑하신다. 그 사랑으로 성도들을 끝까지 붙드시고 계시기 때문에 성도의 견인은 변함이 없다.
> (3) 예수 그리스도의 공로와 중보의 기도의 효력: 성도의 견인은 오로지 그리스도의 의의 효력의 결과이다. 예수 그리스도의 공로는 죄와 사망에 빠졌던 자들을 구원하고 의롭게 하는 유일한 공로이다. 그리스도의 공로는 영원한 효과를 가져온다. 왜냐하면 그리스도의 공로는 그 자체로 완전하기 때문이다. 그리스도가 실패하지 않고 그리스도의 공로가 무효화 되지 않기 때문에 성도의 견인은 확실하다. 제25문 그리스도의 제사장 직분에서 보았듯이 그리스도는 지금도 성도들을 위하여 중보하시기 때문에 성도의 견인은 안전하다.
> (4) 성령 하나님의 내주하심과 은혜언약의 본질: 성도의 견인은 개개인의 능력에 달려 있는 것이 아니라 성령 하나님의 내주하심에 달려 있다. 성령님의 내주는 성도의 구원의 보증이다. 성령님께서 거룩과 경건에 이르게 하시고 성화의 과정을 주장하시기 때문에 성도의 견인은 확실하다. 은혜언약은 전적으로 하나님의 은혜로 맺은 언약이다. 그 언약이 불변하시기 때문에 성도의 견인은 확실하다.[1051]

그러나, 알미니안주의자들은 하나님께서는 믿을 만한 사람들만 선택하신다고 말했다. 그들에게 그 믿을 만한 사람들이 되는 것은 전적으로 인간의 노력 여하에 달려있다. 믿음을 끝까지 지키고 인내하는 것은 인간이 어떻게 의자를 발휘하느냐에 달려있다고 말했다.

믿음의 인내는 택하심과 부르심을 굳게 하기 위한 애씀이 있다. 그러나 그런 인내하는 마음과 힘을 주시는 분은 하나님이시다.

1050) 코르넬리스 프롱크, 도르트신조 강해, 황준호 역 (서울: 그책의사람들, 2013), 402; "… 견인한다는 것은 우리의 닻을 다른 곳에 던진다는 것을 의미합니다. 우리의 닻을 어디로 던집니까? 배 안에 던집니까? 아닙니다. 배 밖에 던집니다. 그래서 닻이 바다의 바닥에 있는 돌을 굳게 붙잡도록 합니다. 이것은 영적세계에서도 마찬가지입니다. 우리는 우리에게 소망과 위로를 줄 수 있는 것을 우리 안에서 찾으려고 노력합니다. 하지만 소망과 위로는 우리 안에서 찾을 수 없습니다. 우리의 소망을 닻을 우리 밖에, 즉 예수 그리스도 안에 던진다면 참된 소망이 있습니다. …"
1051) R. C. 스프로울, 웨스트민스터신앙고백해설, 이상웅·김찬영 역 (서울: 부흥과개혁사, 2011), 289-302.

너희 안에서 행하시는 이는 하나님이시니 자기의 기쁘신 뜻을 위하여 너희로 소원을 두고 행하게 하시나니(빌 2:13)

참되게 거듭난 성도라도 죄를 짓기도 하고 의심하고 방황하기도 하지만 하나님께서는 그리스도의 피로 구원한 성도들을 지켜 가신다.

사도는 다음과 같이 말한다.

57 우리 주 예수 그리스도로 말미암아 우리에게 이김을 주시는 하나님께 감사하노니 58 그러므로 내 사랑하는 형제들아 견고하며 흔들리지 말며 항상 주의 일에 더욱 힘쓰는 자들이 되라 이는 너희 수고가 주 안에서 헛되지 않은 줄을 앎이니라(고전 15:57-58)

사도 바울은 부활의 주제를 마무리한다. 이김을 주시는 분은 하나님이시다. 그렇다고 신앙의 싸움을 내몰라라 하는 것은 성도의 자세가 아니다. 성도는 그 은혜로 말미암아 믿음을 굳게 하는 일에 더욱 힘쓰는 일에 진력해야 한다. 사탄과 그 졸개들은 성도들을 시험하기 위하여 철야근무도 마다하지 않는다. 성도는 그 싸움을 감당하고 승리하기 위해 은혜의 수단들에 의지해야 한다.

하나님께서는 하나님의 백성들을 절대로 포기하지 않으신다. 하나님께서는 그 정하신 작정을 폐하지 않으시는 하나님이시다. 왜냐하면 예수 그리스도의 십자가 피로 말미암아 새언약의 백성이 되었기 때문이다.

제37문 신자가 죽을 때 그리스도로부터 어떤 은덕을 받습니까? (대86)
답: 신자의 영혼은 그들이 죽을 때 완전히 거룩하게 되어 즉시 영광 중에 들어가고, 육신은 여전히 그리스도께 연합하여 부활 때까지 무덤에서 쉽니다.[1052]

죽음을 말하기 전에 먼저 몸에 대한 생각을 해보자. 사람들은 종종 성경이 몸(육체)에 대하여 말하는 것을 오해하거나 잘못 생각하고 있다. 그 대표적인 사람이 도올 김용옥의 다음과 같은 말이다.

> … 그래서 나는 이 좋은 말을 되찾아내어 내 철학의 주요개념으로 삼았다. 이 몸이라는 말은 서양언어에는 해당되는 말이 없다. 영어의 바디(body)나 플레쉬(flesh)라는 말과는 본질적으로 다르다. 바디나 플레쉬는 정신이나 영혼과는 전혀 다른 독립된 실체로서, 정신이나 영혼을 의식하며 그것과의 분리를 전제로 하면서 지어진 말이다. 그러나 우리의 몸은 그러한 말이 아니다. … "몸 편안한 것이 제일이다.", "몸이 건강해야 만사가 형통한다.", "몸이 구찮으면 만사가 다 구찮다"등등은 우리가 흔히 몸의 중요성을 강조하는 말로서 잘 쓰는 말이지만, 이때 몸이 곧 나의 물질적 조건만을 지칭하는 것이 아니라, 나의 정신, 나의 인격 등 모든 것을 포괄하는 말인 것이다. … 몸(Mom)은 서양철학사에서는 20세기 후반에나 진실한 과제상황으로 인식되기 시작했다. 서양인들에게는 정신과 육체가 미분된 "몸"이라는 관념이 부재하였다. 이것도 희랍의 신화와 기독교의 신화적 믿음의 영향이다. 그러나 동양인들은 정신도 몸에서 현현되는 특수한 현상으로만 간주하였다. 그들의 탐구의 대상은 어디까지나 총체적 "몸"(mom)이었다.[1053]

김용옥의 치명적인 오류는 기독교와 서양철학사를 동일한 선상에 놓고 "몸"을 해석하고 있다는 것이다. 서양철학사에 기독교가 영향을 준 것은 사실이지만, 그렇다고 해서 기독교와 서양철학사가 똑같은 관점을 말하고 있지 않는다는 것은 이미 자명한 사실이다.

성경은 몸과 영혼을 분리해서 말하지 않는다. 오히려 몸과 영혼이 하나의 인격체를 구성하고 있다는 것을 말하고 있다. 김용옥은 기독교에 대한 비판적이고 부정적인 시각에서 출발하기 때문에 성경이 실제로 무엇을 말하고 있는지 알지 못하고 말하고 있다. 성경은 영과 혼을 구분하지 않고 서로 호환하여 사용하는 경향이 있다.

46 마리아가 가로되 내 영혼이 주를 찬양하며 47 내 마음이 하나님 내 구주를 기뻐하였음은(눅

1052) Q. 37. What benefits do believers receive from Christ at death? A. The souls of believers are at their death made perfect in holiness, and do immediately pass into glory; and their bodies, being still united to Christ, do rest in their graves, till the resurrection.
1053) 김용옥, 논술과 철학강의 (서울: 통나무, 2011), 49-50.

1:46-47)

영과 혼을 구분하지 않고 다만 유사한 말을 반복 사용하는 히브리의 문학적 기법으로 표현하고 있다. 실제로 성경은 몸과 혼, 몸과 영으로도 사용하고 있다.

> 그러므로 내가 너희에게 이르노니 목숨을 위하여 무엇을 먹을까 무엇을 마실까 몸을 위하여 무엇을 입을까 염려하지 말라 목숨이 음식보다 중하지 아니하며 몸이 의복보다 중하지 아니하냐(마 6:25)
> 몸은 죽여도 영혼은 능히 죽이지 못하는 자들을 두려워하지 말고 오직 몸과 영혼을 능히 지옥에 멸하시는 자를 두려워하라(마 10:28)
> 흙은 여전히 땅으로 돌아가고 신은 그 주신 하나님께로 돌아가기전에 기억하라(전 12:7)
> 3 내가 실로 몸으로는 떠나 있으나 영으로는 함께 있어서 거기 있는 것같이 이 일 행한 자를 이미 판단하였노라 5 이런 자를 사단에게 내어주었으니 이는 육신은 멸하고 영은 주 예수의 날에 구원 얻게 하려 함이라(고전 5:3, 5)

성경에는 이렇게 영과 혼을 구분하여 삼분법적으로 말하지 않는다. 또한 죽음을 말할 때 혼이 떠나가는 것으로 말하기도 하고 영을 포기하는 것으로 말하기도 한다.

> 그가 죽기에 임하여 그 혼이 떠나려할 때에 아들의 이름은 베노니라 불렀으나 그 아비가 그를 베냐민이라 불렀더라(창 35:18)
> 사람을 택하여 우리 주 예수 그리스도의 이름을 위하여 생명을 아끼지 아니하는 자인 우리의 사랑하는 바나바와 바울과 함께 너희에게 보내기를 일치 가결하였노라(행 15:25)
> 내가 나의 영을 주의 손에 부탁하나이다 진리의 하나님 여호와여 나를 구속하셨나이다(시 31:5)
> 저희가 돌로 스데반을 치니 스데반이 부르짖어 가로되 주 예수여 내 영혼을 받으시옵소서 하고(행 7:59)

성경은 비물질적 요소인 영과 혼을 군이 구별하려 하지 않고 전인적인 존재로 본다. 오늘날 현대영성은 신비주의 영성으로 오염되어 있다. 그런 신비주의 영성으로 가기 위해 삼분설을 가르친다. 삼분설을 주장하는 사람들은 인간의 타락이 가져온 결과가 전인격적이라는 것을 간과한다.

삼분설적 신인합일을 최초로 주장한 신플라톤의 사상1054)은 버나드, 마이스트 엑크하르트, 십자가의 요한과 같은 신비주의 영성가들에게 영향을 미쳤다. 형제교회를 만든 워치만 니는 청년시절부터 '제시 팬 루이스', '앤듀류 머레이', '잔느 귀용' 등 '속생명파'사람들로부터 영향을 받아 삼분설을 비롯한 그들의 사상을 수용했다. 신인합일을 계시의 최고봉이라 주장한 윗트니스 리가 지방 교회 안에 심어놓

1054) 성경은 영지주의자들처럼 육신을 영혼의 감옥으로 여기지 않는다.

았다. 그들은 결국 신인합일로 갔다.

성도가 죽을 때 받는 혜택은 무엇인가?

1) 그들이 죽을 때 완전히 거룩하게 되어
세상은 인생의 죽음으로 절망하고 공포에 떨지만 성도는 완전히 거룩하게 되는 영광을 누린다.

> 22 그러나 너희가 이른 곳은 시온산과 살아계신 하나님의 도성인 하늘의 예루살렘과 천만 천사와 23 하늘에 기록한 장자들의 총회와 교회와 만민의 심판자이신 하나님과 및 온전케 된 의인의 영들과 24 새 언약의 중보이신 예수와 및 아벨의 피보다 더 낫게 말하는 뿌린 피니라(히 12:22-24)

저자는 앞서 언급된 시내 산 사건과(18-21절) 대조적인 것임을 말한다. 그것은 옛언약으로 그림자였다. 이제 새언약의 성도들은 예수 그리스도를 통하여 주어진 복을 이미 소유하고 있으며 계속적으로 소유하고 있음을 말한다. 가장 먼저 "하나님의 도성"을 말했다. 그리스도인들은 하나님의 나라를 소유하고 있고 미래에 완전히 소유할 것이다. 그 나라는 영원히 흔들리지 않는 나라다. 그리스도 안에서 언약 안에 있는 자들은 온전하여졌다. 그리스도의 피의 효력으로 정결함을 얻고 영원한 구원을 소유하고 하나님 앞에 담대히 나가게 되었다. 영원한 구속이요 영원한 구원이다.

성도는 이 세상을 살아가면서 완전한 상태에 이를 수 없다. 새언약의 백성으로서 그 언약에 신실한 삶을 완벽하게 살아가지 못한다. 하나님께서는 성도가 죽을 때 그 영혼을 완전히 의롭고 영광스러운 상태에 이르게 하신다.

성도는 죽음이 끝이 아니라 하나님의 나라에 들어가는 영광이 기다리고 있다. 다만 이 세상이 전부인 줄로 생각하고 사는 사람과 영원한 하나님의 나라가 있음을 믿고 사는 사람의 삶은 완전히 다르다. 이런 신앙을 종말론적 신앙이라고 한다. 이 현실에 어떤 환경과 조건 속에 있을지라도 하나님의 인도와 보호하심을 믿으며 살게 된다. 어떤 질병과 고초 속에서도 절망하지 않으며, 어떤 핍박과 고난 가운데서도 믿음으로 살아갔던 믿음의 선진들처럼 인내하며 살아갈 수 있는 것은 죽음 이후의 영원한 하나님의 나라를 믿었기 때문이다.

2) 즉시 영광 중에 들어가고

예수님을 믿고 죽으면 어찌 되는가? 예수님께서는 십자가에 달려 죽으시기 전에 예수님께 돌아온 한 사형수에게 이렇게 말씀하셨다.

예수께서 이르시되 내가 진실로 네게 이르노니 오늘 네가 나와 함께 낙원에 있으리라 하시니라(눅 23:43)

예수님께서는 자기 죄를 회개하고 자기 영혼을 예수님께 의탁하는 죄수에게 분명하고 확실하게 "오늘 네가 나와 함께 낙원에 있으리라"고 약속하셨다. 그 육신은 십자가의 형틀에 죽으나 그의 영혼은 낙원에 들어갈 것을 말씀하셨다. 주님께 피하는 영혼을 받아주시고 영원한 하나님의 나라를 허락하여 주신다.[1055] 예수님께서는 "오늘"이라고 말씀하심으로 구원의 즉각성과 현재적 의미를 강조하셨다. 성도는 죽음 이후를 두려워하지 않는다. 장례식에서 믿음으로 노래 부르는 사람들은 기독교인들이다.

죽음은 너무나도 슬픈 일이다. 이 세상 아무 누구도 죽음 앞에서 큰 소리 칠 사람은 없다. 그러나 성경은 죽음이 전부가 아니라는 것을 말한다. 죽음이 끝이 아니라 현재적으로 누리던 하나님의 나라에 대한 새로운 국면일 뿐이다. 그러므로 성도는 불안하지 않다. 인간의 몸과 영혼은 죄로 인해 불완전한 상태에 있다. 그러나 성도는 몸은 부활 때까지 무덤에서 쉬나 영혼은 즉시 영광 중에 들어가게 된다. 세상은 그 불안을 없애기 위하여 '윤회'를 말한다. 그런 것이라도 없으면 삶이 중심을 잃어버리기 때문이다.

예수님께서는 '부자와 거지 나사로' 비유로 하나님의 나라에 들어가는 자들이 기적과 초월이 아니라 말씀을 듣고 회개하는 자들이라고 말씀하셨다.

19 한 부자가 있어 자색 옷과 고운 베옷을 입고 날마다 호화로이 연락하는데 20 나사로라 이름한 한 거지가 헌데를 앓으며 그 부자의 대문에 누워 21 부자의 상에서 떨어지는 것으로 배불리려 하매 심지어 개들이 와서 그 헌데를 핥더라 22 이에 그 거지가 죽어 천사들에게 받들려 아브라함의 품에 들어가고 부자도 죽어 장사되매 23 저가 음부에서 고통 중에 눈을 들어 멀리 아브라함과 그의 품에 있는 나사로를 보고 24 불러 가로되 아버지 아브라함이여 나를 긍휼히 여기사 나사로를 보내어 그 손가락 끝에 물을 찍어 내 혀를 서늘하게 하소서 내가 이 불꽃 가운데서 고민하나이다 25 아브라함이 가로되 얘 너는 살았을 때에 네 좋은 것을 받았고 나사로는 고난을 받았으니 이것을 기억하라 이제 저는 여기서 위로를 받고 너는 고민을 받느니라 26 이뿐 아니라 너희와 우리 사이에 큰 구렁이 끼어 있어 여기서 너희에게 건너가고자 하되 할 수 없고 거기서 우리에게 건너올 수 도 없게 하

1055) 아버지께서 내게 주시는 자는 다 내게로 올 것이요 내게 오는 자는 내가 결코 내어 쫓지 아니하리라(요 6:37)

였느니라 27 가로되 그러면 구하노니 아버지여 나사로를 내 아버지의 집에 보내소서 28 내 형제 다섯이 있으니 저희에게 증거하게 하여 저희도 이 고통 받는 곳에 오지 않게 하소서 29 아브라함이 가로되 저희에게 모세와 선지자들이 있으니 그들에게 들을지니라 30 가로되 그렇지 아니하니이다 아버지 아브라함이여 만일 죽은 자에게서 저희에게 가는 자가 있으면 회개 하리이다 31 가로되 모세와 선지자들에게 듣지 아니하면 비록 죽은 자 가운데서 살아나는 자가 있을지라도 권함을 받지 아니하리라 하였다 하시니라(눅 16:19-31)

예수님은 이 말씀을 통해 부자는 음부에 갔고, 거지 나사로는 아브라함의 품으로 갔다고 말씀하셨다. 음부는 불신자가 죽은 후에 가는 곳이며, 아브라함의 품은 낙원을 뜻하며 예수 그리스도를 영접한 성도가 가는 곳이다.

폴 워셔는 믿음을 통해 은혜로 의롭다 하심을 받는 기독교교리와 다른 세계 종교들과 확실하게 구별되는 것을 다음과 같은 가정(假定)으로 말했다.

어느 기자가 세계 3대 종교 (유대교, 이슬람교, 기독교)의 대표자들을 상대로 인터뷰했다고 가정해 보자. 먼저 기자가 정통 유대교 신자에게 "지금 죽는다면, 어디로 갈 것이라 생각하십니까? 당신의 소망은 무엇에 근거하나요?라고 물었다. 유대인은 "하늘나라에 갈 것입니다. 나는 토라, 곧 하나님의 율법을 사랑하고 지킵니다. 지금까지 의인의 길을 걸어왔지요. 내 행위가 나를 대변할 것입니다."라고 대답했다.
기자는 이슬람교 신자에게도 같은 질문을 던졌다. 이슬람 신자는 이렇게 대답했다. "하늘나라에 갈 것입니다. 나는 코란을 사랑합니다. 지금까지 알라의 위대한 선지자가 전한 가르침에 충실했습니다. 거룩한 순례를 준행했고, 기도에 충실했고, 가난한 자들을 구제했지요. 나는 의로운 사람입니다."
마지막으로, 기자는 그리스도인에게도 똑같이 물었다. 그 때 그리스도인은 "하늘나라에 갈 것입니다."라고 말했다. 그러더니 곧 기쁨과 뉘우침의 기색을 보이면서 이 말을 덧붙였다. "어머니가 나를 죄 가운데서 잉태했습니다. 또한 나는 죄 가운데서 태어났지요. 나는 하나님의 율법을 모두 어겼습니다. 가장 큰 형벌을 받아야 마땅합니다."그 때 기자가 불쑥 입을 열어 물었다. "당신 안에 있는 소망의 근거를 도통 이해하기 어렵군요. 정통 유대인과 경건한 이슬람교 신자의 경우는 이해가 갑니다. 그들은 자신의 공로와 행위로 하늘나라에 가서 하나님 앞에 서게 될 것입니다. 그러나 당신은 그런 필요조건들을 갖추지 못했다고 말하고 있습니다. 당신은 어떻게 하나님과 올바른 관계를 맺습니까? 당신의 소망은 무엇에 근거합니까?"그리스도인은 빙긋이 웃으면서 대답했다. "내가 하나님 앞에 서게 되리라는 소망은 나의 주님이신 예수 그리스도의 공로에 근거합니다."
이것이 사도 시대부터 오늘날까지 세상에 있는 모든 그리스도인의 한결같은 증언이다! 이 증언은 앞으로도 세상 끝 날까지 계속될 것이다!1056)

우리의 구원은 오직 하나님의 은혜로 주어진다. 인간은 하나님께서 요구하시는 완전하고 절대적인 의에 도달할 수가 없다. 구원은 무작정 용서하고 용납해 주는 것이 아니다. 하나님께서는 거룩하시기 때문에 그 의에 이르지 못하는 사람들은 정죄와 죽음에 이르게 된다. 구원은 우리 밖에서 이루어진 사건, 곧 예수 그리스도께

1056) 폴 워셔, 복음, 조계광 역 (서울: 생명의말씀사, 2013), 202-203.

서 십자가에 피흘리심으로만 이루어진다.

3) 육신은 여전히 그리스도께 연합하여 부활 때까지 무덤에서 쉽니다
예수님께서 다시 오실 때까지 성도의 육신은 부활 때까지 무덤에서 쉬게 된다.

> 우리가 예수의 죽었다가 다시 사심을 믿을진대 이와 같이 예수 안에서 자는 자들도 하나님이 저와 함께 데리고 오시리라(살전 4:14)

사도는 성도들의 죽음에 대하여 "예수 안에 자는 자들"이라고 말한다. 잔다는 것은 깨어날 때가 있다는 것이다. 죽는 것이 끝이라면 소망이 없다. 그것은 세상 사람들의 사고방식이다. 세상은 죽음이 끝이다. 그 뒤는 없다. 그러나 성도는 그리스도 안에 자는 자들이고 그래서 깨어날 소망이 있는 자들이다. 그렇기 때문에 예수님께서는 이렇게 말씀하셨다.

> 이를 기이히 여기지 말라 무덤 속에 있는 자가 다 그의 음성을 들을 때가 오나니(요 5:28)

그리스도 안에 있었던 자들은 예수님께서 재림하실 때에 영광스러운 모습으로 부활한다.

죽음 이후에 대한 잘못된 견해들[1057]
참고로, 죽음 이후에 대해 잘못되게 가르치는 것들을 살펴보면 다음과 같다.

1) '제3의 장소'설 – 초대교회의 일부 교부들은 음부를 '제3의 장소'로 보았다. 의인과 악인이 모두 지하 음부로 내려가 심판을 받으나 그들이 거하는 구역만 다르며 마지막 심판을 기다린다고 했다. 그러나, 누가복음 16장 19-31절에 나오는 '부자와 나사로 이야기'에는 의인과 악인이 함께 있다고 말하지 않으므로 이런 주장은 비성경적이다.[1058]

1057) http://blog.daum.net/kyboo610/8107559 김효성, 사람의 죽은 후 상태.
1058) 같은 사이트, 신약성경은 악인이 죽은 후 어두운 지옥에 감금되어 고통을 당한다고 증거한다. 악인의 죽은 후 상태를 증거하는 신약성경의 대표적인 구절은 누가복음 16:19-31이다. 이 구절은 예수께서 친히 사람의 죽은 후 상태에 대해 증거하신 가장 중요한 말씀이다. 만일 이 구절이 비유라고 할지라도 그것이 증거하는 바는 너무 구체적이고 분명하기 때문에 다른 해석을 할 수 없다. 누가복음 16:19-31은 분명히 다음 네 가지 진리를 증거한다. 첫째로, 사람의 영혼은 불멸하다는 것이다. 부자도 거지도 죽었으나(22-23절) 그들의 죽음 후 두 세계가 있었다. 죽은 그들의 영혼들은 의식

2) 로마 가톨릭의 연옥교리 – 로마 가톨릭은 극소수의 거룩한 사람들을 제외한 대부분의 사람들은 중간 장소인 연옥에 가서 얼마동안 불의 시련을 통해 정화된다고 주장한다. 연옥은 지옥과 가장 가까운 곳으로 정결케 되기까지 지은 죄에 대한 형벌을 받는 곳이라 했다. 그들은 죽어 연옥에서 고통 받는 자들을 위해 기도를 해주거나 공로가 있거나 미사의 제물들은 그 고통을 짧게 하는데 도움을 줄 수 있다고 가르친다.[1059]

선조 림보의 근거로 베드로전서 3장 18-20절을 제시하지만, 이런 주장에 대하여 길성남 교수는 다음과 같이 말한다.

베드로전서 3장 20절에 따르면, "옥에 있는 영들", 즉 하나님께서 옥에 가두신 불순종한 천사들은 "전에 노아의 날 방주를 준비할 동안 하나님이 오래 참고 기다리실 때에 복종하지 아니하던 자들"입니다. 아마도 그들은 노아시대에 사람의 딸들의 아름다움을 보고 자기들이 좋아하는 모든 여자를 아내로 삼은 하나님의 아들들(=천사들)일 것입니다(창 6:2). 그들은 하나님께서 부여하신 지위를 지키지 않고 자기 처소를 떠나 범죄하였습니다(유 4절). 하나님께서는 그들을 지옥에 던져 어두운 구덩이에 두어 심판 때까지 지키게 하셨습니다(벧후 2:4). 부활하신 후 예수께서 성령에 의하여 가

을 가진 채 안식과 고통의 두 대조되는 상황에 처해 있었다. 둘째로, 세상에서의 삶과 죽은 후의 상태가 다르다는 것이다. 세상에서, 부자는 좋은 옷을 입고 호화로이 즐기며 살았고(19절) 좋은 것을 누렸고(25절), 거지 나사로는 부자의 상에서 떨어지는 부스러기를 먹었으며 헌데로 고생했고(20-21절) 고통 속에 살았다(25절). 그러나 죽은 후에, 부자는 음부(하데스)에서 뜨거운 불 가운데서 고통을 당했고, 거지 나사로는 아브라함의 품에서 안식과 위로를 얻었다(22, 25절). 여기의 '음부'(하데스)는 분명히 지옥이다. 셋째로, 사람의 죽은 후의 상태는 변경이 불가능하다는 것이다. 26절, "너희와 우리 사이에 큰 구렁이 끼어 있어[카스마 메가 에스테릭타이, 고정된 큰 간격이 있어서] 여기서 너희에게 건너가고자 하되 할 수 없고 거기서 우리에게 건너올 수도 없게 하였느니라." 죽은 후에 제2의 기회는 없다. 오직 하나님의 공의로운 심판이 있을 뿐이다. 여기에 전도의 절박한 필요성이 있다. 넷째로, 하나님이 뜻하신 구원의 방법은 죽은 자가 살아서 전하는 것, 즉 기적을 통한 방법이 아니고, '모세와 선지자들'(29, 31절) 즉 그들의 글인 성경을 통해서라는 것이다. 이와 같이, 누가복음 16:19-31은 악인이 죽은 후 지옥에 던져진다는 사실을 분명하게 증거한다. 이처럼 신약성경에 하데스라는 말은 구약성경의 쉐올에 해당하는 것으로서 주로 지옥을 가리킨다. 그러므로 옛날 영어성경(KJV)은 하데스를 hell(지옥)로 10회, grave(무덤)로 1회 번역하였다. 이 외에, 베드로후서 2:9, "주께서 경건한 자는 시험에서 건지시고 불의한 자는 형벌 아래 두어 심판 날까지 지키시며." 이 구절은 베드로후서 2:4과 더불어 생각해야 할 것이다. 베드로후서 2:4는 "하나님이 범죄한 천사들을 용서치 아니하시고 지옥에 던져 어두운 구덩이에 두어 심판 때까지 지키게 하셨으며"라고 말한다. 악한 천사들은 지옥, 어두운 구덩이 즉 어두움의 사슬에 묶여서(전통사본) 심판 때까지 있다. 지옥은 어둡고 속박되어 있는 곳이다. 이와 같이 또한 불의한 자도 형벌 아래 두어 심판 날까지 보존되는 것이다. 그들이 있는 곳은 확실히 악한 천사들이 감금된 곳과 동일한 지옥이다. 유다서 6, "또 자기 지위[혹은 위치]를 지키지 아니하고 자기 처소를 떠난 천사들을 큰 날의 심판까지 영원한 결박으로 흑암에 가두셨으며." 역시 악한 천사들은 영원한 결박으로 흑암 중에 큰 날의 심판 때까지 감금되어 있다.

1059) http://blog.daum.net/xyhee/5390 선조림보란 구약의 성도들의 영혼은 예수 그리스도의 이름으로 구원을 받고 연단을 받은 것이 아니기 때문에, 완전한 천국에 올라가지 못하고 선조 림보란 곳에서 기다리며 그리스도의 재림까지 머물게 된다고 주장한다. 그리스도께서 재림하시면 이들도 함께 부활하여 천국에 들어가게 된다는 것이다. 유아림보란 세례 받지 못한 유아들의 영혼이 머무는 곳이라고 한다. 유아림보에 있는 영혼들은 천국에 들어가지 못하며, 영원히 형벌도 없고, 천국의 즐거움도 받을 수 없는 상태에서 살게 된다는 것이다.

셔서 선포하신 대상이 바로 그 악한 천사들입니다.

그렇다면 부활하신 예수께서 타락한 천사들에게 선포하신 것은 무엇일까요? 그들도 회개하고 예수님을 믿으면 구원을 받을 수 있다는 복음의 메시지였을까요? 그것은 아닐 것입니다. 하나님께서 그들을 "큰 날의 심판까지 영원한 결박으로 흑암에 가두어 두셨기" 때문입니다(유 6절). 그들은 영원히 멸망당할 것입니다. 천사들과 권세들과 능력들이 승천하신 그리스도에게 복종한다는 베드로전서 3장 22절은, 그리스도께서 불순종한 천사들에게 선포하신 것이 승리의 메시지였음을 암시합니다. 다시 말해서, 그리스도께서 성령의 능력으로 부활하심으로써 타락한 천사들은 물론 사탄과 사망과 모든 악한 세력에 대해 승리를 거두셨음을 선포하셨다는 것입니다. 부활하신 그리스도가 만물을 다스리시는 진정한 통치자이십니다![1060]

베드로전서 3장 18-20절은 로마 가톨릭의 주장처럼 선조림보가 있다는 것이 아니라, 그리스도의 승리를 불순종한 천사들에게 선포했다는 것이다. 사도 베드로는 핍박을 받는 초대교회 성도들에게 자신들을 핍박하는 자들과 그들을 조종하는 악한 영적 세력들조차도 그리스도의 통치 아래 있음을 확신케 하여 믿음의 싸움을 끝까지 감당하도록 권면했다.

로마 가톨릭의 이런 주장들은 성경에서 말하는 것과 완전히 틀린 것이다. 성경은 예수님께서 십자가에 달려 죽으심으로 우리의 죄를 단번에 해결하셨음을 말하고 있다. 인간이 거기에 무엇을 더하거나 덜 할 수는 없다. 그렇게 말하면 예수 그리스도의 희생이 부족하게 된다. 예수님께서 십자가에서 죽은 그 단번의 희생으로 성도는 죄의 형벌에서 완전히 자유케 되었다. 거기에 무엇을 더하면 비성경적인 구원론을 말하게 된다.

3) 영혼수면설 - 재세례파에서는 영혼이 잠을 잔다고 주장한다. 그들은 인간이 죽으면 몸은 땅에 묻히고 영혼은 주님이 재림하시기 전까지 깊은 잠을 잔다고 말한다. 그러나 성경은 사람이 죽어 최후심판을 받기 이전에 아브라함의 품에 거지 나사로가 안겨 있다고 말하며, 예수님께서는 십자가 상의 한 강도에게 죽은 다음 낙원에 갈 것이라고 약속하고 있기 때문에, 영혼수면설은 성경과 틀린 주장이다. 성경에서 죽음을 자는 것으로 비유한 것은 영혼이 육체처럼 잔다는 뜻이 아니다. 그것은 죽은 자는 떠난 세상에서의 활동이나 수고가 중지 되었다는 뜻이다. 사람이 잠에서 깨어나면 다시 활동을 하듯이 그리스도 안에서 죽는 자들은 영광스런 깨어남(부활)이 있다는 것을 말하기 위해 잔다고 말했다.[1061] 칼빈은 영혼수면설을 반

1060) 길성남, 선지동산 51호, 성경본문바로읽기(18)

1061) http://www.moksa.co.kr/목회공간. 송용조, 개혁주의 조직신학, 초기교회에서는 영혼수면설을 주장한 자도 있었다. 즉 영혼이 부활할 때까지 무의식적인 수면 상태에 있다고 주장하는 것이다. 종교개혁시대에는 일부의 재세례파가 영

대하여 성도가 죽으면 육체는 땅에 묻히나 영혼은 하나님의 안식에 참여한다는 영혼각성설을 주장했다.

4) 영혼소멸설 - 육체가 땅에서 없어지는 것처럼 영혼도 완전히 소멸된다고 말한다. 이것은 악인이 멸망을 받는다는 시편 52편 5절을 근거로 한다.[1062] 그러나 이것은 멸망을 멸절(滅絕)이라는 뜻으로 오해하여 생겨난 이론이다. 이렇게 되면 인간은 살아 있을 때만 의미 있게 되고 죽음 이후에는 인간이 없게 되기 때문에 성경과는 틀린 말이다. 앞서 언급했던 부자와 나사로를 통해서도 보았듯이, 죽은 후에 음부와 낙원에 가 있는 영혼들이 각자 자신의 상태를 알고 있었다는 것은 영혼이 잠을 잔다거나 소멸된다는 것이 아님을 증명하고 있다. 또한, 마태복음 25장 41절에서, 예수님께서는 "저희는 영벌에, 의인들은 영생에 들어가리라"고 말씀하셨다. 이 말씀에서 영원하다는 것은 천국에서나 지옥에서나 인간의 영혼이 영원히 소멸되지 않는다는 뜻이므로 영혼소멸설은 틀렸다.[1063]

5) 제2기회설 - 이것은 내세에 한 번 더 구원을 위한 기회가 주어진다는 주장으로, 오리겐, 어떤 재세례파들, 슐라이에르마허, 고데 등이 주장하였다. 그러나 이 견해가 성경적 지지를 받지 못하는 것은 사람이 한 번 죽고 나면 그의 최종적 상태가 고정된다고 성경이 분명하게 말하고 있기 때문이다. 누가복음 16장 26절에서는, "이뿐 아니라, 너희와 우리 사이에 큰 구렁이 끼어 있어 여기서 너희에게 건너가고자 하되 할 수 없고 거기서 우리에게 건너올 수도 없게 하였느니라."고 말함으로써,

---

혼수면설을 옹호하였는데, 칼빈은 그 주장이 잘못됨을 반박하는 논문을 썼다. 19세기에는 어빙파 중 일부의 사람들이 이 그릇된 교리를 지지했다. 지금은 여호와의 증인들이 이와 비슷한 주장을 하고 있는데 영혼 존재의 멸절까지 믿으며 그렇게 발전시켰다. 이러한 그릇된 주장의 근거는 인간의 의식은 감각과 인상에 의존한다는데 있다. 더 이상 보고, 듣고, 접촉할 수 없다면 사고나 감정의 작용도 멈추게 된다는 생각 때문이다. 즉 영혼이 뇌의 활동을 떠나서는 의식을 계속할 수 없다는 것이다. 이 주장의 성경적 근거로는 죽음을 잠자는 것으로 표현하고 있는 성구들에 두고 있다. 성경에는 죽은 자들에게 의식이 없다고 말하는 구절들이 아래와 같이 있다(시 30:9; 115:17, 146:4; 전 9:10; 사 38:18-19). 그러나 성경은 죽은 사람의 영혼이 잔다고 가르치지 않는다. 인간의 영은 신체적인 감각기관에 의존해서만 의식이 가능한 단순한 감각의 도구나, 감각 작용에서만 파생될 수 있는 어떤 것이 아니다. 신체적 감각 작용에 의한 경험을 떠나서도 영의 작용이나 의식은 존재할 수 있다. 천사들은 몸을 가지고 있지 않지만 인간보다 탁월한 의식을 갖고 있다.

1062) 그런즉 하나님이 영영히 너를 멸하심이여 너를 취하여 네 장막에서 뽑아내며 생존하는 땅에서 네 뿌리를 빼시리로다 (셀라)(시 52:5)

1063) http://blog.daum.net/kyboo610/8107559 김효성, 사람의 죽은 후 상태. 조건적 불멸설(conditional immortality)은 하나님께서 영혼 불멸을 신자들에게만 은사로 주신다는 견해이다. 그러나 이 견해는 영혼 불멸의 성경적 증거들에 반대되고, 지옥 교리에도 배치된다.

죽음 이후에 인간은 자신의 상태를 변경할 기회가 없다. 무엇보다 성경은 인간을 향한 하나님의 심판의 근거가 이 땅에서의 삶으로 말하기 때문에 성경과는 틀리다.[1064]

1064) 같은 사이트에서: 6 하나님께서 각 사람에게 그 행한 대로 보응하시되 7 참고 선을 행하여 영광과 존귀와 썩지 아니함을 구하는 자에게는 영생으로 하시고 8 오직 당을 지어 진리를 좇지 아니하고 불의를 좇는 자에게는 노와 분으로 하시리라(롬 2:6-8) 이 외에도 강령설(降靈說, spiritism)과 귀신설이 있다. 강령설은 무당을 통해 죽은 자들의 영들과 교제할 수 있다는 견해이다. 구약성경 사무엘상 28장에도 신접한 자가 사무엘의 영을 불러낸다는 사건이 있다. 그 때 불러내어진 영은 사무엘의 영이 아니라고 본다. 성경은 죽은 자들의 영을 불러내어 교제할 수 있다는 생각과 행위를 정죄한다. 그런 행위는 하나님께서 명백히 금하시는 바이다. 신명기 18:10-11, "복술자나 길흉을 말하는 자나 요술하는 자나 무당이나 진언자[주문으로 마법을 거는 자]나 신접자나 박수나 초혼자[죽은 자를 불러내는 자]를 너희 중에 용납하지 말라." 잘못된 신비주의는 다 사탄과 악령들의 활동이다. 어떤 이들(김기동, 이초석 등)은 악인이 죽으면 어느 기간 동안 그 영혼이 귀신이 되어 사탄과 악령들과 더불어 활동하고 다른 사람 속에 들어가 질병 등을 일으킨다고 주장한다(귀신설). 그들의 주장의 근거는 그들이 귀신을 좇아낼 때 귀신이 그렇게 말하는 것을 듣는다는 것이다. 그러나 그러한 주장은 성경에 근거가 없는 말이다. 성경에 근거하지 않는 모든 주장은 이단적이다. 귀신은 타락한 천사일뿐이다. 사람의 죽은 후 상태에 관한 성경적 견해는, 의인의 영혼은 천국에 들어가 안식과 위로를 받고, 악인의 영혼은 어두운 지옥에 던지우고 감금되어 불의 고통을 당하며 마지막 심판 날을 기다린다는 것이다.

제38문 신자는 부활할 때에 그리스도로부터 어떤 은덕을 받습니까? (대89, 90)
답: 부활 때 신자는 영광 중에 들어 올리우며, 심판 날에 공개적으로 인정을 받고 무죄 선고를 받으며, 영원토록 하나님을 온전히 즐거워함으로 완전한 복을 누리게 됩니다.1065)

불교에서도 서구사상의 근간인 플라톤 철학처럼 인간의 윤회를 말한다. 플라톤은 피타고라스의 영혼윤회설의 영향을 받았다. 피타고라스는 영혼이 순수한 영적인 존재로 해방되기 위해 어떤 도덕적인 수준에 도달할 때까지 몸에서 몸으로 옮겨 다니는 윤회를 말하므로 몸은 실제적인 의미가 없다.

세상이 기독교 복음을 받아들이는 가장 큰 걸림돌 중에 하나가 부활이다. 성경은 성도들의 몸의 부활이 인간 구속의 최종적 상태로 말한다. 육체가 없는 영이 아니라, 영도 몸도 온전히 구속되는 상태를 말한다. 기독교인은 몸 자체가 악하다고 말하지 않는다. 다만 여전히 죄의 잔재가 남아 있는 아직은 온전히 구속받지 못한 영역일 뿐이다. 그러므로 몸과 삶의 물질적인 차원의 가치를 경시하지 않는다. 성경이 이 세상에 대하여 악하다고 말하는 이유는 세상 자체를 말하는 것이 아니라 세상이 죄로 말미암아 타락하고 오염되었기 때문이다.

물질세계는 우연히 주어진 것이 아니라 하나님께서 만드셨다. 하나님께서는 악한 것을 만들지 않으셨다. 하나님께서는 물질세계를 만드시고 "하나님의 보시기에 좋았더라"(창 1:4)고 말씀하셨다. 인간을 만드시고도 "보시기에 심히 좋았더라"고 하셨다. 그리고 인간에게 명령하셨다.

하나님이 그들에게 복을 주어 가라사대 생육하고 번성하여 여러 바다 물에 충만하라 새들도 땅에 번성하라 하시니라(창 1:22)

이 말씀은 물질세계에 대한 하나님의 명령이다. 영적인 의미로 재해석할 수 있지만, 일차적으로는 그 지으신 피조세계가 충만케 되는 복이었다.

인간은 죽음 앞에서 두려워하지 않을 수 없다. 진시황제 역시 죽음에서 벗어나려고 신하들에게 신선들이 먹는 불로초를 구해 오라고 했다. 불로초를 찾지 못하자 영원히 살 수 있는 약을 만들라고 했다. 의원들은 수은을 고체 상태로 만들어 바쳤

1065) Q. 38. What benefits do believers receive from Christ at the resurrection? A. At the resurrection, believers, being raised up in glory, shall be openly acknowledged and acquitted in the day of judgment, and made perfectly blessed in the full enjoying of God to all eternity.

다. 당시 중국에서는 수은이 장수의 물질로 알려져 있었다. 진시황제는 수은을 먹기도 하고 몸에 바르기도 했다. 결국 진시황제는 수은 중독으로 50세에 죽고 말았다. 오래 살려고 하다가 더 빨리 죽었다.

하이데거는 죽음이라는 인간의 한계에 직면한 인간의 삶을 말하면서, 종교에 매달려 살아가는 것을 "퇴락한 삶"이라고 말했다. 종교는 그저 죽음을 두려워하고 죽음에서 벗어나려고 발버둥치는 것에 불과하다고 보았다.[1066]

왜 부활이 중요한가? 왜 부활을 말해야 하는가? 그것은 고린도전서 15장에 나와 있다. 고린도전서 15장은 예수님의 부활과 우리의 부활을 말하기 때문에 부활장(章)이라고 부른다. 왜 바울은 부활을 말했는가? 바울은 앞서서 12장, 13장, 14장에서 은사 문제를 말했다. 은사를 왜 교회에 허락해 주셨는가? 은사를 주신 목적은 성도와 교회의 유익을 위함이다. 그것은 섬기는 직분이요 봉사의 직분이다. 그러나 고린도교회는 은사를 받은 것이 자신의 남다름이 있기 때문인 것으로 생각했다. 사도 바울은 은사를 받음으로 자기 잘남을 자랑하는 것이 아니라고 말하며 사랑을 말했다. 사도 바울은 나아가 신앙의 핵심이 무엇인지 말해 주고자 했다.

고린도전서 15장에 와서 사도 바울은 성도의 신앙은 예수 그리스도의 수난과 부활이 핵심이라고 말한다. 왜 그리스도의 부활이 핵심인가? 인간은 죄와 사망에서 벗어날 수 없는 죄인이기 때문이다. 인간이 아무리 노력하고 애를 써보아도 인간의 비참함에서 헤어날 길이 없다는 것을 알고 있지만 길이 없다. 그 허탈감과 절망은 사람들을 더 뉴에이지로 몰아가고 있다. 이런 결과들은 인간이 죄로 인해 타락했기 때문이다. 그 속에서 구하여 내실 분은 오직 예수 그리스도 밖에 없다. 그래서 사도 바울은 예수 그리스도의 죽으심과 부활이 성도의 신앙생활의 핵심이라고 강조하여 말했다.

부활은 피조물의 한계인 죽음이 전부가 아니라는 것을 말한다. 인간은 스스로 영생과 진리에 이르지 못한다. 인간은 죄인이기 때문이다. 부활은 예수 그리스도의 십자가를 통하여 허락하신 영생이며 충만이다.

1066) http://blog.daum.net/ok9195/15100089 사람들은 언젠가는 죽을 수밖에 없다는 사실을 무의식 중에 알고 있다. '불안'(Sorge)을 느낀다는 것이 바로 그것을 말해 준다. 그러나 사람들 대부분은 죽음이 주는 불안에서 벗어나기 위해 일상의 쾌락, 다른 이들과의 관계 등에 몰두하면서 계속 비본래적인 삶을 이어 간다. 하지만 하이데거는 오히려 인간은 "시간의 흐름 속에서 언젠가는 죽음에 이르게 된다는 것을 자각하고 이러한 죽음을 직시함으로써 비로소 본래적인 실존을 찾을 수 있다."라고 역설했다. - 안광복, 『청소년을 위한 철학자 이야기』(신원문화사)에서 발췌.요약

인간은 인간의 한계로 만족하고 체념하는 것으로 끝내지 않는다. 그 속에서 인간은 절규한다. 인간은 영원을 영생을 만들어내지 못하기 때문이다. 그것은 오직 하나님만이 만드실 수 있다. 예수 그리스도의 십자가 희생을 통하여 허락하여 주신 것이다. 인간은 죄와 죽음 밖에 만들지 못한다. 예수님의 부활을 통하여 우리의 부활을 허락하신다.

부활할 때에 신자들은 어떤 혜택을 누리는가?

1) 신자는 영광 중에 들어 올리우며

하이데거는 인간의 본질이 실존에 있다고 말했다. 여태껏 서양의 전통철학은 인간의 본질이 이성에 있다고 보았다. 실존이란 무엇인가? 그것은 '어떻게 살 것인가?' 고민할 수 있는 인간 존재의 성격을 말한다. 먹고 사는 문제를 넘어서 삶의 의미가 무엇인지 묻는 것이다. 동물은 본능을 따라 살아가지만 인간은 태어나서 죽음에 이르는 자신의 삶을 생각하고 그 의미가 무엇인지 고뇌한다.

하이데거는 인간이 자신의 삶의 의미를 심각하게 묻게 되는 것은 죽음을 생각하게 될 때라고 한다. 여러 사건들이 있지만, 인간은 자신의 죽음 앞에서 정말 의미 있는 것이 무엇인지 묻는다는 것이다. 그러나 대부분은 그런 죽음에 직면한 자신의 모습을 외면한다. 언젠가는 죽겠지만 아직 자기에게는 멀어 보이기 때문이고, 남의 일로 여겨지기 때문이다. 그런 사람들은 여전히 세속적 가치를 즐기고 산다. 하이데거는 이렇게 도피하는 것을 두고 '비본래적 실존'(uneigentlich)이라 했다.

또한 하이데거는 이 죽음이라는 것을 인생의 끝에 나타나는 것만이 아니라 매 순간마다 임박한 것이라 보았다. 자신이 언제 죽을지 모르기 때문이다. 그렇게 죽음이라는 것이 언제 닥칠지 모르기에 죽음을 '무규정적인 가능성'이라 보았다.

하이데거에게 죽음이라는 것은 단순한 생의 마감이 아니다. 그것은 존재가 자기를 개시하는 방편이다. 불안이 과학기술 시대에 살아가는 사람들에게 무의미함을 드러내듯이, 죽음도 그렇게 존재를 드러내는 방편이다. 하이데거는 직접적으로 경험하는 현상을 분석하는 것을 철학적 과제로 삼는 현상학적인 입장에 있기 때문에 죽음 이후에는 관심이 없다. 죽음으로 인간은 개별자들의 고유한 존재로 파악하고, 존재 자체가 자신을 개시하는 현-존재로 다시 태어나게 된다는 것이다.

그러나, 성도는 죽음 이후의 부활이 있으므로 죽음만 아니라 그 이후의 부활을 통해서 삶은 전체적으로 의미와 통일성을 부여받는다. 현상학적인 것만으로는 세계를 포섭하지 못한다. 그렇게 현상학적으로 접근해서 인간의 고유한 존재로 파악한다는 것 자체가 논리적 모순이다. 인간은 인격체이기 때문이다. 인격체로서의 고유성은 직접적인 경험만으로는 파악할 수가 없다.

그러므로 그리스도인들은 죽음 이후에 부활이 있으므로 해서 비교할 수 없이 놀라운 삶의 의미와 통일성을 누리게 된다. 부활은 관념이 아니라 실제 사실이기 때문이다! 주님께서 재림하실 때에 성도들은 부활하게 된다. 주님의 재림을 기다리다가 먼저 죽은 성도들은 어떻게 되는가?

> 그 후에 우리 살아남은 자도 저희와 함께 구름 속으로 끌어올려 공중에서 주를 영접하게 하시리니 그리하여 우리가 항상 주와 함께 있으리라(살전 4:17)

사도 바울은 이 말을 통해 죽은 성도들도 재림 때에 부활 현장에서 제외되지 않고 산자들보다 먼저 부활하게 될 것을 말했다. 예수님께서 부활하신 것처럼 다시 오실 그때 모든 성도들은 부활하게 된다.[1067] 성도들은 새 하늘과 새 땅에 들어가기 위해 부활한다. 그것은 생명의 부활이다. 그러나 불신자들은 영원한 형벌에 들어가는 심판의 부활을 맞이하게 된다.

> 이를 기이히 여기지 말라 무덤 속에 있는 자가 다 그의 음성을 들을 때가 오나니 선한 일을 행한 자는 생명의 부활로 악한 일을 행한 자는 심판의 부활로 나오리라(요 5:28-29)

성도가 부활할 때 그 몸은 지금 현재의 상태가 아니라 새로운 상태의 몸으로 변화된다. 사도 바울은 우리가 영광스러운 몸으로 변화될 것이라 했다. 영광스러운 몸이란 영원한 하나님의 나라에 적합한 새로운 상태를 말한다.

부활의 첫 열매이신 예수님은 부활하게 될 우리의 모습이 어떤 것인지 보여주셨다. 예수님께서는 잠긴 문을 통과하시고 제자들 앞에 나타나셨다. 예수님의 몸이 물리적인 차원이 아니라는 것을 말해 준다. 예수님의 몸이 어떤 다른 존재로 바뀌어졌다는 것이 아니다. 예수님은 의심하는 제자 도마에게 못자국난 손과 창에 찔린 옆구리에 손을 넣어 보라고 말씀하셨다. 부활하시기 전의 모습으로 부활하셨던 것

1067) 하이델베르크 교리문답 제 57문: 몸의 부활은 당신에게 어떤 위로를 줍니까? 답: 이 생명이 죽은 후에 즉시 나의 영혼이 나의 머리이신 그리스도께로 취해질 뿐만 아니라, 나의 이 몸도 그리스도의 능력에 의해서 일으킴을 받아서 나의 영혼과 재결합하여 그리스도의 영광스러운 몸과 같이 된다는 것입니다.

이다.

2) 심판 날에 공개적으로 인정을 받고 무죄 선고를 받으며
성도들은 심판 날에 어떻게 되는가?

> 33 양은 그 오른편에 염소는 왼편에 두리라 34 그때 임금이 그 오른편에 있는 자들에게 이르시되 내 아버지께 복 받을 자들이여 나아와 창세로부터 너희를 위하여 예비 된 나라를 상속하라(마 25:33-34)

이 말씀은 심판의 명료성을 말하고 있다. 그 심판의 때에는 명확하게 구분이 된다. 누가 복된 자리에 서게 될지, 누가 저주받을 자리로 갈지 분명해진다. 심판 때에 오른편에 선다는 것은 하나님의 영광에 참예한다는 뜻이며, 왼편에 선다는 것은 영원한 멸망에 처해진다는 뜻이다.

특히 "복 받을 자들"은 완료 분사 구문인데, 이것은 한번 허락된 복이 과거부터 현재까지 계속된다는 뜻으로 그리스도 안에서 주어진 복이 영원히 지속될 것임을 말해준다. 성도들은 창세 전부터 하나님께서 예비하신 하나님의 나라를 상속받게 된다.

> 누구든지 사람 앞에서 나를 시인하면 나도 하늘에 계신 내 아버지 앞에서 저를 시인할 것이요(마 10:32)

예수 그리스도를 구주로 고백한 자들은 심판 날에 주님께서 인정해 주시고 충성스럽고 기쁘게 여겨 주신다. 믿음은 삶의 현장에서 공개적인 고백을 요구한다. 사람들 앞에서 참된 신앙고백을 한 자들을 주님께서도 심판 날에 시인해 주심으로 영광에 참여하게 된다.

예수 그리스도를 구주로 영접한 성도나 주를 믿지 아니한 불신자들도 부활한 후에 최후의 심판을 받게 된다. 생명책에 기록된 성도들은 하나님께서 창세 전에 예비하신 새 하늘과 새 땅에 들어가게 된다. 그러나 생명책에 기록되지 아니한 자들은 영원한 지옥의 형벌을 받게 된다.

> 12 또 내가 보니 죽은 자들이 무론대소하고 그 보좌 앞에 섰는데 책들이 펴 있고 또 다른 책이 펴졌으니 곧 생명책이라 죽은 자들이 자기 행위를 따라 책들에 기록된 대로 심판을 받으니 13 바다가 그 가운데서 죽은 자들을 내어주고 또 사망과 음부도 그 가운데서 죽은 자들을 내어주매 각 사람이 자기의 행위대로 심판을 받고 14 사망과 음부도 불못에 던지우니 이것은 둘째 사망 곧 불못이라

15 누구든지 생명책에 기록되지 못한 자는 불못에 던지우더라(계 20:12-15)

부활 후에 최후의 심판을 받고 지옥의 불못에 던지우는 것을 성경은 둘째 사망이라고 한다. 그것은 영원한 사망이다. 그러나, 어린양의 생명책에 기록되어 첫째 부활에 참여한 하나님의 백성들은 둘째 사망인 불못과 상관이 없다. 거기에 삼키우는 자들은 하나님을 대적하고 사탄과 그 대행자들을 따른 자들이다. 그들은 그 심판으로 영원한 멸망에 처하게 된다.

3) 영원토록 하나님을 온전히 즐거워함으로 완전한 복을 누리게 됩니다
성도가 누릴 복은 영원하다.

> 사랑하는 자들아 우리가 지금은 하나님의 자녀라 장래에 어떻게 될 것은 아직 나타나지 아니하였으나 그가 나타내심이 되면 우리가 그와 같을 줄을 아는 것은 그의 계신 그대로 볼 것을 인함이니(요일 3:2)

성도는 하나님의 사랑을 입은 자이다. 그러나 세상에 속한 자들은 그리스도를 모르기에 하나님을 모른다. 세상에 속한 자들은 하나님을 대적하는 자며 마귀에 속한 자다. 그들은 어두움에 거하는 자들이며 빛으로 나오기를 거부한 자들이다. 지금은 성도들도 연약에 쌓여서 장래에 어떻게 될 것인지 눈으로 확인할 수 없지만, 주님께서 다시 오시면 완전히 영광스러운 모습으로 변화될 것이다.

> 주께서 생명의 길로 내게 보이시리니 주의 우편에는 영원한 즐거움이 있나이다(시 16:11)

하나님께서 보이신 생명의 길이란 영원한 생명으로 나아가는 길이다. 그것은 궁극적인 구원을 말한다. 그 영원한 생명을 얻은 자들에게는 영원한 즐거움이 있게 된다. 세상의 즐거움은 잠시 잠깐 맛보는 유한한 즐거움이지만 부활 때에 얻는 즐거움은 영원한 즐거움이다.

> 우리가 이제는 거울로 보는 것 같이 희미하나 그때는 얼굴과 얼굴을 대하여 볼 것이요 이제는 내가 부분적으로 아나 그때는 주께서 나를 아신 것같이 내가 온전히 알리라(고전 13:12)

성도들은 이 현세에서는 그리스도를 온전히 알지 못한다. 그렇다고 해서 그리스도를 믿기에 부족하다는 뜻이 아니다. 하나님의 나라에서는 주를 온전히 알게 되며 그로 말미암아 찬송과 영광을 돌리게 된다.

성도의 부활을 생각할 때에, 갑작스런 재난이나 사고로 흔적도 없이 죽은 사람들은 어떻게 되는가? 성경의 저자들은 이런 일에 대하여 분명히 알고 있었다.

> 34 불의 세력을 멸하기도 하며 칼날을 피하기도 하며 연약한 가운데서 강하게 되기도 하며 전쟁에 용맹되어 이방 사람들의 진을 물리치기도 하며 35 여자들은 자기의 죽은 자를 부활로 받기도 하며 또 어떤 이들은 더 좋은 부활을 얻고자 하여 악형을 받되 구차히 면하지 아니하였으며 36 또 어떤 이들은 희롱과 채찍질 뿐 아니라 결박과 옥에 갇히는 시험도 받았으며 37 돌로 치는 것과 톱으로 켜는 것과 시험과 칼에 죽는 것을 당하고 양과 염소의 가죽을 입고 유리하여 궁핍과 환난과 학대를 받았으니 38 (이런 사람은 세상이 감당치 못하도다)저희가 광야와 산중과 암혈과 토굴에 유리하였느니라(히 11:34-38)

히브리서의 저자는 믿음 때문에 육체의 모진 고난을 당하며 흔적 없이 사라져간 일들을 말하면서 그들이 그런 말할 수 없는 고난을 감당한 것은 부활을 믿고 소망했기 때문이라고 말한다. 예수 그리스도께서 무덤에서 부활하신 것처럼 그들도 부활할 것을 믿었다. 그들은 하나님께서 약속하신 대로 마지막 날에 부활케 하실 것을 믿었다. 사도 바울은 그런 일에 대하여 논쟁하지 않았다. 하나님은 하나님이시기 때문에 부활의 영광을 누릴 것이라고 말했다.

> 예수께서 저희를 보시며 가라사대 사람으로는 할 수 없으되 하나님으로서는 다 할 수 있느니라(마 19:26)

우리의 생각과 능력으로 장래에 일어날 일을 판단해서는 안 된다. 하나님께서는 하나님의 지혜와 능력으로 자기 백성들을 살려내신다.

교회 안에는 언제나 왜곡된 종말론이 있어 왔다. 성도는 죄악 된 세상 가운데서 하나님의 나라를 지금 여기서도 누려가는 자들이다. 하나님의 나라는 이 세상을 변혁시켜 완성하는 나라가 아니다. 궁극적인 하나님의 나라는 그리스도의 재림으로 주어지는 나라다. 그러므로 성도는 이 세상을 변혁시켜 하나님의 나라로 만들려고 해서는 안 되며, 하나님의 섭리와 통치 속에서 하나님의 나라를 누리며 도래할 하나님의 나라를 고대하면서 예수 그리스도의 십자가 복음을 증거하는 자들이 되어야 한다.1068)

1068) 종말론에 관한 무천년설, 전천년설, 후천년설 중에서 개혁주의는 무천년설을 지지한다.

소교리문답(상)

자은이 정태홍
발행일 2014년 5월 20일
펴낸곳 RPTMINISTRIES
주소 충청남도 금산군 금산읍 29-3
전화 Tel. 010-4934-0675
등록번호 제455-2011-000001호
홈페이지 http://www.esesang91.com
ISBN 978-89-968026-2-4 04230 : ₩23,000
ISBN 978-89-968026-5-5 (세트) 04230
231.8-KDC5 238.42-DDC21 CIP2014011958